VIE ET MORT DE BYZANCE

« L'Évolution de l'Humanité »

Le Monde byzantin :

*

Vie et mort de Byzance

**

Les Institutions de l'Empire byzantin

***

La Civilisation byzantine

LOUIS BRÉHIER

LE MONDE BYZANTIN

Vie et mort de Byzance

ÉDITIONS ALBIN MICHEL

moral y est chose exceptionnelle, quelle barbarie subsiste dans les mœurs » (H. Berr).

Dans le cours de l'histoire byzantine « se sont succédé, en dix dynasties, 104 empereurs : 39 par filiation dynastique, 4 par adoption, 4 sans lien dynastique, mais par élection régulière, 9 par mariage, trente par usurpation » (Henri Berr). Tous ces personnages, tous ces empereurs, — parmi lesquels il y en a de grands, dont les deux autres volumes de la Collection consacrés à Byzance montreront l'action organisatrice, civilisatrice, — sont vigoureusement caractérisés et rendus vivants pour le lecteur. Cette galerie de portraits fournit ici l'explication de la grandeur, de la décadence et de la mort de Byzance.

On trouvera à la suite de la Bibliographie de l'auteur un supplément bibliographique pour les années 1946 à 1968 qu'a bien voulu établir, pour la présente édition, Jean GOUILLARD, *directeur d'études à l'École Pratique des Hautes Études.*

Paul CHALUS,
Secrétaire général
du Centre International de Synthèse.

Note. — Cet ouvrage est le tome XXXII de la Bibliothèque de Synthèse historique « L'Évolution de l'Humanité », fondée par Henri Berr et dirigée, depuis sa mort, par le Centre International de Synthèse dont il fut également le créateur.

Introduction

Le cadre géographique

L'Empire d'Orient ou *Empire byzantin* n'est autre que l'Empire romain, détruit en Occident par les invasions et perpétué en Orient autour de la Nouvelle Rome (nom officiel de Constantinople jusqu'à la fin du Moyen Age), mais avec des traits nouveaux qui constituent l'originalité de son histoire. Sa civilisation est en effet comme la synthèse de tous les éléments politiques, religieux, intellectuels du monde antique à son déclin : tradition latine, hellénisme, christianisme, culture orientale renaissante de la Perse sassanide. Au moment où l'Occident subissait une régression politique, sociale, intellectuelle, artistique, Byzance, et c'est ce qui fait sa grandeur, sauvegardait dans la mesure du possible les apports de la civilisation antique qu'elle transmit aux Temps modernes : la littérature grecque génératrice de l'humanisme, le droit romain fondement du droit public européen. Elle servait en même temps de rempart à l'Occident en arrêtant les nouvelles invasions asiatiques et par sa propagande religieuse, en particulier chez les Slaves, elle étendait le domaine de l'Europe civilisée.

Le succès de cette œuvre historique est dû sans doute à de fortes traditions et à la continuité merveilleuse d'une action politique séculaire, mais il fut favorisé aussi par le cadre géographique dans lequel se déroula l'histoire de Byzance. Sans doute les frontières de l'Empire varièrent sans cesse, mais le souci primordial de la défense de Constantinople, siège de l'Empire et son réduit suprême, conduisit les empereurs à s'assurer avant tout la possession des territoires indispensables à sa sécurité et nécessaires à son expansion. Or ce sont ces territoires qui constituent le cadre géographique véritable de l'Empire d'Orient.

D'une part Constantinople est située sur un barrage naturel qui sépare deux mondes, la région pontique et la Méditerranée ; d'autre part elle commande la voie transversale qui relie l'Europe continentale à l'Océan indien, la vallée du Danube à celle de l'Euphrate. Cette position exceptionnelle a déterminé toute son histoire.

Le barrage naturel formé par les débris du massif dévonien, qui reliait l'Europe à l'Asie, ne peut être franchi que par un passage étroit, dû à sa rupture par les eaux de la mer Noire, qui bouleversèrent un ancien système hydrographique, dont les traces sont encore visibles dans le caractère fluviatile de l'estuaire de la Corne d'Or et dans les détroits du Bosphore et des Dardanelles ([1])*.

Ce fut sur la presqu'île effilée située entre la Corne d'Or et la Propontide que fut édifiée la ville dont le sol domine le rivage par des pentes abruptes, tout en étant lui-même coupé de dépressions et de hauteurs qui atteignent jusqu'à 110 mètres d'altitude et qu'on n'a pas manqué de comparer aux sept collines romaines ([2]). Constantinople est donc une ville essentiellement maritime. « La mer, dit Procope, couronne la ville, ne laissant à la terre qu'un petit espace qui sert à fermer la couronne ([3]). » C'est ce qui explique qu'elle se soit développée au-delà de son port naturel, magnifique estuaire de 7 kilomètres de long, aux côtes sinueuses qui fournissent des abris naturels et dont la profondeur atteint 42 mètres. Sur sa rive gauche était bâti, à l'époque byzantine, le faubourg des Sykes, aujourd'hui Galata et Péra. Sur la côte d'Asie, au-delà du Bosphore, son faubourg de Chrysopolis (Scutari) date de l'antique Byzance et, plus au sud, Chalcédoine (Kadi-Keuï) était englobée dans son orbite. D'ailleurs la rive asiatique, qui borde les détroits et la Propontide, se rattachait étroitement à Constantinople par la nature du sol,

---

* Les notes sont reportées en fin de volume.

Le cadre géographique

la population et toute son histoire. Au milieu de la Propontide la péninsule rocheuse de Cyzique et l'île de Proconnèse, dont les carrières de marbre ont servi à l'embellir, les golfes profonds et parallèles de Moudania et d'Ismid, la riche plaine de Brousse (ancienne Pruse), au pied de l'Olympe de Bithynie qui s'élève à 2 800 mètres, très peuplée et fréquentée pour ses eaux thermales, les villes aujourd'hui déchues de Nicomédie (Ismid) et de Nicée (Iznik) formaient comme la grande banlieue asiatique de Constantinople.

Tel est le carrefour privilégié où se croisaient au Moyen Age les quatre grandes voies qui donnaient accès aux régions que l'on doit considérer comme le domaine géographique de l'Empire.

Et d'abord les deux routes maritimes. Le Bosphore, étroit couloir d'une longueur de 30 kilomètres, dont les rives se rapprochent à 550 mètres en son milieu et dont le courant peut atteindre 3 mètres à la seconde ([4]), ouvre l'entrée de la mer Noire, bordée sur la côte anatolienne par la barrière montagneuse de l'arc pontique, interrompu par l'embouchure de l'Halys (Kizil Irmak) avec les seuls ports d'Amastris et de Sinope. Sur la côte du Pont aux nombreuses rivières et à la riche végétation, la métropole était Trébizonde, dont le territoire touchait à la région du Caucase, où se trouvait un ensemble de possessions ou d'états vassaux. C'était d'abord la Géorgie (Transcaucasie), plaine étroite écrasée entre le Caucase et le massif arménien, mais pays de riches cultures, grâce à la douceur de son climat, et voie à la fois commerciale et stratégique, d'une part vers la Mésopotamie, de l'autre vers les passes du Caucase et les steppes caspiennes. L'âpre côte du Caucase occidental, habitée par les Abasges ou Abkhazes, alliés de l'Empire, était couverte de forteresses et d'établissements commerciaux dont on retrouve encore les traces. Enfin la Crimée complétait, comme à l'époque romaine, le système de défense contre les peuples nomades et de pénétration commerciale dans la plaine russe. D'autres nomades, Huns, Khazars, Tartares occupèrent successivement les steppes du nord de la Crimée, tandis qu'à l'abri des montagnes, sur la côte fertile au climat enchanteur, habitait depuis le troisième siècle de l'ère chrétienne une tribu de Goths, vassale de l'Empire, établie dans de véritables réserves (*climata*). Byzance y conserva jusqu'au XIIIe siècle la possession de l'ancienne colonie grecque de Kherson, ville commerciale et place de guerre, poste avancé de Constantinople dans la mer Noire ([5]). En revanche son influence ne s'établit jamais sur la région des limans du Dniéper et du Dniester, mais elle parvint à conserver longtemps la possession des bouches du Danube, la province de la Petite Scythie (Dobroudja) et les ports thraces de la mer Noire ([6]).

A l'ouest de la Propontide, l'Hellespont (détroit des Dardanelles)

LE DOMAINE GÉOGRAPHIQUE DE BYZANCE

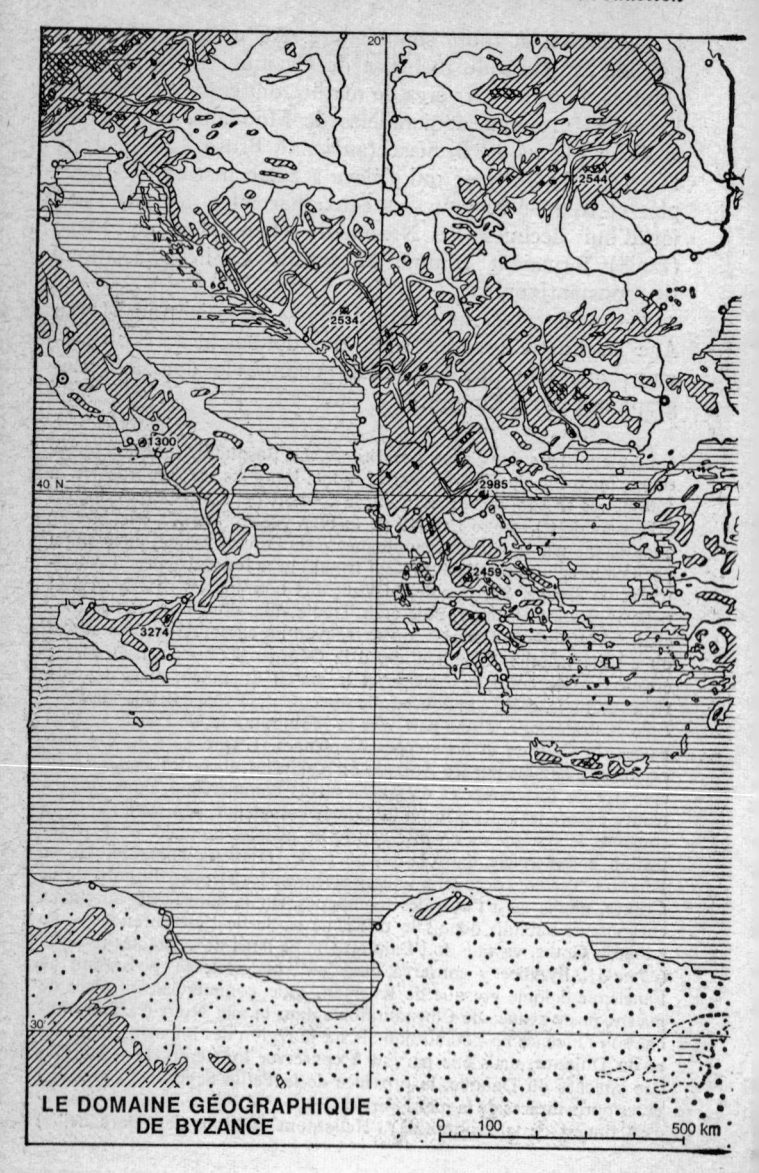

Le cadre géographique 13

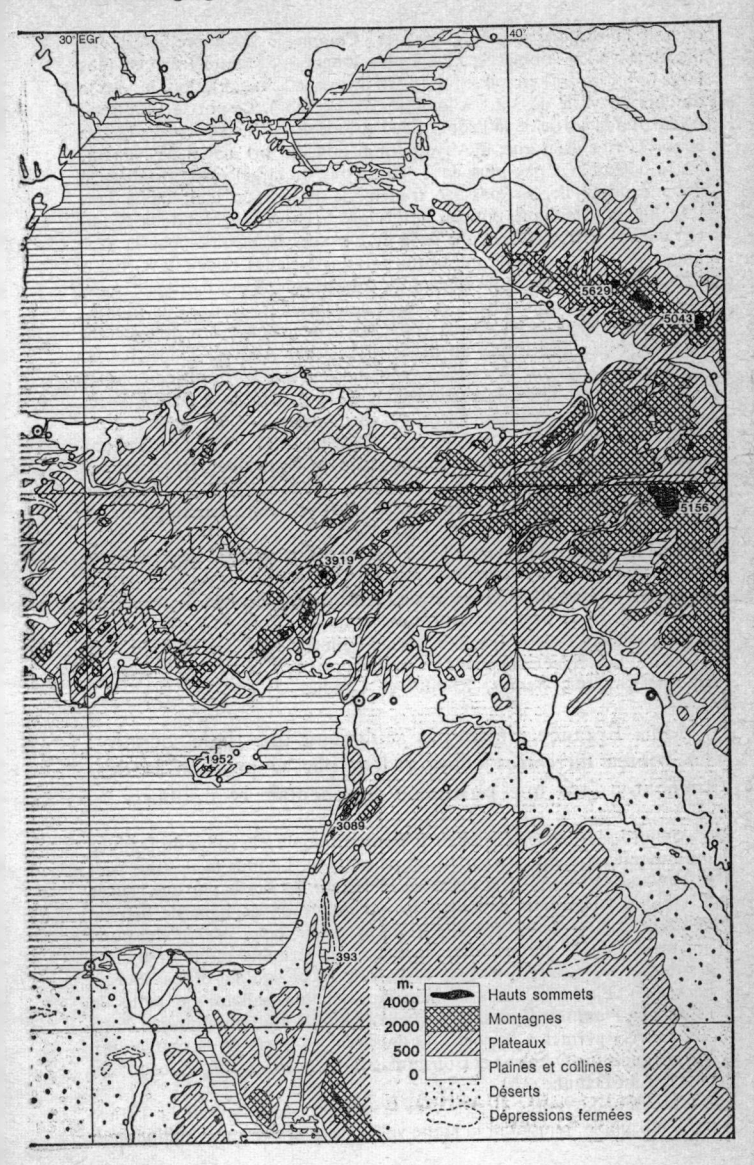

m.	
4000	Hauts sommets
2000	Montagnes
500	Plateaux
0	Plaines et collines
	Déserts
	Dépressions fermées

ouvrait la route de la Méditerranée. Comme le Bosphore, c'est une ancienne vallée submergée, mais plus longue (75 kilomètres) et plus large (4 kilomètres en moyenne, 1 270 mètres à Tchanak), dont la vitesse du courant varie de 3 à 8 kilomètres à l'heure ([7]). Le port de Gallipoli occupait à la sortie de la Propontide l'isthme de la Chersonèse de Thrace et sur la rive asiatique, à Abydos (non loin du fort actuel de Nagara, où le détroit n'a pas plus de 1 350 mètres de large) était installée la douane impériale. Le passage franchi, la navigation était facile dans l'Archipel; cependant, pour pénétrer dans le bassin oriental de la Méditerranée, il faut traverser une série de barrages déterminés par la prolongation des arcs dinariques, qui par les Cyclades relient la Grèce à l'Asie Mineure. Des mouvements du sol ont rompu ces barrages; mais, entre les îles qui représentent les crêtes des anciennes chaînes de montagnes, les passages sont étroits et faciles à intercepter. Un premier arc relie la pointe de l'Eubée au mont Mycale par Andros, Tinos, Icaria, Samos; plus rapprochées encore sont les îles qui forment comme les piles d'un pont entre le cap Sunium et la presqu'île d'Halicarnasse, Keos, Kythnos, Sériphos, Paros, Naxos, Amorgos, Cos; enfin le troisième arc est jalonné, depuis le cap Malée au sud du Péloponnèse, par les îles de Cythère, de Crète, de Karpathos et de Rhodes ([8]). L'occupation de la Crète par une puissance hostile à l'Empire (les Sarrasins d'Espagne de 827 à 961, Venise après 1204) suffisait à rendre périlleuse la navigation de ses flottes dans ces parages.

Il était donc indispensable de maintenir la sécurité de cette route méditerranéenne en occupant fortement les îles et les rivages, si riches en abris naturels, de la Grèce et de l'Anatolie occidentale. Cette région était d'ailleurs le principal centre maritime de l'Empire. Là étaient les grands ateliers de construction navale, alimentés par les forêts d'Asie Mineure; là étaient échelonnés les grands ports de Thessalonique, Lesbos, Phocée, Smyrne, Samos, Rhodes et Candie.

Mais Byzance n'était pas seulement une thalassocratie : les routes terrestres commandées par sa position la destinaient à être une puissance continentale et militaire.

Au nord plusieurs voies reliaient Constantinople à la vallée du Danube qui ouvrait un débouché sur l'Europe centrale. La plus facile traversait sa banlieue européenne, un plateau relevé sur ses bords par une rangée de collines calcaires qu'entaillent des vallées profondes, ligne de défense naturelle, renforcée depuis le VIe siècle par le *Long Mur d'Anastase*, qui protégeait la grande forêt de Belgrade, véritable réservoir hydrographique de Constantinople, et barrait la presqu'île d'une mer à l'autre ([9]). Plus loin, l'abaissement de la chaîne balkanique (cols de l'Eminska Planina à l'ouest de laquelle l'altitude n'atteint plus que 200 à 300 mètres) permet à la route de desservir les ports de la mer Noire, Varna (ancienne Odessos) et Constantza (ancienne Constantia) jusqu'aux bouches du Danube ([10]).

Une seconde route, dirigée vers le nord-ouest, traversait la Thrace par Andrinople, remontait la haute vallée de la Maritza par Philippopoli et par les Portes de Trajan gagnait le bassin fermé de Sardique (Sofia actuelle) à 565 mètres d'altitude. Traversant ensuite les défilés de Tsaribrod et de Pirot, elle descendait la vallée de la Nischava jusqu'à Naïssus (Nisch), nœud de routes des plus importants, puis, par la vallée de la Morava, aboutissait à Belgrade. Ce chemin, ancienne *via militaris* des Romains, était regardé comme la route principale de la péninsule. C'est la *route du tsar* des documents serbes, suivie aujourd'hui par la voie ferrée de Belgrade à Constantinople ([11]). Ce fut en 1443 le *Long Chemin* de Jean Hunyade.

Une troisième route se dirigeait vers le sud-ouest par Christopolis (Kavalla), Philippes (grande ville disparue, dont on vient d'explorer les ruines), Serrès, et, laissant au sud la Chalcidique, débouchait à Thessalonique, seconde métropole de la péninsule, d'où partaient trois routes d'une importance vitale : au sud la route de la Grèce par la vallée de Tempé et les Thermopyles, au nord celle de Belgrade qui remontait la vallée du Vardar par Skoplje, au centre l'antique *Via Egnatia* qui passait sous l'arc de triomphe de Galère, traversait la Macédoine par Édesse (Vodena), Monastir, la région des grands lacs, franchissait la chaîne de la Iablanitsa par un col de 1096 mètres et, par la vallée du Shkumbi, atteignait l'Adriatique à Dyrrachium (Durazzo), d'où il était facile de passer en Italie. Plus au sud Avlona (Valona) était un autre port d'embarquement, en face d'Otrante. Cette voie était le vrai chemin terrestre de Constantinople en Italie et en Occident et fut suivie à toutes les époques par les armées, les voyageurs et les pèlerins ([12]).

Plus importante encore peut-être était dans l'économie de l'Empire la route terrestre qui traversait le plateau d'Anatolie et, par les passages du Taurus cilicien, ouvrait les portes de l'Orient. Aux antiques routes des Indes qui partaient de Sardes (route royale des Perses) et d'Éphèse (époque romaine) se substitua après la fondation de Constantinople la voie militaire et commerciale qui traversait Brousse, Nicée, Dorylée (Eski-Cheir) et bifurquait à Iconium (Konieh). De là, une branche empruntait l'ancienne route des Indes et, par Héraclée (Eregli) et les passages du Taurus, pénétrait en Cilicie, puis en Syrie et, par Alep, gagnait la vallée de l'Euphrate ; l'autre branche remontait vers le nord-est jusqu'à Césarée de Cappadoce et, par la vallée du Kyzil-Irmak, atteignait la branche nord de l'Euphrate et, par Théodosioupolis (Erzeroum), pénétrait en Arménie. La possession de ces routes suivies par les caravanes et les armées et celle des régions qu'elles traversaient étaient d'un intérêt vital pour Byzance, qui dut les défendre successivement contre les Perses, les Arabes et les Turcs et commença à décliner aussitôt qu'elles lui furent interdites.

Or ces routes terrestres et maritimes, convergeant vers le Bosphore, définissent le véritable domaine géographique de l'Empire d'Orient. L'ancienne Byzance s'était contentée de prélever des dîmes fructueuses au passage des détroits. Le rôle historique de Constantinople consista à défendre ces grandes voies contre les invasions et à les utiliser pour son expansion : elles servirent également à ses armées, à ses marchands, à ses missionnaires qui faisaient rayonner au loin son influence. La péninsule des Balkans, les côtes de l'Adriatique, la vallée du Danube, les rivages de la mer Noire, l'Asie Mineure, la Transcaucasie et la Haute Mésopotamie, la Syrie septentrionale avec Antioche, tel est le cadre assigné par la nature à un État dont Constantinople est le centre. L'époque la plus prospère de l'histoire de Byzance est celle où elle a pu, sous la dynastie macédonienne, s'assurer la possession de ce domaine d'une manière incontestée. Menacée à la fois sur plusieurs frontières, elle avait sur ses ennemis l'avantage de pouvoir manœuvrer dans ses lignes intérieures et transporter facilement ses troupes d'un continent à l'autre [13].

A la différence de l'ancienne Rome, la position géographique de Constantinople ne la destinait nullement à devenir le siège d'un empire méditerranéen et, comme on l'a fait remarquer, ce fut lorsqu'elle eut perdu les possessions extérieures qu'elle était impuissante à défendre : l'Égypte, la Syrie, l'Afrique et même l'Italie, que, ses possessions formant un État compact, son existence fut sauvée par le magnifique redressement qui atteignit son apogée à la fin du Xe siècle [14]. Elle semblait destinée alors à régner sur un empire à la fois continental et maritime qui réaliserait la liaison entre l'Europe et l'Asie, entre la culture gréco-romaine, le christianisme et les civilisations de l'Orient [15].

Mais à ce programme compréhensif s'opposaient les traditions séculaires transportées par Constantin sur le Bosphore. Successeurs légitimes des Césars de l'ancienne Rome, les empereurs byzantins eurent toujours l'ambition de recouvrer et de rétablir dans son intégrité l'immense empire démembré par les barbares.

Cette hantise d'un empire universel, qu'il était impossible de restaurer sans posséder la maîtrise incontestée de la Méditerranée et, d'autre part, la nécessité de défendre les routes terrestres et maritimes qui menaient à Constantinople expliquent les contradictions de l'histoire de Byzance. C'était, en effet, entreprendre une tâche surhumaine que de vouloir en même temps assurer la domination impériale en Asie, dans les Balkans, dans la mer Noire, et de poursuivre d'autre part sa restauration en Occident. L'exemple de Justinien et de ses successeurs le montrera suffisamment. C'est un fait qu'après la destruction de la marine vandale, Byzance recouvra la maîtrise de la mer et la conserva jusqu'à la création de la marine ommiade au VIIe siècle ([16]), mais les provinces que Justinien avait reconquises au prix de tant d'efforts, l'Afrique, l'Italie, les grandes îles de la mer Tyrrhénienne, la Bétique ne furent jamais agrégées intimement à l'Empire et faisaient figure de territoires coloniaux, dont les tendances séparatistes favorisèrent leurs envahisseurs. Il en fut de même des possessions extérieures qu'étaient la Syrie et surtout l'Égypte, sans cesse en conflits politiques et religieux avec Constantinople.

Et pourtant, jusqu'au XIIIe siècle, les empereurs eurent fréquemment des velléités de rétablir leur domination sur l'Occident et reprirent même pied en Italie pendant près de deux siècles. Ces tentatives — la dernière est celle de Manuel Comnène — étaient d'avance vouées à l'échec parce qu'en dispersant les forces de l'Empire, elles mettaient en péril la défense du domaine géographique dont Constantinople était le centre naturel et dont la possession assurait sa sécurité et sa grandeur.

Dans la masse des événements qui se sont succédé pendant la durée millénaire de l'Empire, on a cherché à distinguer les faits d'importance capitale qui donnent une certaine unité aux diverses périodes de son histoire. Les historiens ne se sont guère mis d'accord sur ces coupures, car chacun d'eux se place à un point de vue différent, histoire des dynasties, des institutions ou des guerres ([17]). Or ce sont les péripéties qu'a subies le domaine géographique de Byzance qui marquent les divisions naturelles de son histoire. Trois fois ce domaine fut menacé de disparition, par les barbares au Ve siècle, par les Arabes et les Slaves au VIIe, par les croisés occidentaux au XIIIe : trois fois l'Empire trouva en lui-même les éléments de défense qui lui permirent de préparer des contre-offensives victorieuses, suivies de restaurations plus ou moins complètes et de périodes de prospérité qui se manifestaient par le rétablissement du prestige impérial et l'expansion toute pacifique de la civilisation byzantine en Europe.

Ce sont ces trois renaissances dues, la première à Justinien, la deuxième aux dynasties amorienne et macédonienne, la troisième aux Paléologues, qui marquent les véritables coupures de l'histoire de Byzance, en fonction des agrandissements ou des amoindrissements de son domaine géographique.

Pendant la première période, qui dure environ trois siècles, l'Empire d'Orient conquiert son indépendance par l'expulsion des milices barbares, succès qui permit à Justinien d'organiser l'État sur des bases inébranlables et de travailler à la restauration de l'Empire romain universel. Puis de nouvelles invasions (Lombards, Avars, Slaves, Arabes, Bulgares) arrachèrent à l'Empire ses possessions extérieures et même une partie de son domaine géographique. Au début du VIIIe siècle Constantinople était menacée par les Arabes et l'État en voie de dissolution. D'un empire romain universel il ne pouvait plus être question. Ce fut à cette époque que le grec, idiome national de Constantinople, se substitua définitivement au latin comme langue officielle de l'Empire.

La seconde période, la plus longue, qui compte près de cinq siècles, est celle de l'Empire romain hellénique, dont le territoire, après le redressement dû aux dynasties isaurienne, amorienne, macédonienne, correspondait exactement aux frontières de son domaine géographique, qui débordait même sur l'Italie méridionale et l'Arménie. Cette période fut la plus brillante de l'histoire de Byzance, mais ses deux derniers siècles furent marqués par les invasions de peuples nouveaux, Normands d'Italie, Petchenègues, Turcs Seldjoukides et enfin par celle des croisés d'Occident qui parvinrent à prendre Constantinople en 1204 et à se partager les territoires de l'Empire.

Et cependant Byzance survécut à la catastrophe. Réfugiés à Nicée, les empereurs y organisèrent la résistance et commencèrent par une politique habile à reconstituer lentement leur domaine en Asie et en Europe. Ils préparèrent ainsi l'œuvre de relèvement à laquelle Michel Paléologue attacha son nom en reprenant Constantinople. Mais cette restauration fut incomplète et l'Empire ne put recouvrer qu'une faible partie de son domaine géographique : en Europe, où il dut faire face aux projets ambitieux des jeunes nations serbe et bulgare, en Asie, où la création d'une nouvelle Byzance, l'État de Trébizonde, l'écarta de la mer Noire, enfin à Constantinople même, dans l'Archipel, en Grèce où il dut supporter les exigences jamais satisfaites des républiques italiennes. Dénuée des ressources nécessaires à sa défense, déchirée par les guerres civiles et les querelles religieuses, Byzance fut incapable de résister à la conquête ottomane, bien que son agonie se soit prolongée près d'un siècle. Sa tâche historique était terminée.

LIVRE PREMIER

L'empire romain universel
(395-717)

I. COMMENT L'EMPIRE D'ORIENT
ACQUIT SON INDÉPENDANCE

L'Empire d'Orient fut constitué à la mort de Théodose (janvier 395), dans ses limites territoriales. Pour saisir la portée de cet événement, il faut se rappeler que la division de l'Empire romain entre Arcadius et Honorius n'avait aucun caractère immuable, que les deux moitiés du monde romain vivaient presque toujours séparées depuis Dioclétien ([18]) et que ce fut une circonstance imprévisible, l'établissement des peuples germaniques en Occident, qui rendit définitive une division destinée à rester transitoire. Pendant qu'en Occident les chefs des milices fédérées ruinaient l'autorité impériale, l'Empire d'Orient échappait à cette mainmise. L'expulsion de ces milices hors de son territoire est le premier chapitre de ses annales, le fondement même de son indépendance, après des luttes qui durèrent près d'un siècle (395-488).

Théodose n'avait rien trouvé de mieux pour défendre l'Empire que d'y cantonner les Goths en masses compactes et de conférer les plus hauts grades de l'armée à leurs chefs nationaux. De là chez ceux-ci des ambitions jamais satisfaites et des révoltes, accompagnées de pillages, comme celle d'Alaric (395-397) qui, par bonheur pour l'Orient, alla chercher fortune en Italie avec son peuple wisigoth ([19]).

Même ambition chez Gaïnas, un autre général goth de Théodose, qui fit assassiner le préfet du prétoire Rufin (novembre 395). Chargé de réprimer la révolte du chef des fédérés goths d'Asie Mineure, Tribigild, il s'entendit avec le rebelle et, reparaissant en maître à Constantinople, il exigea d'Arcadius l'exécution de son ministre favori, l'eunuque Eutrope. Mais pour la première fois les populations civiles réagirent. En Asie Mineure des troupes de paysans s'opposèrent efficacement à Tribigild. A Constantinople il y eut un tel soulèvement contre les Goths qu'ils évacuèrent la ville avec armes et bagages et que Gaïnas les suivit (12 juillet 400) [20].

Le pouvoir civil l'emporta momentanément à Constantinople, mais, après la mort de Théodose II sans héritier mâle, sa sœur, Pulchérie, qu'il avait associée au trône, dut, pour le conserver, épouser un soldat obscur, Marcien, chef de la garde des *buccellaires* de l'Alain Aspar, comte, maître de la milice et consul en 434, chef renommé et très populaire chez les fédérés [21]. Il n'est pas douteux qu'Aspar, que sa foi arienne écartait du trône, ait imposé son protégé à Pulchérie. Marcien étant mort le 26 janvier 455, Aspar le remplaça par un autre de ses clients, le Thrace Léon, simple tribun d'une troupe d'intendance (7 février 457) [22]. La dynastie théodosienne était éteinte [23], il n'y avait plus d'empereur en Occident depuis la déposition d'Avitus (octobre 456) et pendant treize jours, du 26 janvier au 7 février 457, le trône fut vacant dans les deux moitiés du monde romain. Genséric à Carthage, Théodoric II à Toulouse, Ricimer à Ravenne, Aspar à Constantinople en étaient les maîtres [24]. Il entrait dans les projets d'Aspar de fonder une dynastie en faisant occuper le trône par Léon jusqu'à ce que son jeune fils, Patricius, qui serait d'abord créé César, fût en âge de lui succéder [25], mais, s'il s'était flatté de trouver dans son protégé un instrument docile, il ne tarda pas à être détrompé.

Effrayé en effet de la place que son protecteur tenait dans l'État, Léon opposa aux troupes gothiques une milice indigène recrutée dans la population guerrière des montagnes d'Isaurie, maria sa fille aînée Ariadne à leur chef, Tarasicodissa, qui échangea son nom barbare contre celui de Zénon, lui donna à commander un corps de sa garde, puis le nomma *magister militum per Orientem* à la place du fils aîné d'Aspar (466-467). Une lutte terrible commença entre les deux milices et le premier acte de cette tragédie se termina par le meurtre d'Aspar et de ses fils, attirés par traîtrise dans un festin (471) [26].

Il en résulta entre les Isauriens et les fédérés ostrogths cantonnés en Pannonie une guerre civile qui désola l'Empire pendant vingt ans. Les provinces en faisaient malheureusement les frais et les belligérants ne suspendaient leurs hostilités que lorsque la région qu'ils pillaient ne pouvait plus les nourrir [27]. Après la mort de Léon, la succession au trône devint l'enjeu de la lutte. Le beau-frère du défunt, Basiliscus, favorable aux Goths, parvint à se substituer à Zénon qui se réfugia en Isaurie, mais après vingt mois de règne il fut renversé lui-même [28] et Zénon restauré dut faire face à l'ensemble des fédérés gothiques. A son principal adversaire, Théodoric Strabo (le Louche) il opposa son homonyme, Théodoric l'Amale, le futur conquérant de l'Italie, gardé en otage à Constantinople depuis 459 [29], mais les deux princes s'unirent contre lui. Zénon ayant réussi à détacher Strabo de cette alliance (478), l'Amale continua la guerre et, déjà politique avisé, traversa la Macédoine et, s'emparant de Dyrrachium, en fit une place de sûreté. Il parvint ainsi

L'Empire romain universel 25

à obtenir de Zénon des titres, de l'or et un cantonnement pour son peuple en Mésie (483), puis, au bout de quatre ans, les ressources de cette province étant épuisées, il marcha sur Constantinople dont il vint ravager la banlieue ([30]). Tout était à recommencer.

Ce fut alors que les adversaires se mirent d'accord pour adopter une solution dont les conséquences historiques devaient être considérables. Théodoric fut chargé de reconquérir l'Italie, au pouvoir d'Odoacre et des Hérules depuis 476 ([31]). Au printemps de 488, il évacuait la Mésie et entraînait son peuple vers des destinées nouvelles. La question des milices gothiques était résolue ; celle des milices isauriennes, aussi dangereuses pour le pouvoir, ne l'était pas encore.

En effet, après la mort de Zénon (9 avril 491), Longin, son frère, s'entendit avec les Isauriens pour se faire proclamer empereur, mais la veuve du défunt, Ariadne, gagna le sénat et fit élire un dignitaire âgé de 60 ans, le silentiaire Anastase ([32]). Aussitôt les Isauriens prirent les armes, mais le nouveau prince rassembla d'autres troupes et les expulsa de Constantinople. Loin d'accepter leur défaite, ils regagnèrent leur pays, formèrent une nouvelle armée et prirent la route du Bosphore. Anastase improvisa aussi une armée qui arrêta et battit les rebelles à Cotyaeon (Kutayeh) en Phrygie et les força à se réfugier dans le Taurus, où ils tinrent encore la campagne pendant six ans (491-497) ([33]).

Au cours de sa longue histoire, l'Empire d'Orient devait être encore bien des fois troublé par des révoltes militaires, mais qui ne furent que des querelles entre prétendants au trône. Le danger auquel il échappa au Ve siècle, la conquête, l'absorption par des milices étrangères, le menaçait au contraire dans son existence. Et ce fut parce qu'il évita le sort funeste qui avait accablé l'Occident, qu'il perpétua sur le Bosphore la tradition de l'Empire romain, dont il se considérait à bon droit comme l'héritier légitime.

Et pendant ces luttes tragiques l'Empire d'Orient avait eu à se défendre contre d'autres périls non moins pressants. Sa frontière du Danube était menacée par les Huns auxquels il versait un véritable tribut sous forme d'annone et il en enrôlait un certain nombre dans ses armées. Ces relations pacifiques furent rompues lorsque leurs hordes éparses et les peuples qu'elles avaient soumis furent rassemblés sous le commandement unique du chef impitoyable et insatiable qu'était Attila. Des expéditions de pillage ravagèrent les provinces balkaniques en 435, en 441, en 447, chacune suivie d'un traité de plus en plus onéreux pour l'Empire ([34]). Il en fut ainsi jusqu'au jour où les exigences d'Attila se heurtèrent à la fermeté de Marcien, qui refusa d'acquitter le tribut promis par le honteux traité de 449 ([35]). Attila, semble-t-il, n'osa essayer de forcer la grande muraille de Constantinople, construite par le préfet Anthémius en 413 et restaurée à la hâte par Cyrus, lors de l'invasion de 447 ([36]). Les Huns prirent subitement la route de l'Occident, libérant ainsi Byzance de leur menace perpétuelle.

En Asie la paix régna jusqu'à la fin du ve siècle avec la Perse sassanide et nulle circonstance ne pouvait être plus favorable à l'affermissement du jeune Empire d'Orient. Les deux États se considéraient comme les seuls civilisés et leur solidarité en face des barbares s'affirmait par la défense à frais communs des passes du Caucase contre les Huns Ephtalites qui menaçaient également les deux empires. Ce fut justement le refus par Anastase de verser la subvention habituelle en 496 qui provoqua une guerre de trois ans (502-505) dont le théâtre fut la Haute Mésopotamie. Par le traité signé entre Anastase et Kawadh, les Perses restituèrent, moyennant une forte indemnité, les villes qu'ils avaient prises et, pour assurer la frontière, Anastase fonda en face de la ville perse de Nisibe la puissante forteresse de Dara ([37]).

Obligés de défendre l'existence même de leur État, les souverains de Constantinople ne pouvaient songer à s'opposer aux entreprises des milices barbares en Occident. Les interventions de Léon pour placer sur le trône occidental des hommes de la valeur d'un Majorien (457-461) et d'un Anthemius (467-472) furent stériles ([38]). Plus efficace aurait pu être la lutte contre les Vandales, dont la marine menaçait les deux moitiés de l'Empire et venait écumer les côtes de Grèce. Mais les tentatives dirigées contre Carthage se heurtèrent à la diplomatie cauteleuse et à la perfidie de Genséric, qui sut par des négociations rendre inutile la flotte qui avait fait escale en Sicile en 441 ([39]), et déjouer la coalition formée contre lui par les deux empires en 468 en incendiant la magnifique armada que Léon avait eu le tort de confier à l'incapable Basiliscus [40]. Par la paix perpétuelle signée en 475 entre Zénon et Genséric [41], renouvelée par Anastase et Trasamond [42], l'Afrique semblait échapper définitivement à l'Empire.

Et tout en conquérant son indépendance, Byzance prenait déjà la physionomie caractéristique qui persista pendant toute son histoire, romaine par ses traditions, hellénique par sa culture, orientale par ses méthodes de gouvernement, qui donnaient souvent une place exagérée dans l'État à l'entourage privé du prince, aux eunuques de son *cubiculum*, aux impératrices et aux princesses qui se disputèrent le pouvoir sous les deux derniers représentants de la dynastie théodosienne [43].

Ce ne fut donc pas à ces princes dégénérés, qui passèrent une existense oisive, confinée au Grand Palais, que l'Empire d'Orient dut son salut, mais aux hommes d'État d'origine romaine, un Aurélien, un Anthemius, dont ils surent parfois s'entourer, et aussi aux hommes nouveaux qui furent leurs successeurs et, à défaut de qualités brillantes, eurent l'énergie nécessaire pour défendre l'État contre les périls qui le menaçaient.

C'est à ces bons serviteurs qu'est due l'activité législative de cette époque, et d'abord le premier recueil officiel des constitutions impériales, rassemblées jusque-là dans des collections privées, le Code Théodosien, promulgué au nom de Théodose II et Valentinien III le 15 février 438 [44] et complété par un grand nombre de novelles, recueillies plus tard par le Code Justinien.

Byzance revendiquait ainsi l'héritage de Rome et manifestait en même temps son activité créatrice, mais ce qui est plus remarquable encore, l'État prit à sa charge la sauvegarde de la culture antique par la fondation au Capitole d'un *auditorium*, véritable Université dotée de 31 chaires partagées entre les langues grecque et latine [45], point de départ d'une tradition qui devait se perpétuer jusqu'aux derniers jours de l'Empire.

Cependant, des maux qui dataient de loin rendaient la situation intérieure incertaine : le développement inquiétant de la grande propriété qui mettait en péril l'autorité de l'État, la fiscalité qui dépeuplait les campagnes et ruinait les bourgeoisies urbaines, l'indiscipline du peuple des grandes villes favorisée par les factions du Cirque, surtout l'agitation religieuse génératrice de révoltes et de difficultés insurmontables.

C'était d'abord la lutte contre le paganisme, encore très répandu dans les hautes classes et dans les campagnes en dépit des édits impériaux, en Grèce, où l'Université d'Athènes était comme son dernier refuge, en Égypte (46), en Syrie (47), à Constantinople même, où des chaires officielles étaient occupées par des païens (48). L'action du gouvernement, obligé à des ménagements, était souvent dépassée par des explosions de fureur populaire qui ensanglantaient les villes (49). Une tentative comme celle de Pamprepios pour rétablir le culte aboli montre qu'à la fin du Ve siècle la question du paganisme était toujours pendante (50).

De même l'application des édits impériaux contre les hérésies condamnées par les conciles était une source de difficultés. Les milices fédérées qui professaient l'arianisme s'étaient fait concéder le libre exercice de leur religion et même plusieurs églises de Constantinople, qui leur furent retirées après la chute de Gaïnas (51).

Mais l'agitation la plus dangereuse était due aux conflits qui régnaient entre les théologiens. Spéculant sur les dogmes, ils cherchaient à s'appuyer sur le pouvoir impérial et à soulever l'opinion populaire pour imposer leurs doctrines, d'où les schismes, les émeutes, les persécutions et les menaces de guerre civile. Dès le début du Ve siècle les controverses étaient si acharnées qu'on en discutait passionnément dans les boutiques de Constantinople (52). La lutte portait sur la définition de la nature du Christ, homme, né d'une simple femme, qui par ses vertus avait mérité de s'unir au Verbe éternel d'après l'école d'Antioche, resté Dieu dans sa vie terrestre sans confusion avec la nature humaine d'après celle d'Alexandrie (53). Les deux doctrines, l'une rationaliste, l'autre mystique, mettaient en péril le dogme de l'Incarnation reconnu par le concile de Nicée. Celle des deux personnes et des deux natures, soutenue par le patriarche de Constantinople Nestorius (428-431), fut condamnée, grâce à l'autorité du patriarche d'Alexandrie, Cyrille, au concile œcuménique d'Éphèse (431) (54). Nestorius fut déposé et ses adhérents expulsés de l'Empire portèrent sa doctrine en Perse, d'où elle devait rayonner jusqu'en Chine (55).

La doctrine de la nature unique du Christ (monophysite) fut défendue par un moine de Constantinople, Eutychès, qui fut excommunié par le synode patriarcal en 448 [56], mais que Dioscore, successeur de Cyrille à Alexandrie, essaya de faire réhabiliter dans un concile tumultueux, connu sous le nom de *brigandage d'Éphèse* (août 449) [57]. Pour calmer l'agitation qui s'ensuivit, Marcien et Pulchérie convoquèrent à Chalcédoine un concile œcuménique qui déposa Dioscore et approuva la doctrine exposée par le pape Léon, à qui Eutychès avait fait appel, dans sa lettre dogmatique : un seul Seigneur en deux natures sans confusion ni séparation [58] (octobre 451).

Loin de ramener la paix, le concile de Chalcédoine, dont les décisions furent rendues obligatoires par des édits impériaux, provoqua un soulèvement dans tout l'Orient, un schisme dans chaque église, des troubles graves en Égypte [59]. Pendant son règne très court (475-476), Basiliscus força les évêques à signer son *Encyclique*, qui le rejetait. Poussé par le patriarche Acace, Zénon publia en 482 un Édit d'union (*Henotikon*) qui n'eut d'autre résultat que de provoquer un schisme de 34 ans (484-518) entre Rome et Constantinople [60].

Telle était la situation au moment de l'avènement d'Anastase. Son règne, une fois la menace des milices barbares conjurée, aurait pu être réparateur, car ce modeste silentiaire se montra excellent administrateur. Soucieux d'assurer la sécurité de l'Empire, il restaura les places fortes des frontières, réorganisa les corps de *limitanei*, chargés de les défendre, et protégea les abords de Constantinople par la construction de son Long Mur [61]. Pour remédier à la mauvaise administration des villes, il publia une loi hardie, inspirée par son conseiller le Syrien Marinus, préfet du prétoire, en attribuant leur administration à un fonctionnaire d'État [62]. En supprimant les dépenses inutiles, il allégea les charges des populations et remplit le trésor public [63], mais, en dépit de ces sages réformes, à cause de sa politique religieuse, il laissa l'Empire dans un état troublé.

Par son passé en effet il était suspect de sympathies pour les monophysites et, avant de le couronner, le patriarche Euphemios exigea de lui une profession de foi par laquelle il s'engageait à respecter les décrets de Chalcédoine [64]. Ménageant d'abord les orthodoxes, il fit, pour mettre fin au schisme avec Rome, plusieurs tentatives sans résultat [65], puis il se mit à favoriser ouvertement les monophysites, déposant successivement Euphemios (496), puis son successeur Macedonius (511), puis Flavien, patriarche d'Antioche, remplacé en 512 par le grand théologien du parti monophysite, Sévère ([66]). Une véritable terreur régna dans le clergé orthodoxe, dont les résistances étaient punies de dépositions et d'exil. Des émeutes qui éclatèrent à Constantinople furent réprimées cruellement et en 513, prenant en main la cause des orthodoxes, le comte Vitalien, petit-fils d'Aspar, chef de l'armée du Danube, se révolta et, avec des alternatives de succès et de revers, tint la campagne jusqu'à la mort d'Anastase en 518 ([67]). Après avoir donné aux monophysites des positions inexpugnables qui rendaient toute conciliation impossible, Anastase laissait l'Empire en proie à des divisions irrémédiables et menacé d'une guerre civile.

II. L'ŒUVRE DE RESTAURATION DE JUSTINIEN

Partant des résultats acquis par les empereurs du Ve siècle, Justin et surtout Justinien entreprirent de les compléter, en rendant la paix religieuse à l'Empire et en restaurant l'*Orbis romanus* dans son intégrité.

Anastase laissait trois neveux, mais son principal ministre, l'eunuque Amantius, dévoué aux monophysites, voulait donner le trône à l'un de ses familiers ([68]). Déjouant ses projets, le Sénat, d'accord avec le peuple de Constantinople, proclama empereur le comte des excubiteurs Justin. Agé de 68 ans, d'une famille de paysans macédoniens de la région de Skupi (Skoplje), fils de ses œuvres et peu lettré, il avait fait sa carrière dans l'armée. Il était attaché à l'orthodoxie du concile de Chalcédoine ([69]) (9 juillet 518).

Sans enfants, Justin avait adopté son neveu *Fl. Petrus Sabbatius Iustinianus*, né à Tauresium en 482 ([70]), et lui avait fait donner une brillante et solide instruction. Une fois empereur, Justin résolut d'en faire son successeur et lui conféra titres et honneurs. Consul en 521, Justinien se rendit populaire par ses dépenses fastueuses ([71]). Catholique zélé, il prit la plus grande part au rétablissement de l'orthodoxie.

Six jours après l'avènement de Justin, le patriarche Jean, entouré par une foule déchaînée, dut monter à l'ambon et reconnaître le concile de Chalcédoine ([72]) et un édit

L'Empire romain universel

de Justin exigea la même adhésion de tous les évêques et de tous les sujets de l'Empire ([73]). Une réaction violente contre les monophysites agita tout l'Orient. A Antioche, Sévère fut remplacé par un orthodoxe et s'enfuit à Alexandrie ([74]). Les dépositions et exils d'évêques, les persécutions contre les moines, surtout en Syrie, furent nombreuses ([75]). Après de longues négociations entre Justin et le pape Hormisdas, auxquelles Justinien participa, des légats pontificaux vinrent à Constantinople et mirent fin au schisme qui durait depuis 34 ans ([76]).

Dans son zèle orthodoxe, Justin publia (vers 524) un édit contre les ariens, qui atteignait les Goths et autres Germains au service de l'Empire et fit fermer leurs églises à Constantinople ([77]). Il en résulta un conflit avec Théodoric qui menaça d'user de représailles et força le pape Jean 1er à se rendre à Constantinople pour demander l'abrogation de l'édit. Reçu avec les plus grands honneurs, le pape obtint seulement que les fédérés goths en fussent exceptés ([78]). Théodoric mécontent jeta le pape dans une prison où il mourut et prépara un édit de confiscation des églises orthodoxes, mais il termina lui-même ses jours le 30 août 526 ([79]). Moins d'un an après, Justin mourait à son tour (1er août 527), après avoir conféré le titre d'Auguste à son neveu et l'avoir fait couronner par le patriarche avec sa femme Théodora ([80]).

Justinien fut donc reconnu empereur sans difficulté. Pendant le règne de son oncle il avait pu se faire une idée des obstacles qu'il rencontrerait sur sa route : turbulence du peuple de Constantinople et des factions du Cirque, résistance des Orientaux aux édits orthodoxes de Justin, conflits avec la Perse. Doué de qualités brillantes, possédant un savoir encyclopédique et une grande facilité d'assimilation, avec un goût particulier pour la théologie, il manifesta son activité dans tous les domaines, tranchant lui-même toutes les questions du fond de son palais, qu'il ne semble jamais avoir quitté pendant tout son règne, menant une vie très simple, presque ascétique, mais soucieux de faire respecter le prestige impérial par la magnificence des cérémonies et attaché à la tradition de l'ancienne Rome, dont il rappelait avec fierté les fastes dans ses édits ([81]). Faire régner l'ordre par la force des lois dans l'État comme dans l'Église, tel était le premier article de son programme.
Mais cet homme, dont la volonté était en apparence

si absolue, qui se considérait comme seul responsable devant Dieu du salut de l'Empire, qui voulait tout voir par lui-même et décider tout en dernier ressort, se défiait des volontés indépendantes de la sienne et employait souvent des subalternes dont il subissait l'influence. Parmi ses collaborateurs l'impératrice Théodora tient la première place. D'origine très basse, ancienne actrice qui figurait au Cirque dans les tableaux vivants, elle mena sur le trône une vie irréprochable, fondant des monastères, aimant le faste et la représentation [82], comblée d'honneurs par son époux, qui appréciait la solidité de son esprit et la consultait souvent. Très pieuse, mais attachée par ses origines à la doctrine monophysite, elle protégeait ouvertement ses coreligionnaires et son action devait être prépondérante dans la politique religieuse de Justinien [83].

Le règne de Justinien, qui dura 38 ans, se partage en trois périodes très nettes. De 527 à 533, il élabore et précise son programme de gouvernement, acquiert l'autorité et le prestige et manifeste son désir de réaliser l'unité dans tous les domaines. La période suivante (533-540) est celle de l'action victorieuse ; la dernière période, la plus longue, est celle des difficultés et des revers (540-565).

La première pensée de Justinien paraît avoir été de réaliser l'unité législative et d'établir l'enseignement du droit sur la base inébranlable de la jurisprudence romaine. Sept mois après son avènement, le 13 février 528, il nommait une commission chargée de rédiger un nouveau code des constitutions impériales, en éliminant les lois périmées et en y agrégeant les nombreuses novelles postérieures à la publication du Code Théodosien [84]. Le 7 avril 529, le Code Justinien était promulgué [85], mais dès 534 l'empereur en publiait une deuxième édition, la seule qui nous soit parvenue. Le 15 décembre 530, une commission présidée par Tribonien dut extraire de l'œuvre des anciens jurisconsultes les règles de droit privé toujours applicables et en constituer un code. Ce fut le recueil des Pandectes ou Digeste, promulgué le 15 décembre 533. Le 21 novembre précédent, la publication des *Institutes*, manuel destiné à l'étude du droit et mis au courant de la nouvelle législation, compléta ce monument incomparable [86].

Ces travaux se poursuivaient au milieu des soucis que donnait la situation de l'Empire. A Constantinople les querelles incessantes entre les factions du Cirque, l'âpreté du préfet du prétoire Jean de Cappadoce et des condamnations arbitraires prononcées par le préfet de la ville amenèrent la terrible révolte qui éclata à l'Hippodrome en présence de l'empereur et dura une semaine, du 11 au 18 janvier 532 ([87]). Les émeutiers incendièrent le palais du préfet et le feu gagna le Grand Palais, l'église Sainte-Sophie et les quartiers voisins. Un neveu d'Anastase, Hypatios, fut proclamé empereur. Justinien songeait à fuir en Asie, lorsque Théodora releva son courage. Les troupes commandées par Bélisaire et Narsès cernèrent les rebelles qui furent massacrés impitoyablement. Justinien avait dompté les éléments de désordre et son pouvoir était désormais assuré. Au lendemain même de sa victoire, il commença à rééditier somptueusement les édifices incendiés. Dès le mois de février 532, commençaient les travaux de Sainte-Sophie sur les plans grandioses d'Isidore de Milet et d'Anthémius de Tralles et, cinq ans plus tard, le 26 décembre 537, avait lieu sa dédicace solennelle ([88]).

Dès son avènement Justinien s'occupa de la question religieuse et, dans son désir d'unité, aggrava les lois contre les dissidents. Une loi publiée vers 528 obligea les païens à se faire instruire et baptiser sous peine de confiscation ([89]). Des moines monophysites dirigés par Jean d'Asie convertirent en masse les paysans d'Anatolie ([90]). L'École d'Athènes fut fermée en 529 et ses maîtres se réfugièrent en Perse ([91]). Les hérétiques furent exclus de toutes les fonctions ([92]). Seuls les monophysites échappèrent aux poursuites et Théodora put installer au palais de Hormisdas un véritable monastère monophysite, tandis que le culte dissident était célébré ouvertement au faubourg des Sykes ([93]). Justinien avait conçu le projet de rallier les monophysites à l'orthodoxie moyennant quelques concessions ([94]). En 533 il présida une conférence entre évêques orthodoxes et monophysites et publia ses deux premiers édits dogmatiques où il condamnait les doctrines à tendance nestorienne des moines Acémètes, afin de faciliter le rapprochement ([95]).

A l'extérieur la guerre avec la Perse, qui menaçait depuis longtemps, éclata à propos du protectorat des peuples du Caucase en 527. Bélisaire, gouverneur de Dara, repoussa victorieusement l'attaque des Perses contre cette place (530) et les empêcha d'envahir la Syrie par la victoire qu'il remporta à Callinicum sur l'Euphrate (531). En 532 un nouveau roi de Perse, Chosroès Anourschivan, proposa à Justinien un traité de paix éternelle, que l'empereur, tout entier à ses projets sur l'Occident, se hâta de signer, mais, pour se garantir contre la Perse, il noua des alliances précieuses avec les princes du Caucase et le négus d'Éthiopie ([96]). Pour faire contrepoids à l'état arabe de Hîra, au service des Perses, il créa en 531 celui de Bostra, dont le chef, Harith-ibn-Gabala (Aréthas) de la dynastie des Ghassanides, chrétien et monopohysite, reçut les titres de phylarque et de patrice ([97]).

Ce fut alors que, se sentant les mains libres, Justinien crut le moment venu d'accomplir son grand dessein : reconquérir l'Occident, restaurer l'Empire romain dans son intégrité. Les circonstances étaient favorables. En Afrique le roi vandale Hildéric, ami de l'Empire et protecteur des catholiques, avait été déposé et remplacé par Gélimer, dévoué à l'arianisme ([98]). En Italie, depuis la mort de Théodoric, sa fille Amalasonthe était régente au nom de son fils, Athanaric, mais celui-ci étant mort en 534, Amalasonthe dut partager le pouvoir avec son cousin, Théodat, qui l'interna dans une île du lac de Bolsena et la fit étrangler (535). Justinien se déclara son vengeur ([99]). Chez les Francs, Justinien était l'allié de Théodebert, fils de Clovis, contre les Ostrogoths qui occupaient la Provence ([100]).

Gélimer ayant repoussé les satisfactions demandées par Justinien, la guerre contre les Vandales fut décidée ([101]).

Au mois de juin 533, Bélisaire, dont la réputation était déjà grande ([102]) quittait Constantinople avec une armée de 15 000 hommes et une flotte de 92 dromons, débarquait sans résistance à 5 journées de Carthage (septembre), battait Gélimer à Decimum, entrait à Carthage, bien accueilli de la population, et, après avoir infligé une nouvelle défaite à Gélimer, le faisait prisonnier dans Hippone (mars 534) ([103]). Enthousiasmé par un succès aussi rapide, Justinien réorganisait l'administration de l'Afrique (13 avril 534), constituée en préfecture du prétoire et divisée en sept provinces ([104]). Mais la conquête était loin d'être achevée. Le successeur de Bélisaire, Solomon, dut réprimer une insurrection des Berbères qui n'avaient jamais été soumis aux Vandales. En 536 Bélisaire revint de Sicile, rappelé par une révolte des ariens de Carthage. Ce fut seulement en 539 que la province fut réellement pacifiée par Solomon, créé préfet du prétoire, que les villes d'Afrique furent restaurées et qu'un *limes* bien fortifié fut organisé en face des Berbères ([105]).

La reconquête de l'Italie devait être bien plus difficile. Tout en négociant avec les diverses factions des Goths, Justinien préparait deux expéditions : l'une, commandée par Mundus, attaqua la Dalmatie et reprit Salone ; l'autre, sous la conduite de Bélisaire, débarqua en Sicile, d'où les Goths furent chassés (hiver de 535) ([106]). Les négociations entre Justinien et Théodat continuaient toujours et la rupture n'eut lieu qu'après le refus du chef goth de se rendre à discrétion ([107]). Au printemps de 536 l'armée de Bélisaire passa le détroit de Messine. Naples fut prise après 20 jours de siège. Théodat s'enfuit à Rome, mais un guerrier goth le tua et on élut à sa place un soldat obscur, Vitigès, qui ne put empêcher Bélisaire d'entrer triomphalement à Rome (10 décembre), mais qui l'y assiégea à son tour pendant plus d'un an. Contraint par la famine, qui se mit dans le camp des Goths, à lever le siège (mars 538) ([108]), il organisa la résistance dans l'Italie du nord, dont la conquête fut longue et pénible, retardée par la rivalité de Bélisaire avec l'eunuque Narsès, qui avait amené des renforts ([109]); et ce fut seulement en mai 540 que Bélisaire entra à Ravenne et captura Vitigès qu'il emmena à Constantinople ([110]). Justinien n'avait même pas attendu la fin de la campagne pour rétablir la préfecture du prétoire d'Italie ([111]). Croyant la conquête terminée, il prit le titre de *Gothicus* et diminua les effectifs du corps d'occupation : il ne devait pas tarder à s'en repentir.

A l'intérieur cette période fut remarquable par l'activité législative de Justinien dans tous les domaines : réforme administrative destinée à protéger les populations contre les injustices, à réprimer les abus de pouvoir des grands propriétaires disposant de soldats privés (buccellaires), à supprimer la vénalité des charges ([112]) ; et, d'autre part, législation ecclésiastique réglementant l'usage du droit d'asile et donnant aux monastères un véritable code disciplinaire ([113]). C'est de cette époque que date l'édit qui réorganisa l'administration de l'Égypte ([114]).

En même temps Justinien continuait à faire des avances aux monophysites, appelait Sévère à Constantinople et laissait Théodora faire élire des patriarches suspects d'hérésie, Anthime à Constantinople, Théodose à Alexandrie, où une formidable émeute fut suivie d'un schisme (535) ([115]). Justinien se préparait à tenir une nouvelle conférence de rapprochement, lorsque le pape Agapet, envoyé en ambassade par Théodat, arriva à Constantinople (2 février 536), où il devait mourir quelques mois plus tard ([116]). Il détermina Justinien à faire déposer les deux patriarches hétérodoxes et à expulser les monophysites de Constantinople. Sévère se réfugia en Égypte où il mourut et fut canonisé (538) ([117]). L'Église monophysite était atteinte, mais, grâce à Théodora qui laissait les évêques réfugiés dans son palais, dont l'ex-patriarche Théodose, faire des ordinations, sa hiérarchie fut reconstituée ([118]). La même impératrice fit déposer par Bélisaire le pape Silvère, accusé

d'après Schrader : Atlas, carte 16

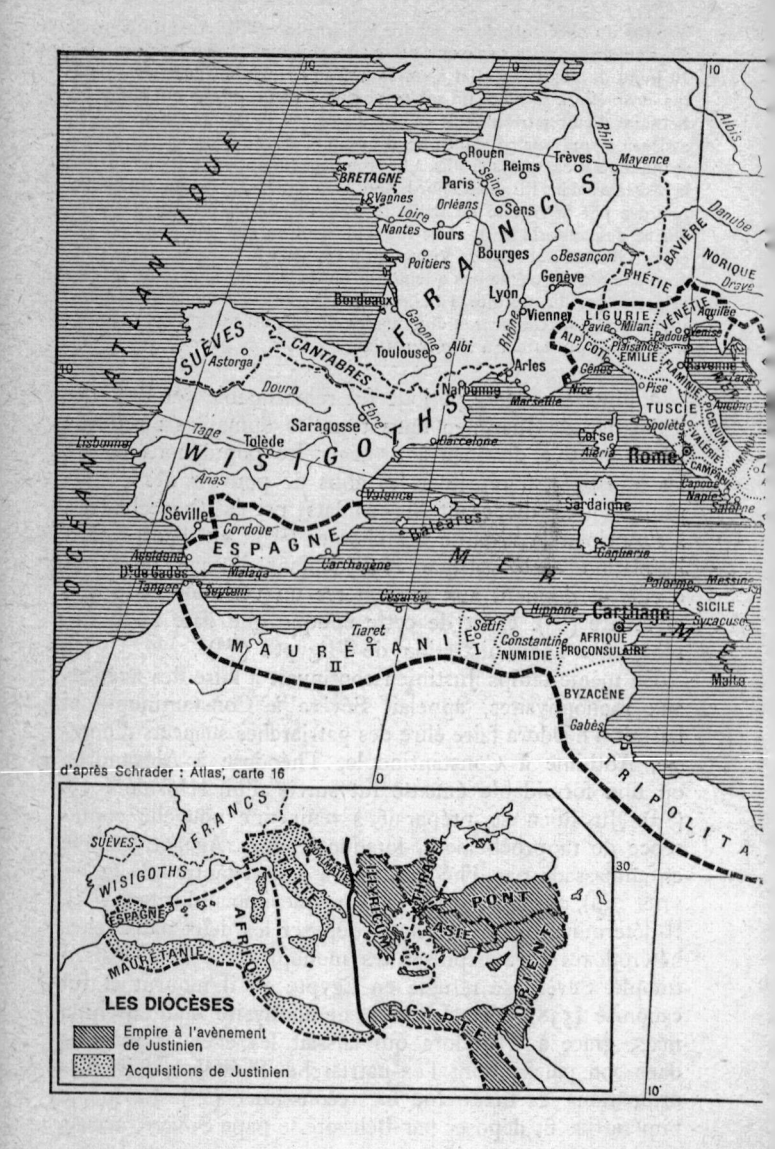

LES DIOCÈSES

- Empire à l'avènement de Justinien
- Acquisitions de Justinien

L'Empire romain universel

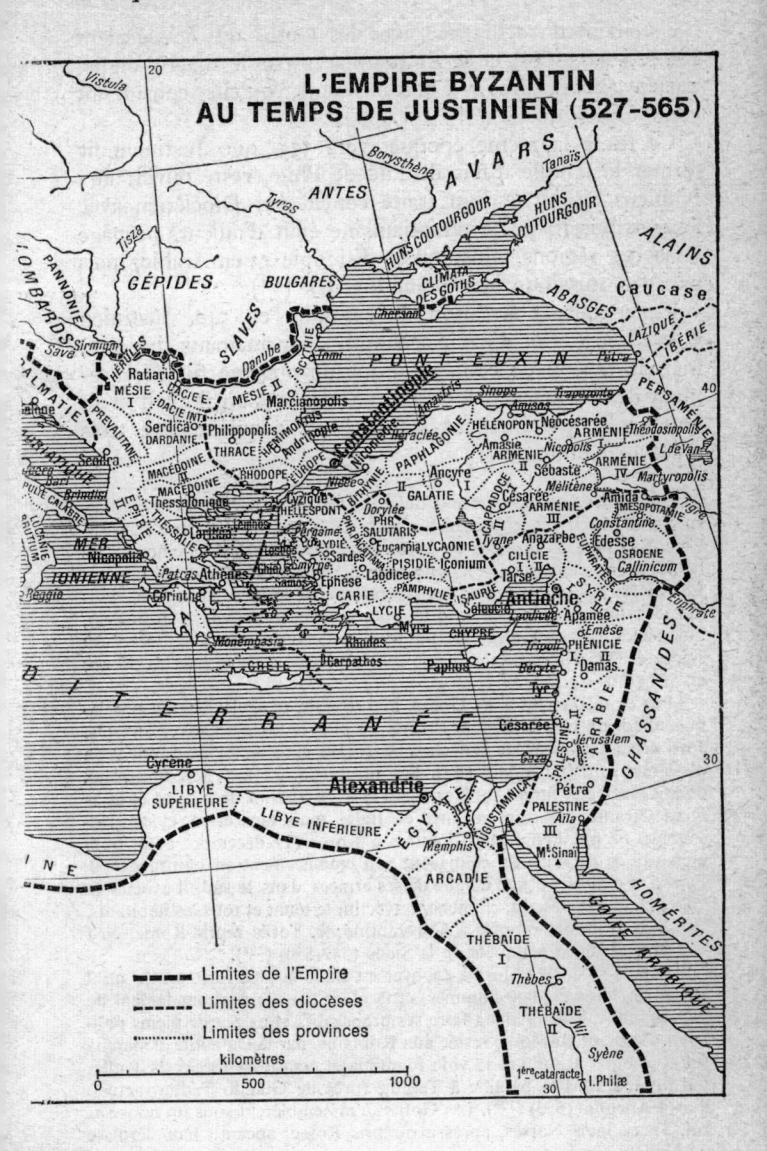

injustement d'intelligence avec les Goths qui assiégeaient Rome (mars 537) et le fit remplacer par le diacre Vigile, ancien apocrisiaire à Constantinople, qu'elle considérait comme plus docile [119].

Ce fut à la même époque, vers 535, que Justinien fit fermer le temple d'Isis de l'île de Philé, resté ouvert aux Nubiens en vertu d'un traité conclu par Dioclétien avec leurs tribus [120]. Le christianisme était d'ailleurs propagé dans ces régions, ainsi qu'en Éthiopie et en Arabie, mais par des missionnaires monophysites [121].

Telle était la situation de l'Empire en 540. Justinien pouvait se vanter d'avoir accompli ses principaux desseins, mais la rançon de cette politique de prestige fut l'épuisement des ressources de l'État, au moment où il allait avoir à défendre péniblement les résultats acquis contre trois attaques simultanées.

Avant même que la guerre d'Italie fût terminée, le roi de Perse Chosroès, poussé par des ambassadeurs goths [122], envahit la Syrie à l'improviste, s'empara d'Antioche et, après avoir incendié la ville, emmena les habitants en captivité [123]. Une nouvelle guerre de Perse commença. Elle ne fut pas marquée par des opérations de grande envergure, mais par des tentatives persanes d'invasion dans les provinces frontières, auxquelles Bélisaire répondit par des contre-attaques. Une trêve fut signée en 545 et renouvelée jusqu'à la conclusion d'une paix de 50 ans en 562 [124].

Mais en même temps les Goths, mal soumis, se soulevaient et proclamaient roi un chef énergique, Totila, le plus redoutable adversaire que Justinien ait trouvé sur son chemin, résolu à restaurer la domination de sa race sur l'Italie (542) [125]. Ses succès devant les chefs impériaux divisés entre eux furent rapides. En 543 il s'emparait de Naples et attaquait Otrante. Bélisaire renvoyé en Italie, mais sans armée et sans ressources, ne put l'empêcher d'entrer à Rome (17 décembre 546), qu'il menaçait de détruire en changeant son emplacement en pâturage [126]. Puis, à la nouvelle d'une défaite de ses armées dans le sud, il évacua la ville et la laissa déserte, emmenant avec lui le sénat et tous les habitants. Bélisaire ayant été rappelé à Constantinople, Totila reprit Rome, créa une flotte et fit la conquête de la Sicile (549-550) [127].

Justinien se décida alors à envoyer en Italie la plus forte armée qu'il ait jamais levée (22 000 hommes) et la plaça sous le commandement de Narsès, qui mit deux ans à faire ses préparatifs et exigea de pleins pouvoirs. Gagnant Ravenne, restée aux Romains, par la Dalmatie, il marcha sur Rome par Rimini et la voie Flaminia et écrasa les forces de Totila, qui fut tué dans la bataille à Tadinæ (près de Gualdo Tadino actuel) dans l'Apennin (553) [128]. Les Goths se rassemblèrent sous un nouveau roi, Teïas, mais Narsès, après avoir pris Rome, anéantit leur dernière armée au pied du Vésuve dans une bataille acharnée qui dura deux jours ([129]). Narsès dut ensuite expulser d'Italie les Francs de Théodebald et des bandes d'Alamans qui avaient profité de ces luttes pour occuper la Ligurie et s'étaient avancés jusque dans la Campanie (554) ([130]). L'Italie était recouvrée et, dans la Pragmatique Sanction par laquelle il en réorganisa l'administration, Justinien se vantait de l'avoir arrachée à la tyrannie et d'y avoir établi une paix parfaite, mais elle sortait de cette guerre dévastée, dépeuplée, appauvrie pour longtemps : les campagnes désertes, les ouvrages d'art, routes, aqueducs, digues, en ruines, les villes amoindries et décimées par la peste : tel est le tableau que les contemporains tracent de l'Italie ([131]).

Au plus fort de la guerre de Totila, en 544, une nouvelle insurrection berbère éclata en Afrique, où l'armée d'occupation était insuffisante, provoquée par la maladresse de Sergius, neveu de Solomon, gouverneur de Tripolitaine. En attaquant les révoltés, Solomon périt dans un combat à Sufétula (Sbaïtla) ([132]) et bientôt toute l'Afrique fut en pleine anarchie. Un duc de Numidie, Guntharit, essaya de s'emparer de Carthage avec l'appui des Maures (546). Justinien mit alors à la tête de l'armée d'Afrique un excellent chef de guerre, ancien lieutenant de Bélisaire, Jean Troglita, qui vint à bout de l'insurrection en 548 ([133]), sans d'ailleurs avoir pu pacifier entièrement les tribus maures qui se soulevèrent encore en 563 ([134]).

Le rétablissement de l'autorité impériale en Afrique et en Italie ne constituait qu'une partie du programme de Justinien. Ses visées s'étendaient à tout l'Occident, comme le prouvent ses rapports diplomatiques avec les rois francs qui lui témoignaient le même respect qu'à un suzerain ([135]).

Il saisit donc l'occasion qui s'offrait à lui d'intervenir chez les Wisigoths d'Espagne, dont le roi Agila, attaché à l'arianisme, cherchait à soumettre la Bétique, où dominaient les orthodoxes, révoltés sous le commandement d'un noble, Athanagild. Celui-ci, se sentant impuissant à détrôner Agila par ses propres forces, demanda secours à Justinien, qui, en 554, lui envoya quelques troupes stationnées en Sicile, et commandées par le patrice Liberius, un ancien sénateur romain octogénaire. Grâce à ces secours, Athanagild battit Agila, qui fut tué près de Séville. De gré ou de force Athanagild dut céder à l'Empire Séville, Cordoue, Malaga, Carthagène, puis, ayant été proclamé roi, il se retira à Tolède ([136]). Réduit à ces limites étroites, cet établissement lointain ne pouvait avoir aucun avenir.

Décidé à faire porter son principal effort sur l'Occident, Justinien manqua des forces suffisantes pour défendre la frontière du Danube et c'est là le côté le plus faible de son œuvre militaire. Non qu'il se soit désintéressé de la défense de cette frontière, mais, en l'absence d'armées disponibles, il crut pouvoir en assurer l'inviolabilité, d'une part en construisant un grand nombre de forteresses qui formaient jusqu'à trois lignes de défense de la rive droite du Danube à la Thrace, complétées par les fortifications du Long Mur d'Anastase, des Thermopyles et de plus de 400 villes ou châteaux d'Illyricum et de Grèce ([137]) ; d'autre part, en poussant les uns contre les autres les peuples cantonnés au nord du fleuve ou en Norique : les Lombards contre les Gépides qui occupaient la plaine hongroise, les Huns Outigours établis à l'est de la mer d'Azov contre les Huns Koutrigours (entre le Don et le Dniester) alliés des Gépides, enfin un peuple nouveau venu, les Avars (en réalité branche des Turcs Oïgours, les Ouar-Khouni, échappés à la domination des véritables Avars) ([138]) contre tous les peuples du Danube ([139]). Pour surveiller la frontière une sorte de Marche fut organisée en Basse Mésie et en Petite Scythie sous le commandement d'un chef éprouvé, Bonus ([140]).

Mais les forteresses étaient occupées par des effectifs trop faibles pour être efficaces. Les barbares passaient à travers les mailles du filet : Slaves ([141]), Bulgares, Huns, dont les bandes ne comprenaient pas plus de quelques milliers d'hommes, venaient impunément piller et dévaster les provinces en massacrant les habitants. En 539-540 ils étendent leurs ravages de l'Adriatique aux abords de Constantinople, forcent le passage des Thermopyles et mettent la Grèce à feu et à sang ([142]). En 558 une horde de 7 000 Koutrigours peut franchir le mur d'Anastase et jeter la panique dans Constantinople : Bélisaire, avec quelques centaines de vétérans et une partie des habitants, parvint cependant à repousser leurs assauts et à les mettre en fuite ([143]).

Et les maux intérieurs ne firent que s'aggraver pendant cette période, marquée par l'échec final des tentatives de conciliation religieuse que Justinien poursuivait à tout prix. Plusieurs théologiens lui ayant persuadé que l'un des principaux motifs de la résistance des monophysites provenait de la réhabilitation par le concile de Chalcédoine de plusieurs écrits à tendance nestorienne, l'empereur, qui venait de publier en 543 un édit dogmatique condamnant les doctrines origénistes des moines de Palestine, s'imagina avoir trouvé un terrain d'entente. Dans un nouvel édit, publié vers 544, il condamna de son propre chef les écrits de Théodore de Mopsueste, le maître de Nestorius, Théodoret de Cyr, son condisciple, Ibas, évêque d'Édesse [144]. Loin d'apaiser les esprits, cette condamnation des *Trois Chapitres*, ainsi qu'on appela les livres incriminés, jeta le plus grand trouble dans l'Église et souleva les protestations des évêques d'Afrique et de tout l'Occident.

Le pape Vigile ayant réservé sa décision fut embarqué de force pour Constantinople [145]. Après avoir refusé d'abord de souscrire à l'édit, il publia sa sentence (*Judicatum*) qui condamnait les Trois Chapitres, mais avec de fortes réserves (11 avril 548) [146]. De tous côtés et jusque dans l'entourage du pape des protestations s'élevèrent, si violentes, si unanimes, que Vigile retira le Judicatum et conseilla à Justinien de convoquer un concile œcuménique [147].
Mais l'indécision du pape et l'entêtement de l'empereur provoquèrent entre eux un conflit irréductible, lorsque, violant la promesse qu'il avait faite de s'abstenir de tout acte avant la réunion du concile, Justinien publia une *Confession de foi*, dans laquelle, se considérant comme le gardien de l'orthodoxie, il condamnait de nouveau les Trois Chapitres [148]. Vigile refusa de la recevoir et, devant l'irritation de l'empereur, se réfugia dans une église, d'où Justinien essaya en vain de l'arracher par la force, puis le 23 décembre 552 il s'enfuit à Chalcédoine et protesta dans une *Encyclique* contre le traitement qui lui avait été infligé. Alors Justinien céda et força les évêques excommuniés par le pape à lui faire leur soumission. Vigile revint à Constantinople, mais refusa de participer aux travaux du concile qui se tint du 5 mai au 2 juin 553 et condamna formellement les Trois Chapitres [149].
Le résultat fut tout autre que celui qu'avait espéré l'empereur. Après avoir résisté six mois, Vigile finit par accepter le concile et mourut pendant son retour à Rome le 7 juin 555 [150]. En revanche l'opposition fut vive en Occident, et particulièrement en Afrique, et même en Italie, où se produisit un schisme entre le nouveau pape, Pélage, et une partie des évêques, sans d'ailleurs que les décrets du concile eussent ramené les monophysites à l'orthodoxie [151].

La faillite de la politique religieuse de Justinien était complète et, à force de raffiner sur les dogmes, il finit par tomber lui-même dans l'hérésie de ceux qu'il voulait ramener à la vraie foi. Il se laissa gagner par la doctrine égyptienne d'après laquelle le corps de Jésus sur la croix était resté incorruptible (*aphtartodocétisme*), exila le patriarche Eutychios qui refusait de l'approuver (22 janvier 565), et se préparait à publier un édit imposant sa croyance à tout l'Empire lorsqu'il mourut ([152]).

Pendant cette période d'agitation, la situation intérieure avait empiré. Théodora avait obtenu la disgrâce de Jean de Cappadoce (541) et mourut elle-même en 548, laissant Justinien désemparé. Dans les provinces ravagées par les barbares, la fiscalité était de plus en plus oppressive, aggravée par la corruption des fonctionnaires, que l'empereur flétrissait en vain dans son ordonnance de réforme de 556, qui reproduisait presque entièrement celle de 535 ([153]). Le mécontentement grandissait à Constantinople et dans les grandes villes où les Verts et les Bleus fomentaient de nouvelles émeutes. En 562 un complot fut ourdi contre le vieil empereur et Bélisaire, accusé d'y avoir participé, fut privé de ses honneurs ([154]). Vieilli, fatigué, irrésolu, l'esprit absorbé presque exclusivement par les questions théologiques, Justinien mourut à l'âge de 82 ans le 14 novembre 565 et sa mort fut saluée d'un soupir de soulagement par tous ses sujets ([155]).

Ce n'est pas sur cette fin misérable qu'il faut le juger. En dépit de ses travers il a fait œuvre de grand souverain et il a donné à l'Empire une contexture solide qui lui a permis de supporter longtemps les assauts des barbares et de rayonner dans le monde par l'éclat de sa civilisation. La liberté de la navigation rétablie dans la Méditerranée, l'œuvre juridique des Romains perpétuée, l'Église d'Orient pourvue d'une législation disciplinaire qu'elle conserve encore, la protection de ses missionnaires, l'impulsion donnée aux lettres, à l'enseignement, à la formation d'un art byzantin, tels sont les services qu'il a rendus. Ce n'est pas dans le pamphlet haineux attribué à Procope qu'il faut chercher le véritable Justinien ([156]) ; ses erreurs sont incontestables, ses défauts se sont accusés avec l'âge et il a légué à ses successeurs des difficultés insolubles : son règne n'en tient pas moins une place fondamentale dans la vie historique de l'Empire d'Orient et même de l'Europe.

III. L'HÉRITAGE DE JUSTINIEN (565-602)

Malgré l'état troublé dans lequel Justinien laissa l'Empire, son œuvre ne périclita pas et les frontières qu'il avait données à la *Romania* étaient encore intactes en 602, mais, loin de réaliser ses plans, ses trois premiers successeurs durent se contenter de maintenir sur les frontières une défensive, parfois d'ailleurs victorieuse.

Avec ces trois princes reparaît un mode de succession qui rappelle celui des Antonins, l'adoption. Le successeur de Justinien fut l'un de ses neveux, Justin le Curopalate, marié à Sophie, nièce de Théodora [157]. Après neuf ans de règne, en 574, il eut des accès de folie qui rendirent indispensable la création d'un second empereur. Dans un intervalle de lucidité Justin adopta comme fils et nomma César l'un de ses meilleurs hommes de guerre, vainqueur des Avars, Tibère, d'origine thrace, qu'il connaissait depuis son enfance. Justin mourut en octobre 578, après avoir décerné le titre d'Auguste à Tibère, qui lui succéda sans difficulté [158] et, à la fin d'un règne très court (578-582), maria l'une de ses filles à l'un des généraux les plus en vue, Maurice, d'une famille romaine établie en Cappadoce, le créa César, puis, à son lit de mort, Auguste (13 août 582) [159]. Maurice, au contraire, eut l'ambition de fonder une dynastie et, en 590, proclama Auguste son fils aîné Théodose, âgé de 4 ans [160]. Bien plus, dans son testament il partageait l'Empire entre ses fils, donnant à Théodose l'Orient, à Tibère Rome et l'Occident [161], mais la révolte militaire qui le renversa devait rendre vaines ces dispositions.

La première tâche qui s'imposait aux successeurs de Justinien était le rétablissement de l'ordre et de la situation financière, obérée en grande partie par les lourds tributs payés à la Perse ou aux barbares sous forme de subventions ou d'annones [162]. Justin montra dès son avènement qu'il voulait guérir ces maux, en faisant rembourser d'abord les emprunts à court terme, plus ou moins forcés, par lesquels son prédécesseur comblait les vides du Trésor ([163]) et, comme on le verra, préféra la guerre à la sujétion économique dans laquelle l'Empire se trouvait vis-à-vis des barbares. Mais, après avoir remis, comme don de joyeux avènement, les arriérés des impôts, il se montra ensuite très strict envers les contribuables, tout en s'efforçant de faire régner dans les provinces la sécurité et la justice ([164]).

Les deux successeurs de Justin, Tibère et Maurice, gouvernèrent l'État avec la même sagesse, mais Tibère, qui ne fit que passer sur le trône, a laissé une réputation de prince libéral et généreux, qui parvint jusqu'en Occident ([165]). Maurice, au contraire, avec des qualités remarquables, homme de guerre, lettré, bon administrateur, plein d'humanité et soucieux de venir en aide aux nécessiteux ([166]), se rendit impopulaire, en particulier dans les armées, en pratiquant une politique d'économie qui le fit taxer d'avarice et qui causa sa chute. Il se fit aussi beaucoup d'ennemis en révoquant d'excellents généraux, en les remplaçant par des parents et des favoris incapables ([167]) et en favorisant aveuglément la faction des Verts ([168]).

Dans les questions religieuses Justin II et ses deux successeurs montrèrent la même modération, le même désir de pacification et cette politique, si différente de celle de Justinien, leur fut facilitée par les dissentiments mutuels des sectes jacobites ([169]). Justin commença par rappeler tous les évêques exilés, sauf le patriarche Eutychios, mais, encore imbu des méthodes de son oncle, poursuivit la chimère de la conciliation. Un premier Hénotikon, omettant le concile de Chalcédoine, fut suivi de conférences qui n'aboutirent pas (567). Un second Hénotikon, accepté d'avance par les chefs jacobites, fut imposé à tous par la force; les emprisonnements et les persécutions recommencèrent (571) ([170]).

Tibère y mit fin et, en 574, replaça même sur le trône patriarcal Eutychios, exilé depuis 565 ([171]). Maurice fit preuve de la même modération, tout en restant fidèle à l'orthodoxie : cependant, lorsqu'un intérêt politique était engagé, il montrait une grande fermeté ([172]).

Ce fut d'autre part sous son règne que se posa pour la première fois la question des rapports entre le Saint-Siège et le gouvernement impérial, non plus comme naguère à propos des dogmes, mais sur le terrain juridique. Bien qu'en principe le pape Grégoire le Grand (590-604) se reconnaisse le sujet de l'empereur ([173]), il n'en revendique pas moins tous les droits du siège apostolique sur toutes les églises au point de vue spirituel et même disciplinaire : de là ses interventions dans les affaires des patriarcats d'Orient et de Constantinople dont il reçoit les appels ([174]);

L'Empire romain universel 45

de là le conflit de préséance, qui avait éclaté sous son prédécesseur Pélage II et le patriarche Jean le Jeûneur au sujet du titre d'œcuménique ([175]); de là enfin son différend avec Maurice à propos d'une loi qui interdisait l'entrée dans les monastères aux fonctionnaires, soldats et curiales avant la reddition de leurs comptes ou l'accomplissement de leur service. Ce conflit n'eut pas d'ailleurs l'acuité qu'on lui prête quelquefois et semble s'être terminé par un compromis ([176]). Le pape ne s'en posait pas moins comme le gardien suprême de la discipline chrétienne, même vis-à-vis de l'empereur et il y avait là une grande nouveauté.

De toutes les difficultés léguées par Justinien à ses successeurs, la plus grande était la défense de l'Empire et, sur cette question, comme sur les précédentes, on remarque chez eux une continuité de vues et d'action politique imposée par les circonstances et qui aboutit à un renversement de la politique de leur grand prédécesseur. Justinien avait porté tout son effort vers l'Occident et croyait défendre les frontières par l'organisation d'un *limes* puissamment fortifié et la distribution d'annones, tributs déguisés, aux peuples voisins. Justin II et, après lui, Tibère et Maurice organisent la défensive en Occident, cherchent à supprimer les tributs qui grèvent le budget de l'Empire et à acquérir la prépondérance en Orient, en Arménie, dans les pays du Caucase, magnifiques territoires de recrutement, où ils pourraient enrôler les armées nécessaires à la défense des frontières, mais seulement après avoir fait disparaître la domination perse de ces régions. Cette politique exigeait la dénonciation du traité onéreux signé par Justinien en 562 et la guerre avec la Perse. La paix signée pour 50 ans fut donc rompue au bout de 10 ans : la guerre qui commença entre l'Empire et les Sassanides allait durer un demi-siècle, jusqu'à l'écrasement de la Perse par Héraclius.

Elle fut précédée d'une lutte diplomatique chez les vassaux et les voisins des deux empires. Justin fit alliance avec le Khagan des Turcs occidentaux originaires de l'Altaï, qui, après s'être révoltés contre les Mongols (Jouan-Jouan), avaient fondé un grand empire qui s'étendait des frontières de la Chine à la Transoxiane et était en conflit avec la Perse ([177]). Il s'était aussi ménagé des intelligences chez les sujets arméniens des Perses ([178]) et chez les Ibères que la maladresse et la dureté des gouverneurs perses entraînèrent à la révolte ([179]). En 572, Justin ayant refusé d'acquitter le tribut dû à la Perse par le traité de 562, la guerre commença sur les frontières des deux empires et fut menée par Justinien, un petit-neveu du grand empereur, qui s'empara de Dwin, mais ne put empêcher le roi Chosroès de prendre la place importante de Dara (mai 573) ([180]). L'état maladif de Justin II obligea le gouvernement impérial à conclure une trêve, pendant laquelle Tibère, proclamé César, put faire des levées importantes (574) ([181]); puis, au cours des même négociations destinées à prolonger la trêve, Chosroès envahit brusquement l'Arménie romaine, ne put prendre Theodosiopolis (Erzeroum), se dirigea sur la Cappadoce, mais se heurta près de Mélitène aux forces de Justinien, qui obligea son armée à repasser l'Euphrate en désordre et lui infligea la plus grande défaite que les Perses aient jamais subie au cours de ces guerres (575) ([182]). Justinien réoccupa la Persarménie, mais l'indiscipline de son armée de barbares lui valut plusieurs défaites qui firent rompre les négociations engagées pour la signature de la paix (576-577) ([183]).

De nouveau en 578 Chosroès rompit les pourparlers et envahit l'Arménie romaine, mais il trouva en face de lui Maurice, que Tibère avait substitué à Justinien comme stratège autocrator. Avec Maurice la guerre entrait dans une phase décisive. Disposant d'une armée bien entraînée, formée de barbares et, ce qui était une nouveauté, de recrues levées par lui en Asie Mineure et en Syrie, il força les Perses à battre en retraite et occupa lui-même l'Arzanène persane jusqu'au lac de Van ([184]). La mort du vieux Chosroès Anourschivan (579), fit échouer de nouvelles négociations, son fils et successeur Hormizd IV étant décidé à continuer la guerre ([185]). Des dissentiments avec le chef des auxiliaires arabes, le Ghassanide Mundar, ne permirent pas à Maurice de marcher sur Ctésiphon (580) ([186]) : il empêcha du moins une nouvelle invasion du territoire romain et dégagea Édesse par sa victoire sur les Perses à Constantine (Tela d'Manzalat) (581) ([187]).

Devenu empereur, Maurice concentra toutes ses forces contre la Perse avec la volonté bien nette d'abattre sa puissance et prit l'offensive en Mésopotamie dès 583. La guerre se poursuivit dans cette région pendant huit ans (583-591). La mutinerie de l'armée impériale, due à une réduction de solde, contraria l'offensive romaine (588) malgré ses victoires ([188]) et ce ne fut pas à une action militaire, mais à une révolution dynastique, que fut due la décision : l'un des principaux chefs perses, Bahram, se révolta contre Hormizd qui fut déposé et, refusant de reconnaître les droits de l'héritier légitime, Chosroès II, se fit proclamer roi ([189]). La guerre civile éclata en Perse et Chosroès, ayant été complètement battu, n'eut d'autre ressource que de se réfugier dans l'Empire romain où, par ordre de Maurice, il reçut la plus magnifique hospitalité (février-mars 590) ([190]). Pendant ce temps ses partisans reformaient une armée en Azerbaïdjan et Chosroès, accompagné par des troupes romaines, mit l'armée de Bahram en déroute et recouvra son royaume (591). Pour prix des services qu'il en avait reçus, il cédait à l'Empire Dara et Martyropolis, que les Romains n'avaient pu reprendre et consentait à une rectification importante de la frontière ([191]).

Dans la pensée de Maurice et de ses prédécesseurs l'anéantissement ou du moins la neutralité de la Perse devait leur laisser les mains libres en Occident. Malheureusement ce résultat fut atteint trop tardivement pour permettre à l'Empire de conserver intactes sa frontière du Danube et ses possessions occidentales.

En 565 les frontières du nord étaient occupées par les Lombards, les Gépides et les Avars. Narsès avait enrôlé des Lombards dans son armée et Justinien avait cherché à les pousser contre les Gépides, qui avaient enlevé à l'Empire Sirmium (Mitrovitza) et Singidunum (Belgrade). Justin II trouva avec raison les Gépides moins dangereux que les Lombards et en 566 il leur envoya des secours en leur faisant promettre de restituer Sirmium, mais, comme ils ne tenaient pas leur promesse, il les abandonna et laissa détruire leur État par une coalition des Lombards et des Avars ([192]). C'était là une grosse faute, dont les conséquences se firent immédiatement sentir : les Avars, déjà établis entre la Tisza et le Danube, occupèrent le territoire gépide, réclamèrent la possession de Sirmium et un tribut ; s'étant heurtés à un refus, ils ravagèrent la Dalmatie et la Thrace et obtinrent en 571 un traité qui leur laissait les terres des Gépides, sauf Sirmium ([193]). Par contre, poussés par leurs alliés, les Lombards envahissaient l'Italie avec l'intention de s'y établir ([194]).

Ce fut la migration de tout un peuple qui s'abattit sur la péninsule à partir d'avril 568, sans rencontrer l'armée impériale occupée contre les Avars. Les seules forces organisées étaient les milices et les garnisons des villes qui résistèrent longtemps à l'abri de leurs remparts. Aussi la conquête fut très lente. Milan tomba au pouvoir d'Alboin qui s'y fit couronner roi le 4 septembre 569. Pavie fut assiégée trois ans avant de succomber en 572 ([195]). Le meurtre d'Alboin (juin 572), suivi d'une période d'anarchie pendant laquelle la nation lombarde fut gouvernée par ses chefs de guerre, les ducs, ralentit encore la conquête, mais non les pillages du plat pays. Ce fut seulement après la défaite de la seule expédition envoyée en 575 par Justin en Italie ([196]) qu'une nouvelle extension lombarde eut lieu dans la plaine du Pô, dans les Alpes, où elle se heurta aux Francs, en Toscane, dans les Apennins. Ces établissements dispersés ne formaient pas un territoire compact. En 578 les Lombards s'emparèrent du port de Ravenne, Classis, mais ne purent occuper la ville dont ils interceptaient les communications avec Rome, qu'ils commencèrent à attaquer en 579. Aux demandes de secours des Romains, Tibère répondait par des envois d'argent pour acheter les chefs lombards et provoquer l'intervention des Francs ([197]).

Tibère prenait alors l'offensive en Perse et supportait en même temps une nouvelle attaque des Avars, dont les vassaux slaves venaient impunément piller la Thrace et pénétraient jusqu'en Grèce (578-581). Sans armée à leur opposer, Tibère imagina de s'allier contre eux avec les Avars qui, en effet, arrachèrent leur butin aux Slaves; mais au cours des négociations, Baïan, leur Khagan, s'empara par surprise de Sirmium, dernière ville impériale de Pannonie et, pour éviter une nouvelle guerre, le basileus dut payer les arriérés du tribut refusé par Justin (582) [198]. Puis l'avènement de Maurice remit tout en question (14 août 582), Baïan ne se croyant pas lié à son égard par le traité conclu avec Tibère et envoyant ses hordes en Thrace jusqu'aux ports de la mer Noire. Il fallut acheter leur retraite par une augmentation du tribut, mais, pendant que Maurice était engagé en Perse, les Avars, violant ce second traité, poussèrent contre l'Empire les Slaves qui, d'une part, allèrent assiéger Thessalonique (586) et, de l'autre, s'avançaient jusqu'au mur d'Anastase. Les Avars eux-mêmes passaient les Balkans après avoir envahi la Mésie. Cette fois la riposte fut efficace. Grâce à une tactique adaptée à celle de l'ennemi, les Slaves furent expulsés de Thrace et les Avars refoulés au-delà du Danube après avoir perdu une bataille devant Andrinople (587) [199].

Tout entier à ses plans de conquête de la Perse et à sa résistance aux agressions des Avars, Maurice, sans négliger l'Occident, dut se borner à y organiser une défensive active, d'abord en créant en Italie et en Afrique un commandement unique par la concentration des pouvoirs civil et militaire entre les mains d'un exarque, véritable vice-empereur, chargé de diriger la défense [200], ensuite en négociant une alliance avec Childebert II, roi des Francs d'Austrasie, qui s'engagea à attaquer les Lombards [201].

De 584 à 590 il y eut cinq expéditions franques en Italie, mais elles ne donnèrent pas les résultats espérés. Ou les Francs restaient dans l'inaction et l'on voit Maurice réclamer à Childebert les subsides qu'il lui a envoyés [202], ou ils pillaient la région pour leur compte, ou même ils traitaient avec les Lombards. Surtout ils ne parvenaient pas à combiner leurs opérations avec celles des troupes impériales, comme il arriva en 590, alors que l'exarque Romain n'ayant pu les rejoindre au jour fixé, les Francs repassèrent les Alpes sans l'attendre et firent ainsi échouer l'attaque projetée contre Milan [203]. L'Empire conserva du moins ses positions et les exarques Smaragdus (585-589) et Romain (589-596), malgré de faibles effectifs, mais aussi en achetant des chefs lombards, purent reprendre quelques positions importantes, comme le port de Classis en 589 [204].

Après l'avènement du pape Grégoire le Grand (février 590), la question lombarde prit un autre aspect. Ariulf, duc de Spolète, attaqua brusquement Rome (été de 592), tandis que le duc de Bénévent menaçait Naples. Devant l'inaction de l'exarque Romain, le pape prit toutes les mesures de défense et le roi Agilulf ayant paru à son tour devant Rome, il n'hésita pas à signer une trêve avec lui moyennant un tribut (594) [205].

Dès lors un conflit s'éleva entre la politique de Maurice et de l'exarque Romain, qui ne voulaient laisser nul répit aux Lombards, et celle du pape, qui se rendait compte de l'impuissance des forces impériales et se préoccupait surtout d'empêcher les Lombards d'occuper Rome et d'épargner aux populations les horreurs d'une guerre inutile. D'autre part Grégoire trouvait une base d'entente dans les dispositions de la reine Théodelinde, de religion catholique. Après une forte résistance de Maurice ([206]), le point de vue du pape finit par l'emporter et un nouvel exarque, Callinicus, signait en 598 avec le roi Agilulf une trêve, qui fut renouvelée en 603 ([207]).

Dans le reste de l'Occident l'action de Constantinople, sans être nulle, ne pouvait être que superficielle. La province d'Afrique, véritablement prospère sous Justin II, subit en 569 une invasion des Maures dont le chef, Garmul, battit successivement trois armées impériales, mais fut lui-même vaincu et tué par Gennadius (578), qui, devenu exarque d'Afrique, acheva de pacifier la province (579-591) ([208]).

En Espagne le roi wisigoth Leovigild (568-586) enleva Séville, Cordoue, Sidonia à la province impériale, au cours de la guerre qu'il soutint contre son fils Hermenegild, converti au catholicisme et révolté contre lui. Appuyé par le gouverneur impérial, mais trahi par lui, Hermenegild fut mis à mort, mais son jeune fils, Athanagild, trouva un asile à Constantinople ([209]). Sous le successeur de Léovigild, Reccared, qui embrassa le catholicisme, le *magister militum* Comentiolus paraît avoir recouvré une bonne partie des possessions byzantines ([210]).

Enfin la diplomatie impériale était très active en Gaule, surtout pendant le règne de Maurice, dont l'alliance avec Sigebert contre les Lombards fut l'occasion de nombreux échanges de lettres et d'ambassades. Depuis le règne de Justin, un prince franc, bâtard de Clotaire, proscrit par les siens, Gondovald, s'était réfugié à Constantinople, lorsqu'à la suite d'une intrigue de Brunehaut et des grands d'Austrasie, il fut invité à venir en Gaule réclamer l'héritage de son père. Maurice, qui comptait peut-être sur lui pour agir sur Childebert II, le fit partir avec une grosse somme d'argent. Après une première tentative qui échoua, en 582, Gondovald fut élevé sur le pavois à Brive et fut un moment le maître de la Gaule méridionale, mais à la suite de la réconciliation entre Gontran et Childebert, il fut abandonné de ses partisans et tué par trahison à Comminges (mars 585) [211]. Maurice voulait sans doute se servir de lui pour renforcer son alliance avec l'Austrasie, mais non, comme on l'a supposé, pour une pénétration en Gaule, qui eût été purement chimérique [212].

A partir de 591, l'heureuse issue de sa guerre contre la Perse permit à Maurice de consacrer toutes ses forces à la défense de l'Empire contre les Avars et de rappeler en Europe une partie de l'armée d'Orient avec son meilleur général, Priscus [213]. Baïan, qui s'était tenu tranquille depuis sa défaite d'Andrinople (587), mais qui préparait sa revanche, se jeta sur Singidunum qu'il mit à rançon, puis, faisant sa jonction avec les hordes slaves à Sirmium, passa la Save sur un pont de bateaux, traversa la Mésie, atteignit la mer Noire à Anchiale, mais n'osant attaquer Constantinople, se porta vers Andrinople. Priscus essaya de l'arrêter, mais, par suite de l'infériorité de ses forces dut s'enfermer dans Tzurulon (Tchorlou), puis, sur le bruit qu'une flotte impériale allait pénétrer dans le Danube, Baïan traita avec Priscus et se retira moyennant une indemnité peu considérable (592) [214].

Ainsi commença une guerre qui devait durer dix ans et dont la possession des passages du Danube fut le principal enjeu. Il semble que l'objectif de Baïan ait été d'atteindre la mer Noire, comme le montrent son expédition de 592 et celle de 600, lorsqu'il attaque la Dobroudja et assiège Tomi [215], avec l'intention vraisemblable d'interdire aux flottes impériales la pénétration dans le Danube. Au contraire l'objectif de Maurice, qui eût voulu commander lui-même son armée [216], et celui de Priscus, est l'offensive à fond qui permettrait de porter la guerre au-delà du Danube et d'atteindre les Avars et les Slaves dans leurs repaires. En 593 Priscus pénètre en Valachie et s'empare des camps où les Slaves entassaient leur butin. Malheureusement les mutineries de ses troupes et une attaque des Avars l'empêchent de continuer son offensive (594-595). Maurice le rappelle et le remplace par son frère, l'incapable Pierre, qui ne peut parvenir à passer le Danube (596-597). Réintégré dans son commandement en 598, Priscus ne peut que reprendre Singidunum, démantelée par les Avars, et ce n'est qu'en 601 qu'il exécute son plan d'attaque de la région transdanubienne [217].

Après la campagne des Avars en Dobroudja, mal défendue par Comentiolus [218], et leur apparition subite devant Constantinople, Maurice avait dû signer un traité onéreux, mais qu'il était décidé à rompre [219]. Il concentra donc à Singidunum les deux armées de Priscus et de Comen-

L'Empire romain universel

tiolus. Les Avars ne purent empêcher Priscus de faire traverser le Danube à toute son armée et par des manœuvres savantes au cours de cinq batailles meurtrières pour les barbares, tantôt formant ses troupes en carrés pour résister à leurs assauts, tantôt les chargeant avec furie, de les rejeter en désordre au-delà de la Tisza après leur avoir fait un nombre incalculable de prisonniers. Jamais Baïan, qui perdit plusieurs de ses fils au cours des combats et faillit être pris lui-même, n'avait subi une pareille défaite. Il eût suffi de pousser les avantages à fond pour détruire à jamais la puissance des Avars, mais les fautes de Maurice et l'indiscipline de l'armée rendirent les victoires de Priscus stériles [220].

En quelques mois la situation fut renversée. Maurice rappela encore Priscus et le remplaça par Pierre ; celui-ci, après avoir passé l'été 602 dans l'inaction, fit traverser le Danube à une partie de ses troupes, qui massacrèrent un grand nombre de barbares, mais, quand elles revinrent chargées de butin, elles reçurent de Maurice l'ordre de passer l'hiver au-delà du fleuve [221]. Aussitôt elles se révoltèrent et franchirent le Danube malgré leur chef, puis, Pierre ayant en vain fait demander à Maurice de révoquer son ordre, les mutins élevèrent sur un bouclier un de leurs centurions, Phocas, le proclamèrent exarque de l'armée et marchèrent sur Constantinople [222]. La cause de Maurice était perdue d'avance : détesté, bafoué publiquement, il n'avait plus aucun prestige [223]. Les factions du Cirque (dèmes) auxquelles il avait confié la défense de la ville l'abandonnèrent. Le 22 novembre, à l'approche des révoltés, il s'enfuit avec sa famille et se réfugia dans une église voisine de Nicomédie. Le lendemain Phocas était proclamé empereur, et le 27 novembre Maurice et cinq de ses fils amenés à Chalcédoine y subirent le dernier supplice [224].

IV. LE PREMIER DÉMEMBREMENT DE L'EMPIRE
(602-642)

En dépit des obstacles qu'ils avaient trouvés devant eux, Maurice et ses deux prédécesseurs avaient pu sauvegarder l'extension territoriale de l'Empire due à Justinien et même améliorer la situation de ses frontières. En 602 le danger perse avait disparu, les Lombards étaient neutralisés et un coup mortel avait été porté à la confédération des Avars. Ce fut la situation troublée à l'intérieur qui rendit vaines ces victoires. Pendant les huit années du règne de Phocas tous les résultats obtenus furent remis en question et, au moment où Héraclius prit le pouvoir, l'Empire était menacé de dissolution. Devant la tâche écrasante qui leur incombait, cet empereur et les princes de la dynastie qu'il fonda luttèrent avec un courage surhumain et parfois même parurent toucher au succès décisif, mais l'expérience ne tarda pas à leur démontrer que la conception d'un empire universel, défendu par les seules forces de Constantinople, ne répondait plus à l'état du monde. Les Héraclides furent malgré eux les liquidateurs de la politique de Justinien. Obligés de sacrifier les provinces extérieures, ils parvinrent du moins à sauver Constantinople et le repli même auquel ils furent contraints leur permit de faire front plus facilement sur les deux routes d'invasion qui partaient du Danube et de l'Orient. Cette période, marquée par une réforme de l'État, dont les institutions furent adaptées aux conditions nouvelles, est donc décisive dans l'histoire de Byzance ; l'ancien *orbis romanus* a vécu ; l'Empire d'Orient est constitué dans son véritable cadre géographique [225].

Soldat inculte sorti du rang, tempérament despotique, coléreux, cruel et vindicatif, Phocas s'appuya sur les éléments inférieurs de l'armée et sur la démagogie des grandes villes, représentée par les dèmes. Il eut contre lui l'aristocratie administrative et une partie des chefs militaires qu'il chercha à se concilier, comme Priscus, le vainqueur des Perses et des Avars, dont il fit son gendre [226]. En Italie, où Maurice était impopulaire, le nouveau pouvoir fut accueilli avec un véritable enthousiasme [227] et l'on peut voir encore aujourd'hui les restes de la colonne triomphale érigée sur le Forum romain en 608 en l'honneur de Phocas [228]. Surtout Phocas, qui faisait profession d'orthodoxie, eut les meilleurs rapports avec le pape Grégoire le Grand, qui mourut en 604 après le triomphe de sa politique pacifique vis-à-vis des Lombards [229], ainsi qu'avec ses successeurs. Il fut interdit au patriarche de Constantinople de prendre le titre d'œcuménique et le Siège de saint Pierre fut reconnu comme « la tête de toutes les églises » [230].

Ce fut du côté de l'Orient que vinrent les difficultés. La révolte de Narsès, qui se saisit d'Édesse et d'Hiérapolis, échoua complètement [231]. Plus grave fut l'hostilité du roi de Perse Chosroès II qui n'attendait qu'une occasion pour reprendre à l'Empire toutes ses concessions. Se posant en vengeur de Maurice, il protégea un aventurier qu'on faisait passer pour l'infortuné Théodose [232] (605), puis il assiégea la forteresse de Dara, la clef de l'Empire, qu'il avait dû rétrocéder, la reprit au bout d'un an et en abattit les murailles (604-605) [233]. La frontière était ouverte : une armée perse sous Schahin envahit l'Arménie romaine, où elle prit Théodosiopolis (607), alla assiéger Césarée de Cappadoce et envoya ses batteurs d'estrade jusqu'au Bosphore, à Chalcédoine (610); une autre armée, celle de Schahrbaraz, soumettait les villes de la Haute Mésopotamie, Mardin, Amida, Édesse [234].

La confusion fut encore augmentée en Orient par les mesures que Phocas, strictement orthodoxe, prit contre les monophysites en Syrie et en Égypte, sans d'ailleurs que ceux-ci aient considéré les Perses, suivis de leurs évêques nestoriens, comme des libérateurs [235].

A Constantinople, Germain, qui avait vu avec peine l'Empire lui échapper, fomenta successivement deux complots pour renverser Phocas. Le premier au début du règne, dans lequel il mit en avant l'impératrice Constantina, veuve de Maurice, et ses trois filles, se termina par une émeute des factions et fut réprimé d'une manière relativement bénigne [236]. Dans le second entrèrent plusieurs hauts dignitaires, qui furent dénoncés par un traître et mis à mort, ainsi que Germain, Constantina et ses filles [237] (605).

Dans les provinces régnait une véritable anarchie. L'invasion perse avait exaspéré la haine séculaire entre les chrétiens et les Juifs, accusés d'aider les Perses qu'ils regardaient comme des libérateurs, et qui, d'autre part, se mêlaient aux querelles des factions du Cirque, afin de pouvoir massacrer impunément les chrétiens [238]. En 608 une guerre civile éclata dans toutes les villes de Syrie, où le désordre était encore augmenté par la révolte des monophysites contre les édits impériaux. La répression, confiée à Bonose, comte d'Orient, fut particulièrement cruelle à Antioche et à Laodicée [239]. Puis ce furent les Juifs d'Antioche qui se révoltèrent à leur tour et massacrèrent le patriarche Anastase (septembre 610) sans que Phocas, renversé le 5 octobre suivant, ait eu la possibilité de réprimer ces troubles [240].

Lassés enfin de ce régime abject, les mécontents trouvèrent un chef résolu dans la personne d'Héraclius, exarque d'Afrique, qui avait eu une glorieuse carrière dans les armées de Maurice et qui, sollicité par Priscus lui-même et un grand nombre de membres de l'aristocratie, organisa en 608 une expédition commandée par son neveu Nicétas et dirigée sur l'Égypte, dont les forces lui paraissaient nécessaires pour la réussite de son entreprise. Ce fut seulement lorsque Nicétas, maître d'Alexandrie, put s'y maintenir malgré la diversion de Bonose, obligé de se rembarquer, que l'exarque équipa une flotte commandée par son fils, Héraclius, qui parvint devant Constantinople le 2 octobre 610, pénétra dans le port Sophien, qui lui fut livré par les Verts, pendant que Phocas, abandonné de tous, se réfugiait dans une église, d'où il fut tiré le surlendemain pour être mis à mort [241]. Le jour même Héraclius, fils de l'exarque, était couronné empereur par le patriarche [242].

Mais la chute de Phocas n'arrêta pas la tempête qui s'abattit sur l'Empire et lui enleva en quelques années toutes ses provinces d'Orient : en 611 Schahrbaraz s'empara d'Antioche et la défensive improvisée par Héraclius avec l'aide de Priscus et de Philippicus, en 612, ne put empêcher les Perses d'envahir la Syrie, de prendre Jérusalem (5 mai 614), d'où ils emmenèrent le patriarche et les habitants en captivité après s'être saisis de la relique de la Vraie Croix [243]. En 615, traversant l'Asie Mineure sans résistance, Shahin s'emparait de Chalcédoine. Héraclius essaya de négocier et fit envoyer à Chosroès par le Sénat une lettre qui n'obtint aucune réponse [244]. La conquête de l'Égypte, dont le blé servait à l'alimentation de Constantinople, et la prise d'Alexandrie (617-619) achevèrent la détresse de l'Empire [245]. L'ancien empire des Achéménides semblait rétabli et Héraclius aurait songé à se réfugier à Carthage [246]. Au même moment les rois wisigoths Sisebuth et Swintila enlevaient à Byzance ses lointaines possessions d'Espagne [247] et, la frontière du Danube n'étant plus défendue, les Avars et les Slaves recommençaient leurs incursions. Les Slaves se livraient à la piraterie dans la Méditerranée et l'armée des Avars, commandée par le nouveau Khagan, fils de Baïan, paraissait devant Constantinople (juin 617), cherchait sous prétexte de négociation à attirer Héraclius dans un guet-apens et soumettait la banlieue de la ville et le faubourg des Blachernes à un pillage en règle [248].

Agé de 35 ans à son avènement, doué de qualités brillantes et plein d'ardeur, Héraclius entreprit avec une véritable vaillance la tâche écrasante de relever l'Empire en rétablissant l'ordre, en réformant l'État, en réorganisant l'armée et en reprenant aux Perses les provinces perdues. Encore plus que Maurice il subordonna toute son action politique à l'attaque de la Perse, mais il lui fallut d'abord organiser son gouvernement, trouver des ressources financières, lever et exercer une nouvelle armée. Dans cette œuvre intérieure, que l'on connaît mal, il fut aidé par l'Église et par le patriarche Sergius [249]. Désireux de fonder une dynastie, il associa ses deux premiers enfants à l'Empire dès leur naissance et confia à ses parents, à ses frères, à son cousin Nicétas les plus hautes fonctions de l'État [250]. Après la mort d'Eudokia (612), Héraclius épousa en secondes noces sa nièce Martine (614), dont il eut neuf enfants, mais cette union, prohibée par les canons, contribua à diminuer sa popularité [251].

Tout entier à ses projets d'offensive contre la Perse, Héraclius passa plusieurs années à reconstituer une armée solide et bien aguerrie, l'entraînant par des exercices fréquents, excitant son ardeur par des proclamations qui présentaient la future expédition comme une guerre sainte et décidant d'en prendre lui-même le commandement, après avoir désigné son fils aîné comme son successeur et confié sa tutelle au patriarche et au *magister militum* Bonus [252].

Au lieu de chercher d'abord à recouvrer la Syrie et l'Égypte, Héraclius résolut d'attaquer la Perse au cœur même de sa puissance en entraînant contre elle les peuples guerriers de l'Arménie et du Caucase. Il mit six ans à réaliser cette conception digne d'Annibal et qui fait de lui le plus grand stratège qu'ait produit l'Empire romain depuis Trajan.

Son premier objectif fut de dégager l'Asie Mineure et de pénétrer en Arménie pour renforcer son armée. Ce résultat fut atteint dans sa première campagne (622). Après avoir tourné les positions de Schahrbaraz en Cappadoce, il le rejeta sur l'Antitaurus, puis pénétra en Arménie, d'où au printemps de 623 il envahit subitement la Médie Atropatène (Azerbaïdjan), faillit prendre Chosroès lui-même à Gandzak (Tabriz) et alla hiverner en Transcaucasie dans la vallée du Cyrus (Koura) [253].

Les Perses répondirent à cette attaque par une contre-offensive redoutable. Bien qu'en 624 Héraclius leur ait infligé trois défaites et capturé le camp de Schahrbaraz près du lac de Van, il ne put pénétrer dans leur pays et dut même, après avoir soutenu contre Schahrbaraz une lutte serrée dans la région des sources de l'Euphrate, se replier sur la Cilicie, puis sur la ligne de l'Halys (Kyzil-Irmak) (625) ([254]). Chosroès fit alors un effort suprême pour obliger son adversaire à abandonner son entreprise. En 626, après avoir conclu une alliance avec les Avars, il tenta une diversion sur Constantinople. Pendant que Schahrbaraz occupait Chalcédoine et que Schahin attaquait Héraclius, les Avars parurent devant la ville impériale (29 juin) et, après les tentatives inutiles de négociations, en commencèrent le siège; mais les défenseurs résistèrent aux assauts redoutables qui se succédèrent du 2 au 7 août et, après avoir incendié ses machines de guerre, le Khan battit en retraite ([255]) et le peuple rendit grâces à la Panaghia qui avait sauvé la cité ([256]).

Sans se laisser arrêter par cette diversion, Héraclius avait laissé son frère Théodore tenir tête à Schahin, et remontant vers le nord, atteint le Lazique, fait alliance avec le peuple turc des Khazars, qui ne purent l'aider à prendre Tiflis, et commencé à envahir la Perse en descendant la vallée du Tigre (décembre 627). Sa victoire sur une armée perse devant les ruines de Ninive lui ouvrit la route de Ctésiphon et, occupant successivement les *paradis* et les palais royaux, il parvint à quelques lieues de la capitale (février 628) ([257]). Là il apprit la chute de Chosroès, détrôné par l'un de ses fils, Kawadh, qui se hâta de conclure la paix avec lui (3 avril) ([258]). Les Perses évacuèrent tout de suite l'Arménie, mais Schahrbaraz, s'étant révolté, conserva la Syrie et l'Égypte jusqu'à l'été de 629 ([259]). Après sa rentrée triomphale à Constantinople (août 629), Héraclius alla recevoir la Vraie Croix qu'il rapporta lui-même à Jérusalem (mars 630) ([260]).

En quelques années Héraclius avait résolu une question séculaire. Les deux puissances qui menaçaient l'Empire sur ses deux fronts étaient abattues. L'État sassanide se débattait au milieu des guerres civiles ; celui des Avars n'avait pu se relever de la défaite de 626 et ne pouvait empêcher ses vassaux, Slaves, Huns et Bulgares, de s'émanciper de son joug. Héraclius, mettant à profit ces événements, eut pour allié Kowrat, regardé comme l'ancêtre des Khans bulgares (636) ([261]) et, ne pouvant expulser les Slaves établis depuis le début du VIIe siècle en Dalmatie, en Istrie, en Mésie et jusqu'en Macédoine, il prit au service de l'Empire les deux tribus yougoslaves des Serbes et des Croates qui furent installées en Illyrie ([262]) et commencèrent à recevoir le christianisme ([263]). Le Danube et l'Euphrate étaient redevenus les frontières de l'Empire.

Mais la victoire n'avait pas aplani les difficultés intérieures. Pendant les années qui suivirent son retour à

Constantinople, Héraclius prit une série de mesures importantes qui constituèrent une véritable réforme de l'État. C'est alors que dans ses protocoles, il prend le titre de *basileus*, qui n'avait eu jusque-là aucune valeur officielle [264], qu'il règle la succession au trône afin d'empêcher les compétitions entre les enfants issus de ses deux mariages [265] et qu'il reconstitue ses forces militaires sur des bases nouvelles. Sa victoire l'avait mis en possession de ces territoires de l'Arménie et du Caucase, dont les peuples guerriers fournissaient à l'Empire ses meilleurs soldats. Héraclius fit de l'Arménie un territoire de recrutement en plaçant à sa tête des membres de la noblesse indigène et en leur conférant les pouvoirs militaires et civils. Telle serait l'origine du thème des Arméniaques [266].

Héraclius a recherché ainsi l'ordre et l'unité dans tous les domaines, mais, comme ses prédécesseurs, le désir d'étendre cette recherche au domaine spirituel le conduisit à des fautes irréparables. Deux graves difficultés sollicitaient ses efforts : la question des Juifs, qui avaient profité des querelles entre les dèmes pour se soulever et massacrer des chrétiens et que l'on accusait avec raison d'avoir favorisé l'invasion perse au début du règne d'Héraclius [267], et l'éternelle question monophysite qui continuait à agiter les provinces d'Orient. Leur occupation par les Perses pendant de longues années avait eu pour résultat la fuite ou l'expulsion du clergé orthodoxe et, en Égypte particulièrement, le triomphe des Jacobites [268].

En ce qui concerne Héraclius, il ne semble pas que les mesures qu'il prit contre les Juifs soient dues à un fanatisme religieux. En 630 il leur défendit d'habiter Jérusalem, certainement pour éviter des troubles et des représailles inévitables [269], mais il ne trouva d'autre solution pour les assimiler aux habitants de l'Empire que de les obliger à se faire baptiser et il publia son édit vers 634, à la veille de l'invasion arabe [270], mesure chimérique qui ne pouvait qu'exaspérer la haine des Juifs contre les chrétiens.

Les mesures qu'il prit, poussé d'ailleurs par le patriarche Sergius, pour établir l'union religieuse, eurent des conséquences encore plus néfastes. Sergius croyait avoir trouvé une formule assez compréhensive pour rallier les Jacobites au concile de Chalcédoine, en soutenant que l'unité de personne du Christ supposait en lui une seule manière d'agir, une seule activité, ἐνέργεια ([271]). Confiant dans cette doctrine, Héraclius la fit propager en Arménie, où l'attachement au dogme monophysite était un obstacle au loyalisme envers l'Empire ([272]). Une adhésion importante fut celle de Cyrus, évêque du Phase, que l'empereur créa patriarche d'Alexandrie en 631 en lui donnant les pouvoirs civils nécessaires au rétablissement de l'ordre en Égypte ([273]). La même propagande eut lieu dans tout l'Empire, mais se heurta à l'opposition du patriarche de Jérusalem, Sophronius, et du moine Maxime ([274]), tandis que le pape Honorius, consulté par Sergius, se montrait favorable à sa doctrine ([275]). Les esprits étaient ainsi divisés et un édit impérial sur la foi (fin de 634) avait été assez mal accueilli, lorsque commença l'invasion arabe ([276]). Ce n'était plus l'orthodoxie, mais l'existence du christianisme même qui était en cause.

Loin de correspondre à un plan systématique, l'invasion arabe est due sans doute à la force d'expansion de la nouvelle religion, mais surtout à la faiblesse de la résistance que les conquérants trouvèrent devant eux. Les razzias des tribus de Bédouins aux frontières romaine et perse n'étaient pas rares, même avant l'islam et, d'autre part, sans parler des caravanes de marchands et des tribus nomades qui les parcouraient sans cesse, la Mésopotamie perse et la Syrie renfermaient déjà une forte proportion d'Arabes fixés au sol ([277]). Les incursions dans les deux empires, qui commencèrent du vivant de Mahomet, n'étaient donc pas une nouveauté, mais, après la mort du prophète, une fois l'Arabie convertie presque entièrement à l'islam, ces expéditions prirent plus d'ampleur. Au même moment, vers 634, la tribu des Bakr détruisait l'État arabe chrétien des Lakhmides, vassal de la Perse, et des forces commandées par l'Ommiade Yézid entraient en Palestine et mettaient en déroute les milices levées à la hâte par Sergius, gouverneur de Césarée, tué au cours d'un combat ([278]).

Les Arabes furent amenés ainsi à pousser plus loin leurs avantages et envahirent à la fois la Perse et la Syrie romaine, après avoir reçu des renforts. En Perse les forces du roi Iezdegerd ne purent tenir devant le flot des envahisseurs; la victoire des Arabes à Qadisiya leur livra Ctésiphon, celle de Nekhavend au sud d'Ecbatane acheva la déroute du dernier Sassanide (637), qui se réfugia en Transoxiane où il fut tué en 651 ([279]). En Syrie les Arabes, qui avaient continué leur marche et fait capituler Damas, rétrogradèrent à l'approche de l'armée importante envoyée par Héraclius, mais, par suite de la discorde entre les chefs byzantins et la trahison d'un corps d'Arabes chrétiens, la bataille qui se livra sur les bords de l'Yarmouk (20 août 636) fut un désastre pour l'empire et entraîna l'évacuation de la Syrie, dont toutes les villes tombèrent aux mains de l'ennemi ([280]). A la fin de 637 Jérusalem capitulait et le calife Omar y fit son entrée (février 638) ([281]), puis ce fut le tour d'Antioche, de Césarée, d'Édesse et de la Mésopotamie romaine (639) ([282]). A la fin de la même année, Amrou pénétrait en Égypte.

Loin de se ressaisir devant une pareille catastrophe, Héraclius poursuivait la chimère du ralliement des Jacobites à l'orthodoxie, afin de combattre leurs tendances au séparatisme. Le monoénergisme ayant donné des résultats insuffisants, un nouvel édit dogmatique, l'*Ekthesis* (exposition), fut promulgué à la fin de 638. Rédigé par Sergius et par l'higoumène Pyrrhus qui devait lui succéder, l'édit affirmait l'harmonie entre la volonté divine et la volonté humaine du Christ qui aboutissait à une volonté unique ([283]). Au lieu de calmer les esprits, cette doctrine *monothélite* ne fit que les diviser davantage, sans gagner l'assentiment des Jacobites et provoqua un nouveau conflit entre les papes et Constantinople ([284]).

La conquête de l'Égypte, qui dura moins de trois ans (décembre 639-juillet 642), n'avait été nullement préméditée par Amrou, parti avec 4 000 hommes pour faire une simple démonstration, mais, ne trouvant aucune résistance, il demanda des renforts à Omar et, après avoir pris Péluse, au lieu de s'engager dans le réseau des bouches du Nil et des canaux, il se porta à travers le désert jusqu'à la pointe du Delta, à Héliopolis, où il battit la garnison de la forteresse de Babylone (juillet 640), qu'il assiégea ensuite ([285]). Cette arrivée subite des Arabes répandit la terreur dans toute l'Égypte, mal défendue par des troupes peu exercées. Pris de panique, les habitants des villes se réfugiaient à Alexandrie. Le patriarche Cyrus, qui avait ouvert des négociations avec Amrou, fut rappelé à Constantinople et disgracié ([286]); le blocus d'Alexandrie durait depuis plusieurs mois lorsque Héraclius mourut le 11 février 641, laissant en plein désarroi l'Empire qu'il avait d'abord sauvé ([287]).

Sa succession même, qu'il avait réglée de manière à éviter les compétitions, donna lieu à des troubles qui agitèrent l'Empire pendant toute une année et se terminèrent par une tragédie, le supplice de Martine et de son fils Héracléonas, à la suite d'un pronunciamiento de l'armée d'Asie, tandis que Constant, le fils du Nouveau Constantin, âgé de onze ans, devenait seul Auguste sous la tutelle du patriarche et du Sénat (novembre 641) ([288]).

Le début du nouveau règne fut marqué par la perte définitive de l'Égypte. Après la prise de la citadelle de Babylone (9 avril 641) et de Nikiou (3 mai), suivie de la soumission de la Haute Égypte, Alexandrie tenait seule encore, mais les querelles entre les chefs et les émeutes des factions entravaient la défense ([289]). Renvoyé avec de pleins pouvoirs en Égypte, le patriarche Cyrus n'y parut que pour signer avec Amrou un traité de capitulation (novembre), mais l'évacuation définitive n'eut lieu que onze mois plus tard, le 29 novembre 642 ([290]).

V. LA LIQUIDATION DE L'EMPIRE ROMAIN UNIVERSEL (642-718)

L'existence d'un empire universel, dominant à la fois l'Occident et l'Orient, était liée à la possession de l'Égypte. C'était ce qu'avaient bien compris Auguste et ses successeurs. Après la perte de cette source de richesse et de puissance, l'Empire était obligé de se resserrer dans les limites du domaine géographique de Constantinople. Mais il eut d'abord à sauver son existence et ce fut la tâche des trois derniers Héraclides.

La conquête de l'Égypte en effet n'avait pas arrêté l'offensive arabe, qui attaquait toutes les frontières romaines à la fois : conquête par Amrou de Cyrène, de la Pentapole, de Tripoli et pénétration arabe dans l'oasis du Fezzan (642) ([291]) ; après la prise de Césarée de Palestine (mai 641) eut lieu l'invasion de la Cilicie, puis en 647, celle de la Cappadoce par Moavyah, gouverneur de Syrie, qui atteignit la Phrygie, tandis qu'un de ses lieutenants pénétrait en Arménie et détruisait la forteresse de Dwin ([292]).

Contre ces attaques multipliées la réaction du gouvernement impérial fut d'abord assez faible. Une expédition envoyée en Égypte réussit à reprendre Alexandrie, mais ne put s'y maintenir (645-646) ([293]). La lutte fut plus vive en Arménie, où il s'agissait de conserver une source essentielle de recrutement militaire; la situation paraissait d'autant plus favorable à l'Empire, qu'en 653 le chef de l'armée arménienne, Théodore Rechtouni, traita avec Moavyah et ouvrit ainsi le pays aux Arabes [295]. L'expédition du basileus Constant, qui vint lui-même en Arménie et obtint la soumission du catholikos Nersès II et d'un grand nombre de nobles, rendit quelque prestige à l'Empire [296], mais les succès de Moavyah en Asie Mineure (657-661) détachèrent pour longtemps la Grande Arménie de Byzance qui conserva seulement une partie de l'ancienne Persarménie [297] et continua à enrôler un grand nombre d'Arméniens et de Géorgiens dans ses armées.

La politique religieuse de Constant eut des conséquences encore plus néfastes en Occident. L'Église d'Afrique avait été au cours des luttes religieuses la forteresse de l'orthodoxie [298] et c'est ce qui explique l'agitation qui se produisit dans la province, lorsqu'un grand nombre d'Égyptiens monophysites, fuyant devant l'invasion arabe, vinrent s'y réfugier. L'exarque Georges, aidé du moine Maxime, entreprit la conversion de gré ou de force des nouveaux venus à l'orthodoxie [299]. D'autre part les papes Jean VI (640-642) et Théodore Ier (642-649) ne cessaient de manifester leur réprobation pour l'Ekthesis, supprimée pendant le court règne de Constantin III (12 février-25 mai 641), mais redevenue la loi de l'Empire. Ce fut à la suite d'une démarche du pape Théodore à Constantinople qu'une dispute publique sur le dogme eut lieu à Carthage, entre Maxime et le patriarche Pyrrhus (juillet 645), lequel, s'étant déclaré convaincu par son adversaire, se rendit à Rome et abjura la doctrine monothélite en présence du pape Théodore [300].

Ce coup de théâtre fut loin de ramener la paix. Des conciles provinciaux tenus en Afrique condamnèrent de nouveau le monothélisme, puis l'agitation prit un caractère politique. L'exarque Grégoire, successeur de Georges, se révolta (647), fut proclamé empereur et, s'étant rendu à Sufétula (Sbaïtla) pour soulever les tribus berbères, se trouva en face d'une incursion arabe et périt dans le combat.

L'Afrique n'en resta pas moins séparée de l'Empire jusqu'en 660 [301]. D'autre part, à la suite des conciles tenus en Afrique le pape somma le patriarche Paul d'abjurer le monothélisme et, sur son refus, l'excommunia (647), mais par un nouveau coup de théâtre, Pyrrhus dénonçait son abjuration [302]. La cour impériale crut trouver une solution à ces difficultés en interdisant sous les peines les plus sévères toute discussion sur une ou plusieurs volontés (édit appelé le *Typos*, la règle, 648) [303], mais cette solution négative fut repoussée avec indignation et le pape Martin, successeur de Théodore, tint dans la basilique du Latran un concile où 105 évêques condamnèrent à la fois l'Ekthésis et le Typos (octobre 649) [304]. A cette protestation le gouvernement de Constant répondit par un coup de force : le pape fut enlevé violemment de la basilique du Latran par l'exarque de Ravenne, Théodore Kalliopas (juin 653), embarqué la nuit sur le Tibre et emmené à Constantinople où il n'arriva que le 17 septembre 654 [305]. Là, accusé de haute trahison [306], il fut traité en criminel d'État, traduit devant un tribunal laïc, dégradé ignominieusement du sacerdoce, enfermé dans la prison du Prétoire avec les voleurs et les assassins, puis exilé à Kherson, où il mourut après un long martyre le 16 septembre 655, tandis que Pyrrhus était rétabli au patriarcat [307]. Avec un véritable acharnement les chefs monothélites se vengèrent ensuite sur Maxime, qu'ils essayèrent de suborner en obtenant son adhésion au Typos, allant même jusqu'à le faire gracier (septembre 656), puis, sur son refus, le replongeant dans sa prison où, torturé avec deux de ses disciples, il mourut en martyr le 13 août 662 [308]. Ce traitement odieux excita l'indignation des contemporains et desservit la cause du monothélisme que, devant le danger arabe, Constant finit par abandonner [309]. Il n'y eut pas de réconciliation véritable, mais les polémiques cessèrent.

Le péril en effet était pressant. Il s'était produit un fait nouveau, qui allait rendre encore plus redoutables les menaces de l'islam contre la chrétienté. Pour la première fois depuis les conquêtes d'Alexandre, une puissance asiatique s'installait d'une manière permanente sur les rives de la Méditerranée ([310]), les Perses n'ayant pu s'y maintenir que quelques années et n'ayant pas eu le temps d'en tirer beaucoup d'avantages. Tout au contraire, le gouverneur arabe de Syrie, le Koraïchite Moavyah, comprit le premier l'importance de la guerre maritime et équipa en 649 une flotte qui alla piller l'île de Chypre, s'empara d'Arad (650) et de la côte d'Isaurie, où furent organisés des chantiers de construction navale.

Après une trêve de trois ans signée avec l'Empire, ce fut le pillage de l'île de Rhodes (654), l'attaque de la Crète et de l'île de Cos (655), enfin la première tentative pour attaquer Constantinople ; pendant qu'une armée envahissait la Cappadoce, une flotte, partie de Tripoli de Syrie, se dirigeait vers les détroits et infligeait une grande défaite à l'escadre impériale commandée par Constant lui-même ([311]). Byzance perdait ainsi la maîtrise de la mer qu'elle possédait depuis la destruction du royaume vandale. La route de Constantinople était ouverte, mais la guerre civile qui éclata chez les Arabes, après le meurtre du calife Othman (17 juin 656) ([312]), força Moavyah à renoncer à ses projets et à signer un traité par lequel il se reconnaissait tributaire de l'Empire (659) ([313]).

Proclamé calife à Jérusalem (juillet 660), Moavyah mit fin à la guerre civile et après le meurtre d'Ali (24 janvier 661) son pouvoir fut incontesté, mais il dut passer plusieurs années à transformer l'État patriarcal des premiers califes en une monarchie administrative et militaire qui le fit surnommer le Chosroès des Arabes ([314]). Ce ne fut guère qu'en 670 qu'il put reprendre ses projets contre Constantinople. Comment l'Empire profita-t-il de cette accalmie pour organiser sa défense, c'est ce qu'il est difficile de savoir à cause de la pauvreté des sources. En 658 Constant dirigea une expédition contre les Slaves et revint avec beaucoup de prisonniers ([315]), puis en 660 il quitta brusquement Constantinople et séjourna longtemps à Thessalonique et à Athènes. De là, à la tête d'une armée importante, composée surtout d'Arméniens, il partit pour l'Italie et aborda à Tarente, d'où il parvint à rétablir l'ordre en Afrique, puis il sembla commencer une offensive contre les Lombards, mais se contenta d'assiéger Bénévent qui capitula (663) ([316]). Après une visite à Rome, où il fut reçu en grande pompe par le pape Vitalien ([317]), Constant s'embarqua pour Naples, puis gagna Syracuse où il fixa sa résidence et où il avait donné l'ordre de faire venir l'impératrice et ses enfants. Il y vécut cinq ans et fut assassiné dans son bain en 668 par un officier du palais ([318]). Il est difficile de deviner ses véritables projets, mais le choix de Syracuse comme résidence semble indiquer qu'il voulait organiser une base de résistance aux Arabes en s'établissant entre les deux bassins de la Méditerranée, à proximité de Carthage et de l'Afrique ([319]).

Cependant, son pouvoir étant affermi, Moavyah avait repris ses attaques par terre et par mer contre l'Empire ([320]), mais, dès 670, toute son activité est dirigée du côté de Constantinople : sa flotte franchit l'Hellespont et l'émir Phadalas, qui la commande, s'établit dans la péninsule de Cyzique, base excellente d'attaque contre la ville impériale ([321]).

Cette fois, tout au moins, Byzance ne fut pas prise au dépourvu. La succession de Constant avait failli troubler l'Empire. Après son meurtre, l'armée avait proclamé empereur un stratège arménien, Miziz, et il fallut une expédition pour réduire cette révolte ([322]). A Constantinople les trois fils de Constant avaient été couronnés Augustes ([323]), mais seul, l'aîné, Constantin, âgé de 14 ans, prit le pouvoir et, malgré une sédition des troupes d'Anatolie qui réclamaient trois empereurs ([324]), écarta du trône ses deux frères qui furent en outre cruellement mutilés ([325]). Ces incidents n'avaient pas empêché ceux qui exerçaient le pouvoir de suivre avec attention les préparatifs de Moavyah. Les murailles de Constantinople furent restaurées ([326]) et une flotte importante fut équipée. Ce fut en outre à cette époque qu'un architecte syrien, Callinicus, vendit à l'Empire le secret du *feu marin* (πῦρ ὑγρόν) ou feu grégeois, liquide à base d'huile de naphte, qui brûlait facilement sur l'eau et que l'on lançait à l'aide de tubes (σίφωνες) munis de propulseurs ([327]). Cette invention devait assurer longtemps la supériorité à la marine impériale et l'on en fit l'épreuve au cours du siège de Constantinople par les Arabes.

Pendant cinq ans de suite (673-677) la flotte arabe, qui hivernait à Cyzique, vint au début du printemps essayer de forcer l'entrée de la Corne d'Or. Se heurtant chaque fois à une défense bien organisée, les

Arabes finirent par abandonner le siège (25 juin 677), mais, assiégés à leur tour dans Cyzique, ils perdirent une grande partie de leurs troupes et, pris pendant leur retraite par une violente tempête sur les côtes de Pamphylie, ils subirent un véritable désastre, aggravé par les attaques de la flotte impériale ([328]). Pour la première fois l'islam avait reculé et Byzance constituait la borne atteinte par l'invasion arabe. Moavyah signa avec l'Empire une paix de trente ans ([329]).

Malheureusement ce grand succès fut suivi d'un désastre qui devait peser lourdement sur les destinées de Byzance. Vers 642 les Bulgares, peuple turc établi entre le Kouban et la mer d'Azov, et dont le Khan, Kowrat, avait été l'allié d'Héraclius, furent attaqués par leurs congénères, les Khazars, qui obligèrent une partie de leur peuple à accepter leur suzeraineté, tandis que les autres, sous Asparouch, fils de Kowrat, émigraient vers l'ouest et occupaient la Dobroudja ([330]). Cette irruption soudaine causa une vive émotion à Constantinople et une expédition commandée par Constantin IV lui-même fut organisée en 679, mais se termina par une déroute, dont la conséquence fut l'établissement des Bulgares en Scythie, où les ports de la mer Noire, comme Odessos (Varna), tombèrent entre leurs mains, et en Mésie entre le Danube et les Balkans ([331]). Ces provinces étaient habitées par des Slaves qui, plus nombreux que les envahisseurs, fusionnèrent avec eux et finirent par leur imposer leur langue ([332]). Vite résigné à sa défaite, Constantin IV céda à Asparouch les territoires qu'il occupait en s'engageant à lui verser un tribut annuel ([333]). Jusque-là l'Empire avait perdu des provinces extérieures, mal rattachées au point de vue géographique à Constantinople : la constitution de l'État bulgare entamait son domaine naturel. C'était un ennemi attaché à ses flancs, qui interceptait les routes du Danube et devenait pour la ville impériale une menace perpétuelle.

La liquidation de la querelle monothélite et le rétablissement de la paix religieuse, troublée depuis plus de trois siècles, apportèrent du moins un grand soulagement à l'Empire. Ce résultat fut dû à l'initiative personnelle de Constantin IV qui, malgré l'opposition du haut clergé, correspondit lui-même avec les papes Donus et Agathon (678-679) ([334]) et provoqua la réunion d'un concile œcuménique qui se tint à Constantinople, au palais impérial, du 7 novembre 680 au 16 septembre 681.

Préparé par de nombreux synodes provinciaux et des consultations d'évêques occidentaux, ce concile rétablit véritablement l'unité de l'Église ([335]) et, jusqu'à sa mort, Constantin IV entretint les meilleures relations avec les papes. Malgré l'échec que lui avaient infligé les Bulgares, son règne de 17 ans fut vraiment réparateur, mais il mourut brusquement en 685 à l'âge de 32 ans, laissant pour lui succéder un fils de 16 ans, auquel il avait imposé le grand nom de Justinien ([336]).

Avec des qualités remarquables et un caractère énergique, ce dernier rejeton des Héraclides avait hérité de toutes les tares de ses ascendants, de la neurasthénie d'Héraclius, de la violence et de la cruauté de Constant II ([337]). Très vaniteux, il cherchait à copier en tout son illustre homonyme, appelant sa femme Théodora, fondant des villes auxquelles il donnait son nom, régentant l'Église et cherchant à acquérir la réputation d'un législateur. Ce qu'on doit reconnaître en lui, c'est son désir très vif de relever l'Empire et d'établir sa défense sur des bases inébranlables, aussi bien contre les Slaves que contre les Arabes. Renvoyant les conseillers de son père, il se constitua un gouvernement qu'il eut bien en main, mais dont la fiscalité et la dureté devaient amener sa chute ([338]).

Assurer la défense permanente des frontières et, avant tout, protéger Constantinople par des forces de couverture établies en Thrace, tel fut le programme défensif de Justinien II, qui ne fit d'ailleurs que donner un caractère général et systématique à des mesures de circonstance prises au jour le jour par ses prédécesseurs. C'est sous son règne que l'on saisit le premier développement de l'institution des thèmes, c'est-à-dire des corps d'armée cantonnés dans des provinces qui sont leurs bases de recrutement et dont les chefs exercent les pouvoirs civils et militaires ([339]).

Peu après l'avènement de Justinien II, l'assemblée convoquée pour vérifier l'authenticité des actes du VIe concile œcuménique comprenait les représentants des thèmes : Opsikion, Anatoliques, Thracésiens, Arméniaques, Karabisianoi (flotte), Italie, Sicile, Afrique ([340]). Justinien II s'appliqua à étendre cette organisation et à repeupler les régions dévastées à la suite des guerres par des transports de populations. En 688, après avoir renouvelé la paix avec les Arabes et en vertu du traité conclu avec le calife, il reçut dans l'Empire 12 000 guerriers Mardaïtes du Liban, réfractaires à la domination musulmane, et les établit avec leurs familles, les uns dans la région d'Attalie en Pamphylie, les autres dans le Péloponnèse, dans l'île de Céphalonie et en Épire (341). Le même traité lui ayant cédé la moitié de l'île de Chypre, il en transporta des habitants dans la péninsule de Cyzique, dépeuplée pendant l'occupation arabe (690-691) (342). Enfin, après avoir dirigé une expédition contre les tribus slaves qui infestaient la région de Thessalonique (689), il en enrôla un grand nombre qui firent partie du thème de l'Opsikion, transporté de Thrace en Bithynie pour couvrir Constantinople contre une attaque venue d'Asie (343).

On a restitué à Justinien II la paternité d'un certain nombre de lois organiques, dont on faisait jusqu'ici honneur aux empereurs iconoclastes. Telle est la *Loi Agricole*, qui porte le nom de Justinien et dont les dispositions favorables au développement de la petite propriété libre concordent avec la politique militaire de ce prince (344).

Ses interventions dans le domaine religieux ne furent pas aussi heureuses. Ne perdant du moins aucune occasion d'affirmer son orthodoxie, il réunit, comme on vient de le dire, une grande assemblée à la fois ecclésiastique et laïque pour collationner et authentifier les actes du VIe concile œcuménique (345), qui furent ensuite envoyés à Rome. Dans une pensée louable, frappé du désordre et de l'indiscipline qui régnaient dans la société tant laïque qu'ecclésiastique (346), Justinien II convoqua à Constantinople un concile destiné à réformer la discipline canonique, dont les Ve et VIe conciles ne s'étaient pas occupés. Ce concile désigné sous le nom de Quinisexte, comme complétant l'œuvre des deux conciles précédents, se tint en 692 au palais impérial (347).

Tout se serait bien passé si le concile, composé exclusivement d'évêques orientaux, n'avait émis la prétention d'être considéré comme œcuménique et de légiférer pour toute l'Église, sans tenir compte des différences politiques et sociales et des traditions souvent très anciennes de chaque région et avec un caractère d'hostilité contre les usages de l'Occident et des églises d'Arménie. Il en résulta un nouveau conflit entre l'empereur et le pape Sergius que Justinien ordonna d'amener à Constantinople, mais qui fut défendu cette fois contre l'envoyé impérial par les milices de Ravenne et de Rome ([348]).

A l'extérieur Justinien II profita à son avènement des guerres civiles du califat pour reprendre l'Arménie, grâce à la campagne victorieuse de Léonce (686-687) ([349]), mais ce succès fut compromis par les pillages des troupes et la pression exercée sur le clergé arménien pour l'obliger à se soumettre au patriarcat byzantin ([350]). Puis, en 693, Justinien, croyant l'occasion favorable, rompit le traité conclu avec le calife, mais fut prévenu par les Arabes qui envahirent le territoire romain et infligèrent à l'empereur une défaite, due à la trahison des troupes slaves, dont la conséquence fut la perte de l'Arménie que les Arabes réoccupèrent sans résistance ([351]). C'était la faillite de la sage politique de paix suivie jusqu'alors et la perspective d'une nouvelle lutte avec l'islam, au moment où l'Empire allait se trouver désorganisé par des troubles intérieurs.

Le caractère impérieux et fantasque du jeune basileus, la dureté et la brutalité de ses deux ministres favoris, l'eunuque Étienne, sacellaire, et l'ancien moine Théodote, logothète du Trésor, excitaient de nombreux mécontentements. Toute marque d'opposition était cruellement réprimée et les prisons regorgeaient de captifs, parmi lesquels des chefs d'armée comme Léonce, le conquérant de l'Arménie ([352]), qui méditait avec ses compagnons le renversement de Justinien. Libéré au bout de trois ans et nommé stratège de l'Hellade, Léonce exécuta son dessein avec une facilité qui montre combien le régime était discrédité. Les deux ministres de Justinien furent brûlés vifs et lui-même, conduit à l'Hippodrome, dut subir l'ablation du nez et fut exilé à Kherson (694) ([353]).

Cette révolution témoignait du mal profond qui avait atteint la société byzantine. Par ses maladresses et ses excentricités Justinien II avait compromis l'attachement de la population et surtout de l'armée à la dynastie héraclide. Or l'armée était le pouvoir prépondérant et l'indiscipline était dans l'armée. La chute de Justinien allait être le début d'une série de coups d'état militaires qui se succédèrent pendant 22 ans. De 695 à 717 sept empereurs furent proclamés et renversés tour à tour et cette crise, la plus grave qu'on ait vue depuis le Ve siècle, faillit emporter l'Empire. Les Arabes, le croyant à bout de force, cherchèrent à lui porter le dernier coup en préparant une offensive suprême contre Constantinople. Achèvement de la conquête de l'Afrique, marche sur la ville impériale à travers l'Asie Mineure et développement de la marine de guerre, tels furent désormais leurs objectifs.

Ainsi de 695 à 717 chacun des règnes éphémères, qui se succèdent au milieu des agitations, est marqué par quelque nouveau désastre. Pendant celui de Léonce (695-698) la lutte eut lieu autour de Carthage, prise par Hassan en 695, délivrée par le patrice Jean, chef de l'expédition navale envoyée en 697, et reprise définitivement par Hassan (printemps de 698), qui commença à la démolir de fond en comble [354]. L'Afrique était déjà à moitié perdue pour l'Empire depuis l'expédition d'Ogba, fils d'An-Nafir, qui, après s'être attaché à soumettre les Berbères et à les convertir à l'islam, avait fondé en 670 au milieu de la Byzacène, à égale distance de la côte et des massifs montagneux, la forteresse de Kairouan, destinée à contenir les incursions des nouveaux convertis [355].

Après la perte de Carthage, la flotte impériale en retraite fit escale en Crète et les chefs de l'armée, redoutant la colère de Léonce, proclamèrent empereur le drongaire du thème des Cibyrrhéotes, Apsimar, qui prit le nom de Tibère, et détrôna facilement Léonce [356]. Pendant son règne relativement long (698-705), il eut à se défendre contre des complots incessants, ne put empêcher les Arabes d'achever la conquête de l'Afrique, poursuivie par Hassan, puis par Mouça qui atteignit l'Océan Atlantique en 704 [357], mais organisa d'une manière plus efficace la défense de l'Asie Mineure, grâce aux talents militaires d'Héraclius, son frère.

Non seulement Héraclius défendit avec succès la frontière, mais il envahit la Syrie et s'avança jusqu'à Samosate où il fit un grand butin [358]. Une tentative d'invasion de l'Arménie eut moins de succès, malgré la révolte du généralissime Sempad contre les Arabes [359].

Les efforts réels de Tibère III pour défendre l'Empire furent arrêtés par un événement qui porta la confusion à son comble, la restauration de Justinien II. Après des aventures romanesques, plusieurs fois sur le point d'être livré à Tibère III, il avait fui de Kherson chez les Khazars, dont le Khan lui avait donné sa sœur en mariage (704), puis, après une navigation périlleuse, auprès du Khan bulgare Terbel qui lui donna une petite armée avec laquelle il pénétra de force à Constantinople sans que Tibère pût faire la moindre résistance (septembre 705) ([360]). Pendant ce second règne qui dura six ans, Justinien ne s'occupa que de ses vengeances et, pris d'une véritable folie furieuse, imagina les supplices les plus raffinés pour punir quiconque lui avait nui ([361]). La terrible exécution militaire de Ravenne (709) fut ordonnée en représailles contre la milice ravennate qui avait empêché l'arrestation du pape Sergius quatorze ans plus tôt ([362]). Au même moment, un nouveau pape, Constantin VI, était mandé à Constantinople et y était reçu d'ailleurs avec les plus grands honneurs pour en repartir en 711, vraisemblablement après avoir fait quelques concessions à l'empereur au sujet du concile Quinisexte ([363]). Justinien voulait surtout se venger de Kherson où il avait été mal accueilli et ce fut ce qui causa sa perte.

Trois expéditions en effet furent envoyées à Kherson avec les ordres les plus impitoyables. La première, commandée par Étienne le Farouche, ramena à Constantinople plusieurs notables, ce qui parut insuffisant à Justinien; la seconde fut détruite par la tempête. Apprenant que l'empereur en préparait une troisième, les habitants de Kherson se révoltèrent, appelèrent les Khazars à leur secours, massacrèrent les membres d'une mission envoyée par Justinien et proclamèrent empereur un stratège arménien, exilé sous Tibère « pour avoir rêvé l'Empire » (Théophane), Vardan, qui prit le nom de Philippikos. Après avoir essayé en vain d'assiéger Kherson, le chef de la troisième expédition, Maurus, se rallia au nouveau basileus et l'amena à Constantinople.

Justinien, qui essaya de résister avec une troupe de Bulgares, fut pris et décapité (décembre 711) ([364]). Avec lui s'éteignait la dynastie d'Héraclius ; l'Empire était livré aux aventures.

Philippikos, dont le règne dura 17 mois (décembre 711-3 juin 713) se montra tout à fait inférieur à la tâche écrasante qui l'attendait. D'une famille restée fidèle au monothélisme, il voulut imposer cette doctrine périmée à tout l'Empire, fit détruire un tableau qui représentait le sixième concile, ordonna d'en brûler les actes, déposa le patriarche Cyrus et publia un édit dogmatique que le pape refusa de recevoir ([365]). Arménien, il entreprit de rallier son pays d'origine au patriarcat byzantin et expulsa tous ceux qui résistèrent. Le résultat fut un exode des Arméniens chez les Arabes et de nouvelles protestations de l'Église arménienne contre les « chalcédonites ». A partir de ce moment, les Arméniens cessèrent de compter sur Byzance pour être délivrés du joug arabe ([366]).

En revanche aucun effort n'était fait pour défendre les frontières. En 717 sous prétexte de venger Justinien, leur allié, les Bulgares vinrent ravager la Thrace et l'armée impériale était tellement désorganisée qu'il fallut pour les en chasser faire passer en Europe les troupes de l'Opsikion ([367]). Ce fut le moment que les Arabes choisirent pour reprendre leur marche à travers l'Asie Mineure et atteindre la mer Noire, où l'émir de Mésopotamie prenait Amasée du Pont (712), tandis qu'à l'ouest, Abbas occupait Antioche de Pisidie (713) ([368]). Le 3 juin de cette année Philippikos était assassiné à la suite d'un complot dirigé par le comte de l'Opsikion ([369]).

Son successeur fut un fonctionnaire civil, le protoasecretis Artemios qui prit le nom d'Anastase. Son premier soin fut de rétablir l'orthodoxie et de punir les meurtriers de son prédécesseur ([370]). La situation de l'Empire et même de la chrétienté était vraiment tragique. L'Espagne wisigothique avait été conquise en trois ans (711-714) par les Arabes et un archevêque de Tolède fugitif était arrivé à Constantinople ([371]). Au courant du désordre qui régnait dans l'Empire, le calife Walid prépara une offensive formidable contre la ville impériale, qui se trouva constituer en 714 le dernier boulevard de la chrétienté.

Pendant son règne éphémère (juin 713 - janvier 716), Anastase II prit toutes les mesures de défense qui étaient en son pouvoir : envoi d'une mission à Damas pour avoir des renseignements sur les préparatifs arabes, constitution de stocks de blé dans les greniers publics, ordre aux habitants de Constantinople de se pourvoir de vivres pour trois ans, équipement d'une flotte, réparation des murs ([372]). Mais sa bonne volonté ne put venir à bout de l'indiscipline de l'armée. Les troupes des thèmes concentrées à Rhodes pour attaquer la flotte arabe se révoltèrent, assassinèrent leur général, firent voile pour Constantinople, débarquèrent à Adramyttion en Mysie et couronnèrent empereur malgré lui un receveur d'impôts, que l'on appela Théodose. Le thème de l'Opsikion se joignit aux révoltés ([373]) (août 716).

Bien que les rebelles se fussent rendus maîtres de Chrysopolis, la résistance d'Anastase dura six mois et ce fut par trahison qu'ils entrèrent à Constantinople. Anastase abdiqua et devint moine à Thessalonique, mais cette solution ne fit pas cesser la guerre civile devant l'ennemi. La plupart des thèmes d'Asie refusèrent de reconnaître Théodose III : Léon l'Isaurien, stratège des Anatoliques, et Artavasde, stratège des Arméniaques, s'unirent pour marcher sur Constantinople, non sans avoir négocié avec les Arabes qui occupaient la Galatie. Le 25 mars 717, Théodose ayant abdiqué, Léon était couronné empereur par le patriarche Germain ([374]). Avec lui allait se terminer la période d'anarchie qui durait depuis vingt-deux ans et qui menaçait l'Empire dans son existence.

LIVRE DEUXIÈME

L'empire romain hellénique

Chapitre premier

La période d'organisation (717-944)

Réduit par les démembrements territoriaux qui accompagnèrent la chute de la dynastie des Héraclides au domaine géographique de Constantinople, l'Empire d'Orient n'en conserva pas moins ses traditions et demeura en droit l'Empire romain universel, destiné à régir tous les peuples, mais cette conception magnifique, qui est encore celle de Constantin Porphyrogénète, est démentie par les faits. A l'avènement de Léon l'Isaurien, le seul lien qui rattache encore Constantinople à l'Occident, l'Italie, est à la veille de se dénouer et surtout l'Orient lui a échappé pour toujours. A la place de l'État féodal des Perses, se dresse devant Byzance un empire jeune et vigoureux qui, avec plus de succès qu'elle, tire ses moyens d'action de la propagande religieuse. L'Empire arabe concentre en lui toutes les forces de l'antique Orient, hostile à l'hellénisme, au christianisme, à la culture européenne. La civilisation musulmane ne fut que l'épanouissement de cette renaissance de l'orientalisme, dont on saisit les premières traces au IIIe siècle et qui finit par détruire l'œuvre d'Alexandre, continuée par ses successeurs et par les Césars romains.

Mais, si le domaine territorial de l'Empire d'Orient est désormais restreint, il est devenu plus compact et il a acquis ce qui manquait à l'Empire romain, l'unité de territoire, de langue, de religion. Constantinople en est le centre organique, le véritable foyer. Au point de vue militaire, sa position rend la défense plus facile en permettant les manœuvres dans les lignes intérieures. Dans le domaine économique, elle demeure longtemps la ville la plus importante de la chrétienté. Enfin elle fait figure de capitale intellectuelle, artistique, religieuse et sa civilisation, éveillant à la vie spirituelle des peuples nouveaux, rayonne sur l'Europe entière. L'Empire tend à se transformer en une nation, la *Romania*, et c'est pendant cette période que le terme d'empire byzantin est le plus justifié, mais, dans les cinq siècles sur lesquels elle s'étend, on aperçoit trois stades : du début du VIIIe au milieu du Xe siècle, résistance aux agents de dissolution et crise iconoclaste, période d'organisation ; expansion de la puissance byzantine sous la dynastie macédonienne jusqu'au milieu du XIe siècle ; déclin de cette puissance, dû à l'essor de peuples nouveaux, mais longtemps retardée par les Comnènes, dont les successeurs (dynastie des Anges) sont impuissants à empêcher un nouvel effondrement de l'Empire.

I. L'ŒUVRE DES ISAURIENS. LÉON III (717-741)

L'œuvre des empereurs isauriens et, après eux, des dynasties arménienne et amorienne, a consisté à arrêter le démembrement de l'Empire et à le défendre contre les invasions, mais cette œuvre a été rendue difficile et incomplète par l'agitation intérieure due au mouvement iconoclaste qui entraîna le détachement de l'Italie et de l'Occident.

Les initiateurs de la politique nouvelle furent les deux premiers isauriens, Léon III et Constantin V, dont les règnes ont une importance capitale, mais qu'il y a intérêt à étudier séparément à cause de la différence de leurs tempéraments, qui se reflète dans leur politique.

Léon III, d'origine isaurienne d'après Théophane, syrienne d'après les autres sources ([375]), mais certainement d'une famille orientale émigrée en Thrace, avait commencé sa carrière militaire sous Justinien II ([376]) et, après s'être bien acquitté d'une mission importante dans le Caucase, avait reçu d'Anastase II la charge de stratège des Anatoliques ([377]). Ce fut à son alliance avec le stratège des Arméniaques, Artavasde, auquel il donna sa fille en mariage, qu'il dut la couronne. Son pouvoir a donc une origine purement militaire et sa politique, comme celle de ses successeurs, s'en ressent : l'armée sera leur principal point d'appui.

La période d'organisation

A son avènement, Léon III a deux préoccupations essentielles : sauver Constantinople de l'étreinte des Arabes, rétablir l'ordre dans l'État.

Cinq mois après le couronnement de Léon, l'armée de Moslemah, partant de Galatie, rejoignait la flotte arabe de 1 800 navires concentrés à Abydos et faisait passer ses troupes sur la rive d'Europe. Le siège dura un an (15 août 717 - 15 août 718). Malgré leur nombre et l'arrivée de flottes de renfort, les Arabes ne purent ni forcer la chaîne qui barrait le port, ni entamer la Grande Muraille. A plusieurs reprises leurs flottes subirent les effets du feu grégeois; de plus Léon III parvint à leur couper leurs moyens de ravitaillement. La famine et la peste se mirent dans leur camp. Leur retraite fut désastreuse; une partie de leur flotte fut détruite par la tempête et l'armée de Moslemah, repassée en Asie, fut attaquée près de Tyane et décimée ([378]). A la suite de cet échec une trêve fut vraisemblablement conclue entre Léon III et le calife Omar ([379]). En fait, il n'y eut pas d'attaque arabe contre l'Asie Mineure entre 718 et 726. La défense victorieuse de Constantinople marquait, comme la bataille de Poitiers qui eut lieu quatorze ans plus tard, la limite infranchissable atteinte par l'invasion arabe.

Les attaques contre l'Asie Mineure qui reprirent en 726 ne furent plus que des incursions et des razzias, pénibles pour les populations ([380]), mais simples raids sans établissements permanents. Contre les Arabes Léon III fit alliance avec les Khazars et en 733 son fils Constantin, associé à la couronne, épousa la fille de leur Khagan ([381]). Ce fut probablement grâce à sa diplomatie que les Khazars envahirent l'Azerbaïdjan en 731 et forcèrent le calife à leur abandonner la principale route du Caucase, la passe de Derbend ([382]). Enfin en 740 Soliman ayant pris l'offensive en Asie Mineure, Léon III et Constantin infligèrent une grande défaite à ses troupes sur le plateau d'Akroinon en Phrygie (Afium-Kara-Hissar) qui obligea les Arabes à évacuer la partie occidentale de l'Asie Mineure ([383]).

Non seulement Léon III a arrêté la conquête arabe, mais il a fait cesser l'anarchie qui régnait dans l'Empire, en réprimant les tentatives de révolte qui suivirent son avènement, celle d'un stratège de Sicile et celle de l'ex-empereur Anastase II ([384]), et en cherchant à fonder une dynastie par l'association de son fils à la couronne dès sa naissance ([385]). Il s'efforça de rétablir la prospérité dans les provinces dépeuplées par les invasions et les épidémies, ainsi qu'à Constantinople dont la population avait été décimée par la peste de 718 et qu'il repeupla en y transportant de gré ou de force des Orientaux ([386]). Il constitua une bonne armée et augmenta le nombre des thèmes ([387]), mais, pour accomplir cette œuvre de relèvement, il dut créer de nouveaux impôts et fit ainsi beaucoup de mécontents ([388]). Enfin, si, comme on l'a déjà dit, il n'est pas l'auteur de la Loi Agricole, il n'en n'a pas moins publié une œuvre législative importante, le « Choix des lois » tirées du *Corpus juris* de Justinien, rendues plus claires, adaptées à l'état social du temps et mises à la portée de tous par l'emploi exclusif du grec ([389]).

Léon III est surtout célèbre par sa politique religieuse. On sait peu de chose de l'édit par lequel il obligeait les Juifs et les Montanistes à se faire baptiser (722) ([390]), mais, par contre, son nom est inséparable du mouvement iconoclaste, dont il fut l'initiateur, et qui, les querelles dogmatiques étant terminées et la paix religieuse semblant assurée, devait cependant troubler l'Église et l'Empire pendant plus d'un siècle.

Par suite de la rareté des témoignages contemporains et de la destruction de la plupart des écrits iconoclastes, les origines du mouvement sont obscures et encombrées de faits apocryphes et contradictoires. Les partis pris des historiens qui ont vu en Léon III une sorte de despote éclairé à la manière d'un Joseph II n'ont fait qu'obscurcir la question ([391]).

Il faut d'abord distinguer les représentations sacrées, peintures murales, mosaïques qui avaient une valeur d'enseignement et les icônes proprement dites du Christ, de la Vierge et des saints, tableaux et objets portatifs, auxquels on attribuait un caractère miraculeux, dont plusieurs passaient pour *acheiropoiètes* (non faits de la main d'un homme) et qui étaient l'objet d'un culte fervent ([392]). A plusieurs reprises, depuis le Ve siècle, les formes idolâtriques que revêtait ce culte avaient choqué certains esprits et incité plusieurs évêques à le proscrire, mais il s'agissait de faits isolés ([393]) et les sectes hérétiques elles-mêmes, Manichéens, Ariens, Jacobites, admettaient l'iconographie sacrée.

La première mesure iconoclaste est venue des Arabes, bien que le Coran ne défende pas les représentations figurées, mais seulement les idoles : ce fut l'édit du calife Yézid ordonnant en 723 la destruction des images dans les églises chrétiennes et dans les maisons ([394]). Au même moment plusieurs évêques d'Asie Mineure proscrivirent les images dans leurs diocèses et deux d'entre eux, Constantin de

Nacolia et Thomas de Claudiopolis, vinrent à Constantinople pour essayer de gagner à leurs doctrines le patriarche Germain qui les repoussa avec indignation ([395]). Léon III partageait-il déjà ces doctrines ou y fut-il gagné à cette époque ? La question demeure obscure ([396]). Toujours est-il qu'on lui a attribué à tort la publication d'un édit proscrivant le culte des images en 726 ([397]). Loin de heurter ainsi de front les sentiments intimes de ses sujets, il commença à faire lui-même dans des assemblées populaires une propagande insidieuse contre les images ([398]) et, d'après la chronique de Nicéphore, cette campagne commença après la terrible éruption sous-marine qui fit surgir une île nouvelle entre Théra (Santorin) et Thérasia, dans l'été de 726, et dans laquelle il vit un effet de la colère divine contre le culte idolâtrique ([399]).

Ce fut seulement l'année suivante que les mesures iconoclastes commencèrent et qu'il en résulta les premiers troubles : destruction violente de l'icône du Christ qui surmontait les portes de bronze du Grand Palais au milieu des protestations du peuple ([400]) ; propagande dans les armées qui excita la révolte du thème des Helladiques et la proclamation d'un empereur, dont la flotte fut détruite devant Constantinople (18 avril 727) ([401]) ; tentatives pour forcer le patriarche Germain et le pape Grégoire II à condamner le culte des images ([402]). L'ultimatum adressé au pape provoqua la révolte des milices italiennes ([403]). Léon III accomplit alors un acte décisif : dans un silention tenu au Tribunal des 19 lits le 17 janvier 730, il déposa le patriarche Germain et le remplaça par son syncelle, Anastase, qui s'empressa de rédiger un édit synodal conforme aux désirs du basileus ([404]). Désormais la doctrine iconoclaste s'appuyait sur un acte canonique et la proscription des images commença, provoquant l'émigration de beaucoup d'habitants de Constantinople et une émotion qui franchit les frontières de l'Empire et incita Mansour (Jean Damascène), fonctionnaire arabe, mais chrétien, à écrire ses traités apologétiques en faveur du culte des images ([405]).

La principale protestation vint du pape Grégoire III (consacré en mars 731), dont les lettres à l'empereur furent interceptées et qui tint à Rome un concile où les doctrines iconoclastes étaient condamnées ([406]). Par représailles Léon III doubla les impôts en Calabre et en Sicile et confisqua les propriétés (patrimoines de Saint Pierre) qui se trouvaient dans ces régions ([407]). Il aurait en même temps, bien que les sources contemporaines n'en parlent pas, démembré la juridiction du pape en rattachant les églises de l'Illyricum, de la Sicile et de la Crète au patriarcat de Constantinople ([408]).

II. CONSTANTIN V (741-775) ET LÉON IV (775-780)

Constantin V ([409]) continua avec succès à l'extérieur l'œuvre défensive de Léon III et à l'intérieur il accentua sa politique iconoclaste en y apportant une passion violente qui contraste avec la sagesse diplomatique de son père. Cependant son règne de 34 ans est loin de présenter un aspect uniforme et les circonstances l'obligèrent d'abord à une certaine modération. Pour ses débuts, il dut conquérir son trône et réprimer la révolte redoutable de son beau-frère Artavasde, qui semble avoir été l'espoir des partisans des images. Pendant que Constantin organisait en Asie une expédition contre les Arabes, Artavasde, proclamé empereur par les troupes de l'Opsikion, dont il était comte, dispersa l'armée impériale commandée par Beser et marcha sur Constantinople où il avait des intelligences et, après y être entré sans résistance, reçut la couronne des mains du patriarche Anastase (juillet 741) ([410]). Son premier soin fut d'autoriser le culte des images et d'associer son fils aîné au trône.

Artavasde exerça le pouvoir un an, mais sa tentative pour venir à bout de Constantin, appuyé par les thèmes orientaux, échoua complètement. Battu près de Sardes, il se réfugia à Constantinople, que Constantin prit d'assaut (2 novembre 742) ([411]). Artavasde et ses fils aveuglés parurent au triomphe que le vainqueur célébra à l'Hippodrome, tandis que le patriarche Anastase, battu de verges, conservait ses fonctions ([412]).

Le résultat de cette victoire fut une nouvelle proscription du culte des images et la destruction de toutes les peintures d'histoire sacrée qui ornaient les églises et de tous les objets du culte ornés de sujets iconographiques ([413]). Il semble cependant que Constantin V, sentant le terrain peu solide, ait montré une certaine modération. Les régions éloignées de Constantinople n'étaient pas encore touchées par le mou-

La période d'organisation

vement iconoclaste et les moines, devenus les principaux défenseurs des images, s'y réfugiaient en grand nombre [414]. Bien plus, à la différence de Léon III, Constantin avait d'excellents rapports avec le pape Zacharie, qui servait toujours d'intermédiaire entre l'Empire et les Lombards [415].

Ce fut seulement douze ans après la chute d'Artavasde que Constantin crut le moment venu de se faire donner par l'Église l'arme qui lui permettrait de traiter les iconodules comme des hérétiques et des rebelles. Appuyé sur un véritable parti iconoclaste dont l'armée des thèmes d'Asie, originaire de régions où le culte des images était inconnu [416], et le haut clergé formaient la force principale, après avoir mené, comme jadis Léon III, une propagande active contre le culte des images dans des assemblées populaires ou des *silentia* [417], Constantin convoqua un concile auquel participèrent 338 évêques assemblés au palais impérial de Hieria (10 février 754) [418]. Prenant lui-même parti dans le débat théologique, l'empereur avait composé un livre dans lequel, afin de montrer le caractère hérétique des images du Christ, il employait des termes condamnés par les conciles, allant même jusqu'à rejeter le dogme de l'intercession de la Vierge et des saints, aussi bien que le culte des reliques [419]. On ne connaît du concile, qui se déclara œcuménique et dont les délibérations durèrent sept mois, que sa conclusion (ὅρος), qui condamnait sous les peines les plus sévères la fabrication, la possession et la vénération des icônes, mais le soin avec lequel le concile affirma le pouvoir d'intercession de la Vierge et des saints montre qu'il repoussa les doctrines hérétiques de l'empereur [420].

Celui-ci possédait ainsi les armes redoutables qui lui permettraient de supprimer complètement les images et de châtier leurs défenseurs. Cependant la terreur iconoclaste ne commença pas immédiatement après le concile. Constantin essaya d'abord de gagner les champions les plus éminents du culte proscrit, comme le montrent ses démarches auprès d'Étienne le Nouveau, moine au mont Saint-Auxence près de Chalcédoine, dont il connaissait l'influence sur le monde monastique [421]. Il attachait tant d'importance à l'adhésion d'Étienne au concile iconoclaste qu'il fit traîner l'affaire pendant dix ans, essayant tour à tour la violence et la douceur sans ébranler la fermeté d'Étienne, qui, après avoir été jugé par une commission d'évêques, fut exilé à Proconnèse et subit le martyre le 20 novembre 764 [422]. Cependant les décrets du concile concernant la destruction des icônes et de la décoration religieuse avaient reçu un commencement d'application, des épisodes de chasses remplaçaient dans les églises les thèmes sacrés ([423]) et Constantin poursuivait d'une haine particulière les moines, dont un grand nombre fut exilé, emprisonné, mutilé ([424]).

Mais ce fut après le supplice de saint Étienne que s'ouvrit réellement l'ère des martyrs. Exaspéré par les résistances, l'empereur força tous ses sujets à prêter serment qu'ils ne vénéraient pas les images et le patriarche Constantin dut jurer le premier à l'ambon de Sainte-Sophie (765) ([425]). Puis ce furent des expositions ignominieuses de dignitaires iconodules, des défilés de moines à l'Hippodrome sous les insultes de la foule ([426]) (766). Accusé de complot, le patriarche Constantin fut déposé, exposé à l'Hippodrome, torturé et enfin décapité le 15 août 768 ([427]). Dans les provinces, des gouverneurs renchérissaient encore sur les rigueurs du maître. Michel Lacanodracon, stratège des Thracésiens, faisait piller les monastères par ses soldats, et rassemblant un jour des moines et des religieuses sur une place d'Éphèse, leur donnait le choix entre le mariage ou la perte des yeux ([428]).

La conséquence de cette politique fut la ruine de l'autorité impériale en Italie, dont les liens avec l'Empire étaient de plus en plus lâches et qui, depuis le début du mouvement iconoclaste, était devenue le refuge de tous les proscrits ([429]). Cependant, malgré leur animosité réciproque sur le terrain religieux, les papes et les empereurs s'en tenaient à un régime de compromis résultant de leur solidarité devant le danger lombard. Constantin V, ne pouvant envoyer d'armée en Italie, utilisait, comme on l'a vu, le prestige du pape sur les Lombards et les négociations entre Zacharie et Luitprand en 741-742 avaient obtenu un plein succès (742-743) ([430]).

Il en fut autrement lorsqu'en 751 le roi lombard Astolphe, ayant pris Ravenne et annoncé l'intention de marcher sur Rome, se montra rebelle à toute tentative de négociation ([431]). Soit de sa propre initiative, soit, ce qui est plus probable, par ordre de Constantin V, qui lui avait envoyé le silentiaire Jean, le pape Étienne II alla solliciter en Gaule le secours du roi franc Pépin, tout dévoué au Saint-Siège, qui avait favorisé son avènement à la couronne ([432]). Le 6 janvier 754 au palais de Ponthion, Pépin promet au pape de prendre en main « la cause du bienheureux Pierre et de la république des Romains » et de restituer au pape « par tous les moyens l'exarchat de Ravenne, les droits et les possessions de la république » ([433]). Sans doute le terme de *république* est dans la langue de l'époque l'équivalent d'empire romain. Mais Pépin se lie envers saint Pierre et non envers l'empereur, qui n'est pas nommé, et les événements qui suivent, l'octroi à Pépin par le pape du titre insolite de « patrice des Romains » ([434]), le refus opposé par Pépin, engagé dans sa première expédition, de promettre aux ambassadeurs de Constantin V la restitution de l'Exarchat à l'Empire [435], enfin, après la victoire finale, la tradition à saint Pierre de toutes les cités reconquises (756) [436] montrent avec évidence qu'un nouveau droit est né à l'entrevue de Ponthion, celui de la souveraineté du Saint-Siège, indépendante en droit et en fait de celle de l'empereur.

On ne voit pas que Constantin ait fait une tentative militaire pour recouvrer l'Exarchat ou même élevé une protestation, mais, loin de se résigner à ce nouveau démembrement territorial, il chercha à agir par sa diplomatie.

De 756 à 769 eut lieu une lutte très serrée entre les diplomaties impériale et pontificale qui cherchèrent à agir à la fois sur les Francs et sur les Lombards. Pépin reçut trois ambassades successives et l'empereur entreprit de lui faire condamner le culte des images : un concile à tendances iconoclastes fut tenu à Gentilly en 767 [437]. Tous ces efforts échouèrent et l'avènement d'Étienne III, qui tint en 769 un concile où la légitimité du culte des images fut proclamée, marqua la fin de la subordination dans laquelle le pape se trouvait placé vis-à-vis de l'empereur [438]. Désormais l'empereur ne ratifie plus les élections pontificales et c'est au roi des Francs que le nouvel élu fait part de son avènement [439]. L'Empire conserve encore en Italie quelques territoires : la Calabre, la terre d'Otrante, le littoral napolitain [440], mais son prestige a été atteint gravement.

Continuant du moins l'œuvre militaire de Léon III, Constantin V assura la sécurité des frontières de l'Empire et c'est le souci de consacrer toutes les forces disponibles à la défense de Constantinople qui explique sa politique d'expectative en Occident.

Il a mis à profit les guerres civiles du califat, qui ont abouti à la chute de la dynastie des Ommiades et à l'avènement des Abbassides en 750 [441], pour prendre l'offensive, donner à l'Empire des frontières solides et rétablir son prestige chez les Arméniens, révoltés contre les Arabes (749-750).

Ce résultat fut atteint par la prise de Germanicia (Marasch) en 745, de Théodosiopolis et Mélitène en 751 [442], par la destruction de leurs murailles et le transport de leurs habitants dans l'Empire. Cette politique de colonisation à l'intérieur, qui fit suite à celle de Léon III, se rattachait à son plan défensif en facilitant le recrutement de l'armée et à sa lutte contre les images, dont un grand nombre de ces Orientaux condamnait la vénération [443]. Le rétablissement du prestige impérial en Asie se manifeste par le fait qu'il suffit de la seule approche de Constantin pour faire reculer les Arabes entrés en Cappadoce en 756 [444] et que désormais les armées des thèmes suffisent à contenir leurs incursions.

Ces résultats permirent à Constantin de consacrer la majeure partie de ses forces au front bulgare contre lequel il eut à lutter pendant tout son règne, mais qu'il parvint à contenir. Le Khan Tervel avait aidé Léon III à repousser les Arabes de Constantinople et était resté fidèle au traité qu'il avait conclu en 716 avec Théodose III ([445]), mais en 755 le peuplement des forteresses de Thrace par des Orientaux servit de prétexte au nouveau Khan pour réclamer un tribut. Constantin ayant repoussé cette prétention, les Bulgares franchirent les Balkans et ravagèrent le pays jusqu'au Long Mur ([446]) et, après 39 ans de tranquillité, commença la série des incursions périodiques qui mettaient chaque fois le sort de Constantinople en danger sans aucun égard pour les trêves conclues dans l'intervalle des expéditions ([447]).

Constantin V ne se borna pas à repousser les invasions ([448]), mais, à plusieurs reprises, il mena des offensives vigoureuses et infligea aux Bulgares de sévères leçons. Il avait d'ailleurs sur ses ennemis deux avantages : d'une part, la possibilité de faire pénétrer la flotte impériale dans le Danube pour prendre à revers les Bulgares, qu'une armée attaquait de front ; d'autre part, les guerres civiles entre les boliades qui se disputaient le pouvoir permirent à l'empereur de se porter arbitre entre les prétendants et d'entretenir en Bulgarie des espions qui le renseignaient sur les projets de ses adversaires ([449]). Ce fut ce qui lui permit d'infliger au Khan Teletzes, qui avait envahi la Thrace, l'une des défaites les plus graves que les Bulgares aient jamais subies, dans la plaine d'Anchialos (Sizebolou actuelle) sur le golfe de Bourgas. Des troupeaux de prisonniers figurèrent au triomphe de Constantin à l'Hippodrome et furent cruellement mis à mort (10 juin 762) ([450]). Dix ans plus tard, informé par ses espions de la rupture prochaine de la paix signée en 765, Constantin réussit à tromper les envoyés du Khan, venus pour négocier, en feignant des préparatifs contre les Arabes et, gagnant les Balkans à marches forcées avec des troupes d'élite, tomba sur l'armée bulgare à Lithosoria et, après l'avoir détruite presque entièrement, revint triompher à Constantinople avec un imposant convoi de prisonniers et un immense butin, si satisfait de cette expédition qu'il l'appela « la noble guerre » ([451]). Une nouvelle chevauchée en 773 força les Bulgares à demander la paix, garantie par les garnisons réparties dans les forts de la frontière ([452]) ; Constantin V n'avait pu songer à conquérir la Bulgarie, mais il l'avait suffisamment affaiblie pour assurer à sa ville impériale une sécurité qui dura vingt ans ([453]).

Léon IV, que Constantin V avait eu de sa première femme, fille du Khan Khazar, a continué en tout pendant son règne très court (775-780) la politique de son père, dont il était loin d'avoir l'énergie farouche, mais il en a maintenu tous les résultats. Au point de vue dynastique, marié à une obscure provinciale attachée au culte des images, l'Athénienne Irène [454], il a écarté du trône les deux fils aînés de la troisième femme de Constantin V, qui avaient reçu le titre de César et, avant de couronner Auguste son fils Constantin âgé de cinq ans, il lui fit prêter un serment solennel à l'Hippodrome par toutes les classes de la population [455].

A l'extérieur la paix avec la Bulgarie ne fut pas troublée et les Arabes, ayant repris l'offensive contre l'Asie Mineure, subirent deux grandes défaites, l'une en Cilicie près de Germanicia en 778 [456], l'autre dans le thème des Arméniaques en 780 [457]. De son expédition contre Germanicia, le trop fameux Michel Lacanodracon ramena des Syriens jacobites qui allèrent grossir les colonies établies en Thrace sous le règne précédent.

En matière de religion, Léon professait des opinions assez différentes de celles de son père. Théophane vante sa piété, son culte pour la Panaghia, son amitié pour les moines qu'il nomma à des évêchés [458], mais, s'il y eut quelque détente dans les persécutions, Léon ne songea nullement à abolir les lois iconoclastes. Le patriarche Nicétas étant mort en 780, son successeur Paul dut, bien qu'à contrecœur, prêter le serment de détestation des images [459] et, peu après, l'empereur condamna au fouet cinq dignitaires du palais, accusés d'avoir introduit secrètement des icônes dans la chambre de l'impératrice [460]. La situation était donc de nouveau tendue lorsque Léon IV mourut subitement de la maladie du charbon, à l'âge de trente ans [461]. Cet accident imprévisible allait provoquer un revirement complet de la politique impériale.

III. L'ORTHODOXIE RESTAURÉE (784-813)

L'héritier du trône, Constantin VI, était âgé de 10 ans, mais sa mère, avec un esprit de décision inattendu, s'empara du pouvoir [462], déjoua une conspiration militaire destinée à faire couronner empereur l'un des deux Césars, fils de Constantin V, Nicéphore, qui dut, ainsi que ses frères, recevoir les ordres ecclésiastiques et distribuer la communion au peuple à Sainte-Sophie le jour de Noël 780 [463].

Ainsi s'évanouissait l'espoir du parti iconoclaste qui comptait, grâce à Nicéphore, conserver le gouvernement de l'Empire, mais la situation d'Irène, que tous savaient favorable aux iconophiles, n'en était pas moins périlleuse : tous les emplois de la cour, tous les gouvernements des thèmes étaient tenus par des iconoclastes notoires et tous les évêques avaient prêté le serment contre les images. Après le complot de ses beaux-frères, Irène eut à réprimer la révolte d'Helpidius, stratège de Sicile, contre lequel il fallut envoyer une expédition ([464]). Tout en encourageant les iconophiles et en laissant rentrer les exilés, elle dut montrer beaucoup de prudence, d'autant plus nécessaire qu'elle se trouva subitement en face d'une nouvelle agression arabe au moment où la plus grande partie de l'armée était en Sicile. En 782 les coureurs arabes, commandés par le futur calife Haroun, atteignirent Chrysopolis : Irène signa avec lui une trêve de trois ans moyennant le paiement d'un lourd tribut, abandonnant ainsi tous les avantages dus aux victoires des règnes précédents ([465]).

Ce ne fut qu'en 784, après avoir négocié avec tous les évêques, qu'Irène écrivit au pape Hadrien pour lui demander la convocation d'un concile œcuménique qui rétablirait le culte des images ([466]). La lettre ne devait parvenir au pape qu'en octobre 785 et dans l'intervalle le patriarche Paul, pris de remords à cause du serment iconoclaste qu'il avait prêté, abdiqua et fut remplacé par un laïc, l'asecretis Tarasius ([467]). Le pape, auquel il envoya sa synodique ([468]), fit de fortes réserves sur la légitimité de son élection. Il y eut donc un malentendu initial entre Rome et Constantinople.

Cependant lorsque le concile œcuménique s'ouvrit à l'église des Saints-Apôtres le 1er août 786, deux corps de la garde, les scholaires et les excubiteurs, envahirent l'église et dispersèrent les évêques ([469]). C'était là le résultat d'un complot entre les chefs de l'armée et certains évêques. Irène fit passer des mutins en Asie et occuper Constantinople par des troupes de Thrace, qui désarmèrent les corps de la garde ([470]). Un nouveau concile fut convoqué à Nicée (mai 787), mais ne s'ouvrit que le 24 septembre. Il comprit de 330 à 367 évêques, deux légats du pape, un grand nombre d'higoumènes et de moines. Ses travaux, terminés le 23 octobre suivant, eurent pour objet la condamnation des décrets du concile iconoclaste et la constitution d'une apologétique des images et de leur culte, fondée sur les autorités bibliques et patristiques, ainsi que

La période d'organisation 87

sur la réforme de l'Église, dont l'ordre avait été troublé par la querelle iconoclaste ([471]). L'influence des moines, qui avaient blâmé la réception par le concile des évêques iconoclastes repentis, apparaît dans les canons disciplinaires qui interdisent l'intervention des princes temporels dans les élections épiscopales ([472]). C'est au concile de Nicée qu'il faut chercher le point de départ de la réforme de l'Église et de la société, qui fut tentée par les Studites ([473]). Par contre, les décrets du concile furent reçus avec peu d'empressement hors de l'Empire et rencontrèrent même dans l'Église franque une vive opposition qui se manifeste dans le *Capitulare de imaginibus* et dans les canons du concile de Francfort (794) ([474]).

Le concile de Nicée, qui aboutit à la suppression des lois iconoclastes, n'en fut pas moins un triomphe pour Irène, mais la tranquillité intérieure ne tarda pas à être troublée par l'intransigeance des moines qui déniaient au patriarche Tarasius le droit d'admettre à la pénitence et de réconcilier les évêques iconoclastes ou simoniaques ([475]), et surtout par les dissentiments qui s'élevèrent entre Irène et son fils et provoquèrent une série de révolutions de palais et d'intrigues qui compromirent le prestige de l'Empire.

La véritable cause du conflit entre le jeune empereur et sa mère fut la tutelle étroite dans laquelle, avec l'appui de son principal ministre, l'eunuque Staurakios, elle le maintint quand il fut parvenu à l'âge d'homme ([476]). Sans le consulter et pour des raisons politiques, elle rompit ses fiançailles, qui dataient du début de son règne, avec une fille de Charlemagne ([477]) et lui fit épouser malgré lui une obscure provinciale, Marie l'Arménienne, choisie par Staurakios à la suite d'un de ces étranges concours de beauté qui servaient à recruter les impératrices ([478]). Exaspéré, Constantin entreprit de renverser Staurakios et d'exiler Irène, mais le ministre eut vent du complot, fit arrêter et fouetter les conjurés et l'empereur lui-même reçut les verges (septembre 790). Irène exigea des troupes le serment de ne pas reconnaître son fils comme empereur tant qu'elle vivrait. Aussitôt le thème des Arméniaques se révolta et entraîna les autres thèmes qui proclamèrent Constantin seul empereur. Staurakios fut fouetté et emprisonné, Irène reléguée au palais d'Éleutheria ([479]).

Devenu ainsi maître du pouvoir, Constantin VI ne sut pas le conserver et commit faute sur faute. La première fut de rappeler Irène au palais, sans avoir désarmé sa vengeance, de lui rendre le titre d'Augusta (15 janvier 792) et de consentir au retour de Staurakios ; les Arméniaques manifestèrent leur mécontentement : ils furent envoyés dans le Pont et leur stratège Alexis Mosèle fut emprisonné ([480]). La sanglante déroute infligée par les Bulgares à Constantin, qui les avait attaqués sur la foi d'un astrologue (juillet), le déconsidéra aux yeux de son armée, et un complot organisé pour proclamer empereur son oncle, l'ex-César Nicéphore, ayant été découvert, Constantin fit couper la langue à quatre de ses frères utérins et aveugler l'aîné, Nicéphore, ainsi qu'Alexis Mosèle ([481]). Aussitôt les Arméniaques se soulevèrent et une guerre civile de six mois (novembre 792-mai 793) ravagea l'Asie Mineure. Le basileus dut conduire lui-même une expédition contre les rebelles, qui furent vaincus par trahison et cruellement châtiés ([482]).

Mais ce qui mit le comble à son impopularité, ce fut son divorce avec Marie l'Arménienne, accusée sans preuve de complot, et son second mariage, qu'il trouva un prêtre de Sainte-Sophie pour célébrer, avec une suivante de sa mère, laquelle aurait, pour le mieux perdre, favorisé leurs rapports ([483]). Cette union souleva d'unanimes protestations et les chefs de la réforme, Platon, higoumène de Saccoudion, et son neveu Théodore se séparèrent de la communion du patriarche, accusé d'être complice de l'adultère. Platon fut emprisonné et les autres moines exilés ([484]), mais presque tous les monastères de l'Empire manifestèrent la même indignation ([485]). Irène tenait sa vengeance, mais elle mit deux ans à en assurer le succès, profitant d'un voyage aux eaux de Brousse pour gagner la garde impériale (octobre 796) et allant jusqu'à faire trahir son fils par ses troupes pendant une expédition contre les Arabes (mars 797) ([486]). Une première tentative pour s'emparer de sa personne (juin) échoua et il put gagner les thèmes d'Orient mais, trahi par son entourage et capturé, il fut ramené à Constantinople et aveuglé dans la Porphyra où il avait vu le jour ([487]). Irène devenait l'unique basileus des Romains et occupait seule le trône pendant cinq ans.

Cette situation était sans précédent. Plusieurs princesses héritières du trône, comme Pulchérie ou Ariadne, avaient apporté le pouvoir à leur époux : aucune ne l'avait encore exercé seule, aucune ne s'était intitulée dans les protocoles πιστὸς βασιλεύς, empereur fidèle ([488]). Irène se fit représenter sur les diptyques consulaires en costume de basileus ([489]) et, afin de rendre sensible aux yeux de tous la nature de son pouvoir, parut dans une procession triomphale sur un char traîné par quatre chevaux blancs, dont quatre patrices du rang le plus élevé tenaient les brides ([490]).

En même temps Irène cherchait à se rendre populaire, comme si elle voulait faire oublier son abominable crime. Elle rappela les moines exilés par Constantin et ce fut à ce moment que Théodore et ses compagnons s'installèrent au monastère de Stoudios ([491]). Le prêtre Joseph, qui avait béni le second mariage de Constantin, fut excommunié et déposé par le synode patriarcal ([492]). Avec une véritable insouciance elle appauvrit le trésor en supprimant les impôts urbains et en diminuant les droits perçus à la douane d'Abydos ([493]), ce qui lui valut une lettre de félicitation de Théodore le Studite ([494]). Elle montra la même légèreté dans ses rapports avec les Arabes dont les incursions en Asie Mineure étaient périodiques; elle laissa le calife Haroun-al-Raschid constituer autour de Tarse, entre la Syrie et la Cilicie, une Marche militaire, peuplée avec des habitants du Khorassan, qui devint une menace perpétuelle pour l'Empire, dont les frontières n'étaient plus défendues ([495]), et pour acheter sa tranquillité, elle signa avec le calife un traité par lequel elle s'engageait à payer de nouveau le lourd tribut consenti en 781 ([496]).

Ces actes inconsidérés soulevèrent contre elle une forte opposition. Au début de son gouvernement elle dut exiler à Athènes les fils de Constantin V, que les iconoclastes voulaient proclamer empereurs et ayant appris que les chefs slaves de l'Hellade s'agitaient en leur faveur, elle les fit aveugler, eux et leurs complices ([497]). Sa cour était devenue le théâtre d'une lutte acharnée entre ses deux principaux ministres, Aétius et Staurakios, tous deux eunuques, qui cherchaient à assurer sa succession à l'un de leurs parents. Accusé par son rival de vouloir usurper l'Empire, Staurakios parvint à se justifier, puis, quelque temps après, il essaya de gagner les corps de la garde et fomenta pour détrôner Irène un véritable complot qui fut découvert et facilement déjoué. Staurakios en serait mort de colère (801) ([498]).

Maître de la situation, Aétius travailla à assurer l'Empire à son frère ([499]), mais, au même moment, arrivait à Constantinople une ambassade de Charlemagne, désireux de faire reconnaître par Byzance son titre impérial et, d'après un bruit enregistré par le seul Théophane, proposant à Irène de l'épouser afin d'unir en un seul État l'Orient et l'Occident ([500]). Mais si ce projet chimérique a jamais eu un fondement réel, il était trop tard pour l'accomplir. Excédés par l'arbitraire du gouvernement d'Aétius, humiliés de voir l'Empire tombé aux mains d'une femme, dont le crime faisait horreur et dont la politique insensée conduisait l'État à sa perte, un certain nombre de hauts dignitaires se concertèrent et le 31 octobre

802 mirent fin à la fois au pouvoir d'Aétius et à celui d'Irène [501]. Proclamé empereur, le logothète du trésor, Nicéphore, exila Irène aux îles des Princes, puis à Lesbos [502].

Irène laissait l'Empire troublé et appauvri à l'intérieur, diminué et sans prestige à l'extérieur. Sacrifiant tout au rétablissement des images, elle a désorganisé les thèmes d'Asie et, pour se venger des Arméniaques, elle a détruit l'une des principales forces qui défendaient les frontières contre les Arabes. Les résultats de cette politique ne se sont pas fait attendre : l'Asie Mineure a été ouverte aux entreprises de l'ennemi dont les incursions ont atteint le Bosphore en 781, Éphèse en 795, Amorium en 796, de nouveau le Bosphore en 798, raid qui permit aux Arabes d'enlever les chevaux des écuries impériales de Malagina [503]. Les initiatives personnelles de Constantin VI ne furent pas plus heureuses. L'expédition qu'il entreprit en 791 à travers l'Asie Mineure et qui le mena jusqu'à Tarse, sans qu'il ait rencontré l'ennemi, ne produisit aucun résultat [504].

Le seul succès militaire de ce règne fut l'expédition de Staurakios contre les Slaves de Grèce en 783 [505]. Les Bulgares, assagis par les leçons que leur avait infligées Constantin V, se tenaient tranquilles : Constantin II, désireux d'acquérir un prestige militaire, les attaqua mal à propos en 791 et se fit battre honteusement, et la nouvelle tentative qu'il fit en 796 pour envahir la Bulgarie ne fut pas plus heureuse [506].

En Occident la politique d'Irène fut inconsistante et ne fit que compromettre le prestige de l'Empire. Désireuse de recouvrer l'Italie, elle ne pouvait s'entendre avec le pape Hadrien et elle oscilla entre l'alliance franque (fiançailles de Rothrude avec Constantin VI en 781) et l'alliance avec le duc lombard de Bénévent, Arichis (787), puis de son fils Grimoald, mais celui-ci dut se soumettre aux Francs et l'expédition envoyée en 788 pour replacer sur le trône lombard Adalgise, fils de Didier, échoua complètement [507]. Mais le plus gros échec que Byzance subit en Occident fut le couronnement de Charlemagne comme « empereur Auguste » le 25 décembre 800, véritable usurpation au regard du droit impérial, regardé plus tard à bon droit comme l'origine du schisme, mais qui donnait au souverain de

La période d'organisation

l'Occident un prestige égal à celui du basileus byzantin et dont les relations de Charlemagne avec le calife Haroun-al-Raschid montrent toute la portée [508].

Mais des maux dont souffrait l'Empire, les plus menaçants étaient l'indiscipline des armées et les divisions religieuses irréductibles. Trois partis, également forts, se disputaient le pouvoir : les iconoclastes, encore très nombreux, appuyés par les thèmes d'Orient, par certains évêques et répandus même dans quelques monastères [509] ; à l'opposé, le parti de la réforme morale de l'Église et de l'État, dont les principaux champions étaient les Studites, défenseurs intransigeants du culte des icônes et de l'observation rigoureuse des canons ecclésiastiques par tous, clercs ou laïcs, et surtout par le basileus ; enfin un tiers parti, le parti de l'ordre dans l'Église et dans l'État, attaché à l'orthodoxie et aux images, mais soucieux avant tout de la paix religieuse et de la répression des troubles et de tous les écarts, même des moines, recruté surtout dans le haut clergé et les hauts fonctionnaires : les patriarches Tarasius et Nicéphore, l'empereur Nicéphore lui-même en sont les représentants les plus qualifiés.

De 802 à 842, chacun de ces partis exerça successivement le pouvoir, et tout d'abord le tiers parti avec Nicéphore (802-811), l'un des nombreux Orientaux hellénisés immigrés à Constantinople [510], fonctionnaire zélé, parvenu au rang de logothète « τοῦ γενικοῦ », comme tel, chef de la trésorerie impériale et décidé certainement, en acceptant le pouvoir, à rétablir les ressources de l'État dissipées par les prodigalités d'Irène, à faire régner la paix à l'intérieur et à restaurer le prestige de l'Empire à l'extérieur.

Mais les compressions indispensables qu'il fallut substituer au régime de facilités qui perdait l'État expliquent les rancunes qu'il amassa contre lui et dont le chroniqueur Théophane, à peu près son seul témoin, s'est fait l'écho en énumérant ses onze prétendues « vexations » [511] qui ne sont autre chose que des mesures rendues nécessaires par l'appauvrissement du trésor, pour supprimer les exemptions d'impôts consenties par Irène à des collectivités et à des possesseurs de biens de mainmorte, pour augmenter les revenus de l'État par la révision du cadastre et le recensement des fortunes, pour assurer le recrutement indigène de l'armée en mettant au compte des riches l'équipement et les impôts des pauvres (*allelengyon*) [512].

De plus le fonctionnaire civil qu'avait été Nicéphore ne parvint jamais à acquérir un prestige suffisant auprès des stratèges des thèmes et il eut à combattre des révoltes militaires, parfois en pleine guerre ou en face de l'ennemi, comme celle de Bardanios Tourkos, auquel il avait confié le commandement des cinq thèmes d'Asie pour prendre l'offensive contre les Arabes et qui, après s'être avancé jusqu'à Chrysopolis, fut livré à Nicéphore par ses lieutenants (juillet 803) [513]. Et lorsqu'il lui fallut défendre Constantinople contre les Bulgares, des complots et des émeutes continuelles paralysèrent ses opérations et contribuèrent à sa fin tragique [514].

Une autre opposition redoutable fut celle des Studites, qui éclata après la mort du patriarche Tarasius (25 février 806) et son remplacement par Nicéphore, promu directement, comme son prédécesseur, des fonctions d'*asecretis* à l'épiscopat [515]. Nicéphore, qui avait composé des livres d'apologétique contre les iconoclastes, manifesté ses goûts pour l'ascétisme par la fondation d'un monastère et pris l'habit monastique avant sa consécration, présentait donc des garanties suffisantes pour gouverner l'Église, mais, aux yeux des réformistes, en cela d'accord avec les papes, il n'était qu'un *néophyte*, un intrus, élu contrairement aux canons [516]. Ce fut en vain que le nouveau patriarche fit des avances aux Studites : ils demeurèrent dans leur opposition [517], qu'un nouvel incident vint exaspérer. Avec le dessein de pacifier l'Église, l'empereur obligea le patriarche à relever de son excommunication le prêtre Joseph [518]. Aussitôt Théodore et les Studites se séparèrent de la communion patriarcale et un conflit irréductible divisa le parti iconophile. L'empereur réunit un synode qui condamna à l'exil Théodore, son frère Joseph, archevêque de Thessalonique, et l'higoumène Platon, tandis que plusieurs moines étaient emprisonnés [519]. En vain ils en appelèrent au pape Léon III, avec lequel l'empereur, à cause de son conflit avec Charlemagne, n'avait plus aucun rapport.

A l'extérieur en effet, comme dans sa politique intérieure, Nicéphore était bien décidé à rompre avec les errements du règne précédent et à dénoncer les pactes humiliants et onéreux au prix desquels Irène avait acheté sa tranquillité. Son tort fut de sous-estimer les forces de ses adversaires et d'agir vis-à-vis d'eux avec la même désinvolture orgueilleuse que s'il avait eu à leur opposer des armées fortes et disciplinées. De là les échecs qui le conduisirent à sa perte.

Ce fut ainsi qu'il refusa de traiter avec les ambassadeurs francs qui se trouvaient à Byzance au moment de son avènement et qu'il les renvoya en France avec trois de ses envoyés. Charlemagne, qu'ils rencontrèrent en Saxe, leur fit des propositions auxquelles Nicéphore ne daigna même pas répondre ([520]). Le conflit portait sur le titre impérial que Nicéphore refusa absolument de reconnaître et sur la possession de Venise, qui fait son apparition dans l'histoire et où un parti franc et un parti byzantin se disputent l'élection du doge, l'ancien duc byzantin, devenu maître des îles du Rialto. En 807 Nicéphore envoie dans l'Adriatique une expédition qui replace Venise et la Dalmatie sous la dépendance de Constantinople ([521]), mais en 809-810, Pépin, fils de Charlemagne, créé par son père roi des Lombards ([522]), conquiert toute la Vénétie ([523]). Nicéphore finit par s'émouvoir et envoie une ambassade qui, Pépin étant mort, se transporte à Aix-la-Chapelle. Il semble que, pour obtenir la reconnaissance de son titre d'empereur, Charlemagne ait abandonné Venise, car au printemps de 811 a lieu l'élection du doge Angelus Partecipatus, favorable à Byzance ([524]), mais quand l'ambassade byzantine, accompagnée d'envoyés francs, revient à Constantinople, elle trouve Michel 1er sur le trône ([525]).

La politique de résistance aux Arabes n'aboutit qu'à de nouveaux revers. Après avoir refusé le tribut consenti sous Irène par une lettre injurieuse qui, si elle est authentique, est une pure rodomontade ([526]), Nicéphore ne put éviter les représailles du calife Haroun-al-Raschid, qui organisa, sans rencontrer de résistance, de fréquentes et fructueuses incursions en Asie Mineure. Son établissement à Tyane (806) située sur la route de Césarée, et où il bâtit une mosquée, constitua une nouvelle base d'invasion ([527]). Deux fois Nicéphore dut se soumettre au tribut (803 et 806) ([528]); deux fois il viola ses promesses et attira sur l'Asie Mineure de nouveaux ravages ([529]).

Enfin l'offensive qu'il prit contre les Bulgares, après le traité désastreux signé avec le calife en 806, et sans qu'on puisse en discerner les motifs, eut des résultats encore plus funestes. Alors que la paix régnait de ce côté depuis 797, Nicéphore choisit, pour l'attaquer, le moment où l'État bulgare double sa puissance par l'union, sous un chef ambitieux et entreprenant, Kroumn ([530]), des Bulgares de Pannonie, qui avaient aidé Charlemagne en 796 à détruire le Ring des Avars, et des Bulgares de Mésie chez lesquels prédominait une aristocratie slave. Une première tentative d'expédition en 807 fut arrêtée par un complot qui éclata à Andrinople ([531]); en 809 Kroumn attaqua l'Empire à son tour, s'empara d'une caisse militaire et atteignit Sofia que Nicéphore ne put délivrer par suite d'une révolte des chefs de son armée ([532]). Enfin en 811 l'empereur fit d'immenses préparatifs, augmenta les impôts pour avoir des ressources et envahit la Bulgarie à la tête d'une armée composée des thèmes d'Europe et d'Asie. Kroumn, effrayé, demanda à traiter et n'obtint qu'un refus. Traversant la Mésie, Nicéphore atteignit la résidence du Khan bulgare, incendia son palais, pilla ses richesses, mais, s'étant engagé avec son armée dans une plaine marécageuse, se laissa encercler par les Bulgares qui interceptèrent toutes les issues en y entassant des abattis d'arbres surplombant un fossé profond. Cernée ainsi, l'armée impériale offrit une proie facile à l'ennemi qui en massacra la plus grande partie : Nicéphore fut tué dans la mêlée et son fils Staurakios, blessé, s'enfuit à Constantinople (533).

C'était à lui que revenait de droit la succession de Nicéphore qui, désireux de fonder une dynastie, l'avait associé à la couronne (décembre 803) (534) et marié à une parente d'Irène l'Athénienne, Théophano (535). Mais Staurakios était regardé comme un incapable : de plus, grièvement blessé, il se sentait près de sa fin et il cherchait à assurer le pouvoir à son épouse, au détriment de son beau-frère, Michel Rhangabé, marié à Procopia, fille de Nicéphore ; mais les sénateurs le mirent devant le fait accompli en proclamant Michel, et Staurakios abdiqua sans résistance (2 octobre 811) (536).

Avec Michel Rhangabé, issu d'une famille de hauts dignitaires (537), c'était le parti réformiste qui arrivait au pouvoir. Non seulement il rappela les Studites exilés, mais il les réconcilia avec le patriarche Nicéphore, ce qui valut au prêtre Joseph une nouvelle excommunication (538), et il les appela à siéger dans ses conseils en même temps que des évêques. Pendant son règne éphémère de 22 mois (2 octobre 811-10 juillet 813) il bouleversa entièrement la politique de son prédécesseur et commença par gaspiller en largesses de toutes sortes le trésor qu'il avait amassé (539). Conformément aux doctrines des réformistes, il renoua des rapports avec l'Occident, fit le meilleur accueil aux ambassadeurs que Charlemagne avait envoyés à Nicéphore, dépêcha lui-même une ambassade à Aix-la-Chapelle afin de demander d'une main d'une princesse franque pour son fils aîné Théophylacte, associé au trône (540), en accordant au roi franc le titre envié de basileus, ce qui équivalait à légitimer l'existence d'un Empire d'Occident et à rétablir l'unité politique du monde chrétien (541). En revanche Charlemagne laissait à Byzance Venise et les villes de la côte dalmate, mais moyennant le paiement d'un fort tribut (812) (542). En même temps le patriarche se mettait en rapport avec Léon III et lui faisait parvenir la synodique dont le précédent empereur avait interdit l'envoi ([543]). Le rêve des Studites d'établir l'autorité universelle de la morale chrétienne semblait près d'être réalisé.

Cependant les iconoclastes n'avaient pas désarmé. Ils en étaient encore à comploter pour mettre sur le trône les fils infortunés de Constantin V, qu'il fallut changer de résidence ([544]), ou cherchaient à ameuter la foule par des manifestations accompagnées de prétendus miracles au tombeau de leur souverain favori ([545]). Les immigrés orientaux de Thrace et de Macédoine, sectateurs d'hérésies anciennes, Pauliciens, Athingans, Manichéens, qui n'avaient pas été inquiétés jusque-là dans leurs croyances, furent l'objet de mesures draconiennes demandées par le patriarche Nicéphore, alors que les Studites avaient conseillé l'emploi de la douceur pour les convertir ([546]). La paix religieuse était donc loin d'être complète lorsque Michel Rhangabé dut faire face à la menace bulgare.

Au lieu de marcher sur Constantinople après sa victoire sur Nicéphore, Kroumn attaqua les ports de la mer Noire, s'empara de Develt au fond du golfe de Bourgas, ruina la ville et en transporta ailleurs les habitants. Lorsque Michel voulut marcher contre les Bulgares, l'indiscipline se mit parmi ses troupes, et l'ennemi en profita pour envahir la Thrace. Pris de panique, les habitants des villes désertaient leurs demeures et les immigrés orientaux cherchaient à retourner dans leur patrie (juin-août 812) ([547]). Ne pouvant combattre, Michel accepta les propositions de paix du Khan, mais celui-ci exigeait la livraison réciproque des transfuges qui se trouvaient dans les deux armées. Bien que ce fût là une pratique courante, un véritable conseil de conscience assemblé par le basileus rejeta les propositions de Kroumn sous l'influence des Studites et contre l'avis du patriarche et des métropolites, étendant pour la première fois l'observation de la morale chrétienne aux relations internationales ([548]). Kroumn se vengea en s'emparant de Mesembria, grâce à la science d'un ingénieur transfuge ([549]). Un nouveau conseil de conscience (novembre) s'en tint aux conclusions précédentes et Michel passa l'hiver à constituer une grande armée, composée des thèmes d'Asie et d'Europe, avec laquelle il partit en campagne (mai 813), ayant fort à faire pour lutter contre l'indiscipline de ses troupes. La bataille qui se livra près d'Andrinople (22 juin) fut pour l'armée impériale une déroute encore plus honteuse que celle de 811. Trahi par les stratèges des thèmes d'Asie, Michel Rhangabé s'enfuit éperdument vers Constantinople pendant que son armée proclamait empereur le stratège d'Anatolie, Léon l'Arménien, qui entra sans résistance dans la ville (10 juillet), où il fut reçu par le Sénat ([550]). Michel, après avoir abdiqué, se laissa interner dans l'île de Plati où il se fit moine ([551]).

IV. LA SECONDE PÉRIODE ICONOCLASTE (813-842)

Avec Léon l'Arménien ce furent les armées des thèmes d'Asie, attachées aux doctrines iconoclastes, qui arrivèrent au pouvoir. Le nouvel empereur était un soldat de fortune : appartenant à une famille d'origine mésopotamienne réfugiée en Asie Mineure, simple doryphore de la garde de Bardanios Tourkos, qu'il trahit pendant sa révolte contre Nicéphore [552], créé en récompense stratège des Arméniaques, puis disgracié en 811 pour avoir laissé prendre sa caisse militaire par les Arabes, rappelé d'exil par Michel Rhangabé qui le nomma stratège d'Anatolie, il aurait été responsable du désastre d'Andrinople en se retirant du champ de bataille au moment où les Bulgares commençaient à fuir [553].

Le règne de Léon V (813-820) marque le début d'une période pendant laquelle l'ordre fut rétabli dans l'Empire, non sans difficulté, par la répression des dernières révoltes militaires ; et, au prix de gros sacrifices, comme l'abandon de l'Occident, les dangers qui menaçaient Constantinople furent écartés.

La première tâche de Léon fut de mettre en état de défense les remparts de Constantinople contre lesquels l'élan des Bulgares victorieux vint se briser. Kroumn essaya en vain de terrifier la population en faisant des sacrifices humains sous les murs de la ville ; il finit par se retirer en ravageant la riche banlieue de Constantinople et en emmenant un troupeau de captifs [554]. Il préparait une nouvelle attaque quand il mourut subitement (14 avril 814) [555] et les difficultés que rencontra son fils, Omortag, pour lui succéder le portèrent à conclure avec Léon une trêve de trente ans [556]. Constantinople ne devait plus subir d'attaque bulgare avant 894.

Ce succès donna à l'empereur assez de prestige pour lui permettre de prohiber de nouveau le culte des images. Dès son avènement il avait fait couronner son fils en lui donnant le nom significatif de Constantin [557] et répandait l'opinion que les malheurs de l'Empire étaient dus au retour à la vénération des images [558], mais il n'osa heurter l'opinion populaire en brusquant les choses. Ce fut seulement en octobre 814 qu'après avoir fait réunir les actes du concile iconoclaste de 754 ([559]), il mit le patriarche Nicéphore en demeure d'interdire le culte qui scandalisait le peuple ou de prouver sa légitimité ([560]). Après des simulacres de discussions pendant lesquelles des soldats détruisirent le crucifix qu'Irène avait fait replacer sur la porte de Chalcé ([561]), le patriarche fut jeté dans une barque, emmené à Chrysopolis et remplacé par le laïc Théodote ([562]). Un concile tenu à Sainte-Sophie en avril 815 confirma le synode iconoclaste de 754, réprouva celui de Nicée et interdit le culte des images, mais avec plus de modération que le concile de Constantin V ([563]).

Ce mouvement iconoclaste fut d'ailleurs moins violent que celui du VIIIe siècle et la résistance fut plus efficace parce qu'elle trouva son point d'appui chez les Studites, qui bravèrent ouvertement la volonté impériale ([564]). Théodore le Studite fut exilé en Bithynie et mis au secret dans une forteresse ([565]). Loin de proscrire les moines, Léon parvint à en gagner quelques-uns à ses idées, mais, de sa prison (il avait été transporté à Smyrne en 819), Théodore encourageait les résistances et écrivait au pape et aux trois patriarches d'Orient ([566]). Un grand nombre d'opposants, évêques et moines, — dont le chroniqueur Théophane et Michel, syncelle de Jérusalem, envoyé à Léon l'Arménien par le patriarche Thomas, — furent emprisonnés et maltraités ([567]).

En faisant couronner son fils basileus, Léon songeait bien à fonder une dynastie, mais les compagnons d'armes qui l'avaient aidé à saisir le pouvoir, Michel le Bègue, Thomas le Slavonien, étaient travaillés d'ambitions secrètes et, dans leur conduite comme dans leur langage, ne témoignaient aucun égard à l'ancien camarade parvenu au trône. Une nouvelle révolte militaire était toujours menaçante. Michel, convaincu d'avoir fomenté un complot pour renverser Léon l'Arménien, fut condamné à mort, mais, son supplice ayant été différé à cause de la fête de Noël, ses amis envahirent le grand Palais et assassinèrent le basileus, en train de chanter matines avec les clercs de sa chapelle ([568]).

Michel, encore chargé de chaînes, fut porté sur le trône et acclamé empereur, puis couronné par le patriarche sans aucune opposition ([569]). Originaire d'Amorium en Phrygie, il avait fait toute sa carrière dans l'armée. Dénué d'instruction, rude d'abord, il avait les manières d'un soudard. Sa famille professait les doctrines d'une secte hérétique qui avait conservé des pratiques juives ([570]). Il était prudent, retors, superstitieux et avait foi dans son étoile ([571]). Son règne assez court (820-829) n'en eut pas moins une extrême importance. Il mit fin à l'ère des révoltes et fonda une dynastie qui releva la situation de l'Empire. A peine sur le trône, il fit couronner empereur son fils Théophile, qui épousa le même jour la jeune fille choisie à la suite d'un concours de beauté ([572]) et publia un décret interdisant toute discussion sur le culte des images ([573]) ; mais, avant que son pouvoir fût assuré, il eut à surmonter une terrible révolte, qui dura deux ans et dépassa par son ampleur la portée d'un simple mouvement militaire.

Thomas le Slavonien, dont l'origine et les aventures sont assez obscures ([574]), avait été comme Léon l'Arménien et Michel le Bègue au service de Bardanios Tourkos ([575]). Réfugié chez les Arabes pour éviter le châtiment que lui avait valu son inconduite, il prétendit arriver lui aussi au trône en supplantant ses anciens compagnons d'armes ([576]). Soutenu par le calife Al'Mamoun, il leva une armée hétérogène composée d'Arabes, d'Arméniens, d'Iraniens, d'Ibères, de Slaves établis en Asie Mineure, se déclara le défenseur du culte des images, se donna même comme étant le malheureux Constantin VI, fils d'Irène, parvint à gagner à sa cause tous les thèmes d'Asie, sauf ceux des Arméniaques et de l'Opsikion, et souleva les populations d'Anatolie accablées d'impôts : il eut pour lui tous les mécontents ([577]).

La révolte éclata aussitôt après l'avènement de Michel. La défection des thèmes maritimes donna à Thomas une flotte qui parvint à pénétrer dans la Corne d'Or, tandis que lui-même passait l'Hellespont, soulevait les villes de Thrace et assiégeait Constantinople à deux reprises (décembre 821, printemps de 822). Mais l'intervention des Bulgares le força à battre en retraite jusqu'à Arcadiopolis, où il fut assiégé, livré à Michel par les habitants et exécuté (printemps de 823) ([578]). Les plus riches provinces de l'Empire avaient été ruinées et les Arabes d'Occident avaient profité de cette guerre civile pour s'installer en Crète et en Sicile et intercepter les routes de la Méditerranée.

La défaite de Thomas, qui s'était donné comme le défenseur des images, eût pu provoquer une nouvelle guerre religieuse, mais dans ces matières la politique de Michel le Bègue fut très circonspecte. Au début de la révolte, il avait rappelé à Constantinople Théodore le Studite et les iconodules exilés en Anatolie ([579]) et, loin de les inquiéter, il chercha un terrain de conciliation entre les deux doctrines ([580]). Mais Théodore le Studite refusa d'avoir une conférence avec le patriarche Antoine et déclara en appeler au pape ([581]). Michel finit par entrer dans ses vues, pensant qu'une décision du pape ferait cesser l'opposition des iconodules. De là ses lettres à Louis le Débonnaire et à Pascal Ier, dans lesquelles il montrait les abus auxquels donnait lieu le culte des images et invoquait à la fois l'arbitrage de l'Église franque et celui du pape ([582]). Un concile tenu à Paris en 825 lui donna satisfaction, mais se heurta à l'opposition de Rome ([583]) ; Michel mourut avant que la question fût tranchée, premier basileus mort dans son lit depuis Léon IV (1er octobre 829).

Cette particularité et la facilité avec laquelle Théophile, déjà couronné, recueillit la succession de son père montrent le changement qui s'était opéré dans les esprits depuis la défaite de Thomas. La personne du souverain est redevenue inviolable et l'un des premiers actes de Théophile, illogique sans doute, mais qui devait avoir une grande portée, fut de faire mettre à mort les meurtriers de Léon l'Arménien pour avoir porté la main sur l'oint du Seigneur, χριστὸν Κυρίου ([584]). Le châtiment du régicide fortifiait la doctrine de la légitimité du pouvoir impérial.

Très différent de son père, Théophile avait reçu une éducation raffinée et avait eu pour maître Jean le Grammairien (Hylilas), dont il fit un patriarche en 832 ([585]) et qui lui avait donné le goût de la théologie et un attachement très grand aux dogmes iconoclastes. Les chroniqueurs qui écrivaient au temps de la dynastie macédonienne l'ont sans doute calomnié en le représentant comme un caractère fantasque et en lui prêtant les outrances d'un maniaque ([586]). Il a laissé le souvenir d'un justicier impitoyable, voulant connaître les affaires par lui-même, permettant à toutes les victimes d'une injustice de s'adresser directement à lui, lorsque chaque semaine il se rendait à cheval aux Blachernes, et les punitions sommaires qu'il infligeait aux délinquants atteignaient les plus haut placés ([587]). Sa réputation de justicier était encore vivante à l'époque où le roman de Timarion l'adjoignait aux Juges des Enfers ([588]).

Le règne de Théophile fut en réalité très brillant et peut être regardé comme le début de la renaissance de l'Empire. Homme de guerre, commandant lui-même ses armées, excellent financier (il laissa à sa mort une somme de 970 Kentenaria dans son trésor) [589], et, ce qu'on n'avait pas vu depuis longtemps, grand bâtisseur, doué de goûts artistiques et intellectuels, il embellit le Grand Palais de constructions luxueuses qui constituèrent une nouvelle résidence, digne de rivaliser par la profusion des marbres précieux, des mosaïques, des chefs-d'œuvre d'orfèvrerie avec le palais des califes de Bagdad, que son architecte, Patrikios, avait pris pour modèle [590]. Autre nouveauté, ce fut Théophile qui releva les écoles publiques et confia l'enseignement destiné à former des administrateurs et des évêques à Léon le Mathématicien, regardé comme le plus illustre savant de son époque ; il l'installa au palais de la Magnaure et sut le disputer au calife qui cherchait à l'attirer à Bagdad [591].

Malheureusement le même homme, si libéral pour tout ce qui concernait les lettres et les arts, se montra d'une grande étroitesse dans le domaine religieux et, poussé, dit-on, par le patriarche Jean [592], entreprit de faire revivre le régime iconoclaste que son père avait rendu moins rigoureux.

Il semble qu'il ait cherché d'abord à gagner les partisans des images à sa doctrine par les conversations fréquentes qu'il aimait à avoir avec les moines. Le chef de la résistance, Théodore le Studite, était mort en 826 [593] et le moment paraissait favorable. Un concile tenu aux Blachernes en 832 renouvela les décrets iconoclastes [594], mais, loin de céder, les iconophiles essayèrent au contraire de démontrer à l'empereur la légitimité du culte des images, comme l'atteste la lettre, véritable traité apologétique, adressée par les patriarches d'Orient à Théophile [595]. Cette résistance finit par l'irriter. Comme autrefois Constantin V, il fit substituer aux peintures religieuses des églises des tableaux profanes et fit détruire ou brûler un grand nombre d'icônes, tandis qu'il remplissait les prisons d'évêques, de moines récalcitrants, de peintres d'icônes [596]. L'impératrice Théodora elle-même, qui vénérait secrètement les images, ne fut pas à l'abri de cette persécution [597], dont les victimes les plus célèbres furent les deux moines de Jérusalem Théodore et Théophane, venus à Constantinople sous Léon l'Arménien avec Michel le Syncelle, surnommés les *Grapti*, parce qu'après une discussion dans laquelle Théophane convainquit l'empereur de se servir d'un texte adultéré des Écritures, Théophile eut la barbarie de leur faire graver au fer rouge des vers injurieux sur le front [598]. En fait la persécution fut limitée à Constantinople et à ses environs et se montra tout à fait inefficace. Seule la volonté de l'empereur soutenait l'iconoclasme expirant.

Situation extérieure. — Au point de vue extérieur, cette période fut marquée par la résistance de l'Empire à un dernier assaut du califat, résistance facilitée par le maintien de la paix conclue avec les Bulgares en 815, mais achetée au prix de l'abandon de la plupart des possessions qui restaient à l'Empire en Occident ([599]). La première moitié du IXe siècle fut en effet désastreuse pour la chrétienté, assaillie par les pirateries des Scandinaves au nord, des Sarrasins dans la Méditerranée, des Narentans de l'archipel illyrien dans l'Adriatique. Non seulement la navigation et le commerce maritime furent interrompus, mais les pirates fondèrent des établissements permanents sur tous les rivages ([600]).

Les troubles incessants du califat ommiade de Cordoue ([601]), l'anarchie qui régna dans le Maghreb à la suite de la diffusion de l'hérésie des Kharedjites expliquent l'essor de la piraterie, due à l'expulsion ou à l'émigration volontaire des mécontents, Arabes d'Espagne ou Berbères confondus sous le nom de Sarrasins. En quelques années ils parvinrent à se rendre maîtres de la Méditerranée et les possessions byzantines mal défendues furent victimes de leurs déprédations.

En 816 des Arabes d'Andalousie, révoltés contre le calife Al Hakam, ayant été vaincus, s'embarquèrent avec leurs familles et, en écumant les côtes sur leur passage, parvinrent en Égypte, où, à la faveur de troubles, ils s'emparèrent d'Alexandrie par surprise, mais ne purent s'y maintenir. Chassés d'Égypte à la suite d'une expédition envoyée de Bagdad (827), ils abordèrent en Crète et firent la conquête de l'île sans rencontrer de résistance ([602]). On était au lendemain de la guerre civile fomentée par Thomas le Slavonien et les tentatives que fit Michel le Bègue pour reconquérir la Crète échouèrent, faute de forces suffisantes ([603]). Pendant 133 ans (828-961) cette île allait être un repaire inaccessible de pirates dont les expéditions périodiques désolèrent les côtes de la Méditerranée orientale ([604]).

Dans cette même année 827 les Arabes d'Afrique commençaient la conquête de la Sicile, où le commandant de la flotte impériale, Euphemios, se révolta et demanda secours à l'émir Aglabite d'Afrique devenu indépendant du calife abbasside ([605]). Les Arabes saisirent cette occasion pour attaquer la Sicile, mais échouèrent devant Syracuse qu'ils assiégèrent longuement (828) ([606]). Puis en 830 l'île fut envahie à la fois par deux armées venues, l'une d'Espagne et l'autre d'Afrique. L'événement important de cette campagne fut la prise de Palerme par les Africains (septembre 831). Les Arabes eurent ainsi en Sicile un établissement permanent qui fut le noyau de leur colonisation ([607]). Théophile ne réagit qu'en 835, mais la flotte qu'il envoya contre Syracuse fut détruite ([608]) et les Arabes commencèrent la conquête de l'intérieur. En 841 ils possédaient presque entièrement la partie occidentale de l'île ([609]).

La Sicile était déjà devenue comme la Crête un centre important de corsaires, qui commencèrent à ravager les côtes d'Italie en s'alliant parfois avec les princes lombards en discorde et en prenant pied définitivement sur les rives de la mer Ionienne et de l'Adriatique, en 838 à Brindisi, en 839-840 à Tarente, en 841 à Bari ([610]). La même année ils allaient couler des navires vénitiens au fond de l'Adriatique en représailles des secours prêtés par Venise à Théophile ([611]) pour essayer de reprendre Tarente, débarquaient à l'embouchure du Pô, incendiaient une ville dalmate et pillaient Ancône ([612]).

A la même époque la domination byzantine disparut en Dalmatie et en Illyrie ([613]). Par le traité d'Aix-la-Chapelle (812) ces régions avaient été partagées entre l'Empire franc et Byzance, qui avait reçu pour sa part Venise, les cités et les îles de la côte dalmate ([614]). Les Francs ne purent conserver la Croatie qui se révolta (810-823) et passa sous l'influence bulgare. Byzance, privée de ses forces navales, fut tout aussi impuissante à régir les tribus slaves de l'Adriatique constituées en États indépendants, comme la république de corsaires des Narentans qui occupèrent l'archipel dalmate ([615]). La conversion des Croates au christianisme par des missionnaires francs envoyés par le patriarche d'Aquilée (805-811) ([616]) fut aussi un grave échec pour le prestige byzantin. Enfin c'est le moment où la Vénétie, regardée jusque-là comme partie intégrante de l'Empire d'Orient, commence à affirmer son indépendance. Non seulement Venise soutient avec ses seules forces la guerre contre les pirates slaves et sarrasins de l'Adriatique, mais en 840 elle signe un traité d'alliance avec l'empereur franc Lothaire 1er qui lui garantit toutes ses possessions ([617]). C'était là un premier relâchement dans les liens qui rattachaient la République de Saint-Marc à Byzance, dont toutes les possessions occidentales s'étaient détachées successivement en moins d'un demi-siècle.

Dans l'impossibilité où il se trouvait de disposer de forces suffisantes pour mettre un terme à l'expansion de plus en plus audacieuse de la piraterie, Théophile eut recours au moyen, classique dans les traditions byzantines, de la diplomatie. Par deux fois il envoya des ambassadeurs aux empereurs francs, en 839 à Louis le Débonnaire à Ingelheim ([618]), en 842 à Lothaire qui reçut ses envoyés à Trèves ([619]), pour leur demander de chasser les Arabes de Sicile et d'Italie; il reçut de bonnes paroles, mais, s'il avait été mieux renseigné sur la situation intérieure de l'Empire carolingien, il se fût sans doute abstenu de ces démarches. L'ambassade envoyée à Cordoue (839-840), au moment le plus critique de la guerre avec le califat de Bagdad, eut un caractère encore plus chimérique. Théophile engageait Abd-er-Rahman II à revendiquer les pays d'Orient dont les Abbassides avaient dépouillé ses ancêtres et à chasser de Crête les Sarrasins d'Espagne. Le calife répondit par un refus catégorique. Cet échange fastueux d'ambassades eut des résultats intéressants, mais dans le seul domaine intellectuel ([620]).

Cependant, trop affaibli pour défendre ses possessions d'Occident, l'Empire a pu faire face au dernier grand effort militaire que le califat abbasside ait dirigé contre Constantinople. Le calife Al-Mamoun, qui avait soutenu la révolte de Thomas, entendait bien profiter des embarras de l'Empire pour entreprendre une offensive décisive ; aussi refusat-il toute proposition de paix, aussi bien celle que lui fit Michel II en 825 ([621]), que les avances de Théophile, qui, sous prétexte de lui notifier son avènement, envoya à Bagdad une brillante ambassade dirigée par son précepteur Jean le Grammairien ([622]).

Loin de répondre à ces intentions pacifiques, Al-Mamoun organisa des incursions périodiques dans les thèmes d'Asie Mineure, mal remis encore de la situation troublée qu'avait laissée la révolte de Thomas ([623]) ; il dirigea lui-même les plus importantes, auxquelles répondaient les contre-attaques de Théophile, qui, après avoir traversé le Taurus en 831, ramena du territoire de Tarse du butin et des prisonniers, et célébra un éclatant triomphe à son retour ([624]). La guerre ne fut qu'une série de coups de main, jusqu'à la mort d'Al-Mamoun en 833 ([625]). Il y eut ensuite une période de paix (833- 837), pendant laquelle Théophile donna asile aux réfugiés perses de la secte communiste des Khourranites, dont la révolte avait été écrasée par le nouveau calife Moutassim, et en forma une légion perse, sous les ordres d'un certain Théophobe, regardé comme le descendant des anciens rois ([626]).

La guerre recommença en 837 sur un théâtre plus vaste. Théophile pénétra en Haute Mésopotamie, qui n'avait pas vu d'armée impériale depuis longtemps, et s'empara des forteresses de Zapetra et Mélitène, mais n'exploita pas son succès et revint célébrer un nouveau triomphe à Constantinople ([627]). En revanche en 838 Moutassim mit sur pied deux armées dont l'une envahit au nord le thème des Arméniaques, tandis que la seconde, commandée par lui-même, partait de Tarse et marchait sur Amorium, d'où la dynastie était originaire. En essayant de s'opposer à l'invasion du thème arméniaque, Théophile subit une grosse défaite au-delà de l'Halys et battit en retraite vers Constantinople. Après avoir fait leur jonction à Ancyre, les deux armées arabes allèrent assiéger Amorium qui fut prise par trahison au bout de 12 jours (12 août 838) ([628]). Le calife vainqueur repoussa les demandes de paix de Théophile et il songeait même à marcher sur Constantinople quand il fut rappelé en Syrie par une révolte ([629]). De fait, peu après la mort de Théophile, une flotte arabe cinglait vers la Ville impériale, lorsqu'elle fut détruite par une tempête au cap Chélidonia du thème des Cibyrrhéotes ([630]).

Ces guerres continuelles ne produisirent au point de vue territorial que des résultats insignifiants et n'aboutirent qu'à affaiblir les belligérants, mais en dépit de victoires plus retentissantes que fructueuses, les véritables vaincus de la lutte étaient les Arabes qui avaient refusé les propositions d'accord réitérées de Théophile ([631]) et n'avaient pu entamer le territoire impérial ([632]).

D'autre part, Théophile avait relevé le prestige de l'Empire en pénétrant en Mésopotamie, bien qu'il s'y fût heurté à l'hostilité des Arméniens ([633]), et surtout dans la région du Caucase et de la mer Noire ([634]), en renouvelant l'alliance de l'Empire avec les Khazars, qui avaient les mêmes ennemis que Byzance : le califat arabe, les peuples touraniens des steppes et les Russes, dont Théophile avait reçu une ambassade et qui commençaient à pousser leurs entreprises vers le sud ([635]). En 833, à la demande du Khagan, Théophile envoya en Khazarie le spatharokandidat Petronas, avec des ingénieurs et des ouvriers, pour bâtir la forteresse de Sarkel à l'embouchure du Don, défense avancée contre les peuples du Nord et qui protégeait aussi Kherson, dont Théophile fit la capitale d'un thème, sur le rapport de Petronas, qui en fut nommé stratège ([636]).

V. LE RAFFERMISSEMENT DE L'EMPIRE (842-886)

L'œuvre de restauration due à Théophile se poursuivit sous ses deux premiers successeurs, l'un, dernier représentant de la famille amorienne, Michel III, l'autre, Basile, fondateur de la dynastie macédonienne. En dépit d'une agitation intérieure et d'événements tragiques qui eurent surtout pour théâtre Constantinople et le palais impérial, la période correspondant à ces deux règnes doit son unité au raffermissement de la puissance impériale, qui lui permit de reprendre quelques-unes des positions perdues et de préparer l'avenir en redevenant la principale puissance militaire de la chrétienté, le centre le plus brillant de la civilisation chrétienne.

A sa mort, le 20 janvier 842 [637], Théophile laissait cinq filles, dont une mariée à Alexis Mousel [638], et un fils, Michel, âgé de six ans [639], qu'il désigna pour son successeur en confiant sa garde à l'impératrice Théodora, chargée du gouvernement de l'Empire avec l'assistance d'un conseil, dont le membre le plus influent était le logothète du drome Théoctistos [640].

Le premier acte du nouveau gouvernement devait être logiquement le rétablissement de l'Orthodoxie, Théodora et ses conseillers étant profondément attachés au culte des icônes ; mais ce fut seulement au bout d'un an que l'impératrice, soucieuse de ménager la mémoire de Théophile et d'obtenir son absolution des évêques orthodoxes, convoqua un concile à cet effet [641]. Le patriarche Jean refusa d'y assister, fut déposé et remplacé par le moine Méthodius, dont Théophile, qui goûtait fort sa conversation, avait toléré l'iconophilie (4 mars 843) [642]. Après l'absolution formelle de Théophile et la tenue du concile qui remit en vigueur les canons de Nicée [643], le premier dimanche du Carême (11 mars 843), la restauration de l'Orthodoxie fut solennellement proclamée à Sainte-Sophie par la lecture de l'édit synodal (synodikon) qui condamnait non seulement les iconoclastes mais tous les hérétiques qui les avaient précédés [644] ; puis un banquet, auquel prirent part ceux qui avaient souffert pour la cause des images, fut célébré au palais impérial [645]. L'année suivante il fut décidé qu'on relirait le synodikon tous les ans, à l'anniversaire de la restitution de l'Orthodoxie [646].

Le pouvoir de Théodora et de Théoktistos dura 14 ans (842-856). Celui-ci, qui devait sa prépondérance au rôle important qu'il avait joué lors de l'avènement de Michel II [647], fut bientôt en butte à l'hostilité des parents de l'impératrice qui étaient entrés au Conseil de régence et en particulier de son frère, l'ambitieux Bardas [648]. Le jeune empereur, dont les instincts pervers inquiétaient sa mère et qui avait été marié en 855, à la suite d'un concours de beauté, à une femme insignifiante [649], entra dans les vues de Bardas et fut à la tête du complot qui renversa Théoktistos, arrêté traîtreusement au palais et tué dans sa prison (début de 856) [650]. Théodora abandonna volontairement le pouvoir et, au bout de deux ans, fut reléguée dans un monastère avec ses filles ([651]).

Libre ainsi de toute contrainte, Michel III s'adonna tout entier à ses plaisirs et à ses turpitudes : il se peut que les chroniqueurs de la dynastie macédonienne aient pris plaisir à noircir sa figure, afin de justifier le meurtre qui donna le pouvoir à Basile ([652]), mais les hontes de la conduite de Michel et ses gaspillages insensés du trésor public n'en furent pas moins réels ([653]) : ce qui est certain, c'est que, s'il prit part à des expéditions, il abandonna complètement le gouvernement de l'Empire à Bardas qui, après s'être élevé graduellement dans la hiérarchie, fut créé César le 26 avril 862, ce qui faisait de lui l'héritier de son neveu ([654]).

Maître du pouvoir, Bardas se consacra au gouvernement de l'Empire ([655]). De mœurs assez légères et dénué de scrupules, il se montra un véritable homme d'État et ses ennemis eux-mêmes, tel Nicétas David, ont rendu justice à ses qualités ([656]). Nous verrons comment il a relevé le prestige de l'Empire à l'extérieur. Continuateur de la politique de Théophile, il acheva la restauration des murs maritimes de Constantinople ([657]) et donna tous ses soins à l'administration de la justice ([658]), mais son œuvre la plus importante fut la réorganisation de l'Université impériale commencée par Théophile : en 863 il l'installa au palais de la Magnaure sous la direction de Léon le Mathématicien, devenu archevêque de Thessalonique, avec des maîtres de grammaire, de géométrie, d'astronomie ([659]). Il était d'ailleurs lié d'amitié avec l'asecretis Photius, véritable encyclopédie vivante, qui connaissait à fond l'antiquité classique ([660]), mais ce fut justement cette amitié qui lui suscita la principale difficulté de son gouvernement.

Nouvelle agitation religieuse. — Le rétablissement des icônes ne procura pas la paix à l'Église. Sans doute l'orthodoxie ne fut plus remise en question : les iconoclastes se rallièrent ou se cachèrent ([661]), mais des dissentiments profonds divisaient les orthodoxes ; en 842 comme en 787 on retrouvait les deux partis opposés : d'un côté les réformistes, les rigoristes dont les Studites étaient les champions, de l'autre les modérés, les moines de l'Olympe, le haut clergé respectueux des droits de l'État. La lutte acharnée de ces partis troubla l'Église byzantine pendant 70 ans (842-912) et on les retrouve avec toute leur ardeur dans le conflit entre Méthodius et les Studites, dans le schisme entre Ignace et Photius, dans l'affaire de la tétragamie. Il n'existait pas entre eux de divergence dogmatique, mais une manière différente de concevoir les rapports entre l'Église et l'État ([662]).

Ancien moine de l'Olympe ([663]), le patriarche Méthodius avait montré son désir de conciliation en faisant transférer les reliques de saint Théodore au monastère de Stoudios ([664]), mais les moines, déjà mortifiés d'avoir vu leur candidat écarté du patriarcat ([665]), se mirent à critiquer les promotions à l'épiscopat faites par Méthodius, qui choisissait de préférence les victimes des persécutions iconoclastes sans avoir égard à leur instruction et à leur expérience ([666]). A ces reproches Méthodius répondit par une contre-attaque déplorable, il voulut obliger les moines à désavouer les écrits de Théodore contre Tarasius et Nicéphore ([667]). Ceux-ci n'en firent rien et furent frappés d'anathème ([668]), mais dans son testament il recommanda de les réadmettre à la communion ([669]).

Les troubles qui éclatèrent pendant le patriarcat d'Ignace eurent des conséquences autrement graves. Second fils de Michel Rhangabé, tonsuré à l'âge de 14 ans (813), il avait passé sa vie dans un monastère sans recevoir l'instruction profane, dont il avait horreur. Par la rigidité de ses principes il se rapprochait des Studites, mais il n'avait jamais manifesté d'opposition à Méthodius, et ce fut peut-être pour cette raison qu'il fut choisi pour lui succéder en 847 par la volonté de Théodora, comme pouvant réconcilier les deux partis ecclésiastiques ([670]). Mais une fois patriarche, Ignace accumula les maladresses ([671]), condamnant et déposant des évêques qui avaient désapprouvé son élection, en particulier Grégoire Asvestas, archevêque de Syracuse, réfugié à Constantinople, qui en appela au pape ([672]). Après le meurtre de Théoktistos et la retraite de Théodora, Ignace, sans la moindre enquête, refusa la communion à Bardas, accusé par l'opinion de relations incestueuses avec sa bru, le jour de l'Épiphanie 858 ([673]). Quelques mois après il refusait, d'ailleurs avec courage, de tonsurer Théodora, et Bardas l'exilait dans l'île de Térébinthe (23 novembre 858) ([674]).

Bien décidé à remplacer Ignace au patriarcat, Bardas finit par obtenir de lui un acte d'abdication volontaire, mais avec la réserve que son successeur ne serait pas un évêque excommunié, allusion claire à Grégoire Asvestas ([675]). Or, si celui-ci ne fut pas élu patriarche, ce fut du moins l'un de ses amis, le protoasecretis Photius (25 décembre 858), simple laïc, qui s'engagea vis-à-vis du synode à respecter Ignace comme un père, mais se fit sacrer par Grégoire Asvestas ([676]). Ce fut le signal du schisme qui devait désoler si longtemps l'Église grecque. D'un côté, les évêques du parti d'Ignace, réunis à Sainte-Irène, déclarèrent nulle l'élection de Photius ([677]); de l'autre, dans un synode de 170 évêques, tenu par Photius aux Saints-Apôtres (mars 859), la déposition d'Ignace fut prononcée ([678]) et suivie de celle de deux évêques ignatiens ([679]).

Il restait à Photius à faire reconnaître ses pouvoirs par l'Église universelle. Il envoya donc sa synodique aux patriarches d'Orient ([680]) et elle fut portée à Rome par une ambassade chargée de remettre au pape Nicolas 1er des lettres de l'empereur et du patriarche ([681]). Contrairement à ce qu'on attendait à Constantinople, le pape blâma la déposition d'Ignace faite sans sa participation, se réserva le jugement en dernier ressort, protesta contre la nomination d'un laïc à l'épiscopat et envoya des légats, chargés en outre de réclamer la restitution au Saint-Siège de la juridiction sur l'Illyricum ([682]).

Ces instructions, apportées à Constantinople par les évêques d'Anagni et de Porto, consternèrent et irritèrent Photius et ses partisans, mais, soit par intimidation, soit par d'autres moyens, on décida ces légats à accepter toutes les conclusions du second concile qui se tint aux Saints-Apôtres en avril 861 : comparution d'Ignace forcé de reconnaître qu'il est devenu patriarche sans élection, ἀψηφίστως, sa déposition, sa dégradation injurieuse et, pour calmer le pape, la défense d'élever à l'avenir des laïcs à l'épiscopat ([683]).

L'affaire, qui n'était jusque-là qu'une crise intérieure de l'Église grecque, prit alors l'allure d'un conflit entre Rome et Constantinople. Non seulement Nicolas Ier désavoua entièrement à leur retour les deux légats coupables de n'avoir pas tenu compte de leurs instructions ([684]), mais il accueillit un appel rédigé au nom d'Ignace ([685]) et tint au Latran un concile qui déposa Photius et rétablit Ignace et les évêques déposés dans leurs fonctions (avril 863) ([686]).

C'était le signal de la guerre, qui eut d'abord l'aspect d'un échange de lettres acrimonieuses entre Michel III, Nicolas Ier et Photius ([687]), avec des tentatives de rapprochement, toujours repoussées ([688]), et qui se compliqua d'une lutte d'influence entre les deux sièges chez les Bulgares nouvellement convertis au christianisme par des missionnaires byzantins ([689]) ; mais Boris, qui avait reçu le baptême en 864 et dont Michel III avait été le parrain, entendait avoir un archevêque muni des pouvoirs nécessaires pour le couronner ([690]). Ayant essuyé un refus de la part de Photius ([691]), il s'adressa au pape qui, sans lui donner satisfaction sur ce point, lui envoya deux évêques, chargés d'organiser l'Église bulgare, ainsi qu'un mémoire sur la discipline ecclésiastique en réponse à ses questions ([692]) (866-867), ce qui entraîna l'expulsion de tous les prêtres byzantins.

Mais Photius était décidé à la rupture et, par des négociations avec l'empereur Louis II, entreprenait de faire déposer Nicolas Ier ([693]) et, dans un concile présidé par Michel III, il l'excommunia, puis dans une Encyclique adressée aux patriarches d'Orient, il accusa avec amertume les prêtres latins « d'avoir déchiré cette vigne tendre » qu'était la jeune Église bulgare en lui communiquant leurs usages, réprouvés par les orthodoxes, comme le jeûne du samedi, le célibat des prêtres et surtout leur dogme impie de la double procession de l'Esprit-Saint. Il demandait aux patriarches d'envoyer des représentants pour réprimer ces écarts ([694]).

Le schisme était désormais complet, mais au moment où des courriers envoyés dans toutes les directions allaient répandre partout le texte de l'Encyclique, un coup de théâtre se produisit : le 24 septembre 867 Michel III était assassiné, Basile lui succédait sur le trône et commençait son règne en exilant Photius et en rétablissant Ignace au patriarcat ([695]).

Basile le Macédonien. — L'histoire de l'ascension et de l'avènement de Basile ressemble à un véritable roman d'aventures, même lorsqu'elle est dépouillée des traits légendaires, des prédictions, des prétentions généalogiques insérées dans sa biographie officielle ([696]). Né vers 827 ([697]) de pauvres artisans des environs d'Andrinople, peut-être d'origine arménienne ([698]), il est successivement au service d'un stratège de Macédoine, puis d'un cousin de Michel III, Théophilytzès, qui en fit son écuyer et l'emmena dans le Péloponnèse où, étant tombé malade, il fut recueilli par une riche veuve, Danielis, qui l'enrichit ([699]). Doué d'une force herculéenne, il attire l'attention sur lui en terrassant un géant bulgare dans un festin donné par le fils de Bardas ([700]) et en domptant un cheval rétif appartenant à Michel III, qui l'enlève à Théophylitzès, lui donne une charge d'écuyer, se lie d'amitié avec lui et l'élève au rang de protostrator ([701]). Sa faveur croît de jour en jour et en 865 Michel lui confie un des postes les plus importants du palais, celui de *parakimomène* ([702]), contre le gré de Bardas qui voit dans cette promotion une menace pour l'avenir. Une guerre implacable commence alors entre eux et se termine le 21 avril 866 par le meurtre de Bardas au cours d'une expédition et à la suite d'un complot favorisé par l'empereur ([703]).

Avec Bardas s'écroulait un régime qui n'avait pas été sans gloire : l'autorité était entre les mains d'un fou et d'un aventurier qui n'avait pas eu honte de répudier sa femme légitime, pour épouser une maîtresse de l'empereur, Eudokia Ingerina, dont il dut reconnaître deux fils comme les siens ([704]). En récompense Michel adopta Basile comme son héritier et le fit couronner empereur le 26 mai 866 ([705]). Cette élévation causa des jalousies et Basile dut réprimer un complot dirigé par le gendre de Bardas, Symbatios, qui avait participé à l'assassinat de son beau-père et réclamait le prix de sa trahison ([706]). Puis il arriva que Michel III, qui ne jurait que par son favori, se mit à le détester et essaya de le faire périr. Basile sentit le danger et le prévint en faisant lui-même tuer l'empereur à la suite d'une scène d'ivresse au palais de Saint-Mamas, le 23 septembre 867 ([707]).

Par ce meurtre, le fils de paysans macédoniens, qui avait passé la plus grande partie de sa carrière dans les écuries, se trouva seul maître du pouvoir suprême, sans qu'aucun vengeur de Michel III ait essayé de lui disputer la couronne ([708]) et, ce qui semble encore plus étonnant, fut de prime abord à la hauteur de la tâche écrasante qui allait lui incomber. Il s'agissait pour lui de reconstituer les ressources de l'État follement gaspillées par son prédécesseur ([709]), de rétablir l'ordre à l'intérieur, d'assurer la défense de l'Empire et de donner à son autorité un prestige suffisant qui lui permît de transmettre son pouvoir à son fils et de fonder une dynastie.

Pendant les 19 ans qu'il exerça le pouvoir (867-886), Basile s'acquitta à merveille de ces diverses tâches et fut l'un des meilleurs hommes d'État qui aient gouverné Byzance. L'étude des institutions montrera la place importante qu'il a tenue comme organisateur et réformateur dans les domaines financier, judiciaire, législatif. Préoccupé d'abolir la législation des empereurs iconoclastes, il travailla à la révision des anciennes lois en les adaptant aux nécessités de son temps et jeta ainsi les bases de la réforme législative qui fut achevée par son fils. Bon soldat, il commanda lui-même ses armées, à l'exemple de ses prédécesseurs, et l'on verra avec quel succès il a sauvegardé les frontières de l'Empire et préparé la reprise des territoires perdus. Les principales difficultés qu'il rencontra furent celles que lui suscitèrent ses affaires de famille et la question religieuse soulevée sous son prédécesseur.

A son avènement, Basile avait deux fils dont l'aîné, Constantin, auquel allaient toutes les préférences, qu'il associa à l'Empire en 870, qu'il emmenait dans ses expéditions, était vraisemblablement né de sa première femme ([710]). Lorsqu'il mourut en 879, Basile fut inconsolable. Le cadet au contraire, Léon, était le fils d'Eudokia Ingerina et de Michel III, comme l'affirment toutes les chroniques à l'exception de la *Vie de Basile* ([711]). Celui-ci, obligé de le reconnaître comme son fils, semble avoir cherché à le priver de sa succession en associant à la couronne son troisième fils, Alexandre, né après son avènement ([712]). Pour sauver les apparences, il conféra le même honneur à Léon, mais ne lui témoigna jamais la moindre tendresse et le maria sans le consulter et contre son gré à une jeune fille de la noblesse sénatoriale, Théophano ([713]). Il se forma d'ailleurs à la cour une faction qui essaya d'écarter Léon du trône et que Photius passait pour inspirer. Une sorte de nécromant qui jouissait de la faveur de Basile ([714]), Théodore Santabaren, accusa Léon de vouloir tuer l'empereur, qui, sans la moindre enquête, l'emprisonna avec sa femme et voulut lui faire crever les yeux : il en fut empêché par Photius et son confident Stylianos, qui obtinrent sa libération ([715]), mais après la mort de Basile, le premier acte de Léon VI fut de retirer le corps de Michel III de Chrysopolis et de le faire ensevelir aux Saints-Apôtres ([716]), aveu éclatant du drame secret.

Dans l'héritage que Basile avait reçu de son prédécesseur se trouvait le double schisme qui scindait l'Église byzantine en deux partis irréconciliables et, d'autre part, la séparait de Rome. Basile, nous l'avons vu, régla la question en exilant Photius et en rétablissant Ignace au patriarcat ([717]). Celui-ci, s'empressa d'interdire la célébration du culte à Photius, à tous les clercs qu'il avait ordonnés ou qui avaient communié avec lui, ce qui était le plus sûr moyen de prolonger les divisions de l'Église byzantine ([718]). Basile cherchait au contraire la conciliation, mais ne voyait que l'autorité de Rome et d'un concile comme capables de l'imposer. Dès le 11 décembre 867 il envoya une ambassade au pape, en lui demandant son arbitrage, tandis qu'Ignace adjoignait deux évêques à l'ambassade pour défendre sa cause ([719]). Nicolas Ier était mort le 13 novembre 867 ; Hadrien II, qui lui succéda, s'engagea à suivre sa ligne de conduite ([720]), réunit un synode qui condamna Photius sans l'avoir entendu et envoya trois légats à Constantinople ([721]).

Dès l'ouverture du concile œcuménique, le 27 septembre 869, il se produisit un véritable malentendu entre l'empereur et le Saint-Siège. Les légats avaient pour instructions de faire entériner les décrets du concile romain et de n'admettre à la réconciliation que les évêques ordonnés avant 858, qui se rétracteraient en signant un *libellus satisfactionis* ([722]). Basile au contraire, choqué que le pape eût condamné Photius sans l'entendre, voulait recommencer toute la procédure contre lui, afin d'obtenir un jugement régulier qui mît fin à toute polémique. Les deux opinions s'affrontèrent dès les premières sessions, où le point de vue impérial fut défendu par le patrice Baanès ([723]). Basile finit pas obtenir la comparution de Photius devant le concile, mais il ne répondit à aucune question et les légats protestèrent que, son cas étant jugé, il n'avait pas à se soumettre; comme il n'en fit rien, l'anathème fut prononcé contre lui dans la huitième session (5 octobre 869) ([724]). Quand le concile se sépara le 26 février 870 en proclamant l'union des deux Églises, il n'y en avait pas moins entre l'empereur et les trois légats un désaccord irréductible : Basile ne prit même aucune mesure pour faciliter leur voyage de retour qui dura neuf mois ([725]).

Particulièrement grave était le nouveau conflit entre les deux Églises au sujet de la Bulgarie. Mécontent de n'avoir pu obtenir des papes

Nicolas et Hadrien II l'archevêque dont la création lui avait été promise, Boris avait envoyé une ambassade au concile pour obtenir satisfaction et savoir de quelle juridiction relèverait l'Église bulgare. Dans une réunion extra-conciliaire la lutte fut chaude entre Ignace et les légats, mais les délégués des patriarches orientaux pris comme arbitres se prononcèrent pour la juridiction de Constantinople ([726]). Après le départ des légats, Ignace sacra un archevêque et dix évêques qui allèrent prendre possession de l'Église bulgare ([727]). Jean VIII, successeur d'Hadrien II (décembre 872), essaya en vain de décider Boris à se rallier à la juridiction romaine ([728]). Il somma inutilement Ignace de venir à Rome ([729]). Enfin en 878 il envoya deux légats à Constantinople avec mission de réduire Ignace à l'obéissance en le menaçant de déposition, mais ils apprirent à leur arrivée qu'Ignace était mort (23 octobre 877) et que Photius occupait de nouveau le trône patriarcal ([730]).

D'après la *Vie d'Ignace*, Photius aurait regagné les bonnes grâces de Basile en lui forgeant une généalogie qui le faisait descendre des rois d'Arménie ([731]). Que cette histoire soit authentique ou non, il est plus vraisemblable qu'en rappelant Photius, Basile espérait mettre un terme aux dissensions de l'Église byzantine. Ce qui le prouverait, c'est qu'une fois rétabli, Photius s'abstint d'exercer des représailles contre ses ennemis de la veille ([732]) et qu'il écrivit à Jean VIII une lettre conciliante après l'arrivée des deux légats envoyés à Ignace ([733]). Jean VIII, qui à ce moment avait besoin du secours de la flotte impériale contre les Sarrasins, accueillit les ouvertures de Photius en mettant à sa réconciliation certaines conditions ([734]). Dans l'hiver de 879-880, devant le diacre Pierre, porteur de la lettre pontificale, et les deux autres légats, un concile de 383 évêques, regardé par les Grecs comme œcuménique, réhabilita solennellement Photius ([735]).

On avait admis jusqu'à ces derniers temps que, Photius n'ayant pas rempli les conditions exigées par Jean VIII, celui-ci l'avait de nouveau excommunié ainsi que ses légats et qu'il s'en était suivi un second schisme ([736]). Grâce aux travaux de F. Dvornik et du R. P. Grumel ([737]), on sait aujourd'hui que ces affirmations reposent sur de faux documents, forgés par des clercs du parti d'Ignace sous le pape Formose (891-896) ([738]), démentis par tout ce qu'on sait des rapports entre Jean VIII et Photius, qui ne cessèrent d'être cordiaux ([739]). On ne voit pas davantage que les successeurs de Jean VIII aient rompu avec Photius avant sa deuxième déposition par Léon VI ([740]), mais les Ignatiens n'avaient pas désarmé et Basile mourut sans avoir pu rétablir la paix à l'intérieur de l'Église byzantine.

Affaires extérieures. — Au point de vue extérieur, Byzance a continué à organiser la défensive sur ses frontières, mais elle a commencé à recouvrer quelques-unes des positions qu'elle avait perdues et à étendre son influence en Europe, grâce aux missions chrétiennes de l'Église grecque et à la conversion au christianisme des peuples slaves : tels sont les résultats importants de cette période.

Sauf une expédition du stratège du Péloponnèse, Théoktistos Bryenne, qui alla réprimer vers 847-848 une révolte des tribus slaves d'Achaïe et d'Élide ([741]), et une menace du jeune Khan bulgare Boris, encore païen, que la diplomatie de Théodora sut apaiser ([742]), les principaux fronts de guerre se trouvaient dans la Méditerranée, où sévissaient les Sarrasins de Crète, d'Afrique et d'Espagne, et sur les frontières d'Asie Mineure, menacées par les Pauliciens et les Arabes, où la défense avait été fortement organisée sous Théophile ([743]).

Devant l'impuissance du gouvernement impérial, les Sarrasins continuèrent la conquête de la Sicile, s'emparèrent de Messine (fin 842) ([744]) et prirent pied en Italie, où ils allèrent piller la basilique Saint-Pierre de Rome (846) ([745]). Pour prévenir un nouvel assaut, le pape Léon IV fit entourer la rive droite du Tibre de fortifications ([746]) et la défense de l'Italie fut dirigée, médiocrement d'ailleurs, par Louis II, fils de Lothaire, couronné empereur à Rome en 850 ([747]) : les Sarrasins occupaient l'Apulie, où un émir indépendant avait fait de Bari une forteresse inexpugnable, d'où il allait piller la Campanie ([748]). En Sicile les Sarrasins soumettaient l'intérieur de l'île et capturaient la puissante forteresse centrale de Castrogiovanni ([749]), et les flottes que le gouvernement byzantin envoyait de temps à autre étaient presque régulièrement détruites ([750]).

Sur le front d'Orient les frontières de l'Empire étaient menacées par un nouvel ennemi, les Pauliciens, secte manichéenne ([751]) répandue au VIIIe siècle dans toute l'Asie Mineure ([752]), puis, à cause des persécutions dont elle fut l'objet depuis le règne de Michel Ier jusqu'à celui de Théophile, réfugiée en territoire arabe, où l'émir de Mélitène la prit sous sa protection ([753]). Sous leur chef, Karbeas, les Pauliciens devinrent un petit État et fondèrent des villes, dont la principale, Tephrik, était située sur la frontière du thème de Koloneia ([754]). Alliés aux Arabes, ils les aidaient dans leurs incursions en territoire impérial, et se trouvaient probablement dans les troupes de l'émir de Mélitène, qui attaqua l'Empire en 844 et infligea une défaite sanglante au ministre de Théodora, Théoktistos ([755]).

Jusqu'en 859 les hostilités entre l'Empire et le califat consistèrent en expéditions de la flotte byzantine contre Damiette, qui fut pillée et incendiée en 853-854 ([756]), afin de couper l'Égypte de la Crète, dont elle était l'arsenal, et en incursions périodiques des Arabes en Asie Mineure ([757]) suivies de représailles byzantines ([758]) et entrecoupées de courtes trêves pendant lesquelles les deux partis procédaient à l'échange de leurs prisonniers de guerre dans la région de Tarse ([759]). En 859 au contraire Michel III et Bardas prirent l'offensive et dirigèrent une expédition contre Samosate, qui fut victorieuse d'après les historiens arabes, alors que les sources grecques de l'époque macédonienne transforment leur succès en échec ; les inscriptions de la citadelle d'Ancyre au nom de Michel III et datées de cette même année, montrent que les fortifications de cette ville avaient été renforcées, en vue d'assurer une base solide à l'expédition ([760]). Après la signature d'une trêve et un échange de prisonniers, Michel III repartit pour l'Asie Mineure au printemps de 860, mais il fut soudain rappelé à Constantinople, qu'une flotte russe de 200 navires était sur le point d'attaquer ([761]).

Les Russes, dont il est question pour la première fois dans les chroniques byzantines sous Théophile, avaient fondé leur plus ancien État à Novgorod et cherchaient à se rapprocher de la mer Noire où les attiraient en même temps des buts commerciaux et l'amour du pillage ([762]).

Deux compagnons de Rurik, Askold et Dir, s'étaient emparés de Kiev vers 842. Ce fut de là qu'ils partirent en 860 et, descendant le Dniéper sur leurs monoxyles, ils pénétrèrent dans le Bosphore en pillant les maisons de plaisance et les monastères et le 18 juin donnèrent l'assaut à Constantinople, pendant que l'empereur, revenu en toute hâte, et le patriarche Photius déployaient sur les remparts le maphorion de la Vierge conservé à l'Église des Blachernes ([763]). Ayant échoué dans leur tentative, les Russes battirent en retraite et Photius prononça un sermon d'actions de grâces ([764]). Quelques années plus tard, les Russes, instruits par l'exemple des Bulgares, demandaient à se convertir au christianisme et Photius leur envoyait un évêque ([765]).

Ce fut en effet à ce moment que Boris, qui songeait aussi à se convertir, fit alliance avec Louis le Germanique, tout prêt à envoyer en Bulgarie des missionnaires latins. Ce danger ayant été dénoncé à Constantinople par le prince de Moravie Rastislav, Michel III envahit la Bulgarie et cette démonstration suffit à obtenir la soumission de Boris, qui renonça à son alliance et accepta l'envoi en Bulgarie de missionnaires byzantins (863) ([766]).

Peu après, Omar, émir de Mélitène, ayant envahi le thème des Arméniaques et pris le port d'Amisos (Samsoun), une armée commandée par Petronas, frère de Bardas, infligea une grande défaite aux Arabes à Poson, sur la frontière des thèmes de Paphlagonie et des Arméniaques (3 septembre 863). L'émir fut tué dans cette bataille décisive dont le souvenir s'est conservé dans la légende populaire et dans l'épopée [767].

Au printemps de 866 une armée commandée par Bardas et Michel III était dirigée contre les Sarrasins de Crète, dont les déprédations venaient de désoler l'Archipel, mais la flotte fit escale à l'embouchure du Méandre et ce fut là que Bardas fut assassiné au moment où il allait relever l'Empire : l'expédition revint à Constantinople [768].

Basile, devenu le seul maître du trône, sut au moins développer les avantages acquis sous son prédécesseur et ce fut pendant son règne que l'Empire commença à reprendre l'offensive contre ses adversaires.

Malheureusement Basile ne disposait pas de forces suffisantes pour soutenir la lutte à la fois contre le califat, contre les Arabes de Crète, contre ceux du bassin occidental de la Méditerranée. Or c'était à l'époque de son avènement que l'offensive sarrasine contre l'Italie atteignait son point culminant, se portait même dans l'Adriatique et menaçait les villes de la côte dalmate. Incapable d'intervenir efficacement, Basile ne laissa pourtant pas périmer les droits de Byzance.

Ce fut ainsi que vers 868 il accueillit la demande de secours des habitants de Raguse assiégés par les Sarrasins depuis 15 mois et leur envoya une flotte qui força l'ennemi à lever le siège [769], qu'il affirma la subordination de Venise à l'Empire en conférant au doge Ursus Partecipatus le titre aulique de protospathaire [770] et que, ne pouvant se charger de la défense de l'Italie, il fit alliance avec Louis II et lui envoya une flotte qui l'aida à reprendre Bari en 871 [771]. Mais cet accord entre les deux moitiés de la chrétienté ne devait être qu'éphémère : les deux alliés se firent réciproquement des reproches et des blessures d'amour-propre. Basile dénia à Louis le droit de porter le titre impérial et celui-ci se plaignit du peu de secours que lui avait apporté la flotte byzantine [772]. L'alliance fut rompue et les efforts de Louis II pour délivrer l'Italie furent contrariés par le duc lombard de Bénévent, qui tint quelque temps le roi prisonnier [773] et répudia sa suzeraineté pour se placer sous celle de Byzance (873) [774]. Louis II, obligé de battre en retraite, mourut à Brescia en 875 [775]. L'année suivante les habitants de Bari, menacés d'un nouveau siège par les Sarrasins, firent appel au gouverneur byzantin d'Otrante, qui prit possession de la ville le jour de Noël au nom du basileus et y fixa sa résidence [776].

C'était là un événement d'une portée considérable : Byzance reprenait pied en Italie et apparaissait comme la puissance protectrice. Le pape Jean VIII, qui avait organisé la défense de l'État de Saint-Pierre, désespérant de recevoir des secours efficaces de Charles le Chauve, successeur de Louis II à l'Empire, conclut une alliance politique avec Basile ([777]).

Mais ces succès étaient amoindris par la perte des quelques positions que l'Empire possédait encore en Sicile. Vers 869-870 les Sarrasins d'Afrique s'étaient emparés de l'île de Malte ([778]), et la perte la plus cruelle fut celle de Syracuse, prise d'assaut après 10 mois de siège le 21 mai 878 par une action combinée des Arabes de Sicile et d'Afrique ([779]). L'Empire ne possédait plus en Sicile que Taormina et quelques places secondaires.

Du moins, pendant les huit dernières années de son règne, Basile parvint à consolider et à élargir considérablement la domination byzantine dans l'Italie méridionale. Après la prise de Syracuse, une flotte de 140 navires, sous le commandement du Syrien Nasr, chassa les Sarrasins d'Afrique des îles Ioniennes, vint attaquer la côte nord de la Sicile où elle s'empara de Termini et Cefalù, détruisit une flotte sarrasine à la hauteur des îles Lipari et revint à Constantinople avec un immense butin (879-880) ([780]). Dans la campagne suivante (880) pour la première fois une forte armée byzantine, composée des thèmes d'Europe, débarqua en Italie et combina ses opérations avec celles de la flotte de Naples pour s'emparer de Tarente ([781]). Mais l'action décisive fut celle d'un des hommes de guerre les plus éminents de cette époque, Nicéphore Phocas, chargé de réparer l'échec subi en 883 en Calabre par le stratège Étienne Maxentios ([782]). A la tête de troupes que Basile avait pu tirer des thèmes d'Orient, Nicéphore Phocas s'empara de toutes les places de Calabre occupées par les Sarrasins et, grâce à une diplomatie savante et aux ménagements avec lesquels il traita la population indigène, il obtint la soumission des *gastalds* ou gouverneurs lombards, et sa popularité fut telle que plus tard une église fut érigée en son honneur : il parvint à relier les villes de Calabre aux possessions byzantines d'Apulie et fit œuvre de colonisateur autant que de stratège ([783]). Le résultat de cette politique fut l'extension de l'influence byzantine sur les dynastes de l'Italie méridionale et centrale dont plusieurs, comme le prince de Salerne, l'évêque de Naples, le duc de Bénévent, devinrent les vassaux de l'Empire ([784]).

De même qu'en Italie la disparition des empereurs carolingiens laissait le champ libre à Byzance, de même en Orient la politique de Basile bénéficia de la décomposition du califat abbasside, dominé par la garde turque et impuissant à maintenir son autorité sur les émirs provinciaux ([785]). A la défensive victorieuse des Amoriens il substitua une offensive méthodique, destinée à occuper les routes d'invasion qui traversaient le Taurus et l'Antitaurus et à refouler les Arabes vers l'Orient ([786]). En même temps ses escadres croisaient dans l'Archipel et, sans pouvoir s'engager à fond, tenaient en respect les Arabes de Crète, qui infestaient les côtes de la Grèce et de l'Adriatique ([787]), en leur infligeant parfois de sévères leçons, notamment en 872, lorsque Nicétas Oryphas, ayant fait traîner ses navires à travers l'isthme de Corinthe, tomba subitement au milieu de la flotte sarrasine en train de piller les villes de la côte et la détruisit entièrement ([788]). Pendant quelques années Basile parvint même à occuper l'île de Chypre (vers 874-881), et il l'avait déjà érigée en thème, quand il se heurta à la résistance de la population qui favorisa le retour des Arabes ([789]).

Mais le principal effort de Basile porta sur le dégagement des frontières terrestres d'Asie Mineure, où s'était réfugié un ramassis d'aventuriers, Slaves de Cilicie, Arméniens du Taurus et surtout Pauliciens de Tephrik, ennemis irréconciliables de Byzance et excellents auxiliaires des Arabes ([790]), mais souvent en révolte contre eux.

Basile essaya d'abord de gagner les Pauliciens et de s'en faire des alliés, mais son ambassadeur, Pierre le Sicilien, se heurta aux prétentions exorbitantes de leur chef, Chrysocheir, qui réclamait toute l'Asie Mineure (869-870) ([791]). Alors en deux campagnes, dont la première échoua (871), Basile, profitant des troubles du califat, confia une armée à son gendre, Christophore, domestique des scholes, qui s'empara de Tephrik, détruisit l'État Paulicien et envoya à l'empereur la tête de Chrysocheir : Basile célébra ce succès par un triomphe solennel (872) ([792]).

Les débris de l'armée paulicienne s'étaient réfugiés à Mélitène, place très forte située dans la boucle de l'Euphrate, menace perpétuelle pour la frontière byzantine. S'emparer de cette position, tel fut désormais l'objectif de Basile, mais, avant de l'attaquer de front, il voulut d'abord l'isoler en occupant les petites places arabes situées le long de la frontière, de Sébaste à l'Euphrate septentrional, à Tephrik et à Mélitène ([793]), mais il ne put assiéger Mélitène et, à la suite d'une défaite, revint à Constantinople (873) ([794]).

Après une période d'accalmie de trois ans, pendant laquelle il occupa l'île de Chypre (874-877) ([795]), sans s'obstiner à attaquer Mélitène, Basile continua à occuper les passages montagneux qui commandaient les routes d'invasion. Un succès important fut la reprise de la forteresse de Loulouas sur la route de Tarse à Constantinople, avec la connivence des Slaves qui l'occupaient (877) ([796]). Les émirs arabes essayèrent bien de réagir, mais une fois entrés sur le territoire impérial, il leur était difficile d'en sortir, comme le montra le désastre subi en 878 par Abdallah-ibn-Rachid, qui, après avoir ravagé le sud de la Cappadoce, fut surpris près des Portes Ciliciennes par l'armée des thèmes de la région : son armée fut détruite et lui-même fait prisonnier ([797]). Enhardis par ce succès, cinq stratèges attaquèrent le territoire d'Adana et Basile vint les rejoindre avec son fils Constantin : la frontière de Syrie fut franchie et quelques places furent prises ou détruites (879) ([798]).

Nous savons qu'à la suite de la mort de son fils préféré Constantin en cette même année, Basile subit une dépression qui influa sur son activité politique. Ce fut seulement en 882 qu'il reprit ses projets contre Mélitène, qu'il alla assiéger inutilement grâce aux secours que la ville reçut de Marasch et de Khada. Une seconde campagne, partie la même année de Césarée pour prendre ces deux villes, n'eut pas plus de succès ([799]). L'année suivante une attaque contre Tarse, dirigée par Kesta Stypiotès, aboutit à un gros désastre de l'armée byzantine qui fut entièrement détruite le 14 septembre 883 ([800]).

Dès lors Basile ne fit plus aucune tentative sur la frontière d'Orient, que, malgré ces dernières défaites, il laissa fortement organisée, après avoir retourné contre les Arabes les forteresses placées aux points stratégiques qui favorisaient leurs offensives ([801]). La victoire de Basile eût été plus complète si son action militaire eût été appuyée par une révolte des Arméniens contre les Arabes. Le roi de la Grande Arménie, Aschod le Pagratide, garda du moins la neutralité, mais Basile, ayant appris qu'il avait reçu du calife une couronne et le titre royal, s'empressa de lui faire porter une couronne d'or et de signer avec lui un traité d'alliance en le qualifiant de fils bien-aimé ([802]), rappelant ainsi la fiction qui faisait de l'empereur romain le suzerain de l'Arménie et ménageant l'avenir.

Les missions chrétiennes. — Nous avons vu par l'exemple de Justinien que la protection accordée aux missionnaires était l'un des moyens les plus efficaces de la politique extérieure de Byzance. Or le prosélytisme de l'Église grecque, qui avait subi une éclipse depuis l'époque iconoclaste, reprit avec éclat après la restauration de l'Orthodoxie dans la seconde moitié du IXe siècle et ne contribua pas peu à faire pénétrer dans des pays restés barbares le prestige de Byzance et de la civilisation chrétienne. Toute mission religieuse était accompagnée d'une action diplomatique qui tendait à faire des peuples convertis des alliés ou même des vassaux de l'Empire, tandis que le patriarcat de Constantinople agrandissait son domaine en s'efforçant de placer les chrétientés nouvelles sous sa juridiction ([803]). Les moyens de propagande variaient suivant qu'on avait affaire à des Musulmans, à des Juifs, à des Pauliciens ou à des païens ([804]), mais la propagande commençait toujours par des controverses qui supposaient chez les missionnaires la connaissance de la langue du pays ([805]).

Avec une véritable souplesse les missionnaires s'adaptaient à toutes les habitudes des pays qu'il s'agissait de convertir, traduisaient les Évangiles et les livres liturgiques dans leur langue nationale et formaient un clergé indigène. Dès la fin du IVe siècle Ulfilas avait créé une liturgie en langue gothique qui s'était conservée chez les Goths de Crimée et cet exemple avait été suivi par la plupart des missionnaires ([806]). Au IXe siècle, malgré quelques préventions, comme le montre la curieuse aventure de saint Hilarion le Géorgien dans un couvent de l'Olympe ([807]), l'Église grecque admettait la diversité des langues liturgiques ([808]). C'est ainsi que les descendants de la tribu turque établie par Théophile sur le Vardar célébraient encore la liturgie en dialecte turc au début du XIXe siècle ([809]).

Ce fut grâce à ces méthodes que se produisit au IXe siècle l'un des plus grands événements de l'histoire de l'Europe : la conversion des peuples slaves par des missionnaires byzantins, dont les deux principaux, Cyrille et Méthode, ont reçu justement le titre d'apôtres des Slaves ([810]).

Constantin (il ne prit que plus tard le nom de Cyrille) et Méthode étaient fils d'un drongaire du thème de Thessalonique. Méthode fut gouverneur d'une colonie slave de Macédoine ([811]). Constantin alla achever ses études à Constantinople, où il fut l'élève de Léon le Mathématicien et le protégé du ministre Théoktistos ([812]), puis il devint lui-même professeur ([813]), reçut les ordres ecclésiastiques, fut chargé d'une mission diplomatique chez les Arabes ([814]), mais, épris de la vie monastique, il se retira à l'Olympe de Bithynie où il retrouva Méthode ([815]). Puis, après l'assaut russe de 860, le gouvernement impérial lui confia une mission à la fois politique et religieuse chez les Khazars, où, accompagné de Méthode, il eut des discussions avec les rabbins juifs, apprit l'hébreu et pendant un séjour à Kherson découvrit les reliques du pape saint Clément ([816]).

Ce fut après le retour des deux frères à Constantinople que Rastislav, prince de la Grande Moravie, désireux d'échapper aux entreprises de Louis le Germanique, envoya une ambassade à Byzance, avec laquelle la Moravie avait déjà des rapports commerciaux, pour demander au basileus d'envoyer des missionnaires, « capables, disait son message, de nous enseigner la vraie foi en notre langue » ([817]). La Grande Moravie, qui s'étendait au sud dans une partie de la Slovaquie actuelle jusqu'au

Hron, affluent du Danube, était considérée comme un État vassal par les margraves de l'Est, et les évêques de Passau la regardaient comme soumise à leur juridiction. Les Moraves étaient restés païens en grande partie et les clercs germaniques qui parcouraient leur pays faisaient peu de prosélytes. L'expédition que Louis le Germanique avait dirigée contre la Moravie en 855 avait échoué piteusement et Rastislav, allié de Carloman, révolté contre son père, avait étendu sa domination jusqu'à la Tisza, c'est-à-dire jusqu'à la frontière bulgare. Avec un véritable sens politique il avait compris que le seul moyen d'échapper à la poussée germanique était de se placer sous la protection de Byzance, et d'avoir recours à ses missionnaires ([818]).

La mission confiée à Constantin et Méthode, probablement d'après l'avis de Photius, avait donc, malgré son caractère religieux, un intérêt politique et en fait, comme on l'a vu déjà, une intervention de Michel III contre les Bulgares, alliés de Louis le Germanique, les empêcha d'attaquer la Moravie ([819]).

Ce fut au printemps de 863 que les deux frères, porteurs d'une lettre impériale, arrivèrent en Moravie ([820]). Comblés d'honneurs par Rastislav, ils se mirent tout de suite à l'œuvre. Le prince morave avait demandé que son peuple fût instruit *dans sa langue*. D'après leurs biographes, les apôtres apportaient avec eux un alphabet nouveau adapté aux consonnances slaves, qu'ils enseignèrent à leurs premiers disciples, ainsi qu'une traduction en slave d'un choix de lectures évangéliques ([821]).

La création de cet alphabet était le seul moyen pour les missionnaires de gagner le monde slave au christianisme et, bien que sa légende en attribue naïvement l'invention à Constantin aussitôt après l'ambassade de Rastislav, on peut croire qu'il avait été créé depuis longtemps ([822]). Ce fut grâce à cet instrument parfait que les deux frères purent doter la nouvelle Église de traductions en slavon des livres liturgiques de l'Église grecque et de l'Écriture sainte. Ils élevèrent ainsi les dialectes slaves à la dignité d'une langue littéraire qui leur doit ses premiers monuments ([823]). Ce ne fut pas d'ailleurs sans essuyer les critiques des clercs germaniques qu'ils célébrèrent les offices religieux dans la langue nationale des Moraves ([824]).

Puis, après être restés 40 mois en Moravie, afin de constituer un clergé indigène, ils se rendirent à Venise en 807, peut-être avec l'intention de s'y embarquer pour Constantinople avec les disciples qu'ils avaient amenés pour les faire ordonner prêtres par un évêque ([825]). A Venise ils eurent des discussions avec le clergé latin au sujet de la liturgie en langue slave ([826]) et ils reçurent une lettre du pape Nicolas Ier qui les mandait à Rome ([827]). Quand ils y arrivèrent au début de 868, Nicolas Ier était mort (23 novembre 867). Son successeur, Hadrien II, les accueillit avec les plus grands honneurs ([828]), reçut d'eux les reliques de saint Clément et fit ordonner prêtres leurs disciples. Au sujet de la liturgie slave, le pape se montra très conciliant malgré l'opposition du clergé romain et désigna trois basiliques dans lesquelles Constantin pourrait la célébrer ([829]). Ce fut alors qu'épuisé par ses travaux Constantin mourut le 14 février 869, âgé de 42 ans, et fut enseveli dans la basilique Saint-Clément : avant sa mort il avait pris le nom de Cyrille, symbole d'orthodoxie et d'unité religieuse ([830]).

Peu après, à la demande du chef morave Kocel, converti au christianisme par des missionnaires allemands, mais qui s'était rallié à l'Église morave au passage des deux frères dans ses États ([831]), Hadrien II créa Méthode archevêque de Sirmium et légat du Saint-Siège auprès des nations slaves ([832]). Mais au moment où Méthode revenait en Moravie, Svastislav, trahi par son neveu Svatopulk, avait été livré à Carloman, qui lui avait fait crever les yeux, et la Moravie était retombée au pouvoir des Germains ([833]). A son arrivée, Méthode, accusé devant un tribunal d'évêques d'avoir usurpé les fonctions épiscopales, fut emprisonné en Bavière (870); mais, malgré la révolte des Moraves qui chassèrent les Germains de leur pays, il ne fut délivré qu'en 873, grâce à l'intervention de Jean VIII qui venait de succéder à Hadrien II; le nouveau pape avait d'ailleurs ordonné à son légat d'interdire à Méthode la célébration de la liturgie en langue slave, qu'il admettait seulement pour la prédication ([834]).

Méthode reprit donc son œuvre apostolique dans des conditions difficiles : Svatopulk, devenu prince de Moravie, favorisait le clergé allemand, et, en 879, Méthode, accusé devant le pape de chanter le Credo sans l'addition du *Filioque* et de continuer à célébrer la liturgie en slave, dut retourner à Rome, où il n'eut pas de peine à prouver son orthodoxie ([835]). Bien plus, Méthode obtint enfin de Jean VIII l'autorisation de célébrer la liturgie en slave et l'approbation de sa traduction des Écritures. Le pape écrivit à Svatopulk une lettre dans laquelle il proclamait l'orthodoxie de Méthode, qu'il nommait archevêque de Moravie, avec Wiching, évêque de Nitra, comme suffragant ([836]). Mais les ennemis de l'apôtre veillaient. Devançant Méthode, Wiching, agent secret d'Arnulf, fils de Carloman, alla présenter à Svatopulk une fausse bulle qui condamnait Méthode comme hérétique ([837]). Celui-ci en appela au pape, qui protesta qu'il n'avait rien écrit à Wiching et confirma les pouvoirs de l'apôtre ([838]). Enfin, dernier triomphe, l'empereur Basile invita Méthode à venir à Constantinople, où il fut reçu avec honneur par le souverain et le patriarche Photius. qui, comme on le sait aujourd'hui ([839]), avait fait la paix avec le Saint-Siège.

On s'est demandé pour quels motifs Basile avait appelé Méthode auprès de lui. On peut voir d'abord dans cette démarche une preuve de l'intérêt politique que le gouvernement impérial attachait aux missions, en pays slave en particulier. La biographie de Méthode, seule source qui mentionne ce voyage ([840]), donne ce renseignement important, que l'empereur « fit l'éloge de sa doctrine et garda auprès de lui un prêtre et un diacre, disciples de Méthode, munis de leurs livres ». Il est clair que, mis au courant des succès de la mission en Moravie, Basile songeait à organiser sur le même modèle d'autres missions chez les Slaves, soit en Russie, où nous avons vu que Photius avait envoyé un évêque ([841]), soit surtout en Bulgarie dont l'Église était en voie d'organisation et où les disciples de Méthode pouvaient rendre d'immenses services, soit en Croatie où l'on venait d'envoyer des missionnaires ([842]).

Ce n'est pas d'ailleurs une simple conjecture. Après la mort de Méthode (6 avril 885), il se produisit une violente réaction germanique en Moravie. Le pape Étienne V, circonvenu par Wiching, le nomma archevêque de Moravie et condamna l'œuvre de Méthode ([843]). Gorazd, que Méthode avait désigné comme son successeur, et ses disciples se réfugièrent en Bulgarie, où ils reçurent le meilleur accueil de Boris qui envoya l'un d'eux, Clément, en Macédoine où il fonda un monastère à Ochrida. A son avènement, Siméon le nomma évêque de Velika et il aurait été le premier évêque slave en Bulgarie ([844]).

Ainsi ce fut la Bulgarie qui recueillit l'héritage de Méthode et sauva son œuvre apostolique.

Grâce à ses disciples, la Bulgarie devint un pays complètement slave au point de vue religieux, tout en recevant de Byzance sous la forme de traductions les éléments de sa plus ancienne littérature ([845]). Bien que rattachée définitivement à Rome, la Croatie adopta la liturgie slave, que lui avaient transmise des disciples de Méthode ([846]) et qui se maintint aussi en Moravie et en Bohême où les papes finirent par la tolérer ([847]). Ces résultats montrent ce que les nations slaves doivent à Byzance, dont les missionnaires les ont fait entrer dans le cercle des pays de civilisation chrétienne.

VI. LA RÉSISTANCE DE L'EMPIRE (886-919)

La période qui succède à celle du raffermissement de l'Empire est marquée par de nouvelles difficultés à l'intérieur, par de nouvelles offensives de ses ennemis et par une crise redoutable de succession. Non seulement l'État byzantin a résisté à ces agents de dissolution et à ces causes de destruction, mais sur bien des points il a continué la politique d'expansion de la période précédente.

La succession de Basile. — Blessé grièvement au cours d'une grande chasse, Basile le Macédonien mourut le 29 août 886, après avoir désigné pour lui succéder ses deux fils Léon et Alexandre, le troisième, Étienne, étant patriarche ([848]). Il avait ainsi assuré l'avenir de sa dynastie. Léon et Alexandre, qui devaient régner conjointement, avaient été déjà associés au trône du vivant de leur père ([849]), mais Léon, à qui Basile, par un reste d'éloignement, avait imposé son frère comme corégent, l'annihila complètement et arriva même à ne plus le nommer dans ses constitutions.

Alexandre, qui, d'après les chroniques, avait un caractère frivole, ne chercha nullement à réclamer sa part du pouvoir ([850]).

L'empereur Léon VI. — La personne du nouveau basileus formait un contraste saisissant avec celle de Basile. D'une santé médiocre, d'humeur sédentaire, il n'avait aucun goût pour la vie des camps, qu'il se contentait d'envisager en théoricien ([851]), et vivait au palais, préoccupé des questions d'étiquette et de cérémonial. Très lettré, élève de Photius, il avait reçu une éducation encyclopédique et se piquait d'être logicien, moraliste, métaphysicien, théologien, juriste, tacticien, poète ([852]), et avait même une prédilection pour les sciences occultes et les prophéties ([853]). Son savoir universel lui valut le titre de *philosophe*, qui était le grade le plus élevé de l'Université impériale ([854]). Très religieux, il prononçait des homélies aux grandes fêtes ([855]), admettait les moines dans son intimité, notamment son directeur de conscience, Euthyme ([856]), et affectait dans ses novelles une rigidité de mœurs qui ne correspondait pas toujours à sa conduite privée ([857]).

Pendant le règne de Léon VI le palais fut le théâtre d'intrigues et de conspirations continuelles, dues à des favoris auxquels le basileus abandonnait la direction des affaires. Le premier fut Stylianos Tzaoutzès ([858]), d'origine arménienne, déjà bien en cour sous Basile, et qui devait la faveur de Léon à ce qu'il avait pris son parti dans sa querelle avec son père et parce qu'il avait pour fille Zoé dont le basileus était épris avant son mariage forcé avec Théophano [859]. Créé logothète du drome [860], Stylianos eut le pouvoir d'un premier ministre et son autorité ressort du grand nombre de novelles qui lui sont adressées [861]. Son influence était contrebalancée par celle du moine Euthyme, qui chercha en vain à détacher Léon VI de lui, mais en habile courtisan, après avoir manifesté son hostilité au moine, Stylianos fit mine de se réconcilier avec lui [862].

Mais Stylianos mourut en 896 après avoir été disgracié, et sa faveur passa à un jeune eunuque, Arabe converti, Samonas, qui gagna les bonnes grâces de Léon en lui révélant un complot auquel il avait feint de participer [863]. Comblé de titres et de richesses, patrice, parakimomène, Samonas fut pendant quinze ans (896-911) le maître absolu de l'Empire et Léon VI lui était tellement attaché que le favori ayant tenté de s'enfuir en pays arabe avec ses richesses et ayant été arrêté, n'eut à subir que quelques mois de disgrâce (904) et redevint plus puissant que jamais [864]. Vindicatif, il calomnia l'un des meilleurs généraux de l'Empire, Andronic Doukas, qu'il réduisit à s'enfuir chez les Arabes [865]. Mais il finit par connaître lui aussi l'infortune : convaincu d'avoir écrit un libelle diffamatoire contre Léon VI, il fut enfermé dans un monastère et privé de ses biens. Pour comble d'humiliation, il se vit remplacé dans la faveur du maître par un eunuque paphlagonien de sa maison, Constantin [866].

Il ne faut pas d'ailleurs juger exclusivement Léon VI sur ces misères. Juriste de premier ordre, possédant le sens des réalités et s'efforçant d'y adapter les lois, il fut le plus grand législateur que Byzance ait connu depuis Justinien, dont il a réédité toute l'œuvre traduite en grec dans les 60 livres des Basiliques, mais dont ses 113 novelles ont transformé la législation en supprimant les constitutions périmées et en corrigeant les autres suivant les besoins de son temps [867].

Affaires religieuses. — A la mort de Basile, Photius était toujours patriarche et la paix régnait entre Rome et Constantinople, mais le nouveau basileus, emporté par sa passion de vengeance contre Photius et Santabarem, fit déposer le patriarche ignominieusement et crever les yeux à l'évêque de Néocésarée. Photius, relégué dans un monastère, où il mourut en 891, fut remplacé au patriarcat par le plus jeune frère de Léon, Étienne, destiné au clergé dès sa naissance ([868]). Ce coup de force accentua les divisions de l'Église grecque, toujours partagée entre photianistes et ignatiens. Photius fut regardé comme un saint par ses partisans ([869]) et Euthyme protesta vivement contre les représailles exercées sur sa famille par Stylianos ([870]).

Mais il y eut bientôt entre ces deux personnages une cause de conflit autrement grave. Marié malgré lui à Théophano qui menait au palais la vie d'une religieuse ([871]) et ne lui avait donné qu'une fille morte en bas âge, Léon VI voulait la répudier pour épouser la fille de Stylianos, en mettant en avant l'avenir de la dynastie. Or l'impératrice, dont la vie était une souffrance continuelle, était disposée à se retirer dans un monastère quand Euthyme l'en empêcha et alla faire de sévères remontrances au basileus ([872]). Mais Léon VI n'en tint aucun compte, et peu après, Théophano se retirait au monastère de la Vierge des Blachernes où elle mourut le 10 novembre 893, considérée comme une sainte au lendemain même de sa mort ([873]). Quelques semaines plus tard le mari de Zoé mourait aussi : le basileus ne voyait plus aucun obstacle à ses desseins mais lorsqu'il voulut obtenir l'approbation d'Euthyme, il se heurta à un refus formel et, poussé par Stylianos, il alla jusqu'à exiler son père spirituel ([874]). Le patriarche Étienne était mort depuis le 17 mai 893 ([875]) et par ses manœuvres Stylianos avait empêché Euthyme d'être choisi pour lui succéder ([876]). Sans oser s'adresser au nouveau patriarche, Léon VI fit bénir son mariage avec Zoé par un prêtre du palais, qui fut plus tard déposé par le Synode pour cette raison ([877]), et Léon créa pour Stylianos la dignité de *basileopator* qui le plaçait au sommet de la hiérarchie ([878]). Mais Zoé ne fut pas impératrice plus d'un an et huit mois ([879]) et sa mort suivit de près celle de Stylianos en disgrâce.

Au patriarche Étienne avait succédé en 893 un moine de l'Olympe, Antoine Cauléas, qui avait le vif désir de faire cesser le schisme entre les deux partis ecclésiastiques ([880]). Après la déposition de Photius les Ignatiens rappelés d'exil essayèrent de faire revenir le Saint-Siège sur la réhabilitation de ce patriarche. Un mémoire de Stylianos, évêque de Néocésarée, écrit dans ce sens, fut reçu par le pape Formose (891), dont une ambassade envoyée à Constantinople ne put décider les Ignatiens à communier avec le patriarche et avec les clercs ordonnés par Photius ([881]). Pour venir à bout de cette intransigeance, il fallut une seconde ambassade romaine envoyée vers 898 par le pape Jean IX ([882]). Une amnistie générale fut proclamée. Les Ignatiens se réconcilièrent d'une part avec le patriarche Antoine, d'autre part avec Rome, dont ils étaient séparés depuis la réhabilitation de Photius ([883]).

Antoine Cauléas mourut peu après la proclamation de l'Union en 901 ([884]) et eut pour successeur un parent de Photius, Nicolas, qui avait été élevé en même temps que Léon VI, dont il était devenu le secrétaire intime (*mysti-*

kos) (885). Cependant, au moment où la paix semblait rétablie dans l'Église, la conduite du basileus allait engendrer de nouveaux troubles. Zoé ne lui avait donné qu'une fille, fiancée à un prince carolingien. Or Léon désirait un héritier et les cérémonies de la cour exigeaient la présence d'une impératrice (886). En dépit de sa novelle 90 (887), le basileus contracta un troisième mariage avec Eudokia, originaire de Bithynie, qui mourut au bout d'un an, le dimanche de Pâques, 20 avril 900, en donnant le jour à un fils, qui ne vécut pas (888).

Cette union avait fait scandale dans l'Église qui condamnait les troisièmes noces, comme le montrent l'attitude sévère d'Euthyme vis-à-vis de son impérial pénitent et le refus d'un higoumène de recevoir le corps de la défunte dans son monastère (889). A plus forte raison un quatrième mariage paraissait impossible, mais Léon désirait toujours avoir un fils et il prit le parti d'installer au palais une favorite, Zoé Carbonopsina (aux yeux noirs), avec l'intention secrète de l'épouser si elle lui donnait un fils (890). Si le basileus avait compté sur la complaisance de son ancien condisciple le patriarche Nicolas pour favoriser son dessein, il fut détrompé aux premières ouvertures qu'il lui fit à ce sujet et il s'ensuivit dans leurs rapports une tension qui se manifesta lors de l'attentat contre l'empereur à l'église Saint-Mocius le 11 mai 903 : Léon acccusa Nicolas et son clergé de n'avoir rien fait pour le défendre (891).

Mais une circonstance inattendue fit cesser la résistance du patriarche. Très ambitieux, à la fois autoritaire et souple à l'occasion, entré dans l'Église malgré lui, impatient de jouer un rôle dans l'État et se sentant à la veille d'une disgrâce (892), Nicolas encouragea la révolte d'Andronic Doukas qui, trompé par une lettre calomnieuse du favori Samonas, avait fait défection, au moment d'une expédition contre les Arabes et avait fini par se réfugier chez eux, avec l'intention d'obtenir d'eux des secours pour renverser Léon VI. Or une lettre compromettante du patriarche au rebelle, apportée par un déserteur de l'armée d'Andronic, tomba entre les mains de l'empereur (avant décembre 905) (893).

Sans rien dire à Nicolas, Léon montra cette lettre à ses familiers, mais, par des indiscrétions, le patriarche en fut instruit et son attitude vis-à-vis de l'empereur changea entièrement (894). Non seulement il vint au palais plus souvent et bénit le ventre de Zoé qui allait être mère, mais il négocia avec les métropolites du synode pour obtenir d'eux que le fils qu'elle mit au monde fût légitimé et baptisé comme un prince porphyrogénète (895). Ceux-ci finirent par y consentir à condition que Léon n'épouserait pas Zoé, mais trois jours après le baptême de Constantin, qui eut lieu le 6 janvier 906, le basileus, violant sa promesse, fit célébrer son mariage avec Zoé par un prêtre du palais (896). Aussitôt le synode prononça l'interdit contre lui, mais Léon, pour sortir de cette situation, fit demander une consultation au pape et aux patriarches d'Orient sur la légitimité de son mariage (897).

Le patriarche n'avait consenti qu'à contrecœur à cette solution qui blessait son amour-propre et, pour montrer sa bonne volonté, il reçut Léon VI à l'église malgré l'interdit ([898]). Mais le basileus, dont la rancune contre Nicolas n'avait pas désarmé, annonça à ses familiers son intention de se présenter à l'église le jour de Noël et d'en chasser le patriarche, après lui avoir reproché sa trahison. « Ce fut, dit le biographe d'Euthyme, le commencement de l'incendie qui dévasta l'Église ([899]). » Le patriarche, averti, réunit le synode qui lui donna son approbation et quand le basileus escorté du Sénat, se présenta aux portes de Sainte-Sophie, il lui en refusa l'entrée ([900]).

Alors les événements se précipitèrent. Une seconde tentative de Léon pour entrer à l'église le jour de l'Épiphanie eut le même insuccès ([901]). Dès lors commença entre les deux adversaires une guerre de tous les instants et qui dura un mois. Apostrophe violente de Léon à Nicolas en présence de tous les évêques au festin impérial de l'Épiphanie, pacte signé entre le patriarche et les métropolites de résister au basileus jusqu'à la mort ([902]) annoncèrent le dénouement. Léon VI, ayant reçu de ses ambassadeurs la nouvelle que sa requête avait obtenu un accueil favorable tant à Rome qu'en Orient, somma le patriarche et les métropolites de l'admettre à l'église au moins comme pénitent et, sur leur refus, les envoya en exil ([903]), puis le 6 février, ayant convoqué les métropolites qui avaient manifesté le désir d'une transaction, il leur donna les preuves formelles devant témoins de la collusion de Nicolas avec Andronic et conclut à son expulsion du patriarcat ([904]).

Il restait à obtenir l'abdication du patriarche et à le remplacer. Après quelques atermoiements et sur la menace d'un procès de haute trahison, Nicolas finit par envoyer sa renonciation au patriarcat, mais en conservant sa dignité d'évêque ([905]). Puis, sur l'invitation du basileus, le synode désigna Euthyme, retiré au monastère de Psamathia, comme successeur de Nicolas, mais le sévère ascète opposa d'abord la plus vive résistance à toutes les sollicitations ([906]). Il fallut, pour le décider à accepter, l'arrivée à Constantinople des légats romains et des apocrisiaires des patriarches orientaux apportant des lettres de dispense pour les quatrièmes noces, en admettant le basileus à la pénitence ([907]). Ces mesures furent loin de ramener la paix religieuse : le clergé et les fidèles se partagèrent entre Euthyme, qui fut pris à partie dans de violents pamphlets ([908]), et Nicolas, qui fut regardé comme un martyr. Un nouveau schisme commençait.

Cependant, loin d'avoir des complaisances pour Léon, Euthyme agissait à son endroit avec la plus grande rigueur. Il déposa le prêtre Thomas qui avait béni les quatrièmes noces du basileus ([909]). Il s'opposa de toutes ses forces, soutenu par le synode, à un projet de loi de Léon VI rendant les quatrièmes noces légitimes ([910]). Il se montra particulièrement sévère pour Zoé, qu'il refusa de recevoir à l'église, en menaçant d'abandonner le patriarcat devant son insistance ([911]). Sa seule concession fut de couronner le jeune Constantin basileus le 9 juin 911 ([912]). Léon VI à son lit de mort aurait rappelé Nicolas le Mystique, et son rétablissement au patriarcat fut en tout cas le premier acte de son successeur ([913]), mais le schisme entre les partisans des deux patriarches n'en continua pas moins.

La défense de l'Empire. — A l'extérieur, le règne de Léon VI fut assombri par des événements désastreux, dont le plus grave pour l'avenir fut la reprise de l'offensive bulgare. Le basileus parvint cependant à maintenir et même à améliorer les résultats obtenus sous Michel III et Basile. La défensive byzantine devint même plus active et un fait important fut la part plus grande faite aux opérations maritimes. Léon disposa d'ailleurs d'hommes de guerre éminents comme Himérios, Nicéphore Phocas, et d'un excellent diplomate, Léon Choirosphaktès ([914]). Les résultats eussent été plus remarquables sans les méfaits de la politique intérieure et la toute-puissance des favoris, comme Samonas, qui provoqua la disgrâce des meilleurs serviteurs de l'Empire.

Depuis le traité signé par Léon l'Arménien en 815, la paix entre l'Empire et les Bulgares n'avait guère été troublée et Byzance pouvait disposer de toutes ses forces contre les Arabes. Mais pendant cette longue période de paix, des événements considérables avaient transformé la situation de la région danubienne. La conversion des Bulgares au christianisme avait accru la puissance royale et la cohésion de l'État bulgare. Boris avait annexé à la Bulgarie de vastes territoires dans la région occidentale des grands lacs ([915]). Après le règne éphémère de Vladimir, Boris, devenu moine, avait placé sur le trône bulgare son plus jeune fils Syméon, qui avait été élevé à Constantinople et manifestait une telle prédilection pour la civilisation byzantine et l'hellénisme qu'on l'avait surnommé le demi-Grec ([916]). Mais, d'une ambition sans bornes, ébloui par les splendeurs du Palais Sacré, il ne rêvait rien moins que de placer la couronne des basileis sur sa tête.

La provocation vint pourtant de Byzance et fut le résultat du pouvoir exorbitant abandonné à Stylianos Tzaoutzès. La Bulgarie était devenue un véritable entrepôt commercial entre Byzance et le continent européen : les navires partis des ports bulgares de la mer Noire venaient débarquer les produits de l'Europe centrale et de la plaine russe sur les quais de Constantinople ([917]). Or deux marchands grecs liés avec un esclave de Stylianos se firent attribuer le monopole du commerce avec les Bulgares et, pour éviter la concurrence, firent transporter les entrepôts bulgares à Thessalonique, où leurs représentants furent en butte à toute sorte de tracasseries et d'avanies douanières ([918]). Léon VI n'ayant tenu aucun compte des réclamations de Syméon, celui-ci envahit la Thrace et la Macédoine, battit l'armée impériale envoyée contre lui et menaça Constantinople (894) ([919]). A ce moment les forces de l'Empire étaient engagées contre les Arabes ([920]), mais un événement qui devait avoir une portée considérable avait modifié l'échiquier stratégique des régions danubiennes. Un peuple finno-ougrien, les Magyars (Hongrois), désigné cependant sous le nom de Turcs par les chroniqueurs grecs et arabes, chassé des steppes russes par d'autres touraniens, les Petchenègues, et tombé dans la vassalité des Khazars, apparut aux bouches du Danube vers 880 sous le commandement d'Arpad ([921]).

Léon VI n'hésita pas à faire alliance contre les Bulgares avec ces nouveaux venus, qui passèrent le Danube sur les navires de la flotte impériale commandée par Eustathe et ravagèrent la Bulgarie, pendant que Nicéphore Phocas ramenait les troupes d'Asie. Syméon regagna rapidement le Danube, mais son armée ne put tenir devant les masses hongroises et fut mise en déroute. Il ne tarda pas à prendre sa revanche. Apprenant que Léon VI avait rappelé son armée et sa flotte et disgracié Nicéphore Phocas, calomnié par Stylianos, il feignit de demander la paix, enferma dans une forteresse Léon Choirosphaktès venu pour négocier, attaqua les Hongrois et, après un combat acharné, les força à repasser le Danube, puis se fit rendre par le gouvernement impérial tous les prisonniers bulgares que les Hongrois avaient vendus aux Grecs et, après avoir obtenu satisfaction, marcha subitement sur Constantinople et infligea une défaite complète à l'armée impériale envoyée contre lui, à Bulgarophygon (Eski-Baba) (895-896) ([922]).

Syméon était maître de la situation, mais, inquiet de l'avance des Magyars, il entendait imposer la paix à l'Empire. Léon Choirosphaktès et l'asecretis Syméon réussirent cependant à obtenir des conditions assez modérées ([923]), mais, si la paix avec le prince bulgare ne fut pas troublée du vivant de Léon VI, Syméon lui garda une profonde rancune de la dévastation du territoire bulgare par les Hongrois et ne perdit aucune occasion de lui nuire ([924]).

Malgré ses conséquences importantes, la guerre bulgare ne fut qu'un épisode du long règne de Léon VI, qui, au contraire, de son avènement jusqu'à sa mort, dut faire face à l'offensive musulmane : attaques du califat en Asie Mineure, des corsaires de Crète dans l'Archipel, des Sarrasins d'Afrique en Italie et en Sicile.

Du côté du califat, de 886 à 900, la guerre se poursuit sans aucun plan d'ensemble et ne consiste qu'en incursions et razzias dans les régions frontières, les attaques venant toujours des gouverneurs arabes ([925]), suspendues en 896 par un échange de prisonniers ([926]), mais reprenant l'année suivante ([927]). Le fait nouveau est la liaison entre ces expéditions terrestres et les attaques de la marine musulmane contre les côtes d'Asie Mineure, par exemple en 891 (attaque du port de Salinda, ancienne Sélinonte) et en 898 (défaite de la flotte byzantine qui défendait les bases navales d'Asie) ([928]). Ce fut seulement en 900 que les opérations devinrent plus importantes. Une armée arabe de Cilicie ayant envahi le thème d'Anatolie, Nicéphore Phocas, franchissant le Taurus, alla attaquer Adana et revint avec des prisonniers et un butin considérable qu'il put ramener à Constantinople après une retraite savante, citée en exemple dans la *Tactique* de Léon ([929]). Les discordes du califat ([930]) permirent aux armées byzantines quelques attaques fructueuses dans les années qui suivirent (901-904) ([931]), mais ces essais d'offensive furent arrêtés par les coups terribles que les corsaires portèrent aux forces byzantines.

Depuis l'avènement de Léon VI, les îles de l'Archipel et les côtes de la Grèce subissaient les attaques continuelles des corsaires de Crète et des ports de Syrie, sans que la flotte impériale pût défendre les malheureuses populations, qui n'étaient même pas en sécurité dans les villes fortifiées ([932]). En juillet 904 une offensive importante fut organisée contre les villes maritimes de l'Empire par un renégat grec, Léon de Tripoli ([933]), qui s'empara par surprise de la place importante d'Attalie (Adalia), dont il était originaire ([934]). Enhardi par ce succès, il annonça l'intention de prendre Constantinople ([935]) et parvint à passer l'Hellespont et à pénétrer dans la Propontide jusqu'à Parion, mais battit en retraite devant l'escadre impériale commandée par Himerios, qui le poursuivit, sans pouvoir l'atteindre, et ne put l'empêcher de se diriger sur Thessalonique qu'il savait mal défendue ([936]).

La deuxième ville de l'Empire n'était protégée du côté de la mer que par des murs trop bas et son port où s'entassaient des navires de tous les pays était trop largement ouvert ([937]). En dépit d'une défense improvisée à la hâte par les envoyés de Léon VI, Thessalonique fut prise d'assaut après un siège de deux jours (29-31 juillet 904) et, après l'avoir pillée pendant dix jours, les Arabes s'éloignèrent en emmenant un immense butin et des troupeaux de prisonniers, qui furent rachetés à grands frais ([938]).

Cet événement tragique fit une impression profonde sur les contemporains, comme le montre le discours prononcé par le patriarche Nicolas le Mystique à Sainte-Sophie ([939]), et ne contribua pas peu à diminuer le prestige de l'Empire, en particulier dans la péninsule des Balkans, où Syméon, qui avait profité de la paix avec l'Empire pour organiser son État, songea un moment à repeupler Thessalonique dévastée avec des Bulgares et n'y renonça qu'après avoir obtenu en Macédoine un territoire qui mettait la frontière bulgare à 21 kilomètres de cette ville ([940]).

Et trois ans seulement après le désastre de Thessalonique, au moment où Léon VI préparait sa revanche contre les Arabes, une nouvelle attaque des Russes dirigée par Oleg, frère et successeur de Rourik, vint menacer Constantinople. Après avoir dévasté les environs de la ville, Oleg força Léon VI à lui accorder une entrevue et à conclure un traité qui fut renouvelé en 911 et contenait des clauses commerciales avantageuses pour la colonie de marchands russes établis au faubourgs Saint-Mamas ([941]). En signe de paix, Oleg avait fixé son bouclier sur la Porte d'Or ([942]).

La réalité de cette expédition, que les chroniqueurs byzantins passent sous silence et qui n'est connue que par la chronique russe dite de Nestor, a été mise en doute et Grégoire la considère comme un mythe, dû à une confusion entre Oleg et un vizir bulgare, Olgoutra Kanou, dont le nom figure sur une borne frontière ([943]) ; mais, comme on l'a fait remarquer, les dates des traités données par la chronique russe sont d'une précision qui dénote une connaissance des sources grecques, et le fait qu'un corps de 700 Russes participa à l'expédition d'Himerios en 910 indique bien qu'un accord avait été conclu récemment entre les Russes et l'Empire ([944]).

Cependant Léon VI, instruit par ses récents désastres, prit les mesures nécessaires à l'organisation d'une défensive efficace contre les Arabes, mais tout son effort se porta sur l'accroissement de la flotte ([945]), si bien que la lutte à la frontière terrestre conserva le caractère d'opérations décousues, de coups de main, d'échanges de prisonniers sans résultats appréciables ([946]). La réfection de la flotte étant achevée en 905, une expédition dirigée par Himerios dans l'Archipel remporta une grande victoire sur les Arabes ([947]), mais, comme on l'a vu, ce fut à ce moment que le commandant de la frontière d'Asie Mineure, Andronic Doukas, qui avait reçu l'ordre de rejoindre la flotte, trompé par une lettre mensongère du favori Samonas, fit défection et passa chez les Arabes (⁹⁴⁸). A la fin de 906 une tentative de paix, dont l'initiative fut prise par le calife, nécessita l'envoi à Bagdad de Léon Choirosphaktès et aboutit à un échange de prisonniers (⁹⁴⁹).

Ce fut Léon VI qui rompit cette trêve, vraisemblablement à la fin de son règne et certainement après l'expédition d'Oleg (⁹⁵⁰), en organisant une véritable armada placée sous le commandement d'Himerios et destinée à débarquer des troupes dans les ports de Syrie, principaux repaires de la piraterie après la Crète (⁹⁵¹). L'expédition fut précédée de négociations destinées à détacher les émirs d'Afrique et de Crète de leur alliance avec Bagdad : une ambassade impériale envoyée à Kairouan obtint la neutralité du gouverneur de l'Afrique (⁹⁵²), tandis que l'émir de Crète se montra irréductible et resta hostile à l'Empire (⁹⁵³). Dans l'été de 910 Himerios débarqua dans l'île de Chypre après un dur combat et y établit les bases navales qui lui permirent d'attaquer la côte de Syrie et d'y occuper quelques forteresses, dont Laodicée (Latakieh) (⁹⁵⁴). Mais pendant ce temps les Arabes, sous le commandement du renégat Damien, reprenaient possession de Chypre et châtiaient les villages chrétiens qui s'étaient soumis à Himerios (⁹⁵⁵). Celui-ci battit en retraite vers le nord, poursuivi par une escadre musulmane qui l'atteignit à la hauteur de Samos et lui infligea un immense désastre (octobre 911) (⁹⁵⁶). Quand Himerios, qui avait échappé à peine à la captivité, revint à Constantinople, Léon VI était mort et Alexandre le fit interner dans un monastère où il mourut de chagrin (⁹⁵⁷). Malgré son insuccès, l'expédition d'Himerios avait détourné l'attention des Arabes de l'Asie Mineure, dont la frontière, où l'occupation byzantine avait été renforcée, se trouvait intacte et mieux défendue que jamais (⁹⁵⁸).

Les difficultés rencontrées par Léon VI dans sa lutte contre les Bulgares et les Arabes d'Orient furent dues sans doute en grande partie aux fautes qu'il commit dans sa politique intérieure, mais aussi à la dispersion des forces de l'Empire sur un théâtre trop étendu pour les ressources dont il disposait. Obligé d'assurer la défense de Constantinople contre les Bulgares et les Arabes, Léon VI continuait en même temps la politique de pénétration en Arménie et en Italie que lui avait léguée Basile.

Du côté de l'Arménie et des dynastes du Caucase son action fut surtout diplomatique. Aschod le Pagratide, roi de Grande Arménie, qui, comme on l'a dit, avait vu son titre royal reconnu à la fois par Basile et par le calife, vint à Constantinople en 888 et conclut un traité commercial et politique avec Léon VI (⁹⁵⁹). Ce traité fut renouvelé par son fils et successeur, Sempad, reconnu roi par le basileus et le calife (893) (⁹⁶⁰). Léon VI, dont la politique arménienne fut très active, reçut l'hommage de plusieurs feudataires arméniens, notamment de Grégoire, prince de Taron ([961]), et ayant appris que les Arabes transformaient les églises de la région du Phase en forteresses, il n'hésita pas à intervenir militairement et à faire détruire les forteresses arabes et même à faire occuper Théodosiopolis ([962]). Malheureusement les gouverneurs arabes de l'Azerbaïdjan, Afschin (896-898) et après lui son frère, Yousouf, s'inquiétèrent des bons rapports de Sempad avec Byzance et ravagèrent son État à plusieurs reprises. En 909, trahi par son neveu Kakigh que les Arabes reconnurent comme roi, Sempad, battu par Yousouf à l'est du lac Sévan, s'enfuit dans une forteresse, où il fut assiégé et fait prisonnier. Sommé d'abjurer le christianisme, il subit le martyre avec courage (914) ([963]).

A la veille de sa mort, Léon VI avait rassemblé des troupes pour le secourir, mais son successeur abandonna cette entreprise ([964]). C'était là un gros échec pour le prestige impérial. Par contre l'influence byzantine se développa dans la région du Caucase, où le baptême du chef des Alains vers 902, grâce au zèle de Bagrat, prince d'Abasgie, fut un véritable succès pour la politique de Léon VI et provoqua une correspondance suivie entre le patriarche Nicolas, le prince Bagrat et le nouvel archevêque d'Alanie ([965]).

En Italie la domination byzantine organisée par Nicéphore Phocas fut remise en question par la révolte des vassaux lombards et par les menaces des Sarrasins. En 887 le prince de Bénévent, Aïon, chassait la garnison byzantine de Bari, mais assiégé l'année suivante par une armée formée des thèmes d'Occident, il dut restituer la ville ([966]). Par représailles et pour soumettre plus étroitement les Lombards, le stratège Symbatikios s'empara de Bénévent après la mort d'Aïon en 891 et y fixa sa résidence. Les princes de Capoue et de Salerne furent menacés du même sort, mais les Lombards supportaient mal la domination byzantine et en 895, Guy, duc de Spolète, étant venu à leur secours, entra à Bénévent grâce à la complicité de l'évêque et des habitants ([967]). Ainsi que le pape Formose, Léon VI combattit la tentative de la maison de Spolète pour reconstituer le royaume d'Italie, en recherchant l'alliance du roi germanique Arnulf (894-896) ([968]), puis celle de Louis de Provence couronné empereur à Rome en 901, à qui il songea à marier sa fille Anne ([969]).

Mais le principal danger pour les possessions byzantines venait des Sarrasins établis en Sicile, en Calabre, en Campanie. Les escadres byzantines parvinrent à enlever aux Arabes de Sicile la maîtrise du détroit de Messine et à les chasser de la Calabre (898-899) ([970]), mais l'émir de Kairouan, Ibrahim-ibn-Ahmed, voulant réprimer la révolte de ses vassaux de Sicile, envoya une expédition dirigée par son fils Abdallah. Après avoir soumis les rebelles (août 900), Abdallah attaqua le territoire byzantin, pilla Reggio et détruisit une escadre impériale (901) ([971]). L'année suivante Ibrahim vint lui-même diriger la guerre sainte, s'empara de Taormina, dernière place tenue par Byzance en Sicile (3 septembre 902), envahit la Calabre, semant la terreur sur son passage, mais sa mort (octobre 902) entraîna la retraite de son armée ([972]).

Délivrées du péril africain, les possessions byzantines étaient encore exposées aux attaques de la colonie sarrasine de Campanie, établie dans une position formidable sur les hauteurs qui dominent le Garigliano ([973]). De ce repaire les Sarrasins rayonnaient dans les régions voisines, poussant leurs attaques jusqu'à la Campagne romaine, s'établissant sur les ruines de l'abbaye de Farfa, abandonnée en 898 ([974]). Élu pape en mars 914, Jean X réussit à organiser une alliance de toutes les puissances chrétiennes, princes lombards, comme le marquis Albéric de Spolète, milices de Naples et de Gaëte détachées de l'alliance sarrasine, contingents de Toscane. Le pape lui-même commandait en personne une petite armée et le stratège byzantin de Bari adhéra à la ligue. En 915, pendant qu'une flotte byzantine remontait le Garigliano, les alliés établissaient le blocus du camp ennemi. Après trois mois de siège les Sarrasins tentèrent une sortie, incendièrent leur camp et se dispersèrent dans les montagnes où ils furent massacrés ([975]). Cette victoire, qui mettait fin à l'insécurité dans laquelle se trouvait l'Italie byzantine, eut son retentissement à Constantinople, comme le montre la lettre de félicitations du patriarche Nicolas, qui exerçait alors le pouvoir, au stratège Nicolas Picingli ([976]).

C'est à cette époque que l'établissement de l'Empire en Italie méridionale est définitivement consolidé et organisé. Jusqu'en 892 l'autorité y était exercée par des chefs de guerre chargés de missions temporaires et pris parmi les stratèges des thèmes d'Occident. À partir de cette date les territoires byzantins forment le thème de Longobardie, mais il n'est encore qu'une dépendance du thème de Céphalonie, avec un seul stratège pour les deux thèmes, qui ne furent séparés définitivement que sous Léon VI ([977]).

La succession de Léon VI. — Léon VI mourut le 11 mai 912. Depuis le 9 juin 911 Byzance avait trois empereurs : Léon, son frère Alexandre et Constantin Porphyrogénète, âgé de 6 ans ([978]). Alexandre, qui n'avait pas d'enfant, se trouva seul maître du pouvoir, son neveu devant lui succéder. Agé de 42 ans, Alexandre n'avait guère fait parler de lui pendant le règne de son frère. D'après les chroniqueurs, malintentionnés à son égard, il aurait été libertin, ivrogne, ignorant et surtout superstitieux ([979]). Toujours est-il que son avènement fut le signal d'une réaction violente contre les actes de Léon VI. Il commença par chasser Zoé du palais ([980]) et par rappeler Nicolas le Mystique au patriarcat. Euthyme fut déposé solennellement, accablé de coups et d'injures, puis exilé dans un monastère où il subit les plus mauvais traitements ([981]) ; les métropolites qui avaient abandonné Nicolas dans l'affaire de la tétragamie furent déposés ([982]) et, par ordre d'Alexandre, le patriarche envoya au pape un plaidoyer pour justifier sa conduite, mais ne reçut aucune réponse ([983]). Les divisions du clergé grec furent plus profondes que jamais et Nicolas dut compter avec une sérieuse opposition de la part de certains métropolites qui, comme Aréthas, archevêque de Césarée, refusèrent de le reconnaître comme patriarche légitime ([984]).

Si bref que fut le règne d'Alexandre, il trouva moyen de brouiller l'Empire avec les Bulgares en refusant de renouveler le traité par lequel Léon VI s'était engagé à payer un léger tribut à Syméon ([985]). Ce refus devait avoir des conséquences funestes pour Byzance. L'incapable basileus mourut le 6 juin 933 en laissant le trône à son neveu, après avoir institué un conseil de régence présidé par le patriarche Nicolas ([986]).

La crise terrible qui suivit la mort d'Alexandre et dura six ans (913-919) se déroula en trois actes comme une tragédie classique. Maître du pouvoir, Nicolas le Mystique chassa de nouveau Zoé qui était rentrée au palais ([987]). Inquiet de la situation intérieure et de la menace bulgare, il avait écrit, avant qu'Alexandre fût mort, à Constantin Doukas, fils d'Andronic, commandant des troupes réunies pour faire face aux Bulgares, de venir défendre le trône de l'enfant impérial, auquel il serait associé ([988]) ; mais lorsque le pouvoir lui eut été confié, il changea d'avis et l'entreprise de Doukas, tué au cours de l'émeute qui accompagna son entrée à Constantinople, échoua complètement (juin 913) ([989]). Au mois d'août suivant, Syméon paraissait devant la ville, mais à la vue de ses fortes murailles, il accepta un accommodement ([990]). Il fut convenu que le patriarche lui enverrait les arrérages en retard du tribut et il exigea en outre une promesse de mariage d'une de ses filles avec le jeune basileus ([991]), clause significative qui dévoilait son ambition d'intervenir dans les affaires de la dynastie macédonienne. Bien plus, dans l'entrevue que Nicolas eut avec lui, Syméon se fit couronner par le patriarche qui, en guise de diadème, lui mit sa propre coiffure, son *épirriptarion* sur la tête, ce qui revenait à faire de lui un basileus ([992]).

Cependant le patriarche et les régents manquaient d'autorité et Nicolas reprochait aux chefs de l'armée de prendre des initiatives sans même le tenir au courant de leurs projets (⁹⁹³). Sur ces entrefaites, l'impérial enfant se mit à réclamer sa mère et il fallut lui donner satisfaction. Zoé rentra au palais et, avec une décision remarquable, s'empara du pouvoir en rappelant les anciens conseillers de Léon VI et en chassant ceux d'Alexandre, à commencer par les régents (⁹⁹⁴). Elle voulait déposer Nicolas et rappeler Euthyme, mais celui-ci, avec qui son adversaire s'était hâté de se réconcilier, lui opposa un refus formel (⁹⁹⁵) et elle se contenta d'exiger du patriarche la promesse de s'occuper exclusivement des affaires de l'Église (février 914) (⁹⁹⁶).

Mais dans l'ardeur de sa réaction Zoé attira un nouvel orage sur l'Empire en déchirant le traité conclu entre Syméon et Nicolas, tandis que le prince bulgare se considérait comme dégagé de ses promesses (⁹⁹⁷). Il en résulta une guerre de trois ans qui débuta par le ravage de la Thrace (septembre 914) (⁹⁹⁸). Pour tenir les Bulgares en respect, Zoé avait fait alliance avec un peuple touranien nouvellement arrivé sur le Dniéper, les Petchenègues (⁹⁹⁹). Ce fut seulement en 917 qu'une expédition commandée par Léon Phocas envahit la Bulgarie, tandis que Romain Lécapène remontait le Danube avec la flotte et que Jean Bogas amenait les Petchenègues sur le fleuve. Mais il y eut une contestation entre ces deux chefs et les barbares retournèrent dans leur pays. De plus, le 20 août 917 Syméon surprit l'armée impériale en retraite sur Mesembria et la détruisit entièrement devant Anchiale (¹⁰⁰⁰). La route de Constantinople était libre et les débris de l'armée vaincue subirent d'une nouvelle défaite à Katasyrtae, dans la banlieue de la ville (¹⁰⁰¹) : cette fois encore Syméon n'osa l'assiéger et battit en retraite, mais ce fut pour aller ravager la Grèce qu'il parcourut impunément jusqu'au golfe de Corinthe (¹⁰⁰²).

Le dernier acte de la tragédie approchait ; Zoé, sentant le trône en péril, et Nicolas, désireux de reconquérir la régence, n'attendaient plus le salut que d'un chef de guerre, soit de Léon Phocas, domestique des scholes, fort de ses alliances aristocratiques, soit de Romain Lécapène, grand-drongaire de la flotte (¹⁰⁰³), revenus tous deux à Constantinople et impatients de saisir le pouvoir. La situation fut dénouée par l'initiative d'un comparse, le précepteur du jeune basileus, Théodore ; il fit des ouvertures à Romain Lécapène, qui ne consentit à s'engager qu'après avoir reçu un ordre autographe du Porphyrogénète. Nicolas le Mystique, rappelé au palais, destitua Léon Phocas de sa charge et le 25 mars 919 toute la flotte vint jeter l'ancre sous les murs du palais, où Romain pénétra après avoir juré de ne rien entreprendre contre l'empereur. Il commença par destituer tous ceux qui lui étaient suspects, les remplaça par ses affidés, fiança sa fille Hélène au jeune Constantin et prit le titre, créé par Léon VI pour Stylianos, de *basileopator* ([1004]). A cette nouvelle Léon Phocas, retourné en Asie, souleva les thèmes d'Orient et arriva jusqu'à Chrysopolis, mais Romain le fit déclarer apostat et un chrysobulle, qu'un secrétaire eut la hardiesse de porter à ses troupes, leur défendit de lui obéir. Abandonné de ses soldats et fait prisonnier, il eut les yeux crevés et fut promené ignominieusement dans les rues de Constantinople ([1005]). Romain Lécapène était désormais le maître. Zoé, qu'il négligeait, ayant essayé de l'empoisonner, fut reléguée dans un monastère et le précepteur Théodore lui-même invité à retourner dans ses terres. Le 24 septembre 919, Romain prenait le titre de César et le 17 décembre suivant il était couronné basileus par le patriarche Nicolas en présence de Constantin Porphyrogénète ([1006]).

VII. L'ŒUVRE DE ROMAIN LÉCAPÈNE (919-944)

Bien qu'en fait le pouvoir du nouveau basileus fût le résultat d'une usurpation, son association à l'Empire n'en manifeste pas moins un progrès des idées légitimistes et de la doctrine dynastique. Non seulement il s'était engagé par les serments les plus solennels à respecter la personne et le pouvoir de Constantin VII, mais en droit c'était de cet enfant qu'il tenait la couronne : un siècle plus tôt, l'héritier du trône eût été pour le moins relégué dans un monastère, sinon mutilé ou aveuglé ([1007]). Romain Lécapène inaugurait ainsi la série des chefs de guerre proclamés empereurs pour préserver les droits des héritiers légitimes et ce fut grâce à cette fiction que la dynastie macédonienne se perpétua encore un siècle et demi. En réalité d'ailleurs il régna toujours une opposition sourde entre le Porphyrogénète et son protecteur, qui chercha par tous les moyens à faire de sa famille une dynastie impériale.

D'origine obscure, fils d'un soldat du thème des Arméniaques qui avait sauvé la vie à Basile dans une bataille,

Romain Lécapène fut d'abord simple soldat de marine. Comme Basile naguère il aurait dû son avancement à un exploit accompli sous les yeux de l'empereur, en tuant un lion qui allait dévorer un soldat [1008]. Léon VI lui donna de l'avancement. En 911 il était stratège du thème de Samos [1009] et avant la mort du même prince il devint drongaire de la flotte, mais, rendu responsable du désastre d'Anchiale, il échappa de justesse à la destitution [1010]. Constantin Porphyrogénète le représente comme dénué de toute instruction, mais son témoignage est loin d'être impartial [1011].

Parvenu au pouvoir suprême, Romain le voulut sans aucun partage et ne laissa pas la moindre autorité au jeune Constantin, allant jusqu'à punir les familiers qui lui montraient trop d'attachement [1012]. Il ne lui suffit pas d'en avoir fait son gendre : sans violer ouvertement son serment, il entreprit de l'annihiler progressivement en élevant au-dessus de lui les membres de sa famille. A son avènement il confia le poste important de grand-hétériarque (chef de la garde étrangère du palais) à son fils aîné Christophe déjà marié, et le 20 mai 920 il le fit couronner basileus par le patriarche et par l'infortuné Constantin VII [1013]. Ses deux autres fils, Constantin et Étienne, reçurent la même dignité le 20 décembre 924 et le même jour leur plus jeune frère Théophylacte, destiné au patriarcat, fut ordonné clerc et créé syncelle par le patriarche Nicolas [1014]. Enfin avec une grande habileté Romain sut faire de ce redoutable prélat un allié : la haine commune de Zoé les rapprocha. Euthyme mourut en 917 [1015] et Nicolas consentit à mettre sa grande autorité au service du gouvernement de Romain [1016].

La guerre bulgare. — La première tâche qui s'imposa au nouveau basileus fut de se préparer à défendre Constantinople contre Syméon, désireux de profiter des discordes civiles de Byzance pour s'emparer du trône impérial. Mais avec l'avènement de Romain Lécapène s'évanouissait l'espoir du mariage de sa fille avec le Porphyrogénète. Syméon en fut profondément ulcéré. Aussi lorsque Romain, s'efforçant d'éviter la rupture, lui fit des offres de conciliation par l'intermédiaire du patriarche, proposant de lui payer tribut et même de faire épouser sa fille par l'un de ses fils [1017], Syméon repoussa tout avec hauteur. C'était en vain que Nicolas le Mystique multipliait ses lettres dans lesquelles les exhortations se mêlaient aux considérations politiques [1018]. Syméon, avant toute négociation, exigeait que Romain Lécapène lui cédât le trône ([1019]).

Ces pourparlers se prolongeaient encore, la guerre une fois commencée. Elle devait continuer pendant cinq ans (été de 919 à septembre 924) ([1020]). Syméon, qui ne pouvait plus compter sur un effet de surprise, avait affaire cette fois au chef de guerre expérimenté qui occupait le trône byzantin et au diplomate averti qu'était le patriarche Nicolas. Un raid bulgare sur les Dardanelles (été de 919), qui ouvrit les opérations, semble avoir eu pour objet d'intimider l'adversaire ([1021]). Une révolte de la Serbie contre les Bulgares, suscitée par Romain Lécapène, occupa l'attention de Syméon pendant l'année 920, mais Zacharie, le chef de la révolte, fut fait prisonnier et le pays fut dépeuplé ([1022]).

Ce fut seulement en 921 que Syméon, après avoir envoyé son ultimatum à Nicolas ([1023]), put marcher sur Constantinople, mais sa première tentative échoua par suite de la défaite que lui infligea l'armée impériale à Katasyrtae ([1024]). Laissant ses troupes à Héraclée et à Selymbria, il alla passer l'hiver en Bulgarie et les lettres de Nicolas se firent inutilement plus pressantes ([1025]). Une seconde attaque (été de 922) aboutit au pillage du palais de la Source, mais vers l'automne, les Bulgares s'étant de nouveau approchés de la Grande Muraille, Romain organisa une sortie, au cours de laquelle le camp bulgare fut détruit : Syméon dut battre en retraite ([1026]). Ces échecs le rendirent plus accommodant et il demanda qu'un envoyé fût accrédité auprès de lui ([1027]). Tout en négociant il envahissait la Thrace en 923 et s'emparait d'Andrinople, mais sans aller plus loin, il regagna la Bulgarie, et la garnison qu'il laissa dans la ville se retira à la première approche d'une armée byzantine ([1028]).

Ainsi la constance de Lécapène lassait l'ambitieux Bulgare : son recul était dû sans doute à la révolte du prince Paul de Serbie, soudoyé par l'empereur, dont elle rétablissait les affaires, au moment où le bourreau de Thessalonique, Léon de Tripoli, subissait une défaite navale, et qui négociait de nouvelles alliances contre les Bulgares avec les Hongrois et les peuples de la steppe ([1029]). Rendu plus accommodant par ses déboires, Syméon esquissa une tentative de négociation ([1030]), mais après avoir vaincu les Serbes (début de 924) il recommença ses menaces ([1031]) et comprenant qu'il ne prendrait jamais Constantinople sans le concours d'une flotte, il s'allia aux Fatimites d'Afrique et signa avec eux un traité qui prévoyait une double attaque de la ville impériale par terre et par mer; mais la capture des deux ambassades bulgare et arabe par un drongaire byzantin fit échouer le projet : les Arabes, comblés d'égards par Romain, abandonnèrent leur allié ([1032]).

Mais Syméon avait un tel désir de trôner au Palais Sacré que cet échec ne l'arrêta pas et qu'après avoir ravagé la Thrace et la Macédoine (été de 924), il parut sous les murs de Constantinople, puis, au moment où les habitants s'attendaient à être attaqués, il ouvrit des négociations. Se flattait-il d'être reçu pacifiquement dans la ville? On l'ignore. Toujours est-il qu'avec un véritable courage Romain Lécapène se rendit à l'entrevue que Syméon avait exigée et qu'il le détermina à signer une trêve par laquelle il restituait à l'Empire plusieurs places de la mer Noire en échange d'un léger tribut et de quelques présents (9 septembre 924) ([1033]).

Le maigre résultat d'un si grand effort libérait Constantinople, mais, vaincu sans avoir combattu, de retour dans son pays, Syméon recouvra son insolence et refusa de livrer les forteresses promises sous prétexte que l'Empire était incapable de les défendre contre les Arabes [1034] et il s'intitula de sa propre autorité *basileus et autocrator des Bulgares et des Grecs* [1035]. Romain ayant protesté, il obtint du pape en 926 la confirmation de son titre impérial et l'élévation de l'archevêque de Bulgarie à la dignité de patriarche [1036].

Gouvernement intérieur. — Si Romain Lécapène avait pu écarter ainsi un des plus grands dangers que l'Empire ait courus, il le devait en grande partie à la fermeté et à la sagesse de sa politique intérieure. Avec lui prit fin le gouvernement des favoris qui était la honte des règnes précédents. Il s'entoura d'hommes probes et compétents. Jusqu'à sa mort en 925 le patriarche Nicolas fut réellement son premier ministre. On vient de voir la place importante qu'il tenait dans les relations extérieures, mais sa correspondance montre l'autorité qu'il exerçait aussi dans l'administration intérieure [1037]. Après lui ce fut aussi un secrétaire intime du basileus, Jean le Mystique, qui reçut la direction des affaires, mais il excita la jalousie, fut accusé faussement de complot et dut entrer dans un monastère [1038]. Théophane le protovestiaire, qui lui succéda dans ses attributions, très compétent en matière diplomatique et navale, fut pendant 19 ans le premier personnage de l'État après l'empereur [1039]. Parmi les chefs de guerre que Romain sut choisir avec discernement le plus remarquable fut l'Arménien Jean Courcouas (Gourguen), qui avait aidé le basileus à arriver au pouvoir et qui lui resta fidèle [1040].

Aidé par ses conseillers, Romain Lécapène s'efforça d'agir toujours en vue du bien commun. Il est le premier empereur qui ait pris des mesures législatives pour enrayer l'extension inquiétante des grands domaines aux dépens de la petite propriété et pour préserver l'intégrité des biens militaires, fondement du régime des thèmes et du recrutement d'une armée indigène [1041].

En 928, à la suite d'une famine due à une mauvaise récolte, conséquence d'un hiver rigoureux, beaucoup de paysans durent mettre leurs terres en gage aux mains des puissants et il leur fallait au moins dix ans pour les dégager, d'où la novelle de 934 qui flétrit l'égoïsme des puissants et qui, sans ordonner une éviction générale de tous les propriétaires qui détiennent les biens des pauvres, annule toutes les transactions, dons, héritages, postérieurs à 922, et décide que tout domaine acheté à un prix inférieur à la moitié du prix raisonnable sera restitué sans indemnité ; par contre, si l'achat a été régulier, le domaine pourra être restitué dans les trois ans moyennant le remboursement de la somme versée [1042]. « La petite propriété, écrivait Romain, a une grande utilité pour le paiement des impôts et l'accomplissement du service militaire. Tout sera en péril si elle disparaît [1043]. » Fils lui-même d'un possesseur d'un bien militaire, Romain voyait le danger que courait la démocratie rurale, qui était le meilleur appui de l'État.

Cette politique courageuse, mais impitoyable, lui faisait des ennemis dans l'aristocratie et même parmi ses propres fonctionnaires, mais surtout on ne pardonnait pas à ce parvenu ses empiètements continuels sur l'autorité de l'héritier légitime et ses efforts pour implanter sa famille sur le trône de Byzance. Aussi pendant tout son règne Romain eut à réprimer les complots des fidèles de Constantin VII, qui furent punis surtout de châtiments corporels et d'exil [1044].

Politique religieuse. — L'un des bienfaits du gouvernement de Romain Lécapène fut le rétablissement de la paix dans l'Église. La mort d'Euthyme le 5 août 917 n'avait pas fait cesser le schisme entre ses partisans et ceux de Nicolas [1045]. Bien qu'il n'eût plus à craindre de compétiteur et possédât toute la confiance de Lécapène, le patriarche ne s'était pas départi de son intransigeance et ne voulait réconcilier les Euthymiens que s'ils signaient une rétractation écrite de leur conduite, avec serment solennel de ne pas retomber dans la même faute en excusant les quatrièmes noces [1046]. Vraisemblablement sur le désir du basileus, qui voulait avant tout la paix, Nicolas accepta un compromis dont la mémoire de Léon VI fit les frais. Après la tenue d'un concile, le patriarche promulgua le Τόμος Ἑνώσεως (*tomus unionis*), souscrit sans difficulté par les deux partis (9 juillet

920) ([1047]). Le quatrième mariage de Léon était flétri et Constantin Porphyrogénète reconnu légitime par simple tolérance. Le fils de Léon le Philosophe dut assister à la lecture solennelle de l'acte qui condamnait son père et il en fut de même à chaque anniversaire de cette journée ([1048]).

Il restait à renouer les relations avec Rome, rompues depuis la dispense accordée à Léon VI par le pape Sergius III en 906. Nicolas n'avait reçu aucune réponse à la lettre qu'il avait écrite à Rome au moment de son rétablissement en 912 ([1049]). Sur l'ordre de Romain Lécapène, il se mit en relation avec le pape Jean X. Dans une première lettre il semblait rendre les prédécesseurs de ce pape responsables des troubles qui avaient agité l'Église grecque ([1050]). Ses lettres suivantes, beaucoup plus conciliantes, accompagnées d'une missive écrite au nom de Constantin Porphyrogénète, demandaient au pape d'envoyer des légats qui rétabliraient les relations entre Rome et Constantinople : le nom du pape serait établi dans les diptyques, mais, en tenant compte de la dispense accordée à Léon VI, le pape s'associerait à la condamnation des quatrièmes noces ([1051]). En 923 Jean X envoya en effet deux évêques à Constantinople, mais on n'est renseigné sur leurs actes que par une lettre de Nicolas le Mystique à Syméon d'après laquelle les légats jetèrent l'anathème sur les quatrièmes noces et rétablirent la concorde des Églises. Ils devaient aussi intervenir auprès de Syméon, mais le patriarche, craignant sans doute l'influence qu'ils pourraient prendre sur le prince bulgare, ne les envoya pas à Preslav sous prétexte que les routes n'étaient pas sûres ([1052]).

Après ce dernier triomphe Nicolas le Mystique mourut le 15 mai 925 ([1053]) et la question du patriarcat devint l'un des soucis de Romain Lécapène qui entendait bien le réserver à son fils Théophylacte, encore trop jeune pour y accéder. Ce fut seulement au mois d'août suivant qu'il se décida à y installer un homme d'âge, Étienne, métropolite d'Amasée, qui mourut au bout de deux ans et onze mois (décembre 928). Il fut remplacé par un moine austère, Tryphon, qui se montra sans doute peu docile, car il fut déposé en août 930 : on lui aurait fait signer par surprise son abdication ([1054]). Théophylacte n'avait encore que 13 ans et le patriarcat resta vacant plus d'un an, mais il fallut une véritable campagne diplomatique pour venir à bout de l'opposition du synode lorsque le jeune prince eut ses quinze ans révolus. Romain Lécapène fit pression sur les évêques en leur rappelant qu'ils avaient déjà élu Théophylacte, dont l'ordination avait été seulement différée, et il alla jusqu'à demander l'adhésion du pape Jean XI, dont les légats vinrent introniser le nouveau patriarche et lui conférer le pallium (2 février 993) ([1055]).

Détail intéressant : probablement sur le désir de son père, Théophylacte envoya sa synodique aux trois patriarches d'Orient en leur demandant de rappeler son nom dans la liturgie, usage suspendu depuis les Ommiades et dont la portée politique est certaine ([1056]).

L'œuvre extérieure. — Les résultats de la politique extérieure de Romain Lécapène tiennent une place importante

La période d'organisation

dans l'histoire de Byzance et marquent un tournant décisif. Non seulement il a résisté victorieusement à toutes les attaques, mais il a préparé l'Empire à reprendre l'offensive contre ses ennemis et, depuis Justinien, il est l'un des premiers empereurs qui aient laissé la Romania plus grande qu'il ne l'avait trouvée.

Il a dû ces succès à une diplomatie aussi habile que développée et une armée bien commandée. Ancien drongaire de la flotte, il a donné tous ses soins à la marine et son règne est une des périodes les plus prospères de l'histoire navale de Byzance. Sa tâche fut facilitée par la situation des pays voisins de l'Empire. Il trouva en face de lui un État bulgare maîtrisé, un califat troublé par les guerres civiles et démembré, un Occident en pleine anarchie.

On peut dire que le pivot de sa politique fut son alliance avec la Bulgarie.

Syméon était mort le 27 mai 927 ([1057]) après avoir réprimé un soulèvement des Serbes ([1058]) et subi un gros désastre en voulant attaquer la Croatie ([1059]). Déshéritant son fils aîné, Michel, devenu moine, Syméon avait choisi pour successeur le plus jeune de ses fils, Pierre, encore mineur, sous la régence de son oncle, Soursouboul. Celui-ci, devant les dangers de toutes sortes qui menaçaient la Bulgarie, n'hésita pas à se rapprocher de Byzance, mais appuya les négociations par une action militaire en menaçant d'investir Thessalonique si la main d'une princesse porphyrogénète n'était pas accordée au tsar Pierre ([1060]). Romain Lécapène, qui avait besoin de toutes ses forces contre les Arabes, accepta la proposition. En octobre 927, Pierre vint à Constantinople épouser Marie, fille de Christophe Lécapène, qui prit le nom symbolique d'Irène (La Paix) ([1061]) et Soursouboul signa avec Romain un traité d'alliance qui restituait à l'Empire les villes du golfe de Bourgas en échange d'une rectification de frontière du côté de Thessalonique. En véritable réaliste, Romain concédait à Pierre ce titre de *basileus* que Syméon n'avait pu obtenir et s'engageait à donner le pas dans les cérémonies aux ambassadeurs bulgares sur toutes les autres légations ([1062]).

Cette alliance était profitable aux deux États, également menacés par les peuples des steppes, en particulier par les Hongrois, qui, comme autrefois les Avars, étaient des éléments de trouble pour toute l'Europe, dirigeant leurs courses indifféremment vers l'Occident ou l'Orient, redoutables surtout au monde slave qu'ils séparèrent en deux tronçons, expulsant les Bulgares de la rive gauche du Danube, détruisant la Grande Moravie et battant les Russes d'Oleg devant Kiev. Contre eux la Bulgarie couvrait Constantinople, mais d'une manière insuffisante, comme le montra l'invasion hongroise qui ravagea la Thrace en 934, et, d'après Maçoudi, aurait poussé jusqu'à la Ville Impériale et se termina par un traité de paix dû à l'habileté du protovestiaire Théophane ([1063]).

L'offensive de l'islam arrêtée. — La lutte contre les Arabes domine toujours la politique extérieure de Byzance. Mais l'alliance bulgare permet à Romain Lécapène d'employer à cette guerre perpétuelle ses principales forces. D'autre part c'est le moment où le califat abbasside perd son autorité sur le monde musulman, tandis que le chef de sa garde turque, avec le titre d'*émir-al-oumarâ* (émir en chef), l'avait réduit au rôle de roi fainéant ([1064]), que les sectes hérétiques des Kharedjites et des Alides chiites suscitent des troubles qui dégénèrent en guerres civiles ([1065]), et que les schismes religieux provoquent le séparatisme politique et le démembrement territorial du califat. Depuis le fin du IXe siècle les provinces éloignées échappent à l'autorité du calife l'une après l'autre : c'est l'Asie centrale, la Transoxiane, pénétrée de civilisation iranienne, où se succèdent trois dynasties, dont la dernière, les Sâmânides, lutte de magnificence avec les califes ([1066]) ; ce sont l'Égypte et la Syrie, où le fils d'un esclave turc fonde la dynastie des Toulounides (879) ([1067]) ; retombées au pouvoir du calife en 905, ces deux provinces ne tardent pas à se séparer encore sous le gouvernement des Ikhchides (935) ([1068]). Mais l'événement qui devait briser l'unité politique et religieuse de l'islam fut la création de l'État des Fatimites par le Mahdi Obeid-Allah, fils de l'imam caché descendant d'Ali et de Fâtima, la fille du Prophète. En 910 Obeid-Allah renversa la dynastie des Aglabites, s'établit à Kairouan, prit le titre de calife, en proclamant la guerre sainte contre les Abbassides ([1069]). En 929 l'émir ommiade de Cordoue se fit aussi proclamer calife ([1070]), de sorte qu'il y eut désormais trois commandeurs des croyants.

Ainsi Romain Lécapène ne trouvait plus devant lui un front arabe unique, mais des dominations indépendantes, ennemies les unes des autres et prêtes à s'allier aux chrétiens, ce qui ouvrait un vaste champ aux manœuvres de la diplomatie byzantine. Les émirs mêmes, soumis encore nominalement au califat, celui d'Azerbaïdjan, de qui dépendait l'Arménie, les Hamdanides de Mossoul et d'Alep, les émirs de Tarse, de Mélitène et d'Édesse avaient chacun leur politique indépendante.

Depuis la mort de Léon VI jusqu'à la conclusion de l'alliance avec les Bulgares (912-927) l'Empire dut rester sur la défensive en cherchant à protéger ses frontières et à arrêter les incursions annuelles des émirs voisins, qui y voyaient un procédé fructueux pour lever un tribut sur les populations chrétiennes, mais ne songeaient plus à une guerre de conquête ([1071]). Les gouverneurs des thèmes byzantins s'étaient adaptés à ce régime et rendaient coup pour coup, grâce à un excellent service de renseignements et à une tactique appropriée. Ce fut ainsi qu'en 915, pendant que les Arabes de Tarse attaquaient la frontière, les Grecs faisaient une expédition fructueuse en Mésopotamie et s'emparaient de Marasch ([1072]). Au moment de l'attaque bulgare en 916, Zoé ouvrit des négociations qui furent dirigées par le patriarche Nicolas : après une ambassade de deux patrices à Bagdad, il y eut un échange de prisonniers en 917 ([1073]).

Cette trêve, bien qu'interrompue par des coups de main en Asie Mineure ([1074]), dura jusqu'à l'avènement de Romain Lécapène qui, même avant la conclusion de l'alliance bulgare, donna une nouvelle impulsion à la défensive de l'Empire en cherchant des diversions contre les Arabes. Ce fut ainsi qu'il rendit plus étroite l'alliance avec le roi de Grande Arménie, Aschod II, qui était venu à Constantinople (914-915) ([1075]). L'émir d'Azerbaïdjan ayant envahi le royaume d'Aschod, Romain n'hésita pas à envoyer une armée qui repoussa l'émir dans sa province (923) ([1076]). L'année précédente les Byzantins avaient remporté un grand succès naval : le trop célèbre Léon de Tripoli fut surpris par le drongaire Jean Radinos au moment où il ravageait l'île de Lemnos. Sa flotte fut coulée et lui-même échappa à peine à la captivité ([1077]). Mais on était au moment de l'attaque de Syméon contre Constantinople et comme Romain ne pouvait envoyer aucune force en Asie, les coups de main à la frontière recommencèrent ([1078]). Le basileus chercha alors à conclure une trêve avec le calife, et après avoir été d'abord repoussé, y parvint en 925 et obtint un échange des prisonniers ([1079]).

En 926 Romain, tranquille du côté de Syméon, engagé dans ses guerres yougoslaves, réorganise la défense des frontières d'Orient et oblige les petits chefs arabes, qui avaient profité des circonstances pour éluder leurs obligations, à acquitter le tribut en retard, sous peine de voir leur territoire dévasté. Comme ils refusaient d'obéir, il envoya contre eux une armée commandée par son meilleur stratège, Jean Courcouas, qui ravagea les environs de Mélitène sans pouvoir s'emparer de la ville ([1080]).

La paix définitive avec la Bulgarie rendit à Romain Lécapène sa liberté d'action et il prit franchement l'offensive contre le califat ([1081]).

Son principal objectif était la pénétration en Cilicie et en Haute Mésopotamie avec l'appui de l'Arménie. La première guerre dura onze ans (927-938) et fut conduite presque exclusivement par Jean Courcouas, « cet autre Trajan, cet autre Bélisaire »[1082]. Pénétrant jusqu'à la vallée de l'Euphrate, il occupe temporairement Samosate[1083] en 927 et envahit l'Arménie arabe où il échoue devant Towin (928)[1084], mais, malgré cet insuccès, il se maintient dans la région et s'empare de plusieurs villes musulmanes dont il transforme les mosquées en églises[1085]. Les villes de Mésopotamie assiégées réclamaient en vain des secours de Bagdad et devaient se soumettre à l'empereur[1086]. La réaction arabe ne se manifestait que par des razzias en Asie Mineure, suivies d'ailleurs de représailles[1087]. En 931 l'émir de Tarse, Souml, allait piller Amorium et Ancyre sans rencontrer de résistance[1088]. Ces diversions n'atteignaient pas leur but et Jean Courcouas continuait son expédition victorieuse en Orient. Ce fut probablement en 931 qu'il s'empara de Théodosiopolis (Erzeroum) après un siège de 7 mois[1089] et, à la fin de la même année, fit capituler Mélitène[1090] et assiégeait de nouveau Samosate.

Ce fut alors qu'intervint pour la première fois un membre de cette famille des Hamdanides, qui allait opposer une si longue résistance à la conquête byzantine; Saïd-ibn-Hamdan força Courcouas à lever le siège de Samosate et reprit Mélitène (fin de 931)[1091], mais en 934 Jean Courcouas, dont l'armée était renforcée par un corps d'Arméniens, obligeait cette ville d'une importance considérable à capituler de nouveau : l'empereur en fit un état vassal[1092]. Les opérations se ralentirent plusieurs mois, puis en 938 les armées impériales se heurtèrent à l'homme qui devait être le plus farouche adversaire de l'Empire : l'émir hamdanide Seïf-ad-Daouleh attaqua les postes grecs sur le haut Euphrate, battit en retraite devant Jean Courcouas, puis s'arrêta subitement sur une position bien choisie et lui infligea une grosse défaite[1093]. Romain Lécapène, comprenant à quel ennemi il avait affaire, hâta les négociations déjà commencées avec Bagdad et signa une trêve accompagnée d'un échange de prisonniers[1094].

La durée de cette trêve, conclue avant juillet 938, ne fut pas longue. Dès la fin de l'automne 939 Seïf-ad-Daouleh la rompait de son propre chef et envahissait l'Arménie[1095]. Dès lors commença une seconde guerre qui se poursuivit jusqu'à la chute des Lécapènes (939-945) et eut le caractère d'un duel entre l'Empire et les Hamdanides.

Cette famille des Hamdanides appartenait à une tribu arabe, les Taglib, émigrés en Mésopotamie, qui avaient gardé de leur origine l'amour de l'indépendance et le goût des entreprises audacieuses. Établis sur le territoire de Mossoul, les Hamdanides comptèrent parmi les personnages influents du califat. L'un d'eux, Aboul-Khaidj, gouverneur de Mossoul au début du xe siècle, eut deux fils : l'aîné, Chosan, reçut du calife le gouvernement de Mossoul avec le titre de *Nazir-ad-Daouleh* (défenseur de la dynastie), le second, Ali, né en 916, le gouvernement d'Alep et le titre de *Seïf-ad-Daouleh* (épée de la dynastie) [1096]. D'une bravoure sans égale, aventureux et chevaleresque, Seïf-ad-Daouleh était en même temps un lettré, entouré de poètes qui célébraient ses exploits et poète lui-même [1097]. Ennemi implacable des Grecs, complètement indépendant du calife, il se souciait peu des traités conclus avec l'Empire et poursuivait sa politique personnelle, dont le but était la création d'un État autonome.

C'est ce qui explique son attaque subite contre l'Arménie, marquée par des succès éclatants, la destruction de la ville que les Grecs avaient bâtie en face d'Erzeroum, qui produisit un tel effet que plusieurs chefs arméniens et géorgiens vinrent lui faire leur soumission, et le ravage du thème des Arméniaques, à la suite d'une lettre où Romain Lécapène le défiait d'entrer sur le territoire de l'Empire [1098]. Le cours de ses exploits fut arrêté par son conflit avec des chefs turcs qui battirent ses troupes et l'obligèrent à s'enfuir à Bagdad. Là les Hamdanides prirent une grande part aux guerres civiles qui suivirent la mort du calife Ar-Râdi et furent un moment les maîtres de la capitale (940-942) [1099]. Il en résulta pour l'Empire une période de répit qui fut employée à préparer une nouvelle offensive.

Elle commença en novembre 942. A la tête d'une forte armée, Jean Courcouas envahit l'Arménie, où il s'empara d'Arzen au nord du lac de Van, puis pénétrant dans la Mésopotamie septentrionale, il en occupa les villes, Maïafaryqin (Martyropolis), Diarbékir, Dara, Nisibe, sans les annexer, en se contentant de faire des prisonniers. Puis, évacuant la vallée du Tigre, il alla attaquer Édesse qu'il obligea à capituler et à livrer la relique insigne, le portrait miraculeux du Chrit envoyé par lui au roi Abgar, dont la possession fait l'orgueil de la cité [1100]. Ce fut avec l'autorisation du calife, après une consultation demandée aux ulémas, qu'en échange de la libération des prisonniers musulmans, l'émir d'Édesse céda l'icône qui fut transportée triomphalement à Constantinople [1101]. Rien ne pouvait mieux contribuer à rehausser le prestige de l'Empire en Orient que la capture de cette relique, regardée comme une grande victoire.

Jean Courcouas termina sa campagne par la prise de la place importante de Germanicia (Marasch), mais à son retour à Constantinople, en butte à la jalousie des fils de Lécapène, il fut envoyé en disgrâce et remplacé par un incapable, Panthérios, qui se fit battre par Seïf-ad-Daouleh [1102]. Un événement néfaste pour l'Empire fut l'installation de Seïf-ad-Daouleh à Alep, qu'il enleva au gouverneur d'Égypte et de Syrie, l'Ikhchide, et dont il fit sa résidence [1103]. Après avoir pu la réoccuper quelque temps, l'Ikhchide céda cette ville au Hamdanide ainsi qu'Antioche et Emèse (novembre 945) [1104].

L'attaque des Russes. — Pendant que Romain Lécapène profitait des guerres civiles du califat pour reconstituer ses forces en vue d'une future offensive, Constantinople fut de nouveau attaquée par une immense flotte russe de monoxyles qui avait descendu le Dniéper ([1105]) sous la conduite du prince Igor, le plus jeune des fils de Rurik et successeur d'Oleg, son oncle. L'expédition préparée dans le secret fut un effet de surprise et paraît avoir eu pour but le pillage, peut-être aussi, comme on l'a supposé, le désir de contraindre Byzance à accorder aux marchands russes, répandus déjà dans toute la Méditerranée, des clauses commerciales avantageuses ([1106]). Pris au dépourvu, la flotte impériale croisant dans l'Archipel, Romain rassembla toutes les forces dont il disposait et rappela d'Asie l'armée de Jean Courcouas ([1107]). Lorsque les innombrables barques russes arrivèrent devant Constantinople le 11 juin 941, elles furent inondées de feu grégeois, dont les appareils (siphones) avaient été disposés sur 15 navires lourds (chelandia) qu'on avait découverts dans le port et dont le protovestiaire Théophane avait pris le commandement ([1108]). L'effet fut immédiat ; la flotte russe désemparée aborda sur la côte de Bithynie et des bandes de guerriers se dispersèrent entre Héraclée et Nicomédie en ravageant toute la région et en infligeant les plus cruelles tortures aux habitants et en particulier aux clercs. Bardas Phocas avec une petite troupe détruisit un grand nombre de ces bandes de partisans et l'arrivée de l'armée de Jean Courcouas acheva leur défaite. Lorsqu'en automne ils voulurent retourner dans leur pays, Théophanes leur barra le chemin et, comme ils essayaient de passer en Thrace, il les attaqua et les inonda encore une fois de feu grégeois. Très peu d'entre eux parvinrent à regagner la Russie ([1109]).

Cependant Igor ne se tint pas pour battu et en 944 prépara une expédition encore plus formidable en enrôlant de nombreuses tribus slaves et en s'alliant aux Petchenègues : il s'agissait d'une expédition par terre. Averti de ces préparatifs par les Bulgares, Romain envoya à Igor une ambassade qui le rejoignit sur le Danube et parvint à force de présents à le déterminer, lui et ses alliés, à conclure une trêve et à envoyer des plénipotentiaires à Constantinople, où fut signé un traité qui reproduisait les accords précédents, donnait un statut avantageux aux commerçants russes dans l'Empire et portait la promesse que les princes russes n'attaqueraient jamais Kherson et les autres villes de la Crimée ([1110]). Igor mourut peu après dans une expédition ([1111]).

La politique italienne. — En Italie, après la brillante victoire du Garigliano, la puissance byzantine subit une véritable éclipse jusqu'au dénouement des guerres bulgares (915-927). Environnés d'ennemis, les stratèges de Longobardie avaient peine à défendre les possessions byzantines contre le nouvel État des Fatimites d'Afrique qui, devenus maîtres de la Sicile, s'emparèrent de Reggio et auxquels Zoé dut payer un tribut ([1112]), et contre les princes lombards, qui avaient répudié la suzeraineté impériale et attaquaient les territoires byzantins ([1113]) ou fomentaient les révoltes des indigènes ([1114]).

C'est entre 922 et 926 que l'anarchie atteint son plus haut degré. En 922 des bandes de Hongrois ravagent la Campanie, les Sarrasins attaquent la Calabre, les corsaires slaves de l'Adriatique opèrent pour le compte du Mahdi Africain ([1115]). En 925 les Sarrasins d'Afrique pillent Tarente et forcent son gouverneur à payer une forte rançon ([1116]). L'année suivante cette ville est prise par l'émir de Sicile, appuyé par la flotte du chef slave Saïan, qui force les villes maritimes de Campanie et de Calabre à lui payer tribut ([1117]). Byzance ne réagit pas et n'envoie plus aucune flotte de guerre.

Ce fut seulement à partir de 934 que Romain Lécapène, dont les armes étaient victorieuses en Orient, put intervenir en Italie, mais renonçant aux grandes expéditions, il agit surtout par la diplomatie en empêchant les princes lombards de recevoir des secours de leurs voisins du nord. De là ses rapports cordiaux avec les maîtres de Rome, la trop célèbre Marozie qui songeait à faire épouser une de ses filles par un fils du basileus ([1118]), puis avec Albéric II, prince des Romains, ainsi qu'avec son beau-père et rival Hugue de Provence ([1119]). En 934 le patrice Cosmas, envoyé en Italie avec une petite escadre, détermine le prince de Capoue, Landolf, à évacuer l'Apulie ([1120]). En 935 c'est une autre ambassade qui apporte des présents au roi Hugue, afin de gagner son alliance contre les princes lombards ([1121]). La révolte des Arabes de Sicile contre les Fatimites de Kairouan (937-941), favorisée par les stratèges byzantins, qui envoient du blé aux rebelles, fait cesser les incursions sarrasines sur les côtes d'Italie ([1122]). Voyant encore plus loin, Lécapène accorde des secours à son allié Hugue pour déloger les Sarrasins de leur repaire de Fraxinet ([1123]), d'où ils écumaient les côtes de Provence et envoyaient des expéditions à travers les Alpes jusqu'en Haute Italie. Afin de rendre cet accord encore plus étroit, Romain demanda en échange la main d'une fille du roi pour le jeune fils de Constantin Porphyrogénète, dont il était lui-même l'aïeul ([1124]). Grâce à cette habile politique, Romain put écarter les dangers qui menaçaient l'Italie byzantine et la transmettre à son successeur dans son intégrité.

La chute de Romain Lécapène. — En 944, Romain Lécapène, qui régnait depuis 25 ans, s'était montré l'un des meilleurs souverains que Byzance ait jamais eus. Il avait sauvé l'Empire, en voie de dissolution à son avènement, apaisé les querelles religieuses qui se perpétuaient depuis Photius, supprimé le péril bulgare, repris l'offensive contre l'islam et, grâce à son habileté diplomatique, donné à l'Empire un immense prestige en Orient comme en Occident. Son gouvernement intérieur était essentiellement humain et il s'était inquiété du sort des petits, menacés d'être réduits à l'état de serfs.

Malheureusement on ne lui savait aucun gré de ces services et il ne fut jamais populaire. Dans l'opinion publique il était resté l'usurpateur. On lui reprochait de vouloir supplanter l'héritier légitime du trône et substituer sa famille à la dynastie macédonienne. De là des complots et même des révoltes, dont le prétexte était de soutenir les droits de Constantin Porphyrogénète, comme celle du stratège de Chaldia, Bardas Boeslas, en 923, fait prisonnier par Jean Courcouas et simplement enfermé dans un monastère ([1125]), ou celle d'un aventurier qui se faisait passer pour Constantin Doukas, l'ancien rival de Lécapène en 932 ([1126]) ; mais, comme on l'a fait remarquer ([1127]), ce fut moins à ce sentiment légitimiste qu'aux ambitions de ses fils que fut due la chute de Romain Lécapène. Déjà en 928 le beau-père de Christophe Lécapène, Nicétas, avait entrepris de détrôner Romain pour donner le pouvoir suprême à son gendre. Christophe ne fut pas inquiété, mais sa femme, Sophia, fut chassée du palais et Nicétas enfermé dans un monastère ([1128]). Christophe, le favori de son père et le plus apte à l'exercice du pouvoir, mourut en août 938 ([1129]), ne laissant que des enfants en bas âge. Avec lui disparut la principale chance qu'avait Romain de fonder une dynastie.

Les deux autres fils de Romain en effet, Constantin et Étienne, avaient la réputation de débauchés et d'incapables. On ne voit pas d'ailleurs que pendant son règne leur père leur ait confié une affaire quelconque, mais ils entendaient bien lui succéder au pouvoir. Aussi commencèrent-ils à être inquiets lorsqu'ils apprirent que leur père voulait faire épouser une fille de Jean Courcouas à son petit-fils Romain, fils du Porphyrogénète et d'Hélène Lécapène : ils s'en prirent au glorieux stratège, qu'ils trouvèrent moyen de faire casser du commandement qu'il exerçait si brillamment depuis plus de 22 ans [1130]. Le danger leur parut encore plus grand lorsqu'ils virent Romain fréquenter la société des moines qui l'incitaient à accomplir de bonnes œuvres, comme pour racheter son usurpation [1131]. Dans le testament qu'il rédigea en 944 il manifesta ses remords en plaçant le nom de Constantin Porphyrogénète avant ceux de ses propres fils [1132].

Ce fut certainement cet acte qui détermina Constantin et Étienne Lécapène à agir contre leur père, dans la crainte qu'il ne les exclue du pouvoir, mais un dernier événement vint hâter leur décision. Ce fut l'arrivée à Constantinople de Berthe de Provence, dont le mariage avec le jeune Romain, fils du Porphyrogénète, fut célébré en grande pompe (septembre 944) [1133]. Cette union, qui semblait assurer l'avenir de la dynastie macédonienne, ne pouvait qu'être odieuse aux Lécapènes et c'est à ce moment que Luitprand, bien informé, place la révolte des fils Lécapène contre leur père [1134]. Le 20 décembre 944 Étienne Lécapène enleva Romain du Grand Palais, le fit jeter dans une barque et conduire à l'île de Proti où on lui coupa les cheveux et où on le revêtit de la mandya monastique. Le bruit ayant couru que Constantin Porphyrogénète avait aussi été enlevé, la foule furieuse s'assembla autour du palais et il fallut pour faire cesser l'émeute que l'héritier légitime, la chevelure encore en désordre, se montrât à une fenêtre du palais [1135].

Cependant un semblant d'accord entre les deux complices et Constantin VII, reconnu empereur en premier, dura quelques semaines [1136], puis le Porphyrogénète échappa à un complot des fils Lécapène pour l'enlever et les envoya rejoindre leur père à Proti (27 janvier 945) [1137]. Cette révolution s'accomplit sans que la cause des Lécapène trouvât un défenseur et du jour au lendemain Constantin Porphyrogénète devint seul maître des affaires. Romain Lécapène mourut à Proti le 15 juin 948 dans des sentiments de pénitence, après avoir renié l'œuvre de toute sa vie, qui avait été pourtant bienfaisante pour l'Empire [1138]. L'histoire est moins sévère pour lui qu'il ne le fut lui-même.

Chapitre II

L'expansion (945-1057)

En raffermissant la situation extérieure de l'Empire, en conjurant le péril bulgare, en opposant une barrière infranchissable à l'offensive musulmane, Romain Lécapène avait non seulement sauvé l'œuvre de la dynastie amorienne et des deux premiers empereurs Macédoniens, mais, par les victoires de ses armées, servies par une diplomatie habile, jeté les bases de l'expansion territoriale qui se développa sous ses successeurs. La contre-attaque gigantesque qui restitua à l'Empire des provinces perdues depuis le VIIe siècle et étendit ses frontières du Danube à la Mésopotamie, a mérité à juste titre le nom d'épopée byzantine. Elle est l'œuvre d'une série d'empereurs, de chefs de guerre et d'hommes d'État remarquables. En face des États musulmans divisés et des peuples d'Occident encore en pleine crise de croissance, l'Empire byzantin est devenu la première puissance militaire de l'Europe chrétienne et du Proche-Orient. Un magnifique développement commercial alimenté par des industries de luxe, un mouvement artistique, véritable renaissance dite avec raison le second âge d'or de l'art byzantin, un développement intellectuel incomparable et une nouvelle expansion des missions chrétiennes à laquelle fut due la conversion de la Russie, achevèrent de faire de Byzance le centre du monde civilisé et de faire rayonner son influence et sa civilisation dans les pays les plus lointains.

Cette expansion se poursuivit jusqu'à la deuxième moitié

du XIe siècle, puis une fidélité trop grande au principe dynastique, étendu aux femmes, mit sur le trône une série d'aventuriers et d'empereurs incapables dont le mauvais gouvernement compromit la situation extérieure, au moment où de nouveaux ennemis redoutables, les Turcs et les Normands, attaquaient l'Empire. L'expansion byzantine se heurta à l'expansion des peuples d'Occident qui atteignit son plus haut degré avec la croisade. Une dynastie qui eut successivement trois empereurs remarquables, celle des Comnènes, fit face pendant un siècle à ces dangers nouveaux, mais les ressources de l'Empire étaient épuisées et, après les règnes désastreux d'Andronic Comnène et des deux représentants de la dynastie des Anges, il ne put résister aux convoitises des Occidentaux et s'effondra lamentablement.

I. LES DÉBUTS DE L'EXPANSION BYZANTINE (944-963)

La première phase de cette longue période de trois siècles correspond aux règnes de Constantin Porphyrogénète (944-959) et de Romain II (959-963) et aux premières conquêtes des armées byzantines.

Constantin Porphyrogénète. — Empereur en titre depuis 25 ans sans avoir jamais pris une part quelconque aux affaires, bien qu'âgé de 38 ans, sa figure paraît bien effacée à côté de celle de son prédécesseur. A la différence de Lécapène, il était peu propre à l'action et il ne pouvait d'ailleurs renoncer subitement à la vie solitaire et studieuse qu'il menait depuis si longtemps au Grand Palais. Très instruit, représentant de la science byzantine de son temps, érudit et archéologue, ses goûts le portaient vers le passé de l'Empire et il employait ses faibles ressources à acheter des manuscrits ([1139]). Il aimait à s'entourer de lettrés, d'artistes, de juristes, et son esprit curieux embrassait toutes les connaissances, y compris celle des arts industriels comme l'architecture, la construction des navires de guerre, la toreutique. Il pratiquait lui-même la peinture, la sculpture, l'orfèvrerie et l'on vantait la treille qu'il avait modelée au plafond du Triclinium des Dix-neuf lits, l'aigle d'argent étouffant un serpent placée au-dessus d'un jet d'eau, et une table d'argent incrustée de bois précieux. Il était également musicien, composait des cantiques et dirigeait lui-même les chœurs ([1140]). Il était même linguiste, connaissait les langues des peuples voisins de l'Empire, et il donne dans ses ouvrages des étymologies slaves et scandinaves.

Un savoir aussi dispersé était forcément superficiel, comme le montrent les erreurs qu'il a commises et les fables qu'il a acceptées sans aucun sens critique ([1141]). Son œuvre personnelle ne fut pas d'ailleurs inutile à l'Empire. Maître du pouvoir, disposant de ressources abondantes, il put satisfaire ses goûts et il entreprit l'établissement d'un immense inventaire de toutes les richesses de Byzance, de ses traditions politiques et juridiques, de son historiographie, de ses connaissances ethnographiques, etc. Il fut vraiment l'empereur-archiviste, avec le désir de revenir à la grande tradition impériale et d'instaurer un régime définitif et permanent dans tous les domaines, cérémonies, hiérarchie, enseignement, droit public, techniques. Ce fut là son rôle historique ([1142]).

Le Xe siècle est l'époque des compilations et des encyclopédies, dont la *Bibliothèque* de Photius est le type, composée d'extraits des auteurs anciens et modernes, mais la nouveauté consista à séparer les différents ordres de connaissances. Il existait déjà une encyclopédie juridique, les Basiliques, œuvre monumentale achevée sous Léon VI *. Constantin VII paraît avoir eu l'ambition de constituer sur le même modèle une série de grandes collections embrassant toutes les branches du savoir humain. Plusieurs d'entre elles portent sa marque personnelle ; les autres sont l'œuvre d'une équipe de lettrés qui travaillaient probablement sous sa direction. La plus importante était l'Encyclopédie historique en 53 livres, dont il ne reste que les *Extraits des ambassades* (livres 26-27), puisés dans les Archives impériales ([1143]). Le *Livre des Cérémonies*, dû en grande partie à l'empereur, soucieux de restaurer les anciens usages, est une encyclopédie du même genre qui conserve des pièces de diverses époques et qui reçut des compléments postérieurs ([1144]). L'administration de l'Empire

---

* Voir p. 124.

est représentée par le *Livre des Thèmes* dont l'attribution au basileus est douteuse [1145] et par le *De administrando Imperio* [1146], œuvre authentique de Constantin, dédiée à Romain son fils, qu'il veut faire profiter de sa propre expérience et de celle de ses prédécesseurs dont il a pu consulter les archives [1147].

D'autres encyclopédies comme les Γεωπονικά (encyclopédie agricole) et peut-être les Ἰατρικά (encyclopédie de médecine) sont des remaniements d'œuvres antérieures [1148]. Enfin une entreprise considérable qui passe pour avoir été sinon commandée, tout au moins encouragée par Constantin, est l'*Encyclopédie hagiographique* à laquelle s'attache le nom de Syméon Métaphraste [1149], qui dut pour la composer se procurer un nombre important de manuscrits écrits en copte ou en syriaque et les faire traduire en grec. Les arguments d'après lesquels il aurait vécu au XIe siècle [1150] sont démentis par les allusions très claires de certaines translations où il se donne lui-même comme un contemporain de Léon VI [1151].

Constantin ne se contenta pas d'encourager ces travaux. Il réorganisa l'Université impériale réformée déjà par Bardas et chercha comme lui à recruter les professeurs parmi les principaux savants de l'Empire. Non seulement il fonda des chaires nouvelles, mais il attribua aux maîtres qui les occupaient un rang honorable dans la hiérarchie et se préoccupa du recrutement et des progrès des étudiants, qui devaient dans sa pensée former une pépinière de lettrés parmi lesquels il pourrait recruter ses fonctionnaires [1152].

Il y avait là une conception d'homme d'État, qui était un retour à la tradition de Théodose II et de Bardas et qui domine l'histoire universitaire de Byzance. On a d'ailleurs exagéré l'incapacité de Constantin à s'occuper des affaires. S'il ne fut pas un homme d'action, s'il ne parut jamais à la tête de son armée, il fut loin de se désintéresser du gouvernement. Ses historiens ont toujours été embarrassés par les témoignages contradictoires du Continuateur de Théophane, son contemporain, qui vante son humanité pour ses sujets, sa clémence, son souci de l'administration des provinces, et des chroniques postérieures,

Skylitzès, Glycas, Zonaras, qui lui reprochent sa paresse, son amour de la bonne chère et même sa cruauté pour ses ennemis [1153]. Ce sont là des calomnies qui proviennent vraisemblablement d'une source, chronique ou pamphlet, favorable aux Lécapènes.

En fait on ne peut refuser au Porphyrogénète certaines initiatives importantes. A peine a-t-il ressaisi le pouvoir qu'il songe à assurer l'avenir de la dynastie macédonienne et, le dimanche de Pâques 6 avril 945, il fait couronner basileus Romain, son fils, par le patriarche Théophylacte [1154]. De même un de ses premiers actes fut d'écarter de l'armée et de l'administration les créatures de Romain Lécapène et de rappeler aux affaires ceux qui avaient été disgraciés sous le règne précédent, en particulier Bardas Phocas, fils du rival de Romain, qui devint domestique des scholes, et ses deux fils, Nicéphore, promis à de hautes destinées, et son frère Léon, dont il fit des stratèges d'Anatolie et de Cappadoce [1155].

Avec le patriarche Théophylacte, pour les écarts duquel les chroniqueurs reprochent à Constantin son indulgence [1156], un autre Lécapène fut épargné : ce fut un bâtard de Romain, Basile l'Oiseau, dont on avait fait un eunuque. Il s'insinua dans les bonnes grâces de Constantin, qui le créa protovestiaire, patrice, puis parakimomène et en fit son confident [1157]. Basile lui fut fidèle et ne prit aucune part aux complots dirigés contre Constantin par de hauts dignitaires qui, comme Théophane, devaient leur fortune à Romain et avaient conservé leurs places : le danger était d'autant plus grand que l'empereur déchu vivait encore, mais Constantin se borna à exiler les conspirateurs ou à les reléguer dans des monastères [1158].

Enfin le souci réel que le Porphyrogénète avait des intérêts de l'État et de la protection des petits contre les sévices des grands apparaît dans les novelles qu'il a publiées. Les unes ne font guère, et ceci est significatif, que reproduire la législation de Romain Lécapène sur la protection des biens militaires; les autres avaient pour objet de réglementer les frais de justice dans les tribunaux des thèmes et d'obliger les juges et les hommes de loi à abréger les longs délais imposés aux plaideurs [1159].

Mais si Constantin VII avait le sens de l'intérêt de l'État et de la majesté impériale, dont il était imbu depuis son enfance, il manquait absolument de volonté à l'égard des siens. Son panégyriste le Continuateur de Théophane peint un tableau idyllique de son intérieur familial [1160]. Il préparait son fils à son métier impérial en lui enseignant tout ce qu'un basileus doit penser, comment il doit se tenir, parler, rire, s'habiller, s'asseoir. Mais cette éducation toute formelle, consistant en leçons de maintien, glissa sur l'esprit frivole de Romain qui se montra paresseux et débauché. Veuf de Berthe de Provence, il épousa pour sa beauté une certaine Anastasie, fille de Cratéros, de naissance illustre d'après le panégyriste [1161], ancienne servante d'auberge connue sous le sobriquet d'Anastaso d'après les autres chroniques [1162] : non seulement Constantin approuva ce mariage, mais il le fit célébrer en grande pompe au Justinianos et donna à sa bru le nom de Théophano [1163],

L'expansion

sans se douter qu'il préparait ainsi sa perte. Ce fut en effet cette femme ambitieuse et éhontée, qu'on a pu appeler la Frédégonde byzantine, qui poussa Romain à empoisonner son père à deux reprises [1164]. Constantin montra d'ailleurs la même faiblesse pour l'impératrice Hélène et pour Basile l'Oiseau qui s'entendaient pour vendre les dignités et les fonctions [1165] et pour des fonctionnaires tarés comme le Préfet de la Ville, Théophile, voleur avéré, qu'il voulut destituer plusieurs fois et qu'il finit par créer patrice et questeur, chef de la justice [1166].

Affaibli par la maladie et probablement par le poison, Constantin Porphyrogénète se rendit aux thermes de Pythia en Bithynie [1167], fit un pèlerinage aux couvents de l'Olympe et mourut à son retour (novembre 959) [1168].

Romain II. — Il laissait sa succession à un adolescent débauché et criminel, dont les chroniqueurs vantent les dons naturels qui auraient été corrompus par son entourage [1169], mais qui avait en réalité une nature vulgaire, incapable de s'intéresser à une affaire sérieuse et qui ne vit dans le pouvoir qu'une facilité plus grande à satisfaire ses goûts cynégétiques et crapuleux. Il s'adonna à ses plaisirs avec une telle fougue qu'il mourut à la suite d'un surmenage physique, à moins que, selon une autre version incontrôlable, mais douteuse, il n'ait été empoisonné par Théophano [1170], à laquelle cependant il avait laissé toute liberté, allant, pour satisfaire sa haine contre l'impératrice Hélène et ses filles, jusqu'à chasser ses cinq sœurs du palais et les forcer à entrer en religion [1171].

Heureusement pour l'Empire, l'indifférence même que Romain montrait pour les affaires publiques permit à l'homme d'État remarquable sur lequel il s'était déchargé entièrement des soucis du pouvoir, de sauvegarder les résultats acquis sous Constantin VII : Joseph Bringas, eunuque en grande faveur sous le règne précédent, successivement logothète du trésor, puis grand-drongaire de la flotte, fut créé parakimomène par Romain II et gouverna l'Empire sans contrôle, aidé par de bons collaborateurs [1172]. Ce fut à lui qu'on dut les magnifiques succès militaires de ce règne si bref. La seule initiative du basileus fut de nommer grand-hétériarque et patrice le moine défroqué Jean Chœrina, chassé du palais par Constantin VII pour ses mœurs infâmes [1173].

Romain II mourut le 15 mars 963, à l'âge de 24 ans, après avoir régné 3 ans et 4 mois [1174]. Théophano lui avait donné deux fils, Basile et Constantin, couronnés empereurs, le premier à l'âge de 3 ans (22 avril 960) [1175], le second en 961 [1176], et deux filles, Théophano et Anne, la future épouse du grand prince russe Vladimir.

Affaires extérieures. — Romain Lécapène avait si bien organisé la diplomatie, l'armée et la marine que, malgré l'insignifiance de ses deux premiers successeurs, la situation extérieure de l'Empire non seulement resta excellente, mais fut encore améliorée par des succès diplomatiques et militaires qui furent comme la préface de l'épopée byzantine. Grâce à ses ressources l'Empire put lutter en même temps sur quatre fronts : sur le Danube, dans la Méditerranée orientale, en Mésopotamie, en Italie.

Au nord la paix continua à régner du côté des Bulgares et Constantin VII eut les meilleures relations avec le tsar Pierre, dont les ambassadeurs prenaient le pas sur ceux des autres souverains [1177]. Avec les Hongrois le traité signé en 943 [1178] fut sans doute renouvelé et des princes magyars fréquentèrent la cour de Constantin VII et furent baptisés [1179]. L'écrasement des Hongrois par Otton Ier à la bataille d'Augsbourg (955) diminua beaucoup leur prestige et en 958 leurs bandes ayant envahi la Thrace furent massacrées en grande partie ou mises en fuite [1180]. Des relations commerciales se développèrent entre Byzance et la Hongrie, mais les tentatives pour attirer le peuple magyar vers l'Église grecque produisirent peu de résultats [1181].

Du côté de la Russie un succès diplomatique important fut la réception à Constantinople, en 955, de la veuve d'Igor, la princesse Olga.
Il est faux qu'elle ait été instruite et baptisée par Polyeucte (qui n'était pas encore patriarche), comme l'affirment Nestor et des chroniques postérieures [1182]. Déjà chrétienne, elle amenait avec elle son chapelain. La magnifique réception qui lui fut faite n'en préparait pas moins la conversion de la Russie par des missionnaires byzantins [1183].

Fronts arabes. — La lutte contre l'islam en Asie Mineure et en Mésopotamie, dans l'Archipel et dans la Méditerranée occidentale, reste le principal souci du gouvernement

L'expansion

impérial et il existe une continuité parfaite entre la politique arabe de Romain Lécapène et celle en vigueur dans la période suivante : entreprises diplomatiques distinctes dans les divers États musulmans afin d'isoler l'adversaire du moment, esprit d'offensive, accord des opérations terrestres et maritimes, armées solides dirigées par des chefs de guerre de premier ordre.

En Orient le principal ennemi est toujours le Hamdanide Seïf-ad-Daouleh, émir d'Alep, mais par bonheur pour l'Empire sa situation n'est pas bien assise et il est toujours en difficulté avec l'Ikhchide, maître de l'Égypte et de Damas et allié de Byzance ([1184]). Redevenu émir de Tarse, après la mort de l'Ikhchide, Seïf-ad-Daouleh consentit à l'échange de prisonniers, décidé entre son prédécesseur et l'Empire ([1185]). Ce ne fut qu'une courte trêve. Profitant des embarras de l'émir hamdanide en Égypte et en Syrie, le gouvernement impérial envoya Bardas Phocas réoccuper les villes de Mésopotamie et de la frontière arménienne, Germanicia (Marasch) et Erzeroum (948-949) ([1186]). Seïf ne réagit pas, étant occupé par des luttes intestines qui suivirent le meurtre de son fils par son poète favori. La situation étant calme en Asie, le gouvernement impérial crut le moment favorable à l'exécution d'un grand dessein préparé depuis longtemps : la reprise de la Crète, dont les corsaires continuaient à écumer impunément les côtes de la Grèce et les îles ([1187]).

L'expédition fut précédée de grands préparatifs diplomatiques et militaires. Deux ambassades furent envoyées de Constantinople à Cordoue au calife Abd-er-Rahmân III (les Sarrasins de Crète continuant à avoir des relations avec l'Espagne), en 947 et 949. Elles aboutirent à la signature d'un traité d'amitié, gage de la neutralité du calife, et à de curieuses relations littéraires et artistiques ([1188]). Un immense effort naval et militaire fut accompli ([1189]). De petites escadres allèrent croiser dans la Méditerranée occidentale et l'Adriatique pour interdire toute tentative d'intervention en faveur des corsaires. Chaque thème dut fournir son contingent de troupes ou de navires. Malheureusement l'expédition était dirigée par un chef inexpérimenté, Constantin Gongylès ; après avoir pu débarquer heureusement en Crète, il laissa surprendre son armée, qui fut massacrée presque entièrement par les Arabes (949) ([1190]). Les pirateries recommencèrent de plus belle.

Quelques mois plus tard, au mois d'août 950, Seïf-ad-Daouleh prenait l'offensive et commençait contre l'Empire une guerre sans merci qu'il devait poursuivre jusqu'à sa mort en 967. Il débuta par une attaque brusquée, envahissant la Cappadoce et marchant sur Constantinople, mais, l'hiver venant, abandonné d'une partie de ses contingents alliés, il dut battre en retraite et le 26 octobre tomba dans une embuscade que lui tendit le domestique des scholes, Bardas Phocas : une grande partie de son armée fut tuée ou capturée et le butin des Grecs fut considérable ([1191]). Une deuxième tentative de l'émir pour pénétrer en Cappadoce en 951 échoua de nouveau ([1192]) et la guerre fut reportée par les stratèges byzantins en Cilicie et en Mésopotamie avec des alternatives de succès et de revers (952-959) ([1193]). Jusqu'en 958 Seïf-ad-Daouleh soutint victorieusement les attaques des Grecs, mais sa résistance commença à faiblir. En 958 le futur empereur Jean Tzimiskès prenait les villes de la Mésopotamie septentrionale, allait assiéger avec succès Samosate sur l'Euphrate, infligeait une grande défaite à l'émir lui-même et poursuivait son armée en déroute en faisant de nombreux prisonniers ([1194]). Dès 960 la région située à l'est de l'Euphrate devenait le thème de Mésopotamie ([1195]).

La situation des armées byzantines en Orient était donc excellente au moment de la mort de Constantin Porphyrogénète et ce fut ce qui décida le chef du gouvernement de Romain II, Joseph Bringas, à tenter une nouvelle expédition en Crète, tout en laissant en Mésopotamie une armée commandée par Léon Phocas; son frère, Nicéphore, qui avait succédé comme domestique des scholes à son père en 954 ([1196]), fut rappelé d'Orient et désigné comme chef de l'expédition, dont le projet rencontrait une assez forte opposition au Sénat ([1197]).

En un temps assez court une armée composée des corps d'élite de la garde et de troupes des thèmes d'Asie et d'Europe fut rassemblée, tandis que, sous le commandement du chitonite Michel et des stratèges des thèmes maritimes des Cibyrrhéotes et de Samos, une flotte immense était formée de transports et de navires de guerre munis de feu grégeois ([1198]). Nicéphore Phocas s'embarqua avec l'élite de l'armée à Constantinople (fin juin 960) ([1199]), mais la concentration de l'armée et de la flotte se fit à Phygèles, petit port au sud d'Éphèse, d'où partit l'expédition ([1200]). Le débarquement eut lieu après un combat assez vif avec les Sarrasins ([1201]) et Nicéphore, après avoir reformé son armée, marcha sur la capitale de l'île, Chandax (Candie), dont il établit le blocus par terre et par mer. L'émir de Crète avait demandé des secours au calife fatimite d'Afrique et à celui de Cordoue, mais son appel ne fut pas entendu et les quelques milliers d'Arabes qui débarquèrent furent taillés en pièces. L'hiver fut également dur pour les assiégés comme pour les assiégeants auxquels Bringas dut envoyer des approvisionnements. Sept sorties des habitants furent successivement repoussées. Grâce à ses machines de siège Nicéphore put faire ouvrir une brèche dans les murailles de Chandax et le 7 mars 961 la ville fut prise d'assaut et les habitants massacrés en masse ou faits prisonniers ([1202]).

La prise de Chandax fut suivie de la soumission de l'île entière, à laquelle Nicéphore donna une organisation provisoire, jusqu'au moment où elle fut érigée en thème sous le gouvernement d'un stratège ([1203]).

La reprise de la Crète à l'islam était un événement d'une portée considérable. Depuis 137 ans elle était le repaire des pirates, qui arrêtaient la navigation dans la Méditerranée et désolaient périodiquement ses rivages. D'autre part l'expédition de Nicéphore, à laquelle avait participé un nombreux clergé, revêtait le caractère d'une guerre sainte qui s'était terminée par la victoire du Christ. La fermeture des mosquées, le rétablissement du culte chrétien, la conversion des Arabes entreprise par des missionnaires donnèrent à l'Empire un immense prestige dans la chrétienté entière aussi bien que dans le monde musulman. Le vainqueur de la Crète, déjà très populaire dans l'armée, fut acclamé avec enthousiasme à son retour à Constantinople et reçut les honneurs du triomphe ([1204]).

Pendant que Nicéphore Phocas se couvrait ainsi de gloire, son frère Léon infligeait une défaite retentissante à Seïf-ad-Daouleh, qui revenait, chargé de l'immense butin qu'il avait fait par un raid audacieux dans le thème de Charsian, situé au-delà de l'Halys : surpris au passage du Taurus oriental, l'émir dut abandonner son butin et s'enfuir jusqu'à Alep, après avoir perdu la plus grande partie de son armée (novembre 960) ([1205]).

Le gouvernement impérial résolut de profiter de cet affaiblissement des forces du Hamdanide pour reprendre l'offensive en Orient. Après un bref séjour à Constantinople, Nicéphore Phocas fut renvoyé en Asie avec pour objectif la conquête de la Cilicie d'où partaient les incursions en territoire byzantin et qui était le principal centre de piraterie après la Crète ; d'autre part, la Cilicie était la porte de la Syrie ([1206]).

Dans une première campagne (janvier-février 962) Nicéphore réussit à prendre en 22 jours 50 à 60 villes ou châteaux ([1207]), et de nombreux prisonniers; puis, au début du carême, il se retira en Cappadoce pour réorganiser son armée. Ce fut seulement dans l'automne de 962 qu'il reparut en Cilicie où il prit Anazarb (Aïn-Zarba), qui commandait la route de Syrie, des abords de laquelle il s'empara ([1208]). Seïf-ad-Daouleh, qui n'avait plus que des forces insuffisantes, ne put disputer les passes de l'Amanus à Nicéphore, qui, après avoir pris plusieurs villes, atteignit l'Euphrate à Mabough (Hiérapolis) ([1209]) et marcha sur la grande ville d'Alep, capitale de Seïf, puissamment fortifiée, dont il s'empara après un siège de 11 jours (20-31 décembre 962), mais sans pouvoir prendre la citadelle. Ne se sentant pas en force pour occuper la Syrie, Nicéphore battit en retraite en emmenant une nombreuse troupe de prisonniers et un butin considérable ([1210]). Ce fut pendant son retour qu'il apprit que Romain II était mort le 13 mars 963 : cet événement allait changer le cours de sa destinée.

La politique italienne. — Pendant la même période des règnes de Constantin VII et Romain II, l'Empire ne remporta pas en Italie de succès aussi éclatants qu'en Orient, mais sa domination s'y affermit peu à peu et son prestige s'accrut aux yeux des populations et des princes indigènes. Au moment de la chute de Romain Lécapène, le thème de Longobardie était troublé par des révoltes et une émeute sanglante éclata à Bari en 946. Réconciliés avec les Fatimites d'Afrique, auxquels Constantin VII avait refusé de payer le tribut habituel, les Arabes de Sicile occupaient Reggio ainsi que plusieurs villes de Calabre et soutenaient les révoltes des sujets de Byzance ([1211]).

La situation fut donc très critique jusqu'à 956, année où le gouvernement impérial put envoyer en Italie une flotte importante avec une armée tirée des thèmes de Thrace et de Macédoine sous le commandement du patrice Marianos Argyros, investi de l'autorité suprême en Italie avec le titre de stratège de Calabre et de Longobardie. Marianos réprima les révoltes, rétablit l'influence impériale en Campanie et prit l'offensive contre la Sicile où il s'empara de la ville de Termini. Après une dernière et infructueuse tentative pour envahir la Calabre, l'émir de Sicile signa avec l'Empire une trêve qui dura jusqu'à l'avènement de Nicéphore Phocas (958-963) ([1212]), tandis que Constantin entretenait de bons rapports avec les Fatimites ([1213]).
En même temps le gouvernement impérial continuait à étendre son influence sur l'Italie centrale. Constantin VII se déclarait le protecteur de Lothaire, fils de son allié Hugue de Provence, détrôné par Bérenger, marquis d'Ivrée. Lothaire, frère de la fiancée de Romain II, avait été proclamé roi d'Italie sous la tutelle de Bérenger qui crut prudent de charger Luitprand, évêque de Crémone, d'aller négocier à Constantinople (948) ([1214]), mais Lothaire mourut en 950 et les rapports avec Bérenger paraissent avoir cessé : le prestige de Byzance était prédominant même à Rome, où le pape Jean XII, fils d'Albéric II, prince des Romains ([1215]), datait ses actes par les années de règne du basileus suivant un protocole abandonné depuis Hadrien Ier ([1216]).

II. LA GRANDE OFFENSIVE (963-976)

Les victoires magnifiques du règne de Romain II, l'anéantissement du principal centre de piraterie dans la Méditerranée, la capture pour la première fois d'une capitale musulmane de l'importance d'Alep ne furent que le prélude d'une expansion en Orient, qui se poursuivit sans interruption, à peine ralentie par les difficultés intérieures, jusqu'à la mort de Basile II en 1025 et même, à certains égards, jusqu'au dernier quart du XIe siècle. La première période a pour protagonistes deux chefs militaires dont l'association au trône fut imposée aux représentants de la dynastie légitime, la seconde partie de cette épopée est l'œuvre du plus illustre représentant de cette dynastie.

Les princes-tuteurs. Nicéphore Phocas. — Romain II laissait pour lui succéder deux enfants déjà associés à la couronne, mais dont l'aîné, Basile, avait six ans et le second, Constantin, trois ans. Avant sa mort, il avait décidé que Théophano exercerait la régence, que Bringas continuerait à diriger le gouvernement et Nicéphore Phocas à commander l'armée d'Asie ([1217]). Les événements rendirent ces dispositions caduques. Théophano, qui détestait Bringas, appela à Constantinople Nicéphore Phocas, qui reçut un accueil triomphal, mais à qui le parakimomène voulait faire crever les yeux pour avoir abandonné son armée (avril 963). Bientôt le danger fut tel que Nicéphore se réfugia à Sainte-Sophie, mais grâce à l'intervention du patriarche Polyeucte, il fut amené au palais où, après s'être engagé par écrit à ne rien entreprendre contre les droits des deux jeunes empereurs, il reçut la confirmation de son commandement de l'armée d'Asie et alla en reprendre possession (mai 963) ([1218]).

Bringas ne se tint pas pour battu et dans sa haine aveugle il entreprit de susciter un rival à Nicéphore parmi ses compagnons d'armes et s'adressa à Jean Tzimiskès et à Romain Courcouas, qui s'empressèrent de tout révéler à leur chef et le mirent en demeure de se laisser proclamer basileus. Le 3 juillet 963, à Césarée en Cappadoce, Nicéphore Phocas était hissé sur le pavois, puis couronné par le métropolite. Un ultimatum au nom de l'armée fut dépêché à Bringas et au Sénat et le nouveau basileus marcha sur Constantinople ([1219]). Le 9 août il était à Chrysopolis, tandis que dans la Ville Impériale une émeute formidable éclatait contre Bringas désemparé ([1220]). Le 16 août, grâce à l'intervention de l'ancien parakimomène de Constantin VII, Basile, bâtard de Romain Lécapène, Nicéphore Phocas faisait son entrée solennelle à Constantinople et était couronné à Sainte-Sophie par le patriarche Polyeucte ([1221]). Le 20 septembre suivant, son mariage avec Théophano était célébré à la Nouvelle

Église de Basile, non sans une opposition, assez vive et difficile à expliquer, du patriarche ([1222]).

A la différence de Romain Lécapène, Nicéphore devait l'Empire à une révolte militaire, mais son pouvoir reposait sur la même fiction, d'après laquelle, tout en étant basileus, *pleno jure*, il était simplement associé au trône des deux héritiers légitimes. En outre sa situation de prince-époux eût dû consolider son pouvoir, mais ce fut justement ce qui causa sa perte.

Issu d'une maison de l'aristocratie militaire, qui avait donné à l'Empire deux familles de chefs de guerre et d'hommes d'État de premier ordre, Nicéphore Phocas était âgé de 50 ans au moment de son avènement. Sa glorieuse carrière avait commencé sous Constantin VII, qui l'avait nommé stratège d'Anatolie, puis l'avait fait succéder à son père comme domestique des scholes d'Orient ([1223]). Ses magnifiques victoires sur les Arabes lui assuraient une immense popularité, qui est la vraie raison de son arrivée à l'Empire. Parfait chef de guerre, il ne vivait que pour ses soldats, qu'il savait entraîner et auxquels sa vigueur exceptionnelle lui permettrait de donner l'exemple dans la mêlée. Mais il avait un caractère taciturne et sombre qui le rendait impitoyable pour les crimes militaires. Ce soldat accompli était en même temps un grand mystique. Il avait puisé son goût pour l'ascétisme auprès de son oncle, Michel Maleinos, higoumène d'un monastère thessalien, qui lui donna comme directeur spirituel le moine Athanase, regardé de son vivant comme un thaumaturge. Athanase exerça une influence profonde sur Nicéphore, qu'il détourna d'entrer dans un monastère, le trouvant plus utile à la défense de la chrétienté. Il fut à ses côtés pendant l'expédition de Crète et une part du butin lui fut attribuée pour fonder la célèbre Laure dans les solitudes de l'Athos ([1224]). Il n'en blâma pas moins le mariage de son fils spirituel avec Théophano et il fallut pour l'apaiser que Nicéphore lui promît d'accomplir son vœu monastique dès que les affaires publiques le lui permettraient ([1225]).

Le gouvernement de Nicéphore fut donc, avant tout, celui d'un empereur militaire. Non seulement pendant son règne si court il dirigea lui-même trois expéditions en Cilicie

(965) et en Syrie (966 et 968) mais toutes les mesures qu'il prit furent subordonnées aux intérêts de l'armée, à son recrutement, à son équipement, à son bien-être. C'est ce qui explique le caractère de ses lois sociales, fiscales et même religieuses. Représentant de la noblesse foncière, il revient sur la législation de Lécapène en accordant aux puissants le droit de préemption sur les grandes propriétés tombées en déshérence ([1226]) et, s'il permet aux possesseurs de ces biens de revendiquer leur lot après trois ans d'absence ([1227]), il triple la valeur de ces lots ([1228]) et donne ainsi au recrutement de l'armée un caractère aristocratique.

Lorsqu'il s'agissait des intérêts de l'armée, Nicéphore Phocas ne ménageait même pas l'Église, et ce fut certainement le souci de protéger son recrutement qui inspira sa novelle de 964 interdisant toute fondation nouvelle, monastique ou autre, et enrayant ainsi le mouvement qui poussait vers le cloître un nombre de plus en plus important d'hommes valides et de jeunes gens au détriment de la défense de l'Empire ([1229]).

Cependant il faut voir dans cette loi qui fut tant reprochée à Nicéphore une autre intention bien nette. Les considérants si durs qui l'accompagnent et qui ressemblent à une satire de la vie monastique montrent chez ce disciple d'Athanase, porté par ses goûts vers le cloître, un vif désir de faire cesser les scandales qui déshonorent l'Église et de l'engager sur la voie de la réforme ([1230]).

L'intérêt de l'armée n'en reste pas moins sa préoccupation dominante. Ne va-t-il pas jusqu'à vouloir faire honorer comme martyrs les soldats tués à l'ennemi ([1231]) ? Et le désir d'assurer le bien-être de ses magnifiques régiments et de pouvoir les combler de cadeaux ([1232]) explique son âpreté fiscale qui lui fit perdre sa popularité, l'augmentation de l'impôt sur la propriété bâtie (Kapnikon) et la rigueur de sa perception ([1233]), ainsi que l'établissement d'impôts spéciaux destinés à alimenter les caisses militaires et maritimes ([1234]). Il alla jusqu'à altérer les monnaies en émettant des nomismata d'une valeur plus grande que leur poids réel ([1235]) et il fut accusé de spéculer sur les blés de concert avec son frère Léon Phocas ([1236]). Enfin le droit qu'il se fit accorder par le synode de nommer de sa seule autorité tous les évêques de l'Empire lui servit de prétexte à lever des taxes abusives sur leurs diocèses ([1237]).

Le basileus était d'ailleurs très dur pour les soldats sous les armes et d'une indulgence sans bornes pour leurs méfaits au préjudice des civils ([1238]). Il n'est donc pas étonnant que pour toutes ces raisons il ait fini par devenir aussi odieux à tous ses sujets qu'il était auparavant aimé d'eux. A son retour de sa deuxième expédition de Syrie (fin 966) le mécontentement se manifesta ouvertement à Constantinople. En voulant improviser à l'Hippodrome un simulacre de combat entre ses soldats, il provoqua une telle panique que les spectateurs, croyant leur dernière heure venue, se précipitèrent vers les sorties et beaucoup périrent étouffés ([1239]). Mais ce fut surtout le jour de l'Ascension, 9 mai 967, qu'une émeute violente éclata sur son passage, alors que suivant l'usage il se rendait au monastère de la Source ([1240]). Les émeutiers furent cruellement châtiés et Nicéphore, craignant pour ses jours, fit fortifier le Grand Palais et construire au Boucoléon, sur la côte de la Propontide, un véritable château fort, où il s'enferma au grand mécontentement du peuple ([1241]).

Ces précautions étaient vaines et il ne put échapper au destin que des inconnus lui avaient prédit plusieurs fois ([1242]). Après une entente entre Théophano, qui avait fini par abhorrer son époux, et Jean Tzimiskès, que le basileus soupçonneux avait disgracié et éloigné du palais ([1243]), dans la nuit du 11 au 12 décembre 969 Nicéphore Phocas fut atrocement massacré dans son château du Boucoléon, et le chef des assassins était son meilleur ami d'autrefois, son plus fidèle lieutenant, Jean Tzimiskès, qui ne craignit pas, le meurtre achevé, de prendre la place de sa victime sur le trône impérial ([1244]).

Jean Tzimiskès. — Comme Nicéphore Phocas, Jean Tzimiskès appartenait à la haute aristocratie. D'origine arménienne (son vrai nom était Tchemchkik ou Tchémeschaguig), il était allié par son père aux Gourguen (Courcouas) et par sa mère aux Phocas ; sa première femme était de la famille de Skléros. Agé de 45 ans en 969, de petite taille, il était renommé pour sa souplesse et sa bravoure. Plein de fougue au combat, il était adoré des soldats, mais dans la vie ordinaire il montrait un caractère doux, mesuré, patient, en parfait contraste avec celui de Nicéphore Phocas ; il était en outre très généreux, mais libertin, aimant les femmes et la bonne chère. En 969 il était veuf de Marie, sœur de Bardas Skléros ([1245]).

Pendant que ses complices, à la lueur des torches, proclamaient son nom dans tous les quartiers de la ville, Jean Tzimiskès commençait par constituer son gouvernement en appelant au palais le parakimomène Basile Lécapène, disgracié par Nicéphore. Comme il se promettait de diriger lui-même les expéditions, Jean voulait laisser un homme sûr à Constantinople. Basile accepta cette mission, prit toutes les mesures nécessaires au maintien de l'ordre et fit une véritable hécatombe de tous les fonctionnaires connus pour leur attachement à Nicéphore Phocas, sans d'ailleurs aucun acte de violence ([1246]).

Mais ce pouvoir enlevé par la force restait précaire tant qu'il n'avait pas été légalisé par le couronnement solennel et, pour y procéder, il fallait compter avec l'intransigeance bien connue du patriarche Polyeucte. Jean Tzimiskès, qui tenait avant tout au pouvoir, accepta toutes ses conditions ([1247]). Il osa jurer qu'il n'avait pas porté la main sur Nicéphore et désigna comme coupables deux patrices qui furent condamnés à mort et exécutés ([1248]). Il n'hésita pas à chasser du palais Théophano et à l'exiler à Proti ([1249]). Il révoqua les ordonnances de Nicéphore Phocas sur les fondations religieuses et la nomination des évêques ([1250]). Enfin, comme l'exigeait le patriarche, il abandonna sa fortune mobilière et immobilière moitié aux pauvres de la banlieue, moitié aux hospices de Constantinople ([1251]). Ces conditions acceptées et remplies, le couronnement eut lieu deux semaines après le meurtre, le jour de Noël 969, et le basileus fut absous par un acte synodal de la part qu'il y avait prise ([1252]).

Mais la maison des Phocas était trop puissante pour se résigner au fait accompli. Une des premières mesures de Tzimiskès avait été d'en exiler les membres les plus influents ([1253]). Bardas Phocas parvint à s'échapper de l'île de Lesbos, où il était interné avec son père, le curopalate Léon : grâce à de nombreuses complicités il put gagner Césarée de Cappadoce où il rallia les nombreux clients de sa famille et fut proclamé basileus ([1254]).

Avec une armée qui grossissait sur son chemin il marcha sur Constantinople et rejeta la tentative de conciliation de Tzimiskès ([1255]). Celui-ci fit appel à son meilleur général, en même temps son beau-frère, Bardas Skléros, le vainqueur des Russes à Arcadiopolis ([1256]), qui atteignit Phocas en Phrygie sur la route militaire de Césarée à Éphèse, et, grâce à des espions déguisés porteurs de promesses, lui débaucha presque toute son armée et le força à capituler après l'avoir assiégé dans la forteresse où il s'était réfugié avec quelques fidèles (fin 970). Tzimiskès se contenta de l'interner dans un monastère de l'île de Chio avec toute sa famille ([1257]). Quelques mois plus tard, Léon Phocas et son fils Nicéphore s'échappaient de Lesbos pendant que Tzimiskès était en Bulgarie, ralliaient quelques partisans, arrivaient à Constantinople et essayaient à l'aide d'intelligences de pénétrer au Grand Palais. Dénoncés, à la suite d'une imprudence, au parakimomène, ils se réfugièrent à Sainte-Sophie, d'où ils furent tirés de force, conduits aux îles des Princes et aveuglés ([1258]).

Tous les efforts que les Phocas firent pour ressaisir le trône échouèrent donc et, comme pour légitimer son pouvoir désormais consolidé, Jean Tzimiskès épousa en secondes noces Théodora, sœur de Romain II (novembre 971) ([1259]). Prenant en tout le contre-pied de la politique fiscale de Nicéphore Phocas, il avait fini par se rendre populaire à force de largesses de toute sorte. C'est ainsi qu'à son avènement il exempte d'impôts les habitants du thème des Arméniaques, dont il était originaire ([1260]), que pour remédier à la disette qui sévissait à Constantinople il réunit de grands approvisionnements ([1261]), qu'au retour de sa campagne victorieuse de Bulgarie il fit faire d'abondantes distributions de vivres au peuple et supprima au moins pour une année la levée de l'impôt impopulaire du Kapnikon, imaginé par Nicéphore le Logothète et augmenté par Nicéphore Phocas ([1262]). L'armée n'était pas oubliée dans ces faveurs, comme le montre la novelle exemptant les soldats des droits sur les esclaves pris à la guerre ([1263]).

Cependant, malgré cette bienveillance et ces concessions qui lui étaient imposées par sa situation, Jean Tzimiskès savait à l'occasion se montrer aussi autoritaire que son prédécesseur, comme le prouve sa politique religieuse. Très sincèrement dévot, il fut le premier empereur qui fit représenter le buste du Christ au droit de ses monnaies d'or et de cuivre, avec au revers la légende en latin *Iesus Christus rex regnantium* ([1264]). Comme son prédécesseur, il aimait

L'expansion

la société des ascètes et il se fit même le protecteur zélé de la Grande Laure de l'Athos, à laquelle il confirma en les augmentant les privilèges accordés par Nicéphore Phocas [1265] et dont il apaisa le différend avec la communauté des ermites de l'Athos. Son chrysobulle de 970 est la véritable charte de fondation de la fédération athonite [1266].

C'est cette prédilection pour le monachisme qui explique certaines de ses interventions dans le gouvernement de l'Église. Ainsi, le patriarcat d'Antioche reconquise étant vacant, Jean Tzimiskès imposa au synode l'élection d'un ermite aussi grossier qu'ignorant, dont le principal mérite était de lui avoir prédit autrefois l'Empire, Théodore de Coloneia, qui fut consacré par Polyeucte le 8 janvier 970 [1267]. Quelques jours plus tard Polyeucte mourait après avoir exercé le patriarcat de Constantinople pendant 13 ans et 10 mois. Par un nouvel acte d'autorité et sans consulter aucun évêque, le basileus força le synode à lui donner pour successeur un ascète de l'Olympe, Basile le Scamandrien, qu'il présenta lui-même à l'assemblée encore vêtu de sa casaque de peaux de bêtes [1268].

Mais si, comme on l'a pensé, Jean Tzimiskès, échappé à la tutelle sévère et tâtillonne de Polyeucte, avait cru trouver dans la personne de Basile un prélat insignifiant et de tout repos, il ne tarda pas à être détrompé : en 974 Basile fut accusé d'avoir promis la succession de Jean à un haut personnage, de mal administrer l'Église et de transgresser les canons. Cité devant le tribunal impérial, il refusa de comparaître et déclara qu'il ne se justifierait que devant un concile œcuménique. Il fut exilé, déposé et remplacé par un autre ascète, son syncelle, Antoine le Studite (974) [1269].

Au début de l'an 976 le pouvoir de Jean Tzimiskès paraissait définitivement établi : la seule opposition sérieuse qu'il ait rencontrée, celle des Phocas, était brisée. Tenant son armée bien en main, il ajoutait à chacune de ses campagnes un peu plus de gloire au nom romain. Sa dernière expédition en Syrie avait été une succession de triomphes et il revenait à Constantinople en rapportant des reliques insignes dans son butin. Il avait déjà atteint la Bithynie et reçu l'hospitalité d'un grand seigneur, petit-fils de Romain Lécapène, lorsqu'il fut atteint d'une maladie mortelle, qui passa chez les contemporains comme due à un poison violent qui aurait été mêlé à ses aliments, mais qui, d'après la description des chroniqueurs, présentait les symptômes du typhus, et il revint à Constantinople pour y mourir le 10 janvier 976 [1270].

Les guerres d'expansion. — L'accroissement territorial de l'Empire à la fin du Xe siècle, la reconquête de pays devenus musulmans depuis Héraclius est l'œuvre de trois empereurs, chefs de guerre et diplomates de premier ordre Nicéphore Phocas et Jean Tzimiskès, qui n'ont fait que continuer sur le trône l'œuvre qu'ils avaient commencée comme chefs d'armée, Basile II, qui les a dépassés par l'ampleur de ses vues et de son génie stratégique et dont l'œuvre mérite d'être étudiée à part.

L'offensive contre l'islam, qui avait produit de si beaux résultats sous Romain II, s'est développée de 963 à 976, mais par la volonté de Nicéphore Phocas, tout en poursuivant la conquête de l'Orient, l'Empire a dû combattre sur un nouveau font, celui de Bulgarie. D'autre part, dans la période précédente le principal ennemi de Byzance était l'émir hamdanide ; à la fin du Xe siècle surgissent devant elle trois adversaires plus redoutables encore : en Italie, les empereurs germaniques qui, depuis le couronnement impérial d'Otton le Grand (962), revendiquent l'héritage carolingien ; dans la péninsule des Balkans, la menace des Russes qui cherchent à s'établir sur le Danube ; en Orient, les califes fatimites, qui ont conquis l'Égypte (969-970) et dont leur ardeur de propagande fait pour l'Empire des voisins bien plus dangereux que le califat dégénéré de Bagdad.

Front d'Orient. — De 963 à 967 la lutte entre Byzance et l'émir hamdanide se poursuit. La révolution de Constantinople qui arrêta les opérations permit à Seïf de rentrer à Alep dévastée et de relever les murailles d'Anazarb en Cilicie, mais il dut bientôt faire face à la révolte de Nadjâ, son principal lieutenant [1271]. Jean Tzimiskès, devenu domestique des scholes d'Orient, ne put prendre Massissa (Mopsueste), mais infligea près d'Adana une grande défaite à l'émir de Tarse, venu au secours de la place (été de 963); la famine qui régna en Cilicie arrêta les opérations [1272].

Elles reprirent et d'une manière méthodique au printemps de 964, lorsque Nicéphore Phocas, bien assis sur le trône, dirigea lui-même une expédition en Cilicie, après avoir fait de Césarée en Cappadoce une base importante d'armements et d'approvisionnements. Puis ayan passé les Portes Ciliciennes, il prit d'assaut Anazarb, Adana et plus de 20 châteaux sarrasins, ainsi qu'Issus à l'entrée de la Syrie [1273]. Après avoir hiverné en Cappadoce, il reprit sa marche en 965, fit assiéger Tarse par Léon Phocas, tandis que lui-même attaquait Mopsueste où il entrait par la brèche le 15 juillet, puis il alla rejoindre son frère devant Tarse qui capitula [1274]. La Cilicie, qui était depuis près de trois siècles la base des opérations sarrasines par terre et par mer contre l'Empire, était délivrée sans qu'il y ait eu la moindre réaction de la part de Seïf-ad-Daouleh. Elle devenait un thème nouveau, dont le stratège avait Tarse comme résidence ([1275]). Durant l'hiver de la même année la flotte de Nicétas Chalkoutzès occupait l'île de Chypre, qui redevint un thème particulier ([1276]). Les possessions maritimes des Arabes tombaient ainsi une à une et Nicéphore Phocas pouvait aller célébrer un triomphe éclatant à Constantinople (octobre 965) ([1277]).

Seïf-ad-Daouleh, qui avait eu fort à faire pour réprimer les révoltes d'Antioche et d'Alep ([1278]), obtint de Nicéphore Phocas un échange de prisonniers qui eut lieu cette fois sur les bords de l'Euphrate le 23 juin 966 ([1279]), mais l'émir hamdanide était à bout de forces et mourut à Alep le 8 février 967, à l'âge de 52 ans, après avoir passé sa vie à se mesurer avec le grand empire chrétien, dont il tint souvent les forces en respect ([1280]).

Ainsi avait disparu le principal ennemi de Byzance, dont les possessions se présentaient comme un obstacle insurmontable à sa marche vers l'Orient, et l'occupation de la Cilicie facilitait l'invasion de la Syrie et de la Mésopotamie. L'expédition entreprise par Nicéphore Phocas dans l'hiver de 966 en Haute Mésopotamie et dans laquelle il atteignit Dara, Nisibe, anciennes places-frontières entre l'Empire et la Perse au VIe siècle, Mabourg d'où il rapporta la relique insigne dite la *sainte Brique* ([1281]), Antioche, dont il essaya d'obtenir la reddition, eut le caractère d'un raid, d'une reconnaissance destinée à frapper les populations, plutôt que d'une entreprise méthodiquement préparée ([1282]).

Retenu en Europe par sa rupture avec la Bulgarie, Nicéphore Phocas ne put reprendre l'offensive en Orient qu'à l'automne de 968. Par une marche rapide il se dirigea sur Alep, dont le fils de Seïf-ad-Daouleh avait eu beaucoup de mal à se mettre en possession. Une troupe de mercenaires égyptiens, commandée par l'ancien secrétaire de Seïf, Kargouyah, qui voulait défendre les approches de la place, fut culbutée, mais, au lieu d'assiéger Alep, Nicéphore envahit la Syrie septentrionale, s'empara de Homs (Emèse), où il fit sa prière dans la mosquée qu'il incendia ensuite, de Djibleh (Gabala), Arqa (Césarée du Liban), Tortose. Il n'osa assiéger Tripoli, devant laquelle il se trouvait le 5 novembre 968 ([1283]). Ayant laissé des garnisons dans ces villes, il battit en retraite vers le nord et parut devant Antioche, dont le siège était déjà commencé et dont il organisa le blocus en faisant reconstruire le château de Bagras, qui commandait le défilé étroit où passait la route d'Antioche au golfe d'Alexandrette, et en y mettant une forte garnison commandée par le patrice Michel Bourtzès. Il reprit ensuite le chemin de Constantinople où il fit une entrée triomphale en janvier 969 ([1284]).

Avant son départ il avait laissé le commandement en chef à son neveu Pierre Phocas en interdisant toute attaque de la ville jusqu'à son retour, mais les événements déjouèrent ses plans. Des chrétiens d'Antioche firent savoir aux assiégeants que la ville, tombée au pouvoir d'un aventurier, était en pleine anarchie ([1285]). A cette nouvelle Michel Bourtzès, sans avertir les autres chefs, partit la nuit de son château avec des échelles, escalada les murs de la ville, mais l'alarme ayant été donnée à la garnison, il aurait été massacré avec les siens, s'il n'eût fait appel, au bout de trois jours, à Léon Phocas, déjà en marche sur Alep. Rétrogradant aussitôt, il arriva à temps pour délivrer Bourtzès et il entra lui-même à Antioche avec toute son armée ([1286]). Ainsi fut prise cette ville immense, qui appartenait aux Arabes depuis 638 ([1287]) et dont la vaste enceinte de Justinien semblait défier les armées les plus fortes. Ce succès eut un immense retentissement dans le monde musulman, mais Nicéphore Phocas, qui voulait se le réserver, ne l'apprit pas sans amertume et priva de son commandement Bourtzès qui, quelques semaines plus tard, devait être son meurtrier ([1288]).

Mais l'enthousiasme et l'élan de l'armée impériale étaient tels que, deux mois après la prise d'Antioche, Pierre Phocas faisait capituler la capitale des Hamdanides, Alep, défendue par Kargouyah, qui en avait évincé l'émir et qui signa un traité par lequel il se reconnaissait le vassal de l'Empire (décembre 969) ([1289]), à la grande consternation des Arabes qui voyaient l'Égypte et la Mésopotamie menacées directement par Byzance.

Les deux guerres russo-bulgares et l'insurrection de Bardas Phocas empêchèrent Jean Tzimiskès de reprendre l'avance byzantine en Orient. Cependant, dès qu'il fut délivré du danger des Russes, il se proposa d'en finir avec le califat de Bagdad, de libérer la Palestine du joug musulman et de reprendre Jérusalem. Il avait d'ailleurs à compter avec la puissance nouvelle du calife fatimite, à qui son vizir, Djauher, avait conquis l'Égypte et la province de Damas, d'où avait été détachée une armée qui tenta de reprendre Antioche et l'assiégea pendant cinq mois (fin de 970-971) ([1290]).

Tzimiskès se contenta de nommer Michel Bourtzès duc d'Antioche avec la mission d'en remettre les fortifications en état ([1291]). Ce ne fut qu'en 973 qu'il put envoyer en Orient une expédition sous les ordres du domestique des scholes, l'Arménien Mleh, qui alla ravager les territoires de Haute Mésopotamie, s'empara de Mélitène, mais échoua devant Amida, où il fut fait prisonnier et envoyé à Bagdad où il mourut ([1292]).

Jean Tzimiskès reprit lui-même la direction de la guerre d'Orient et en deux expéditions mémorables remporta des victoires décisives. En 974 il se proposa Bagdad comme objectif et, reprenant la route suivie autrefois par Héraclius, il pénétra dans la haute vallée de l'Euphrate, puis dans la province arménienne de Taron, à l'ouest du lac de Van, où il signa des traités d'alliance avec le roi Aschod et ses dynastes arméniens ([1293]). Se détournant ensuite vers le sud, il s'empara d'Amida, brûla Mayafarikin, prit Nisibe (12 octobre) et conclut avec l'émir hamdanide de Mossoul un traité par lequel celui-ci se reconnaissait vassal de l'Empire ([1294]). Traînant après lui un immense butin, il revint célébrer son triomphe à Constantinople ([1295]).

Au printemps de 975 il repartait en campagne, mais cette fois ayant concentré ses troupes à Antioche, il se dirigeait vers la Palestine, traversant des pays déjà soumis, mais qui devaient être repris. Comme il marchait sur Damas, le gouverneur arabe prévint son attaque en signant un acte de vassalité et en acceptant une garnison chrétienne. Tzimiskès arriva bientôt dans la région des souvenirs évangéliques, au bord du lac de Tibériade, à Nazareth qu'il épargna, au Thabor qu'il gravit. Sur sa route il recevait des actes de soumission avec promesse de tribut de la plupart des villes, de Ramleh, de Jérusalem, d'Acre, de Génésareth et il y établissait des commandants militaires. Mais toutes les forces envoyées par le calife fatimite s'étaient retranchées dans les villes de la côte : menacé d'attaques de flanc et d'encerclement, Tzimiskès remonta vers le nord en s'emparant de Sidon, de Beyrouth, d'où il rapporta une icône célèbre ([1296]), de Djebeil (Byblos), de Gabala où il trouva les sandales du Christ, laissant partout des garnisons. D'après sa lettre à Aschod III, il se vantait d'avoir soumis en cinq mois toute la Syrie et il se retrouvait avec toute son armée à Antioche en septembre 975. Malgré le caractère triomphal de cette expédition, il n'en avait pas moins reculé devant la puissance fatimite et l'on a vu qu'une maladie mortelle contractée pendant son retour l'empêcha de jouir du fruit de ses victoires ([1297]).

Front des Balkans. Conquête de la Bulgarie danubienne. — A côté de la guerre perpétuelle contre les Arabes, la guerre bulgaro-russe, qui n'a duré que quatre ans (967-971), fait figure d'un simple épisode, mais de son issue dépendait le sort de Constantinople.

La guerre de Bulgarie fut voulue par Nicéphore Phocas. A son retour de l'expédition victorieuse dans laquelle il avait vaincu définitivement l'émir hamdanide, il chercha à profiter des embarras intérieurs de la Bulgarie, affaiblie sous le tsar Pierre par les révoltes des boliades et l'agitation religieuse des Bogomiles, pour reculer la frontière de l'Empire jusqu'au Danube ([1298]). Les Bulgares fournissaient d'ailleurs un prétexte à la rupture en s'acquittant mal de l'engagement qu'ils avaient pris, en échange du tribut que leur payait l'Empire, d'empêcher les Hongrois de passer le Danube pour aller piller la Thrace ([1299]). Dans l'été de 967 des ambassadeurs bulgares étant venus réclamer le tribut, Nicéphore leur répondit par des injures et les fit souffleter en pleine audience ([1300]), puis il envoya un ultimatum au tsar Pierre en le sommant de prendre des mesures pour arrêter les Hongrois. Sa réponse n'ayant pas été jugée satisfaisante, Nicéphore s'empara des forteresses que les Bulgares occupaient dans la région du Rhodope ([1301]).

Il y avait juste un demi-siècle que la paix régnait entre la Bulgarie et l'Empire. Nicéphore ne se dissimula pas qu'il s'engageait dans une aventure dont l'issue pouvait être lointaine, alors que la lutte contre l'islam était loin d'être terminée. Il eut donc recours au procédé classique de Byzance : il fit proposer au prince russe Sviatoslav, fils d'Olga, de s'allier avec lui contre les Bulgares et lui envoya pour le décider le patrice Kalocyr, qui parlait le slavon, avec une nombreuse suite et beaucoup d'or ([1302]). Sviatoslav accepta la proposition avec empressement, rassembla ses guerriers et sa flotte et débarqua au sud des embouchures du Danube, à la grande terreur des Bulgares. En quelques jours il conquit la Bulgarie danubienne et s'installa dans la capitale même du tsar, à Preslav, entouré de boliades révoltés contre Pierre ([1303]), comme s'il voulait en faire le centre de ses États.

Rappelé à Kiev par une invasion des Petchenègues qui menaçaient de prendre la ville, où se trouvait Olga, Sviatoslav abandonna la Bulgarie (été de 968), mais il y revint après avoir repoussé les envahisseurs, plus décidé que jamais à s'installer dans la péninsule des Balkans, poussé d'ailleurs par Kalocyr qui comptait sur son appui pour s'emparer du trône impérial ([1304]).

Nicéphore Phocas, informé de ce plan au retour de sa dernière expédition en Syrie (janvier 969), n'hésita pas à se rapprocher des Bulgares, à conclure une alliance avec le tsar Pierre et à fiancer deux princesses bulgares aux deux jeunes empereurs Basile et Constantin ([1305]). Il fit en outre de grands préparatifs pour attaquer les Russes ([1306]). Mais le 30 janvier 969 le vieux tsar Pierre mourait après un règne de 42 ans. Nicéphore renvoya aussitôt en Bulgarie ses deux fils qu'il tenait en otages et l'aîné, Boris, fut proclamé tsar, mais beaucoup de boliades refusèrent de le reconnaître et le pays était en pleine anarchie lorsque Sviatoslav à la tête d'une immense armée traversa le Danube, conquit toute la Bulgarie au nord des Balkans et s'empara de la Grande Pereiaslavets où se trouvait le trésor royal, ainsi que des deux héritiers du trône ([1307]) (automne de 969). Au moment où Nicéphore Phocas était assassiné, les Russes se préparaient à marcher sur Constantinople et prévenaient l'attaque byzantine en franchissant les Balkans et en s'emparant de Philippopoli (mars 970) ([1308]).

La panique fut grande à Constantinople. Jean Tzimiskès dont le trône était encore mal assuré, essaya de négocier, mais par deux fois il se heurta aux exigences et à l'insolence de Sviatoslav, dont les troupes répandues dans toute la Thrace se livraient au pillage ([1309]). Alors, ne disposant que d'une petite armée de 12 000 hommes, il la confia à Bardas Skléros, qui établit son quartier général à Andrinople et, à l'apparition des Russes, se retira lentement sur Constantinople en évitant la bataille; mais à la hauteur d'Arcadiopolis (Lullé-Bourgas), il leur tendit à la faveur des bois une embuscade qui lui permit de les encercler et de les forcer à s'enfuir en désordre vers Philippopoli (été de 970) [1310].

Malheureusement Tzimiskès ne put profiter de cette brillante victoire pour accabler les Russes. Pendant qu'il faisait ses préparatifs, éclata l'insurrection de Bardas Phocas, contre lequel il fallut envoyer Skléros avec toutes les forces disponibles laissant en face des Russes un simple corps d'observation qui ne les empêchait pas de faire des razzias en Thrace et en Macédoine [1311]. Ce fut seulement au printemps de 971 que le basileus put reprendre ses opérations contre les Russes. Le 28 mars il passait en revue une flotte de 300 navires qui appareillait et se dirigeait vers la mer Noire pour pénétrer dans le Danube et prendre les Russes à revers, tandis que lui-même, avec l'armée qu'il avait formée, allait rejoindre à Andrinople le corps d'observation commandé par l'incapable Jean Courcouas [1312]. Les Russes n'avaient pas cherché à défendre les passes des Balkans qui furent franchies sans difficulté (2 avril). Deux jours plus tard Tzimiskès, après une bataille acharnée, mettait en déroute le gros des forces russes qui défendaient la Grande Pereiaslavets (Preslav), prenait la ville d'assaut et y célébrait la Pâque, le 7 avril [1313].

Sviatoslav s'était posté à Dorystolon [1314] pour défendre le passage du Danube. Sentant les Bulgares prêts à trahir, il avait fait décapiter 300 boliades. Un dernier ultimatum que lui avait envoyé Jean Tzimiskès avait achevé de l'exaspérer [1315]. Aussi, après avoir formé son armée en phalange serrée, hérissée de lances, avec la cavalerie sur les ailes, se défendit-il avec acharnement lorsque l'empereur vint l'attaquer le 23 avril. Il fallut 13 charges de la cavalerie impériale, dont la dernière fut dirigée par Tzimiskès lui-même, pour venir à bout des Russes et les obliger à s'enfermer dans Dorystolon. L'empereur en commença aussitôt le siège avec le secours de la flotte, qui parut devant la place le 25 avril. Après un siège de trois mois, pendant lequel il fallut repousser de furieuses sorties des Russes, Sviatoslav livra une dernière bataille dans laquelle la plus grande partie de ses guerriers fut massacrée et demanda un armistice en offrant de livrer Dorystolon et de se retirer dans son pays (24 juillet) [1316]. Après une entrevue entre le basileus et le chef russe sur le Danube, Sviatoslav signa un traité par lequel il s'engageait à ne jamais reparaître dans la péninsule, à ne pas attaquer Kherson, à prêter son appui à l'Empire contre ses ennemis [1317].

C'était là un immense succès politique, qui fut complété par l'annexion à l'Empire de la Bulgarie orientale, après l'abdication forcée de Boris II et la déposition du patriarche Damien. Le Danube redevenait la frontière de l'Empire, mais la reconquête des territoires perdus depuis le temps de Constantin Pogonat était incomplète, car une Bulgarie indépendante se reformait dans la Macédoine occidentale autour des « quatre fils du comte ».

Politique italienne. — A côté des combats de géants qui se sont livrés pendant cette période dans les Balkans et en Orient, l'Italie apparaît comme un théâtre secondaire d'opération, une sorte de colonie extérieure. Cependant, sous peine de voir anéantis les résultats acquis depuis Basile le Macédonien et de perdre tout prestige en Occident, l'Empire a dû défendre ses possessions contre les Fatimites d'Afrique, toujours menaçants, et contre une puissance nouvelle, celle du roi germanique Otton, couronné empereur à Rome le 2 février 962 et décidé à revendiquer tout l'héritage carolingien.

Néanmoins Nicéphore Phocas, conquérant de la Crète, désireux de rétablir complètement la puissance navale de Byzance dans la Méditerranée, tenta d'affranchir la Calabre du tribut payé aux Sarrasins de Sicile, mais l'expédition du patrice Manuel, chargé de porter secours à Rametta, la dernière ville sicilienne restée à l'Empire, échoua complètement (octobre 964) et les Arabes levèrent le tribut en Calabre ([1318]).

Puis, devant la menace germanique, les ennemis se réconcilièrent et la paix fut signée à Mehedia en 967 entre Nicéphore Phocas et le calife Al-Muizz ([1319]). Maître de l'Italie du Nord et de Rome, Otton, comme successeur de Charlemagne, revendiquait le *regnum Italicum* tout entier et en 966 il était descendu en Italie avec une forte armée, désireux d'expulser les Grecs de l'Apulie et de la Calabre ([1320]). Comme ses prédécesseurs il trouva un appui auprès des princes lombards qui cherchaient à se maintenir indépendants entre les deux empires. Il fit ainsi alliance avec Landolf, prince de Capoue et de Bénévent, auquel il donna le duché de Spolète ([1321]) et en février 967 il tenait sa cour à Bénévent et y recevait l'hommage du prince de Salerne ([1322]).

Nicéphore Phocas, qui ignorait la défection de Landolf, essaya d'abord la conciliation. Plusieurs ambassades furent échangées entre les deux souverains (967-968) ([1323]). Otton, qui eût préféré acquérir pacifiquement le territoire byzantin, demanda au basileus la main d'une princesse porphyrogénète pour son fils Otton II qu'il fit couronner empereur à Rome le 25 décembre 967 ([1324]). Nicéphore, informé de ce qui se passait en Italie, fit une réponse évasive qui mécontenta Otton et, pour se venger, sans déclaration de guerre, il attaqua Bari, capitale des possessions byzantines, puis, ne pouvant bloquer la ville par mer, il battit en retraite (mars 968) ([1325]). Il avait cru que ce coup de force ferait réfléchir Nicéphore et il lui envoya en ambassade Luitprand, évêque de Crémone, choisi à cause de sa connaissance de la cour byzantine et du succès de la mission que lui avait confiée Bérenger auprès de Constantin Porphyrogénète ([1326]).

Mais le malheureux évêque s'aperçut que les temps étaient changés dès le jour de son arrivée (4 juin 968) ([1327]). Dans un récit très vivant, qui est une des sources les plus précieuses que l'on possède sur la cour impériale du Xe siècle, il fit part à son maître de sa déconvenue. Outré

L'expansion

de la conduite d'Otton, Nicéphore se vengea sur son ambassadeur. Il ne négligea rien pour le vexer, l'humilier, l'irriter. Devant ses colères naïves se dressait le mur infranchissable de l'étiquette impériale. Ce fut à dessein qu'il fut mal reçu et abreuvé d'outrages qui s'adressaient surtout au souverain qu'il représentait [1328]. A la demande en mariage Nicéphore répondit qu'il donnerait son consentement si Otton renonçait au titre d'empereur, restituait à Byzance Rome et Ravenne, rompait son alliance avec Pandolf [1329]. Jusqu'à son départ, le 2 octobre, et même pendant son voyage de retour, Luitprand subit toutes les avanies possibles [1330].

Pendant que l'ambassadeur était mis au secret [1331] Nicéphore Phocas avait envoyé une flotte de guerre en Italie et Otton, en ayant été averti, n'attendit pas le retour de Luitprand pour attaquer les thèmes byzantins. Parti de Ravenne le 31 octobre 968, il célébrait les fêtes de Noël en Apulie et parcourait la Calabre, mais sans pouvoir en prendre les villes. Son allié Pandolf, qui assiégeait Bovino, en Apulie, fut fait prisonnier et envoyé à Constantinople [1332]. Dans une seconde campagne (fin de 969), Otton infligea une défaite aux Grecs à Ascoli et força plusieurs villes de Pouille à lui payer tribut, mais ne put prendre Bovino qui résistait toujours au moment où Jean Tzimiskès s'emparait du pouvoir [1333]. Le nouvel empereur, se souciant peu de disperser ses forces, préféra un accommodement avec Otton et prit comme intermédiaire Pandolf, toujours captif à Constantinople, qui décida Otton à lever le siège de Bovino et à évacuer les possessions byzantines [1334].

Le résultat de cette négociation fut l'envoi à Constantinople par Otton de Géro, archevêque de Cologne, qui obtint pour Otton II la main de Théophano, fille de Romain II et sœur des deux jeunes empereurs [1335]. En échange de cette alliance, l'empereur germanique renonça à réclamer la Pouille et la Calabre.

Ainsi, avec des forces réduites, l'Empire avait réussi à sauvegarder ses possessions d'Italie et ce fut même à cette époque qu'elles reçurent une nouvelle organisation qui resserra leurs liens avec Byzance. Cette réforme est l'œuvre de Nicéphore Phocas, qui établit en Italie l'unité de commandement en plaçant sous l'autorité du magistros Nicéphore les deux thèmes de Calabre et de Longobardie, dont les stratèges étaient jusque-là indépendants l'un de l'autre (965) [1336]. En 975 apparaît le titre de catepano ou catapan d'Italie, mais son institution date de Nicéphore Phocas qui, en substituant le terme d'Italie à celui de Longobardie, voulut s'opposer ainsi aux prétentions d'Otton [1337].

Ce fut dans la même intention qu'il compléta sa réforme administrative par une réforme ecclésiastique en étendant à l'Apulie l'hellénisation du clergé qui régnait en

Calabre. Il fit de l'archevêque d'Otrante un métropolite
en lui donnant 5 suffragants, mais, si, comme l'avance
Luitprand, il fit interdire le rite latin en Apulie et en
Calabre, il faut croire que le décret ne fut pas observé,
car la liturgie romaine demeura en usage en Apulie ([1338]).

III. L'ŒUVRE ADMINISTRATIVE
ET MILITAIRE DE BASILE II (976-1025)

L'expansion byzantine, œuvre d'une pléiade d'hommes
de guerre et d'administrateurs, dont trois occupèrent le
trône, fut achevée par un représentant de la dynastie légitime, Basile II, qui donna à l'empire romain hellénique
son maximum d'extension dans des limites territoriales
correspondant à une véritable unité géographique : péninsule des Balkans, Asie Mineure, Syrie septentrionale,
Haute Mésopotamie, Arménie, Transcaucasie, région de
l'Adriatique et de l'Italie méridionale.

Le règne de Basile II, abstraction faite de sa minorité,
est le plus long de l'histoire byzantine. Il a régné effectivement 49 ans ([1339]). Et c'est aussi le règne le plus glorieux depuis celui de Justinien, mais entre les deux princes
le contraste est grand. Ni intellectuel, ni théologien, Basile
est avant tout un soldat : il a passé la plus grande partie
de son règne hors de Constantinople à la tête de ses armées
et il fut en outre un remarquable administrateur, préoccupé de questions sociales et de l'avenir de la Romania.
Mais il lui fallut d'abord conquérir son pouvoir.

La lutte pour la couronne. — La mort de Tzimiskès sans
enfant laissait le trône aux héritiers légitimes, tous deux
adolescents, Basile âgé de 19 ans, Constantin de 16 ans,
sous la tutelle du parakimomène Basile Lécapène, qui
partageait le pouvoir avec Bardas Skléros, le héros de la
guerre russe. Il était certain que l'aristocratie militaire
et terrienne, dont la puissance sociale était considérable,
chercherait à perpétuer le régime des princes-tuteurs,
qui avaient en somme reculé les limites de l'Empire et
abattu ses ennemis. De là entre les grandes maisons féodales une rivalité qui eut pour conséquence 13 ans de

guerre civile. Cette « fronde asiatique », comme on l'a justement appelée ([1340]), faillit disloquer l'Empire et compromettre l'œuvre d'un siècle.

Elle commença par la révolte de Bardas Skléros, qui voulut enlever au parakimomène la tutelle des empereurs. Destitué de sa charge de domestique des scholes et nommé duc de Mésopotamie, il fut proclamé basileus par ses troupes ([1341]), tint la campagne pendant trois ans (976-979), marcha sur Constantinople, mit en déroute deux armées envoyées contre lui, régna en maître dans toute l'Asie Mineure : en 978 il avait pris Nicée et paraissait sur le Bosphore ([1342]). Il fallut, pour en venir à bout, faire appel à Bardas Phocas, enfermé dans un monastère de Chio depuis sa révolte contre Tzimiskès ([1343]). Par des manœuvres savantes Phocas força son adversaire à abandonner le Bosphore, mais se fit battre par lui près d'Amorium (19 juin 978) ([1344]). L'année suivante Phocas qui avait reçu des secours du prince pagratide de Géorgie, rencontra encore Skléros à l'est d'Amorium et, au cours de la bataille, lui proposa un combat singulier qui fut accepté et se termina par la défaite du prétendant et la débandade de son armée (24 mars 979) ([1345]). Skléros s'enfuit en territoire arabe où il fut considéré comme un otage ([1346]), que le grand-vizir Aoud-ed-Daouleh offrit en vain de négocier contre la restitution au califat des conquêtes byzantines ([1347]).

Le second acte de cette tragédie fut une révolution de palais. Pendant la captivité de Skléros à Bagdad, la guerre civile fut interrompue, mais l'affaiblissement du prestige de l'Empire, qui en avait été la conséquence, se manifesta par des difficultés que le gouvernement impérial rencontra dans les pays nouvellement conquis, soit sur la frontière arabe, soit dans la péninsule des Balkans où s'était formé un nouvel État bulgare, soit en Italie où Otton II menaçait les possessions byzantines. Or ce fut à ce moment que l'aîné des deux empereurs, Basile, qui jusque-là avait mené une vie de plaisirs, commença à s'intéresser aux affaires de l'État et à intervenir d'une manière autoritaire dans les résolutions, au grand mécontentement du parakimomène, inquiet de voir son pouvoir menacé. Une sourde s'engagea entre le basileus et son tuteur, qui finit par s'entendre avec les chefs militaires, Bardas Phocas et Léon Mélissénos, mécontents de voir le jeune empereur régler les opérations sans les consulter. Basile prévint l'attaque, obligea le parakimomène à se démettre de sa charge et à entrer dans un monastère, ordonna la confiscation de ses biens, enleva à Bardas Phocas sa dignité de domestique des scholes pour en faire un duc d'Antioche et pardonna à Léon Mélissénos ([1348]). L'Empire avait retrouvé un chef (985).

A partir de ce moment Basile II, au dire des chroniqueurs, devint tout autre et comprit « la grandeur de son rôle et les difficultés de sa haute situation ». Le viveur qu'il était jusque-là se transforma en ascète couronné. Il ne s'occupa plus que des affaires de l'État, renonçant à tout luxe, portant des vêtements sombres, sans bijoux, ne songeant plus qu'à établir son autorité personnelle, jaloux de tout autre pouvoir, même de celui de son incapable frère, qu'il laissa tout entier à ses plaisirs. Agé à ce moment de 28 ans, il voulut commander les armées et gouverner par lui-même ([1349]).

Mais cette transformation n'était du goût ni de ses conseillers, ni de ses généraux, qui se montrèrent pleins de mauvaise volonté pendant la première campagne qu'il mena contre les Bulgares en 986 et qui fut malheureuse ([1350]). Sur ces entrefaites Bardas Skléros parvint à obtenir sa libération de l'émir-al-oumarâ et arriva d'une traite de Bagdad à Mélitène, où il fut proclamé de nouveau empereur ([1351]). La guerre civile recommençait avec cette aggravation que Bardas Phocas, aigri par sa disgrâce, se révoltait à son tour et faisait cause commune avec son vieil adversaire ([1352]). Mais cet accord entre les deux Bardas ne fut pas de longue durée. Phocas, convaincu que Skléros le trahissait, le fit arrêter au cours d'une entrevue et emprisonner dans un château patrimonial de sa maison ([1353]) (14 septembre 987). Le même jour il se faisait proclamer empereur et ralliait la plupart des partisans de Skléros ([1354]). Au début de l'année suivante il apparaissait à Chrysopolis et envoyait Mélissénos surprendre Abydos afin de bloquer Constantinople ([1355]).

Le danger était pressant et Basile avait peu de troupes à opposer aux brillants escadrons des thèmes d'Asie et du Caucase. Avec un esprit de décision il fit appel au grand prince russe Vladimir qui songeait à convertir son peuple au christianisme et à épouser une porphyrogénète. Après avoir signé un traité mémorable par ses conséquences Vladimir envoya à Constantinople 6 000 Russes qui aidèrent les impériaux à chasser l'armée de Bardas de ses positions ([1356]). Obligé de battre en retraite le prétendant alla rejoindre Mélissénos devant Abydos poursuivi par Basile, qui parvint à incendier sa flotte et l'obligea à livrer une bataille dans laquelle il trouva la mort et qui fut désastreuse pour ses troupes ([1357]).

Cependant le drame n'était pas terminé. Bardas Skléros, mis en liberté par la femme de Phocas, reprit la campagne et chercha à intercepter le ravitaillement de Constantinople, mais Basile avait le très vif désir de terminer la lutte et il fit assurer à Skléros sa grâce entière s'il se soumettait ([1358]). Le prétendant accepta et cessa de porter les chaussures écarlates. Une entrevue touchante et cordiale eut lieu entre le jeune souverain et le vieux partisan ([1359]). Skléros, créé curopalate, se retira à Didymotika, où il mourut le 6 mars 991 ([1360]).

Le gouvernement de Basile II. Intérieur. — Psellos a tracé de Basile un portrait physique qui correspond assez bien à la magnifique peinture du psautier de Venise où il est figuré en costume de guerre, recevant l'hommage des chefs bulgares vaincus. On y reconnaît le teint clair, le

L'expansion

front vaste, les joues garnies d'une barbe épaisse, le corps bien proportionné, le regard assuré et franc que décrit l'historien [1361]. Entraîné à la marche, excellent cavalier, la parole brève et sans apprêt, sujet aux accès de colère et, quand il était joyeux, riant à gorge déployée, Basile avait le tempérament d'un soldat, mais, comme les grands chefs de guerre, il possédait aussi les qualités d'un administrateur.

Délivré du parakimomène et des deux Bardas, il n'agit plus jamais que par lui-même et n'eut ni premier ministre, ni favori, ni favorite et, ce qui est plus étrange, il ne semble pas qu'il ait jamais été marié et on ne connaît de lui aucune descendance. Il savait d'ailleurs s'entourer d'hommes de valeur, guerriers et administrateurs, mais il prenait seul toutes les décisions importantes. Assurer la prépondérance et la prospérité de l'Empire, conserver et accroître les résultats acquis, tel fut le but de toute sa vie. Une de ses principales préoccupations était de grossir son trésor et il laissa à sa mort 200 000 livres d'or ainsi qu'une grande quantité de joyaux et de bijoux enfouis dans des caveaux qu'il avait fait creuser en forme de labyrinthes [1362].

La première œuvre de Basile fut de rétablir la tranquillité dans l'Empire, mais l'année 989 fut déplorable. L'hiver fut si froid que la mer fut prise par les glaces. Il y eut en outre le 25 octobre un tremblement de terre qui renversa des tours de défense et les coupoles de 40 églises, dont celle de Sainte-Sophie, que Basile fit reconstruire par l'architecte arménien Tiridate [1363]. Mais surtout l'empereur travailla à la pacification morale et son autorité fut bientôt incontestée. Pendant tout son gouvernement, de 989 à 1025, il n'y eut à réprimer qu'un seul mouvement séditieux, celui de Nicéphore Xiphias, stratège d'Anatolie, et de Nicéphore Phocas, fils de Bardas (1022) [1364].

Basile se souvint surtout que la guerre civile menée par les deux Bardas avait trouvé son point d'appui parmi les grands propriétaires d'Asie Mineure, qui, en accaparant les terres des pauvres et en réduisant en servage les paysans libres, malgré les lois, tendaient à former une féodalité oppressive pour la population et dangereuse pour l'État, dont elle violait impunément la législation.

Les plaintes innombrables reçues par l'empereur de

ceux qui avaient été lésés ainsi le déterminèrent à publier sa novelle du 1er janvier 996, par laquelle il abolissait la prescription de 40 ans qui couvrait les acquisitions illégales des biens des pauvres ; tous les biens de cette catégorie acquis depuis la première loi de Romain Lécapène (922) devaient être restitués à leurs propriétaires primitifs sans aucune indemnité, même s'il s'agissait de biens acquis par l'Église. Les considérants de cette novelle, regardés comme des scolies ajoutées par Basile, s'élèvent avec indignation contre le scandale donné par les grandes familles, comme les Phocas ou les Maleinoi, qui possèdent depuis cent ans des biens injustement acquis [1365].

La loi fut appliquée avec la plus grande rigueur. Philokalès, simple paysan, qui avait acquis de grands biens par des usurpations et acheté des dignités palatines, fut ravalé à sa condition première, et on alla jusqu'à détruire les édifices qu'il avait élevés [1366]. Eustathe Maleinos, un des plus puissants potentats d'Anatolie, ancien auxiliaire de Bardas Phocas, ayant offert à Basile, à son retour d'Ibérie en 1001, une somptueuse hospitalité, fut vivement remercié, mais emmené à Constantinople, d'où il ne put jamais rentrer dans ses domaines, qui furent saisis par le fisc après sa mort [1367].

Dans cette lutte Basile II, ainsi qu'on l'a dit, dépassait donc souvent les bornes de la loi et de la justice [1368], mais sa principale arme contre le maintien de la grande propriété fut le rétablissement de l'*allelengyon* (caution mutuelle), obligation pour les *puissants* d'une circonscription fiscale de répondre des pauvres incapables de payer la capitation et les autres impôts [1369] ; auparavant l'allelengyon pesait sur les communautés de villages. Le coup porté ainsi aux grands propriétaires souleva les plus vives protestations et par deux fois le patriarche Sergius, appuyé par les plus hauts dignitaires ecclésiastiques, intervint pour faire revenir l'empereur sur sa décision, mais Basile resta inflexible [1370].

Affaires religieuses. — Le parakimomène était encore au pouvoir lorsque Antoine le Studite, patriarche depuis 974, démissionna, au moment où se terminait la première révolte de Bardas Skléros (980). On a supposé sans preuves qu'il avait favorisé le rebelle, mais l'histoire religieuse de cette époque est remplie d'obscurités. C'est ainsi qu'on ignore pourquoi le successeur d'Antoine, Nicolas Chrysoberge, ne fut élu qu'après un interrègne de quatre ans, qui laisse supposer un conflit entre le gouvernement et le synode ([1371]) (août 984).

Sous Nicolas Chrysoberge une des premières initiatives de Basile II, maître du pouvoir, fut la révocation de la novelle de Nicéphore Phocas interdisant de nouvelles fondations pieuses (4 avril 988) ([1372]), acte de circonstance et peu conforme aux principes de l'empereur, publié au moment où Bardas Phocas menaçait Constantinople.
Il semble que Basile II ait manifesté son esprit autoritaire dans l'administration de l'Église, mais à cause du silence des chroniqueurs, on est réduit à des conjectures. A Nicolas Chrysoberge succéda en 995 ([1373]) un simple laïc, le médecin Sisinnius, puis en 1001 le patriarcat échut à un moine, Sergius II (1001-1019), de la famille de Photius, higoumène du monastère de Manuel, qui, ainsi qu'il a été dit, désapprouva les lois sociales de Basile ([1374]).

Bien que les chroniques soient muettes sur ce point, la question des rapports de Constantinople avec le Saint-Siège a dû tenir une place importante dans le choix des patriarches. C'était l'époque où la papauté n'avait échappé à l'ingérence de l'aristocratie romaine que pour subir l'autorité des empereurs germaniques, qui avaient repris leurs attaques contre les thèmes byzantins d'Italie ([1375]).

Aucune question religieuse n'était en cause, mais on s'explique que Basile II ait cherché à diminuer l'influence allemande à Rome en prenant parti pour les papes issus de l'aristocratie romaine contre les papes impériaux. Ce fut d'ailleurs le parakimomène qui dut accueillir à Constantinople vers 974 le trop célèbre Francon, élu pape sous le nom de Boniface VII, grâce au tribun Crescentius, et qui lui fournit en 983 les moyens de rentrer à Rome, où il emprisonna et laissa mourir de faim Jean XIV, le pape d'Otton II, mais périt lui-même dans une émeute en 985 ([1376]).
Par contre on n'a aucune preuve que Basile II ait soutenu Jean Philagathos, archevêque de Plaisance envoyé en ambassade à Constantinople en 996 par la régente Théophano, qui voulait marier son fils Otton III à une princesse porphyrogénète : en 997 Philagathos fut porté à la papauté par le second Crescentius et Grégoire V, le pape allemand, chassé de Rome. Basile a-t-il favorisé cette élection comme le veut Gfroerer? Ce n'est là qu'une conjecture ([1377]).

Mais ce qu'il serait important de connaître, c'est l'attitude des patriarches vis-à-vis de Rome à cette époque. On regarde comme apocryphe l'envoi par Sisinnius et Sergius de l'Encyclique de Photius aux patriarches d'Orient, affirmé sans preuve par Baronius [1378]. S'il y eut un schisme sous Sergius, ce fut après l'année 1009, le nom du pape étant alors mentionné dans les diptyques de l'église Sainte-Sophie, au témoignage de Pierre, plus tard patriarche d'Antioche [1379]. Cependant Nicétas Chartophylax, archevêque de Nicée, affirmait en 1055 la réalité du schisme de Sergius [1380], et on a été frappé du fait qu'en 1054 Michel Kéroularios n'avait pas eu à rayer des diptyques le nom du pape, qui n'y figurait plus depuis longtemps [1381]. On a supposé que la cause de ce schisme était l'élection à la papauté de Benoît VIII, de la maison de Tusculum, élection appuyée par l'empereur Henri II contre le candidat des Crescentii. En reconnaissance le pape offrit à Henri II un globe d'or surmonté d'une croix, symbole de la domination universelle, geste qui aurait été considéré à Byzance comme une usurpation et un acte d'hostilité [1382].

On sait en somme peu de choses de cette rupture qu'aucune source historiographique ne mentionne, dont il n'est même pas question au moment du schisme de 1054 et qui est incompatible avec la démarche que fit à Rome, auprès du pape Jean XIX, le successeur de Sergius, le patriarche Eustathe, pour faire reconnaître à l'Église de Constantinople une autonomie complète et transformer en dyarchie le gouvernement de l'Église universelle [1383]. Le pape était disposé à céder, mais l'affaire s'étant ébruitée, il recula devant les protestations des partisans de la réforme ecclésiastique, Guillaume, de Saint-Bénigne de Dijon et Richard, abbé de Saint-Vanne [1384]. On a supposé, sur la foi d'un obscur chroniqueur allemand dont le témoignage est isolé, qu'une rupture entre Rome et Constantinople eut lieu en 1028, après l'expédition en Italie de Conrad II, que le pape Jean XIX couronna solennellement empereur : on aimerait à voir cet événement confirmé par d'autres sources [1385].

La dernière intervention de Basile II dans les affaires de l'Église fut un acte d'arbitraire, dont on ignore d'ailleurs la raison. L'higoumène du monastère de Stoudios, Alexis, ayant apporté le chef de saint Jean-Baptiste à l'empereur, qui était à l'article de la mort, Basile le créa patriarche pour remplacer Eustathe qui venait de mourir et le fit introniser immédiatement sans aucune consultation du synode (15 décembre 1025) ([1386]).

Conversion de la Russie au christianisme. — Mais l'événement religieux le plus considérable de cette période fut la conversion de la Russie au christianisme, qui étendit en même temps les limites de la chrétienté et la zone d'influence de l'Empire. On a vu qu'en retour des 6 000 Varègues amenés par Vladimir pour lutter contre Bardas Phocas, Basile II avait accordé au prince russe par un traité la main de sa sœur, Anne porphyrogénète ([1387]).

Sur l'enchaînement des faits on a admis longtemps le récit de la chronique dite de Nestor : l'enquête de Vladimir sur la meilleure des religions, sa préférence pour le rite byzantin à cause de la splendeur des cérémonies, son attaque et sa prise de Kherson pour peser sur la décision des empereurs qui se hâtent de lui accorder la main de leur sœur, son baptême à Kherson par des clercs byzantins, suivi de son mariage et de son retour à Kiev où il détruit les idoles et impose le baptême à son peuple en 989 ([1388]).

Mais des textes littéraires du XIe siècle retrouvés dans les dépôts de manuscrits, un éloge de Vladimir d'un moine Jacques, une Vie des saints Boris et Gleb, une homélie du métropolite Hilarion, *Sur la grâce,* présentent les mêmes faits d'une tout autre manière qui s'accorde assez bien avec les renseignements des sagas scandinaves et des historiens arabes ([1389]).

Il résulte de ces documents qu'en 989 il y avait déjà longtemps que le christianisme était répandu en Russie et qu'il y avait été apporté par des missionnaires latins venus de Scandinavie, d'Allemagne, de Moravie, et une chronique russe mentionne une ambassade du pape Benoît VII (974-984) à Iaropolk, fils aîné et successeur de Sviatoslav (972-978) ([1390]). On apprend aussi par eux que Vladimir s'est fait baptiser de son propre mouvement, que le baptême lui a été donné à Kiev par des prêtres indigènes en 987, deux ans avant son mariage avec la princesse byzantine, qu'il a pris Kherson trois ans après son baptême, par conséquent après avoir traité avec Basile II et à son retour de la campagne contre Bardas Phocas ([1391]). On doit donc supposer que les empereurs n'ayant pas observé les clauses du traité en retardant le départ de leur sœur pour la Russie, Vladimir a voulu leur forcer la main ([1392]). Il arriva ainsi à ses fins et dans l'automne de 989 la princesse Anne partit pour Kherson escortée par des métropolites et des clercs qui apportaient à Vladimir une couronne royale et les reliques du pape saint Clément ([1393]). Après son mariage, Vladimir restitua Kherson à l'Empire et aida même l'armée et la flotte byzantines à chasser les derniers Khazars de Crimée et des régions environnantes (1016) ([1394]).

De retour à Kiev, Vladimir travailla à la conversion du peuple russe et à l'extirpation du paganisme, non sans rencontrer des résistances, particulièrement à Novgorod ([1395]). On connaît mal l'organisation primitive de l'Église russe. Les sources grecques n'en disent rien et les sources russes ont été profondément remaniées par des interpolateurs hostiles aux Latins, non sans commettre d'énormes anachronismes ([1396]). Ce qui paraît certain, c'est qu'avec Anne la Porphyrogénète l'influence de l'Église byzantine s'est introduite en Russie. Des églises ont été dédiées par Vladimir à saint Basile et à la Dormition de la Vierge, celle-ci construite en 991 par des architectes grecs et consacrée en 996 ([1397]). D'autre part, il existait déjà une chrétienté russe qui avait ses traditions, sa liturgie, sa discipline empruntées à l'Occident, peut-être même à l'Église morave des saints Cyrille et Méthode. Des usages occidentaux sont attestés en Russie, par exemple la dîme instituée par Vladimir et inconnue à Byzance ([1398]). On est frappé en outre des rapports de tout genre entre Vladimir et l'Occident : échanges d'ambassades avec les papes Jean XV (990-994) et Sylvestre II (1000) ([1399]), protection accordée au camaldule Bruno, apôtre des Petchenègues ([1400]), mariage en secondes noces du prince russe avec une petite-fille d'Otton II ([1401]).

Cependant les usages et les rites byzantins finirent par triompher en Russie, mais ce fut seulement en 1037 qu'un évêque grec fut envoyé à Kiev et que cette ville devint le siège d'une métropole rattachée au patriarcat de Constantinople. Elle figure pour la première fois comme telle dans la notice épiscopale rédigée sous Alexis Comnène ([1402]).

L'œuvre militaire et territoriale de Basile II. — Les prédécesseurs de Basile II avaient surtout dirigé leurs efforts contre les Arabes et il avait fallu l'agression des Russes pour obliger Tzimiskès à distraire une partie de ses forces du côté des Balkans et du Danube. L'œuvre militaire de Basile II est d'une plus grande envergure. Il a trouvé moyen de rassembler des forces suffisantes pour lutter à la fois sur quatre fronts. Il a fait porter son principal effort du côté du nouvel État bulgare ; il est arrivé à maintenir et à organiser les conquêtes faites aux dépens des Arabes : il a poussé la pénétration byzantine chez les peuples du Caucase ; il a conservé la défensive en Italie jusqu'à la fin de la guerre bulgare.

Incomparable chef de guerre, connaissant à fond l'organisation de l'armée et les ouvrages de stratégie, Basile II n'a pour ainsi dire jamais cessé pendant 39 ans (986-1025) de diriger ses armées en personne sur le théâtre dont l'importance lui paraissait la plus grande. Ses succès sont dus d'ailleurs à un coup d'œil sûr qui lui permettait de discerner les endroits sensibles où il fallait concentrer des forces. Il eut une véritable conception stratégique qui embrassait l'Empire tout entier. Jamais il ne sacrifia au hasard ; toutes ses entreprises étaient raisonnées. Comprenant toute l'importance de la rapidité dans l'action, à la différence des autres stratèges, il ne tenait aucun compte des saisons et imposait parfois à ses soldats des campagnes d'hiver ([1403]).

Si glorieuse qu'ait été l'œuvre de ses deux derniers prédécesseurs, elle était restée incomplète. Ils n'avaient pu venir à bout ni du calife fatimite d'Égypte, désireux de reprendre la Syrie et de dominer l'islam, ni de la maison germanique des Ottons qui continuait à élever des prétentions sur toute l'Italie, ni de la Bulgarie dont ils n'avaient pu soumettre que la partie orientale. Obligé de consacrer toutes ses forces à la lutte contre les Arabes, Jean Tzimiskès n'avait pu s'emparer de la Macédoine occidentale, où les Bulgares qui fuyaient la domination byzantine s'étaient groupés autour des quatre *comitopouloi*, les fils du comte Nicolas, qui avaient réorganisé l'État bulgare autour d'Ochrida et étendaient leur autorité sur l'Albanie et l'Épire ([1404]). En 980 trois des quatre comitopouloi, David, Maurice et Aaron, avaient péri de mort violente. Le dernier survivant, Samuel, avait pris le titre de tsar, s'était mis en relations avec le pape Benoît VII qui lui envoyait une couronne en 982, ainsi qu'avec les Ottons ([1405]).

De toutes les menaces contre l'Empire, le soulèvement bulgare était la plus dangereuse. Basile porta donc tous ses efforts de ce côté, sans perdre de vue les autres fronts, en y envoyant des expéditions et même en y intervenant en personne. La seule manière d'apprécier cette œuvre est d'en suivre les grandes lignes en signalant les résultats dans leur ordre chronologique : on peut les répartir en quatre périodes dont chacune est marquée par un événement caractéristique.

La première période, 976-989, est celle des révoltes qui affaiblissent l'empire et remettent en question les résultats acquis pendant les deux derniers règnes.

L'offensive bulgare éclate en 980 à l'avènement de Samuel, qui ne songe pas à reconquérir la Bulgarie danubienne, mais marche sur la Grèce et, après plusieurs tentatives déjouées par la ruse de son gouverneur Kékauménos, finit par prendre Larissa en 986 ([1406]) et s'avancer jusqu'à l'isthme de Corinthe. Ce fut alors que Basile II, impatient d'agir par lui-même, organisa une campagne qui força Samuel à abandonner la Grèce, mais se termina par un grave échec devant Sofia (17 août) ([1407]). Basile dut faire face ensuite à la révolte des deux Bardas.

Sur le front arabe il n'y eut pas de grande opération. Rentré à Alep, l'émir hamdanide Saïd essaya à plusieurs reprises de s'affranchir du tribut que Bagkour s'était engagé à payer à l'Empire. Il fallut pour le mettre à la raison trois expéditions de Bardas Phocas contre Alep (981, 983, 986). La dernière provoqua un conflit avec le calife fatimite sous la protection duquel Saïd s'était placé et Basile, alors en pleine guerre civile, dut signer avec le calife El-Aziz un traité, qui entre autres clauses spécifiait que le nom du calife serait prononcé dans les prières de la mosquée qui se trouvait à Constantinople depuis le VIIIe siècle ([1408]).

L'Italie byzantine enfin était mal défendue pendant cette triste période et n'avait d'autres forces que des milices locales impuissantes à lutter contre les incursions des Sarrasins de Sicile ([1409]). Il semble qu'Otton II, en dépit de son mariage avec une porphyrogénète, ait voulu profiter de cette situation pour reprendre les projets de son père sur l'Italie méridionale. Ce fut en vain que le gouvernement byzantin informé essaya de l'en faire dissuader ([1410]). Dans l'été de 981 il était dans l'Italie centrale, mais la mort de son fidèle allié Pandolf, prince de Salerne et de Bénévent, fut pour lui un affaiblissement ([1411]). Cependant en janvier 982 il envahissait l'Apulie byzantine qu'il parcourut impunément pendant cinq mois en prenant ses villes ([1412]); mais étant passé en Calabre, il se heurta à une armée de Sarrasins de Sicile qui lui infligea une sanglante défaite près de Stilo (13 juillet 982). Lui-même se sauva à grand-peine en poussant son cheval dans les flots jusqu'à un navire byzantin qui le recueillit. Ayant reformé son armée à Rossano, il battit en retraite jusqu'en Longobardie et mourut à Rome en décembre 983 ([1413]). Les Sarrasins étant retournés en Sicile, ce furent les Grecs qui profitèrent de la défaite de Stilo pour rétablir l'autorité impériale en Apulie.

Pendant la deuxième période (989-1001), Basile II, enfin maître du pouvoir, peut porter ses principaux efforts du côté de la Bulgarie et de l'Orient. En paix avec la Russie et le calife fatimite, il s'attaque d'abord aux Bulgares. Ceux-ci, avant la fin de la révolte de Skléros, marchaient sur Thessalonique et s'emparaient de Berrhoé (Verria), qui en défendait l'approche à l'ouest ([1414]). La situation était grave. Pendant les guerres civiles Samuel s'était emparé d'une partie de la Dalmatie, du port de Dyrrachium (Durazzo), point de départ pour l'Italie, et du littoral albanais; il régnait sur les deux tiers de la péninsule balkanique ([1415]). Au printemps de 990 Basile alla lui-même mettre Thessalonique en état de défense et entreprit contre les Bulgares une guerre qui dura quatre ans et aboutit à la reprise de Berrhoé ([1416]). Appelé subitement en Orient en 995, l'empereur laissa Nicéphore Ouranos, domestique des scholes d'Occident, continuer la guerre contre les Bulgares ([1417]).

Basile avait reçu en effet de très mauvaises nouvelles de Syrie. Rompant la trêve conclue avec l'Empire, le calife fatimite El-Aziz voulut profiter de la mort de l'émir hamdanide Saïd-ed-Daouleh (991), laissant un fils en bas âge, pour s'emparer d'Alep, qu'il fit assiéger (992) ([1418]). Le mamlouk Loulou-el-Kébir, régent au nom du jeune Saïd, demanda secours à l'empereur au moment où les Égyptiens infligeaient une défaite à Michel Bourtzès, duc d'Antioche, qui avait cherché à secourir Alep (bataille du gué de l'Oronte, 15 septembre 994) ([1419]). Avec un esprit de décision remarquable, Basile, abandonnant le champ de bataille bulgare, rassembla des troupes, ordonna que chaque soldat, monté sur une mule de course rapide, tiendrait en laisse une mule de rechange, et accomplit l'exploit inouï de traverser l'Asie Mineure en 16 jours en plein hiver. Après avoir rallié les contingents d'Antioche, il marcha sur Alep, où son arrivée subite démoralisa les Égyptiens qui s'enfuirent précipitamment sur Damas ([1420]). A son retour Basile trouva moyen de s'emparer de plusieurs places syriennes qui obéissaient au calife et dans l'automne de 995 il était de retour à Constantinople ([1421]).

Sur le front bulgare, à la nouvelle du départ de Basile, Samuel marcha sur Thessalonique, dont le gouverneur, l'Arménien Aschod de Taron, périt dans une embuscade ([1422]), mais, n'osant entreprendre le siège de la grande ville, il envahit la Grèce, s'avança jusqu'au golfe de Corinthe, puis battit en retraite vers le nord ; mais au passage du Sperchios, au pied des Thermopyles, il fut arrêté par Nicéphore Ouranos qui tomba à l'improviste sur son armée, lui infligea une grosse défaite et l'obligea à s'enfuir dans les montagnes de Thessalie et à franchir le Pinde pour pouvoir regagner l'Épire (été de 996) [1423]. Rentré à Constantinople d'où il dirigeait les opérations, Basile ne put exploiter cette victoire à fond, se contenta d'envoyer Ouranos ravager la Bulgarie [1424], mais ne put empêcher Samuel de s'étendre encore du côté de l'Adriatique où en 998 il s'empara de la Dioclée (Monténégro) [1425].

Les opérations de la guerre bulgare furent suspendues et en 999 Basile dut retourner en Syrie où le calife fatimite El-Hakem, successeur d'El-Aziz, avait infligé une déroute complète au duc d'Antioche, Damien Dalassenos, tué en combattant (juillet 998) [1426]. L'objectif de Basile paraît avoir été de dégager Antioche menacée, de soumettre les émirs arabes et de s'assurer de l'obéissance de ceux qui étaient, comme l'émir d'Alep, vassaux de l'Empire. Le 20 septembre 999 il était à Antioche, s'emparait de Césarée et de Homs (octobre), mais échouait devant Tripoli (6-17 décembre) et allait passer l'hiver à Tarse [1427].

Basile avait sans doute l'intention de continuer sa campagne au printemps suivant, lorsqu'il reçut la nouvelle du meurtre de David, roi de Haute Géorgie [1428], qui avait prêté secours à Bardas Phocas révolté et avait dû, pour conserver son État, le léguer à l'Empire par testament [1429]. Basile n'hésita pas à se mettre en route avec des forces importantes, gagna Mélitène à marches forcées, reçut un excellent accueil des chefs arméniens, passa près des sources du Tigre, franchit l'Euphrate et trouva à Havatchich sur l'Araxe un brillant cortège de princes et de chefs de Géorgie auxquels il distribua des titres. Après avoir annexé tous les États de David, nommé des gouverneurs dans les forteresses et reçu les serments des vassaux qui « mettaient le pied sur le tapis », il rentra à Constantinople par Erzeroum avec de nombreux otages, après avoir accompli une véritable promenade militaire et porté très haut le prestige de l'Empire dans ces régions [1430].

Les résultats de ces succès ne se firent pas attendre. A son retour à Constantinople, Basile y trouva le patriarche de Jérusalem, Oreste, envoyé par le calife fatimite El-Hakem pour demander la paix. Une trêve de dix ans fut signée entre les deux chefs d'État [1431].

En Italie il ne se passe pas d'événement important pendant cette période et les possessions byzantines ne sont pas menacées. La situation n'en est pas moins constamment troublée, soit par des incursions arabes (siège de Tarente en 991, prise de Matera en Calabre en 994) ou des révoltes lombardes comme celle de Smaragdus qui s'entend avec les Sarrasins et tient la campagne de 997 à l'an 1000 [1432]. Les garnisons byzantines sont peu nombreuses et les milices locales peu sûres ; les habitants de l'Apulie sont réduits à la misère [1433]. Il n'y a plus du moins d'attaque germanique. Théophano est morte en 991 et en 996 Otton III envoie ses deux précepteurs, Jean Philagathos et Bernward d'Hildesheim, à Constantinople demander pour lui la main d'une princesse porphyrogénète [1434]. Ce ne fut qu'en 1001 que les négociations aboutirent, après une seconde ambassade, celle d'Arnulf, archevêque de

L'expansion

Milan, mais quand il ramena la fiancée impériale en Italie, il apprit en débarquant à Bari (janvier 1002) qu'Otton III venait de mourir à Paterno, à l'âge de 22 ans ([1435]).

Après ces douze années si bien remplies, on arrive à une période décisive (1001-1018) qui se termine par la soumission de la Bulgarie. La fin de la guerre avec les Fatimites assurait la sécurité relative de la frontière d'Orient, ce qui permit à Basile de concentrer toutes ses forces contre les Bulgares. La conquête totale de la Bulgarie remplit donc cette période de 17 ans. Disposant d'armées solides et bien entraînées, ainsi que d'un état-major de premier ordre, Basile II n'en traçait pas moins lui-même les plans et en dirigeait l'exécution dans le détail. D'une santé robuste, il bravait les intempéries, mais ne faisait pas en général de campagne d'hiver : regagnant son quartier général de Mosynopolis, il s'arrangeait pour faire presque chaque année une apparition à Constantinople. La cause de sa supériorité était due à l'habileté de ses plans stratégiques qui consistaient à diviser les forces de l'ennemi pour les envelopper et aussi à sa mobilité extrême, à son coup d'œil qui le faisait courir au plus grand danger, n'hésitant pas à abandonner une opération en cours pour aller réparer le désastre d'un lieutenant.

A la fin de la guerre l'acharnement était inouï des deux côtés. Basile avait d'abord cherché à gagner les chefs bulgares en leur distribuant des titres et des honneurs, mais quand il se vit trahi, il devint féroce et pratiqua le système de la terreur avec une cruauté froide pour abattre les résistances : lorsque sa victoire fut assurée, il redevint humain et bienveillant.

Malheureusement les renseignements que l'on possède sur cette lutte de géants sont rares et incomplets. Une phrase de Yahya nous apprend qu'après la trêve avec l'Égypte, Basile passa 4 ans en Bulgarie, prenant et détruisant de nombreuses forteresses et forçant Samuel à fuir devant lui ([1436]). Skylitzès, dont la chronologie est défectueuse, rapporte des faits que l'on peut attribuer à cette période ([1437]).

Par une attaque dirigée contre la plaine de Sofia (1001-1002), Basile coupe Samuel de la Bulgarie danubienne, retombée en son pouvoir pendant les troubles, et la fait réoccuper par ses lieutenants ([1438]). En 1003 il dégage les abords de Thessalonique en reprenant Berrhoé et Servia, séjourne en Thessalie, où il rebâtit les villes et les châteaux détruits par Samuel. Il envoie les Bulgares faits prisonniers coloniser le territoire d'Aenos à l'embouchure de la Maritza, puis en automne, marchant vers le nord-ouest, il s'empare de Vodena, se rapprochant ainsi du centre de la puissance de Samuel ([1439]). En 1004 il complète la conquête de la Bulgarie en s'emparant de Vidin après huit mois de siège, malgré la diversion de Samuel qui paraît brusquement devant Andrinople dont il massacre les habitants ([1440]).

Mais Samuel dut évacuer Andrinople lorsqu'il apprit que Basile, laissant une forte garnison à Vidin, marchait vers le sud et s'enfonçait au cœur de la Macédoine occidentale. Les deux armées se rencontrèrent sur le Vardar devant Skoplje (Uskub) : Samuel subit une grave défaite et dut abandonner le butin d'Andrinople. Romain, dernier fils du tsar Pierre et gouverneur de Skoplje, capitula et Basile le nomma patrice et stratège d'Abydos ([1441]). En quatre ans Samuel avait perdu la moitié de son empire, dont, à part quelques places, toute la partie orientale était aux mains de Basile. Ces succès furent complétés en 1005 par la reprise de Dyrrachium, la place la plus importante de Samuel sur l'Adriatique, qui fut livrée à Basile par son gouverneur, l'Arménien Aschod, le propre gendre du tsar bulgare ([1442]).

Entre 1005 et 1014 les sources ne donnent que des renseignements épars sur les opérations de Basile, qui semble s'être approché de plus en plus du centre de la domination de Samuel, auquel il ne restait plus que la région des grands lacs, les montagnes de l'Albanie et la haute vallée du Strymon ([1443]). Ce fut dans cette dernière région qu'eut lieu, le 29 juillet 1014, la bataille la plus décisive de la guerre. Samuel essaya de défendre la passe de Kimbalongos que Basile empruntait chaque année pour envahir la Macédoine occidentale ([1444]). Elle était barrée par des palissades derrière lesquelles de troupes nombreuses couvraient les Grecs de projectiles, mais, pendant que Basile l'attaquait de front, Nicéphore Xiphias tourna la position et attaqua subitement par derrière les Bulgares qui s'enfuirent en désordre ([1445]). Avec une cruauté raffinée Basile fit aveugler 15 000 prisonniers bulgares et les envoya à Samuel en laissant un borgne par centaine pour servir de guide. La vue de cette troupe lamentable fit un tel effet sur le tsar qu'il tomba foudroyé par une attaque d'apoplexie et mourut le 6 octobre 1014 ([1446]). Quelques jours après le fils de Samuel, Gabriel Radomir, était proclamé tsar : la guerre devait durer encore quatre ans ([1447]).

Basile exploita sa victoire en achevant l'occupation des districts du versant occidental du Rhodope (prise de Melnic, fin 1014) et en envahissant la Macédoine occidentale où Bitolia (Monastir), Prilep et Ischtip tombèrent entre ses mains (fin décembre) ([1448]). Les Bulgares étaient réduits aux hautes terres de la Pélagonie que Basile commença à attaquer en 1016 (prise de la forteresse de Moglena, août) ([1449]). Il apprit là que les Bulgares étaient en pleine guerre civile et que Gabriel Radomir avait été tué par son cousin Jean Vladislas, fils d'Aaron, acclamé tsar, qui lui offrait de se soumettre ([1450]), mais Basile, croyant cette offre peu sincère, continua sa marche vers l'ouest et occupa Ochrida, la capitale de Samuel (automne) ([1451]), puis, au début de 1017, il assiégea Castoria. Une tentative des Bulgares pour s'allier aux Petchenègues le fit abandonner le siège et remonter vers le nord, mais apprenant l'échec des négociations, il revint en Pélagonie où Jean Vladislas voulut arrêter sa marche et subit une grosse défaite (fin de 1017) ([1452]).

Cependant avec une grande énergie, pendant que Basile regagnait Constantinople, le dernier tsar bulgare reformait son armée et allait attaquer Dyrrachium (janvier 1018), mais il était tué dans un combat ([1453]). C'était la fin de la Bulgarie et l'expédition de 1018 fut pour Basile une marche triomphale jusqu'à Ochrida et à Prespa, où il reçut la soumission des chefs bulgares et des fils de Jean Vladislas ([1454]). Après un séjour à Athènes ([1455]), Basile célébrait sa victoire par une entrée triomphale à Constantinople ([1456]).

La conquête de la Bulgarie était due à la supériorité de l'armée byzantine sur l'organisation à moitié féodale des Bulgares ([1457]) et d'autre part la paix avec le calife fatimite avait permis à Basile de disposer de toutes ses forces pour mener à bien cette gigantesque entreprise ; mais, si favorables que fussent tous ces avantages, il avait fallu le génie militaire d'un Basile II pour les mettre en œuvre : pour la première fois depuis Justinien un empereur régnait sur la péninsule des Balkans tout entière, du Danube à l'extrémité du Péloponnèse : avec les annexions faites en Orient, l'Empire avait recouvré son véritable domaine géographique ([1458]).

Basile montra la même maîtrise dans l'organisation de sa conquête. Il avait pu apprécier l'humeur farouche des bolides et leur désir d'indépendance. Aussi il se garda bien d'assimiler de suite la Bulgarie aux autres thèmes de l'Empire et il nomma pour l'administrer des *basilikoi* ou commissaires chargés de l'expédition des affaires en tenant compte le plus possible des coutumes indigènes ([1459]). Tout en plaçant la Bulgarie sous un régime militaire, en nommant des Grecs gouverneurs des forteresses, il conserva la plupart des vieilles institutions bulgares, comme l'impôt en grains dû par tout propriétaire d'une paire de bœufs ([1460]). Il montra la même modération dans l'organisation ecclésiastique en respectant l'autocéphalie de l'Église bulgare, dont le chef fut l'ancien patriarche, devenu simple archevêque d'Ochrida, mais dont le successeur fut un Grec du clergé de Sainte-Sophie ([1461]).

La quatrième période des entreprises militaires de Basile (1020-1025) est marquée par son expédition en Géorgie et par la pacification de l'Italie.

Loin de se reposer après l'heureuse issue de la guerre bulgare, Basile repart presque immédiatement pour la lointaine Transcaucasie, où Giorgi, roi des Abasges ([1462]), avait profité de la guerre bulgare, s'était emparé de territoires que son père, Bagarat, mort en 1014, avait cédés à l'Empire en échange du titre de curopalate, ainsi que de la région du Basian ([1463]), qui avait fait partie de l'héritage de David, dont Giorgi avait été le fils adoptif ([1464]). Basile attachait la plus grande importance à la possession de ces territoires, menacés déjà par la migration des Turcs Seldjoukides, et n'était sans doute pas fâché de montrer à ses vassaux du Caucase que l'éloignement ne leur assurait pas l'impunité.

Après avoir concentré son armée à Philomelion (thème d'Anatolie), sans révéler le but de son expédition, Basile gagna la région de Karin (Erzeroum) (printemps 1021), où il attendit en vain la soumission de Giorgi ([1465]), puis, traversant la chaîne de partage entre l'Euphrate et l'Araxe, déboucha dans la plaine de Basian où il rencontra l'armée de Giorgi, lequel, après une bataille indécise qui coûta de lourdes pertes aux deux adversaires, s'enfuit vers l'Abkhazie, poursuivi par Basile. Sur son passage l'empereur brûlait les villes de Giorgi et il gagna ainsi la région de Tiflis où aucun de ses prédécesseurs n'avait pénétré depuis Héraclius ([1466]). Là il s'arrêta et alla hiverner à Trébizonde, où il reçut la soumission de Jean Sempad, roi de la Grande Arménie, qui avait été l'allié de Giorgi et qui promit de léguer son royaume à l'Empire après sa mort ([1467]). Il traita avec le roi du Vaspourakan (sud du lac de Van), qui, incapable de défendre son État contre les Turcs Seldjoukides, le céda à l'Empire en échange du titre de magistros et du gouvernement de la Cappadoce ([1468]). Giorgi lui-même, à la nouvelle que Basile se préparait à attaquer l'Abkhazie par mer, fit sa soumission et céda à l'Empire les territoires en litige ([1469]).

Tout semblait ainsi terminé et Basile allait prendre possession de ces territoires, lorsqu'il fut arrêté par la révolte de Nicéphore Xiphias, stratège d'Anatolie, un des meilleurs généraux de la guerre bulgare, de concert avec Nicéphore au col tors, fils de Bardas Phocas. Basile suspendit sa marche et se contenta d'envoyer le stratège des Arméniaques contre les rebelles, mais Nicéphore Phocas fut assassiné et Xiphias, fait prisonnier, fut simplement interné aux îles des Princes ([1470]). Sa révolte avait été fomentée par Giorgi au moment même où il traitait avec Basile. Invité à renouveler sa soumission, il ne fit aucune réponse. Exaspéré par cette duplicité, Basile marcha contre lui, l'atteignit dans le Basian et lui infligea une déroute complète (11 septembre 1022) ([1471]). Giorgi, qui s'était enfui en abandonnant son camp et son trésor, serré de près par les troupes impériales, implora la paix, que Basile lui accorda aux mêmes conditions qu'au traité précédent, mais il dut livrer de nombreux otages, dont son fils unique ([1472]). Après avoir fait une démonstration militaire à la limite des terres chrétiennes au nord-ouest du lac d'Ourmiah, Basile battit en retraite et rentra à Constantinople au début de l'année 1023 ([1473]). Il avait achevé d'annexer à l'Empire en fait ou en expectative toute l'Arménie et la Géorgie, qui auraient pu devenir le glacis d'une forteresse opposée aux peuplades de l'Asie centrale.

En Italie, entre les années 1001 et 1025, pendant que Basile était occupé en Bulgarie et en Orient, les possessions byzantines furent de nouveau menacées par la reprise des incursions arabes, la révolte des Lombards alliés aux Normands, l'agression de l'empereur Henri II. Par une politique habile Basile sut faire face à toutes ces difficultés. Non seulement il laissa l'Italie pacifiée, mais il se préparait à y intervenir en personne et à reprendre la Sicile aux Sarrasins lorsqu'il mourut.

Tout d'abord Basile ne sépare pas la question de l'Italie byzantine de celle de l'Adriatique, dont les rives sont occupées par Venise, encore à moitié vassale de l'Empire, par la Croatie, par le thème impérial de Dyrrachium et par celui d'Italie. Tous ces territoires sont menacés par les mêmes ennemis : les Bulgares, les pirates slaves, les Sarrasins. Tout entier à la guerre bulgare, Basile fait alliance avec la jeune puissance maritime de Venise, dont il se considère comme le suzerain. En 992 il accorde au commerce vénitien dans l'Empire une diminution des droits de douane et le met à l'abri des extorsions habituelles des officiers impériaux, à condition que les navires vénitiens seront mis, le cas échéant, à sa disposition pour transporter des troupes en Italie ([1474]). En 998 il autorise le doge Pierre Orseolo à défendre les villes du thème de Dalmatie contre les attaques des pirates slaves ([1475]). L'expédition d'Orseolo en Dalmatie (1001) est un véritable triomphe pour la république de Saint-Marc et c'est de là que datent ses prétentions sur la Dalmatie ([1476]). Enfin, en 1004, Venise s'acquitte de ses obligations envers l'Empire en envoyant une flotte secourir la capitale du thème byzantin d'Italie, Bari, assiégée par les Sarrasins de Sicile et prête à succomber ([1477]). En reconnaissance et pour renforcer son alliance avec Venise, Basile fit venir le fils du doge à Constantinople et le maria à une patricienne ([1478]). Ces événements étaient gros de conséquences : une nouvelle puissance était née dans l'Adriatique.

Basile entretenait d'ailleurs d'excellents rapports avec les autres villes maritimes d'Italie et en 1005 c'était une flotte de Pise qui aidait les Grecs à détruire une escadre sarrasine à la hauteur de Reggio ([1479]). La même année l'empereur envoyait une ambassade à Cordoue, destinée sans doute à obtenir la fin des pirateries andalouses dans la mer Tyrrhénienne ([1480]).

Mais un danger bien plus grave encore menaça bientôt les possessions byzantines. Le 9 mai 1009 éclatait à Bari une insurrection dirigée par deux membres de l'aristocratie lombarde, Mélès et son beau-frère Datto, qui chassèrent la garnison byzantine restée sans chef par la mort du catapan ([1481]). La faiblesse des forces byzantines, incapables d'assurer la défense contre les Sarrasins, la fiscalité et l'insolence des fonctionnaires byzantins vis-à-vis des indigènes furent les causes de cette révolte, soutenue par des milices locales bien organisées ([1482]). Le mouvement s'étendit bientôt à toute l'Apulie ([1483]) et ce fut seulement 10 mois après le début de la révolte que des forces envoyées en toute hâte par Basile débarquèrent en Italie (mars 1010) ([1484]).

Le chef de l'expédition, Basile Argyros, entra à Bari après un siège de 61 jours et y rétablit l'autorité impériale ([1485]). Mélès, sur le point d'être livré par les habitants, s'enfuit à Bénévent et passa de là en Allemagne où Henri II lui conféra le titre de duc d'Apulie ([1486]).

Il se produisit alors un événement dont les conséquences devaient être incalculables et qui allait singulièrement compliquer la lutte pour l'Italie méridionale. Depuis les premières années du XIe siècle, un grand nombre de chevaliers normands fuyaient un pays trop peuplé pour ses ressources et trop bien gouverné pour l'humeur indépendante de ces descendants des vikings ([1487]). Pèlerins à Compostelle, à Rome, à Jérusalem, guerriers ou marchands à l'occasion, on les trouvait sur toutes les routes de l'Europe, partout où il y avait des coups à donner ou à recevoir et particulièrement dans l'Italie méridionale, où ils ne manquaient pas de fréquenter le pèlerinage de Saint-Michel au Monte Gargano, en relations mystiques avec leur Saint-Michel-au-Péril-de-la-Mer ([1488]). Ce fut là que Mélès aurait rencontré une troupe de ces pèlerins, auxquels il demanda d'exciter leurs compatriotes à venir combattre en Italie ([1489]), mais ce fut probablement Guaimar, prince de Salerne, qui eut l'idée d'envoyer des émissaires recruter des troupes en Normandie pour aider les Lombards révoltés ([1490]).

Après avoir grossi son armée de ces auxiliaires, qui arrivaient en grand nombre, Mélès attaqua l'Apulie au printemps de 1017, infligea plusieurs défaites au catapan Léon Tornikios et occupa en quelques mois toutes les forteresses des Pouilles ([1491]). Tornikios fut rappelé à Constantinople et remplacé par un soldat énergique, Basile Bojoannès, qui débarqua en Italie avec une armée et des subsides importants en décembre 1017. Il lui fallut 10 mois pour réprimer les révoltes locales et reconstituer son armée, puis en octobre 1018, au moment même où Basile en finissait avec la Bulgarie, il infligea à l'armée lombardo-normande une défaite décisive dans la plaine de Cannes sur la rive droite de l'Ofanto. Mélès s'échappa à grand-peine et gagna l'Allemagne où il mourut en 1020 ([1492]).

La conséquence de ces deux victoires fut le rétablissement de l'autorité byzantine en Apulie, en Dalmatie et en Croatie ([1493]). Pour défendre le thème d'Italie, Bojoannès créa une sorte de Marche militaire qui bloquait le massif du Gargano et lui donna un réduit défensif en créant la ville de Troja sur une colline élevée qui dominait la route de Bénévent à Siponto et la peupla d'habitants entraînés à la guerre ([1494]). Il rétablit enfin l'autorité de Byzance sur les principautés lombardes ([1495]). Ce fut en vain que l'empereur Henri II inquiet de cet accroissement de la puissance byzantine, entreprit en 1021 une grande expédition qui échoua devant Troja, dont il ne put s'emparer après un siège de trois mois ; il obtint simplement la soumission nominale des princes lombards, qui se hâtèrent de reporter leur hommage à Byzance après son départ ([1496]).

Ces succès ne suffisaient pas à Basile et après son retour de sa deuxième expédition d'Arménie, il songea à supprimer le principal repaire de pirates qu'était devenue la Sicile et à conduire lui-même les opérations. En avril 1025 il se faisait précéder en Italie par une armée commandée par le protospathaire Oreste. Après avoir restauré les fortifications de Reggio, Basile Bojoannès commençait la campagne en s'emparant de Messine, mais un échec de l'armée d'Oreste le força à rester dans l'inaction ([1497]).

Basile II, âgé de 68 ans, se préparait à s'embarquer pour rejoindre Bojoannès lorsqu'il fut terrassé par un mal subit et il expira le 15 décembre 1025, laissant l'Empire plus grand et plus puissant qu'il n'avait jamais été depuis Justinien ([1498]).

IV. L'ARRÊT DE L'EXPANSION BYZANTINE ET LA FIN DE LA DYNASTIE MACÉDONIENNE (1025-1057)

La mort de Basile II ne marque pas la fin de l'expansion byzantine, qui continue à se développer après lui, grâce au personnel d'élite qu'il a su former et au prestige universel qu'il a donné à l'Empire, mais il eut pour successeurs une série de princes incapables, dont les fautes accumulées finirent par compromettre cette magnifique situation. Il se produisit en effet dans le gouvernement un changement profond qui fut un véritable retour en arrière : de nouveau la direction des affaires fut accaparée par les eunuques du Koubouklion impérial, ce qu'on n'avait pas vu depuis la disgrâce du parakimomène Basile en 980. De là sortit un antagonisme désastreux entre le gouvernement civil du Palais et les chefs militaires, comblés d'honneurs et d'avantages sous Basile. Cette rivalité produisit de nouvelles révoltes militaires qui compromirent la défense de l'Empire au moment où il était menacé sur ses deux flancs par les ennemis nouveaux qui avaient fait leur apparition sous Basile : les Normands en Italie, les Turcs en Mésopotamie.

Constantin VIII. — Après la mort de Basile II sans enfant, le pouvoir passa naturellement à son frère Constantin VIII, co-empereur depuis sa naissance, mais qui n'avait jamais pris la moindre part aux affaires. Frivole et indolent, vivant contraste avec son glorieux frère, taillé en hercule, il ne s'occupait que de sports, luttes, courses de chevaux, mais ne pouvait supporter la moindre fatigue et détestait tout ce qui pouvait rappeler la guerre. A son avènement, sa santé était ruinée et son règne effectif ne dura même pas trois ans (16 décembre 1025-11 novembre 1028) [1499], mais fut assez long cependant pour lui permettre de confier le gouvernement de l'Empire aux eunuques du Palais et de destituer les meilleurs chefs militaires et les fonctionnaires qui devaient leur fortune au choix clairvoyant de Basile II, en les remplaçant par ses créatures. Il était d'ailleurs dur et cruel, accueillant toutes les calomnies sans discernement et punissant les fautes vénielles de l'ablation des yeux : il avait la violence des faibles et des poltrons [1500].

De sa femme, Hélène Alypios, Constantin VIII avait eu trois filles, dont l'aînée, Eudoxie, entra dans un monastère, et dont les deux cadettes, Zoé et Théodora, étaient ses seules héritières, mais n'avaient pas encore été mariées [1501]. Ce fut seulement en novembre 1028 que Constantin, étant tombé malade et se sentant perdu, songea à donner un époux à l'une de ses filles et à lui-même un successeur. Aussitôt les intrigues allèrent leur train au Palais, les eunuques étant partagés entre deux membres de la noblesse, Constantin Dalassenos et Romain Argyre. Ce fut celui-ci qui l'emporta bien que déjà marié. Appelé avec son épouse au chevet du moribond, il fut mis en demeure d'avoir les yeux crevés ou de divorcer d'avec sa femme et d'épouser l'une des princesses. Théodora s'étant récusée, Romain Argyre fut marié à Zoé le 8 novembre, trois jours avant la mort de Constantin.

Les deux conjoints étaient parents, mais le patriarche Alexis leva la difficulté dans l'intérêt de l'État ([1502]).

Le régime des princes-époux et adoptés. — L'Empire connut de nouveau de 1028 à 1057 le régime des princes-époux ou adoptés, mais, tandis qu'au Xe siècle ce rôle fut tenu par des hommes de premier ordre, qui firent la grandeur de l'Empire, les princes-époux du XIe siècle sont des parvenus médiocres, mal préparés à la mission grandiose que le hasard leur avait assignée. Incapables de faire face aux dangers très graves qui menacèrent l'Empire, ils compromirent irrémédiablement la puissance et le prestige que lui avaient donnés leurs grands prédécesseurs.

Parmi les cinq parvenus qui occupèrent le trône pendant un demi-siècle, Romain Argyre fut le seul auquel son passé donnait quelque prestige, le seul capable de commander une armée, mais non d'obtenir la victoire, ayant plus de prétentions que de qualités réelles ([1503]). Il appartenait à la noblesse militaire, dont il partageait toutes les passions, et l'un des actes les plus importants de ses six années de règne fut l'abolition de l'allelengyon que Basile II avait institué comme une digue contre l'extension abusive des grands domaines. Désormais la petite propriété était livrée sans défense aux accaparements des puissants et ce qui est plus grave, l'existence des biens militaires, source de recrutement de l'armée des thèmes, était compromise. Les conséquences néfastes de cette mesure ne devaient pas tarder à se faire sentir ([1504]).

Le court règne de Romain Argyre fut d'ailleurs agité par des intrigues de palais et des complots dans lesquels, compromise, Théodora fut enfermée au monastère de Pétrion et obligée par Zoé, qui la détestait, de prononcer ses vœux monastiques ([1505]). Romain périt lui-même victime d'une de ces intrigues, dont l'origine fut des plus vulgaires. Délaissée par son impérial époux, qui avait perdu l'espoir d'avoir d'elle une postérité ([1506]), Zoé se vengea en prenant comme amant le frère d'un eunuque de Romain, paphlagonien d'origine, que celui-ci avait créé orphanotrophe ([1507]). Michel, c'était son nom, fit semblant de répondre à la passion de la vieille basilissa, qui fit étouffer Romain Argyre dans les bains du palais (12 avril 1034) ([1508]) et, quelques heures après, fit célébrer son mariage avec le jeune aventurier par le patriarche Alexis, puis le proclama basileus ([1509]).

Avec la famille paphlagonienne la dignité impériale décroît d'un échelon social. Avant d'être basileus, Michel IV avait été changeur, ainsi que son frère Nicétas. Ses trois autres frères étaient eunuques et deux d'entre eux, Georges et Constantin, exerçaient le métier décrié de guérisseur ou empirique. Une de ses sœurs avait épousé un ouvrier calfat du port de Constantinople ([1510]). Mais le véritable chef de la famille et l'artisan de sa fortune était son frère aîné, Jean l'Orphanotrophe, moine et eunuque, qui avait su se glisser dans la faveur de Romain Argyre et encourager la passion de Zoé pour son jeune frère, qu'il avait littéralement poussé au trône et qui prit lui-même, sous le nom de Michel, le gouvernement de l'Empire. Il commença d'ailleurs par bien établir ses autres frères et, malgré leur nullité et leur mauvaise conduite, leur confia des postes de premier ordre ([1511]). Pour trouver un exemple d'une pareille ascension sociale il faut remonter jusqu'au fondateur de la dynastie macédonienne.

L'Orphanotrophe travaillait d'ailleurs avec zèle à l'expédition des affaires et montrait la plus grande vigilance. Rien d'important ne lui échappait. Il parcourait lui-même la nuit les rues de Constantinople, où sa robe de moine lui assurait l'incognito et déjouait, grâce à sa police, les menées des fauteurs de désordres. On a dit qu'il représentait la centralisation bureaucratique antérieure à l'influence prise par la noblesse ([1512]) et il ne ménageait pas l'aristocratie militaire d'Asie Mineure.

Cependant la seule opposition qui se manifesta à l'avènement de Michel fut celle de Constantin Dalassène, le prétendant malheureux à la main de Zoé. Jean l'Orphanotrophe sut l'attirer au palais, lui fit un excellent accueil et le créa anthypatos ([1513]), mais peu après, une émeute ayant éclaté à Antioche, Nicétas, que l'Orphanotrophe avait créé gouverneur de cette ville, dénonça Constantin Dalassène comme le principal instigateur des troubles et Jean saisit ce prétexte pour le déporter dans l'île de Plati (3 août 1034). De plus, il emprisonna son gendre, Constantin Doukas, qui avait protesté et confisqua les biens de plusieurs archontes d'Asie regardés comme ses partisans, en faisant profiter ses frères de leurs dépouilles ([1514]). C'était là un véritable camouflet pour l'aristocratie militaire qui prétendait gouverner l'Empire.

Quant au basileus Michel, qui ne voyait rien que par les yeux de son frère, il cessa, à peine couronné, de feindre sa passion pour Zoé et la relégua au Gynécée en renvoyant toutes ses femmes et les eunuques de Basile II dont l'Orphanotrophe redoutait les intrigues ([1515]). Les Paphlagoniens étaient les maîtres de l'Empire et l'eunuque Jean, ne connaissant plus de bornes à son ambition, entreprit même de se substituer à Alexis sur le trône patriarcal en prétextant l'irrégularité de sa nomination, mais le vieux patriarche lui fit une réponse telle qu'il abandonna ce projet ([1516]).

L'expansion

De toute cette famille de parvenus sans scrupules, Michel IV paraît avoir été le seul honnête homme, le seul qui ait témoigné des remords de l'origine criminelle de son pouvoir. Tous les chroniqueurs, à commencer par Psellos, son contemporain, sont d'accord pour vanter son esprit sérieux et réfléchi et reconnaître que, malgré son peu d'instruction, il s'acquitta consciencieusement du rôle auquel rien ne l'avait préparé, ne bouleversant rien dans l'administration, n'élevant pas ses amis trop vite et résistant à la cupidité de ses frères. Il s'occupait surtout de l'armée et lorsque éclata le soulèvement bulgare en 1040, il eut le courage, bien qu'agonisant, de commander lui-même une expédition ([1517]).

Malheureusement Michel avait une santé très précaire et était sujet à des attaques d'épilepsie qui devenaient de plus en plus fréquentes à mesure qu'il avançait en âge. C'était en vain qu'il demandait des prières à tous les moines de l'Empire, qu'il multipliait les actes de piété, les fondations, allant en pèlerinage au tombeau de saint Démétrius à Thessalonique, s'entourant d'ascètes qu'il servait lui-même, allant jusqu'à les faire coucher dans son lit : son mal était inguérissable ([1518]). Devenu incapable de s'occuper des affaires, il abandonnait le gouvernement de l'Empire à l'Orphanotrophe, que ses exactions rendaient de plus en plus odieux et qui laissait transparaître la vulgarité de ses origines en prenant part à des orgies scandaleuses, sans d'ailleurs, d'après Psellos, perdre un seul des propos assez libres de ses compagnons d'ivresse, qu'il obligeait plus tard à lui en rendre compte ([1519]).

Mais la maladie de son frère finit par l'inquiéter et il songea à lui trouver un successeur dans sa famille. Son choix tomba sur son neveu Michel, le fils de Marie, sa sœur, et de l'ancien ouvrier calfat Étienne, qu'il avait, malgré sa nullité, donné comme successeur à Georges Maniakès, en Sicile ([1520]). Après avoir démontré à l'empereur que le peuple, au courant de sa maladie, qu'il croyait mortelle, finirait par se soulever et le renverser du trône, il l'amena habilement à accepter sa solution et il obtint aussi, on ignore par quel moyen, l'acquiescement de Zoé ([1521]). Il fut donc procédé à une cérémonie solennelle à l'église de la Vierge des Blachernes : Zoé, qui représentait la légitimité, adopta comme fils Michel le Calfat et l'assit sur ses genoux devant toute la cour, puis, suivant les rites anciens, on lui conféra la dignité de César [1522]. Esprit faux et caractère dissimulé, le nouvel héritier du trône ne tarda pas à provoquer l'antipathie de tous, si bien que l'Orphanotrophe le relégua dans la banlieue de Constantinople [1523]. Ce fut pourtant cet indigne personnage qui fut appelé à gouverner la Romania lorsque, le 10 décembre 1041, Michel IV expira au monastère des Saints-Anargyres qu'il avait fondé, après y avoir reçu la robe monastique [1524].

Le règne de Michel V devait durer exactement 132 jours (10 décembre 1041-21 avril 1042). Afin de se faire accepter il montra d'abord le plus grand respect pour Zoé et pour l'Orphanotrophe qu'il affectait de consulter sans cesse, mais, excité par son autre oncle, le domestique des scholes, Constantin, à qui il fit conférer par Zoé la dignité de nobilissime [1525], il changea bientôt d'attitude et, après avoir cherché querelle à l'Orphanotrophe, il l'exila dans un monastère et, comme Jean était très impopulaire, il n'y eut pas de protestation [1526]. Très habilement guidé sans doute par son oncle Constantin, Michel V chercha à mettre l'opinion de son côté en faisant sortir de prison les victimes de l'eunuque Jean, comme Constantin Dalassenos et Georges Maniakès qu'il nomma catapan d'Italie. Il confia la direction des affaires au juriste érudit Constantin Lichoudès et il envisagea une réforme administrative [1527]. Il montra de la haine contre la noblesse, s'entoura d'une garde de Bulgares et affecta une allure démagogique qui lui valut la faveur de la foule [1528].

Mais il voulut aller trop loin et vint buter contre un écueil. Jaloux des honneurs rendus à Zoé, il entreprit de s'en débarrasser. Il l'interna d'abord au Gynécée, puis l'accusa d'avoir voulu l'empoisonner, la déporta à Prinkipo et lui fit couper les cheveux [1529] (18 avril 1042). Non content de cet exploit qu'il justifia par un manifeste [1530], il voulut s'attaquer au patriarche Alexis [1531], mais celui-ci fit sonner les cloches et souleva contre Michel une formidable émeute (19 avril), appuyée par la garde des Varanges russes [1532]. Le Grand Palais fut assiégé. Ce fut en vain que pour sauver sa vie le basileus rappela Zoé et la montra au peuple du haut du Kathisma [1533]. Il était trop tard. Les émeutiers tirèrent

Théodora du monastère de Petrion, la conduisirent toute tremblante à Sainte-Sophie et la firent couronner basilissa par le patriarche. Le 20 avril le Grand Palais était pris : Michel et Constantin s'enfuirent par mer au monastère de Stoudios, où, par ordre de Théodora, on leur creva les yeux et on les enferma chacun dans un monastère différent ([1534]) (21 avril).

La légitimité représentée par Zoé et Théodora, derniers rejetons de la dynastie macédonienne, avait donc remporté une nouvelle victoire. Les émeutiers qui avaient tiré Théodora de son monastère craignaient que Zoé ne se réconciliât avec Michel V ([1535]), mais il paraissait difficile de faire régner ensemble les deux sœurs qui se détestaient. Cependant Zoé, cédant aux circonstances « et bien contre son gré » ([1536]), invita sa sœur à venir au palais et la pressa sur son cœur ([1537]). « Pour la première fois le Gynécée fut changé en salle du conseil impérial » ([1538]) et rien n'est plus curieux que la description laissée par Psellos d'une audience tenue par les deux impératrices ([1539]). Leurs décisions furent d'ailleurs des plus sages : à part les révocations des créatures de Michel V et la condamnation pour péculat du nobilissime Constantin ([1540]), elles ne bouleversèrent pas l'administration et firent même une bonne réforme en supprimant la vénalité des charges, qui n'existait pas en droit, mais en fait, par suite des sommes extorquées aux nouveaux fonctionnaires ([1541]).

Dans la pensée des deux sœurs ce régime n'était que provisoire, chacune d'elles cherchant à supplanter l'autre et ayant ses partisans qui les poussaient à prendre un prince-époux, mais Théodora était réfractaire au mariage tandis que Zoé n'hésita pas, malgré son âge, à convoler en troisièmes noces. Constantin Dalassène, auquel elle songea d'abord, l'inquiéta par son ton autoritaire ; un second prétendant mourut à la veille de réussir ; à la fin son choix se porta sur Constantin Monomaque, d'une bonne famille de la noblesse byzantine, mais qui n'avait jamais exercé aucune charge, personnage très remuant, fils d'un conspirateur, impliqué lui-même dans un complot et exilé par Michel IV à Mytilène, où il passa sept ans. Zoé l'avait rappelé et l'avait nommé juge du thème de l'Hellade. Ce fut de là qu'elle l'appela pour en faire un basileus. Le patriarche Alexis fit quelque difficulté pour unir deux conjoints qui en étaient chacun à leurs troisièmes noces, mais il trouva un moyen terme en faisant célébrer le mariage par le premier clerc du Palais et en couronnant lui-même les deux époux ([1542]). Constantin Monomaque, qui devait survivre à Zoé, allait régner sur l'Empire pendant plus de 12 ans (12 juin 1042-11 janvier 1055).

Affaires extérieures (1025-1042). — Pendant cette période si agitée à l'intérieur, malgré l'insuffisance et l'impéritie des empereurs, l'excellente organisation diplomatique et militaire de Basile II n'a pas périclité et l'expansion de l'Empire, bien que moins active, n'en a pas moins continué, mais les succès sont déjà moins grands et amoindris par quelques désastres : on s'aperçoit que l'Empire n'est plus dirigé d'une main ferme.

Cependant la police des frontières et de la mer est encore active. Il y a encore des tentatives de surprise et de piraterie mais elles sont réprimées immédiatement, comme celle du russe Chrysocheir, parent de Vladimir, qui parvint avec ses 20 monoxyles jusqu'à Lemnos (1024), mais fut arrêté par les stratèges des Cibyrrhéotes et de Thessalonique ([1543]). Basile II était encore vivant, mais en 1025 le gouverneur de Sirmium repousse une incursion des Petchenègues, qui reviennent d'ailleurs en 1033 et en 1036 ([1544]); en 1027 les stratèges de Samos et de Chio détruisent dans l'Archipel une flotte de corsaires venus d'Afrique et une nouvelle tentative de leurs congénères en 1035 a le même sort ([1545]). Plus grave fut en 1040 le soulèvement des Bulgares, dû à l'abandon des sages mesures de Basile II, en particulier par la transformation en numéraire de l'impôt en nature des paysans, sur l'ordre de Jean l'Orphanotrophe. Un aventurier, Pierre Dolianos, se donna comme le descendant de l'ancienne dynastie et fut proclamé tsar. Il marcha sur Thessalonique, mit en déroute l'armée impériale et envoya des armées en Grèce et contre Dyrrachium. Mais le siège de Thessalonique par Dolianos et un autre prétendant, Alousianos, échoua grâce à une sortie victorieuse des assiégés le jour de la fête de saint Démétrius (26 octobre 1040). Dès lors, leurs affaires périclitèrent. Alousianos creva les yeux à son rival et se fit battre par une armée impériale. A la fin de 1041 la Bulgarie était soumise.

En revanche la position de l'Empire était compromise sur le versant de l'Adriatique par suite de la révolte des Serbes de la Dioclée à la voix d'Étienne Boïthslav, époux d'une petite-fille du tsar Samuel, gardé comme otage à Constantinople, d'où il s'était échappé. L'insurrection battait son plein en 1041. Du moins la ville de Zara avait été annexée à l'Empire et son toparque (magistrat local) était en même temps stratège impérial et anthypatos ([1546]).

Sur le front d'Orient non seulement les positions de l'Empire furent maintenues, mais il y eut de nouvelles annexions ([1547]). Le traité conclu en 1027 entre le calife fatimite Al-Zahir et Constantin VIII autorisant la réédification de l'église du Saint-Sépulcre détruite en 1009 par l'ordre de Hakem, montre que l'Empire n'avait rien perdu de son prestige ([1548]). Par contre ce prestige fut amoindri par la désastreuse expédition de Romain Argyre contre l'émir d'Alep, un Bédouin, dont les troupes avaient fait des incursions au-delà de la frontière (1030) ([1549]). Fort heureusement le mauvais effet produit par la fuite honteuse du basileus fut atténué par la résistance des gouverneurs des places fortes comme celle de Georges Maniakès ([1550]), et par les contre-attaques victorieuses du nouveau duc d'Antioche, Nicétas, qui déterminèrent l'émir d'Alep à signer un traité par lequel il redevenait vassal de l'Empire ([1551]) (septembre 1031). Peu auparavant l'émir de Tripoli, révolté contre l'Égypte, s'était placé aussi sous la protection impériale ([1552]), mais un succès encore plus éclatant fut l'annexion de la grande ville d'Édesse livrée à Georges Maniakès, créé catepano de la Basse Médie (Vaspourakan), à la suite d'une guerre civile entre deux chefs musulmans ([1553]). Non seulement cette acquisition portait la frontière au-delà de l'Euphrate, mais la place qu'occupait Édesse dans l'histoire du christianisme explique l'effet moral produit par cette victoire. A plusieurs reprises des émirs sarrasins essayèrent vainement de reprendre la ville (1035-1037) ([1554]). En 1033 la paix avec l'Égypte avait été rompue, l'émir de Tripoli ayant été chassé de sa résidence par une armée égyptienne et réintégré à la suite d'une expédition byzantine, pendant qu'une escadre impériale faisait une démonstration devant Alexandrie ([1555]); mais en 1036 la paix fut renouvelée entre l'Empire et la veuve d'Al-Zahir, régente au nom de son fils Al-Mostancer ([1556]).

La politique impériale fut moins heureuse dans les pays du Caucase. Sous Constantin VIII une tentative d'annexion du royaume de Géorgie, après la mort de Giorgi, laissant un fils mineur (1027), échoua complètement ([1557]) et en 1038 une expédition du domestique des scholes, Constantin, frère de Michel IV, aboutit à une défaite ([1558]). De même après la mort du roi de Grande Arménie, Jean Sempad, et de son frère Aschod, Michel IV voulut profiter de la guerre civile qui éclata en Arménie, pour revendiquer l'héritage de Sempad, cédé à l'Empire par le traité de 1021, mais l'armée qu'il envoya pour saisir Ani fut taillée en pièces et le jeune Kakig II, fils d'Aschod, fut sacré roi des rois (1042) ([1559]).

Enfin l'Italie byzantine courut les plus grands dangers pendant cette période, sans cependant avoir été entamée. La disgrâce du catapan Bojoannès prononcée par Constantin VIII (1028) ([1560]) et son remplacement par un incapable encouragèrent les Sarrasins de Sicile à recommencer leurs incursions (1030-1031) ([1561]). En 1032 ils parurent même dans la mer Ionienne et l'Adriatique, mais ils ne purent tenir contre les forces réunies du stratège de Nauplie et de la république de Raguse ([1562]) et en mai 1035 l'émir de Sicile concluait une trêve avec Michel IV ([1563]).

Mais d'autres dangers menaçaient les possessions byzantines : tout d'abord les entreprises du nouvel empereur germanique, le Franconien

Conrad II (1024-1039), couronné à Rome le 6 janvier 1027 [1564], qui fait reconnaître sa suzeraineté par les princes lombards et envoie Werner, archevêque de Strasbourg, à Constantinople demander pour son fils âgé de 10 ans la main d'une princesse impériale [1565]. Ce sont ensuite les bandes normandes que les princes lombards, en querelles continuelles les uns contre les autres, prennent à leur solde : en 1029 Sergius ayant recouvré son duché de Naples, dont il avait été chassé par Pandolf III, prince de Capoue, fait don à Rainolf, chef de ses auxiliaires normands, du territoire et de la ville d'Aversa [1566]. Pour la première fois les Normands ont un établissement territorial en Italie sous un chef des plus habiles et c'est là le point de départ de leurs prodigieux succès.

Cependant l'état d'anarchie qui régnait en Italie, divisions des princes lombards, guerres civiles entre les Sarrasins de Sicile et d'Afrique, était favorable à une action de l'Empire byzantin, dont tous les partis recherchaient l'alliance. Une seconde intervention de Conrad II (1038), qui mit un terme aux usurpations de Pandolf III, prince de Capoue, en train de se constituer un puissant État aux dépens de ses voisins, fut plus avantageuse que nuisible à Byzance [1567].

C'est ce qui explique la reprise des projets de Basile II sur la Sicile, dont les partis en pleine guerre civile sollicitaient une intervention byzantine [1568]. Dès 1037 le catapan d'Italie, Constantin Oropos, passait en Sicile, battait à plusieurs reprises les troupes africaines, délivrait des milliers d'esclaves chrétiens, mais ne pouvait se maintenir dans l'île [1569]. Mais une expédition importante avait été préparée par Jean l'Orphanotrophe qui avait mis son frère Étienne à la tête de la flotte et confié à Georges Maniakès une armée composée des meilleures troupes de l'Empire, dont un corps de Varanges sous Harald le Sévère, roi de Norvège, et 300 chevaliers normands commandés par le Lombard Ardouin [1570]. La campagne commença dans l'été de 1038 par la reprise de Messine, puis il semble que Maniakès ait voulu marcher sur Palerme en suivant la côte septentrionale, car il est vainqueur d'une armée africaine à Rametta qui commande cette route. Il exploita sa victoire en prenant des villes, mais on ignore la suite de ses opérations [1571] et on le retrouve en 1040 devant Syracuse, qu'il est obligé d'abandonner pour faire face à une diversion venue de l'intérieur. La brillante victoire de Troïna, au nord-ouest de l'Etna, lui permit de continuer le siège de Syracuse dont il s'empara (été de 1040) [1572].

Malheureusement la division se mit dans cette armée composite. Les Normands et les Scandinaves mal payés regagnèrent l'Italie [1573]. Maniakès aurait maltraité le chef de la flotte, Étienne, en lui reprochant d'avoir laissé échapper le chef musulman vaincu à Troïna. Dénoncé à Constantinople, Maniakès fut rappelé et emprisonné [1574]. Ses incapables successeurs laissèrent les Sarrasins reprendre toutes ses conquêtes. En 1041 Byzance ne possédait plus en Sicile que Messine, défendue héroïquement par l'Arménien Kékaumenos Katakalon [1575].

Enfin pendant que l'armée impériale était encore en Sicile, les Lombards sujets de Byzance se révoltaient une seconde fois, mais, circonstance aggravante, avec le concours des Normands. Le principal artisan de cette révolte fut Ardouin, ulcéré des affronts que lui avait infligés Maniakès. Gagnant la confiance du catapan Michel Dokeianos, il se fit nom-

L'expansion

mer gouverneur de Melfi [1576], s'allia avec les Normands d'Aversa et en introduisit une bande dans la place au moment où toutes les villes d'Apulie se soulevaient. Melfi devint alors le centre de l'insurrection et la place forte où les Normands, grands pillards, venaient déposer leur butin. Le catapan Michel, battu en plusieurs rencontres, dut s'enfuir à Bari (mars 1041); le fils de Bojoannès qui lui succéda ne fut pas plus heureux et fut fait prisonnier à la bataille de Montepeloso (3 septembre). Le fils de Mélès, le chef de la première révolte, Argyros, qui avait quitté Constantinople, où il était prisonnier en 1029, fut proclamé chef des Normands et des Lombards dans l'église Saint-Apollinaire de Bari (février 1042). Les troupes impériales ne tenaient plus que quelques places fortes du sud, Brindisi, Otrante et Tarente [1577]. Telle était la situation de l'Italie byzantine à l'avènement de Constantin Monomaque.

Constantin Monomaque. — Constantin Monomaque, porté à l'Empire par son heureuse étoile, continue la série des princes-époux. Jusqu'à son avènement, sauf en Italie, l'Empire avait maintenu partout ses positions. Avec lui, bien que son règne présente certains aspects assez brillants, commence la liquidation de la politique de conquête. L'Empire perd sa force offensive et se voit menacé à son tour sur toutes ses frontières par de nouveaux ennemis, les Turcs en Orient, les Petchenègues sur le Danube, les Normands en Italie.

Pour faire face à ces périls il eût fallu un nouveau Basile II et il n'y avait au Palais Sacré qu'un parvenu banal, supérieur sans doute par son éducation aux Paphlagoniens, mais frivole et indolent, bellâtre bien vu de toutes les femmes, ne demandant que la paix et la tranquillité, considérant le pouvoir impérial comme une retraite dorée qui lui permettait de s'amuser, comme il en fit l'aveu cynique à Psellos [1578]. Il n'était pas d'ailleurs sans qualités. Simple et avenant il séduisait les gens par sa bienveillance, ni hautain, ni vindicatif, toujours de bonne humeur, même dans les circonstances pénibles, un vrai Philinte couronné avec tout ce que ce caractère comporte d'égoïsme et même de lâcheté [1579].

Avant son avènement Monomaque avait une liaison déjà ancienne avec une petite-fille de Bardas Skléros, le prétendant. Ayant été marié déjà deux fois, il n'avait osé l'épouser, mais les deux amants ne pouvaient se passer l'un de l'autre et Sklérène était venue le consoler dans son exil de Mytilène. Contre toute attente Constantin trouva moyen d'obtenir de Zoé que sa favorite vînt habiter le palais, qu'elle y eût une situation officielle, le titre de *Sébasté* en vertu d'un *contrat d'amitié*, qu'elle assistât au conseil où elle faisait parfois prévaloir son avis et qu'elle parût dans les processions impériales, au grand scandale du peuple qui craignait qu'elle ne supplantât Zoé et manifestât sa réprobation par une véritable émeute [1580]. Mais la favorite ne tarda pas à mourir, à la grande douleur du basileus, qui la fit ensevelir au monastère des Manganes qu'il avait fondé [1581].

Cependant la mort de Sklérène ne changea pas grand-chose à la physionomie de la cour. Constantin continua à mener la même existence oisive, remplaça Sklérène par une jeune Alaine qu'il n'osa introduire au palais du vivant de Zoé, mais qu'il créa Sébasté [1582]; d'autre part il prenait plaisir aux facéties ineptes de son favori Romain Boïlas, véritable bouffon qui s'enhardit jusqu'à devenir amoureux de la favorite et à comploter la mort du basileus [1583] et reçut d'ailleurs son pardon. Constantin était en outre d'autant moins disposé à mener une vie active que dès le début de son règne il devint paralytique au point de ne pouvoir plus faire le moindre mouvement, bien qu'avec un réel courage il n'ait jamais cessé de s'acquitter des fonctions qui incombaient à sa dignité [1584]. D'une prodigalité inouïe, il épuisa le trésor laissé par ses prédécesseurs, soit en comblant de richesses ses nombreux favoris et favorites, soit par ses fondations fastueuses comme celles de l'église Saint-Georges des Manganes ou de la Nea Moni de Chio [1585].

De son côté Zoé n'avait pas plus de goût que Constantin pour les affaires et passait son temps au Gynécée à fabriquer des parfums et à chercher l'avenir en contemplant une icône du Christ, l'Antiphonétès, qu'elle avait confectionnée elle-même « et dont elle avait fait une image presque vivante » [1586]. Elle avait dédié une église à cette icône et par ses générosités irraisonnées elle aidait le basileus à dilapider les finances publiques. Elle mourut à l'âge de 72 ans en 1050 et reçut de son triste époux autant d'honneurs que si elle eût été une sainte [1587].

Malgré ces misères, le règne de Constantin Monomaque est remarquable par une tentative curieuse de gouvernement au moyen des lettrés et par une réorganisation de l'Université impériale destinée à devenir une pépinière d'hommes d'État et d'administrateurs. Il s'agissait en fait de soustraire le pouvoir à l'ingérence des eunuques du Palais d'une part, des chefs de l'aristocratie militaire d'autre part.

Déjà, à son avènement, Michel V avait choisi comme ministre le juriste Constantin Likhoudès et Monomaque l'avait conservé en cette qualité [1588]. Il avait profité de son arrivée au pouvoir pour protéger ses compagnons d'études, de famille pauvre comme Jean Xiphilin de Trébizonde [1589], ou de petite bourgeoisie comme Michel Psellos, qu'il fit nommer juge à Philadelphie, puis sous-secrétaire (*hypogrammateus*) au Palais [1590]. Constantin IX, qui se piquait de littérature, mais qui cherchait surtout à battre en brèche la noblesse militaire, protégea les lettrés et Psellos fut en faveur auprès de lui et de Sklérène ([1591]). Bientôt il confia aux lettrés les plus hauts emplois. En 1043, à 25 ans, Psellos était nommé vestarque et *protoasecretis* (chef de la chancellerie impériale), Jean Byzantios dit Mauropous devenait conseiller intime de l'empereur et Jean Xiphilin, déjà juge de l'Hippodrome, reçut la charge nouvelle de *nomophylax* qui faisait de lui le chef de la faculté de Droit réorganisée et destinée à fournir des magistrats choisis d'après leur mérite et non d'après leur naissance (1045) ([1592]). Psellos reçut plus tard le titre pompeux de *consul des philosophes* qui lui donnait la direction des études littéraires et un rang dans la hiérarchie des dignitaires palatins ([1593]).

Mais cet enthousiasme pour les lettres ne dura pas. La franchise et la rudesse de Constantin Likhoudès, qui critiquait ses dilapidations, déplurent à l'empereur et dans un mouvement de colère il le destitua (1050). La disgrâce de Jean Mauropous suivit de près et il devint évêque d'Euchaïta. Psellos et Xiphilin, s'apercevant du changement d'attitude du souverain à leur égard, se retirèrent dans un monastère de l'Olympe ([1594]) et un favori plus souple, mais tout à fait incapable, le logothète Jean, prit la direction des affaires ([1595]).

Ce changement subit est un exemple de l'incohérence et du désordre qui paraît avoir régné dans le gouvernement intérieur de Constantin IX. Cet homme qui cherchait avant tout son repos, mais dont le caractère était impulsif, n'a cessé de se créer des difficultés par ses caprices et ses fantaisies déraisonnables. Psellos l'accuse d'avoir bouleversé tous les usages et les règles de l'avancement dans la hiérarchie en ouvrant le Sénat à des gens de bas étage ([1596]). Il faillit même être victime de ce manque de discernement : l'un de ces nouveaux sénateurs, sachant qu'il ne prenait aucune précaution pour se garder la nuit, mais que sa chambre était ouverte à tout venant, résolut de l'assassiner et faillit réussir ([1597]). D'autre part, à la fin de son règne ses fantaisies et ses libéralités devinrent de plus en plus coûteuses ([1598]) et lorsqu'il eut vidé complètement le trésor, cet homme si généreux eut recours à la fiscalité la plus éhontée pour se procurer des ressources : il envoya partout des collecteurs d'impôts qui employaient les moyens les plus illicites pour récolter de l'argent et, ce qui fut plus grave encore, il alla jusqu'à licencier des troupes pour employer à d'autres objets les sommes levées sur les populations pour leur entretien ([1599]).

Événements extérieurs. — Une invasion russe, deux grandes révoltes militaires, la violation de la frontière du Danube par les Petchenègues, les invasions des Turcs Seldjoukides en Orient et des Normands en Italie, le schisme avec la papauté, tel est le bilan du règne d'un empereur qui n'a jamais quitté le Grand Palais de son avènement à sa mort, non par manque de courage, il a donné des preuves du contraire, mais par indifférence néfaste pour les choses de l'armée et par un détachement coupable des affaires, qu'il laissait diriger par ses ministres. C'est tout au plus si, mêlés à ces événements désastreux, se montrent les derniers succès de la politique impériale : le maintien de la paix avec le calife fatimite, la protection officielle des chrétiens de Palestine, la dernière annexion byzantine, celle du royaume pagratide d'Arménie, compromise d'ailleurs bientôt par l'avance des Turcs.

C'est d'abord la révolte de Georges Maniakès, que Zoé avait renvoyé en Italie comme l'avait décidé Michel V. Arrivé à Tarente en avril 1042, il commença à châtier par de cruelles exécutions les villes qui avaient accueilli les Normands ([1600]), mais une intrigue se tramait contre lui à Constantinople : Romain Skléros, frère de Sklérène, qui était son ennemi personnel, obtint son rappel ([1601]) et la même ambassade chargée de la lui notifier parvenait à détacher Argyros de la cause lombarde ([1602]). Maniakès se révolta, fut proclamé empereur par son armée (octobre 1042) et, assiégé dans Otrante par Argyros, s'embarqua pour Dyrrachium, d'où il comptait marcher sur Constantinople par la Via Egnatia, grâce à son alliance avec le chef serbe Boïthslav ([1603]); mais dès la première rencontre avec l'armée impériale envoyée contre lui, le prétendant reçut une blessure mortelle et ses soldats se débandèrent. Constantin n'eut que la peine de célébrer un triomphe éclatant à l'Hippodrome ([1604]) (premiers mois de 1043).

Quelques mois plus tard Constantinople était attaquée par une expédition russe. La cause de la rupture aurait été une rixe entre Grecs et Russes au faubourg de Saint-Mamas : un des principaux marchands de Novgorod ayant été tué, la république demanda le prix du sang et, sur le refus qui lui fut opposé, recruta des troupes dans les régions nordiques et équipa une flotte considérable de monoxyles, commandée par son prince, Vladimir, fils du grand prince de Kiev, Iaroslav ([1605]). Il semble d'ailleurs que la vraie cause de la guerre fut le désir des Novgorodiens d'obtenir un traité de commerce plus avantageux. Vladimir s'arrêta en effet à l'entrée du Bosphore ([1606]). La terreur régnait à Constantinople, mais Vladimir ayant refusé les propositions de paix du basileus ([1607]), celui-ci se mit lui-même à la tête d'une escadre improvisée qui couvrit la flottille russe de feu grégeois et la mit en déroute (juin 1043) ([1608]). Poursuivis dans la mer Noire, les survivants de cette expédition regagnèrent à grand-peine leur pays. Ce fut seulement en 1046 que la paix fut signée : un fils de Iaroslav devait épouser une princesse grecque; on ignore les autres clauses, vraisemblablement commerciales et militaires ([1609]).

La révolte de Léon Tornikios en 1047 eut un caractère beaucoup plus grave que celle de Maniakès, dont l'entreprise fut isolée. Ici il s'agit d'un soulèvement général des thèmes d'Occident, exaspérés par la politique antimilitariste de Constantin Monomaque. Le centre de la révolte était Andrinople où résidaient plusieurs généraux en disgrâce et le chef de la conjuration était Jean Vatatzès. Les conjurés firent appel à Tornikios, Arménien de la famille des Pagratides dont les terres avaient été annexées à l'Empire. Patrice et vestiarios, il était mal vu du basileus, dont une sœur, Euprepia, avait au contraire pour lui une véritable inclination ([1610]). Se sentant en danger (Constantin avait déjà voulu l'enfermer dans un monastère), et confiant dans des prophéties d'après lesquelles il devait régner, Tornikios quitta Constantinople le 14 septembre 1047 avec plusieurs chefs de l'armée et franchit en un jour les 240 kilomètres qui le séparaient d'Andrinople. Proclamé empereur, il se mit aussitôt à la tête de l'armée rebelle, marcha sur la ville impériale et, le 25 septembre, il établit son camp en face du faubourg des Blachernes. Pris au dépourvu, Constantin appela à son secours l'armée des thèmes d'Orient, mais en attendant, et bien que souffrant de la goutte, il dirigea courageusement la défense avec les quelques troupes qu'il avait pu rassembler et en armant les citadins. La lutte, fertile en péripéties, ne dura que quatre jours (25-28 septembre). Après deux assauts qui échouèrent, Tornikios battit en retraite et l'armée d'Orient vint achever sa défaite (décembre 1047) ([1611]).

La guerre avec les Petchenègues (1048-1053) participe à

la fois de l'invasion et de la révolte militaire. L'établissement de ce peuple turc ([1612]) sur le Danube, depuis le règne de Basile II, présentait pour l'Empire le même danger qu'autrefois les Bulgares et désormais la péninsule balkanique n'était plus à l'abri des invasions ([1613]).

En 1048 une querelle entre le Khan petchenègue Tyrach et le chef militaire Kégénis obligea celui-ci à se réfugier dans l'Empire où il fut bien accueilli ([1614]), mais, par sa maladresse, le gouvernement impérial entra en conflit avec Tyrach qui passa le Danube sur la glace avec une forte armée (décembre 1048). Grâce aux troupes des thèmes d'Occident appuyées par Kégénis, Tyrach subit un gros désastre : des milliers de Petchenègues entrèrent au service de l'Empire et furent envoyés en Bithynie pour marcher contre les Turcs. Mais ces barbares indisciplinés se révoltèrent, repassèrent le Bosphore et s'établirent dans la plaine de Sofia où ils furent rejoints par de nombreux compatriotes cantonnés en Bulgarie (1049) ([1615]).

Le gouvernement impérial ne put venir à bout de cette révolte. Trois armées impériales furent successivement battues et si les barbares ne purent prendre Andrinople en 1050, si Nicéphore Bryenne avec une armée d'auxiliaires francs et varègues les força à évacuer la Thrace et leur infligea une sanglante défaite, Tyrach avec d'autres bandes put s'installer dans la Bulgarie danubienne et occuper la Grande Preslav. L'effort suprême que fit Constantin en 1053 pour l'en déloger en réunissant les forces d'Orient et d'Occident échoua complètement et l'armée impériale mal commandée fut décimée au passage des Balkans ([1616]). Malgré leur victoire, ce furent les Petchenègues qui demandèrent la paix ([1617]). Leurs incursions cessèrent, mais beaucoup d'entre eux restèrent cantonnés en Bulgarie.

En Orient au contraire la situation de l'Empire paraissait excellente. La paix avec le calife fatimite Al-Mostancer fut renouvelée (1047-1048) et les rapports les plus cordiaux s'établirent entre les deux États. Constantin IX ravitailla en blé la Syrie musulmane en proie à la famine (1053) et put en retour coopérer à la reconstruction du Saint-Sépulcre et exercer une sorte de protectorat sur les chrétiens de Palestine ([1618]).

Dans la région du Caucase les frontières de l'Empire furent élargies par l'annexion de la Grande Arménie, à vrai dire d'une manière peu glorieuse qui ne releva guère le prestige de Byzance. Jean Sempad étant mort en 1041, Constantin IX réclama à son neveu Kakig II, qui avait pris le titre de roi des rois, l'application du testament par lequel Sempad avait légué son royaume à l'Empire ([1619]). Kakig ayant résisté et battu une armée byzantine devant Ani, Monomaque n'eut pas honte de faire alliance avec l'émir de Dwin, qui s'empara pour son compte de plusieurs territoires arméniens, et d'attirer traîtreusement Kakig à Constantinople, puis, sur son refus de céder son royaume, de l'interner dans une île ([1620]). Mais, en l'absence du roi, le catholikos et les chefs arméniens livrèrent Ani et son territoire au stratège de Samosate : à Constantinople Kakig dut ratifier le traité et reçut en échange de son royaume deux petites villes sur la frontière de Cappadoce ([1621]). Une expédition dirigée contre l'émir de Dwin (1045-1047) l'obligea à restituer une partie des forteresses arméniennes dont il s'était emparé ([1622]). Quelques mois plus tard le gouvernement impérial intervenait avec succès dans les querelles intérieures du royaume de Géorgie, placé de fait sous la suzeraineté byzantine ([1623]).

Par l'annexion du royaume d'Ani l'Empire avait atteint son maximum d'extension ([1624]), mais l'étendue démesurée de la frontière n'en rendait la défense que plus difficile au moment où elle était menacée par les Turcs et où Constantin Monomaque par sa politique militaire désorganisait cette défense.

Ce fut en effet sous son règne que les Turcs seldjoukides commencèrent à violer la frontière de l'Empire. A la fin du Xe siècle, horde formée sous le commandement de Seldjouk, de la tribu des Oghouz, établis près de la mer d'Aral, ils se mirent au service des Ghaznévides qu'ils aidèrent à conquérir l'Inde, puis, révoltés contre le sultan Mas'oûd, s'établirent dans le Khorassan (1038-1040) sous le commandement de Toghroul-beg ([1625]). Attirant tous les Turcomans d'Asie centrale, dont le seul métier était la guerre, ils eurent bientôt une nombreuse armée, menaçante à la fois pour l'empire, l'Arménie et le califat.

Par l'annexion de la Grande Arménie l'Empire semblait pouvoir défendre avec succès les principales voies d'invasion ([1626]), mais Constantin IX ayant remplacé par un impôt le service de la protection des frontières, qui incombait aux Ibères ([1627]), le nombre des défenseurs se trouva tellement insuffisant que les chefs byzantins adoptèrent la tactique qui avait réussi avec Seïf-ad-Daouleh : laisser les grosses armées turques passer la frontière et les attaquer à leur retour quand elles revenaient chargées de butin ([1628]).

Ce fut en 1048 qu'eut lieu la première incursion des Seldjoukides, qui ravagèrent le Vaspourakan, mais les forces byzantines les obligèrent à repasser la frontière ([1629]). Fort heureusement pour l'Empire, l'infériorité numérique de la défense fut compensée par les qualités de premier ordre de chefs tels que Katakalon, qui infligea une sanglante défaite à Ibrahim, frère de Toghroul, à Gaboudrou (province d'Ararat) le 17 septembre 1048 ([1630]). Liparit, qui avait amené les contingents géorgiens, fut fait prisonnier et, pour le délivrer, Constantin IX signa une trêve avec Toghroul (début de 1050) ([1631]). L'empereur ayant envoyé une partie des troupes d'Asie contre les Petchenègues (1052), les Turcs en profitèrent pour recommencer leurs attaques. Toghroul dirigea lui-même une campagne dans le Vaspourakan (1053-1054), mais il subit un échec devant Mantzikert, dont il ne put s'emparer ([1632]). En somme, malgré de mauvaises conditions, la défense avait été efficace et l'Empire conservait ses frontières intactes.

Ce fut en Occident que se produisit le premier fléchissement de la puissance impériale. Pendant que les provinces d'Orient étaient défendues avec succès contre les Turcs, les Normands faisaient la conquête de l'Italie byzantine. Les années qui suivent la révolte de Maniakès sont marquées par un nouvel afflux de ces aventuriers (1043-1046). C'est à cette époque que les autres fils de Tancrède de Hauteville viennent rejoindre leurs frères et que Robert Guiscard arrive en Italie, où il commence par mener d'abord la vie d'un chevalier brigand ([1633]). Ils ont pour allié Guaimar, prince de Salerne, qui a pris le titre de duc de Pouille et de Calabre et en distribue les territoires aux chefs normands ([1634]). Mais ils commencent à oublier complètement la cause lombarde et font aux indigènes une guerre atroce, pillent, rançonnent, brûlent les églises, détruisent les cultures, torturent leurs prisonniers avec des raffinements de cruauté : leur nom est honni dans toute l'Italie ([1635]).

Devant cet assaut la défense byzantine est insuffisante et ne peut empêcher les Normands d'envahir la terre d'Otrante : seules les villes maritimes tiennent encore, mais leurs habitants sont prêts à la révolte ([1636]). Argyros est rappelé à Constantinople (1046), où il prit une part active à la défense de la ville contre Tornikios et fut admis en récompense au conseil impérial ([1637]). On ignore quels pourparlers il eut avec le basileus pendant son séjour qui dura jusqu'en 1051. On sait seulement qu'il entra en conflit avec le patriarche Michel Kéroularios, qui le priva plusieurs fois de la communion, au sujet du pain azyme employé en Occident pour les hosties. Cet incident montre qu'Argyros devait préconiser pour les populations lombardes une politique de ménagement, à laquelle le patriarche était formellement opposé ([1638]).

Pendant ce temps des interventions nouvelles se produisaient dans l'Italie méridionale à l'effet d'y rétablir un peu d'ordre. Ce fut d'abord celle de l'empereur Henri III, qui, après la déposition de trois papes au concile de Sutri, vint installer à Rome le nouvel élu, Clément II (début de 1047), et tint sa cour à Capoue (3 février). Il affaiblit la puissance de Guaimar de Salerne en lui enlevant la principauté de Capoue et il fortifia la situation des Normands en donnant l'investiture des territoires qu'ils occupaient à Rainolf et à Dreu qui, de simples aventuriers, devenaient princes souverains ([1639]). Et à ses dons l'empereur germanique ajoutait la ville de Bénévent qui avait refusé de le recevoir. Cette politique était défavorable aux intérêts byzantins, bien qu'en 1049 Constantin et Henri III eussent échangé des ambassades amicales ([1640]).

En deux ans en effet la situation s'est modifiée et un nouveau facteur apparaît dans la politique italienne. Un nouveau pape réformateur énergique, Léon IX ([1641]), poursuit les abus de toute sorte qui troublent la vie religieuse : usurpation des églises et de leurs biens par des laïcs, simonie, nicolaïsme, violation des canons ecclésiastiques aussi bien dans l'Italie méridionale que dans le reste de l'Europe. D'une grande activité, il tient des conciles disciplinaires à Rome (1049), à Siponto (1050), dépose des prélats simoniaques, fait lui-même des enquêtes, à Salerne, à Melfi, où il reproche aux Normands leurs déprédations ([1642]). Les malheureuses populations le considèrent comme un sauveur ; les habitants de Bénévent se donnent à lui (mars 1041) et il vient prendre possession de cette ville et négocier avec Guaimar et Dreu (juillet) ([1643]).

Mais le 10 août 1051 Dreu était assassiné et avec lui disparaissait le seul espoir qu'on eût de discipliner les Normands ([1644]). Argyros venait d'arriver de Constantinople avec le titre de magistros, duc d'Italie, Calabre et Sicile ([1645]) et de grosses sommes d'argent qui lui permettraient d'acheter les chefs normands et de leur persuader d'aller combattre les Turcs en Orient ([1646]). Cette mission ayant échoué, il aurait provoqué le meurtre des principaux chefs ; Dreu fut la seule victime de ce complot ([1647]). Ce fut alors qu'Argyros fit alliance avec le pape Léon IX, qui se trouvait à Naples en juin 1052 ([1648]). On ignore les clauses de l'accord, mais le pape, déterminé à défendre les droits du Saint-Siège par la force, se rendit en Allemagne pour recruter des troupes et se faire confirmer par Henri III la possession de Bénévent ([1649]).

Cette double action fut mal combinée. Argyros entra en campagne avant le retour du pape et subit trois défaites successives, à Tarente, à Crotone et à Siponto (1052-1053) ([1650]). Le pape revint d'Allemagne (février 1053) et avec une armée composite, où l'on voyait, à côté des auxiliaires allemands, des milices féodales et urbaines de l'Italie centrale, attaqua les Normands et subit une défaite complète à Civitate au pied du Monte Gargano, le 17 juin 1053 ([1651]). Prisonnier des Normands et traité avec les plus grands honneurs, Léon IX fut ramené à Bénévent, qu'il ne devait pas quitter avant le mois de mars 1054 ([1652]). Rentré à Rome, il y mourut le 19 avril suivant ([1653]). Argyros envoya l'évêque de Trani à Constantinople demander des secours au basileus, mais celui-ci avait déjà reçu de l'évêque d'Ochrida la lettre qui allait déclencher une autre offensive contre le Saint-Siège, celle du patriarche de Constantinople ([1654]).

Le schisme de 1054. — Les causes du conflit qui s'est produit avant la mort de Léon IX entre les Églises de Rome et de Constantinople, sont liées intimement aux événements de l'Italie méridionale. L'alliance politique et militaire conclue par Argyros avec Léon IX et ratifiée par Monomaque ([1655]) avait pour adversaire le patriarche Michel Kéroularios qui avait succédé à Alexis le Studite le 25 mars 1042 ([1656]). La cause de cette hostilité était le progrès de l'influence spirituelle du pape dans l'Italie byzantine dont les évêchés, occupés presque tous par des Grecs, relevaient du patriarcat œcuménique. Mais ce conflit de juridiction ne suffit pas à expliquer la violence de la lutte et le désaccord final. Il faut tenir compte du caractère entier et des ambitions du patriarche qui se heurtèrent à une intransigeance non moins grande de Léon IX et surtout du cardinal Humbert.

Sorti d'une bonne famille bourgeoise de Byzance, Michel Kéroularios avait manifesté dès sa jeunesse son ambition politique en conspirant contre Michel IV, qu'il aurait remplacé sur le trône ([1657]). Découvert et exilé aux îles des Princes avec son frère, qui se suicida de désespoir, Michel se fit tonsurer, fut rappelé d'exil par Michel IV et gagna la faveur de Constantin Monomaque, ancien conspirateur comme lui. Élevé à la dignité de syncelle qui lui donnait un rang dans la hiérarchie palatine ([1658]), il succéda au patriarche Alexis bien qu'il n'eût pas reçu les ordres ecclésiastiques, ce qui devait permettre à Léon IX de le traiter de néophyte ([1659]). En dépit des contradictions du témoignage de Psellos, qui fut tour à tour l'accusateur et le panégyriste de Kéroularios ([1660]), on est frappé de l'autorité qu'il avait su acquérir aussi bien à la cour du basileus que dans le clergé et le peuple. Il devait sa popularité à de réelles qualités de bienveillance et de justice ([1661]), mais il les mettait au service d'une ambition effrénée, qui n'allait à rien moins qu'à un vif désir de domination dans l'Église comme dans l'État.

Au milieu du XIe siècle les conquêtes temporelles et spirituelles des hommes d'État et des missionnaires avaient étendu prodigieusement les limites et le champ d'action du patriarcat de Constantinople. De grands pays comme la Russie, la Bulgarie, l'Arménie, la Géorgie étaient sous son obédience directe ou indirecte, et la paix qui régnait entre le calife fatimite et l'Empire favorisait les relations entre le patriarche œcuménique et ses collègues orientaux ([1662]). Régnant ainsi sur la moitié du monde chrétien, Kéroularios se considérait comme l'égal du pape, dont il supportait mal l'ingérence sur le territoire de son patriarcat, notamment dans l'Italie du sud. On voit, par la lettre qu'il écrivit à Léon IX (janvier 1054) et qui n'est connue que par la réponse du pape, qu'il réclamait non seulement l'autocéphalie de l'Église de Constantinople, telle que la revendiqua son prédécesseur Eustathe en 1024, mais qu'il exigeait l'égalité complète entre le pape et le patriarche byzantin ([1663]). Or ses desseins étaient contrariés par la politique d'alliance avec Léon IX, inspirée au basileus par Argyros, d'où la haine du patriarche contre le duc d'Italie et son attaque brusquée contre l'Église romaine. A ce moment les rapports entre la papauté et Byzance étaient loin d'être rompus ([1664]), comme le prouve l'envoi à Rome de la synodique, à son avènement en 1052, du patriarche d'Antioche, Pierre, ancien clerc de Sainte-Sophie ([1665]). Ce fut donc bien Kéroularios qui prépara cette rupture.

Elle prit la forme d'une véritable querelle cherchée à l'Église romaine sur ses rites et ses usages. En septembre 1053 l'archevêque d'Ochrida, Léon, ancien clerc de Sainte-Sophie, écrivit à Jean, archevêque de Trani, une lettre dans laquelle il blâmait l'usage du pain azyme par les Latins dans l'eucharistie, ce qui était pour lui un reste de judaïsme, ainsi que le jeûne du sabbat et, reproche plus blessant encore pour les réformateurs occidentaux, il s'élevait avec violence contre le célibat des prêtres ([1666]).

Que cette lettre fût inspirée par le patriarche, c'est ce que prouve la suite des événements : le traité du moine Nicétas Stéthatos de Stoudios contre les usages latins ([1667]) et la fermeture violente des églises de rite latin à Constantinople ([1668]). Par cette triple offensive Kéroularios rendait tout accord impossible.

L'évêque de Trani avait communiqué la lettre de Léon d'Ochrida au cardinal Humbert qui la traduisit en latin pour la montrer au pape ([1669]). Dès lors commença une correspondance active entre Léon IX, l'empereur Constantin et Kéroularios ([1670]). Loin d'améliorer les rapports entre les deux Églises, ces lettres, pleines de récriminations, ne firent qu'envenimer le conflit. Il semble bien cependant que dans sa deuxième lettre au pape (janvier 1054) le patriarche, probablement suivant les instructions impériales, ait fait un effort de conciliation, mais en même temps, nous l'avons vu, il exigeait l'égalité complète avec le pape ([1671]).

Dès lors les événements se précipitèrent. Dans l'espoir de faire agir l'empereur sur la volonté du patriarche, Léon IX envoya à Constantinople trois légats accrédités auprès du seul basileus et il les choisit parmi les défenseurs les plus ardents de la réforme ecclésiastique : le cardinal Humbert ([1672]), Frédéric de Lorraine, chancelier de l'Église, Pierre, évêque d'Amalfi, tous incapables de faire la moindre concession au patriarche. L'inévitable se produisit donc : deux intransigeances se heurtèrent et la rupture fut consommée. Les légats reçus avec honneur par le basileus n'eurent point la moindre conférence avec le patriarche, qui affecta de les considérer comme de faux légats envoyés par Argyros ([1673]). Le seul succès obtenu par eux fut la rétractation solennelle de Nicéphore Stéthatos (24-25 juin) ([1674]), mais le patriarche resta irréductible. Alors le 15 juillet 1054, à Sainte-Sophie, en présence du peuple assemblé pour l'office quotidien, ils déposèrent sur l'autel une bulle d'excommunication ([1675]), puis, après avoir consacré des églises de rite latin, ils partirent. Le patriarche voulut alors conférer avec eux et ils avaient déjà atteint Selymbria quand on les rappela, mais l'empereur, flairant un piège, exigea d'être présent à la conférence. Kéroularios ayant refusé d'accepter cette condition, les légats continuèrent leur voyage ([1676]).

A cette excommunication le patriarche répondit en déchaînant une émeute à Constantinople et il fallut pour l'apaiser que l'empereur fît emprisonner le fils et le gendre d'Argyros et fouetter l'interprète qui avait traduit la bulle en grec ([1677]). Mais il restait à accomplir l'acte décisif qui répondrait à la bulle d'excommunication par une autre excommunication et romprait ainsi toutes les relations religieuses entre Rome et Constantinople. Kéroularios réunit dans les catéchumènes de Sainte-Sophie un synode auquel prirent part 12 métropolites et 2 archevêques. L'édit synodal qu'ils rédigèrent reproduisait en partie l'Encyclique de Photius aux évêques d'Orient et énumérait tous les griefs du patriarche contre l'Église romaine ainsi que toutes les erreurs reprochées aux Latins. Le 20 juillet, au Grand Tribunal du patriarche, l'anathème fut lancé contre la bulle pontificale et sur ses rédacteurs, puis, le 25 juillet, tous les exemplaires de la bulle furent brûlés devant le peuple, à l'exception d'un seul qui fut déposé aux archives patriarcales ([1678]).

L'expansion

Ce schisme était une victoire pour le patriarche, soutenu par la plus grande partie du clergé [1679], mais il était une défaite pour le pouvoir impérial et il peut être regardé comme la première manifestation de l'antinomie qui s'est affirmée de plus en plus entre les intérêts de l'Église orthodoxe et ceux de l'Empire.

La fin de la dynastie macédonienne. — Constantin Monomaque ne survécut que quelques mois à ces événements et mourut le 11 janvier 1055. Suivant la doctrine légitimiste, le pouvoir revenait à Théodora, dernier rejeton de la famille macédonienne. Bien que Constantin ait essayé de l'écarter du trône, ce fut elle qui lui succéda [1680]. On pensait qu'elle prendrait un prince-époux, mais les eunuques qui l'avaient portée au pouvoir écartèrent cette solution. Nicéphore Bryenne, cantonné avec son armée en Asie Mineure, s'avança jusqu'à Chrysopolis, mais fut déclaré rebelle et emprisonné [1681]. Le patriarche Kéroularios, qui voulait peut-être donner à Théodora un époux de son choix, essaya en vain de s'ingérer dans son gouvernement et fut écarté [1682]. On tenta même de le compromettre dans le procès intenté à deux moines thaumaturges de Chio et à la voyante qu'ils exhibaient : Kéroularios, qui s'intéressait aux sciences occultes, avait avec eux de nombreux rapports et les protégeait [1683].

Théodora exerça donc seule l'autorité et se montra très active, s'occupant d'ambassades, de justice, de lois. En réalité ses eunuques gouvernaient l'Empire sous son nom et elle leur distribuait les grandes charges dont elle destituait les conseillers de Constantin IX et les meilleurs chefs des armées [1684]. Ce fut sous son règne que s'exaspéra la rivalité, déjà sensible sous Monomaque, entre le gouvernement du Palais et l'aristocratie militaire.

A l'extérieur ce règne de 19 mois fut néfaste pour l'Empire. La disgrâce des conseillers de Monomaque eut pour effet l'arrêt malencontreux de l'action qu'ils exerçaient dans les pays étrangers, leurs successeurs prenant le contre-pied de leur politique et engageant l'Empire dans de nouveaux conflits. L'exemple le plus typique est la rupture de la paix avec le calife fatimite, qui avait été le fondement de la politique étrangère des règnes précédents : Théodora voulant transformer en alliance la convention par laquelle Constantin IX s'était engagé à ravitailler en grains les sujets syriens du calife et celui-ci ayant refusé, les envois de grains cessèrent. Al-Mostancer répondit à cette mesquinerie en interdisant l'entrée du Saint-Sépulcre aux pèlerins et en molestant les chrétiens de Jérusalem ([1685]). Par contre le Turc Toghroul-beg était devenu le maître dans le califat de Bagdad et exigeait que son nom fût substitué dans la prière à celui du calife fatimite à la mosquée de Constantinople ([1686]). Du côté de l'Italie, en dépit du schisme, on constate un nouvel effort pour organiser une alliance avec le pape contre les Normands. Argyros revient à Constantinople au moment même de la disgrâce du patriarche, et sa politique d'alliance avec les puissances d'Occident reçoit l'approbation de Théodora qui accueille un ambassadeur d'Henri III et le renvoie avec une ambassade byzantine chargée de négocier un traité d'alliance entre les deux empires ([1687]).

Ce fut seulement lorsqu'ils virent Théodora à l'article de la mort que ses conseillers s'avisèrent de lui donner un successeur. Il s'agissait pour eux d'écarter du trône les chefs d'armée et de découvrir un homme incapable de leur enlever la direction des affaires. Leur choix se porta sur un vieux sénateur, ancien intendant de la caisse militaire, Michel le Stratiotique ([1688]), « homme simple et inoffensif, ne connaissant rien en dehors de l'administration de l'armée » ([1689]). Pour légitimer son élévation, on le fit adopter par Théodora et le patriarche ne put faire autrement que de le couronner ([1690]) : il se garda bien de prendre au sérieux la tentative d'un parent de Constantin Monomaque, le proèdre Théodose, pour s'emparer du trône quelques heures avant la mort de Théodora ([1691]).

Le règne de Michel VI, qui dura un an et dix jours, ne fut qu'une longue lutte du gouvernement des eunuques, dont le basileus n'était que le porte-parole, contre les chefs de l'armée ([1692]). Aucune occasion de les humilier n'était perdue et toutes leurs demandes étaient systématiquement repoussées ([1693]). L'incident décisif fut celui du dimanche de Pâques, 30 mars 1057 ; à l'audience solennelle dans laquelle le basileus avait coutume de faire des largesses parurent les principaux chefs de l'armée d'Asie : Michel Bourtzès, Constantin et Jean Doukas, Isaac Comnène, Katakalon, résolus à faire une démarche collective auprès de Michel ; mais à leurs demandes il répondit par des éloges et de bonnes paroles et, comme ils insistaient, il entra subitement en fureur et se mit à les invec-

L'expansion

tiver ([1694]). Le résultat de cette scène fut le complot qu'avant de se séparer les chefs militaires ourdirent à Sainte-Sophie avec la connivence du patriarche : on convint de demander l'appui de Bryenne, stratège des contingents macédoniens de Cappadoce, et d'élever Isaac Comnène à l'Empire ([1695]).

La révolte faillit échouer faute d'entente entre les conjurés. Trop impatient de se soulever, Bryenne se fit prendre, fut aveuglé et envoyé enchaîné à Constantinople ([1696]). Ce fut alors que les conjurés se décidèrent à agir. Le 8 juin 1057 Isaac Comnène était proclamé empereur à Gomaria en Paphlagonie ([1697]), où Katakalon, après avoir entraîné son armée en produisant un faux ordre de Michel VI, vint rejoindre les chefs rebelles (juillet) ([1698]). Tous les thèmes d'Asie reconnurent Isaac Comnène et l'armée, très bien disciplinée, marcha sur Constantinople, infligea une défaite meurtrière aux troupes d'Europe, envoyées contre elle par Michel, devant Nicée (20 août) ([1699]). Dans le plus complet désarroi, Michel VI dépêcha à Comnène Psellos et plusieurs sénateurs, lui promettant le titre de César s'il licenciait son armée (24 août) ([1700]). Isaac reçut les envoyés à Nicomédie au milieu d'un appareil guerrier, mais il était en fait d'accord avec eux et il leur donna des instructions pour ses partisans et des contre-propositions fictives pour Michel VI. Celui-ci se déclara prêt à tout accepter et renvoya les ambassadeurs à Comnène (30 août). Mais à peine étaient-ils partis qu'une émeute éclatait à Constantinople et le patriarche, secrètement d'accord avec les révoltés, feignait de se laisser imposer par la force la proclamation de Comnène et envoyait à Michel une députation de métropolites qui engageaient le vieux basileus à abdiquer et à entrer dans un monastère. Michel VI ne fit aucune résistance.

Kéroularios se trouva pendant un jour le maître de Constantinople. Il fit proclamer partout Isaac Comnène et toléra des représailles contre les ennemis du nouveau basileus, dont les émeutiers allèrent détruire les maisons ([1701]). Le jour suivant Isaac Comnène, arrivé à Chrysopolis, faisait une entrée triomphale dans le port de Constantinople sur un navire couvert de fleurs, au milieu des acclamations ([1702]).

Chapitre III

Le déclin et la chute (1057-1204)

I. DÉMEMBREMENTS ET GUERRES CIVILES (1057-1071)

La période qui précède l'avènement définitif de la dynastie des Comnènes est remplie par la lutte acharnée entre le gouvernement civil du Palais et les chefs d'armée que les événements de 1057 portèrent au pouvoir, mais qui ne surent pas le conserver. De cette rivalité résultèrent des troubles incessants qui désolèrent l'Empire jusqu'à la victoire définitive de l'aristocratie militaire avec Alexis Comnène et aboutirent à son démembrement par la nouvelle ruée des peuples belliqueux, Turcs, Petchenègues, Normands, qui l'assaillirent sur toutes ses frontières dans la deuxième moitié du XIe siècle.

Ce démembrement eut lieu en deux étapes : jusqu'à la bataille de Mantzikert (1071), perte des possessions extérieures, Arménie, Mésopotamie, Italie ; de 1071 à 1081, invasion de l'Asie Mineure et de la Syrie impériale, violation de la frontière du Danube.

Isaac Comnène. — La maison des Comnènes, qui arrivait pour la première fois au pouvoir avec Isaac, était originaire d'un village des environs d'Andrinople [1703]. Le père d'Isaac, Manuel dit Erotikos, se signala sous Basile II par sa belle défense de Nicée contre Bardas Skléros (978) [1704]. Il acquit plus tard de grands biens en Asie Mineure, ce qui fit de lui et de ses deux fils, Isaac et Jean,

Le déclin et la chute

des représentants qualifiés de l'aristocratie militaire [1705].

La victoire d'Isaac Comnène était celle de cette aristocratie et allait rendre à l'armée sa place dans l'État. Pour bien marquer le changement de régime, le nouveau basileus se fit représenter sur ses monnaies le sabre à la main [1706], distribua des récompenses à tous ses compagnons d'armes et combla de faveurs tous ceux qui l'avaient aidé à monter sur le trône, notamment Kéroularios, Psellos, Constantin Lichoudès [1707]. Et cependant Isaac ne conserva le pouvoir que deux ans et trois mois à peine (1er septembre 1057-25 décembre 1059) et fut obligé d'abdiquer.

Ce prince, qui avait été accueilli par le peuple avec un véritable enthousiasme, ne tarda pas à se rendre impopulaire [1708]. La principale difficulté à laquelle il se heurta était l'épuisement du trésor, dû aux prodigalités de Constantin Monomaque. Cette pénurie d'argent compromettait la défense de l'Empire, d'où la fiscalité d'Isaac, qui révoqua sans ménagement un grand nombre de donations ou d'aliénations de terres et n'épargna ni le Sénat, ni le peuple, ni les monastères, ni même l'armée [1709]. Il se rendit ainsi odieux à tous et sa conduite vis-à-vis du patriarche lui aliéna même le clergé. Au début de son règne il avait accordé à Michel Kéroularios la collation des principaux offices de l'église Sainte-Sophie, que le patriarche avait en vain demandée à Théodora et à Michel VI [1710].

Fort de la faveur impériale, Michel prétendit exercer une action sur la politique d'Isaac Comnène, mais ses conseils furent accueillis froidement d'abord, puis repoussés sans aménité [1711]. Il en résulta bientôt entre l'empereur et le patriarche une violente hostilité. Kéroularios se laissa aller à des paroles menaçantes contre Isaac et, comme pour le braver, se mit à porter les souliers teints en pourpre, insigne de la dignité impériale, en disant que c'était là un privilège de l'ancien sacerdoce [1712]. En réalité cette usurpation des insignes de l'Empire devait être interprétée à Byzance comme la première manifestation d'une révolte [1713]. Isaac Comnène ne devait pas s'y tromper et le 7 novembre 1059 il faisait arrêter le patriarche par les Varanges. Conduit d'abord à Proconnèse, Kéroularios fut ensuite emprisonné dans l'île d'Imbros et Comnène s'efforça d'obtenir son abdication, mais le patriarche repoussa la demande d'une délégation de métropolites qui lui fut envoyée à cet effet ([1714]). L'empereur résolut alors de le déposer et réunit un tribunal, non à Constantinople, mais dans une ville de Thrace ; il était composé d'évêques et de dignitaires comme Psellos, qui, malgré les rapports d'amitié qu'il avait avec le patriarche, fut chargé du discours d'accusation ([1715]). Mais Kéroularios ne devait pas comparaître devant ses juges. Extrait de sa prison d'Imbros, il fut jeté sur un navire qui fut entraîné par les courants vers les Dardanelles et dut faire relâche à Madyte. Brisé par les émotions et les mauvais traitements, Kéroularios mourut entre les bras de l'archevêque de Madyte qui lui avait manifesté sa vénération ([1716]).

A peine sa mort fut-elle connue que celui que Psellos avait accusé de tous les crimes fut considéré comme un saint et Isaac Comnène crut prudent de le faire ensevelir en grande pompe au monastère même où il avait été arrêté et d'aller témoigner sa douleur sur son tombeau ([1717]). Peu de temps après, le basileus tombait malade et, après avoir créé patriarche Constantin Lichoudès ([1718]), il abdiquait l'Empire et, sur le refus de son frère, le curopalate Jean, il désignait son compagnon d'armes Constantin Doukas comme son successeur ([1719]).

Constantin Doukas. — Le nouveau basileus sortait aussi d'une lignée de chefs illustres, tels que Panthérios, le Digénis Acritas de l'épopée ([1720]), mais tandis que les Comnènes représentaient la noblesse militaire de province, Doukas appartenait à l'aristocratie urbaine, et était lié avec les sommités du parti civil bureaucratique comme Psellos, client de sa famille, dont il fit le précepteur de son fils Michel et son conseiller intime ([1721]). Il avait d'ailleurs épousé en secondes noces une nièce du patriarche Kéroularios, Eudokia Makrembolitissa : un hommage solennel fut donc rendu à la mémoire du défunt patriarche par son successeur Constantin Lichoudès, et Psellos, qui n'en n'était pas à une palinodie près, prononça son éloge funèbre en présence des souverains ([1722]).

Le règne de Constantin X (25 décembre 1059-21 mai 1067)

Le déclin et la chute 225

eut donc le caractère d'une réaction contre le gouvernement militaire de Comnène. Ce fut le triomphe de la bureaucratie et des rhéteurs. On revit à la direction des affaires le personnel des lettrés dont Constantin Monomaque avait fait l'expérience, Psellos, le patriarche Constantin Lichoudès, qui mourut en 1064 et eut pour successeur un autre érudit, Jean Xiphilin, l'ancien nomophylax, qu'il fallut arracher à la cellule de l'Olympe qu'il habitait depuis neuf ans ([1723]). L'éloquence était à l'ordre du jour et le basileus haranguait lui-même ses sujets et se plaisait à écouter les plaidoiries des avocats qu'il comblait de faveurs ([1724]). Il attachait une telle importance aux études qu'avant d'associer à la couronne son fils Michel, il lui fit passer un véritable examen portant sur des questions de droit public ([1725]). Adversaire de la noblesse militaire, il ouvrit largement le Sénat aux classes moyennes et y appela jusqu'à des artisans, au grand mécontentement des archontes, dont plusieurs complotèrent contre lui et ne furent punis que de la confiscation des biens ([1726]). Mais le principal reproche que lui firent ses contemporains fut d'avoir réduit systématiquement les dépenses militaires, et nous verrons bientôt quelles furent les conséquences désastreuses de cette politique ([1727]). Comme Isaac Comnène, Doukas trouva la situation financière embarrassée, mais, ne voulant pas créer de nouveaux impôts, il rétablit la vénalité des charges et pratiqua de larges économies sur ses dépenses personnelles et sur le budget de l'armée ([1728]).

En mai 1067, se sentant près de sa fin, Constantin Doukas régla sa succession en décidant que ses trois fils régneraient conjointement sous la tutelle de leur mère, à laquelle il fit jurer de ne pas se remarier ([1729]). En fait sa régence ne dura que 7 mois et 20 jours (21 mai-31 décembre 1067) et, au bout de ce temps, frappée des dangers de l'Empire, elle épousa, malgré sa promesse et sur le conseil de son entourage, un représentant de la noblesse militaire, Romain Diogène, stratège de Triaditza (Sofia), qui possédait de grands biens en Cappadoce et était très populaire dans l'armée. Très ambitieux, il avait été convaincu d'avoir voulu usurper le trône et n'avait dû son salut qu'à l'impé-

8

ratrice ([1730]). Par un vrai coup de théâtre le conspirateur obtenait la couronne dont la recherche avait failli lui coûter la vie. On revenait ainsi au régime des princes-époux, mais il fallut rassurer les trois héritiers légitimes et calmer la garde des Varanges qui voulaient brûler le Palais avec le couple impérial ([1731]).

Pas plus que ses prédécesseurs Romain Diogène n'était de taille à relever l'Empire, dont les finances étaient ruinées et les armées dénuées du nécessaire. La solde n'étant plus payée, un chef normand au service de l'Empire, Robert Crispin, envoyé contre les Turcs, fait vivre ses troupes sur le pays, saisit les caisses impériales puis les biens des particuliers et bat toutes les armées envoyées contre lui, et, après une victoire sur les Turcs, finit par rentrer en grâce ([1732]). Le nouveau basileus chercha à faire des réformes, mais, d'un caractère très autoritaire, il blessa Eudokia qui voulait continuer à gouverner l'Empire et, après deux mois de mariage, le conflit devint tel que Romain alla s'établir avec sa garde au-delà du Bosphore ([1733]) afin d'organiser une expédition contre les Turcs.

Situation extérieure. — La crise intérieure qui a troublé l'Empire entre 1057 et 1071 n'a pas tardé à se répercuter sur la situation extérieure. En quatorze ans l'œuvre de la dynastie macédonienne a été ruinée. A la fin de cette période l'Italie est perdue pour l'Empire, l'Asie Mineure est envahie, la frontière du Danube est violée ; privé de ses deux ailes, l'Empire est menacé même dans la péninsule des Balkans.

En 1059 les Hongrois, qui depuis saint Étienne (1000-1038) avaient eu les meilleurs rapports avec Byzance ([1734]), passèrent subitement le Danube avec des bandes de Petchenègues mais une riposte immédiate d'Isaac Comnène les contraignit à demander la paix ([1735]). La défense de la frontière était encore assurée. Il n'en fut plus de même sous Constantin X qui laissa prendre Belgrade après un siège de trois mois par le roi de Hongrie Salomon, en représailles de ravages sur les terres hongroises imputables à des Bulgares (1064) ([1736]). Plus grave encore fut, l'année suivante, l'invasion d'un nouveau peuple, les Oghouz, proches parents des Turcs Seldjoukides, nomades comme eux au nord de la Caspienne, puis poussés vers l'ouest par les Comans et poussant eux-mêmes devant eux les Petchenègues ([1737]). En 1065 ils passèrent le Danube sur des outres ou des monoxyles, mirent en déroute les troupes de la frontière, capturèrent deux ducs, dont Nicéphore Botaniatès, le futur basileus, puis ravagèrent la Macédoine jusqu'à Thessalonique et pénétrèrent même en Thessalie. Quand ils revinrent, chargés de butin, ils furent harcelés par des corps bulgares qui en détruisirent une partie, mais, au lieu de lever une armée contre eux, Constantin X préféra les prendre au service de l'Empire et les cantonna en Macédoine ([1738]).

Perte de l'Italie. — Après la bataille de Civitate, les Normands, étonnés eux-mêmes de leur victoire, étaient incapables de l'exploiter et ne purent même pas prendre Bénévent ([1739]). Leurs progrès furent donc très lents, favorisés d'ailleurs par l'inaction de Byzance (1054-1056) ([1740]). Un des légats de 1054, le chancelier Frédéric de Lorraine, élu pape sous le nom d'Étienne IX, essaya bien de renouer une alliance avec Constantinople, mais il mourut au moment où son ambassadeur Didier, abbé du Mont-Cassin, allait quitter l'Italie (février 1058) ([1741]). Seul Argyros parvint à Constantinople, mais ce fut pour y trouver Isaac Comnène sur le trône et Kéroularios en grande faveur : il regagna l'Italie où il mourut en 1068 ([1742]).

L'alliance entre la papauté et Byzance avait vécu. Les événements décisifs qui se produisirent alors rendirent son renouvellement impossible. Tout d'abord en 1057, Robert Guiscard, qui avait commencé à conquérir la Calabre, est élu chef des Normands après la mort de son frère Humphroi dont il réunit les possessions aux siennes ([1743]). En 1058, après la mort de Pandolf V, Richard d'Aversa s'empare de Capoue, première ville importante prise par des Normands ([1744]). Mais l'événement le plus considérable fut le renversement de la politique pontificale et l'alliance de la papauté avec les Normands. Le pape réformateur Nicolas II, élu en janvier 1059, eut recours à une troupe de Normands pour expulser de Rome l'élu des comtes de Tusculum, Benoît X. Il en résulta une réconciliation entre le Saint-Siège et les conquérants. L'accord fut probablement négocié par Didier, abbé du Mont-Cassin, et, au concile de Melfi le 23 août 1059, Nicolas II donnait l'investiture de la principauté de Capoue à Richard, comte d'Aversa, et celle du duché de Pouille et de Calabre à Robert Guiscard, événement gros de conséquences, qui assurait des défenseurs au Saint-Siège et un pouvoir légal aux chefs normands ([1745]).

Dans les années suivantes les progrès des Normands s'accentuent. En 1060 Robert Guiscard et Roger s'emparent de Reggio et de Scilla, victoires qui complètent la conquête de la Calabre ([1746]). Ce fut seulement alors que Byzance put réagir. Constantin X envoya une expédition qui put reprendre la plupart des villes d'Apulie et la Terre d'Otrante pendant que Guiscard aidait son frère Roger à conquérir la Sicile, mais à son retour en Italie, il reprit aux Grecs plusieurs des places conquises par eux et réduisit les catapans de Bari à la défensive ([1747]). Une offensive diplomatique de Constantin X ne fut pas plus heureuse : il s'agissait de remplacer Nicolas II, mort le 27 juillet, par un candidat de la noblesse romaine, Cadalus, évêque de Parme, qui, par l'intermédiaire du marchand amalfitain Pantaléon, se serait engagé à renouer avec Byzance et l'empereur Henri IV. Mais le parti réformateur fit élire à la papauté l'évêque de Lucques qui prit le nom d'Alexandre II : Cadalus, élu

10°
20°
40°
30°
VÉNÉTIE
Pô
Venise
Trieste
Parenzo
Pise
Ravenne
Zara
Ancône
LOMBARDS
Rome
Spalato
Raguse
CROATIE
DALMATIE
Save
Danube
HONGRIE
Maros
Prout
Sirmium
BOSNIE
Belgrade
Portes de Fer
PETCHÉNÈGUES
Vidin
Nisch
Nicopolis
Silistrie
Pliska
RASCIE
ZETA
PARISTRION
Varna
Tirnovo
Gd Preslav
Mesembria
Anchialos
Mt San Angelo
Antivari
Scodra
Siponto
Trani
Bari
Bénévent
Naples
Amalfi
Salerne
Melfi
LONGOBARDIE
DYRRACHION
Dyrrachium
Ochrida
Prespa
Sardique
Philippopoli
Andrinople
Stroumnitza
Melnic
Demotika
THRACE
BULGARIE
STRYMON
MACÉDOINE
Arcadiopolis
Thessalonique
Tarente
Brindisi
Avlona
Gallipoli
THESSALONIQUE
Thasos
Lampsaque
Servia
Rossano
Corfou
Castoria
NICOPOLIS
Lemnos
Ténédos
Abydos
OPS
Arta
AEGEION
Palerme
Messine
Reggio
Nicopolis
HELLADE
Lesbos
CÉPHAL-LÉNIE
Céphallénie
Skyros
Taormina
SICILE
Thèbes
Chalcis
Chios
Sardes
SAMOS
Smyrne
Patras
Syracuse
Zante
Corinthe
Athènes
Andros
Samos
Éphèse
PÉLOPONNÈSE
Milet
Sparte
Naxos
Modon
(Méthone)
Monemvasia
Malte
Cos
Rhodes
Chandax
Carpathos
CRÈTE
CALIFAT DES FATI

Le déclin et la chute

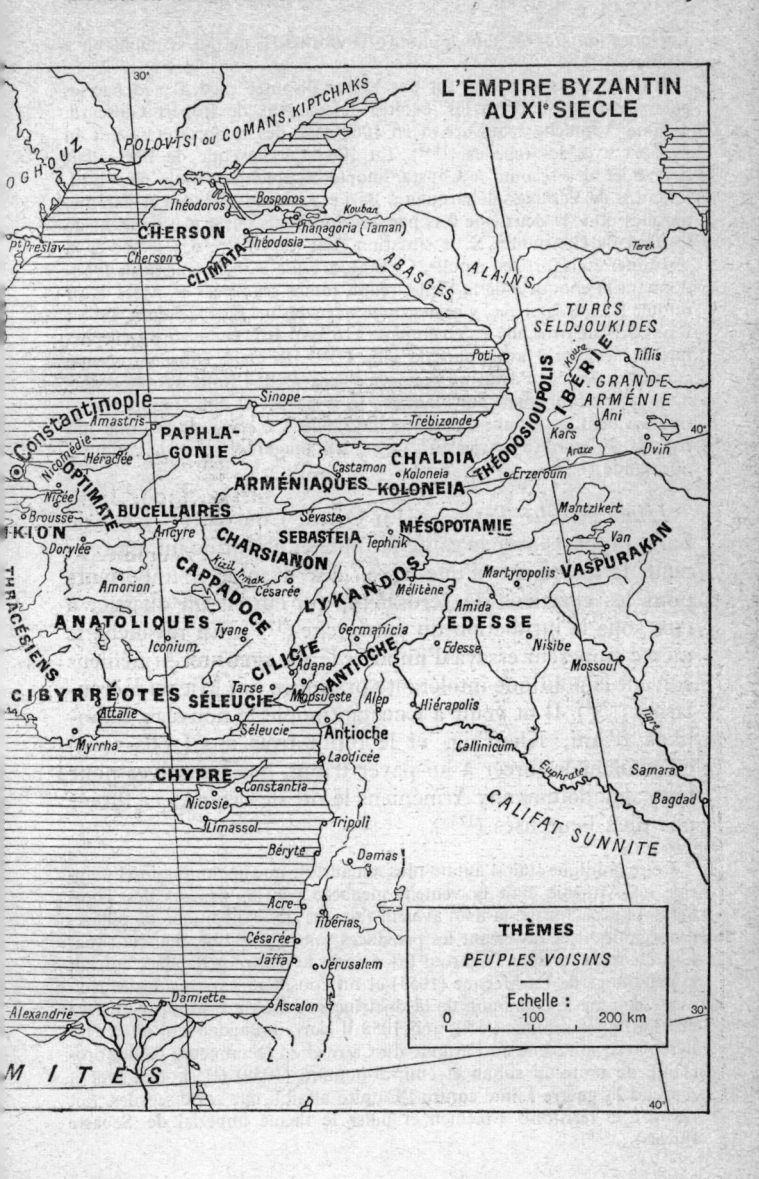

L'EMPIRE BYZANTIN AU XIe SIÈCLE

THÈMES
PEUPLES VOISINS

Échelle :
0   100   200 km

quelques jours après sous le nom d'Honorius II, ne put se maintenir à Rome ([1748]).

L'Italie byzantine n'en fut pas moins disputée pied à pied par les catapans qui soutinrent les révoltes des vassaux de Robert Guiscard, comme Aboulcharé qui arriva en 1064 avec des renforts et se mit en rapport avec les rebelles ([1749]). En 1066 l'archevêque de Bari allait demander des secours à Constantinople et, quelques mois plus tard, un corps de Varanges débarquait à Bari et reprenait Brindisi et Tarente, perdues pour la deuxième fois par les Normands ([1750]). Au moment de la mort de Constantin X, la situation était loin d'être désespérée et la résistance était forte en Apulie. Ce fut alors que Robert Guiscard, abandonnant la conquête de la Sicile, réunit toutes ses forces et, après avoir refoulé l'armée grecque, vint mettre le siège devant Bari le 5 août 1068 : il mit près de trois ans à s'en emparer (16 avril 1071) et encore grâce aux intelligences qu'il avait dans la ville ([1751]). Romain Diogène, occupé contre les Turcs, n'avait pu secourir efficacement l'Italie perdue désormais sans retour, mais dans laquelle trois siècles de domination byzantine devaient laisser une empreinte indélébile. La prise de Palerme par Robert Guiscard (8 janvier 1072) compléta magnifiquement la conquête normande ([1752]).

L'invasion des Turcs. — En Orient Constantin X eut de bons rapports avec le calife fatimite et obtint de lui, moyennant le paiement d'une taxe, des avantages importants pour les chrétiens de Jérusalem, qui eurent un quartier à eux sous la juridiction du patriarche ([1753]). En revanche le même empereur essaya d'imposer le rite grec aux Arméniens suivant la politique intolérante pratiquée par Michel Kéroularios ([1754]). Il fit venir à Constantinople le nouveau catholikos d'Ani, Khatchig, et le retint trois ans (1060-1063) en voulant le forcer à lui payer tribut. Ses tentatives pour faire abandonner aux Arméniens le rite des azymes ne furent pas plus heureuses ([1755]).

Cette politique était d'autant plus maladroite que la domination byzantine en Arménie était gravement menacée par les progrès des Turcs Seldjoukides. Jusque-là ils n'avaient fait que des expéditions de pillage, désorganisant et ravageant les provinces sans s'y établir, mais la situation changea lorsque Toghroul fut devenu le maître à Bagdad, eut fait le pèlerinage de La Mecque (1055) et fut considéré par tous les Musulmans comme le champion de la doctrine sunnite ou orthodoxe en face des Fatimites schiites ([1756]) : en 1058 il sauvait Bagdad qui allait être livrée avec son calife au Fatimite du Caire et en récompense il était proclamé de nouveau sultan et émir-al-oumârâ (1059) ([1757]). Dès lors il reprend la guerre sainte contre l'Empire affaibli par ses discordes, fait ravager le territoire arménien et piller le thème impérial de Sébaste (Siwas) ([1758]).

Le déclin et la chute

Toghroul mourut en 1062, mais il légua à son successeur, Alp-Arslan, son pouvoir et son grand dessein ([1759]). Le nouveau sultan attaqua d'abord l'Arménie et s'empara d'Ani, dont il fit massacrer une partie des habitants, emmena l'autre en captivité à Bagdad (1064) ([1760]), puis, après des attaques contre Édesse, dégagée par le duc d'Antioche, un Arménien (1065) ([1761]), il crut le moment venu d'attaquer l'Empire à fond et de marcher sur Constantinople après avoir conquis l'Asie Mineure. Au printemps de 1067 il envahit le Pont et pénétra jusqu'à Césarée de Cappadoce qu'il ruina, tandis qu'une autre armée turque ravageait la frontière de Cilicie ([1762]).

Ce fut alors que Romain Diogène assuma la défense de l'Empire. Excellent chef de guerre, il disposait malheureusement d'une armée dont la qualité inférieure était due à la politique néfaste de Constantin X, troupe de recrues mal exercées et mal armées, appartenant à toutes les races, Normands, Russes, Bulgares, Arméniens, dépourvues de toute cohésion ([1763]).

Malgré ces désavantages, Romain Diogène réussit à tenir les Turcs en échec pendant trois ans.

Dans une première campagne il les chasse du Pont, les poursuit avec des troupes d'élite, leur coupe la retraite à Tephrik (thème de Sébaste) et en massacre un grand nombre. Ralliant le gros de son armée à Sébaste, il attaque la Syrie musulmane, prend Hiérapolis (Mabough) et remporte une nouvelle victoire devant cette ville (20 novembre 1069), puis repasse le Taurus sans avoir pu empêcher les Turcs de prendre Amorium en Galatie ([1764]). En 1069 il dégage la Cappadoce envahie, mais ses opérations sont gênées par la révolte du chef normand Crispin et, pendant qu'il marche vers le lac de Van, son lieutenant, Philarète, se fait battre par les Turcs qui reviennent en Cappadoce, poussent jusqu'en Lycaonie et prennent Iconium, mais Romain les force à battre en retraite ([1765]). En 1070 il laissa Manuel Comnène, fils aîné du curopalate, diriger les opérations. Battu et pris près de Sébaste, Manuel négocia avec son vainqueur, Khroudj, révolté contre le sultan, et revint avec lui à Constantinople, pendant qu'Alp-Arslan assiégeait Édesse sans pouvoir s'en emparer ([1766]).

Enfin en 1071 Romain ayant renforcé son armée résolut de faire un effort suprême. Quittant Constantinople le 13 mars avec Khroudj et Manuel Comnène, qui mourut en chemin, il marcha au-devant du sultan par Théodosiopolis prit Mantzikert sur le Haut Euphrate oriental, mais il affaiblit son armée en envoyant une division soutenir Roussel de Bailleul, chef des auxiliaires normands, qui cherchait à atteindre le lac de Van. Ce fut le moment qu'Alp-Arslan choisit pour attaquer l'armée impériale, alors que Romain, trompé par de faux rapports, le croyait en fuite vers Bagdad. Le 26 août 1071 la bataille de Mantzikert fut pour Byzance une des plus grandes défaites qu'elle ait subies au cours de son histoire. Après une journée de combats une fausse manœuvre de Romain, soucieux d'aller défendre son camp, fit croire à l'armée qu'il s'enfuyait et ce fut une débandade générale qui permit aux cavaliers turcs de massacrer ou de capturer les fuyards. Le basileus lui-même, après s'être défendu bravement, fut fait prisonnier ([1767]).

Conduit devant le sultan, Romain Diogène fut accueilli avec les plus grands honneurs, mais dut signer un traité par lequel il s'engageait à payer 1 500 000 pièces d'or pour sa rançon et un tribut annuel de 360 000 pièces d'or. Un échange de prisonniers fut prévu et la paix fut conclue pour 50 ans ([1768]).

Cette défaite devait avoir pour conséquences la rupture de l'organisation défensive des frontières qui avait arrêté jusque-là les invasions et, à l'intérieur, la guerre civile qui permit aux Turcs de s'installer en Asie Mineure ([1769]).

II. DIX ANS D'ANARCHIE ET DE REVERS (1071-1081)

En 1071 et 1081 il existe encore des armées byzantines, mais elles ne sont plus guère occupées qu'à se faire la guerre entre elles, presque toujours avec l'aide de l'ennemi ([1770]). Le résultat est la ruine de la puissance politique et militaire de l'Empire.

La défaite de Romain Diogène, connue à Constantinople, y provoqua une double révolution. Eudokia rappela d'exil le César Jean Doukas, frère de Constantin X ([1771]), et fit prononcer par le Sénat la déchéance de Romain ([1772]), mais le César, appréhendant le retour de celui-ci, gagna la garde impériale, fit proclamer basileus son neveu Michel Doukas, força Eudokia à entrer dans un monastère et fit exiler aux îles des Princes Anna Dalassena, la mère des Comnènes, suspecte de relations avec Romain ([1773]). Celui-ci, à la nouvelle de sa déchéance, leva des troupes et occupa Amasée du Pont, où il fut attaqué et vaincu par Constantin Doukas, deuxième fils du César Jean. Réfugié dans la forteresse de Tyropoion, il semblait perdu, lorsque l'Arménien Khatchatour, qu'il avait créé duc d'Antioche, vint à son secours et l'emmena en Cilicie où il se prépara à résister ([1774]). Cependant avant de l'attaquer, le jeune empereur Doukas tenta un accommodement avec lui, mais il refusa d'abandonner la moindre parcelle du pouvoir ([1775]). Attaqué par Andronic Doukas (début de 1072), il fut contraint de s'enfermer dans Adana et capitula à condition d'avoir la vie sauve, mais le César Jean donna l'ordre de lui crever les yeux et de le déporter à Proti, où il mourut dans d'horribles souffrances ([1776]).

Michel VII. — Fils aîné de Constantin X et d'Eudokia, Michel Doukas se trouva seul maître du pouvoir, mais son règne, qui dura 6 ans et 2 mois (24 octobre 1071-7 janvier 1078), fut entièrement néfaste et acheva la décomposition de l'Empire. Au lieu du soldat qu'il eût fallu pour rétablir la situation, Byzance eut à sa tête un lettré, excellent élève de Psellos, souverain selon son cœur, passionné comme son père pour la rhétorique, les spéculations philosophiques, la poésie, doué, à en croire son maître, de toutes les vertus, mais caractère faible, détourné de l'action par l'éducation qu'il avait reçue, regardé comme insignifiant par ses contemporains ([1777]). Il laissa donc ses conseillers gouverner l'Empire sous le contrôle du César Jean. Ce fut d'abord l'archevêque de Sidé qui lui fit rappeler d'exil les Comnènes ([1778]), puis l'eunuque Niképhoritzès, intrigant qui avait laissé les plus mauvais souvenirs à Antioche, dont il avait été duc sous Constantin X ([1779]). A peine au pouvoir, il gagna la faveur du basileus et le détermina à disgracier le César Jean et à éloigner de lui Psellos ([1780]). Il attira à lui toute l'autorité et s'en servit pour s'enrichir en s'emparant du monopole du commerce des blés et il en fit monter les prix à tel point qu'il s'ensuivit une véritable famine et que l'empereur, pour qui il prétendait travailler, fut flétri du surnom de *Parapinakès* (quart de médimne), cette quantité infime de grains coûtant un sou d'or ([1781]).

Invasions turques et révoltes. — Cependant, après leur victoire de Mantzikert, les Turcs se répandaient dans toute l'Asie Mineure. Alp-Arslan, indigné du traitement infligé à Romain Diogène, se déclarait son vengeur. Les querelles intestines et les révoltes militaires qui éclatèrent à Byzance allaient faciliter la conquête de l'Asie, chacun des partis rivaux prenant des Turcs à son service. On a pu dire que ce furent les autorités byzantines qui encouragèrent leurs ravages et leur donnèrent un caractère presque légal ([1782]). Amenés comme mercenaires dans toutes les parties de la péninsule d'Anatolie et jusqu'en face de Constantinople, ils ne tardèrent pas à en être les maîtres sans avoir eu besoin d'obtenir des cessions territoriales par des traités ([1783]).

La première révolte fut celle du chef des auxiliaires normands, Roussel de Bailleul, qui, à la tête de 100 chevaliers, avait aidé Robert Guiscard et Roger à conquérir la Sicile en 1063 ([1784]), était entré ensuite au service de l'Empire et avait pris part à la bataille de Mantzikert ([1785]). Il succéda à Crispin comme chef des contingents normands et se trouvait en cette qualité dans l'armée qu'Isaac Comnène, créé domestique des scholes d'Orient ([1786]), conduisit contre les Turcs en 1073. Il méditait depuis longtemps l'*apostasie* et, arrivé à Césarée en Cappadoce, il saisit le premier prétexte venu pour s'échapper du camp avec ses troupes, marcha sur Sébaste et tint la campagne pour son compte, pillant et rançonnant Grecs et Turcs, attirant à lui des aventuriers de toute sorte avec le projet de se créer une principauté à l'exemple de ses compatriotes d'Italie ([1787]). Pendant près d'un an il tint en respect toutes les forces de l'Empire.

Isaac Comnène en le poursuivant fut fait prisonnier par un parti de Turcs et, après avoir payé sa rançon, ne put que battre en retraite sur Constantinople avec son frère Alexis, le futur empereur ([1788]). Le César Jean, envoyé contre le rebelle, fut battu et fait prisonnier au pont de Zompi sur le Sangarios, non loin d'Amorium. La route de Constantinople était libre : Roussel, voyant son armée accrue, s'y précipita, mais n'osant se proclamer basileus, arrivé à Nicomédie, força le César Jean à prendre la couronne en le menaçant de mort et, continuant sa marche, arriva à Chrysopolis qu'il incendia ([1789]). Michel VII effrayé essaya en vain de négocier avec lui en lui renvoyant sa femme et son fils restés dans la ville ([1790]). Alors par un procédé tout byzantin, il gagna par des subsides le chef turc Artoukh qui, parti de Cappadoce avec une forte troupe vint surprendre Roussel près de Nicomédie et, après une bataille qu'il gagna grâce à sa supériorité numérique, fit prisonniers le chef normand et son empereur ([1791]).

La partie semblait perdue pour Roussel, mais sa femme put payer sa rançon et, rassemblant les débris de son armée, il se réfugia dans le thème des Arméniaques, dont il avait fait le centre de son gouvernement et qu'il avait eu soin d'épargner, tandis qu'il pillait les provinces voisines ([1792]). A bout de ressources, Michel VII et Niképhoritzès firent une dernière tentative et confièrent le peu qu'il leur restait de troupes et d'argent au second des Comnènes, Alexis, âgé de 25 ans, mais déjà populaire. Habile et énergique, le futur basileus rallia à Amasée les débris d'une troupe d'Alains du Caucase qui avaient été envoyés contre Roussel et mis en fuite à la première rencontre. Il affaiblit son adversaire par une guerre d'embuscades et en lui faisant fermer les portes de toutes les villes. Ayant appris que Roussel avait fait alliance avec un nouvel envahisseur, le chef turc Toutakh, il obtint de celui-ci, moyennant une grosse somme d'argent, que le chef normand lui fût livré et il ramena triomphalement à Constantinople son prisonnier, qui fut jeté dans un cachot et y serait mort de faim sans l'intervention de son généreux vainqueur ([1793]).

Au même moment un aventurier arménien, Philarète, après avoir été au service de l'Empire, avait profité de la guerre civile pour former une armée composée d'Arméniens et d'auxiliaires et s'emparer des places fortes du Taurus en assurant aux populations chrétiennes un refuge contre les Turcs, mais en refusant toute obéissance à Michel VII ([1794]). En 1074 ses possessions s'étendaient du territoire de Mélitène à celui d'Antioche, ville dont il cherchait à s'emparer et où il avait un fort parti protégé par le patriarche Émilien. Il crut l'occasion favorable à la mort du duc Tarchaniotès, et des troubles éclatèrent dans la ville; mais Niképhoritzès nomma duc d'Antioche Isaac Comnène, qui expédia le patriarche à Constantinople, parvint à réprimer l'émeute avec l'aide des garnisons voisines et rétablit la paix ([1795]).

La tranquillité ne régnait pas davantage dans les provinces européennes, troublées en 1073-1074 par une nouvelle révolte des Bulgares, soutenue par le grand joupan serbe Michel Bogislav, qui leur envoya son fils Constantin Bodin, proclamé à Prizrend tsar des Bulgares. D'abord vainqueur de l'armée du thème de Bulgarie, Bodin fut battu et pris dans la plaine de Kossovo ; interné en Syrie, il s'échappa en 1078 avec la complicité des Vénitiens. L'insurrection bulgare n'en continua pas moins sous un chef lombard, Longibardopoulos, ancien prisonnier de guerre de Bodin. Il fallut pour la réprimer l'intervention de Nicéphore Bryenne, qui chassa les Serbes de Macédoine et, après avoir établi son quartier général à Durazzo, mit un terme aux incursions continuelles des Croates et fit la chasse aux pirates normands, qui infestaient l'Adriatique ([1796]). Mais l'Empire éprouva de ce côté deux échecs politiques : en 1076 Zvonimir était couronné roi de Croatie et de Dalmatie à Spalato par deux légats du pape Grégoire VII et en 1078 le même pontife envoyait une couronne royale à Michel Bogislav et lui décernait le titre de *rex Sclavorum* ([1797]).

Révolte générale des armées d'Europe et d'Asie. — En 1076, année marquée par une épidémie de peste, par une famine due aux spéculations de Niképhoritzès et par une nouvelle incursion des Turcs en Asie Mineure, le mécontentement devint général ([1798]). La plus grande indiscipline régnait dans les armées. Pendant la campagne de Nicéphore Bryenne en Bulgarie, ses troupes, composées d'Allemands, de Normands et de Petchenègues, s'étaient livrées au pillage le plus éhonté et une partie d'entre elles, le corps des Petchenègues et l'armée du thème de Paristrion et son duc Nestor, marchèrent sur Constantinople (1075). Niképhoritzès conjura le danger en achetant les principaux chefs des mutins et Nestor, à la veille de lui être livré, battit en retraite ([1799]).

Mais le ministre favori de Michel VII continuait à accumuler les fautes et osait s'attaquer au meilleur général de l'Empire, à Nicéphore Bryenne, qui n'avait à son actif que de loyaux services. Prévenu par celui-là même qui était chargé de faire une enquête sur ses actes, Bryenne se révolta et fut proclamé empereur par son armée à Trajanopolis le 3 octobre 1077 ([1800]). Depuis les révoltes de Maniakès et de Tornikios, tous les mouvements insurrectionnels étaient partis d'Asie : ce fut cette fois l'armée d'Occident qui prit l'initiative, mais elle devança de peu l'armée d'Orient, qui le 10 octobre suivant proclamait empereur son chef, le domestique des scholes Nicéphore Botaniatès ([1801]). Au lieu de s'unir comme en 1057, les deux armées eurent chacune leur prétendant et se disputèrent l'Empire, circonstance dont Michel VII et son ministre se hâtèrent de profiter pour essayer de sauver leur pouvoir.

De plus Bryenne se montrait hésitant. Après avoir battu Basilakès, envoyé pour l'arrêter, il n'osa attaquer lui-même Constantinople et chargea de cette mission son frère Jean Bryenne, dont les troupes indisciplinées, arrivées devant les Blachernes, traversèrent la Corne d'Or et allèrent piller les faubourgs des Sykes. Michel VII n'hésita pas à délivrer Roussel de Bailleul de sa prison et le mit à la tête des troupes dont il disposait avec Alexis Comnène et Constantin Doukas, frère du basileus. Jean Bryenne dut battre en retraite et ce nouveau succès contribua à augmenter le prestige de Comnène, à qui Michel VII accorda la main d'Irène Doukas, petite-fille du César Jean ([1802]). Jusque-là il s'était toujours opposé à cette union qui réconciliait les Doukas et les Comnènes.

Mais, si la tentative de Bryenne semblait arrêtée, il n'en fut pas de même de la révolte de l'armée d'Asie. Pour venir à bout de Nicéphore Botaniatès, Niképhoritzès avait négocié avec les Turcs qui s'étaient engagés à couper la route de Constantinople au rebelle. Avec une très grande hardiesse celui-ci partit avec une escorte de 300 hommes et, devançant le gros de l'armée turque, entra en triomphe à Nicée, d'où il se mit en relations avec ses émissaires de Constantinople ([1803]). Ceux-ci agirent aussitôt et organisèrent un soulèvement qui éclata le 23 mars 1078. Par son irrésolution Michel VII perdit la partie et, après avoir confié la défense de son trône à Alexis Comnène, il abdiqua en faveur de son frère Constantin, qui refusa la couronne et alla porter ses hommages au prétendant. Le 2 avril Nicéphore Botaniatès entrait à Constantinople et était couronné à Sainte-Sophie le lendemain ([1804]). Michel VII était créé archevêque d'Éphèse et Niképhoritzès interné à l'île d'Oxya, où il expira dans les tourments ([1805]).

Cependant Nicéphore Bryenne et l'armée d'Europe marchaient sur Constantinople et plusieurs propositions d'entente faites par Botaniatès furent repoussées ([1806]). Alexis Comnène, rallié au nouvel empereur et créé nobilissime et domestique des scholes, partit à la rencontre de Bryenne et mit son armée en déroute à Kalavrya (les Belles-Fontaines) en Thrace, avec l'aide de trois corps turcs envoyés par le sultan Soliman. Fait prisonnier, Bryenne fut conduit à Constantinople et confié à un ancien favori de Michel VII qui le fit aveugler ([1807]). Reçu avec froideur au palais, Alexis Comnène dut aller réduire la révolte de Basilakès, l'ancien adversaire de Bryenne, qui, après avoir levé des troupes, s'était fait proclamer empereur à Thessalonique. Battu et fait prisonnier, Basilakès fut conduit à Constantinople et aveuglé ([1808]). Nicéphore Botaniatès, qui devait son trône à Alexis, permit qu'il entrât en triomphe dans la ville impériale et lui conféra le titre de *sébaste* ([1809]).

Nicéphore Botaniatès. — Issu de la famille des Phocas, qui prétendait se rattacher à la gens Fabia, le nouveau basileus avait eu dans l'armée une brillante carrière et était devenu l'un des premiers chefs de guerre de Byzance ([1810]). Froid et circonspect, il aurait pu réussir s'il ne se fût trouvé devant une situation inextricable, mais pendant son règne très court (7 janvier 1078-1er avril 1081) les révoltes militaires se succédèrent sans interruption et il fut absolument

Le déclin et la chute

impuissant à relever l'armée désorganisée par l'indiscipline ([1811]). Malgré ses deux favoris slaves, Boril et Germain, Botaniatès se montrait clément pour ses ennemis de la veille ([1812]) et il alla même jusqu'à confier une expédition contre les Turcs au frère de Michel VII, un porphyrogénète : à peine était-il à Chrysopolis que ses soldats le proclamaient empereur et Botaniatès, qui n'avait aucune force à lui opposer, dut acheter ses principaux officiers, qui le lui livrèrent : Constantin fut simplement tonsuré et relégué dans une île de la Propontide ([1813]).

La situation de l'Empire était d'autant plus grave qu'il n'y avait pour ainsi dire plus d'armée en Asie Mineure, dont Nicéphore Botaniatès avait rappelé toutes les garnisons au moment de sa révolte contre Michel VII. A Antioche le duc du thème, l'Arménien Vaçag Bahlavouni, fut assassiné; les Arméniens de la ville firent appel à Philarète qui devint le maître d'Antioche. Non seulement le basileus ne fit aucun effort pour l'en chasser, mais sur le conseil du patriarche Émilien, resté à Constantinople, il lui confia la défense du Taurus, dont les garnisons impériales furent placées sous son autorité, et lui donna le titre de curopalate, à condition qu'il se reconnût son vassal ([1814]).

Ce fut ensuite la révolte de Nicéphore Melissenos, beau-frère des Comnènes, avec une armée de mercenaires turcs. Non seulement il battit l'eunuque Jean envoyé pour l'arrêter, mais il installa ses Turcs en garnison à Nicée, à Cyzique et dans d'autres villes d'Asie, dont ils ne purent être délogés plus tard ([1815]).

Révolte des Comnènes. — Le dénouement approchait. Le mariage en troisièmes noces de Nicéphore Botaniatès avec l'impératrice Marie, femme de Michel VII, encore vivant, causa le plus grand scandale ([1816]), mais la réprobation fut plus grande encore lorsqu'on apprit que Botaniatès destinait sa succession à l'un de ses cousins, au mépris des droits du fils que Marie avait eu de Michel VII, le jeune Constantin ([1817]). Avec une très grande habileté les Comnènes, suspects aux ministres de Nicéphore en raison de leur popularité dans l'armée, lièrent partie avec l'impératrice qui avait adopté Alexis comme fils et se déclarèrent les défenseurs de l'héritier légitime ([1818]).

En réalité ils préparaient leur révolte, que le récit d'Anne Comnène présente comme une improvisation ([1819]). Avertis des mauvais desseins que les ministres de Botaniatès méditaient contre eux, les deux frères quittèrent Constantinople le 15 février 1081 et gagnèrent Tchorlou, où se concentraient les troupes qu'Alexis devait conduire contre Cyzique, afin d'en chasser les Turcs ([1820]). Là Alexis Comnène fut proclamé basileus, mais ce fut seulement à la fin de mars qu'il parut devant Constantinople, dont Nicéphore Melissenos se rapprochait de son côté, tout en négociant avec son beau-frère le partage de l'Empire ([1821]). Botaniatès ne disposait que d'un petit nombre de soldats, mais ce fut cependant grâce à la trahison des mercenaires allemands qu'Alexis Comnène pénétra dans la ville le 1er avril 1081 ([1822]). Malgré ses ministres Nicéphore Botaniatès ne fit aucune résistance et se laissa reléguer dans un monastère ([1823]).

La situation n'en était pas moins confuse. Alexis faisait traîner à dessein les négociations avec Melissenos et ses soldats pillaient Constantinople comme une ville conquise. Nul ne pouvait deviner qu'une nouvelle ère commençait pour Byzance.

Situation extérieure en 1081. — Au moment où le trône échoit à Alexis Comnène, l'Empire a perdu définitivement l'Italie, sa situation est menacée dans l'ouest de la péninsule des Balkans; l'Asie Mineure, la Mésopotamie, l'Arménie lui échappent.

Les Turcs seldjoukides sont de plus en plus nombreux en Asie Mineure, mais, comme l'a montré Joseph Laurent, ce sont les prétendants byzantins au trône qui les ont pris à leur service comme mercenaires et les ont établis en garnison dans les villes, d'où il a été impossible de les chasser. On vient de voir avec quelle inconscience Nicéphore Mélissènos pratiqua cette politique à Nicée et à Cyzique. On s'explique donc comment, à la faveur de cette équivoque, des États turcs indépendants se formèrent en Asie Mineure; mais avant 1081, les possessions byzantines et turques étaient si instables et si enchevêtrées que les sources ne permettent pas d'en dresser les frontières ([1824]). Il faut y ajouter les essais d'autonomie politique indépendants de l'Empire et destinés à résister aux Turcs, comme la tentative de Philarète dans le Taurus ([1825]).

En 1081 les bandes turques étaient disséminées dans toute l'Asie Mineure sans beaucoup de liens entre elles. Après avoir dévasté les campagnes, elles y menaient la vie nomade, tandis que les populations refluaient vers les villes ou émigraient ([1826]). On a pu dire que cette invasion de pasteurs

Le déclin et la chute

a transformé la terre elle-même et que le plateau d'Anatolie est redevenu ce qu'il est encore, « un morceau de la steppe kirghize », tandis que « dans les régions restées cultivées et urbaines de la côte, en Bithynie, en Mysie, en Ionie », l'occupation turque présentait déjà un commencement d'organisation ([1827]). Tel fut le point de départ de l'État seldjoukide de Nicée, dont le fondateur, Soliman, cousin du sultan Alp-Arslan, se trouva en 1078 le seul représentant de la dynastie seldjoukide en Asie Mineure. Il se loua successivement comme mercenaire à Michel VII contre Nicéphore Botaniatès, puis à Botaniatès lui-même contre Bryenne et enfin en 1080 à Nicéphore Mélissenos contre Botaniatès avec la promesse de conserver la moitié des villes et des provinces enlevées à l'empereur. Ce fut ainsi qu'il s'établit à Nicée d'où il organisa un péage sur le Bosphore ([1828]). Cependant son autorité sur les autres bandes turques était précaire et son établissement n'avait pas encore un caractère définitif ([1829]).

Tandis que les hordes turques étaient dispersées dans la péninsule anatolique, les Arméniens immigrés depuis le Xe siècle ([1830]) formaient une masse compacte à l'ouest de l'Euphrate et dans le Taurus, au sud de la Cappadoce, débordant en outre dans le nord de la Syrie ([1831]), avec une colonie puissante à Antioche. Comme on l'a vu, tout ce territoire, occupé encore par de faibles garnisons impériales, était sous la domination réelle de Philarète, à qui Nicéphore Botaniatès avait reconnu la qualité de vassal de l'Empire. En fait la suzeraineté impériale était illusoire dans ces régions qui représentaient déjà le cadre de la Petite Arménie. Non seulement les Arméniens ne rendaient aucun service à Byzance, mais ils étaient obligés de négocier directement avec les Turcs sans tenir compte des intérêts de l'Empire ([1832]).

Rapports avec l'Occident. — La situation de Byzance pendant cette période interdisait tout effort militaire du côté de l'Italie ; cependant, en dépit du schisme entre les Églises, le gouvernement impérial n'avait pas perdu l'espoir de conclure une alliance politique avec la papauté. La correspondance entre Grégoire VII, élu pape en 1073, et Michel VII semble avoir été assez active.

On voit par la réponse du pape que l'initiative des pourparlers vint du basileus, qui promettait la réunion des Églises et demandait en échange les secours de l'Occident contre les Turcs, premier exemple d'un projet d'entente qui devait être souvent renouvelé. La lettre, portée à Rome par deux moines, reçut une réponse favorable du pape, qui envoya à Constantinople le patriarche de Venise Dominique (1073) ([1833]). C'est de cette époque (1074) que date le projet grandiose de Grégoire VII de conduire lui-même en Orient une immense armée recrutée dans toute la chrétienté, particulièrement en France, et destinée à libérer les Églises orientales du joug musulman : c'était déjà le programme de la croisade, qui devait commencer par combattre les ennemis les plus proches de l'Église romaine, c'est-à-dire les Normands de Robert Guiscard. Mais les temps n'étaient pas mûrs. L'émouvant appel du pape « à tous les chrétiens » ne reçut pas de réponse et il dut renoncer à son projet ([1834]).

Tout en négociant avec Grégoire VII, l'empereur Michel se tournait aussi du côté de Robert Guiscard et, reprenant un projet d'union matrimoniale qui datait du règne de Romain Diogène, il demandait au chef normand la main d'une de ses filles pour son frère Constantin ([1835]). Malgré les honneurs et les avantages qui lui étaient promis, Guiscard repoussa cette proposition, mais un fils lui étant né en 1074, Michel VII renouvela sa tentative en demandant la main de la princesse normande pour cet héritier du trône ([1836]). Cette fois la proposition fut agréée ; la princesse, en bas âge, fut transportée à Constantinople, où elle reçut le nom d'Hélène ([1837]), mais la chute de Michel VII en 1078 mit fin à cette politique d'alliances avec l'Occident. Nicéphore Botaniatès rompit le projet de mariage et enferma la jeune Normande dans un monastère. Aussitôt Robert Guiscard se déclara le champion de l'empereur déchu et prépara une expédition contre Byzance, tandis que Grégoire VII, gagné à ses projets, excommuniait l'usurpateur du trône ([1838]).

Ainsi de tous les côtés l'Empire ne subissait que des échecs : une lourde tâche était réservée aux Comnènes.

III. LA TENTATIVE DE RELÈVEMENT DES COMNÈNES. L'ŒUVRE D'ALEXIS Ier (1081-1118)

A la veille de sa dissolution, l'Empire fut sauvé par la dynastie des Comnènes qui lutta pendant un siècle pour le réorganiser et lui rendre son prestige dans la chrétienté. Sous les trois princes remarquables qui se succédèrent de père en fils, l'Empire connut de nouveaux succès militaires et redevint la puissance prépondérante de l'Orient.

Les Comnènes ne s'en trouvèrent pas moins devant une situation bien plus difficile qu'au temps de la dynastie macédonienne et leur œuvre de restauration fut incomplète. Représentants de la noblesse, ils abandonnèrent la lutte traditionnelle du pouvoir central contre la grande propriété

Le déclin et la chute

et, pour implanter leur dynastie, favorisèrent la formation de grands apanages et l'accroissement démesuré de la fortune monastique. Ils affaiblirent ainsi l'autorité de l'État.

A l'époque macédonienne, les seuls pays de l'islam se trouvaient au même niveau que l'État byzantin par leurs institutions et par leur civilisation. Au XIIe siècle au contraire, l'Empire doit lutter contre de nouveaux États bien organisés, dont la puissance militaire et économique cherche à s'étendre aux dépens de la sienne : Turcs devenus les maîtres des États arabes d'Orient et fondateurs en territoire hellénique du sultanat de Roum ; Normands d'Italie, qui grâce à leur armée et à leur marine disputent à Byzance la maîtrise de la Méditerranée et sont une menace perpétuelle pour Constantinople.

Mais surtout l'Empire byzantin dut faire face à une immense expansion des peuples d'Occident qui prit la double forme d'une guerre religieuse, la croisade, et d'une lutte économique menée contre l'Empire par les républiques italiennes. De plus ce mouvement des croisades eut pour conséquence une véritable rénovation de l'Occident. De l'émiettement féodal émergèrent des États bien organisés sous des dynasties nationales. Grâce à la renaissance de la vie urbaine, au rétablissement de la sécurité, il se forma de nouvelles puissances maritimes et commerciales avec lesquelles il fallut compter et, par son magnifique développement intellectuel et artistique, l'Occident rivalisa bientôt avec Byzance. Sans doute entre ces deux moitiés du monde chrétien il existait une solidarité vis-à-vis de l'islam, mais le schisme de 1054 avait divisé d'une manière irrémédiable les Églises d'abord, les fidèles dans la suite, et devait rendre stériles les efforts des empereurs pour conclure des alliances avec l'Occident.

Conscients des dangers qui menaçaient l'Empire, les Comnènes essayèrent, suivant le système traditionnel, de diviser leurs ennemis, mais leur politique de bascule s'avéra aussi dangereuse qu'onéreuse. Pour lutter contre les Normands, ils concédèrent aux républiques italiennes des privilèges économiques qui ruinèrent le commerce et la marine de Byzance ; contre les empereurs germaniques ils essayèrent de faire des concessions aux papes sans parvenir à réconcilier l'Église de Constantinople avec Rome ; ils cherchèrent à exploiter le mouvement de la croisade au profit de l'Empire, mais, malgré des succès temporaires, un malentendu originel empêcha toute entente durable entre eux et les croisés ; enfin en attirant dans leurs armées les auxiliaires francs, ils excitèrent les convoitises des Occidentaux, qui considérèrent l'Empire comme un territoire de colonisation, une sorte d'Eldorado où tout chevalier famélique était assuré de faire fortune. Telles sont les vraies causes qui ont rendu précaires les succès des Comnènes et préparé la catastrophe qui brisa l'unité de l'Empire en 1204.

L'œuvre d'Alexis Comnène. — On a vu dans quelle situation misérable Alexis Comnène trouva l'Empire lorsqu'il fut appelé au trône par l'opinion presque unanime de l'armée : partout l'anarchie et le désordre ; l'Asie Mineure infestée de Turcs et un État seldjoukide en train de s'installer à Nicée ; les Normands d'Italie organisant la piraterie dans l'Adriatique et à la veille d'envahir la péninsule balkanique ; les Serbes insoumis ; les Bulgares agités par le mouvement bogomile débordant jusqu'à Constantinople et de nouvelles invasions se préparant au-delà du Danube.

En 14 ans (1081-1095), au milieu de difficultés inouïes, Alexis parvint à rétablir l'ordre à l'intérieur et à arrêter le démembrement de l'Empire. Renonçant à récupérer l'Italie et momentanément l'Asie Mineure, il lutta victorieusement contre les invasions. En 1095, à laveille de la croisade, il n'y avait plus de menace immédiate contre l'Empire.

Pour obtenir ces résultats il récompensa le parti militaire, qui l'avait porté au pouvoir, sans grever le trésor, par des titres et des honneurs nouveaux, conférés surtout à ses nombreux parents, et il mit un terme aux révoltes militaires. Aux envahisseurs il opposa des ennemis par un vaste système d'alliances qui n'était pas toujours sans danger : alliances avec Venise contre les Normands, avec les Comans contre les Petchenègues, avec les Francs ([1839]) contre les Turcs.

Mesures à l'intérieur. — Le nouveau basileus n'était pas un soldat de fortune comme Nicéphore Botaniatès, mais il appartenait par sa naissance à une famille aristocratique dont un membre, Isaac, son oncle, avait déjà occupé le trône. Par sa mère, Anna Dalasséna, par sa deuxième femme, Irène Doukas, cousine de Michel VII, il était allié aux plus puissantes maisons de la noblesse byzantine. Plus encore que sa naissance, les éminents services qu'il avait rendus à l'Empire, dont il était le meilleur chef de guerre, l'avaient désigné pour le trône. Élevé par sa mère à laquelle il montra toujours un grand attachement, il avait reçu l'instruction encyclopédique de son temps, qui avait fait de lui un humaniste et un théologien, aimant la controverse [1840]. D'après sa fille, il possédait une éloquence naturelle qui lui donnait une grande autorité. Il savait surtout parler à ses soldats dont il était l'idole [1841]. Rompu aux exercices physiques et capable de braver les intempéries, il payait de sa personne pendant les campagnes et entraînait ses troupes par les exploits qu'il accomplissait comme un simple combattant [1842].

Qu'il fut surtout un politique avisé et un excellent diplomate, habile à profiter des fautes de ses adversaires, c'est ce que montre toute son histoire depuis le début de sa carrière jusqu'à la fin de son règne [1843]. Les circonstances mêmes de son avènement avec la complicité de l'impératrice Marie, les moyens qu'il employa pour se débarrasser de la rivalité de Nicéphore Mélissenos, qui voulait partager l'Empire avec lui et dut se contenter du titre de César [1844], en sont la preuve manifeste.

Ce fut aussi avec une véritable dextérité qu'au lendemain de sa victoire il sut écarter du Palais l'impératrice Marie qui songeait à l'épouser après son divorce avec Irène Doukas, auquel le poussait sa mère Anne Dalassène. Marie voulait surtout réserver les droits à la couronne de son fils Constantin Doukas. La situation fut un moment très tendue. Les partisans des Doukas, qui avaient aidé Alexis à s'emparer du trône, s'indignaient de ce qu'Irène n'eût pas été couronnée en même temps que son époux et fût comme reléguée dans une aile du Palais loin du basileus. L'intransigeance du patriarche Cosmas, qui refusa de prononcer le divorce d'Alexis et résista aux menaces d'Anne Dalassène, fit échouer toutes ces combinaisons. Irène fut couronnée et reprit sa place d'épouse. Marie, après avoir fait reconnaître à son fils le titre de basileus, se retira au monastère des Manganes [1845].

Avec une véritable souplesse Alexis, qui ne voulait pas s'aliéner le patriarche, céda aux circonstances afin de consolider son trône. Ce fut dans le même esprit qu'il s'imposa une pénitence publique partagée par toute la famille impériale pour expier les dévastations commises par ses troupes sur des biens d'églises à son entrée dans Constantinople ([1846]) et qu'en 1083, une fille lui étant née, il la fiança à Constantin Doukas : en l'absence d'un fils ces deux enfants devenaient les héritiers du trône ([1847]). Par contre, après la naissance de Jean Comnène (1088) et son association au trône (1092), Alexis priva Constantin Doukas des insignes impériaux et força l'impératrice Marie à revêtir la robe noire des moniales ([1848]). Les Comnènes l'emportaient finalement sur les Doukas et Anne Porphyrogénète, mariée à Nicéphore Bryenne créé César, perdait tout espoir de succession à la couronne ([1849]).

Il n'en reste pas moins que la dynastie déchue ne se résigna jamais complètement à sa défaite. Au cours de son long règne Alexis Comnène faillit être victime de plusieurs complots. Le plus dangereux, celui de Nicéphore Diogène, frère utérin de Michel VII, mais écarté du trône comme né avant l'avènement de son père, avait pour complices des personnages considérables comme Kekaumenos Katakalon et l'Arménien Michel Taronitès, beau-frère du basileus : l'impératrice Marie était au courant du complot, qui aurait été révélé à Alexis par l'infortuné Constantin Doukas (mai-juin 1094). A travers les réticences et les contradictions du récit d'Anne Comnène, on devine que si l'empereur amnistia les conjurés, ce fut à cause des craintes que lui causèrent leur nombre et leur qualité et il est peu probable qu'il n'ait pas été au courant, s'il n'en a même pas donné l'ordre, du supplice infligé par ses familiers à Nicéphore Diogène et à Katakalon ([1850]).

La création d'une nouvelle hiérarchie comportant des titres splendides, sébastocrator, panhypersébaste, etc., mais purement honorifiques et distribués surtout aux membres de la famille impériale, fut l'une des principales mesures d'Alexis à son avènement ([1851]). Par contre le basileus, jaloux de son autorité et décidé à gouverner l'Empire par lui-même, s'entourait de conseillers d'un rang des plus modestes, parmi lesquels plusieurs Francs, qui montrent ainsi le commencement de l'importance que les Occidentaux devaient prendre dans l'Empire ([1852]). Et c'est d'ailleurs ce qui explique les rapports tendus qui existèrent pendant tout son règne entre l'empereur et le Sénat, mécontent d'être dépossédé de son rôle de conseil suprême de l'Empire ; d'où la participation de plusieurs sénateurs aux complots fomentés contre Alexis ([1853]). Lorsque, quelques mois après son avènement, encore mal assis sur le trône, Alexis dut quitter Constantinople pour repousser l'invasion normande, ce ne fut ni au Sénat, ni au Préfet de la Ville, mais à sa mère Anna Dalasséna qu'il confia le gouvernement de l'Empire en lui donnant une autorité absolue sur tous les services de l'État ([1854]).

Ces premiers actes de Comnène montrent par quels moyens il a pu réorganiser l'administration byzantine. Lorsqu'il prit le pouvoir, la situation intérieure, a-t-on pu dire, était au moins aussi mauvaise qu'à l'avènement d'Héraclius ([1855]). Le pouvoir central n'était plus obéi, la famine était menaçante, la monnaie impériale, qui avait fait prime jusque-là dans le monde entier, perdait sa valeur, le système économique et social qui avait fait la grandeur et la prospérité de l'État byzantin était ruiné. Alexis parvint à restaurer l'autorité de l'État, mais sans pouvoir revenir à l'organisation antérieure et au bel équilibre social et politique d'autrefois. Ce fut bien souvent par des expédients dommageables à l'État par quelque côté, qu'il se tira d'une situation périlleuse ([1856]).

L'œuvre que la situation extérieure imposait d'abord était celle du recrutement et de la réforme de l'armée. Pris de court par les circonstances, Alexis ne pouvait songer à restaurer l'ancienne organisation des thèmes et était obligé d'avoir recours à des mercenaires de toute race, en marquant sa préférence pour les Occidentaux, Français, Normands d'Italie, Anglo-Saxons. Mais la difficulté était d'assurer à ces troupes une solde régulière, seul garant de leur fidélité. Or, le trésor étant vide, Alexis employa des pratiques nuisibles à l'État : confiscation des trésors d'églises, au grand mécontentement du clergé, pour équiper une armée contre les Normands en 1081 ([1857]) ; nombreuses confiscations des biens des nobles convaincus de complot ; concessions en bénéfice (charisticares) à des particuliers de biens de couvents moyennant le service militaire de leurs parèques ; affermage des impôts ; altération des monnaies ([1858]). Toutes ces pratiques expliquent l'impopularité d'Alexis : des provinciaux préféraient la domination barbare à celle de Byzance et en 1095 on vit des villes de Thrace ouvrir leurs portes aux Comans ([1859]).

Enfin les questions religieuses, disciplinaires et même dogmatiques, tinrent une très grande place dans la politique intérieure d'Alexis, qui avait une haute idée de son rôle apostolique. Il sera question ailleurs, dans l'étude des institutions ecclésiastiques, de la difficulté avec laquelle il rétablit l'ordre dans les monastères de l'Athos, ainsi que de ses nombreuses fondations monastiques et des statuts qu'il leur accorda. Il intervint en outre dans les querelles dogmatiques et entreprit de défendre l'orthodoxie contre les doctrines hérétiques de son temps, issues, les unes du mouvement bogomile qui de Bulgarie étaient propagées jusqu'à Constantinople, les autres de l'enseignement néoplatonicien de Psellos, continué par son disciple Jean l'Italien, après lui « *consul des philosophes* », dignité qui plaçait sous sa direction l'Université impériale ([1860]).

Les épisodes les plus importants de ces luttes furent le procès intenté à Jean l'Italien, d'abord devant le synode, puis devant un tribunal mixte nommé par le basileus (1082) ([1861]); l'affaire de Léon, évêque de Chalcédoine, qui, pour protester contre la réquisition des trésors d'églises, dont les pièces étaient la plupart décorées de figures sacrées, soutint que l'adoration des icônes devait s'étendre à la matière même dont elles étaient faites, ce qui équivalait à accuser l'empereur de sacrilège (il fut condamné à la déposition et à l'exil par un concile tenu aux Blachernes en 1086) ([1862]); la condamnation de deux disciples de Jean l'Italien, le moine Nil (qu'Alexis avait essayé de convertir lui-même), et Eustratios, évêque de Nicée ([1863]); enfin les poursuites contre les Bogomiles, dont le chef, le bulgare Basile, fut brûlé vif, après être tombé dans le piège que lui avait tendu Alexis en lui faisant exposer ses doctrines et en feignant de les approuver ([1864]). Toutes ces mesures de rigueur devaient être d'ailleurs inefficaces et toute l'époque des Comnènes fut troublée par ce regain de controverses théologiques.

La défense de l'Empire. — Au milieu d'immenses difficultés Alexis Comnène réussit à sauver Constantinople et, non sans faire des sacrifices, à défendre les frontières menacées par les Normands, les Serbes, les Petchenègues et les Turcs. Il a dû faire face à l'ennemi sur trois fronts, parfois simultanément, avec des effectifs souvent insuffisants et une armée de mercenaires composée de troupes fournies par les émirs turcs et les joupans serbes, en théorie vassaux de l'Empire, de contingents levés chez les Petchenègues et les Comans et d'un grand nombre de Francs.

Ainsi qu'on l'a vu, Robert Guiscard, qui prétendait venger Michel VII, se préparait à envahir l'Empire au moment même où Alexis s'emparait du trône (1er avril). Il avait déjà envoyé son fils Bohémond occuper la baie d'Avlona et, ses préparatifs terminés en mai 1081, il s'emparait de l'île de Corfou et attaquait Durazzo ([1865]). Manquant de troupes et menacé en même temps par les progrès de Soliman, établi à Nicée et à Cyzique, Comnène prit le parti de traiter avec le Turc et de le prendre au service de l'Empire ([1866]). En même temps il cherchait à faire alliance avec tous les ennemis des Normands, envoyait une ambassade avec des présents à l'empereur germanique Henri IV, en train d'assiéger Grégoire VII à Rome ([1867]) et demandait à Venise d'envoyer sa flotte au secours de Durazzo ([1868]). Les Vénitiens armèrent en effet une escadre importante qui détruisit la flotte normande et reçurent d'Alexis en récompense des privilèges commerciaux dans l'Empire (juillet 1091) ([1869]).

Cependant la lutte devait durer près de 4 ans. L'armée improvisée par Comnène fut battue et dispersée devant Durazzo (8 octobre 1081) ([1870]) et cette place tomba au pouvoir de Guiscard le 21 février suivant ([1871]). La route de Constantinople, l'ancienne Via Egnatia, était libre et les Normands s'y engagèrent, mais arrivé à Castoria, Robert Guiscard reçut la nouvelle de la révolte de ses vassaux et une lettre de Grégoire VII, serré de près à Rome par Henri IV et invoquant le secours des Normands ([1872]). Retournant en Italie, il confia le commandement de l'armée à Bohémond qui, interrompant la marche sur Constantinople, tourna vers le sud et assiégea Ioannina (Janina) en infligeant deux défaites successives à la nouvelle armée formée par Alexis (mai 1082) ([1873]). En quelques mois Bohémond occupa la région des lacs et la Macédoine occidentale, puis passa en Thessalie où il assiégea Larissa. Au printemps de 1083, Alexis marcha au secours de la place et par un stratagème grossier fit entraîner l'armée normande loin de son camp qu'il pilla et détruisit de fond en comble ([1874]). Privé de ressources, Bohémond battit en retraite et revint à Castoria. Là les intrigues du basileus, qui s'aboucha avec des chefs normands mécontents de ne plus toucher leur solde, le déterminèrent à aller chercher de l'argent en Italie. Après son départ Alexis reprit facilement Castoria (octobre 1083) ([1875]).

La partie était perdue pour les Normands. Dans une seconde campagne (automne et hiver de 1084) Robert Guiscard put infliger un grand désastre à une flotte vénitienne, reprendre Corfou et aborder dans le golfe d'Arta, mais une épidémie décima son armée et Bohémond dut regagner l'Italie. Dans l'été de 1085 Guiscard envoya son autre fils, Roger, occuper Céphalonie. Il l'y rejoignit, mais ce fut pour y mourir le 17 juillet (1085) ([1876]). Suivant ses volontés Roger lui succéda comme duc de Pouille et de Calabre, mais la guerre civile qui éclata entre lui et Bohémond arrêta toute nouvelle entreprise contre l'Empire ([1877]), qui recouvra Durazzo ([1878]).

La question turque. — Le traité conclu par Alexis Comnène avec Soliman lui avait procuré des soldats et permis de poursuivre sa lutte contre les Normands sans avoir à craindre une attaque de Constantinople. Cependant le vassalage de Soliman à l'égard de l'Empire était purement théorique et il ne tenait pas plus compte du pouvoir d'Alexis que de celui de son cousin le sultan seldjoukide Malek-

Schah ([1879]). Agissant en souverain indépendant, il avait pris le titre de sultan et cherchait à agrandir son État. Inquiet du développement de la puissance territoriale de Philarète, il occupa Antioche, qui lui fut livrée par une partie des habitants (décembre 1084), sans qu'Alexis, impuissant, ait pu songer à intervenir ([1880]).

Après la prise d'Antioche, Philarète, bien qu'il se fût converti probablement à l'islam, perdit tous ses autres domaines, qui lui furent enlevés par ses nouveaux coreligionnaires; il était d'ailleurs détesté de ses sujets arméniens et syriens ([1881]).

D'autre part l'acquisition d'Antioche et la victoire qu'il remporta sur l'émir d'Alep, qui lui réclamait le tribut payé par Philarète, avaient accru à tel point la puissance de Soliman, que les autres émirs en furent effrayés. Celui de Damas, Toutouch, l'attaqua et Soliman périt dans la bataille qui se livra près d'Alep (juillet 1085) ([1882]). Sa mort faillit amener la dislocation de son État : tous les émirs qu'il avait établis en Asie Mineure cherchèrent à se rendre indépendants, tandis que Malek-Schah envoyait une armée en Syrie pour y rétablir son autorité et venait lui-même procéder à un nouveau partage des territoires entre ses émirs ([1883]).

Alexis Comnène avait une belle occasion de profiter des divisions de ses ennemis pour rétablir l'autorité impériale en Anatolie, mais toutes ses forces concentrées en Europe faisaient face à l'invasion des Petchenègues. Il eut recours du moins à sa diplomatie habituelle. Malek-Schah ayant sollicité son alliance, il corrompit son ambassadeur, le détermina à recevoir le baptême et se fit livrer par lui l'important port de Sinope ([1884]). Mais à ce moment toutes les troupes dont il disposait étaient occupées contre les barbares du Danube.

Les invasions des Petchenègues. — Les Petchenègues avaient résisté à tous les efforts du gouvernement impérial pour les convertir au christianisme et les civiliser. Renforcés sans cesse de nouvelles hordes venues des steppes russes, ils avaient profité des guerres civiles pour s'installer dans l'ancienne Bulgarie entre le Danube et les Balkans ([1885]), où ils avaient les meilleurs rapports avec tous les mécontents révoltés contre l'Empire, notamment avec les chefs de la colonie manichéenne de Philippopoli, dont les troupes avaient déserté pendant l'expédition normande et avaient subi des représailles.

Ce fut l'un d'eux, Traulos, qui, après avoir épousé la fille d'un de leurs chefs, les excita à la guerre contre l'Empire ([1886]). Grossis de hordes

Le déclin et la chute

d'outre-Danube et après avoir fait alliance avec le peuple nomade des Comans, leurs frères de race [1887], les Petchenègues envahirent la Thrace en 1086, écrasèrent l'armée du domestique des scholes Pakourianos, mais durent battre en retraite devant une nouvelle armée levée par Tatikios, qui leur barra les routes d'Andrinople et de Philippopoli [1888].

Ils revinrent deux ans de suite. En 1087 ils purent arriver jusqu'à une journée de Rodosto sur la Propontide, mais furent mis en déroute par une armée impériale et obligés de repasser les Balkans [1889]. A l'automne suivant l'offensive vint de Comnène, qui organisa contre eux une expédition à la fois terrestre (par les Balkans) et maritime (par une flotte remontant le Danube). Les Petchenègues demandèrent la paix, qui leur fut refusée; l'armée impériale fut complètement détruite à Dristra sur le Danube; Alexis en grand danger s'enfuit jusqu'à Berrhoé [1890]. Constantinople menacée ne dut son salut qu'à la discorde qui éclata entre les Petchenègues et les Comans qui, arrivés après la bataille, réclamaient une part du butin [1891]. Les deux peuples en vinrent aux mains et les Petchenègues eurent le dessous, ce qui permit au basileus de former une nouvelle armée : ce fut alors que le comte de Flandre Robert, revenant de Jérusalem, promit de lui envoyer 500 chevaliers [1892]. Les Petchenègues revenaient quelques mois après, mais les Comans les suivaient, menaçants; d'autre part Alexis n'osait accepter leur proposition d'alliance. Il accueillit donc les demandes de paix des Petchenègues et fit interdire le passage des Balkans à leurs adversaires [1893]; mais les Comans étaient à peine partis que les Petchenègues violaient le traité et attaquaient Philippopoli : dépourvu de troupes, Alexis fut réduit à leur faire une guerre d'embuscade et fut trop heureux de signer avec eux une nouvelle trêve [1894].

Turcs et Petchenègues. — Constantinople était alors menacée de la double attaque des peuples du Danube et des émirs turcs, en particulier de l'émir de Smyrne, Tzachas, et du successeur de Soliman à Nicée, Abou'l Qasim qui avait pris le titre de sultan et ravageait la Bithynie [1895]. Plus dangereux encore était Tzachas : fait prisonnier et entré au service de Nicéphore Botaniatès qui le créa protonobilissime, il s'enfuit à l'avènement d'Alexis et se fit chef de pirates avec le dessein arrêté de prendre Constantinople par mer. Un Smyrniote lui construisit une flotte légère, recruta des équipages, et il s'empara en peu de temps de Phocée, Clazomène, Chio, Samos et Rhodes. Une flotte impériale envoyée contre lui subit un échec complet, mais une seconde expédition dirigée par Constantin Dalassène parvint à lui reprendre l'île de Chio [1896].

Tzachas conçut alors un plan d'une grande hardiesse. Comprenant qu'une attaque de Constantinople par mer ne pouvait réussir que si la ville était bloquée en même temps par terre, il poussa les Petchenègues à entrer de nouveau en campagne, tandis qu'Abou'l Qasim attaquait Nicomédie [1897]. Alexis rappela de Durazzo son beau-frère Constantin Doukas pour le mettre à la tête d'une expédition par terre et par mer contre Tzachas retranché à Smyrne [1898], chargea les 500 chevaliers envoyés par le comte de Flandre de défendre Nicomédie contre le sultan de Nicée [1899] et marcha lui-même contre les Petchenègues, mais ne put défendre les places qui protégeaient les abords de la ville impériale. Battu à Rodosto, il retrancha son armée à Tzurulon (Tchorlou) qu'il défendit efficacement contre l'ennemi [1900].

Alexis n'en était pas moins coupé du reste de l'Empire, mais les Petchenègues ayant établi leurs quartiers d'hiver dans la région de la Maritza, il concentra ses forces à Ænos où il trouva une armée levée par le César Nicéphore Mélissène en Macédoine et où il amena lui-même les chevaliers flamands. Ayant appris que Tzachas équipait une nouvelle flotte et engageait les Petchenègues à occuper la péninsule de Gallipoli, il voulait prévenir la jonction des alliés et il avait fait appel aux Comans, qui arrivèrent en grand nombre, mais il eut soin de mettre la Maritza entre eux et son armée [1901]. Le 29 avril 1091, au pied de la colline du Lebounion [1902], les Petchenègues subirent une déroute complète qui se termina par un massacre effroyable. On a pu dire que tout un peuple périt dans cette bataille, car dans la suite il n'est plus question des Petchenègues comme nation, mais ceux qui survécurent furent enrôlés dans l'armée impériale [1903].

L'écrasement des Petchenègues était en même temps un gros échec pour Tzachas, dont le plan si bien élaboré devenait inexécutable. Il n'en persista pas moins dans ses prétentions et, d'après Anne Comnène, il se serait arrogé le titre de basileus [1904]. Ce fut certainement à cette époque que son principal allié, Aboul'l Qasim, sultan de Nicée, prépara une agression contre Constantinople, mais, battu sur terre et sur mer par Tatikios et Boutoumitès, accepta le traité d'alliance que lui proposait Alexis [1905]. Le basileus qui voulait construire la ville forte de Civitot aux abords de Nicomédie pour y poster ses mercenaires anglo-saxons, invita Abou'l Qasim à venir à Constantinople et le retint au milieu des fêtes de toute sorte jusqu'à l'achèvement des travaux de la forteresse [1906]. Lorsque Nicée fut menacée par l'armée du sultan seldjoukide Malek-Schah, Alexis secourut Abou'l Qasim avec le secret espoir de reprendre cette ville : Tatikios, chef de l'expédition, fit bien lever le siège de Nicée aux assaillants, mais n'osa pénétrer dans la ville à cause de la faiblesse de ses effectifs [1907]. Malek-Schah envoya alors en Asie Mineure une nouvelle armée; son chef, Pouzan, gouverneur d'Édesse, était porteur d'une lettre par laquelle le sultan offrait à Alexis de le débarrasser d'Abou'l Qasim, de lui restituer Nicée et Antioche, s'il voulait accorder la main d'une de ses filles à son fils aîné. Abou'l Qasim, serré de près, prit le parti d'aller trouver le sultan seldjoukide avec des présents, mais il périt étranglé et lorsque la réponse d'Alexis à Malek-Schah arriva à destination, celui-ci venait de mourir : Nicée échut d'abord au frère d'Aboul'l Qasim, Poulchas, puis le nouveau sultan de Perse y rétablit le fils de Soliman, Qilidj Arslan [1908].

Tzachas lui-même, qui préparait à Smyrne une nouvelle flotte, fut prévenu par une offensive dirigée par Jean Doukas et Constantin Dalassène, grand-drongaire de la flotte. Ils attaquèrent avec succès Mytilène et forcèrent Tzachas à s'enfuir à Smyrne (1092) [1909]. L'année suivante ce fut Tzachas qui entra en campagne et alla assiéger Abydos, dont la possession lui eût permis d'intercepter la route de Constantinople. Mais Alexis Comnène avait fait alliance avec Qilidj Arslan qui joignit ses forces à celles de Constantin Dalassène : Tzachas, se sentant trop faible, alla trouver le sultan, qui l'égorgea après l'avoir enivré [1910] (printemps de 1093). Constantinople était dégagée de tout danger immédiat.

L'Empire à la veille de la croisade. — En 1095, après un règne de 14 ans, Alexis avait mis fin aux guerres civiles, repoussé trois invasions dirigées contre Constantinople et recouvré quelques positions importantes. L'Empire était loin d'avoir retrouvé la prospérité et la puissance d'autrefois. Alexis Comnène avait du moins assuré son existence.

En Asie la succession du grand sultan Malek-Schah avait provoqué une guerre civile et entraîné la révolte de tous ses vassaux [1911]. Toutes les forces musulmanes avaient reflué vers l'Orient (1092-1095). Alexis en avait profité pour reprendre Cyzique et Apollonia [1912] et il était en bons rapports avec le nouveau sultan de Nicée, Qilidj-Arslan, qui venait de l'aider à ruiner la puissance de Tzachas. « Le calme régnait dans les provinces maritimes », dit Anne Comnène [1913].

En Europe le peuple des Petchenègues était anéanti, mais les frontières étaient menacées par les Serbes et les Comans. En Serbie le fils de Michel Bogislav, Constantin Bodin, qui résidait à Scutari dans la Dioclée, avait soumis les joupans de Rascie et déplacé ainsi vers l'est le centre de l'État serbe [1914]. Hostile à l'Empire, dont il était le vassal, il trahit Alexis Comnène à la bataille livrée aux Normands devant Durazzo, le 18 octobre 1081, en se retirant sans combattre [1915] ; puis il profita des embarras du basileus pour pousser ses entreprises sur la côte dalmate et s'implanter sur le plateau de Rascie [1916]. En 1091 le duc de Durazzo, Jean Comnène, neveu d'Alexis, eut à combattre l'un des joupans de Rascie, Bolkan [1917], qui envahit la Macédoine et obligea Alexis Comnène à intervenir lui-même deux fois, en 1093 et 1094 ; mais le chef serbe avait dû demander la paix (juin 1094) [1918] et la guerre civile qui éclata entre Bodin et ses parents mit fin aux agressions serbes contre l'Empire [1919].

Au moment où il traitait avec Bolkan, Alexis avait reçu la nouvelle d'une invasion de ses anciens alliés les Comans.

Ils avaient à leur tête un imposteur qui se faisait passer pour un fils de Romain Diogène. Après être parvenus à franchir les Balkans, ils marchèrent sur Andrinople qui fut défendue par le fils de Nicéphore Bryenne. Alexis, qui avait concentré une armée à Anchiale, se disposait à intervenir quand l'imposteur fut fait prisonnier et envoyé à Constantinople. Privés de leur chef, les Comans se dispersèrent pour piller et repassèrent le Danube en désordre [1920].

Ainsi en 1095 il n'y avait plus de menace immédiate contre l'Empire. La situation intérieure était améliorée : des tentatives de chefs provinciaux dans les îles de Crète et de Chypre pour se rendre indépendants avaient été réprimées ; Chypre, base de toute opération contre la Syrie et l'Égypte, avait été pourvue d'une flotte [1921]. Seul Théodore Gavras, stratège du thème de Chaldia, avait fait de Trébizonde le siège d'une principauté autonome [1922]. Alexis Comnène avait fait exécuter des travaux de défense à la frontière de Serbie et en Asie Mineure, pour protéger l'étroite bande de territoire que l'Empire possédait encore entre la mer Noire et la Propontide [1923]. Les troupes étaient dispersées le long des frontières et ne pouvaient être rappelées sans danger [1924]. La faiblesse de ces effectifs rendait la défense difficile et c'est ce qui explique les efforts continuels faits par Alexis pour se procurer des mercenaires en Occident.

Rapports diplomatiques avec l'Occident. — On a fait bonne justice de l'assertion d'après laquelle le mouvement de la croisade serait dû aux sollicitations d'Alexis Comnène, qui aurait montré ensuite la plus noire ingratitude envers ses défenseurs [1925]. La vérité est très différente. Au début de son règne, Alexis, ainsi qu'on l'a vu, était en très mauvais termes avec le pape Grégoire VII, qui l'avait excommunié et favorisait les entreprises de Robert Guiscard contre l'Empire. Par représailles le basileus avait interdit l'usage des azymes dans les églises latines de Constantinople suivant l'ordonnance de Kéroularios [1926]. Or, c'est là un premier fait, ce fut de Rome que vint l'offre d'une réconciliation. Otton de Lagery, élu pape sous le nom d'Urbain II, le 12 mars 1088, manifesta dès son avènement une très grande largeur de vues en regardant une réconciliation avec l'Église byzantine comme le seul moyen de délivrer les Églises d'Orient du joug des Turcs. Dès son élection il envoya une ambassade au basileus pour lui demander de rapporter la mesure contre l'usage des azymes et de faire inscrire son nom sur les diptyques. Par contre il relevait Comnène de l'excommunication jetée sur lui par Grégoire VII [1927].

L'empereur saisit avec empressement cette occasion de renouer avec Rome et invita Urbain II à venir lui-même tenir un concile à Constantinople pour régler ces questions [1928]. Il régnait alors un véritable désir de conciliation entre les fidèles des deux Églises, dont plusieurs, comme le clerc d'Amalfi Laycus et l'archevêque d'Ochrida Théophylacte, pensaient que les querelles sur les rites et les usages étaient vaines et même ridicules, alors que ce qui importait le plus était la communion dans la même foi [1929]. Alexis obtint du synode patriarcal que le nom du pape serait rétabli dans les diptyques à condition qu'il envoyât sa synodique et vînt tenir un concile à Constantinople, et dans sa réponse à Urbain II le basileus affirmait qu'il n'y avait pas de schisme entre les deux Églises [1930]. La négociation faillit dévier : ces écrits ayant été transmis à Basile, archevêque de Reggio, brouillé avec Urbain II et chassé de son diocèse, furent envoyés par lui à l'antipape Clément III, qui écrivit au patriarche de Constantinople qu'il était prêt à signer l'union, mais Alexis resta fidèle à Urbain II. Ce n'en furent pas moins les intrigues de Clément III qui empêchèrent le pape légitime de se rendre à Constantinople [1931].

Dans la pensée d'Urbain II l'union religieuse entre Rome et Constantinople devait permettre une offensive des forces de toute la chrétienté contre l'islam : l'idée qui revient sans cesse dans ses appels à la croisade est celle de la délivrance des Églises d'Orient, opprimées par les infidèles [1932], et c'est en ce sens que les expéditions organisées par l'Ordre de Cluny contre les Maures d'Espagne ont servi de modèle à la croisade. Le point de vue d'Alexis était beaucoup plus terre à terre. En cherchant à se rap-

procher du Saint-Siège, il songeait surtout à obtenir des
facilités pour lever des troupes parmi ces chevaliers d'Occident dont il appréciait l'esprit belliqueux et le courage.
Des demandes de ce genre furent sans doute faites au
pape dans l'ambassade qu'il lui envoya en 1091 au sujet
du futur concile ([1933]), mais il y en avait eu d'autres précé-
demment, car au printemps de cette même année il faisait
traîner en longueur les négociations avec les Petchenègues
« parce qu'il attendait une armée de mercenaires ($\mu\iota\sigma\theta o\varphi o$-
$\rho\iota\varkappa\acute{o}\nu$) de Rome » ([1934]).

Il semble surtout que l'appel d'Alexis ait été encore
plus pressant au concile réformateur tenu par Urbain II à
Plaisance du 1er au 7 mars 1095. Le seul témoignage précis
est celui du chroniqueur Bernold de Constance ([1935]), qui
montre l'ambassade d'Alexis implorant les secours de
tous les chrétiens pour l'aider à défendre l'Église et repousser les païens établis presque en face des murs de Constantinople, puis le pape exhortant les fidèles à s'engager
par serment à répondre à cet appel ([1936]). Malgré les objections de Chalandon ([1937]), on ne peut récuser ce témoignage très net : sans doute dans tous ces pourparlers il
n'est pas question de la délivrance du Saint-Sépulcre ;
ce n'est pas encore la croisade, mais c'est déjà une guerre
sainte à laquelle tous les chrétiens de bonne volonté parti-
ciperont. En fait, le soulèvement des peuples que suscita
la prédication de la croisade était aussi imprévisible pour
Alexis Comnène que pour Urbain II lui-même.

La croisade. — La croisade fut en effet un mouvement
sans précédent. Sans doute l'idée de la guerre sainte contre
les infidèles existait depuis longtemps aussi bien à Byzance ([1938]) qu'en Occident ([1939]), mais les expéditions
entreprises ou projetées à ce titre avaient des buts précis
et des objectifs limités. Ce qui fut nouveau et véritablement inouï, ce fut le soulèvement à la même heure de tous
les peuples de l'Europe occidentale, de toutes les conditions sociales, de toutes les races, pèlerinage grandiose du
peuple chrétien tout entier succédant aux innombrables
pèlerinages particuliers qui cheminaient depuis des siècles
sur les routes de l'Europe et de l'Asie ([1940]). Sans doute

parmi les croisés se trouvaient des calculateurs et des chercheurs d'aventures, mais seuls une foi ardente, un désintéressement complet purent provoquer un pareil exode des masses populaires, semblable à une révolution universelle, à une Apocalypse vécue ([1941]).

Un pareil mouvement était incompréhensible à des politiques avisés comme Alexis Comnène et les hommes d'État qui l'entouraient. Connaissant mal l'Occident, ils étaient absolument fermés aux grands élans idéalistes tels que la réforme ecclésiastique et la croisade, qu'ils n'envisageaient qu'au point de vue étroit des intérêts de l'Empire. Ils ne virent dans les chefs croisés que des mercenaires capables de recommencer l'épopée byzantine. Ils s'attachèrent à en faire des vassaux et à exploiter leurs victoires au mieux des intérêts de la Romania. De là entre Byzance et les croisés un malentendu irréductible qui engendra des haines et des guerres inexpiables, au grand dommage de la chrétienté.

Les rapports d'Alexis avec les croisés. — Les premiers croisés qui traversèrent l'Empire s'étaient embarqués par bandes séparées dans les ports de l'Italie méridionale. Dès qu'il en fut averti, Alexis prit toutes les mesures nécessaires pour assurer leur ravitaillement et leur interdire tout pillage ([1942]). Constantinople eut alors à supporter le passage des bandes populaires, innombrable armée sans discipline, composée en partie de gens sans aveu et de pillards; elles arrivèrent en deux vagues, précédées d'un immense nuage de sauterelles, la bande de Gautier-sans-Avoir le 20 juillet 1096, celle de Pierre l'Hermite le 1er août ([1943]). Afin de les empêcher de piller Constantinople, l'empereur leur fit traverser le Bosphore et les cantonna à Civitot, d'où, malgré les avis qui leur avaient été donnés, ils voulurent attaquer les Turcs de Nicée et ils furent en grande partie massacrés ([1944]). Leurs débris furent ramenés au-delà du Bosphore ([1945]).

Cependant à cette croisade démagogique succédèrent les armées régulières commandées par des princes souverains, qui atteignirent Constantinople entre la fin de l'année 1096 et le mois de mai 1097 ([1946]). Alexis envoya au-devant de chaque bande des officiers chargés de l'accueillir et de lui promettre des vivres pendant sa traversée de l'Empire, mais en outre les croisés devaient être suivis à distance de corps de troupes, surtout de Petchenègues, chargés de surveiller leur marche et de réprimer au besoin leurs méfaits; il en résulta des conflits et des luttes parfois sanglantes qui contribuèrent à envenimer les rapports entre les croisés et les indigènes ([1947]). D'autre part, la concentration de toutes les armées à Constantinople devait permettre à Alexis d'agir sur tous les chefs de la croisade au mieux de ses intérêts. Il adopta donc vis-à-vis des grands barons deux règles de conduite : les obliger à leur passage à lui prêter le serment féodal suivant les formes usitées en Occident; transporter les armées en Asie au fur et à mesure de leur arrivée afin d'éviter leur jonction à Constantinople, ce qui n'eût pas été sans danger. Le serment féodal, sous la forme de l'hommage, revenait à faire des princes croisés les vassaux de l'Empire pour toutes les terres qu'ils conquerraient : ils devenaient ainsi les hommes du basileus, d'où la répugnance de plusieurs d'entre eux à prêter un serment incompatible avec leur vœu de croisade ([1948]).

Le premier baron qui arriva à Constantinople, Hugue de France, accepta sans résistance cette obligation (novembre 1096) ([1949]), mais il n'en fut pas de même de Godefroy de Bouillon qui commandait l'une des plus fortes armées de la croisade et qui refusa d'avoir tout rapport avec le basileus. Alexis coupa d'abord les vivres à son armée, puis cette mesure ne suffisant pas, il employa la force, et ce fut seulement après avoir subi l'assaut de l'armée impériale qu'après 2 mois de résistance Godefroy prêta le serment et se laissa transporter en Asie avec son armée ([1950]). Bien au contraire, l'ancien adversaire d'Alexis, Bohémond, chef des Normands d'Italie, dont la présence pouvait à bon droit inquiéter le basileus, montra le plus grand empressement à devenir son hommelige et reçut en récompense de magnifiques cadeaux, mais, désireux de prendre pied dans l'Empire et de se tailler une principauté en Asie, il demanda le titre de domestique des scholes d'Orient, qui eût fait de lui le chef de l'armée impériale. Sans lui opposer un refus formel, Alexis lui fit une réponse dilatoire ([1951]).

La plupart des chefs croisés prêtèrent le serment, sauf Tancrède, qui passa en Asie sans venir à Constantinople ([1952]), et Raimond de Saint-Gilles, comte de Toulouse, qui se montra irréductible en protestant que ce n'était pas pour un seigneur temporel qu'il avait pris la croix et qui, sur les objurgations des autres princes, jura seulement qu'il n'attenterait en rien à la personne d'Alexis ([1953]).

L'empereur ayant ainsi obtenu de presque tous les chefs croisés les garanties qu'il désirait, il restait à en assurer l'exécution, et l'occasion s'en présenta bientôt. Lorsque après sept semaines de siège les croisés se disposaient à donner l'assaut à Nicée (19 juin), Alexis traita séparément avec la garnison turque, qui capitula, et fit occuper la ville par ses troupes ([1954]). Il y avait seize ans que la ville était au pouvoir des Turcs et tous les efforts d'Alexis pour la recouvrer avaient été infructueux : sa délivrance était donc une grande victoire pour l'Empire et, bien que les chroniqueurs occidentaux expriment leur indignation de la conduite d'Alexis, les chefs croisés, en lui abandonnant la place, n'avaient fait que tenir leur promesse. Loin de se brouiller avec l'empereur, ils se rendirent avec empressement à l'entrevue qu'il leur proposa à Pelekanon, y renouvelèrent leurs serments et en partirent comblés de magnifiques présents ([1955]).

D'autre part, la prise de Nicée, suivie de la victoire des croisés sur l'armée de Qilidj Arslan à Dorylée (1er juillet 1097), eut pour conséquence la dislocation du premier État seldjoukide et le renversement de la situation en Asie Mineure. Pendant que les croisés pénétraient sans résistance au cœur même des possessions continentales de l'ancien

Le déclin et la chute

sultan de Nicée, Alexis Comnène envoyait une expédition par terre et par mer, sous les ordres de son beau-frère Jean Doukas, contre les émirs maritimes. Successivement Smyrne, Éphèse, Sardes, tout l'ancien thème Thracésien et une partie du thème Cibyrrhéote jusqu'à Attalie furent recouvrés, tandis que le basileus lui-même réoccupait toute la Bithynie [1956]. L'Empire retrouvait ainsi la base de sa puissance.

Pendant le siège de Nicée, Alexis avait conclu avec les chefs croisés un traité par lequel il s'engageait à assurer la sécurité de tous les croisés pendant leur passage dans l'Empire, à prendre lui-même la croix, et à se mettre à leur tête pour aller délivrer Jérusalem [1957]. En attendant qu'il pût tenir sa promesse, il avait adjoint à l'armée des croisés un corps de troupes, commandé par l'un de ses meilleurs généraux, Tatikios, qui prit part à toutes les opérations des croisés [1958]. Mais lorsqu'en juin 1098 Alexis, ayant achevé la conquête de l'État seldjoukide, quitta Constantinople avec une forte armée pour rejoindre la croisade [1959], la situation avait entièrement changé et il ne restait plus grand-chose des accords conclus avec le basileus.

Ce furent d'abord les entreprises particulières de Baudouin et de Tancrède, qui se séparèrent de l'armée (septembre 1097) et délivrèrent la Cilicie, faisant fuir devant eux les garnisons seldjoukides [1960], puis l'expédition de Baudouin en Haute Mésopotamie, où il fit alliance avec des chefs arméniens, dont plusieurs étaient d'anciens vassaux de Philarète, enfin son adoption par le prince arménien d'Édesse, suivie de la prise de possession de la ville et de son territoire, sans égard pour les traités signés avec Alexis, à qui d'ailleurs Baudouin n'avait pas prêté serment [1961].

Graves surtout furent les événements d'Antioche, dont les croisés avaient commencé le siège le 21 octobre 1097 et dont, à part la citadelle, ils s'étaient emparés le 3 juin 1098 [1962]. Bohémond, qui prit une part prépondérante aux opérations du siège, entendait rester maître de la place et, ne pouvant compter sur l'appui d'Alexis, il aurait provoqué le départ de Tatikios et de ses troupes en lui faisant croire que les barons avaient les plus mauvais desseins contre lui et son empereur [1963], puis, après son départ, il l'accusa de lâcheté [1964]. D'autre part il cherchait à se faire promettre la possession d'Antioche par les chefs croisés et, malgré les résistances qu'il rencontra d'abord, il finit par arriver à ses fins lorsqu'on apprit que l'armée turque de Kerboga, émir de Mossoul, venait délivrer Antioche : le 29 mai 1098 le conseil des chefs décida que si Bohémond parvenait à se faire livrer la ville, elle lui appartiendrait [1965] ; le 3 juin la ville était prise, grâce aux intelligences que Bohémond s'y était ménagées [1966] ; le 5 juin l'armée de Kerboga paraissait sous ses murs et les croisés y étaient à leur tour assiégés [1967] ; dans la nuit du 10 juin plusieurs croisés, découragés, s'échappèrent de la ville et parmi eux se trouvait le comte Étienne de Blois [1968].

Ce fut ces déserteurs qu'Alexis Comnène, qui marchait sur Antioche, rencontra à Philomelion : ils lui annoncèrent que la situation des croisés était désespérée, et Alexis, craignant une nouvelle invasion des Turcs en Asie Mineure, battit en retraite et fit dévaster le pays sur son passage pour couper les vivres à l'envahisseur [1969]. Cependant, par leur brillante victoire du 28 juin 1098, les croisés avaient dégagé Antioche et détruit l'armée de Kerboga ([1970]), mais la discorde ne tarda pas à diviser les chefs et le parti opposé à Bohémond, dirigé par le comte de Toulouse, fit envoyer une ambassade à Alexis, pour lui annoncer la prise de la ville et l'inviter à venir en prendre possession, en lui demandant de se joindre à eux pour marcher sur Jérusalem ([1971]).

La question d'Antioche. — Le résultat de ces événements fut un changement complet dans la politique d'Alexis : instruit de la mainmise de Bohémond sur Antioche, il se réconcilia avec Raimond de Saint-Gilles, devenu tout à coup le défenseur des droits impériaux ([1972]). Lorsque la réponse du basileus à leur ambassade leur parvint en mars 1099, les croisés se trouvaient à la frontière de Palestine, à Arqa près de Tripoli, et la marche décisive sur Jérusalem allait commencer : depuis le début de l'année Bohémond, mal réconcilié avec Raimond, était retourné à Antioche où il agissait en prince souverain ([1973]). Dans sa réponse aux croisés, Alexis enjoignait à Bohémond d'évacuer cette ville et annonçait son arrivée pour la Saint-Jean prochaine si on lui remettait Antioche ; mais, malgré les efforts du comte de Toulouse, le conseil fut d'avis de ne pas l'attendre et la marche sur la Ville Sainte continua ([1974]). Le 15 juillet suivant, les croisés prenaient Jérusalem, mais la guerre entre Bohémond et l'Empire avait déjà commencé ([1975]).

Ce fut d'abord l'attaque de Laodicée (Latakieh) que Raimond de Toulouse, après s'en être emparé, avait remise à l'Empire ([1976]). Malgré l'appui de la flotte pisane commandée par l'archevêque Daimbert, Bohémond ne put prendre la ville ([1977]), mais il fit un coup de maître en se rendant en pèlerinage à Jérusalem chez Baudouin d'Édesse, en usant de son influence pour faire déposer le patriarche Arnoul de Rohez ([1978]) et lui substituer Daimbert et se faire conférer par lui l'investiture d'Antioche, qui légitimait son pouvoir ([1979]) (janvier 1100). Dès le mois de juin suivant il reprenait son offensive et constituait avec méthode le territoire de sa principauté aux dépens de l'émir d'Alep et des dynastes arméniens de Cilicie ([1980]), quand, au cours d'une expédition entreprise pour défendre le gouverneur arménien de Mélitène contre l'émir de Siwas, il fut fait prisonnier (août 1100) ([1981]).

Malgré ce désastre, l'œuvre de Bohémond ne périt pas. Tancrède, son neveu, prit la régence d'Antioche et, continuant l'offensive contre Alexis, lui reprit Tarse, les places de Cilicie et de Petite Arménie ([1982]) et assiégea Laodicée, qui se rendit après un siège de 18 mois (1102). Le comte de Toulouse étant tombé entre ses mains, il ne le remit en liberté qu'après l'avoir obligé par un serment solennel à abandonner toute prétention sur Antioche ([1983]). L'empereur fut incapable de faire face à cette offensive, étant occupé pendant toute l'année 1101 par les nouvelles bandes de croisés qui traversèrent l'Empire successivement : croisades des Lombards (mars-avril), du comte de Blois et des Allemands (juin), du comte de Nevers (août), de Guillaume IX d'Aquitaine et de Welf de Bavière. Toutes ces armées furent d'ailleurs détruites pendant leur traversée de l'Asie Mineure par Qilidj Arslan et les autres émirs turcs ([1984]).

La guerre entre Bohémond et l'Empire. — A la nouvelle de la captivité de Bohémond, Alexis avait cherché à se le faire livrer en payant sa rançon à l'émir Malik-Ghâzi, mais le rusé Normand avait réussi à démontrer à son vainqueur qu'il serait bien plus avantageux pour lui de traiter avec les Francs qu'avec le basileus. En mai 1103 la rançon fut versée et un traité d'alliance fut signé entre les Francs et l'émir danichmendite de Siwas ([1985]).

A peine délivré, Bohémond se fit remettre Antioche et, allié à Baudouin du Bourg, comte d'Édesse ([1986]), reprit l'offensive contre les Musulmans (été de 1103), imposa un tribut à l'émir d'Alep; mais en voulant protéger Édesse contre l'émir de Mossoul, il subit une grande défaite à Rakka sur l'Euphrate, où Baudouin du Bourg fut fait prisonnier (mai 1104) ([1987]). Tancrède parvint du moins à sauver Édesse dont il prit la régence, mais les Turcs d'Alep profitèrent des embarras de Bohémond pour reprendre les territoires qu'ils avaient perdus; les villes de Cilicie chassèrent les Normands et reçurent des garnisons byzantines, tandis que Cantacuzène s'emparait du port de Laodicée ([1988]).

Dans ces conjonctures Bohémond prit le parti de confier de nouveau Antioche à Tancrède et de partir pour l'Occident, afin d'en ramener des renforts et d'y organiser une croisade contre Alexis Comnène ([1989]).

Ce séjour en Occident dura plus de 2 ans et demi (janvier 1105-octobre 1107). Non seulement Bohémond passa de longs mois en Pouille pour équiper une armée et une flotte, mais il parcourut la France, où il fut l'objet d'un accueil triomphal, fut reçu par le roi Philippe Ier, dont il épousa une bâtarde, assista à un concile et partout, accompagné d'un légat pontifical, se livra à une véritable guerre de propagande contre Alexis Comnène et l'Empire byzantin. Ce voyage devait être d'une extrême importance. Il fut le point de départ d'un mouvement d'opinion hostile à Byzance. Bohémond accrédita l'idée que l'Empire byzantin trahissait la chrétienté et était le principal obstacle à la réussite d'une croisade, thèse qui fut recueillie dans les chroniques déjà rédigées, sous la forme d'interpolations tendancieuses ([1990]).

Cet immense effort aboutit à un formidable échec. Bohémond voulut recommencer la campagne de 1081, débarqua avec ses forces à Avlona (9 octobre 1107), puis brûla ses vaisseaux et commença le siège de Durazzo ([1991]). Alexis avait levé de nombreuses troupes et fait alliance avec Qilidj Arslan qui, depuis la perte de Nicée, avait établi sa résidence à Iconium ([1992]). Résolu à ne pas livrer bataille aux Normands, il les harcela, incendia leurs machines de siège, bloqua leur camp et les réduisit à la famine. Au moment où ses soldats commençaient à déserter, Bohémond capitula et signa le traité désastreux de Deabolis, par lequel il se reconnaissait l'homme-lige d'Alexis en acceptant de recevoir en fief du basileus Antioche et une partie de son territoire, de faire prêter serment à l'empereur par ses vassaux et d'accepter à Antioche un patriarche de rite grec envoyé par Constantinople (septembre 1108) ([1993]). Mais Alexis ne devait pas recueillir le fruit de sa victoire : de retour en Italie, Bohémond y mourut le 6 mars 1111 ([1994]) et Tancrède qui, pendant l'absence de son oncle, avait rétabli les affaires de la principauté d'Antioche et repris la plupart des places perdues ([1995]), considéra le traité de Deabolis comme nul et non avenu. Ce fut en vain qu'Alexis essaya d'organiser contre Tancrède une coalition de tous les princes francs ([1996]). Tancrède mourut en 1112 après avoir assuré la défense d'Antioche, qu'il confia à son cousin Roger de Salerne en réservant les droits du fils de Bohémond encore enfant ([1997]).

Les dernières campagnes d'Alexis Comnène. — Jusqu'à ses derniers moments Alexis Comnène eut à défendre les frontières de l'Empire, mais il trouva aussi le temps de réorganiser l'administration des territoires d'Asie Mineure recouvrés ([1998]) : ils comprenaient le duché de Trébizonde, une partie du thème Arméniaque, la partie occidentale de l'Anatolie limitée à l'est par une ligne allant de Sinope à Philomelion et la côte méridionale avec le port d'Attalie. Mais les émirs turcs ne s'étaient pas résignés à la perte de ces provinces. En 1113 Alexis dut repousser une attaque sur Nicée ([1999]); en 1115-1116 ce fut une tentative du nouveau sultan d'Iconium, Malek-Schah II, pour reprendre les provinces du Nord. Alexis lui infligea une grosse défaite à la suite de laquelle il signa un traité de paix avantageux pour l'Empire ([2000]). En Europe Alexis dut prendre des mesures pour arrêter une invasion imminente des Comans, mais il suffit d'une démonstration militaire à Vidin pour leur faire repasser le Danube ([2001]). Enfin la place importante que les républiques italiennes tenaient déjà dans l'Empire apparaît dans les rapports assez tendus qu'Alexis Comnène eut avec les Pisans. Un accord conclu avec eux par son ambassadeur (18 avril 1116) n'ayant pas été ratifié ([2002]), Constantinople fut menacée d'une attaque des flottes génoise et pisane et le basileus s'empressa de conclure avec Pise un nouveau traité par lequel il s'engageait à ne mettre aucun obstacle aux croisades pisanes et accordait à cette république des privilèges commerciaux ([2003]).

Ces concessions peuvent se rattacher aux efforts faits par Alexis à la fin de son règne pour améliorer ses relations avec l'Occident et en particulier avec Rome. Il ne semble pas que le clergé de Constantinople ait été représenté au concile tenu à Bari en 1098 par Urbain II en vue d'arriver à un accord avec les Grecs sur la procession du Saint-Esprit ([2004]), mais au même moment le basileus était en relations épistolaires des plus cordiales avec l'abbé du Mont-Cassin Oderisius et protestait de ses bonnes dispositions envers les croisés ([2005]). En 1102 il profitait du passage à sa cour de l'évêque de Barcelone pour le charger de saluer le nouveau pape Pascal II et de le justifier des calomnies portées contre lui par certains croisés ([2006]).

Mais cet évêque s'acquitta mal de sa mission et se répandit en accusations contre Alexis. C'est ce qui explique l'accueil que Bohémond reçut de Pascal II en 1105, qu'il acheva de persuader de la félonie du basileus.

La politique occidentale. — Cependant les circonstances rapprochèrent le pape d'Alexis. Résolu à imposer au Saint-Siège la doctrine séculière des investitures, Henri V était descendu en Italie, avait emprisonné Pascal II et l'avait obligé à le couronner empereur (12 février 1111) [2007]. D'autre part, après la mort du duc Roger Ier et celle de Bohémond, l'Italie normande était gouvernée par trois régentes au nom d'enfants mineurs [2008]. Alexis Comnène vit là une occasion favorable de reprendre pied en Italie et il écrivit une lettre au peuple romain dans laquelle il manifestait son indignation contre l'emprisonnement du pape et se déclarait prêt à venir à Rome recevoir la couronne impériale (janvier 1112) [2009]. Les Romains répondirent par une ambassade qui l'invitait à accomplir ce dessein (mai 1112) [2010] et un mois après Alexis proposait au pape un projet de réunion des Églises [2011] que Pascal II acceptait en demandant la réunion d'un concile [2012]. Mais, comme toujours, dès que la question passa du plan diplomatique au plan théologique, l'entente parut impossible : les discussions qui eurent lieu à Constantinople entre l'archevêque de Milan, Pierre Chrysoloras, et les évêques Eustratios de Nicée et Nicolas de Méthone n'aboutirent à aucun résultat et l'idée du concile fut abandonnée [2013].

Tels sont les derniers événements du règne d'Alexis Comnène, qui mourut le 15 août 1118, âgé de 70 ans, après un règne de 37 ans et 4 mois. Il avait trouvé l'Empire en voie de dissolution et il en avait refait un État puissant : il avait reconstitué son armée et sa marine, écarté les invasions qui menaçaient Constantinople et recouvré une grande partie des provinces perdues pendant les guerres civiles. Pourtant, ainsi qu'on l'a fait remarquer, l'État qu'il a laissé à ses successeurs différait entièrement par sa structure de l'État centralisé de l'époque macédonienne. C'est avec les forces féodales, avec la noblesse terrienne, que ses prédécesseurs avaient combattues, qu'il a organisé l'État nouveau, et c'est ce qui explique la fragilité de sa reconstruction [2014].

IV. L'ŒUVRE DES COMNÈNES A SON APOGÉE
(1118-1180)

Des souverains remarquables, Jean et Manuel Comnène, fils et petit-fils d'Alexis, surent non seulement continuer son œuvre de restauration, mais porter l'Empire à un haut degré de puissance. Avec un véritable esprit de suite ils pratiquèrent sa politique dynastique à l'intérieur, recherchèrent comme lui des alliances en Occident et montrèrent la plus grande activité en Orient, en essayant de reprendre l'Asie Mineure aux Turcs et d'établir leur suzeraineté sur les dynastes arméniens de Cilicie et les principautés franques de Syrie, en particulier sur celle d'Antioche.

La succession d'Alexis Comnène. — Ce ne fut pas sans difficulté que Jean Comnène succéda à son père. Des huit enfants d'Alexis et d'Irène, Anne était l'aînée et bien qu'elle n'eût que 5 ans à la naissance de son frère en 1088, Jean ne l'en avait pas moins privée du trône qu'elle devait partager avec le fils de Michel VII, Constantin Doukas. Plus tard elle avait épousé Nicéphore Bryenne, créé César, mais elle ne se consola jamais d'avoir perdu le premier rang dans l'État et, lorsque Alexis fut à ses derniers moments, il se trama dans la famille impériale un véritable complot, à la tête duquel était l'impératrice Irène, pour évincer l'héritier légitime et lui substituer Anne et son époux [2015]. Ce n'est d'ailleurs pas Anne Comnène, mais le chroniqueur Zonaras qui a tracé un tableau saisissant du drame qui se joua pendant l'agonie d'Alexis au palais des Manganes : l'impératrice et ses filles entourant le moribond, celui-ci au courant de l'intrigue et n'osant se prononcer, mais remettant en cachette son anneau sigillaire à Jean Comnène, qui court aussitôt se faire couronner à Sainte-Sophie, force l'entrée du Grand Palais et s'y retranche plusieurs jours, sans même assister aux obsèques de son père [2016].

Et ce n'était pas fini : quelques mois plus tard Anne Comnène organisait un complot pour assassiner son frère, qui se contenta de confisquer les biens des conjurés et d'enfermer sa sœur dans un monastère où l'impératrice Irène la rejoignit ([2017]).

L'empereur Jean Comnène. — Jean, qu'on a appelé « le plus grand des Comnènes » ([2018]), fut par ses qualités morales, son humanité, son souci du devoir, la tenue de sa conduite, une des plus belles figures parmi les empereurs qui régnèrent à Byzance ([2019]). Agé de 30 ans à son avènement, il avait épousé vers 1108 une princesse hongroise, Irène, qui lui donna 4 fils et 4 filles. Il associa au trône l'aîné de ses fils, Alexis, qui devait mourir avant lui ([2020]). On a peu de renseignements sur son gouvernement intérieur. Comme son père il confia les dignités et les hauts emplois à des membres de sa famille, mais il n'eut guère à se louer de son frère Isaac, qui essaya de le détrôner en 1130, après s'être enfui chez les Turcs, et qui fit sa soumission en 1138 ([2021]). Son fils Jean, qui s'était soumis avec son père, déserta en pleine guerre l'armée impériale sous un futile prétexte et s'enfuit à Iconium où il se fit musulman et épousa une fille du sultan ([2022]). Le règne de Jean Comnène fut marqué par de magnifiques fondations religieuses, dont la plus importante fut le monastère du Pantocrator auquel était attaché un hôpital modèle, dû à la libéralité de l'empereur ([2023]). Mais, militaire avant tout, Jean Comnène dont le règne fut « une perpétuelle campagne » ([2024]), s'appliqua comme son père à développer l'armée impériale, à en assurer le recrutement indigène et l'entraînement ([2025]) et il lui donna comme chef, avec le titre de Grand Domestique d'Orient et d'Occident, Jean Axouch, ancien musulman, fait prisonnier au siège de Nicée par les croisés en 1097 et élevé à la cour d'Alexis en même temps que l'héritier du trône qui, devenu empereur, lui accorda toute sa confiance ([2026]).

Affaires extérieures. — A l'extérieur Jean Comnène suivit d'abord les directives paternelles, mais, grâce aux minorités des princes normands des Deux-Siciles et au peu d'activité sur les autres fronts, il put reporter tous ses efforts sur la reconquête des provinces d'Orient occupées par les Turcs, les Arméniens et les croisés.

Dans la péninsule des Balkans il eut à repousser une incursion des Petchenègues qui, depuis leur désastre de 1091, avaient fini par reconstituer leur horde (1121-1122) ([2027]), puis, probablement sous l'influence d'Irène, il intervint dans la querelle de succession de Koloman, roi de Hongrie, et accueillit un prétendant au trône, frère du défunt, ce qui lui valut une guerre avec le fils de Koloman, Étienne II (1128) ([2028]). Il semble bien qu'à cette époque le Danube soit redevenu la frontière de l'Empire ([2029]). Jean Comnène intervint aussi dans les guerres civiles qui éclatèrent chez les Serbes après la mort de Constantin Bodin et en 1123, d'abord, puis en 1137, opposa des prétendants à Georges, fils de Bodin, qui finit par être pris et envoyé à Constantinople. L'unité serbe était rompue par la séparation de la Dioclée et de la Rascie, qui devint le principal centre de résistance à l'Empire et se trouva faire cause commune avec la Hongrie après le mariage de la fille du joupan Ourosch avec le roi de Hongrie Béla II ([2030]).

L'un des événements importants du règne de Jean Comnène fut la rupture de l'alliance vénitienne qui avait été le pivot de la politique d'Alexis Comnène dans l'Adriatique. Probablement sous l'illusion que le danger normand était passé, Jean essaya de s'affranchir du lourd tribut que l'État byzantin payait au commerce vénitien sous la forme d'exemptions ou de réductions de droits de douane ainsi que de privilèges de toutes sortes. Lorsqu'à son avènement le doge lui demanda de renouveler les traités conclus avec Alexis, Jean refusa, et Venise riposta par des incursions et des pillages dans les îles de l'Archipel et sur les côtes dalmates (1124-1125) et par l'occupation de Céphalonie (1126). Jean Comnène n'ayant pas une marine suffisante pour résister à Venise, laquelle d'autre part voyait son commerce avec l'Empire ruiné, les deux parties négocièrent et Jean renouvela tous les privilèges accordés aux Vénitiens par son père ([2031]).

La politique orientale. — Éloigner les Turcs de l'Anatolie, rétablir l'autorité impériale sur les dynastes arméniens de Cilicie, imposer cette autorité aux princes francs d'Antioche, tels furent les buts essentiels de l'activité extérieure de Jean Comnène. A son avènement trois États musulmans étaient voisins des territoires d'Asie Mineure recouvrés par Alexis : Maçoûd, sultan d'Iconium, menaçait la vallée du Méandre et la plaine de Dorylée où ses sujets nomades trouvaient les pâturages nécessaires à leurs troupeaux ([2032]) ; Malik-Ghâzi, l'émir danichmendite de Siwas, convoitait les ports de la mer Noire ; Toghroul Arslan, fils de Qilidj Arslan, émir de Mélitène, attaquait

Le déclin et la chute

les possessions byzantines de Cilicie. L'Empire occupait le duché de Trébizonde, les côtes de la mer Noire et la partie occidentale de l'Anatolie ; à l'est et en Cilicie, la frontière avait reculé et la route terrestre d'Attalie était coupée ([2033]).

Dès son avènement Jean Comnène résolut d'entreprendre une rectification des frontières et attaqua le sultan d'Iconium. En 1119, pendant que le duc de Trébizonde intervenait dans les querelles entre les émirs, il s'empara de Laodicée qui commandait la haute vallée du Méandre et en fit une puissante forteresse ([2034]). L'année suivante il prenait Sozopolis, située entre la vallée du Méandre et les plateaux d'Anatolie : il rétablissait les communications terrestres avec Attalie ([2035]). Les querelles intestines des Turcs favorisaient ces entreprises. En décembre 1124 Malik-Ghâzi, aidé de son gendre Maçoûd, sultan d'Iconium, s'emparait de Mélitène, dont l'émir Toghroul se réfugiait à Constantinople ([2036]). Un peu plus tard Jean Comnène accueillait Maçoûd, renversé par Arab, son frère, puis en 1127 Arab lui-même, après le rétablissement de Maçoûd à Iconium avec l'aide de Ghâzi ([2037]). Au milieu de cette anarchie, la puissance accrue sans cesse du Danichmendite, soit dans la vallée de l'Euphrate, soit dans la direction du Pont où un gouverneur byzantin, Kasianos, lui livrait la côte de Paphlagonie ([2038]), devenait menaçante pour l'Empire. Jean Comnène entreprit plusieurs expéditions contre Ghâzi (1132-1135) : la forteresse de Qastamouni en Paphlagonie fut prise et reprise plusieurs fois, mais resta finalement au basileus, qui s'empara aussi de Gangres en Galatie et, après la mort de Ghâzi (1134), gagna à son alliance son gendre Maçoûd ([2039]). L'Empire recouvrait ainsi tout le littoral de la mer Noire, du Bosphore au fleuve Tchorok à l'est de Trébizonde; maître de toutes les côtes d'Asie Mineure, il redevenait une puissance maritime de premier ordre.

Suivant imperturbablement le plan qu'il semblait avoir arrêté d'avance, Jean Comnène s'attaqua aux princes arméniens de Cilicie qui se maintenaient indépendants entre les Turcs, l'Empire et les États francs, du Taurus à l'Euphrate. Le plus puissant était Léon, de la famille des Arsacides, qui s'était emparé de Tarse, Adana et Mopsueste et menaçait le port de Séleucie ([2040]). En avril 1137 une puissante armée impériale, qui avait traversé l'Asie Mineure, se concentra à Attalie où l'empereur arriva par mer : toutes les places occupées par Léon tombèrent successivement et lui-même se réfugia dans le Taurus avec ses fils, mais ce fut seulement l'hiver suivant, après la campagne d'Antioche, que Léon et les siens furent capturés et emmenés à Constantinople ([2041]).

Jean Comnène crut alors pouvoir accomplir son grand dessein, qui était l'exécution du traité imposé à Bohémond à Deabolis : restitution à l'Empire d'Antioche et de la principauté d'Édesse, sa vassale ([2042]). Il avait d'abord essayé de résoudre la question d'une manière pacifique par le mariage

de son fils Manuel avec Constance d'Antioche, héritière de
la principauté depuis la mort de son père Bohémond II, tué
dans une rencontre avec les troupes de Ghâzi, en 1130 [2043].
La mère de Constance, Alix, était favorable à cette union,
mais le roi de Jérusalem, Foulque d'Anjou, maria Constance à Raimond, fils de Guillaume IX, comte de Poitiers [2044]. Jean Comnène estima que ses droits de suzerain avaient été violés, mais il trouva en outre un autre
motif d'intervention dans la menace que faisait peser sur
les États francs Imad-ed-dîn-Zengî, atabek [2045] et gouverneur de Mossoul, qui s'emparait de la place forte de Montferrand, dans laquelle s'étaient réfugiés le roi de Jérusalem
et le comte de Tripoli, au moment même où l'armée de
Jean Comnène paraissait devant Antioche [2046] (août 1137).

Cette défaite rendait précaire la situation des États francs : aussi
après quelques négociations, Raimond de Poitiers capitula et alla rendre
hommage au basileus, qui prit son entrée solennelle dans la ville et arbora
sa bannière sur la citadelle [2047]. L'année suivante, usant de ses droits
de suzerain, Jean Comnène fit faire la *semonce* à ses vassaux francs et
entreprit avec eux une expédition contre Alep, dont il ne put s'emparer.
Il échoua de même devant la place forte de Schaizar sur l'Oronte et,
après un siège de trois semaines (26 avril-21 mai 1138) [2048], il revint
à Antioche, qu'il fut obligé d'évacuer à la suite d'une émeute provoquée
par Josselin d'Édesse [2049]; il rentra ulcéré à Constantinople, tandis
que Zengî reprenait les places qu'il avait remises aux princes francs [2050].

Cependant le basileus dut différer sa vengeance. L'attaque soudaine
contre les frontières d'Anatolie de l'émir danichmendite Mohammed,
fils de Ghâzi (1139), l'obligea à une nouvelle campagne contre les Turcs,
qui furent repoussés; mais il voulut poursuivre l'émir sur son territoire
et détruire la forteresse qu'il avait élevée à Néocésarée. Il échoua entièrement et dut lever le siège au bout de six mois [2051] (décembre 1140).

La mort de Mohammed, suivie d'une querelle de succession, lui fit
abandonner cette entreprise, mais il ne fut pas plus heureux lorsqu'il
reprit ses projets sur Antioche, dont il voulait faire un apanage pour
son fils Manuel en y joignant Chypre et Attalie [2052]. Après avoir
reconstitué son armée, très éprouvée par sa malheureuse campagne du
Pont, il se présenta devant Antioche (hiver de 1142); il s'en vit refuser
l'entrée et, ne pouvant en faire le siège, il prit ses quartiers d'hiver en
Cilicie, bien décidé à agir vigoureusement contre les Francs au printemps suivant [2053] et à se rendre à Jérusalem pour imposer sa suzeraineté au roi Foulque, auquel il avait offert son aide contre les Musulmans mais qui accueillit ses ouvertures sans enthousiasme [2054].

Il ne devait réaliser aucun de ces projets : blessé d'une
flèche empoisonnée au cours d'une chasse, il expira le

8 avril 1143 ([2055]), laissant inachevée l'œuvre de restauration de la puissance impériale à laquelle il avait consacré toute son activité.

Le réveil de la puissance normande. — Parmi les questions qui avaient occupé ses dernières années, l'une des plus graves était la nouvelle menace des Normands d'Italie contre l'Empire. Par suite des divisions et de l'anarchie des États normands après la mort de Bohémond, du duc de Pouille Roger Ier et du grand-comte Roger de Sicile, laissant des enfants mineurs et des vassaux indociles, la plus grande sécurité régna de ce côté jusqu'en 1127. A cette date l'héritier du duché de Pouille étant mort sans enfant, son cousin, Roger II de Sicile, majeur depuis 1112, réussit à s'emparer de la Pouille et de la Campanie, malgré le pape Honorius II, obligé, après une expédition malheureuse contre lui, de lui en donner l'investiture ([2056]). Par la soumission des vassaux de Pouille et la reconnaissance de la suzeraineté de Roger par le prince de Capoue (1129) ([2057]), l'unité des États normands se trouva reconstituée sous l'autorité d'un prince jeune et actif, doué d'une ambition insatiable et de qualités administratives et militaires de premier ordre. A la faveur du schisme pontifical ([2058]), il se fit reconnaître roi de Sicile par Anaclet II et ceignit la couronne dans la cathédrale de Palerme (25 décembre 1130) ([2059]). Dès 1123 il avait cherché à prendre pied en Afrique en intervenant dans les querelles des princes zirides d'El-Médeah ([2060]).

Ces progrès rapides inquiétèrent Jean Comnène qui redoutait une intervention de Roger dans les affaires d'Antioche et accéda à la coalition formée contre le nouveau roi de Sicile et le pape Anaclet par l'empereur Lothaire, le pape Innocent II, les vassaux de Pouille révoltés et Venise, que soutenait l'éloquence de saint Bernard, principal défenseur d'Innocent II ([2061]). Ce fut avec les subsides de Jean Comnène que Lothaire put descendre en Italie en 1137, occuper les États continentaux de Roger avec l'aide de ses vassaux révoltés et faire investir le beau-frère du roi, Rainolf d'Alif, du duché de Pouille par Innocent II ([2062]).

Ces succès ne furent qu'éphémères : Lothaire mourut dans le Tyrol avant son retour en Allemagne (4 décembre 1137) ([2063]), tandis qu'après son départ Roger reparaissait en Italie avec une armée de Sarrasins et recouvrait la Pouille en châtiant ses vassaux rebelles ([2064]). Après la mort d'Anaclet (25 janvier 1138), Innocent II excommunia Roger et dirigea en personne une expédition contre lui, mais fut battu et fait prisonnier sur le Garigliano (22 juillet 1139). Traité avec les plus grands égards, il dut passer par toutes les volontés de son vainqueur et le reconnaître comme roi de Sicile, duc de Pouille et prince de Capoue (25-27 juillet 1139) [2065].

Une nouvelle puissance menaçante pour l'Empire byzantin s'élevait dans l'Italie méridionale et, avant d'entreprendre sa dernière expédition en Syrie, Jean Comnène négociait avec le nouvel empereur, Conrad III de Hohenstaufen, un traité d'alliance contre Roger : un plan d'attaque des Deux-Siciles fut concerté et la belle-sœur de Conrad, Berthe de Sulzbach, fut fiancée au quatrième fils de Jean Comnène, Manuel [2066], qui, les deux aînés étant morts, devint de par la volonté de son père l'héritier du trône, bien que son frère Isaac fût plus âgé que lui [2067].

Manuel Comnène (1143-1180). — Manuel, que sa naissance ne destinait pas d'abord au trône et qui se trouvait à Attalie au moment où Jean Comnène le désigna comme son héritier, lui succéda cependant sans difficulté [2068]. Par son caractère il offrait un contraste saisissant avec son père et il ne paraît pas avoir joui du bel équilibre des facultés morales et intellectuelles de Jean Comnène. Peu flatté de devenir le gendre d'un comte allemand, il s'efforça de rompre ses fiançailles avec Berthe de Sulzbach et il fallut que Conrad III le menaçât d'abandonner son alliance contre Roger pour le décider à l'épouser [2069]. De mœurs peu sévères, il défrayait par ses aventures nombreuses les conversations de Constantinople et l'aspect de la cour, austère sous Jean Comnène, prit un caractère frivole [2070]. De plus Manuel, non content d'acquérir les qualités nécessaires à un homme d'État, prétendait à un savoir encyclopédique et se mêlait de toutes les disciplines, théologien aventureux, dont les initiatives effrayaient le clergé [2071], médecin et chirurgien à l'occasion [2072], astrologue, n'entreprenant rien sans consulter le ciel [2073], mais de plus excellent soldat, passionné pour les exercices du corps et les exploits guerriers et sportifs [2074], enfin chef de guerre émérite, excellent diplomate, homme d'État aux idées audacieuses, guidé par l'idée de l'empire universel [2075]. Et ce qui rend sa figure encore plus complexe, c'est son engouement, très rare à Byzance, pour les Occidentaux et leurs coutumes, recherchant pour lui-même et les siens des unions matrimoniales avec eux, non seulement les admettant dans son armée et ses administrations civiles, mais imposant à ses soldats l'armement de leurs chevaliers et instaurant la mode de leurs tournois, auxquels il prenait part lui-même ([2076]).

Tel fut le brillant souverain qui essaya de réformer l'État ([2077]) et de restaurer l'empire universel, mais en dépit de ses qualités et de son activité prodigieuse, il ne put suffire aux tâches nombreuses et compliquées que lui imposait sa politique. Désireux de réussir à tout prix, il n'épargna ni son trésor ni ses sujets : aussi laissa-t-il à sa mort des finances en désordre, un empire épuisé et le prestige impérial compromis.

La dernière offensive de l'Empire. — L'erreur de Manuel est d'avoir cru que les circonstances lui permettaient de rendre à l'Empire son antique puissance. Jean Comnène avait su limiter le champ de son action : les ambitions de Manuel embrassaient l'Orient et l'Occident, ce qui l'obligea à étendre ses entreprises sur les théâtres les plus éloignés et à se heurter à des États bien organisés et redoutables par leur puissance navale et militaire. En vrai Byzantin, Manuel crut qu'il pourrait neutraliser ses ennemis par des alliances et pratiquer une politique d'équilibre : venir à bout des Normands par son alliance avec Venise et l'Empire germanique, de l'Empire germanique par son alliance avec les papes et les communes lombardes, des Turcs par les États francs et arméniens placés sous sa suzeraineté, qu'il voulait étendre à la Hongrie et à la Serbie. Or cette politique de grand style était trop étendue pour les forces dont il disposait et il ne put obtenir que des succès partiels, mais peu solides.

De son avènement à la croisade générale (1143-1148), Manuel oriente sa politique. Il se brouille avec Raimond, prince d'Antioche, et fait ravager son territoire ([2078]) et repousse une tentative de rapprochement de Roger II ([2079]). Lorsque l'atabek de Mossoul, Zengî, s'empare d'Édesse (23 décembre 1144) ([2080]), Manuel humilie à plaisir Raimond de Poitiers, qui vient implorer son secours, et refuse de soutenir les

États francs en péril, perdant ainsi l'occasion de devenir le chef de la croisade [2081]. En 1146 Zengî était assassiné et Josselin en profitait pour rentrer à Édesse, mais ne pouvait s'y maintenir devant les attaques du fils de Zengî, Nour-ed-din, qui lui enlevait le reste de son territoire [2082].

Insensible à ces événements, Manuel était tout entier à ses projets contre le sultanat de Roum et la Sicile. Allié à l'émir danichmendite de Siwas, il dirigea deux expéditions contre le sultan Maçoûd (1144-1146), et parvint jusqu'à Iconium, dont il se contenta de ravager les faubourgs; mais à l'approche de la croisade il fit la paix avec Maçoûd (1147) [2083]. A ce moment Manuel méditait une attaque contre le roi de Sicile avec l'appui de Conrad III [2084]. La prédication de la croisade par saint Bernard à la nouvelle de la chute d'Édesse, vint bouleverser tous ces plans. La participation de Conrad III à la guerre sainte, décidée brusquement à la diète de Spire (25 décembre 1147), en interdisant à l'empereur germanique d'attaquer Roger II, fut un véritable désastre pour la politique de Manuel et rendit les mains libres au roi de Sicile, ulcéré contre Byzance [2085]; mais la tentative qu'il fit pour engager le roi de France à venir s'embarquer sur ses navires fut repoussée et la croisade suivit la vieille route continentale qui aboutissait à Constantinople [2086].

Manuel prit les mêmes mesures pour convoyer les croisés que son aïeul Alexis un demi-siècle plus tôt [2087]. Cependant l'année 1147 fut terrible pour l'Empire. Le passage des bandes indisciplinées de Conrad III eut des résultats désastreux [2088]. L'armée du royaume de France, commandée par Louis VII, se comporta mieux, mais dans l'entourage du roi on ne parlait que d'une attaque de Constantinople [2089]. Et pendant que Conrad se faisait battre par les Turcs à Dorylée [2090] et que Louis VII et son armée étaient transportés d'Attalie à Antioche par une escadre impériale [2091], ce fut le moment que Roger II choisit pour assouvir ses rancunes contre Byzance.

Pour renforcer la garnison de Constantinople Manuel avait dégarni de troupes la Grèce et les îles; sa flotte surveillait les côtes d'Asie Mineure et de Syrie. Bien renseigné, Roger II, à la différence de Bohémond, entreprit une expédition purement maritime, mais, et c'était là une nouveauté, avec un but plus économique que militaire. Sa flotte, devenue la plus puissante de la Méditerranée, montée par des équipages et des soldats en partie musulmans, était commandée par un Christodoulos, Sarrasin converti, par un Georges d'Antioche, Grec transfuge, ancien ministre d'un prince ziride d'Afrique [2092]. En fait c'était avec les anciens ennemis de Byzance, les Sarrasins de Sicile unis aux Normands, que Roger allait envahir l'Empire.

Dans l'été de 1147 la flotte de Roger s'empara facilement de l'île de Corfou avec la complicité des habitants, puis doubla le Péloponnèse, occupa Nauplie, pilla les côtes de l'Eubée et débarqua dans le golfe de Corinthe des troupes qui marchèrent sur Thèbes, centre important du tissage de la soie, et emmenèrent en captivité les ouvrières en soie. Après avoir pillé Corinthe, grande place commerciale où étaient entassées de nombreuses marchandises, les Normands revinrent en Sicile avec un immense butin sans que Manuel ait pu leur opposer la moindre résistance ([2093]). L'industrie de la soie, déjà florissante à Palerme, prit un nouvel essor, grâce à la déportation des ouvrières thébaines, et surtout Byzance fut privée d'une branche d'industrie fructueuse, au grand bénéfice de ses concurrents siciliens ([2094]).

Cependant la deuxième croisade avait dévié de son but, qui était la délivrance d'Édesse, et le roi de Jérusalem, Baudouin III, l'avait entraînée sur Damas (juillet 1148), dont les croisés pillèrent les magnifiques vergers, mais ne purent entreprendre un siège en règle ([2095]), et ce fut de conserve avec la flotte normande que le navire qui portait Louis VII navigua jusqu'à la côte de Calabre (juillet 1149) ([2096]). Cette expédition avait aggravé le malentendu entre Byzance et les Occidentaux, convaincus que l'Empire byzantin était le principal obstacle à la délivrance des lieux saints.

Mais, depuis le départ de la croisade, Manuel ne songeait plus qu'à tirer vengeance de Roger et à le réduire à l'impuissance. Pendant onze ans, de 1147 à 1158, il s'engagea à fond contre le roi de Sicile, concluant une nouvelle alliance avec Venise dont il étendit les privilèges commerciaux (octobre 1147, mars 1148) ([2097]), renouvelant ses traités avec Conrad III, qui promit d'attaquer Roger (25 décembre 1149) ([2098]), allant lui-même diriger la reprise de Corfou (hiver 1348-1349) ([2099]), enfin portant la guerre en Italie, grâce à son occupation d'Ancône (1151) et à son alliance avec les vassaux normands de Pouille ([2100]). Ce fut en vain que Roger II chercha à organiser une nouvelle croisade contre Byzance avec l'appui de saint Bernard et de Suger : la diplomatie de Manuel contrecarra la sienne avec succès ([2101]).

Mais, à la veille de tenir sa promesse, Conrad III mourut, le 15 février 1152, et son neveu Frédéric Barberousse, qui lui succéda et qui avait l'ambition de rétablir l'autorité de l'Empire d'Occident en Italie, voyait d'un mauvais œil l'ingérence de Manuel Comnène dans la péninsule ([2102]).

Cependant Manuel ne perdit pas tout espoir de s'entendre avec Frédéric, retenu en Allemagne par des difficultés intérieures. Au cours de l'année 1153 plusieurs ambassades furent échangées entre les deux princes ([2103]); il fut même question d'un mariage entre Frédéric et la fille du sebastocrator Isaac ([2104]), mais l'entente sur les conditions politiques de l'alliance paraissait impossible ([2105]), quand la mort de Roger II, le 26 février 1154, vint brusquement modifier la situation ([2106]). Son fils Guillaume Ier, couronné roi de Sicile dans la cathédrale de Palerme le 4 avril suivant, envoya une ambassade à Manuel demander la paix en offrant de restituer le butin fait en Grèce. Moins que jamais Manuel entendait renoncer à rétablir la puissance byzantine en Italie : il répondit par un refus ([2107]) et dans son aveuglement il crut pouvoir compter sur l'alliance de Frédéric Barberousse, dont les ambitions ne pouvaient que heurter les siennes. Couronné empereur à Rome par Hadrien IV, le 18 juin 1155, Frédéric fit cependant bon accueil à l'ambassade que Manuel lui envoya à Ancône et il était disposé à envahir l'Apulie lorsque l'opposition de la plupart de ses vassaux l'obligea à battre en retraite vers le nord ([2108]).

Devant cette défection Manuel se décida à agir seul. Son principal agent diplomatique et militaire en Italie, Michel Paléologue, se mit en rapport avec les vassaux normands révoltés ([2109]) et envahit la Pouille avec une armée de mercenaires. Les enseignes byzantines reparurent sur Bari, Trani, Barletta (août-septembre 1155) ([2110]). Le pape Hadrien IV lui-même acceptait les subsides de Manuel et levait une armée qui envahissait le royaume normand ([2111]). Michel Paléologue mourut après avoir pris plus de 50 villes ou forteresses et son successeur Jean Doukas poussa ses opérations jusqu'à Tarente et Brindisi ([2112]), mais ce fut dans cette dernière ville, dont la citadelle tenait toujours, que la fortune abandonna Byzance. Une grande victoire de Guillaume Ier sur Doukas lui permit de rétablir son autorité sur ses vassaux tandis que les Grecs battaient en retraite jusqu'à Ancône et que le pape, assiégé dans Bénévent, faisait la paix avec les Normands ([2113]). Une attaque victorieuse de la flotte normande sur l'Eubée (printemps de 1157) ([2114]), décida Manuel à traiter avec Guillaume Ier ([2115]).

Parallèlement à cette action en Italie, Manuel avait été obligé d'entreprendre en personne une expédition contre la Serbie révoltée avec l'appui du roi de Hongrie Geiza II (1149-1150) ([2116]), qu'il attaqua avec succès après sa victoire sur les Serbes (1151) ([2117]), mais il fallut encore deux expéditions en 1152 et en 1156, suivies de deux traités, pour obliger Geiza à cesser ses intrigues et ses attaques contre l'Empire ([2118]). Les Serbes n'étaient pas plus respectueux que les Hongrois des engagements qu'ils avaient pris. En 1161 Manuel déposa le grand joupan Pervoslav Ourosch et en 1163 il le remplaça par son frère Dessa, qu'il obligea à céder à l'Empire, en échange de cette dignité, les domaines qu'il possédait près de Nisch ([2119]). Dessa, plus connu sous le nom d'Étienne Nemanja, devait être le libérateur de la Serbie.

En Cilicie et en Syrie les résultats acquis par Jean Comnène étaient gravement compromis. D'une part les Arméniens se révoltaient sous un chef national, Thoros, qui s'emparait de la plupart des places byzantines (1152) ([2120]); d'autre part les États francs étaient menacés par l'alliance de Nour-ed-dîn avec le sultan d'Iconium, Maçoûd ([2121]), et, au mépris de la suzeraineté byzantine, Constance d'Antioche, veuve de Raimond de Poitiers, refusait d'épouser le beau-frère de Manuel et se remariait avec un simple chevalier d'Occident, Renaud de Châtillon ([2122]). Manuel fit cependant bon visage au nouveau prince d'Antioche et le poussa à attaquer Thoros (1154), mais le basileus ayant refusé de lui verser les sommes promises, Renaud s'allia avec Thoros et se jeta sur l'île de Chypre qu'il mit à feu et à sang (1156) ([2123]).

Ce fut seulement en 1158 que Manuel, libre du côté de l'Occident, put aller rétablir son autorité dans ces régions. Son expédition fut une véritable promenade militaire : Thoros s'enfuit à son approche et Renaud vint en suppliant, la corde au cou, reconnaître la suzeraineté du basileus ([2124]), que le roi de Jérusalem Baudouin III, venu à Antioche, paraît avoir reconnue aussi ([2125]). Avant de regagner Constantinople, Manuel conclut une trêve avec Nour-ed-dîn qu lui restituait des milliers de prisonniers ([2126]). L'année suivante, 1160, après une expédition de Manuel Comnène en Asie Mineure, le sultan d'Iconium Qilidj Arslan II signait, à son tour, un traité qui faisait de lui un vassal de l'Empire : il vint en personne à Constantinople où il reçut de Manuel un accueil magnifique (1162) ([2127]).

Manuel est alors à l'apogée de sa puissance : en paix avec les Normands et Frédéric Barberousse, il a relevé le prestige de l'Empire en Orient et obtenu des résultats qu'avaient en vain cherchés son père et son aïeul, en particulier la suzeraineté effective de la Syrie franque. En 1161 il épousait en secondes noces Marie d'Antioche, sœur du prince Bohémond III ([2128]). Il comblait de ses largesses les églises de Terre Sainte, et les mosaïques de la basilique de Bethléem exécutées en 1178 étaient accompagnées d'inscriptions où son nom figurait avant celui du roi de Jérusalem ([2129]). Il semblait que l'Orient allait repasser sous la domination byzantine, mais, grisé par ses succès et poursuivant la chimère de la domination universelle, Manuel conçut de trop grands desseins qui firent péricliter sa politique orientale.

La succession de Hongrie. — Les affaires de Hongrie l'occupent de 1161 à 1173. Après la mort de Geiza, Manuel soutient le frère du défunt, Étienne IV, qui revendique la couronne d'après la loi turque, comme étant le collatéral le plus âgé, contre son neveu Étienne III, fils de Geiza ([2130]). En fait Manuel se souciait moins de la personne de son prétendant, impopulaire en Hongrie, que de l'intérêt qu'il y avait à placer la Hongrie comme la Serbie sous l'autorité de l'Empire et à la forcer à restituer la Sirmie et la Dalmatie ([2131]). Aussi Étienne IV ayant été battu par son neveu près de Belgrade (19 juin 1162) et obligé de se réfugier dans l'Empire ([2132]), Manuel l'abandonna sans aucun scrupule et conclut avec Étienne III un traité, d'après lequel son jeune frère Béla fut envoyé à Constantinople et fiancé à Marie, fille du basileus ([2133]): dans la pensée de Manuel, qui n'avait pas d'héritier masculin, ce jeune prince devait être l'instrument futur de sa politique hongroise.

Mais en livrant son frère, Étienne III avait retenu son apanage, la Sirmie et la Dalmatie, et il fallut pour l'amener à résipiscence une expédition de Manuel en territoire hongrois et la médiation du roi de Bohême Ladislas qui permit la signature d'un nouveau traité (fin 1163-1164) ([2134]). Deux fois encore, en 1165 et en 1166, Étienne III viola ses promesses. En 1165 Manuel organisa une véritable coalition contre la Hongrie afin de rétablir Étienne IV ([2135]), mais celui-ci mourut empoisonné par son neveu, au moment où Manuel s'emparait de la forteresse de

Semlin et forçait Étienne III à conclure un nouveau traité [2136]. En 1167 une expédition commandée par Kontostephanos infligea une grande défaite aux Hongrois devant cette même place de Semlin [2137]. On ignore si un nouveau traité fut conclu, mais ce qui est certain, c'est que l'Empire resta en possession de la Dalmatie et d'une partie de la Croatie [2138].

Étienne III mourut en 1173 et une troupe impériale alla installer son frère Béla III comme roi de Hongrie. Marie d'Antioche lui ayant donné un fils en 1169, Manuel avait abandonné l'idée de lui léguer la couronne impériale, mais il se fit céder des avantages importants par son protégé [2139]. La même année Manuel dut conduire une expédition en Serbie pour réprimer les menées d'Étienne Nemanja, qu'il avait créé archijoupan et qui, après avoir attaqué les chefs serbes vassaux de Byzance, s'était allié avec Venise contre l'Empire, avait envahi la Dalmatie et battu une armée impériale (1171-1172) [2140]. Étienne dut se rendre à merci et fut emmené à Constantinople [2141].

La couronne impériale d'Occident. — Manuel avait en somme réussi à rétablir l'unité de la péninsule des Balkans sous la domination impériale et à étendre son autorité même au-delà du Danube, mais il poursuivait en même temps un dessein plus grandiose : rétablir l'unité de l'Empire romain en déterminant le pape à poser sur sa tête la couronne impériale d'Occident. Un chapitre de Kinnamos, montrant que certains rois d'Occident ont commis une usurpation en prenant le titre d'empereur et en s'arrogeant le droit de nommer les papes, correspond vraisemblablement à la doctrine officielle qui régnait dans l'entourage de Manuel [2142].

Sans être découragé par les échecs qu'il avait subis en Italie, Manuel suivait avec attention les affaires d'Occident et guettait l'occasion d'y reprendre pied à la faveur de la querelle du Sacerdoce et de l'Empire, qui commença sous Hadrien IV après la diète de Besançon (1157) et atteignit son point culminant sous le règne d'Alexandre III, entre 1159 et 1177 [2143]. C'est ce qui explique l'excellent accueil fait par Manuel aux ouvertures de ce pape qui lui demande son alliance contre Frédéric Barberousse [2144], et la correspondance suivie qu'il entretient entre 1159 et 1163 avec le roi de France, Louis VII [2145]. Ces pourparlers aboutirent à un nouveau projet d'union des Églises en échange de laquelle Manuel demandait pour lui la couronne impériale [2146]. Le pape envoya deux légats à Constantinople, mais ce fut quand on essaya d'en arrêter les modalités que l'on comprit tout ce que ce projet avait de chimérique : sans que l'on sache exactement pour quelles raisons, les négociations furent abandonnées (1167) ([2147]).

A partir de ce moment la politique occidentale de Manuel Comnène se compliqua de plus en plus et prit un caractère incohérent. Il ne perdit jamais contact avec Alexandre III et continua à avoir avec lui des relations cordiales ([2148]). Cherchant partout des ennemis à Frédéric Barberousse, il continua à occuper Ancône, soutint par ses subsides la révolte de la Ligue des Villes lombardes (1167-1168) ([2149]) et agit par des négociations laborieuses sur les républiques de Pise, Gênes et Venise pour les décider à prendre parti contre l'empereur germanique ([2150]) (1167-1170). Et pourtant il n'a pas absolument rompu avec Frédéric et lui demande son appui dans les affaires de Hongrie : de 1159 à 1170 il y eut des échanges d'ambassades entre les deux princes et même un projet de mariage entre la fille de Manuel et le fils de Barberousse ([2151]), puis en 1173 l'empereur allemand ouvrait les hostilités en assiégeant Ancône qui fut défendue avec succès par les Lombards ([2152]), et poussait le sultan d'Iconium à attaquer l'Empire ([2153]).

Non moins contradictoire fut la politique de Manuel vis-à-vis du royaume de Sicile. Après la mort de Guillaume Ier (7 mai 1166) il proposa à la régente Marguerite la main de sa fille, devenue une véritable pièce de l'échiquier diplomatique, pour l'héritier du trône, Guillaume II ([2154]). Le projet fut abandonné, Manuel songea même à attaquer la Sicile ([2155]), puis, se ravisant en 1171, proposa de nouveau sa fille à Guillaume II, qui accepta et alla attendre sa fiancée à Tarente où elle devait arriver au printemps de 1172, mais ce fut en vain qu'il l'attendit : Manuel avait encore changé d'avis et Guillaume II se retira outré de l'injure qui lui était faite et qui devait avoir de fâcheuses suites pour l'Empire ([2156]).

Plus désastreuse encore par ses conséquences fut la rupture subite de Manuel avec Venise, dont les intérêts en Dalmatie étaient opposés à ceux de l'Empire ([2157]), mais que sa haine de Barberousse avait maintenue jusque-là dans l'alliance byzantine. Après une période de tension pendant laquelle les Vénitiens rompirent toute relation commerciale avec l'Empire et émigrèrent en masse ([2158]), Manuel leur tendit un véritable piège en les engageant à revenir avec la promesse éventuelle de leur céder le monopole du commerce dans ses États ([2159]). Alléchés par cette perspective, 20 000 Vénitiens regagnèrent leurs entrepôts et le 12 mars 1171 Manuel les faisait arrêter et confisquait tous leurs biens ([2160]). Venise équipa aussitôt une flotte qui enleva plusieurs villes dalmates et débarqua des troupes en Eubée. Manuel demandant à négocier, la flotte vénitienne alla occuper l'île de Chio et pendant que le basileus faisait traîner les pourparlers en longueur, la peste se mit dans les équipages vénitiens; après trois tentatives inutiles d'entente avec Manuel, la flotte regagna Venise ([2161]). Lasse d'être jouée par Manuel, Venise se rapprocha de Barberousse et conclut un traité d'alliance avec le roi de Sicile ([2162]). Manuel se décida alors à de nouvelles négociations et, après de nouveaux échanges d'ambassades, signa la paix avec Venise en 1175 [2163], mais la République conserva un souvenir amer du traitement infligé à ses nationaux.

Jusqu'à la fin de son règne, en dépit des échecs qu'il rencontra en Asie, Manuel continua à s'occuper des affaires d'Occident. Après la défaite du basileus à Myriokephalon et celle de Barberousse à Legnano (1176), les deux souverains vaincus, l'un par le sultan d'Iconium, l'autre par les milices lombardes, échangèrent des lettres aigres-douces [2164]. Ayant appris le soulèvement des Lombards contre les mesures prises par l'envoyé de Frédéric, Christian, archevêque de Mayence, après le traité de Venise, Manuel se mit en rapport avec les mécontents, en particulier avec Guillaume de Montferrat auquel il donna des fiefs, et dont le fils, Renier, vint épouser à Constantinople la fille de Manuel, si souvent fiancée à d'autres princes, et reçut la dignité de César (février 1180) [2165]. Un mois plus tard Manuel faisait célébrer le mariage du fils que lui avait donné Marie d'Antioche, Alexis II, âgé de onze ans, avec la fille du roi de France Louis VII, Agnès, elle-même dans sa huitième année [2166]. Ce fut son dernier succès diplomatique, mais les résultats de sa politique occidentale étaient déplorables : il laissait l'Empire brouillé avec les Hohenstaufen, avec la Sicile, avec Venise, et ses sujets eux-mêmes exaspérés par son engouement pour les Occidentaux.

La croisade dirigée par Byzance (1168-1171). — Engagé au même moment contre la Hongrie et en Occident, Manuel poursuivait en outre un troisième dessein grandiose : la reconquête de l'Orient musulman avec les États francs de Syrie et les croisés d'Occident comme auxiliaires, en fait la croisade dirigée par Byzance et dans l'intérêt de Byzance.

Il avait réussi à placer les États francs de Syrie sous son protectorat et à exercer une pleine autorité à Antioche, dont le prince, Bohémond III, fait prisonnier et remis en liberté par Nour-ed-dîn en 1165, était allé à Constantinople, où il épousa une princesse de la famille impériale et d'où, conformément au traité de 1159, il ramena un patriarche grec, Athanase, qui y resta jusqu'à sa mort en 1171, tandis que le patriarche latin Amaury avait dû quitter la ville [2167].

Mais à ce moment, un grand danger menaçait les colonies franques. Maître d'Alep et de Damas, Nour-ed-dîn cherchait à introduire son autorité en Égypte à la faveur de l'anarchie qui régnait dans le califat. La dégénérescence de la dynastie fatimite avait livré l'État aux compétitions des vizirs d'où la guerre civile en permanence [2168]. Le gouverneur du Saïd, Abou-Schouga Schawer, s'étant révolté, s'empara du pouvoir en 1162, mais chassé d'Égypte l'année suivante, il se réfugia dans les États de Nour-ed-dîn, qui profita de cette occasion pour intervenir en Égypte : son meilleur général, Schirkoûh, vint rétablir Schawer (1164), mais les deux alliés ne tardèrent pas à se brouiller et Schawer, menacé d'être renversé, invoqua le secours du roi de Jérusalem, Amaury Ier, qui avait succédé à son frère Baudouin III en 1162 [2169] et dirigé une première expédition en Égypte dès 1163 [2170]. Frappé du danger que courraient les États chrétiens si Nour-ed-dîn parvenait à s'implanter dans la vallée du Nil, Amaury n'hésita pas à intervenir. Une première fois les forces réunies d'Amaury et de Schawer forcèrent Schirkoûh à abandonner l'Égypte (1164) [2171], mais il l'envahissait de nouveau en 1167 avec l'intention de se venger de Schawer. Aussitôt Amaury accourut avec une nouvelle armée, lui barra la route du Caire, lui infligea une défaite décisive en Haute Égypte, l'assiégea dans Alexandrie et l'obligea à capituler (août) et à signer un traité qui établissait un véritable protectorat franc sur l'Égypte avec un corps d'occupation au Caire et le paiement d'un tribut annuel par Schawer en échange de cette protection, puis Schirkoûh et Amaury évacuèrent l'Égypte [2172].

Ce fut alors qu'Amaury, comprenant qu'il disposait de forces insuffisantes pour conserver sa position en Égypte et faire face aux attaques de Nour-ed-dîn, fit appel à Manuel Comnène. Obligé de divorcer pour cause de parenté d'avec Agnès de Courtenay, il avait fait demander au basileus la main d'une princesse impériale et, à son retour d'Égypte, le 29 août 1167, il épousa à Tyr une petite-nièce de Manuel [2173]. Peu après il envoyait à Constantinople une ambassade dirigée par le futur historien Guillaume de Tyr, qui rejoignait le basileus en Serbie. Manuel, qui avait déjà sauvé Antioche des attaques de Nour-ed-dîn, saisit cette nouvelle occasion de rendre encore plus efficace son protectorat sur les États francs et de diriger la croisade au profit de Byzance : il ramena les ambassadeurs à Constantinople et signa avec eux un traité d'alliance qui prévoyait un partage de l'Égypte [2174].

Mais, et ce fut là une grosse faute, Amaury poussé par des conseillers, et en particulier le grand-maître de l'Hôpital, n'attendit pas l'arrivée des forces byzantines pour attaquer l'Égypte. Tout en négociant avec l'armée franque, arrivée devant les murs du Caire, Schawer avait envoyé un message à Nour-ed-dîn en proposant de lui céder un tiers de l'Égypte. L'Atabek envoya aussitôt Schirkoûh, qui, accompagné de son neveu, Saladin (Salah-ed-Dîn,) et d'une troupe d'élite, évitant l'armée franque qui battait en retraite à son approche, arriva au Caire à marches forcées (décembre 1168), fit égorger Schawer qui avait comploté contre lui (18 janvier 1169) et mourut lui-même d'une indigestion le 23 mars suivant [2175]; mais le jeune calife fatimite choisit pour lui succéder comme grand-vizir son neveu Saladin qui établit son autorité par la terreur [2176]. Par la faute d'Amaury l'Égypte était au pouvoir de Nour-ed-dîn et son chef réel, Saladin, allait devenir l'adversaire le plus dangereux rencontré jusque-là par les États chrétiens.

Cependant, conformément au traité signé avec Amaury, Manuel Comnène faisait de grands préparatifs pour attaquer l'Égypte. En juillet 1169 le mégaduc Andronic Kontostephanos partait avec une forte escadre pour Chypre et, après des pourparlers assez longs avec Amaury, aborda à Tyr, où arriva la flotte de celui-ci (fin septembre). Les alliés avaient décidé d'attaquer Damiette, qui fut assiégée du 27 octobre au 4 décembre 1169. La mésentente entre Andronic et Amaury entravait les opérations et, au moment où le mégaduc donnait l'ordre de l'assaut, le roi venait de signer un armistice avec la garnison, qui capitula. Les troupes byzantines se rembarquèrent dans le plus grand désordre pendant que les Francs rentraient en Syrie ([2177]). Le résultat de cette malheureuse échauffourée fut de renforcer le pouvoir de Saladin en Égypte et de rendre plus précaire la situation des États chrétiens attaqués en même temps par Nour-ed-dîn et par Saladin ([2178]). Des ambassadeurs envoyés par Amaury en Occident pour solliciter le départ d'une nouvelle croisade revinrent en 1171 après n'avoir obtenu que de vagues promesses de secours ([2179]).

Force fut donc à Amaury de se retourner vers Manuel, mais, afin d'éviter les malentendus qui avaient fait échouer l'expédition contre Damiette, il se rendit lui-même à Constantinople en vue d'arrêter, d'accord avec le gouvernement impérial, le plan d'une nouvelle attaque de l'Égypte. Il y reçut l'accueil somptueux et empressé que Manuel réservait aux princes de la Syrie franque et conclut avec le basileus un nouveau traité d'alliance, dont on ignore entièrement les clauses ([2180]) et que les circonstances devaient rendre stérile. Nour-ed-dîn mourut à Damas le 15 mai 1174, à la veille de l'expédition qu'il préparait pour arracher l'Égypte à Saladin ([2181]), qui profitait des difficultés et de l'anarchie entraînées par sa succession pour s'emparer de Damas (novembre 1174) et préparer ainsi l'unité du front musulman contre les États chrétiens ([2182]).

Mais déjà Amaury lui-même était mort le 11 juillet 1174, à l'âge de 38 ans, en laissant comme héritier un enfant de 13 ans, Baudouin IV, atteint de la terrible maladie de la lèpre et les barons de Jérusalem se disputaient le gouvernement du royaume ([2183]). Manuel Comnène ne renonça cependant pas à son projet de croisade. Dès 1165 il l'annonçait au pape Alexandre III en lui demandant d'encourager les fidèles à prendre la croix ([2184]) et en 1177 il envoyait une ambassade à Baudouin IV pour l'inviter à exécuter le traité conclu par son père ([2185]). De plus une flotte de 70 navires, destinés à l'attaque de l'Égypte, fut envoyée à Saint-Jean-d'Acre : le roi et les barons étaient favorables au projet d'expédition, mais le comte de Flandre, Philippe d'Alsace, venu en pèlerinage à Jérusalem et à qui Baudouin IV, dont il était parent, avait remis la direction de l'État, refusa d'en prendre le commandement et s'opposa à ce qu'il fût confié à Renaud de Châtillon, délivré de sa captivité ([2186]). Non seulement l'expédition fut ajournée, mais l'alliance byzantine, qui pouvait encore sauver les États chrétiens, fut abandonnée ([2187]).

Cet écroulement de son grand dessein n'avait cependant pas découragé Manuel. Le pape Alexandre III lui ayant annoncé qu'une nouvelle croisade générale, commandée par le roi Louis VII, suivrait la route terrestre et traverserait l'Empire, Manuel lui envoya une ambassade pour lui exposer les conditions auxquelles il accorderait libre passage aux croisés (mars 1080) : le pape devait adjoindre un cardinal à la croisade et garantir la restitution à l'Empire des villes qui lui avaient appartenu avant leur occupation par les Turcs ; en échange Manuel s'engageait à travailler à l'union des Églises ([2188]). Jusqu'à la veille de sa mort il fut hanté de l'idée de faire servir la croisade à la restauration de la puissance impériale en Orient.

La dernière offensive contre le sultan d'Iconium. — Dans l'intervalle Manuel avait essayé de ramener à l'observation de ses devoirs envers l'Empire le sultan d'Iconium, Qilidj Arslan, qui, pendant qu'il était absorbé par ses entreprises en Hongrie et en Égypte, avait agrandi son État aux dépens des émirs danichmendites et menaçait de s'allier avec Nour-ed-dîn contre les États francs de Syrie. En 1173, Manuel lui ayant reproché ses négociations avec les ennemis de l'Empire, le sultan consentit à renouveler les traités ([2189]), puis, au début de 1175, il le somma de restituer les villes qu'il avait enlevées à l'Empire : Qilidj y consentit, mais excita sous main leurs habitants à résister aux troupes envoyées pour en prendre possession ([2190]). Devant cette mauvaise foi Manuel mit la frontière en état de défense, rassembla une armée importante et au printemps de 1176, alors qu'il envoyait en Égypte une véritable armada, il envahit la Phrygie et marcha sur Iconium, mais ayant engagé imprudemment son armée dans le défilé de Myriokephalon, situé aux sources du Méandre, il y subit une défaite écrasante et la plus grande partie de ses troupes fut massacrée. Il fut trop heureux de signer le traité aux conditions modérées que lui fit proposer son vainqueur ([2191]). Les frontières de l'Empire n'étaient pas modifiées mais deux forteresses qui les défendaient, Dorylée et Soublaion, devaient être démantelées. Manuel laissait la situation en Asie Mineure moins bonne qu'à son avènement : au lieu de plusieurs émirs divisés entre eux, l'Empire aurait désormais affaire à un unique mais puissant État.

V. LA CHUTE DE L'EMPIRE ROMAIN HELLÉNIQUE
(1180-1204)

Les derniers événements du règne de Manuel Comnène, qui mourut le 24 septembre 1180 après une courte maladie ([2192]), avaient montré la fragilité de son œuvre. Après la faillite de ses grands desseins, il laissait l'Empire entouré d'ennemis extérieurs et troublé à l'intérieur. En Occident, Frédéric Barberousse s'était relevé de ses désastres et son prestige était plus grand que jamais ([2193]), tandis que le roi de Sicile n'attendait qu'une occasion d'apaiser ses rancunes contre l'Empire byzantin et que l'idée d'une croisade contre les Grecs, considérée comme le seul moyen d'assurer l'avenir des États francs de Syrie, se répandait de plus en plus. En Orient s'élevait la puissance de Saladin, maître de l'Égypte et de la Syrie musulmane, enserrant de tous côtés les États chrétiens livrés aux discordes et à l'indiscipline des princes francs.

A l'intérieur de l'Empire régnait un violent mécontentement contre les exactions fiscales qui avaient été pour Manuel le seul moyen de soutenir sa politique de prestige, mais les esprits étaient surtout irrités par la place que les Occidentaux tenaient dans l'État, et la richesse des colonies italiennes, en possession d'un véritable monopole commercial, suscitait d'irrémissibles haines. Les provinces étaient agitées et leurs gouverneurs indisciplinés : il s'y dessinait, surtout dans les populations allogènes, un mouvement centrifuge des plus inquiétants.

Et pour faire face à ces difficultés Manuel laissait après lui un enfant de onze ans, Alexis II, sous la tutelle de sa mère, Marie d'Antioche, détestée comme étrangère, aussi mal vue des princes de la famille impériale que de la noblesse et du peuple.

C'est cette situation qui explique que l'histoire des vingt-quatre ans qui suivent la mort de Manuel soit celle de la dissolution de l'Empire romain hellénique et des différentes étapes qu'il a dû franchir avant d'aboutir à la catastrophe finale.

La régence de Marie d'Antioche (septembre 1180-avril 1182). — Les pouvoirs de Marie d'Antioche reposaient sur un acte de Manuel datant de l'association au trône d'Alexis II (4 mars 1171) et lui confiant la régence en cas de minorité à condition qu'elle prendrait l'habit monastique ([2194]). L'impératrice revêtit donc la mandya sans cesser d'habiter le Palais et confia le pouvoir au protosébaste Alexis Comnène, neveu de Manuel ([2195]), vieux et insignifiant. Le ministre et la régente échappèrent d'abord à un complot fomenté par la porphyrogénète Marie Comnène et son époux, Renier de Montferrat, contre lesquels ils n'osèrent prendre

Le déclin et la chute

aucune sanction, mais qui, se sentant peu en sûreté au Palais, se réfugièrent à Sainte-Sophie : comme on voulait les en faire sortir de force, une violente émeute, qui fit de nombreuses victimes, éclata le 2 mai 1171 avec la complicité du patriarche Théodose [2196]. On s'arrêta à un compromis : la régente promit d'éloigner Alexis et d'ailleurs n'en fit rien; le César Renier et son épouse revinrent au Palais [2197], mais lorsque Alexis voulut exiler le patriarche, il y eut un nouveau soulèvement et il fallut le laisser rentrer en triomphe à Constantinople [2198]. La situation paraissait sans issue : ce fut alors qu'intervint un nouveau personnage, Andronic Comnène.

Fils du sébastocrator Isaac, frère de Jean Comnène, qui s'était réfugié chez le sultan d'Iconium, élevé avec son cousin germain, le futur empereur Manuel, Andronic avait toujours été en désaccord avec lui et avait passé la plus grande partie de son règne en disgrâce, en prison et en exil. D'une grande intelligence, très instruit, charmeur et beau parleur, mais entraîné à tous les exercices du corps, cavalier accompli, d'un courage intrépide qui lui valait sa popularité dans l'armée, il joignait à ces qualités brillantes une immoralité notoire et défrayait la chronique scandaleuse de Constantinople par ses aventures amoureuses et sa liaison, bien que marié, avec Eudokia, nièce de Manuel, dont la sœur était la maîtresse du basileus [2199]. Manuel chercha à l'employer en l'éloignant et le nomma en 1151 duc de Cilicie, mais il échoua dans la mission qui lui fut confiée [2200] et, convaincu de complot contre la vie de l'empereur, il fut arrêté en 1154 et jeté dans une prison du Grand Palais, d'où il s'évada une première fois en 1158 et, ayant été repris, définitivement en 1164. Il parvient alors à gagner la cour du grand prince Iaroslav de Russie, d'où Manuel le rappelle ; il se réconcilie avec lui, puis le renvoie dans son gouvernement de Cilicie (1166), mais ne tarde pas à le destituer à cause de son inconduite [2201]. Andronic s'enfuit, emportant le produit des impôts, gagne la Palestine, séduit à Saint-Jean-d'Acre sa cousine Théodora, veuve de Baudouin III, la décide à le suivre, reçoit du roi Amaury le fief de Beyrouth, apprend que Manuel a donné l'ordre de l'arrêter et de lui crever les yeux et s'échappe avec Théodora (1167) [2202].

Alors, pendant treize ans il mène la vie errante d'un aventurier. On le trouve successivement à Damas, à Bagdad, en Géorgie, à Mardin, à Erzeroum, puis chez un émir turc de l'ancien thème de Chaldia, qui lui donne sur la frontière byzantine une forteresse où il mène la vie d'un chevalier-brigand, détroussant les caravanes et pillant le territoire impérial. Théodora ayant été capturée dans une de ces incursions et étant tombée aux mains du duc de Trébizonde, Andronic implora sa grâce et Manuel la lui accorda (juillet 1180). Avec une mise en scène peu sincère le rebelle vint s'humilier aux pieds du basileus et lui prêta serment de fidélité ainsi qu'à son fils Alexis II ([2203]).

Manuel lui avait donné comme résidence une ville de la mer Noire ([2204]) et ce fut de là qu'il suivit attentivement les événements qui troublèrent Constantinople après la mort du basileus. Renseigné par une de ses filles qui avait pu s'échapper de la ville impériale et le rejoindre à Sinope, appelé par Marie la porphyrogénète, il se décida à intervenir ([2205]).

Révolte et usurpation d'Andronic (1182). — En prenant pour prétexte le serment de fidélité qu'il avait prêté à Manuel et à Alexis II, Andronic s'était contenté jusque-là d'adresser au jeune basileus et au patriarche une lettre de protestation contre le désordre de la cour et le pouvoir exorbitant du protosébaste ([2206]), mais en même temps il levait des troupes, et ses préparatifs terminés au printemps de 1182, il s'avança sans résistance jusqu'à Nicomédie, mit en déroute l'armée d'Andronic l'Ange, qui, après sa défaite fit défection, et arriva jusqu'à Chalcédoine, où la flotte de Kontostephanos envoyée contre lui passa de son côté ([2207]). Aux ouvertures de compromis du protosébaste il répondit par un ultimatum : destitution d'Alexis Comnène, entrée de la régente dans un monastère, et ce qu'il attendait se produisit : le peuple de Constantinople se souleva, le protosébaste, arrêté et jeté dans une barque, fut conduit devant Andronic qui le condamna à avoir les yeux crevés ([2208]). Mais l'émeute déchaînée se porta sur les quartiers habités par les colonies latines, incendia les établissements et massacra tous les Occidentaux qui n'avaient pu se réfugier sur des navires. La haine longtemps contenue s'assouvit sauvagement. Les prêtres et les moines grecs étaient les plus acharnés, et surtout contre leurs confrères latins. Le cardinal Jean, légat d'Alexandre III, fut décapité et sa tête attachée à la queue d'un chien. On alla jusqu'à égorger des malades dans leur lit et à déterrer les morts dans les cimetières, et les troupes introduites par Andronic dans la ville prêtaient main-forte aux émeutiers ([2209]). Les navires latins qui recueillirent les fugitifs et qui formaient une flotte imposante exercèrent d'ailleurs des représailles sanglantes sur les côtes de l'Hellespont et de l'Archipel ([2210]). Le divorce entre Byzance et l'Occident devenait ainsi irréparable.

Ce fut seulement au mois de septembre qu'Andronic fit son entrée dans la Ville Impériale, non sans démonstrations hypocrites de respect pour le jeune Alexis II et la mémoire de Manuel ([2211]), puis, quand il se sentit le maître, il donna libre cours à sa vengeance : la porphyrogénète Marie et Renier de Montferrat furent empoisonnés par ses ordres; Marie d'Antioche, accusée d'avoir incité son beau-frère le roi de Hongrie à envahir l'Empire, fut condamnée à mort et étranglée dans son cachot ([2212]); la plupart des dignitaires du Palais et des fonctionnaires furent destitués et remplacés par des hommes dont il était sûr ([2213]); le patriarche Théodose, qui refusait de marier une bâtarde d'Andronic avec un bâtard de Manuel, fut déposé et remplacé par une de ses créatures, Basile Kamateros ([2214]). Ce fut seulement après cette promotion, en septembre 1183, qu'Andronic, qui, à son arrivée à Constantinople, avec un empressement affecté, avait fait couronner Alexis II à Sainte-Sophie ([2215]), se fit couronner lui-même par le nouveau patriarche ([2216]). Quelques semaines plus tard l'infortuné fils de Manuel était étranglé dans son lit ([2217]) et Andronic, déjà sexagénaire, épousait la fiancée de sa victime, Agnès de France, âgée de 11 ans ([2218]).

Gouvernement d'Andronic. — Ayant ainsi fait place nette ([2219]) Andronic entreprit la réforme de l'Empire. Cet homme, qui par certains côtés ressemble à un sultan sanguinaire et par d'autres annonce les tyrans de la Renaissance italienne, était rempli de contradictions et méritait, d'après ses contemporains, les plus grands éloges et les plus grands blâmes ([2220]). Il voulait sincèrement guérir les maux dus à la faiblesse de ses prédécesseurs et extirper jusqu'à la racine la puissance exorbitante de la noblesse, mais il ne connaissait d'autre moyen de gouvernement que la violence et la terreur ([2221]). Les chroniqueurs comme Nicétas, qui cependant ne le ménagent guère, son frère l'archevêque d'Athènes, Michel Khoniates, font l'éloge de ses mesures : suppression de la vénalité des charges, traitements réguliers assurés aux gouverneurs de provinces et aux fonctionnaires, établissement de nouveaux registres d'impôts supprimant les levées arbitraires, répression des abus des puissants, sécurité donnée aux cultivateurs, suppression du droit d'épave, envoi dans les provinces de juges réformateurs. « Le seul nom d'Andronic comme une parole magique mettait en fuite les exacteurs avides ([2222]). »

Ces mesures blessaient bien des intérêts : en outre la personne même et les crimes du basileus excitaient la plus grande horreur. Les deux années que dura son règne furent donc remplies par une succession ininterrompue de conspirations et de révoltes : des gouverneurs de provinces qui avaient pris des habitudes d'indépendance refusèrent de le reconnaître ([2223]).

En 1184 il dut entrer en campagne pour réprimer le soulèvement des principales villes d'Asie Mineure et il exerça contre leurs habitants les plus cruelles représailles ([2224]). La même année un neveu par sa mère de Manuel Comnène, Isaac, gouverneur de Tarse, s'emparait de l'île de Chypre, s'y faisait proclamer basileus : Andronic, ne pouvant l'atteindre, se vengea sur les parents qu'il avait à Constantinople ([2225]). Exaspéré par ces révoltes, il fit régner la terreur dans la ville impériale et redoubla de cruautés au point qu'il fut honni de ceux mêmes qui avaient salué son avènement ([2226]). Ce régime atroce ne pouvait durer : il suffit pour le renverser d'une secousse extérieure, l'attaque des Normands.

Dans ses rapports avec l'étranger Andronic prit en tout le contre-pied de la politique de Manuel. Sa haine contre l'Occident s'étendait aux principautés franques de Syrie, et en 1185 il signa avec Saladin un traité de partage des États chrétiens par lequel il s'engageait à aider le sultan à conquérir la Palestine qu'il tiendrait en fief de l'Empire ([2227]). Il n'ignorait pas qu'un orage menaçant se formait contre lui en Occident : les fiançailles du roi Henri, fils de Barberousse, avec Constance, tante et héritière de Guillaume II, roi de Sicile (29 octobre 1184), rapprochaient les deux principaux ennemis de Byzance ([2228]). Ce fut en vain qu'Andronic essaya de se prémunir contre ces menaces en cherchant à se rapprocher de Rome ([2229]) et en accordant un traité avantageux à Venise ([2230]). Guillaume II excité à la guerre contre l'Empire par un neveu de Manuel, Alexis, échappé de l'exil où il avait été relégué, avait en outre accueilli un jeune Grec que l'on faisait passer pour Alexis II, échappé à la mort ([2231]). Par l'importance des effectifs qu'il réunit à Messine, ce fut une véritable croisade que Guillaume II mena contre l'Empire avec le dessein avoué d'en faire la conquête ([2232]).

L'expédition partit le 11 juin 1185 et ses succès furent foudroyants : 24 juin, prise de Durazzo, tête de pont de la Via Egnatia; 6 août, arrivée devant Thessalonique de l'armée de terre, rejointe par la flotte le 15 août; 24 août, prise d'assaut de cette ville malgré l'armée de secours envoyée par Andronic ([2233]). La nouvelle de ce désastre sema la panique à Constantinople : on sut que l'armée normande continuait sa marche en avant et que la flotte cinglait vers les détroits, et des murmures s'élevèrent contre l'incurie de l'empereur. Andronic, furieux, ordonna le massacre des nombreux détenus qui remplissaient les prisons, mais n'eut pas le temps de publier son édit ([2234]). Le favori du basileus ayant voulu arrêter un membre de la noblesse regardé comme suspect, Isaac l'Ange, celui-ci le tua d'un coup de sabre et se réfugia à Sainte-Sophie, où il fut rejoint par une foule de mécontents qui le proclamèrent empereur le lendemain (11-12 septembre 1185) pendant que l'émeute grondait dans les rues ([2235]). Andronic fugitif ne trouva pas un défenseur : pris à l'entrée de la mer Noire au moment où il essayait de s'embarquer pour la Crimée, il fut conduit à Constantinople et littéralement dépecé vivant par la populace en furie ([2236]).

Le premier soin du nouvel empereur fut de débarrasser l'Empire des Normands dont la flotte était embossée aux îles des Princes et dont l'armée s'était dispersée pour piller la Thrace. Rejetés sur Thessalonique après avoir subi un désastre au passage du Strymon, ils se rembarquèrent en désordre ([2237]). Mais ce fut seulement quelques années plus tard qu'ils signèrent la paix, après avoir envoyé une flotte soutenir la révolte d'Isaac Comnène à Chypre ([2238]).

Les premiers symptômes de dissolution (1185-1195). — Ce fut pendant la période de 19 ans qui sépara l'avènement d'Isaac l'Ange de la croisade de Constantinople que commença l'œuvre de démolition de l'Empire : lorsque l'édifice fut abattu, il était déjà ruiné à l'intérieur. Les premiers symptômes de dissolution se manifestèrent sous le règne d'Isaac l'Ange, dont l'avènement peut être considéré comme la victoire de la noblesse sur la politique égalitaire d'Andronic, avec le même nationalisme étroit vis-à-vis de l'Occident ([2239]).

Par ses origines le nouveau basileus était de noblesse récente, mais d'autant plus attaché à la classe où sa famille, qui venait de Philadelphie en Asie Mineure, était entrée par le mariage de son aïeul Constantin avec une fille de l'empereur Alexis Comnène ([2240]). Dès lors, alliés de la dynastie, les Anges occupèrent les plus hautes fonctions, en particulier sous Manuel ([2241]), et s'unirent à la noblesse contre le despotisme d'Andronic, bien que le père d'Isaac, Andronic l'Ange, chargé de combattre Andronic Comnène, ait été des premiers à se rallier au prince rebelle. Fils aîné de cet Andronic l'Ange, Isaac passait pour médiocre et insignifiant et ce fut peut-être pour cette raison qu'Andronic Comnène l'épargna, bien qu'il eût soutenu contre lui la révolte de Nicée ([2242]). A vrai dire, rien ne l'avait préparé à la tâche redoutable qu'il avait assumée. Par son caractère brouillon, par la vulgarité de ses goûts, par sa paresse, il était tout le contraire d'un homme d'État ([2243]), et à la différence des Comnènes ses prédécesseurs, il n'avait aucune conception d'ensemble, aucun programme défini, mais pratiquait une politique au jour le jour. Il n'avait pas cependant le caractère faible qu'on lui a prêté : âgé de 30 ans à son avènement, il avait des goûts militaires et à plusieurs reprises il commanda lui-même ses armées. Mieux qu'Andronic il en assura le recrutement, et on a vu qu'il réunit dès le début de son règne des forces suffisantes pour chasser les Normands de l'Empire ([2244]).

Son gouvernement intérieur n'en fut pas moins déplorable et son œuvre politique consista à restaurer les abus qu'Andronic avait voulu déraciner. Il altéra les monnaies, augmenta les impôts, vendit les magistratures et paya mal les fonctionnaires, qui se dédommagèrent sur le peuple ([2245]). Il avait confié l'administration du trésor à son oncle maternel, Théodore Kastamonitès, excellent financier, mais exacteur impitoyable, qu'il remplaça après sa mort par des incapables et des concussionnaires qui achevèrent de ruiner le trésor en satisfaisant les caprices dispendieux du prince ([2246]).

Cette mauvaise administration ne pouvait qu'engendrer des révoltes et encourager les mouvements séparatistes qui avaient déjà commencé sous Andronic. Un impôt extraordinaire sur les troupeaux, établi pour solder les frais du mariage d'Isaac avec une princesse hongroise, fut l'occasion d'une révolte des bergers valaques des Balkans (1186). L'insurrection s'étendit bientôt à toute la Bulgarie danubienne et fut dirigée par deux boyards des environs de Tirnovo, Pierre et Jean Asên, dont les réclamations avaient été repoussées par Isaac avec violence ([2249]). Bulgares et Valaques firent cause commune, allèrent chercher des secours au-delà du Danube chez les Comans et firent alliance avec le joupan serbe Étienne Nemanja. Tirnovo, où fut érigée une église dédiée à saint Démétrius, devint le centre de l'insurrection et ce fut sans doute à ce moment que Pierre Asên prit le titre de tsar ([2248]).

Après quatre campagnes (1186-1187) dont deux dirigées par lui-même, Isaac put empêcher les rebelles d'envahir la Thrace et leur infliger plusieurs défaites, mais il ne put venir à bout de leur révolte ([2247]), et de plus il eut à combattre le général même qui venait en 1187 de les forcer à passer les Balkans, Alexis Branas. Après sa victoire, ce personnage, qui en était à sa seconde tentative d'usurpation ([2250]), se fit proclamer empereur par ses troupes et marcha sur Constantinople qu'il soumit à un rigoureux blocus. La situation d'Isaac eût été désespérée sans l'intervention de Conrad de Montferrat, de passage à Constantinople ([2251]). Une charge de ses chevaliers francs rendit victorieuse la sortie tentée par Isaac, et Conrad, s'étant battu en duel avec Branas le perça de sa lance et lui coupa la tête, ce qui amena la dispersion de l'armée rebelle ([2252]).

Les Bulgares et les Valaques avaient profité de cette diversion pour envahir de nouveau la Thrace. Isaac l'Ange rentra en campagne, les força à battre en retraite en abandonnant leur butin, puis au printemps de 1188 les poursuivit jusque dans la plaine de Sofia, mais n'étant pas en état de soutenir une longue guerre, il leur accorda une trêve qui leur abandonnait le pays situé entre le Danube et les Balkans ([2253]). Les lettrés de Constantinople qui connaissaient l'histoire de l'Empire regrettaient les jours de Basile le Bulgaroctone, dont l'œuvre était ainsi compromise ([2254]). La péninsule des Balkans allait redevenir une mosaïque d'États indépendants, d'autant plus que le joupan de Serbie, Étienne Nemanja, se considérant comme dégagé de ses promesses après la mort de Manuel, avait repris sa marche envahissante et favorisé l'insurrection vlacho-bulgare. Allié à Béla III, roi de Hongrie, qui avait essayé d'intervenir au moment de la révolte d'Andronic Comnène, pour sauver Marie d'Antioche ([2255]), Étienne Nemanja s'empara en 1187 de la position importante de Nisch et chercha surtout à s'ouvrir un chemin vers l'Adriatique en occupant la Dioclée et le territoire dalmate jusqu'aux bouches de Cattaro ([2256]). Isaac l'Ange ne trouva d'autre moyen d'arrêter cette expansion serbe que de se rapprocher de Béla III, dont il épousa la fille, Marguerite, en 1185 et avec lequel il conclut un traité d'alliance dirigé contre les Serbes et les Bulgares ([2257]).

Mais la vraie raison qui avait déterminé Isaac l'Ange à traiter avec les Asèn, malgré sa victoire, était l'ampleur que prenait de plus en plus le mouvement séparatiste. Une expédition navale contre Chypre en 1186 se heurta à la flotte sicilienne envoyée par Guillaume II pour défendre Isaac Comnène et subit un désastre complet ([2258]). L'amiral normand vainqueur, Margaritone, reçut en fief du roi de Sicile les territoires conquis en 1185 qu'il possédait encore et resta en possession de Zante et de Céphalonie ([2259]).

En Asie Mineure Isaac l'Ange ne pouvait venir à bout lui-même de la tentative de Théodore Mancaphas pour se créer un État séparé comprenant Philadelphie et la Lydie et dut traiter avec lui : il fallut l'intervention du duc des Thracésiens, Basile Vatatzès, pour faire expulser l'intrus, qui se réfugia auprès du sultan d'Iconium et obtint de lui l'autorisation de lever des troupes avec lesquelles il ravagea les provinces byzantines. Enfin à prix d'argent le basileus obtint qu'il lui fût livré, mais cet épisode en dit long sur l'impuissance de l'empereur et la désagrégation progressive de l'Empire ([2260]).

Le passage de la croisade allemande à travers le territoire impérial allait lui porter le dernier coup. Lorsque, après la prise de Jérusalem par Saladin (2 octobre 1187), Frédéric Barberousse prit la croix à Mayence (27 mars 1188) il annonça à Isaac l'Ange son intention de suivre la route terrestre et de traverser l'Empire. Après des échanges d'ambassades, un traité fut signé à Nuremberg (septembre 1188) par lequel Isaac accordait libre passage à la croisade à condition que l'armée allemande s'abstînt de toute violence ([2261]); mais quelques semaines plus tard le basileus, décidé à empêcher la croisade allemande et à la détruire, se mettait en rapport avec Saladin et concluait avec lui un traité d'alliance ([2262]). De là son attitude équivoque et sa politique perfide à l'égard des croisés. Lorsque Barberousse atteignit le territoire de l'Empire (28 juin 1189), il trouva les chemins interceptés, les convois de vivres arrêtés et il apprit que ses ambassadeurs à Constantinople étaient emprisonnés ([2263]).

Une pareille traîtrise ne pouvait qu'engendrer l'inimitié et la violence. Bien qu'ayant reçu à Nisch une nouvelle ambassade d'Isaac avec un message rempli de promesses ([2264]), Frédéric s'y mit en rapport avec tous les ennemis de l'Empire, reçut Étienne Nemanja qui profita du conflit byzantino-allemand pour s'emparer de nouvelles forteresses impériales ([2265]) et signa un traité d'alliance avec les Vlacho-Bulgares ([2266]). D'autre part le conflit entre Isaac et Frédéric passa bientôt à l'état aigu. Le 16 août les croisés durent enlever de vive force la passe de Trajan barrée par des troupes impériales ([2267]). Des correspondances pleines de récriminations furent échangées entre les deux souverains et Isaac accusa « le roi d'Allemagne » de vouloir s'emparer du trône de Constantinople. En réponse Frédéric se mit à ravager la Thrace et à occuper des forteresses en déclarant qu'il continuerait les hostilités jusqu'à la libération de ses ambassadeurs ([2268]).

Enfin l'historien Nicétas Khoniates, alors gouverneur de Philippopoli, étant allé à Constantinople mettre le basileus au courant de la situation (septembre), après plusieurs échanges d'ambassades ([2269]), Isaac se décida à rendre aux envoyés allemands la liberté (19 octobre) ([2270]), mais lorsque ceux-ci, accompagnés de fonctionnaires byzantins, arrivèrent au camp allemand et eurent mis leur souverain au courant des mauvais traitements qu'ils avaient subis, du traité conclu entre Isaac et Saladin et des prédications haineuses du patriarche, Frédéric se considéra comme en état d'hostilité avec l'Empire ([2271]) et marcha sur Andrinople qu'il atteignit le 22 novembre, après un engagement sanglant avec les troupes byzantines à Didymotika ([2272]). En février 1190 les Allemands étaient presque aux portes de Constantinople et occupaient la plupart des places fortes de Thrace et de Macédoine orientale, après avoir incendié Berrhoé et Philippopoli. En même temps Frédéric resserrait son alliance avec les Serbes et les Vlacho-Bulgares, qui lui offraient de l'aider à conquérir Constantinople ([2273]).

Isaac l'Ange, se sentant perdu, essaya d'abord d'amuser l'ennemi par des négociations traînées en longueur ([2274]). Enfin, après deux mois de pourparlers, il signa le traité d'Andrinople (février 1190) par lequel, après avoir livré des otages, il s'engageait à faire passer les croisés en Asie entre Gallipoli et Sestos, à leur assurer des vivres, à payer une indemnité aux ambassadeurs retenus en captivité, à ne pas inquiéter ceux qui avaient aidé les Allemands ([2275]). C'était une capitulation totale. Les croisés franchirent donc l'Hellespont (21-30 mars) et traversèrent l'Asie Mineure, non sans qu'Isaac ait tenu Saladin au courant de leur marche ([2276]). Attaqué par les Turcs, Frédéric Barberousse prit d'assaut Iconium et conclut un traité avec Qilidj Arslan ([2277]). Son arrivée excitait la terreur dans le monde musulman, mais le 10 juin 1190, marchant sur Tarse, il se noya au passage du Selef et son armée découragée se dispersa ([2278]).

Le passage de la croisade de Barberousse avait, pourrait-on dire, révélé le secret de l'Empire byzantin et semblait justifier l'opinion, courante depuis longtemps en Occident, que Byzance était le principal obstacle à la réussite de la croisade. Dans une lettre adressée à son fils, le roi Henri (16 novembre 1189), Frédéric lui enjoignait d'envoyer aux Dardanelles les flottes des villes d'Italie et de demander au pape de faire prêcher la croisade contre Constantinople ([2279]) : le traité d'Andrinople fit abandonner le projet, mais la question était posée.

Après le départ de Barberousse, Isaac l'Ange régna encore cinq ans, mais dans des conditions de plus en plus précaires. Pendant le siège de Saint-Jean-d'Acre, il continua à manifester son hostilité aux croisés et à correspondre avec Saladin, avec lequel il arrêta le plan d'une expédition en commun contre l'île de Chypre, conquise sur Isaac Comnène par Richard Cœur-de-Lion (mai 1191) et vendue par lui aux Templiers, puis à Guy de Lusignan, le roi dépossédé de Jérusalem (mai 1192) ([2280]).

Isaac l'Ange n'avait pas non plus abandonné l'espoir de restaurer l'autorité impériale sur les peuples slaves des Balkans. Aussitôt après le départ de la croisade allemande, il dirigea une expédition contre Étienne Nemanja, le battit sur la Morava et l'obligea à signer un traité par lequel il restituait à l'Empire ses conquêtes récentes, mais lui garantissait les anciennes. Le deuxième fils du joupan serbe épousait une nièce du basileus et était créé sébastocrator ([2281]). Il fut moins heureux avec les Vlacho-Bulgares qu'il alla attaquer chez eux en assiégeant Tirnovo, mais une invasion subite des Comans l'obligea à battre en retraite et il subit une grande déroute en repassant les Balkans ([2282]). Les chefs d'armées n'étaient d'ailleurs pas plus sûrs que ses ennemis : son cousin Constantin l'Ange, gouverneur de Philippopoli, qui réussit à empêcher les Bulgares d'envahir la Thrace, se crut autorisé par ses succès à se faire proclamer empereur par ses soldats (1193); mais il fut arrêté à Andrinople et eut les yeux crevés ([2283]). Les Asên en profitèrent pour passer les Balkans, ravager la Thrace, battant deux chefs impériaux près d'Arcadiopolis (1194-1195). L'empereur, démuni de troupes, passa l'hiver à lever péniblement une armée et demanda des secours à son gendre le roi de Hongrie ([2284]). Il partit enfin en campagne au printemps de 1195, mais ce fut pour être renversé par une conspiration militaire, à la tête de laquelle était son propre frère Alexis, qui fut proclamé basileus le 3 avril et n'hésita pas à faire crever les yeux à Isaac et à l'emprisonner ([2285]).

L'effondrement. — L'empereur Alexis III acheva en 9 ans (1195-1204) de conduire l'Empire à sa perte. Isaac, malgré sa médiocrité, avait au moins la conscience de ses devoirs et, s'il échoua dans la plupart de ses entreprises, c'est que, quand il prit le pouvoir, la situation de Byzance était déjà désespérée. Le principal trait du caractère de son successeur est au contraire la frivolité. Élu basileus en pleine guerre, il ne songe nullement à continuer l'expédition contre les Bulgares, mais distribue aux soldats l'argent de la caisse militaire, les envoie en congé et revient à petites journées à Constantinople, où sa femme Euphrosyne, ambitieuse et autoritaire, fière d'avoir dans les veines du sang des Doukas, lui gagne des partisans et lui prépare une entrée triomphale ([2286]). Indifférent aux affaires de l'Empire, il abandonna le pouvoir à l'impératrice et à son favori, Constantin Mesopotamites ; et c'était ce qu'il pouvait faire de mieux, car il les laissa faire sous son nom des réformes utiles, comme la suppression de la vénalité des charges, mais il ne sut pas les soutenir contre les intrigues : Euphrosyne, éloignée un moment de la cour, put recouvrer son autorité, mais Constantin, qui était archevêque de Thessalonique, accusé de crimes imaginaires, fut déposé par un synode et exilé ([2287]).

L'empereur passait la plus grande partie de son temps dans l'oisiveté, occupé de distractions futiles et ne faisait jamais rien sans consulter les astres ([2288]). Cependant les événements désastreux qui se succédèrent l'obligèrent à sortir de sa torpeur. A l'intérieur ce ne furent que désordres, émeutes, conspirations, apparitions d'imposteurs qui se faisaient passer pour Alexis II : le basileus alla jusqu'à négocier avec l'un d'eux, qui était protégé par le sultan d'Iconium et qui avait repoussé une expédition envoyée contre lui. Son armée grossissait de jour en jour et on désespérait de venir à bout de lui quand il fut assassiné (1195-1196) ([2289]).

Impuissant à faire régner l'ordre à l'intérieur, le pouvoir impérial n'a plus aucune force de résistance, aucun prestige à l'extérieur. L'Empire est devenu un pays passif : son armée, composée entièrement de mercenaires étrangers, Allemands, Hongrois, Turcs, Varanges, Bulgares, n'a plus que des effectifs réduits et mal payés, toujours prêts à trahir et il n'y a plus de flotte de guerre. L'histoire de ces neuf dernières années est celle des démembrements progressifs du territoire byzantin et des désastres précurseurs de la conquête totale. En Asie Mineure la population hellénique reculait devant les progrès des Turcs. En 1197 l'émir d'Angora, Maçoûd, s'emparait de Dadibra en Paphlagonie, en expulsait les habitants et y établissait des Turcs à leur place ([2290]). L'année suivante, le sultan d'Iconium, Kaï-Khosrou, ayant fait saisir deux chevaux arabes envoyés à Alexis III par Saladin, le basileus fit emprisonner les marchands turcs ou grecs qui commerçaient avec Iconium et laissa piller leurs fondouks : le sultan riposta en ravageant la vallée du Méandre sans rencontrer aucune force impériale ([2291]). Trois grandes menaces surtout planaient sur l'Empire : les progrès de l'État vlacho-bulgare, l'hostilité des républiques italiennes, la politique de croisade de Henri VI.

La reconstitution d'un État bulgare dans lequel prédominait l'élément valaque ([2292]) était, comme trois siècles plus tôt, un danger permanent pour Constantinople. Les Asên, qui ne dissimulaient pas leurs ambitions, avaient rejeté les propositions de paix d'Alexis III à son avènement et mis en déroute l'armée du sébastocrator Isaac, gendre du basileus, près d'Amphipolis ([2293]). Mais une crise intérieure faillit arrêter le développement du jeune État. Le sébastocrator, fait prisonnier, parvint à gagner un boyard influent, Ivanko qui assassina Jean Asên et s'empara de Tirnovo où Pierre Asên l'assiégea ([2294]). Alexis III fit deux tentatives pour secourir Ivanko, mais deux fois, arrivée au pied des Balkans, l'armée refusa d'aller plus loin et il fallut rentrer à Constantinople. Ivanko, sur le point de succomber, s'échappa et rejoignit le basileus, qui le nomma gouverneur de Philippopoli (1196) ([2295]). Un autre boyard, Dobromir Strez (le Chrysos de Nicétas), jaloux des Asên, passa au service de l'Empire avec 500 guerriers et devint gouverneur de Stroumnitza en Macédoine (1198) ([2296]).

L'inconvénient de cette politique, la seule s'ailleurs qui fût à la portée d'Alexis, était le peu de garanties qu'offraient ces chefs bulgares chargés de repousser leurs compatriotes. A peine installé à Stroumnitza, Dobromir se déclara indépendant et empiéta sur les territoires voisins. Après une expédition contre lui sans résultat, Alexis le maria à l'une de ses cousines et lui céda la Haute Macédoine en fief (1199) ([2297]). A plus forte raison les Comans purent sans être inquiétées envahir la Thrace et la ravager deux années de suite (1199-1200) et ils auraient marché sur Constantinople sans la diversion du prince russe de Halicz en Galicie qui leur infligea une grande défaite ([2298]). Enfin en mars 1200 Ivanko, qui avait enrôlé de nombreux Bulgares et congédié les troupes impériales, se révolta à son tour et extermina l'armée envoyée contre lui : Alexis n'en vint à bout que par la trahison. Après l'avoir attiré dans une entrevue et lui avoir fait les plus belles promesses, il le fit arrêter et emprisonner à Constantinople ([2299]).

Puis, après le meurtre de Jean Asên, Pierre avait associé au pouvoir son plus jeune frère, Johannitsa, surnommé plus tard Kaloïan (Jean le Bon), qui avait été otage à Constantinople sous le règne d'Isaac et en avait rapporté une haine vigoureuse contre les Grecs. Seul maître du pouvoir après la mort de Pierre, il expulsa Dobromir de sa principauté du Haut Vardar et envahit l'Empire. Le samedi saint 23 mars 1201, il prit d'assaut le port de Varna, en abattit les murailles et en écrasa la population sous les décombres. Alexis III n'eut d'autre ressource que de traiter avec lui et de lui reconnaître la possession de toutes ses conquêtes ([2300]). Intervenant ensuite dans la guerre civile de Serbie entre les fils de Nemanja, Kaloïan s'empara de Nisch, Belgrade et Braničeno (1204) ([2301]).

Au moment où l'Empire s'effondrait, une nouvelle puissance militaire naissait dans les Balkans et, pour soustraire son pays à toute influence byzantine, Kaloïan négociait avec Innocent III : le 7 novembre 1204 un légat pontifical sacrait un patriarche de Bulgarie et lui conférait le pallium ; le lendemain Kaloïan était couronné tsar dans la cathédrale de Tirnovo avec la couronne envoyée par le pape ([2302]).

L'empire et les républiques italiennes. — Au démembrement territorial se joignirent les incursions des corsaires italiens au moment où l'Empire n'avait plus de marine de guerre, et les maladresses de la diplomatie impériale firent de Venise une ennemie irréductible de Byzance. L'alliance avec Venise, fondement de la diplomatie d'Alexis Ier, était compromise depuis Manuel, et les autres Italiens étaient toujours sous l'impression des massacres de 1182 qui avaient failli se renouveler en 1187 après la révolte d'Alexis Branas ([2303]). Cependant à la veille de la croisade de Barberousse, Isaac l'Ange avait recherché l'alliance de Venise, Gênes, Raguse et leur avait octroyé de nouveaux privilèges ([2304]) ; mais des conflits n'avaient pas tardé à éclater à la suite des pirateries auxquelles se livraient les sujets de ces républiques, qui profitaient de la situation troublée de l'Empire pour écumer ses côtes, comme le Génois Guglielmo Grasso, qui captura en 1192 l'ambassade envoyée par Saladin à Isaac l'Ange [2305], ou les Pisans qui attaquaient les navires grecs devant Abydos en 1194 [2306].

La situation devint telle que, sous Alexis III, le gouvernement impérial s'entendit avec certains pirates, qui épargnaient les navires grecs ou alliés et venaient vendre leurs prises à Constantinople, comme le Génois Gafforio qui se brouilla avec le mégaduc parce qu'il levait sur lui de trop gros péages et qui, pour se venger, alla piller le port d'Adramyttion sans être inquiété, mit en déroute un pirate calabrais au service de l'Empire, envoyé contre lui, captura une flotte ancrée à Sestos pendant que les matelots étaient à terre et mit les populations des côtes en coupe réglée (1198). Alexis finit par négocier avec lui, mais, l'accord conclu, le fit attaquer par une escadre de Pisans qui capturèrent ses navires et le mirent à mort [2307]. Par représailles, le basileus eut la malencontreuse idée de faire occuper par des mercenaires allemands un palais appartenant à la colonie génoise de Constantinople [2308]. Il s'ensuivit une brouille avec Gênes, qui fit saisir un port crétois et attaquer par un corsaire Corfou, qui venait d'être restituée à l'Empire [2309]. Alexis ouvrit des négociations (mars 1199) [2310] qui aboutirent à une réconciliation et à la restitution à la colonie génoise de tout ce qui lui avait appartenu (traité du 12 octobre 1201) [2311].

Plus que jamais l'empereur prenait des pirates génois à son service et allait même jusqu'à partager leurs bénéfices [2312], ce qui lui valut un conflit avec le sultan d'Iconium, dont les navires appartenant à ses sujets avaient été pillés dans la mer Noire [2313]. D'autre part la réconciliation de l'Empire avec Gênes et les faveurs accordées aux Génois eurent pour résultat de brouiller Venise avec Alexis III. Au début de son règne le basileus avait reçu une ambassade du doge Henri Dandolo, qui lui demandait de renouveler les traités; mais il fallut trois ans de négociations pénibles pour aboutir à l'accord de novembre 1198 [2314], qu'Alexis III ne tarda pas à violer ouvertement en encourageant les Pisans à attaquer Venise et en chargeant la colonie vénitienne d'impôts. On comprend que Venise, voyant sa situation dans l'Empire menacée par Pise et Gênes, ait saisi l'occasion qui se présenta bientôt de renverser Alexis III et de le remplacer par un souverain attaché à ses intérêts ([2315]).

Henri VI contre Byzance. — Mais une menace plus immédiate avait failli avancer de plusieurs années la croisade contre Byzance. Le mariage entre Constance de Sicile, héritière légitime de Guillaume II, avec Henri, roi des Romains, fils aîné de Barberousse, avait été célébré à Milan le 27 janvier 1186 ([2316]), mais à la mort de Guillaume II (18 novembre 1189), ce fut un bâtard de Roger II, Tancrède de Lecce, qui fut proclamé roi ([2317]).

Décidé à faire valoir les droits de Constance, Henri envahit l'Italie normande, mais sa première expédition échoua devant Naples, dont il ne put s'emparer (août 1191) ([2318]) et ce fut seulement après la mort de Tancrède (février 1194), qui ne laissait comme héritier qu'un enfant de 3 ans ([2319]), qu'il put se rendre maître des Deux-Siciles ([2320]). Devenu ainsi le plus puissant souverain de la chrétienté, tout le poussait à la conquête de Byzance : la tradition des rois normands ses prédécesseurs et la volonté de son père, dont l'expédition avait démontré que l'Empire byzantin était le principal obstacle à la croisade. Après avoir organisé son nouveau royaume et envoyé tous les survivants de la famille royale en Allemagne ([2321]), il somma Isaac l'Ange de lui restituer les territoires conquis en Macédoine par Guillaume II, puis, apprenant que son trône était menacé, il fit alliance avec lui et maria la fille du basileus, Irène Ange, veuve à 16 ans du fils aîné de Tancrède, à son frère Philippe, duc de Souabe, se ménageant ainsi des prétextes d'intervention ([2322]).

Mais par-delà Byzance l'ambition d'Henri VI s'étendait à l'Orient chrétien et il entendait bien se servir de la croisade pour y établir sa suprématie. Le 31 mai 1195 il prenait la croix à Bari et allait ensuite en Allemagne faire prêcher la croisade ([2323]). Avant de partir lui-même, il envoya deux armées en Palestine, l'une par mer, l'autre sous le commandement de l'archevêque de Mayence par la voie terrestre de l'Europe centrale et Constantinople : Alexis III n'était pas en état de s'opposer à cette nouvelle traversée de l'Empire par les croisés et leur prêta même des navires pour les transporter directement à Antioche ([2324]). Les circonstances semblaient favoriser les projets d'Henri VI. Pendant qu'il préparait sa croisade, il reçut une ambassade d'Amaury de Lusignan, devenu souverain de Chypre, qui lui demandait une couronne royale (octobre 1195). Peu après arriva une demande analogue de Léon II, seigneur de la Petite Arménie. Henri VI accueillit avec joie ces demandes, preuves du prestige qu'il avait déjà en Orient, et s'empressa d'y satisfaire. Amaury fut couronné dans la cathédrale de Nicosie, en présence du chancelier d'Empire Conrad et d'un légat du pape (septembre 1197) ; Léon II reçut le même honneur à Tarse le 6 janvier 1198 ([2325]).

Mais l'objet principal des préoccupations d'Henri VI était l'attaque de l'Empire byzantin et, pour affaiblir le moral de son adversaire, il envoya à Alexis III, sans doute à la fin de 1196, un ultimatum par lequel il exigeait l'envoi d'une armée grecque en Palestine, pour secourir la croisade allemande, et le paiement de fortes indemnités de guerre sous la forme d'un tribut annuel de 5 000 livres d'or. Jamais l'Empire n'avait été humilié à ce point. Alexis envoya à Palerme le Préfet de la Ville Eumathios Philokalos, qui obtint la réduction du tribut à 1600 livres. Cette somme dépassait encore de beaucoup les moyens du basileus, qui provoqua un vrai soulèvement en établissant un impôt supplémentaire, l'Ἀλαμανικόν, et en saisissant les trésors d'églises ([2326]). L'anxiété était grande à Constantinople quand arriva la nouvelle inattendue que Henri VI était mort à Messine le 28 septembre 1197, à la veille de son embarquement pour la croisade ([2327]). Constantinople était sauvée mais le plan d'Henri VI n'allait pas tarder à être repris.

La croisade de Constantinople. — Lothaire de Segni, élu à la papauté le 8 janvier 1198 ([2328]), replaça Rome sous le pouvoir pontifical, chassa les Allemands de l'Italie centrale, rétablit l'autorité du Saint-Siège sur le royaume de Sicile en prenant sous sa tutelle le jeune fils d'Henri VI, Frédéric Roger, et prêcha la croisade aux Lieux saints ([2329]). L'avènement de ce pape eut pour résultat l'effondrement de la politique gibeline d'Henri VI en Orient comme en Occident, et Alexis III y vit l'espoir d'échapper à une croisade germanique contre Byzance. Le frère d'Henri VI, Philippe de Souabe, candidat à l'Empire, n'était-il pas devenu par son mariage le gendre d'Isaac l'Ange, le beau-frère de son fils Alexis, qui avait pu s'échapper de Constantinople et se réfugier en Sicile ? Et sa sœur, qui l'avait reconnu, ne cessait d'exhorter son époux à replacer Isaac et son fils sur le trône de Byzance ([2330]).

C'est ce qui explique les efforts d'Alexis III pour gagner à sa cause le nouveau pape, qui avait les mêmes ennemis que lui et cherchait à écarter Philippe de Souabe de l'Empire en favorisant son rival, Otton de Brunswick ([2331]).

De 1198 à 1202 une correspondance active s'établit entre Alexis l'Ange et Innocent III. Aux offres d'alliance du basileus ([2332]) le pape répondait en exigeant d'abord l'union des Églises et, mal renseigné sur l'état misérable de l'Empire, la conduite par Alexis d'une croisade en Palestine ([2333]). Le malentendu entre les deux interlocuteurs ne tarda pas à se manifester : Alexis s'en remettait à la Providence pour délivrer Jérusalem et ne voyait d'autre moyen d'unir les Églises que la convocation d'un concile œcuménique à Constantinople. Une réponse du patriarche attaquant les prétentions de Rome à la primauté ne pouvait que rendre tout accord impossible ([2334]). L'échange de lettres continua sans aucun résultat jusqu'en 1202 ([2335]), mais il était déjà trop tard pour arrêter le cours des événements.

En effet l'appel d'Innocent III avait été entendu, en particulier en France et en Allemagne ([2336]), mais cette fois les souverains, occupés par leurs querelles, ne prirent pas la croix et, comme en 1095, la croisade fut dirigée par des comtes et de simples seigneurs qui, pour éviter la longue route de terre et le passage par l'Empire byzantin, conclurent un contrat avec Venise qui s'engagea à les transporter par mer en Égypte, qu'il fallait d'abord conquérir avant de pouvoir reprendre Jérusalem ([2337]). Rien n'était plus normal jusque-là, quand une série de démarches et d'événements firent envisager la question d'une déviation possible de la croisade : la visite du jeune Alexis au pape, qu'il essaya d'apitoyer sur son sort ([2338]) ; l'élection de Boniface de Montferrat comme chef de la croisade (14 septembre 1201) et son entrevue avec Philippe de Souabe à Haguenau le 25 décembre suivant ([2339]) ; la tentative inutile de Boniface pour gagner le pape à ses plans de restauration d'Isaac l'Ange et de son fils ([2340]) ; les sollicitations dont les croisés arrivés à Venise, en juin 1202, furent l'objet de la part de Philippe de Souabe et du prétendant ([2341]) ; enfin l'impossibilité où se trouvèrent les croisés d'acquitter les sommes dues aux Vénitiens d'après leur contrat ([2342]).

Ce fut alors que le pas décisif fut franchi et que les Vénitiens, en commerçants avisés, imposèrent aux croisés, pour être déchargés de leur dette, l'attaque de Zara révoltée contre eux et que quatre expéditions n'avaient pu soumettre (octobre 1202) [2343]. Bien qu'officiellement la croisade dût, après la prise de Zara, reprendre le chemin de l'Égypte, on a des raisons de croire que sa déviation sur Constantinople était déjà décidée dans les conseils des grands chefs : c'est ce que prouve l'envoi à Rome, avant le départ de Zara, du légat de la croisade, Pierre, archevêque de Capoue, chargé de demander au pape d'approuver la restauration du prétendant et d'Isaac l'Ange [2344]. C'est ce qui ressort surtout de la rapidité avec laquelle les événements se sont précipités.

Les premières sollicitations d'Alexis le Jeune aux croisés par l'intermédiaire de Boniface de Montferrat remontent en effet au mois d'août 1202 [2345]. Peu après le pape fait défendre aux croisés d'attaquer toute terre chrétienne sous peine d'excommunication et, malgré cette défense, les croisés lèvent l'ancre le 8 octobre [2346]. Après la prise de Zara (12 novembre) a lieu l'envoi du légat à Rome (novembre), puis Boniface de Montferrat, resté en Italie par ordre du pape [2347], vient prendre le commandement de l'armée ; et peu après arrivent au camp des messagers de Phillippe de Souabe et du prétendant avec lesquels le doge et les hauts barons, après de nombreuses discussions, concluent le traité par lequel ils s'engagent à restaurer Alexis, qui de son côté promet d'accepter l'obédience de Rome, de défrayer les croisés de leurs dépenses, de les aider à conquérir la Terre Sainte et d'entretenir sa vie durant 500 chevaliers en Palestine (janvier 1203) [2348]. Innocent III, qui avait d'abord fulminé contre la prise de Zara, consent, à la demande des croisés, à leur donner l'absolution (février) [2349]. A ce moment, malgré la défection d'une partie de l'armée, l'expédition contre Constantinople était décidée. Le 7 avril Alexis l'Ange arrivait à Zara et était accueilli avec enthousiasme [2350], et, après une escale de trois semaines à Corfou, le 24 mai la croisade faisait voile vers Constantinople [2351]. Innocent III, averti trop tard par le légat, écrivait une lettre impérative aux croisés pour leur défendre d'attaquer la terre des Grecs [2352].

On sait quelles nombreuses discussions a soulevées le départ des responsabilités dans cette déviation de la croisade [2353]. En l'absence de documents d'archives qui nous renseigneraient sur les négociations secrètes, c'est la seule succession des événements qui permet d'étayer une hypothèse. L'initiative du projet d'attaque de l'Empire byzantin revient sans conteste à Philippe de Souabe, qui, désireux d'accomplir les desseins d'Henri VI sur l'Orient, mais retenu en Allemagne par sa lutte contre Otton IV, a vu dans la croisade un moyen inespéré d'établir son protectorat sur Constantinople en faisant valoir les droits d'Isaac l'Ange et de son fils ; dans cette entreprise Boniface de Montferrat fut son principal instrument, mais on ne saura jamais quelle part Philippe put prendre à son élection comme chef de la croisade.

D'autre part Venise, dépossédée de sa situation dans l'Empire au profit de Gênes, devait avoir aussi son plan de revanche. Ce qu'elle voulait, c'était voir sur le trône de Constantinople un empereur qui fût sa créature, qui lui permît d'exploiter l'Empire à son gré en lui accordant des bases navales, des entrepôts, des privilèges, tout ce que sous le régime turc on devait appeler des capitulations. La croisade ne fut pour elle qu'un moyen d'arriver à ses fins et elle accueillit avec empressement les ouvertures de Philippe de Souabe et d'Alexis. La diversion sur Zara ne fut qu'une première expérience du concours qu'elle pouvait attendre des croisés et il est assez remarquable que, pour cette expédition contre une ville chrétienne, le doge et les nobles vénitiens aient pris la croix ([2354]) et qu'après la prise de Zara ils n'aient pas demandé l'absolution au pape et soient restés excommuniés ([2355]), enfin que dans le conseil des chefs, suivant Robert de Clari, le doge Henri Dandolo ait été un des plus ardents à soutenir la nécessité de l'accord avec Alexis ([2356]).

Mais la grandeur des événements allait dépasser et les prévisions du pape et les ambitions elles-mêmes des croisés. Alexis III, démuni de troupes, ne put même pas tenir un mois devant les assauts des Francs et des Vénitiens (23 juin-17 juillet 1203) et s'enfuit honteusement sur un navire en emportant son trésor ; Constantinople, qui avait résisté à tous ses ennemis depuis la construction des murailles de Théodose II, tombait au pouvoir des Occidentaux, Isaac l'Ange était rétabli sur le trône et son fils associé à l'Empire (1er août). Mais la joie qui suivit cette victoire fut de courte durée. Le nouvel empereur ne put tenir qu'une partie de ses engagements pécuniaires et dut demander un délai pour le départ de la croisade, fixé à la Saint-Michel. Pendant qu'il s'emparait des villes et des forteresses de Thrace, des rixes eurent lieu entre les Grecs et les croisés qui incendièrent une partie de la ville. A son retour (11 novembre) Alexis IV, pressé par les barons de tenir ses promesses, se déroba. Les haines s'exaspéraient chaque jour entre les croisés et les Grecs, qui essayèrent d'incendier la flotte vénitienne. Le 5 février 1204 un parent éloigné des empereurs, Alexis Doukas dit Murzuphle ([2357]), excita une émeute, se fit proclamer empereur lui-même, réintégra Isaac dans sa prison où il mourut, fit étrangler Alexis IV et mettre les fortifications de la ville en état de défense. Un second siège de Constantinople était nécessaire, mais cette fois il ne s'agissait plus d'établir sur le trône de Byzance un membre de la dynastie légitime : par le traité signé en mars entre la république de Venise et les croisés, un partage équitable était prévu, partage du butin, de la ville et de l'Empire ; un collège formé de 6 Vénitiens et de 6 Français élirait un empereur ; Venise se réservait l'église Sainte-Sophie et l'élection du patriarche.

Ce traité, d'où est sortie l'organisation de l'Empire latin, n'allait pas tarder à être exécuté ; il fallut 3 jours aux croisés pour reprendre Constantinople (9-12 avril), mais un pillage éhonté suivit la victoire, et le 9 mai suivant le comte de Flandre Baudouin était proclamé empereur. Byzance avait cessé de vivre, mais la croisade n'avait fait que porter le dernier coup à un État atteint depuis longtemps dans ses sources vitales ([2358]).

LIVRE TROISIÈME

Agonie et mort de Byzance

Chapitre premier

La dernière renaissance et son échec
(1204-1389)

Après la prise de Constantinople, l'Empire byzantin semblait à jamais détruit. Sur ses ruines s'élevait la puissance des Francs qui s'étaient partagé son territoire et en commençaient la colonisation, que de nouveaux apports de l'Occident pouvaient rendre définitive. Bien placé pour diriger la croisade et lutter contre l'islam, le nouvel État semblait devoir résoudre la question d'Orient au profit des Occidentaux et celle de l'union des Églises à la satisfaction du Saint-Siège. Des possibilités infinies s'ouvraient pour les vainqueurs et Innocent III lui-même, dont la volonté n'avait pas été respectée, voyait dans la chute de Constantinople un dessein de la Providence qui dépassait les prévisions humaines, et s'associait à l'enthousiasme général [2359].

Mais la tradition impériale de Byzance était si puissante que l'État byzantin ne périt pas et se reforma en Asie Mineure, où pendant un demi-siècle des souverains de premier ordre travaillèrent à le reconstituer. Véritables rassembleurs des terres helléniques, les empereurs de Nicée parvinrent, grâce à une politique audacieuse et habile, à diviser leurs ennemis et à restaurer la puissance de l'Empire, incomplètement sans doute, mais de manière à lui assurer encore plus de trois siècles d'existence et à sauver de l'anéantissement la nationalité hellénique. Leur tâche fut d'ailleurs facilitée par la décadence rapide de l'Empire latin, qui s'avéra vite incapable de remplir la mission que tous avaient rêvée pour lui au lendemain de la victoire [2360].

I. L'EMPIRE A NICÉE ET LE RASSEMBLEMENT DES TERRES HELLÉNIQUES (1204-1261)

Après la fuite de Murzuphle le 13 avril 1204, un gendre d'Alexis III, Théodore Lascaris, qui avait déjà le titre de despote ([2361]), fut élu basileus à Sainte-Sophie mais, s'enfuyant de Constantinople à l'approche des Francs, il s'établit d'abord à Brousse, puis à Nicée avec l'appui du sultan d'Iconium ([2362]). Excellent chef de guerre, il avait donné des preuves de ses capacités dans l'expédition contre Ivanko en 1200 et pendant les deux sièges de Constantinople. Nicée devint ainsi un centre de ralliement pour tous les dignitaires civils et ecclésiastiques qui avaient fui Constantinople : bâtie au débouché de routes importantes, à l'extrémité d'un grand lac, protégée par des défenses naturelles et des fortifications puissantes, en façade sur la mer et sur la plaine fertile de Bithynie, riche des souvenirs des deux conciles œcuméniques, aucune cité ne pouvait être mieux choisie pour abriter ce qui restait encore de l'État byzantin ([2363]). Théodore Lascaris parvint à s'y maintenir malgré deux tentatives des Francs pour l'en déloger (fin 1204, fin 1206) ([2364]). En 1208 un nouveau patriarche, élu, après l'abdication volontaire de son prédécesseur, par tous les évêques que Lascaris avait pu rassembler, le couronna basileus dans la cathédrale de Nicée et, dans un manifeste adressé à tous les Grecs, il se posa en continuateur de la tradition impériale ([2365]).

Cependant le pouvoir de Théodore conservait un caractère précaire. Il n'avait pu vivre que grâce à la faiblesse de l'Empire latin, mais, de plus, son autorité était loin de s'imposer aux Grecs. Les immenses territoires encore unifiés à la mort de Manuel sous la domination byzantine, étaient partagés en une multitude de pouvoirs autonomes, royaumes, principautés, fiefs, villes libres formant un enchevêtrement inextricable d'États, les uns conquis par les Francs, les autres obéissant à des Grecs qui s'étaient déclarés indépendants. Réduire à l'unité des éléments si disparates était une tâche impossible.

L'Empire démembré. — Le démembrement de l'Empire, que nous avons vu déjà très avancé sous Alexis III, fut achevé après la conquête de Constantinople, mais les Francs furent bien incapables d'appliquer à la lettre le traité de partage qu'ils avaient conclu avec Venise en mars 1204, soit par suite de leurs désaccords ([2366]), soit à cause des résistances qu'ils éprouvèrent de la part des

La dernière renaissance et son échec

Grecs et de la grande défaite que leur infligea le tsar bulgare Kaloïan, devant Andrinople (14 avril 1205) ([2367]). Cette organisation de l'Empire latin eut le caractère d'un condominium entre les Francs, dont tous les possesseurs de fiefs devaient l'hommage à l'empereur, et la république de Venise dispensée de cet hommage.

L'empereur eut son domaine, composé d'une partie de Constantinople ([2368]), de la Thrace jusqu'à la Maritza, des îles voisines et des territoires de Bithynie disputés à Théodore Lascaris. Toutes ces terres étaient inféodées à des barons ou à des chevaliers suivant l'importance de leur troupe ([2369]). Le principal feudataire était Boniface de Montferrat, mis en possession de Thessalonique (automne 1204) où il se fit couronner roi ([2370]). Son domaine comprenait en principe la Macédoine et la Grèce, mais il était à conquérir. A la suite de sa campagne victorieuse en Grèce (automne 1205), il donna en fief la Béotie et l'Attique au Bourguignon Otton de la Roche avec le titre de seigneur d'Athènes ([2371]), distribua d'autres fiefs à ses compatriotes lombards ([2372]) et investit Guillaume de Champlitte, parent du comte de Champagne, du Péloponnèse dont la conquête avait été commencée par Geoffroi de Villehardouin, neveu du maréchal de Champagne, avec l'aide d'un archonte byzantin, Jean Cantacuzène, maître de la Messénie ([2373]). Il y avait longtemps que toutes ces régions n'obéissaient plus à Constantinople, mais étaient au pouvoir des nobles : le plus puissant d'entre eux, Léon Sgouros, faisait peser sa tyrannie sur le Péloponnèse et la Grèce et c'était à lui que s'était heurté Boniface de Montferrat dans sa campagne récente ([2374]). En deux ans (1205-1207), Guillaume de Champlitte et Geoffroi de Villehardouin avec quelques centaines de chevaliers achevèrent presque entièrement la conquête du Péloponnèse, dont Geoffroi fut élu seigneur après le départ de Champlitte, rappelé en France pour recueillir l'héritage de son frère (1210) ([2375]). La nouvelle conquête divisée en douze grands fiefs avait reçu une organisation régulière et devint comme une nouvelle France établie au milieu des populations helléniques ([2376]).

En face des possessions franques, dans lesquelles l'autorité était comme éparpillée entre un trop grand nombre de chefs pour agir efficacement, Venise était devenue la puissance prépondérante et tenait l'Empire latin dans sa dépendance. Maîtresse d'une partie de Constantinople, elle y avait installé un véritable vice-roi, le podestat, « despote et seigneur du quart et demi de l'Empire », étroitement placé sous l'autorité de la métropole ([2377]), et de plus, avec la possession de Sainte-Sophie, elle s'était arrogé le monopole de l'élection au patriarcat en dépit de la résistance d'Innocent III, qui, tout en refusant de ratifier cet abus, confirma de fait l'élection des deux premiers patriarches vénitiens ([2378]).

Mais surtout les territoires que Venise s'était réservés dans le partage de l'Empire ou qu'elle avait acquis dans la suite, l'occupation d'une série d'îles, de ports, d'escales, qui formaient une chaîne ininterrompue de l'Adriatique à Constantinople, avaient fait d'elle la plus grande puissance maritime et commerciale de l'Orient et elle avait délogé ses rivaux, les Génois, de toutes les possessions qu'ils occupaient sous les empereurs byzantins ([2379]). Maîtresse de la Dalmatie, elle avait obtenu pour sa part les îles Ioniennes, l'Épire qu'elle ne put occuper, la Morée dont Geoffroi de Villehardouin lui fit hommage et où elle occupa les ports de Coron et de Modon, les Cyclades, Gallipoli, Rodosto, Arcadiopolis, Héraclée, toutes les positions importantes permettant de contrôler la navigation ([2380]). En outre Boniface de Montferrat lui céda la Crète, dont Alexis IV l'avait investi à Corfou, en échange de son appui pour obtenir Thessalonique ([2381]), et la possession de cette grande île, qui ne fut d'ailleurs complète qu'après de longues luttes avec les Génois qui s'y étaient établis, achevait d'assurer à Venise la maîtrise de la Méditerranée orientale ([2382]). Une autre acquisition importante fut celle de la suzeraineté de Nègrepont (Eubée), dont l'un des trois feudataires lombards (terciers) que le marquis de Montferrat y avait installés fit hommage de ses domaines à la république ([2383]).

Ne pouvant, sauf la Crète, coloniser tous ces territoires directement, Venise prit le parti de concéder les îles en fiefs à ses patriciens. Ce fut ainsi que Céphalonie et Zante, qui appartenaient au royaume de Sicile, tombèrent entre les mains d'un Orsini qui en fit hommage à la république en 1209 ([2384]), qu'un Marco Dandolo, cousin du doge Henri, fit la conquête de Gallipoli ([2385]). Mais l'établissement le plus remarquable fut celui de l'Archipel, conquis en 1207 par Marco Sanudo, neveu par sa mère d'Henri Dandolo : après s'être emparé de Naxos, repaire des pirates génois (1205-1207), dont il fit sa capitale, il donna en fiefs les autres Cyclades aux aventuriers qui l'avaient aidé dans sa conquête ([2386]).

La dispersion des forces helléniques. — Enfin, non seulement l'Empire avait été démembré par les vainqueurs de Constantinople, mais les régions helléniques qui échappèrent à la conquête se constituèrent en principautés autonomes éloignées les unes des autres et ne se soucièrent nullement de reconnaître l'autorité de l'empereur de Nicée.

Un bâtard du sébastocrator Jean l'Ange, oncle d'Isaac II et d'Alexis III, Michel l'Ange, qui s'était attaché à la fortune du marquis de Montferrat, s'échappa pendant la marche de Boniface sur Thessalonique, gagna Durazzo, épousa la fille du gouverneur, enrôla une troupe de Skipétars (Albanais), de Vlaques et de Bulgares, transforma ces rudes montagnards à moitié brigands en soldats réguliers (armatoles, estradiots), parvint à empêcher les Vénitiens de s'établir en Épire, qu'il occupa lui-même. Il y annexa l'Acarnanie et l'Étolie, ainsi qu'une partie de la Thessalie. Son État s'étendit de Durazzo au golfe de Lépante, mais il se contenta du titre de despote, et avant sa mort en 1214, il avait désigné comme successeur son frère utérin Théodore, fils légitime de Jean l'Ange, réfugié à Nicée ([2387]). Entouré d'États latins et slaves, menacé par Venise, Michel avait eu une politique équivoque, portant son hommage suivant les circonstances à l'empereur latin Henri (1209) et lui faisant la guerre l'année suivante, pour se retourner du côté de Venise ([2388]).

Avant de quitter Nicée, Théodore avait prêté serment de fidélité à Lascaris ([2389]) et, dès son arrivée en Épire, il attaqua les territoires francs ([2390]); comme son frère, il fit d'Arta, sa capitale, le refuge des Grecs qui fuyaient la domination latine, mais il ne garda pas longtemps les promesses qu'il avait faites à Nicée et prétendit à son tour représenter la légitimité impériale.

A l'extrémité opposée du monde byzantin, dans l'ancien thème de Chaldia, sur la côte du Pont, deux petits-fils du basileus Andronic Comnène, Alexis et David, sauvés du massacre de la famille du tyran, furent établis par leur tante maternelle, la reine de Géorgie Thamar, après la prise de Constantinople par les croisés, l'un Alexis à Trébizonde, l'autre David à Héraclée en Paphlagonie ([2391]). Depuis longtemps cette région n'avait plus que des liens très faibles avec Constantinople. Trébizonde avait été occupée par les Turcs de 1074 à la fin de 1075 ([2392]). Le stratège Théodore Gabras, qui les chassa du thème de Chaldia, gouverna Trébizonde « comme son bien propre » ([2393]) en prince indépendant jusqu'en 1098 ([2394]). A plus forte raison Alexis et David Comnène ne songèrent pas un instant à se soumettre à Théodore Lascaris, qui les attaqua (hiver de 1213-1214), s'empara d'Héraclée et d'Amastris et ne leur laissa sur la côte paphlagonienne que Sinope ([2395]).

Le nouvel État comprenait donc le massif montagneux du Pont, percé de vallées longitudinales parallèles, aux communications transversales difficiles ([2396]), et la côte de la mer Noire, depuis Dioscurias, à la frontière des Abasges, jusqu'à l'embouchure de l'Halys ([2397]). Trébizonde, vieille colonie grecque, dont les maisons s'étageaient sur une colline dominant la mer, avec son acropole puissamment fortifiée et ses ports dont l'aménagement datait de l'empereur Hadrien ([2398]), était comme la sentinelle avancée de l'hellénisme en face des peuples caucasiques; en même temps métropole religieuse, attachée au culte de son patron, saint Eugène, martyr sous Dioclétien, qui avait pris la même importance que saint Démétrius à Thessalonique ([2399]); enfin la plus grande place commerciale de la côte asiatique de la mer Noire, au débouché des routes de caravanes d'Asie centrale et en communications régulières avec Kherson et les ports de Crimée ([2400]). Il y avait donc là le cadre d'un puissant État, comme l'avait montré dans l'Antiquité le royaume de Mithridate et comme le comprirent les Comnènes, qui, se considérant comme les représentants de la dynastie légitime, prirent le titre pompeux de « basileus et autocrator des Romains Grand Comnène » ([2401]). L'existence d'un État indépendant à Trébizonde, malgré les bons rapports qu'il eut dans la suite avec Constantinople, n'en fut pas moins le principal obstacle au rétablissement de l'unité byzantine.

Constitution territoriale de l'État de Nicée. — Entouré d'ennemis, Lascaris se défendit avec énergie, en prenant même parfois l'offensive et agissant autant par la diplomatie que par les armes.

Une alliance avec le tsar bulgare Kaloïan (février 1207) ([2402]) lui permit de s'emparer de Cyzique, grâce aux navires du pirate calabrais Jean Stirion, et d'empêcher l'empereur Henri de Flandre d'aller défendre Andrinople contre les Bulgares. Bien que Lascaris eût été obligé d'évacuer ses conquêtes, Henri, désireux de séparer ses adversaires, les lui rétrocéda en lui accordant une trêve de deux ans (mai-juin 1207) ([2403]).

L'empereur latin prit sa revanche en 1210 en poussant contre Nicée le sultan d'Iconium Kaï-Khosrou ([2404]), exhorté d'autre part à attaquer Théodore par le basileus détrôné, Alexis III, qui, après avoir couru mainte aventure, s'était réfugié à Iconium ([2405]) et croyait pouvoir avec cet appui se substituer à son gendre. A la suite d'un combat sanglant devant Antioche du Méandre, le sultan fut tué au cours d'un duel avec Lascaris et son armée se débanda. Alexis III, capturé, alla finir ses jours dans un monastère de Nicée et les fils de Kaï-Khosrou, qui se disputaient sa succession, signèrent une trêve avec Lascaris ([2406]). Celui-ci annonça cette victoire à toutes les provinces de l'Empire en exprimant l'espoir qu'on serait débarrassé bientôt « de ces chiens de Latins » ([2407]). En outre il profita des troubles du sultanat d'Iconium pour élargir ses frontières aux dépens des Turcs en Carie, en Cappadoce, jusqu'à la Galatie et à la mer Noire ([2408]).

Délivré des Turcs, l'empereur de Nicée attaqua l'Empire latin en renouvelant son alliance avec les Vlacho-Bulgares, mais l'empereur Henri, avec des troupes inférieures en nombre, lui infligea une défaite décisive à Lopadion en Mysie (15 octobre 1211) ([2409]). Les Francs envahirent son territoire jusqu'à Pergame, mais, faute de troupes suffisantes, Henri accorda la paix à son adversaire. D'après le traité de janvier 1212, l'Empire latin conservait le nord-ouest de la Bithynie, avec le port

La dernière renaissance et son échec

d'Adramyttion au sud, et reconnaissait à Lascaris la possession de Nicée, Brousse et la région entre Adramyttion et Smyrne ([2410]).

L'empereur Henri, mort le 11 juin 1216, eut pour successeur son beau-frère Pierre de Courtenai, comte d'Auxerre, qui, sacré à Rome par Honorius III, ne put même pas arriver jusqu'à Constantinople, mais fut fait prisonnier par les troupes du despote d'Épire Théodore, après avoir assiégé inutilement Durazzo, et mourut peu après sa sortie de prison (1217) ([2411]). Avec une véritable souplesse Théodore Lascaris essaya de profiter de ce désarroi de l'Empire latin pour préparer sa rentrée pacifique à Constantinople et après des négociations avec Yolande, veuve de Pierre de Courtenai, il épousa en troisièmes noces une de ses filles ([2412]).

Il s'était d'ailleurs ménagé des chances de rapprochement avec les Occidentaux en faisant dès 1207 des avances à Innocent III et en se plaignant de l'hostilité des Latins. La réponse du pape ne fut guère encourageante ([2413]), mais les rapports entre Rome et Nicée ne furent pas interrompus et en 1213-14 Théodore avait envoyé à Constantinople Nicolas Mesaritès, métropolite d'Éphèse, discuter de l'union religieuse avec le légat d'Innocent III, le cardinal Pélage, sans d'ailleurs obtenir le moindre résultat ([2414]). Une autre occasion s'offrit bientôt à Théodore de s'insinuer dans les affaires de l'Empire latin. La régente Yolande étant morte en 1220, Constantinople se trouva un moment sans empereur et sans patriarche ([2415]). Théodore fit valoir les droits de sa femme en exigeant pour elle une part de l'héritage de Pierre de Courtenai et appuya sa revendication d'une menace d'attaque au moment où un frère de Pierre, Robert de Courtenai, élu empereur, arrivait à Constantinople. Menacé à la fois par le despote d'Épire et l'empereur de Nicée, Robert préféra traiter avec son beau-frère et signa avec lui un pacte d'amitié : des échanges de prisonniers eurent lieu, une fille de Théodore fut fiancée au nouvel empereur latin ([2416]) et de nouvelles discussions sur l'union religieuse furent engagées ([2417]).

Théodore Lascaris allait envoyer sa fille à Constantinople quand il mourut au début de 1222 ([2418]). Il avait transformé le précaire établissement de Nicée en un État viable, il s'était fait reconnaître comme le successeur légitime des empereurs byzantins, il avait fait de son État la principale puissance territoriale d'Asie Mineure et pris une hypothèque sur l'Empire latin.

L'État byzantin en Europe. — Mort à l'âge de 45 ans, Théodore Lascaris ne laissait que des filles, dont l'une était mariée à Jean Vatatzès, d'une famille noble originaire de Didymotika et apparentée aux Doukas. Écartant du trône ses quatre frères, ce fut à son gendre que Théodore laissa l'Empire ([2419]). Aucun choix ne pouvait être meilleur.

Théodore avait reconstitué l'État byzantin en Asie Mineure : Jean Vatatzès étendit sa domination en Europe et commença à encercler Constantinople. De 1222 à 1254 il acheva de faire de l'État de Nicée une puissance politique et militaire, mais, son action s'étendant sur un théâtre plus vaste, il eut à lutter contre des difficultés nouvelles.

Il se heurta d'abord à la rivalité du despote d'Epire Théodore qui, après avoir traité avec Venise, attaqua le royaume de Thessalonique, tombé dans un état précaire depuis la mort de Boniface de Montferrat (1207) et le gouvernement de son jeune fils Démétrius ([2420]). Celui-ci alla en vain en Italie demander secours à Honorius III, dont les objurgations n'arrêtèrent pas Théodore, qui s'empara de Thessalonique en 1223 ([2421]) et s'y fit couronner basileus par l'archevêque d'Ochrida, après s'être fait proclamer à Arta, par les évêques du despotat, « sauveur après Dieu et libérateur des Grecs du joug latin et bulgare », malgré les protestations de Jean Vatatzès et des évêques de l'État de Nicée ([2422]).

Cette scission du monde byzantin était une bonne fortune pour l'Empire latin. Robert de Courtenai chercha d'abord à arrêter les progrès du despotat d'Épire, mais ses troupes furent battues devant Serrès, dont Théodore s'empara (1224) ([2423]). Une offensive de Robert contre Nicée n'eut pas de meilleurs résultats. Jean Vatatzès arrêta l'invasion franque par sa victoire de Poimanon : parmi ses prisonniers se trouvaient deux frères de Lascaris, réfugiés à Constantinople, qui eurent les yeux crevés. Jean Vatatzès profita de sa victoire pour s'emparer de la péninsule de Troade et, avec la flotte qu'il avait construite, des îles de la côte d'Asie: Chio, Samos et Lesbos ([2424]). Enfin pour la première fois il fit débarquer en Europe un corps de troupes destiné à couper la route de Constantinople à Théodore d'Épire. Les habitants d'Andrinople chassèrent la garnison franque et accueillirent les soldats de Nicée, mais Théodore d'Épire, déjà maître de la Thrace, réussit par ses intrigues à se faire ouvrir les portes de la ville, et l'armée de Vatatzès battit en retraite ([2425]).

L'attaque de Constantinople par les Épirotes semblait prochaine : les coureurs de Théodore arrivaient jusqu'aux portes de la ville. Pris entre deux ennemis, l'empereur Robert fit la paix avec Vatatzès en lui abandonnant ses conquêtes (1225) ([2426]). Mais ce fut une diversion bulgare qui sauva momentanément Constantinople. Théodore d'Épire avait conclu une alliance avec le tsar Jean Asên II, puis, avec sa mauvaise foi ordinaire, avait envahi des territoires bulgares. Jean Asên attaqua les Épirotes entre Andrinople et Philippopoli et leur infligea une déroute complète. Après cette victoire de Klokonitza (1230), où Théodore d'Épire était fait prisonnier, le tsar bulgare s'empara d'Andrinople, de presque toute la Macédoine et de l'Albanie jusqu'à Durazzo. Théodore était réduit à l'Épire, à Thessalonique et à la Thessalie ([2427]).

Jean Asên avait travaillé encore plus pour Nicée que pour Constantinople dont l'empereur Robert, parti pour l'Occident en 1228 afin

La dernière renaissance et son échec

de susciter le départ d'une croisade, était mort à son retour, laissant le trône à son jeune frère Baudouin II, âgé de 11 ans ([2428]). Par le traité de Rieti (avril 1229) l'ex-roi de Jérusalem Jean de Bryenne, qui passait pour l'un des plus braves chevaliers d'Occident, fut élu par les barons de Romania *baile* de l'Empire avec le titre d'empereur ([2429]). Arrivé à Constantinople (1231), il était résolu à relever l'Empire latin, et Jean Vatatzès, redoutant une nouvelle croisade, s'était mis en rapport avec le pape Grégoire IX : des conférences en vue de l'union des Églises se tinrent à Nicée (1232-1234), mais sans aboutir à un résultat ([2430]). Cependant, après avoir passé deux ans à recruter une armée, Jean de Bryenne débarqua à Lampsaque (1233). Vatatzès, avec des forces réduites, son armée étant en expédition contre Rhodes, ne put que harceler les Francs et leur couper les vivres, et après avoir pris un château près de Cyzique, Jean de Bryenne battit en retraite et se rembarqua : le grand effort qu'il avait fait n'avait servi qu'à montrer son impuissance ([2431]).

En revanche Jean Vatatzès développait chaque jour davantage son action politique et militaire. Par une législation excellente : encouragements à l'agriculture et à l'industrie indigène du tissage, création de fiefs militaires pour assurer la défense des frontières, relations commerciales avec les Turcs d'Iconium, il avait donné à son État une prospérité qui lui assurait des ressources régulières ([2432]). Sa diplomatie était des plus actives et depuis 1229 il était en relations avec l'empereur Frédéric II, gendre de Jean de Bryenne, mais brouillé avec lui depuis qu'il l'avait forcé à lui céder la couronne de Jérusalem ([2433]). Enfin Vatatzès avait créé une flotte de guerre qui croisait dans l'Archipel et qui, après avoir occupé Lesbos, Chio, Samos, Cos et Rhodes, osa attaquer la Crète vénitienne en 1233, mais ne put conserver les territoires conquis ([2434]). Il n'est donc pas étonnant qu'après la retraite de Jean de Bryenne l'empereur de Nicée ait cherché à organiser une contre-offensive pour reprendre Constantinople.

Mais, ne trouvant pas ses forces suffisantes pour agir seul, Vatatzès fit alliance avec le tsar Jean Asên, qui conservait un ressentiment contre les barons de Romania : après lui avoir offert la tutelle de Baudouin II en 1228, on lui avait préféré Bryenne ([2435]). L'alliance entre Vatatzès et Asên fut scellée par les fiançailles de la fille du tsar avec Théodore, fils du basileus ([2436]). Le mariage fut célébré à Gallipoli, dont Vatatzès avait chassé la garnison vénitienne, puis les deux alliés, divisant leurs forces, s'emparèrent des places tenues par les Francs jusqu'à la Maritza, ravagèrent le nord de la Thrace et se retrouvèrent chargés de butin devant Constantinople ([2437]). Les alliés attaquèrent en même temps les murs terrestres et maritimes, mais le vieux Jean de Bryenne avec de faibles forces dirigea lui-même la sortie et mit en déroute les assaillants, tandis qu'une escadre vénitienne détruisait la flotte de Vatatzès (été de 1235). L'opération, recommencée avec de nouveaux navires l'hiver suivant, ne réussit pas mieux, grâce aux renforts amenés par Geoffroi de Villehardouin, prince de Morée, et à la victoire navale du baile vénitien de Constantinople, qui coula à l'entrée du Bosphore dans la mer Noire la nouvelle flotte des alliés (2438).

Ce gros échec fut pour Jean Vatatzès le début d'une série de difficultés et d'épreuves qui, loin de le décourager, ne firent que tendre davantage ses efforts. Avant sa mort à l'âge de 89 ans (23 mars 1237) (2439), Jean de Bryenne avait envoyé Baudouin II en Occident chercher des secours; Grégoire IX avait publié des bulles de croisade pour la Romanie (2440) et tenté d'empêcher Vatatzès d'attaquer l'Empire latin (2441); mais l'empereur de Nicée avait répondu à ces exhortations par une lettre dans laquelle il attaquait la primauté romaine et la légitimité des empereurs latins (2442), puis il avait resserré son alliance avec Frédéric II en s'engageant à reconnaître sa suzeraineté, s'il recouvrait Constantinople (2443). A ce moment l'empereur germanique, qui rêvait la domination de la chrétienté, était engagé en plein dans sa lutte contre le pape et contrariait autant qu'il le pouvait ses préparatifs de croisade (2444). D'autre part Vatatzès se voyait abandonné par son allié, le tsar Jean Asên, qui, poussé par sa femme, nièce de Baudoin II, s'alliait avec l'Empire latin, demandait à Grégoire IX l'envoie d'un légat pour se réconcilier avec Rome, et assiégeait la garnison que Vatatzès avait laissée à Tzurulon (Tchorlou) afin d'avoir toujours un pied en Europe. Mais la réconciliation avec Rome n'eut pas lieu et la garnison de Tzurulon se défendit avec acharnement. Ayant appris la mort de sa femme, de son fils et de son patriarche, le tsar leva le siège de la ville et peu après se réconcilia avec Vatatzès, qui eut ainsi la chance d'échapper à une action combinée des Bulgares et des Francs (fin 1238) (2445).

Vatatzès n'eut à subir que l'offensive de Baudouin II, qui revint d'Occident à la tête d'une armée de croisés, à laquelle il joignit des auxiliaires Comans, poussés vers l'ouest par l'invasion mongole (2446), mais la croisade se borna à la prise de Tzurulon et à la destruction de la flotte grecque par une escadre française (1240) (2447), et vers le 24 juin 1241 une trêve de 2 ans fut conclue entre les deux empereurs (2448). La mort de Jean Asên (24 juin 1241), qui laissait pour successeur un enfant de 9 ans, eut pour résultat un affaiblissement de la Bulgarie (2449), dont Vatatzès profita pour conduire lui-même par terre et par mer une expédition contre Thessalonique.

Thessalonique appartenait toujours au despote d'Épire Théodore, fait prisonnier et aveuglé par Jean Asên en 1230, puis remis en liberté en 1238 : il avait confié le pouvoir à son fils Jean, qui continuait à porter le titre de basileus. Vatatzès attira Théodore à Nicée, le reçut fort bien, mais le mit sous bonne garde et l'emmena dans son expédition (2450). Pour la première fois un empereur de Nicée, après avoir traversé l'Hellespont, suivit les côtes de Thrace avec son armée et sa flotte, mais il ne put prendre la ville, dont il avait organisé le blocus, rappelé par la nouvelle que les Mongols de Gengis-khan avaient envahi l'Asie Mineure et battu le sultan d'Iconium. Du moins avant son départ il détermina Théodore d'Épire à aller trouver son fils et à le faire renoncer au titre de basileus ([2451]).

L'attaque du sultanat de Roum par une armée mongole venue de Perse ne fut qu'un courant secondaire de l'immense invasion qui faillit submerger l'Europe et le Proche-Orient, après avoir soumis la Russie et l'Arménie, en poussant devant elle le peuple des Comans qui émigra en Hongrie et y apporta le trouble et la confusion (1237-1241) ([2452]). Les Mongols écrasèrent l'armée turque près d'Erzindjian (26 juin 1243) ([2453]). Le sultan Kaï-Khosrou II dut se reconnaître le vassal du grand Khan et la domination mongole atteignit la frontière de l'État de Nicée, mais les Mongols n'attaquèrent pas les Grecs : le principal résultat de leur invasion fut la décadence de l'État seldjoukide qui cessa d'être un danger pour Nicée et où les Mongols firent régner une véritable terreur ([2454]). Moins heureux que Vatatzès, qui signa un traité d'alliance avec Kaï-Khosrou ([2455]), l'empereur Trébizonde Manuel dut transporter aux Mongols la vassalité qu'il avait à l'égard du sultan d'Iconium et se rendre à Karakoroum pour assister, comme les autres vassaux, à l'assemblée générale (qouriltaï) qui élut le grand Khan Gouyouk en 1246 ([2456]).

Après avoir songé un moment à s'allier au sultan d'Iconium ([2457]), Baudouin II était reparti chercher des secours en Occident et avait entrepris la tâche difficile de réconcilier Frédéric II avec le pape Innocent IV. Il avait assisté au concile de Lyon (juin-juillet 1245) et il ne devait revenir à Constantinople qu'en octobre 1248, après avoir échoué dans ses démarches ([2458]). Pendant ce temps Vatatzès avait resserré son alliance avec Frédéric II en épousant l'une de ses bâtardes âgée de 12 ans, Constance, qu'il avait eue de Bianca Lancia ([2459]). Les circonstances favorisaient l'empereur de Nicée et il comprit qu'il n'en trouverait jamais de plus favorables pour accomplir le dessein de toute sa vie, la reconstruction de l'Empire : l'heure des réalisations était arrivée et il passa les dix dernières années de son règne (1244-1254) à achever cette œuvre de restauration.

Il trouva bientôt l'occasion d'agir. Le tsar bulgare Koloman étant mort en 1246, laissant le trône à son jeune frère encore mineur, Vatatzès occupa les places macédoniennes de Serrès, Melnic, Skoplje, la Pélagonie jusqu'à Prilep et obtint de la régente Irène un traité qui lui confirmait ces acquisitions ([2460]). Peu après (décembre 1246) un complot des habitants lui livrait la capitale de la Macédoine, Thessalonique, dont il confirmait les privilèges, tandis que le despote Démétrius, qui avait succédé à son frère Jean, était interné en Asie ([2461]). Puis, la trêve signée avec Constantinople étant expirée, Vatatzès profita de l'absence de Baudouin pour reprendre Tzurulon, véritable clef de la péninsule de Constantinople (1247) ([2462]). Baudouin II, revenu d'Occident sans troupes et sans argent (octobre 1248), ne put que se résigner à la perte de cette importante position.

Serrant de près Constantinople, Vatatzès en préparait l'attaque lorsqu'il dut envoyer une expédition pour reprendre l'île de Rhodes aux Génois qui l'avaient occupée (1249). Vers 1204 un magnat grec, Léon Gabalas, s'était installé dans l'île en se déclarant indépendant, mais en 1233 Vatatzès l'avait obligé à reconnaître sa suzeraineté et son frère, Jean Gabalas, était resté fidèle à l'Empire grec ([2463]). Malgré un renfort de chevaliers français que Guillaume de Villehardouin, revenant de Chypre où il avait vu saint Louis, amena aux Génois, ceux-ci durent capituler ([2464]).

La dernière campagne de Jean Vatatzès fut dirigée en 1252 contre les despotes d'Épire, le vieux Théodore l'Aveugle, resté en possession d'un apanage qui comprenait Vodéna et Ostrovo, et son neveu, Michel II, toujours maître de l'Épire, de la Thessalie, de l'Étolie et de quelques villes de la Macédoine occidentale ([2465]). Bien qu'il eût signé un traité d'amitié avec Vatatzès et fiancé son fils à une fille du prince héritier de Nicée ([2466]), Michel II, poussé par son oncle, attaqua les villes frontières de l'État de Vatatzès. Celui-ci concentra des troupes à Thessalonique, s'empara de Vodena, résidence du vieux Théodore, et attaqua en plein hiver Michel II, qui s'enfuit dans les montagnes, poursuivi par les cavaliers d'Alexis Stratégopoulos, mais fut trahi par le gouverneur de Castoria, qui le livra à Vatatzès ([2467]). Par le traité signé à Larissa Michel dut céder à l'État de Nicée Prilep, Veles, Kroai en Albanie et toutes les villes occupées par l'armée de Vatatzès : le vieux despote Théodore fut emprisonné et le fils de Michel, livré en otage, fut de nouveau fiancé à la petite-fille de Vatatzès ([2468]).

La plus grande partie de la Macédoine avait été ainsi recouvrée ; Vatatzès mit les territoires conquis en état de défense et plaça à la tête des villes des gouverneurs d'élite ([2469]). Il restait à reprendre l'attaque de Constantinople, mais il semble que Vatatzès ait trouvé ses seules forces insuffisantes pour une pareille entreprise et qu'il ait cherché à y rentrer par des voies pacifiques.

Tel est le sens de ses négociations avec Innocent IV. Les premières ouvertures vinrent du pape qui chercha inutilement à rompre l'alliance avec Frédéric II, mais le trouva disposé à reprendre les conversations relatives à l'union ([2470]). Des ambassades furent échangées, au grand mécontentement de Frédéric II qui tança son gendre ([2471]), fit arrêter ses ambassadeurs et les emprisonna ([2472]). Après la mort de Frédéric II (13 décembre 1250) ([2473]), les pourparlers reprirent entre Rome et Nicée dans des conditions d'autant plus favorables que Vatatzès n'eut que des rapports hostiles avec l'héritier de l'empereur germanique ([2474]) et que, pour recouvrer Constantinople, il avait décidé le patriarche et le clergé à faire au pape le maximum de concessions ; en échange de la remise de la ville impériale, l'autorité du pape serait reconnue, le clergé grec lui prêterait le serment d'obédience, sa juridiction d'appel serait admise. Telles sont quelques-unes des conditions que les archevêques de Sardes et de Cyzique portèrent au pape au début de 1254. Innocent IV accueillit favorablement cette ambassade et prit des mesures qui donnaient satisfaction à certains desiderata des Grecs, offrant de se porter arbitre entre Vatatzès et Baudouin II et d'aller tenir un concile à Constantinople ([2475]). Le plus grand désir de conciliation se manifestait des deux côtés, mais Jean Vatatzès mourut le 3 novembre 1254 ([2476]) et Innocent IV, le 7 décembre suivant. Le nouveau pape, Alexandre IV, envoya bien une ambassade à Théodore II en 1256, mais l'entente ne put se faire et les négociations furent rompues ([2477]).

L'empereur de Nicée sur la défensive. — La mort de Jean Vatatzès retarda de sept ans la reprise de Constantinople. Son fils Théodore II Lascaris, qui prit le nom de son aïeul maternel, passa son règne très court (novembre 1254-août 1258) à défendre les conquêtes paternelles, plus étendues que solides. Agé de 32 ans à son avènement, il n'avait pris jusque-là aucune part à l'exercice du pouvoir, mais il était zélé, instruit, travailleur, bon chef de guerre, regardé par les érudits de son entourage, Georges Acropolites et Nicéphore Blemmydès, comme le souverain rêvé ([2478]), mais il ne tarda pas à les décevoir par son caractère fantasque, violent et autoritaire ([2479]). Hostile à la noblesse, il avait pour principal ministre un de ses compagnons d'enfance d'humble origine, Georges Muzalon, dont il fit son favori et qu'il créa grand-domestique en comblant de titres sa famille et ses amis et en destituant de vieux serviteurs pour attribuer leurs places au favori ou à son clan, ce qui exaspéra les nobles ([2480]).

Tranquille du côté du sultan de Roum, avec lequel il renouvela l'alliance conclue par Vatatzès ([2481]), Théodore put laisser Georges Muzalon à Nicée et aller repousser la tentative du tsar bulgare Michel pour reprendre les villes qu'il avait dû céder à l'État de Nicée en 1246. Il fallut pour cela deux campagnes (1255-1256) dans lesquelles se manifesta l'indiscipline des chefs byzantins, qui aurait abouti à un désastre si le jeune basileus n'avait pas rétabli lui-même la situation : au printemps de 1256 deux de ces chefs, qui avaient attaqué l'ennemi contrairement aux ordres reçus, ne purent supporter le choc des Comans enrôlés par Michel; l'un s'enfuit, l'autre fut pris. A cette nouvelle, Théodore accourut à marches forcées à Bulgarophygon ([2482]), mit l'ennemi en déroute et lui infligea un nouveau désastre au passage de la Maritza ([2483]). Le tsar Michel demanda la paix par l'entremise de son beau-père, le prince russe de Galicie Rostislav : toutes les villes prises par les Bulgares furent restituées à Théodore qui obtint en plus la forteresse de Tzepaina, défendant l'accès de la Thrace ([2484]). Peu après, l'assassinat successif de Michel et de son cousin Koloman II par des boyards mit fin à la dynastie des Asên : le Serbe Constantin Tach, petit-fils d'Étienne Nemanja, proclamé tsar, répudia sa femme et épousa une fille de Théodore II ([2485]) (1257).

La guerre d'Épire qui suivit la défaite bulgare fit moins d'honneur au basileus, qui la provoqua. En septembre 1256 Théodora, femme du despote Michel II, lui ayant amené son fils afin d'accomplir son mariage avec la fille de Théodore II, suivant l'accord de 1250, le basileus la força avant la cérémonie à signer un traité qui lui abandonnait les villes de Durazzo et de Servia ([2486]). Michel II, qui avait dû ratifier le traité, se vengea en soutenant la révolte du gouverneur d'El-Bassan en Albanie et en attaquant les garnisons des villes impériales. Théodore II, sujet à ce moment à des attaques d'épilepsie, se contenta d'envoyer en Macédoine Michel Paléologue, mais, comme il se défiait de lui, il lui donna une armée trop faible (1257). Paléologue ne put empêcher le despote d'occuper les places de Macédoine, de capturer le gouverneur de Prilep, Georges Acropolites et de l'emprisonner à Arta ([2487]). Théodore, impuissant, voulut faire excommunier tous les Grecs d'Occident par le patriarche Arsène et ne renonça à cette malencontreuse solution que sur les remontrances de Nicéphore Blemmydès ([2488]). Par contre la situation de Michel II fut renforcée par son alliance avec Manfred, maître des Deux-Siciles et d'une partie de l'Italie ([2489]). Manfred épousa une fille du despote qui lui apporta probablement en dot les villes de Durazzo, Avlona, Belgrade ([2490]). Ce retour de la puissance sicilienne dans la péninsule balkanique devait avoir les suites les plus néfastes pour l'Empire byzantin et mettre obstacle à sa restauration intégrale.

Théodore II par ses fautes avait perdu une partie des conquêtes de Vatatzès : par les maladresses de son gouvernement intérieur il s'aliéna la noblesse sans avoir la force de la réduire à l'obéissance et compromit irrémédiablement l'avenir de l'enfant qui devait lui succéder. Une des familles les plus importantes de la noblesse était celle des Paléologues qui, depuis la fin du XIe siècle, avait fourni à l'Empire de nombreux chefs de guerre et hommes d'État, souvent alliés à la dynastie régnante [2491]. Son chef, Andronic Paléologue, avait épousé une petite-fille d'Andronic Ier et avait reçu de Vatatzès la dignité de grand domestique et le gouvernement de Thessalonique ; son fils Michel était à la même époque gouverneur de Serrès et de Melnic [2492]. La situation importante de cette famille et sa parenté avec la dynastie déchue excitaient la jalousie et la méfiance. Sous Vatatzès, Michel Paléologue fut accusé d'aspirer à l'Empire et le tribunal voulait le soumettre à l'épreuve du fer rouge [2493]. Vatatzès se contenta d'un serment de fidélité [2494], mais Théodore II, qui le reconnaissait comme l'un de ses meilleurs généraux et le nomma grand connétable et gouverneur de Bithynie, avait contre lui des préventions qui se manifestaient par une attitude hostile et des menaces fréquentes [2495].

Les choses en vinrent à un tel point qu'en 1256 Paléologue, craignant pour ses jours, se réfugia auprès du sultan d'Iconium, alors aux prises avec les Mongols et qu'il aida à les repousser [2496] ; mais les troupes du sultan ayant été battues dans une autre rencontre, le territoire du sultanat de Roum fut ravagé et Kaï-Khosrou fit appel au secours du basileus conformément à leur traité d'alliance, en lui cédant les places de Laodicée et de Chonae : Théodore, qui l'accueillit à Sardes, lui donna quelques troupes [2497] ; puis, se voyant lui-même aux prises avec le despote d'Épire, avec des généraux incapables, il prit le parti de rappeler Michel Paléologue, lui envoya des lettres de sûreté, le rétablit dans ses fonctions et dignités [2498] et, comme on l'a vu, lui confia le commandement de l'expédition d'Épire, mais avec des troupes insuffisantes.

Il semble, d'après Pachymère, que la rancune du basileus contre les Paléologues ne tarda pas à se manifester de nouveau. Une nièce de Michel, accusée d'incantations magiques, aurait été mise à la torture et Michel lui-même arrêté, mais le silence d'Acropolites et de Grégoras sur ces faits rend ce témoignage suspect ([2499]). Il n'en est pas moins certain que la conduite de Michel Paléologue après la mort du basileus montre la mésintelligence profonde qui régnait entre eux.

Atteint d'une maladie grave due à une dégénérescence physique et dont il notait lui-même les progrès dans ses lettres avec un véritable stoïcisme, Théodore II Lascaris mourut au mois d'août 1258 à l'âge de 37 ans, laissant pour lui succéder un enfant de 8 ans ([2500]).

L'usurpation de Michel Paléologue et la reprise de Constantinople (1258-1261). — Avant sa mort, Théodore II avait décidé que, pendant la minorité de Jean IV, la régence serait exercée par Georges Muzalon et avait fait prêter serment à son favori par tous les dignitaires ([2501]). Sentant son impopularité, Muzalon avait demandé au Sénat d'élire comme régent celui qui paraîtrait le plus digne, mais, sur les instances des nobles, avait conservé ses pouvoirs. Or, neuf jours plus tard, pendant qu'on célébrait à Magnésie les obsèques du basileus défunt, les mercenaires francs envahirent l'église et égorgèrent Georges Muzalon et ses frères ([2502]). C'était là le résultat d'un complot, dont Acropolites désigne les auteurs comme des nobles disgraciés ou mutilés sous le règne précédent, mais la suite des faits permet de regarder comme son principal organisateur Michel Paléologue, qui, avec une véritable duplicité, avait engagé Muzalon à conserver le pouvoir et qui avait su s'assurer le concours des mercenaires francs, dont il était le chef ([2503]).

Cette journée sanglante fut en effet le point de départ de sa fortune. Dans une assemblée des grands tenue pour désigner un nouveau régent, toutes les candidatures s'effacèrent devant la sienne et il reçut le titre de mégaduc ([2504]) avec le droit de puiser dans le trésor, dont le patriarche Arsène lui remit les clefs ([2505]). Cette ascension continua par l'élévation de Michel au rang de despote, premier degré de la hiérarchie ([2506]). Il ne lui restait plus qu'à conquérir le trône, bien qu'à part les insignes impériaux, il eût déjà tous les attributs du pouvoir suprême ([2507]). Le patriarche Arsène, tuteur de Jean IV, dont il s'efforçait de préserver les droits, était un ancien moine d'Apollonia qui n'avait

La dernière renaissance et son échec 319

même pas encore reçu les ordres ecclésiastiques lorsqu'en 1255 un caprice de Théodore II Lascaris l'avait imposé aux évêques, après que Nicéphore Blemmydès eut refusé d'accepter la dignité patriarcale ([2508]). Michel Paléologue avait littéralement fait le siège de ce personnage et réussi à le convaincre que le seul moyen de sauver le trône de Jean IV était de donner au régent le titre de basileus, dont il exerçait déjà les fonctions.

Le 1er décembre 1258, Michel Paléologue était élevé sur le pavois à Magnésie : le 1er janvier suivant, il était couronné basileus à Nicée par le patriarche, malgré quelques opposants, en même temps que Théodora, son épouse, et le jeune Jean IV ([2509]), au salut duquel il s'était engagé à veiller par un serment solennel, mais qu'il relégua dans un château du Bosphore. Arsène comprit alors qu'il avait été joué et, de désespoir, se retira dans un monastère. Michel, considérant cette retraite comme une démission, fit élire par le synode un nouveau patriarche, Nicéphore, métropolite d'Éphèse, malgré l'opposition des archevêques de Sardes et de Thessalonique ([2510]).

Cependant les événements extérieurs avaient déjà montré combien il était urgent que l'Empire fût tenu d'une main ferme. Il n'y avait rien à craindre du côté de Constantinople où Baudouin II se trouvait dans le dénuement le plus complet. Après lui avoir fait demander la restitution de Thessalonique, de la Macédoine et de la Thrace il fut trop heureux de signer une trêve avec Michel (décembre 1258) ([2511]). La menace venait de l'Épire, dont le despote Michel II avait annexé la Macédoine jusqu'au Vardar et formé une coalition contre l'État de Nicée avec Manfred et Guillaume de Villehardouin, prince de Morée. Michel Paléologue essaya de négocier, mais le despote repoussa ses propositions et Manfred emprisonna ses ambassadeurs. Avant même son couronnement Michel nomma son frère Jean grand-domestique et lui confia une armée qui pénétra en Macédoine, surprit les Épirotes à Vodéna et les mit en fuite, puis s'empara d'Ochrida. Le despote d'Épire regroupa ses forces et reçut les renforts amenés par le prince de Morée ainsi que des chevaliers siciliens envoyés par Manfred mais les alliés subirent une déroute complète devant Pelagonia (octobre 1259). Guillaume de Villehardouin y fut fait prisonnier et Jean Paléologue occupa Arta, la capitale du despote, envahit la Thessalie et pénétra en Grèce jusqu'à Thèbes ([2512]). Peu après d'ailleurs, avec des renforts envoyés par Manfred, Nicéphore, fils du despote, put reprendre une partie du terrain perdu et faire prisonnier Alexis Stratégopoulos, qui fut délivré à la suite d'un traité conclu entre Michel Paléologue et le despote d'Épire (fin 1259-1260) ([2513]).

A ce moment Michel Paléologue était tout entier à ses préparatifs contre Constantinople. Tranquille du côté de l'Europe il signa un traité avec les Mongols en abandonnant son allié le sultan d'Iconium ([2514]), et, afin d'associer toutes les forces helléniques à la reprise de la ville impériale, il fit alliance avec l'empereur de Trébizonde, Manuel Comnène ([2515]). Puis au printemps de 1260 il passa l'Hellespont et s'avança jusqu'à Selymbria qu'il occupa, mais Anseau de Toucy, fait prisonnier à Pelagonia et qu'il avait mis en liberté à condition qu'il lui ouvrirait une porte de la ville, ne tint pas sa promesse; et Paléologue, après avoir conclu une trêve avec Baudouin, regagna Nicée ([2516]). Ce fut peu après qu'il reçut à Nymphée ([2517]) une ambassade de Génois qui venait lui proposer de l'aider à reprendre Constantinople moyennant l'octroi de privilèges importants.

Chassés de toutes leurs positions à Constantinople et dans l'Empire depuis 1204, les Génois s'étaient livrés à une guerre de pirates contre les établissements vénitiens et n'avaient jamais voulu reconnaître la légitimité de l'Empire latin ([2518]). A Saint-Jean-d'Acre les rixes étaient continuelles entre les quartiers génois et vénitiens et en juin 1258, après avoir perdu une bataille navale, les Génois durent se réfugier à Tyr ([2519]). Cependant après de laborieuses négociations le pape Alexandre IV avait fini par imposer son arbitrage aux belligérants (avril 1259), mais son légat, envoyé à Saint-Jean-d'Acre, ne put obtenir des Vénitiens l'accomplissement des conditions prévues ([2520]). Ce fut alors que les Génois, désireux de prendre leur revanche sur Venise et lui porter un coup mortel en la chassant de Constantinople, proposèrent leur alliance à Michel Paléologue.

Le basileus, n'ayant pas une flotte suffisante pour attaquer Constantinople par mer, accepta toutes les conditions des Génois. Par le traité signé à Nymphée le 13 mars 1261, Michel VIII et Gênes contractaient une alliance offensive et défensive contre Venise et Baudouin II ; Gênes mettait sa flotte à la disposition de l'empereur, qui lui accordait tous les avantages, privilèges, quartiers dont les Vénitiens jouissaient à Constantinople, dans l'Archipel et la mer Noire, ainsi que la liberté de commerce dans tout l'Empire ([2521]). Les conséquences de ce traité, qui remplaçait le monopole économique de Venise par celui de Gênes, devaient peser d'un poids très lourd dans les destinées de Byzance.

Par une véritable ironie du sort, ni ce traité désastreux, ni les autres dispositions de Michel VIII ne servirent à la reprise de Constantinople et ce fut l'un des chefs de guerre les plus médiocres, le César Alexis Stratégopoulos, qui, chargé de faire une démonstration avec 800 hommes à la frontière bulgare, se détourna de sa route pour observer la

Ville Impériale et, à la suite d'une entente entre une de ses patrouilles et des habitants, eut la gloire d'y pénétrer le 25 juillet 1261, tandis que Baudouin II s'enfuyait dans une barque et que la flotte vénitienne, qui se trouvait à l'entrée de la mer Noire, en revenait une fois l'événement accompli ([2522]). Le 15 août suivant, Michel Paléologue faisait son entrée dans la ville reconquise et était couronné de nouveau à Sainte-Sophie par Arsène, qu'il avait rappelé au patriarcat après la mort de Nicéphore II ([2523]). Après une interruption de 57 ans, Constantinople redevenait la Nouvelle Rome, le siège de l'Empire ; la tradition était renouée.

II. L'ŒUVRE DE RELÈVEMENT DE MICHEL PALÉOLOGUE (1261-1282)

Michel Paléologue, maître de Constantinople, ne pouvait songer à reconstituer l'Empire non seulement dans son intégrité, mais même dans son étendue territoriale d'avant 1204. Il a du moins réussi à consolider son pouvoir, à fonder une dynastie et à conserver Constantinople en dépit des menaces des puissances ennemies, désireuses de restaurer l'Empire latin à leur profit.

Mesures à l'intérieur. — Son premier soin fut de rétablir la ville impériale dans sa splendeur ([2524]), d'en faire nettoyer les rues laissées à l'abandon, d'en rebâtir les quartiers incendiés, de l'enrichir de fondations nouvelles ([2525]), d'y ramener la population émigrée dans la banlieue, de distribuer à ses partisans les propriétés abandonnées par les Vénitiens, d'installer les Génois dans leur nouveau quartier et de mettre la ville en état de défense en faisant réparer les murailles et construire une flotte de guerre ([2526]).

Mais dans son désir de fortifier son autorité, sentant très bien qu'il était encore considéré comme un usurpateur, il n'hésita pas à commettre froidement un crime politique qui faillit d'ailleurs lui coûter le trône : il fit aveugler et emprisonner le pauvre enfant impérial, Jean Lascaris, héritier légitime du trône, et il eut la cruauté de faire mutiler son secrétaire, Manuel Holobolos, pour le punir d'avoir témoigné de la compassion à cette innocente victime ([2527]). La sanction ne se fit pas attendre : à cette nouvelle, le patriarche Arsène, saisi d'horreur et de remords, prononça l'excommunication du basileus ([2528]) et il s'ensuivit un conflit religieux des plus néfastes qui aboutit à la déposition d'Arsène, à son exil à Proconnèse et à l'élection de Germain, archevêque d'Andrinople, au patriarcat ([2529]) : un nouveau schisme allait déchirer l'Église de Constantinople. Toute l'affaire avait été conduite par le confesseur de Michel VIII, le moine Joseph, ignorant et entreprenant : par ses intrigues il força Germain à abdiquer le patriarcat (14 septembre 1266), se fit élire à son tour et releva solennellement Michel de l'anathème ([2530]). Arsène n'en conserva pas moins des partisans qui le considéraient comme le seul patriarche légitime ([2531]).

La politique intérieure de Michel VIII fut toute en faveur de la noblesse, par réaction contre les tendances démocratiques de Vatatzès et de Théodore II et il s'attacha les grandes familles par des unions matrimoniales avec les siens.

Comme autrefois les Comnènes et les Anges, il eut soin de confier les postes importants à ses proches, et son frère Jean, qu'il mit à la tête de ses armées, contribua par ses victoires à accroître son prestige ([2532]). En 1272 il associa au trône son fils aîné, Andronic, âgé de 16 ans, et le maria à la fille d'Étienne V, roi de Hongrie ([2533]).

Parmi les difficultés que rencontra son gouvernement, il faut noter les embarras d'argent dus aux dépenses énormes qu'exigeait l'entretien de son armée et de sa diplomatie : il devait laisser l'Empire complètement ruiné ([2534]). Les Génois, d'autre part, grâce aux privilèges qu'ils tenaient du traité de Nymphée, privaient l'Empire des sources de richesse qui auraient pu rétablir sa prospérité. Ce fut ainsi que Manuel Zaccaria obtint le monopole fructueux de l'exploitation de l'alun à Phocée ([2535]). Les Génois ne se montrèrent même pas des alliés fidèles et furent convaincus d'avoir comploté en 1264 avec Manfred pour livrer Constantinople aux Francs : après avoir essayé de se rapprocher de Venise ([2536]), qui hésitait à traiter avec lui, Michel VIII finit par se réconcilier avec les Génois, mais leur enleva le quartier qu'il leur avait attribué à l'intérieur de la ville, pour les établir au-delà de la Corne d'Or au faubourg de Galata, préalablement démantelé ([2537]), événement qui devait avoir une portée considérable : une ville étrangère s'installait ainsi aux portes de Byzance.

Politique extérieure. — Pendant les 21 années de son règne à Constantinople, Michel VIII eut vraiment ce qu'on peut appeler sans anachronisme une politique extérieure, répondant à deux idées directrices : compléter la restauration de l'Empire en prenant pied dans toutes les régions de la péninsule balkanique et en maintenant la paix avec les Mongols en Asie Mineure ; mettre Constantinople à l'abri d'une croisade destinée à restaurer l'Empire latin et, pour empêcher les papes de la proclamer, pratiquer une politique d'union religieuse en obligeant le clergé grec à se départir de son intransigeance vis-à-vis de Rome.

En fait toutes ces questions étaient solidaires. Les rois de Sicile, Manfred, puis Charles d'Anjou, qui avaient des visées sur Constantinople, cherchèrent à gagner l'appui des États balkaniques, Épire, Serbie, Bulgarie et de la Morée, hostiles à Michel. De son côté, Michel ne manqua pas d'exploiter les dissentiments entre les papes et la Sicile pour faire triompher sa cause.

L'un de ses premiers succès fut le traité qu'il força Guillaume de Villehardouin, son prisonnier depuis la bataille de Pelagonia (1259), à signer avant sa libération (1262). Le prince de Morée devenait vassal de l'Empire et lui cédait les trois forteresses importantes de Mistra, Géraki et Monemvasia ([2538]). L'Empire reprenait pied en Grèce et le frère de Michel, le sébastocrator Constantin, chargé d'administrer cette nouvelle colonie, établit sa résidence à Mistra ([2539]). La conquête de ces positions allait permettre d'éliminer la domination franque du Péloponnèse. Pour Michel VIII, c'était un gage qui lui permettait de poursuivre des négociations avec autorité.

Au moment de la reprise de Constantinople, le Saint-Siège était vacant ([2540]), mais l'un des premiers actes du nouveau pape, Jacques Pantaléon, de Troyes, élu le 28 août sous le nom d'Urbain IV, fut de préparer une nouvelle croisade de Romania ([2541]) et de déclarer nul le traité conclu par Guillaume de Villehardouin avec le basileus ([2542]). Devant ces menaces Michel VIII essaya de se rapprocher de Manfred, mais, ses offres d'alliance ayant été repoussées ([2543]), il prit le parti de s'adresser au pape et de lui demander d'établir la paix entre les Grecs et les Latins ([2544]). Or Urbain IV venait de repousser une tentative de Baudouin II pour le réconcilier avec Manfred, dont la participation à la croisade future semblait indispensable [2545], et il venait d'offrir le royaume de Sicile à Charles d'Anjou [2546]. Abandonnant provisoirement le projet de croisade en Romania, il accueillit favorablement les ouvertures de Michel VIII [2547] et une correspondance active en vue de l'union des Églises s'établit entre Rome et Constantinople.

Ce ne fut pas sans quelques heurts. Tout en protestant de son amour de la paix, Paléologue continuait à attaquer les États latins, envoyait la flotte génoise dans l'Archipel et faisait assiéger par son frère Constantin les places fortes du prince de Morée qui, oublieux de ses serments, violait le traité de Constantinople [2548]. De là entre les deux interlocuteurs des alternatives de ruptures et de rapprochements. Tantôt l'accord semble fait, Urbain IV abandonne la cause de Baudouin II qui se compromet avec Manfred, et il est prêt à garantir le trône de Michel s'il se soumet à Rome [2549] (juillet 1263); tantôt, s'il apprend une nouvelle agression des Grecs en Morée, il fait prêcher la croisade contre Constantinople (mai 1264) [2550]. Enfin les troupes de Michel ayant subi un gros désastre en Morée, il y eut trêve de fait entre les belligérants (printemps 1264) [2551]; les pourparlers reprirent avec Rome et l'union semblait probable [2552] quand Urbain IV mourut le 2 octobre 1264.

Son successeur, Clément IV, ancien évêque du Puy, élu seulement le 5 février 1265, était tout dévoué à Charles d'Anjou et commença par l'investir du royaume de Sicile [2553]. Un an après, le 26 février 1266, devant Bénévent, Charles était vainqueur de Manfred qui périssait dans la bataille [2554]. Ce fut vraisemblablement alors que Michel VIII fit sa première démarche auprès de Clément IV, ainsi qu'il ressort d'une lettre du pape au basileus [2555]. La disparition de Manfred n'avait nullement amélioré la situation de Michel Paléologue. Le nouveau roi de Sicile reprenait tous les plans du Hohenstaufen contre Constantinople, avec des moyens beaucoup plus puissants et fort de l'appui du pape. Il commençait par prendre à sa solde les chefs des troupes de Manfred stationnées en Épire, s'alliait avec le prince de Morée [2556] et, par le traité de Viterbe (27 mai 1267), il s'engageait à restaurer Baudouin II à Constantinople, moyennant le tiers des conquêtes qu'il ferait en Romania [2557].

Clément IV, qui semblait approuver les projets de Charles d'Anjou (il ratifia le traité de Viterbe), en redoutait au fond l'exécution et continua à correspondre avec Michel, mais, plus intransigeant que son prédécesseur, et peut-être pour gagner du temps, il refusait d'accorder la moindre garantie au basileus si celui-ci et tout le clergé grec ne se soumettaient pas à l'Église romaine sans conditions [2558]. La situation était d'autant plus menaçante que la défaite de Conradin à Tagliacozzo (23 août 1268) avait achevé de renforcer la situation de Charles d'Anjou en Italie et que, tout en équipant une grande flotte, il envoyait des troupes et de l'argent au prince d'Achaïe [2559].

Ce fut sur ces entrefaites que mourut Clément IV (29 novembre 1268) et, par suite des divisions des cardinaux, la vacance du Saint-Siège se prolongea pendant deux ans et neuf mois, jusqu'au 1ᵉʳ septembre 1271 [2560]. C'était pour Michel Paléologue le début d'une période critique. Charles d'Anjou, n'étant plus retenu par l'autorité d'un pape, pouvait donner libre cours à ses desseins et pousser ses préparatifs. Cependant Venise, qui venait de conclure un traité avec Michel VIII ([2561]), refusait de participer à l'expédition. Malgré cet échec, Charles voulait entrer en campagne au printemps de 1270 ([2562]). Dans ces conjonctures, Michel Paléologue ne trouva rien de mieux que de s'adresser à saint Louis, comme au véritable chef de la chrétienté en l'absence d'un pape et d'un empereur : il échangea avec le roi de France deux ambassades (printemps 1269, début 1270) en lui demandant d'arrêter les entreprises de son frère contre l'Empire byzantin au moment où le basileus, son clergé et son peuple étaient prêts à rentrer dans la communion de Rome ([2563]). Saint Louis renvoya la question religieuse au collège des cardinaux, qui reproduisirent dans leur réponse à Michel la plupart des conditions exigées par Clément IV, mais il arrêta l'expédition de Charles d'Anjou contre Constantinople en l'entraînant à la croisade de Tunisie ([2564]) : ce fut au camp de Carthage que, quelques heures avant sa mort, saint Louis reçut la deuxième ambassade de Paléologue, dirigée par le futur patriarche Jean Veccos ([2565]).

Accomplissement de l'Union (1271-1276). — Après la mort de saint Louis et son retour de Tunisie, Charles d'Anjou reprit ses plans de conquête de l'Orient, scella son alliance avec le prince d'Achaïe en mariant un de ses fils à Isabelle de Villehardouin et en lui envoyant de nouvelles troupes qui infligèrent des défaites aux Grecs ([2566]), mais il allait encore être arrêté sur la route de Byzance, et cette fois ce fut par le pape. Élu à la papauté le 1er septembre 1271, alors qu'il se trouvait à Saint-Jean-d'Acre, Theodebaldo Visconti, qui prit le nom de Grégoire X, était résolument opposé aux projets de Charles d'Anjou et à la croisade de Romania qu'il regardait comme des obstacles à la véritable croisade en Terre Sainte, dont la réussite d'autre part ne pouvait être assurée que par la réconciliation des Églises ([2567]).

Cependant Charles d'Anjou accentuait ses menaces contre Constantinople en étendant son influence dans la péninsule balkanique, chez les Albanais, qui le proclamaient roi ainsi que son fils, en Morée où il envoyait Philippe de Toucy avec un corps de chevaliers et de Sarrasins de Lucera, en Thessalie où il s'alliait avec le prince Jean l'Ange, bâtard de Michel II d'Épire, qui s'était rendu indépendant, et jusqu'en Serbie et en Bulgarie (1272-1273) ([2568]). De son côté Michel VIII faisait alliance avec Alphonse X, roi de Castille, candidat à l'Empire d'Occident et ennemi de Charles d'Anjou, contre lequel il soutenait les Gibelins de Lombardie [2569], avec le roi Étienne de Hongrie, dont la fille épousait l'héritier du trône byzantin [2570], et il se réconciliait avec les Génois, qui promettaient de s'opposer à toute hostilité contre l'Empire [2571].

Mais plus efficace que ces alliances fut l'action du pape Grégoire X. Avant même d'avoir quitté la Palestine, il avait écrit à Michel VIII pour lui faire part de son désir d'union [2572] et, après son retour en Italie, il envoya à Constantinople quatre franciscains chargés de promettre au basileus la protection du pape s'il réalisait l'union [2573]. Dès lors des rapports empreints de cordialité s'établirent entre le basileus et le pape [2574]. Tous deux avaient la volonté ferme d'atteindre le but. Au lieu du programme radical de Clément IV, Grégoire X n'exigeait du clergé grec que la reconnaissance de la primauté du pape en droit et en fait, la promesse d'union et la commémoration du pape dans la liturgie. Michel VIII se livra à une propagande active pour démontrer au clergé que ces concessions étaient peu de chose au prix du salut de Constantinople, mais dès le début de sa campagne il se heurta à une opposition irréductible, bien que modérée dans la forme [2575]. Cependant il n'hésita pas à passer outre et fit savoir au pape, par deux des frères mineurs qu'il lui avait envoyés, que, malgré les difficultés qu'il avait rencontrées, le clergé était près d'accepter l'union : il lui demandait aussi de garantir la sécurité des ambassadeurs qu'il enverrait au concile [2576].

C'était du bon vouloir de Charles d'Anjou et de ses alliés que dépendaient les garanties demandées. Le pape se chargea de cette délicate négociation et, sur ses objurgations, Charles accorda les sauf-conduits demandés (7 janvier et 1er mai 1274) [2577].

Rien ne s'opposait plus à l'union. A Constantinople le basileus continuait sa propagande et remportait une véritable victoire en gagnant à sa cause le théologien Jean Veccos, jusque-là hostile à tout rapprochement avec Rome [2578], tandis que le patriarche Joseph, malgré son attachement au basileus, restait irréductible [2579]. Les Grecs ne devaient participer au concile œcuménique convoqué à Lyon que par une ambasse qui avait à sa tête l'ex-patriarche Germain, le grand logothète Georges Acropolites et Théophane, métropolite de Nicée. Ces envoyés apportaient au pape une lettre de l'empereur reconnaissant en tout la doctrine romaine et un acte du clergé, qui se bornait aux concessions exigées par Grégoire X. Après la lecture de ces lettres, l'union des Églises fut proclamée par le pape à la 4e session du concile, le 6 juillet 1274 ([2580]).

Le rêve des papes depuis deux siècles : la fin du schisme et la réunion pacifique de l'Église grecque à l'Église romaine, était ainsi réalisé, mais cet accord était peu solide, dû aux préoccupations purement politiques de Michel VIII, qui avait extorqué de force les adhésions du clergé grec et avait contre lui jusqu'à ses proches parents. Comme le fait remarquer le père Jugie, il n'y eut au concile que deux évêques grecs et l'union fut conclue « sans préparation psychologique, sans discussion théologique sur les points en litige » ([2581]). On ne devait pas tarder à s'apercevoir que la force ne sert à rien dans ces matières, mais qu'il y faut d'abord l'adhésion des âmes.

Les résultats immédiats du concile furent, d'une part, la signature d'une trêve entre Charles d'Anjou et Michel VIII ([2582]), d'autre part l'abdication du patriarche Joseph (11 janvier 1275), cinq jours plus tard la reconnaissance solennelle de l'union, mais à la chapelle du palais impérial ([2583]), enfin l'élection de Jean Veccos au patriarcat (26 mai) ([2584]). Très influent à la cour, Veccos se fit le défenseur de l'union, mais se heurta à une opposition farouche dirigée par des érudits comme Grégoire de Chypre, par la propre sœur du basileus, Eulogia, et par des princes du sang, que Michel n'hésita pas à emprisonner ([2585]). Un concile anti-unioniste dirigé contre Paléologue et Veccos fut tenu en Thessalie ([2586]).

Jusqu'à la fin de sa vie Grégoire X continua à avoir des relations fréquentes avec Michel VIII qu'il entretenait d'un projet de croisade, aussi avantageux pour l'Empire que pour la Terre Sainte, puisqu'il prévoyait d'abord l'expulsion des Turcs de l'Asie Mineure ([2587]). Le pape avait décidé de prendre lui-même le commandement de l'expédition lorsqu'il mourut le 6 janvier 1276.

Cette mort porta à la cause de l'Union un coup sensible, car les premiers successeurs de Grégoire X, dont le règne dura peu (trois papes en deux ans, janvier 1276-mai 1277), élus sous l'influence de Charles d'Anjou, témoignèrent leur hostilité aux Grecs et, mal renseignés sur leurs aspirations, rendirent impossible par leurs exigences la tâche de Michel VIII et de Veccos [2588], qui continuèrent cependant à montrer leur respect pour le Saint-Siège et saisirent toutes les occasions de manifester leur accord avec lui, tout en cherchant à obtenir de lui le maintien des rites propres à l'Église grecque, auxquels le clergé et les fidèles tenaient surtout [2589]. Le pape exigeant que l'empereur, son fils, le patriarche et tous les clercs jurent personnellement l'union, une nouvelle cérémonie venait d'avoir lieu à cet effet à Sainte-Sophie [2590], mais le mécontentement était général et c'était en vain que Jean Veccos tenait un synode qui excommuniait ses adversaires [2591].

Bien qu'opposé aux projets ambitieux de Charles d'Anjou, à qui il défendit d'attaquer Constantinople, Nicolas III, élu à la papauté le 25 novembre 1277, était décidé à obtenir la soumission complète de l'Église grecque et déclara insuffisantes et incomplètes les professions de foi envoyées à son prédécesseur [2592]. Au moment de l'arrivée de ses envoyés à Constantinople, Veccos, à la suite d'accusations calomnieuses et brouillé avec l'empereur, avait abdiqué le patriarcat [2593] : Michel embarrassé organisa une vraie comédie pour empêcher les envoyés du pape de s'apercevoir de cette disgrâce du principal défenseur de l'union [2594] et, pour montrer son bon vouloir, leur fit visiter les prisons où étaient détenus des princes qui avaient manifesté leur opposition [2595]. Dans sa réponse à Nicolas III le basileus montra que, s'il succombait dans la lutte contre ses adversaires, c'en était fait de l'union [2596] et le pape, touché par ces arguments, se porta comme médiateur entre Charles d'Anjou, son gendre Philippe de Tarente, fils de Baudouin II, et Michel VIII [2597]. Au même moment le basileus se mettait en rapport, par l'intermédiaire de Jean de Procida, avec le roi d'Aragon Pierre III, époux de Constance, fille de Manfred [2598], dont il revendiquait l'héritage sicilien, et le pape autorisait l'Aragonais à détrôner Charles d'Anjou [2599].

Mais après la mort de Nicolas III (22 août 1280), Charles d'Anjou lui fit donner comme successeur un de ses plus dévoués partisans, le cardinal français Simon de Brie (Martin IV, 21 février 1281). Tous les efforts de Michel VIII pour maintenir l'union devenaient stériles : pour obéir à Nicolas III, il s'était mis ses sujets à dos et s'était érigé en tyran cruel, allant jusqu'à faire crever les yeux à de hauts dignitaires récalcitrants et remplissant la ville d'espions qui épiaient les conversations [2600]. Tous ses plans s'effondraient en même temps. Les ambassadeurs qu'il avait envoyés à Nicolas III peu avant sa mort étaient capturés par un capitaine de Charles d'Anjou et paraissaient en prisonniers devant Martin IV, qui leur reprochait la duplicité de leurs compatriotes et excommuniait Michel Paléologue [2601].

Fort heureusement pour le basileus, les récentes entreprises de Charles d'Anjou dans la péninsule balkanique avaient échoué. En octobre 1278 il avait occupé l'Achaïe, comme baile de sa bru Isabelle, veuve de son fils Philippe et héritière de son père Guillaume de Villehardouin, mort le 1er mai précédent. Il y envoya des troupes, mais cette occupation lui donna plus de soucis que d'avantages par suite des attaques continuelles de la garnison grecque de Mistra [2602]. Plus menaçante avait été l'expédition confiée par Charles à son capitaine-général en Illyrie, Hugue de Sully, qui, parti de Durazzo, pénétra en Albanie, assiégea Bérat, mais fut fait prisonnier le 3 avril 1281 et amené en triomphe à Constantinople [2603].

L'élection de Martin IV semblait permettre au roi de Sicile de prendre sa revanche et d'exécuter enfin son grand dessein. Par l'entremise du pape une coalition fut formée contre Michel Paléologue par Charles d'Anjou, Philippe de Tarente et la république de Venise (traités d'Orvieto, 3 juillet 1281). L'expédition, dont le départ fut fixé en avril 1283, serait une croisade destinée à restaurer l'Empire latin et à conquérir la Terre Sainte [2604]. Mais Michel Paléologue et son allié le roi d'Aragon mirent à profit le délai qui leur était laissé par les coalisés et après la tragédie des Vêpres Siciliennes (21 mars 1282) tous les espoirs de Charles d'Anjou et de Martin IV s'effondraient : Pierre III débarquait en Sicile et était proclamé roi à Palerme (août 1282). Loin de pouvoir attaquer Constantinople, Charles d'Anjou n'aurait pas trop de toutes ses forces pour défendre l'existence de son royaume [2605].

Lorsque Michel Paléologue mourut quelques mois plus tard [2606], malgré les obstacles semés sur sa route il avait atteint son but : il laissait à son successeur Constantinople à l'abri d'une croisade occidentale.

L'action politique dans la péninsule des Balkans. — Obligé à une défensive perpétuelle, tant à l'intérieur qu'à l'extérieur, Michel VIII n'a pu avoir dans les Balkans une politique territoriale vraiment cohérente. Après avoir cherché à faire le plus d'annexions possible, il a perdu l'initiative des opérations pour se livrer uniquement à des contre-attaques et, pour empêcher les chefs des États balkaniques de se mettre au service de ses adversaires d'Occident, il eut souvent recours à la politique matrimoniale.

Sans pouvoir recouvrer de vastes territoires, il s'empara de positions importantes, amorces d'agrandissements futurs, comme les forteresses de Mistra, Géraki, Monemvasia, arrachées en 1262 à Guillaume de Villehardouin qui ne put jamais les reprendre. De même il s'établit dans l'île d'Eubée, conquise, sauf Nègrepont, la capitale, par Licario de Vérone qu'il avait pris à son service ([2607]), mais ce fut surtout aux dépens du despotat d'Épire et de l'État vlacho-bulgare qu'il chercha à agrandir ses domaines.

Avec le despotat d'Épire, principale menace pour Constantinople, poste avancé de Manfred, gendre du despote, puis de Charles d'Anjou, Michel VIII avait essayé une politique de rapprochement et de mariages ([2608]) qui ne donna qu'un maigre résultat (1264). Après la mort du despote Michel II (1267) ([2609]), son bâtard Jean l'Ange, qui avait reçu la Thessalie en partage, quoique bien accueilli à Constantinople et gratifié du titre de sébastocrator ([2610]), se joignit à toutes les coalitions contre Paléologue, ne cessa de faire des incursions en territoire impérial et donna même asile aux ennemis de l'union religieuse. Ce fut ce qui lui valut en 1274 une sévère leçon : Michel VIII l'obligea à évacuer la Thessalie, envahit l'Albanie et s'empara de Bérat et du port de Buthrento ([2611]), qu'il sut défendre, comme on l'a vu, contre l'attaque de Hugue de Sully, capitaine de Charles d'Anjou, en 1280 ([2612]). Par contre, les troupes de Michel VIII ne purent conserver Neopatrai, résidence de Jean l'Ange, occupée en 1275 ([2613]).

Le tsar bulgare Constantin Asên, marié à une fille de Théodore II Lascaris, ne pouvait être favorable à Michel Paléologue et ce fut justement le corps d'armée chargé de s'opposer à son agression possible qui entra à Constantinople par surprise en 1261 ([2614]). Après cette victoire le basileus n'eut aucun scrupule à élargir ses frontières au nord du Rhodope en territoire bulgare jusqu'à la plaine de Sofia (1263), mais il se heurta à l'armée hongroise d'Étienne V, dont l'ambition était d'établir sa suzeraineté sur les États slaves des Balkans ([2615]) et il dut battre en retraite. Abandonnant la sphère d'influence hongroise, Michel VIII, après avoir repris Philippopoli, tourna ses efforts vers l'est et s'empara des ports d'Anchiale et de Mesembria. Le tsar n'hésita pas à faire appel à son allié, Nogaï, Khan du Kiptchak ([2616]). Une horde de Tartares envahit la Thrace et infligea à Michel Paléologue le plus gros désastre qu'il ait jamais subi, mais se contenta de piller la région sans attaquer Constantinople (1265) ([2617]).

L'empereur sauva la situation par sa diplomatie cauteleuse. Il offrit la main de sa fille Marie au tsar devenu veuf d'Irène Lascaris, avec les villes de la mer Noire qu'il avait prises, en dot, puis, le mariage accompli, refusa de s'en dessaisir en invoquant le désir de leurs habitants de rester Grecs ([2618]). Constantin Asên furieux appela encore les Mongols, mais dans l'intervalle Michel VIII avait fait alliance avec Nogaï en lui donnant une de ses bâtardes en mariage et cette fois ce furent les Tartares qui défendirent la Thrace contre les Bulgares ([2619]).

A la suite d'un accident, Constantin Asên dut confier la régence à Marie Paléologue, au grand mécontentement des boyards et des paysans, qui se soulevèrent et proclamèrent tsar le porcher Ivaïlo (1277) ([2620]). Ce fut là le point de départ d'une série de tragédies et de guerres civiles que Michel VIII essaya d'exploiter pour placer la Bulgarie sous son influence en opposant à Ivaïlo un prétendant au trône bulgare dont il avait fait son gendre et qui se rattachait par sa mère à la dynastie asénide. Ce Jean Asên III fut reconnu comme tsar à Tirnovo en 1279, mais ne put s'y maintenir. Ivaïlo, qui l'en avait chassé avec l'appui des Mongols, fut lui-même renversé par un Coman, Georges Terter (fin de 1280), dont le premier acte fut de s'allier à Charles d'Anjou contre Paléologue [2621].

Vis-à-vis de l'État serbe, en train de prendre dans les Balkans la place prépondérante que perdait la Bulgarie, la politique de Michel VIII fut encore plus malheureuse. Le roi Étienne Ourosch Ier avait épousé une princesse latine, Hélène d'Anjou [2622] : pour contrebalancer son influence, le basileus chercha à marier une de ses filles au prince Miloutine, mais les ambassadeurs envoyés en Serbie pour conclure l'union furent tellement choqués de la simplicité toute patriarcale de la cour serbe que, sur leur rapport, le projet fut abandonné [2623]. Ce fut une faute grave : Étienne Miloutine, l'un des plus grands rois de Serbie, épousa la fille du grand ennemi de Paléologue qu'était Jean l'Ange et, du vivant même de Michel VIII, préluda aux conquêtes qu'il devait faire aux dépens de l'Empire en s'emparant de Skoplje et en pénétrant jusqu'à Serrès (1282) [2624].

La politique orientale. — Tous ses efforts tendus vers l'Occident empêchèrent Michel Paléologue d'avoir une politique active dans le monde oriental en voie de transformation profonde. Ses deux puissances prédominantes étaient celle des Mamlouks d'Égypte, qui avaient renversé le dernier sultan ayoubide en 1250 [2625], et celle des Mongols de Perse gouvernés par le frère du grand Khan Mongka, Houlagou, qui s'était emparé de Bagdad en 1258 et avait supprimé le califat abbasside [2626] ; en Asie Mineure son domaine comprenait la plus grande partie du sultanat de Roum et le roi de Petite Arménie Héthoum Ier était son vassal. Dès son avènement, Michel Paléologue s'était empressé de conclure un traité de paix avec ce puissant souverain en le laissant attaquer librement les Turcs d'Asie Mineure [2627].

Mais tandis que Houlagou, ennemi de l'islam, dont il avait détruit la plus vénérable institution, favorisait les chrétiens [2628], le sultan des Mamlouks, Bibars l'Arbalétrier (1260-1277) était au contraire le champion du monde musulman [2629]. Or, par leur foi et par leur origine même (ils se recrutaient en partie chez les peuplades turques de la Russie méridionale), les Mamlouks étaient en relations constantes avec l'État mongol du Kiptchak, dont les Khans et leurs sujets s'étaient convertis à l'islam ([2630]). Séparés par les États de Houlagou, l'Égypte et le Kiptchak cherchèrent à obtenir de Michel Paléologue le libre passage des détroits qui leur permettait de communiquer par mer. Sollicité à cet effet par Bibars, Michel semble s'être d'abord dérobé ([2631]), mais, obligé de ménager le Khan de Kiptchak, qui, ainsi qu'on l'a vu, avait envoyé ses troupes au secours de Constantin Asên, attachant d'autre part une grande importance à conserver de bonnes relations avec l'Égypte, menacée comme Constantinople d'une croisade occidentale, il n'hésita pas à abandonner l'alliance de Houlagou. Ce fut pour cette raison qu'il se lia avec le Khan Nogaï en lui donnant en mariage une de ses bâtardes et c'est ce qui explique les échanges de lettres et d'ambassades entre Bibars et lui ([2632]).

En 10 ans en effet (1262-1272) on ne compte pas moins de huit ambassades byzantines en Égypte. Celle de 1262 répondant à une demande du sultan lui accorde le libre passage des esclaves achetés en Russie, destinés au recrutement des Mamlouks, et lui demande l'installation d'un patriarche melchite à Alexandrie ([2633]). Dès 1263 les envoyés de Bibars et du Kiptchak traversent Constantinople ([2634]) et Michel VIII fait intervenir le sultan auprès de son allié tartare pour faire cesser les attaques du Kiptchak contre l'Empire ([2635]). En 1268 Bibars venait de s'emparer d'Antioche et il ne restait plus aux Francs que Tripoli, Acre et Sidon. Des traités reliaient Constantinople au Kiptchak et à l'Égypte, triple alliance dirigée contre l'Occident, grossie probablement vers 1275 du concours de l'Aragon ([2636]).

Ces relations cessèrent à peu près pendant le pontificat de Grégoire X, au moment où l'union des Églises était négociée et où Michel VIII songeait à une croisade byzantine, mais elles reprirent dès l'été de 1275 ([2637]), et Kelaoun successeur de Bibars (1277) renouvela le traité d'alliance avec Constantinople en y ajoutant une clause d'assistance navale contre les entreprises de Charles d'Anjou ([2638]).

Ainsi, jusque dans ses rapports avec les puissances orientales, c'est le souci de parer à une attaque de l'Occident qui commande toute la politique de Michel Paléologue.

Et c'est la raison pour laquelle il a négligé la question d'Asie Mineure, le sultanat de Roum n'étant plus un danger pour l'Empire et Michel ne disposant pas de forces suffisantes pour le conquérir. D'ailleurs, depuis près de deux siècles que les Turcs étaient venus dans la péninsule d'Anatolie, ils en avaient non seulement fait la conquête politique, mais ils avaient pris possession de son sol : le pâtre turcoman en avait chassé le paysan grec [2639]. Dans les villes les Seldjoukides avaient abandonné leur grossièreté primitive et créé un art et une littérature : le persan était la langue officielle des sultans [2640] et, dans l'art, la tradition sassanide se mélangeait d'éléments hellénistiques et arméniens [2641]. C'est dire que même si les empereurs byzantins avaient pu réoccuper l'Anatolie, ils se seraient trouvés devant une population inassimilable, l'hellénisme ne s'étant maintenu que dans l'État de Trébizonde, en Bithynie et sur les côtes de l'Archipel tandis que la Cilicie était devenue une colonie arménienne. Bien plus, l'invasion mongole, par le déplacement des peuples qui fuyaient éperdument à son approche, eut pour résultat de renforcer l'élément turc en Asie Mineure. C'est de cette époque que date la formation d'émirats indépendants comme celui de Karaman qui s'empara d'Iconium en 1278 [2642]. Au même moment une tribu obscure, les Keï-Kan-Kli, originaire du Khorassan, dont elle avait été chassée par l'invasion mongole, atteignait le sultanat de Roum et se mettait au service du sultan Alaeddin, qui l'établit entre Kutayeh et Brousse, à Sougyout, sous le commandement de leur chef Ertoghroul [2643] et ce fut ainsi que les Ottomans entrèrent dans l'histoire.

Devant ces bouleversements ethniques qui mettaient en péril non seulement l'État byzantin, mais l'avenir de l'hellénisme et du christianisme dans ces régions, la politique de Michel Paléologue fut mesquine et incohérente. Il ne sut même pas préserver du démembrement les territoires recouvrés par les empereurs de Nicée. Il crut avoir fait un coup de maître en accueillant à bras ouvert l'un des héritiers du sultanat de Roum, Azz-ed-dîn, dépossédé de son apanage par les Mongols [2644] et en traitant à son insu avec Houlagou, à qui il promit de le retenir sa vie durant à Constantinople. Mis au courant de cette trahison, Azz-ed-dîn s'allia au tsar bulgare Constantin et aux Mongols du Kiptchak en guerre contre Michel, leur communiqua des renseignements militaires et s'échappa après la défaite de l'empereur (1265) [2645].

Ne pouvant intervenir efficacement en Asie Mineure, Michel VIII pouvait au moins organiser la défense des frontières ([2646]). Il fit tout le contraire : par mesure fiscale il supprima les privilèges des *akritai*, colons établis par les empereurs de Nicée à charge de la défense du territoire ([2647]). Les conséquences de cette mesure ne se firent pas attendre. N'étant plus défendues, les provinces impériales furent envahies périodiquement par des hordes d'irréguliers Turcs et Mongols qui massacraient les habitants des villages et ravageaient leurs cultures. La riche vallée du Méandre fut changée en désert et, de Constantinople, on ne pouvait plus communiquer que par mer avec les ports de la mer Noire ([2648]).

Entre-temps Michel VIII envoya des expéditions : en 1264-1265 Jean Paléologue réussit à chasser les envahisseurs, mais dut acheter leur tranquillité en leur cédant des territoires ([2649]). La vallée du Méandre et la Carie furent encore saccagées en 1281 : Michel VIII envoya en Asie avec une armée son fils Andronic, qui, après avoir dégagé la frontière, rebâtit somptueusement la ville de Tralles entièrement ruinée et lui donna son nom, Andronicopolis ([2650]), mais il la laissa mal fortifiée et sans eau potable. Les Turcs vinrent l'assiéger et la prirent d'assaut, sans que le prince, qui était à Nymphée, soit venu à son secours et la campagne se termina par un traité désastreux qui reculait de nouveau la frontière ([2651]). Tralles, connue désormais sous le vocable d'Aïdin, devint le siège d'un émir turc indépendant qui devait être l'un des plus dangereux ennemis de Byzance ([2652]).

Le seul succès remporté par Michel VIII en Asie Mineure fut son alliance avec Jean II Comnène, empereur de Trébizonde, qui, après des négociations compliquées, entourées de difficultés protocolaires (1281-1282), vint en personne à Constantinople épouser une fille de Paléologue ([2653]). Cette alliance des deux États byzantins avait son prix, mais était peu de chose à côté de la perte irrémissible de la plus grande partie de l'Asie Mineure. La péninsule anatolique, traversée par les voies terrestres qui mènent en Orient et dont les côtes commandent les voies maritimes, était nécessaire à la grandeur de Byzance : l'Empire restauré par Michel Paléologue devait toujours souffrir de n'avoir pu la recouvrer.

III. LA CRISE DE L'EMPIRE RESTAURÉ (1282-1321)

Michel Paléologue avait réussi à maintenir le siège de l'Empire à Constantinople, mais les difficultés auxquelles il avait dû faire face l'avaient obligé à pratiquer une politique de grand style, qu'on a pu comparer à celle d'un Manuel Comnène, embrassant le monde chrétien tout entier ([2654]), appuyant les négociations d'actions militaires, exigeant des armées importantes, des flottes de guerre et un nombreux personnel de diplomates.

Cette obligation de rester toujours sur la défensive empêcha Michel VIII de poursuivre l'œuvre de restauration territoriale commencée au début de son règne. D'autre part sa grande politique épuisa les ressources des territoires mal reliés entre eux qui composaient l'Empire. Il légua à son successeur un État complètement ruiné et troublé par les discussions religieuses.

C'est cette situation qui explique la crise redoutable que subit l'Empire au lendemain de sa restauration, sous le long règne d'Andronic II (1282-1328). La tâche de relèvement qu'il entreprit était trop lourde pour ses épaules et il ne put même pas conserver les résultats acquis. Au moment où la croisade contre Constantinople semblait écartée, de nouveaux périls menaçaient l'Empire : des États jeunes et remplis d'ambitions se constituaient sur ses frontières, en Europe l'État serbe qui cherchait à atteindre la mer Égée et visait Thessalonique, en Asie de puissants émirats turcs et bientôt, hors de pair, l'État ottoman.

Alors que des ressources considérables étaient nécessaires pour conjurer ces dangers, l'Empire se trouva diminué par la détresse financière, incapable de lever des armées suffisantes ou d'équiper des flottes, réduit au rang d'État secondaire, d'État passif, que Venise et Gênes considéraient comme un territoire de colonisation commerciale qu'elles se disputaient âprement. Comme l'a fait remarquer Ostrogorsky, ce fut à cette situation et non au caractère personnel des empereurs que fut due la décadence de l'Empire ([2655]). Andronic II, dont on a exagéré l'incapacité, a commis sans doute de grosses fautes, mais a lutté pour améliorer le régime intérieur et montré souvent de la fermeté. Très cultivé, il encouragea les lettres et les sciences et fonda une académie qui fait déjà songer à celles de la Renaissance italienne ([2656]). Ses réformes judiciaires et financières furent parfois heureuses et lui survécurent, mais les maux qu'il fallait guérir dépassaient les moyens dont il disposait : son père lui avait légué une terre trop petite pour l'œuvre grandiose qu'il eût fallu accomplir.

Pendant la première partie de son règne Andronic eut une politique personnelle et systématique qui prit en tout le contrepied de celle de Michel Paléologue (1282-1302) : répudiation de l'Union, effort dirigé vers l'Orient, alliance avec les villes italiennes. Cette politique eût pu réussir avec des ressources plus grandes : en fait elle aboutit à des troubles religieux et à des revers à l'extérieur ; elle laissa l'Empire aux abois.

A partir de 1302 au contraire, Andronic n'a plus une politique définie. Il est réduit aux expédients ; l'Empire est à la merci des Catalans et des Italiens. C'est à ce moment que du trouble et du désordre intérieur naît la guerre civile.

L'union religieuse répudiée. — La croisade occidentale étant écartée, Andronic, poussé d'ailleurs par ses proches, par son entourage et par la majorité du clergé ([2657]), sans qu'il soit nécessaire d'admettre qu'il eût fait aux moines avant son avènement les promesses précises que lui prête Guillaume d'Adam ([2658]), inaugura son règne par des mesures nettement anti-unionistes : l'inhumation nocturne et sans cérémonie du corps de son père dans un monastère voisin de la petite ville de Thrace où il était mort (11 décembre 1282) ([2659]), l'éloignement du patriarche Veccos (25 décembre) ([2660]), la restauration triomphale de Joseph, suivie de représailles contre les unionistes (30 décembre) ([2661]), se succédèrent en quelques jours, mais ne suffirent pas à assouvir la haine de leurs ennemis. Contre le gré du basileus qui estimait Veccos, le patriarche de l'union dut comparaître devant un concile et signer son abdication, puis fut exilé à Brousse (début de 1283) ([2662]). Après avoir été cité devant un nouveau synode où il confondit ses adversaires ([2663]), il partit pour un nouvel exil et y mourut en 1293 ([2664]).

Ces mesures ne ramenèrent même pas le calme dans l'Église, toujours troublée par le schisme arsénite qui durait depuis la déposition d'Arsène en 1266. Arsène était mort en 1273, mais ses partisans continuaient à former une petite Église qui refusait de communier avec ses successeurs au patriarcat ([2665]). Joseph étant mort (mars 1283) et remplacé par un laïc érudit, fougueux adversaire de l'union, Grégoire de Chypre ([2666]), il s'ensuivit une nouvelle agitation des Arsénites qui prétendirent faire condamner la mémoire de Joseph et que les concessions de l'empereur,

qui les ménageait, ne purent faire renoncer à leur intransigeance [2667].
La translation en grande pompe et en présence d'Andronic du corps
d'Arsène à Constantinople ne contribua pas peu à surexciter les
esprits [2668]. Lorsqu'après l'abdication de Grégoire (1289), Andronic
fit une nouvelle tentative pour faire cesser leur schisme, ils émirent des
prétentions si extravagantes qu'ils finirent par lasser la longanimité du
basileus [2669].

Ce fut en vain que le moine Athanase, successeur de Grégoire de
Chypre [2670], essaya de rétablir la discipline dans l'Église : sa sévérité
pour les clercs de tout ordre souleva des tempêtes et malgré son caractère énergique, mal soutenu par le basileus, il dut abdiquer une première fois en 1293, fut rappelé au patriarcat en 1304 et se retira définitivement en 1310 [2671]. Le désordre qui continua à régner dans l'Église
devait contribuer à affaiblir l'autorité impériale et à troubler l'ordre
dans l'État.

Rapports avec l'Occident. — Contre cette politique antiromaine il
n'y eut aucune réaction des papes, préoccupés surtout de la perte de la
Terre Sainte [2672] et de leur lutte contre les puissances temporelles.
Cependant les projets de croisade contre Constantinople n'étaient pas
abandonnés. Baudouin II était mort en 1273; mais ses droits étaient
reportés sur la tête de sa petite-fille Catherine de Courtenai, qui résidait
à Naples. Andronic demanda sa main pour son fils aîné Michel, pensant
ainsi écarter toute tentative de croisade par cette réconciliation des
deux dynasties rivales sans avoir recours à l'union religieuse, mais les
négociations qui durèrent de 1288 à 1296 échouèrent [2673] et ce fut
Philippe le Bel qui obtint la main de Catherine de Courtenai pour son
frère Charles de Valois (1301) [2674]. Ce n'était pas de ce côté qu'était
le danger, car la plupart des projets de croisade élaborés à cette époque
déconseillaient le passage par Constantinople [2675]. Seul Guillaume
d'Adam préconisait la conquête préalable de l'Empire byzantin avant
toute expédition en Palestine [2676].

Gouvernement intérieur. — Agé de 24 ans à son avènement, Andronic II avait eu deux fils, Michel et Constantin, de sa première femme, Anne de Hongrie, et il venait d'épouser en secondes noces Yolande de Montferrat, descendante des rois latins de Thessalonique, qui prit le nom d'Irène. Elle devait lui donner trois fils et une fille et, très ambitieuse, détestant les enfants du premier lit, elle chercha à faire constituer pour ses fils de vastes apanages. Lassé de ses récriminations continuelles, le basileus finit pas la délaisser et elle se réfugia à Thessalonique où elle ne cessa d'intriguer [2677]. Andronic ne fut pas plus heureux avec son frère Constantin dont le train magnifique et l'orgueil lui déplaisaient et, l'ayant convaincu de complot en 1291, il le condamna à la confiscation des biens [2678].

Préoccupé de l'avenir de sa dynastie, il fit reconnaître la légitimité de son pouvoir par le malheureux Jean Lascaris, fils de Théodore II, toujours enfermé dans une forteresse de Bithynie ([2679]), et il associa au trône Michel, son fils aîné, de son premier mariage, couronné à Sainte-Sophie le 21 mai 1295 ; le lendemain il créait despote Jean, l'aîné des fils que lui avait donnés Irène ([2680]).

De tempérament robuste, très religieux, esprit subtil, mais caractère mesquin, rempli d'incertitude, tel nous apparaît Andronic, incapable de réagir contre les influences qu'il subissait, celle de son ministre favori, le grand-logothète Théodore Muzalon, qui l'engagea dans les querelles religieuses ([2681]), celle de son père spirituel Andronic, évêque de Sardes, qu'il laissa accabler de mauvais traitements les évêques unionistes ([2682]), et, plus tard, celle de Théodore Métochitès qui le brouilla avec son petit-fils. On s'explique que, dans un État aussi troublé que celui de Byzance à cette époque, Andronic n'ait pas eu une autorité suffisante pour ramener l'ordre et la prospérité. Il fut surtout un velléitaire, n'ignorait pas les maux de l'Empire et s'efforçait d'y remédier par des réformes parfois bien conçues, comme sa réforme judiciaire ([2683]), mais il ne tenait pas suffisamment la main à leur application et elles n'apportaient aucune amélioration. Il fut surtout incapable de lutter contre la détresse financière qui ne fit que s'accroître par suite de dépenses inconsidérées, comme celles de l'impératrice Irène ([2684]). Les moyens qu'il employa pour trouver des ressources furent désastreux : emprunts ruineux, lourds impôts sur les céréales, altération des monnaies, diminution des gages des officiers du Palais, droit du dixième sur les pensions, il eut recours à tous les expédients, qui amassèrent des mécontentements, suscitèrent des révoltes et ne firent qu'aggraver la pénurie du trésor. Mais de toutes les mesures qu'il prit, la plus néfaste fut la suppression de la marine de guerre, le licenciement des équipages et la mise au rebut des galères ([2685]) : l'Empire ne serait plus défendu que par des corsaires et par la flotte génoise ; ses destinées étaient désormais à la merci des républiques italiennes.

La dernière renaissance et son échec

Entre Gênes et Venise. — Or les deux principales puissances maritimes, Gênes et Venise, éternelles ennemies l'une de l'autre, se disputaient âprement la prépondérance économique à Constantinople et dans tout l'Orient ([2686]). Michel Paléologue avait su tenir la balance égale entre elles : Andronic favorisa exclusivement les Génois et, lorsque la guerre éclata entre les deux républiques, Constantinople se trouva exposée aux représailles des Vénitiens et fut mal défendue par ses alliés génois ([2687]).

Cette guerre qui dura près de 6 ans (1293-1299) eut pour origine les rixes continuelles entre capitaines génois et vénitiens, mais, comme l'a montré Bratianu, sa véritable cause est la rivalité des deux puissances dans la mer Noire, où Gênes avait hérité des anciennes positions de Byzance et fondé la colonie prospère de Caffa et où Venise cherchait à s'introduire, grâce à son alliance avec le Khan tartare Nogaï ([2688]). Ce fut pour cette raison que, par suite des efforts vénitiens pour pénétrer dans la mer Noire, Constantinople se trouva au centre des hostilités. En juillet 1296 une escadre vénitienne débarqua des troupes qui brûlèrent Péra et Galata et la flotte chercha à forcer l'entrée de la Corne d'Or. En représailles les Génois réfugiés dans la ville massacrèrent tous les Vénitiens qui s'y trouvaient ([2689]), mais des corsaires vénitiens purent aller dévaster les établissements génois de la mer Noire ([2690]).

La grande bataille navale qui se livra le 7 septembre 1298 entre la côte dalmate et l'île de Curzola fut pour Venise un désastre sans précédent ([2691]). Les deux adversaires également affaiblis signèrent la paix à Milan (25 mai 1299) ([2692]) sans se demander de réparations, mais ce fut l'empereur Andronic qui paya les frais de la guerre. Sur son refus d'accorder des indemnités aux Vénitiens lésés en 1296, une flotte vénitienne vint bloquer Constantinople et lancer des flèches à l'intérieur du Grand Palais. Le basileus dut négocier et signer une paix onéreuse avec Venise (1302-1303) ([2693]), tout en concédant un quartier plus étendu à Gênes, qui l'avait abandonné dans sa détresse ([2694]), et en laissant Benoît Zaccaria, concessionnaire de l'exploitation des mines d'alun de Phocée, occuper l'île de Chio sous prétexte de la défendre contre les Turcs (1304) ([2695]).

L'expansion serbe. — Conscient de l'insuffisance de ses forces, Andronic recherchait avant tout la paix avec les voisins de l'Empire au moment où ceux-ci, profitant de sa faiblesse, ne songeaient qu'à agrandir leurs territoires à ses dépens. Le plus dangereux était le Kral serbe Ourosch II Miloutine qui, après avoir pris Skoplje, où il établit sa résidence, s'était emparé de Serrès et de Kavala, portant ainsi ses frontières jusqu'à la mer Égée (1282-1283) ([2696]) et, par la vallée du Vardar, menaçant Thessalonique. Poursuivant ses succès, il occupa l'Albanie septentrionale (1296). Ce fut seulement alors qu'Andronic II se décida à réagir, mais l'armée qu'il confia à son meilleur stratège, Michel Glabas, fut battue et, dans son impuissance, il essaya de traiter avec le Kral en lui faisant épouser une princesse impériale. Sur le refus de sa nièce Eudokia, veuve de l'empereur de Trébizonde, il lui donna sa fille, Simonide, une enfant, malgré le blâme du patriarche et lui reconnut une partie de ses conquêtes ([2697]). Miloutine, qui fut l'un des plus grands souverains de la Serbie du Moyen Age, célèbre par ses nombreuses fondations d'églises et d'hospices, dans ses États, à Constantinople, à Thessalonique, à Jérusalem ([2698]), semble avoir eu l'ambition d'unir la Serbie à l'Empire byzantin sous la même domination et était encouragé dans ce dessein par sa belle-mère, l'impératrice Irène ([2699]). Ce fut d'ailleurs sous son règne que, grâce à Simonide, les modes et les influences byzantines s'introduisirent en Serbie ([2700]).

L'Asie Mineure et la naissance du danger turc. — Nous avons vu que, sous le règne de son père, Andronic avait déjà manifesté tout l'intérêt qu'il portait à l'Asie Mineure ([2701]). Dans son second éloge de cet empereur, Théodore Métochitès le loue de l'activité qu'il a manifestée en Asie dès son avènement : il le montre franchissant le Bosphore en plein hiver, refoulant les Turcs et leur reprenant la Bithynie, la Mysie, la Phrygie, rebâtissant des villes et mettant la frontière en état de défense ([2702]). Après avoir parcouru la Bithynie avec le grand-logothète Muzalon, il fit un long séjour à Nymphée en 1290 ([2703]). En même temps il recherchait l'alliance du roi de Petite Arménie, Héthoum II, dont une sœur épousa l'héritier du trône byzantin, Michel IX (16 janvier 1296) ([2704]).

La situation dans laquelle se trouvait l'Anatolie ne justifiait que trop cette activité. C'est à cette époque que la petite tribu des Osmanlis sous son chef Osman, successeur d'Ertoghroul, paraît s'être convertie à l'islam et commence à élargir les limites de son domaine aux dépens de l'Empire byzantin et des Mongols ([2705]). La révolte militaire de Philanthropenos, envoyé en Asie sans argent, d'ailleurs vite réprimée (décembre 1296), arrêta les opérations ([2706]). A partir de 1300 les incursions d'Osman, jusque-là guerre obscure de village à village, lui valent des résultats fructueux et pour la première fois en 1301 ses cavaliers bardés de fer rompent la ligne d'un corps de troupes impériales devant Nicomédie ([2707]). Les Osmanlis n'étaient d'ailleurs qu'une puissance minuscule à côté de celle des émirs de Saroukan, de Kermian, de Karaman, d'Aïdin, qui occupaient une partie des provinces maritimes ([2708]) et commençaient à exercer une pression sur les côtes et les villes de l'intérieur ([2709]).

Grâce à l'enrôlement d'un corps d'Alains du Caucase, Andronic II put envoyer en Asie Mineure une armée commandée par son fils Michel IX (1302), mais cette campagne fut désastreuse. Dès le premier contact avec l'ennemi, le jeune basileus mal conseillé alla s'enfermer dans Magnésie, mais ne pouvant arriver à calmer une émeute des Alains qui réclamaient leur congé, il prit le parti de s'enfuir, suivi bientôt de la garnison et de toute la population. Ce fut une véritable panique : les Turcs tombèrent sur les fuyards et les massacrèrent et Michel IX alla se mettre en sûreté à Cyzique ([2710]).

Tel fut le dernier effort des empereurs pour sauver l'Asie Mineure par leurs propres forces. Andronic cherchait désormais des secours extérieurs, d'abord celui du Khan mongol de Perse, Ghazan, à qui il offrit une de ses bâtardes en mariage, mais Ghazan mourut (31 mai 1302) ([2711]). En désespoir de cause, Andronic eut recours à l'une de ces compagnies de routiers, spécialistes de la guerre, qui louaient leurs services aux princes d'Occident.

L'Empire au pouvoir des Almugavares (1303-1311). — La paix de Caltabellota, signée par Frédéric III d'Aragon et Charles II d'Anjou (1302) ([2712]), laissait sans emploi la magnifique armée recrutée en Catalogne, en Aragon, en Navarre, que le roi d'Aragon avait prise à son service et qu'il ne se souciait pas de ramener en Espagne. Après leur licenciement, les Almugavares ([2713]) se donnèrent comme chef un aventurier, Roger de Flor ([2714]), ancien Templier, chassé de l'ordre pour vol, corsaire redoutable et propriétaire d'une compagnie de chevaliers. Au courant des affaires de la chrétienté, il fit offrir ses services à Andronic II et signa avec lui un traité qui lui attribuait le titre de mégaduc, la main d'une princesse impériale et pour ses troupes une solde double de celle des mercenaires habituels, payable 4 mois à l'avance ([2715]).

En septembre 1303 la flotte qui portait les routiers, leurs femmes et leurs enfants arriva à Constantinople ([2716]) et dès les premiers jours ces nouveaux alliés se montrèrent sous leur véritable jour en massacrant les Génois qui réclamaient à Roger de Flor le paiement des sommes qu'il leur avait empruntées ([2717]). Andronic II se hâta de les faire passer en Asie, où les émirs turcs, ne trouvant plus de résistance, poussaient leurs courses jusqu'au Bosphore en réduisant les populations en esclavage ([2718]).

Débarqués à Cyzique (janvier 1304), les Catalans commencèrent par dégager cette ville assiégée par les Turcs, qu'ils massacrèrent ou capturèrent ([2719]), et y passèrent l'hiver, non sans molester les habitants, auxquels Roger de Flor distribua 100 000 onces d'or d'indemnité avant son départ ([2720]). Leur véritable campagne commença en avril 1304 : en quelques mois ils délivrèrent l'Asie Mineure des Turcs que leurs chevaliers et leurs piétons attaquaient à l'arme blanche et chargeaient avec une telle furie qu'ils n'avaient pas le temps de se servir de leurs arcs et de leurs flèches ([2721]). Ils parvinrent ainsi jusqu'au pied du Taurus cilicien, où ils livrèrent aux Portes de Fer une bataille sanglante qui acheva de désorganiser les forces des Turcs, réduits à s'enfuir dans les montagnes en abandonnant de nombreux morts et un immense butin (août 1305) ([2722]).

La contrepartie de ces victoires était la mésintelligence croissante entre les indigènes et les Catalans dont les excès étaient souvent pires que ceux des Turcs, mais les Grecs n'étaient pas moins répréhensibles : les habitants de Magnésie pillèrent pendant l'absence des routiers les magasins où Roger de Flor avait entassé son butin. A leur retour, les Catalans trouvèrent les portes fermées et ils allaient assiéger la ville avec des machines de guerre quand le basileus les rappela en Europe pour marcher contre les Bulgares ([2723]).

Andronic II était en effet en mauvais termes avec le tsar Théodore Sviétoslav, fils de Terter, qui avait délivré la Bulgarie tombée sous le joug des Mongols (1285-1293) ([2724]), et lui avait opposé plusieurs prétendants ([2725]). En cette année 1305 Sviétoslav avait envahi le territoire impérial et menaçait les ports de la mer Noire. Michel IX, qui lui fut opposé, se fit d'abord battre près d'Andrinople, puis ayant levé de nouvelles troupes en faisant fondre sa vaisselle, il infligea une défaite aux Bulgares ([2726]). Cependant sa victoire était loin d'être décisive et ce fut ce qui porta Andronic à appeler les Catalans à la rescousse, mais, à cette nouvelle, les troupes de Michel IX éclatèrent en murmures et le jeune basileus écrivit à son père que l'arrivée des routiers dans son camp serait le signal de la révolte de son armée ([2727]).

Cependant les Catalans, après avoir passé l'Hellespont, s'étaient arrêtés dans la péninsule de Gallipoli. Andronic, renonçant à les faire marcher contre les Bulgares, avait résolu de les renvoyer en Asie ([2728]), mais ils étaient hostiles à ce projet et réclamaient le paiement de la solde promise. Roger de Flor, qui avait été porter leurs doléances à Constantinople, n'en rapporta que de faibles sommes et en monnaie de mauvais aloi ([2729]). Au même moment débarquait à Madyte un nouveau chef qui amenait des renforts, Bérenger d'Entença, d'une des premières familles de la noblesse d'Aragon. En réalité il était l'agent de Jayme II, roi d'Aragon, et de Frédéric III de Sicile, qui, après avoir reçu des renseignements sur les exploits des Almugavares, voulaient se servir d'eux pour conquérir des positions en Orient ([2730]). Roger de Flor paraît avoir redouté ce personnage et, pour se faire bien voir de lui, il lui céda avec l'autorisation d'Andronic sa dignité de mégaduc (25 décembre 1306) ([2731]). Le conflit qui s'était élevé entre le basileus et les routiers semblait en voie d'apaisement, quand, Andronic s'étant plaint des immenses sacrifices qu'il avait faits pour les Catalans, Bérenger le prit de très haut et quitta Constantinople en jetant à la mer le bonnet de mégaduc, insigne de sa dignité ([2732]).

Cette rupture avec éclat et probablement voulue mettait Andronic dans la situation la plus critique : en janvier 1307 il apprenait que Roger fortifiait la péninsule, que les Turcs bloquaient de nouveau Philadelphie, que le roi de Sicile Frédéric III préparait une expédition contre Constantinople et avait envoyé des navires à Gallipoli ([2733]). Dans son désarroi Andronic ne vit d'autre moyen de salut que de s'appuyer sur Roger de Flor, auquel il conféra la dignité de César après avoir signé avec lui un nouveau traité : Roger recevrait en fief les provinces d'Asie avec une forte rente; de son armée il ne garderait que 3 000 hommes, avec lesquels il marcherait de nouveau contre les Turcs ([2734]).

Tout semblait réglé et Roger faisait déjà passer ses troupes en Asie, mais avant son départ il voulut par une véritable bravade aller saluer Michel IX, campé près d'Andrinople, dont il n'ignorait pas l'hostilité à son égard. Très bien reçu par le jeune basileus qui dissimulait sa colère, il fut assassiné avec toute sa suite dans un festin (7 avril 1307) ([2735]). En même temps des Turcoples et des Alains envoyés à Gallipoli surprenaient les routiers dispersés, en massacraient un grand nombre et enlevaient leurs chevaux au pâturage ([2736]).

Aucun événement ne pouvait être plus néfaste pour l'Empire. Ce crime déchaîna les fureurs des Catalans dont les représailles terribles achevèrent la désorganisation de l'État byzantin et bouleversèrent toute la péninsule des Balkans pendant plusieurs années : ils frayèrent ainsi la voie aux Osmanlis.

Ils commencèrent par massacrer tous les habitants de la presqu'île de Gallipoli tombés entre leurs mains, élurent comme chef Bérenger d'Entença et organisèrent un rudiment d'État avec un sceau à l'effigie de saint Georges, patron des croisés ([2737]). Avec une flottille Bérenger ravagea les côtes de la Propontide en massacrant les habitants, mais à son retour il fut fait prisonnier par des Génois ([2738]). D'autre part Michel IX essayait d'attaquer les Catalans, mais se fit battre à Apros, au sud-ouest de Rodosto, et perdit la plus grande partie de son armée ([2739]). L'empereur n'ayant plus de troupes à leur opposer, les Catalans se répandirent librement en Thrace, pillant, brûlant, ravageant, massacrant avec une cruauté inouïe, réduisant les survivants en esclavage, plaçant leur quartier général à Rodosto et allant incendier les chantiers de construction de la marine impériale au-delà de Constantinople ([2740]). Leur armée se renforçait sans cesse d'aventuriers de tous pays, de déserteurs grecs, d'Italiens et même de Turcs venus d'Asie Mineure sur l'invitation des Catalans, qui furent ainsi les premiers à introduire en Europe ([2741]). En outre de nouveaux Almugavares furent amenés par Fernand Ximénès de Arenos, qui s'établit à Madyte, tandis que Bérenger de Rocafort occupait Rodosto et que l'historien de l'expédition, Ramon Muntaner, était gouverneur de Gallipoli ([2742]).

Ils vécurent ainsi pendant deux ans et demi, passant l'hiver en orgies grossières et repartant au printemps pour des expéditions qui réussissaient toujours, grâce à la rapidité foudroyante de leur marche et à l'effet de surprise ([2743]). Une tentative du Génois Spinola pour attaquer Gallipoli (juillet 1308) échoua complètement ([2744]). En revanche Bérenger d'Entença, dont la rançon avait été payée par le roi don Jayme, revint se mettre à la tête de la Compagnie et fit une démonstration insolente devant Constantinople épouvantée ([2745]).

Cependant les ressources de la péninsule de Gallipoli étaient épuisées et, au dire de Muntaner, le pays étant dévasté à dix lieues à la ronde, les Almugavares ne pouvaient plus y subsister. Tous les chefs étaient d'accord pour quitter le pays lorsque dans l'été de 1308 l'infant Fernand d'Aragon, neveu de Frédéric III de Sicile, débarqua à Gallipoli en excipant des pouvoirs qu'il avait reçus de son oncle, qui lui conférait le commandement de la Compagnie et lui interdisait de conclure aucun traité sans son assentiment. Bérenger d'Entença, Ximénès et Muntaner reconnurent ses pouvoirs, mais Rocafort lui opposa un refus inébranlable ([2746]), et lorsque l'exode des Almugavares commença, l'armée était profondément divisée : après le passage de la Maritza, malgré les précautions ordonnées par l'infant, les troupes d'Entença se trouvèrent en contact avec celles de Rocafort : il s'ensuivit une bataille au cours de laquelle Entença fut tué ([2747]). Ximénès, menacé à son tour, abandonna l'armée et se réfugia à Constantinople, où Andronic le maria à l'une de ses nièces et le créa mégaduc ([2748]).

Constantinople était libérée de ses terribles hôtes, séparés désormais en deux armées distinctes à la recherche de nouvelles aventures. Après avoir menacé inutilement Thessalonique ([2749]), Rocafort avec la plus grande partie de l'armée s'établit dans la péninsule de Kassandreia, dont il pilla les alentours sans épargner même les couvents de l'Athos ([2750]). L'infant don Fernand et Muntaner, partis de Thasos sur la flotte, firent escale à Nègrepont où se trouvait une escadre vénitienne ainsi qu'un agent de Charles de Valois, prétendant au trône latin de Constantinople, Thibaud de Chépoy. L'infant, arrêté et enchaîné, fut envoyé au duc d'Athènes, Guy de la Roche, qui, en représailles du pillage du port thessalien d'Amyros, le fit jeter dans un cachot ([2751]). Attaquées par les Vénitiens, les galères catalanes furent délestées de leur butin, et Thibaud de Chépoy livra les prisonniers, dont Muntaner, à Rocafort avec lequel il fit alliance ([2752]) au nom de Charles de Valois. Il ne tarda pas d'ailleurs à se brouiller avec ce chef autoritaire et ambitieux; les capitaines catalans, auxquels Rocafort était devenu odieux, le livrèrent à Thibaud de Chépoy qui l'expédia à Naples, dont le roi, Robert d'Anjou, l'emprisonna à Aversa jusqu'à la fin de ses jours ([2753]).

L'odyssée des Almugavares approchait de son terme. Les ressources de la presqu'île de Kassandreia étant épuisées et Thessalonique imprenable ([2754]), ils gagnent la Thessalie sous la conduite de Thibaud de Chépoy. Là ils sont l'objet d'enchères de la part du souverain du pays, le sébastocrator Jean l'Ange, allié d'Andronic II et du despote d'Épire contre les États français de Grèce ([2755]), et de la part de Gautier de Bryenne, duc d'Athènes, désireux justement de recouvrer les places de Thessalie méridionale enlevées à son État par les Grecs et de placer Jean l'Ange sous sa suzeraineté ([2756]). Ils traitent d'abord avec le sébastocrator et usent de son hospitalité avec si peu de discrétion que Thibaud de Chépoy, dégoûté de leur indiscipline, les abandonne ([2757]), puis Gautier de Bryenne leur fait des propositions si avantageuses qu'ils lui donnent la préférence ([2758]). En six mois ils reprennent 30 places enlevées au duché d'Athènes ([2759]), mais quand vient l'heure du règlement des comptes, Bryenne en attache 500 à sa maison et renvoie les autres ([2760]). Il ne tarda pas à s'en repentir. Sentant la vengeance prochaine, il fit appel à toute la chevalerie franque de l'Achaïe et des îles, mais ces brillants escadrons, attirés dans les marécages du lac Copaïs, y furent massacrés presque entièrement par les piétons catalans et Gautier lui-même y trouva la mort (13 mars 1311) [2761]. La poursuite des fuyards permit aux vainqueurs d'occuper Thèbes et Athènes où ils s'établirent. A leur demande, le roi Frédéric III leur envoya son fils Manfred qui prit le titre de duc d'Athènes et fonda en Grèce un État catalan qui devait durer 80 ans [2762].

Le désarroi de l'Empire (1308-1321). — Le passage des Almugavares à travers l'Empire, plus désastreux que celui de plusieurs croisades, acheva de lui enlever toute possibilité de redressement. Le chroniqueur catalan Ramon Muntaner résume ainsi l'œuvre destructive de ses compatriotes : « Nous épuisâmes toute la Romania, car, sauf les « villes de Constantinople, Andrinople, Christopolis-Cavalla et Salonique, il n'y eut cité qui ne fût mise par nous « à feu et à sang... » [2763]. La révolte des Almugavares, qui nous reporte à celle des milices gothiques du Ve siècle, eut pour conséquences de nouveaux démembrements de l'Empire. Andronic II, comme le remarque Muntaner [2764], n'eut pas le bénéfice de la libération de l'Asie Mineure. Les Catalans partis, les Turcs reparurent, reprirent leurs positions et firent de nouvelles annexions.

Ce fut ainsi que les Osmanlis pénétrèrent en 1308 dans la péninsule de Nicomédie, investirent Brousse, repoussèrent une invasion de Mongols suscitée par le basileus et annexèrent à leur milice ceux qui avaient été faits prisonniers [2765]. Une perte encore plus désastreuse fut celle d'Éphèse, prise par un allié d'Osman, l'émir Saïsan, qui viola la capitulation et pilla le célèbre trésor de Saint-Jean [2766]. Enfin l'île de Rhodes, devenue un véritable repaire de pirates et qui n'était rattachée à Constantinople que nominalement, fut conquise par les Hospitaliers, qui avaient dû quitter l'île de Chypre à la suite de conflits avec le roi Henri II. Ils avaient offert à Andronic de tenir Rhodes sous sa suzeraineté, mais avaient essuyé un refus et le basileus envoya même des secours à la cité de Rhodes, qui fut prise après un long siège le 15 août 1310 [2767].

Une puissance nouvelle allait donc prendre part à la lutte contre la marine turque, mais, loin d'en rechercher l'alliance, le gouvernement impérial ne lui manifestait que de l'hostilité.

Les provinces d'Europe n'étaient pas moins troublées

que l'Asie Mineure. Les Almugavares avaient laissé derrière eux des bandes de Turcs qui continuaient à ravager la Thrace et interceptaient les communications entre Constantinople et Salonique. Andronic traita avec leur chef, Halil, mais au passage de l'Hellespont un officier impérial, violant les conventions, voulut lui reprendre son butin, d'où une bataille dans laquelle Michel IX perdit ses bagages et fut mis en déroute. Les Turcs continuèrent à occuper la région, qui resta trois ans sans être cultivée (1311-1314). Il fallut tout ce temps à Andronic pour équiper et exercer une nouvelle armée qui, commandée par un excellent chef [2768], et grâce au secours des Serbes, parvint à encercler les Turcs dans la péninsule de Gallipoli et à détruire leur troupe qui ne comprenait pas plus de 1 800 guerriers [2769].

Cet épisode en dit long sur la détresse de l'État byzantin et l'impuissance à laquelle il était réduit. C'est ce qui explique qu'Andronic ait été incapable de secourir son gendre Miloutine qui, après avoir enlevé Durazzo aux Angevins, était menacé par une coalition du roi de Hongrie Charles-Robert [2770] et de son oncle Philippe de Tarente, à qui Charles de Valois, son beau-père, avait cédé ses droits sur l'Empire latin [2771]. Le pape fit prêcher la croisade en Albanie contre les Serbes schismatiques. Miloutine perdit Belgrade et un territoire en Bosnie [2772]. Après sa mort (1321) son successeur Étienne Detchanski, ne pouvant plus compter sur Byzance, chercha des alliances en Occident et négocia avec le pape.

La situation intérieure n'était pas moins troublée et les querelles religieuses y tenaient toujours une grande place. En 1307, à l'instigation du patriarche Athanase, Andronic II expulsait les Frères Mineurs établis à Constantinople depuis 1220 [2773]. Le schisme arsénite se perpétuait et ses tenants étaient irréductibles en dépit des tentatives du basileus et des patriarches pour les réintégrer dans l'Église [2774]. A la suite d'un véritable mouvement de folie mystique, le peuple exigea le rétablissement d'Athanase au patriarcat et força Jean Cosmas à démissionner (23 août 1304) [2775], mais Athanase ne put se maintenir au pouvoir et dut se retirer en 1312 [2776]. L'Église tomba alors dans l'anarchie : en onze ans (1312-1323) le patriarcat changea cinq fois de titulaire et resta vacant deux fois (1315-1316) (1323-1324) ([2777]).

Plus désastreuses encore allaient être les conséquences des discordes de la famille impériale. Le jeune Andronic, fils de Michel IX et de la sœur du roi Héthoum, né vers 1296, avait été longtemps le favori de son aïeul, puis la vie désordonnée qu'il mena dans sa vingtième année, sa passion pour la chasse et le jeu, ses emprunts aux Génois et même une tentative de complot pour se constituer un apanage le firent tomber en disgrâce. Après de violentes altercations il y eut cependant une réconciliation entre Andronic II et son petit-fils (1318) ([2778]), mais elle ne devait pas durer longtemps. Deux ans plus tard, par une fatale méprise, des bravi, apostés par le jeune prince pour tuer un rival qui cherchait à lui enlever sa maîtresse, égorgèrent son propre frère, le despote Manuel. A cette nouvelle, Michel IX, malade à Thessalonique, mourut de chagrin (1er octobre 1320) ([2779]).

Andronic II, exaspéré, voulut exclure son petit-fils du trône et lui substituer un bâtard de son second fils Constantin. Averti par celui-là même chargé de l'espionner, le jeune Andronic s'entendit avec le grand-domestique Jean Cantacuzène et d'autres amis : il se forma bientôt un parti pour soutenir ses droits et il eut l'appui du Kral serbe Miloutine (1320) ([2780]). Le basileus prit peur et résolut de condamner son petit-fils à la prison perpétuelle : il le fit comparaître devant un tribunal de hauts dignitaires (5 avril 1321) ; mais effrayé par la présence des conjurés, après lui avoir fait de violents reproches, il lui fit grâce. Le jeune Andronic demanda un sauf-conduit pour ses amis, mais se vit opposer un refus formel ([2781]). Alors, ne se sentant plus en sûreté, il s'enfuit à Andrinople où ses partisans vinrent le rejoindre ([2782]). Ce fut le signal de la guerre civile.

IV. LA PÉRIODE DES GUERRES CIVILES (1321-1355)

La guerre civile fut le résultat naturel de l'anarchie et du désordre dus à la politique somptuaire de Michel Paléologue, à la faiblesse et aux maladresses d'Andronic II.

En 34 ans on compte 21 ans de guerres civiles, séparées en deux périodes par le règne réparateur, mais trop court, d'Andronic III : la guerre des deux Andronic (1321-1328) et la révolte de Jean Cantacuzène (1341-1355). Ces troubles continuels achevèrent la désorganisation de l'Empire et paralysèrent sa défense, mais leur résultat le plus néfaste fut l'intervention des étrangers dans ces querelles intestines, ainsi que les démembrements territoriaux qui en résultèrent. Jamais l'Empire ne put se relever de cette crise.

La guerre des deux Andronic (1321-1328). — Réfugié à Andrinople, le jeune Andronic vit bientôt se grouper autour de lui une armée de mécontents, alors que le vieil empereur, surpris comme toujours par les événements, ne savait quel parti prendre, exigeait un nouveau serment de fidélité des dignitaires, faisait excommunier les rebelles ([2783]), puis se décidait à transiger, offrant même d'abdiquer et de se faire moine : un traité fut signé, qui partageait le territoire de l'Empire entre les deux princes ([2784]) (juin 1321). Mais Andronic II n'était pas sincère et entretenait un espion qui le renseignait sur tous les faits et gestes de son petit-fils. La découverte de cette intrigue entraîna la rupture et la guerre commença (août 1321) ([2785]).

En fait cette lutte se poursuivit en deux campagnes, séparées par un nouvel accommodement qui dura cinq ans (1322-1327). L'attaque vint du vieil empereur qui commença à reprendre les villes abandonnées à son petit-fils. Celui-ci, qui avait assiégé en vain Héraclée et que ses troupes ne voulaient plus suivre, se trouva dans une position critique, démuni d'argent et tombé malade à Didymotika ([2786]). Il fut sauvé par son fidèle Cantacuzène qui l'aida de ses deniers, et au printemps de 1322 il put marcher sur Constantinople et s'emparer facilement des villes qui en défendaient l'accès ([2787]). Partout il était bien accueilli en promettant aux villes et aux paysans des remises d'impôts. A Thessalonique les habitants se déclarèrent pour lui et lui livrèrent son oncle, Constantin, qu'Andronic II voulait déclarer héritier du trône ([2788]). Son petit-fils mit en fuite un corps de Turcs envoyé à sa rencontre et poursuivit sa marche. Menacé d'être assiégé dans Constantinople, le vieil empereur demanda la paix, qu'Andronic le Jeune accepta en montrant une grande modération ([2789]) (juillet 1322).

Cette fois la paix parut sincère : laissant Constantinople et sa région à son aïeul, Andronic le Jeune se retira à Didymotika et s'y occupa loyalement de la défense de l'Empire. Profitant de la guerre civile, le tsar bulgare Georges Terter II, bien que neveu par sa mère du jeune Andronic, avait envahi la Thrace, occupé Philippopoli et poussé jusqu'à Andrinople. Le jeune Andronic le força à battre en retraite, fit une incursion en Bulgarie ([2790]). Terter II étant mort sans héritier (1323), le pouvoir fut disputé entre les boyards ([2791]). Andronic le Jeune essaya de recouvrer Philippopoli et dut en lever le siège, mais la ville fut prise peu après par un de ses lieutenants, Georges Bryenne ([2792]). Un des prétendants au trône bulgare, Boeslav, battu par son rival Michel Šišman, d'origine comane, se réfugia à Constantinople. La guerre continua avec Šišman et, les deux empereurs n'ayant pas d'armée à lui opposer, elle menaçait d'être désastreuse pour eux, lorsque le nouveau tsar, pour légitimer son pouvoir, épousa la veuve de Sviétoslav, Théodora, fille d'Andronic II, et fit la paix avec l'Empire ([2793]).

Jamais une pareille cordialité n'avait régné entre les deux Andronic. Le vieil empereur faisait couronner solennellement son petit-fils, l'associait à l'Empire ([2794]) et, sa femme, Irène de Brunswick, étant morte en 1324, le remariait à la sœur du comte de Savoie, Jeanne (1326) ([2795]), mais, malgré la fin de la guerre civile, la situation de l'Empire ne s'améliorait pas. Les provinces d'Europe étaient toujours infestées de bandes turques et Andronic III était obligé de leur livrer bataille pour ramener sa nouvelle épouse de Constantinople à Didymotika ([2796]). En Asie Mineure le petit État osmanli continuait à élargir son territoire et, au moment de la mort d'Osman, s'emparait de Brousse (6 avril 1326) ([2797]), qui fut sa première acquisition importante et dont le successeur d'Osman, Ourkhan, fit la capitale de son État, encore l'un des plus faibles de l'Anatolie.

La paix entre les deux empereurs semblait du moins définitive, lorsque Andronic III apprit que son aïeul, excité par le grand-logothète Théodore Métochitès et le protovestiaire Andronic Paléologue, préparait une nouvelle guerre contre lui ([2798]). A la liste de griefs qui lui fut adressée il répondit en demandant à venir se justifier. Mais l'accès de Constantinople lui fut interdit et le patriarche qui le soutenait fut enfermé dans un monastère ([2799]). Cette fois l'étranger intervint dans la querelle : Andronic III eut pour lui le tsar Michel Šišman, tandis que son aïeul avait signé un traité d'alliance avec le nouveau Kral serbe Étienne Detchansky ([2800]).

Après avoir épuisé tous les moyens de conciliation ([2801]), Andronic III entra en campagne et attaqua l'armée de son aïeul, qui se trouvait en Macédoine. Il débuta par un magnifique succès, la prise de Thessalonique, où il fut appelé par les habitants, et qui entraîna la reddition de la plupart des places macédoniennes (janvier 1328) ([2802]). Il marcha alors sur Constantinople où il pénétra avec la complicité d'un gardien des murailles dans la nuit du 24 mai ([2803]). Il témoigna le plus grand respect à son aïeul, qui conserva tous les dehors de la souveraineté et vécut dans la retraite jusqu'en 1332 ([2804]).

Le règne d'Andronic III (1328-1341). — Le règne d'Andronic III ne fut qu'une période d'accalmie entre deux guerres civiles. Conscient des fautes de son aïeul, Andronic III travailla avec une véritable ardeur à relever l'Empire et réussit dans une certaine mesure à l'arrêter sur la pente du précipice, mais ses ressources étaient insuffisantes et son règne fut trop court. Il eut pour principal collaborateur Jean Cantacuzène, qui fut pour lui un ami fidèle et lui inspira ses mesures les plus utiles. Andronic voulait l'associer à la couronne ([2805]), mais il refusa, pour son malheur et celui de l'Empire ([2806]). D'une famille noble, alliée aux Paléologues, il mit au service d'Andronic III son expérience de la guerre, ses talents d'homme d'État et de diplomate. Il était en même temps grand-domestique, chef de l'armée et grand-logothète, directeur de l'administration intérieure, mais il se démit de cette charge en faveur d'Alexis Apocauque, Bithynien d'origine obscure, qui s'était enrichi rapidement dans l'administration des salines impériales. Sur le point d'être poursuivi pour malversations, Apocauque s'attacha à la fortune d'Andronic III qui le créa parakimomène en 1321, mais qui le considérait comme un aventurier. Regardé comme un habile financier, il dut beaucoup à la protection de Cantacuzène, qu'il devait trahir dans la suite ([2807]). Très ambitieux, il réussit par ses intrigues à se faire créer mégaduc et gouverneur de Constantinople contre le gré de l'empereur ([2808]).

Maître du pouvoir, Andronic III rétablit Isaïe au patriarcat ([2809]) et n'exerça guère de représailles sur ceux qui l'avaient desservi. Il libéra même le traître Syrgiannis, condamné par Andronic II à la prison perpétuelle ([2810]), mais il trouva excessif que Cantacuzène le mît à la tête des armées d'Occident pendant sa maladie ([2811]). Il n'exerça pas longtemps cette charge : accusé d'un complot, Syrgiannis fut jugé par le basileus en personne, mais parvint à s'enfuir à Nègrepont et fut tué en faisant la guerre à l'Empire dans les troupes du Kral serbe ([2812]).

La mesure la plus importante du règne d'Andronic III fut sa réforme judiciaire, qui devait lui survivre ([2813]). Il s'efforça aussi de relever de leurs ruines les nombreuses villes dévastées par la guerre et en fonda même de nouvelles, mais il mourut avant d'avoir pu assurer la défense de la Thrace en transformant Arcadiopolis (Lulle Bourgas) en une puissante forteresse ([2814]).

Excellent soldat, entraîné à tous les exercices du corps, commandant lui-même ses troupes, Andronic III passa une bonne partie de son règne à faire la guerre et parvint à améliorer les positions de l'Empire dans la péninsule des Balkans.

Cependant sa première tentative ne fut pas heureuse : cherchant à exploiter le différend serbo-bulgare ([2815]), il entra dans une coalition formée par Šišman contre le Kral Étienne et fut entraîné dans la défaite des Bulgares à Velbŭžd (Kustendjil) (juillet 1330) : Michel Šišman fut tué au cours de l'action ([2816]). Le Kral vainqueur s'empara de Nisch et d'une partie de la Macédoine occidentale, renvoya la sœur d'Andronic III à Constantinople, tira la sienne de la prison où Šišman l'avait reléguée et l'installa à Tirnovo comme régente au nom de son fils mineur. Les Bulgares, ne voulant pas obéir au petit-fils d'un Serbe, la chassèrent et élurent tsar un neveu de Michel Šišman, Jean Alexandre ([2817]) (printemps de 1331).

Le nouveau tsar fournit à Andronic l'occasion de réparer son échec en reprenant des villes frontières cédées à l'Empire. Andronic attaqua aussitôt la Bulgarie et s'empara du port de Mesembria, ainsi que de quelques places à la frontière des Balkans, mais ne put prendre Anchiale. Alexandre offrit de céder cette ville en échange de Diampolis (Pliska), puis, le traité signé, attaqua les Grecs et les força à battre en retraite; il fit savoir en outre qu'il observerait le pacte si le basileus donnait sa fille en mariage à son héritier. Andronic y consentit, bien qu'à contrecœur ([2818]) (juillet 1332), mais le mariage ne fut célébré qu'en 1338 ([2819]).

Andronic III fit en outre des acquisitions fructueuses dans les régions occidentales de la péninsule des Balkans. En 1336, il va réprimer les brigandages des Albanais avec un corps de Turcs habitués à la guerre de montagne et fait une immense razzia de leurs troupeaux ([2820]). En même temps il négocie avec les habitants de l'Acarnanie, sujets du despotat d'Épire, et annexe cette province à l'Empire ([2821]), mais il doit la défendre trois ans plus tard contre un soulèvement d'une partie des habitants en faveur de l'héritier légitime du despotat, le jeune Nicéphore l'Ange, et arrive à soumettre les villes rebelles ([2822]). Le danger était d'autant plus grand que Nicéphore était réfugié auprès de Catherine de Valois, veuve de Philippe de Tarente et impératrice titulaire de Constantinople, qui débarqua en Achaïe avec une armée en 1338, mais, mal secondée par ses vassaux, ne put entamer le territoire grec ([2823]).

Malheureusement, obligé de s'occuper exclusivement de la défense des provinces d'Europe, Andronic III ne put s'opposer aux progrès des Turcs en Asie Mineure et ce fut sous son règne que l'Empire fut chassé de ses dernières positions à l'intérieur de la péninsule. Au moment de son avènement, l'émir le plus puissant était celui de Phrygie (Kermian) qui résidait à Kutayeh et dont l'armée était la plus nombreuse ([2824]). Il était assez puissant pour que le gouverneur mongol de Roum, Timourschah, qui faisait des incursions jusqu'à la Méditerranée, se fût abstenu de l'attaquer (1327) ([2825]). Andronic III se rendit à Cyzique pour signer avec lui un véritable traité de sauvegarde des territoires byzantins ([2826]).

Malgré la prise de Brousse, l'État osmanli était encore l'un des plus petits, mais au moment où Andronic triomphait de son aïeul, Ourkhan assiégeait Nicée. Arrivé en hâte avec une armée improvisée, Andronic perdit la bataille de Pelekanon ([2827]) et Nicée fut prise le 2 mars 1331 ([2828]). Ourkhan attaqua ensuite Nicomédie : à plusieurs reprises Andronic le força à en lever le siège, mais la place finit par tomber entre ses mains, en 1337 au plus tard ([2829]). L'étendue des conquêtes d'Ourkhan fut exagérée dans la suite par les historiens. Cependant vers 1340 il était déjà maître de 100 forteresses et avait porté sa frontière jusqu'aux environs de Scutari, non loin du Bosphore ([2830]). Il commençait même à s'agrandir aux dépens des autres émirs, et vers 1337 son intervention dans les affaires de l'émirat de Mysie lui valut la possession de Pergame ([2831]) et de plusieurs autres villes. Toutes ces annexions s'effectuaient sans qu'il y eût la moindre intervention de l'État byzantin.

Andronic III faisait en effet porter ses principaux efforts sur les questions maritimes qui étaient d'un intérêt vital pour Constantinople. Parmi les maux dont souffrait l'Empire, le plus douloureux était la piraterie organisée par les émirs turcs des provinces maritimes, celui de Saroukhan, maître de Magnésie, Omour-beg, émir d'Aïdin établi à Smyrne, Khidr-beg d'Éphèse ([2832]). Depuis 1330 leurs agressions se multipliaient dans l'Archipel aussi bien contre le territoire byzantin que contre les possessions latines, Nègrepont, Crète vénitienne, duché de Naxos, tandis que les émirs de Carie, Lycie, Pamphylie étaient contenus par les Hospitaliers établis à Rhodes, Cos, Nisyros, et par la marine de Chypre ([2833]). En 1333 l'émir de Saroukhan dirige une flotte de 75 navires contre les côtes de Thrace; après avoir pillé Samothrace, les Turcs débarquent et se trouvent en face des troupes d'Andronic qui n'ose les attaquer, mais dont l'arrivée les détermine à se rembarquer. Un peu plus tard des pirates turcs s'en vont occuper Rodosto, à quelques heures de Constantinople, et il faut une expédition commandée par l'empereur en personne pour les en déloger ([2834]). L'année suivante une flotte turque débarque des troupes dans le golfe Thermaïque et il faut qu'Andronic et Cantacuzène, qui se trouvaient à Thessalonique, marchent à leur rencontre et les rejettent à la mer ([2835]). Enfin dans l'été de 1337 ce sont les environs immédiats de Constantinople qui sont assaillis par une bande de Turcs levés dans l'État osmanli et c'est Jean Cantacuzène qui les repousse et, après un combat acharné, les massacre presque entièrement ([2836]).

Pour mettre un terme à ces pirateries il eût fallu une marine de guerre, qui faisait défaut à l'Empire depuis les mesures néfastes d'Andronic II et que son petit-fils ne put rétablir qu'incomplètement. Les corsaires turcs avaient du moins affaire aux navires des deux frères Martin et Benoît Zaccaria, co-souverains de l'île de Chio, qu'Andronic II avait cédée à bail à leur grand-oncle en 1304. Ils inspiraient une véritable terreur aux Turcs dont ils capturaient les navires en grand nombre, mais à la faveur des troubles de l'Empire, Martin Zaccaria était devenu à peu près indépendant, avait exclu son frère du gouvernement de Chio, substituait ses armoiries à celles des Paléologues et frappait monnaie à sa seule effigie ([2837]). Effrayé des progrès de cette nouvelle puissance, Andronic III cita Martin à comparaître devant lui et, sur son refus, après avoir équipé une flotte de 105 navires, il parut devant Chio : après un essai de résistance, Martin fut fait prisonnier et emmené à Constantinople. Le basileus établit un gouverneur grec à Chio (1329) ([2838]). Quelques années plus tard il rétablissait son autorité dans l'île de Lesbos ainsi qu'à Phocée : Dominique Cattaneo, seigneur de la Nouvelle Phocée sous la suzeraineté impériale, allié aux chevaliers de Rhodes, au duc de Naxos, aux Génois de Galata, s'était emparé de l'île de Lesbos

La dernière renaissance et son échec

et se déclarait indépendant. Poussé par Cantacuzène, Andronic fit alliance avec des émirs turcs qui lui fournirent des navires et alla assiéger en même temps Mytilène et Phocée, mais ce fut grâce aux négociations de Cantacuzène avec l'amiral génois Spinola que les deux villes se rendirent ([2839]).

On voit par cet exemple à quel point la seule marine impériale était insuffisante et les États chrétiens qui se partageaient la possession de l'Archipel étaient trop désunis pour agir efficacement contre les pirates. Ce fut pour cette raison que Venise, dont les colonies d'Orient communiquaient difficilement entre elles, proposa aux papes Jean XXII (1316-1334) et Benoît XII (1334-1342) la formation d'une ligue navale des États chrétiens qui débarrasserait la Méditerranée orientale de la piraterie : c'était seulement à ce prix qu'une croisade était possible, mais il était essentiel que Byzance fît partie de la ligue, ce qui supposait un retour à l'union religieuse entre Constantinople et les papes ([2840]).

Or ce programme correspondait au désir d'Andronic III, que l'impératrice Anne de Savoie poussait à reconnaître l'autorité du pape. Michel Paléologue avait conclu l'Union pour éviter une croisade contre Constantinople : désormais l'Union aura au contraire pour objet de provoquer la croisade qui portera secours à l'Empire. C'est à cette époque que ce point de vue nouveau apparaît dans la politique impériale.

Déjà Andronic II, malgré son hostilité contre Rome, en était venu à la fin de son règne à exprimer au roi de France Charles le Bel son désir de négocier une nouvelle union (1327) ([2841]). Andronic III alla encore plus loin. En 1332 il se fit représenter aux conférences tenues à Rhodes par les envoyés de Venise et conclut une alliance contre les Turcs avec Venise et le grand maître des Hospitaliers. En 1334 le roi de France et le pape se joignaient à cette ligue navale ainsi que le roi de Chypre ([2842]). En même temps Andronic faisait part à Jean XXII de son désir d'union et le pape renvoyait à Constantinople les deux dominicains qui lui avaient porté les demandes du basileus. Mais tous ces projets échouèrent. Nicéphore Grégoras, désigné pour discuter avec les envoyés du pape, se déroba et les fit renvoyer sans réponse ([2843]). D'autre part Andronic III, qui avait rassemblé 20 navires dans l'Archipel, attendit en vain la flotte alliée toujours à l'ancre dans le port de Marseille. Jean XXII venait de mourir (4 décembre 1334) et Benoît XII qui lui succéda se borna à adresser des appels à la chrétienté en faveur des Arméniens de Cilicie menacés par les Turcs. En fait ce furent les discordes entre Gênes et Venise, ainsi que la rupture entre Philippe VI et Édouard III, qui firent échouer cette première ligue navale ([2844]).

Andronic III n'en chercha pas moins à renouer des relations avec le pape, mais sachant combien ses sujets étaient hostiles à l'Union, ce furent deux étrangers, le moine calabrais Barlaam et le Vénitien Étienne Dandolo, qu'il envoya secrètement à Benoît XII à Avignon. Barlaam plaida chaleureusement la cause des Grecs. Il chercha à persuader au pape que le seul moyen de les gagner était de leur envoyer d'abord des secours et il préconisa la réunion d'un concile œcuménique pour résoudre les difficultés, mais Benoît XII réfuta tous ses arguments et tout se borna à un échange de paroles (1339) ([2845]).

Les circonstances étaient d'autant plus défavorables à l'Union que tout Byzance, clercs et laïcs, était agité alors par les controverses entre les *hésychastes* (quiétistes), qui prétendaient arriver par une méthode appropriée à la vision de la divinité, et les humanistes imbus de la philosophie aristotélicienne, qui ne voyaient d'autre terrain apologétique que la démonstration ([2846]). Grégoire Palamas, moine de l'Athos, où s'était propagée la doctrine hésychaste, et Barlaam, Grec de Calabre émigré à Thessalonique, avaient rempli cette ville de leurs polémiques d'une âpreté singulière (1333-1339) ([2847]). A son retour d'Avignon, le Calabrais eut connaissance d'un écrit où Palamas exposait sa doctrine de la lumière divine incréée et prenait son adversaire à partie. Barlaam y vit une théologie hétérodoxe, rappelant d'anciennes hérésies. Après avoir écrit un traité pour le réfuter ([2848]), il alla à Constantinople accuser Palamas d'hérésie devant le patriarche Jean Calécas qui, médiocre théologien, l'accueillit fort mal, mais Barlaam remua si bien l'opinion qu'il fallut faire venir Palamas ([2849]).

Le 10 juin 1341 un concile fut tenu à Sainte-Sophie sous la présidence du basileus, mais il refusa de discuter le bien-fondé des doctrines en présence : il se borna à déclarer qu'il appartenait aux seuls évêques de statuer sur les dogmes et força Barlaam à faire des excuses aux moines qu'il avait attaqués [2850].

C'était une défaite pour Barlaam qui regagna l'Occident, mais loin d'apaiser les esprits, cette solution ne fit que rendre plus profondes les divisions qui régnaient dans le monde byzantin et qui allaient engendrer de nouvelles guerres civiles. Cinq jours après le concile de Sainte-Sophie, Andronic III mourait, âgé de 45 ans, laissant pour lui succéder un enfant de neuf ans sous la tutelle d'une impératrice que son origine occidentale et sa foi romaine avaient rendue impopulaire (15 juin 1341) [2851].

La révolte de Jean Cantacuzène (1341-1347). — Andronic III disparaissait à l'âge où un homme est en pleine vigueur, laissant inachevée la tâche de relèvement qu'il avait entreprise. Un seul homme, Jean Cantacuzène, était capable de continuer cette œuvre, mais il avait refusé d'être revêtu de l'autorité impériale qui lui eût été nécessaire pour réussir. Andronic III l'avait du moins désigné comme régent et l'impératrice Anne avait accepté cette décision. Maître du gouvernement, il voulait réorganiser l'armée, rétablir les finances, résister aux exigences des étrangers, achever la restauration de l'Empire [2852]. Malheureusement il avait compté sans les jalousies qu'il inspirait à ceux mêmes qui lui devaient leur fortune, à Alexis Apocauque, qui le comblait de flatteries, mais le détestait [2853], au patriarche Jean Calecas, qui lui devait son élection à laquelle le synode était opposé [2854]. Ce furent ces deux personnages qui le desservirent auprès d'Anne de Savoie en lui prêtant les plus mauvais desseins contre la famille impériale [2855]. Se sentant suspect, Cantacuzène offrit sa démission, qui fut refusée [2856], mais pendant une de ses absences les deux complices obtinrent de l'impératrice que Jean Cantacuzène fût destitué de toutes ses charges, sans pouvoir même venir se justifier à Constantinople [2857]. A cette nouvelle, Cantacuzène se fit proclamer empereur à Didymotika le 26 octobre 1341, jour de la fête de saint Démétrius, mais en faisant acclamer le nom de l'héritier légitime, Jean V, avant le sien ([2858]).

Une nouvelle guerre civile commençait, mais elle avait des causes plus profondes qu'une simple lutte pour le pouvoir. Cantacuzène représentait la grande noblesse terrienne, les archontes, contre lesquels il s'était formé au XIVe siècle dans la plupart des villes un parti démocratique et populaire composé de petits artisans, de marchands et même de paysans. Ce furent les rancunes de ces classes contre les nobles que les ambitieux comme Apocauque, type du parvenu sans scrupule, surexcitèrent, et c'est ce qui explique que cette deuxième guerre civile, à la différence de la première, eut les allures d'une guerre sociale. Elle eut d'ailleurs pour résultat d'achever la désorganisation intérieure et de livrer l'Empire à l'étranger, auquel chacun des deux partis faisait appel sans aucun scrupule ([2859]).

Cette guerre fut longue et décousue, les deux adversaires étant contraints et forcés par leurs partisans, qui faisaient échouer leurs tentatives d'accommodement ([2860]). Dans les deux camps d'ailleurs les ressources manquaient. Pour s'en procurer, Anne de Savoie fit régner une fiscalité intolérable, envoya au creuset les pièces du trésor, confisqua les biens des nobles ([2861]). Ce fut surtout une guerre d'intrigues et de combinaisons diplomatiques dans lesquelles les alliances matrimoniales, la corruption des gouverneurs de places fortes tenaient une grande place. Dès son début la guerre eut le caractère d'un duel entre Apocauque, qui avait pour lui les classes populaires, et Cantacuzène, soutenu par les archontes, les moines et aussi les hésychastes.

Établi dans une forte position, à Didymotika ([2862]), bâtie en amphithéâtre sur un des derniers contreforts du Rhodope, arrosée par un affluent méridional de la Maritza, à l'entrée de la plaine de Thrace, Jean Cantacuzène organisa son armée et somma les commandants des places de Thrace et de Macédoine de reconnaître son autorité ([2863]).

Pendant la première partie de la guerre (hiver de 1341-fin 1344) il n'éprouva que des revers. Dès le début sa marche sur Constantinople est arrêtée par son échec devant Andrinople défendue par des Bulgares ([2864]), ainsi que par la défection de trois de ses principaux partisans ([2865]). A Constantinople Anne de Savoie fait couronner solennellement Jean V et confie le pouvoir à Apocauque, qui jette la mère de Cantacuzène dans une prison où elle meurt ([2866]). En mars 1342 Cantacuzène marche sur Thessalonique, mais il s'arrête à Drama en apprenant la nouvelle du mouvement démocratique dit des Zélotes, dirigé contre les nobles ([2867]). Entre-temps Cantacuzène s'en va faire alliance avec le Kral Étienne Douschan ([2868]) et attaque Thessalonique avec des troupes serbes, mais l'arrivée d'Apocauque avec une flotte et une armée le force à lever le siège et à se réfugier à Berrhoé (Verria) ([2869]). L'année suivante une nouvelle tentative pour s'emparer de la ville avec l'appui de la flotte et de l'armée de l'émir de Smyrne Omour-beg échoua encore ([2870]) et en novembre 1343 Jean Cantacuzène était de retour à Didymotika ([2871]).

Sa situation fut alors des plus critiques. Il ne pouvait plus compter sur l'alliance d'Omour-beg après la prise de Smyrne par la croisade de l'Archipel (28 octobre 1344) ([2872]). A l'instigation d'Anne de Savoie le Kral Étienne Douschan et le tsar Jean Alexandre envahissaient la Thrace. A la voix du patriarche, une armée de volontaires se forma à Constantinople et Apocauque, établi à Héraclée, tenta trois fois de faire assassiner Cantacuzène ([2873]). Mais à la fin de cette année la situation était rétablie. Les troupes d'Étienne Douschan étaient repoussées par les Turcs d'Omour-beg, qui n'avaient pu se rembarquer faute de navires, Cantacuzène forçait les Bulgares à repasser la Maritza et réoccupait les places qu'ils avaient prises : Jean Alexandre signait la paix ([2874]) et Anne de Savoie elle-même aurait volontiers traité si Apocauque ne s'y était opposé ([2875]).

A partir de ce moment la situation de Cantacuzène se raffermit, mais les opérations sont lentes, les deux parties étant également faibles. En janvier 1345 il parvient à occuper Andrinople; mais grâce à ses intelligences avec le gouverneur ([2876]) et ne pouvant plus compter sur l'appui d'Omour-beg, il s'adresse à Ourkhan, lui fiance sa fille Théodora et introduit 6 000 Osmanlis en Europe, au grand émoi des Génois de Galata ([2877]); avec ces renforts il serre de près Constantinople. Le meurtre d'Apocauque, assassiné dans la prison modèle qu'il visitait par les victimes elles-mêmes qu'il y avait enfermées (11 juin 1345) ([2878]) le débarrassait de son principal adversaire et désorganisait le parti d'Anne de Savoie. Cependant il se passa encore près de deux ans avant que Cantacuzène pût entreprendre l'opération décisive qui allait lui livrer Constantinople et l'Empire. Le vendredi 3 février 1347, à la septième heure de la nuit, ses partisans lui ouvraient les portes de la ville, le lendemain du jour où la régente, brouillée avec le patriarche Jean Calecas, l'avait fait déposer par le synode ([2879]).

Le règne de Jean VI (1347-1355). — Vainqueur de la guerre civile, maître de Constantinople, mais non de tout l'Empire, Jean Cantacuzène ne s'en trouvait pas moins dans la situation la plus difficile et pendant les huit ans que dura son pouvoir il lutta avec une incroyable énergie pour rétablir l'ordre et finalement succomba à la tâche.

Il avait d'abord à compter avec le sentiment légitimiste en faveur de Jean V, car pour beaucoup il n'était qu'un usurpateur. De là le traité qu'il conclut avec Anne de Savoie qui avait eu des velléités de se défendre au palais des Blachernes, mais finit par capituler : Cantacuzène était reconnu comme le collègue de Jean Paléologue, qui lui serait cependant subordonné pendant dix ans [2880]. Une amnistie générale était proclamée et tous les sujets de l'Empire durent prêter un serment de fidélité aux deux souverains [2881]. Par là Jean VI cherchait à effacer toutes les traces de la guerre civile et à se présenter comme un empereur légitime, allant jusqu'à affirmer dans ses diplômes sa parenté avec la dynastie des Paléologues [2882].

Plus difficile était le rétablissement de l'ordre et de la prospérité. Les coffres de l'État étaient vides au point qu'on ne put même pas célébrer dignement les fêtes du couronnement de Jean VI et d'Irène, qui eut lieu dans l'église du Palais le 12 mai. Une tentative du basileus pour déterminer les notables de Constantinople à contribuer de leurs deniers au rétablissement des finances publiques se heurta à une incompréhension totale [2883]. De plus, en dépit des efforts de Jean VI, les deux camps de la guerre civile ne désarmaient pas. Les partisans de Cantacuzène étaient jaloux des faveurs accordées à leurs adversaires [2884]. L'indiscipline régnait partout et jusque dans la famille impériale. Le fils aîné de Cantacuzène, Mathieu, entreprenait de se constituer un apanage en occupant Didymotika et plusieurs villes de Thrace : il fallut les remontrances de l'impératrice pour le faire renoncer à son dessein [2885].

La sécurité ne régnait plus dans les provinces ; des bandes de Turcs infestaient toujours la Thrace et en 1348 les deux empereurs revenant d'une expédition sur la mer Noire durent livrer bataille à l'une d'entre elles et coururent un grand danger [2886]. Les résultats du règne d'Andronic III étaient compromis : l'île de Chio, qu'il avait si heureusement annexée, avait été occupée ainsi que l'ancienne et la nouvelle Phocée, à la fin de la guerre civile, par le

La dernière renaissance et son échec

Génois Vignoso, au moment où les chefs de la croisade de l'Archipel allaient s'en emparer ([2887]).

D'autre part la deuxième ville de l'Empire, Thessalonique, restée au pouvoir des Zélotes, ne reconnaissait pas l'autorité de Jean VI et refusait d'admettre l'archevêque qu'il lui avait envoyé, Grégoire Palamas ([2888]). Ce fut seulement à la fin de 1350 que Cantacuzène, après l'expulsion des Zélotes, put y exercer sa souveraineté, mais après combien de péripéties et de difficultés, et de la manière la moins glorieuse, grâce au secours d'une flotte de corsaires turcs qu'il avait embauchés à l'embouchure du Strymon. Il put ainsi arriver à temps pour empêcher Étienne Douschan de s'emparer de la ville, que les Zélotes allaient lui livrer ([2889]).

L'occupation de Thessalonique par les Serbes eût mis en question l'existence même de ce qui restait de l'Empire. Étienne Douschan qui, pendant la guerre civile, avait conquis la Macédoine orientale, pris Serrès et Kavalla qui lui permettaient d'atteindre la mer Égée, rêvait comme autrefois le Bulgare Syméon de s'emparer de Constantinople et d'unir sous la même domination impériale les Serbes, les Grecs et tous les peuples balkaniques. Le dimanche de Pâques, 13 avril 1346, une assemblée d'évêques tenue à Skoplje institua comme patriarche des Serbes le métropolite de Peč, puis procéda au couronnement d'Étienne comme tsar ou basileus des Serbes et des Romains.

Tout à fait dans son nouveau rôle, Étienne se fit représenter sur ses monnaies en costume impérial, organisa une cour sur le modèle byzantin, confirma dans ses lois les dispositions des basileis ses prédécesseurs, relatives notamment aux privilèges accordés aux monastères et publia lui-même des chrysobulles en faveur des couvents de l'Athos passés sous sa domination avec la péninsule de Chalcidique ([2890]).

Avec cette jeune puissance qui disposait d'une solide armée, Cantacuzène ne pouvait lutter à armes égales. Il parvint du moins à arrêter son élan, mais avec l'aide des Turcs ses alliés habituels. Douschan s'étant emparé de Phères en Thessalie, Jean VI essaya de négocier avec lui, mais ses deux ambassades restèrent sans réponse (mars-avril 1348). Il obtint alors d'Ourkhan 10 000 Osmanlis qui repoussèrent les Serbes, mais mirent la région au pillage ([2891]). Douschan continua librement ses conquêtes sur le territoire de l'ancien despotat d'Épire qu'Andronic III et Cantacuzène avaient réannexé en 1336 : l'Épire, la Thessalie, l'Acarnanie, l'Étolie tombèrent entre ses mains et il fut bientôt le maître de la majeure partie des pays grecs ([2892]).

Jean Cantacuzène put du moins, comme on l'a vu, empêcher Douschan d'entrer à Salonique (fin 1348), mais ce fut seulement lorsqu'il fut maître de cette ville (octobre 1349) qu'il put prendre l'offensive, pendant que le tsar serbe était en train de conquérir la Bosnie et d'enlever Belgrade au roi de Hongrie ([2893]). Jean VI gagna certains boyards serbes et reprit successivement plusieurs places macédoniennes, Berrhoé (Verria), Édesse (Vodéna), la capitale serbe elle-même, Skoplje, Gynéco-Castro (Avret-Hissar) où il entra avec le jeune empereur ([2894]), dégageant ainsi les abords de Salonique. A la nouvelle de cette campagne, Douschan abandonna la Bosnie et revint en Macédoine (janvier 1350), mais ce fut pour négocier la paix. Une entrevue eut lieu entre lui et les deux empereurs et, après s'être fait réciproquement des reproches, les souverains signèrent un traité d'après lequel l'Acarnanie, la Thessalie et le sud-est de la Macédoine jusqu'à Serrès devaient faire retour à l'Empire ([2895]). Ces concessions du tsar serbe peuvent s'expliquer par les difficultés que lui suscitaient ses boyards. De plus il était tout à ses projets sur Constantinople et, sachant qu'il ne pourrait jamais s'en emparer sans l'appui d'une flotte, il recherchait l'alliance de Venise ([2896]). D'ailleurs la rupture entre Cantacuzène et Jean V, que Douschan ne manqua pas de soutenir, rendit caduc le traité qu'il venait de signer ([2897]).

Difficultés intérieures. — Tout en défendant la Romania contre l'ambition de Douschan, Jean VI devait faire face à de graves difficultés intérieures. La misère publique fut portée au comble par la propagation de la peste noire, qui semble être venue d'Asie centrale par l'intermédiaire du Kiptchak et des ports de la mer Noire et s'être propagée surtout par la navigation ; car, au témoignage de Nicéphore Grégoras et de Cantacuzène, qui en décrivent les symptômes, elle sévit surtout sur les côtes et dans les îles. La maladie, que l'on identifie avec la peste bubonique, gagna Constantinople en 1348 et y fit de nombreuses victimes, parmi lesquelles le plus jeune fils de Cantacuzène, Andronic ([2898]). On sait quels furent les ravages de la peste noire dans tout l'Orient et dans toute l'Europe, en France et en Angleterre ([2899]).

La question religieuse causait surtout des soucis à Jean VI. Le départ de Barlaam et le concile de Sainte-Sophie en 1341 n'avaient nullement apaisé la querelle hésychaste, qui rebondit au contraire à la fin de la guerre civile, à la suite des attaques du moine Akindynos contre Palamas, dont il avait été l'ami mais dont il réprouvait certaines affirmations ([2900]). Palamas fut condamné par un nouveau concile présidé par le patriarche Jean Calecas et, comme il était l'ami de Cantacuzène, Anne le fit jeter en prison (1345) ([2901]). Cependant au moment où Jean Cantacuzène s'emparait de Constantinople, la régente, brouillée avec le patriarche, l'avait fait déposer : Palamas libéré recouvrait sa faveur, ainsi que ses partisans ([2902]).

Telle fut la situation que Cantacuzène trouva après son entrée à Constantinople. Très favorable à Palamas, il fit confirmer par le synode la déposition de Jean Calecas, qui avait été après Apocauque son principal ennemi, et le remplaça par un hésychaste notoire, Isidore, archevêque de Monemvasia ([2903]), puis, pour faire cesser les polémiques, il convoqua un concile aux Blachernes (27 mai 1351). Akindynos et Isidore étaient morts ; le nouveau patriarche, Calliste, était un moine de l'Athos, borné et ignorant ([2904]). Le principal adversaire de Palamas était l'érudit Nicéphore Grégoras que Cantacuzène avait essayé en vain de gagner à ses vues. Dans ces conditions, le concile, qui dura 15 jours, ne pouvait aboutir qu'à la victoire de Palamas dont les contradicteurs furent injuriés grossièrement et maltraités ([2905]). Le basileus alla jusqu'à interner Grégoras au monastère de Chora et à l'empêcher d'écrire ([2906]). Le triomphe des hésychastes était complet.

L'hostilité génoise. — A toutes ces difficultés s'ajouta l'hostilité de la république de Gênes qui continuait ses efforts pour accaparer le monopole du commerce dans l'Archipel, à Constantinople, dans la mer Noire surtout, dont il s'agissait d'interdire l'accès aussi bien aux Vénitiens qu'aux Grecs. De là l'importance prise par la colonie génoise de Galata que l'imprudence de Michel Paléologue avait établie en face de Constantinople ([2907]) : elle était devenue une place forte, dont la vieille tour qui dominait son enceinte atteste encore aujourd'hui la puissance, et dans son port affluaient les navires qui désertaient les escales de la ville impériale ([2908]). Or Cantacuzène, réagissant contre la politique de laisser-aller d'Andronic II, ne s'avisait-il pas de créer une nouvelle marine impériale et d'abaisser les droits de douane afin de ramener l'activité dans le port de Constantinople! (2909) Voyant leur monopole en péril, les Génois de Galata n'hésitèrent pas à traiter l'Empire en ennemi. Le 15 août 1348, profitant d'une absence de Jean VI, ils envoyèrent un ultimatum inacceptable à l'impératrice Irène, coulèrent tous les navires grecs en vue, incendièrent les maisons de la banlieue de Constantinople et en commencèrent le siège en établissant un blocus rigoureux à l'entrée de la Corne d'Or (2910).

Cette « guerre de Galata » qui se prolongea jusqu'en mars 1349 fut extrêmement meurtrière et fit régner la famine dans la ville. Rentré à Constantinople (2911) au moment où un assaut général venait d'échouer, Cantacuzène improvisa une flotte, mais les navires mal construits furent coulés facilement par les Génois à l'entrée du Bosphore (5 mars 1349). Le basileus se préparait à construire de nouveaux navires quand le sénat de Gênes, qui était à la veille d'une rupture avec Venise, ordonna à la colonie de faire la paix en donnant satisfaction à l'empereur sur tous les points (2912).

La guerre entre Gênes et Venise. — Cette paix ne devait pas durer longtemps. Comme Andronic II autrefois, Jean VI se trouva englobé malgré lui dans les hostilités qui éclatèrent l'année suivante entre Gênes et Venise, et au moment où Jean V Paléologue, à la tête d'un parti légitimiste, recommençait la guerre civile. La cause du conflit entre les deux thalassocraties était une nouvelle tentative de Gênes pour expulser sa rivale de la mer Noire en barrant le Bosphore à l'endroit le plus resserré. Cantacuzène refusa de s'allier avec Venise, qui s'adressa au roi d'Aragon (2913).

Mais ce fut en vain que Jean VI chercha à conserver la neutralité. A la suite de l'attaque d'une flotte vénitienne contre Galata, les Génois bombardèrent les murs de Constantinople en y lançant d'énormes blocs de pierre. Le basileus fit rappeler la flotte vénitienne et signa un traité d'alliance onéreux pour l'Empire (août 1351) (2914).

Constantinople se trouva en effet exposée aux coups des Génois sans être soutenue par les Vénitiens. Ce fut ce qui arriva peu après la signature du traité, au moment d'une nouvelle attaque de Galata par la flotte de Nicolas Pisani qui laissa couler les navires byzantins par les Génois sans intervenir et battit en retraite devant la flotte de Doria :

La dernière renaissance et son échec

cet amiral génois put saccager Héraclée et Sozopolis sans défense (septembre 1351) [2915]. Pisani reparut en février 1352, renforcé de l'escadre de don Pédro IV, roi d'Aragon : un combat acharné eut lieu entre sa flotte et celle de Doria au milieu du Bosphore, mais il ne put forcer le passage et se retira en laissant Constantinople exposée aux représailles des Génois (15 février 1352). Abandonné ainsi, Jean Cantacuzène dut signer un traité par lequel il cédait aux Génois les places de Selymbria et d'Héraclée ainsi qu'un élargissement du territoire de Galata. L'accès de la mer Noire était interdit aux navires de Constantinople (6 mai 1352) [2916].

La reprise de la guerre civile. — Pendant que ces événements tragiques se passaient à Constantinople, Jean V Paléologue, dénonçant le traité conclu avec Cantacuzène, tenait la campagne dans les provinces. De Thessalonique où l'avait laissé Jean VI, il négociait avec Étienne Douschan qui s'engageait à le faire reconnaître comme seul empereur (juin 1351); mais, cédant aux prières d'Anne de Savoie que lui avait dépêchée Cantacuzène, il s'abstint de toute hostilité moyennant la remise de places de sûreté en Chalcidique [2917]. Cependant, comme son beau-père tardait à tenir sa promesse, le jeune Paléologue occupa Andrinople au moment où la flotte de Doria menaçait Constantinople (septembre 1351) [2918]. Jean VI parvint à l'en chasser (juin 1352) [2919], mais il continua la lutte avec une troupe de Bulgares et de Serbes, après avoir conclu une alliance avec Venise [2920]. De son côté Jean VI n'hésita pas à faire appel aux Osmanlis, à dépouiller les églises de Constantinople pour pouvoir payer la solde des 20 000 hommes fournis par Ourkhan, et à lui promettre de lui céder une forteresse en Thrace [2921].

Grâce à cette alliance, Cantacuzène rétablit son autorité. Soliman, fils d'Ourkhan, mit les Serbes en déroute à Didymotika et en septembre 1352 toutes les villes de Thrace et de Macédoine reconnaissaient Jean VI, tandis que Jean Paléologue, qui avait essayé inutilement de tourner les Osmanlis de son côté, était réduit à se réfugier dans l'île de Ténédos [2922]. La tentative qu'il fit en mars 1353 pour débarquer à Constantinople échoua grâce à l'énergie de l'impératrice Irène, mais il put se réfugier à Thessalonique qui tenait toujours pour lui [2923]. Cependant sa cause semblait perdue. Sollicité par la noblesse, Jean VI désigna pour son héritier son fils aîné Mathieu et prononça un violent réquisitoire contre Jean Paléologue [2924]. C'était la rupture définitive. Le patriarche Calliste ayant refusé de couronner Mathieu et s'étant enfui auprès de Jean V, au bout de quelques mois, Cantacuzène le remplaça par Philothée, qui se montra plus accommodant [2925].

Une nouvelle dynastie semblait naître et la fortune de Jean VI était à son comble, lorsque des événements inattendus la firent sombrer. Cantacuzène avait dû ses succès à son alliance avec Ourkhan : elle lui manqua tout à coup. Le 2 mars 1354, « la nuit de la fête de l'Orthodoxie » [2926], un tremblement de terre renversa les murailles de Gallipoli et des villes voisines. Les Osmanlis qui se trouvaient déjà dans la péninsule s'en emparèrent ([2927]). D'après le traité conclu par Cantacuzène avec Ourkhan en 1352, ils occupaient une ville de la Chersonèse de Thrace ([2928]). La possession de Gallipoli leur assurait le contrôle du détroit et la tête de pont qui leur permettrait de passer facilement en Europe. Jean VI, effrayé de ce résultat, offrit à Ourkhan une rançon pour Tzympé et le somma d'évacuer Gallipoli. Le sultan accepta la rançon, mais déclara qu'il ne pouvait abandonner ce qu'Allah lui avait donné et refusa d'avoir une entrevue avec le basileus ([2929]).

C'était la rupture de l'alliance qui faisait la principale force de Cantacuzène. Les conséquences ne s'en firent pas attendre. Dès le mois de juin suivant, Soliman passait en Europe, ravageait la Thrace et empêchait les habitants de faire la moisson ([2930]). Un peu plus tard Palamas, se rendant à Constantinople par mer, fut fait prisonnier par des corsaires turcs et conduit à Lampsaque ([2931]). Cantacuzène entièrement découragé et que l'on rendait responsable des malheurs de l'Empire, attribués à son alliance avec les Turcs ([2932]), essaya de traiter avec Jean V, mais ses avances furent repoussées (juin 1355) ([2933]). Le dénouement était inévitable. En novembre 1355 un corsaire génois, François Gattilusio, qui possédait deux galères, ramena Jean V à Constantinople et put aborder à l'une des échelles de la Propontide ([2934]). A la nouvelle de l'arrivée de Paléologue, le peuple se souleva en sa faveur et pilla l'Arsenal des Manganes. L'émeute fut cruellement réprimée par la garde catalane ([2935]), mais Jean VI assiégé au Palais capitula et signa un traité de partage de la dignité impériale ([2936]). Ce compromis fut éphémère. A la suite d'une nouvelle émeute, Cantacuzène se dépouilla des insignes impériaux et, après avoir revêtu la mandya, se retira au monastère des Manganes sous le nom de Joasaph ([2937]). Après un séjour au monastère de Vatopédi au Mont Athos, il s'établit à Mistra, auprès de son fils Mathieu (1380), et y mourut le 15 juin 1383 sans avoir jamais essayé de recouvrer l'Empire ([2938]).

V. LES OTTOMANS EN EUROPE.
L'AGONIE DE BYZANCE (1355-1389)

La longue période des guerres civiles épuisa l'Empire, qui devint incapable de se relever par ses propres forces ; mais le fait capital de la période suivante, qui dépasse le cadre de Byzance, c'est la conquête par les Osmanlis de tous les États chrétiens des Balkans. En fait, l'Asie Mineure étant occupée par les émirs turcs indépendants et puissants, ce fut en Europe que se forma le premier État ottoman, qui fit d'abord figure de puissance européenne. Le succès des Turcs est dû à l'affaiblissement des États chrétiens et aux obstacles de tous genres que rencontra la croisade.

Byzance et la péninsule des Balkans à la fin des guerres civiles. — Ce fut sur un État ruiné et profondément bouleversé que régna Jean V après sa victoire : un pays mal pacifié où subsistaient plusieurs centres de guerre civile, déchiré par les querelles religieuses, démembré par les étrangers, exposé aux avanies de la puissance croissante des Ottomans. Incapable de réagir, Jean V resta sur le trône le chef d'un parti et se résigna à toutes les capitulations. Dès son avènement il est dans la dépendance des Italiens : il cède Lesbos à François Gattilusio qui l'a aidé à ressaisir le pouvoir (17 juillet 1355) [2939]. Il est à la merci d'Ourkhan, son beau-frère, qui le rend responsable de la capture d'Halil, son fils, par des pirates phocéens : malgré une démonstration navale devant Phocée, Jean V ne peut se faire livrer le captif, dont il est obligé de payer la rançon en signant un traité désastreux par lequel il reconnaît au sultan la possession des villes de Thrace dont il s'est emparé [2940]. Il a enfin à lutter contre Mathieu Cantacuzène, qui porte toujours le titre d'empereur et conserve son apanage d'Andrinople et de la région voisine.

Après un an de guerre entremêlée de négociations, d'intrigues, de complots, Mathieu fut livré à Jean V par un traître et, grâce à l'intervention de son père, abdiqua solennellement la dignité impériale (décembre 1357) [2941].

Mathieu Cantacuzène, accompagné de l'ex-empereur, se retira en Morée, auprès de son frère le despote Manuel que Jean VI y avait envoyé pour rétablir l'ordre troublé par les pirateries des Turcs et les discordes entre les indigènes ([2942]). En face de l'Achaïe latine, la Morée byzantine devint alors une province autonome qui, même après la chute de Jean VI, resta l'apanage des Cantacuzènes. Manuel rétablit la paix entre les archontes et équipa une petite flotte pour lutter contre la piraterie ([2943]). A sa mort en 1380, son frère Mathieu lui succéda sans opposition de la part de Jean V et Mathieu lui-même, qui mourut en 1383 peu de temps avant son père, transmit la Morée à son fils Démétrius. Celui-ci essaya de s'affranchir de l'autorité de Constantinople et Jean V dut envoyer contre lui son fils Théodore Paléologue avec une armée. Après une lutte qui dura un an, Démétrius étant mort, Théodore reçut le gouvernement de la Morée, et jusqu'à la chute de l'Empire ce fut toujours un cadet de la dynastie régnante qui y exerça l'autorité ([2944]). Sous l'administration des despotes la Morée devint le véritable foyer de l'hellénisme et Mistra, sa capitale, attira les lettrés et les artistes du monde byzantin tout entier.

Malgré la prospérité, toute relative d'ailleurs, de cette lointaine colonie de Constantinople, l'autorité du pouvoir impérial n'en était pas moins précaire. Jean V ne put même pas apaiser les querelles religieuses qui atteignaient leur paroxysme au moment de sa restauration. A son approche, le patriarche Philothée avait pris la fuite et Calliste fut rétabli sur son siège, tandis que Nicéphore Grégoras était délivré de sa captivité ([2945]). Jean V était défavorable à Palamas, mais il ne voulait pas de persécution et l'impératrice Hélène, stylée par son père, réussit à empêcher le débat public que Grégoras voulait avoir avec Palamas ([2946]). Une controverse n'en eut pas moins lieu entre les deux adversaires en présence du légat d'Innocent VI, Paul, archevêque de Smyrne. Palamas eut le dessous ([2947]), mais Grégoras fut dès lors en butte à une série d'attaques calomnieuses dans de nombreux pamphlets que Jean Cantacuzène paraît avoir inspirés ([2948]) et, lorsqu'il mourut vers 1360, les Palamites s'acharnèrent odieusement sur son cadavre, qu'ils traînèrent dans les rues de Constantinople ([2949]).

Telle est la triste situation de l'État byzantin après la restauration de Jean V. Les Vénitiens la considèrent comme désespérée et voient déjà en lui *l'homme malade*, dont la succession est à la veille de s'ouvrir. L'un d'eux, Marino

Faliero, conseille au doge de s'emparer de Constantinople s'il ne veut pas voir tomber l'Empire aux mains des Turcs [2950]. Et c'est juste à ce moment que disparaît l'un de ceux qui semblaient avoir le plus de chance de recueillir cet héritage. Le tsar serbe Étienne Douschan, dont les projets grandioses de fusion entre le peuple serbe et les Grecs ont été signalés, meurt prématurément à l'âge de 47 ans, le 20 décembre 1355 [2951]. D'après des sources de date postérieure, que ne confirme aucun témoignage contemporain, il aurait été à la veille d'entreprendre une grande expédition contre Constantinople [2952]. Ce qui est certain, c'est que sa mort fut le signal de la dissolution de son État, composé de provinces disparates, dont les voïévodes (gouverneurs) supportaient mal son autorité et profitèrent de sa disparition pour se rendre indépendants [2953].

La mort de Douschan laissait le champ libre aux Ottomans, aucun autre État balkanique n'étant capable de revendiquer l'hégémonie dans la péninsule. La Bulgarie était affaiblie par l'agitation bogomile et par la crise qui suivit le divorce de Jean-Alexandre d'avec la Roumaine Théodora et ses secondes noces avec la juive Rébecca. Il dut partager ses États entre les enfants de ses deux unions, et après sa mort (1365) éclata entre eux une guerre civile qui permit aux Hongrois d'occuper Vidin et aux Turcs d'intervenir dans leurs querelles [2954].

Au-delà du Danube apparaît dans la première moitié du XIVe siècle un État nouveau, qui se rattachait par sa langue latine et ses traditions à la Rome impériale des Antonins, la principauté valaque. Dès la fin du XIIIe siècle, des voïévodes valaques vassaux de la Hongrie avaient essayé sans y réussir de se rendre indépendants. Cette tentative fut reprise avec succès par le voïévode d'Arges, Basarab Ier (1310-1352), qui étendit son autorité sur les autres voïévodes et se rendit indépendant des Hongrois par la victoire qu'il remporta sur eux à Potada en 1330. Le « grand Basarab » fut donc le véritable fondateur de l'État valaque et son tombeau a été retrouvé dans l'église princière d'Arges, qu'un de ses successeurs, Radu Negru, fit orner de fresques par des peintres qui s'inspirèrent des remarquables mosaïques de Kahrié-Djami à Constantinople (vers 1375-1387) [2955].

Un peu auparavant, un chef roumain de la région du Maramures au nord de la Transylvanie avait conquis vers 1360 la vallée de la Moldava et, après en avoir chassé le gouverneur hongrois, fondé la principauté de Moldavie [2956]. Situés entre la Hongrie et les pays yougoslaves, les États valaque et moldave devaient intervenir comme un élément nouveau dans les affaires des peuples balkaniques, également menacés comme eux par les Hongrois et les Turcs.

Enfin la Hongrie, sous la dynastie angevine de Naples, est un État féodal bien organisé qui dispose de forces militaires importantes. Son roi Louis le Grand (1342-1382) a une politique active dans la péninsule balkanique, mais il a un rôle néfaste en contrariant la formation des principautés roumaines, en prenant part au démembrement de la Serbie, à laquelle il enlève Belgrade, et surtout de la Bulgarie qu'il ampute de la principauté de Vidin. A Venise il ravit la Dalmatie par la paix de Turin (1381). Il fait servir à des fins politiques la croisade, dont il se proclame le chef, et ne comprend pas l'intérêt qu'il aurait à défendre les États slaves contre les Turcs [2957].

Ainsi, au milieu du XIVe siècle, tous les États chrétiens des Balkans sont affaiblis par leurs discordes intestines. La Hongrie, qui pourrait les défendre, poursuit des fins particulières. Ils sont mûrs pour la conquête ottomane.

L'offensive ottomane. — Pendant que les chrétiens étaient déchirés ainsi par les guerres civiles, les Osmanlis passaient du régime de la tribu à celui de l'État régulier. Ourkhan paraît en avoir été l'organisateur : la tolérance religieuse, le service militaire obligatoire, mais réservé aux musulmans et remplacé pour les chrétiens par une lourde capitation, tels en sont les traits essentiels. En fait, les conversions à l'islam, encouragées, furent très nombreuses et, par suite des unions entre musulmans et chrétiennes, il se forma, en même temps qu'un État, un peuple ottoman. Il en résulta que l'armée eut un caractère national qui lui donnait une grande supériorité sur les troupes mercenaires de cette époque. Elle était déjà remarquable par la solidité de ses cadres, son dévouement absolu au sultan et sa rapidité (2958).

L'occupation de Gallipoli permit à Ourkhan d'envahir la Thrace par une série d'expéditions, sur la chronologie desquelles on est mal fixé et qui furent conduites par les fils du sultan Soliman, qui mourut après 1357, et son frère Mourad. Leur objectif était Andrinople : ils s'emparèrent successivement des places qui en défendaient les abords, Tchorlou, Didymotika, Kirk Kilissé qui furent prises et reprises plusieurs fois. Une bataille décisive eut lieu au nord-est de Lulle Bourgas et la victoire des Turcs entraîna la chute d'Andrinople (1361) (2959). Ourkhan mourut après la prise de cette ville en mars 1362 (2960). En quelques mois la Thrace avait été conquise et Constantinople coupée de ses communications terrestres avec l'intérieur de la péninsule balkanique.

Ce n'était là qu'une première étape, et l'un des premiers actes du successeur d'Ourkhan, le sultan Mourad, fut de perfectionner son instrument de guerre par la création des janissaires, jeunes chrétiens enlevés à leurs familles, convertis à l'islam et organisés en une milice (2961) qui devint l'élément essentiel de l'infanterie turque et forma la garde favorite du sultan. Jean V, dépourvu de troupes, dut se résigner à la perte de la Thrace et en reconnut la possession à Mourad en lui promettant son secours contre les émirs turcs d'Anatolie (1362-1363) (2962). Jean V essaya trop tard de s'entendre avec la Serbie : une ambassade du patriarche Calliste, qui fut reçue par la veuve de Douschan à Serrès (1363-1364) (2963), ne produisit aucun résultat. En revanche la première consécration de la puissance ottomane dans les Balkans fut le traité de commerce conclu par Mourad avec la république de Raguse (2964); et pour bien montrer que sa conquête de la Thrace était définitive, il transporta de Brousse à Andrinople le siège de son gouvernement et sa résidence (2965). L'État ottoman est déjà l'une des principales puissances de la péninsule balkanique.

L'appel à l'Occident. La croisade. — Ne pouvant compter ni sur les Serbes, ni sur les Bulgares, Jean V reprit le projet d'union religieuse agité si souvent depuis Andronic III, condition indispensable d'une croisade contre les Turcs. Les pourparlers entre Anne de Savoie, puis Jean Cantacuzène et le pape Clément VI (1342-1352) avaient été tout à fait stériles, le pape subordonnant tout envoi de secours à l'abjuration du schisme (2966) et l'alliance de Cantacuzène avec les Ottomans étant un obstacle insurmontable à une entente (2967).

Jean V au contraire avait pour l'Union toute l'ardeur que lui avait inspirée Anne de Savoie. Dans un chrysobulle du 15 décembre 1355 il jure de rester personnellement fidèle au Saint-Siège et propose d'établir à Constantinople un légat permanent avec autorité sur les nominations aux dignités ecclésiastiques : un de ses fils sera envoyé en otage à Avignon, mais le pape organisera une croisade dont le basileus serait le chef ([2968]). Telles furent les propositions que Jean V envoya à Innocent VI. Jamais aucun basileus n'avait fait de pareilles concessions à Rome et n'avait offert des garanties aussi sérieuses d'exécution ([2969]). Mais les défiances du pape qui fit à ces propositions un accueil réservé, la difficulté avec laquelle il se procura quelques galères, l'impossibilité où était Jean V d'imposer l'Union à son clergé sans préparation firent encore échouer ce plan ([2970]). Tout se borna à une petite expédition navale du légat Pierre Thomas, qui reprit temporairement Lampsaque ([2971]).

Ce fut après son traité désastreux avec Mourad que Jean V fit un nouvel appel à l'Occident, mais le pape Urbain V (1352-1362), qui préparait une croisade en Terre Sainte, se montra d'abord peu favorable aux Grecs ([2972]). Son revirement fut dû probablement aux correspondances secrètes qu'il eut avec des Grecs partisans de l'union comme Démétrius Cydonès ([2973]) et aussi à la déception causée par la croisade du légat Pierre Thomas et du roi de Chypre Pierre de Lusignan, qui s'emparèrent d'Alexandrie (10 octobre 1365), mais ne purent s'y maintenir plus de 6 jours ([2974]). Le 25 janvier 1365 le pape proclamait la croisade destinée à délivrer la Romania des Turcs et, d'après le plan qu'il élaborait, le roi Louis de Hongrie devait attaquer les possessions ottomanes en Europe, Pierre de Lusignan et Amédée VI, comte de Savoie, diriger une expédition maritime contre les positions turques ([2975]). Mais le roi de Chypre fit défaut et, pour s'entendre avec Louis d'Anjou, Jean V fit en personne le voyage de Bude, premier exemple d'un basileus allant quêter lui-même les secours des Occidentaux ([2976]). Pour achever son humiliation, le prince bulgare de Sofia, Šišman, lui ferma la route de Constantinople à son retour et il dut attendre à Vidin le libre passage ([2977]).

Cet événement fit échouer la croisade générale. Le comte de Savoie, Amédée VI, cousin germain de Jean VI, partit le premier sur des galères vénitiennes ([2978]) afin d'aller délivrer le basileus. Son principal exploit fut la prise d'assaut de Gallipoli (2 août 1366), qui ne pouvait que gêner les Turcs sans menacer en rien leurs possessions européennes, mais dégageait la route maritime de Constantinople ([2979]). Après une expédition contre les ports bulgares de la mer Noire, ce qui décida Sisman à laisser passer Jean V (fin de 1366), et l'attaque de quelques châteaux turcs de l'Hellespont (mai 1367), le comte de Savoie regagna ses

États ([2980]). Mais cette expédition n'était regardée que comme la préface de la croisade générale, qui devait être précédée de l'abjuration de Jean V entre les mains du pape et de l'union des Églises ([2981]). De son côté le roi de Hongrie, craignant une alliance gréco-bulgare, ne songea pas un instant à accomplir son vœu de croisade ([2982]). De l'immense effort militaire et diplomatique tenté par le pape il restait l'espoir d'un rapprochement entre les deux Églises, mais à Constantinople les esprits restaient divisés sur les moyens de résister aux Turcs. Le basileus et son entourage ne voyaient d'autre espoir de salut que la croisade : le patriarche Philothée et le clergé envisageaient au contraire une ligue de tous les États orthodoxes contre les Turcs.

Le voyage et l'abjuration de Jean V (1369-1371). — Suivant les engagements qu'il avait pris, mais avec un an et demi de retard, Jean V quitta Constantinople vers le mois d'avril 1369 et aborda à Castellamare le 7 août ([2983]). Urbain V venait d'abandonner Avignon et se dirigeait vers Rome où il voulait rétablir le Siège apostolique ([2984]). Dans le courant du mois d'août il reçut à Viterbe le patriarche latin Paul de Smyrne et Démétrius Cydonès, envoyés par Jean V pour lui annoncer son arrivée ([2985]). Le 13 octobre le pape faisait son entrée à Rome où il trouvait le basileus qui l'attendait ([2986]). Le 18 octobre Jean V faisait dresser et signait par-devant notaire la profession de foi dont Urbain V lui avait envoyé le modèle en 1366 et la remettait aux quatre cardinaux désignés par le pape ([2987]). Le dimanche 21 octobre Urbain V recevait solennellement l'abjuration de Jean V sur les marches de Saint-Pierre ([2988]).

Cette abjuration fut totale. Elle porta sur toutes les questions qui divisaient les deux Églises, dogmes, rites, disciplines. Jean V alla jusqu'à renier les usages liturgiques de la religion nationale de ses sujets. Il devint un pur Latin ([2989]). Mais l'acte du basileus était strictement personnel et n'engageait en rien l'Église grecque ([2990]). Surtout il n'eut aucune portée pratique et ne provoqua pas la croisade qui, d'après les promesses du pape, devait en être la conséquence.

Sans doute Jean V fit les plus grands efforts pour intéresser l'Occident à la cause de Constantinople. Urbain V invitait tous les fidèles à aider « le nouveau Constantin » ([2991]) et autorisait le basileus à enrôler plusieurs bandes de routiers qui guerroyaient en Italie ([2992]), mais le roi de Hongrie continuait à se désintéresser du sort de Byzance sans que le pape fît rien pour le décider à intervenir. Restait Venise, dont la politique vis-à-vis des Grecs s'était complètement modifiée depuis que Constantinople était menacée de tomber aux mains des Turcs : abandonnant tout projet de restauration de l'Empire latin, les Vénitiens étaient les partisans les plus actifs d'une croisade destinée à sauver la Romania byzantine ([2993]).

Ce fut donc à Venise que s'adressa Jean V; mais avant toute conclusion d'une alliance, il fallait d'abord aplanir les difficultés qu'il avait avec la République : renouvellement des trêves, modalités à établir pour le paiement des dettes de l'empereur qui s'élevaient à 35 000 ducats. Tel fut l'objet du traité signé par Jean V à Rome avec les ambassadeurs de Venise et qui n'était dans sa pensée que l'amorce d'une alliance qu'il irait conclure en personne avant son retour à Constantinople (1er février 1370) ([2994]).

Arrivé à Venise dans l'hiver de 1369-1370, il devait y séjourner jusqu'au printemps de 1371. Pour décider les Vénitiens à traiter, il offrait de leur céder l'île de Ténédos, position de premier ordre à l'entrée des Dardanelles, que Venise convoitait depuis qu'en 1352 Jean V la lui avait cédée en principe ([2995]). En échange il exigeait la restitution des joyaux de la couronne impériale mis en gage, la fourniture de navires de transport et une avance de 25 000 ducats. Venise accepta ces conditions et fit même de nouvelles avances à Jean V avant son départ sur la flottille fournie par la République en avril 1371 ([2996]). L'annonce d'une nouvelle offensive de Mourad avait décidé le Sénat à en passer par là ([2997]).

D'après une légende qui ne se trouve que dans des chroniqueurs du xve siècle, Phrantzès, Doukas, Chalcokondyle, l'empereur, ne pouvant acquitter ses dépenses courantes aux termes convenus, aurait été enfermé dans la prison pour dettes. Son fils aîné Andronic, resté à Constantinople, aurait refusé de le secourir et ce serait son frère cadet, Manuel, qui aurait trouvé la somme nécessaire à sa mise en liberté ([2998]). Cette anecdote ridicule a été recueillie par la plupart des historiens ; elle est en contradiction avec tout ce que les documents contemporains nous apprennent des rapports entre le Sénat vénitien et le basileus ([2999]). La vérité est que Manuel se trouvait à Venise avec son père ([3000]), qui dut l'y laisser comme garant de ses dépenses, « augmentées par la cupidité des marchands », et le récompensa en lui donnant en apanage Thessalonique et la Macédoine, par un chrysobulle dont les termes ont pu donner naissance à cette légende.

L'échec de la croisade orthodoxe. — A la croisade occidentale le patriarche Philothée voulut opposer une croisade de toutes les puissances orthodoxes. Pendant le séjour de Jean V en Italie il ne cessa de contrecarrer la politique impériale en empêchant le clergé de se rallier à l'Union. Par ses interventions, dans les patriarcats orientaux, en Russie, où il exhorta tous les princes à reconnaître le pouvoir du grand prince de Moscou, en Serbie, où il obtint du despote Uglieša la réunion de l'Église serbe au patriarcat œcuménique, en Valachie enfin, où il combattit les tendances romaines, il chercha à réunir dans un même

La dernière renaissance et son échec

faisceau tous les États orthodoxes afin de les opposer à la fois à la conquête turque et à l'ingérence du Saint-Siège ([3001]).

Cependant les circonstances étaient défavorables et, loin de s'unir aux États orthodoxes, les princes bulgares successeurs de Jean-Alexandre continuaient à se quereller et à attirer ainsi les Turcs dans leurs États. Vers 1369 Mourad occupait Sozopolis, forteresse qui commandait l'entrée du port de Bourgas et forçait Šišman à se déclarer son vassal et à envoyer sa sœur dans son harem, puis avec des troupes ottomanes Šišman chassa les Hongrois de Vidin ([3002]) et permit ainsi aux Osmanlis de faire leur première apparition sur le Danube (1370).
Ce fut seulement alors que les Serbes s'alarmèrent des progrès turcs. Deux frères d'origine dalmate, Jean Ugliešha et Vukašin, anciens dignitaires de la cour de Douschan, devenus indépendants après sa mort, dans la province située entre Serrès et le Danube, qu'ils avaient été chargés d'administrer ([3003]), réunirent une armée composée de Serbes, de Hongrois, de Valaques et envahirent le territoire turc. Surpris au moment où ils traversaient la Maritza, ils furent complètement écrasés le 26 septembre 1371 par une force ottomane inférieure en nombre et périrent dans le combat ([3004]). Les Grecs n'avaient pas songé à soutenir les Serbes et profitèrent même de leur défaite : ils réoccupèrent Serrès qui fut administrée par le despote Manuel Paléologue (novembre 1371) ([3005]). Peu après Šišman, cherchant à s'opposer à la marche des Turcs vers Sofia, s'allia aux Serbes et subit à Samakov dans la vallée de l'Isker une défaite totale, qui l'obligea à s'enfuir avec son allié dans les massifs les plus élevés du Rhodope ([3006]). La route de Sofia était ouverte, mais avec un sens stratégique remarquable, Mourad ne voulut pas s'y engager avant d'avoir soumis les vallées du Strymon et du Vardar.
La conséquence de cette défaite fut désastreuse pour la Bulgarie, qui cessa d'exister comme État indépendant, et pour la Serbie, dont Mourad acheva la conquête en quelques mois (1372). Successivement toutes les villes de la Macédoine serbe, Kavalla, Drama, etc., furent occupées et colonisées; leurs églises furent changées en mosquées et des *timariots* (fiefs militaires) furent établis dans la Macédoine orientale. Les Turcs s'élancèrent ensuite dans la vallée du Vardar, soumirent la Vieille Serbie, une partie de l'Albanie et de la Bosnie jusqu'aux montagnes d'où ils aperçurent l'Adriatique. Mourad laissa comme vassaux les dynastes serbes qui s'étaient partagé l'empire de Douschan. Le fils de Vukašin, Marko Kralievič, le héros des légendes serbes, conserva le titre de Kral, mais dut amener ses contingents pour combattre aux côtés des troupes ottomanes ([3007]).

Ainsi s'étaient évanouis les espoirs chimériques du patriarche Philothée : loin de s'unir, les puissances orthodoxes s'étaient fait battre séparément.

Faillite de la croisade occidentale. — Ces événements rendaient encore plus précaire la situation de Constantinople, mais Jean V n'avait pas perdu l'espoir de provoquer le départ d'une croisade. Le successeur du pape Urbain V, Grégoire XI ([3008]), à la nouvelle de la bataille de la Maritza, chercha à déterminer le roi de Hongrie et la république de Venise à intervenir (mai 1372) et convoqua à Thèbes, occupée par les Catalans, un congrès de tous les États chrétiens d'Orient. Or ce congrès, qui devait se tenir en octobre 1373, ne se réunit jamais ([3009]). De son côté Jean V envoyait en Occident un des meilleurs auxiliaires de l'Union, Jean Lascaris Kalopheros ([3010]), qui se présentait successivement à Avignon et à Paris, à la cour de Charles V, en Hongrie, à Louis d'Anjou ([3011]). Il ne rapporta que de vagues promesses. Le pape faisait du moins des efforts pour constituer une nouvelle escadre internationale, mais envoyait des nonces à Constantinople (octobre 1374), pour déclarer à Jean V que son action serait facilitée si l'Église grecque se réunissait à Rome. Il était déjà trop tard : lorsque les nonces pontificaux lui parvinrent, Jean V, abandonné de tous, avait traité avec Mourad et sa cour venait d'être le théâtre d'une tragédie domestique ([3012]). Ce fut en vain que dans les années suivantes (1375-1376) le pape fit prêcher la croisade dans toute l'Europe en vue de sauver Constantinople ([3013]). L'indifférence et les divisions des États chrétiens furent les meilleurs auxiliaires des Turcs.

Jean V, vassal du sultan. — D'après le traité qu'il avait conclu avec Mourad avant juillet 1374 ([3014]), Jean V devenait le vassal du sultan et il informait le pape de sa décision par une ambassade qui arrivait à Avignon en décembre 1374 ([3015]). Au même moment Jean V écartait de sa succession son fils aîné Andronic et associait son cadet, Manuel, à l'Empire ([3016]). Qu'il y ait eu un rapport entre les deux événements, que Manuel ait été préféré par Mourad à Andronic, c'est ce qui n'est pas invraisemblable ([3017]), mais on doit constater que de toute manière Manuel était le fils favori de Jean V.

La révolte d'Andronic. — La réaction ne se fit pas attendre. Andronic se vengea, semble-t-il, doublement en entraînant dans la conjuration qu'il forma pour détrôner son père le propre fils de Mourad, Saoudj. Le complot découvert, le sultan fit aveugler son fils et ordonna à Jean V de punir le sien de la même peine. Grâce à la manière dont l'opération fut faite, Andronic ne perdit qu'un œil et son fils, Jean, encore enfant, condamné au même supplice, aveuglé incomplètement ([3018]).

Andronic et sa famille furent tenus en prison à Lemnos jusqu'en 1376, mais une nouvelle querelle entre Gênes et Venise vint renverser la situation. Sous la menace d'une escadre vénitienne, Jean V avait dû tenir sa promesse et céder Ténédos à la République. Les Génois, irrités, aidèrent Andronic à s'évader de sa prison avec l'aide de Mourad. Le 12 août 1376 Andronic entrait à Constantinople, emprisonnait Jean V et l'impératrice ([3019]), cédait Ténédos à Gênes, faisait arrêter tous les Vénitiens de Constantinople et restituait Gallipoli aux Turcs ([3020]). Les Vénitiens n'en occupèrent pas moins Ténédos et une expédition des Génois et d'Andronic IV ne put les en déloger ([3021]).

Le règne désastreux d'Andronic dura près de trois ans (1376-1379). Jean V et Manuel, délivrés de leur prison par les Vénitiens, rentrèrent à Constantinople le 1er juillet 1379. Andronic se retira à Galata, puis, abandonné de ses partisans, alla se jeter aux pieds de son père, qui lui pardonna et lui attribua en apanage Selymbria, où il mourut en 1385 ([3022]).

L'hégémonie ottomane dans les Balkans. — Avec une véritable rouerie Mourad avait attisé les discordes de la famille impériale en favorisant tour à tour chacun des adversaires. Il était désormais tout-puissant et la situation de Constantinople paraissait désespérée. « Tous ceux qui « sont hors des murs de la ville sont asservis aux Turcs, « écrivait Démétrius Cydonès à Kalopheros vers 1378, « et ceux qui sont à l'intérieur succombent sous le poids « des misères et des révoltes ([3023]). » Les chrétiens découragés ne songent plus à la croisade et les républiques italiennes, en dépit des menaces du pape, concluent des traités avec le sultan ([3024]).

Cependant les ambitions de Mourad ne sont pas satisfaites. Jean V possède toujours une partie de la Macédoine, dont la capitale, Thessalonique, gouvernée par son fils Manuel, associé à la couronne, et la ville importante de Serrès. Malgré le traité qu'il a conclu avec lui, Mourad est décidé à les lui enlever et fait occuper Serrès par Khaireddin (19 septembre 1383) ([3025]), mais Manuel Paléologue, qui songe à chasser les Turcs de Macédoine, s'associe à un complot des nobles de Serrès pour massacrer la garnison ottomane de la ville. Mis au courant, Mourad fit assiéger Thessalonique, mais la ville, restée libre du côté de la mer, se défendit pendant quatre ans (1383-1387) (3026). La perte de la seconde ville de l'Empire fut la cause d'une nouvelle discorde entre les Paléologues. Jean V rendit Manuel responsable de ce désastre, lui enleva tous ses honneurs et l'exila dans l'île de Lemnos (3027). La réconciliation eut lieu à la fin de 1388, vraisemblablement par l'intervention de Mourad, dont Manuel avait sollicité le pardon et qui continuait son jeu de bascule entre les Paléologues (3028).

Pendant ce temps les Osmanlis continuaient la conquête de la partie occidentale de la péninsule balkanique, d'abord du bassin du Vardar, Ištip, Monastir, Prilep (1380), puis d'Ochrida, par Khaireddin qui fut sollicité par Charles Thopia, seigneur de Durazzo, de l'aider contre un chef albanais (1385) (3029). Les Ottomans saisirent cette occasion de pénétrer chez les Skipétars, divisés en clans guerriers dont les chefs puissants, les Thopia dans l'Albanie du nord, les Ducagin dont le territoire touchait à l'Adriatique et qui étaient les clients de Venise, les Balcha qui depuis la mort de Douschan refoulaient vers le nord les voïévodes serbes, quittaient l'Église orthodoxe, pour se soumettre à Rome, et attaquaient la Bosnie avec succès (1379) (3030). Ce fut contre les Balcha que Khaireddin se dirigea à l'appel de Charles Thopia. Les autres chefs albanais, indignés de cette trahison, avaient fait cause commune avec les Balcha, mais les forces albanaises ne purent tenir contre les Ottomans, qui remportèrent une victoire décisive à Sawra près d'El-Bassan (1385) et s'emparèrent l'année suivante de Croïa et de Scutari. Ce fut à partir de ce moment qu'un grand nombre d'Albanais convertis à l'islam formèrent un élément important de l'armée ottomane (3031).

Au même moment Mourad cherchait à s'emparer des passages qui permettent d'atteindre le Danube. Avec un sens stratégique remarquable il occupa les deux principaux nœuds des routes de la péninsule, qui donnent accès à volonté à l'Adriatique, à la mer Égée ou au Danube, le bassin et la ville de Sofia conquis sur les Bulgares (1386), et la ville de Nisch enlevée aux Serbes l'année suivante (3032).

L'État ottoman semblait au faîte de sa puissance et ne rencontrait plus de résistance chez les chrétiens : avec des méthodes simples et primitives il arrivait à régir un ensemble complexe de nations (3033). Cependant le prince Lazare, successeur sur le trône serbe du fils de Douschan, qui avait dû accepter la suzeraineté ottomane, supportait impatiemment le joug turc et préparait un soulèvement avec l'appui du roi de Bosnie, Turkto (3034). Mourad ayant envoyé une expédition contre la Bosnie (1388), une forte armée de Serbes et de Bosniaques barra la route aux envahisseurs à Plochnik dans la vallée de la Toplitsa. La plus grande partie de l'armée ottomane fut massacrée et, à la suite d'autres victoires remportées par les alliés à Rudnik et à Bileče (27 août) (3035), il y eut une révolte générale dans la pénin-

La dernière renaissance et son échec

sule. L'Albanais Georges Castriota ([3036]), tous les dynastes serbes, les princes bulgares Šišman et Ivanko, dénonçant leurs traités avec Mourad, ainsi que le prince de Valachie, se serrèrent autour de Lazare ([3037]).

Mourad différa sa vengeance et chercha d'abord à dissocier les alliés. Une expédition d'Ali-pacha contre la Bulgarie vint à bout de Šišman, qui fut trop heureux d'avoir la vie sauve et de conserver une partie de son territoire ([3038]). Ce fut seulement au printemps de 1389 que Mourad en personne envahit la Serbie moravienne, accompagné de plusieurs vassaux serbes. De Kruševac l'armée de Lazare, dans laquelle se trouvaient les troupes de sept nations chrétiennes, atteignit l'armée ottomane dans la plaine de Kossovo (Champ des Merles). La lutte fut longue et acharnée ; l'aile gauche des Turcs fut d'abord rompue par une charge de la chevalerie alliée, mais Bajazet, fils de Mourad, rallia son armée. Un noble Serbe, Milos Obilič, parvint jusqu'à la tente du sultan et le poignarda. La bataille était indécise, quand la défection de Vuk Brankovič, gendre de Lazare, qui abandonna le champ de bataille avec 12 000 hommes, assura la victoire des Turcs (15 juin 1389) ([3039]). C'en était fait de l'indépendance serbe, mais, de plus, la seule force qui pût encore s'opposer à la conquête ottomane de la péninsule des Balkans était anéantie. Le sort de Byzance semblait fixé.

Chapitre II

La lutte suprême (1389-1453)

I. L'HÉRITAGE DE BYZANCE (1389-1402)

Le sultan Bajazet. — Proclamé sultan sur le champ de bataille de Kossovo, Bajazet, fils de Mourad, commença son règne en faisant étrangler son frère Yakoub, dont il redoutait la popularité dans l'armée, et ce fut là le point de départ d'une tradition sanglante ([3040]).

Mourad lui laissait les éléments d'un empire en formation qui comprenait plus de princes vassaux que de territoires annexés. Sa force résidait dans l'armée, admirablement organisée, avec une place nouvelle donnée à l'infanterie, et grossie des contingents des vassaux, ce qui lui donnait le caractère international des armées byzantines. Cet empire en formation, Bajazet voulut le constituer définitivement et lui donner la même étendue que celle de l'ancien Empire byzantin. L'État de Mourad était presque entièrement européen. Bajazet revendiqua l'héritage de Byzance tout entier et ses efforts tendirent à s'installer dans son domaine géographique, à joindre la possession totale de l'Asie Mineure à celle de la péninsule des Balkans. Dès son avènement, il se proposa donc trois buts : réduire en vasselage ou détrôner les princes chrétiens encore indépendants ; soumettre les émirs turcs d'Asie Mineure restés puissants ; couronner cette œuvre par l'occupation de Constantinople, devenue la capitale d'un grand empire musulman. Il allait réussir lorsque l'invasion soudaine de Timour vint mettre son État en pièces.

L'asservissement des Paléologues. — Politique ambitieux, impitoyable ou modéré suivant son intérêt, Bajazet n'eut d'autre tactique vis-à-vis des Paléologues que d'exiger d'eux l'accomplissement strict de leurs obligations de vassaux, de les humilier en paralysant chez eux toute initiative, de s'immiscer dans leurs querelles et de favoriser la discorde entre eux. C'est ainsi qu'avant sa campagne contre les émirs d'Anatolie, il exige de Jean V le paiement d'un tribut et l'envoi de Manuel avec 100 cavaliers pour prendre part aux opérations de l'armée ottomane [3041]. C'est lui, de même, qui favorise la révolte du fils d'Andronic IV, Jean, qui, s'étant échappé de Gênes, où Manuel l'avait fait envoyer en ambassade, entra à Constantinople le 14 avril 1390 et put s'y maintenir jusqu'au 7 septembre suivant. Jean V avait pu se réfugier dans le fort construit près de la Porte d'Or. Manuel, qui se trouvait à Lemnos, réunit quelques forces et chassa l'usurpateur. Celui-ci se réfugia auprès de Bajazet, qui lui donna le district de Selymbria [3042].

La malveillance du sultan vis-à-vis des Paléologues se manifestait de plus en plus. Ce serait à cette époque que Philadelphie, la seule ville d'Asie Mineure échappée jusque-là aux Osmanlis, aurait été assiégée et prise par Bajazet qui aurait forcé Jean V et Manuel à concourir au siège de leur propre cité [3043]. Tout à fait certain par contre est l'ultimatum envoyé à Jean V qui avait fait construire une forteresse entre la Porte d'Or et le rivage de la Propontide : Bajazet lui ordonnait de la détruire en le menaçant de crever les yeux à Manuel, présent à sa cour [3044], mais le 16 février 1391, Jean V mourait à l'âge de 61 ans [3045] et, à cette nouvelle, Manuel s'échappa de Brousse, à la grande colère du sultan. Bajazet fit bloquer Constantinople pendant sept mois et attaqua la Morée, gouvernée par Théodore Paléologue, frère de Manuel, puis, ayant besoin de son armée, il imposa au nouveau basileus des conditions draconiennes : augmentation du tribut, colonie musulmane et mosquée avec minaret et muezzin à Constantinople, garnison turque à Galata : tel fut le don de joyeux avènement que reçut Manuel Paléologue [3046].

Conquêtes ottomanes en Asie Mineure. — A part la Bithynie et une petite partie de la Lydie et de la Phrygie, le jeune État ottoman était presque entièrement européen. Les émirs d'Anatolie, dont l'indépendance datait du démembrement de l'Empire seldjoukide et qui avaient joué un rôle important dans les guerres civiles de Byzance, étaient restés assez puissants pour tenir l'État ottoman en échec et quelques-uns, comme le Grand Karaman Alaeddin, gendre de Mourad, avaient sur lui l'avantage de posséder une marine. En 1387 Mourad essaya de lui enlever quelques territoires, mais, après une bataille indécise près de Konieh, il lui accorda la paix ([3047]). Bajazet commença une lutte de plus grande envergure. N'ayant pas de flotte, il attaqua les émirs maritimes par terre, força ainsi l'émir d'Aïdin à devenir son vassal, puis l'interna à Brousse ([3048]). En 1391 il essaya de s'emparer de Smyrne, toujours occupée par les Hospitaliers depuis la croisade de 1345 ([3049]), mais dut se contenter d'en faire le blocus. Après l'occupation des émirats maritimes de Saroukhan et Menteshe, la puissance ottomane atteignait l'Archipel et Bajazet faisait construire une flotte de guerre, dont le premier exploit fut la dévastation de Chio, de Nègrepont et des rivages attiques. Adalia, enlevée en 1391 à l'émir de Tekke, fut le premier port ottoman sur la Méditerranée ([3050]).

Restait l'émir de Karamanie, isolé en face des Ottomans après la défaite de ses congénères. Bajazet convoqua ses vassaux européens, dont Manuel Paléologue, à Angora (hiver de 1391) et assiégea Iconium, capitale d'Alaeddin, qui se réfugia dans le Taurus. Inquiet des affaires d'Europe, Bajazet consentit à lever le siège moyennant une cession de quelques territoires, mais à peine était-il parti qu'Alaeddin reprenait les places cédées et attaquait la frontière ottomane. Avec une extraordinaire célérité Bajazet, vainqueur des Hongrois, transporta son armée en Anatolie et sa seule apparition à Brousse détermina Alaeddin à demander la paix. Loin de la lui accorder, le sultan saisit cette occasion d'en finir avec lui. Battu non loin de Kutayeh, Alaeddin fut pris et étranglé, et la Karamanie fut occupée sans résistance (1392) ([3051]). Vers 1395 l'émir de Cappadoce Bourhaneddin fut attaqué à son tour et dut céder à Bajazet Césarée et Siwas; peu après, pour ne pas devenir le vassal du sultan, l'émir de Kastamouni s'enfuyait chez les Mongols, et les Ottomans atteignaient la mer Noire en occupant les ports de Samsoun et de Sinope ([3052]).

En réalité, bien que, sauf l'État de Trébizonde, l'Asie Mineure fût presque entièrement musulmane et turque ([3053]), la conquête asiatique de Bajazet était beaucoup moins solide que ses conquêtes européennes, comme les événements allaient le montrer.

Achèvement des conquêtes européennes. — Ses campagnes en Asie n'empêchèrent pas Bajazet de continuer les entreprises de Mourad dans la péninsule balkanique et d'en

La lutte suprême

achever la conquête. Après Kossovo, il vengea d'abord le meurtre de son père par le supplice horrible infligé au prince Lazare et aux chefs serbes prisonniers ([3054]), mais il traita bien le fils de Lazare, Étienne Bulcovič, dont il fit son vassal, et, estimant la valeur militaire des Serbes, il s'attacha à les incorporer dans son armée ([3055]). Il respecta d'abord l'indépendance de la Bosnie sous le roi Turkto, maître de la Croatie, conquérant de presque toute la Dalmatie (1387-1388) et organisateur d'une marine qui portait ombrage à Venise, lorsqu'il mourut en 1391, sans avoir essayé de secourir les Serbes ; mais sous son successeur la Bosnie devait perdre toutes ses conquêtes et se trouver isolée en face des Ottomans ([3056]).

Ce fut après sa première campagne en Asie que Bajazet fit envahir en même temps la Bosnie et la Valachie, dont le prince Mircea le Grand était l'un des vaincus de Kossovo, où le corps d'armée qu'il avait envoyé aux Serbes fut détruit. Incapable de résister, Mircea fut battu, fait prisonnier et interné à Brousse où il signa un traité de vasselage qui devait servir de modèle à tous les traités postérieurs entre les princes roumains et la Porte : investiture du sultan, tribut, contingent militaire, mais engagement du sultan de n'établir aucune colonie musulmane et de ne construire aucune mosquée au nord du Danube ([3057]).

La Hongrie devenait le seul centre de résistance à l'invasion ottomane. Le dernier roi angevin, Louis le Grand, mort en 1386, avait eu pour successeur son gendre Sigismond de Luxembourg, fils de l'empereur Charles IV, qui, comme son prédécesseur, rêvait d'établir la suzeraineté hongroise sur les peuples chrétiens des Balkans ([3058]). Il n'hésita pas à prendre l'offensive et envoya un ultimatum à Bajazet en le sommant d'évacuer la Bulgarie. Ne recevant pas de réponse, il envahit lui-même cette région, infligea une grave défaite à l'armée ottomane et s'empara de Nicopolis après un long siège, mais battit en retraite à l'approche de Bajazet et subit de grosses pertes (1392) ([3059]). Le résultat de cette intervention fut la destruction totale de l'État bulgare. Après la prise de Tirnovo, qui résista trois mois, par un fils du sultan, le patriarche bulgare et les habitants furent déportés en Anatolie, le statut accordé à la Bulgarie par Mourad fut supprimé, des garnisons turques occupèrent les villes et le nom même des Bulgares disparut des actes officiels (1393) ([3060]).

La cour de Serrès, avril-mai 1394. — En 1394 la puissance de Bajazet est à son apogée. Suzerain des peuples chrétiens des Balkans, le roi de Hongrie rejeté au-delà du Danube, maître de l'Asie Mineure, il possède les deux ailes de l'Empire byzantin d'autrefois. C'est à lui plus qu'aux Paléologues que convient l'aigle bicéphale. Et il manifeste son pouvoir

20°
Bude
Danube
Suceava
Jassy
Trieste
HONGRIE
MOLDAVIE
Cetatea Alba
Save
Portes de Fer
Argès
SERBIE
Belgrade
Severin
VALACHIE
Bucarest
Spalato
Vidin
Danube
Constantia
Nicopolis
Silistrie
Kruševac
Nisch
Kossovo
Raguse
Varna [B]
Tirnovo
Mesembria
Sofia
Anchialos [B]
Scutari
Skoplje
Bourgas
Philippopoli
Croïa
Vardar
Andrinople
ALBANIE
Durazzo
Ochrida
Constantinople [B]
Tarente
El Bassan
Monastir
Riwas
Serrès
Selymbria
Scutari
40°
Brindisi
Thessalonique
[B]
Thasos
Eregli
Nicomédie
Otrante
Gallipoli
Athos
Nicée
Lampsaque
Janina
Brousse
Corfou
Lemnos
[B] Tenedos
Kutayeh
Arta
Lesbos
[G]
Phocée [G]
Patras
Négrepont [V]
Céphallénie
[V]
[A]
[G] Chios
Smyrne [H]
Clarentza
Andros
Zante
[V]
Corinthe
Athènes
Samos
Ephèse
[B]
Aïdin
Milet
Mistra
Modon
[V]
Naxos [V]
Monemvasia
Rhodes
[H]
Candie
CRETE
[V]
Alexandrie
30°
20°

La lutte suprême 383

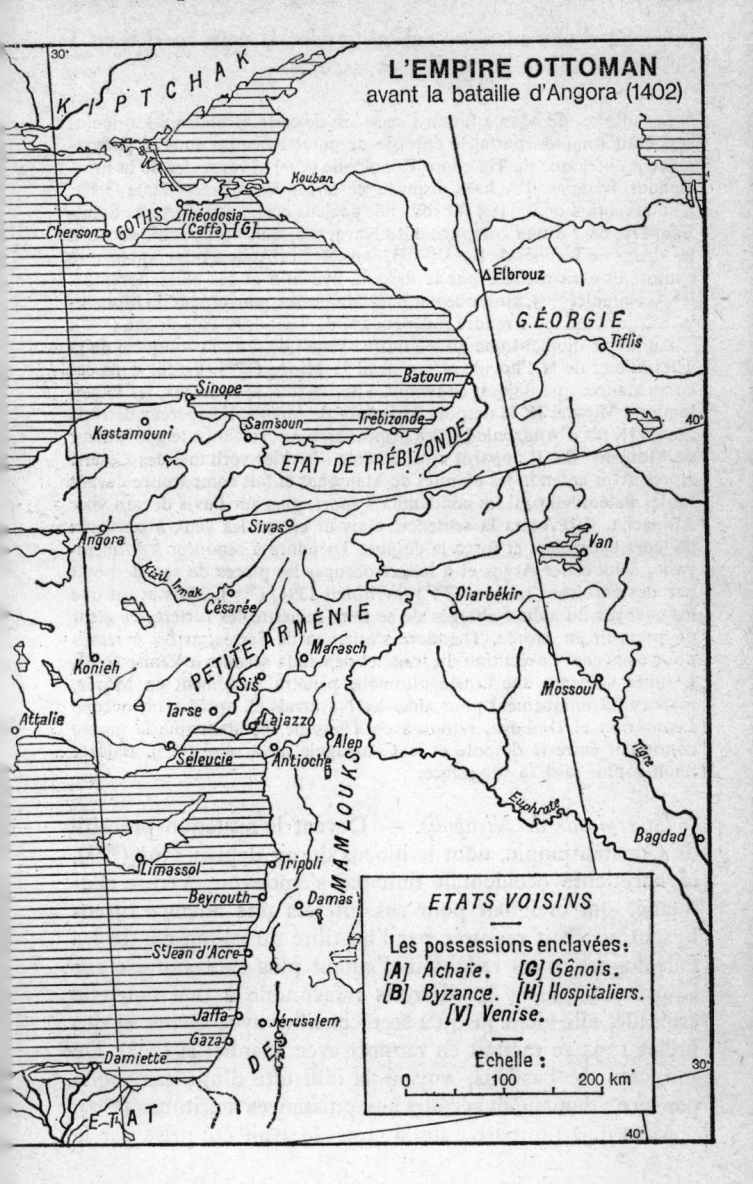

L'EMPIRE OTTOMAN
avant la bataille d'Angora (1402)

KIPTCHAK

GOTHS
Kouban
Cherson Théodosia (Caffa) [G]

△ Elbrouz

GÉORGIE
Tiflis

Batoum
Sinope
Kastamouni   Samsoun   Trébizonde
ÉTAT DE TRÉBIZONDE

Angora
Kizil-Irmak   Sivas
Césarée   Van
              PETITE ARMÉNIE   Diarbékir
Konieh   Marasch
         Sis
Tarse   Laiazzo   Mossoul
Attalie Séleucie Alep
         Antioche   Tigre
                          Euphrate
                                Bagdad
         Limassol   M
              Tripoli A
         Beyrouth   M
                     L
         St Jean d'Acre O
                        U
                        K
         Jaffa   S
         Gaza
         Damiette   Jérusalem
                   Damas
ÉTAT DE

ÉTATS VOISINS

Les possessions enclavées :
[A] Achaïe.   [G] Génois.
[B] Byzance. [H] Hospitaliers.
[V] Venise.

Échelle :
0   100   200 km

impérial d'une manière éclatante dans la cour qu'il tient à Serrès au milieu de tous ses vassaux.

Les affaires de Morée furent l'occasion de cette assemblée. La péninsule était toujours partagée entre le despotat byzantin sous le gouvernement énergique de Théodore Paléologue [3061] et les restes de la principauté franque d'Achaïe disputée entre plusieurs prétendants [3062]. L'intervention de Bajazet fut sollicitée de deux côtés, par Pierre de Saint-Exupéry, chef d'une compagnie de Navarrais, qui, après avoir soutenu les droits de Jacques de Baux [3063], conquérait l'Achaïe pour son propre compte et était menacé par le despote byzantin et ses alliés florentins les Acciaiuoli [3064], ainsi que par Paul Mamonas, gouverneur de Monemvasia, qui voulait se rendre indépendant de Théodore Paléologue [3065].

Au même moment une armée turque venait de faire la conquête de la Thessalie et de la Phocide et menaçait la Morée [3066]. Ce fut dans ces circonstances que Bajazet convoqua à Serrès tous ses vassaux, les Paléologues : Manuel II, le despote Théodore de Mistra, « l'empereur détrôné Jean VII, fils d'Andronic IV, les princes serbes survivants, le gouverneur de Monemvasia. Il apparut ainsi comme l'héritier véritable des Césars. Après avoir entendu les plaintes de Mamonas et fait comparaître devant lui les Paléologues, il les condamna à mort, puis sur l'avis de son vizir Ali-pacha, il révoqua la sentence, mais fit crever les yeux à plusieurs de leurs conseillers et força le despote Théodore à renoncer à Monemvasia, à lui céder Argos et à laisser occuper les places de son despotat par des garnisons turques [3067] (avril-mai 1394) [3068]. Mais avant que les envoyés du sultan chargés de se faire remettre les forteresses aient pu parvenir en Morée, Théodore s'échappa de Serrès, arriva à temps pour empêcher l'exécution du traité et demanda secours à Venise [3069]. L'année suivante une armée ottomane pénétra facilement en Morée, mais ce fut uniquement pour aider les Navarrais et, après avoir occupé Leontarion et Diakova, retourna en Thessalie, pendant que la guerre continuait entre le despote et la Compagnie navarraise [3070]. Bajazet remit à plus tard sa vengeance.

La croisade de Nicopolis. — Devant la situation précaire de Constantinople, dont le blocus durait depuis 1392 [3071], la chrétienté occidentale finit par s'émouvoir. Venise elle-même, qui craignait pour ses intérêts une alliance turco-byzantine, était rassurée par l'hostilité du sultan contre les Paléologues, mais redoutait d'autant plus sa mainmise sur Constantinople et les détroits : favorable à une nouvelle croisade, elle allait jusqu'à se réconcilier avec Gênes et dès juillet 1394 se mettait en rapport avec Manuel II [3072]. De son côté, le basileus, voyant la difficulté d'une campagne par terre, demandait secours aux puissances maritimes [3073].

Mais déjà l'initiative de la croisade avait été prise par le roi de Hongrie Sigismond, et les ambassades envoyées par lui pour cet objet à la cour du roi Charles VI, au duc de Lancastre, à Bordeaux, à Venise, avaient été accueillies avec la plus grande faveur ([3074]). Grâce à la propagande de Philippe de Mézières ([3075]) la noblesse française manifesta un véritable enthousiasme : il fallut réduire à mille le nombre des chevaliers qui voulaient partir. Le comte de Nevers, héritier du duché de Bourgogne, chef de l'expédition, était accompagné du maréchal Boucicaut, de Jean de Vienne, d'Enguerrand de Coucy ([3076]), de la fine fleur de la chevalerie : Sigismond devait délivrer la Valachie et la Bulgarie, Venise, rompre le blocus de Constantinople.

Les hésitations et les atermoiements de Venise, qui songeait encore à traiter avec Bajazet en février 1395 ([3077]), retardèrent le départ de la croisade. Ce fut seulement en avril 1396 que la République donna son adhésion ([3078]). Son capitaine des galères, Tommaso Mocenigo, parvint à rompre le blocus de Constantinople et de Péra (28 octobre 1396) ([3079]), mais il attendit en vain l'armée de terre avec laquelle il devait faire sa jonction dans la ville impériale. Après avoir opéré leur concentration à Bude (juillet), les croisés, malgré l'avis de Sigismond, refusèrent de rester sur la défensive et s'élancèrent vers le Danube, qu'ils passèrent en aval des Portes de Fer. Après avoir pris Turnu-Severin, ils assiégèrent Nicopolis où Bajazet les atteignit le 25 septembre ([3080]). La bataille de Nicopolis montra la supériorité de l'infanterie ottomane sur la brillante chevalerie, aux charges de laquelle elle opposa une résistance inébranlable. Le désastre des chrétiens fut complet. Sigismond parvint à s'enfuir sur une barque, mais le comte de Nevers, Boucicaut et un grand nombre de chevaliers furent faits prisonniers ou périrent dans la bataille ([3081]). Plus heureux que les autres chefs, le hospodar valaque Mircea put sauver son armée et infliger aux Turcs une défaite qui les obligea à repasser le Danube ([3082]).

Le blocus de Constantinople et l'expédition française (1396-1402). — Après sa victoire la colère de Bajazet s'appesantit surtout sur Byzance et sur Venise. Il s'empara de Selymbria, poste avancé de Constantinople, enleva Argos à Venise et fit envahir la Morée qui fut ravagée jusqu'à Modon. Le 21 juin 1397 les troupes du despote furent battues près de Leontarion, mais, après avoir fait des prisonniers, les Turcs se retirèrent en Thessalie ([3083]).

L'objectif principal de Bajazet était désormais la prise de Constantinople, dont il resserra le blocus après le départ de l'escadre vénitienne de Mocenigo, sur un navire de laquelle Sigismond fugitif avait pris passage pour être ramené dans ses États ([3084]). Loin d'être abattu par sa défaite, Sigismond ne songeait qu'à préparer une nouvelle croisade : Venise se tenait au contraire sur la réserve et cherchait surtout à empêcher Manuel Paléologue de traiter avec Bajazet ([3085]). Cette politique à courte vue ne pouvait être d'aucun secours à Constantinople. Dans son désarroi, Manuel envoya en Occident son oncle Théodore Cantacuzène solliciter des secours. Il n'obtint rien de Venise, ni des autres États italiens : par contre il fut bien reçu à Paris (octobre 1397) et, après des hésitations, Charles VI consentit à envoyer à Constantinople une petite expédition sous le commandement du maréchal Boucicaut ([3086]).

Partie d'Aigues-Mortes le 26 juin 1399, la flottille française fit de nombreuses escales pour attendre les secours promis par les Italiens et arriva à Constantinople au cours de l'automne, après avoir été rejointe à Ténédos par une escadre vénitienne et des navires de Rhodes et de Lesbos ([3087]). Boucicaut, avec ses quelques galères et ses 2 000 hommes de troupes, ne pouvait faire que des incursions. Prenant avec lui l'empereur Manuel, il réussit par une série de coups de main à déloger les Turcs de leurs positions dans la mer de Marmara et le Bosphore et il termina sa campagne au bout d'un mois en prenant d'assaut et en détruisant de fond en comble le château de Rive (Riwa Kalessi) qui défendait l'entrée de la mer Noire ([3088]).

Le blocus de Constantinople était rompu. Boucicaut mit alors la ville en état de défense et réconcilia Manuel avec son neveu Jean VII, protégé de Bajazet, qui, d'après les sources byzantines, avait forcé Manuel à l'associer au trône ([3089]). Ce témoignage n'exclut pas d'ailleurs celui du biographe de Boucicaut, qui alla chercher lui-même Jean VII à Sélymbria ([3090]). Le maréchal, persuadé qu'une croisade pouvait seule sauver Constantinople, détermina Manuel à venir lui-même solliciter les secours de l'Occident et à laisser l'exercice du pouvoir à Jean VII pendant son absence ([3091]). Chateaumorand resta à Constantinople avec une petite garnison de chevaliers et d'arbalétriers, un crédit chez les marchands et le titre de « capitaine pour le roi de France en la ville de Constantinople » ([3092]). Malgré les difficultés de tout genre, famine, pénurie d'argent, mauvaise volonté des Grecs, il parvint grâce à son énergie à tenir tête à toute l'armée turque, à la grande admiration de ses contemporains ([3093]).

Manuel II en Occident (1399-1403). — Accompagné d'une nombreuse suite, Manuel partit sur l'escadre de Boucicaut le 10 décembre 1399, fit escale en Morée (février) et débarqua à Venise où il fut reçu magnifiquement et comblé de promesses et de cadeaux (mai). Après un séjour à Padoue et à Milan où il fut accueilli par Jean Galeas Visconti ([3094]), il passa en France et fit son entrée solennelle à Paris le 3 juin 1400. Pendant son séjour qui se prolongea jusqu'en octobre, ce fut une succession continuelle de fêtes, de banquets, de réceptions, de chasses. Les rapports entre Charles VI et son hôte furent de la plus grande cordialité et Manuel obtint la promesse d'un secours de 1 200 hommes sous le commandement de Boucicaut et d'une pension

La lutte suprême

annuelle de 14 000 écus (3095). En octobre il partit pour l'Angleterre, s'arrêta à Calais et fut reçu à Londres par Henri IV le 21 décembre (3096). Il était de retour en France en février 1401 et y demeura jusqu'au 22 novembre 1402. De Paris il entretenait une vaste correspondance avec les puissances occidentales en vue de la croisade future (3097). A son retour, il traversa Gênes (22 janvier 1403), dont Boucicaut était gouverneur, et alla s'embarquer à Venise (avril) pour regagner Constantinople où il arriva le 15 juin 1403 (3098).

Maigre était le résultat de ces longues pérégrinations, de ce déploiement de magnificences, de ces interminables discours, de ces actives correspondances. Le pape Boniface IX avait lancé une encyclique (27 mai 1400) pour exhorter les fidèles à prendre la croix ou à coopérer de leurs deniers à la défense de Constantinople (3099). Manuel rapportait surtout des promesses, mais il avait été déjà informé de la catastrophe qui allait empêcher Bajazet d'accomplir ses desseins contre Byzance (3100).

La dislocation de l'Empire ottoman. — Au moment où la jeune puissance ottomane paraissait inébranlable, il suffit d'une simple bataille malheureuse pour la renverser. La raison est que sa force principale était surtout en Europe. Les conquêtes toutes récentes de Bajazet en Asie Mineure étaient restées superficielles. La plupart des émirs vaincus s'étaient réfugiés auprès de Tamerlan, le nouveau conquérant de l'Asie. La diplomatie de Bajazet, très au courant des affaires d'Europe, semble avoir négligé la puissance monstrueuse qui se formait depuis 30 ans au cœur de l'Asie. Le sultan turc fut pris au dépourvu et, loin de chercher à s'accommoder avec son adversaire, il le provoqua à plaisir et attira sur lui la foudre.

D'origine très modeste, né en 1336, fils d'un petit seigneur turc de Transoxiane, Timour-Lenk (le Boiteux) (le Tamerlan des Occidentaux) fit sa fortune lui-même. Ses débuts furent peu glorieux et, après avoir été au service du Khan Mongol du Djagataï, il mène en Iran une vie d'aventurier, réunit une horde, s'allie avec le roi de Balkh, Mir Hossein, contre le Khan, se brouille avec son associé, le détrône et se fait proclamer roi de Transoxiane à Balkh le 10 avril 1370, mais pour ménager les Mongols, il conserve comme un roi fainéant un membre de la dynastie du Djagataï [3101]. D'une famille de musulmans fanatiques, Tamerlan établit un État théocratique, remplace la coutume mongole (*yassak*) par la loi musulmane (*chériat*), protège le clergé musulman et, sous prétexte de mener la guerre sainte (*djihad*) contre les païens, se donne comme but la conquête ou plutôt le pillage de l'Asie avec l'armée solide de Turcs qu'il a levée en Transoxiane et qui forme une puissance militaire incomparable [3102].

A la différence de Gengis-Khan, Tamerlan n'avait aucun plan d'ensemble, ne cherchait pas à organiser ses conquêtes, laissant un pays après l'avoir pillé, ne fondant rien de stable, recommençant plusieurs fois la conquête d'un même pays [3103]. Il conquit successivement tous les État mongols issus de l'empire de Gengis-Khan, la plupart en décadence et en état de guerre civile : le Kharezm (région de l'Amou-Daria) (1379), le Turkestan oriental (Ili-Kachgarie) 1390-1397, l'Iran oriental (Hérat 1381, Kandahar 1383), l'Iran occidental (Irak, Bagdad, Sultanyeh), la Géorgie (prise de Tiflis 1386), la Grande Arménie, la Perse et le Farsistan (massacres d'Ispahan 1387, campagnes de 1392 à 1396, révolte de Bagdad cruellement réprimée en 1401) [3104]. Il intervient dans les querelles de succession du Kiptchak et ses campagnes victorieuses (1378-1399) préparent la désagrégation de la Horde d'Or et l'affranchissement de la Russie [3105].

Arrivé aux portes de l'Asie occidentale, il s'en détourna pour aller conquérir dans l'Inde le sultanat turco-afghan de Delhi, d'où il ramena des éléphants de guerre (fin 1398) [3106], et revint vers l'Occident, où les sultans mamlouks d'Égypte refusaient de reconnaître sa suzeraineté. Tamerlan envahit leurs possessions de Syrie, s'empara d'Alep (3 novembre 1400) et de Damas (25 décembre) et quitta la région (mars 1401) après l'avoir pillée et en emmenant un grand nombre d'ouvriers d'art et de lettrés [3107].

Il n'avait plus devant lui qu'un seul État puissant, l'Empire ottoman de Bajazet : un conflit entre eux était inévitable. La provocation vint de Bajazet qui voulut imposer sa suzeraineté à des émirs vassaux de Tamerlan et accueillit à sa cour un de ses ennemis, chef de la horde du Mouton Noir, Kara Yousouf [3108]. Une correspondance aigre-douce s'engagea entre les deux potentats et Bajazet, repoussant toute offre d'accord, répondit par des lettres insultantes aux messages de Tamerlan [3109]. La réplique ne se fit pas attendre : au mois d'août 1400 Tamerlan envahissait le territoire ottoman et s'emparait de Siwas [3110], mais ce fut seulement après avoir triomphé des Mamlouks de Syrie qu'il envahit l'Asie Mineure (juin 1402) où se livra la bataille décisive dite d'Angora, au nord-est de cette ville, à Tchiboukâbâd, le 20 juillet. Elle fut longue et acharnée : les contingents d'Asie Mineure de l'armée ottomane firent défection, tandis qu'à l'aile gauche les Serbes de Lazare Vulkovič se firent tuer héroïquement. Bajazet lutta un jour entier à la tête de ses janissaires : accablé par les Mongols, il s'enfuyait à cheval lorsque sa monture s'abattit. Fait prisonnier avec un de ses fils, il fut enfermé dans une litière grillée. Il devait mourir peu après (mars 1403) [3111].

En une seule journée l'Empire ottoman s'était écroulé. Exploitant sa victoire, Tamerlan s'empara facilement de toutes les places turques d'Asie Mineure et enleva Smyrne aux chevaliers de Rhodes. Les émirs turcs dépossédés par Bajazet furent restaurés dans leurs États et le territoire ottoman fut réduit à la Bithynie et à une partie de la Phrygie ([3112]). Les États chrétiens n'avaient pas attendu la victoire d'Angora pour faire leur soumission; l'empereur de Trébizonde, Manuel III, dont le beau-frère, l'émir d'Erzindjian, avait gagné la faveur de Tamerlan, fut sauvé de la conquête par cette entremise, mais dut fournir des galères et des troupes qui prirent part à la bataille d'Angora dans les rangs tartares ([3113]). A Constantinople Jean VII accepta les mêmes obligations (15 mai 1402) et, après la bataille, transporta à Tamerlan le tribut qu'il payait à Bajazet ([3114]); les Génois de Galata eux-mêmes arborèrent la bannière du vainqueur ([3115]).

Avec un sens politique remarquable Tamerlan se mit en rapport avec les principaux États d'Occident, notamment avec la France, dont le roi Charles VI était seigneur de Gênes depuis 1396 ([3116]), et avec le roi de Castille, dont les ambassadeurs assistaient à la bataille d'Angora ([3117]); mais c'était surtout l'intérêt du commerce entre l'Orient et l'Occident qui était en jeu dans ces pourparlers ([3118]). Tamerlan ne fonda rien de durable, mais, sans l'avoir cherché, il sauva la chrétienté occidentale d'une offensive ottomane et il assura à Byzance une survie d'un demi-siècle.

II. LA CRISE OTTOMANE ET LE RELÈVEMENT BYZANTIN (1402-1421)

Après Angora, la puissance ottomane était détruite, la guerre civile éclatait entre les fils de Bajazet, les vassaux d'Europe se révoltaient, les émirs turcs d'Asie étaient rétablis dans leurs États, Byzance revendiquait les territoires qui lui avaient été arrachés. Cependant les jalousies mutuelles des États chrétiens, leur politique maladroite vis-à-vis des prétendants, permirent à l'État ottoman de se reformer en moins de 20 ans et de reprendre sa politique de conquête. Jamais les conditions n'avaient été si favorables à une croisade, mais, le danger passé, on n'y pensait plus. L'état d'anarchie de l'Occident, guerres anglaises, grand schisme, guerre des Hussites, luttes entre les États italiens, rendait impossible toute croisade.

En Orient, Byzance n'était plus qu'un nom : les territoires qu'elle avait recouvrés étaient dispersés, elle était tombée au rang de puissance secondaire. Les puissances dominantes en Orient étaient Venise et la Hongrie, mais elles n'avaient qu'une politique étroite, sans vues d'ensemble, tantôt hostiles aux Turcs, tantôt engagées dans leur alliance. L'une et l'autre étaient d'ailleurs absorbées par des entreprises en Occident, Venise par la conquête des pays de terre ferme ([3119]), le roi de Hongrie par sa politique allemande et tchèque.

Après avoir traversé une période de crises redoutables, les Turcs, exploitant les divisions des chrétiens, reprirent leur marche en avant et détruisirent ce qui restait encore de l'Empire byzantin. Ce qu'il est bon de rappeler d'ailleurs, c'est que Byzance lutta jusqu'au bout, soutenue par les États chrétiens des Balkans et la Hongrie : il fallut un demi-siècle aux Turcs pour venir à bout de son héroïsme.

Anarchie ottomane et relèvement byzantin. — A peine rentré à Constantinople, Manuel supprima le tribunal du cadi, fit fermer ou détruire les mosquées, révoqua les privilèges commerciaux accordés aux musulmans et détrôna son neveu Jean VII ([3120]). Après la mort de Bajazet, (8 mars 1403), chacun de ses fils s'installa dans un territoire, Isa à Brousse, Mahomet à Amasée, Soliman en Europe ([3121]), et les émirs turcs d'Asie Mineure rentrèrent dans leurs États ([3122]). Manuel II signa avec Soliman un traité qui lui restituait Thessalonique, le territoire du Strymon, la Morée, quelques places voisines de Constantinople, les ports de la mer Noire, les îles de la côte de Thrace ([3123]). Par un juste retour des choses c'était Soliman qui devenait le vassal de l'Empire (1404). A Venise, qui voulait sa part des dépouilles, Soliman cédait l'accès à toutes les échelles turques du Levant, la ville d'Athènes et un territoire en face de Négrepont ([3124]).

Guerre civile entre les Turcs. — Les fils de Bajazet ne purent s'entendre. Mahomet chassa de Brousse son frère Isa (1404) ([3125]) mais il en fut lui-même expulsé par Soliman, inquiet des progrès de son frère et de ceux de l'émir Djouneid, qui, à la faveur des troubles, avait hérité des États de l'ancien émir d'Aïdin, Omour-beg (fin 1406) ([3126]). Isa ayant disparu ([3127]) et Djouneid s'étant soumis, la lutte se concentra entre Mahomet et Soliman qui enleva à son frère Angora, tandis que Mahomet échoua devant Brousse (1407-1408) ([3128]); mais il ne tarda pas à rétablir sa situation, grâce à son alliance avec l'émir de Karamanie et à l'intervention d'un quatrième fils de Bajazet, Mousà, délivré de la prison qu'il avait partagée avec son père. Prenant parti contre Soliman, Mousà passa en Europe par Sinope, Caffa et la côte valaque, fit alliance avec le prince roumain Mircea (juillet 1409), pénétra en Bulgarie en chassant les troupes fidèles à Soliman et s'empara de la résidence de son frère,

Andrinople (13 février 1410) ([3129]). Soliman revint en toute hâte dans ses États (juin) et la guerre entre les deux frères se prolongea avec des alternatives de succès et de revers pendant neuf mois. Soliman fut battu et tué le 17 février 1411 ([3130]) et Mousà resta maître d'Andrinople et des provinces européennes. Il y avait désormais deux États ottomans, l'un en Europe, l'autre en Asie. L'unité impériale était rompue et il ne tenait qu'aux États chrétiens de perpétuer cette division : ils firent justement le contraire.

Sans doute Mousà est d'abord l'ennemi de Manuel Paléologue, qui est entré en campagne contre lui et cherche à reprendre Gallipoli ([3131]). Mousà n'en renouvelle pas moins le traité conclu par Soliman avec Venise (12 août 1411) ([3132]) tout en prenant l'offensive contre Manuel, mais il fait une vaine démonstration devant Constantinople qu'il ne peut assiéger faute de machines (août) et échoue successivement devant Selymbria et Thessalonique (automne) ([3133]).

Ce fut alors que Manuel attira Mahomet en Europe en sollicitant son intervention contre Mousà et en lui fournissant des navires pour transporter ses troupes et l'on vit le spectacle étrange d'un sultan turc défendant la Ville Impériale contre son propre frère, qui tentait de l'assiéger de nouveau ([3134]). Rappelé en Asie par une révolte de Djouneid, Mahomet revint en juin 1413 et envahit la Thrace, également bien accueilli par les chefs musulmans et chrétiens qui détestaient la tyrannie de Mousà. Son armée fut bientôt grossie de nombreux contingents, bulgares et serbes et, après avoir passé les Balkans, il rencontra Mousà à Tschamurli près des cluses que traverse l'Isker pour entrer dans le bassin de Sofia. Mousà fut vaincu et tué (5 juillet) ([3135]).

Seul survivant des six fils de Bajazet, Mahomet se trouvait l'unique sultan. Grâce à l'appui de Manuel et des autres princes chrétiens des Balkans, il avait reconstitué l'unité ottomane. Cependant la grande amitié qu'il témoigna à Manuel écarta tout danger immédiat pour Constantinople ([3136]). Toute son attention était d'ailleurs portée vers l'Asie Mineure qu'il voulait reconquérir. Avec l'alliance des Hospitaliers de Rhodes et des Génois de Chio et de Lesbos, il réprima la révolte de Djouneid et lui enleva la possession de Smyrne et des places d'Ionie, puis en quatre campagnes il soumit la Karamanie ([3137]). Il regagnait ainsi le terrain perdu depuis la bataille d'Angora et son pouvoir en Asie Mineure était même plus solide que n'avait été celui de Bajazet. Ce fut à ce moment que les États chrétiens commencèrent à comprendre la faute qu'ils avaient commise en favorisant la naissance d'un nouvel empire ottoman.

Manuel II en Morée, 1414-1415. — Cependant, grâce à la cordialité de ses rapports avec Mahomet, Manuel put réorganiser son État et renforcer son pouvoir en Morée.

Après la mort du despote Théodore Ier sans enfant (1405), sa succession revint à son neveu Théodore Paléologue encore mineur, fils de Manuel qui prit la régence ([3138]). Le pays était troublé par les conflits incessants entre la noblesse remuante des archontes et le despote et par des violences continuelles ([3139]), véritable régression des mœurs, surtout depuis l'immigration des Albanais ([3140]). Manuel se proposait d'étendre la domination byzantine à l'ensemble du Péloponnèse et de faire de la presqu'île le réduit de la défense impériale. Parti de Constantinople en juillet 1414, il passa l'hiver à Thessalonique et débarqua près de Corinthe où le prince latin d'Achaïe, Centurione Zaccaria, vint lui faire hommage (13 mars 1415) ([3141]). Pour assurer la défense de la Morée, Manuel fit construire la muraille de l'Hexamilion qui barrait l'isthme entre les golfes Saronique et de Corinthe. Une grande partie de la population contribua à cette œuvre par ses prestations ou son argent, mais plusieurs archontes se montrèrent récalcitrants et, malgré les appels de Manuel, Venise refusa toute contribution ([3142]).

Après avoir inspecté le pays et rétabli l'ordre, Manuel quitta la Morée et revint à Constantinople (mars 1416) ([3143]), mais, poursuivant sa politique de rattachement de la presqu'île à son gouvernement, il y envoya l'héritier du trône, le prince Jean, qui y arriva à l'improviste et gouverna la Morée de concert avec son frère le despote Théodore II ([3144]). Tous deux attaquèrent Centurione Zaccaria qui voulait s'affranchir de la suzeraineté de l'Empire (mai 1417), et la principauté d'Achaïe allait être démembrée lorsque Venise, inquiète des progrès des Paléologues, proposa sa médiation ([3145]). Jean VIII quitta la Morée à la fin de 1418 et fut remplacé par son frère le prince Thomas, accompagné de l'historien Phrantzès ([3149]). L'action de Constantinople sur la Morée se manifesta dans les domaines intellectuels et artistiques. A la même époque Gémiste Pléthon attirait autour de lui de nombreux disciples et présentait à Manuel II et au despote Théodore un plan de réforme sociale et politique, tandis que des peintres de premier ordre couvraient les voûtes des églises de Mistra de leurs fresques délicates ([3147]). C'est à Mistra que par-delà Byzance les lettrés ont retrouvé la patrie hellénique.

Les États chrétiens sur la défensive. — Devant la reconstitution de l'unité ottomane, la politique des puissances chrétiennes d'Orient fut maladroite et incertaine. Déjà, au lendemain de la défaite de Bajazet, les projets de croisade avaient échoué par la faute des deux principaux partenaires, Venise et Sigismond, qui poursuivaient chacun leurs buts particuliers : le roi de Hongrie cherchant à établir sa suprématie en Serbie, dont le prince Étienne Lazarevič lui transportait l'hommage qu'il avait fait au sultan (1406), ainsi qu'en Bosnie, où il était en conflit avec Venise ([3148]) ; quant à la Sérénissime République, elle faisait des réponses dilatoires aux démarches d'Étienne Lazarevič (1406), de Manuel II (janvier 1407), de Sigismond lui-même (octobre 1408, février 1409) en vue de l'organisation de la croisade ([3149]), et préférait s'assurer l'héritage de la Dalmatie que Ladislas d'Anjou, qui l'avait disputée à la Hongrie, lui vendit pour cent mille ducats (1409, *marché infâme*) ([3150]). Il s'ensuivit une guerre scandaleuse entre Venise et la Hongrie, qui rendit impossible toute entente contre les Turcs et se prolongea, avec des trêves dans l'intervalle, jusqu'en 1437 ([3151]).

Telle est la véritable raison pour laquelle, malgré des circonstances favorables, on ne put organiser de croisade à cette époque. Cependant après la victoire de Mahomet, Venise comprit le danger que couraient ses possessions illyriennes et celles du Levant : dès mars 1415 elle prenait des mesures contre les corsaires turcs qui recommençaient à sillonner l'Archipel ([3152]). Mais elle n'allait pas plus loin, tandis que Manuel II, en dépit de son amitié pour Mahomet, cherchait de tous côtés des secours pour Constantinople, auprès du roi d'Aragon Ferdinand ([3153]) et de Venise, qu'il avait entrepris de réconcilier avec Sigismond ([3154]).

Pour affaiblir Mahomet les États chrétiens ne trouvèrent rien de mieux que de lui opposer un prétendant, Mustapha, qui se disait fils de Bajazet et avait de nombreux partisans en Asie Mineure. Il s'adressa d'abord à Venise, qui l'éconduisit et l'envoya au prince de Valachie Mircea ([3155]). Une ligue composée de Manuel II, de Mircea, du prince de Karamanie se forma en sa faveur ([3156]). Venise elle-même montrait de meilleures dispositions et négociait avec les puissances maritimes du Levant l'entretien d'une flotte permanente dans les détroits ([3157]). Elle se vit bientôt contrainte d'aller plus loin : dans l'automne de 1415 Mahomet Ier équipa une flotte de 112 navires, qui vint croiser dans les eaux de Ténédos, et cette réapparition d'une flotte ottomane dans la Méditerranée était un événement considérable ([3158]). Venise jouait d'ailleurs un double jeu et, tout en se montrant disposée à adhérer à la ligue contre Mahomet, elle cherchait par tous les moyens à renouveler avec lui le traité qu'elle avait conclu avec Mousà ([3159]).

Venise ne désirait pas la guerre, mais redoutait la domination exclusive de Mahomet dans la Méditerranée. Il suffit cependant de la rencontre des deux flottes ottomane et vénitienne en face de Gallipoli pour que le combat s'engageât : le 29 mai 1416 l'amiral vénitien Lorédan détruisit entièrement la flotte turque après un combat acharné ([3160]). Cette issue comblait les désirs de Venise qui n'avait plus à craindre la marine ottomane et dès l'année suivante elle négociait avec Mahomet un traité de paix, ratifié seulement en 1419 : Venise se tirait ainsi d'affaire en laissant les États chrétiens seuls en face du sultan ([3161]).

Mustapha, réfugié en Valachie, ne fut sérieusement soutenu que par Mircea et Manuel II. La destruction de la flotte turque lui permit d'arriver par mer à Constantinople, d'où il fut conduit à Thessalonique, afin de gagner à son parti les gouverneurs turcs ([3162]). La guerre éclatait ainsi entre Manuel et Mahomet, qui atteignit Mustapha, auquel s'était joint Djouneid fugitif, en Thessalie, le força à livrer bataille malgré lui et le battit (fin d'automne 1416). Le gouverneur de Thessalonique où les vaincus s'étaient réfugiés refusa de les livrer au sultan, mais Mahomet traita avec Manuel II et il fut convenu que Mustapha serait interné à Lemnos et Djouneid dans un monastère de Constantinople ([3163]). Quant à Mircea, il ne fut pas question de lui dans le traité, et Manuel l'abandonna à la vengeance du sultan qui lui enleva la Dobroudja, le força à payer un nouveau tribut et à accepter la construction en territoire roumain de forteresses turques qui commandaient le passage du Danube (1417) ([3164]).

Malgré cette brouille passagère, Mahomet continuait à ménager Manuel et en 1420 les deux souverains eurent une entrevue des plus cordiales à Scutari ([3165]). Le sultan mourut l'année suivante, à la suite d'un accident de chasse, à l'âge de 42 ans ([3166]). A ce moment la situation de Manuel était encore intacte : il n'avait rien perdu de ce que les Turcs lui avaient restitué ni, malgré ses erreurs, subi aucune dommage, grâce à l'amitié réelle de Mahomet pour lui. Avec l'avènement de Mourad II, fils de Mahomet, Manuel allait avoir affaire à un jeune sultan plein d'ardeur et bien décidé à relever l'Empire ottoman : tout le bénéfice de l'affaiblissement turc était déjà perdu et Byzance allait se trouver de nouveau en danger mortel.

III. LA RENAISSANCE DE L'EMPIRE OTTOMAN ET LA DERNIÈRE RÉSISTANCE (1421-1448)

Bien que Mourad II fût servi par des hommes d'État et des chefs de guerre de premier ordre, son État était loin d'être la puissance dominante en Orient et il chercha encore à prolonger la paix, mais les fautes et les discordes des États chrétiens ne tardèrent pas à lui permettre de regagner les positions perdues. En 4 ans (1421-1425) Byzance perdit tous les avantages qu'elle avait acquis pendant la crise ottomane, retomba sous le joug des Turcs et se trouva de nouveau menacée dans son existence. L'Empire ottoman se reforma, plus agressif que jamais et recouvra son ancienne prépondérance.

Les premières attaques contre Byzance (1421-1425). — Dès les premiers jours du règne du Mourad, Manuel eut à choisir entre le renouvellement de l'alliance que lui offrait le sultan et les promesses magnifiques de Mustapha, s'il était rétabli sur le trône. Pour montrer son désir de conciliation Mourad allait jusqu'à l'offre de céder Gallipoli à l'Empire ([3167]). Manuel était partisan de la paix, mais il avait contre lui Jean VIII et ses autres fils : il céda et lâcha la proie pour l'ombre. La suite allait le montrer.

Mustapha et Djouneid, mis en liberté, assiègent Gallipoli. Laissant l'armée grecque devant la place, Mustapha marche sur Andrinople et bat l'armée envoyée contre lui par Mourad (fin 1421) : à cette nouvelle, Gallipoli se rend, mais Mustapha en interdit l'entrée aux troupes impériales, qu'il renvoie à Constantinople (janvier 1422) ([3168]). Manuel essaye alors de renouer avec Mourad, mais ses exigences aboutissent à un échec, tandis que le sultan signe un traité avantageux avec les Génois de la Nouvelle Phocée ([3169]). Pour prévenir une attaque de Mourad, Mustapha parvient à passer en Asie, mais au moment où il se trouve en face de l'ennemi, il est trahi par Djouneid, abandonné par ses troupes (20 janvier 1422) et s'enfuit éperdument, poursuivi par Mourad, qui le capture près d'Andrinople et le laisse pendre au haut d'une tour par la populace ([3170]).

La défaite de Mustapha laissait Manuel exposé à la vengeance de Mourad : cette fois le basileus ne pouvait plus compter sur la longanimité du sultan, qui vint dès le mois de juin 1422 assiéger Constantinople ([3171]). Manuel retiré au monastère de la Peribleptos avait laissé le pouvoir à Jean VIII, qui chercha vainement à traiter avec Mourad : un de ses ambassadeurs, Corax, suspect d'entente avec le sultan, dont il n'avait pas révélé les préparatifs, fut lynché par la foule le jour où l'armée ottomane parut brusquement sous les murs de la ville ([3172]). La lutte fut acharnée : Mourad fit construire entre la Corne d'Or et la Propontide une immense levée de terre chargée de machines de guerre, parmi lesquelles des bombardes et armes à feu, qui faisaient plus de bruit que de mal, voisinaient avec les balistes et les tours roulantes d'autrefois ([3173]). Le camp turc était rempli de marchands d'esclaves et de derviches qui venaient prendre leur part du butin, sur la foi de la proclamation du sultan livrant la ville et ses trésors aux vrais croyants. Un illuminé, vénéré de tous, le scheik Seïd-Bokhari, de la famille du Prophète, avait prédit que la ville tomberait aux mains des musulmans le lundi 24 août. L'assaut général fut donné ce jour-là et la bataille avait été longue et acharnée, lorsque les Turcs furent pris d'une panique inexplicable, brûlèrent leurs machines de guerre et battirent en retraite ([3174]), mais non sans laisser quelques troupes devant la ville ([3175]).

Cet échec fut dû sans doute à l'insuffisance des forces dont disposait Mourad, qui ne paraît pas avoir assiégé la ville par mer, et aussi au courage et à l'ardeur que montrèrent les défenseurs : le jour du grand assaut, les chroniqueurs montrent tous les habitants, hommes et femmes, se portant vers les remparts pour contribuer à la défense, tandis que Jean VIII dirigeait une sortie victorieuse.

Renonçant à cette entreprise qui s'était avérée comme prématurée, Mourad fit envahir la Morée par les troupes de Tourakhan-beg cantonnées en Thessalie (mai 1423). Au lieu de s'unir contre les Turcs, le despote Théodore II et le prince d'Achaïe se faisaient la guerre. Devant le danger turc ils signalent une trêve à l'instigation de Venise (17 décembre 1422) ([3176]), mais la République négociait encore pour former une ligue quand les Turcs apparurent. La muraille de l'Hexamilion qui devait arrêter les invasions n'était même pas défendue ([3177]). Tourakhan s'en empara facilement et la fit détruire, puis il ravagea les possessions du despote, mais il rencontra, semble-t-il, une assez grande résistance et n'osa assiéger Mistra ([3178]); dès qu'il eut quitté la Morée, les luttes entre les États chrétiens recommencèrent (1423) ([3179]).

Après une incursion en Albanie, les Turcs se portèrent sur Thessalonique dont ils organisèrent le blocus. Son gouverneur, le despote Andronic, fils de Michel, sujet à des attaques d'épilepsie et irrésolu, poussé aussi par les habitants qui souffraient du blocus, ne vit d'autre moyen d'empêcher la ville de tomber aux mains des Turcs que de la vendre à Venise, ainsi que la presqu'île de Kassandreia et la région du Vardar inférieur. Venise accepta et en juillet 1423 deux provéditeurs avec une flotte importante prirent possession de la ville ([3180]), mais la République ne put obtenir de Mourad la reconnaissance de cette occupation ([3181]).

La lutte suprême 397

Cependant la guerre n'éclata pas de suite entre Venise et le sultan, occupé par sa lutte contre les émirs d'Asie Mineure et son intervention dans la succession de Valachie, sans que les puissances chrétiennes aient fait le moindre effort pour exploiter cette situation. En Valachie la querelle de succession qui s'éleva entre les fils de Mircea le Grand, mort en 1418, fournit aux Turcs l'occasion de pénétrer pour la première fois en Transylvanie (1421) et en Moldavie, dont ils attaquèrent le port de Cetatea-Alba à l'embouchure du Dniester. Le prétendant qu'ils avaient installé sur le trône valaque, Radu le Chauve, fut renversé par son frère Dan qui, avec l'aide des Hongrois, força les Turcs à repasser le Danube et fit la paix avec Mourad [3182]. De futurs conflits étaient en perspective dans ces régions où la pression ottomane avait commencé à s'exercer.

En Asie Mineure Mourad mena lui-même la campagne contre le protecteur de Djouneid, l'émir de Kastamouni, qu'il força à signer la paix et à lui donner sa fille en mariage (1424-1425) [3183], mais, pendant que le sultan célébrait ses noces à Andrinople, Djouneid parvenait à rentrer dans Smyrne et, ne pouvant s'y maintenir, s'enfuyait en Cilicie, et de là auprès du prince de Karamanie, qui lui fournit quelques troupes avec lesquelles il gagna la Lydie. Ce fut là que s'acheva sa destinée : assiégé dans le port d'Hypsela par une armée turque appuyée d'une flotte génoise de la Nouvelle Phocée, il dut capituler et fut étranglé avec toute sa famille malgré la promesse de vie sauve qu'il avait obtenue [3184].

Cette disparition affranchissait Mourad d'un de ses plus gros soucis. Sauf le prince de Karamanie, resté puissant, les émirs d'Asie Mineure lui étaient soumis et en Europe il n'avait plus affaire qu'à deux puissances : le roi de Hongrie Sigismond, resté neutre et absorbé par les affaires de Bohême et du grand schisme d'Occident, Venise, avec laquelle il avait refusé de traiter.

En face de cet empire reconstitué, les Paléologues, abandonnés par leurs alliés, toujours brouillés avec Mourad, étaient impuissants et, de plus, ils étaient divisés entre eux. Manuel, vieilli et découragé, voulait faire la paix avec le Turc ; Jean VIII, qui assumait de plus en plus la direction des affaires, était partisan de la résistance. Laissant le gouvernement à son frère Constantin Dragasès, il entreprit, comme autrefois Manuel, un voyage diplomatique pour aller chercher des alliances. Parti de Constantinople le 23 novembre 1423 [3185], il passa par Venise et Milan dont il décida le duc à faire la paix avec Sigismond, puis il gagna la Hongrie où il se trouvait encore un an après, mais quand il revint en traversant la Moldavie (fin octobre 1424), Manuel avait déjà traité avec Mourad [3186].

Une ambassade composée de trois dignitaires, dont l'historien Phrantzès, était allée trouver le sultan à Éphèse, où il tenait sa cour, et concluait des traités d'amitié avec les représentants des États chrétiens. Le traité rédigé par Phrantzès précipitait de nouveau Byzance dans la vassalité ottomane : le basileus paierait au sultan un tribut de 300 000 aspres et lui céderait les ports de la mer Noire, sauf Mesembria et Derkos, et conserverait Zeïtoun et la région du Strymon (22 février 1424) [3187]. Manuel ne survécut que 17 mois à ce honteux traité et mourut le 21 juillet 1425, à l'âge de 77 ans, après 52 ans d'un règne fertile en tragédies et en désastres [3188].

Essai de résistance des Paléologues. — Jean VIII, déjà associé à l'Empire, devint donc seul basileus, mais il eut à compter avec ses cinq frères entre lesquels étaient répartis sous forme d'apanages les maigres territoires qui constituaient l'Empire et étaient menacés à la fois par les Turcs et par Venise. Malgré des conditions défavorables et avec une véritable vaillance, ces derniers Paléologues n'attendirent pas l'attaque pour organiser la défensive par leurs propres moyens.

Jean VIII fit porter son principal effort sur la Morée, véritable réduit de la défense byzantine après Constantinople. Il vint se mettre lui-même à la tête des troupes de Mistra et attaqua Charles Tocco, despote d'Épire, qui avait acheté d'un aventurier italien la forteresse de Clarentza et était en conflit avec le despotat byzantin au sujet des troupeaux transhumants dans la plaine d'Élide [3189]. Une victoire sur la flottille de Tocco aux îles Echinades, la cession de Clarentza à Byzance et le mariage de Constantin Dragasès avec une nièce de Tocco, tels furent les résultats de cette campagne (1427-1428) [3190]. De retour à Constantinople sur la flotte qu'il commandait lui-même, Jean VIII fit restaurer la Grande Muraille [3191] et, l'année suivante, Constantin Dragasès, qui partageait le gouvernement de la Morée avec son frère Théodore [3192], s'empara de la ville importante de Patras, fief d'un archevêché latin, malgré les protestations de Venise et avec l'acquiescement donné par Mourad, non sans hésitation (5 juin 1429) [3193]. Au même moment Thomas Paléologue attaquait le dernier prince franc d'Achaïe, Centurione, lui prenait sa forteresse de Chalandritza et l'obligeait à lui donner sa fille en mariage avec toutes ses possessions, sauf la baronnie d'Arcadie, en dot [3194]. L'Ordre Teutonique lui-même devait céder Mostenitza [3195]. A part les possessions vénitiennes [3196] toute la Morée était aux mains des Grecs, au grand mécontentement de Venise qui se vengea en faisant une guerre économique au despotat ([3197]). Aussi Jean VIII était-il en relations avec les ennemis de la République, en particulier avec le roi de Hongrie, qui venait de conclure une trêve avec Mourad « afin, écrivait-il aux despotes, de pouvoir résister à l'insolence de nos ennemis communs » ([3198]).

L'offensive victorieuse de Mourad. — Pendant que les Paléologues achevaient de conquérir la Morée, Mourad, respectant le traité conclu avec Manuel, semblait se désintéresser de Constantinople, mais poussait ses entreprises dans toutes les directions et s'assurait des positions stratégiques de premier ordre tant en Asie qu'en Europe.

Le plus grand État continental d'Anatolie était la Karamanie, le domaine du Grand Karaman qui s'étendait sur la Phrygie (Iconium) et une partie de la Cappadoce (Karahissar), débordant au sud vers l'Isaurie et cherchant à s'ouvrir un chemin vers la mer par l'occupation d'Attalie. Après quatre ans de guerre et de négociations, le dernier prince de Karamanie, Ibrahim, se reconnaissait le vassal de Mourad (1426-1430) et il ne restait plus trace en Asie Mineure du régime instauré par Tamerlan ([3199]).

Mais ce fut surtout vers l'Europe que Mourad dirigea ses plus grands efforts. Établi à Andrinople depuis 1423, il intervint dans toutes les régions de la péninsule balkanique, mais au lieu d'annexer des territoires, comme Bajazet, il laissait aux vaincus leurs princes nationaux en les soumettant au tribut et au service militaire ([3200]).

Sa principale action fut d'abord dirigée contre Venise, devenue puissance balkanique depuis son achat de Thessalonique et qui soutenait successivement tous ses ennemis : Djouneid, le faux Mustapha, le Grand Karaman ([3201]). Après avoir occupé les abords de Thessalonique (1425-1430), Mourad, vainqueur de la Karamanie, vint lui-même diriger le siège de Thessalonique qu'il prit d'assaut le 29 mars 1430 ([3202]). Les églises furent changées en mosquées et la ville repeuplée par des musulmans. L'effet produit en Europe fut considérable.

En même temps Mourad intervenait victorieusement en Serbie, dont le despote Georges Brankovič, neveu et successeur d'Étienne Lazarevič, devait se reconnaître son vassal et répudier la suzeraineté hongroise (1428) ([3203]); de plus, les Turcs occupèrent sur le Danube, au débouché des Portes de Fer, une forteresse qui leur avait été vendue par un boyard ([3204]). Le sultan profitait surtout des querelles de succession, fréquentes dans les dynasties balkaniques. Celle de Charles Tocco, despote d'Épire, lui rapporte la possession de Janina et la suzeraineté de l'Épire et de l'Acarnanie (1431) ([3205]). En Valachie la reprise de la querelle entre Dan et Radu suscite une double intervention, d'une part de Sigismond, avec, comme auxiliaires, des chevaliers croisés amenés par don Pedro, fils du roi Jean de Portugal ([3206]), d'autre part des Turcs qui envahissent le pays. Bien que rétabli sur le trône valaque par Sigismond, Dan dut faire hommage de son État (1428) ([3207]), mais à sa mort en 1431, son fils Bassarab, se vit disputer le pouvoir par deux fils de Mircea, Vlad le Dracul ([3208]) et Aldea, soutenus, le premier par Sigismond, le second par le prince Alexandre de Moldavie.

Mourad ne manqua pas cette nouvelle occasion d'intervenir et, après une guerre de 5 ans (1432-1437), qui provoqua la rupture de la trêve entre Sigismond et le sultan (1433) et permit à celui-ci d'envahir les provinces méridionales de la Hongrie, Sigismond étant mort (9 décembre 1437), son protégé, Vlad Dracul, reconnu par les Valaques, n'eut d'autre ressource que de se déclarer le vassal de Mourad et d'envoyer ses fils en otages à la Porte ([3209]).

Ainsi Mourad avait réussi dans toutes ses entreprises. En 12 ans (1425-1437) il avait reconstitué un empire continental plus étendu et plus solide que celui de Bajazet et il avait humilié Venise, la grande puissance maritime de l'Orient. Ses vassaux lui obéissaient et il ne tolérait pas chez eux le moindre écart, comme s'en aperçut Georges Brankovič, qui, ayant tardé à envoyer sa fille au harem du sultan, dut lui céder la forteresse de Kruševac ([3210]). Maître de la Valachie, il menaçait la Hongrie dont le roi Sigismond, son principal et son plus sérieux adversaire, venait de disparaître. Ces succès alarmaient les États chrétiens, mais n'avaient provoqué de leur part aucune réaction. Des tentatives assez timides pour provoquer la formation d'une croisade s'étaient heurtées à l'indifférence la plus complète ([3211]).

Situation précaire de Constantinople. — Les victoires de Mourad rendaient de plus en plus précaire la situation du petit État byzantin, du sort duquel Mourad, satisfait de l'avoir dans sa vassalité ([3212]), semblait se désintéresser momentanément, mais dont les forces ne pesaient pas lourd devant la formidable puissance du sultan.

Et ce fut au moment où Constantinople était ainsi en danger qu'on assista au spectacle scandaleux d'une nouvelle guerre entre Gênes et Venise dans laquelle l'État byzantin fut impliqué. Une flotte vénitienne venant attaquer Galata (septembre 1433), Jean VIII fut pris comme arbitre par les belligérants et réussit à sauver la colonie génoise d'un désastre imminent ([3213]). En reconnaissance, une flotte génoise, se rendant en Crimée l'année suivante, s'avisa d'attaquer les murs maritimes de Constantinople ; mais Jean VIII avait encore des navires, qui chassèrent la flotte génoise, et des troupes, qui assiégèrent Galata, dont les habitants durent accepter les conditions de l'empereur ([3214]).

D'autre part les dissentiments qui troublaient la famille impériale étaient une autre cause de faiblesse. Jean VIII n'ayant pas d'enfant, le second fils de Manuel, le despote Théodore, se considérait comme son héritier légitime, mais le basileus lui préférait son frère Constantin Dragasès, soutenu par Thomas, avec lequel il avait échangé son héritage de Morée. Parti déplorable, les deux frères rivaux cherchaient à s'assurer l'appui de Mourad et, revenus en Morée après un séjour à Constantinople, fertile en intrigues (septembre 1435-juin 1436), ils se préparaient à une guerre civile, lorsque Jean VIII parvint à leur imposer sa médiation : Constantin revint à Constantinople et Théodore resta en Morée ([3215]).

Ce fut dans ces circonstances que Jean VIII, désespérant de sauver Constantinople par ses propres forces, reprit la question de l'union religieuse, préface nécessaire d'une croisade générale.

L'Union de Florence (1437-1439). — Après sa restauration en 1402, Manuel oublia entièrement l'Union, machine de guerre à effrayer les Turcs. Ce fut seulement après le rétablissement de l'unité ottomane par Mahomet Ier que la question recommença à le préoccuper. Il envoya un délégué au concile de Constance (1417) et ses ouvertures furent bien accueillies du pape Martin V. Les pourparlers continuèrent pendant le voyage de Jean VIII en Occident (1423), mais furent rompus après la signature du traité entre Manuel et Mourad ([3216]).

Ce fut après la prise de Thessalonique par les Turcs que Jean VIII fit de nouvelles ouvertures à Martin V en lui demandant la réunion d'un concile œcuménique à Constantinople (août 1430) ([3217]). Mais l'état troublé de l'Occident, la difficulté de réunir Grecs et Latins dans un même concile, de faire accepter aux Grecs la double procession du Saint-

Esprit et l'autorité du pape, d'organiser une croisade, étaient autant d'obstacles qui paraissaient insurmontables : de longues années devaient être nécessaires pour aboutir à une solution et pendant ce temps les Turcs consolideraient leurs positions. De plus Jean VIII ne pouvait trouver en Occident le terrain solide qu'avaient connu ses prédécesseurs. A partir de 1431 l'autorité du pape, déjà amoindrie par le concile de Constance, allait être mise en question par le concile de Bâle, qui résolut de prendre en main le gouvernement de l'Église et de mettre fin aux guerres religieuses de Bohême, comme au schisme gréco-latin. Le basileus se trouva obligé d'engager des négociations à la fois avec le concile et avec le pape, qui proposaient des solutions opposées. De là une perte de temps considérable, un échange continuel d'ambassades, de propositions et de contre-propositions. La chrétienté livrée à l'anarchie faisait le jeu des Turcs et, quand l'union fut proclamée, il était déjà trop tard pour sauver Constantinople.

La première ambassade de Jean VIII au pape joua de malheur. En traversant la Morée, elle apprit que Martin V était mort (le 20 février 1431) et revint à Constantinople, à la grande colère du basileus ([3218]). Une seconde ambassade fut envoyée immédiatement au nouveau pape, Eugène IV, élu le 23 mars 1431, mais les conditions n'étaient plus les mêmes que sous Martin V. Le conclave qui élut Eugène IV ne comprenait que 14 cardinaux, et ce qui diminua surtout son autorité ce fut le concile que Martin V avait convoqué à Bâle 20 jours avant sa mort et que son successeur trouva installé à son avènement sous la présidence du cardinal Julien Cesarini ([3219]).

Le premier accueil d'Eugène IV à l'ambassade grecque fut plein de réserve, et comme siège du futur concile, il substitua à Constantinople une ville d'Italie, dans laquelle il voulait transférer le concile de Bâle ([3220]).

Mais le concile s'opposa à ce transfert ([3221]) et, d'abord indifférent à la question de l'Union, prit lui-même en main l'affaire des Grecs et envoya à Constantinople une ambassade chargée d'informer le basileus que le concile, représentant l'Église universelle, était supérieur au pape, que l'empereur Sigismond et tous les princes de l'Europe lui étaient dévoués et que les Grecs pourraient tirer de grands avantages en renonçant au schisme (début de 1433) ([3222]). Ces propositions, qui tranchaient la question de l'autorité du pape dans un sens favorable aux doctrines grecques, ne pouvaient qu'être bien accueillies à Constantinople. Aussi Jean VIII se hâta d'envoyer à Bâle son frère le despote Démétrius, l'higoumène Isidore et Jean Dishypatos ([3223]).

Ainsi les négociations traînaient en longueur et les Grecs s'engageaient dans un véritable imbroglio, négociant à la fois avec Rome et avec Bâle.

La première ambassade de Jean VIII au pape ne revenait à Constantinople qu'après 2 ans d'absence (fin 1433-début de 1434) au moment où commençaient les pourparlers avec Bâle et elle était accompagnée d'un légat du pape, le cardinal Garatoni ([3224]). Les négociations se poursuivirent ainsi jusqu'à l'automne de 1437 : il y avait plus de six ans qu'elles avaient commencé. Plus les trois parties échangeaient d'ambassades ([3225]), plus les difficultés devenaient inextricables. Elles portaient sur le choix de la ville où se tiendrait le concile d'Union : Eugène IV acceptait Constantinople, mais les pères de Bâle tenaient à Avignon ([3226]) et Jean VIII exigeait une ville italienne ([3227]). Il se produisit aussi une véritable surenchère entre le pape et le concile au sujet des subventions à accorder aux Grecs pour les indemniser des frais de voyage qu'ils étaient incapables de supporter. La deuxième ambassade du concile à Constantinople, dirigée par le dominicain Jean de Raguse (1435-1436), parut un moment sur le point de l'emporter ([2228]), mais au même moment l'ambassade de Jean VIII, qui se trouvait à Bâle, refusait suivant ses instructions d'accepter la décision de la majorité du concile qui convoquait les Grecs à Avignon, et déterminait le pape à se rallier à la minorité qui préconisait une ville d'Italie ([3229]).

La cause était entendue. Le pape chargea trois délégués de cette minorité, auxquels il adjoignit ses légats, d'aller porter ces conclusions à Constantinople où ils arrivèrent en septembre 1437 ([3230]). Au même moment le pape ordonnait le transfert du concile de Bâle à Ferrare ([3231]). De son côté le concile n'avait pas perdu l'espoir de traiter avec Jean VIII ([3233]) ; il lui envoyait une dernière ambassade, dont faisait partie Jean Grimaldi seigneur de Monaco. Arrivée à Constantinople le 3 octobre peu après l'ambassade du pape, elle fut reçue avec égards ([3233]), mais elle arrivait trop tard et, le 24 novembre suivant, Jean VIII et les membres du clergé grec qui avaient été désignés s'embarquaient pour l'Italie ([3234]).

Au cours de ces négociations compliquées, la question religieuse, qui était en somme l'essentiel, avait été laissée à l'arrière-plan, mais parallèlement au travail des chancelleries de nombreux théologiens des deux partis avaient étudié les conditions dans lesquelles l'Union était possible. La question se présentait sous un jour beaucoup plus favorable que par le passé. Depuis le concile de Lyon beaucoup de Grecs s'étaient mis à étudier la littérature théologique de l'Occident, que des traductions comme celles de Démétrius Cydonès ([3235]) avaient rendue accessible à tous. La compréhension mutuelle des Grecs et des Latins était donc beaucoup plus grande qu'autrefois ([3236]) et c'est ce qui explique le développement dans le clergé byzantin d'un parti de l'Union, qui était représenté jusque dans les monastères de l'Athos, et dont les chefs étaient Bessarion de Trébizonde, métropolite de Nicée ([3237]), et Isidore, higoumène de Saint-Démétrius ([3238]), nommé archevêque de Kiev (automne 1436) et qui devait entraîner la Russie. Le monde orthodoxe tout entier en effet avait été invité par Jean VIII à participer au concile d'Union : les patriarches orientaux, les princes russes, les princes roumains, le despote de Serbie, l'empereur de Trébizonde devaient s'y faire représenter ([3239]).

Avant le départ, l'empereur tint un véritable conseil de conscience dans lequel figuraient de futurs adversaires de l'Union comme Marc Eugenikos et Georges Scholarios ([3240]), et, ce qui montre dans quel état de subordination il était vis-à-vis des Turcs, il ne crut pas pouvoir s'absenter sans prévenir Mourad « à titre d'ami et de frère ». Le sultan manifesta sa désapprobation et, après le départ du basileus, il aurait eu des velléités d'attaquer Constantinople et en aurait été détourné par son vizir Khalil ([3241]).

Telles furent les conditions extraordinaires dans lesquelles se présenta le concile d'Union qui s'ouvrit à Ferrare le 8 janvier 1438, où Jean VIII, le patriarche et la délégation grecque firent leur entrée dans les premiers jours de mars ([3242]), après avoir débarqué le 8 février à Venise, où eut lieu une magnifique réception en leur honneur ([3243]).

On commença par perdre du temps pour attendre les membres du concile de Bâle, qui rompirent complètement avec le pape ([3244]), et les princes d'Occident qui ne vinrent pas, à la grande déception de Jean VIII, espérant que l'organisation de la croisade suivrait de près l'Union ([3245]). Seul le duc de Bourgogne Phillippe le Bon, qui montrait un vif intérêt pour les choses d'Orient ([3246]), envoya une délégation au concile, mais elle n'arriva à Ferrare que le 4 décembre 1438 et s'abstint d'aller saluer Jean VIII, qui, très mortifié, exigea une réparation ([3247]). La première session solennelle eut lieu le 9 avril, mais on accorda 4 mois de délai aux retardataires et il n'y eut pas d'autre session avant le 8 octobre ([3248])!

Des discussions sur les points litigieux commencèrent du moins dans l'intervalle des deux sessions. Le mode de scrutin à la majorité des voix fut adopté contrairement aux demandes des Grecs, qui voulaient qu'en matière de dogme chaque chaque parti eût des pouvoirs égaux ([3249]). Déjà des adversaires de l'Union prenaient position : Jean VIII dut arrêter une lettre de Marc d'Éphèse au pape au sujet de la double procession, dont le ton violent ne pouvait qu'amener une rupture ([3250]). Il ne put d'ailleurs empêcher sa tentative de rendre le débat insoluble à la session du 8 octobre en posant la question : « Est-il permis d'ajouter au symbole? » mais Bessarion proposa de la discuter sous une autre forme : « Le *filioque* est-il légitime? » et prononça un discours sur la nécessité de l'Union ([3251]). Marc d'Éphèse reprit sa question à la troisième session (14 octobre), mais ni les discussions érudites, ni les joutes oratoires dont elles furent suivies ne donnèrent le moindre résultat ([3252]).

Le découragement était grand. Malgré les rapports assez cordiaux qui s'étaient établis entre Grecs et Latins ([3253]), l'Union ne faisait aucun progrès. La peste avait fait son apparition à Ferrare au mois de juillet et sa violence s'accrût à tel point que le pape ordonna le transfert du concile à Florence (janvier 1439) ([3254]). L'installation de l'assemblée dans sa nouvelle résidence dura plus d'un mois et la première session ne se tint que le 14 février. Dans le clergé grec le parti de l'Union gagnait de jour en jour et Marc d'Éphèse n'avait plus autour de lui qu'un noyau d'intransigeants, dont son frère Jean Eugenikos et le despote Démétrius ([3255]). On n'en continua pas moins la discussion sur la procession du Saint-Esprit, qui occupa encore 8 sessions (2-24 mars) et donna lieu à un duel acharné entre Marc d'Éphèse et Jean de Raguse. Celui-ci ayant avoué que le Père est la cause du Fils et de l'Esprit, on y vit un terrain de conciliation et, Jean de Raguse devant défendre ses arguments, le basileus, excédé de cette interminable discussion, défendit à Marc de lui répondre ([3256]).

On finit alors par comprendre qu'aucun résultat ne pouvait sortir d'une procédure aussi longue. Jean VIII et Eugène IV furent d'accord pour supprimer les discussions publiques et les remplacer par des colloques entre les commissions des deux partis, composées exclusivement d'Unionistes, qui après s'être mises d'accord, rédigeraient des cédules que l'on ferait signer par tous les membres du concile. Le 30 mars cette décision fut communiquée à l'assemblée du clergé grec. Des discussions violentes s'engagèrent entre Marc d'Éphèse, Isidore de Russie et Bessarion, mais Jean VIII imposa silence aux anti-unionistes et tous les efforts furent désormais concentrés sur les moyens d'aboutir à l'Union ([3257]). Au lieu de rechercher les discordances, Bessarion montrait la concordance des Pères grecs et latins sur le dogme du Saint-Esprit ([3258]).

La cédule sur la double procession du Saint-Esprit préparée par Bessarion fut adoptée par les Grecs (4 juin) et par le pape (8 juin) ([3259]). Il ne restait plus qu'à arriver à une entente sur les questions des azymes ([3260]), du Purgatoire et de l'autorité du pape, seules divergences reconnues par le concile comme méritant une discussion ([3261]). L'Union paraissait tellement certaine que des négociations s'engageaient entre le pape et l'empereur au sujet de la croisade et que le despote Démétrius, Gémiste Pléthon et Georges Scholarios quittaient Florence pour ne pas avoir à donner leur signature ([3262]). Le patriarche Joseph était mort le 9 juin en laissant par écrit une confession unioniste ([3263]). Afin de hâter le dénouement, le pape remit aux métropolites grecs des cédules indiquant l'opinion de Rome sur les points controversés (10 juin) ([3264]). L'accord sur le Purgatoire, l'emploi des azymes, le moment de la consécration, se fit facilement (12 juin-5 juillet) ([3265]). Il n'y eut de véritable difficulté que sur la question de l'autorité universelle du pape, **que l'empereur ne voulait pas admettre en ce qui concernait les patriarches,** et la tenue des conciles œcuméniques. La tension fut un moment assez vive et Jean VIII parla de départ (23 juin), mais on finit par accepter la formule un peu vague présentée par Bessarion, reconnaissant au pape le pouvoir suprême, sauf les droits et privilèges de l'Église d'Orient (26 juin) ([3266]).

L'accord était complet, mais la rédaction de l'acte d'Union n'en fut pas moins laborieuse. Sa signature, fixée par le pape au 28 juin, jour de la fête des Apôtres, n'eut lieu que le 5 juillet par suite des objections faites par l'empereur ([3267]). Le 6 juillet l'Union fut proclamée solennellement à la cathédrale Sainte-Marie-des-Fleurs, sous le dôme sublime achevé trois ans plus tôt par Brunelleschi. Bessarion, métropolite de Nicée, lut le texte grec, le cardinal Julien Cesarini le texte latin, puis les deux prélats s'embrassèrent ([3268]).

L'Union à Constantinople. — Après une dernière réunion solennelle (26 août), Jean VIII et les Grecs allèrent s'embarquer à Venise (11 octobre) ([3269]). L'empereur était de retour à Constantinople le 1er février 1440 ([3270]). Le concile n'en continua pas moins ses travaux après le départ des Grecs, et successivement toutes les Églises d'Orient détachées de Constantinople : Arméniens, Jacobites, Chaldéens, Maronites, Éthiopiens s'unirent à l'Église romaine ([3271]). Le 15 décembre 1439 Eugène IV comprenait Bessarion et Isidore de Russie dans une promotion de cardinaux ([3272]) et en septembre 1443 le pape, après neuf ans d'absence, regagnait Rome, où le concile tenait encore deux sessions ([3273]).

Mais comment l'Union allait-elle être accueillie à Constantinople ? Le basileus et les théologiens qui revenaient de Florence pouvaient croire sincèrement que ce rapprochement prolongé entre les représentants des deux Églises avait dissipé les préventions mutuelles et annulé en quelques mois l'œuvre schismatique de quatre siècles. Il n'y avait plus qu'une Église universelle, au sein de laquelle la chrétienté d'Orient conservait ses usages et ses privilèges séculaires et qui assurerait à Constantinople la protection efficace de l'Occident. Mais il restait à convaincre le clergé et le peuple et, dès leur retour en Romania, les membres du concile, par l'accueil qui leur fut fait, comprirent les difficultés de cette entreprise ([3274]). A peine arrivé à Constantinople, Jean VIII trouva une telle opposition qu'il renonça provisoirement à la proclamation solennelle de l'Union à Sainte-Sophie. Les adversaires de l'Union étaient la grosse majorité et de hauts dignitaires, même bien en cour comme Phrantzès, y étaient hostiles ([3275]). Les plus modérés acceptaient le rétablissement du nom du pape dans les diptyques, mais à condition qu'on s'abstînt de lire le *tomus unionis* ([3276]).

Jean VIII essaya de réagir. A défaut de Bessarion retourné en Italie, il remplaça le patriarche Joseph, mort à Florence, par Métrophane, évêque de Cyzique, dévoué à la cause de l'Union (printemps de 1440) ([3277]). Marc d'Éphèse, aidé par son frère Jean Eugenikos ([3278]), était le véritable chef de l'opposition et attaquait avec la plus grande violence les signataires de l'Union ([3279]) : Jean VIII l'obligea à regagner son évêché et, comme il cherchait à se réfugier au Mont Athos, il fut arrêté et emprisonné par ordre impérial ([3280]). Il continua d'ailleurs sa propagande par ses lettres et il gagna à sa cause une recrue de premier ordre en la personne de Georges Scholarios, secrétaire impérial très influent, qui, bien que défavorable à l'Union, avait hésité jusque-là à la condamner ([3281]).

C'était en vain que le pape essayait de stimuler le zèle du basileus qui paraissait débordé par l'opposition. En 1440 il lui envoya un légat ([3282]), ainsi que des théologiens chargés de défendre la doctrine de l'Union. En 1443 Jean VIII organisa une dispute publique entre deux évêques latins et Marc d'Éphèse, mais, d'après les témoignages, les deux partis s'attribuèrent la victoire ([3283]). Des conférences dogmatiques auxquelles participa Scholarios eurent lieu en présence du Sénat ([3284]). Ces manifestations oratoires ne donnèrent aucun résultat. Le patriarche Métrophane se plaignit d'être mal soutenu par le basileus et démissionna. Sa succession donna lieu à de nombreuses difficultés et ce fut seulement en 1445 que Jean VIII put le remplacer par un adversaire de Marc d'Éphèse, Grégoire Mamma, qui fut aussitôt attaqué par Scholarios et bafoué ouvertement à Sainte-Sophie ([3285]).

Fait plus grave encore, le clergé grec des pays occupés par les Turcs s'habituait à leur domination et en était venu à la préférer à celle des Francs ([3286]). Une notice datée de 1436 montre les clercs portant des habits turcs, parlant la langue de leurs vainqueurs et 12 archevêques qui, bien que consacrés par le patriarche, doivent être autorisés par les autorités ottomanes ([3287]). L'aventure de Bertrandon de la Broquière passant à Péra en 1432 est significative : pris pour un musulman, il est comblé d'égards et quand il se dit chrétien, il est rançonné et doit dégainer pour se défendre ([3288]).

L'Église commence à se désintéresser du sort de l'État byzantin.

Anarchie et guerre civile. — Enfin les querelles au sujet de l'Union se greffent sur les discordes des Paléologues, à peine interrompues par le concile. La question de l'héritage de Jean VIII se complique de celle du parti que prendra son successeur vis-à-vis de l'Union. Deux des frères du basileus, Constantin et Théodore, lui sont favorables ([3289]) ; on a vu par contre que Démétrius avait quitté Florence pour ne pas la signer ([3290]). Protecteur de Marc d'Éphèse, il était l'espoir des adversaires de l'Union. Or Jean VIII préférait comme héritier son frère Constantin, qui avait gouverné Constantinople pendant son absence et n'en était parti qu'en juillet 1441 pour aller épouser Catherine Gattilusio à Lesbos ([3291]). De son côté Démétrius avait achevé de s'aliéner le basileus en épousant contre son gré la fille d'un archonte de Morée, Paul Asên, descendant de l'ancienne dynastie bulgare ([3292]).

Et pendant que les Occidentaux essayaient d'organiser la croisade qui dégagerait Constantinople, les Byzantins mettaient la question de l'Union avant toutes les autres et les Paléologues donnaient le spectacle scandaleux d'une guerre fratricide dans laquelle ils faisaient intervenir Mourad. Démétrius avait reçu en apanage la côte de la mer Noire, de Mesembria à Derkos, et Selymbria sur la Propontide ([3293]). Jean VIII, le trouvant trop menaçant, lui enleva une partie de son territoire ([3294]) et, pour l'éloigner de Constantinople, Constantin lui fit demander par Phrantzès d'échanger cet apanage de la mer Noire contre celui qu'il possédait en Morée (octobre 1441). Mais Démétrius, appuyé par son beau-frère Asên, et avec des troupes turques, marcha sur Constantinople, en trouva les portes fermées, ravagea la banlieue et assiégea la ville pendant plusieurs mois (avril-juillet 1442). Constantin, s'étant embarqué pour aller secourir le basileus, fut attaqué par une escadre turque et obligé de débarquer à Lemnos où il fut bloqué jusqu'au mois d'octobre ([3295]). Ce fut alors que Mourad intervint : jugeant dangereuse cette querelle entre Paléologues à la veille de l'arrivée d'une croisade, il conseilla à Démétrius de céder le territoire en litige contre une compensation ([3296]).

Démétrius ne recouvra pas son apanage et Constantin fut mis en possession de Selymbria (mars 1443), qu'il échangea au mois de juin suivant contre l'apanage de Théodore en Morée ([3297]). Il semble que Théodore ait songé de nouveau à succéder à Jean VIII et même à le détrôner, car peu après il complote avec Thomas et Démétrius contre le basileus. Dénoncé, Démétrius fut arrêté et emprisonné avec son beau-frère, mais il parvint à s'échapper, se réfugia à Galata et négocia avec Jean VIII, qui lui donna plusieurs îles en apanage ([3298]).

L'animosité ne fut pas éteinte pour cela entre ces incorrigibles brouillons. Théodore et Thomas cherchèrent encore à entraîner Démétrius dans un nouveau complot. Il refusa d'abord, puis accepta de venir à Selymbria, mais Théodore mourut avant son arrivée (juillet 1448). Cependant Jean VIII, qui sentait son trône peu solide, aurait été sur le point de lui restituer son apanage de la mer Noire lorsqu'il mourut lui-même le 31 octobre 1448 ([3299]). A lire le récit de ces invraisemblables discordes, on a l'impression que les Paléologues oubliaient que le sort de Constantinople se jouait au même moment sur les deux rives du Danube.

La croisade de Constantinople. — La croisade générale contre le Turc aurait dû suivre de près l'Union, mais l'état de l'Occident était trop troublé pour qu'il fût possible de l'organiser. De 1439 à 1442 il n'en fut pour ainsi dire pas même question et Mourad put continuer son offensive contre les États chrétiens, envahir la Transylvanie (1438) ([3300]), enlever à la Serbie la tête de pont de Semendria (août 1439) ([3301]), forcer le despote Georges Brankovič à s'enfuir à Raguse et à Venise en ne conservant de son État que quelques villes de l'Adriatique (1439-1440) ([3302]), attaquer Vladislas III, roi de Pologne, élu roi de Hongrie après la mort d'Albert d'Autriche ([3303]).

Mais Mourad ne put s'emparer de Belgrade après deux sièges successifs (1440-1441) ([3304]) et dans l'hiver de 1441-1442 les Turcs ayant envahi la Transylvanie et pillé Hermanstadt se préparaient à pénétrer dans la plaine hongroise par la vallée du Maros, quand ils rencontrèrent la résistance inattendue de Jean Hunyade, « le chevalier blanc des Valaques », d'une famille roumaine de petite noblesse, créé par Vladislas voïévode de Transylvanie ([3305]). A la tête des contingents roumains des Sept Districts, il infligea aux Turcs une défaite qui les obligea à repasser les Carpathes en abandonnant de nombreux morts et prisonniers (23 mars 1442) ([3306]). Après avoir envahi la Valachie, Hunyade détruisit entièrement une seconde armée turque qui avait passé le Danube à Silistrie et rapporta un immense butin (septembre) ([3307]).

La nouvelle de ces victoires répandue en Occident y excita l'enthousiasme et donna un regain de faveur à la croisade que l'on y préparait avec la lenteur habituelle. Le pape la fit prêcher en Italie et Venise elle-même s'y montra favorable. Georges Brankovič, réfugié en Hongrie, se lia d'amitié avec Jean Hunyade et forma avec lui une ligue, à laquelle adhéra le hospodar de Valachie, Vlad Dracul, pour chasser les Turcs de Serbie et de Bulgarie [3308]. Mais les plans grandioses qui ne manquaient jamais ne furent pas suivis d'effet. Cesarini ne put décider l'empereur Frédéric III à se mettre à la tête des croisés. Venise offrait des navires, mais pour défendre ses colonies contre le Soudan d'Égypte, et ne faisait aucune réponse à l'envoyé de Jean VIII qui venait implorer le secours de quelques galères [3309]. Seuls parmi les princes d'Occident Philippe le Bon et Alphonse de Naples s'intéressaient vraiment à la croisade, mais les navires envoyés en Orient par le duc de Bourgogne n'apportaient aucune aide efficace à Constantinople [3310]. Venise laissait la Hongrie prendre l'initiative de la croisade sans la soutenir.

Cependant les circonstances étaient d'autant plus favorables que le prince de Karamanie Ibrahim, en apprenant les victoires de Jean Hunyade, s'était révolté contre Mourad et l'obligeait à entrer en campagne en Anatolie dans l'été de 1443 [3311]. De son côté Hunyade, qui avait passé l'année à faire ses préparatifs, ne fut prêt qu'en octobre et imposa aux Turcs une campagne d'hiver. Après avoir passé le Danube à Belgrade et traversé la Serbie moravienne sans coup férir, Jean Hunyade suivit « le long chemin » qui devait aboutir dans sa pensée à Andrinople et à Constantinople. Successivement Nisch le 3 novembre, Sofia le 4 décembre tombaient entre ses mains, et Mourad revenu d'Asie fuyait devant lui sur la route d'Andrinople. Mais la saison était trop avancée : malgré des efforts surhumains, les alliés ne purent franchir les Portes de Trajan qui donnent accès du bassin de Sofia dans la plaine de Thrace. Il fallut battre en retraite devant les avalanches (janvier 1444), mais la Serbie était libérée et le prestige ottoman fortement entamé [3312].

Ce furent ces victoires qui déterminèrent enfin l'organisation de la croisade générale. De nombreux préparatifs furent faits en Hongrie, et Venise, qui espérait reprendre ses anciennes possessions dans la péninsule balkanique, Thessalonique et Gallipoli surtout, promit une flotte, envoya une ambassade à Bude et reçut le sieur de Wavrin, qui venait offrir 4 galères au nom de Philippe le Bon. Le roi de Naples s'engageait à armer une flottille et le roi de Hongrie, d'accord avec Georges Brankovič et Vlad Dracul, avait juré de recommencer la guerre l'été suivant [3313].

La lutte suprême

Mais, comme toujours, les préparatifs et les pourparlers furent interminables et surtout il n'y eut aucune entente entre les alliés. La flotte vénitienne se trouvait à Modon (juillet 1444) alors que l'armée hongroise n'était pas prête [3314]. Un peu auparavant le cardinal-légat Julien Cesarini arrivait à Constantinople avec des galères pontificales [3315]. D'autre part, au moment où l'expédition allait commencer, Georges Brankovič, satisfait d'avoir recouvré ses États, traitait avec le sultan et, sans avoir reçu aucun pouvoir de Vladislas, provoquait l'envoi d'une ambassade ottomane à Bude [3316]. Que se passa-t-il alors ? D'après Doukas, dont le texte est rempli de confusions et d'erreurs [3317], Vladislas aurait signé un traité formel avec Mourad, qui aurait abandonné la Serbie et la Valachie à la suzeraineté hongroise [3318], mais les Annales turques, qui mentionnent l'accord entre Mourad et Brankovič, ne disent rien de ce traité [3319] et il semble résulter du témoignage de Laonikos Chalcokondylès que Brankovič a signé une paix séparée avec Mourad, qu'il a provoqué l'envoi de l'ambassade du sultan à Bude, qu'il n'y a pas eu de traité formel entre Vladislas et Mourad, mais un échange de serments, une sorte de pacte de non-agression, qui détermina le pape à relever Vladislas de ses serments [3320]. De toute manière c'était un mauvais début pour la croisade.

En revanche une circonstance favorable fut la deuxième révolte du prince de Karamanie, qui força Mourad à repasser en Asie après son traité avec Brankovič (printemps de 1444). Ibrahim s'enfuit à l'approche du sultan et implora la paix, que Mourad lui accorda (juin 1444) [3321], après quoi le sultan se retira à Magnésie et, bien qu'étant dans la force de l'âge, abdiqua en faveur de son fils Mahomet II [3322].

Ce fut seulement le 2 juillet 1444 que l'armée hongroise s'ébranla sous le commandement de Vladislas qui démentit solennellement, le bruit en ayant couru, qu'il eût signé un traité avec les Turcs [3323]. Le passage du Danube eut lieu à Nicopolis (18-22 septembre). L'objectif des croisés était le port de Varna, où l'armée devait retrouver la flotte chrétienne et s'embarquer pour Constantinople [3324]. Grossie du contingent valaque de Vlad Dracul qui arriva le 16 octobre, l'armée hongroise atteignit Varna en novembre [3325]. La flotte chrétienne était en retard et Vladislas apprit que Mourad, sorti de sa retraite, avait pu passer le Bosphore avec les troupes d'Asie et marchait sur Varna [3326]. Le 10 novembre les deux armées entraient en contact : les Turcs furent enfoncés aux deux ailes et Jean Hunyade, victorieux des troupes d'Asie, attaqua le centre, mais malgré son avis, Vladislas voulut diriger une charge et jeta la confusion dans l'armée. Lui-même fut tué et l'on porta sa tête au sultan, qui s'apprêtait à fuir. Les Hongrois s'enfuirent en désordre et le légat Cesarini périt au cours de la déroute ([3327]).

Cette défaite écrasante était due à une manœuvre inconsidérée, qu'expliquent le manque de discipline et le partage du commandement entre Jean Hunyade et le roi Vladislas, mais la responsabilité de l'échec de la croisade, dont le plan était bien combiné, incombe à l'amiral vénitien Lorédan qui s'attarda dans la Méditerrannée et ne put ni empêcher l'armée de Mourad de traverser le Bosphore, ni arriver à temps à Varna pour permettre aux croisés de s'embarquer pour Constantinople ([3328]).

L'occasion perdue ne devait pas se retrouver et les derniers efforts qui furent faits pour sauver Constantinople s'avérèrent inutiles. La nouvelle du désastre fut connue tardivement en Occident. De Nègrepont, Lorédan l'annonçait à Venise (21 mars 1445) et il recevait l'ordre de contraindre le sultan à faire la paix ([3329]).

Le pape au contraire enjoignait à la flotte chrétienne de continuer la croisade et de se mettre à la recherche du roi de Hongrie et du légat que l'on croyait vivants. Les navires pontificaux et bourguignons remis en état à Constantinople allèrent croiser dans la mer Noire et remontèrent le Danube en attaquant les places turques ([3330]). Un légat traita avec Jean Hunyade qui avait été nommé régent de Hongrie au nom du fils mineur d'Albert d'Autriche Ladislas V (juillet 1445) ([3331]). L'hiver venu, la flotte rentra à Constantinople et peu après, Venise, abandonnant la croisade, signait la paix avec Mourad (25 février 1446) ([3332]).

Cependant les partisans de la résistance aux Turcs ne désarmaient pas. Il est peu vraisemblable, comme l'affirme Chalcokondylès, que Jean VIII résigné ait conclu un nouveau traité de sujétion avec Mourad ([3333]). On voit au contraire ses ambassadeurs parcourir l'Europe en 1445 et obtenir des promesses de secours ([3334]). Jean Hunyade préparait sa revanche et allait exécuter le prince valaque Vlad Dracul, qui l'avait trahi à la fin de la bataille de Varna ([3335]). Enfin sous le gouvernement de Constantin Dragasès et de Thomas Paléologue, la Morée était devenue le principal centre de la résistance byzantine (1444-1446).

La muraille de l'Hexamilion avait été reconstruite, des hommes de confiance avaient été mis à la tête des villes et Constantin, croyant au succès de la croisade, avait forcé le duc d'Athènes, Nerio Acciaiuoli, vassal des Turcs, à lui payer tribut, et occupé la Grèce jusqu'au Pinde ([3336]). Les linéaments d'un nouvel État byzantin se dessinaient dans le cadre de la Grèce antique, mais après la défaite de Varna, il fallut renoncer à cet espoir. Venise rappela sa flotte, et son traité avec Mourad laissa le despote sans allié, exposé aux représailles. En novembre 1446 Mourad envahit la Morée, fit bombarder l'Hexamilion à coups de canon et s'en empara (10 décembre). Le pays ouvert aux Turcs fut cruellement ravagé et Mourad se retira avec des troupeaux de prisonniers. Nerio fut rétabli à Athènes et, pour conserver leurs possessions, les despotes durent payer au sultan un tribut élevé ([3337]).

Une dernière croisade fut tentée en 1448, mais cette tentative suprême eut un caractère restreint : Jean Hunyade et l'Albanais Georges Castriota en furent les seuls participants, Alphonse d'Aragon le seul protecteur. Si elle ne put sauver Constantinople, elle eut du moins pour effet d'arrêter l'avance des Turcs vers l'Occident.

Georges Castriota, dit Iskander-beg ([3338]), avait pour père le chef d'un clan albanais qui dut livrer ses fils en otages au sultan après l'insurrection de 1423. Élevé à Andrinople et converti à l'islam, il figura dans l'armée turque, pendant le Long Chemin de Jean Hunyade en 1443, mais s'échappa après la défaite des Turcs et, grâce à un firman obtenu de force, s'empara de la ville forte de Croïa, redevint chrétien et commença contre les Turcs une lutte qui dura jusqu'à sa mort (1468) ([3339]). Acclamé par les clans comme capitaine général de la ligue albanaise ([3340]), il dispose d'une armée solide et bat les Turcs à sa première rencontre avec eux (29 juin 1444), victoire qui lui vaut les félicitations d'Eugène IV, de Vladislas et de Philippe le Bon ([3341]), mais il ne peut prendre part à la croisade de Varna et se laisse engager dans l'alliance d'Alphonse d'Aragon, devenu roi de Naples en 1442. Résolu à reprendre les projets de ses prédécesseurs normands et angevins dans la péninsule des Balkans, mais trouvant partout Venise sur son chemin, Alphonse traita avec Scanderbeg et lui promit le concours de sa flotte (décembre 1447) ([3342]).

De son côté Jean Hunyade préparait la croisade, envoyait une ambassade à Venise (mai 1447), se mettait en rapport avec Scanderbeg et s'assurait l'appui de la république de Raguse (mars 1448) ([3343]). Mais cette ardeur pour la croisade s'éteignit brusquement. Scanderbeg en fut détourné par son allié le roi de Naples et par Georges Brankovič : ils l'engagèrent dans une guerre contre Venise qui dura de la fin de 1447 à octobre 1448 [3344]. En juillet de cette année Mourad, excité par Venise, envahit l'Albanie, mais échoua devant Croïa et se retira, non sans dommage pour son armée [3345]. Lorsque après avoir signé la paix avec Venise (4 octobre) [3346], Scanderbeg voulut aller au secours de Jean Hunyade [3347], il était déjà trop tard. Les croisés avaient passé le Danube au château de Severin (28 septembre) et s'étaient avancés jusqu'à Nisch. Là, Hunyade chercha à se rapprocher de Scanderbeg et, remontant la Morava bulgare, arriva dans la plaine de Kossovo [3348] : il se heurta à l'armée de Mourad qui, craignant l'arrivée des Albanais, le força à lui livrer une bataille qui dura trois jours (17-20 octobre) : le troisième jour la trahison du contingent roumain démoralisa les Hongrois qui s'enfuirent dans la direction de Belgrade; Jean Hunyade lui-même tomba au pouvoir de Georges Brankovič, dont l'attitude n'avait cessé d'être équivoque, et fut un moment son prisonnier [3349].

Malgré ce désastre, dont la nouvelle aurait hâté la mort de Jean VIII [3350], Jean Hunyade conserva intact son royaume de Hongrie, qui resta pour les Turcs une barrière infranchissable du côté de l'Europe centrale, tandis qu'en Albanie Scanderberg leur barrait le chemin de l'Adriatique. En les forçant à montrer plus de vigilance de ce côté, cette double résistance retarda de quelques années la chute de Constantinople.

Ce fut en effet vers l'Albanie qu'au lendemain de sa victoire de Kossovo Mourad porta son principal effort, mais Scanderbeg, en butte à l'hostilité de Venise et sans autre allié que la république de Raguse, tint tête au sultan, lui infligea des pertes énormes devant Croïa et le força à lever le siège de cette place après cinq mois d'attaques répétées (juillet-novembre 1450) [3351].

L'effet produit par cette victoire dans toute la chrétienté fut immense : Alphonse de Naples envoya des subsides au vainqueur qui, devant le mauvais vouloir de Venise, fit alliance avec lui [3352]. Alphonse, qui songeait toujours à la conquête de l'Empire byzantin, fut reconnu roi d'Albanie et se fit livrer la citadelle de Croïa (avril 1452) [3353]. Mais ces combinaisons à courte vue n'allaient pas tarder à être déjouées par les événements. Le sort de Constantinople n'était déjà plus en question.

IV. LA MORT DE BYZANCE (1448-1453)

La succession de Jean VIII. — Jean VIII était mort le 31 octobre 1448, à l'âge de 65 ans, après 23 ans et 3 mois de règne pendant lesquels il avait lutté avec courage pour sauver Byzance, mais il avait été débordé par les événements, avait vu échouer tous ses plans et laissait à son successeur une situation tragique ([3354]). Les discordes entre ses frères, auxquelles sa succession avait donné lieu de son vivant, faisaient prévoir qu'une nouvelle guerre civile allait éclater après sa mort : en fait elle fut évitée de justesse. Jean VIII avait désigné le plus âgé de ses frères, Constantin Dragasès, né en 1404 ([3355]), pour lui succéder, mais une grande partie du peuple opposée à l'Union s'attendait à ce que Démétrius prît le pouvoir ([3356]). Effectivement, Constantin se trouvant alors dans son apanage de Morée, Démétrius s'empara de la direction du gouvernement et mit Constantinople en état de défense : d'après Scholarios, son apologiste, il agit ainsi d'une manière désintéressée, se considérant comme le mandataire de son frère ([3357]), mais Phrantzès et Chalcokondylès témoignent au contraire que sa mère, l'impératrice Irène, veuve de Manuel, et les archontes, redoutant une guerre civile, s'opposèrent à ce qu'il prît la couronne. De plus Thomas Paléologue, débarqué à Constantinople (13 novembre), prit parti contre lui et ce fut ainsi que la succession de Jean VIII fut assurée à Constantin Dragasès ([3358]).

Mais il fallut obtenir l'assentiment de Mourad, suzerain de Byzance, et Phrantzès fut chargé de cette démarche humiliante ([3359]). Le 6 janvier 1449 Constantin fut couronné basileus dans la Métropole de Mistra et le 12 mars il fit son entrée à Constantinople ([3360]). A peine arrivé, il envoya une ambassade à Mourad avec des présents, et le sultan signa un nouveau traité avec les Paléologues ([3361]).

<small>Une autre difficulté fut de délimiter les apanages des deux despotes. Déçu dans ses ambitions, Démétrius, qui ne possédait que quelques îles, voulait une compensation. Au conseil impérial il demanda à recouvrer son apanage de la mer Noire en soutenant qu'il serait ainsi plus utile à la patrie, mais le conseil en jugea autrement et partagea la Morée</small>

entre lui et Thomas ([3362]). Après avoir prêté un serment solennel de n'élever aucune autre revendication et de ne se faire aucun tort mutuel, les deux frères partirent pour la Morée (août-septembre 1449) ([3363]). Mais à peine étaient-ils dans leurs domaines qu'ils commencèrent à se quereller. Thomas occupa les villes de Démétrius avec le secours des Turcs ; Démétrius s'adressa à Mourad et un corps de Turcs vint obliger Thomas à abandonner ses prises. Un arbitrage de Constantin XI rétablit la paix entre les deux frères ([3364]) (fin 1450) ; mais la guerre recommença entre eux quelques mois plus tard (printemps de 1451) : grâce à l'intervention de Tourakhan-beg envoyé par Mahomet II, Démétrius fit reculer son frère et, après un échange de territoires, ils se réconcilièrent (mai 1451) ([3365]).

Ces deux étranges despotes semblaient se désintéresser du sort de Constantinople et ne cessaient par leurs incursions d'irriter Venise, déjà en mauvais termes avec Constantin XI ([3366]). L'alliance des Paléologues avec Raguse ([3367]) était loin d'avoir pour eux la même utilité et, Démétrius ayant conclu avec cette ville un traité d'amitié dirigé contre les Turcs, Thomas inquiet le dénonça aussitôt au sénat de Venise ([3368]). Les deux Paléologues ne perdaient donc aucune occasion de se nuire au moment où leur accord eût été plus que jamais nécessaire.

La situation de Constantinople. — Cependant, à l'avènement de Constantin Dragasès, la situation de Constantinople était vraiment désespérée. La croisade avait été mise en déroute : seul Scanderbeg luttait encore, mais si son courage servait à retarder la catastrophe, il ne pouvait fournir aucun appui direct. Sauf en Albanie, Mourad avait repris toutes ses positions dans la péninsule balkanique : il tenait dans une dépendance étroite Constantinople et la Morée. Les discordes des Paléologues et les querelles religieuses travaillaient pour lui et il n'avait qu'à laisser mûrir le fruit. Les appréhensions des Grecs étaient grandes, comme le montrent les exhortations que Georges Scholarios adressait à Démétrius après sa guerre contre Thomas : « Tu ne combats pas seulement pour « tes droits, mais pour les restes des Hellènes qui périront « au milieu de nos discordes. Puisses-tu prendre de meil- « leures résolutions dans l'intérêt de ce qui reste de notre « race infortunée, exposée à s'évanouir au moindre souffle « ou à être dévorée par nos ennemis ([3369]). »

La proclamation solennelle de l'Union. — L'effervescence religieuse, qui n'avait cessé de régner à Constantinople, était pour l'autorité du basileus la principale cause d'affaiblissement. Après la mort de Marc d'Éphèse ([3370]), son frère Jean Eugenikos, diacre de Sainte-Sophie, adressa à Constantin XI à son arrivée un véritable ultimatum dans lequel il le sommait de défendre la vraie foi, compromise par Jean VIII, que le clergé refusait de commémorer dans la liturgie. Marc y était proclamé « le plus récent des saints et des docteurs qui environnent le trône de Dieu » ([3371]). Georges Scholarios, qui avait attaqué le choix de Constantin comme basileus, se fit moine et, sous le nom de Gennadios, devint le chef des adversaires de l'Union ([3372]), en même temps que le mégaduc Lucas Notaras, l'un des hommes les plus influents et les plus riches de Byzance, assez fortuné pour faire des avances au trésor public, que Jean Eugenikos appelait dans une lettre « le père de la patrie », qui regardait les secours de l'Occident comme des sornettes, φλυαρίαι, et qui aurait dit, d'après Doukas, qu'il préférait voir le turban du sultan dans la ville plutôt que le chapeau d'un cardinal ([3373]).

Devenus chaque jour plus audacieux, les anti-unionistes purent tenir à Sainte-Sophie un concile où les trois patriarches d'Orient étaient présents : Gémiste Pléthon y prononça un discours contre la double procession du Saint-Esprit, des évêques unionistes se rétractèrent, le patriarche Grégoire fut déposé, et une liste des erreurs des Latins fut dressée en 25 articles ([3374]). Le basileus était si impuissant à réprimer cette agitation que le patriarche s'enfuit à Rome ([3375]). Cependant Constantin XI entreprit de mettre fin à ces provocations par une proclamation solennelle de l'Union.

En avril 1451 il envoyait une ambassade au pape Nicolas V, qui avait succédé à Eugène IV ([3376]), en lui demandant d'envoyer des secours à Constantinople, qui n'avait plus ni troupes ni vaisseaux, et des légats pour proclamer l'Union. Dans sa réponse au basileus (11 octobre 1351), le pape formulait le même programme, annonçait l'envoi du cardinal Isidore de Russie comme légat, promettait d'envoyer des galères fournies par Venise et exigeait la réintégration du patriarche Grégoire ([3377]). Informé de ces démarches, Gennadios envoya au basileus un « Discours apologétique » dans lequel il déplorait le résultat de l'ambassade à Rome, « qui avait brouillé nos affaires ecclésiastiques » et provoqué un ultimatum du pape, offrait ses services pour disputer avec les légats des choses de la foi et ajoutait qu'il était prêt à indiquer au basileus ce qu'il faudrait faire pour sauver la ville, « mais je sais bien que cela ne sera pas », disait-il avec amertume ([3378]). En même temps il se livrait à une propagande active pour faire échouer la mission des légats, comme le montre sa correspondance et, parlant devant Constantin au monastère du Pantocrator (15 octobre 1452), il déconseillait l'appel aux forces de l'Occident, soutenant que les orthodoxes devaient sauver la ville par leurs propres moyens ([3379]).

Seule la passion antiromaine explique une pareille inconscience, car, sans les secours de l'Occident, il n'y avait d'autre solution que la capitulation ; mais la mission des légats du pape était d'avance vouée à l'insuccès.

Quelques jours après l'assemblée du Pantocrator, une galère génoise amenait le cardinal Isidore de Russie et Léonard, archevêque de Chio, avec 200 arbalétriers ([3380]). Persistant dans son opposition, Gennadios affichait à la porte de son monastère une profession de foi (1er novembre). Le 15, convoqué au Palais, il remettait au clergé un exposé écrit (Ekthesis) des mesures qui, suivant lui, convenaient à la ville et à l'Église ([3381]) et le 27 novembre, alors que les forces ottomanes bloquaient déjà Constantinople, il adressait « à tous les citoyens nobles de la ville, à tous les hiéromoines et séculiers » une Encyclique dans laquelle il se plaignait des calomnies répandues contre lui et justifiait toute sa conduite ([3382]).

Ce fut dans ces circonstances tragiques que l'Union de Florence fut proclamée à Sainte-Sophie, le 12 décembre 1452, en présence de Constantin XI, ainsi que du légat Isidore et du patriarche Grégoire qui officièrent en commun, assistés de 300 prêtres ([3383]). La rage des adversaires de l'Union ne connut plus de bornes : la Grande Église fut désertée comme si elle était devenue un repaire de démons, et des clercs fanatiques infligeaient les plus dures pénitences à ceux qui avaient reçu l'eucharistie des mains d'un prêtre unioniste ou les privaient même de la communion ([3384]).

Les destins de Byzance s'accomplissaient : Varna avait été la faillite de la croisade ; la cérémonie de Sainte-Sophie fut celle de l'Union des Églises.

Mahomet II le Conquérant. — Pendant que les Grecs se disputaient ainsi aveuglément, l'orage s'amassait sur Constantinople. Le sultan Mourad II était mort près d'Andrinople le 2 février 1451 ([3385]). Le premier acte de son héritier, Mahomet II, fut de faire étrangler un enfant encore à la mamelle, que son père avait eu d'une princesse de Sinope ([3386]). Agé de 21 ans et ayant déjà l'expérience de la guerre et des affaires de l'État, le nouveau sultan était bien décidé à en finir avec Constantinople et, suivant Doukas, il était hanté nuit et jour par cette unique préoccupation ([3387]). Cependant les circonstances l'obligèrent à différer l'accomplissement de ses desseins. Après avoir tenu sa cour à Andrinople, renouvelé ses traités avec ses vassaux chrétiens et signé une trêve de trois ans avec Jean Hunyade ([3388]), il dut partir pour l'Asie Mineure, où le prince de Karamanie, Ibrahim, jamais résigné à sa défaite, avait profité de la mort de Mourad pour reprendre les armes et organiser une révolte avec les descendants des émirs de Kermian. L'expédition fut courte : à l'approche du sultan, Ibrahim se soumit et restitua les places qu'il avait prises : au mois de mai 1451 Mahomet avait regagné Andrinople et travaillait à son grand dessein ([3389]). En passant à Brousse, il avait eu à réprimer l'indiscipline des janissaires et il en profita pour réformer leur organisation et en élargir les cadres, de manière à en faire une infanterie de premier ordre ([3390]).

L'encerclement de Constantinople. — Il s'agissait d'abord pour le sultan d'isoler Constantinople et de lui enlever toute chance de secours, d'où une première offensive purement diplomatique et des traités avec les seuls auxiliaires possibles de Byzance : le 10 septembre 1451, traité avec Venise, mal disposée, on l'a vu, pour le basileus et qui ne songeait qu'à une guerre contre Gênes avec l'aide d'Alphonse de Naples ([3391]); le 20 novembre suivant, traité plus important encore avec Jean Hunyade : le sultan promettait de n'élever aucune fortification nouvelle sur le Danube et de n'empêcher en rien les relations du prince de Valachie Vladislas avec la Hongrie ([3392]). De là aussi, avant le commencement du siège, deux diversions militaires, l'une en Morée pour empêcher les despotes de secourir Constantinople (octobre 1452) ([3393]), l'autre en Albanie occupée par les troupes d'Alphonse de Naples, dont les projets de croisade étaient menaçants (été de 1452-avril 1453). A vrai dire, cette expédition fut malheureuse et Scanderbeg remporta de nouvelles victoires sur les Turcs; mais malgré la défaite de ses armées, Mahomet II avait atteint son but, qui était d'occuper Scanderbeg et d'empêcher toute diversion de sa part en faveur de Constantinople ([3394]).

Il ne restait plus au sultan qu'à établir le blocus de la ville et s'assurer la maîtrise du Bosphore. A l'endroit le plus resserré du détroit ([3395]), Mahomet II fit construire sur la rive européenne le château de Rouméli-Hissar, pourvu d'une artillerie puissante qui permettait de barrer entièrement la navigation : l'ouvrage fut achevé en quelques mois (mars-août 1452) au milieu de l'enthousiasme des Turcs ([3396]). Le 28 août le sultan parut devant la ville avec une forte armée et examina sans être inquiété les fortifications terrestres ([3397]). Quelques jours après, des janissaires massacrèrent des paysans de la banlieue qui voulaient les empêcher de détruire leurs moissons ([3398]). C'était la rupture : Constantin fit fermer les portes de la ville et envoya une note pleine de dignité au sultan, qui répondit par une déclaration de guerre ([3399]). Le 10 novembre des navires vénitiens chargés de blé, revenant de la mer Noire, furent coulés en face de Rouméli-Hissar ([3400]). Le blocus de la ville était complet et lorsque, à la suite de cet incident, Venise rompit avec Mahomet et voulut envoyer des secours à Constantinople, il était déjà trop tard.

Le siège de Constantinople ([3401]). — Abandonnée par tous les États d'Occident et par tous ses alliés, Constantinople se trouva en face de la plus forte organisation militaire de l'Europe du XVe siècle. Les Turcs avaient sur les défenseurs de la ville la supériorité des effectifs, de la cohésion, de la discipline, de l'armement, de la tactique : leur méthode de guerre est déjà celle des temps modernes. Pourtant, en dépit de l'accumulation des circonstances défavorables à leurs défenseurs, discordes intestines, agitation religieuse, manque de ressources, de troupes et d'armes, les antiques murailles de l'enceinte de Théodose II résistèrent à l'ouragan qui s'abattit sur elles pendant plus de deux mois. Byzance se savait perdue, mais du moins elle sut bien mourir.

Jusqu'au dernier moment Constantin XI essaya d'obtenir des secours occidentaux, et le siège avait déjà commencé que ses ambassadeurs parcouraient encore l'Europe, mais ne recueillaient que de bonnes paroles, du roi de France ([3402]), de l'empereur Frédéric III, qui écrivit à Mahomet II pour protester contre le barrage du Bosphore ([3403]), du roi de Naples, qui essaya du moins de ravitailler Constantinople ([3404]). Jean Hunyade avait demandé les deux ports de Selymbria et Mesembria pour prix de son alliance ([3405]), mais il se borna à envoyer une ambassade au camp de Mahomet II pour le menacer d'une croisade, s'il continuait à assiéger Constantinople ([3406])! Après la destruction des navires vénitiens dans le Bosphore (13 décembre) Constantin avait aussitôt envoyé des messagers à Venise, dont le Sénat décida de faire partir des navires et des troupes pour Constantinople, mais qui en délibérait encore le 15 mai 1453, quelques jours avant la prise de la ville ([3407])! Le pape Nicolas V lui-même avait résolu d'envoyer une flotte à Constantinople, mais il s'arrêta à l'intention ([3408]). Il est suffisamment démontré que les puissances d'Occident laissèrent les Turcs s'établir sur le Bosphore.

Constantinople fut donc réduite à ses propres moyens et aux quelques auxiliaires particuliers qu'elle put déterminer à la défendre, tels que les 200 soldats amenés par Léonard de Chio et le cardinal Isidore (novembre 1452). Après la proclamation de l'Union, le légat et le baile de Venise exhortèrent les capitaines de l'escadre vénitienne qui avait escorté les envoyés du pape à rester à Constantinople (13 décembre) ([3409]) ; mais on eut beaucoup de mal à vaincre les résistances de leur amiral, Gabriel Trevisano, et bien qu'on eût mis l'embargo sur tous les navires présents dans le port (26 janvier 1453) ([3410]), plusieurs galères vénitiennes parvinrent à s'échapper (février-mars) ([3411]). Le 28 janvier arriva un auxiliaire de marque, le Génois Jean Giustiniani, ancien podestat de Caffa, avec deux navires et 700 hommes : l'empereur lui fit le plus chaleureux accueil et le chargea de diriger la défense de la ville ([3412]). Les habitants de Péra, officiellement en paix avec le sultan, ne voulurent pas rompre leur traité, sous le fallacieux prétexte qu'ils pourraient secrètement faire passer des secours à Constantinople : tel n'était pas l'avis de leur compatriote Léonard de Chio ([3413]).

Ainsi, au lieu de l'armée et de la flotte de guerre qu'il eût fallu pour défendre une enceinte aussi étendue que celle de Constantinople, le basileus ne disposait que d'effectifs misérables et disparates dont la bravoure ne rachetait pas l'infériorité numérique. Phrantzès, chargé par Constantin de dresser l'état des troupes, évalue les combattants à 4 973 hommes, y compris les moines et les volontaires, auxquels s'ajoutaient 2 000 à 3 000 étrangers ([3414]). L'armement de ces troupes était insuffisant : la plupart des Grecs combattaient à l'arme blanche et l'artillerie était médiocre ; elle consistait en petits canons de fer dont le tir ébranlait les remparts ([3415]). La défense navale disposait de 7 à 8 navires de guerre, rangés contre la chaîne qui barrait l'entrée de la Corne d'Or et que l'empereur fit tendre le 2 avril ([3416]). Les munitions étaient de mauvaise qualité et distribuées avec parcimonie ([3417]). Les ressources financières enfin manquaient cruellement : les demandes d'argent se heurtaient au mauvais vouloir des habitants et l'empereur dut faire monnayer des trésors d'églises pour payer les troupes ([3418]).

Entre cette poignée de braves et la masse des assiégeants la disproportion était effrayante. Le sultan avait mobilisé tous les contingents dus par ses vassaux, musulmans ou chrétiens, dont un corps de cavaliers serbes envoyés par Brankovič ([3419]). L'estimation de ces forces varie suivant les chroniqueurs et paraît exagérée. Sur les 160 000 ([3420]) à 200 000 hommes qui remplissaient le camp turc, il pouvait y avoir environ 60 000 combattants, dont beaucoup de bachibouzoucks ou irréguliers : le reste était composé d'imans, de derviches qui soutenaient le moral de l'armée, et de mercantis attirés par l'espoir du butin ([3421]). Les corps d'élite étaient formés des contingents d'Anatolie et surtout des 10 000 janissaires, infanterie incomparable, récemment réorganisée par Mahomet II, remarquable par son enthousiasme religieux, son esprit de corps, sa discipline, son ordre impeccable, sa mobilité et ses qualités manœuvrières. Les étrangers étaient impressionnés par ces belles troupes, qui gardaient le silence dans les rangs, et disaient que 10 000 Turcs faisaient moins de bruit que 100 chrétiens ([3422]).

Dans cette armée l'artillerie tenait une place importante et les Turcs lui durent leur victoire. Jamais encore elle n'avait été employée en si grande masse. Ce qui était nouveau, c'était la puissance des pièces de siège destinées à démolir les murailles. A cause de leur poids, on était obligé de fabriquer à la place même qu'elles devaient occuper les énormes bombardes calées au moyen de grosses pierres. L'effet matériel et moral de leurs gigantesques boulets de pierre, que l'on pouvait lancer par-dessus les murs, était irrésistible. Phrantzès compte 14 batteries comprenant chacune 4 gros canons ([3423]). Trois de ces pièces étaient remarquables par leurs dimensions insolites, mais la plus célèbre était le canon géant fabriqué à Andrinople par l'ingénieur hongrois Orban, transfuge de Constantinople passé au service des Turcs. Le diamètre de cette pièce colossale mesurait 99 centimètres et elle lançait des boulets d'une circonférence de 1,86 m. Il fallut deux mois pour la transporter à Constantinople avec un attelage de 60 bœufs ([3424]).

Enfin Mahomet II disposait de la flotte la plus importante que la marine ottomane eût possédée jusque-là. Concentrée à Gallipoli et commandée par le renégat bulgare Baltoglou, elle vint mouiller sans difficulté à l'entrée du Bosphore, au pied de la colline de Péra, sur laquelle fut établi un poste d'observation. A côté de ses 15 galères armées, suffisantes pour écraser la flottille chrétienne, elle avait des navires disparates et de valeur inégale ([3425]).

Telles furent les conditions dans lesquelles se déroula le trentième et dernier siège de Constantinople, qui succomba après trois assauts, précédés de bombardements intenses.

Dès le mois de février 1453 les quelques places encore occupées par les Grecs, qui défendaient les approches de la ville, furent prises par les Turcs qui ravagèrent cruellement la banlieue et emmenèrent de nombreux habitants en captivité ([3426]). L'investissement de la ville eut lieu entre le 2 et le 6 avril, et les forces ottomanes prirent position en face des murs terrestres depuis le quartier des Blachernes jusqu'à la Propontide ([3427]). Constantin XI de son côté répartit les troupes dont il disposait en 14 secteurs autour des remparts : Jean Giustiniani avec 400 chevaliers occupait la porte Saint-Romain, la plus exposée aux attaques des Turcs ([3428]). Une tentative de sortie pour gêner les préparatifs des Turcs eut un insuccès complet et ne fut pas renouvelée ([3429]).

Les lignes turques s'étant rapprochées, successivement, à 2 kilomètres, puis à 1 200 mètres de la ville ([3430]), un premier bombardement commença le 11 avril et dura 8 jours. Le canon géant, d'abord placé à la porte Caligaria en face des Blachernes, fut transporté devant la porte Saint-Romain dont un de ses boulets détruisit une tour, mais après quelques jours il fit explosion et tua son constructeur ([3431]). En même temps, les Turcs cherchaient à combler le fossé avec des fascines, les défenseurs s'efforçaient de réparer les brèches des avant-murs; et pour hâter l'écroulement des tours le sultan faisait creuser des mines, auxquelles répondaient les contre-mines des assiégés qui repoussaient leurs ennemis en les inondant de feu grégeois ([3432]). Le 18 avril Mahomet II, jugeant les brèches suffisantes, ordonna un assaut nocturne, mais les fantassins turcs qui tentaient de traverser le fossé durent reculer devant le feu grégeois que leur lançaient les défenseurs du haut des remparts, tandis que la brèche de la porte Saint-Romain était défendue victorieusement par Giustiniani et ses chevaliers ([3433]).

Malgré la continuation du bombardement, dont les défenseurs réparaient aussitôt les dommages, la lutte se transporta sur mer. Avant le 20 avril les Turcs s'étaient emparés des postes avancés de Constantinople sur le Bosphore et dans les îles des Princes ([3434]). Ces opérations terminées, ils se proposèrent de forcer l'entrée de la Corne d'Or et la flotte ottomane, renforcée par l'arrivée de nombreuses unités ([3435]), attaqua la chaîne le 19 avril, mais après un vif combat d'artillerie elle fut victorieusement défendue par le mégaduc Lukas Notaras ([3436]). Le lendemain on vit arriver de la Propontide trois galères génoises et un transport grec chargés de soldats et de vivres; Mahomet II ordonna à Baltoglou de s'en emparer ou de les couler, et lui-même assista au combat acharné qui se livra entre la Pointe du Sérail et la Corne d'Or : grâce à la supériorité de leur tir, les navires génois traversèrent la flotte ottomane sans dommage et pénétrèrent dans le port à la grande colère du sultan qui roua de coups de sa masse d'armes son amiral ([3437]).

Cette nouvelle victoire surexcita le courage des défenseurs, mais Mahomet, tenace dans ses desseins et jamais résigné à l'insuccès, imagina de transporter par terre ses navires dans la Corne d'Or en les faisant traîner jusqu'au faîte de la colline de Péra, pour les lancer ensuite dans le port et prendre à revers la flotte chrétienne qui gardait la chaîne ([3438]). Cette opération difficile fut exécutée avec une promptitude extraordinaire dans la nuit du 22 au 23 avril : 70 vaisseaux, qui ne mesuraient pas plus de 17 à 20 mètres de long, furent halés par des attelages de buffles et un nombre considérable de travailleurs, de la rive actuelle de Top-Hané jusqu'à Péra, sur une longueur d'un kilomètre 333 environ, à 41 mètres d'altitude, puis lancés dans la Corne d'Or ([3439]).

La réussite de cette manœuvre inattendue produisit certainement un effet moral sur la population, qui fut consternée ([3440]), et obligea une partie des combattants à s'immobiliser le long des murs maritimes de la Corne d'Or. Par contre elle n'eut pas le résultat décisif qu'escomptait le sultan : une fois dans le port, les navires turcs y furent littéralement prisonniers sans pouvoir forcer la chaîne et exposés aux attaques des navires chrétiens, auxquels ils ne pouvaient résister à cause de leur faible tonnage ([3441]). Dans la nuit du 28 avril le commandant d'une galère vénitienne de Trébizonde, Jacopo Cocco, fit une tentative pour incendier la flotte turque, et il aurait pu réussir sans la trahison des Génois de Galata qui, mis au courant du projet, le révélèrent à Mahomet II : les navires incendiaires furent coulés par les canons mis en batterie sur le rivage ([3442]). En représailles le sultan imagina un canon à tir plongeant qui, des hauteurs de Péra, commença à bombarder les navires qui gardaient la chaîne et en coula plusieurs ([3443]).

Pendant cette guerre navale le bombardement des murailles terrestres se poursuivait et la résistance des assiégés s'affaiblissait; des querelles accompagnées de rixes partageaient les Génois et les Vénitiens ([3444]). Le 23 avril Constantin XI, sentant la défense à bout de force, avait offert la paix au sultan moyennant le paiement d'un tribut, mais Mahomet avait répondu : « Je prendrai la ville, ou elle me prendra mort ou vif [3445]. »

Résolu à brusquer le dénouement, qui lui paraissait proche, Mahomet II ne laissa plus aucun répit aux assiégés. Sans engager à fond toutes ses forces, il essaya de pénétrer dans la ville par les brèches ouvertes par ses canons dans les murs terrestres, mais les deux assauts qui se succédèrent le 7 et le 12 mai, entre la porte de Caligaria et celle d'Andrinople, furent repoussés par les assiégés, l'empereur en tête, avec un magnifique héroïsme [3446].

A partir du 14 mai le bombardement reprit avec plus d'intensité et, grâce au pont qu'il avait établi au fond de la Corne d'Or [3447], le sultan put faire transporter les canons de la colline de Péra devant les murs terrestres [3448], et tout l'effort de l'attaque fut concentré sur la porte Saint-Romain regardée comme le point le plus faible de la défense [3449]. Simultanément le 16 mai une attaque de la flotte turque fut dirigée contre la chaîne et repoussée par Trevisano, tandis qu'une tentative, déjouée par le mégaduc Notaras, était faite pour miner la porte Caligaria [3450]. Le 18 le sultan faisait tenter l'escalade des murs au moyen d'une gigantesque tour roulante, une hélépole des anciens temps, qui dominait les fortifications et à laquelle les Turcs essayèrent de faire franchir le fossé, mais après un combat acharné qui dura 24 heures ce monstrueux ouvrage fut incendié [3451]. Le 21 une nouvelle tentative fut faite pour forcer la chaîne, mais elle demeura inébranlable jusqu'au bout [3452]. En même temps du côté des murs terrestres commençait une nouvelle guerre de mines, qui visait surtout le palais des Blachernes : 14 tentatives furent repoussées, dont 4 entre le 21 et le 25 mai [3453].

A cette date, après 40 jours de bombardement, trois grandes brèches avaient été ouvertes dans les murs terrestres, trois chemins pour pénétrer dans la ville, disait le sultan [3454] : entre Tekfour-Seraï et la porte d'Andrinople, à la porte Caligaria ; dans le val du Lykos, à la porte Saint-Romain ; à la troisième porte militaire, au nord-est de la porte de Selymbria : les assiégés passaient leur temps à réparer ces brèches par des moyens de fortune, en entassant des matériaux et en élevant des palissades garnies de sacs de terre ou de coton [3455]. Le moment était venu de donner l'assaut général, mais le découragement gagnait l'armée turque, qui ne s'attendait pas à un siège si long et si pénible, et le bruit courait qu'une formidable croisade s'organisait en Occident [3456]. C'est ce qui explique qu'avant de donner l'assaut, Mahomet ait essayé de se faire livrer la ville par une capitulation en offrant à Constantin XI, s'il en sortait, la souveraineté de la Morée sous la suzeraineté ottomane, et menaçant en cas de refus de massacrer les habitants ou de les réduire en esclavage. A cet ultimatum l'empereur répondit que lui et les habitants étaient prêts à sacrifier leur vie plutôt que de rendre la ville ([3457]).

Cette réponse est d'autant plus belle que la situation des assiégés était loin d'être rassurante. A mesure que les Turcs recevaient de nouvelles forces d'Asie, celles des Grecs s'affaiblissaient chaque jour. Le basileus et les chefs courageux qui l'assistaient avaient peine à maintenir la discipline parmi les troupes et il fallait organiser des rondes de nuit pour empêcher les désertions. L'état moral de la population empirait ; l'empereur et les chefs étaient injuriés ouvertement et les émeutes n'étaient pas rares. La disette qui se fit sentir dès le 2 mai augmentait le mécontentement. La discorde régnait entre les chefs, particulièrement entre Grecs et Latins : Constantin XI eut du mal à apaiser une altercation entre Giustiniani et Notaras et dut les forcer à se réconcilier ([3458]). Le 3 mai on avait réussi à envoyer un navire dans l'Archipel au-devant de la flotte de secours que Venise avait promise : ce navire revint sans nouvelles le 23 mai, le jour même où Mahomet II envoyait son ultimatum. Comme des naufragés qui voient s'évanouir leur dernier espoir, les chefs de la défense comprirent que tout était perdu et qu'il ne restait plus qu'à mourir ([3459]).

L'assaut final. — Ce fut le 26 mai qu'après avoir tenu un conseil de guerre, dont les délibérations furent longues et où chacun des chefs de corps dut émettre son opinion, que Mahomet II décida l'assaut général ([3460]). Le 27 il inspecta ses troupes, assigna à chacun son poste, promit à ses soldats que tous les trésors de Constantinople leur appartiendraient et qu'il ne s'en réservait que les murailles. Il prit ensuite ses dispositions d'attaque et ordonna que l'assaut des murs aurait lieu par vagues successives, de manière à être ininterrompu et mené par des troupes toujours fraîches ([3461]). La nuit venue, de grands feux de bivouac furent allumés, tandis que tous les navires qui bloquaient Constantinople étaient illuminés et que les

Turcs, sonnant de la trompette et s'accompagnant des instruments les plus bruyants, poussaient d'immenses clameurs, au grand effroi des assiégés (3462).

A Constantinople, Giustiniani faisait réparer tant bien que mal les énormes brèches. La journée du 28 mai fut particulièrement émouvante. Constantin XI ordonna de grandes processions avec litanies solennelles : les icônes les plus vénérées furent portées sur les remparts et jusqu'au milieu des brèches, et Phrantzès prête au basileus un discours qui nous semble aujourd'hui verbeux et sent l'école de rhétorique, mais que le goût qui régnait alors ne rend pas invraisemblable (3463). Puis Constantin XI gagna Sainte-Sophie, désertée depuis la proclamation de l'Union, et, après le basileus, tous les grands dignitaires, tous les chefs, quelle que fût leur nationalité, reçurent l'eucharistie après s'être embrassés et s'être pardonné leurs péchés ; tous ensuite retournèrent aux remparts (3464), et derrière eux on verrouillait les portes des tours qui ouvraient sur la ville afin d'empêcher toute possibilité de fuite (3465).

L'assaut commença dans la nuit du 28 au 29 mai à une heure trente du matin environ (3466) et porta à la fois sur les trois côtés du triangle que forme la ville, mais ne fut vraiment intense qu'en face des murs terrestres entre Tekfour-Séraï et la porte Saint-Romain. La première vague, composée d'irréguliers, de bachibouzoucks, la plupart chrétiens, s'avança lentement, portant des échelles, et essaya de franchir le fossé : accablée de projectiles, elle recula après deux heures de combat (3467). La deuxième vague lui succéda (3468); elle consistait en contingents d'Anatolie, disciplinés et bien armés ; ils attaquèrent la brèche et commencèrent l'escalade, mais furent repoussés à leur tour. Ce fut en vain qu'on les ramena au combat après que le gros canon eut tiré contre la brèche (3469). Alors Mahomet II exaspéré fit donner sa réserve. Le jour se levait (3470). Les défenseurs étaient épuisés quand les janissaires, en poussant des cris terribles, s'élancèrent contre la brèche, tandis que les cloches et les simandres retentissaient dans toute la ville et que l'attaque se concentrait autour de la porte Saint-Romain (3471).

Ce fut à ce moment que Giustiniani reçut une blessure au sternum et se retira du combat, qui continua, toujours plus furieux, après son départ (3472). Les assiégés tenaient toujours, lorsque tout à coup ils virent l'étendard du sultan flotter dans la ville. Les Turcs avaient pu y pénétrer

par la Cercoporta, une poterne située non loin de la porte
d'Andrinople, à l'endroit où le mur théodosien se soude
à l'enceinte d'Héraclius ([3473]). Les défenseurs de la porte
Saint-Romain, l'empereur en tête, continuèrent à se battre,
mais, attaqués par-derrière, ils furent littéralement sub-
mergés par le flot des Turcs, et la brèche fut forcée au
moment précis où le soleil se levait ([3474]). Ce fut alors que
Constantin XI, suivi de deux ou trois fidèles, s'élança
dans la mêlée, en frappant d'estoc et de taille, et y trouva
la mort glorieuse qui convenait au dernier empereur de
Byzance ([3475]).

Le sacrifice était consommé : les Turcs entraient de
tous côtés à Constantinople, en massacrant sans distinc-
tion de sexe ni d'âge tous les habitants qu'ils rencontraient ;
puis, cette première fureur calmée, ils organisèrent le
pillage méthodique des maisons, des palais, des monastères ([3476]). Le peuple affolé se précipita à Sainte-Sophie
où, d'après les récits et les prédictions qui avaient couru
pendant le siège, devait se produire un miracle, mais les
Turcs, brisant les portes à coups de hache, y pénétrèrent
à leur tour, mirent l'église à sac et réduisirent en esclavage
tous ceux qui leur tombaient sous la main ([3477]). Lorsque
toute résistance eut cessé, Mahomet II fit son entrée dans
la ville et se dirigea droit vers la Grande Église : là, montant à l'ambon, accompagné d'un imam, il récita la prière,
puis, pénétrant dans le sanctuaire, il monta sur l'autel
et le foula aux pieds ([3478]). Ces deux gestes symboliques
clôturaient une histoire plus que millénaire et devenaient
le point de départ d'une ère nouvelle.

La fin de l'indépendance hellénique. — Avec la reddition
de Galata s'acheva la conquête de Constantinople. Mahomet II renouvela les privilèges accordés aux Génois
par les empereurs, mais il fit détruire les fortifications
et combler les fossés de leur ville ([3479]).

L'État byzantin n'existait plus, mais deux centres helléniques jouissaient encore, l'un, le despotat de Morée, de
l'autonomie, l'autre, l'État de Trébizonde, de l'indépendance complète ; ils survécurent encore quelques années
à la chute de Byzance, mais il était évident que le sultan

ne pouvait tolérer dans son empire ces enclaves susceptibles de devenir le refuge de la nation hellénique, et par leurs maladresses et leurs discordes leurs chefs ne firent que hâter le dénouement inévitable.

Les deux despotes de Morée, Thomas et Démétrius, tout entiers à leurs querelles, ne firent pas le moindre effort pour secourir Constantinople et, après la catastrophe, leur premier souci fut de préparer leur fuite pour l'Italie; puis, Mahomet II leur ayant offert de traiter avec eux, ils acceptèrent de devenir ses vassaux ([3480]). Le sultan était au courant de l'anarchie qui régnait en Morée et qui allait lui fournir des raisons d'y intervenir. En octobre 1454 il y envoya l'armée de Tourakhan, sous prétexte de défendre les despotes contre une insurrection des immigrés albanais, appuyée sous main par Venise ([3481]). Après la victoire de Tourakhan, il accueillit la pétition des archontes révoltés contre les despotes, demandant à relever directement du sultan ([3482]). En 1456 le tribut annuel que devaient lui payer les despotes était en retard de trois ans par suite des difficultés que rencontrait la levée des impôts. Mahomet II en profita pour envahir la Morée et attaquer ses forteresses dont plusieurs résistèrent héroïquement (mai 1458). La prise de Corinthe, après 4 mois de siège, obligea les despotes à se mettre à la discrétion du sultan, qui les força à lui abandonner le tiers de leurs possessions, dont Corinthe et Patras qui furent occupées par des garnisons ottomanes, et à envoyer dans son harem Hélène, fille de Démétrius (septembre-octobre 1458) ([3483]).

Cette solution ne devait être que provisoire. Enthousiasmé par les nouvelles victoires de Scanderbeg ([3484]) et les préparatifs de la croisade organisée par Pie II ([3485]), Thomas se révolta contre le sultan (début de 1459), mais au lieu de chercher à entraîner Démétrius dans sa révolte, il commit la faute d'attaquer ses possessions. Cette guerre fratricide ne pouvait que favoriser les plans du sultan ([3486]), que Démétrius appela à son secours. Résolu à en finir et craignant de voir ce pays tomber aux mains d'un prince franc, Mahomet II reparut en Morée à la tête d'une forte armée et mit les plaideurs d'accord en leur prenant tout ce qu'ils possédaient. Le 30 mai 1460 Démétrius dut livrer au sultan la forteresse et la ville de Mistra, métropole de la Morée byzantine, ainsi que toutes les places qu'il tenait encore, et fut envoyé lui-même à Constantinople. Quant à Thomas, il résista encore quelque temps en Messénie, puis alla s'embarquer pour Corfou où il arriva le 28 juillet et alla finir ses jours en Italie. Se considérant comme souverain de la Morée, Mahomet II traita en rebelles les gouverneurs des places qui résistaient encore et leur fit subir les supplices les plus cruels ([3487]).

En 1461 la Morée entière était soumise et transformée en un pachalik turc. Une seule ville, la république autonome de Monemvasia, parvint à conserver son indépendance, grâce à la puissance de ses fortifications et de sa marine, ainsi qu'à la bravoure de son gouverneur, Manuel Paléologue. Sommés de se rendre en 1460, les habitants opposèrent un refus formel et Mahomet II s'abstint de les attaquer. Après la fuite de

Thomas, Monemvasia se plaça sous la protection du pape Pie II, puis, après l'échec de la croisade, elle se donna à Venise qui la conserva jusqu'en 1540 ([3488]).

Un an après la Morée byzantine, l'État de Trébizonde disparaissait à son tour. Enclavé entre le monde hellénique, les pays du Caucase et les États musulmans d'Anatolie, il avait joui pendant les deux siècles de son histoire d'une remarquable prospérité économique, grâce à la situation de Trébizonde, marché d'échanges entre les routes de caravanes d'Asie centrale et les voies maritimes qui avaient fait de cette cité la métropole d'une thalassocratie, siège d'une culture originale faite d'hellénisme et d'apports asiatiques. Cet État eût pu devenir le centre d'un puissant empire, mais, comme Byzance, il avait été troublé par les querelles de succession, par les luttes entre le pouvoir central et les archontes, divisés eux-mêmes en une caste indigène et une noblesse immigrée de Constantinople ; pas plus que Byzance il n'avait échappé à la mainmise des colonies italiennes sur son commerce. Les Génois y occupaient depuis le XIIIe siècle une situation prépondérante, mais à plusieurs reprises Trébizonde avait été, à son grand dommage, le théâtre de leurs luttes avec les Vénitiens.

Après avoir échappé à la domination mongole, l'État de Trébizonde fut menacé par la puissance ottomane. Les premiers contacts remontent au règne de Jean IV (Kalojoannès) (1429-1458) qui défendit victorieusement sa capitale contre une armée ottomane envoyée par Mourad II (1430) ([3489]). Après la prise de Constantinople, Trébizonde accueillit de nombreux réfugiés grecs, au grand mécontentement de Mahomet qui dirigea contre elle une expédition. En 1454 Khitir-beg, gouverneur d'Amasée, pénétra facilement dans la ville, ravagée par la peste, et fit des milliers de captifs. Kalojoannès dut signer un traité par lequel il se reconnaissait le vassal du sultan et lui payait un tribut de 3 000 livres d'or ([3490]).

Déconsidéré parmi ses sujets à la suite de ce traité honteux, Kalojoannès, désireux de prendre sa revanche, s'allia au sultan turcoman du Mouton-Blanc, Ouzoun-Hassan, qui résidait à Tauris et dont les possessions s'étendaient jusqu'à Diarbékir, et lui donna sa fille Théodora en mariage ([3491]). D'autres dynastes turcs, dont le sultan de Karamanie, adhérèrent à cette ligue, mais chacun se reposa sur les autres du soin de prendre l'initiative de l'attaque ([3492]). Kalojoannès mourut sans avoir rien fait (1458), laissant un fils âgé de 4 ans, Alexis V, mais avec l'assentiment de tous, le frère du défunt, David, s'empara du trône ([3493]). Il renouvela le traité d'alliance avec Ouzoun-Hassan et envoya des messages en Occident, au pape Pie II, à Philippe le Bon pour solliciter la formation d'une croisade ([3494]), mais il n'y eut aucune entente suffisante entre David et ses alliés.

Cette imprévoyance devait lui être fatale. Poussé par Théodora Comnène, Ouzoun-Hassan prit le premier l'offensive en envoyant un ultimatum à Mahomet II, le sommant de renoncer au tribut payé par Trébizonde et, se considérant comme successeur de Tamerlan, lui réclamant celui que Bajazet s'était engagé à payer aux Tartares ([3495]). Mahomet II, qui venait de soumettre la Morée, rassembla aussitôt une armée et une flotte (1461) s'empara de Sinope, dont l'émir Ismaël était l'allié de David (printemps) ([3496]), et, franchissant le Taurus, arriva en 17 jours devant Diarbékir, capitale d'Ousoun-Hassan. Celui-ci, pris au dépourvu et, malgré ses rodomontades, incapable de soutenir l'assaut des Turcs, n'eut d'autre ressource que d'implorer la paix et de s'engager à ne porter aucun secours à Trébizonde ([3497]).

Abandonné ainsi de tous ses alliés, David se trouva réduit à ses propres forces devant l'attaque de Trébizonde par terre et par mer qui suivit la défection d'Ouzoun-Hassan. Cependant la ville n'était pas sans défense : ses murailles, restaurées par Kalojoannès, étaient garnies d'une forte artillerie ; les habitants essayèrent d'empêcher le débarquement des équipages de la flotte turque, mais furent repoussés et, abandonnant les faubourgs, s'enfermèrent dans leur enceinte et soutinrent un siège qui dura 28 jours ([3498]) ; mais l'arrivée de l'avant-garde de l'armée de Mahomet II, commandée par Mahmoud, suivie bientôt de celle du sultan, rendit leur situation désespérée. Mahomet envoya à David un ultimatum et son secrétaire Thomas Katabolkios, Grec rallié aux Turcs, dont les discours persuasifs décidèrent « le dernier basileus » à capituler. Le 15 août 1461 David remit au sultan les clefs de la ville et, pendant que les janissaires occupaient l'Acropole, se laissa embarquer pour Constantinople avec sa famille ([3499]).

Cependant il n'était pas encore au bout de son destin. L'épouse d'Ouzoun-Hassan, Théodora Comnène, ne rêvait que revanche. En 1467 Mahomet II eut communication par un traître d'une lettre de cette princesse qui demandait à David, interné près de Serrès, d'envoyer à Diarbékir un de ses fils ou le jeune Alexis V, qui serait rétabli par la force sur le trône de Trébizonde. Dans sa fureur, le sultan fit amener à Constantinople David et ses fils, au nombre de sept, et leur donna à choisir entre l'islam ou la mort ; puis, comme ils refusaient d'abjurer le christianisme, il leur fit trancher la tête l'un après l'autre ([3500]). Par l'héroïsme avec lequel il accepta son martyre, le dernier basileus de Trébizonde se montra digne du dernier basileus de Constantinople.

Notes

(¹) Vidal de La Blache et Gallois, *Géographie universelle*, VII, 83-84.

(²) Holmes (W. G.), *The age of Justinian and Theodora*, I, 10-11, 23 et s.

(³) Procope de Césarée, *De aedificiis*, 5; Vidal de La Blache et Gallois, *op. cit.*, VIII, 85-86.

(⁴) Vidal de La Blache et Gallois, *op. cit.*, VII, 82-85. Dépassant 10 kilomètres à l'heure.

(⁵) Vasiliev (A.), *The Goths in the Crimea*, 3-57.

(⁶) Vidal de La Blache et Gallois, *op. cit.*, VII 81-96; Tafrali (O.), *La Roumanie transdanubienne*.

(⁷) Vidal de La Blache et Gallois, *op. cit.*, VII, 83-84.

(⁸) Id., *ibid.*, VII, 1, 11-12; VII, 2, 400.

(⁹) Philippson, *Das Byzantinische Reich als geographische Erscheinung*, 27.

(¹⁰) Vidal de La Blache et Gallois, *op. cit.*, VII, 495.

(¹¹) Cuivič, *La péninsule balkanique*, 21.

(¹²) Desdevises du Dezert (Th.), *Géographie ancienne de la Macédoine*, 209 et s.; Heuzey et Daumet, *Mission de Macédoine*, 340 et s.; voir Lemerle, *Philippes*, 1945.

(¹³) En 995 Basile II retire une armée du front bulgare et lui fait traverser l'Asie Mineure en 16 jours pour marcher au secours d'Alep. Schlumberger (G.), *L'épopée byzantine à la fin du Xe siècle*, II, 88-91.

(¹⁴) Philippson, *op. cit.*, 48 et s.

(¹⁵) Sur ce rôle de liaison entre l'Europe et l'Asie, voir Cuivič, *op. cit.*, 15-16.

(¹⁶) Philippson, *op. cit.*, 36 et s., Vues intéressantes sur l'Empire byzantin et la Méditerranée.

(¹⁷) Druon, *Synesius*; du Cange, *Historia byzantina*, 31 et s.; Bréhier (Louis), *Concours de beauté à Byzance*, ext. du *Correspondant*, avril 1937, 25-40; Stein (E.), *Untersuchungen zur spätbyzantinischen Verfassungs- und Wirtschaftsgeschichte* (*Mitteil. zur osman. Gesch.*, I et II), 229-254.

(¹⁸) De 286 à 392 (en 106 ans), les deux moitiés de l'Empire ne furent réunies que pendant 25 ans.

(¹⁹) Lot (F.), *Les invasions germaniques*, 65-71; Schutte, *Der Aufstand des Leon Tornikios* (1047) 349-354; Bury (J. B.), *History of the later Roman Empire*, 109-115; Lot (F.), *Les destinées de l'Empire en Occident de 395 à 888*, H. G. (M. A.), 25-27; Rufin, *Ecclesiasticae historiae*, l. IX, *P. L.*, XXI, 540.

(²⁰) Bury (J. B.), *History of the later Roman Empire (802-867)*, I, 127-135; Koulakovsky,

Istoriia Vizantii, I, 160-168 (récit le plus complet). Les contemporains saisirent l'importance de l'événement, que Synesius alors à Constantinople raconta dans un roman à clef : *De la Providence*, P. G., LXVIII, 1209 et s.

(21) PARGOIRE, *L'Église byzantine de 527 à 847*, I, 520-521; BURY (J.-B.), *History of the later Roman Empire*, I, 235-237; TOESCA (P.), *Storia dell'arte italiana*, I, 330 (disque de Florence montrant Aspar en costume consulaire); *D. H. G. E.*, 1062-1066.

(22) BURY (J. B.), *op. cit.*, I, 314-316, récit d'après le procès verbal de l'intronisation conservé par Pierre le Patrice, CONSTANTIN VII Porphyrogénète, (*De Cerimoniis aulae byzantinae*), 745-769.

(23) Sauf Eudoxia, fille de Théodose II, et ses deux filles alors captives de Genséric.

(24) BRÉHIER (L.), *La crise de l'Empire romain en 457*, Ext. de *M. S*, 1929., 86-87.

(25) ID., *ibid.*, 89 ; *D. H. G. E.*, 1064. D'après Théodoric alors otage à Constantinople, Aspar aurait refusé l'Empire pour lui-même (*Anagnosticum regis*, *A. A.*, XII, 425).

(26) *D. H. G. E.*, 1066; STEIN (E.), *Geschichte des spätrömischen Reiches*, I, 529-534; BURY (J. B.), *op. cit.*, I, 316-320. Des négociations avaient eu lieu à Chalcédoine, où Léon avait feint de se réconcilier avec Aspar.

(27) Ce fut pour cette raison que Théodoric Strabo, après avoir ravagé la Macédoine, traita avec Léon en 473. Sur ce traité : STEIN, *op. cit.*, I, 534.

(28) A la suite d'un complot organisé par Vérine, veuve de Léon, Zénon s'était réfugié en Isaurie, *D. H. G. E.*, 1237-1239; BURY, *op. cit.*, I, 391.

(29) D'après le traité conclu entre Léon et Théodemir, père de Théodoric qui venait de piller l'Illyricum, STEIN (E.), *op. cit.*, I, 527.

(30) LOT (F.), *Les destinées de l'Empire en Occident de 395 à 888*, H. G. (M. A.), I, 1928, p. 107; BURY, *op. cit.*, I, 421-422; MARTROYE (F.), *L'Occident à l'époque byzantine : Goths et Vandales*, 15.

(31) D'après certaines sources, ce fut Théodoric qui offrit à Zénon de conquérir l'Italie (*A. A.*, V, 132-133); PAUL DIACRE, *De gestis Langobardorum*, S. R. L., I, 100). D'après d'autres, la proposition vint de Zénon (*Anonyme Valois*, « Pars posterior », IX, p. 316; IORDANIS, *Romana et Getica*, V, 1, 9). Le premier témoignage est le plus vraisemblable. Théodoric venait de donner asile au chef des Ruges chassé de son royaume par Odoacre, MARTROYE, *op. cit.*, 10-11. Sur la nature du pouvoir conféré à Théodoric, F. LOT, *op. cit.*, 111-112.

(32) *D. H. G. E.*, 1447. Sur son intronisation, voir procès-verbal recueilli par Pierre le Patrice, CONSTANTIN VII Porphyrogénète, *op. cit.*, 769-782; cf. J. B. BURY, *op. cit.*, I, 429-432.

(33) BURY, *op. cit.*, 432-433.

(34) GROUSSET, *L'Empire des steppes*, 115-124; F. LOT, *Les invasions germaniques*, 100-104; BURY, *op. cit.*, I, 271-276. Récit de l'ambassade de Priscus en 448, PRISCUS PANITES (*Excerpta de legationibus*), F. H. G., IV, 69-110; BURY, *op. cit.*, I, 279-288.

(35) Ce tribut se montait à plus de cent livres d'or, LYDUS (Jean), *De magistratibus populi romani*, 132; THÉOPHANE le Confesseur, *Chronographia*, 108 (a. 5946).

(36) *C. I. L.*, III, 1, 734; WEIGAND, *Das goldene Thor in Konstantinopel* (ext. de *A. M.*, 1914, p. 1-9).

(37) DIEHL et MARÇAIS, *Le monde oriental de 395 à 1081*, H. G. (M. A.), III, 42-43; GUTERBOCK, *Byzanz und Persien*, 29-31; BURY, *op. cit.*, II, 1-15; HONIGMANN, *Die Ostgrenze des byzantinischen Reiches von 363 bis 1071*, C. B., 9-12; CHAPOT (V.), *La frontière de l'Euphrate de*

Notes

(38) BRÉHIER (L.), *La crise de l'Empire romain en 457*, 94-96; BURY, *op. cit.*, I, 335.

(39) MARTROYE, *Genséric. La conquête vandale en Afrique et la destruction de l'Empire d'Occident*, 133-136.

(40) ID., *ibid.*, 213-224; BURY, *op. cit.*, I, 332-337.

(41) MARTROYE, *op. cit.*, 253-255.

(42) THÉOPHANE le Confesseur, *op. cit.*, I, 187, 17-19.

(43) Sous Arcadius, Eutrope. Sous Théodose II, rivalité entre Pulchérie et l'impératrice Athenaïs-Eudoxie, puis l'eunuque Chrysaphios. DIEHL (Ch.), *Une république patricienne. Venise, Byzance : grandeur et décadence*. I, 7-10, 39-42.

(44) KRÜGER, *Histoire des sources du droit romain*, 381 et s. BURY, *op. cit.*, I, 232-235; STEIN (E.), *Geschichte des spätrömischen Reiches*, I, 431. Depuis 448 les lois promulguées à Constantinople ne sont plus envoyées à Rome (Millet, *M. G.*, 629-630).

(45) C. th. XIV, IX, 3 (1); BRÉHIER (L.), *Notes sur l'histoire de l'enseignement supérieur à Byzance*, ext. *B. N.*, III, 1926, p. 74 et 82-94.

(46) MASPERO (J.), *Horapollon et la fin du paganisme égyptien*, ext. *B. I. F. A. O.*, XI, 1914, p. 164-195; WILCKEN, *Heidnisches und christliches aus Aegypten*, ext. *A. P.*, I, 1901, p. 407-419.

(47) Sur la destruction des temples de Gaza en 402, MARC le DIACRE, *Vie de Porphyre, évêque de Gaza*, XLVII-LXX et ch. 63-69.

(48) ASMUS, *Pamprepios... B. Z.*, XXII, 1913, p. 326. De même à Alexandrie. Sur Jean Philoponos, MASPERO (J.), *Histoire des patriarches d'Alexandrie (518-610)*, 47.

(49) Comme celle d'Alexandrie ensanglantée par le meurtre d'Hipathie (mars 415). BURY, *op. cit.*, I, 216-221.

(50) Au moment de la révolte d'Illus en 484, ASMUS, *op. cit.*, 336-337.

(51) Voir ZEILLER, *M. A. H.*, 1904, p. 30 et s.

(52) HESSELING, *Essai sur la civilisation byzantine*, 24 (vers 395, d'après saint Grégoire de Nysse).

(53) DUCHESNE (L.), *Églises séparées*, 38-40; DIEHL et MARÇAIS, *Le monde oriental de 395 à 1081*, *loc. cit.*, 22-24.

(54) FLICHE et MARTIN, *Histoire de l'Église*, IV, 163-186; DIEHL et MARÇAIS, *op. cit.*, 26-28.

(55) Le nestorianisme se maintint à l'école d'Édesse, fermée en 489 par ordre de Zénon et transportée à Nisibe en Perse, FLICHE et MARTIN, *op. cit.*, IV, 326-328; LABOURT, *Le christianisme dans l'Empire perse...*, 131-141. Sur l'expansion du nestorianisme en Extrême-Orient et l'inscription de Si-gnan-fou, *D. A. C. L.*, III, 1353-1385.

(56) FLICHE et MARTIN, *op. cit.*, IV, 211-217.

(57) ID., *ibid.*, IV, 220-223.

(58) *Ibidem*, IV, 219 et 224-240; DIEHL et MARÇAIS, *op. cit.*, 30 à 33.

(59) Après la mort de Marcien (457), élection au patriarcat d'Alexandrie du monophysite Timothée et massacre du patriarche orthodoxe Proterius (28 mars), FLICHE et MARTIN, *op. cit.*, IV, 280.

(60) DIEHL et MARÇAIS, *op. cit.*, 34-35; FLICHE et MARTIN, *op. cit.*, IV, 284-297.

(61) DIEHL et MARÇAIS, *op. cit.*, 42-46; *D. H. G. E.*, II, 1449-1451; MASPERO (J.), *Organisation militaire de l'Égypte byzantine*, 23-25.

(62) LYDUS (Jean), *De magistratibus populi romani*, III, 49, 138; BURY (J. B.), *History of the later Roman Empire*, I, 442-444.

(63) DIEHL et MARÇAIS, *op. cit.*, 44.

(64) *D. H. G. E.*, II, 1448; SICKEL, *Das byzantinische Krönungsrecht bis zum X^{ter} Jahrhunderts*, ext. *B. Z.*, VII, 1898, p. 522-

523. Avant son avènement il aurait été chassé de l'Église par Euphemios, Théophane le Confesseur, *Chronographia*, I, 134, 19-24.

(65) Fliche et Martin, *op. cit.*, IV, 301-307.

(66) *Ibidem*, IV, 308-320.

(67) Diehl et Marçais, *op. cit.*, 45; Bury, *op. cit.*, I, 447-452.

(68) Bury, *op. cit.*, II, 16; Fliche et Martin, *op. cit.*, 65 et s.

(69) Diehl et Marçais, *op. cit.*, 47-48.

(70) Vulič (N.), *Origine et race de l'empereur Justinien*, 5-8.

(71) Marcellinus Comes, éd. Mommsen, a. 521; Darko, *Byzantinisch-ungarische Beziehungen in der zweiten Hälfte des XIII. Jahrhunderts*, 6-7, fig. 3 (diptyque consulaire de Justinien).

(72) Duchesne (L.), *L'Église au VIe siècle*, 46; Maspero, *Histoire des patriarches d'Alexandrie*, 67.

(73) Oman (Ch.), *A history of the art of war in the Middle Age*, II, 180; Fliche et Martin, *op. cit.*, IV, 426-427.

(74) Maspero, *op. cit.*, 69-70; Vasiljev, *B. Z.*, XXXIII, 1933, 71.

(75) Michel le Syrien, *Chronique universelle*, II, 170-176.

(76) Fliche et Martin, *op. cit.*, IV, 427-429; Duchesne, *op. cit.*, 49-64; Correspondance entre le pape et Constantinople (*Collectio Avellana*), C. S. E. L., XXXV : *Epistulae imperatorum, pontificum, aliorum inde ab a. CCCLXVII usque ad a. DLIII datae.*

(77) Bury, *op. cit.*, II, 156.

(78) Fliche et Martin, *op. cit.*, IV, 435.

(79) *Liber pontificalis Ecclesiae Romanae*, I, 276; Anonyme Valois, « Pars posterior », 328.

(80) Le 4 avril précédent, Bury, *op. cit.*, II, 23.

(81) Préface II du Code (début). Dans ses édits il rappelle Enée, *reipublicae princeps*, les rois de Rome, le grand César, le pieux Auguste.

(82) Mosaïques du chœur de Saint-Vital à Ravenne : entrée de Théodora dans la basilique. Reproduction, Nicéphore le Patriarche, Ἱστορία σύντομος, *Breviarium*, pl. X.

(83) Diehl, *Théodora, impératrice de Byzance*, sur sa religion, id., 233-288.

(84) *C. J.*, préface I, *ad senatum*.

(85) *C. J.*, préface II.

(86) *C. J.*, préface III; *Dig.*, préfaces 1 et 2; *Inst. proaemium*.

(87) Diehl, *Justinien et la civilisation byzantine au VIe siècle*, 455-456; Bury, *op. cit.*, II, 39-48, 71-74; Principales sources : Procope de Césarée, *Bellum Persicum*, I, 24-25; Marcellinus Comes, *a*. 532; Malalas (J.), *Chronographie*, P. G., XCVII, 688-690. Dialogue entre Justinien et les factions à l'Hippodrome (11 janvier) dans *Théophane*. Cette émeute porte le nom de *Sédition Nika*, du cri de guerre des insurgés. Théophane le Confesseur, *Chronographia* (a. 6024).

(88) Diehl, *Manuel d'art byzantin*, 154-156; Id., *Justinien et la civilisation byzantine au VIe siècle*, 467-495.

(89) *C. I. C. I.*, C. J., XI, 9-10; Fliche et Martin, *op. cit.*, IV, 442-443.

(90) *R. O. C.*, II, 1897, p. 482 et s.; Duchesne (L.), *L'Église au VIe siècle*, 276-280; Michel le Syrien, *Chronique universelle*, II, 207-208.

(91) Fliche et Martin, *op. cit.*, IV, 445.

(92) *C. I. C. I.*, C. J., IV, 20; Fliche et Martin, *op. cit.*, IV, 447.

(93) Duchesne, *Les protégés de Théodora*, M. A. H., 35, 1915, 57-79.

(94) Fliche et Martin, *op. cit.*, IV, 448-449.

(95) *Ibidem*, IV, 449-451. Duchesne, *L'Église au VIe siècle*, 82-85; *C. J.*, I, 6-7.

(96) Diehl, *Justinien et la civilisation byzantine au VIe siècle*, 381-385 et 394-398.

(97) *Ibidem*, 387-396; Bury, *History of the later Roman Empire*, II, 91-92.

(98) MARTROYE, *L'Occident à l'époque byzantine : Goths et Vandales*, 213-221; DIEHL, *op. cit.*, 173-174.

(99) MARTROYE, *op. cit.*, 155-174 et 260-279.

(100) PROCOPE DE CÉSARÉE, *Bellum gothicum*, I, 5 et 13.

(101) Malgré les avis de Jean de Cappadoce, PROCOPE, *Bellum vandalicum*, I, 10.

(102) Sur ses origines, BRÉHIER (L.), dans *D. H. G. E.*, VII, 776 et s.

(103) DIEHL, *Justinien et la civilisation byzantine...*, 174-177; MARTROYE, *op. cit.*, 226-253; BURY, *op. cit.*, II, 129-139.

(104) *C. J.*, I, XXVII, 1 et 2 (pragmatique sanction, à Bélisaire, organisant le régime militaire); DIEHL, *L'Afrique byzantine*, 98-101.

(105) DIEHL, *op. cit.*, 51-86.

(106) ID., *Justinien et la civilisation byzantine*, 182-183; MARTROYE, *L'Occident à l'époque byzantine : Goths et Vandales*, 283-284.

(107) Théodat venait d'apprendre que les Goths avaient repris Salone. PROCOPE DE CÉSARÉE, *Bellum gothicum*, I, 6-7; MARTROYE, *op. cit.*, 284.

(108) DIEHL, *Justinien...*, 183-185; MARTROYE, *op. cit.*, 290-292 et 309-360.

(109) MARTROYE, *op. cit.*, 361-389.

(110) DIEHL, *op. cit.*, 187-189; MARTROYE, *op. cit.*, 390-403. Les Goths avaient offert à Bélisaire de le faire empereur d'Occident, PROCOPE DE CÉSARÉE, *op. cit.*, II, 29.

(111) PROCOPE, *op. cit.*, I, 20 (Fidelius nommé en cette qualité par Bélisaire).

(112) *N. J.*, 8 et 17 (535); DIEHL, *Justinien...*, 276-280; STEIN dans *B. Z.*, XXX, 378, attribue une grande part dans ces réformes à Jean de Cappadoce.

(113) *N. J.*, 5 (535).

(114) JUSTINIEN, édit., XIII; sur sa date, ROUILLARD (G.), *L'administration de l'Égypte byzantine*, 20-25.

(115) MASPERO (J.), *Histoire des patriarches d'Alexandrie*, 100-123; MICHEL LE SYRIEN, *Chronique universelle*, II, 208-220; DIEHL, *Théodora, impératrice de Byzance*, 255-260.

(116) FLICHE et MARTIN, *Histoire de l'Église*, IV, 453-455; *Liber pontificalis Ecclesiae Romanae*, I, 287-288; LIBERATUS, *Breviarium causae Nestorianum et Eutychianorum*, 1038 et s.

(117) DIEHL, *Théodora...*, 261-263; DUCHESNE, *L'Église au VIe siècle*, 96-97; *N. J.*, 42 (6 août 536); JEAN D'ASIE (ou D'ÉPHÈSE), *Histoire de l'Église*, 245 et s. *Synaxaire arabe-jacobite* dans *P. O.* III, 3, 418-419.

(118) DUCHESNE dans *M. A. H.*, 1915, 62 et s.; sur l'action de Jacques Baradée, MASPERO, *op. cit.*, 183 et s.; FLICHE et MARTIN, *op. cit.*, IV, 456.

(119) FLICHE et MARTIN, *op. cit.*, IV, 457-458; *Liber pontificalis...*, I, 291-293; DUCHESNE, *L'Église au VIe siècle*, 151-154.

(120) PROCOPE DE CÉSARÉE, *Bellum persicum*, I, 19; le traité renouvelé sous Marcien en 451, PRISCUS PANITES (*Excerpta de legationibus*), *F. H. G.*, IV, 69-110; WILCKEN, *Heidnisches und Christliches aus Aegypten*, 396-436; DUCHESNE, *Églises séparées*, 290.

(121) FLICHE et MARTIN, *op. cit.*, IV, 518-519.

(122) En 539, PROCOPE DE CÉSARÉE, *Bellum gothicum*, II, 4; *Bellum persicum*, II, 1; MARTROYE, *L'Occident à l'époque byzantine...*, 401-402.

(123) PROCOPE, *Bellum persicum*, II, 8-11, DIEHL, *Justinien et la civilisation byzantine au VIe siècle*, 213-215.

(124) Sur les conditions : GUTERBOCK, *Byzanz und Persien*, 57; HONIGMANN, *Die Ostgrenze des byzantinischen Reiches von 363 bis 1071*, *C. B.*, 1935, p. 20; PHILIPPSON, *Das Byzantinische Reich als geographische Erscheinung*, 172.

(125) PROCOPE, *Bellum gothicum* III, 1; DIEHL, *Justinien...*, 191-193; sur ses projets, S. REINACH dans *A. I. C. R.*, 1906, p. 213.

(126) PROCOPE, *Bellum gothicum*, III, 13-20.

(127) *Ibidem*, III, 20-22; DIEHL, *op. cit.*, 193-196.

(128) PROCOPE, *B. G.*, IV, 32; LOT (F.), *Les destinées de l'Empire en Occident de 395 à 888*, *H. G.* (*M. A.*), I, 1928, p. 198; BURY, *History of the later Roman Empire*, II, 261-269 et 288-291.

(129) PROCOPE, *op. cit.*, IV, 34-35; MARTROYE, *op. cit.*, 541-546; BURY, *B.G.*, II, 270-274.

(130) MARTROYE, *op. cit.*, 547-593; DIEHL, *op. cit.*, 199-200; BURY *op. cit.*, II, 274-281.

(131) PAUL DIACRE, *De gestis Langobardorum*, *S. R. L.*, II, 4; DIEHL, *op. cit.*, 200-203; DIEHL, *Études sur l'administration byzantine dans l'Exarchat de Ravenne*, 157 et s.

(132) PROCOPE, *Bellum vandalicum*, II, 21; DIEHL, *L'Afrique byzantine*, 363-381; BURY, *op. cit.*, II, 145.

(133) DIEHL, *op. cit.*, 363-381; BURY, *op. cit.*, II, 147; Corippus, *Iohannis*, *A. A.*, III, 2.

(134) DIEHL, *op. cit.*, 456.

(135) GASQUET (A.), *L'empire byzantin et la monarchie franque*, 162-170.

(136) DIEHL, *Justinien et la civilisation byzantine au VI*^{e} *siècle*, 204-207; A. LAMBERT dans *D. H. G. E.*, I, 1297-1301.

(137) PROCOPE, *De Aedificiis*, 2-9; DIEHL, *op. cit.*, 239-246; BURY, *op. cit.*, II, 308-310.

(138) Sur les migrations des Avars et leurs premiers rapports avec Byzance, GROUSSET, *L'Empire des steppes*, 127, 226-228, 26; STEIN (E.), *Studien zur Geschichte des byzantinischen Reiches*, 8; HAUPTMANN dans *B. N.*, IV, 147-148.

(139) En particulier aux Huns Koutrigours et aux Slaves, BURY, *op. cit.*, II, 314-316.

(140) *N. J.*, 50 (537), BURY, *op. cit.*, II, 340-341.

(141) Sur leur apparition et leurs premières invasions, DVORNIK, *Les Slaves, Byzance et Rome au IX*^{e} *siècle*, 1-4; VASILIEV (A.), *Istorija Vizantii*, I, 184, et dans *V. V.*, V, 1898, p. 404 et s.

(142) DIEHL, *Justinien...*, 218-220 (témoignage de JEAN d'ÉPHÈSE dans *R. O. C.*, 1897, p. 485).

(143) BURY, *op. cit.*, II, 304-308.

(144) Édit contre les Origénistes dans *M. C.*, IX, 487-534; FLICHE et MARTIN, *Histoire de l'Église*, IV, 460-462.

(145) Parti le 22 novembre 545, il n'arriva à Constantinople que le 25 janvier 547 après un long séjour en Sicile. FLICHE et MARTIN, *op. cit.*, IV, 463-464.

(146) *H. L.*, III, 26; FLICHE et MARTIN, *op. cit.*, IV, 465.

(147) FLICHE et MARTIN, *op. cit.*, IV, 465-468.

(148) *M. C.*, IX, 63.

(149) FLICHE et MARTIN, *op. cit.*, IV, 468-476; actes du concile connus par une seule traduction latine dans *M. C.*, IX, 157-419; *H. L.*, III, 1, 105-132.

(150) FLICHE et MARTIN, *op. cit.*, IV, 476-477; sur le voyage et la mort de Vigile, *Liber pontificalis Ecclesiae Romanae*, I, 299.

(151) FLICHE et MARTIN, *op. cit.*, IV, 477-480.

(152) Doctrine répandue en Égypte par Julien d'Halicarnasse sous le règne de Justin Ier, DUCHESNE, *L'Église au VI*^{e} *siècle*, 71; JUGIE dans *E. O.*, XXIV, 1925; SCHLUMBERGER (G.), *Campagnes du roi Amaury de Jérusalem en Égypte*, IV, 480-481; GRONDIJS, *L'iconographie byzantine du Crucifié mort...*, 36-40.

(153) DIEHL, *op. cit.*, 295-313. Sur la situation financière à la mort de Justinien, voir la préface de la novelle de Justin II, *R. K. O. R.*, n° 4.

(154) MALALAS, dans *H.*, VI, 378-380; BRÉHIER (L.), dans *D. H. G. E.*, VII, 786.

(155) EVAGRIUS, VI, 1, cité par DIEHL et MARÇAIS, *Le monde oriental de 395 à 1081*, *H. G.* (*M. A.*), III, 1936, p. 121.

(156) Sur la valeur de l'*Histoire Secrète* voir l'analyse critique et les justes conclusions de DIEHL, *Justinien et la civilisation byzantine au VIe siècle*, XVI-XIX, et du même : *Théodora, impératrice de Byzance*, 59-68. Cf. DIEHL, *Justinien...*, 417-430.

(157) DIEHL, *Justinien...*, 426-427; MASPERO, *Histoire des patriarches d'Alexandrie*, 165-166; STEIN (E.), *Studien zur Geschichte des byzantinischen Reiches*, 26; EVAGRIOS, *Histoire ecclésiastique*, P. G., LXXXVI, V. 1.

(158) *Chronique Pascale* (ou *Alexandrine*), P.G., DCLXXXIX; THÉOPHYLACTE DE SIMOCATTA, *Histoires (582-602)*, III, 16; EVAGRIOS, *op. cit.*, V, 23; JEAN D'ASIE (ou D'ÉPHÈSE), *Histoire de l'Église*, H. E., V, 13; STEIN, *op. cit.*, 46, 56, 77.

(159) THÉOPHYLACTE DE SIMOCATTA, *op. cit.*, I, 1; EVAGRIOS, *op. cit.*, V, 22; GRÉGOIRE DE TOURS, *Historia Francorum*, VI, 30; STEIN, *op. cit.*, 70, 98, 99; MASPERO, *op. cit.*, 253.

(160) Le dimanche de Pâques 29 mars 582, THÉOPHYLACTE DE SIMOCATTA, *op. cit.*, VIII, 4; *Chronique Pascale* (ou *Alexandrine*), 377; R. K. O. R., 136.

(161) THÉOPHYLACTE DE SIMOCATTA, *op. cit.*, VIII, 11; IORGA (N.), *Histoire de la vie byzantine*, I, 267.

(162) STEIN, *op. cit.*, 3-4. En 565 les sommes payées aux Perses, Avars, Huns, Arabes sont évaluées à 3 000 livres d'or.

(163) R. K. O. R., 4; novelle 148 (566).

(164) DIEHL et MARÇAIS, *Le monde oriental de 395 à 1081*, 134.

(165) GRÉGOIRE DE TOURS, *Historia Francorum*, V, 19. Même opinion des chroniqueurs orientaux : JEAN DE NIKIOU, *Chronique copte*, 522; STEIN (E.), *op. cit.*, 88; PAUL DIACRE, *De gestis Langobardorum*, III, 12.

(166) Mesures en faveur des évêques chassés de leurs sièges par les invasions slaves (591) et des soldats devenus infirmes. R. K. O. R., 105 et 115.

(167) DIEHL et MARÇAIS, *Le monde oriental de 385 à 1081*, 137; OSTROGORSKY (G.), *Geschichte des byzantinischen Staates*, 49; IORGA, *op. cit.*, 262-263.

(168) JANNSSENS (Yvonne), dans B. N., XI, 1936, p. 499 et s.

(169) Nom donné aux monophysites, de Jacques Baradaï, évêque d'Édesse. Sur les sectes jacobites (on en comptait vingt en Égypte), FLICHE et MARTIN, *op. cit.*, IV, 484; MASPERO, *Histoire des patriarches d'Alexandrie*, 191 et s.

(170) FLICHE et MARTIN, *op. cit.*, IV, 485-488; textes des édits d'union dans EVAGRIOS : *Histoire ecclésiastique*, V, 4.

(171) R. P. B., 260; *Vie d'Eutychios, patriarche de Constantinople*; FLICHE et MARTIN, *op. cit.*, IV, 488; DUCHESNE, *L'Église au VIe siècle*, 256; MASPERO, *op. cit.*, 250 et s.

(172) Édit établissant le rite orthodoxe en Arménie, R.K.O.R., 93; édit contre les donatistes d'Afrique, FLICHE et MARTIN, *op. cit.*, V, 218. Sur la légende orientale de Maurice, regardé comme un saint, P. O., V, 773-778.

(173) Protocoles de ses lettres, titres de *dominus meus, dominus omnium*. Reg. Greg., III, 61, 64, V, 30-35.

(174) FLICHE et MARTIN, *op. cit.*, V, 57-64; BATIFFOL (P.), *Saint Grégoire le Grand (Les Saints)*, ch. VIII; DUCHESNE, *Églises séparées*, 229-239.

(175) FLICHE et MARTIN, *op. cit.*, V, 64-69; VAILHÉ dans E. O., XI, 1908, p. 161-171.

(176) R. K. O. R., 110; FLICHE et MARTIN, *op. cit.*, V, 60-61; PATRONO, *Studi bizantini. Dei conflitti tra l'imperatore Maurizio Tiberio e il papa Gregorio Magno*, 61 et s.

(177) GROUSSET, *L'Empire des steppes*, 110-129; STEIN (E.), *Studien zur Geschichte des byzantinischen Reiches*, 18-19.

(178) DIEHL, et MARÇAIS, *op. cit.*, 128-129; STEIN, *op. cit.*, 21-24; PATRONO, *Bizantini i Persiani alla fine del VI secolo*, 180-185; sur la Persarménie, PHILIPPSON, *Das Byzantinische Reich als geographische Erscheinung*, 172.

(179) En imposant la construction d'un temple du feu à Dwin. JEAN D'ASIE (ou D'ÉPHÈSE), *Histoire de l'Église*, II, 18-23; témoignage de GRÉGOIRE DE TOURS, *Historia Francorum*, IV, 40. Voir CARRIÈRE dans l'*Annuaire de l'École pratique des Hautes Études*, 1898, 1-23.

(180) Sources dans STEIN, *op. cit.*, 24-25 et 40-48; sur l'ensemble de la guerre, HONIGMANN, *Die Ostgrenze des byzantinischen Reiches von 363 bis 1071*, 20-27; DIEHL et MARÇAIS, *op. cit.*, 129-131; GUTENBOCK, *Byzanz und Persien*, 110-128.

(181) STEIN, *op. cit.*, 59-60; chiffres exagérés d'Evagrius et Jean d'Éphèse.

(182) *Ibidem*, 63-69.

(183) *Ibidem*, 69-70.

(184) *Ibidem*, 70-79. PATRONO, *Bizantini e Persiani...*, 198-199.

(185) STEIN, *op. cit.*, 89-91; PATRONO, *op. cit.*, 199-203.

(186) STEIN, *op. cit.*, 91-95. Mundar, fils et successeur du phylarque Aréthas (voir plus haut), monophysite et, comme son père, protecteur de ses coreligionnaires, NÖDELKE, *Die Chassaniden Fürsten aus dem Hause Gafnā's*, IV, 488 et 490, semble avoir été accusé à tort de trahison, HIGGINS (J.), *The persian war of the Emperor Maurice. I. Chronology*, 27-35. Arrêté par trahison, il fut interné à Constantinople.

(187) STEIN, *op. cit.*, 96-97.

(188) *R. K. O. R.*, 88; PATRONO, *op. cit.*, 218-232. Sur la chronologie des guerres de Maurice en Perse d'après le calendrier sassanide, HIGGINS, *op. cit.*, 1-2 et 72 et s.; EVAGRIUS, *Histoire ecclésiastique*, VI, 4.

(189) Récits persans de TABARI, *Histoire des Perses Sassanides*, 272-274, et de l'Anonyme Fourmont, *H. A. I.*, VII, 1733, 325-333; PATRONO, *op. cit.*, 232-258.

(190) *R. K. O. R.*, 97-101.

(191) HONIGMANN, *op. cit.*, 28-37; *R. K. O. R.*, 104; PHILIPPSON, *Das Byzantinische Reich als geographische Erscheinung*, 172; sur le remaniement des provinces qui suivit la signature du traité, GEORGES DE CHYPRE, *Descriptio orbis romani* et BASILE l'ARMÉNIEN, *Nea Taktika*, LI et s.; EVAGRIOS, *op. cit.*, VI, 17-19.

(192) THÉOPHYLACTE DE SIMOCATTA, *Histoires*, VI, 10; MÉNANDRE le Protecteur, *Histoire, Fragments*, frag. 25 et 28; STEIN, *op. cit.*, 8-9; HARTMANN, *Geschichte Italiens*, II, 1, 17, 31; Paul DIACRE, *De gestis Langobardorum*, I, 23, 27.

(193) STEIN, *op. cit.*, 10-13., *R. K. O. R.*, 21; HAUPTMANN dans *B. N.*, IV, 1927, p. 150-153.

(194) En cas d'insuccès, les Avars s'étaient engagés à recevoir les Lombards en Pannonie, où ils laissèrent quelques éléments. HAUPTMANN, *op. cit.*, 153-154.

(195) Paul DIACRE, *op. cit.*, II, 7-9, 25-26; LOT (F.), *Les destinées de l'Empire en Occident de 395 à 888*, p. 211; GASQUET, *R. H.*, XXXIII, 1887, p. 58 et s.

(196) Elle était commandée par Baduarius, gendre de Justin, STEIN, *op. cit.*, 104.

(197) MÉNANDRE LE PROTECTEUR, *Histoire. Fragments*, 49-62. STEIN, *op. cit.*, 106; Paul DIACRE, *op. cit.*, III, 13.

(198) STEIN, *op. cit.*, 105-106; MÉNANDRE LE PROTECTEUR, *op. cit.*, fr. 64-65; JEAN D'ASIE (ou D'ÉPHÈSE), *Histoire de l'Église*, VI, 24 (276); DIEHL et MARÇAIS, *Le monde oriental...*, 132. Sirmium se défendit trois ans. HAUPTMANN dans *B. N.*, IV, 1927, 160-161.

(199) MICHEL LE SYRIEN, *Chronique universelle*, II, 361-364; TAFRALI, *Thessalonique, des origines au XIVe siècle*, 104-108.

(200) Ce fut vers 584 que Maurice créa les exarques d'Italie et d'Afrique, auxquels tous les chefs

civils et militaires furent subordonnés, DIEHL, *Études sur l'administration byzantine dans l'Exarchat de Ravenne*, 17-18; du même, *L'Afrique byzantine*, 478-479.

([201]) Moyennant 58 000 sous d'or, PAUL DIACRE, *De gestis Langobardorum*, III, 17; GRÉGOIRE DE TOURS, *Historia Francorum*, VI, 42; *R. K. O. R.*, 83.

([202]) En 584, 585, 588, 589, 590. Correspondance de Maurice avec Childebert, *R. K. O. R.*, 84-85.

([203]) PAUL DIACRE, *op. cit.*, III, 17, 22, 29, 31; GRÉGOIRE DE TOURS, *op. cit.*, X, 3; GASQUET (A.), *L'empire byzantin et la monarchie franque*, 193-204.

([204]) LOT (F.), *Les destinées de l'Empire en Occident...*, 212-213; DIEHL, *op. cit.*, 206-209; DIEHL et MARÇAIS, *Le monde oriental...*, 128.

([205]) FLICHE et MARTIN, *Histoire de l'Église*, V, 49-50; *Reg. Greg.*, VII, 13; PAUL DIACRE, *Vita Gregori Magni*, 26.

([206]) FLICHE et MARTIN, *op. cit.*, V, 51; PAUL DIACRE, *De gestis Langobardorum*, IV, 5-6, 9.

([207]) FLICHE et MARTIN, *op. cit.*, V, 52; DIEHL, *Études sur l'administration byzantine dans l'Exarchat de Ravenne*, 69; sur les motifs de Maurice, PATRONO, *Studi bizantini. Dei conflitti...*, 55-57.

([208]) DIEHL, *L'Afrique byzantine*, 457-482; AUDOLLENT (A.), *Carthage romaine*, 133-134.

([209]) STEIN, *Studien zur Geschichte des byzantinischen Reiches*, 14 et s.; GÖRRES dans *B. Z.*, XVI, 1907, 519 et s.; LOT (F.), *op. cit.*, 233-236.

([210]) Sur l'importance de la province byzantine, GÖRRES, *op. cit.*, 516, 526 et s. Comentiolus, qu'on retrouve dans la guerre contre les Avars, est connu comme gouverneur d'Espagne par une inscription latine de Carthagène datée de 589-590. GÖRRES, *ibid.*, 534.

([211]) GRÉGOIRE DE TOURS, *op. cit.*, VI, 24; VII, 10, 27, 30-38; LOT (F.), *op. cit.*, 260-261; GASQUET, *L'Empire byzantin et la monarchie franque*, 183-193.

([212]) LOT (F.), *op. cit.*, 260 et 274; sur les rapports postérieurs de Maurice avec l'Austrasie et son traité avec Brunehaut en 602, GÖRRES dans *B. Z.*, XIX, 1910, 434 et s., d'après les *Epistolae Austrasicae* dans *M. G. E.*, III, 139 et s.

([213]) Sur la date de ce rappel (592), BAYNES dans *Xenia*, 32-42.

([214]) THÉOPHYLACTE DE SIMOCATTA, *Histoires*, VI, 4-5; HAUPTMANN, *op. cit.*, 161.

([215]) THÉOPHYLACTE, VII, 13.

([216]) Parti à la tête de l'armée, il alla jusqu'à Anchialé où, cédant aux sollicitations des siens, il remit le commandement à Priscus (592), THÉOPHYLACTE, *op. cit.*, VI, 1-2; THÉOPHANE LE CONFESSEUR, *Chronographia*, 268-269.

([217]) THÉOPHYLACTE, *op. cit.*, VI, 6-9, VII, 1, 10-11.

([218]) *Ibidem*, VII, 13-14.

([219]) *Ibidem*, VII, 5. D'après le traité signé à Drizipara, le Danube devait former la frontière commune, le tribut était augmenté de 20 000 aurei. D'après HAUPTMANN, *op. cit.*, 169, Maurice ignorait l'état d'infériorité des Avars décimés par la peste.

([220]) *Ibidem*, VII, 7-11, VIII, 1-4; THÉOPHANE LE CONFESSEUR, *Chronographia*, 276.

([221]) THÉOPHYLACTE, *op. cit.*, VIII, 5-6.

([222]) *Ibidem*, VIII, 7-8.

([223]) *Ibidem*, VIII, 4; THÉOPHANE, *op. cit.*, 283; JEAN D'ANTIOCHE, *Chronique copte*, fr. 218. Invectives rythmées contre Maurice dans *B. Z.*, XXI, 1912, 34-35. Sur l'affaiblissement de l'autorité impériale, DIEHL et MARÇAIS, *Le monde oriental de 395 à 1081*, 137-138.

([224]) THÉOPHYLACTE, *op. cit.*, VIII, 8-13; THÉOPHANE, *op. cit.*, 287-289; DIEHL et MARÇAIS, *op. cit.*, 138-139.

([225]) Cf. Introduction et BRÉ-

HIER (L.), dans *J. S.*, XV, 1917, 401-402.

(²²⁶) En 607. Sur l'incident ridicule de l'Hippodrome, cf. THÉOPHANE, *op. cit.*, 294.

(²²⁷) *Reg. Greg.*, XIII, 34. Sur la réception des icônes impériales, FLICHE et MARTIN, *Histoire de l'Église*, V, 70.

(²²⁸) H. LECLERCQ dans *D. A. C.*, XIV, 1939, 749 et s., (inscription de l'exarque Smaragdus).

(²²⁹) *Reg. Greg.*, XIII, 41, 42, 43; sur le ton de ces lettres, BATIFFOL (P.), *Saint Grégoire le Grand (Les Saints)*, 211-212. Sur la trêve avec les Lombards (603), *Reg. Greg.*, XIII, 36, et FLICHE et MARTIN, *op. cit.*, V, 52-53.

(²³⁰) *R. K. O. R.*, 155; *Liber pontificalis Ecclesiae Romanae*, I, 316; PAUL DIACRE, *De gestis Langobardorum*, IV, 36 (mai 609); *R. P. R.*, 1905.

(²³¹) THÉOPHANE, *op. cit.*, 291-293; THÉOPHYLACTE, *op. cit.*, VIII, 15. Narsès se rendit à Domentiolus, frère de Phocas, sur la foi d'un sauf-conduit et fut brûlé vif à son arrivée à Constantinople.

(²³²) THÉOPHANE, *op. cit.*, 288-291.

(²³³) *Ibidem*, 292-293; MICHEL LE SYRIEN, *Chronique universelle*, II, 378.

(²³⁴) *Anonyme Guidi, Chronique, de 590 à la conquête arabe*, *C. S. C. O.*, III, *Scriptores Syri*, 24; TABARI, *Histoire des Perses Sassanides*, 290-292; DIEHL et MARÇAIS, *op. cit.*, 140; KOULAKOVSKY (J.), *Istoriia Vizantii*, III, 10-12.

(²³⁵) DUCHESNE, *L'Église au VIe siècle*, 369-375; MASPERO, *Histoire des patriarches d'Alexandrie*, 274-276; FLICHE et MARTIN, *op. cit.*, V, 71-73.

(²³⁶) THÉOPHANE LE CONFESSEUR, *op. cit.*, 293 (Germain et les princesses sont enfermés dans des monastères).

(²³⁷) *Ibidem*, 295; PERNICE (A.), *L'imperatore Eraclio*; sur les dates et les confusions de Théophane voir ce dernier ouvrage, p. 305 et s.

(²³⁸) De leur propre aveu, *Didascalia Iacobi nuper baptizati (602-610)*, 39; FLICHE et MARTIN, *op. cit.*, V, 74.

(²³⁹) Examen critique de la chronologie de Théophane par KOULAKOVSKY dans *V. V.*, XXI, 1914, 1-14. Cf. BRÉHIER (L.), dans *J. S.*, XV, 1917, 404-406.

(²⁴⁰) THÉOPHANE, *op. cit.*, 296; DUCHESNE, *op. cit.*, 372; FLICHE et MARTIN, *op. cit.*, V, 74-75.

(²⁴¹) DIEHL, *L'Afrique byzantine*, 517-519; PERNICE, *op. cit.*, 25-41; KOULAKOVSKY, *Istoriia Vizantii*, III, 18-27; FLICHE et MARTIN, V, 76-77.

(²⁴²) Le 5 octobre 610 à l'intérieur du Palais et il épousa en même temps Eudokia. THÉOPHANE, *op. cit.*, 299. Il avait voulu s'effacer devant Priscus. NICÉPHORE LE PATRIARCHE (*Breviarium*), 5.

(²⁴³) THÉOPHANE, *op. cit.*, 299-301, SEBEOS, *Histoire d'Héraclius*, 64-70; sur la prise de Jérusalem, récit d'ANTIOCHUS LE STRATÈGE dans *R. O. C.*, 1897, et *E. H. R.*, 1910; PERNICE, *op. cit.*, 58-66; KOULAKOVSKY, *op. cit.*, III, 33-39; DIEHL et MARÇAIS, *op. cit.*, 144; FLICHE et MARTIN, *op. cit.*, V, 79-82.

(²⁴⁴) Texte dans la *Chronique Pascale* (ou *Alexandrine*), *P. G*; EUTYCHIUS, *Annales*, 992-996; cf. SEBEOS, *op. cit.*, 78-79; KOULAKOVSKY, *op. cit.*, III, 40-43.

(²⁴⁵) THÉOPHANE, *op. cit.*, 301; *Anonyme Guidi. Chronique*, XXII-XXIII; PERNICE, *op. cit.*, 77-82; KOULAKOVSKY, *op. cit.*, III, 46-48; FLICHE et MARTIN, *op. cit.*, V, 83.

(²⁴⁶) Détail connu seulement par Nicéphore le Patriarche (son *Breviarium*, p. 12).

(²⁴⁷) GÖRRES dans *B. Z.*, XVI, 1907, 530-532; FLICHE et MARTIN, *op. cit.*, V, 237-238; DIEHL, *L'Afrique byzantine*, 531.

(²⁴⁸) PERNICE, *op. cit.*, 95-97; KOULAKOVSKY, *op. cit.*, III, 53-56; sur la date, BAYNES dans *B. Z.*, XXI, 1912, 110-128.

(²⁴⁹) FLICHE et MARTIN, *op. cit.*,

Notes

V, 85-86; *R. K. O. R.*, 165, 173-176. Recours aux trésors d'église.

(²⁵⁰) Nicétas fut successivement préfet augustal, comte des excubiteurs, exarque d'Afrique. DIEHL, *L'Afrique byzantine*, 524-525.

(²⁵¹) THÉOPHANE, *op. cit.*, 300; NICÉPHORE LE PATRIARCHE, *Breviarium*, 14-15.

(²⁵²) PERNICE, *op. cit.*, 103-104; KOULAKOVSKY, *op. cit.*, III, 58-63. Le *Strategikon*, attribué à tort à Maurice, paraît reproduire l'organisation de l'armée d'Héraclius et dater de la période antérieure à l'expédition en Perse, comme le montre Darko dans *B. N.*, XII, 1937, 119 et s. Cf. AUSSARESSES, *L'armée byzantine à la fin du VIᵉ siècle* (d'après le *Strategicon* de Maurice); FLICHE et MARTIN, *op. cit.*, V, 90-92.

(²⁵³) THÉOPHANE, *op. cit.*, 302-308; SEBEOS, *Histoire d'Héraclius*, 80-81; PISIDÈS (Georges), *De expeditione persica*, II, 217-358; du même : *Heraclias*, II, 167-230. Récits de l'ensemble de la guerre : DIEHL et MARÇAIS, *Le monde oriental de 395 à 1081*, 146-151; PERNICE, *op. cit.*, III, 61-120.

(²⁵⁴) THÉOPHANE, *op. cit.*, 312-314.

(²⁵⁵) PISIDÈS (G.), *Bellum avaricum*; THÉODORE LE SYNCELLE, *Homélie sur le siège de Constantinople*; THÉOPHANE, *op. cit.*, 315-316; KOULAKOVSKY, *op. cit.*, III, 408-409; SCHLUMBERGER (G.), *Récits de Byzance et des croisades*, 1-12.

(²⁵⁶) *Chronique Pascale* (ou *Alexandrine*), a. 6134, 1016; FLICHE et MARTIN, *op. cit.*, V, 95-96 et 496 (question de l'hymne Acathiste).

(²⁵⁷) THÉOPHANE, *op. cit.*, 317-327; SEBEOS, *op. cit.*, 84-87.

(²⁵⁸) TABARI, *Histoire des Perses Sassanides*, 356-361; *Chronique Pascale* (ou *Alexandrine*), a. 6136, 1017, 1019 (texte de la lettre d'Héraclius au Sénat).

(²⁵⁹) L'évacuation de ces provinces fut réglée dans l'entrevue entre Héraclius et Schahrbaraz à Arabyssos (Cappadoce) en juillet 629, FLICHE et MARTIN, *op. cit.*, V, 98-99.

(²⁶⁰) THÉOPHANE, *op. cit.*, 328-329; SEBEOS, *op. cit.*, 90-91; KOULAKOVSKY, *op. cit.*, III, 427; VINCENT et ABEL, *Jérusalem nouvelle*, 838-839 et 852-853; FLICHE et MARTIN, *op. cit.*, V, 99-100.

(²⁶¹) JEAN DE NIKIOU, *Chronique copte*, 580; RUNCIMAN (St.), *A history of the first Bulgarian Empire*, 13-16; FLICHE et MARTIN, *op. cit.*, V, 107.

(²⁶²) Cet événement n'est connu que par le *De administrando Imperio*, 29-32. Sur les discussions auxquelles ce témoignage a donné lieu, DVORNIK, *Les Slaves, Byzance et Rome au IXᵉ siècle*, 6-9; FLICHE et MARTIN, *op. cit.*, V, 146-149.

(²⁶³) DVORNIK, *op. cit.*, 71-72 et 99-105.

(²⁶⁴) BRÉHIER (L.), *L'origine des titres impériaux à Byzance*, Ext. *B. Z.*, XV, 1906, 172 et s.

(²⁶⁵) FLICHE et MARTIN, *op. cit.*, V, 107, d'après la chronologie fixée par Volotov dans *V. V.*, XIV, 1907, 74-76.

(²⁶⁶) KOULAKOVSKY, *op. cit.*, III, 396-398, résumé dans *J. S.*, XV, 1917, 412; Darko dans *A. C. E. B.*, V, 1939, 92-93.

(²⁶⁷) FLICHE et MARTIN, *op. cit.*, V, 108-109; BRATIANU, G. I. dans *R. H. S. E.*, XVIII, 1941, 49-67. Après la prise d'Acre (Ptolémaïs) par les Perses, les Juifs avaient démoli les églises et massacré les chrétiens. Voir *B. Z.*, XX, 574.

(²⁶⁸) FLICHE et MARTIN, *op. cit.*, V, 88-89 et 111; MICHEL le Syrien, *Chronique universelle*, II, 379-381.

(²⁶⁹) A Tibériade Héraclius reçut l'hospitalité d'un Juif notable. THÉOPHANE, *op. cit.*, 328; KOULAKOVSKY, *op. cit.*, III, 116-118. Faits légendaires racontés par Eutychius, 1088-1090.

(²⁷⁰) FLICHE et MARTIN, *op. cit.*, V, 110-111.

(²⁷¹) DUCHESNE, *L'Église au VIᵉ siècle*, 391-393.

(²⁷²) FLICHE et MARTIN, *op.*

(²⁷³) THÉOPHANE, *op. cit.*, 330; SÉVÈRE D'ASCHMOUNEIN, *Histoire des Patriarches d'Alexandrie*, 489-492 (Vie du jacobite Benjamin).

(²⁷⁴) FLICHE et MARTIN, *op. cit.*, V, 118-120; DUCHESNE, *op. cit.*, 602-603.

(²⁷⁵) Lettres de Sergius et d'Honorius dans *M. C.*, XI, 533-544; *H. L.*, IV, 243-247; FLICHE et MARTIN, *op. cit.*, V, 121-123.

(²⁷⁶) *R. K. O. R.*, 205; THÉOPHANE, *op. cit.*, 330.

(²⁷⁷) DUSSAUD, *Les Arabes en Syrie avant l'Islam*.

(²⁷⁸) DIEHL et MARÇAIS, *Le monde oriental...*, 186-189.

(²⁷⁹) ID., *ibid.*, 190-192; SEBEOS, *Histoire d'Héraclius*, 99-100; KOULAKOVSKY, *Istoriia Vizantii*, III, 424-430.

(²⁸⁰) THÉOPHANE, *op. cit.*, 338; SEBEOS, *op. cit.*, 97-98; MICHEL le Syrien, *Chronique universelle*, II, 420-424; DIEHL et MARÇAIS, *op. cit.*, 192; FLICHE et MARTIN, *op. cit.*, V, 128-130.

(²⁸¹) VINCENT et ABEL, *Jérusalem nouvelle*, II, 930-932; THÉOPHANE, *op. cit.*, 339; EUTYCHIUS, *Annales*, 1099; MICHEL le Syrien, II, 425-426.

(²⁸²) THÉOPHANE, *op. cit.*, II, 340; MICHEL le Syrien, *op. cit.*, II, 167.

(²⁸³) Texte dans *M. C.*, X, 991-998; *H. L.*, III, 1, 388 et s. Sur la doctrine monothélite : DUCHESNE, *L'Église au VIᵉ siècle*, 408-410; FLICHE et MARTIN, *op. cit.*, V, 131-132.

(²⁸⁴) FLICHE et MARTIN, *op. cit.*, V, 132-134. Sur la violence faite au pape Séverin : *Liber pontificalis Ecclesiae Romanae*, I, 324-328.

(²⁸⁵) DIEHL et MARÇAIS, *op. cit.*, 193-194; JEAN DE NIKIOU, *Chronique copte*, 556-570; sur les sources : BROOKS dans *B. Z.*, IV, 1895, 435 et s.; MASPERO (J.), *Organisation militaire de l'Égypte byzantine*, 9, 28 et s., 118; ROUILLARD (G.), *L'administration de l'Égypte byzantine*, 241-245. AMÉLINEAU dans *R. H.*, CXIX, 1915, 305 et s.

(²⁸⁶) NICÉPHORE le Patriarche, *Breviarium*, 24-25; THÉOPHANE, *op. cit.*, 338; BUTLER, *The arab conquest of Egypt*, 137-138; VOLOTOV dans *V. V.*, XIV, 1907, 98-102.

(²⁸⁷) THÉOPHANE, *op. cit.*, 341; NICÉPHORE le Patriarche, *op. cit.*, 27.

(²⁸⁸) FLICHE et MARTIN, *op. cit.*, V, 143-145; KOULAKOVSKY, *op. cit.*, III, 171-181.

(²⁸⁹) JEAN DE NIKIOU, *op. cit.*, 570.

(²⁹⁰) ID., *ibid.*, 562-578; BUTLER *op. cit.*, 323-326, et sur l'identification de Cyrus avec l'Al-Mokaukis des sources arabes, 508-526; FLICHE et MARTIN, *op. cit.*, V, 153-155.

(²⁹¹) JEAN DE NIKIOU, *op. cit.*, 578; EUTYCHIUS, *Annales*, 1112; KOULAKOVSKY, *Istoriia Vizantii*, III, 193.

(²⁹²) MICHEL le Syrien, *Chronique universelle*, II, 441-444; SEBEOS, *Histoire d'Héraclius*, 108-110; KOULAKOVSKY, *op. cit.*, III, 189-202; FLICHE et MARTIN, *op. cit.*, V, 156.

(²⁹³) EUTYCHIUS, *op. cit.*, 1112; FLICHE et MARTIN, *op. cit.*, V, 155; KOULAKOVSKY, *op. cit.*, III, 193.

(²⁹⁴) SEBEOS, *op. cit.*, 105-108, 191, 199; KOULAKOVSKY, *op. cit.*, III, 205. A l'édit de Constant imposant l'adhésion au concile de Chalcédoine, *R. K. O. R.*, 227, le concile de Dwin (651) répondit par un refus. SEBEOS, *op. cit.*, 112.

(²⁹⁵) LAURENT (Joseph), *L'Arménie entre Byzance et l'Islam*, 200; SEBEOS, *op. cit.*, 134; sur les confusions de Théophane à ce propos, voir PEETERS dans *B. N.*, VIII, 1933, 405-423; KOULAKOVSKY, *op. cit.*, III, 205.

(²⁹⁶) SEBEOS, *op. cit.*, 133-138; LAURENT (J.), *op. cit.*, 201.

(²⁹⁷) Les Arabes revinrent en Arménie dès 655, SEBEOS, *op. cit.*,

145-148; LAURENT, *op. cit.*, 202.

(²⁹⁸) AUDOLLENT (Aug.), dans *D. H. G. E.*, I, 705-861 (Afrique).

(²⁹⁹) Pendant son passage au pouvoir (mai-novembre 641) Maxime arrêta cette propagande et révoqua l'exarque Georges. *R. K. O. R.*, 619; DIEHL, *L'Afrique byzantine*, 565.

(³⁰⁰) FLICHE et MARTIN, V, 163-164; DUCHESNE, *L'Église au VIᵉ siècle*, 437; GRUMEL dans *E. O.*, XXX, 1927, 30; procès-verbal de la dispute dans *M. C.*, 709-760. Cf. *H. L.*, III, 1, 401-425. Pyrrhus avait dû abdiquer le patriarcat en 641. THÉOPHANE, *Chronographia*, 341; NICÉPHORE le Patriarche, *Breviarium*, 30-31.

(³⁰¹) THÉOPHANE, *op. cit.*, 343; MICHEL le Syrien, *op. cit.*, II, 440; *Vie de Maxime le Confesseur*, P. G., XC, 67-110, p. 112; DIEHL, *L'Afrique byzantine*, 545-547; AUDOLLENT, *Carthage romaine*, 137.

(³⁰²) *Liber pontificalis Ecclesiae Romanae*, I, 332; V, 165-166.

(³⁰³) *R. K. O. R.*, 225; texte dans *M. C.*, X, 1029-1032; *H. L.*, III, 1, 432, 434.

(³⁰⁴) *Liber pontificalis...*, I, 338; actes dans *M. C.*, X, 863-1170; *H. L.*, III, 1, 434, 451; FLICHE et MARTIN, *Histoire de l'Église*, V, 166-169.

(³⁰⁵) FLICHE et MARTIN, *op. cit.*, V, 169-171 (sur les sources, *id.*, 170, 170,2).

(³⁰⁶) Il fut accusé à tort d'avoir poussé à la révolte l'exarque Olympios, chargé de l'arrêter en octobre 649, *Liber pontificalis...*, 337-338.

(³⁰⁷) FLICHE et MARTIN, *op. cit.*, V, 171-173.

(³⁰⁸) *Ibidem*, V, 173-175 (sur les sources, *id.*, 173,1. Voir *M. P. G.*, XC, 109-172).

(³⁰⁹) *Ibidem*, V, 176-177. En 657 le pape Vitalien notifie son élection à l'empereur qui l'approuve et envoie sa lettre synodale au patriarche.

(³¹⁰) PHILIPPSON, *Das Byzantinische Reich als geographische Erscheinung*, 19 et s.

(³¹¹) THÉOPHANE, *op. cit.*, 343-346; MICHEL le Syrien, *op. cit.*, II, 441-442; SEBEOS, *op. cit.*, 110-111.

(³¹²) DIEHL et MARÇAIS, *Le monde oriental de 395 à 1081*, 196-199.

(³¹³) *R. K. O. R.*, 230; THÉOPHANE, *op. cit.*, 346-347; MICHEL le Syrien, *op. cit.*, II, 450.

(³¹⁴) LAMMENS, *Études sur le règne du calife omayade Mo'awia I*, 69; DIEHL et MARÇAIS, *op. cit.*, 198-203.

(³¹⁵) THÉOPHANE, *op. cit.*, 347 (a. 6149); ÉLIE DE NISIBE, *Chronique syriaque*, 64; TAFRALI (O.), *Thessalonique, des origines au XIVᵉ siècle*, 134-135. On ignore dans quelle région eut lieu cette expédition. On suppose qu'elle dégagea Thessalonique.

(³¹⁶) THÉOPHANE, *op. cit.*, I, 348 (a. 6153); OSTROGORSKY (G.), *Studien zur Geschichte des Byzantinischen Staates*, 77; DIEHL *Études sur l'administration byzantine dans l'Exarchat de Ravenne*, 253-257; du même : *L'Afrique byzantine*, 570-571; Paul DIACRE, *De gestis Langobardorum*, V, 11.

(³¹⁷) *Liber pontificalis...*, I, 348.

(³¹⁸) THÉOPHANE, *op. cit.*, 351-352. (a. 6160); NICÉPHORE le Patriarche, *Breviarium*, 31-32; MICHEL le Syrien, *op. cit.*, II, 445.

(³¹⁹) D'après les sources orientales, Constant envoya en 667 une expédition pour défendre la Byzacène contre les Arabes. DIEHL, *L'Afrique byzantine*, 570; KOULAKOVSKY, *Istoriia Vizantii*, III, 225.

(³²⁰) Raids périodiques en Asie Mineure, FLICHE et MARTIN, *op. cit.*, V, 182, et en 669 expédition contre la Sicile et pillage de Syracuse. *Liber pontificalis...*, I, 346.

(³²¹) THÉOPHANE, *op. cit.*, 353 (a. 6162).

(³²²) *Liber pontificalis...*, I, 346 (attribue la répression à l'armée d'Italie). THÉOPHANE, *op. cit.*, 352 (a. 6160) et MICHEL le Syrien, *op. cit.*, II, 451-455, affirment qu'il y eut une expédition de Constantin IV en Sicile. Sur cette question voir Brooks dans *B. Z.*, XVII, 1908, 455-459 et Grégoire (H.), dans *B. N.*, XIII, 1938, 165-171.

(323) Fait connu par le privilège que Constant II accorda à l'archevêque de Ravenne, 1er mars 666, *R. K. O. R.*, 233.

(324) Théophane, *op. cit.*, 352 (*a.* 6161); Fliche et Martin, *op. cit.*, V, 181.

(325) Ils continuèrent à porter le titre impérial jusqu'en 681.

(326) D'après une inscription. Voir Grégoire (H.), dans *B. N.*, 1938, 165-171.

(327) Théophane, *op. cit.*, 353 (*a.* 6164); Vasiliev (A.), *The Goths in the Crimea*, ch. 48, 369; Michel le Syrien, *op. cit.*, II, 455.

(328) Théophane, *op. cit.*, 353-354 (*a.* 6165); Millet, Pargoire et Petit, *Recueil des inscriptions chrétiennes de l'Athos*, 32-33; Diehl et Marçais, *op. cit.*, 241-242; Koulakovsky, *op. cit.*, III, 237.

(329) La révolte des Mardaïtes du Liban décida Moavyah à demander la paix, d'après Théophane, qui insiste sur l'effet prodigieux produit par ce traité en Europe (dans sa *Chronographia* : 355-356, *a.* 6169); *R. K. O. R.*, 239.

(330) Grousset, *L'Empire des steppes*, 232; Runciman (St.), *A history of the first Bulgarian Empire*, 16-21.

(331) Théophane, *op. cit.*, 356-360 (*a.* 6171); Runciman, *op. cit.*, 22-29; Koulakovsky, *op. cit.*, III, 248.

(332) Dujcev dans *A. I. K.*, X, 1938, 145-154; Dvornik, *Les Slaves, Byzance et Rome au IXe siècle*, 9-10; Koulakovsky, *op. cit.*, III, 249.

(333) *R. K. O. R.*, 243 (vers janvier 679); Théophane, *op. cit.*, 359; Nicéphore le Patriarche, *Breviarium*, 35.

(334) Fliche et Martin, *op. cit.*, V, 183-191; *Liber pontificalis...*, 348-363; *R. K. O. R.*, 242.

(335) Actes dans *M. C.*, XI, 195-922; *H. L.*, III, 1, 484-490 ; Diehl et Marçais, *Le monde oriental...*, 242-243.

(336) Théophane, *op. cit.*, 361 (*a.* 6177); Millet, Pargoire et Petit, *op. cit.*, 36.

(337) Diehl, *Choses et gens de Byzance*, 174-177.

(338) Koulakovsky, *op. cit.*, III, 253.

(339) Voir *Institutions*, dans *M. B. E. H.*, n° 32 bis.

(340) D'après la lettre de Justinien II au pape Conon (17 février 687). *R. K. O. R.*, 254. Texte dans *M. C.*, XI, 737-738; *Liber pontificalis...*, I, 368.

(341) Sur le traité, *R. K. O. R.*, 257; Diehl et Marçais, *op. cit.*, 208; Honigmann, *Die Ostgrenze des byzantinischen Reiches...*, 40-41; Koulakovsky, *op. cit.*, III, 255; Théophane, *op. cit.*, 363 (*a.* 6178).

(342) Théophane, *op. cit.*, 365 (*a.* 6183); Fliche et Martin, *op. cit.*, V, 478-479; Koulakovsky, *op. cit.*, III, 261-262.

(343) Théophane, *op. cit.*, 365-366 (*a.* 6185); sur les critiques de Théophane au sujet de cette politique de colonisation : Ostrogorsky, *Geschichte des byzantinischen Staates*, 86.

(344) Fliche et Martin, *op. cit.*, V, 438-439, 1 (bibliographie au sujet de l'attribution).

(345) *Ibidem*, V, 191-193.

(346) Sur le désordre de la société, Diehl et Marçais, *op. cit.*, 232-235.

(347) Fliche et Martin, *op. cit.*, V, 195-196. Actes dans *M. C.*, XI, 921-936; *H. L.*, III, 1, 560 et s. On le désigne aussi sous le nom de Concile *in Trullo*, parce qu'il se tint, comme le vie concile d'ailleurs, dans une salle du palais impérial, couverte d'une coupole (*trullos*).

(348) *Ibidem*, V, 196-197; *Liber pontificalis...*, I, 372-375; Diehl, *Choses et gens de Byzance*, 184-185.

(349) Laurent (Jos.), *L'Arménie entre Byzance et l'Islam*, 202-203; Théophane, *op. cit.*, 363 (*a.* 6178).

(350) KOULAKOVSKY, *op. cit.*, III, 257.

(351) *Ibidem*, III, 264. Sur l'emplacement du champ de bataille, Sébastopolis, et la date, voir BROOKS, *B. Z.*, XVIII, 1909, 154; THÉOPHANE, *op. cit.*, 365-366 (a. 6184); *ibidem*, 203.

(352) KOULAKOVSKY, *op. cit.*, III, 267-268.

(353) THÉOPHANE, *op. cit.*, 368-370 (a. 6187); NICÉPHORE le Patriarche, *Breviarium*, 37-39; KOULAKOVSKY, *op. cit.*, III, 275, 276; DIEHL, *Choses et gens de Byzance*, 187-189.

(354) THÉOPHANE, *op. cit.*, 370 (a. 6189); NICÉPHORE le Patriarche, *op. cit.*, 39; DIEHL, *L'Afrique byzantine*, 580-586; AUDOLLENT, *Carthage romaine*, 138-141.

(355) DIEHL et MARÇAIS, *op. cit.*, 206-207; DIEHL, *L'Afrique byzantine*, 563-576; AUDOLLENT dans *D. H. G. E.*, X, 1494-1495. Kairouan fut occupée de 670 à 688 par un chef berbère, DIEHL, *L'Afrique byzantine*, 576-579.

(356) THÉOPHANE, *op. cit.*, 370 (a. 6190); NICÉPHORE le Patriarche, *op. cit.*, 40; KOULAKOVSKY, *op. cit.*, III, 280.

(357) KOULAKOVSKY, *op. cit.*, III, 280-281; DIEHL et MARÇAIS, *op. cit.*, 246.

(358) THÉOPHANE, *op. cit.*, 371-372 (a. 6192); MICHEL le Syrien, *Chronique universelle*, II, 474-478; *Chronica Minora*, VII, 75.

(359) LAURENT (Jos.), *op. cit.*, 204-205; KOULAKOVSKY, *op. cit.*, III, 283.

(360) DIEHL, *Choses et gens de Byzance*, 190-196; VASILIEV, *The Goths in the Crimea*, 81; THÉOPHANE, *op. cit.*, 374 (a. 6198); NICÉPHORE le Patriarche, *op. cit.*, 42.

(361) KOULAKOVSKY, *op. cit.*, III, 288-289; DIEHL, *Choses et gens de Byzance*, 197-198.

(362) AGNELLUS, *Liber pontificalis Ecclesiae Ravennatis*, 367-370; KOULAKOVSKY, *op. cit.*, III, 294.

(363) *Liber pontificalis Ecclesiae Romanae*, I, 376; FLICHE et MARTIN, *op. cit.*, V, 198-200.

(364) THÉOPHANE, *op. cit.*, 377-381 (a. 6203); NICÉPHORE le Patriarche, *op. cit.*, 44-47; DIEHL, *Choses et gens de Byzance*, 201-211; KOULAKOVSKY, *op. cit.*, III, 299-302; FLICHE et MARTIN, *op. cit.*, V, 205-206.

(365) FLICHE et MARTIN, *op. cit.*, V, 206-208.

(366) En 719 le concile de Mantzikert rejetait de nouveau la doctrine de Chalcédoine, LAURENT (Jos.), *L'Arménie entre Byzance et l'Islam*, 205-206; KOULAKOVSKY, *op. cit.*, 311-312.

(367) THÉOPHANE, *op. cit.*, 382 (a. 6204); NICÉPHORE le Patriarche, *op. cit.*, 48; KOULAKOVSKY, *op. cit.*, III, 310-311; DIEHL et MARÇAIS, *Le monde oriental...*, 247.

(368) THÉOPHANE, *op. cit.*, 383 (a. 6205); NICÉPHORE le Patriarche, *op. cit.*, 49; en 711 l'Empire avait perdu sa dernière place en Afrique, Septem Fratres (Ceuta), KOULAKOVSKY, *op. cit.*, III, 303.

(369) THÉOPHANE, *op. cit.*, 383 (a. 6205); NICÉPHORE, *op. cit.*, 49; KOULAKOVSKY, *op. cit.*, III, 312-313.

(370) *M. C.*, XII, 193-208; *Liber pontificalis Ecclesiae Romanae*, I, 392; *R. P. B.*, 322-324.

(371) GAMS (*Series episcoporum*, 81) le fait s'enfuir à Rome.

(372) THÉOPHANE, *op. cit.*, 383-384 (a. 6206); NICÉPHORE, *op. cit.*, 49. Walid était mort (début de 715) et son successeur, Soliman, poussait les préparatifs, THÉOPHANE, 384 (a. 6207); NICÉPHORE, 50.

(373) THÉOPHANE, 384-385 (a. 6207); KOULAKOVSKY, *op. cit.*, III, 317-318.

(374) THÉOPHANE, 385-391 (a. 6207-6208); NICÉPHORE, 50-52; DIEHL et MARÇAIS, *Le monde oriental...*, 247-248; KOULAKOVSKY, *op. cit.*, III, 318-319; FLICHE et MARTIN, *op. cit.*, V, 208-209.

(375) THÉOPHANE, 391 (a. 6209): « originaire de Germanicia, en réalité d'Isaurie »; DENYS de

TELL MAHRE, *Chronique*, 12 : « Syrien de race »; SCHENK dans *B. Z.*, V, 1896; VASILIEV (A.), *Istorija Vizantii*. Trad. fr. *Histoire de l'Empire byzantin*, I, 311-312.

[376] THÉOPHANE, 391 (*a.* 6209). Il avait ravitaillé les troupes bulgares avec lesquelles Justinien II marchait sur Constantinople et fut nommé spathaire.

[377] THÉOPHANE, 391-395 (*a.* 6209); FLICHE et MARTIN, *op. cit.*, V, 433-434.

[378] THÉOPHANE, 395-398; NICÉPHORE, 52-54; CONSTANTIN VII Porphyrogénète, *Strategikon*, 13-14; PAUL DIACRE, *De gestis Langobardorum*, VI, 47; CANARD (M.), dans *J. A.*, 208, 1926, 80-102; DIEHL et MARÇAIS, 251-252.

[379] Elle n'est connue que par les Actes des 60 Martyrs de Jérusalem. *A. S. Boll.*, octobre, VIII, 856-864; LOPAREV dans *V. V.*, XIX, 1912, 1 et s.

[380] THÉOPHANE, 404 (*a.* 6218), 409 (*a.* 6222); DENYS de TELL MAHRE, *Chronique*, 24.

[381] THÉOPHANE, 409-410 (*a.* 6224).

[382] *Ibidem*, 407 (*a.* 6220), 409 (*a.* 6223); DVORNIK, *Les légendes de Constantin et de Méthode vues de Byzance*, 154-155.

[383] THÉOPHANE, 411 (*a.* 6231); LOMBARD (A.), *Constantin V, empereur des Romains*, 32-33; VASILIEV (A.), *Istorija Vizantii* (*Histoire de l'Empire byzantin*), I, 316.

[384] THÉOPHANE, 398 (*a.* 6210), 400 (*a.* 6211); NICÉPHORE le Patriarche, 54-56.

[385] THÉOPHANE, 399-401 (*a.* 6211-6212).

[386] FLICHE et MARTIN, *op. cit.*, V, 436.

[387] *Cambridge medieval history*, IV. *The eastern Roman Empire, 717-1453*, 3 et s.; DIEHL et MARÇAIS, *op. cit.*, 256.

[388] *Cambridge medieval history*, IV, *loc. cit.*, 4; DIEHL et MARÇAIS, *op. cit.*, 257. Sur le prétendu doublement de l'interdiction et le refus d'impôt de l'Italie, FLICHE et MARTIN, *op. cit.*, V, 437, et BROOKS dans *B. Z.*, VIII, 82.

[389] Ἐκλογὴ τῶν νόμων FLICHE et MARTIN, *op. cit.*, V, 437-438; DIEHL et MARÇAIS, *op. cit.*, 259; *R. K. O. R.*, 304 (mars 740).

[390] *R. K. O. R.*, 286; THÉOPHANE, 401 (*a.* 6214); FLICHE et MARTIN, *op. cit.*, V, 439; DVORNIK, *Les légendes de Constantin et de Méthode...*, 201.

[391] FLICHE et MARTIN, *op. cit.*, V, 440-441.

[392] *Ibidem*, V, 442-444; sur les icônes : BRÉHIER (L.), *L'Art chrétien et son développement iconographique*, 118-121; EBERSOLT (J.), *Sanctuaires de Byzance*, 1-95. Sur les icônes archeiropoïètes voir BRÉHIER (L.), dans *R. A.*, 68-77.

[393] FLICHE et MARTIN, *op. cit.*, V, 444-445.

[394] DENYS de TELL MAHRÉ, *Chronique*, 17. Sur les images dans les arts musulmans voir MARÇAIS dans *B. N.*, VII, 1932, 161-183.

[395] Sources : FLICHE et MARTIN, *op. cit.*, V, 447, 1-6.

[396] Sur le rôle du renégat Bézer, THÉOPHANE, 402 (*a.* 6215); FLICHE et MARTIN, V, 448.

[397] FLICHE et MARTIN, *op. cit.*, V, 448-449; voir OSTROGORSKY dans *M. D.*, 235-256.

[398] *Vie de saint Étienne le Nouveau*, *P. G. G.*, 1069-1186, p. 1084 (principale source). Sur la version latine de ce texte et son intérêt voir BRÉHIER (L.), dans *E. O.*, XXVII, 1938, 17-22.

[399] NICÉPHORE, *Breviarium*, 57; THÉOPHANE, 404 (*a.* 6218).

[400] THÉOPHANE, *ibidem*; *Vie de saint Étienne le Nouveau*, 1085; FLICHE et MARTIN, *op. cit.*, V, 450.

[401] THÉOPHANE, *ibidem*; NICÉPHORE, *op. cit.*, 57-58; FLICHE et MARTIN, *op. cit.*, V, 451.

[402] THÉOPHANE, *ibidem*; lettres des papes à Léon III, texte grec dans *M. C.*, XII, 959-982; sur leur authenticité voir OSTROGORSKY dans *M. D. I.*, 1930, 244-254.

(403) *Liber pontificalis Ecclesiae Romanae*, I, 404-409; FLICHE et MARTIN, V, 415-417 et 452-453; THÉOPHANE, 404 (a. 6217).

(404) THÉOPHANE, 407-409 (a. 6221); NICÉPHORE, 58; *Vie de saint Étienne le Nouveau*, 1095; R. P. B., 321; OSTROGORSKY, *loc. cit.*, 254.

(405) *Vie de saint Étienne le Nouveau*, 1088; FLICHE et MARTIN, *op. cit.*, V, 455 (id. bibliographie sur saint Jean Damascène, 432).

(406) *Liber pontificalis...*, I, 415-416; M. C., XII, 299 et s.; H. L., III, 677-679.

(407) Léon III envoya d'abord en Italie une flotte qui fut détruite par la tempête, THÉOPHANE, 410 (a. 6224); R. K. O. R., 300.

(408) Faits connus par les revendications ultérieures des papes. R. K. O. R., 301; M. C., XIII, 808, et XV, 167; DUCHESNE, *Églises séparées*, 214-215; FLICHE et MARTIN, *op. cit.*, V, 456-457.

(409) Sur ses surnoms, *Copronyme, Cavallinos* et sa légende, LOMBARD (A.), *Constantin V, empereur des Romains*, 10-21, ainsi que ADONTZ et GOOSSENS dans A. I. O. B., II, 112 et s., III, 1935, 159.

(410) THÉOPHANE, 414-415 (a. 6253); NICÉPHORE, 59-60; LOMBARD, *op. cit.*, 22-25; BRÉHIER (L.), dans D. H. G. E., IV, 780-782.

(411) THÉOPHANE, *op. cit.*, 417-421 (a. 6234-6235); LOMBARD, *op. cit.*, 26-30.

(412) Sur la correction par de Boor de Théophane, 420, 30, de τυφλωθέντι (aveuglé) en τυφθέντι (battu), conforme à la traduction latine d'Anastase le Bibliothécaire, voir FLICHE et MARTIN, *op. cit.*, V, 459 et s.

(413) *Vie de saint Étienne le Nouveau*, 1112-1113. On leur substituait des scènes profanes ou des croix. FLICHE et MARTIN, V, 466-467.

(414) *Vie de saint Étienne le Nouveau*, 1114-1117; FLICHE et MARTIN, *op. cit.*, V, 460-461.

(415) *Liber pontificalis...*, I, 427-433; FLICHE et MARTIN, *op. cit.*, V, 461-462.

(416) Comme le montre l'anecdote rapportée dans la *Vie de saint Étienne*, p. 1156; FLICHE et MARTIN, V, 464.

(417) THÉOPHANE, 427 (a. 6244).

(418) *Ibidem*, 427-428 (a. 6245). NICÉPHORE, 65-66. Sur la date (fixée longtemps à 753), GRUMEL dans E. O., XXXVII, 1934, 406-407 et FLICHE et MARTIN, V, 468, 3.

(419) Ce livre est connu par les extraits donnés par NICÉPHORE : *Ex Antirrheticis...*, I-III, P. G., C, voir OSTROGORSKY, 7-45; 205-534; FLICHE et MARTIN, V, 467.

(420) Texte dans M. C., XIII, 205-263; H. L., III, 2, 693-705; FLICHE et MARTIN, V, 469-470; LOMBARD (A.), *Constantin V, empereur des Romains*, 129-138; DIEHL et MARÇAIS, *Le monde oriental de 395 à 1081*, 271-272.

(421) Voir DIEHL dans A. T. C. R., 1915, 134-150.

(422) *Vie de saint Étienne*, 1121-1169; THÉOPHANE, 436-437 (a. 6257); NICÉPHORE, *Breviarium*, 72; LOMBARD (A.), *op. cit.*, 157-158.

(423) A Sainte-Marie des Blachernes (*Vie de saint Étienne*, 1120). La décoration du palais patriarcal ne fut détruite qu'en 768 par Nicétas. THÉOPHANE, 443 (a. 6259); NICÉPHORE *Breviarium*, 76.

(424) *Vie de saint Étienne*, 1159-1165; NICÉPHORE, *op. cit.*, 71-72; FLICHE et MARTIN, VI, 108-110.

(425) R. K. O. R., 324; THÉOPHANE, 437 (a. 6257); NICÉPHORE GREGORAS, *Correspondance*, C. B. B., 1927, p. 73.

(426) THÉOPHANE, 437-439 (a. 6257); NICÉPHORE GREGORAS, *loc. cit.*, 74; *Vie de Nicéphore, patriarche de Constantinople*, éd. de Boor, 142-143; FLICHE et MARTIN, VI, 109-110.

(427) THÉOPHANE, *op. cit.*, 445-446 (a. 6263); NICÉPHORE GREGORAS, *loc. cit.*, 75.

(428) THÉOPHANE, 440 (a. 6258)

— promotion de fonctionnaires iconoclastes — et 445-446 (a. 6263); *Vie de saint Étienne*, 1166; LOMBARD, *op. cit.*, 154-155; FLICHE et MARTIN, VI, 110-111.

(429) Comme le montre l'augmentation du nombre des monastères grecs à Rome au VIIIe siècle, DUCHESNE, *Les premiers temps de l'État pontifical*, 244-245; du même : *Les origines du culte chrétien*, 284-289.

(430) *Liber pontificalis...*, I, 426-432; Paul DIACRE, *De gestis Langobardorum*, VI, 56-58; FLICHE et MARTIN, V, 419-422; HUBERT dans *R. H.*, 69, 1899, 34-45.

(431) *Liber pontificalis...*, I, 442; HUBERT, *loc. cit.*, 39-40 (datation de la prise de Ravenne par les chartes avant juillet 751); DIEHL, *Études sur l'administration byzantine dans l'Exarchat de Ravenne*, 220.

(432) *Liber pontificalis...*, 445-447; DIEHL, *op. cit.*, 217-218; HUBERT, *loc. cit.*, 247-252.

(433) *Liber pontificalis...*, 447-448; sur la donation faite à Quierzy et connue seulement par son renouvellement en 774, HUBERT, *loc. cit.*, 252-270 et DUCHESNE, *Églises séparées*, 126 et s.

(434) Conféré après le sacre de Pépin à Saint-Denis le 28 juillet 754. Ce détail inconnu au *Liber pontificalis* se trouve dans *Noticia de unctione Pippini*, M. G. H. S., I, 18, texte rédigé en 766. Sur ce titre voir HANTON, *Titres byzantins dans le Recueil des Inscriptions chrétiennes d'Asie Mineure*, Ext. de *B. N.*, IV, 1927, pp. 129-130.

(435) *Liber pontificalis...*, I, 453.
(436) *Ibidem*, I, 454.
(437) DIEHL, *op. cit.*, 228-237. Sur le concile de Gentilly, *H. L.*, III, 2, 725; FLICHE et MARTIN, VI, 24-25. Sur la politique italienne de Constantin V : DIEHL et MARÇAIS, *Le monde oriental de 395 à 1081*, 276-277.

(438) FLICHE et MARTIN, VI, 43-45; *M. C.*, XII, 685 et s.; *H. L.*, III, 2, 730-740.

(439) La dernière ratification par Constantinople est celle de Grégoire III en 731. *Liber pontificalis*, I, 417; FLICHE et MARTIN, V, 455-456. Les dates impériales ne sont plus usitées par la chancellerie pontificale à partir d'Hadrien en 775. KLEINCLAUSZ, *L'Empire carolingien, ses origines et ses transformations*, 165.

(440) GAY (J.), *L'Italie méridionale et l'Empire byzantin*, 5.
(441) DIEHL et MARÇAIS, *op. cit.*, 345-349. Le centre du califat est désormais en Irak. Bagdad est fondée en 762.

(442) THÉOPHANE, 422 (a. 6237-6238), 427 (a. 6243); NICÉPHORE le Patriarche, *Breviarium*, 65; DENYS DE TELL MAHRÉ, *Chronique*, 55-56, 176, 192; LOMBARD (A.), *Constantin V, empereur des Romains*, 34-39.

(443) THÉOPHANE, 422 (a. 6237), 429 (6247); NICÉPHORE le Patriarche, 62, 66. Jean KANANOS, *De bello Constantinopolitano*, *P. G.*, CLVI, 66-74.

(444) THÉOPHANE, 430 (a. 6248). Il s'agit de l'expédition de Salim en Cappadoce.

(445) RUNCIMAN (St.), *A history of the first Bulgarian Empire*, 32-33 (délimitation de la frontière).

(446) THÉOPHANE, 429 (a. 6247); NICÉPHORE le Patriarche, 66; LOMBARD, *op. cit.*, 43-44; RUNCIMAN, *op. cit.*, 36-37.

(447) Traités de 755, NICÉPHORE, 66; de 765, LOMBARD, 52-53; de 773, LOMBARD, 55-56.

(448) Sur l'expédition de 755, divergence entre Nicéphore qui paraît la source la plus sûre et Théophane qui attribue un échec à l'empereur, LOMBARD, *op. cit.*, 43-45, 36.

(449) THÉOPHANE, 447 (a. 6265). Le khan Tzérig aurait réussi à obtenir de Constantin la liste de ces espions et les aurait fait scier entre deux planches, THÉOPHANE, 448 (a. 6266); LOMBARD, *op. cit.*, 56-57. Sur les prétendants réfugiés à Constantinople, 49-50.

(450) THÉOPHANE, 432-433 (a.

(⁴⁵⁰) 6254); Nicéphore le Patriarche, 68-69; Lombard, *op. cit.*, 46-49; Runciman, *op. cit.*, 38-39; Diehl et Marçais, *Le monde oriental...*, 254-255.

(⁴⁵¹) En 772, Théophane, 447 (a. 6265); Lombard, *op. cit.*, 54-55; Runciman, *op. cit.*, 41.

(⁴⁵²) A l'approche de Constantin, embarqué sur la flotte qui pénétra dans le Danube, les Bulgares s'enfuirent au-delà du fleuve, Théophane, 446 (a. 6265); Lombard, *op. cit.*, 55.

(⁴⁵³) Jusqu'en 792. Cependant, à la veille de sa mort, Constantin faisait encore une démonstration sur la frontière bulgare, Théophane, 448 (a. 6267); Lombard, *op. cit.*, 57.

(⁴⁵⁴) Théophane, 444 (a. 6261): 17 décembre 769; Nicéphore le Patriarche, 77; Diehl, *Figures byzantines*, I, 77-80; Bury (J. B.), *A history of the Eastern Roman Empire*, 81.

(⁴⁵⁵) Théophane, 449-450 (a. 6268): 8 avril 776. Le couronnement eut lieu à Sainte-Sophie le dimanche de Pâques 14 avril. Le mois suivant les deux Césars, accusés de complot, furent exilés.

(⁴⁵⁶) *Ibidem*, 451 (a. 6270).
(⁴⁵⁷) *Ibidem*, 452-453 (a. 6272).
(⁴⁵⁸) *Ibidem*, 449 (a. 6268).
(⁴⁵⁹) *Ibidem*, 453 (a. 6272), 457 (a. 6276); *R. P. B.*, 348: texte du serment.

(⁴⁶⁰) *Ibidem*, 453 (a. 6272); Diehl, *Figures byzantines*, 80-81.

(⁴⁶¹) Théophane, *loc. cit.*, raconte que la maladie lui fut communiquée par une couronne votive qu'il avait prise à Sainte-Sophie.

(⁴⁶²) *Ibidem*, 454 (a. 6273).
(⁴⁶³) *Ibidem*.
(⁴⁶⁴) En 781-782, *ibidem*.
(⁴⁶⁵) *R. K. O. R.*, 340 (août 781); Théophane, 456 (a. 6274); Bar-Hebraeus (Abou'l Faradj), *Chronique universelle* (a. 1094), 783). estime à 70 000 livres d'or le montant du tribut.

(⁴⁶⁶) *R. K. O. R.*, 341 (29 août 784). Texte dans *M. C.*, XII, 984-986.

(⁴⁶⁷) Théophane, 457 (a. 6276), 458-461 (a. 6277); *M. C.*, XII, 986; Fliche et Martin, VI, 115-116; *Vie de Tarasios, patriarche de Constantinople*, *P. G.*, XCVIII, 1385-1424, éd. Heikel, 2-3.

(⁴⁶⁸) *M. C.*, XII, 1056 et s.; *R. P. B.*, 341; Fliche et Martin, VI, 116. La synodique parvint à Rome avec l'ambassade d'Irène avant le 26 octobre 785, date de la réponse du pape.

(⁴⁶⁹) *R. P. B.*, 354, 355 (date de l'ouverture rectifiée par Grumel); *M. C.*, XII, 989-992; Théophane, 461-462 (a. 6278); Fliche et Martin, VI, 117; Diehl, *Études byzantines*, I, 91-92.

(⁴⁷⁰) Théophane, 462 (a. 6279); Diehl, *op. cit.*, 92-93.

(⁴⁷¹) Théophane, 462-463 (a. 6280); *Vie de Tarasios*, V, 1396-1401; *M. C.*, XII, 990-1154; XIII, 1-440; Fliche et Martin, VI, 117-120; *H. L.*, III, 2, 758, 794; Martin (E. J.), *A history of iconoclast controversy*, 94-109.

(⁴⁷²) Canon 3: ὅτι οὐ δεῖ ἄρχοντας ψηφίζεσθαι ἐπίσκοπον, *M. C.*, XIII, 419-422.

(⁴⁷³) Bréhier (L.), *La querelle des images*, 26-28.

(⁴⁷⁴) Texte du capitulaire (Livres carolins) dans *M. P. L.*, 98, 999-1248; *H. L.*, III, 2, 1240-1246; Fliche et Martin, VI, 120-127.

(⁴⁷⁵) *R. P. B.*, 360-364; *Vie de Tarasios*, VI, 1401-1405.

(⁴⁷⁶) Diehl, *Figures byzantines*, 93-95.

(⁴⁷⁷) En 787, *R. K. O. R.*, 345.

(⁴⁷⁸) *Vie de saint Philarète le Miséricordieux*, 85-170; Bréhier (L.), dans *Le Correspondant*, 11 avril 1937; Théophane, 463 (a. 6281).

(⁴⁷⁹) Théophane, 464-466 (a. 6282-6283); Diehl, *Figures byzantines*, 496-498.

(⁴⁸⁰) Théophane, 467 (a. 6284); Diehl, *Figures byzantines*, 96-97.

(⁴⁸¹) Théophane, 467-468 (a. 6284).

(⁴⁸²) *Ibidem*, 468-469 (a. 6285); Diehl, *Figures byzantines*, 98.

(⁴⁸³) Théophane, 469 (a. 6287). La répudiation de Marie eut lieu en janvier 795, le couronnement de Théodote en août et le mariage au palais de Saint-Mamas le 4 septembre. Sur l'opposition du patriarche : *Vie de Tarasios*, VII, 1405-1410 ; Delaville-Leroulx, *Les Hospitaliers à Rhodes*, I, 98-99, et *Vie de saint Théodore le Studite*, P. G., XCIX, 141-144, d'après laquelle le basileus alla jusqu'à menacer Tarasius d'un nouveau renversement des images.

(484) Théophane, 470-471 (a. 6288) ; *Vie de saint Théodore le Studite*, 137-140 et 253 ; Diehl, *Figures byzantines*, I, 99-100 ; Gardner (Alice), *Theodore of Studium, his life and times*, 50-65.

(485) *Vie de saint Théodore le Studite*, P. G., XCIX, 140 et 253.

(486) Théophane, 471 (a. 6289) ; Diehl, *Figures byzantines*, I, 100-101.

(487) Théophane, 472 (a. 6290) ; Diehl, *op. cit.*, I, 101-102 (15 août 797).

(488) *Jus graeco-romanum*, éd. Zachariae von Lingenthal, III, 55. Sur ces monnaies son effigie figure au droit et au revers avec le titre inusité de ΒΑΣΙΛΙΣΣΗ remplaçant celui d'Augusta, Sabatier, *Description générale des monnaies byzantines*, II, 68 et s.

(489) Ivoires de Florence et de Vienne où l'on voit à tort Ariadne. Voir Bréhier (L.), *La sculpture et les arts mineurs byzantins*, 73, pl. XXIX.

(490) Théophane, 474 (a. 6291) ; Diehl, *op. cit.*, 103.

(491) *Vie de saint Théodore le Studite*, 144 et 260. Rentrés d'abord à Saccoudion, les moines gagnèrent Constantinople à la suite d'une incursion arabe (799), Gardner (A.), *op. cit.*, 66 et s.

(492) R. P. B., 368-369 ; Théodore le Studite, *Œuvres*, P. G., 1000-1008.

(493) Théophane, 475 (a. 6293) ; R. K. O. R., 356 (mars 801) ; Bratianu (G.), *Études byzantines d'histoire économique et sociale*, 188-189 ; Théodore le Studite, *Œuvres*, 992.

(494) Où il dresse un tableau de la fiscalité de l'État.

(495) Honigmann, *Die Ostgrenze des byzantinischen Reiches...*, 42, 47-48.

(496) R. K. O. R., 351-352 ; Théophane, 473 (a. 6290).

(497) Théophane, 473-474 (a. 6290-6291).

(498) *Ibidem*, 473 (a. 6290), 474-475 (a. 6291-6292).

(499) *Ibidem*, 475 (a. 6294).

(500) *Ibidem*, 475 (a. 6293-6294). Les sources occidentales ignorent ce projet et parlent seulement de la signature d'un traité, Halphen (L.), *Études critiques sur l'histoire de Charlemagne*, 235-238 ; Bury dans *Hermathena*, VIII, 1893, 345-355, suggère que la proposition serait venue d'Irène. Vasiliev (A.), *Istorija Vizantii* (*Histoire de l'Empire byzantin*), I, 354-355 ; Lot (F.), *Les destinées de l'Empire en Occident de 395 à 888*, 460 ; Diehl et Marçais, *Le monde oriental de 395 à 1081*, 286.

(501) Théophane, 476-477 (a. 6295) ; Diehl, *Figures byzantines*, I, 106-108 ; Bury, *A history of the Eastern Roman Empire*, 5-7.

(502) Théophane, 477-480 (a. 6295).

(503) *Ibidem*, 456 (a. 6274), 463 (a. 6281), 473 (a. 6291) : capture de l'écurie de Staurakios, 465 (a. 6282) : échec d'une attaque navale des Arabes contre Chypre en 790 ; Diehl et Marçais, *Le monde oriental...*, 359.

(504) Théophane, 467 (a. 6284) : 791.

(505) *Ibidem*, 456-457 (a. 6275).

(506) *Ibidem*, 467 (a. 6283) ; Runciman (St.), *A history of the first Bulgarian Empire*, 49-50.

(507) Lot (F.), *Les destinées de l'Empire en Occident...*, 426-427 ; Poupardin, *Étude sur les principautés lombardes de l'Italie méridionale*, 262-270 ; Gay (J.), *L'État pontifical* ; *Les Byzantins et les Lombards*, 500 et s. ; Gasquet, *L'Empire byzantin et la monarchie franque*, 263-264. Le traité signé à Aix-la-Chapelle en 798 cédait à Charlemagne Béné-

vent et l'Istrie. *R. K. O. R.*, 353 ; GASQUET, *op. cit.*, 284.

(508) HALPHEN, *Études critiques sur l'histoire de Charlemagne*, 209-238 ; KLEINCLAUSZ, *L'Empire carolingien, ses origines et ses transformations*, 184 et s., 459-460. Sur les relations de Charlemagne avec le calife et ses établissements de Palestine, BRÉHIER (L.), *L'Église et l'Orient. Les Croisades*, 22-28 et du même, dans « Séances et travaux du Congrès de la Syrie » à Marseille en 1918, fasc. 2, 15-39, et la discussion à ce sujet, *R. H.*, 1928, 277-291.

(509) FLICHE et MARTIN, *Histoire de l'Église*, V, 441, 2 ; DVORNIK, *Les Slaves, Byzance et Rome au IXe siècle*, 119-121.

(510) BURY, *A history of the eastern Roman Empire*, 8 ; BRATIANU, *Études byzantines d'Histoire économique et sociale*, 187.

(511) κακώσεις, THÉOPHANE, 486-488 (a. 6302) ; fragment de chronique qualifiant Nicéphore de φιλάργυρος καθ' ὑπερβολήν, aimant l'argent à l'excès. Voir GRÉGOIRE dans *B. N.*, XI, 417.

(512) BRATIANU, *op. cit.*, 196.

(513) BURY, *op. cit.*, 10-13 ; THÉOPHANE, 479 (a. 6295) ; THÉOPHANE continué (813-896), *P. G.*, CIX, 20-21 (juillet 803).

(514) THÉOPHANE, 482 (a. 6299) : 807, 483 (a. 6300) : 808, 488 (a. 6305) : octobre 810.

(515) *R. P. B.*, 374 ; THÉOPHANE, 481 (a. 6298) ; *Vie de Tarasios, Patriarche de Constantinople*, XI, 1419-1420 ; *Vie de Nicéphore, patriarche de Constantinople*, 157.

(516) THÉOPHANE, 481 (a. 6298) ; BURY, *op. cit.*, 33 ; MARIN, *Saint Théodore, 759-826*, pp. 82-83.

(517) GARDNER (A.), *Theodore of Studium*, 110-112.

(518) *R. P. B.*, 378 ; THÉOPHANE, 484 (a. 6301) ; THÉODORE le Studite, *Œuvres*, 1018, 1036-1037, 1072.

(519) BURY, *op. cit.*, 34-37 ; MARIN, *op. cit.*, 83-96 ; GARDNER, *op. cit.*, 117-129.

(520) *R. K. O. R.*, 361 ; GARDNER (A.), *op. cit.*, 108.

(521) DIEHL, *Une république patricienne. Venise*, 11-16 ; BURY, *op. cit.*, 321-324.

(522) *Partitio imperii*, février 806, LOT (F.), *Les destinées de l'Empire en Occident de 395 à 888*, *H. G.* (*M. A.*), I, 1928, pp. 468-469.

(523) LOT (F.), *op. cit.*, 463 ; DIEHL, *op. cit.*, 17-18 ; BURY, *op. cit.*, 324 ; sur le siège de Malamocco, 244-245.

(524) *R. K. O. R.*, 371 ; LOT (F.), *op. cit.*, 463 ; BURY, *op. cit.*, 325-327 (Agnellus transporte le siège du gouvernement de Malamocco au Rialto).

(525) GARDNER (A.), *op. cit.*, 132.

(526) Connue seulement par les sources arabes, BURY, *op. cit.*, 249-250 ; *R. K. O. R.*, 360.

(527) BURY, *op. cit.*, 250 ; THÉOPHANE, 482 (a. 6298).

(528) *R. K. O. R.*, 362, 366 ; THÉOPHANE, 479 (a. 6295) et 472 (a. 6298).

(529) THÉOPHANE, 481 (a. 6297) ; attaque de Rhodes en 807, *ibid.*, 483 (a. 6300).

(530) RUNCIMAN (St.), *A history of the first Bulgarian Empire*, 50-51 ; DVORNIK, *Les Slaves, Byzance et Rome au IXe siècle*, 34 ; SUIDAS, *Lexique*, Βούλγαροι ; sur les lois de Kroumn, le même ouvrage, et RUNCIMAN, *op. cit.*, 69. DVORNIK, *op. cit.*, 35 et KACAROV dans *B. Z.*, XI, 1907, 254-257.

(531) THÉOPHANE, 482 (a. 6299).

(532) *Ibidem*, 484-485 (a. 6301) ; BURY, *op. cit.*, 340-341 ; RUNCIMAN, *op. cit.*, 53-54.

(533) THÉOPHANE, 489-491 (a. 6303) ; fragment de chronique inédite dans *B. N.*, XI, 1936, 421-426 ; LOPAREV dans *V. V.*, XVII, 1910, 192 et s. ; BURY, *op. cit.*, 343 et s. ; RUNCIMAN, *op. cit.*, 55 et s.

(534) THÉOPHANE, 480 (a. 6296).

(535) *Ibidem*, 483 (a. 6300), à la suite d'un concours de beauté.

(536) *Ibidem*, 492-493 (a. 6303). Sur l'intention de Staurakios au sujet de la *démocratie*, BRATIANU (G.), *Études byzantines d'histoire économique et sociale*, 121

(537) *Vie d'Ignace, patriarche de Constantinople*, P. G., CV. 489-492; Bury, op. cit., 14,3. Il était lui-même curopalate; Théophane continué, 1016 et s.

(538) Théophane, 494 (a. 6304); Théodore le Studite, *Œuvres*, 165; R. P. B., 387.

(539) Théophane, 493-494 (a. 6304); Runciman, op. cit., 21-23.

(540) Théophane, 494 (a. 6304); Bury, op. cit., 327; Lot (F.), *Les destinées de l'Empire en Occident...*, 463.

(541) Bury, op. cit., 134.

(542) R. K. O. R., 385; *Annales regni Francorum (741-829)*, éd. Kurze, 122-133 (a. 806-811); Halphen, *Études critiques sur l'histoire de Charlemagne*, 237.

(543) R. P. B., 382; Théophane, 494 (a. 6304); texte dans M. C. XIV, 29-56.

(544) Théophane, 496 (a. 6304).

(545) *Ibidem*, 500-501 (a. 6305).

(546) R. P. B., 384; Théophane, 495 (a. 6304); Théodore le Studite, 1481-1485, ep. II, 155.

(547) Théophane, 495-496 (a. 6304); Bury, op. cit., 345-347; Runciman, op. cit., 58-59.

(548) Théophane, 497-499 (a. 6305); Bury, op. cit., 347-348; Théophane continué, 19-54, attribue la décision finale à Théoctistos et au Sénat, contre l'avis du basileus.

(549) Théophane, 498-499 (a. 6305); Bury, op. cit., 349; Runciman, op. cit., 60-61.

(550) Théophane, 500-503 (a. 6305); Bury, op. cit., 349-352; Runciman, 61-62. Nicéphore accuse Léon l'Arménien d'avoir trahi Michel, *Vie de Nicéphore, patriarche de Constantinople*, 163; Théophane continué, 19-54.

(551) Bury, op. cit., 29-30; Schlumberger (G.), *Les Iles des Princes*, 35-38; *Vie d'Ignace, patriarche de Constantinople*, 489-491.

(552) Voir page 92.

(553) Les chroniqueurs arméniens et grecs le rattachent à une famille de dynastes arméniens, les Ardrzounis, qui prétendait descendre de Sennacherib, roi d'Assyrie, mais il était d'origine très modeste, *Anonyme*, Scriptor incertus, *Vie de Léon l'Arménien*, P. G., CVIII et B. N., XI, 1936, 417 et s. (1012); Théophane continué, I (20); Genesios, *Le livre des Empereurs*, P. G., CVIII, 985 et s. I, 8 (997-1000); Pseudo-Syméon, Magister et logothète, P. G., CIX — avec Théophane continué — (664-665); Bury, op. cit., 43-46.

(554) Théophane, 503; *Vie de Léon l'Arménien*, loc. cit.), 1017-1020; Bury, op. cit., 353-357; Runciman, op. cit., 63-65.

(555) *Vie de Léon l'Arménien*, 1021-1024; sur la date, Bury, op. cit., 359-362.

(556) Sur une campagne victorieuse de Léon, qui aurait précédé la paix, Runciman, op. cit., 290-292 et 359 et s. Le texte du traité gravé sur une colonne de marbre dont on a retrouvé des fragments : Bury, op. cit., 360-361; Runciman, op. cit., 72-75.

(557) *Vie de Léon l'Arménien*, 1021.

(558) *Ibidem*, 1024.

(559) Par Jean le Grammairien, futur patriarche, et deux évêques, *Vie de Léon l'Arménien*, 1025-28.

(560) Théophane continué, 1028; sur la réponse de Nicéphore, R. P. B., 390.

(561) *Ibidem*, 1029-1032; R. P. B. 391, 394 à 398; Loparev, *Vizantiiskiia Jitti Sviatuich*, VIII-IX, Viickov, Ext. V. V., XVII-XIX, 1910-1912, p. 130 (t. XVIII).

(562) Théophane continué, 1033-1036; R. P. B., 399-401.

(563) Théophane continué, 1036; *Vie de Nicéphore, patriarche de Constantinople*, 202; R. P. B., 408-409; fragments des actes découverts par Serruys, A. I. C. R., 1903, 208 et s.; Ostrogorsky, *Studien zur Geschichte des byzantinischen Bilderstreites*, 48 et s.; Bury, op. cit., 68-70.

(564) Le dimanche des Rameaux de 815 ils promènent solennellement des icônes, *Vie de saint*

Théodore le Studite, 285; BURY, *op. cit.*, 71; GARDNER (A.), *Theodore of Studium, his life and times*, 145 et pl. VI (psautier de Londres 1066 montrant deux moines promenant une icône).

(565) BURY, *op. cit.*, 72-73; GARDNER, *op. cit.*, 169-186.

(566) *Vie de saint Georges, évêque d'Amastris*, éd. Vasiljevsky, 110-136.

(567) SCRIPTOR INCERTUS, *Vie de Léon l'Arménien*, 74-76; DIEHL et MARÇAIS, *Le monde oriental de 395 à 1081*, 298-300; TOUGARD, *La persécution iconoclaste d'après la correspondance de Théodore le Studite*, R. Q. H., 1891, 105 et s.; LOPAREV, *op. cit.*, XIX, 89 et s.; sur Michel le Syncelle, *Vie de Michel le Syncelle*, éd. Th. Schmitt, *Kahrié-djami*, I. R. I., 1906, 232-237; LOPAREV, *op. cit.*, XVII, 215-217.

(968) SCRIPTOR INCERTUS, *Vie de Léon l'Arménien*, I, 25-26 (52); THÉOPHANE continué, 48-54; DIEHL et MARÇAIS, *op. cit.*, 300. Légende arabe du meurtre de Léon, trad. LEWIS dans B. N., 1939, 383 et s.

(569) SCRIPTOR INCERTUS, *Vie de Léon l'Arménien*, II, 2 (56).

(570) *Ibidem*, II, 3 (56). Secte des Sabbatiens, *Vie d'Ignace, patriarche de Constantinople*, 216; BURY, *op. cit.*, 78.

(571) *Vie de Léon l'Arménien*, II, 5 (57), 7 (60).

(572) 12 mai 821, BURY, *op. cit.*, 80. Sur ces concours voir *M. B.E.H.* n° 32 *bis*.

(573) R. K. O. R., 402; THÉOPHANE continué, II, 8 (62) : lettre de Nicéphore à Michel.

(574) BURY, *The identity of Thomas the Slavonian*, B. Z. I., 1892, 55 et s.; VASILIEV (A.), *Byzance et les Arabes*, I, *La dynastie d'Amorium*, I, 22-30. COGNASSO (F.), *Partiti politici e lotte dinastiche in Bizanzio alla morte di Manuele Comneno*, Acad. Turin, 1912, II, 9-11 (63-68), donne deux versions différentes.

(575) GENESIOS, *Le livre des Empereurs*, I, 8 (991-1000); BURY, *op. cit.*, 11-12.

(576) DIEHL, *Une république patricienne*, 301.

(577) BURY, *op. cit.*, 85; THÉOPHANE continué, II, 12 (69-70); VASILIEV, *op. cit.*, I, 22-30; OSTROGORSKY, *Geschichte des byzantinischen Staates*, 142.

(578) THÉOPHANE continué, II, 13-20 (69-86); VASILIEV, *op. cit.*, I, 33-49; BURY, *op. cit.*, 91-110; DIEHL et MARÇAIS, *Le monde oriental...*, 301-302.

(579) *Vie de saint Théodore le Studite*, 317-320; *Vie de Nicolas le Studite*, 34; VASILIEV, *op. cit.*, I, 34; LOPAREV, *Vizantiiskiia Jitii Sviatuich VIII-IX, Viickov.*, XVII, 191.

(580) *Vie de Nicolas le Studite*, 46 et s.; tolérance des images haut placées, d'après la lettre de Michel à Louis le Débonnaire, M. G. Leges (concilia), III, 2, 479; NICÉPHORE LE PATRIARCHE, *Ex Antirrheticis*, II, 352.

(581) M. C., XIV, 399-402; BURY, *op. cit.*, 114-116.

(582) R. K. O. R., 408-409 (a. 824); M. C., XIV, 417-422; M. G. Leges, III (concilia), 473-535.

(583) FLICHE et MARTIN, *Histoire de l'Église*, VI, 236-237.

(584) THÉOPHANE continué, II, 1 (97-100); GEORGES LE MOINE, *Chronique universelle*, P. G., CIX, III, 2 (852); GENESIOS, *Le livre des Empereurs*, III, 1 (1053); Michel aurait ordonné cette mesure à son fils à son lit de mort; BURY, *op. cit.*, 124-125.

(585) THÉOPHANE continué, IV, 6-7 (169).

(586) DIEHL et MARÇAIS, *Le monde oriental...*, 304; BURY, *op. cit.*, 121.

(587) THÉOPHANE continué, III, 1 (97), 2 (100); BURY, *op. cit.*, 122-123.

(588) Au milieu du XIIe siècle, KRUMBACHER (K.), *Geschichte der byzantinischen Literatur*, 467, éd. Hase, N. E. M., IX, 12 (1813), 163-246. Voir DIEHL, *La légende de l'empereur Théophile*, S. K., IV, 1931, 34-37.

(589) Soit 970 000 livres d'or, la livre valant 72 nomismata.

Voir ANDREADÈS, *R. S. P.*, 1911, 622; THÉOPHANE continué, IV, 21 (188); BURY, *op. cit.*, 159-160.

(590) EBERSOLT (J.), *Le grand palais de Constantinople et le livre des Cérémonies*, XII-XIII, 110-126; BURY, *op. cit.*, 129-135; DIEHL, *Manuel d'art byzantin*, 367-369.

(591) GEORGES LE MOINE, *Chronique universelle*, III, 23 (868); Pseudo-SYMÉON, *Chronique*, 20 (701); THÉOPHANE continué, IV, 26 (200); FUCHS, *Die höheren Schulen von Konstantinopel im Mittelalter*, 18; BURY, *op. cit.*, 442 et s.

(592) Jean Hylilas ou Grammatikos, surnommé Jannis par les orthodoxes, dont la légende a fait un sorcier. THÉOPHANE continué, IV, 6-7 (69-81).

(593) Chrys. Papadopoulos, Ὁ ἅγιος Θεόδωρος Στουδίτης, *E. B.*, XV, 1939, 36.

(594) GRUMEL, *Recherches nouvelles sur l'iconoclasme*, *E. O.*, XXXIII, 1930, 99-100.

(595) Édition DUCHESNE dans *Roma e l'Oriente*, 1913; CONSTANTIN VII Porphyrogénète, *Translation de l'icône d'Édesse*, 441.

(596) THÉOPHANE continué, III, 10 (113-116). Supplice infligé à Lazare, peintre d'icônes, *op. cit.*, III, 13 (117).

(597) THÉOPHANE continué, III, 5-6 (103-106) — histoire du fou Denderis ; 27 (136) — serment exigé de Théodora et du logothète Théoctiste de ne reconnaître jamais d'autre patriarche que Jannis; DIEHL, *Figures byzantines* I, 136-143.

(598) *Vie de Michel le Syncelle*, 241-243; THÉOPHANE continué, III, 14 (117-120); LOPAREV, *Vizantiiskiia Jitii Sviatuich*, XVII, 217-219.

(599) VASILIEV (A.), *Byzance et les Arabes*, I, Introduction, 1-21.

(600) Voir là-dessus les travaux de PIRENNE, par ex. *Mahomet et Charlemagne*. « Revue belge d'Histoire et de Philologie », I, 1922, 77 et s.

(601) LÉVY-PROVENÇAL, *Un échange d'ambassades entre Cordoue et Byzance au IXe siècle*, *B. N.*, XII 1937, 8; sur les Narentans, RAMBAUD (A.), *L'Empire grec au Xe siècle. Constantin Porphyrogénète*, 478-484.

(602) VASILIEV, *op. cit.*, I, 51-54 (d'après les sources grecques et arabes); THÉOPHANE continué, II, 21 (87-90); GENESIOS, *Le livre des Empereurs*, II (1046-1050); BURY, *op. cit.*, 287-289.

(603) THÉOPHANE continué, II, 25 (93-96); GENESIOS, *op. cit.*, II (1049-1052); BURY, *op. cit.*, 289 ; VASILIEV, *op. cit.*, I, 57.

(604) SCHLUMBERGER (G.), *L'épopée byzantine à la fin du Xe siècle*, 33. Les incursions commencent du vivant de Michel II, malgré les tentatives des flottes impériales pour les arrêter. THÉOPHANE continué, II, 26 (96); VASILIEV, *op. cit.*, I, 61, 89-90; THÉOPHANE, continué, XIX, 88.

(605) VASILIEV, *op. cit.*, I, 68-72; THÉOPHANE continué, III, 27 (96).

(606) VASILIEV, *op. cit.*, I, 70-79. Les Sarrasins brûlèrent leurs navires et s'enfoncèrent à l'intérieur du pays, *id.*, 83-88.

(607) VASILIEV, I, 127-130.

(608) *Ibidem*, I, 131.

(609) *Ibidem*, I, 187-188.

(610) SILBERSCHMIDT, *Das orientalische Problem zur Zeit der Entstehung des türkischen Reiches*, 50-52; VASILIEV, *op. cit.*, I, 182.

(611) *R. K. O. R.*, 437 (date : fin 838), mais d'après VASILIEV (*op. cit.*, I, 178-197) l'ambassade daterait de 840.

(612) VASILIEV, *op. cit.*, I, 182; SILBERSCHMIDT, *op. cit.*, 52-53.

(613) THÉOPHANE continué, III, 28 (97-98).

(614) *R. K. O. R.*, 385; DVORNIK, *Les Slaves, Byzance et Rome...*, 47.

(615) Révolte de Ljudevit, 810-833. DVORNIK, *op. cit.*, 47-52 et 17 (république des Narentans), 54-55 (Serbes).

(616) DVORNIK, *op. cit.*, 75-79 (baptême de Vojnomir, 805-811).

(617) LENTZ, *Der allmähliche Ubergang Venedigs von faktischer zu nomineller Abhangigkeit von By-*

zanz, *B. Z.*, III, 1894, 72-82 (sources vénitiennes).

(618) *R. K. O. R.*, 438; VASILIEV, *op. cit.*, I, 183-184.

(619) *R. K. O. R.*, 443; GAY (J.), *L'Italie méridionale et l'Empire byzantin*, 59; VASILIEV, *op. cit.*, I, 185.

(620) LÉVY-PROVENÇAL, art. cité *B. N.*, XII, 1937, 3-14.

(621) VASILIEV, *op. cit.*, I, 49.

(622) *Ibidem*, I, 112 (place l'ambassade après la victoire de Théophile en 831). Sur la difficulté d'admettre cette date, voir BROOKS, *B. Z.*, X, 1901, 296; BURY, *A history of the Eastern Roman Empire*, 256; DIEHL et MARÇAIS, *Le monde oriental...*, 314; *R. K. O. R.*, 421.

(623) VASILIEV, *op. cit.*, I, 97.

(624) *Ibidem*, I, 98-99; CONSTANTIN VII Porphyrogénète, (*De Cerimoniis aulae byzantinae*), I, append. 956-964 (description du triomphe de Théophile).

(625) VASILIEV, *op. cit.*, I, 110-121.

(626) THÉOPHANE continué, III, 19-21 (123-128); VASILIEV, *op. cit.*, I, 92 et s., 137 et s.; BURY, *op. cit.*, 252-254.

(627) VASILIEV, *op. cit.*, I, 138 et s.; THÉOPHANE continué, III, 29 (137-140); LAURENT (Jos.), *L'Arménie entre Byzance et l'islam*, 211.

(628) THÉOPHANE continué, III, 30-34 (139-146); VASILIEV, *op. cit.*, I, 144-172; BURY, *op. cit.*, 262-272; DIEHL et MARÇAIS, 312.

(629) VASILIEV, *op. cit.*, I, 174-177.

(630) GEORGES LE MOINE, *Chronique universelle*, IV, 4 (876); VASILIEV, *op. cit.*, I, 192.

(631) A Al-Mamoun en 832, VASILIEV, *op. cit.*, I, 118-121; à Montassim après la prise d'Amorium, VASILIEV, I, 174.

(632) Raids infructueux du gouverneur de Syrie Abou-Saïd (839-841) et récupération par l'Empire de la région de Mélitène et Marasch; signature d'une trêve, VASILIEV, *op. cit.*, I, 175-176.

(633) SCHLUMBERGER (G.), *Mélanges d'archéologie byzantine*, 212.

(634) *Ibidem*, 212.

(635) Théophile renvoie l'ambassade russe dans son pays en la faisant passer par l'Empire franc (ambassade à Ingelheim, 839), le chemin direct étant occupé par les Barbares. VASILIEV, *op. cit.*, I, 184; BURY, *op. cit.*, 418; DVORNIK, *Les Slaves, Byzance et Rome au IXe siècle*, 172-173.

(636) THÉOPHANE continué, III, 28 (135-138); VASILIEV, *The Goths in the Crimea*, 108; DVORNIK, *op. cit.*, 173; GROUSSET, *L'Empire des steppes*, 236.

(637) THÉOPHANE continué, III, 141 (153); BURY, *op. cit.*, 143.

(638) THÉOPHANE continué, III, 18 (121-124); BURY, *op. cit.*, append. VI, 465 et s.

(639) Contrairement au Continuateur de Théophane qui lui donne trois ans, *Vie de Théodora, impératrice régente* (*Analecta byzantino-russica*), IV, 1 (161). Voir cette dernière source p. 11, et aussi STEIN, *Postconsulat*, dans *M. B.*, 899-900.

(640) Les conseillers sont appelés ἐπίτροποι (tuteurs). THÉOPHANE continué, I, 1 (164) mentionne à tort Bardas à ce premier conseil. Sur le protocole officiel Michel, Théodora, Thécla voir *C. G. I.*, IV, 8683; SABATIER, *De scription générale des monnaies byzantines*, II, 100, n° 3, et LOPAREV, *Vizantiiskiia Jitii Sviatuich VIII-IX, Viickov*, XVII, 82.

(641) *R. P. B.*, 416; actes dans *M. C.*, XIV, 787 et s.; VASILIEV, *Byzance et les Arabes*, I, 418 (discussion de la date).

(642) THÉOPHANE continué, IV, 3 (165), détails suspects; *R. P. B.*, 417; DVORNIK, *Les légendes de Constantin et de Méthode vues de Byzance*, 123.

(643) THÉOPHANE continué, IV, 4-6 (165-168). Voir GRÉGOIRE dans *B. N.*, 1933, 518 (d'après la *Vie de saint David*).

(644) THÉOPHANE continué, IV, 6 (168). Sur l'inscription commémorative de l'arc triomphal de

(645) THÉOPHANE continué, IV, 11 (176); DIEHL, *Figures byzantines*, I, 141-145.

(646) *R. P. B.*, 425 (décision synodale du 2 mars 844).

(647) THÉOPHANE continué, I, 25 (52-53).

(648) BURY, *op. cit.*, 154-156; VOGT (A.), *Basile Ier et la civilisation byzantine à la fin du IXe siècle*, 3-7; sur Bardas voir *D. H. G. E.* VI, 1932, 759-764.

(649) Il avait déjà pour maîtresse Eudokia Ingerina, GEORGES LE MOINE, *Chronique universelle*, IV, 6 (877); Pseudo-SYMÉON, IV, 9 (716).

(650) THÉOPHANE continué, IV, 19 (183-186); DIEHL et MARÇAIS, *Le monde oriental de 395 à 1081*, 318; BURY, *op. cit.*, 158-159.

(651) BURY, *op. cit.*, 159-160 et 470; DIEHL, *Figures byzantines*, I, 153-156.

(652) THÉOPHANE continué, IV, 21 (185-188). DIEHL et MARÇAIS, *op. cit.*, 318-319; BURY, *op. cit.*, 162-164.

(653) GRÉGOIRE, *Études sur le IXe siècle*, *B. N.*, VIII, 1933, 534-536 et VASILIEV, *Byzance et les Arabes*, I, préface; DIEHL, et MARÇAIS, *op. cit.*, 319-320; OSTROGORSKY, *Geschichte des byzantinischen Staates*, 155.

(654) Sur la date : BURY, *op. cit.*, 161.

(655) ἦν ὅλος τὰ τῆς βασιλείας ἐπιτροπεύων, THÉOPHANE continué, IV, 23 (189).

(656) *Vie d'Ignace, patriarche de Constantinople*, 224.

(657) BURY, *op. cit.*, 135, 5.

(658) THÉOPHANE continué, IV, 30 (208).

(659) *Ibidem*, IV, 29 (205-208); DIEHL et MARÇAIS, *op. cit.*, 320-321; BURY, *op. cit.*, 438-447; FUCHS, *Die höheren Schulen von Konstantinopel im Mittelalter*, 18 et s.

(660) BURY, *op. cit.*, 445-449; OSTROGORSKY, *op. cit.*, 155.

(661) Le concile des Saints-Apôtres (861) condamne l'hérésie iconoclaste (*R. P. B.*, 467) et des iconoclastes repentants comparaissent devant le concile œcuménique à la 8e session, 5 novembre 969, *M. C.*, XVI, 387-390.

(662) DVORNIK, *Les légendes de Constantin et de Méthode...*, 122 et s.; *R. P. B.*, 436 et 60-62.

(663) *Vie de Michel le Syncelle*, 249-250; DVORNIK, *op. cit.*, 123 et s.

(664) VAN DE VORST, *La translation de saint Théodore...*, *A. B.*, 32, 1913, 26-62.

(665) *Vie de saint Joannice le Grand* (Olympe), 371 et s., 431 et s.; DVORNIK, *op. cit.*, 125-126.

(666) DVORNIK, *op. cit.*, 123-124. Un des choix les plus critiqués fut celui de Théophane le Graptos comme archevêque de Nicée.

(667) *R. P. B.*, 429, 431, 432, 433.

(668) *Ibidem*, 437; DVORNIK, *op. cit.*, 130.

(669) *R. P. B.*, 436.

(670) BURY, *op. cit.*, 183-184; DVORNIK, *Les Slaves, Byzance et Rome au IXe siècle*, 131, 137-138.

(671) Par exemple il envoie un pallium au pape Léon IV, qui le refuse courtoisement, *R. P. B.*, 446.

(672) *R. P. B.*, 445 (fin 847-848) et 441, 447, 448; FLICHE et MARTIN, *Histoire de l'Église*, VI, 466; BURY, *op. cit.*, 184-185.

(673) *R. P. B.*, 449; *Vie d'Ignace, patriarche de Constantinople*, 224; THÉOPHANE continué, IV, 30-31 (207-210); BURY, *op. cit.*, 188.

(674) Bardas l'impliqua dans un complot, *Vie d'Ignace...*, 224; BURY, *op. cit.*, 189; LOPAREV, *Vizantiiskiia Jitii Sviatuich...*, XVIII, 47-48.

(675) *R. P. B.*, 455; GRUMEL, *La genèse du schisme photien*. *A. C. E. B.*, V, Rome, 1936, 178; *Libellus Ignatii*, *P. G.*, CV, 121.

(676) GRUMEL, *loc. cit.*, 180; *R. P. B.*, 456; témoignages divers dans *M. C.*, XVI, 416-441; FLICHE et MARTIN, *op. cit.*, VI, 470-471.

(677) *R. P. B.*, 459.

(678) *Ibidem*; *Vie d'Ignace, patriarche de Constantinople*, 16; *Libellus Ignatii*, P. G., CVI, 157.

(679) R. P. B., 460; M. C., XVI, 416.

(680) R. P. B., 465.

(681) *Ibidem*; texte de la synodique dans P. G., CV, 516; des lettres dans P. G., CXIX, 773-780; R. P. B., 469; *Vie d'Ignace...*, 17.

(682) *Vie d'Ignace, Patriarche de Constantinople*, 52; VOGT (A.), *Basile Ier et la civilisation byzantine à la fin du IXe siècle*, 207-208; KARAPET TER-MEKTTSCHIAN, *Die Paulikianer im byzantinischen Kaiserreiche*, 109-110; FLICHE et MARTIN, *op. cit.*, VI, 471; BURY, *op. cit.*, 195-197.

(683) R. P. B., 466; M. C., XVI, 297-301; VOGT (A.), *op. cit.*, 207-208; *Vie d'Ignace...*, 19-21.

(684) *Vie d'Ignace...*, 23; FLICHE et MARTIN, *op. cit.*, VI, 473; BURY, *op. cit.*, 197.

(685) *Libellus appellationis*, M. C XVI, 269-301; FLICHE et MARTIN, *op. cit.*, VI, 474.

(686) Actes dans les lettres pontificales ultérieures, FLICHE et MARTIN, *op. cit.*, VI, 474, 3. Voir M. G. E., VI, 556-561.

(687) Lettre injurieuse de Michel III au pape, R. K. O. R., 464 (été 865).

(688) M. G. E., VI, 454-487 (mémorandum du pape); FLICHE et MARTIN, VI, 475. Dernière tentative du pape en 866 et arrestation des légats à la frontière, *ibidem*, 479.

(689) R. K. O. R., 461; FLICHE et MARTIN, VI, 476; BURY, *op. cit.*, 385; RUNCIMAN *A history of the first Bulgarian Empire*, 104-108.

(690) R. P. B., 478; sur la date de ce baptême, VAILLANT et LASCARIS, R. E. S., 1933.

(691) Lettre de Photius à Boris, P. G., CII, 628-696.

(692) FLICHE et MARTIN, *op. cit.*, VI, 478-479; DVORNIK, *Les Slaves, Byzance et Rome...*, 191; RUNCIMAN, *op. cit.*, 108-112.

(693) R. P. B., 483. Sur la correspondance de Photius avec des évêques d'Occident, GAY (J.), *L'Italie méridionale et l'Empire byzantin*, 81.

(694) R. P. B., 481-482; M. C., XVI, 128, 136; texte de l'Encyclique, P. G., CII, 721-741; *Vie d'Ignace...*, 29; FLICHE et MARTIN, VI, 481-482; DIEHL et MARÇAIS, *Le monde oriental de 395 à 1081*, 326-327; JUGIE (M.), *Le Schisme byzantin*, 112-114.

(695) *Vie d'Ignace...*, 30; HAMMER (J. von), *Histoire de l'Empire ottoman*, (trad. Hellert), 206-212; R. P. B., 114-115.

(696) Écrite par Constantin Porphyrogénète, VOGT (A.), *Basile Ier et la civilisation byzantine à la fin du IXe siècle*, VI-VII.

(697) LAMBROS, Χρονολογίαι Βασιλείου Μακεδόνος, N. H., XX, 1926, pp. 292-293.

(698) VOGT, *op. cit.*, 21. Voir ADONTZ, *L'âge et l'origine de l'empereur Basile Ier*, B. N., VIII, 1933, 478 et s. (critique de la *Vita Basilii*); THÉOPHANE continué, IV, 8 (877 et s.).

(699) ADONTZ, *loc. cit.*, 487 (anecdote suspecte); VOGT, *op. cit.*, 27; DIEHL, *Figures byzantines*, I, 160-161.

(700) ADONTZ, 489-490; LAMBROS, *loc cit.*, 292 (vers 862); VOGT, *op. cit.*, 29-31; DIEHL *op.*, *cit.*, I, 163-165, 168.

(701) ADONTZ, 491-493.

(702) TEMPERLEY, *History of Serbia*, 35; THÉOPHANE continué, V, 16 (249-252); BURY, *op. cit.*, 168.

(703) THÉOPHANE continué, V, 17 (251-254), (récit tendancieux); ADONTZ, 498-500; VOGT, *op. cit.*, 38; BURY, *op. cit.*, 170.

(704) BURY, *op. cit.*, 169; DIEHL, *Figures byzantines*, I, 168-169.

(705) ADONTZ, 499-500; VOGT, *op. cit.*, 39; DIEHL, *op. cit.*, I, 173; BURY, *op. cit.*, 175; R. K. O. R., 467.

(706) VOGT, *op. cit.*, 39-40; THÉOPHANE continué, V, 18 (253-256); ADONTZ, *loc. cit.*, B. N., IX, 1934, 223-224.

(707) VOGT, *op. cit.*, 40-42; THÉOPHANE continué, V, 18 (256-257); GEORGES LE MOINE, *Chro-*

nique universelle, IV, 33-44 (897-900); DIEHL, op. cit., I, 175-177; voir PARGOIRE, Les Saints Mamas., I. R. I., IX, 1904, 300-301; sur les assassins de Michel, dont deux frères de Basile, voir OSTROGORSKY, Bratiia Vasilja I, B. S. H. B., 1939, 342-350.

(⁷⁰⁸) THÉOPHANE continué, V, 28 (272); VOGT, op. cit., 87; GEORGES LE MOINE, Chronique universelle, V, 5 (1073) montre la vengeance divine qui atteignit les meurtriers de Michel.

(⁷⁰⁹) Ouverture du trésor trouvé à peu près vide, VOGT, op. cit., 88.

(⁷¹⁰) C'était le bruit qui courait, GEORGES LE MOINE, op. cit., V, 18 (905); VOGT, op. cit., 60.

(⁷¹¹) GEORGES LE MOINE, op. cit., IV, 33 (895); VOGT, op. cit., 60.

(⁷¹²) VOGT, op. cit., 61; D. H. G. E., II, 1914, 195.

(⁷¹³) THÉOPHANE continué, IV, 19 (756); Vie d'Euthyme, patriarche de Constantinople, 126; DIEHL, Figures byzantines, I, 187-189.

(⁷¹⁴) VOGT, op. cit., 154-155 (il lui aurait fait revoir son fils Constantin).

(⁷¹⁵) Ibidem, 155-157; lettre d'un évêque au pape Étienne V sur les projets de Santabaren, M. C., XVI, 433.

(⁷¹⁶) THÉOPHANE continué, VI, 1 (369); GEORGES LE MOINE, VI, 1 (910); VOGT, op. cit., 61-62.

(⁷¹⁷) Vie d'Ignace, patriarche de Constantinople, 30; GEORGES LE MOINE, op. cit., V, 5 (901). Photius aurait refusé l'entrée de l'église à Basile (peu vraisemblable); VOGT, op. cit., 213; JUGIE (M.), Le Schisme byzantin, 113.

(⁷¹⁸) R. P. B., 498; Vie d'Ignace..., 31.

(⁷¹⁹) R. P. B., 499; R. K. O. R., 474; M. C., XVI, 324-328; VOGT, 213-214; FLICHE et MARTIN, Histoire de l'Église, VI, 483-484.

(⁷²⁰) SILBERSCHMIDT, Das orientalische Problem zur Zeit der Entstehung des türkischen... Reiches, 82; Liber pontificalis..., II, 77.

(⁷²¹) VOGT, op. cit., 215-217; JUGIE (M.), op. cit., 115-116; Liber pontificalis, II, 180.

(⁷²²) M. C., XVI, 18; VOGT, op. cit., 217-218; JUGIE, op. cit., 116.

(⁷²³) Actes dans M. C., XVI, 1-550; FLICHE et MARTIN, op. cit., VI, 485 et s.; sur Baanès voir D. H. G. E., VI, 1932, 8.

(⁷²⁴) M. C., XVI, 88-89; VOGT, op. cit., 223-225; JUGIE, op. cit., 117-118 (il y eut trois mois d'intervalle entre la 8ᵉ et la 9ᵉ session).

(⁷²⁵) JAFFÉ, 2943; FLICHE et MARTIN, op. cit., VI, 489.

(⁷²⁶) VOGT, op. cit., 228-229; FLICHE et MARTIN, VI, 488; JUGIE, op. cit., 118-119.

(⁷²⁷) RUNCIMAN, A history of the first Bulgarian Empire, 114; JUGIE, op. cit., 119; témoignage d'une inscription de 870 au nom de Boris. Voir GRÉGOIRE dans B. N., 1939, 227 et s.

(⁷²⁸) M. G. E., VII, 277, 294 (873-874); FLICHE et MARTIN, VI, 489-490; DVORNIK, Les Slaves, Byzance et Rome au IXᵉ siècle, 249-251.

(⁷²⁹) JAFFÉ, 3130; FLICHE et MARTIN, VI, 490.

(⁷³⁰) Vie d'Ignace, patriarche de Constantinople, 36-41.

(⁷³¹) Ibidem, 52; VOGT, op. cit., 233-234; descendance exposée dans la Vie de Basile, THÉOPHANE continué, V, 2 (227-230).

(⁷³²) R. P. B., 508-512.

(⁷³³) Ibidem, 513 (hiver de 878). La lettre fut portée par l'archevêque de Patras en même temps qu'une lettre de Basile, R. K. O. R. 497.

(⁷³⁴) Août 879; VOGT, op. cit., 240-241; JUGIE, Le Schisme byzantin, 120; FLICHE et MARTIN, VI, 491-493.

(⁷³⁵) FLICHE et MARTIN, VI, 493-496; R. P. B., 520-521; JUGIE, op. cit., 120-127.

(⁷³⁶) Vie d'Ignace..., 244-246.

(⁷³⁷) DVORNIK, Les légendes de Constantin et de Méthode vues de Byzance, 318; du même : Le second schisme de Photius, B. N.,

VIII, 1933; GRUMEL, *Y a-t-il eu un second schisme de Photius? R. S. P. Th.*, XXII, 1933 et *La liquidation de la querelle photienne, E. O.*, XXIII, 1934. Voir aussi *E. O.*, 1938 (articles de JUGIE et GRUMEL sur les actes du synode photien, qu'on croit avoir été interpolés postérieurement à Photius). De même DVORNIK, *Les légendes de Constantin...*, 322 et s.

([738]) DVORNIK, *B. N.*, VIII, 1933, 426 et s. (prétendue condamnation de Photius par tous les papes, de Nicolas Ier à Formose).

([739]) *R. P. B.*, 552 (a. 880), et *P. L.*, CXXVI, 910-911 (échange de lettres entre Jean VIII et Photius); éloge de Jean VIII dans la *Mystagogie* de Photius, *P. G.*, CII, 380.

([740]) FLICHE et MARTIN, *op. cit.*, VI, 497-498 (en 884 Hadrien III envoie sa synodique à Photius).

([741]) BURY, *A history of the Eastern Roman Empire*, 378-381.

([742]) THÉOPHANE continué, IV, 14 (176-177); *R. K. O. R.*, 447 (a. 844); RUNCIMAN, *A history of the first Bulgarian Empire*, 90 (date : 852, d'après les historiens bulgares).

([743]) LAURENT (Jos.), *L'Arménie entre Byzance et l'Islam*, 243-245 (télégraphe optique, populations armées).

([744]) VASILIEV, *Byzance et les Arabes*, 204-205.

([745]) *Ibidem*, 210-211; *Liber pontificalis...*, II, 99; FLICHE et MARTIN, VI, 280.

([746]) Voir LAUER, *Le poème de la destruction de Rome, M. A. H.*, XIX, 30; FLICHE et MARTIN, VI, 281-282.

([747]) FLICHE et MARTIN, VI, 282.

([748]) GAY (J.), *L'Italie méridionale et l'Empire byzantin*, 66-67.

([749]) VASILIEV, *op. cit.*, 220-221.

([750]) *Ibidem*, 206-209.

([751]) Sur les doctrines pauliciennes voir le traité attribué à Photius, *P. G.*, CII, 9-164, et le récit de Pierre de Sicile, dont GRÉGOIRE (H.), a montré la valeur, *A. C. E. B.*, V (Rome), 1936, 40 et s. *P. G.*, CIV.

([752]) BURY, *op. cit.*, 276.

([753]) *Ibidem*, 277.

([754]) *Ibidem*, 278.

([755]) Théoktistos venait d'échouer dans une tentative d'expédition en Crète, VASILIEV, *op. cit.*, I, 194-198. Le Continuateur de THÉOPHANE, IV, 16 (173-182) place à tort à ce moment l'émigration paulicienne chez les Arabes.

([756]) BROOKS, *The relations between the Empire and Egypt, B. Z.*, XXII, 1913, 381-382.

([757]) VASILIEV, *op. cit.*, I, 212-218.

([758]) *Ibidem*, I, 222-233. En 855 les Grecs s'emparent de la tribu tzigane des Zutt.

([759]) En 845, 855, 860. *Ibidem*, I, 224-226 et 237-240.

([760]) *Ibidem*, I, 235, et note n° 3 de Grégoire.

([761]) *Ibidem*, I, 245, 1. Une prétendue défaite de Michel III est inconnue des historiens arabes.

([762]) Sur les agressions précédentes des Russes en Crimée, VASILIEV, *The Goths in the Crimea*, 111; DVORNIK, *Les légendes de Constantin et de Méthode vues de Byzance*, 172; sur les côtes d'Asie Mineure, *Vie de saint Georges, évêque d'Amastris*, 43; LOPAREV, *Vizantiiskiia Jitii Sviatuïch*, XVIII, 26 et s.

([763]) THÉOPHANE continué, IV, 33 (209-212); BURY, *A history of the Eastern Roman Empire*, 419-423. Sur la date précise (crue à tort 866) et retrouvée par CUMONT (F.), dans une chronique anonyme : VASILIEV, *Byzance et les Arabes*, I, 241-243; de BOOR, *Der Angriff der Rhos auf Byzanz, B. Z.*, IV, 1894, 444.

([764]) BURY, *op. cit.*, 420.

([765]) *Ibidem*, 422-423; DIEHL et MARÇAIS, *Le monde oriental de 395 à 1081*, 323-324.

([766]) BURY, *op. cit.*, 383-384; RUNCIMAN, *A history of the first Bulgarian Empire*, 100-105; *R. K. O. R.*, 361.

(767) VASILIEV, *Byzance et les Arabes*, I, 250-256; la date est connue par Tabari. Sur les légendes, notes de Grégoire, VASILIEV, *op. cit.*, I, 250, 2 et 255, 2; BURY, *op. cit.*, 284, 4; OSTROGORSKY, *Geschichte des byzantinischen Staates*, 156.

(768) VASILIEV, *op. cit.*, I, 258-260.

(769) THÉOPHANE continué, V, 53 (305); VASILIEV, *Vizantija i Araby... za vremja Makedonskoj dinastii*, II, 14-15; de VOÏNOVITCH, *Histoire de la Dalmatie*, I, 283.

(770) *R. K. O. R.*, 501; LENTZ, *B. Z.*, III, 1894, 100.

(771) GAY (J.), *L'Italie méridionale et l'Empire byzantin*, 80-89; VASILIEV, *op. cit.*, II, 15-19; VOGT (A.), *Basile Ier et la civilisation byzantine à la fin du IXe siècle*, 319-321; *R. K. O. R.*, 480.

(772) *R. K. O. R.*, 437 (a. 871). On ne connaît que la réponse de Louis II à la lettre de Basile, texte *Chronicon Salernitanum*, 521-527. Sur son authenticité voir la discussion entre Poupardin, *M. A.*, 1903, 185-202 et Kleinclausz, *M. A.*, 1904, 45-53; GAY (J.), *L'Italie méridionale et l'Empire byzantin*, 84-85.

(773) GAY, *op. cit.*, 101-103.

(774) *Ibidem*, 105-108; VASILIEV, *op. cit.*, II, 44; *R. K. O. R.*, 495.

(775) GAY, *op. cit.*, 108.

(776) *Ibidem*, 109-111.

(777) *R. K. O. R.*, 502; DUCHESNE, *Les premiers temps de l'État pontifical*, 461 et s.

(778) VASILIEV, *op. cit.*, II, 24.

(779) THÉOPHANE continué, V, 69 (325); VASILIEV, *op. cit.*, II, 74-77; VOGT, *Basile Ier...*, 330; GAY, *op. cit.*, 111.

(780) GAY, *op. cit.*, 111-112; VASILIEV, *op. cit.*, II, 74-77.

(781) GAY, *op. cit.*, 112-114; VASILIEV, *op. cit.*, II, 76-77; VOGT, *op. cit.*, 335.

(782) GAY, *op. cit.*, 132; VASILIEV, *op. cit.*, II, 88.

(783) En 885, GAY, 132-136; VOGT, 441; DIEHL et MARÇAIS, *Le monde oriental*, 336-337; VASILIEV, II, 88-89.

(784) GAY, 138-141.

(785) DIEHL et MARÇAIS, *op. cit.*, 377 et s., 439; VASILIEV, II, 12.

(786) DIEHL et MARÇAIS, *op. cit.*, 438-439.

(787) Sur ces ravages qui obligeaient les habitants des villes à gagner la terre ferme, *Vie de saint Luc le Jeune*, 441 et s.; LOPAREV, *Vizantiiskiia Jitii Sviatuich*, XIX, 69.

(788) THÉOPHANE continué, V, 61 (315-318); PHRANTZÈS (G.), *Chronicon Majus*, *P. G.*, CLVI, I, 34; VASILIEV, *op. cit.* II, 47-48; VOGT, *op. cit.*, 328. Cf. THÉOPHANE continué, V, 59 (312-316); VASILIEV, II, 46-49.

(789) Fait inconnu aux sources mentionnées par Nicolas le Mystique vers 915, *P. G.*, CXI, 29; VOGT, 328; VASILIEV, *Byzance et les Arabes*, II, 511-512.

(790) LAURENT (Jos.), *L'Arménie entre Byzance et l'Islam*, 248.

(791) VASILIEV, *Vizantija i Araby za vremja Makedonskoj dinastii*, II, 25-28; sur les sources : *ibidem*, 47; sur l'authenticité de l'ambassade, VASILIEV, *Byzance et les Arabes, La dynastie d'Amorium*, I, 227, 1.

(792) VASILIEV..., *Makedonskoj dinastii*, II, 30-34; LAURENT, *op. cit.*, 255-256; SCHLUMBERGER (G.), *Les îles des Princes*, 322-325.

(793) VASILIEV..., *Makedonskoj dinastii*, II, 38; LAURENT, *op. cit.*, 257.

(794) VASILIEV, *op. cit.*, II, 40-41; VOGT, *op. cit.*, 326. Il n'en célébra pas moins un triomphe après avoir brûlé quelques villages pauliciens.

(795) VASILIEV, *op. cit.*, II, 53 et s.

(796) LAURENT, *op. cit.*, 257-258; VASILIEV, *op. cit.*, II, 61-63; VOGT, *op. cit.*, 331.

(797) VASILIEV, *op. cit.*, II, 68-70; VOGT, 332.

(798) VASILIEV, II, 71-72; VOGT, 332-333.

(799) VASILIEV, II, 77-80; VOGT, 333-334.

(800) Κεστὰ ὁ Στυπιώτης ; VASILIEV, II, 81-82; VOGT, 334.

(801) VASILIEV, II, 258-260; DIEHL et MARÇAIS, *Le monde oriental*, 439.

(802) VASILIEV, II, 280-283; *R. K. O. R.*, 506 (885-886).

(803) Rappelons sa lutte avec Rome en Bulgarie.

(804) Sur les traités de propagande à l'usage des Musulmans, DVORNIK, *Les légendes de Constantin et de Méthode vues de Byzance*, 104 et s., et ABEL, *L'Apocalypse de Bahira*, A. I. P. B., III, 1935; VASILIEV, *Byzance et les Arabes. La dynastie d'Amorium*, I, 422-426.

(805) Sur l'enseignement des langues étrangères à Byzance voir le chapitre sur la diplomatie dans *M. B. E. H.*, 32 bis.

(806) DVORNIK, *Les Slaves, Byzance et Rome au IXe siècle*, 69-70.

(807) *Vie de saint Athanase le Météorite*, 18, 253-254; LOPAREV, *Vizantiiskiia Jitii Sviatuich*, XVII, 58-59.

(808) DVORNIK, *Les légendes de Constantin et de Méthode*..., 207-209.

(809) RAMBAUD (A.), *L'Empire grec au Xe siècle. Constantin Porphyrogénète*, 215; POUQUEVILLE, *Voyage en Grèce*, 1820, III, 74.

(810) DVORNIK, *op. cit.*, 339-394 (étude des sources de leur biographie et traduction française des légendes slavonnes).

(811) *Ibidem*, 2, 15 et s.
(812) *Ibidem*, 34, 45 et 353.
(813) *Ibidem*, 79 et 353.
(814) *Ibidem*, 85 et 354.
(815) *Ibidem*, 112 et 358.
(816) *Ibidem*, 184 et s., et *Vie de Constantin*, ch. VIII-XII, 358-370. C'est à Kherson que Constantin trouve un livre écrit en lettres russes; voir VASILIEV, *M. O. I.*, I, 16.

(817) BURY, *A history of the Eastern Roman Empire*, 393; DVORNIK, *Les Slaves, Byzance et Rome au IXe siècle*, 151-159; DVORNIK, *Les légendes de Constantin et de Méthode vues de Byzance*, 216-225 et *Vie de Constantin*, ch. XIV, 372-373.

(818) DVORNIK, *Les Slaves*..., 150-152.

(819) DVORNIK, *Les légendes de Constantin*..., 228-231.

(820) *R. K. O. R.*, 463; DVORNIK, *Les Slaves*..., 165; LÉGER (L.), *Cyrille et Méthode*, 93.

(821) DVORNIK, *Les Slaves*..., 160-164.

(822) Sur la question de l'origine des alphabets cyrillique et glagolitique, DVORNIK, *Les Slaves*..., 162, 2; JAGIČ, *Entstehungsgeschichte der Kirchenslawischen Sprache*, 221 (regarde le glagolitique comme une création postérieure); LÉGER (L.), *op. cit.*, 33 et s. (attribue la paternité de l'alphabet cyrillique à Constantin); DVORNIK, *Les légendes de Constantin*, XIV, 372-373.

(823) DVORNIK, *Les Slaves*..., 166-167.

(824) *Ibidem*, 167-168.
(825) *Ibidem*, 170-172.

(826) DVORNIK, *Les légendes de Constantin*..., XVI, 375-378; LÉGER (L.), *Cyrille et Méthode*, 98.

(827) DVORNIK, *op. cit.*, XVII, 378. Sur les motifs du pape (tentative pour recouvrer la juridiction de l'Illyricum), voir DVORNIK, 266 et s.

(828) *Liber pontificalis*..., II, 176-177.

(829) LOPAREV, *Vizantiiskiia Jitii Sviatuich*, XVII, 378-379; LÉGER, *op. cit.*, 100-107; DVORNIK, *Les Slaves*..., 196-202.

(830) LÉGER, 107; DVORNIK, *op. cit.*, 200.

(831) DVORNIK, *op. cit.*, 170; ID., *Les Légendes de Constantin*..., XVII, 268.

(832) DVORNIK, *Les Slaves*..., 201-203; ID., *Les Légendes de Constantin*...; *Vie de Méthode*, VII, 386-388.

(833) DVORNIK, *Les Slaves*..., 209.

(834) *Ibidem*, 209-214.

(835) *Ibidem*, 265; LÉGER, 135 et s.

(836) LÉGER, 141; DVORNIK, *Les Slaves*..., 266-269.

(837) DVORNIK, *op. cit.*, 269-270; ID., *Les Légendes de Constantin...*, XII, 390.

(838) DVORNIK, *Les Slaves...*, 270, 2.

(839) Sur les rapports des deux frères avec Photius, DVORNIK, *Les Légendes de Constantin...*, 313 et s.

(840) *Ibidem*, XIII, 390-391, et sur la réalité du voyage, mise à tort en doute par LÉGER, *Cyrille et Méthode*, 154; DVORNIK, *Les Slaves...*, 271-273.

(841) DVORNIK, *op. cit.*, 143-146; VASILIEV, *M. O.*, I, 1, 17.

(842) *R. K. O. R.*, 503 (vers 880); voir DVORNIK, *op. cit.*, 274-278 et ID., *Les Légendes de Constantin...*, 275-277, l'hypothèse d'après laquelle Basile aurait été inquiet de l'activité de Méthode en Pannonie, en accord avec Jean VIII, mais les sources sont muettes là-dessus.

(843) DVORNIK, *Les Slaves...*, 286-288; *Vie de saint Clément, disciple de Méthode*, 1217 et s.

(844) DVORNIK, *Les Slaves...*, 286-297 et 313-315.

(845) *Ibidem*, 317-318; GUÉRIN-SONGEON, *Histoire de la Bulgarie*, 130-131; voir WEINGART, *Les chroniques byzantines dans la littérature slave ecclésiastique*, *M. O.*, I, 1, 50 et s.

(846) DVORNIK, *Les Slaves...*, 319-321.

(847) *Ibidem*, 298.

(848) *Vie d'Euthyme, patriarche de Constantinople*, I, 1-3.

(849) LAMBROS, *Leo und Alexander als Mitkaiser von Byzanz*, *B. Z.*, IV, 1895, 95 et s., et observations de FISCHER, *B. Z.*, V, 1896, 137 et s.

(850) ZONARAS, *Epitome*, XVI, 14. Les autres chroniques ne mentionnent pas Alexandre comme co-empereur. Voir LAMBROS, *loc. cit.*, 93.

(851) Sur l'attribution du traité de tactique à Léon VI voir MITARD, *B. Z.*, XII, 1903, 585-592 et VERNADSKY, *B. N.*, 1931, 333-335.

(852) MONNIER (H.), *La novelle L de Léon le Sage et l'insinuation des donations*, 14; LÉON VI, *Novelles*, trad. Spulber (« Études de droit byzantin »), 41.

(853) KRUMBACHER, *Geschichte der byzantinischen Literatur*, 628, 3; sur les prophéties attribuées à Léon, *Itinéraires russes en Orient*, *S. O. L.*, 1889, 230.

(854) DEMANGEL et MAMBOURY, *Le Quartier des Manganes*, 22; LOPAREV, *Vizantiiskiia Jitii Sviatuich*, XIX, 147; DVORNIK, *Les légendes de Constantin...*, 83-84.

(855) KRUMBACHER, *op. cit.*, 168 (7).

(856) DIEHL, *Figures byzantines*, I, 183; *Vie d'Euthyme, patriarche de Constantinople*, II, 1-8 (4 et s.).

(857) Voir sa novelle 90 sur les troisièmes noces; MONNIER, *Les novelles de Léon le Sage*, 87-88.

(858) TZAOUTZÈS, turc : *tchaouch*, huissier.

(859) VOGT, *Basile Ier et la civilisation byzantine à la fin du IXe siècle*, 50-51; MONNIER, *La novelle L de Léon le Sage et l'insinuation des donations*, 19; DIEHL, *op. cit.*, I, 188.

(860) SCHLUMBERGER (G.), *Sigillographie byzantine*, 439.

(861) LÉON VI, *Novelles*, 60.

(862) *Vie d'Euthyme...*, II, 13 et s.; III, 23-31 (9-10).

(863) Voir JANIN, *Un Arabe ministre à Byzance : Samonas*, *E. O.*, 38, 1935, 308-310.

(864) JANIN, *loc. cit.*, 311-312.

(865) *Ibidem*, 313-314.

(866) *Ibidem*, 315-318; SCHLUMBERGER, *op. cit.*, 695.

(867) Sur ces novelles, *M. B. E. H.*, 32 bis.

(868) *R. P. B.*, 536; *R. K. O. R.*, 513; *Vie d'Euthyme...*, II, 10 (4), 21-23 (5); FLICHE et MARTIN, *Histoire de l'Église*, VI, 498-500.

(869) *Vie et office de saint Euthyme le Jeune*, XII (24-25) LOPAREV, *op. cit.*, XIX, 101-102, 151.

(870) *Vie d'Euthyme*, II, 24-25; III, 1 (6).

(871) *Vie de sainte Theophano* (« Monumenta Photiana »), 21; LOPAREV, *op. cit.*, XVII, 69-70;

Diehl, *Figures byzantines*, I, 189-190.

(872) *Vie d'Euthyme*, VI, 11-18 (19-20), VII, 1-15 (20-22); Diehl, *op. cit.*, I, 190-191.

(873) *Vie d'Euthyme*, VII, 22-26 (23-24); *Vie de sainte Theophano*, 26-29; Théophane continué, VI, 12 (377); Loparev, *op. cit.*, XVII, 70-72.

(874) *Vie d'Euthyme*, VIII, 1-10 (24-25).

(875) *Ibidem*, p. 94.

(876) *Ibidem*, VII, 16-21 (22-23).

(877) Printemps de 894. *R. P. B.*, 595 (a. 898); Théophane continué, VI, 13 (377); Pseudo-Syméon, Magister et logothète, *Chronique, Leo*, 5 (764); Georges le Moine, *Chronique universelle*, *Leo*, 18 (917).

(878) *Vie d'Euthyme*, II, 1 (2); Bury, *The imperial administrative system in the ninth century*, 114-115.

(879) Théophane continué, VI, 13 (377); Georges le Moine, *op. cit.*, *Leo*, 5 (764) (fin 894-896); *Vie d'Euthyme*, VIII, 14-21 (26-27).

(880) Cuivič, *La péninsule balkanique*, 8; Loparev, *op. cit.*, XVII, 150-152.

(881) *M. C.*, XVI, 425; Dvornik, *Le second schisme de Photius*, *B. N.*, VIII, 1933, 469-470.

(882) La date a donné lieu à discussion. De Boor (*Vie d'Euthyme*, 126), fixe l'Union à 900 et la mort d'Antoine au 12 février 901. La thèse de Grégoire (*La vie de saint Blaise d'Amorium*, *B. N.*, V, 1929, 395-402) qui fixe l'Union à 897 se heurte à des difficultés.

(883) *R. P. B.*, 596; Philotée Atriklinos, *Cletorologion*, éd. Bury (*Imperial administrative system*), 155; Dvornik, *loc. cit.*, 472-474; *M. C.*, XVIII, 101; Gay (J.), *L'Italie méridionale et l'Empire byzantin*, 189.

(884) *Vie d'Euthyme*, X, 25 (34) donne la date du 12 février sans l'année. Voir de Boor, *ibidem*, 97-103.

(885) *Ibidem*, II, 6 (24-25).

(886) Diehl, *Figures byzantines*, I, 194-195.

(887) Léon VI, *Novelles*, 45 (cherche à laver Léon du reproche d'inconséquence).

(888) Théophane continué, VI, 17 (381); Georges le Moine, *Leo*, 23 (921); Diehl, *op. cit.*, I, 196.

(889) *Vie d'Euthyme*, X, 12 (32-33).

(890) Théophane continué, VI, 20 (384); Diehl, *op. cit.*, I, 197.

(891) *Vie d'Euthyme*, XI, 1-7 (35-36).

(892) Diehl, *op. cit.*, I, 197-198.

(893) *Vie d'Euthyme*, XI, 8-16 (36-37). Seule la *Vie d'Euthyme* mentionne cette lettre, dont Léon VI eut forcément connaissance avant la naissance de Constantin Porphyrogénète, et le changement d'attitude du patriarche. C'est pour cette raison que la chronologie de la *Vie d'Euthyme*, en désaccord avec celle d'autres sources, nous paraît préférable. Vasiliev, *Vizantija i Araby za vremja Makedonskoj dinastii* (II, 157 et s.), d'après Tabari, place la défection d'Andronic en octobre 906 et sa fuite chez les Arabes en avril 907, c'est-à-dire après l'abdication de Nicolas, ce qui rend la suite des événements incompréhensible, la lettre de Nicolas à Andronic ayant été écrite pendant que le rebelle se trouvait à Kabala près d'Iconium, où il resta six mois d'après la *Vie d'Euthyme*. Même chronologie défectueuse des chroniqueurs byzantins, *Vie de Léon* (VI, 26, 388-389) et Pseudo-Syméon, *Chronique, Leo* (22, 772-773), qui placent la fuite chez les Arabes après l'abdication de Nicolas.

(894) *Vie d'Euthyme*, XI, 16 (37); Diehl, *Figures byzantines*, I, 200-201.

(895) *R. P. B.*, 602-608; *Vie d'Euthyme*, XI, 17 (38-43).

(896) Théophane continué, VI, 23 (388); Pseudo-Syméon, *Chronique, Leo*, 17-18 (709).

(897) *R. K. O. R.*, 545; *M. C.*,

XVIII, 242-243; *Vie d'Euthyme*, XII (42).

([898]) Le 1er mai et le 6 août 906, *Vie d'Euthyme*, XI, 19-24 (38).

([899]) *Ibidem*, XII, 1-5 (39).

([900]) *Ibidem*, XII, 6-10 (39-40).

([901]) *Ibidem*, XII, 11-17 (40-41).

([902]) *Ibidem*, XII, 18 (43-44); *R. P. B.*, 611.

([903]) 1er février 907, *Vie d'Euthyme*, XIII, 1-15 (44-46).

([904]) *Ibidem*, XIII, 18-23 (47-48).

([905]) *R. P. B.*, 612-614; *Vie d'Euthyme*, XIII, 22-23 (48), XIV, 1-8 (48-50); NICOLAS le Mystique, patriarche, *Corrrespondance* n° 32, 197 et s.; texte complet d'abdication publié par DE BOOR, *B. Z.*, I, 1892, 553, avec la variante ἀρχιερωσύνη.

([906]) *Vie d'Euthyme*, XIV, 1-9 (50-53). Sur un parti favorable à Euthyme, voir la prédiction qui lui est faite, *op. cit.*, X, 1-11 (31-32).

([907]) *Ibidem*, XV, 10-17 (53-55); DIEHL, *Figures byzantines*, I, 207.

([908]) Incident de Nicétas le Philosophe, *Vie d'Euthyme*, XVI, 1-15 (56-58), et de BOOR, *ibidem*, 195.

([909]) *R. P. B.*, 625; *Vie d'Euthyme*, XV (59-61); THÉOPHANE continué, VI, 23 (388).

([910]) *R. P. B.*, 626; THÉOPHANE continué, VI, 24 (388); BLASTARÈS, *P. G.*, CXLIV, 1157.

([911]) *R. P. B.*, 627-629; *Vie d'Euthyme*, XVII, 1-13 (58-61).

([912]) Jour de la Pentecôte, *Vie d'Euthyme*, VI, 29 (392).

([913]) Lacune dans la *Vie d'Euthyme*, DE BOOR, 168-176; NICOLAS le Mystique, patriarche, *Correspondance*, n° 75 (276); GAY (J.), *L'Italie méridionale et l'Empire byzantin*, 204.

([914]) Sur sa carrière, VASILIEV, *Vizantija i Araby za vremja Makedonskoj dinastii*, II, 161; MERCATI, *Leone Magistro Choirosphaktes*, dans *R. S. Or.*, X, 1925, 220 et s.

([915]) DIEHL et MARÇAIS, *Le monde oriental de 395 à 1081*, 452.

([916]) RAMBAUD, *L'Empire grec au Xe siècle. Constantin Porphyrogénète*, 324; du même, *Études sur l'histoire byzantine*, 284; RUNCIMAN, *A history of the first Bulgarian Empire*, 133-137; LUITPRAND, *Antapodosis et Relatio de legatione Constantinopolitana*, III, 29 (309).

([917]) RAMBAUD, *op. cit.*, 327.

([918]) THÉOPHANE continué, VI 9 (373); GEORGES le Moine, *Leo* 11 (913); OSTROGORSKY, *Geschichte des byzantinischen Staates*, 180.

([919]) THÉOPHANE continué, VI, 9 (373); GEORGES LE MOINE, *op. cit.*, 12 (913); DVORNIK, *Les Slaves Byzance et Rome*..., 303 (rectifie la date donnée par Vasiliev d'après les historiens arabes, qui font arriver Syméon jusqu'à Constantinople); VASILIEV, *op. cit.*, II, 105; RUNCIMAN, *op. cit.*, 144.

([920]) LÉON VI, *Œuvres complètes (Taktika)*, 956; RUNCIMAN, *op. cit.*, II, 104.

([921]) MARQUART (J.), *Osteuropaeische und Ostasiatische Streifzeug*, 27-56; GROUSSET, *L'Empire des steppes*, 223-234; SCHÖNEBAUM, *Die Kenntniss der Byzantinischen Geschichtschreiber von der ältesten Geschichte der Ungarn vor der Landnahme*, 5-28; VERNADSKY, *Lebedia*, B. N., XIV, 1939, 179 et s.

([922]) GEORGES LE MOINE, *op. cit.*, 11-14 (913-916); THÉOPHANE continué, VI, 9-10 (376); CONSTANTIN VII Porphyrogénète, *De administrando imperio*, *P. G.*, CXIII, 51 (392); RUNCIMAN, *op. cit.*, 146-147; DVORNIK, *Les Slaves*..., 303-304.

([923]) RUNCIMAN, *op. cit.*, 147-149; *R. K. O. R.*, 522 (dates inexactes); LÉON CHOIROSPHAKTES, *Correspondance*, 381-396.

([924]) DVORNIK, *op. cit.*, 302 et s.

([925]) VASILIEV, *op. cit.*, II, 103-111.

([926]) Le 16 septembre 896, 2 504

musulmans furent rachetés. Vasiliev, *op. cit.*, II, 112.

(927) *Ibidem* II, 112-113.

(928) *Ibidem*, II, 109 et 113.

(929) *Ibidem*, II, 118-120; Léon VI, *Œuvres*, XI, 25 (800).

(930) Vasiliev, *op. cit.*, II, 120-121.

(931) *Ibidem*, II, 122, 137.

(932) Comme le montre le sac de Démétrias en Thessalie (Volo actuel) (902-903), *ibidem*, II, 135-136; Caméniatès (J.), *La prise de Thessalonique par les Arabes*, 14 (506); Voir Grégoire, *La Vie de saint Blaise d'Amorium*, B. N., V, 1929, 394-395.

(933) Théophane continué, VI, 20 (384); Caméniatès, *op. cit.*, 520-521.

(934) Sa base navale était à Tripoli de Syrie, Vasiliev, *op. cit.*, II, 138.

(935) Nicolas le Mystique, *Correspondance*, ep. 23, 156.

(936) Théophane continué, VI, 20 (384).

(937) Tafrali (O.), *Topographie de Thessalonique*, 14-21, 42-44.

(938) Récit d'un témoin oculaire, Jean Caméniate, fait prisonnier avec sa famille (*op. cit.*, 519-653). Voir sur lui Struck, *Die Eroberung Thessalonikes*, 904, B. Z., XIV, 1905, 535 et s.; Vasiliev, *op. cit.*, II, 141-151; Schlumberger, *Récits de Byzance et des croisades*, I, 13-23; du même *Un empereur byzantin au X*[e] *siècle*, Nicéphore Phocas, 35-38; Diehl et Marçais, *Le monde oriental de 395 à 1081*, 143-156; Tafrali (O.), *Thessalonique, des origines au XIV*[e] *siècle*, 451.

(939) Nicolas le Mystique, *Correspondance*, ep. 26-27; Vasiliev, *op. cit.*, II, 151.

(940) Dvornik, *Les Slaves, Byzance et Rome au IX*[e] *siècle*, 302 et s.; Runciman, *A history of the first Bulgarian Empire*, 151-152; témoignage de l'inscription d'une borne frontière. Voir Ouspensky, I. R. I., III, 1898, 184 et s.; Vasiliev, *Histoire de l'Empire byzantin*, I, 419-420.

(941) R. K. O. R., 549, 556 (2 septembre 911); Nestor (*Chronique dite de*), 21 et 25 (24-29); Vasiliev, *Vizantija i Araby za vremja Makedonskoj dinastii*, II, 165; du même, *Histoire de l'Empire byzantin*, I, 424.

(942) Sur la véritable interprétation de ce geste, exemples donnés par Ostrogorsky, *L'expédition du prince Oleg...*, A. I. K., XI, 1939, 58-59.

(943) Grégoire (H.), *Les premières apparitions des Russes devant Constantinople*, A. I. C. R., 1937, 83-84 et B. N., 1939, 79-80.

(944) Ostrogorsky, *loc. cit.*, 50 et s.

(945) Vasiliev, *Vizantija i Araby za vremja Makedonskoj dinastii*, II, 153.

(946) *Ibidem*, II, 154-156; R. K. O. R., 543.

(947) Vasiliev, *op. cit.*, II, 156. Sur la nécessité de rectifier la chronologie des sources arabes et grecques suivie par Vasiliev, voir *supra*, note 893.

(948) *Ibidem*, II, 157; R. K. O. R., 546.

(949) *Ibidem*, II, 162-163; R. K. O. R., 547 (entre octobre 906 et février 907).

(950) A cause de la présence des Russes dans l'armée d'Himérios, Vasiliev, *op. cit.*, II, 166-170 (d'après Maçoudi, *Prairies d'or*, VIII, 281-282, le débarquement en Syrie d'Himérios a lieu en 297 de l'Hégire = 20 septembre 909 à 8 septembre 910).

(951) Préparatifs connus par le *Livre des Cérémonies*, Vasiliev, II, 44 (1212-1224), qui donne à tort l'expédition dirigée contre la Crète, Vasiliev, *op. cit.*, II, 168.

(952) *Ibidem*, II, 176.

(953) *Ibidem*, II, 177-178; voir Delehaye, *La Vie de sainte Théoctiste*, B. N., I, 1924, 191-192.

(954) Vasiliev, *op. cit.*, II, 180-181.

(955) *Ibidem*, II, 181-182; Nicolas le Mystique, 29 et s.

(956) Vasiliev, *op. cit.*, II, 182.

(957) *Ibidem*, 183-184.

(958) Un indice du repeuple-

ment de la Cappadoce est l'augmentation du nombre des évêchés dans la notice de Léon VI, GELZER (H.), *Ungedruckte... Texte der Notitiae episcopatuum* (Académie de Saxe, 1901), 576 et s.; JERPHANION (G. de), *Les églises rupestres de Cappadoce*, I, LIII-LIV; voir GRÉGOIRE (H.), *L'évêché cappadocien d'Aragina*, B. S., I, 52.

(959) TOURNEBIZE (F.), *Histoire politique et religieuse de l'Arménie*, 106-107.

(960) R. K. O. R., 518; TOURNEBIZE, *op. cit.*, 107; VASILIEV, *op. cit.*, II, 100.

(961) R. K. O. R., 527-530 (vers 895); VASILIEV, *op. cit.*, II, 101.

(962) CONSTANTIN VII Porphyrogénète, *De administrando imperio*, 45 (349-352); LÉON VI, *Œuvres complètes*, 18, 141; VASILIEV, *op. cit.*, II, 101.

(963) TOURNEBIZE, *op. cit.*, 108-112; VASILIEV, *op. cit.*, II, 101-102.

(964) VASILIEV, *op. cit.*, II, 102.

(965) R. P. B., 599 (a. 902), 609-610 (a. 906-907); D. H. G. E., I, 1912, 1334-1335.

(966) GAY (J.), *L'Italie méridionale et l'Empire byzantin*, 142-145.

(967) *Ibidem*, 147-149.

(968) *Ibidem*, 149-152; R. K. O. R., 533.

(969) *Ibidem*, 151-154; NICOLAS le Mystique, ep. 32, 195; R. K. O. R., 536.

(970) GAY (J.), *op. cit.*, 146; VASILIEV, *op. cit.*, II, 115.

(971) GAY, *op. cit.*, 156; VASILIEV, *op. cit.*, II, 117 et s.

(972) GAY, 157-158; VASILIEV, II, 125-129.

(973) GERLAND (E.), *Geschichte des lateinischen Kaiserreiches von Konstantinopel (1204-1216)*, 155.

(974) GAY, 159-161.

(975) *Ibidem*, 162-163; VASILIEV, II, 204-206.

(976) NICOLAS le Mystique, ep. 144, 371; R. P. B., 657 (automne 915).

(977) CONSTANTIN Porphyrogénète, *De administrando imperio*, 50 (376); GAY, *op. cit.*, 170-177.

(978) *Vie d'Euthyme, patriarche de Constantinople*, 127 (commentaire); GAY, *op. cit.*, 169 et s.

(979) *Vie d'Euthyme*, XX, 10 (69); Pseudo-SYMÉON, *Chronique*, 777; THÉOPHANE continué, VI, 2-4 (396); GEORGES LE MOINE, *Chronique universelle*, Alex. 2-4 (933).

(980) THÉOPHANE continué, VI, Const., 6 (404); *Vie d'Euthyme*, XX, 6-7 (68).

(981) R. P. B., 630; *Vie d'Euthyme*, XVIII, 3-18 (63-64), XIX, 1-8 (64-66), 12-15 (66-67).

(982) R. P. B., 631-632; *Vie d'Euthyme*, XX, 7-9 (68-69).

(983) R. P. B., 635; R. K. O. R., 571; NICOLAS le Mystique, ép. 111, 196; GAY, *Le patriarche Nicolas le Mystique et son rôle politique*, M. D., I, 98.

(984) R. P. B., 636, 639; *Vie d'Euthyme*, XX, 1-6 (67-68); NICOLAS le Mystique, ep. 34 et 151, 220-221, 377-380.

(985) THÉOPHANE continué, VI, Alex. 6 (397); RUNCIMAN, *A history of the first Bulgarian Empire*, 155.

(986) *Vie d'Euthyme*, XXI (1-2) (69-70); RUNCIMAN, *The Emperor Romanus Lecapenus...*, 47.

(987) *Vie d'Euthyme*, XXI, 6-7 (70-71).

(988) Sur les contradictions entre les sources : DE BOOR, *Vie d'Euthyme*, 200-201; R. P. B., 640; RUNCIMAN, *The Emperor Romanus Lecapenus...*, 49.

(989) *Vie d'Euthyme*, XXI, 3-5 (70); THÉOPHANE continué, VI, Const., 3-4 (400-401); Pseudo-SYMÉON, *Chronique*, 780-781.

(990) THÉOPHANE continué, VI, Const., 5 (401); Pseudo-SYMÉON, *op. cit.*, 784; R. P. B., 641-642; NICOLAS le Mystique, ep. 5-6, 45-57; RUNCIMAN, *A history of the first Bulgarian Empire*, 82-83.

(991) R. P. B., 643 (août 913); R. K. O. R., 572; NICOLAS le Mystique, ep. 6, 50-60; RUNCIMAN, *The Emperor Romanus Lecapenus*, 82-83; du même, *A history of the first Bulgarian Empire*, 156-157.

(992) THÉOPHANE continué, VI, Const., 5, 401-403; OSTROGORSKY, Geschichte des byzantinischen Staates, 186; GUÉRIN-SONGEON, Histoire de la Bulgarie, 145.

(993) NICOLAS le Mystique, ep. 9, 68-72.

(994) THÉOPHANE continué, VI, Const., 6 (404); Pseudo-SYMÉON, op. cit., 784; GEORGES LE MOINE, Chronique universelle, Const., 8, 910; RUNCIMAN, op. cit., 52.

(995) Vie d'Euthyme, XXI, 8 (71), XXII, 13-19 (73-76).

(996) Ibidem, XXII, 1-2 (73); R. P. B., 650.

(997) RUNCIMAN, A history of the first Bulgarian Empire, 158; NICOLAS le Mystique, ep. 8, 61-68; R. P. B., 655 (juillet-août 914).

(998) THÉOPHANE continué, VI, Const., 7-8 (404-405); RUNCIMAN, op. cit., 158-159.

(999) R. K. O. R., 575; R. P. B., 658; NICOLAS le Mystique, ep. 66, 264-268.

(1000) RAMBAUD (A.), L'Empire grec au X⁰ siècle. Constantin Porphyrogénète, 12; RUNCIMAN, op. cit., 160-161; LUITPRAND, Antapodosis..., III, 27 (308); THÉOPHANE continué, VI, Const., 10 (405-408); R. P. B., 660; NICOLAS le Mystique, ep. 9, 78-80.

(1001) RUNCIMAN, op. cit., 161.

(1002) Vie de saint Luc le Jeune, 449 et s.; DIEHL, Choses et gens de Byzance, 3 et s.; OSTROGORSKY, Geschichte des byzantinischen Staates, 187, 1.

(1003) RUNCIMAN, The emperor Romanus Lecapenus..., 57 (Léon était le fils de Nicéphore Phocas).

(1004) R. K. O. R., 581 (22 mars), 582 (25 mars 919); THÉOPHANE continué, VI, Const. 11 (408-409), 12 (408-412); LUITPRAND, Antapodosis, III, 26 (308); RAMBAUD, op. cit., 12-16; RUNCIMAN, op. cit., 58-60.

(1005) THÉOPHANE continué, VI, Const., 13 (412-413); R. K. O. R., 583-584; RAMBAUD, op. cit., 16-17; RUNCIMAN, op. cit., 60.

(1006) THÉOPHANE continué, VI, Const., 16-17 (413-416); LUITPRAND, op. cit., III, 36 (310); RAMBAUD, op. cit., 18-19; RUNCIMAN, op. cit., 61-62.

(1007) RAMBAUD, op. cit., 23 et s. Voir M. B. E. H., 32 bis, ch. I.

(1008) LUITPRAND, op. cit., III, 25 (307).

(1009) THÉOPHANE continué, VI, 31 (393).

(1010) RAMBAUD, op. cit., 13; RUNCIMAN, op. cit., 63.

(1011) CONSTANTIN VII Porphyrogénète, De administrando imperio, 13 (188) : ἰδιώτης καὶ ἀγράμματος.

(1012) Ibidem, 5 (393).

(1013) THÉOPHANE continué, Const., 13 (412), 17 (416).

(1014) THÉOPHANE continué, Rom., 17 (428).

(1015) Le 5 août, Vie d'Euthyme, XXIII, 1-11 (76-78).

(1016) RUNCIMAN, op. cit., 65.

(1017) Ibidem, 86; R. P. B., 677; NICOLAS le Mystique, 16 (108-113).

(1018) Cette correspondance se poursuit de 919 à 921 et continue en pleine guerre. Le ton des lettres est celui d'un père spirituel à son pénitent. Voir GAY, loc. cit., M. D., I, 95-96; R. P. B., 662, 672, 673, 681; NICOLAS le Mystique, ep. 11 (93), 14 (97), 15 (105-108), 19 (113-121).

(1019) R. P. B., 682; NICOLAS le Mystique, ép. 18, 121-125. Nicolas considère cette réponse comme ironique.

(1020) Sur l'insuffisance des sources et la chronologie de la guerre bulgare, d'après la date de l'entrevue entre Romain et Syméon, voir RUNCIMAN, op. cit., 244-248, dont la chronologie est préférable à celle de GRUMEL; voir sa discussion, R. P. B., 714.

(1021) RUNCIMAN, op. cit., 87; ID., A history of the first Bulgarian Empire, 165; VASILIEV, Vizantija i Araby za vremja Makedonskoj dinastii, II, 198; R. P. B., 674.

(1022) CONSTANTIN VII Porphyrogénète, De Cerimoniis aulae byzantinae, 32 (296); RAMBAUD, L'Empire grec au X⁰ siècle..., 463-464; RUNCIMAN, The Emperor Romanus Lecapenus, 87.

(1023) R. P. B., 682.

(1024) RUNCIMAN, *op. cit.*, 87-88; du même, *A history of the first Bulgarian Empire*, 165; *R. P. B.*, 685-686; NICOLAS le Mystique, ép. 19-20 (125-137).

(1025) *R. P. B.*, 702; NICOLAS le Mystique, ep. 21 (137-148).

(1026) RUNCIMAN, *The Emperor Romanus Lecapenus*, 88; du même, *A history of the first Bulgarian Empire*, 166.

(1027) *R. P. B.*, 704; NICOLAS le Mystique, ep. 22 (148-149).

(1028) RUNCIMAN, *Romanus Lecapenus*, 88-89.

(1029) CONSTANTIN VII Porphyrogénète, *De administrando imperio*, 32 (296); RUNCIMAN, *op. cit.*, 89.

(1030) *R. P. B.*, 705; NICOLAS le Mystique, ep. 23 (149-157).

(1031) *R. P. B.*, 710; NICOLAS le Mystique, ep. 27 (172-176), fin de 923.

(1032) VASILIEV, *Byzance et les Arabes. La dynastie d'Amorium*, II, 220; du même, *Histoire de l'Empire byzantin*, I, 386-387; CANARD (M.), *Arabes et Bulgares au début du Xe siècle*, B. N., XI, 1936, 213-223.

(1033) SCHLUMBERGER, *Mélanges d'archéologie byzantine*, 333 et s.; RUNCIMAN, *Romanus Lecapenus*, 90-93; *R. P. B.*, 716; NICOLAS le Mystique, ep. 31 (188 et s.); THÉOPHANE continué, Rom., 15, (422 et s.), reproduit par les autres chroniques.

(1034) *R. P. B.*, 714-716; NICOLAS le Mystique, ep. 31 (185-196); RUNCIMAN, *Romanus Lecapenus*, 93-94.

(1035) *R. K. O. R.*, 606-607 (a. 925); RUNCIMAN, *op. cit.*, 94.

(1036) RUNCIMAN, *A history of the first Bulgarian Empire*, 174-176; FLICHE et MARTIN, *Histoire de l'Église*, VII, 433-434.

(1037) *R. P. B.*, 674; NICOLAS le Mystique, ep. 95 (301-304); RUNCIMAN, *Romanus Lecapenus*, 68; GAY (J.), *L'Italie méridionale et l'Empire byzantin*, 204; du même, art. cité, 99-100.

(1038) THÉOPHANE continué, Rom., 18 (428); RUNCIMAN, *Romanus Lecapenus*, 68.

(1039) THÉOPHANE continué, Rom. 19 (428); RUNCIMAN, *op. cit.*, 69.

(1040) RUNCIMAN, *op. cit.*, 69.

(1041) Voir sur cette organisation *M. B. E. H.*, 32 bis. La novelle 114 de Léon VI supprimait le droit de préemption des voisins.

(1042) *R. K. O. R.*, 628; *Noticia de unctione Pippini*, III, 242-252; VASILIEV, *Histoire de l'Empire byzantin*, II, 420; OSTROGORSKY, *Studien zur Geschichte des byzantinischen Bilderstreites*, 193-194; RUNCIMAN, *Romanus Lecapenus*, 227.

(1043) *Jus graeco-romanum* (éd. Zepos, Athènes), I, 209.

(1044) CONSTANTIN VII Porphyrogénète, *De administrando imperio*, 51 (392); THÉOPHANE continué, Rom., 2-3 (416); 6 (417); RAMBAUD, *L'Empire grec au Xe siècle...*, 19-20; RUNCIMAN, *Romanus Lecapenus*, 65-66.

(1045) *Vie d'Euthyme*, XXIII, 1-11 (76-78).

(1046) *R. P. B.*, 665; NICOLAS le Mystique, ep. 75 (273-277), lettre écrite probablement à Romain peu après son avènement.

(1047) *R. P. B.*, 669; *M. C.*, XVIII, A, 332-344.

(1048) RAMBAUD, *op. cit.*, 8-9; RUNCIMAN, *Romanus Lecapenus*, 65; GAY (J.), *L'Italie méridionale et l'Empire byzantin*, 221; HERGENRÖTHER, *Photius*, III, 684; FLICHE et MARTIN, *Histoire de l'Église*, VII, 123-124.

(1049) *R. P. B.*, 671; NICOLAS le Mystique, ép. 56 (257), d'après sa première lettre à Jean X.

(1050) *R. P. B.*, 671; NICOLAS le Mystique, ep. 56 (256-257).

(1051) *R. P. B.*, 675, 695, 711; NICOLAS le Mystique, ep. 53 (248), 77 (280), années 921-923; FLICHE et MARTIN, *op. cit.*, VII, 124.

(1052) *R. P. B.*, 712; NICOLAS le Mystique, ep. 28 (176-181); FLICHE et MARTIN, *op. cit.*, VIII, 125; HERGENRÖTHER, *op. cit.*, III, 690-694. La date (avant le 6 juin 923) donnée par Grumel, d'après une prédiction d'Euthyme, ne peut être acceptée. La réconciliation avec Rome eut lieu dans le courant de 924, comme le montrent les lettres précédentes du patriarche à Syméon.

([1053]) THÉOPHANE continué, Rom., 19 (428).

([1054]) *Ibidem*, Lecap., 18 (428), 26 (431). Tryphon se serait engagé à abdiquer dès son élection, 32 (437); Pseudo-SYMÉON, *Chronique*, Const., 37 (804-806); CEDRENOS (Georges), *Synopsis historion*, éd. Bekker, II, 48; ZONARAS, *Epitome*, éd. Büttner-Wobst, 96; *R. P. B.*, 786; RUNCIMAN, *Romanus Lecapenus*, 76.

([1055]) *R. K. O. R.*, 622, 623, 625; LUITPRAND, *Relatio de legatione Constantinopolitana*, 62, 361; DUCHESNE, *Les premiers temps de l'État pontifical*, 502; GAY (J.), *L'Italie méridionale et l'Empire byzantin*, 221.

([1056]) *R. P. B.*, 787 (a. 937-938); EUTYCHIUS, patriarche d'Alexandrie, *Annales*, 1156; YAHYA d'Antioche, *Chronique universelle*, 710-711. Sur le caractère du nouveau patriarche, RAMBAUD, *L'Empire grec au Xe siècle...*, 43-44.

([1057]) THÉOPHANE continué, Rom., 21 (429); RUNCIMAN, *A history of the first Bulgarian Empire*, 176-177.

([1058]) RAMBAUD, *op. cit.*, 463-464; Tcheslav, mis à la tête des Serbes par Syméon, trouve le pays dépeuplé et fait alliance avec Romain. CONSTANTIN VII Porphyrogénète, *De administrando imperio*, 32 (296); RUNCIMAN, *op. cit.*, 175.

([1059]) THÉOPHANE continué, Rom., 20 (428); CONSTANTIN VII Porphyrogénète, *op. cit.*, 32 (296); RUNCIMAN, *op. cit.*, 175-176.

([1060]) THÉOPHANE continué, Rom., 22 (429); RAMBAUD, *op. cit.*, 338; GUÉRIN-SONGEON, *Histoire de la Bulgarie*, 165; RUNCIMAN, *op. cit.*, 177-179.

([1061]) *R. K. O. R.*, 612; THÉOPHANE continué, Rom., 22-23 (429-432); RAMBAUD, *op. cit.*, 339; RUNCIMAN, *Romanus Lecapenus*, 98-99; du même, *A history of the first Bulgarian Empire*, 179-183.

([1062]) RAMBAUD, *op. cit.*, 340; sur l'observation de cette clause, témoignage de LUITPRAND (968) dans *Relatio de legatione Constantinopolitana*, 19-20 (351).

([1063]) RUNCIMAN, *Romanus Lecapenus*, 105; *R. K. O. R.*, 626; MARQUART (J.), *Osteuropäische und Ostasiatische Streifzeug*, 60 et s.

([1064]) Sur les étapes des Turcs, mercenaires à Byzance et à Bagdad, LAURENT (Jos.), *Byzance et les Turcs seldjoucides dans l'Asie occidentale jusqu'en 1081*, 15-16 (bibliographie); HUART (Cl.), *Histoire des Arabes*, I, 308; DIEHL et MARÇAIS, *Le monde oriental de 395 à 1081*, 381-382.

([1065]) GAUDEFROY-DEMOMBYNES, *Le monde musulman et byzantin jusqu'aux croisades*, 410; DIEHL et MARÇAIS, *op. cit.*, 382-387.

([1066]) DIEHL et MARÇAIS, *op. cit.* 387-388.

([1067]) *Ibidem*, 390-392; HUART, *op. cit.*, I, 323-325.

([1068]) DIEHL et MARÇAIS, *op. cit.*, 392; GAUDEFROY-DEMOMBYNES, *op. cit.*, 311.

([1069]) DIEHL et MARÇAIS, 425-428; HUART, I, 330-334.

([1070]) Abd-er-Rahmân III, 912-961. DIEHL et MARÇAIS, 399-400.

([1071]) Par exemple en 912, 913 et 914, VASILIEV, *Vizantija i Araby za vremja Makedonskoj dinastii*, II, 202-203.

([1072]) *Ibidem*, 203-204.

([1073]) *Ibidem*, 207-212; *R.K.O.R.*, 578; GAY, art. cit., *M. D.*, I, 100; *R. P. B.*, 659.

([1074]) VASILIEV, *op. cit.*, II, 213-214.

([1075]) RUNCIMAN, *Romanus Lecapenus*, 134; VASILIEV, *op. cit.*, II, 216-220.

([1076]) VASILIEV, II, 219; *R. P. B.*, 705.

([1077]) NICOLAS le Mystique, *Correspondance*, ép. 23 (149-157).

([1078]) En 923, VASILIEV, II, 220.

(1079) R. K. O. R., 605; VASILIEV, II, 222-223.

(1080) VASILIEV, II, 225-226; R. K. O. R., 609.

(1081) MICHEL le Syrien (MICHEL le Grand, texte arménien, trad. Langlois), 277.

(1082) THÉOPHANE continué, Rom., 41 (445).

(1083) VASILIEV, II, 228.

(1084) Ibidem, II, 229-230; RUNCIMAN, Romanus Lecapenus, 138.

(1085) VASILIEV, II, 231.

(1086) Ibidem, II, 231; RUNCIMAN, op. cit., 139.

(1087) VASILIEV, II, 230 (a. 927), 231-232 (a. 930).

(1088) Ibidem, II, 232-233; RUNCIMAN, 140-141.

(1089) CONSTANTIN VII Porphyrogénète, De administrando imperio, 45 (352-358, sans date); RUNCIMAN, 139-140.

(1090) VASILIEV, II, 233-234.

(1091) Ibidem, II, 234; RUNCIMAN, 141.

(1092) Le 19 mai 934, VASILIEV, II, 234-236; RUNCIMAN, 141-142; DIEHL et MARÇAIS, Le monde oriental..., 459.

(1093) VASILIEV, II, 240-241.

(1094) R. K. O. R., 633; VASILIEV, II, 242; RUNCIMAN, 142-143; dès 936 Romain faisait alliance avec l'émir d'Égypte, l'Ikhchide, contre les Hamdanides. Voir la lettre de l'émir à Romain Lécapène, traduite par CANARD (M.), B. N., 1936, 717-728.

(1095) VASILIEV, II, 244.

(1096) Ibidem, II, 238-240; DIEHL et MARÇAIS, op. cit., 393-396.

(1097) SCHLUMBERGER (G.), Un empereur byzantin au Xe siècle. Nicéphore Phocas, 120 et s.

(1098) R. K. O. R., 634; VASILIEV, II, 244-245.

(1099) VASILIEV, II, 245-246; HUART (Cl.), Histoire des Arabes, I, 314-315.

(1100) VASILIEV, II, 250-251; RUNCIMAN, 142; DIEHL et MARÇAIS, op. cit., 459.

(1101) R. K. O. R., 641, vers août 943; THÉOPHANE continué, Rom., 48 (449); CONSTANTIN VII Porphyrogénète, Translation de l'icône d'Edesse, 425-454, sur l'auteur et la date du traité, RAMBAUD (A.), L'Empire grec au Xe siècle. Constantin Porphyrogénète, 105-111; DIEHL et MARÇAIS, op. cit., 459; RUNCIMAN, 145; voir, du même : Some remarks on the image of Edessa (« Cambridge historical Journal », 1931, 238 et s.), et BRÉHIER (L.), Icônes non faites de main d'homme, R. A., 1932, 68-77.

(1102) RUNCIMAN, Romanus Lecapenus, 145.

(1103) VASILIEV, II, 256-257; SCHLUMBERGER, op. cit., 120.

(1104) VASILIEV, II, 263-264.

(1105) Sur les barques russes et la descente du Dniéper, RAMBAUD, op. cit., 369-374.

(1106) RUNCIMAN, op. cit., 111.

(1107) VASILIEV, II, 248; sur l'amusante bévue de la Vita Basilii junioris, voir GRÉGOIRE (H.), B. N., XI, 1936, 605-607.

(1108) LUITPRAND, Antapodosis... V, 15-17 (331); THÉOPHANE continué, Rom., 39 (440-441); RUNCIMAN, 111-112. D'après Luitprand, il y aurait eu mille barques russes; d'après Théophane, dix mille.

(1109) VASILIEV, II, 248-249; RUNCIMAN, 111-112; RAMBAUD, L'Empire grec au Xe siècle, 374-378; NESTOR (Chronique dite de), 35; LÉON le Diacre, Histoires, P. G., CXVII, IX, 2 (865).

(1110) NESTOR, op. cit., 27 (25-30) (source unique); RAMBAUD, op. cit., 379; VASILIEV, II, 255-256; RUNCIMAN, 112-113; R. K. O. R., 647; SCHLUMBERGER (G.), L'épopée byzantine à la fin du Xe siècle, I, 166 et s.; PARGOIRE, Saint Mamas, le quartier des Russes à Constantinople, E. O., XI, 1908, 203-210.

(1111) Il existe deux versions sur sa mort, NESTOR, op. cit., 28 (35); LÉON le Diacre, op. cit., VI, 11 (816); RUNCIMAN, ap. cit., 113.

(1112) R. K. O. R., 579; GAY (J.), L'Italie méridionale et l'Empire byzantin, 202; RUNCIMAN, 186 (a. 918).

(1113) Leurs titres byzantins

disparaissent de leurs chartes, GAY, *op. cit.*, 209.

([1114]) GAY, *op. cit.*, 203-206; *R. P. B.*, 698-699.

([1115]) GAY, *op. cit.*, 206.

([1116]) *Ibidem*, 207; RUNCIMAN, 190; VASILIEV, II, 223-224.

([1117]) GAY, 208; RUNCIMAN, 190, date l'événement de 927.

([1118]) DUCHESNE, *Les premiers temps de l'État pontifical*, 502-503; *R. K. O. R.*, 625.

([1119]) GAY, 221-223; sur Albéric, voir *D. H. G. E.*, I, 1912, 1404-1406; DUCHESNE, *op. cit.*, 325-336.

([1120]) GAY, 210; RUNCIMAN, 193.

([1121]) *R. K. O. R.*, 629; CONSTANTIN VII Porphyrogénète, *De Cerimoniis aulae byzantinae*, II, 44 (1224-1232); GAY, 211.

([1122]) RUNCIMAN, 194 (la révolte eut pour centre Girgenti, prise en novembre 941).

([1123]) *R. K. O. R.*, 642 (place à tort l'ambassade de Romain en 944, année de sa chute et du mariage); LUITPRAND, *Antapodosis*, V, 9 (329); année 942, Flodoard, *Annales*. Fraxinet (La Garde-Freinet) ne fut pris qu'en 972; FLICHE, *H. G.* (*M. A.*), II, 47-48; RUNCIMAN, 194-195.

([1124]) LUITPRAND, *op. cit.*, V, 14 (330-331), 20 (332); THÉOPHANE continué, Rom., 45 (449); RUNCIMAN, 195-196.

([1125]) THÉOPHANE continué, Rom., 12 (421); RUNCIMAN, 70-71.

([1126]) THÉOPHANE continué, Rom., 33 (437); RUNCIMAN 72.

([1127]) OSTROGORSKY, *Geschichte des byzantinischen Staates*, 196, rejette le témoignage de Skylitzès d'après lequel Lécapène aurait placé Constantin au dernier rang des empereurs associés. Cette thèse est insoutenable, comme on va le voir plus loin.

([1128]) THÉOPHANE continué, Rom., 25 (433); RUNCIMAN, 71.

([1129]) THÉOPHANE continué, Rom., 31 (437); RUNCIMAN, 78.

([1130]) THÉOPHANE continué Rom., 40 (444); RUNCIMAN, 230.

([1131]) RUNCIMAN, 231; THÉOPHANE continué, Rom. 50 (452).

([1132]) *R. K. O. R.*, 645; THÉOPHANE continué, Rom., 52 (452); RUNCIMAN, 231-232.

([1133]) LUITPRAND, *Antapodosis*, 20 (332); THÉOPHANE continué, Rom., 46 (449); RUNCIMAN, 196.

([1134]) LUITPRAND, *op. cit.*, 20-21 (332-333). Luitprand a dû être renseigné par l'archevêque de Parme qui accompagnait Berthe de Provence et fut témoin oculaire. Les chroniques postérieures, Skylitzès (CEDRENOS, *Synopsis historion*, II, 32), la version slave du Logothète prétendent que les fils Lécapène furent excités contre leur père par Constantin VII (RUNCIMAN, 232). Ni Luitprand, ni le Continuateur de Théophane qui cite les complices des Lécapène, Rom., 53 (451-454), n'y font allusion.

([1135]) LUITPRAND, *op. cit.*, V, 21 (332-333); SCHLUMBERGER (G.), *Mélanges d'archéologie byzantine*, 35; RUNCIMAN, 232-233.

([1136]) THÉOPHANE continué, Const., 1 (453); RUNCIMAN, 233.

([1137]) LUITPRAND, *op. cit.*, 22 (333); THÉOPHANE continué, Const. 2 (453); RUNCIMAN, 234; SCHLUMBERGER, *Les îles des Princes*, 39-48. Sur leur réception par Romain Lécapène, LUITPRAND, *op. cit.*, 23 (334); THÉOPHANE continué, Const., 3 (456).

([1138]) THÉOPHANE continué, Const., 4 (456-457), 7 (460); LUITPRAND, *op. cit.*, 24 (333). Sur les destinées des autres Lécapène, LUITPRAND, *op. cit.*, 25 (334); RUNCIMAN, 234-237.

([1139]) « Opere manuum victum quaeritans, sane... picturam perpulchre exercebat. » LUITPRAND, *op. cit.*, III, 37 (510).

([1140]) THÉOPHANE continué, 18-27 (465-471); LUITPRAND, III, 32 (310); CEDRENOS (G.), *Synopsis historion*, II, 326; RAMBAUD (A.), *L'Empire grec au Xe siècle*, 71-73.

([1141]) CONSTANTIN VII Porphyrogénète, *De administrando imperio*, 9 (172-173); RAMBAUD, *op. cit.*, 76.

([1142]) RAMBAUD, *op. cit.*, 77-78.

([1143]) *Ibidem*, 114-128; 258-

260. Voir Krachennikov, *Novaiia roukopis Bzvletchenii, V. V.*, XXI, 1914, 45-170.

[1144] Voir l'Introduction à l'édition Vogt, Constantin VII Porphyrogénète, *Le livre des Cérémonies*, I, Comment. XV-XXXIII.

[1145] D'après Rambaud il serait un ouvrage précoce de Constantin (*L'Empire grec au Xe siècle*, 164-170).

[1146] Titre donné par les édit.

[1147] Schlumberger, *Mélanges d'archéologie byzantine*, 170-174. Il fait remarquer l'importance de cet ouvrage pour la connaissance de l'histoire primitive des peuples slaves, touraniens, caucasiques. Moravcsik, *Byzantinoturcica*, I, Konstantinos

[1148] Krumbacher, *Geschichte der byzantinischen Literatur*, 261-264.

[1149] Rambaud, *op. cit.*, 92-104; Krumbacher, *op. cit.*, 200-202; mêmes conclusions de Delehaye, *Vie de saint Paul le Jeune*, R. Q. H., juillet 1893, et de Jugie, *E. O.*, 1925, 5-10.

[1150] Eustratiades, *E. B.*, X, 1934, 26-38.

[1151] D'après le prologue de la *Vie de Théoctiste*, Rambaud, *op. cit.*, 84.

[1152] Cedrenos (G.), *Synopsis historion*, II, 426; Théophane continué, Const., 10 (461); Rambaud, *op. cit.*, 69-71; Fischer, *Studien zur byzantinischen Geschichte*, 22.

[1153] Théophane continué, Const., 12-13, 15-19 (461-468); Rambaud, 41-43; Glykas (Michel), *Annales*, IV (561).

[1154] La date a été bien établie par Jerphanion (G. de), *O. C.*, I, 1935, 490 et s., qui montre que celle de 948, proposée par Doelger, *R. K. O. R.*, I, repose sur un passage de Cedrenus mal coupé. La date de 945 ressort d'ailleurs d'un chapitre de Constantin Porphyrogénète, *Le livre des Cérémonies* (trad. Vogt, II, 15).

[1155] Théophane continué, Const., 14-15 (464); Rambaud, 39-40.

[1156] Théophane continué, Const., 11 (461); Glykas, *op. cit.*, IV (564); Rambaud, 43-44.

[1157] Théophane continué, Const., 9 (460).

[1158] *Ibidem*, 5-6 (457); Rambaud, 40.

[1159] *R. K. O. R.*, 674-675 (s. d.).

[1160] Théophane continué, 38-40 (476-477); Rambaud, 45-46.

[1161] Théophane continué, Const., 39, (476).

[1162] Cedrenos, *Synopsis historion*, II, 389; Zonaras, *Epitome*, XVI, 22; Léon le Diacre, *Histoires*, II, 10 (705); Rambaud, 46-47; Schlumberger, *Un empereur byzantin au Xe siècle*, 6-7; Glycas *op. cit.*, IV (561).

[1163] Théophane continué, Const., 39 (476).

[1164] Glykas, IV (565).

[1165] Cedrenos, *op. cit.*, II, 326; Zonaras, *op. cit.*, XVI, 21; Glykas, *op. cit.*, IV (561); Rambaud, 45.

[1166] Théophane continué, Const., 8 (461); Rambaud, 45.

[1167] τὰ Πύθια. Sur ces thermes, Veniero (A.), *Paolo Silenziario*, 337-349.

[1168] Théophane continué, Const., 51-53 (484-485); Léon le Diacre, *Histoires*, I, 2 (661) donne la date; Rambaud, 48-50; Schlumberger, *op. cit.*, 2.

[1169] Léon le Diacre, II, 10 (705).

[1170] *Ibidem*, II, 10 (705); détail d'une de ses journées, Théophane continué, Rom., 5 (492); Schlumberger, *op. cit.*, 252-255.

[1171] Théophane continué, Rom., 3 (489); *R. K. O. R.*, 686 (décision leur attribuant les mêmes revenus que quand elles étaient au palais); Schlumberger, *op. cit.*, 22-28; voir Moritz dans *B. Z.*, XXXIX, 1939, 384.

[1172] Théophane continué, Rom., 1 (488); 19-20.

[1173] *Ibidem*; Schlumberger, 21-22.

[1174] Léon le Diacre, II, 10 (705); Schlumberger, 252-255.

[1175] Schlumberger, 18.

(1176) THÉOPHANE continué, Rom., 6 (492); SCHLUMBERGER, 151-153.

(1177) PHILOTHÉE ATRIKLINOS, *Cletorologion* (éd. Bury), 156 (l. 10-16); LUITPRAND, *Relatio de legatione Constantinopolitina*, 19-20 (351).

(1178) *R. K. O. R.*, 640; MARQUART (J.), *Osteuropäische und Ostasiatische Streifzeug*, 60-74.

(1179) RAMBAUD, *L'empire grec au Xe siècle*, 358.

(1180) THÉOPHANE continué, Const., 47 (480-481).

(1181) RAMBAUD, *op. cit.*, 361-363.

(1182) NESTOR (*Chronique* dite de), 31 (*a*. 6463); CEDRENOS, *Synopsis historion*, II, 15; ZONARAS, *Epitome*, XVI, 21; RAMBAUD, *op. cit.*, 380-381.

(1183) *De Cerimoniis aulae byzantinae*, de CONSTANTIN Porphyrogénète, unique source officielle et contemporaine, ne parle que de sa réception (II, 15). Voir JUGIE, *Le schisme byzantin*, 174.

(1184) *R. K. O. R.*, 653; VASILIEV, *Vizantija i Araby za vremja Makedonskoj dinastii*, II, 265.

(1185) VASILIEV, *op. cit.*, 265-267.

(1186) *Ibidem*, 267-269.

(1187) *Ibidem*, 269-271; DIEHL, *Choses et gens de Byzance*, 2; voir VASILIEV, *Slaviane v' Grestsii*, *V. V.*, V, 1898, 425.

(1188) *R. K. O. R.*, 657-659; VASILIEV, *Vizantija i Araby za vremja Makedonskoj dinastii*, II, 272-278; LUITPRAND, *Antapodosis*, VI, 4-5 (338).

(1189) Ces préparatifs sont connus dans le détail par la transcription du devis préparatoire dans le *De Cerimoniis aulae byzantinae*, de CONSTANTIN Porphyrogénète (II, 45, 1232-1256).

(1190) LÉON le Diacre, *Histoires*, I, 2 (665); CEDRENOS, *Synopsis*, II, 336; ZONARAS, *Epitome*, XVI, 22; RAMBAUD, *op. cit.*, 429-431; VASILIEV, *op. cit.*, II, 285-286.

(1191) VASILIEV, *op. cit.*, II, 286-290.

(1192) *Ibidem*, II, 290.

(1193) *Ibidem*, II, 291-302.

(1194) *Ibidem*, II, 300-301.

(1195) PHILIPPSON, *Das Byzantinische Reich als geographische Erscheinung*, 173, 1.

(1196) VASILIEV, *op. cit.*, II, 296.

(1197) THÉOPHANE continué, Rom., 7-10 (492-493); LÉON le Diacre, *Histoires*, I, 5 (663-665).

(1198) THÉOPHANE continué, Rom. 8 (492-493); LÉON le Diacre, *op. cit.*, I, 5 (665); MICHEL d'ATTALIE (éd. Bekker, 223 et s.). SCHLUMBERGER, *Un empereur byzantin au Xe siècle...*, 61-62; DIEHL et MARÇAIS, *Le monde oriental de 395 à 1081*, 462.

(1199) SCHLUMBERGER, *op. cit.*, 67.

(1200) THÉOPHANE continué, Rom., 10 (493).

(1201) THÉODOSE le Diacre (*Conquête de la Crète par Nicéphore Phocas*, *911*), I, 5 (665).

(1202) THÉOPHANE continué, Rom., 10-13 (493-497), 16 (500); LÉON le Diacre, I, 5-9 (670-685); THÉODOSE le Diacre, *op. cit.*, II, 6-7 (693-697); GULDENCRONE (De) *L'Italie byzantine*, 2-4; SCHLUMBERGER (*op. cit.*, 76-96).

(1203) Constantinopoulos. Στρατηγὸς τῆς Κρήτης, dans *E. B.*, VI, 1929, 317-320.

(1204) LÉON le Diacre, II, 8 (699-700); Pseudo-SYMÉON, *Chronique*, Rom. 4 (821); SCHLUMBERGER, *op. cit.*, 96-99, 108-112.

(1205) LÉON le Diacre, II, 1-5 (683-694); Pseudo-NICÉPHORE PHOCAS, *De velitatione bellica* (éd. Hase, *P. G.*), 3 (937); SCHLUMBERGER, *op. cit.*, 139-146.

(1206) VIDAL de la BLACHE et GALLOIS, *Géographie universelle*, VIII, *Asie occidentale*, *Haute Asie*, 70-89; SCHLUMBERGER, *op. cit.*, 155 et s.

(1207) LÉON le Diacre, II, 9 (704).

(1208) *Ibidem*, II, 9 (700-706); YAHYA d'Antioche, *Chronique universelle*, 117 (783-784); SCHLUMBERGER, *op. cit.*, 196-199.

(1209) LÉON le Diacre, II, 9 (706); SCHLUMBERGER, *op. cit.*, 199-222.

(1210) YAHYA d'Antioche, *op. cit.*, 117 (784-787), dit que l'émir fut surpris par l'arrivée de Nicéphore qui, après la prise de la ville, n'y resta que 8 jours; SCHLUMBERGER, *op. cit.*, 222-251.

(1211) GAY (J.), *L'Italie méridionale et l'Empire byzantin*, 212-216; VASILIEV, *op. cit.*, II, 302-306.

(1212) GAY, *op. cit.*, 216-218; VASILIEV, *op. cit.*, II, 307-308; *R. K. O. R.*, 666; THÉOPHANE continué, Const., 30-31 (472-473).

(1213) *R. K. O. R.*, 666; VASILIEV, *op. cit.*, II, 308.

(1214) LUITPRAND, *Antapodosis*, VI, 2-4 (337); GAY, *op. cit.*, 226-228; *R. K. O. R.*, 654-655.

(1215) Sur les rapports d'Albéric avec Byzance et son projet d'union matrimoniale avec les Lécapènes, GAY, *op. cit.*, 221-222.

(1216) *P. L.*, CXXXIII, 1025.

(1217) SCHLUMBERGER, *op. cit.*, 262-263; *R. K. O. R.*, 692; LÉON le Diacre, II, 12 (709-712).

(1218) LÉON le Diacre, II, 11-12 (707-712); YAHYA d'Antioche, *op. cit.*, 120 (788-789); SCHLUMBERGER, *op. cit.*, 262-272.

(1219) LÉON le Diacre, III, 1-5 (712-729); CONSTANTIN Porphyrogénète, *De Cerimoniis aulae byzantini*, I, 96 (797-824) : récit d'un témoin oculaire annexé au livre; YAHYA d'Antioche, *op. cit.*, 120 (789); *R. K. O. R.*, 695; SCHLUMBERGER, *op. cit.*, 275-284.

(1220) SCHLUMBERGER, *op. cit.*, 286-296.

(1221) LÉON le Diacre, III, 7-8 (728-732); CEDRENOS, *Synopsis historion*, 86 (350); ZONARAS, *Epitome*, XVI, 24 (77); YAHYA d'Antioche, *op. cit.*, 120 (789); SCHLUMBERGER, *op. cit.*, 297-308.

(1222) LÉON le Diacre, III, 9 (732-733); CEDRENOS, *op. cit.*, 85 (351); YAHYA d'Antioche, *op. cit.*, 20 (789-790); ZONARAS, *op. cit.*, XVI, 24 (77). Sur les jugements contradictoires de Skylitzès qui emploie deux sources, l'une favorable, l'autre défavorable à Nicéphore, voir SIOUZIOUNOV, *Obistochinach Liva Diakona i Skilitsui*, V. O., II, 1915, 108 et s.; SCHLUMBERGER, *op. cit.*, 362-380.

(1223) Fin de 954 à 955, THÉOPHANE continué, Const., 41 (477); VASILIEV, *op. cit.*, II, 295-296.

(1224) SCHLUMBERGER, *op. cit.*, 309-320.

(1225) *Ibidem*, 320-324 (versions un peu différentes de la Vie d'Athanase et du Typikon de Lavra, *R. K. O. R.*, 745 (a. 972), mais ce qui est attesté par les deux sources, c'est la promesse de Nicéphore d'entrer au couvent).

(1226) *R. K. O. R.*, 712 (767).

(1227) *R. K. O. R.*, 720.

(1228) *R. K. O. R.*, 720. Sur ces lois, voir *M. B.*, II, *E. H.*, 32 bis.

(1229) *R. K. O. R.*, 699.

(1230) SCHLUMBERGER, *op. cit.*, 387-392.

(1231) *Ibidem*, 393-394, 536-537.

(1232) A son retour de Syrie (fin 966) il envoie un patrice distribuer 15 kentenaria d'or aux auxiliaires russes, LÉON le Diacre, IV, 6 (752).

(1233) SCHLUMBERGER, 537.

(1234) LÉON le Diacre, IV, 6 (753); *R. K. O. R.*, 707.

(1235) *R. K. O. R.*, 702; SCHLUMBERGER, 538-539.

(1236) LÉON le Diacre, IV, 6 (752-753); SCHLUMBERGER, 540.

(1237) *R. K. O. R.*, 703 (vers 964); LÉON le Diacre, VI, 4 (800); ZONARAS, *Epitome*, XVII, 1 (52); CEDRENOS, *Synopsis historion*, 114 (380); LUITPRAND, *Relatio de legatione Const.*, 63 (362); SCHLUMBERGER, 535-536; GFROERER, *Byzantinische Geschichten*, II, 508 et s.

(1238) LÉON le Diacre, IV, 2 (741-746); CEDRENOS, *op. cit.*; SCHLUMBERGER, 533-534.

(1239) LÉON le Diacre, IV, 6 (752-753).

(1240) *Ibidem*, IV, 7. Léon le Diacre, alors étudiant à Constantinople, a été un témoin de l'émeute (751-756); SCHLUMBERGER, 542-543.

(1241) SCHLUMBERGER, 544-546.

(1242) LÉON le Diacre, V, 5 (780); SCHLUMBERGER, 547.

([1243]) LÉON le Diacre, V, 5 (780-781); SCHLUMBERGER, 747-750.

([1244]) LÉON le Diacre, V, 6-8 (784-789); SCHLUMBERGER, 751-760; CEDRENOS, *op. cit.*, 109 (376); ZONARAS, *Epitome*, XVI, 28; YAHYA d'Antioche, 827-829 (version différente de celle des chroniqueurs grecs. Nicéphore aurait voulu imposer à Théophano la tutelle de Léon Phocas pendant son absence).

([1245]) LÉON le Diacre, VI, 3 (796-797); SCHLUMBERGER, *L'épopée byzantine...*, I, 4.

([1246]) R. K. O. R., 725; LÉON le Diacre, VI, 1 (792-793); SCHLUMBERGER, *op. cit.*, I, 4-5 (sur six ans et deux mois de règne il passa à Constantinople deux ans et deux mois).

([1247]) R. P. B., 693; LÉON le Diacre, VI, 4 (797-800); SCHLUMBERGER, *op. cit.*, I, 13-16.

([1248]) SCHLUMBERGER, *op. cit.*, I, 16-19.

([1249]) LÉON le Diacre, VI, 4 (800); SCHLUMBERGER, I, 20-24.

([1250]) R. K. O. R., 726; SCHLUMBERGER, *op. cit.*, I, 16-17.

([1251]) LÉON le Diacre, VI, 5 (801-804); SCHLUMBERGER, *op. cit.*, I, 24-26.

([1252]) LÉON le Diacre, VI, 4 (800); CEDRENOS, *Synopsis historion*, 113 (381); ZONARAS, *Epitome*, XVII, 1, (IV, 92); AUDOLLENT (A.), *Carthage romaine*, 135 (829-830); SCHLUMBERGER, *op. cit.*, I, 27-28; R. P. B., 794 (ce fait inconnu aux chroniques, mentionné par BALSAMON, *Œuvres*, P. G., CXXXVII, 1156).

([1253]) LÉON le Diacre, VI, 2 (793-796); R. K. O. R., 727; SCHLUMBERGER, *op. cit.*, I, 11-12.

([1254]) LÉON le Diacre, VII, 1-8 (821-840); YAHYA d'Antioche, *Chronique universelle*, 137 (831); SCHLUMBERGER, *op. cit.*, I, 60-75.

([1255]) R. K. O. R., 732 (automne de 790); SCHLUMBERGER, I, 67.

([1256]) R. K. O. R., 733; SCHLUMBERGER, *op. cit.*, I, 47.

([1257]) LÉON le Diacre, VII, 8 (837-840); YAHYA d'Antioche, *Chronique universelle*, 137 (831-832); SCHLUMBERGER, *op. cit.*, I, 68-75.

([1258]) LÉON le Diacre, IX, 4 (866-869); SCHLUMBERGER, I, 127-131; R. K. O. R., 736 (avril-juillet 971).

([1259]) LÉON le Diacre, VII, 9 (841); YAHYA, *op. cit.*, 137 (830); SCHLUMBERGER, *op. cit.*, I, 77-82.

([1260]) R. K. O. R., 728 (décembre 969); SCHLUMBERGER, I, 26; LÉON le Diacre, VI, 5 (804).

([1261]) SCHLUMBERGER, I, 25.

([1262]) R. K. O. R., 741; CEDRENOS, *Synopsis historion*, II, 115 (413); SCHLUMBERGER, I, 183.

([1263]) R. K. O. R., 754; *Jus graeco-romanum* (éd. Zachariae von Lingenthal), III, 3, n° 25; SCHLUMBERGER, I, 322.

([1264]) CEDRENOS, *op. cit.*, II, 145-148 (414); SCHLUMBERGER, *op. cit.*, I, 320-321; R. K. O. R., 742 (au lendemain du retour de Bulgarie).

([1265]) R. K. O. R., 744.

([1266]) R. K. O. R., 745; MEYER (Ph.), *Die Haupturkunden der Athos-Kloster*, 141-151; ANASTASIEVIC, *La date du typikon de Tzimiskès pour le Mont-Athos*, écarte la date de 972, donnée par Doelger, et montre, d'après sa ressemblance avec le typikon d'Athanase, que celui de Tsimiskès date du début de son règne, B. N., IV, 1929, 7-11.

([1267]) LÉON le Diacre, VI, 6 (804); SCHLUMBERGER, I, 28-30.

([1268]) LÉON le Diacre, VI, 6-7 (804-808) (29 janvier 970); SCHLUMBERGER, I, 32-36; sur le caractère et les habitudes de Basile, LÉON le Diacre, X, 2 (889-892).

([1269]) LÉON le Diacre, X, 2 (889-892); YAHYA, *op. cit.*, 138 (832-833); SCHLUMBERGER, I, 270-271. Nous ne retiendrons pas l'hypothèse de Gfrörer, dans ses *Byzantinische Geschichten* (II, 552-556), d'après laquelle Tzimiskès, à la suite de l'expulsion de Rome de Boniface VII (Francon) (juin 974) dévoué à Byzance (*op. cit.* II, 255 et FLICHE et MARTIN, *Histoire de l'Église*, VII, 761), aurait voulu rompre avec Rome et aurait rencontré l'opposition du patriarche.

([1270]) LÉON le Diacre, X, 11 (921-926); YAHYA d'Antioche, 147 (371); MATHIEU d'Édesse, *Chronique arménienne*, I, 16 (16-24); CEDRENOS, *Synopsis historion*, II, 148 (414-415); ZONARAS, *Epitome*, XVII, 4 (103); SCHLUMBERGER, *L'épopée byzantine à la fin du Xe siècle*, I, 311-316.

([1271]) SCHLUMBERGER, *Un empereur byzantin au Xe siècle. Nicéphore Phocas*, 399-402; YAHYA d'Antioche, 122 et s.

([1272]) SCHLUMBERGER, *Un empereur...*, 404-406.

([1273]) LÉON le Diacre, III, 10-11 (733-740); CEDRENOS, II, 96 (361); ZONARAS, XVI, 25 (IV, 79); SCHLUMBERGER, *Un empereur...*, 422-425.

([1274]) LÉON le Diacre, III, 11; IV, 1 (737-750) (chronologie confuse); YAHYA d'Antioche, 123 (796-797); CEDRENOS, II, 96-97 (361-363); ZONARAS, XVI, 25 (IV, 79); SCHLUMBERGER, *Un empereur...*, 480-490 et 495-540.

([1275]) YAHYA d'Antioche, 123 (797); SCHLUMBERGER, *op. cit.*, 500.

([1276]) YAHYA d'Antioche, 122 (704-705); SCHLUMBERGER, 474; ZONARAS, XVI, 25 (IV, 80); CEDRENOS, II, 97 (363).

([1277]) SCHLUMBERGER, *op. cit.*, 502-511.

([1278]) YAHYA d'Antioche, 136 (804-805); SCHLUMBERGER, 516-522.

([1279]) YAHYA d'Antioche, 123 (803-804); SCHLUMBERGER, 514.

([1280]) YAHYA d'Antioche, 127 (807), donne la date; SCHLUMBERGER, 526-527.

([1281]) Τὸ ἅγιον κεράμιον, tuile sur laquelle on croyait voir, comme sur le mandylion d'Édesse, un portrait miraculeux du Christ. Voir GRABAR, *La sainte Face de Laon*, S. K., 1911, 24.

([1282]) YAHYA d'Antioche, 127 (805-806); CEDRENOS, II, 97 (364); SCHLUMBERGER, 522-525.

([1283]) YAHYA d'Antioche, 131 (814-817); LÉON le Diacre, IV, 10 (761-765); SCHLUMBERGER, 700-704.

([1284]) LÉON le Diacre, IV, 11 (765-768); SCHLUMBERGER, 704-711.

([1285]) SCHLUMBERGER, 716-719.

([1286]) YAHYA d'Antioche, 131 (822-823), donne la date correspondant au 28 octobre 969; LÉON le Diacre, V, 4 (777-780); CEDRENOS, 97-102 (confond deux expéditions); ZONARAS, XVI, 26 (IV, 83-85); SCHLUMBERGER, 719-728.

([1287]) THÉOPHANE le Confesseur, *Chronographia*, 340 (a. 6129).

([1288]) SCHLUMBERGER, *Un empereur...*, 724-725; LÉON le Diacre, V, 5 (780), prétend à tort que Nicéphore apprit la nouvelle avec plaisir; YAHYA d'Antioche, 135 (825).

([1289]) YAHYA d'Antioche, 134 (823-824); SCHLUMBERGER, *op. cit.*, 728-733.

([1290]) DIEHL et MARÇAIS, *Le monde oriental de 395 à 1081*, 434-436; YAHYA d'Antioche, 139 (350-351); SCHLUMBERGER, *L'épopée byzantine à la fin du Xe siècle*, I, 222-223.

([1291]) YAHYA d'Antioche, 139 (351).

([1292]) *Ibidem*, 140 (353), comme l'a montré ANASTASIEVIC, *Die Zahl der Araberzüge des Tzimiskès*, B. Z., XXX, 401 et s., Yahya a interverti l'ordre des deux expéditions, celle de Mleh (973) et celle de Tzimiskès (974), ce qui rend la suite des faits incompréhensible, Mleh assiégeant Amida, déjà prise par Tzimiskès; HONIGMANN, *Die Ostgrenze des byzantinischen Reiches von 363 bis 1071*, 98, 2; SCHLUMBERGER, *L'épopée byzantine...*, I, 228 et s.

([1293]) R. K. O. R., 746; MATHIEU d'Édesse, *Chronique arménienne*, I, 14 (15); SCHLUMBERGER, *op. cit.*, I (247-255); HONIGMANN, *op. cit.*, 98.

([1294]) LÉON le Diacre, X, 1, 2 (885-892); SCHLUMBERGER, *op. cit.*, I (255-259). La principale source est la première partie de la lettre écrite à Aschod III par Tzimiskès en septembre 975, MATHIEU d'Édesse, I, 16 (16-24) ; *R.K.O.R.*, 750 ; SCHLUMBERGER, *op. cit.*, I, 284 ; voir ADONTZ, *Notes arméno-byzantines*, B. N., 1934, 371-377.

([1295]) SCHLUMBERGER, *op. cit.*, I, 262. La cause de la retraite serait due à la difficulté du ravitaillement, LÉON le Diacre, X, 2 (889-892).

([1296]) Sur cette icône, LÉON le Diacre, X, 4-5 (896-897) ; EBERSOLT (J.), *Sanctuaires de Byzance*, 20-21.

([1297]) LÉON le Diacre, X, 4-6 (896-899) ; MATHIEU d'Édesse, I, 16 (16-24) (lettre à Aschod) ; SCHLUMBERGER, *op. cit.*, I, 280-308 ; HONIGMANN, *op. cit.*, 99-102

([1298]) GUÉRIN-SONGEON, *Histoire de la Bulgarie*, 168-178 ; RUNCIMAN, *A history of the first Bulgarian Empire*.

([1299]) En 959, 962 et au printemps de 967, SCHLUMBERGER, *Un empereur byzantin au Xe siècle*, 550 ; RUNCIMAN, *op. cit.*, 186.

([1300]) LÉON le Diacre, IV, 5 (749) ; SCHLUMBERGER, *op. cit.*, 554-556 ; RUNCIMAN, *op. cit.*, 199.

([1301]) *R. K. O. R.*, 710 (juin 967) ; LÉON le Diacre, IV, 5 (749) ; CEDRENOS, *Synopsis historion*, II, 106 (372), donne le mois ; ZONARAS, *Épitome*, XVI, 27 (IV, 87) ; SCHLUMBERGER, *op. cit.*, 556-557.

([1302]) *R. K. O. R.*, 711 ; LÉON le Diacre, 6 (752) ; CEDRENOS, *op. cit.*, II, 105 (372) ; ZONARAS. *op. cit.*, XVI, 27 (IV, 87) ; SCHLUMBERGER, *op. cit.*, 559-563.

([1303]) Août 967, RUNCIMAN, *op. cit.*, 201-202 ; SCHLUMBERGER, 569-573.

([1304]) LÉON le Diacre, V, 1 (769) ; NESTOR (*Chronique* dite de), 53-54 (a. 6476) ; RUNCIMAN, *op. cit.*, 206 et s. ; SCHLUMBERGER, *op. cit.*, 573-576.

([1305]) *R. K. O. R.*, 718 ; LÉON le Diacre, V, 3 (773-776) ; SCHLUMBERGER, *op. cit.*, 736-737 ; RUNCIMAN, *op. cit.*, 203-204.

([1306]) LÉON le Diacre, V, 2 (772-773) ; SCHLUMBERGER, 738.

([1307]) LÉON le Diacre, V, 2 (772) ; SCHLUMBERGER, 739-742 ; *Vie de saint Sabas* par Cyrille de Skythopolis, 204-206.

([1308]) LÉON le Diacre, VI, 10 (813). Sviatoslav aurait fait empaler la garnison ; SCHLUMBERGER, *L'épopée byzantine à la fin du Xe siècle*, I, 38-40 ; RUNCIMAN, *op. cit.*, 205-220.

([1309]) *R. K. O. R.*, 729 ; LÉON le Diacre, VI, 8 (808-809), 10 (813-816) ; NESTOR (*Chronique* dite de), 36 (40-42) ; SCHLUMBERGER, *op. cit.*, I, 40-45 ; RUNCIMAN, *op. cit.*, 206.

([1310]) LÉON le Diacre, VI, 11-13 (816-822) ; CEDRENOS, *op. cit.*, 118-120 (384-388) ; SCHLUMBERGER *op. cit.*, I, 47-58 ; RUNCIMAN, *op. cit.*, 207.

([1311]) LÉON le Diacre, VII, 9 (840).

([1312]) *Ibidem*, VIII (1-2) (841-846) ; SCHLUMBERGER, I, 82-88.

([1313]) LÉON le Diacre, VIII, 3-8 (847-856) ; CEDRENOS, 125-130 (393-396) ; ZONARAS, XVI, 2 et IV, 97-98 ; SCHLUMBERGER, I, 88-103 ; RUNCIMAN, *op. cit.*, 208-210.

([1314]) Dristra : Silistrie actuelle.

([1315]) *R. K. O. R.*, 729 ; LÉON le Diacre, VIII, 8 (856-857) ; ZONARAS, XVII, 1 (IV, 94) ; NESTOR, *op. cit.*, 36 (40).

([1316]) LÉON le Diacre, VIII, 9 ; X, 10 ; 1-2, 5-10 (857-882) ; CEDRENOS, 130-144 (398-411) ; ZONARAS, XVII, 2 (IV, 98-101) ; YAHYA d'Antioche, 138 (833), fait durer le siège de Dorystolon trois ans ; NESTOR, *op. cit.*, 36 (41) ; SCHLUMBERGER, *op. cit.*, I, 133-148 ; RUNCIMAN, *op. cit.*, 211-213 ; GUÉRIN-SONGEON, *Histoire de la Bulgarie*, 191. Sur les controverses auxquelles donne lieu la chronologie de cette guerre entre Anastasievic, Grégoire et Doelger voir GRÉGOIRE, *La dernière campagne de Jean Tzimiskès contre les Russes*, B. N., XII, 1937, 267 et s. (bibliographie de la question).

([1317]) *R. K. O. R.*, 739 ; LÉON le Diacre, VIII, 11-12 (881-885) ; CEDRENOS, 144-145 (412-413) ; NESTOR, 36 (42) ; OSTROGORSKY, *Geschichte des byzantinischen Sta-*

ates, 209 (texte du traité d'après une chronique russe); SCHLUMBERGER, *op. cit.*, I, 148-159; RUNCIMAN, *op. cit.*, 213-216; GUÉRIN-SONGEON, *Histoire de la Bulgarie*, 193.

[1318] GAY (J.), *L'Italie méridionale et l'Empire byzantin*, 290-291.

[1319] *R. K. O. R.*, 708; GAY, *op. cit.*, 301.

[1320] SCHLUMBERGER, *Un empereur byzantin au Xe siècle. Nicéphore Phocas*, 584-592.

[1321] GAY, *op. cit.*, 296-298.

[1322] *Ibidem*, 298-300.

[1323] *R. K. O. R.*, 709 (à Ravenne, mars 767), 713 (à Capoue, fin 967); GAY, *op. cit.*, 300-303; SCHLUMBERGER, *op. cit.*, 591.

[1324] GAY, *op. cit.*, 303-305; SCHLUMBERGER, 592-594.

[1325] GAY, *op. cit.*, 304-305; SCHLUMBERGER, 594-598.

[1326] SCHLUMBERGER, 598-600.

[1327] LUITPRAND, *Relatio de legatione Constantinopolitana*, 1-2 (345).

[1328] *Ibidem*, 11-13 (349-350), 19-20 (350-351); SCHLUMBERGER, 603-604.

[1329] LUITPRAND, *op. cit.*, 25-27.

[1330] *Ibidem*, 56-64 (360-362).

[1331] *Ibidem*, 13-19 (350-351); GAY, *op. cit.*, 305-310.

[1332] GAY, *op. cit.*, 310-314; SCHLUMBERGER, 664-667.

[1333] GAY, *op. cit.*, 314-315; SCHLUMBERGER, 684-692.

[1334] GAY, *op. cit.*, 316-318; SCHLUMBERGER, *L'épopée byzantine à la fin du Xe siècle*, I, 187-190; *R. K. O. R.*, 731 (été de 970).

[1335] GAY, *op. cit.*, 318-320; SCHLUMBERGER, 190-204.

[1336] GAY, *op. cit.*, 343-347; SCHLUMBERGER, *Un empereur byzantin au Xe siècle. Nicéphore Phocas*, 676-681.

[1337] GAY, *op. cit.*, 347-349.

[1338] *R. K. O. R.*, 717; LUITPRAND, *op. cit.*, 62 (361); GAY, *op. cit.*, 350-353; SCHLUMBERGER, *Un empereur byzantin...*, 682-684.

[1339] Justinien régna 38 ans, Andronic II : 43 ans.

[1340] DIEHL, *Les grands problèmes de l'histoire byzantine*, 95-98.

[1341] YAHYA d'Antioche, *Chronique universelle*, 147 (372); CEDRENOS, *Synopsis historion*, II, 149-154 (417-421); ZONARAS, *Épitome*, XVII, 5 (IV, 104-105); *R. K. O. R.*, 756 (tentative de négociation avec Skléros); SCHLUMBERGER, *L'épopée byzantine...*, I, 349-358.

[1342] YAHYA d'Antioche, *op. cit.*, 147 (373-374); LÉON le Diacre, X, 7 (900); ZONARAS, XVII, 5 (IV, 106-108); *R. K. O. R.*, 757; SCHLUMBERGER, *op. cit.*, I, 362-398.

[1343] PSELLOS (M.), *Chronographie, 976-1077*, I, 5-7 (I, 4-6); LÉON le Diacre, X, 7 (900); CEDRENOS, *op. cit.*, II, 161 (429); ZONARAS, XVII, 5 (IV, 108); SCHLUMBERGER, *op. cit.*, I, 398-402.

[1344] YAHYA d'Antioche, 147 (374-375); *R. K. O. R.*, 762; SCHLUMBERGER, *op. cit.*, I, 402. Sur cette campagne voir ADONZ, *Tornik le Moine*; sur la mauvaise information de Cédrénus-Skylitzès, CEDRENOS, II, 153-156 (422-432).

[1345] PSELLOS, *op. cit.*, I, 8 (I, 6); YAHYA d'Antioche, 158 (399); CEDRENOS, II, 164-165 (432-433); ZONARAS, XVII, 5-6 (IV, 108-109); SCHLUMBERGER, *op. cit.*, I, 405-426.

[1346] PSELLOS, *op. cit.*, I, 9 (I, 6-7); LÉON le Diacre, X, 7 (901); CEDRENOS, II, 165 (433); ZONARAS, XVII, 6 (IV, 109-110); YAHYA d'Antioche, 158 (399-400); SCHLUMBERGER, *op. cit.*, I, 436-438.

[1347] YAHYA d'Antioche, 159 (400); CEDRENOS, II, 165-168 (433-434); SCHLUMBERGER, *op. cit.*, I, 438-445. Voir CANARD (M.), *Deux documents arabes sur Bardas Skléros*, A. C. E. B., V, 193 (Rome), I, 56-59.

[1348] Sur la date et le désaccord des sources voir SCHLUMBERGER, *L'épopée byzantine...*, I, 513. La date la plus vraisemblable: 985 est donnée par Yahya, *Chro-*

nique universelle, 165 (417); CEDRE-NOS, II, 173-174 (442-443); SCHLUMBERGER, *op. cit.*, I, 574-580. PSELLOS, I, 19-21 (I, 12-13)

([1349]) PSELLOS, *op. cit.*, I, 2 (I, 13-14); ZONARAS, *op. cit.*, XVII, 7 (IV, 115); SCHLUMBERGER, *op. cit.*, I, 580-584.

([1350]) SCHLUMBERGER, *op. cit.*, I, 664 et s.

([1351]) YAHYA, 166-167 (419-420), d'après lui, Skléros atteint Mélitène en février 987; CEDRENOS, II, 173 (441); SCHLUMBERGER, *op. cit.*, I, 675-683.

([1352]) YAHYA, 167 (421-422); PSELLOS, I, 11-12 (I, 8-9); CEDRENOS, II, 173-176 (441-443); SCHLUMBERGER, *op. cit.*, I, 692-694.

([1353]) YAHYA, 168 (422); SCHLUMBERGER, *op. cit.*, I, 694-697.

([1354]) YAHYA, 168 (423).

([1355]) *Ibidem.* SCHLUMBERGER, *op. cit.*, I, 698.

([1356]) *R. K. O. R.*, 771 (fin de 987); YAHYA, 168 (423-424); PSELLOS, I, 13 (I, 9); ZONARAS, XVII, 7 (IV, 114); SCHLUMBERGER, *op. cit.*, I, 702, 713-723, 734-735.

([1357]) YAHYA, 169 (425-426); LÉON le Diacre, X, 9 (905-908); PSELLOS, I, 16-17 (I, 10-11); CEDRENOS, II, 176-177 (444-446); SCHLUMBERGER *op. cit.*, I, 736-742.

([1358]) YAHYA, 170 (426-427); PSELLOS, I, 23-26 (I, 14-16); CEDRENOS, II, 180 (446); ZONARAS, XVII, 7 (IV, 115); *R. K. O. R.*, 773 (avril 989); SCHLUMBERGER, *op. cit.*, II, 13-16.

([1359]) Récit vivant de Psellos (*op. cit.*, I, 27-29 et I, 16-18). Basile demanda des conseils à Skléros; SCHLUMBERGER, *op. cit.*, II, 18-21.

([1360]) YAHYA, 171 (430); SCHLUMBERGER, *op. cit.*, II, 23.

([1361]) PSELLOS, I, 35-37 (I, 22-24); LAMBROS, Λεύκωμα βυζαντινῶν αὐτοκρατόρων, Athènes, 1930, pl. 56; SCHLUMBERGER, *Un empereur byzantin au Xe siècle...*, 304.

([1362]) PSELLOS, I, 31 (I, 19-20).

([1363]) LÉON le Diacre, X, 10 (908-921); YAHYA, 170 (428); SCHLUMBERGER, *L'épopée byzantine à la fin du Xe siècle*, II, 35-40.

([1364]) SCHLUMBERGER, *op. cit.*, 514-524.

([1365]) *R. K. O. R.*, 783; *Jus graeco-romanum* (éd. Zachariae von Lingenthal) III, 3, 29 (306-318); SCHLUMBERGER, *op. cit.*, II, 122-130. OSTROGORSKY, 217.

([1366]) SCHLUMBERGER, *op. cit.*, II, 123-124. Basile fit faire cette exécution avant même la publication de sa novelle.

([1367]) CEDRENOS, II 180-181, (448); SCHLUMBERGER, *op. cit.*, II, 198-200; NEUMANN, *La situation mondiale de l'Empire byzantin avant les croisades* (trad. fr. Renauld), 62; DIEHL et MARÇAIS, *Le monde oriental de 395 à 1081*, 526; OSTROGORSKY, *Geschichte des byzantinischen Staates*, 216 (place à tort l'événement en 995).

([1368]) OSTROGORSKY, *op. cit.*, 216.

([1369]) *R. K. O. R.*, 793 (a. 1002); CEDRENOS, II, 189 (456); ZONARAS, XVII, 8 (IV, 119); SCHLUMBERGER, *op. cit.*, II, 327-332; OSTROGORSKY, *op. cit.*, 217.

([1370]) CEDRENOS, 208 (475), a. 1018; ZONARAS, XVII, 9 (IV, 124); SCHLUMBERGER, *op. cit.*, II, 459-460.

([1371]) CEDRENOS, 168 (434); ZONARAS, XVII, 6 (IV, 110); SCHLUMBERGER, *op. cit.*, I, 446-452; GFRÖRER, *Byzantinische Geschichten*, II, 584-592 (conjectures intéressantes mais sans preuves).

([1372]) *R. K. O. R.*, 772; SCHLUMBERGER, *op. cit.*, I, 727-730. La novelle, abrogée par Tzimiskès (voir *supra*, p. 167), avait dû être remise en vigueur par le parakimomène.

([1373]) Désaccord entre les sources byzantines et Yahya qui place l'interrègne de quatre ans après la mort de Chrysoberge, en 991 selon lui (*Chronique universelle*, 159 (402); GRUMEL, *R. P. B.*, II, 229, suit cette chronologie.

([1374]) Voir SCHLUMBERGER, *op. cit.*, II, l'anecdote suspecte du soufflet donné au patriarche par Basile.

(1375) FLICHE et MARTIN, *Histoire de l'Église*, VII, 51-63.

(1376) *Ibidem*, VII, 60-63.

(1377) *Ibidem*, VII, 65-66; MICHEL (A.), *Humbert und Kerullarios*, I, 14; SCHLUMBERGER, *op. cit.*, II, 271-283; JUGIE, *Le Schisme byzantin*, 166.

(1378) *A. E. B.*, ad annum 863; voir GRUMEL, *L'Encyclique de Photius aux Orientaux...*, *E. O.*, XXXVIII, 1935, 119 et *R. P. B.*, 818-819.

(1379) PIERRE, patriarche d'Antioche, *Correspondance*, *P. G.*, CXXX, 795; MICHEL (A.) *op. cit.*, I, 18; BRÉHIER (L.), *Le Schisme oriental du XI*e *siècle*, 16-17.

(1380) *P. G.*, CXX, 718, 1; *P. B.*, 818-819 (donne les diverses recensions du texte); MICHEL (A.), *op. cit.*, II, 13-14 (l'addition de Photius au Synodikon ne peut plus passer pour un acte d'hostilité contre Rome depuis la découverte de Dvornik. Voir LAURENT, *E. O.*, 1932, 100).

(1381) MICHEL (A.), *op. cit.*, I, 25.

(1382) JUGIE (M.), *Le Schisme byzantin*, 166-167.

(1383) *R. K. O. R.*, 817; *R. P. B.*, 828; JUGIE, *op. cit.*, 167-171; MICHEL (A.), *op. cit.*, II, 620-621.

(1384) RAOUL GLABER, *Historia sui temporis*, IV, 1 (66); HUGUE DE FLAVIGNY, *Chronique de Verdun*, 392.

(1385) JUGIE, *op. cit.*, 169, 3; (*Chronicon S. Petri Erfordiensis*), *M. G. H. SS.*, XXX, 407, XXIV, 189; MICHEL (A.), *op. cit.*, 29-30.

(1386) CEDRENOS, *Synopsis historion*, 211 (479-480); SCHLUMBERGER, *L'épopée byzantine à la fin du X*e *siècle*, II, 620-621.

(1387) Voir *supra*, p. 180.

(1388) NESTOR (*Chronique dite de*), 67 (87-94), *a.* 6496; SCHLUMBERGER, *op. cit.*, I, 701-723, 758-777; II, 1-12.

(1389) JUGIE, *op. cit.*, 172-176; voir BAUMGARTEN, *Saint Vladimir et la conversion de la Russie*, *O. C.*, XXVII, 1932, 1-36.

(1390) JUGIE, *op. cit.*, 174-175. C'est ce qu'avait déjà vu RAMBAUD, *L'Empire grec au X*e *siècle. Constantin Porphyrogénète*, 585. Voir LAURENT (V.), *Origines du christianisme en Russie*, *E. O.*, 1939, 280 et s., et KOCH (H.), *Byzanz, Ochrid und Kiev*, *B. Z.*, 1939, 534.

(1391) C'est la date qui ressort du texte de LÉON le Diacre, *Histoires*, X, 10 (908), parlant en même temps d'une aurore boréale que YAHYA place le 7 avril 989 (*Chronique universelle*, 172 (432).

(1392) JUGIE, *op. cit.*, 176-177.

(1393) *R. K. O. R.*, 778; SCHLUMBERGER, *op. cit.*, II, 11-12. On se rappelle que les reliques de saint Clément avaient été découvertes par les apôtres des Slaves Cyrille et Méthode. Voir *supra*, p. 121.

(1394) VASILIEV, *The Goths in the Crimea*, 132-134; GROUSSET, *L'Empire des steppes*, 237-238; CEDRENOS, II, 197 (464).

(1395) NESTOR (*Chronique dite de*), 67; SCHLUMBERGER, *op. cit.*, II, 2-7.

(1396) JUGIE, *op. cit.*, 181.

(1397) *Ibidem*, 179-181; SCHLUMBERGER, II, 7.

(1398) JUGIE, *op. cit.*, 182-183.

(1399) *Ibidem*, 181-183 (d'après la chronique russe de Nicon).

(1400) Lettre de Bruno (Boniface) au futur Henri II, *A. S. S. Boll.*, 2 février.

(1401) Chronique de Thietmar de Mersebourg, *M. G. H. SS.*, III, 683; JUGIE, *op. cit.*, 183.

(1402) *Noticiae episcopales* (éd. Parthey), 97; LAURENT (V.), *art. cit.*, *E. O.*, 1939, 283.

(1403) PSELLOS, *Chronographie*, I, 32-33 (I, 20-21).

(1404) ANASTASIEVIČ, *L'hypothèse de la Bulgarie occidentale*, *M. O.*, I, 1, 20 et s., a montré contre Drinov qu'il n'y a jamais eu deux États bulgares parallèles, mais que c'est seulement en 976 que les comitopouloï se sont soulevés; SCHLUMBERGER suit la théorie de Drinov (dans *op. cit.*, I, 590 et s.); le nom de Šišman, prétendu ancêtre de la dynastie, est un faux du XVIIIe siècle,

(1405) RUNCIMAN, *A history of the first Bulgarian Empire*, 216-221.

(1405) RUNCIMAN, *op. cit.*, 218, 226.

(1406) CEDRENOS, 168 (436); KEKAUMENOS, *Strategikon... (Récits d'un grand seigneur byzantin du XIe siècle)*, 169-170; SCHLUMBERGER, *op. cit.*, I, 616-634; RUNCIMAN, *op. cit.*, 221-222.

(1407) CEDRENOS, 168-169 (436-438); ZONARAS, XVII, 6 (IV, 110-112); YAHYA d'Antioche, 166 (418-419); SCHLUMBERGER, I, 658-672; RUNCIMAN, *op. cit.*, 223-225.

(1408) SCHLUMBERGER, *op. cit.*, I, 544-572 et 730-731; *R. K. O. R.*, 770 (fin de 987).

(1409) GAY, *L'Italie méridionale et l'Empire byzantin*, 324-326.

(1410) SCHLUMBERGER, *op. cit.*, I, 486-500; GAY, *op. cit.*, 328-331. *R. K. O. R.*, 767 (fin 980).

(1411) SCHLUMBERGER, I, 499-504; GAY, 331-333.

(1412) SCHLUMBERGER, I, 506-507; GAY, 333-335.

(1413) SCHLUMBERGER, I, 507-520; GAY, 335-339.

(1414) LÉON le Diacre, *Histoires*, X, 10 (908-909); SCHLUMBERGER, I, 751-755 et II, 44-45.

(1415) VOÏNOVITCH (DE), *Histoire de la Dalmatie*; CEDRENOS, II, 58.

(1416) CEDRENOS, II, 180 (447); SCHLUMBERGER, II, 46-58. Manque de renseignements des sources byzantines sur cette campagne qui paraît avoir été très dure d'après YAHYA, *Chronique universelle*, 171 (430-431); RUNCIMAN, 227-228.

(1417) Sur ce personnage voir *Le Livre des Cérémonies* de CONSTANTIN Porphyrogénète (trad. Vogt), Préface et 135-136.

(1418) YAHYA d'Antioche, *op. cit.*, 174 (438-439); SCHLUMBERGER II, 68-74.

(1419) YAHYA, 175 (440-441); SCHLUMBERGER, II, 80-84.

(1420) YAHYA, 176 (442), SCHLUMBERGER, II, 84-94.

(1421) YAHYA, 176-177 (443-444); SCHLUMBERGER, II, 95-98.

(1422) CEDRENOS, 181 (449); SCHLUMBERGER, II, 131-132; RUNCIMAN, 228.

(1423) CEDRENOS, 181-184 (449-450); *Vie de saint Nicon le Métanoïte*, 174-175 (seul témoignage sur l'avance de Samuel jusqu'à l'isthme de Corinthe); RUNCIMAN, 229-230; SCHLUMBERGER, II, 131-144.

(1424) YAHYA, 178 (446-447).

(1425) RUNCIMAN, 230-233.

(1426) YAHYA, 182 (455-456).

(1427) *Ibidem*, 183-184(457-460), seule source sur cette expédition; HONIGMANN, *Die Ostgrenze des byzantinischen Reiches von 363 bis 1071*, 108; SCHLUMBERGER, II, 150-159.

(1428) Sur cet État, province de la Grande Arménie, SCHLUMBERGER, II, 159; HONIGMANN, *op. cit.*, 158.

(1429) YAHYA, 170-171 (429-430); SCHLUMBERGER, *Un empereur byzantin au Xe siècle*, II, 31-32; HONIGMANN, *op. cit.*, 155; *R. K. O. R.*, 780 (vers 990); voir ADONTZ, *Tornik le Moine, B. N.*, XIII, 1938, 150 et s. La principale source est ASOGHIK (Étienne de Taron), *Histoire universelle*, III, 8 et 43, qui donne la date du meurtre de David : 31 mars 1000.

(1430) YAHYA, 184 (460); SCHLUMBERGER, *L'épopée byzantine...*, II, 172-198, printemps de 1001.

(1431) *R. K. O. R.*, 788 (ambassade de Basile retenue au Caire de 998 à 1001); YAHYA, 184 (460-461); SCHLUMBERGER, *op. cit.*, II, 201-208.

(1432) GAY, *L'Italie méridionale et l'Empire byzantin*, 367-368; SCHLUMBERGER, II, 240-249.

(1433) GAY, *op. cit.*, 368.

(1434) SCHLUMBERGER, II, 262-267; *R. K. O. R.*, 784-787.

(1435) GAY, *op. cit.*, 396-398; SCHLUMBERGER, II, 302-307.

(1436) YAHYA, 185 (461-462); SCHLUMBERGER, II, 211-215.

(1437) CEDRENOS, 185 (452-453), place à tort la première campagne en 999 (an du monde 6508).

(1438) RUNCIMAN, *A history*

[1438] *of the first Bulgarian Empire*, 235; SCHLUMBERGER, II, 214-218.

[1439] RUNCIMAN, *op. cit.*, 235-236; SCHLUMBERGER, II, 219-226.

[1440] CEDRENOS, 188 (454-455); RUNCIMAN, 237; SCHLUMBERGER, II, 226-228.

[1441] A la fin de l'an 1004. RUNCIMAN, 238-239; SCHLUMBERGER, II, 228-232.

[1442] SCHLUMBERGER, II, 145-147.

[1443] MATHIEU d'ÉDESSE, *Chronique arménienne* (trad. Dulaurier), 37, *ad annum* 455, 1006-1007; *Vie de saint Nicon le Métanoïte*, 177-178; RUNCIMAN, *op. cit.*, 240.

[1444] Ancien Kleidion, passe actuelle de Demir Kapija, entre les vallées de la Strouma et du Vardar. VIDAL de la BLACHE et GALLOIS, *Géographie universelle, Péninsules méditerranéennes*, 437.

[1445] CEDRENOS, 189 (457); RUNCIMAN, 240-242; SCHLUMBERGER, II, 335-338.

[1446] CEDRENOS, 192 (458); PROKIĆ, *Die Zusaetze in der Handschrift des Johannes Skylitzes*, 30; KEKAUMENOS, *Strategikon*, 18; MICHEL d'ATTALIE (éd. Bekker), 229; RUNCIMAN, 241-243; SCHLUMBERGER, II, 339-344.

[1447] CEDRENOS, 192 (459); RUNCIMAN, 243; SCHLUMBERGER, II, 244-246.

[1448] RUNCIMAN, 242-243; SCHLUMBERGER, II, 346-352.

[1449] RUNCIMAN, 243-244; SCHLUMBERGER, II, 354-356.

[1450] CEDRENOS, 192 (459); RUNCIMAN, 244-245; SCHLUMBERGER, II, 357-358.

[1451] SCHLUMBERGER, II, 359-362.

[1452] RUNCIMAN, 246-247; SCHLUMBERGER, II, 375-380.

[1453] CEDRENOS, 200 (466-467); RUNCIMAN, 248; SCHLUMBERGER, II, 381-382; voir GRÉGOIRE, *Du nouveau sur l'histoire bulgaro-byzantine*, B. N., XII, 1937, 282-291.

[1454] CEDRENOS, 202-207 (468-476); SCHLUMBERGER, II, 383-399; RUNCIMAN, 249-252.

[1455] SCHLUMBERGER, II, 399-407.

[1456] CEDRENOS, 208 (475); SCHLUMBERGER, II, 410-411.

[1457] RAMBAUD (A.), *L'Empire grec au Xe siècle. Constantin Porphyrogénète*, 423.

[1458] Voir Introduction, p. 16.

[1459] YAHYA d'Antioche, *Imperator Vasili Bolgoroboïtsa* (extraits de Rosen), 90, et reproduction dans SCHLUMBERGER, II, 419-420.

[1460] Voir le *M. B. E. H.*, 32 bis. Témoignage des bulles de plomb, dont l'une au nom d'un duc et *pronoetes* (provéditeur) de toute la Bulgarie. SCHLUMBERGER, II, 427-428.

[1461] *R. K. O. R.*, 806-808 (1020), ordonnance reproduite dans un chrysobulle de Michel Paléologue avant 1272.

[1462] Versant sud-ouest du Caucase sur la mer Noire.

[1463] Entre la haute vallée de l'Araxe et le bras oriental de l'Euphrate.

[1464] SCHLUMBERGER, II, 468 et s.; HONIGMANN, *Die Ostgrenze des byzantinischen Reiches...*, 161.

[1465] SCHLUMBERGER, II, 477 et s.; HONIGMANN, *op. cit.*, 162.

[1466] *R. K. O. R.*, 810; SCHLUMBERGER, II, 480-489; HONIGMANN, 163; YAHYA, *Imperator Vasili..*, 59; BROSSET, *Histoire de la Géorgie* I, 306 et s.

[1467] SCHLUMBERGER, II, 489-495; TOURNEBIZE (F.), *Histoire politique et religieuse de l'Arménie*, 122-123; CEDRENOS, II, 288-289 (557); HONIGMANN, *op. cit.*, 167-168; *R. K. O. R.*, 813 (1022).

[1468] *R. K. O. R.*, 809; CEDRENOS, II, 197 (464); HONIGMANN, 168-170; TOURNEBIZE, *op. cit.*, 123-124; SCHLUMBERGER, II, 495-511; LAURENT (J.), *Byzance et les Turcs seldjoucides dans l'Asie occidentale*, 16-18.

[1469] *R. K. O. R.*, 811; SCHLUMBERGER, II, 511; HONIGMANN, *op. cit.*, 164-166.

[1470] CEDRENOS, 209 (477-478); SCHLUMBERGER, II, 514-522.

[1471] SCHLUMBERGER, II, 525-

530; CEDRENOS, 209-212 (478).

(1472) *R. K. O. R.*, 816; SCHLUMBERGER, 530-532.

(1473) SCHLUMBERGER, II, 533-536.

(1474) *R. K. O. R.*, 781, mars 992; SCHLUMBERGER, 312-315.

(1475) *R. K. O. R.*, 789; SCHLUMBERGER, II, 147; VOÏNOVITCH (de), 316-317.

(1476) SCHLUMBERGER, II, 316-319; VOÏNOVITCH, *op. cit.*, I, 323. Otton III aurait reconnu à Orseolo le titre de *dux Venetorum atque Dalmatiae*; DIEHL, *Une république patricienne, Venise*, 25-26.

(1477) GAY, *L'Italie méridionale et l'Empire byzantin*, 368-369; SCHLUMBERGER, II, 320-322 (septembre).

(1478) *R. K. O. R.*, 794; SCHLUMBERGER, II, 323-325.

(1479) GAY, *op. cit.*, 369.

(1480) Voir LÉVY-PROVENÇAL, *Relations diplomatiques entre Byzance et Cordoue*, A. C. E. B., VI (Alger), 132.

(1481) CHALANDON (F.), *Histoire de la domination normande en Italie*, I, 42 et s.; GAY, *op. cit.*, 399-400; SCHLUMBERGER, II, 542-543.

(1482) CHALANDON, *op. cit.*, I, 1-41.

(1483) *Ibidem*, I, 45-46.

(1484) *Ibidem*, I, 45; SCHLUMBERGER, II, 543-544.

(1485) CHALANDON, *op. cit.*, I, 45-46; GAY, *op. cit.*, 402; SCHLUMBERGER, II, 545.

(1486) CHALANDON, *op. cit.*, I, 47 (entre 1011 et 1016).

(1487) Surtout sous Richard II, 996-1026, à la suite des luttes entre le duc et ses vassaux, AIMÉ du MONT-CASSIN, *Histoire de li Normant*, I, 1-2.

(1488) DELARC, *Les Normands en Italie*, 20 et s.; SCHLUMBERGER, II, 546-556

(1489) GUILLAUME de POUILLE, *Gesta Roberti Wiscardi*, 1-35; GAY 404-407.

(1490) CHALANDON, *op. cit.*, I, 50-53. Ce fut en 1016 que les Normands commencèrent à arriver.

(1491) *Ibidem*, I, 54-55; GAY, 409-411; SCHLUMBERGER, II, 561-568.

(1492) *R. K. O. R.*, 804; CHALANDON, *op. cit.*, I, 55-58; GAY, 411-413; SCHLUMBERGER, II, 568-571.

(1493) CHALANDON, I, 58; VOÏNOVITCH, *op. cit.*, I, 327-328.

(1494) CHALANDON, I, 59-60; GAY, 414-419; SCHLUMBERGER, II, 574-583. Le nom de Capitanate donné à cette région rappelle le souvenir du catépan Bojoannès.

(1495) CHALANDON, I, 61-67; GAY, 422-426. Pandolf de Capoue, emmené en Allemagne, put s'évader; SCHLUMBERGER, II, 584-592.

(1496) GAY, 428-429; SCHLUMBERGER, II, 598-599.

(1497) SCHLUMBERGER, II, 598-599; GAY, 420-429.

(1498) CEDRENOS, 212 (479-480); ZONARAS, XVII, 9 (124); SCHLUMBERGER, II, 619-620; sur la sépulture et l'épitaphe de Basile II voir MERCATI (G.), *B.*, XXXVII, 1921, 138.

(1499) PSELLOS, *Chronographie*, II, 2-3 (I, 25-27), 6-9 (28-30); CEDRENOS, 212-213 (480-481); ZONARAS, XVII, 10 (IV, 125-126); SCHLUMBERGER, III, 2-4.

(1500) CEDRENOS, II, 210-215 (480-483); SCHLUMBERGER, III, 6-14.

(1501) Il aurait redouté l'ambition d'un gendre, PSELLOS, *op. cit.*, II, 4-5 (I, 27-28); ZONARAS, XVII, 10 (126); SCHLUMBERGER, III, 53-56; DIEHL, *Figures byzantines*, I, 245-258.

(1502) PSELLOS, II, 10 (I, 30-31); CEDRENOS, II, 217 (484-485); ZONARAS, XVII, 10 (127-128); YAHYA d'Antioche, (extr. dans Rosen), 71; *R. P. B.*, 836; SCHLUMBERGER, III, 55-59.

(1503) PSELLOS, III, 1-4 (I, 32-34); SCHLUMBERGER, III, 362-363.

(1504) *R. K. O. R.*, 832, a. 1028; CEDRENOS, II, 217 (488); ZONARAS, XVII, 11 (IV, 128); YAHYA d'Antioche, *op. cit.*, 70; SCHLUMBERGER, III, 66-67; DIEHL, *Les grands problèmes de l'histoire byzantine*, 98-99.

(1505) CEDRENOS, 220-221 (487-

488); ZONARAS, XVII, 11 (128-129); SCHLUMBERGER, III, 99-107.

([1506]) SCHLUMBERGER, III, 63 (Romain avait 64 ans en 1028 et Zoé 54 ans); PSELLOS, III, 5 (I, 34-35).

([1507]) PSELLOS, III, 18-23; I, 44-49; CEDRENOS, II, 237 (504-505); ZONARAS, XVII, 13 (133-134); SCHLUMBERGER, III, 150-155.

([1508]) PSELLOS, III, 26 (I, 50-52); ZONARAS, XVII, 13 (135-136); SCHLUMBERGER, III, 156-158; BURY, *Selected Essays*, 149-151; DIEHL, *Figures byzantines*, I, 250-256.

([1509]) PSELLOS, IV, 4 (50-55); CEDRENOS, 237 (505-506); ZONARAS, XVII, 14 (136-137); SCHLUMBERGER, III, 159-163.

([1510]) SCHLUMBERGER, III, 150-151.

([1511]) PSELLOS, IV, 11 (I, 58); SCHLUMBERGER, III, 183-185; BURY, *op. cit.*, 154-155; KEKAUMENOS, *Strategikon*, 250.

([1512]) OSTROGORSKY, *Geschichte des byzantinischen Staates*, 228; SCHLUMBERGER, III, 180-183.

([1513]) CEDRENOS, II, 240-242 (507-508); SCHLUMBERGER, III, 166-168.

([1514]) CEDRENOS, II, 244 (510-511); SCHLUMBERGER, III, 186-188.

([1515]) PSELLOS, IV, 6, 16 (I, 56 et 61-62); CEDRENOS, 240 (506); SCHLUMBERGER, III, 168-172.

([1516]) Sa déposition entraînait celle des empereurs qu'il avait mariés et des évêques ou clercs qu'il avait ordonnés. *R. P. B.*, 842 (a. 1037); CEDRENOS, 249-252 (517-518); SCHLUMBERGER, III, 275-276; BURY, *op. cit.*, 157-158.

([1517]) PSELLOS, IV, 10-11 (I, 57-58); SCHLUMBERGER, III, 172-180; BURY, *op. cit.*, 151-154.

([1518]) PSELLOS, IV, 17-18 (I, 62-64); CEDRENOS, 252 (518), 257 (525); SCHLUMBERGER, III, 276-278.

([1519]) PSELLOS, IV, 13-14 (I, 60-61).

([1520]) *Ibidem*, IV, 26-27 (I, 69-70); SCHLUMBERGER, III, 279-280.

([1521]) PSELLOS, IV, 20-22 (65-67); BURY, *op. cit.*, 159-160; SCHLUMBERGER, III, 280-282.

([1522]) Sur ce cérémonial, CONSTANTIN Porphyrogénète, *Le livre des Cérémonies*, I, 43 (V. II, 26-32); PSELLOS, IV, 23 (67-68); SCHLUMBERGER, III, 281-283. Date inconnue, vers 1039, 1040.

([1523]) Il songea même à le déposer, PSELLOS, IV, 28 (70-71); SCHLUMBERGER, III, 284-286.

([1524]) PSELLOS, IV, 52-55 (I, 83-89); CEDRENOS, 265 (533-534); ZONARAS, XVII, 7 (IV, 148-149); BURY, *op. cit.*, 161; SCHLUMBERGER, III, 319-322.

([1525]) PSELLOS, V, 1-7 (I, 86-89); CEDRENOS, II, 265-268 (534-535), place à tort l'adoption du Calfat après la mort de Michel IV; ZONARAS, XVII, 18 (IV, 159); SCHLUMBERGER, III, 327-332.

([1526]) PSELLOS, V, 14 (91-95); ZONARAS, XVII, 18 (151-152); SCHLUMBERGER, III, 332-336.

([1527]) BURY, *op. cit.*, 170-173; SCHLUMBERGER, III, 382-384; PSELLOS, *Discours et correspondance* (éd. Sathas), IV, 398.

([1528]) PSELLOS, *Chronographie*, V, 15-16 (I, 95-96); SCHLUMBERGER, III, 336-338.

([1529]) PSELLOS, *op. cit.*, V, 17-23 (I, 96-100); CEDRENOS, 268-269 (536); ZONARAS, XVII, 19 (IV, 152); SCHLUMBERGER, III, 338-46.

([1530]) *R. K. O. R.*, 848; CEDRENOS, 269 (537); SCHLUMBERGER, III, 347; DIEHL, *Études byzantines*, I, 264-265.

([1531]) CEDRENOS, II, 268 (536); VASILJEVSKY, *Troudy*, I, 282-283 (d'après Ibn-al-Atir, *ad ann.* 1042); SCHLUMBERGER, III, 343.

([1532]) PSELLOS, *op. cit.*, V, 25-31 (101-105); CEDRENOS, 269 (537); ZONARAS, XVII, 9 (IV, 152-153); SCHLUMBERGER, III, 355-360; BURY, *op. cit.*, 167-168.

([1533]) ἐπὶ μετεώρου τοῦ μεγάλου θεάτρου. PSELLOS, *op. cit.*, V, 32 (106). Ce serait soit la loge impériale ou Kathisma à l'Hippodrome, soit un balcon du palais; ZONARAS, XVII, 19 (IV, 153); SCHLUMBERGER, III, 360-361.

(1534) PSELLOS, V, 36-51 (108-116), témoin oculaire; CEDRENOS, 269-272 (538); ZONARAS, XVII, 19 (IV, 153-155); SCHLUMBERGER, III, 363-378; BURY, 168-170.
(1535) PSELLOS, V, 33 (I, 106).
(1536) CEDRENOS, 270 (540); DIEHL, *Figures byzantines*, I, 268-271.
(1537) PSELLOS, V, 51 (I, 116); SCHLUMBERGER, III, 385-386.
(1538) PSELLOS, V, I, 1 (I, 117); cf. ZONARAS, XVII, 20 (IV, 155).
(1539) PSELLOS, VI, 3 (I, 118); SCHLUMBERGER, III, 388-390.
(1540) CEDRENOS, 273 (541).
(1541) *R. K. O. R.*, 841; DIEHL, *op. cit.*, I, 261-269.
(1542) PSELLOS, VI, 11-21 (I, 122-127); CEDRENOS, 270-276 (541-542); ZONARAS, XVII, 20 (IV, 155-157); SCHLUMBERGER, III, 392-401; BURY, *op. cit.*, 174-175; BRÉHIER (L.), *Le Schisme oriental du XI*ᵉ *siècle*, 36-39; DIEHL, *Figures byzantines*, I, 271-283.
(1543) SCHLUMBERGER, II, 613-615; CEDRENOS, II, 212 (478-479); VASILJEVSKY, *Troudy*, I, 206-207.
(1544) SCHLUMBERGER, III, 19-20, 124, 201-203.
(1545) CEDRENOS, II, 259-266 (527-533); ZONARAS, XVII, 17 (IV, 144-149); SCHLUMBERGER, III, 286-310; PSELLOS, IV, 39-51 (I, 76-83); GUÉRIN-SONGEON, *Histoire de la Bulgarie*, 211-212.
(1546) SCHLUMBERGER, III, 311-319; VOÏNOVITCH (de), *Histoire de la Dalmatie*, I, 328-329; KEKAUMENOS, *Strategikon*, 74.
(1547) Sur les frontières d'Orient de 960 à 1071, HONIGMANN, *Die Ostgrenze des byzantinischen Reiches...*, 93-226.
(1548) *R. K. O. R.*, 824; VINCENT et ABEL, *Jérusalem nouvelle*, 245-247 (texte et traduction des Annales de Yahya); SCHLUMBERGER, III, 23; BRÉHIER (L.), *L'Église et l'Orient. Les croisades*, 39.
(1549) HONIGMANN, *op. cit.*, 109-111; SCHLUMBERGER, III, 70-88.
(1550) HONIGMANN, *op. cit.*, 112; SCHLUMBERGER, III, 88-89.
(1551) CEDRENOS, II, 229-232 (498); *R. K. O. R.*, 836; HONIGMANN, 113 et s.; ZONARAS, XVII, 12 (IV, 132).
(1552) *R. K. O. R.*, 834 (fin de 1030); HONIGMANN, 115; SCHLUMBERGER, III, 90-91.
(1553) HONIGMANN, 134-135; CEDRENOS, II, 233 (500-501); BAR-HEBRAEUS (Abou'l Faradj), *Chronique universelle*, 226, 5; LAURENT (J.), *Byzance et les Turcs seldjoucides dans l'Asie occidentale*, 32-33; MATHIEU d'ÉDESSE, *Chronique arménienne*, 43; SCHLUMBERGER, III, 107-118.
(1554) SCHLUMBERGER, III, 194-199.
(1555) *Ibidem*, III, 90-92.
(1556) *R. K. O. R.*, 843; CEDRENOS, II, 248 (515); ZONARAS, XVII, 15 (IV, 139); SCHLUMBERGER, III, 203-204.
(1557) SCHLUMBERGER, III, 23-34.
(1558) *Ibidem*, III, 208-212.
(1559) *Ibidem*, III, 212-218.
(1560) *R. K. O. R.*, 827; SCHLUMBERGER, III, 51.
(1561) GAY, *L'Italie méridionale et l'Empire byzantin*, 433-434.
(1562) *Ibidem*, 434-435.
(1563) *R. K. O. R.*, 841; CEDRENOS, 245-248 (513-514); SCHLUMBERGER, III, 225-226.
(1564) *H. G.*, (*M. A.*), II, 249-250.
(1565) SCHLUMBERGER, III, 42-50; GAY, *op. cit.*, 443.
(1566) CHALANDON, *Histoire de la domination normande en Italie*, I, 75-78; SCHLUMBERGER, III, 143-146; GAY, *op. cit.*, 437-438.
(1567) CHALANDON, *op. cit.*, I, 82-87; GAY, *op. cit.*, 444-449; SCHLUMBERGER, III, 218-223.
(1568) CHALANDON, *op. cit.*, I, 89; SCHLUMBERGER, III, 224.
(1569) CHALANDON, I, 90; SCHLUMBERGER, III, 226-227.
(1570) SCHLUMBERGER, III, 227-236; GAY, 450-451; CHALANDON I, 90-92; MALATERRA (Geoffroy) *Historia sicula, R. I. S. S.*, V. = *P. L.*, CXLIX, I, 7. Parmi les Normands se trouvaient deux fils de Tancrède de Hauteville, Guillaume Bras-de-fer et Dreu.
(1571) D'après Skylitzès, il au-

rait pris 13 villes et occupé l'île entière, CEDRENOS, 252-253 (520); CHALANDON, I, 92-93; SCHLUMBERGER, III, 235-236.

(1572) CEDRENOS, 256 (522); MALATERRA, *op. cit.*, I, 7; GAY, *op. cit.*, 452; SCHLUMBERGER, III, 256-258.

(1573) MALATERRA, *op. cit.*, I, 8; CEDRENOS, 277 (545); CHALANDON, I, 93-95.

(1574) CEDRENOS, 277 (545); SCHLUMBERGER, III, 240; GAY, *op. cit.*, 452.

(1575) SCHLUMBERGER, III, 242-243; GAY, 452-453.

(1576) Place très forte aux sources de l'Ofanto, GAY, 453-454.

(1577) CEDRENOS, 277-280 (545-547); MALATERRA, I, 8-9; GUILLAUME de POUILLE, *Gesta Roberti Wiscardi*, 419-445 (250); SCHLUMBERGER, III, 251-269; GAY, 453-460; CHALANDON, I, 96-102; *D. H. G. E.*, IV, 1930, 93-96.

(1578) PSELLOS, *Chronographie*, VI, 34, 47 (I, 134, 140).

(1579) *Ibidem*, VI, 32-33 (I, 133-134); DIEHL, *Figures byzantines* I, 273-276.

(1580) *R. K. O. R.*, 854 (12 juin 1042); PSELLOS, VI, 50-61 (I, 141-147); CEDRENOS, 288 (556); ZONARAS, XVII, 21 (IV, 158-160); SCHLUMBERGER, III, 415-427; BURY, *Selected essays*, 180-182; BRÉHIER (L.), *Le Schisme oriental du XI*[e] *siècle*, 45-46; DIEHL, *op. cit.,* I, 276-280;

(1581) PSELLOS, *op. cit.*, VI, 69-71 (I, 150-151); ZONARAS, XVII, 21 (IV, 160), place sa mort avant la révolte de Maniakès, fin 1042; Skylitzès, après mars 1044 (date de l'émeute contre Sklérène).

(1582) PSELLOS, VI, 151-153 (II, 45-46); SCHLUMBERGER, III, 663-664.

(1583) PSELLOS, VI, 139-150 (II, 38-45); CEDRENOS, 336 (605); SCHLUMBERGER, III, 655-662.

(1584) PSELLOS, VI, 127-131 (II, 31-32); BRÉHIER (L.), *op. cit.*, I, 282.

(1585) PSELLOS, VI, 57 (I, 144), 153 (II, 46), 185-188 (II, 61-63); CEDRENOS, 340 (608-609); SCHLUMBERGER, III, 671-672; DEMANGEL et MAMBOURY, *Le Quartier des Manganes*, 19-38.

(1586) PSELLOS, VI, 66-67 (149-150).

(1587) *Ibidem*, VI, 183 (II, 60-64); *Synopsis Chronike*, ad annum *1261*, éd. Sathas, *B. M. A.*, VII, 1894, p. 163; SCHLUMBERGER, III, 665-666.

(1588) PSELLOS, *Discours et correspondance*, IV, 398; PSELLOS, *Chronographie*, VI, 188-189 (II, 58-59); SCHLUMBERGER, III, 354.

(1589) FISCHER, *Studien zur byzantinischen Geschichte*, 3-4.

(1590) DIEHL, *Figures byzantines*, I, 297 et s.

(1591) PSELLOS, *Chronographie*, VI, 44-46 (I, 138-140).

(1592) *R. K. O. R.*, 863; voir BRÉHIER (L.), *L'enseignement supérieur à Constantinople*, *R. I. E.*, 1899, 110-112; FISCHER, *op. cit.* 14 et s.; SCHLUMBERGER, III, 536; RAMBAUD (A.), *Études sur l'histoire byzantine*, 140.

(1593) FUCHS, *Die höheren Schulen von Konstantinopel im Mittelalter*, 29-30; RAMBAUD, *op. cit.*, 141-142; PSELLOS, *op. cit.*, VI, 179-181 (II, 59-60); SCHLUMBERGER, III, 674 et s.

(1594) PSELLOS, VI, 194 (II, 66-67); RAMBAUD, *op. cit.*, 149-151; SCHLUMBERGER, III, 676-680; *R. K. O. R.*, 918 (a. 1054).

(1595) CEDRENOS, 310 (610); ZONARAS, XVII, 28 (180); SCHLUMBERGER, III, 676 et s.

(1596) PSELLOS, VI, 29 (I, 132).

(1597) *Ibidem*, VI, 136-137 (II, 36-37); SCHLUMBERGER, III, 654-655.

(1598) PSELLOS, VI, 201 (II, 70).

(1599) CEDRENOS, II, 337-340 (608-609); MICHEL d'ATTALIE, 50; BURY, *Selected essays*, 190.

(1600) GAY, *L'Italie méridionale et l'Empire byzantin*, 460-462; CHALANDON, *Histoire de la domination normande en Italie*, I, 102-103.

(1601) *R. K. O. R.*, 856 (août 1042); CEDRENOS, 280 (547-548); SILBERSCHMIDT, *Das orientalische Problem zur Zeit der Entstehung* des türkischen... Reiches, 462-463 (regarde la révolte de Maniakès comme antérieure à sa destitution); PSELLOS, VI, 78-80 (II, 2-3).

(^{1602}) GÉDÉON, Πατριαρχικαὶ πίνακες (Constantinople, 1890), 463-464; CHALANDON, Histoire de la domination normande en Italie, I, 105.

(^{1603}) R. K. O. R., 857 (oct. 1042), instructions au stratège de Dyrrachium; PSELLOS, VI, 81-82 (II, 3, 4); CEDRENOS, 280-281 (548); SCHLUMBERGER, III, 438-446.

(^{1604}) La rencontre eut lieu sur le lac d'Ostrovo, au nord-est de Salonique, CEDRENOS, 281 (549); PSELLOS, VI, 83-88 (II, 4-7); SCHLUMBERGER, III, 450-456; GAY, op. cit., 467-468.

(^{1605}) CEDRENOS, II, 284 (551); PSELLOS, VI, 90 (II, 8); SCHLUMBERGER, III, 464 et s.

(^{1606}) CEDRENOS, II, 284 (552); SCHLUMBERGER, III, 466-468.

(^{1607}) R. K. O. R., 858 (mars 1043), instructions aux stratèges d'Occident, et 859, proposition de paix adressée à Vladimir; MICHEL d'ATTALIE, 20.

(^{1608}) CEDRENOS, II, 285-288 (552-555); ZONARAS, XVII, 24 (IV, 167-169); PSELLOS, VI, 93 (II, 10-12); SCHLUMBERGER, III, 468-475.

(^{1609}) R. K. O. R., 875; NESTOR (Chronique dite de), 95 (131); voir COURET, Les Russes à Constantinople..., R. Q.H., 1876, 69 et s.

(^{1610}) PSELLOS, VI, 99-101 (II, 14-16); CEDRENOS, II, 293 (561); SCHUTTE, Der Aufstand des Leon Tornikios (1047), 19 et s., traduction dans SCHLUMBERGER, III, 498-507.

(^{1611}) R. K. O. R., 882-883; PSELLOS, VI, 102-123 (II, 16-29); CEDRENOS, II, 293-298 (562-566); ZONARAS, XVII, 23 (IV, 163-167) LÉON GRAMMATIKOS, Chronographie, 22-28; SCHUTTE, op. cit., 19-32; SCHLUMBERGER, III, 507-528; BURY, Selected essays, 194-198.

(^{1612}) Sur leur origine, GROUSSET, L'Empire des steppes, 238; CHALANDON, Essai sur le règne d'Alexis Comnène, 2; VASILJEVSKY, Troudy, I, 1-9. MORAVCSIK, op. cit., I.

(^{1613}) OSTROGORSKY, Geschichte des byzantinischen Staates, 234.

(^{1614}) CEDRENOS, II, 313-316 (581-584); VASILJEVSKY, op. cit., I, 3-12; SCHLUMBERGER, III, 566-568; R. K. O. R., 888, 889.

(^{1615}) R. K. O. R., 890; CEDRENOS, II, 316-322 (584-590); VASILJEVSKY, op. cit., I, 14-17; SCHLUMBERGER, III, 568-577.

(^{1616}) CEDRENOS, II, 325-336 (594-604) 337 (607); VASILJEVSKY, op. cit., I, 17-23; SCHLUMBERGER, III, 576-594.

(^{1617}) CEDRENOS, II, 337 (608); ZONARAS, XVII, 26 (IV, 176); R. K. O. R., 909; VASILJEVSKY, I, 24-26; SCHLUMBERGER, III, 594-595.

(^{1618}) R. K. O. R., 881, 912; PSELLOS, VI, 190 (II, 64); CEDRENOS, II, 337 (607); MICHEL d'ATTALIE, 49; SCHLUMBERGER, III, 611-612; BRÉHIER (L.), L'Église et l'Orient. Les Croisades, 38-39; VINCENT et ABEL, Jérusalem nouvelle, 248-259.

(^{1619}) Voir supra, p. 194; R. K. O. R., 869 (été de 1045); CEDRENOS, II, 288 (557); PSELLOS, VI, 179 (II, 64); TOURNEBIZE, Histoire politique et religieuse de l'Arménie, 127; SCHLUMBERGER, III, 481; HONIGMANN, Die Ostgrenze des byzantinischen Reiches von 363 bis 1071, 174.

(^{1620}) CEDRENOS, II, 289 (558); R. K. O. R., 870-872 (été 1045); voir LEROY (M.), Grégoire Magistros, A. I. I. O. B., III, 1935, 263 et s.; HONIGMANN, op. cit., 175; SCHLUMBERGER, III, 482-487.

(^{1621}) R. K. O. R., 873; SCHLUMBERGER, III, 487-495; TOURNEBIZE, op. cit., 128; HONIGMANN, op. cit., 175.

(^{1622}) CEDRENOS, II, 292-293 (559-562); HONIGMANN, 176.

(^{1623}) R. K. O. R., 884-885; CEDRENOS, II, 304-305 (572-573); MICHEL d'ATTALIE, 80; SCHLUMBERGER, III, 547.

(^{1624}) PHILIPPSON, Das Byzan-

tinische Reich als geographische Erscheinung, 174; HONIGMANN, *op. cit.*, 178-179.

(1625) GROUSSET, *L'Empire des steppes*, 203-205; LAURENT (JOS.), *Byzance et les Turcs seldjoucides dans l'Asie occidentale*, 8.

(1626) LAURENT (J.), *op. cit.*, 16.

(1627) CEDRENOS, II, 340 (608); MICHEL d'ATTALIE, 44; KEKAUMENOS, *Strategikon*, 50; SCHLUMBERGER, III, 552-554.

(1628) HONIGMANN, *op. cit.*, 179.

(1629) CEDRENOS, II, 301-304 (570-572); SCHLUMBERGER, III, 543.

(1630) CEDRENOS, II, 305-312 (573-580); SCHLUMBERGER, III, 548-552 et 556. D'après les sources arabes les Turcs auraient été vainqueurs, ce qui est démenti par leur retraite.

(1631) *R. K. O. R.*, 898; CEDRENOS, II, 312-314 (580-581); ZONARAS, XVII, 25 (IV, 173); BARHEBRAEUS (Abou'l Faradj), 442; SCHLUMBERGER, III, 544.

(1632) CEDRENOS, II, 321-326 (590-594); BAR-HEBRAEUS, *op. cit.*, 250; SCHLUMBERGER, III, 598-610; LAURENT (Jos.), *op. cit.*, 23.

(1633) MALATERRA (Geoffroy), *Historia sicula*, I, 3; CHALANDON, *Histoire de la domination normande en Italie*, I, 81-82; GAY, *L'Italie méridionale et l'Empire byzantin*, 503-505.

(1634) SILBERSCHMIDT, *Das orientalische Problem zur Zeit der Entstehung des türkischen Reiches*, 464-466.

(1635) Témoignage de Jean, abbé de Fécamp, 1051, *P. L.*, CXLIII, 798; MALATERRA, I, 3; SILBERSCHMIDT, *op. cit.*, 481; CHALANDON, I, 123-124.

(1636) GAY, *L'Italie méridionale et l'Empire byzantin*, 470.

(1637) CEDRENOS, II, 296 (563).

(1638) GUILLAUME DE POUILLE, *Gesta Roberti Wiscardi*, 14-22 (254); GAY, *op. cit.*, 470-471; CHALANDON, I, 131. Sur les rapports entre Argyros et le patriarche, deuxième lettre de Kéroularios à Pierre d'Antioche, *Acta et scripta quae de controversiis ecclesiae graecae et latinae saec. XI, composita exstant* (éd. Will), 177; BRÉHIER (L.), *Le Schisme oriental du XIe siècle*, 93; JUGIE (M.), *Le Schisme byzantin*, 189.

(1639) GAY, *op. cit.*, 475-477; CHALANDON, *op. cit.*, I, 113-115.

(1640) *R. K. O. R.*, 896.

(1641) Sur ses origines, FLICHE et MARTIN, *Histoire de l'Église*, VII, 98 et s.; CHALANDON, *op. cit.*, I, 129-136.

(1642) GAY, 477-482; CHALANDON, I, 122-123.

(1643) GAY, 482-484, FLICHE (A.), *La réforme grégorienne*, I, 124-126; FLICHE et MARTIN, *op. cit.*, VII, 104 et s.

(1644) CHALANDON, I, 129; MALATERRA, *Historia sicula*, I, 13.

(1645) *Chartes de Ravenne (Syllabus graecarum membranarum)* éd. Trinchera, 53.

(1646) GUILLAUME DE POUILLE, *op. cit.*, 38-65 (254); GAY, 485.

(1647) MALATERRA, *op. cit.*, I, 13.

(1648) GUILLAUME DE POUILLE, 66-74 (255); GAY, 486; CHALANDON, I, 131 et s., fait remonter cet accord à 1051.

(1649) GAY, 484, 487; CHALANDON, I, 134-135.

(1650) DIEHL, *Figures byzantines*, I, 134.

(1651) GAY, 487-490; DIEHL, *op. cit.*, I, 135-142; SCHLUMBERGER, III, 645-647.

(1652) CHALANDON, I, 142; SCHLUMBERGER, III, 647-648; FLICHE et MARTIN, *op. cit.*, VII, 106.

(1653) FLICHE et MARTIN, *op. cit.*, VII, 107.

(1654) GAY, *op. cit.*, 506-507. Argyros avait aussi envoyé une ambassade à Henri III.

(1655) *R. K. O. R.*, 911 (automne 1053), connue par la réponse du pape, *Acta et scripta quae de controversiis ecclesiae graecae et latinae...*, III, 85-89.

(1656) CEDRENOS, 281-284 (550); SCHLUMBERGER, *op. cit.*, III, 436-439. Voir supra, p. 177-178.

(1657) CEDRENOS, 264 (530), a.

Notes

1040; PSELLOS, *Discours et correspondance*, IV, 313-317.

([1658]) PSELLOS, *op. cit.*, IV, 319-322; BRÉHIER (L.), *Le Schisme oriental du XIe siècle*, 52-57.

([1659]) Sur le rôle du syncelle, BURY, *The imperial administrative system in the ninth century*, 116; PSELLOS, *op. cit.*, IV, 326-329; SCHLUMBERGER, III, 457-459; BRÉHIER (L.), *op. cit.*, 59-64.

([1660]) PSELLOS, *op. cit.*, IV, 328-329; *Un discours inédit de Psellos*, R. E. G., XVII, 1903, XVIII, 1904, 60 (70); BRÉHIER (L.), *op. cit.*, III, 64-70; GFRÖRER, *Byzantinische Geschichten*, III, 627.

([1661]) PSELLOS, *op. cit.*, IV, 346-350 et V, 505-510; BRÉHIER, *op. cit.*, 74-81.

([1662]) BRÉHIER, *op. cit.*, 219-246.

([1663]) *Acta et scripta...*, 90-92. Michel s'engageait à inscrire le nom du pape sur les diptyques de toutes les églises de sa dépendance si le nom du patriarche était inscrit sur les diptyques de l'Église romaine. Sur la réponse du pape, BRÉHIER, *op. cit.*, 104; JUGIE, *Le Schisme byzantin*, 188.

([1664]) Comme le soutient Anton MICHEL, *Humbert und Kerullarios*, I, 20-30. Voir aussi les réserves de JUGIE : « Au lieu de parler de schisme définitif, il serait sans doute plus exact de dire que nous sommes en présence de la première tentative de réunion avortée. » (*op. cit.*, 230-234.)

([1665]) *Acta et scripta...*, 56; *Vie de saint Léon IX*, par Wibert, R. I. S. S., III, 2, 11 (296); BRÉHIER, *op. cit.*, 93-94; JUGIE, *op. cit.*, 191-192; GAY, *op. cit.*, 492-496.

([1666]) BRÉHIER (L.), *op. cit.*, 93-94; FUCHS, *Die höheren Schulen von Konstantinopel im Mittelalter*, 191-192; P. G., CXX, 841-844.

([1667]) Texte grec, MICHEL (A.), *op. cit.*, II, 298-342; traduction latine d'HUMBERT, P. L., CXLIII, 973-984; BRÉHIER, *op. cit.*, 94-96; JUGIE, *op. cit.*, 200-202.

([1668]) BRÉHIER, 20-21 et 96-97.

([1669]) *Vie de saint Léon IX*, II, 11.

([1670]) BRÉHIER, *op. cit.*, 97-100; JUGIE, *op. cit.*, 193-197 (croit les lettres rédigées par Humbert); GAY, *op. cit.*, 491.

([1671]) BRÉHIER, *op. cit.*, 100-101; GAY, *op. cit.*, 492-493.

([1672]) Sur Humbert : FLICHE (A.), *La réforme grégorienne*, 265-308.

([1673]) Lettre de Michel à Pierre d'Antioche, *Acta et scripta...*, 175-178; BRÉHIER, 113-116.

([1674]) *Acta et scripta*, 136-148; BRÉHIER, 111-113; JUGIE, *op. cit.*, 202.

([1675]) *Acta et scripta*, 151-152; BRÉHIER, 117-119; JUGIE, 205-208.

([1676]) *Acta et scripta*, 152; BRÉHIER, 120-122.

([1677]) *Acta et scripta*, 152 et 166-167; BRÉHIER, 122-124.

([1678]) *Acta et scripta*, 157-158; BRÉHIER, 124-125; texte de l'édit dans P. G., CXX, 737 et s. Voir BRÉHIER, III, 6 (bibliographie); JUGIE, 211-213; voir LAURENT (V.), dans E. O., 1932, 104.

([1679]) Sur les réserves du patriarche d'Antioche, BRÉHIER, 193-201; JUGIE, *op. cit.*, 219-227.

([1680]) CEDRENOS, II, 310-311 (610); ZONARAS, XVII, 28 (IV, 180); MICHEL D'ATTALIE, 9 (51); PSELLOS, *Chronographie*, VI, 202-203 (II, 70-71); SCHLUMBERGER, III, 742.

([1681]) CEDRENOS, II, 341 (611); PSELLOS, *op. cit.*, VI bis, 1 (II, 72); SCHLUMBERGER, III, 754-755.

([1682]) PSELLOS, *Discours et correspondance*, IV, 357-358; du même, *Chronographie*, VI bis, 17 (II, 80); BRÉHIER, 249.

([1683]) PSELLOS, *Un discours inédit de Psellos*, loc. cit., 4-10 (11-20); BRÉHIER, *op. cit.*, 249.

([1684]) CEDRENOS, II, 341 (611); ZONARAS, XVII, 29 (IV, 181); PSELLOS, *Chronographie*, VI bis,

2-7 (72-75); SCHLUMBERGER, III, 753-756; BURY, *Selected essays*, 198-199.

(1685) WUSTENFELD, *Geschichte der Fatimiden Kalifen nach den arabischen Quellen*, 250; SCHLUMBERGER, III, 766 (1).

(1686) DIEHL et MARÇAIS, *Le monde oriental de 385 à 1081*, 573-574; LAURENT (J.), *Byzance et les Turcs seldjoucides dans l'Asie occidentale jusqu'en 1081*, 94-95 (1); *R. K. O. R.*, 929; MADLER, *Theodora, Michael Stratiokos, Isaak Komnenos...*, 25.

(1687) *R. K. O. R.*, 930 (a. 1056); SCHLUMBERGER, III, 758.

(1688) Il avait dû être λογοθέτης τοῦ στρατιωτικοῦ. Sur ces fonctions, BURY, *The imperial administrative system in the ninth century*, 90-91.

(1689) CEDRENOS, II, 341 (612); ZONARAS, XVII, 29 (IV, 181-182); PSELLOS, *Discours et correspondance*, VI bis, 19-21 (II, 81-82); *Synopsis Chronike ad annum 1261*, 163; SCHLUMBERGER, III, 763-767.

(1690) ZONARAS, XVII, 29 (IV, 182); PSELLOS, *op. cit.*, IV, 358; BRÉHIER, *op. cit.*, 252.

(1691) CEDRENOS, II, 341-344 (612-614); ZONARAS, XVII, IV, 184; BRÉHIER, 252-253; SCHLUMBERGER, III, 767-770.

(1692) PSELLOS, *op. cit.*, IV, 359; *Synopsis Chronike*, 163; CONSTANTIN MANASSES, *Synopsis Historike*, 455, V, 6323-6357.

(1693) Comme celle de Nicéphore Bryenne qui, pour prix de ses services contre les Turcs, demandait la restitution de ses biens confisqués sous Théodora, CEDRENOS, II, 345-348 (616).

(1694) PSELLOS, *Chronologie*, VII, 3 (II, 84-85); CEDRENOS, 345 (615); SCHLUMBERGER, III, 776-778; MADLER, *Theodora, Michael Stratikos...*, 32.

(1695) CEDRENOS, II, 349-352 (619-621); MICHEL D'ATTALIE, 56; BRÉHIER, 254-255.

(1696) CEDRENOS, II, 352 (621), mai 1057.

(1697) *Ibidem*, II, 353 (622-623); SCHLUMBERGER, III, 785-786.

(1698) *R. K. O. R.*, 934; CEDRENOS, II, 356 (625).

(1699) Sur les mesures prises par Comnène, PSELLOS, *Chronologie*, VII, 7-9 (II, 86-88), et par MICHEL VI, *idem*, VII, 11-14 (II, 88-91); CEDRENOS, II, 357-362 (627-632); SCHLUMBERGER, III, 791-797.

(1700) *R. K. O. R.*, 935; PSELLOS, *op. cit.*, VII, 15-33 (II, 91-103); CEDRENOS, II, 361-364 (632-634); ZONARAS, XVIII, 3 (IV, 188); SCHLUMBERGER, III, 798-814; BRÉHIER, *op. cit.*, 256-257.

(1701) *R. K. O. R.*, 936; PSELLOS, *op. cit.*, VII, 33-38 (II, 103-107); CEDRENOS, II, 364-368 (634-637); ZONARAS, XVIII, 3 (IV, 189-191); MICHEL D'ATTALIE, 56-60; PSELLOS, *Un discours inédit de Psellos*, loc. cit., 31-44; BRÉHIER, *op. cit.*, 257-266; SCHLUMBERGER, III, 815-828; MADLER, *Theodora, Michael Stratiokos, Isaak Komnenos...*, 38-39.

(1702) CEDRENOS, II, 368 (638); PSELLOS, *Chronographie*, VII, 40 (II, 108-109); BRÉHIER, 266-267; SCHLUMBERGER, III, 829.

(1703) Komné, vallée de la Toundja, d'après PSELLOS, *Discours et correspondance*, IV, 407.

(1704) SCHLUMBERGER, I, 391-392.

(1705) CHALANDON, *Essai sur le règne d'Alexis Comnène*, 21-22; CEDRENOS, II, 353 (622).

(1706) SABATIER, *Description générale des monnaies byzantines*, II, 162; ZONARAS, XVIII, 4 (IV, 191); OSTROGORSKY, *Geschichte des byzantinischen Staates*, 238-239.

(1707) CEDRENOS, II, 369 (642).
(1708) ZONARAS, XVIII, 4 (IV, 193).

(1709) *R. K. O. R.*, 939; CEDRENOS, II, 369 (642); PSELLOS, *Chronographie*, VII, 60 (II, 120); MARCELLINUS COMES, éd. Mommsen, 61.

(1710) *R. K. O. R.*, 938 (1er septembre 1057); CEDRENOS, II, 369 (641-642); BRÉHIER, 269-

Notes

(¹⁷¹¹) PSELLOS, *op. cit.*, VII, 65 (II, 123); du même : *Discours et correspondance*, IV, 367-368; CEDRENOS, II, 372 (643); MICHEL D'ATTALIE, 62; *Synopsis Chronike*, 164; BRÉHIER, 279-280.

(¹⁷¹²) CEDRENOS, II, 372 (643); BRÉHIER, 276-277.

(¹⁷¹³) C'était le premier geste de tout prétendant au trône.

(¹⁷¹⁴) CEDRENOS, II, 372 (643-644); ZONARAS, XVIII, 5 (193-194); MICHEL D'ATTALIE, 63-65; PSELLOS, *Discours et Correspondance*, IV, 366-372; BRÉHIER, 283-290.

(¹⁷¹⁵) ZONARAS, XVIII, 5 (IV, 194); PSELLOS, *op. cit.*, IV, 373; *Un discours inédit de Psellos, loc. cit.*, 1-8 et 67-68 (79-80); BRÉHIER, 290-300.

(¹⁷¹⁶) CEDRENOS, IV, 371-374; MICHEL D'ATTALIE, 65-66; CEDRENOS, II, 372-373 (644); BRÉHIER, 301-302.

(¹⁷¹⁷) PSELLOS, *Discours et correspondance*, IV, 374-380; ZONARAS, XVIII, 5 (IV, 194); BRÉHIER 302 et 303.

(¹⁷¹⁸) CEDRENOS, 372-373 (644-645); ZONARAS, XVIII, 7 (IV, 196); MICHEL D'ATTALIE, 66; *Synopsis Chronike*, 165; PSELLOS, *op. cit.*, IV, 402-410.

(¹⁷¹⁹) PSELLOS, *Chronographie*, VII, 74-90 (II, 129-138); CEDRENOS, 376-378 (674-678); ZONARAS, XVIII, 7 (IV, 196-197); GAY, *L'Italie méridionale et l'Empire byzantin*, 525; RAMBAUD (A.), *Études sur l'histoire byzantine*, 136.

(¹⁷²⁰) PSELLOS, *Chronographie*, VIII, 6 (II, 140).

(¹⁷²¹) *Ibidem*, VIII, 7 (141 et s.). Psellos se vante de l'avoir aidé à s'emparer du pouvoir; RAMBAUD, *op. cit.*, 157; OSTROGORSKY, *op. cit.*, 240.

(¹⁷²²) PSELLOS, *Discours et correspondance*, IV, 380-381; BRÉHIER, 303-304.

(¹⁷²³) R. K. O. R., 954; PSELLOS, *op. cit.*, IV, 447; CEDRENOS, II, 388 (658); MICHEL D'ATTALIE, 93; FISCHER, *Studien zur byzantinischen Geschichte*, 23-25.

(¹⁷²⁴) PSELLOS, *Chronographie*, VIII, 2 (II, 139); CEDRENOS, II, 380 (651).

(¹⁷²⁵) PSELLOS, *op. cit.*, VIII, 21 (II, 144); RAMBAUD, *op. cit.*, 158.

(¹⁷²⁶) PSELLOS, *op. cit.*, VIII, 15 (II, 145) et 22 (II, 148); CEDRENOS, II, 380 (651-652); ZONARAS, XVIII, 8 (IV, 197); NEUMANN, *La situation mondiale de l'Empire byzantin avant les croisades* (trad. fr. Renauld, 80).

(¹⁷²⁷) PSELLOS, *op. cit.*, VIII, 17-18 (II, 146-147); CEDRENOS, 381 (652); NEUMANN, *op. cit.*, 80-81; GAY, *op. cit.*, 526.

(¹⁷²⁸) PSELLOS, *op. cit.*, VIII, 3 (II, 139) laisse le trésor à moitié plein.

(¹⁷²⁹) PSELLOS, *op. cit.*, VIII, 20-21 (II, 147-148), 27 (154); CEDRENOS, II, 388 (659); ZONARAS, XVIII, 9 (IV, 201-202).

(¹⁷³⁰) PSELLOS, *op. cit.*, X, 5-9 (II, 154-157); CEDRENOS, II, 391-396 (663-667); ZONARAS, XVIII, 10 (IV, 203-205); RAMBAUD, *Études sur l'histoire byzantine*, 159. Le mariage fut célébré le 1ᵉʳ janvier 1068.

(¹⁷³¹) CEDRENOS, 396 (656); PSELLOS, *Discours et correspondance*, V, 222 (lettre de Bellos à Romain, modèle de platitude).

(¹⁷³²) MICHEL D'ATTALIE, 123 et s.; CHALANDON, *Essai sur le règne d'Alexis Comnène*, 11.

(¹⁷³³) PSELLOS, *op. cit.*, IX, 14 (II, 159); CEDRENOS, II, 396 (667); ZONARAS, XVIII, 11 (IV, 206).

(¹⁷³⁴) DARKO, *Byzantinisch-ungarische Beziehungen in der zweiten Hälfte des XIII. Jahrhunderts*, 4-5.

(¹⁷³⁵) CEDRENOS, II, 373-376 (645-647); MADLER, *Theodora, Michael Stratiotikos, Isaak Komnenos...*, 48; PSELLOS, *Chronographie*, VII, 67-70 (124-127); R. K. O. R., 942.

(¹⁷³⁶) BONFINI, *Rerum Hungaricarum decades tres*, II, 3, Bâle, 1568, et Cologne, 1690.

(¹⁷³⁷) GROUSSET, *L'Empire des steppes*, 240-242.

(¹⁷³⁸) CEDRENOS, II, 384-385 (654-657); ZONARAS, XVIII, 9 (199-200); MICHEL D'ATTALIE, 83-84; TAFRALI (O.), *Thessalonique, des origines au XIVᵉ siècle*, 173; *R. K. O. R.*, 955.

(¹⁷³⁹) GAY, *L'Italie méridionale et l'Empire byzantin*, 501-503.

(¹⁷⁴⁰) GUILLAUME de TYR, *Historia rerum in partibus transmarinis gestarum*, 503-505.

(¹⁷⁴¹) *Ibidem*, 506-512; CHALANDON, *Histoire de la domination normande en Italie*, I, 164-166.

(¹⁷⁴²) CHALANDON, *op. cit.*, I, 185-186; GUILLAUME de POUILLE, *Gesta Roberti Wiscardi*, V, 267-283 (p. 259).

(¹⁷⁴³) CHALANDON, *op. cit.*, I, 148 et s.

(¹⁷⁴⁴) GAY, *op. cit.*, 513; CHALANDON, *op. cit.*, 144-145.

(¹⁷⁴⁵) GAY, *op. cit.*, 515-519; CHALANDON, *op. cit.*, I, 166-172; FLICHE et MARTIN, *Histoire de l'Église*, VIII, 21 et n. 1 (note sur le rôle prêté à Hildebrand dans cette alliance).

(¹⁷⁴⁶) GAY, 520-525; CHALANDON, I, 173-174.

(¹⁷⁴⁷) GAY, 525-526; CHALANDON, I, 174-179; KEKAUMENOS, *Strategikon*, 36 et s.

(¹⁷⁴⁸) GAY, 529-533; FLICHE et MARTIN, *op. cit.*, VIII, 22-27. Dans la lettre de Constantin X à Cadalus apparaît l'idée de la délivrance du Saint Sépulcre par les deux empereurs d'Orient et d'Occident, *R. K. O. R.*, 952-953 (début de 1063).

(¹⁷⁴⁹) GAY, 533-534; CHALANDON, I, 179-183.

(¹⁷⁵⁰) GAY, 535; CHALANDON, I, 183-184.

(¹⁷⁵¹) GAY, 535-538; CHALANDON, I, 184-190.

(¹⁷⁵²) Sur la conquête de la Sicile, CHALANDON, I, 191-211 (1060-1072).

(¹⁷⁵³) GUILLAUME de TYR, *op. cit.*, IX, 17-18.

(¹⁷⁵⁴) BRÉHIER, *Le Schisme oriental du XIᵉ siècle*, 243-244; MICHEL D'ATTALIE, 117-118.

(¹⁷⁵⁵) TOURNEBIZE (F.), *Histoire politique et religieuse de l'Arménie*, 156-159; *R. K. O. R.*, 957-958 (vers 1065).

(¹⁷⁵⁶) IORGA (N.), *Geschichte des osmanischen Reiches*, I, 37-38; HUART (Cl.), *Histoire des Arabes*, I, 354-355; sur la renaissance de l'orthodoxie musulmane au XIᵉ siècle, voir MARÇAIS (G.), *A. I. C. R.*, 1942, 324-325.

(¹⁷⁵⁷) DIEHL et MARÇAIS, *Le monde oriental de 395 à 1081*, 573-574; LAURENT (J.), *Byzance et les Turcs seldjoucides dans l'Asie occidentale*, 23.

(¹⁷⁵⁸) CEDRENOS, II, 381 (653); LAURENT, *op. cit.*, 24.

(¹⁷⁵⁹) DIEHL et MARÇAIS, *op. cit.*, 574.

(¹⁷⁶⁰) TOURNEBIZE, *op. cit.*, 133.

(¹⁷⁶¹) MATHIEU d'EDESSE, *Chronique arménienne*, 91; LAURENT, *op. cit.*, 25 et 41; NEUMANN, *La situation mondiale de l'Empire byzantin avant les croisades*, 104.

(¹⁷⁶²) CEDRENOS, II, 389 (661); MICHEL D'ATTALIE, 94; LAURENT, 25.

(¹⁷⁶³) PSELLOS, *Chronographie*, X, 12 (II, 158); LAURENT, 58-59.

(¹⁷⁶⁴) PSELLOS, *Chronographie*, X, 13-14 (159); CEDRENOS, II, 397-402 (670-673); MICHEL D'ATTALIE, 105-121; LAURENT, *op. cit.*, 25, 2; GFRÖRER, *Byzantinische Geschichten*, III, 720.

(¹⁷⁶⁵) MICHEL D'ATTALIE, 125-138; GFRÖRER, *op. cit.*, III, 724. Voir LAURENT (J.), *Le duc d'Antioche Khatchatour*, *B. Z.*, XXX, 1930, 405-406.

(¹⁷⁶⁶) MICHEL D'ATTALIE, 139-140; NICÉPHORE BRYENNE, *Histoire*, I, 11 (32); ZONARAS, XVIII, 12 (210-211); GFRÖRER, *op. cit.*, III, 746; LAURENT, *Byzance et les Turcs...*, 25, 4.

(¹⁷⁶⁷) PSELLOS, *Chronographie*, X, 19-22 (II, 161-162); MICHEL D'ATTALIE, 159 et s.; NICÉPHORE BRYENNE, *op. cit.*, I, 16-17 (41-43); NEUMANN, *op. cit.*, 103; LAURENT, *op. cit.*, 43, 1-44; GFRÖRER, *op. cit.*,

III, 779; NEUMANN, *op. cit.*, 105-107.

([1768]) *R. K. O. R.*, 972; PSELLOS, *op. cit.*, X, 26 (II, 164); MICHEL D'ATTALIE, 166; NICÉPHORE BRYENNE, I, 19 (44); CEDRENOS, II, 428-429 (699-701); LAURENT, *op. cit.*, 95, 1.

([1769]) PHILIPPSON, *Das Byzantinische Reich als geographische Erscheinung*, 174; OSTROGORSKY, *Geschichte des byzantinischen Staates*, 243-244; LAURENT, 43 et s.

([1770]) LAURENT, *op. cit.*, 61.

([1771]) PSELLOS, *op. cit.*, IX, 26 (II, 150-151).

([1772]) *R. K. O. R.*, 983 (septembre 1071); PSELLOS, IX, 27 (II, 164 et s.); MICHEL D'ATTALIE, 168.

([1773]) CEDRENOS, II, 432 (702); ZONARAS, XVIII, 15 (IV, 216-217); NICÉPHORE BRYENNE, I, 22 (49-50); CHALANDON, *Essai sur le règne d'Alexis Comnène*, 27.

([1774]) LAURENT, *Le duc d'Antioche...*, *loc. cit.*, 406-407.

([1775]) *R. K. O. R.*, 984-985; LAURENT, *loc. cit.*, 407.

([1776]) PSELLOS, *op. cit.*, X, 35-43 (II, 168-172); MICHEL D'ATTALIE, 173-174; NICÉPHORE BRYENNE, I, 21; CEDRENOS, II, 433 (704-705); ZONARAS, XVIII, 15 (IV, 218-219).

([1777]) PSELLOS, XI, 3-11 (II, 174-178); MICHEL D'ATTALIE, 180; CEDRENOS, II, 436 (706); LAURENT, *Byzance et les Turcs Seldjoucides...*, 63-64.

([1778]) NICÉPHORE BRYENNE, II, 1; CHALANDON, *op. cit.*, 27.

([1779]) LAURENT (J.), *Byzance et Antioche sous le curopalate Philarète*, *R. E. A.*, X, 1929, 64-65.

([1780]) MICHEL D'ATTALIE, 182, 200 et s.; NICÉPHORE BRYENNE, II, 1; KEKAUMENOS, *Strategikon*, 184.

([1781]) MICHEL D'ATTALIE, 203-204; CEDRENOS, II, 444-445 (714); ZONARAS, XVIII, 16 (IV, 222-223); BRATIANU (G.), *Études byzantines d'histoire économique et sociale*, 142 et s.; OSTROGORSKY, *op. cit.*, 244-245; NISSEN (W.), *Die Diataxis des Michael Attaliates*, 26-27.

([1782]) LAURENT (J.), *Byzance et les Turcs Seldjoucides dans l'Asie occidentale jusqu'en 1081*, 92-93.

([1783]) *Ibidem*, 94-96. Voir du même : *Byzance et les Turcs Seldjoucides en Asie Mineure*, B. S., II, 1911, 101.

([1784]) Voir BRÉHIER (L.), *Les aventures d'un chef normand en Orient*, R. C. C., 7 décembre 1911, 176 et s.

([1785]) ZONARAS, XVIII, 13 (IV, 212); SCHLUMBERGER, *Récits de Byzance et des croisades*, II, 79-82; MICHEL D'ATTALIE, 158.

([1786]) NICÉPHORE BRYENNE, II, 3 (58); ANNE COMNÈNE, *Alexiade*, I, 1 (I, 10-11); CHALANDON, *op. cit.*, 28.

([1787]) NICÉPHORE BRYENNE, II, 3 (58); MICHEL D'ATTALIE, 183; SCHLUMBERGER, *op. cit.*, II, 82; BRÉHIER (L.), *loc. cit.*, 181-182.

([1788]) NICÉPHORE BRYENNE, II, 57-72; ZONARAS, XVIII, 16 (IV, 222-223).

([1789]) MICHEL D'ATTALIE, 186-189; NICÉPHORE BRYENNE, II, 17; BRÉHIER (L.), *loc. cit.*, 183 (81).

([1790]) *R. K. O. R.*, 935; MICHEL D'ATTALIE, 187; CEDRENOS, II, 440-441 (710); ZONARAS, XVIII, 16 (IV, 22).

([1791]) NICÉPHORE BRYENNE, II, 17 (81); MICHEL D'ATTALIE, 199; LAURENT (J.), *Byzance et les Turcs seldjoucides dans l'Asie occidentale*, 96, 1.

([1792]) MICHEL D'ATTALIE, 185; LAURENT, *op. cit.*, 66; CHALANDON, *Essai sur le règne d'Alexis Comnène*, 29; BRÉHIER, *loc. cit.*, 184.

([1793]) NICÉPHORE BRYENNE, II, 14-25 (84-95); ANNE COMNÈNE, *Alexiade*, I, 1-3 (I, 11-16); MICHEL D'ATTALIE, 198-199; CEDRENOS, 444 (713); ZONARAS, XVIII, 16 (IV, 222-223); SCHLUMBERGER, *L'épopée byzantine à la fin du Xe siècle*, II, 85-87; CHALANDON, *op. cit.*, 29-31; LAURENT, *op. cit.*, 66; BRÉHIER, *loc. cit.* 184-185.

([1794]) LAURENT (J.), *Byzance et*

[1794] *Antioche sous le curopalate Philarète*, R. E. A., X, 1929, 61-63.
[1795] *Ibidem*, 63-65.
[1796] NICÉPHORE BRYENNE, III, 3 (102); CEDRENOS, 444-450 (715-719); ZONARAS, XVIII, 17 (IV, 223-225); R. K. O. R., 1002; CHALANDON, *op. cit.*, 6-7; D. H. G. E., IX, 1935, 326.
[1797] FLICHE (A.), *La réforme grégorienne*, II, 332-333; FLICHE et MARTIN, *Histoire de l'Église*, VIII, 112 et s. et 121; VOÏNOVITCH (de), *Histoire de la Dalmatie*, I, 344-345.
[1798] CEDRENOS, II, 456 (725).
[1799] *Ibidem*, II, 449 (718-719); ZONARAS, XVIII, 17 (IV, 223).
[1800] NICÉPHORE BRYENNE, III, 4-10; CEDRENOS, II, 457 (727); ZONARAS, XVIII, 17 (IV, 225); ANNE COMNÈNE, *Alexiade*, I, 4 (I, 17).
[1801] NICÉPHORE BRYENNE, III, 15 et s.; CEDRENOS, II, 457 (726); ZONARAS, XVIII, 17 (IV, 224).
[1802] NICÉPHORE BRYENNE, III, 6, 11-12; CEDRENOS, II, 457-462 (728-731); CHALANDON, *op. cit.*, 32-34.
[1803] NICÉPHORE BRYENNE, III, 15 et s.; CEDRENOS, II, 461-464 (732); ZONARAS, XVIII, 18 (IV, 226-227); NEUMANN, *La situation mondiale de l'Empire byzantin avant les croisades*, 113; R. K. O. R., 1007.
[1804] NICÉPHORE BRYENNE, III, 17-24; MICHEL D'ATTALIE, 237-240; CEDRENOS, II, 464 (733); ZONARAS, XVIII, 18 (IV, 226-228); CHALANDON, *op. cit.*, 34-35.
[1805] ZONARAS, XVIII, 19, 229; NICÉPHORE BRYENNE, III, 36; CEDRENOS, II, 476 (743-744).
[1806] R. K. O. R., 1032-1034.
[1807] NICÉPHORE BRYENNE, IV, 2-4 et 28; MICHEL D'ATTALIE, 285 et s.; CEDRENOS, II, 468-469 (735-737); ANNE COMNÈNE, *Alexiade*, I, 4-6 (I, 18-28); CHALANDON, *op. cit.*, 35-36.
[1808] NICÉPHORE BRYENNE, IV, 27-28; ANNE COMNÈNE, *op. cit.*, I, 7-9 (I, 28-35); MICHEL D'ATTALIE, 297-299; CHALANDON, 36-37.

[1809] NICÉPHORE BRYENNE, IV, 28; ANNE COMNÈNE, I, 9 (I, 36); R. K. O. R., 1038.
[1810] CEDRENOS, II, 457 (726); sur sa carrière : LAURENT (J.), *Byzance et les Turcs seldjoucides dans l'Asie occidentale*, 62, 1.
[1811] Révolte des Varanges, MICHEL D'ATTALIE, 294; ZONARAS, XVIII, 19 (IV, 229); meurtre de Jean Bryenne impuni : CEDRENOS, II, 469 (737-738).
[1812] R. K. O. R., 1036.
[1813] MICHEL D'ATTALIE, 307; CEDRENOS, II, 473 (742); ZONARAS, XVIII, 19 (IV, 230-231); LAURENT, *op. cit.*, 62, 4.
[1814] LAURENT, *Byzance et Antioche sous le curopalate Philarète*, R. E. A., X, 1929, 68-70.
[1815] NICÉPHORE BRYENNE, IV, 31-32 (159); ANNE COMNÈNE, *Alexiade*, II, 3 (I, 69); LAURENT, *Byzance et les Turcs seldjoucides dans l'Asie occidentale*, 98, 3.
[1816] NICÉPHORE BRYENNE, III, 25 (136); ZONARAS, XVIII, 19 (IV, 229); CHALANDON, *Essai sur le règne d'Alexis Comnène*, 39.
[1817] ANNE COMNÈNE, *op. cit.*, II, 2 (I, 66); CHALANDON, *op. cit.*, 43.
[1818] NICÉPHORE BRYENNE, IV, 2 (130); ANNE COMNÈNE, II, 1 (I, 65); CHALANDON, *op. cit.*, 43-44.
[1819] ANNE COMNÈNE, II, 4 et s. (I, 71); CHALANDON, *op. cit.*, 44-45.
[1820] ANNE COMNÈNE, II, 4-6 (I, 71-84); ZONARAS, XVIII, 20 (IV, 232); CHALANDON, *op. cit.*, 45-46.
[1821] ANNE COMNÈNE, II, 6-8 (I, 84-90); CHALANDON, *op. cit.*, 47.
[1822] ANNE COMNÈNE, II, 9-10 (I, 90-95); ZONARAS, XVIII, 20 (IV, 232-234); CHALANDON, 46-49.
[1823] ANNE COMNÈNE, II, 12 (I, 98-101); ZONARAS, XVIII, 20 (IV, 234); CHALANDON, 49-50.
[1824] LAURENT, *op. cit.*, 10-12; GROUSSET (R.), *Histoire des croisades et du royaume franc de Jérusalem*, I, XXXVIII.

(¹⁸²⁵) LAURENT, *op. cit.*, 61.
(¹⁸²⁶) *Ibidem*, 110-111.
(¹⁸²⁷) GROUSSET, *op. cit.*, I, XXXIX ; LAURENT, *op. cit.*, 13.
(¹⁸²⁸) Voir LAURENT (J.), *Byzance et les origines du sultanat de Roum*, dans *M. D.*, I, 178-182.
(¹⁸²⁹) LAURENT (J.), *Byzance et les Turcs Seldjoucides dans l'Asie occidentale*, 100.
(¹⁸³⁰) MICHEL le SYRIEN, *Chronique universelle* (trad. J.-B. Chabot), III, 198.
(¹⁸³¹) LAURENT, *op. cit.*, 67.
(¹⁸³²) LAURENT, *Byzance et Antioche...*, *R. E. A.*, X, 1929, 68-70 ; GROUSSET, *op. cit.*, I, XLI-XLIII.
(¹⁸³³) *R. K. O. R.*, 988 (1072) ; *M. C.*, XX, 74-75 (Reg. I, 18) ; FLICHE et MARTIN, VIII, 69 ; BRÉHIER (L.), *L'Église et l'Orient. Les Croisades*, 51.
(¹⁸³⁴) *M. C.*, XX, 100, 153 (Reg. I, 46, 49) ; *A. O. L.*, I, 56 ; FLICHE et MARTIN, VIII, 69-70 ; CHALANDON, *Histoire de la domination normande en Normandie*, I, 235-236 ; ERDMANN, *Die Entstehung des Kreuzzugsgedankens*, 149-150 ; BRÉHIER, *L'Église et l'Orient. Les Croisades*, 51-53.
(¹⁸³⁵) *R. K. O. R.*, 989 (début de 1073) ; CHALANDON, *op. cit.*, I, 260-264.
(¹⁸³⁶) *R. K. O. R.*, 1003 (août 1074) (suspect).
(¹⁸³⁷) ANNE COMNÈNE, I, 10-12 (I, 37, 43) ; CHALANDON, *op. cit.*, I, 264.
(¹⁸³⁸) Registre de Grégoire VII, I, 330 ; CHALANDON, *op. cit.*, I, 265-266.
(¹⁸³⁹) Terme courant pour désigner les Occidentaux depuis l'époque carolingienne.
(¹⁸⁴⁰) CHALANDON, *Essai sur le règne d'Alexis Comnène*, 51-52 ; ANNE COMNÈNE, III, 3 (I, 110-111), portrait physique ; cf. LAMBROS, *op. cit.*, Athènes, 1930, pl. 65 ; ANNE COMNÈNE, V, 9 (II, 38-39) ; LAMBROS, *op. cit.*, 428, 423.
(¹⁸⁴¹) ANNE COMNÈNE, III, 3 (I, 111) ; cf. *ibidem*, I, 2 (I, 13-14), ses discours aux habitants d'Amasée.

(¹⁸⁴²) ANNE COMNÈNE, X, 4 (II, 202). Comment il abat un cavalier coman sur le front de ses troupes.
(¹⁸⁴³) *Synopsis Chronike*, I, 185.
(¹⁸⁴⁴) ANNE COMNÈNE, II, 8 (I, 87-90) ; CHALANDON, *... Alexis Comnène*, 56 ; *R. K. O. R.*, 1063 (8 avril).
(¹⁸⁴⁵) ANNE COMNÈNE, III, 2 (I, 106-110) ; *R. K. O. R.*, 1064 ; CHALANDON, *op. cit.*, 53-55.
(¹⁸⁴⁶) ANNE COMNÈNE, III, 5 (I, 116-119) ; CHALANDON, 56.
(¹⁸⁴⁷) ANNE COMNÈNE, VI, 8 (II, 60-63) ; CHALANDON, 137 ; BUCKLER (Georgina), *Anna Comnena*, 27 et s.
(¹⁸⁴⁸) ZONARAS, XVIII, 21 (IV, 236-237) ; ANNE COMNÈNE, VI, 8 (II, 62-63) ; CHALANDON, *op. cit.*, 137-139.
(¹⁸⁴⁹) ANNE COMNÈNE, VII, 2 (II, 91-92) ; BUCKLER (G.), *op. cit.*, 32-35. Sur le sort de Constantin Doukas, CHALANDON, *op. cit.*, 150-151.
(¹⁸⁵⁰) ANNE COMNÈNE, IX, 5-10 (II, 169-184) ; voir ADONTZ, *Les Taronites à Byzance*, *B. N.*, XI, 1936, 24-27 ; sur la fréquence des complots : LEIB, éd. de l'*Alexiade* d'ANNE COMNÈNE, I, CXI-CXII ; BUCKLER, *op. cit.*, 279-289.
(¹⁸⁵¹) ANNE COMNÈNE, III, 4 (I, 113-115) ; voir *Le Monde byzantin*, II, 137, *E. H.*, n° 32 bis.
(¹⁸⁵²) LA FORCE, *Les conseillers latins d'Alexis Comnène*, *B. N.*, XI, 1936.
(¹⁸⁵³) ZONARAS, XVIII, 22 (IV, 239), accuse Alexis d'avoir imaginé le complot pour pouvoir confisquer des biens (décembre 1083) ; ANNE COMNÈNE, VI, 4 (II, 48) ; BUCKLER, 274 et s. ; CHALANDON, 101-102.
(¹⁸⁵⁴) *R. K. O. R.*, 1073 ; ANNE COMNÈNE, III, 6 (I, 119-122). Voir *M. B.*, II, *E. H.*, n° 32 bis.
(¹⁸⁵⁵) OSTROGORSKY, *Geschichte des byzantinischen Staates*, 251.
(¹⁸⁵⁶) *Ibidem*, 259.
(¹⁸⁵⁷) ANNE COMNÈNE, V, 2 (II, 10-11) ; CHALANDON, 80-81.
(¹⁸⁵⁸) Sur tous ces points voir

([1859]) ANNE COMNÈNE, X, 3 (II, 194-195); cf. le témoignage de THÉOPHYLACTE d'OCHRIDA sur la misère des campagnes, P. G., CXXVI, 529, cité par CHALANDON, 292.

([1860]) Sur les doctrines bogomiles voir RUNCIMAN, The Bogomils of Constantinople, A. C. E. B., 1939, Alger, 81 et s.; ŒCONOMOS, La vie religieuse dans l'Empire byzantin au temps des Comnènes et des Anges, 38 et s. ; sur celles de Jean l'Italien : BRÉHIER (Émile), Histoire de la philosophie, Moyen Age, 627 et s.; ZERVOS, Un philosophe néoplatonicien au XIe siècle, 193; OUSPENSKY, Le mouvement philosophique et théologique à Byzance au XIe et au XIIIe siècle (en russe), dans J. M. I. P. R., 1891.

([1861]) ANNE COMNÈNE, V, 8-9 (II, 31-40); CHALANDON, 310-316; ŒCONOMOS, op. cit., 18-29.

([1862]) R. K. O. R., 1130 (6 janvier 1086); ANNE COMNÈNE, V, 2 (II, 10-13); CHALANDON, 110-112; DRAESEKE, Zu Eustratios von Nikaea, B. Z., V, 1896, 323 et s.; BUCKLER, op. cit., 315 et s. La condamnation de Léon fut due à des griefs d'ordre disciplinaire, comme le montre le semeioma d'Alexis Comnène (janvier 1086). Voir GRUMEL, L'affaire de Léon de Chalcédoine, E. O., XXXIX, 1942, 333 et s.

([1863]) DRAESEKE, loc. cit., 320 et s.; BRÉHIER (Émile), Histoire de la philosophie. Moyen Age, 628 (Eustratios enseignait la même doctrine plotinienne des hypostases qu'Abélard enseigna plus tard à Paris); ANNE COMNÈNE, X, 1 (II, 187-189); CHALANDON, 317-319.

([1864]) ZONARAS, XVIII, 23 (IV, 243-244); ANNE COMNÈNE, XV, 8-9 et CXLVIII-CL; ŒCONOMOS, op. cit., 38-43; CHALANDON, 319; BUCKLER, op. cit., 339 et s. (année 1118).

([1865]) ANNE COMNÈNE, I, 14-16 (I, 51-57), IV, 1 (I, 143); CHALANDON, 64-65; du même, Histoire de la domination normande en Italie, I, 266-269.

([1866]) R. K. O. R., 1065; ANNE COMNÈNE, III, 11 (I, 136-138) (le traité fut précédé d'une guerre d'embuscades, dont Anne exagère l'efficacité); CHALANDON, Essai sur le règne d'Alexis Comnène, 71-72; LAURENT, Byzance et les origines du sultanat de Roum, dans M. D., I, 181-182.

([1867]) R. K. O. R., 1068; ANNE COMNÈNE, III, 10 (I, 132-136); CHALANDON, op. cit., 68-70; FLICHE et MARTIN, Histoire de l'Église, VIII, 153.

([1868]) R. K. O. R., 1070; ANNE COMNÈNE, IV, 2 (I, 145-146); CHALANDON, op. cit., 71.

([1869]) R. K. O. R., 1081 (mai 1082); ANNE COMNÈNE, IV, 2-3 (I, 145-150).

([1870]) ANNE COMNÈNE, IV, 4-8 (I, 150-168); CHALANDON, 75-80; du même : Histoire de la domination normande en Italie, I, 270-271; DOELGER (E.), Beiträge zur Geschichte der byzantinischen Finanzverwaltung..., 398 et s. (date de 1082 inadmissible).

([1871]) ANNE COMNÈNE, V, 1 (II, 7-8); CHALANDON, Alexis Comnène, 83-84.

([1872]) CHALANDON, Domination normande en Italie, I, 272-274; R. K. O. R., 1080; ANNE COMNÈNE, V, 3 (II, 13-17).

([1873]) ANNE COMNÈNE, V, 4 (II, 17 et s.); CHALANDON, op. cit., I, 278-280; CHALANDON, Alexis Comnène, 85-86.

([1874]) Il fit revêtir Melissenos du costume impérial et Bohémond le poursuivit avec toutes ses forces, ANNE COMNÈNE, V, 5-7 (II, 24-32); CHALANDON, Alexis Comnène, 87-90.

([1875]) ANNE COMNÈNE, V, 7 (II, 32), VI, 1 (II, 42-43); CHALANDON, op. cit., 90-91; du même : Domination normande en Italie, I, 281.

([1876]) ANNE COMNÈNE, VI, 5-6 (II, 50-57); Ibidem, V, 143-331 (293-297); CHALANDON, Domination normande..., I, 262-284; du même : Alexis Comnène, 91-94.

(1877) CHALANDON, *Domination normande...*, I, 285 et s.
(1878) ANNE COMNÈNE, VI, 6 (II, 56-57).
(1879) LAURENT (J.), *loc. cit.*, 182, le regarde comme le vrai fondateur du sultanat de Roum.
(1880) ANNE COMNÈNE, VI, 9 (II, 64), Antioche aurait été livrée par le fils de Philarète; CHALANDON, *Alexis Comnène*, 96-97; LAURENT, *R. E. A.*, IX, 1929, 71-72.
(1881) LAURENT, *ibidem*, 70; du même : *Byzance et les Turcs...*, 85-86.
(1882) CHALANDON, *Alexis Comnène*, 97.
(1883) ANNE COMNÈNE, 99 (a. 1067).
(1884) *Ibidem*, VI, 9 (II, 65-66); CHALANDON, *op. cit.*, 100.
(1885) CHALANDON, *op. cit.*, 3-5.
(1886) ANNE COMNÈNE, V, 3 (II, 14) CHALANDON, *op. cit.*, 81.
(1887) ANNE COMNÈNE, VI, 2 (II, 43-45); CHALANDON, 104; sur les Comans voir RASOVSKY, *Les Comans*, *A. I. K.*, 1940, 95 et s.
(1888) ANNE COMNÈNE, VI, 14 (II, 81-86); CHALANDON, 108-110.
(1889) ANNE COMNÈNE, VII, 1 (II, 87-88); CHALANDON, 112.
(1890) ANNE COMNÈNE, VII, 2-3 (II, 88-101); CHALANDON, 113-116.
(1891) ANNE COMNÈNE, VII, 5 (II, 103-105); CHALANDON, 117.
(1892) ANNE COMNÈNE, VII, 6 (II, 103-105); CHALANDON, 117; BRÉHIER, *L'Église et l'Orient. Les Croisades*, 58.
(1893) ANNE COMNÈNE, VII, 6 (II, 106-107); *R. K. O. R.*, 1144.
(1894) ANNE COMNÈNE, VII, 6 (II, 107-108); CHALANDON, 119-120; *R. K. O. R.*, 145 (date discutable).
(1895) ANNE COMNÈNE, VI, 10 (II, 67); CHALANDON, 100.
(1896) ANNE COMNÈNE, VII, 8 (II, 110-116); ZONARAS, XVIII, 22 (IV, 239); CHALANDON, 127.
(1897) CHALANDON, 125-127.
(1898) ANNE COMNÈNE, VII, 8 (II, 115).

(1899) ANNE COMNÈNE, VII, 7 (II, 109-110); VASILJEVSKY, *Troudy*, 160 et s.
(1900) ANNE COMNÈNE, VII, 9-11 (II, 116-126); CHALANDON, 127-129 (hiver de 1090-1091).
(1901) ANNE COMNÈNE, VIII, 3-4 (II, 134-139); CHALANDON, 129-133; VASILJEVSKY, *op. cit.*, 68 et s.
(1902) ANNE COMNÈNE, VIII, 4 (II, 139), et non un fleuve, comme on l'a écrit parfois.
(1903) ANNE COMNÈNE, VIII, 5-6 (II, 139-146); CHALANDON, 133-134.
(1904) ANNE COMNÈNE, IX, 1 (II, 158).
(1905) *Ibidem*, VI, 10 (II, 70); *R. K. O. R.*, 1163 (a. 1092). La chronologie de l'*Alexiade* est des plus vagues, mais on ne peut accepter la date de 1086 donnée par CHALANDON (*op. cit.*, p. 101).
(1906) ANNE COMNÈNE, VI, 10 (II, 71); sur Civitot voir *M. B. E. H. byzantin*, 32 bis.
(1907) ANNE COMNÈNE, VII, 11 (II, 70-74); CHALANDON, 101.
(1908) ANNE COMNÈNE, VI, 12 (II, 74-79); CHALANDON, 136.
(1909) ANNE COMNÈNE, IX, 1 (158-162); *R. K. O. R.*, 1166 (printemps de 1092).
(1910) *R. K. O. R.*, 1169 (printemps de 1093); ANNE COMNÈNE, IX, 3 (II, 164-166); CHALANDON, 146-148.
(1911) GROUSSET, *Histoire des croisades et du royaume franc de Jérusalem*, I, XLVIII-LIV; *The Damascus Chronicle of the Crusades*, trad. ang. de Gibb, 21.
(1912) CHALANDON, 136, 263 et s.; ANNE COMNÈNE, VI, 13 (II, 79).
(1913) ANNE COMNÈNE, IX, 3 (II, 166).
(1914) *D. H. G. E.*, IX, 1935, 326-329; CHALANDON, 7; ZONARAS, XVIII, 17 (IV, 223-224).
(1915) ANNE COMNÈNE, IV, 6 (I, 162); CHALANDON, 78.
(1916) ANNE COMNÈNE, VII, 8 (II, 115-116).
(1917) On a supposé à tort que Bolkan était le même personnage

que Bodin. Voir CHALANDON, *op. cit.*, 42 et s.

(1918) *R. K. O. R.*, 1173; ANNE COMNÈNE, IX, 4 et 10 (II, 166 et s. et 184); CHALANDON, 149-151.

(1919) CHALANDON, II, 66-67.

(1920) ANNE COMNÈNE, X, 2-4 (II, 189-204); CHALANDON, 151-154.

(1921) ANNE COMNÈNE, IX, 2 (II, 162-164); ZONARAS, XVIII, 22 (IV, 239); CHALANDON, 147 et s.

(1922) CHALANDON, 12, 146; CHRYSANTHOS, 54.

(1923) ANNE COMNÈNE, X, 5 (II, 205); CHALANDON, 154.

(1924) ANNE COMNÈNE, X, 9 (II, 220 note n° 1).

(1925) GIBBON (E.), *Histoire de la décadence et de la chute de l'Empire romain*, trad. Buchon, II, 640 et s.; CHALANDON, 155 et s.; BRÉHIER (L.), *L'Église et l'Orient. Les Croisades*, 55-62. On invoquait surtout la lettre regardée comme apocryphe d'Alexis au comte de Flandre, CHALANDON, 324-336.

(1926) *R. K. O. R.*, 1146; un typikon de Grégoire Pakourianos, daté de 1083, défend de recevoir un clerc latin dans son monastère. *V. V.*, XI, 1904, 44.

(1927) MALATERRA (Geoffroy), *Historia sicula*, IV, 13 (1192) unique témoignage.

(1928) *R. K. O. R.*, 1146; JUGIE (M.), *Le Schisme byzantin*, 241; BERNOLD, *Chronique*, ad ann. *1089*, 450; LEIB, *Rome, Kiev et Byzance à la fin du XI*[e] *siècle*, 20-21.

(1929) MICHEL (A.), *Amalfi und Jerusalem im griechischen Kirchenstreit*, 34 et s. et Introduction; THÉOPHYLACTE, *P. G.*, CXXVI, 224; ERDMANN, *Die Entstehung des Kreuzzugsgedankes*, 296. Voir HOLTZMANN, *Die Unionsverhandlungen zwischen Kaiser Alexios und Papst Urban II im Jahre 1089*, *B. Z.*, 1928, 38 et s.

(1930) HOLTZMANN, *loc. cit.*, 60-64 (lettres du basileus et du patriarche au pape); JUGIE, *Le Schisme byzantin*, 242-243.

(1931) Guibert, archevêque de Ravenne, avait été intronisé en 1081 par Henri IV sous le nom de Clément III, FLICHE et MARTIN, *Histoire de l'Église*, VIII, 153 et 236-237; LEIB, *Rome, Kiev et Byzance à la fin du XI*[e] *siècle*, 24-25.

(1932) FOUCHER DE CHARTRES, *Gesta Francorum Hierusalem expugnantium*, *H. C. occ.*, III, 321; *Epistulae et chartae ad historiam primi belli sacri spectantes*, 136-137 (lettre aux Flamands).

(1933) *R. K. O. R.*, 1156; BERNOLD, *Chronique*, ad ann. *1091*, 450. CHALANDON, *Essai sur le règne d'Alexis Comnène*, 131.

(1934) ANNE COMNÈNE, *Alexiade*, VIII, 5 (II, 139); EKKEHARD D'AURA, *Hierosolymita*, V, 3; VI, 1; LEIB, *op. cit.*, 179-180; ERDMANN, *op. cit.*, 299.

(1935) *D. H. G. E.*, VIII, 1935, 853-856 (né en 1055, mort en 1100).

(1936) BERNOLD, *op. cit.*, *ad ann. 1094*, 465; ERDMANN, *op. cit.*, 301; BRÉHIER (L.), *L'Église et l'Orient. Les Croisades*, 61-62; LEIB, *op. cit.*, 180-181.

(1937) CHALANDON, *op. cit.*, 155-156; du même, *Histoire de la première croisade*, 16-18.

(1938) Se rappeler le projet de Nicéphore Phocas d'honorer comme martyrs les soldats tués à l'ennemi. Voir p. 165.

(1939) ERDMANN, *op. cit.*, 60 et s.

(1940) BRÉHIER (L.), *op. cit.*, 10-15, 43-50.

(1941) Cf. le début des *Gesta Francorum...*, I, 1, et l'effet produit sur les Grecs par les bandes populaires, ANNE COMNÈNE, *Alexiade*, X, 5 (II, 206-207); ZONARAS, *Epitome*, XVIII, 23 (IV, 242-243). VASILIEF, *The Russian attack of Constantinople*, Cambridge, 1946.

(1942) ANNE COMNÈNE, *op. cit.*, X, 5 (II, 209).

(1943) HAGENMEYER, *Chronologie de la première croisade*, n° 59; ALBERT d'Aix-la-Chapelle, *Liber christianae expeditionis*, I, 14-15 (275 et s.); GROUSSET (R.), *Histoire des croisades et du royaume* franc de Jérusalem, I, 5-8; CHALANDON, Histoire de la première croisade, 59-78.

(1944) ANNE COMNÈNE, X, 6 (II, 210-212); ALBERT d'Aix-la-Chapelle, op. cit., I, 15-20 (284-287); Gesta Francorum, 2 (7-13); GROUSSET, op. cit., I, 7-11; CHALANDON, op. cit., 78-79.

(1945) CHALANDON, Essai sur le règne d'Alexis Comnène, 172-173.

(1946) BRÉHIER (L.), op. cit., 70-74.

(1947) ANNE COMNÈNE, X, 10 (II, 228); CHALANDON, op. cit., 173-174.

(1948) BAUDRI DE BOURGUEIL, Historia hierosolymitana, 20 (25); CHALANDON, Histoire de la première croisade, 119-122; MUNRO, Speech of pope Urban II at Clermont, A. H. R., XI, 242.

(1949) ANNE COMNÈNE, X, 7 (II, 215) (Hugue devient l'homme de l'empereur et prête le serment habituel aux Latins).

(1950) Ibidem, X, 9 (II, 220-226); ALBERT d'Aix-la-Chapelle, II, 9-17 (305-312); CHALANDON, op. cit., 122-130; VASILIEV, Histoire de l'Empire byzantin, I, 14-19; R. K. O. R., 1189 (23 décembre), 1190, 1194, 1196 (traité du 20 janvier 1097).

(1951) ANNE COMNÈNE, X, 11 (II, 230-234); CHALANDON, op. cit., 136-137; VASILIEV, op. cit., I, 20-23. Le prétendu traité secret par lequel Alexis aurait cédé à Bohémond une partie du territoire d'Antioche n'est attesté que par une grossière interpolation du texte des Gesta Francorum 6 (30). Voir l'excellente démonstration de KREY dans Essays presented to Munro : The Crusades..., 57 et s. et D. H. G. E., IX, 1935, 489.

(1952) Gesta Francorum, 7 (32-34); R. K. O. R., 1203.

(1953) RAIMOND D'AGUILERS, Historia Francorum qui ceperunt Hierusalem, 3 (238); Gesta Francorum, 6 (32) : accord entre les deux sources; GROUSSET, Histoire des Croisades..., I, 25; CHALANDON, op. cit., 147-148; R. K. O. R., 1202 (26 avril 1097).

(1954) ANNE COMNÈNE, XI, 1-2 (III, 10-16); Gesta Francorum, 8 (36-43); RAIMOND D'AGUILERS, op. cit., 3-4 (239-240); VASILIEV, op. cit., I, 28-30. CHALANDON, op. cit., 163-165.

(1955) ANNE COMNÈNE, XI, 3 (III, 16-18); CHALANDON, Essai sur le règne d'Alexis Comnène, 193-194; Epistulae et Chartae..., n° 4 (140) et n° 8 (145).

(1956) ANNE COMNÈNE, XI, 5-6 (III, 23-26); CHALANDON, op. cit., 196-198; VASILIEV, op. cit., I, 41 et 43.

(1957) Epistulae et chartae, n° XII, (154); CHALANDON, op. cit., 188.

(1958) ANNE COMNÈNE, XI, 3 (III, 17-18); CHALANDON, op. cit., 194.

(1959) ANNE COMNÈNE, XI, 6 (III, 27); ALBERT d'Aix-la-Chapelle, IV, 40 (416-417); CHALANDON, op. cit., 198; VASILIEV, op. cit., I, 42.

(1960) Gesta Francorum, IV, 10 (57-61); RAOUL de Caen, Gesta Tancredi, 33-47; ALBERT d'Aix-la-Chapelle, III, 5-17 (342-350); VASILIEV, op. cit., I, 43-49; CHALANDON, Histoire de la première croisade, 172-174.

(1961) MATHIEU d'Édesse, Chronique arménienne, I, 35-38; VASILIEV, op. cit., I, 49-68; D. H. G. E., VI, 1932, 1372-1374.

(1962) Gesta Francorum, 20 (103-110); RAIMOND D'AGUILERS, op. cit., 9 (251-252); CHALANDON, op. cit., 201-205; GROUSSET, Histoire des Croisades, I, 95-96; HAGENMEYER, Chronologie de la première croisade, n°s 264 et 265.

(1963) ANNE COMNÈNE, XI, 4 (III, 20); CHALANDON, Essai sur le règne d'Alexis Comnène, 199-201; VASILIEV, op. cit., I, 180 et 181; D. H. G. E., IX, 1935, 489-491.

(1964) Gesta Francorum, 16 (78-81); RAIMOND D'AGUILERS, op. cit., 6 (245).

(1965) CHALANDON, op. cit., 201; HAGENMEYER, op. cit., n°s 260-262;

Gesta Francorum, 20 (100-103).

(1966) HAGENMEYER, *op. cit.*, n° 264-265; CHALANDON, *Histoire de la première croisade*, 202-205;. VASILIEV, *op. cit.*, I, 95-96.

(1967) HAGENMEYER, *op. cit.*, n° 263; *Gesta Francorum*, 27 (140); EVAGRIOS, *Histoire ecclésiastique*, 16 (342); *Epistulae et chartae*, n° XVII, 166.

(1968) HAGENMEYER, *op. cit.*, n° 263; *Gesta Francorum*, 27 (140); EVAGRIOS, *op. cit.*, 16, 342; *Epistulae et chartae*, 66.

(1969) ANNE COMNÈNE, XI, 6 (III, 23-27); *Gesta Francorum*, 27 (141-149); *R. K. O. R.*, 1210; CHALANDON, *Essai sur le règne d'Alexis Comnène*, 202; GROUSSET, *op. cit.*, I, 100.

(1970) *Gesta Francorum*, 29 (150-161); CHALANDON, *Histoire de la première croisade*, 219-224; GROUSSET, *op. cit.*, I, 104-107.

(1971) HAGENMEYER, *op. cit.*, n°s 295 et 296; *Gesta Francorum*, 30 (160); GROUSSET, *op. cit.*, I, 111; *D. H. G. E.*, IX, 1935, 492.

(1972) CHALANDON, *Essai sur le règne d'Alexis Comnène*, 206-213; *Gesta Francorum*, 31 (169-171).

(1973) Concède un quartier d'Antioche à Gênes (14 juillet 1098), *Epistulae et Chartae*, XIII-155 et s. Expulse de la ville les troupes de Raimond, 1099 (ALBERT d'Aix-la-Chapelle, *Liber expeditionis christianae*, 448).

(1974) *R. K. O. R.*, 1212-1213; ANNE COMNÈNE, XI, 9 (III, 39-40); RAIMOND D'AGUILERS, 18 (286).

(1975) GROUSSET, *L'Empire des steppes*, I, 157-163.

(1976) *R. K. O. R.*, 1211 (février 1099); ANNE COMNÈNE, XI, 7 (III, 35-36).

(1977) ALBERT d'Aix-la-Chapelle, VI, 57 (502); GROUSSET, *Histoire des Croisades*, I, 371-374.

(1978) Sur Arnoul : *D. H. G. E.*, IV, 1930, 619-621.

(1979) GROUSSET, *op. cit.*, I, 374-376.

(1980) KEMAL ed-DIN, *Chronique d'Alep*, H. C. O. R., III, 588-589; GROUSSET, *op. cit.*, I, 376-378.

(1981) ALBERT d'Aix-la-Chapelle, VII, 27 (524); FOUCHER DE CHARTRES, *Gesta Francorum*..., I, 35; MATHIEU D'ÉDESSE, *Chronique arménienne*, 167 (230-231); MICHEL LE SYRIEN, *Chronique universelle*, III, 187; CHALANDON, *Alexis Comnène*, 220-221; GROUSSET, *op. cit.*, I, 378-380.

(1982) GROUSSET, *op. cit.*, I, 382-383.

(1983) *Ibidem*, I, 384.

(1984) BRÉHIER (L.), *L'Église et l'Orient. Les Croisades*, 83-85; CHALANDON, *op. cit.*, 224-230.

(1985) GROUSSET, *op. cit.*, I, 396-399.

(1986) Cousin de Godefroy de Bouillon et de Baudouin élu roi de Jérusalem en 1100, Baudouin du Bourg reçut de son cousin la garde du comté d'Édesse (*D. H. G. E.*, VI, 1932, 1379 et s.).

(1987) GROUSSET, *op. cit.*, I, 402-407.

(1988) *Ibidem*, 407-414; CHALANDON, *op. cit.*, 234-236; YEWDALE, *Bohemond I, prince of Antioch*, 99-100.

(1989) RAOUL DE CAEN, *Gesta Tancredi*, 712 et 713; CHALANDON, *op. cit.*, 236; GROUSSET, *op. cit.*, I, 416; YEWDALE, *op. cit.*, 102; ANNE COMNÈNE, XI, 12 (III, 50-52) : récit légendaire.

(1990) YEWDALE, *op. cit.*, 107-114 : étude la plus complète; GROUSSET, *op. cit.*, I, 416-417; *D. H. G. E.*, IX, 1935, 495-496.

(1991) YEWDALE, *op. cit.*, 115-119; ANNE COMNÈNE, XII, 9 (III, 81 et s.); CHALANDON, *op. cit.*, 242-243.

(1992) *R. K. O. R.*, 1235.

(1993) ANNE COMNÈNE, XIII, 1-12 (III, 114-120); CHALANDON, *op. cit.*, 243-250; YEWDALE, *op. cit.*, 119-131; GROUSSET, *op. cit.*, I, 418-419; *R. K. O. R.*, 1243; ALBERT d'Aix-la-Chapelle, X, 44 (652).

(1994) YEWDALE, *op. cit.*, 132-134; *D. H. G. E.*, IX, 1935, 497. Sur le tombeau de Bohémond à

Canosa voir BERTAUX, *L'art byzantin dans l'Italie méridionale*, 1904.

(1995) GROUSSET, *op. cit.*, I, 420-429.

(1996) *R. K. O. R.*, 1244 (fin 1108); 1251 (1110); 1257 (1111); 252 et 253.

(1997) FOUCHER DE CHARTRES, *Gesta Francorum*, 425; GROUSSET, *op. cit.*, I, 476-477 et 482.

(1998) ANNE COMNÈNE, XIV, 1 (III, 141 et s.); CHALANDON, *op. cit.*, 254.

(1999) ZONARAS, *Épitome*, XVIII 26 (IV, 249-250); ANNE COMNÈNE, XIV, 3-5 (III, 154-159); CHALANDON, *op. cit.*, 265.

(2000) ANNE COMNÈNE, XV, 1-6 (III, 208-209); CHALANDON, *op. cit.*, 271 (Anne Comnène exagère les avantages du traité); *R. K. O. R.*, 1269.

(2001) *a*. 1114; ZONARAS, XVIII, 26 (IV, 250-251); ANNE COMNÈNE, XIV, 8; CHALANDON, *op. cit.*, 266-268.

(2002) *R. K. O. R.*, 1254 (connu par un *vidimus* d'Isaac l'Ange, *M. M.*, III, 19, 13); CHALANDON, *op. cit.*, 258.

(2003) *R. K. O. R.*, 1255; CHALANDON, *op. cit.*, 258-259.

(2004) NORDEN (W.), *Das Papsttum und Byzanz*, 65-66; *Epistulae et chartae*, n° XVI (167); *M. C.*, XX, 947 et s.; LEIB, *Rome, Kiev et Byzance à la fin du XIe siècle*, 287-297; FLICHE et MARTIN, *Histoire de l'Église*, VIII, 306-307.

(2005) *Chartes de Ravenne* (*Syllabus graecarum membranarum*), éd. Trinchera, Naples, 78-83; *Epistulae et chartae*, n° XI (152-153); LEIB, *op. cit.*, 227-232.

(2006) *R. K. O. R.*, 518; ALBERT d'Aix-la-Chapelle, IX, 47 (585); CHALANDON, *op. cit.*, 237; LEIB *op. cit.*, 273.

(2007) FLICHE et MARTIN, *op. cit.*, VIII, 359-363.

(2008) CHALANDON, *Histoire de la domination normande en Italie*, I, 313.

(2009) *R. K. O. R.*, 1261-1262; CHALANDON, *Essai sur le règne d'Alexis Comnène*, 260.

(2010) CHALANDON, *Alexis Comnène*, 261; LEIB, *op. cit.*, 309.

(2011) *R. K. O. R.*, 1263.

(2012) *J. W.*, 6334 (*P. L.*, CLXIII, 388); LEIB, *op. cit.*, 310-311; CHALANDON, *Alexis Comnène*, 261-262.

(2013) Discours de Chrysoloras dans *P. L.*, CXXVII, 911 et s. (vers 1113); LEIB, *op. cit.*, 312-313; CHALANDON, *op. cit.*, 263.

(2014) OSTROGORSKY, *Geschichte des byzantinischen Staates*, 264.

(2015) ZONARAS, XVIII, 24 (IV, 246-247); NICÉTAS ACOMINATOS (Jean), 2 (324-328); CHALANDON, *Alexis Comnène*, 273-274.

(2016) ZONARAS, XVIII, 28-29 (IV, 254-260); CHALANDON, *op. cit.*, 274-276; ANNE COMNÈNE, XV, 11 (III, 234-242); CHALANDON, *Les Comnène*, II, 1-7; *Synopsis Chronike ad annum 1261*, 187; BUCKLER (Georgina), *Anna Comnena*, 248-250.

(2017) NICÉTAS ACOMINATOS (Jean), 3 (332); *Synopsis Chronike*, 173; CHALANDON, *Les Comnène*, II, 7-8; BUCKLER, *op. cit.*, 160-162.

(2018) NICÉTAS ACOMINATOS (Jean), 2 (375-64); OSTROGORSKY *op. cit.*, 266.

(2019) Portrait physique : ANNE COMNÈNE, VI, 8 (II, 63); GUILLAUME DE TYR, *Historia rerum in partibus transmarinis gestarum*, XV, 23 (I, 695); NICÉTAS ACOMINATOS, II, 8-10; DIEHL, *La société byzantine à l'époque des Comnènes*, 10-13.

(2020) En 1122, CHALANDON, *Les Comnène*, II, 11-14; LAMBROS, *op. cit.*, pl. 68 (portraits d'après le *Cod. Urbinus*).

(2021) MICHEL LE SYRIEN, *Chronique universelle*, III, 230; NICÉTAS ACOMINATOS (Jean), 9 (356); CHALANDON, Les Comnène, II, 83-84.

(2022) En 1140. NICÉTAS ACOMINATOS (Jean), 10 (561); CHALANDON, *op. cit.*, II, 179.

(2023) CHALANDON, *Les Comnène*, II, 32 et s.

(2024) *Ibidem*, II, 10
(2025) *Ibidem*, II, 20-22.
(2026) *Ibidem*, II, 19.

(2027) MICHEL LE SYRIEN, III, 206-209; KINNAMOS, Épitome, I, 3 (316); NICÉTAS ACOMINATOS (Jean), 4 (336); CHALANDON, op. cit., II, 48-50.

(2028) KINNAMOS, I, 4 (317 et s.); NICÉTAS ACOMINATOS (Jean), 5 (340 et s.); CHALANDON, op. cit., II, 56-62.

(2029) BRATIANU (G.), Vicina et Cetatea Alba, 8, 20; BANESCU (N.), La domination byzantine sur les régions du Bas Danube, B. H. A. R., 1937, 11 (tiré à part).

(2030) CHALANDON, op. cit., II, 65-76.

(2031) Ibidem, II, 154-158; R. K. O. R., 1304.

(2032) VIDAL DE LA BLACHE et GALLOIS, Géographie universelle, VIII, Asie occidentale. Haute Asie, 90-91.

(2033) CHALANDON, op. cit., II, 37-42.

(2034) MICHEL LE SYRIEN, III, 205; KINNAMOS, I, 2 (313); NICÉTAS ACOMINATOS (Jean), 4 (333); CHALANDON, op. cit., II, 45-47.

(2035) KINNAMOS, I, 2 (313); NICÉTAS ACOMINATOS (Jean), 4 (336); CHALANDON, op. cit., II, 447-448; GROUSSET, Histoire des croisades, II, 84.

(2036) MICHEL LE SYRIEN, III, 219; MATHIEU d'ÉDESSE, H. C. Or., I, 142.

(2037) MICHEL LE SYRIEN, III, 223-224; CHALANDON, op. cit., II, 79-80.

(2038) MICHEL LE SYRIEN, III, 227; THÉODORE PRODROME, Épigrammes et écrits divers, 1378.

(2039) MICHEL LE SYRIEN, III, 232-237; THÉODORE PRODROME, op. cit., 1376-1381; KINNAMOS, I, 5-6 (324-325); NICÉTAS ACOMINATOS (Jean), 5-6 (341-346); GROUSSET, Histoire des Croisades, II, 35-91; CHALANDON, Les Comnène, II, 87-91.

(2040) CHALANDON, op. cit., II, 107-112.

(2041) NICÉTAS ACOMINATOS (Jean), 6-7 (345-354); CHALANDON, op. cit., II, 112-118; GROUSSET, op. cit., II, 86-88.

(2042) CHALANDON, op. cit., II, 123-127; GROUSSET, op. cit., II, 88-89.

(2043) MICHEL LE SYRIEN, III, 227; GUILLAUME DE TYR, Historia rerum..., XIII, 27 (I, 599).

(2044) GUILLAUME DE TYR, XIV, 20 (I, 636); CHALANDON, op. cit., II, 121-127; GROUSSET, op. cit., II, 88-91.

(2045) Sur les atabeks, gouverneurs des princes seldjoukides mineurs et en même temps de leur État : The Damascus Chronicle of the Crusades, II, 23-25.

(2046) The Damascus Chronicle, 242 et s.; CHALANDON, op. cit., II, 127-129; GROUSSET, op. cit., II, 69-83.

(2047) R. K. O. R., 1314; GUILLAUME DE TYR, XIV, 30 (I, 652); KINNAMOS, I, 7-8 (328 et s.); NICÉTAS ACOMINATOS (Jean), 7 (347-352); CHALANDON, op. cit., II, 132-133; GROUSSET, op. cit., II, 88-97.

(2048) GUILLAUME DE TYR, XV, 1 (655); KINNAMOS, I, 8 (329-334); CHALANDON, op. cit., II, 134-136; GROUSSET, op. cit., II, 100-111; R. K. O R., 1317, 1318 (mai 1138).

(2049) GUILLAUME DE TYR, XV, 3-5 (659-665); CHALANDON, II, 146-150; GROUSSET, op. cit., II, 112-121.

(2050) CHALANDON, op. cit., II, 151-152; NICÉTAS ACOMINATOS (Jean), 8 (356); GROUSSET, op. cit., II, 121-123.

(2051) NICETAS ACOMINATOS (Jean), 9-10 (357-364); MICHEL LE SYRIEN, III, 238-249; CHALANDON, op. cit., II, 175-180.

(2052) KINNAMOS, I, 10 (337-338); CHALANDON, op. cit., II, 184.

(2053) R. K. O. R., 1323 (25 septembre 1142); GUILLAUME DE TYR, XV, 10-19. (690-691); CHALANDON, op. cit., II, 183-190; GROUSSET, op. cit., II, 141-150.

(2054) R. K. O. R., 1324 (hiver de 1142); CHALANDON, op. cit., II, 190-191; GROUSSET, op. cit., II, 150-152.

(2055) KINNAMOS, I, 10 (337); NICÉTAS ACOMINATOS (Jean), 11

(365-368); Chalandon, *op. cit.*, II, 192-193; Grousset, *op. cit.*, II, 152-154.

(²⁰⁵⁶) Chalandon, *Histoire de la domination normande en Italie*, I, 380 et s.; du même, *Les Comnène*, II, 164-165.

(²⁰⁵⁷) Chalandon, *Domination normande en Italie*, I, 397 et s. et II, 1-2.

(²⁰⁵⁸) Par la double élection d'Innocent II et d'Anaclet II, 14 février 1130. Fliche et Martin, *Histoire de l'Église*, IX, 50-53; Chalandon, *op. cit.*, II, 3-6.

(²⁰⁵⁹) Chalandon, *op. cit.*, II, 7-10.

(²⁰⁶⁰) *Ibidem*, I, 367-377.

(²⁰⁶¹) *R. K. O. R.*, 1309 (été de 1135), 1313 (printemps de 1137); Chalandon, *op. cit.*, II, 55-57; du même, *Les Comnène*, II, 167.

(²⁰⁶²) Chalandon, *Domination normande en Italie*, II, 52-76; Fliche et Martin, *op. cit.*, IX, 67-68.

(²⁰⁶³) Fliche et Martin, *op. cit.*, IX, 69.

(²⁰⁶⁴) Chalandon, *Domination normande en Italie*, II, 78-82.

(²⁰⁶⁵) *Ibidem*, II, 82-97; Fliche et Martin, *op. cit.*, IX, 86-87.

(²⁰⁶⁶) *R. K. O. R.*, 1320 (début de 1140), 1321 (fin 1141), 1322 (avril 1142); Chalandon, *op. cit.*, II, 169-173; Kinnamos, II, 4 (352-353).

(²⁰⁶⁷) Kinnamos, I, 10 (337); Nicetas Acominatos (Jean), 12 (369-375); Chalandon, *Les Comnène*, II, 192-193.

(²⁰⁶⁸) Chalandon, *op. cit.*, II, 195-200.

(²⁰⁶⁹) Le mariage ne fut célébré qu'en 1146, Chalandon, *op. cit.*, II, 258-262; *R. K. O. R.*, 1331, 1338 (fin 1144).

(²⁰⁷⁰) Chalandon, *op. cit.*, II, 205-206; Diehl, *La société byzantine à l'époque des Comnène*, 31-41.

(²⁰⁷¹) Diehl, *op. cit.*, 17; Chalandon, *op. cit.*, II, 204 (très discutable), 634 et s. (voir *M. B. E. H.*, t. 32 bis).

(²⁰⁷²) Guillaume de Tyr, XVIII, 25 (864); Kinnamos, IV, 21 (536-537); Chalandon, *op. cit.*, II, 453.

(²⁰⁷³) Schönebaum, *Die Kenntniss der byzantinischen geschichtsschreiber...*, 90-93; Chalandon, *op. cit.*, II, 203.

(²⁰⁷⁴) Chalandon, *op. cit.*, II, 201; Diehl, *op. cit.*, 14.

(²²⁷⁵) Diehl, *op. cit.*, 17-18; Chalandon, *op. cit.*, II, 208-209.

(²⁰⁷⁶) Nicétas Acominatos, VII, 2 (552 et s.); Chalandon, *op. cit.*, II, 206 et s., 226 et s.; Diehl, *op. cit.*, 14-16.

(²⁰⁷⁷) Sur ces réformes voir *M. B. E. H.*, t. 32 bis.

(²⁰⁷⁸) Kinnamos, II, 3 (349); Chalandon, *op. cit.*, II, 198, 239-242; Grousset, *Histoire des croisades*, II, 172-173.

(²⁰⁷⁹) *R. K. O. R.*, 1331; Chalandon, *op. cit.*, II, 258-259.

(²⁰⁸⁰) Grousset, *op. cit.*, II, 179-188; Michel le Syrien, III, 2, 260-269.

(²⁰⁸¹) Michel le Syrien, III, 247 (a. 1145); Kinnamos, II, 3 (352); Chalandon, *op. cit.*, II, 242-243.

(²⁰⁸²) Grousset, *op. cit.*, II, 196-209.

(²⁰⁸³) Kinnamos, II, 4-10 (352-386); Nicétas Acominatos, I, 2 (382-384); Eudes de Deuil, *De Ludovici VII profectione in Orientem*, 32 (1219); Michel le Syrien III, 275; *R. K. O. R.*, 1343-1346 et 1352; Chalandon, *op. cit.*, II, 245-258.

(²⁰⁸⁴) *R. K. O. R.*, 1338 (fin 1144-1145).

(²⁰⁸⁵) Bréhier (L.), *L'Église et l'Orient. Les Croisades*, 104-105; Grousset, *op. cit.*, II, 225-227; Chalandon, *op. cit.*, II, 262.

(²⁰⁸⁶) Bréhier (L.), *op. cit.*, 205-206; Grousset, *op. cit.*, II, 226-227; Chalandon, *op. cit.*, II, 265-266.

(²⁰⁸⁷) *R. K. O. R.*, 1348 (à Eugène III, août 1146); 1349 (à Louis VII), 1350 (à Conrad III); Chalandon, *op. cit.*, II, 269-271.

(²⁰⁸⁸) Chalandon, *op. cit.*, II, 271-281; Grousset, II, 230-232.

(²⁰⁸⁹) Eudes de Deuil, *op. cit.*,

(²⁰⁸⁹) 1220-1227; CHALANDON, *op. cit.*, II, 290-310; GROUSSET, *op. cit.*, II, 236-239.

(²⁰⁹⁰) CHALANDON, *op. cit.*, 284-288; GROUSSET, *op. cit.*, II, 234-236.

(²⁰⁹¹) CHALANDON, *op. cit.*, II, 309-315; GROUSSET, *op. cit.*, II, 241-245.

(²⁰⁹²) CHALANDON, *Domination normande en Italie*, I, 373-375.

(²⁰⁹³) *Ibidem*, II, 135-138; du même, *Les Comnène*, II, 317-320; NICÉTAS ACOMINATOS, II, 1 (405-410).

(²⁰⁹⁴) C'est à tort que Nicétas Acominatos (*loc. cit*). et Otton de Freisingen (I, 33), font dater de cette guerre l'introduction de l'industrie de la soie à Palerme. Sur les témoignages antérieurs, CHALANDON, *Domination normande en Italie*, II, 703-705.

(²⁰⁹⁵) BRÉHIER (L.), *op. cit.*, 107-108; GROUSSET, *op. cit.*, II, 250-268; *The Damascus Chronicle of the Crusades*, 282-289.

(²⁰⁹⁶) CHALANDON, *Les Comnène*, II, 330-336; GROUSSET, *op. cit.*, 269-270.

(²⁰⁹⁷) *R. K. O. R.*, 1365 et 1373; CHALANDON, *op. cit.*, II, 321.

(²⁰⁹⁸) *R. K. O. R.*, 374 (pendant un séjour de Conrad à Constantinople).

(²⁰⁹⁹) CHALANDON, *Domination normande en Italie*, II, 142-145.

(²¹⁰⁰) *Ibidem*, II, 190-192.

(²¹⁰¹) *Ibidem*, II, 148-153; GROUSSET, II, 268-270; CHALANDON, *Les Comnène*, II, 335-342; *R. K. O. R.*, 1378.

(²¹⁰²) CHALANDON, *Domination normande en Italie*, II, 154-155; du même, *Les Comnène*, II, 343-344 (comme le montre le traité de Constance entre Frédéric et Eugène III, mars 1153).

(²¹⁰³) *R. K. O. R.*, 1388, 1389 (mai-juillet 1153), 1391, 1392 (novembre 1153).

(²¹⁰⁴) KINNAMOS, IV, 1, (369).

(²¹⁰⁵) CHALANDON, *Domination normande en Italie*, II, 156-157; du même, *Les Comnène*, II, 344-347.

(²¹⁰⁶) CHALANDON, *Les Comnène*, II, 347.

(²¹⁰⁷) ID., *Domination normande en Italie*, II, 169, 188-190.

(²¹⁰⁸) *R. K. O. R.*, 1396; CHALANDON, *op. cit.*, II, 190-191; du même, *Les Comnène*, II, 349-352.

(²¹⁰⁹) *R. K. O. R.*, 1399 (été 1155); CHALANDON, *Domination normande en Italie*, II, 201-206; du même, *Les Comnène*, II, 352-354.

(²¹¹⁰) CHALANDON, *Domination normande*, II, 206-210; du même, *Les Comnène*, II, 354-358.

(²¹¹¹) *R. K. O. R.*, 1403 (automne 1155); CHALANDON, *Domination normande*, II, 210-214; du même, *Les Comnène*, II, 358-361. En même temps projet d'union des Églises, *M. C.*, XXI, 795.

(²¹¹²) CHALANDON, *Domination normande*, II, 214-220; du même, *Les Comnène*, II, 362-366.

(²¹¹³) CHALANDON, *Domination normande*, II, 225-235; du même, *Les Comnène*, II, 367-371.

(²¹¹⁴) CHALANDON, *Domination normande*, II, 247-248; du même, *Les Comnène*, II, 376.

(²¹¹⁵) *R. K. O. R.*, 1417-1420 (printemps 1158); CHALANDON, *Domination normande*, II, 249-253; du même, *Les Comnène*, II, 377-381.

(²¹¹⁶) *R. K. O. R.*, 1381; CHALANDON, *Les Comnène*, II, 382-391.

(²¹¹⁷) *R. K. O. R.*, 1383; CHALANDON, *Les Comnène*, II, 401-402.

(²¹¹⁸) *R. K. O. R.*, 1386, 1405 (hiver 1555), 1410 (septembre 1156); CHALANDON, *Les Comnène*, II, 408-414.

(²¹¹⁹) *R. K. O. R.*, 1449; CHALANDON, *Les Comnène*, II, 391-392.

(²¹²⁰) CHALANDON, *Les Comnène*, II, 417-420; GROUSSET, *Histoire des Croisades*, II, 332-334.

(²¹²¹) CHALANDON, *op. cit.*, II, 422-429.

(²¹²²) *Ibidem*, II, 435; GROUSSET, *op. cit.*, II, 327-329; sur les origines de Renaud, SCHLUMBERGER, *Renaud de Châtillon, prince d'Antioche*, I, 24.

(²¹²³) CHALANDON, *op. cit.*, II,

435-439; GROUSSET, *op. cit.*, II, 334-337; *idem*, 62-91; sur le traitement qu'il inflige au patriarche, SCHLUMBERGER, *op. cit.*, 51-53.

(2124) *R. K. O. R.*, 1430-1431 (printemps 1159); CHALANDON, *op. cit.*, II, 441-446; GROUSSET, *op. cit.* II, 399-404; SCHLUMBERGER, *op. cit.*, 92-112.

(2125) *R. K. O. R.*, 1428-1429; CHALANDON, *op. cit.*, II, 446-450; GROUSSET, *op. cit.*, II, 404-408.

(2126) *R. K. O. R.*, 1432; CHALANDON, *op. cit.*, II, 453-455; GROUSSET, *op. cit.*, II, 415-419 (mai 1459).

(2127) *R. K. O. R.*, 1444 (fin de 1161); CHALANDON, *op. cit.*, II, 457-466; GROUSSET, *op. cit.*, II, 421, 422.

(2128) CHALANDON, *op. cit.*, II, 517-524; GROUSSET, *op. cit.*, II, 428-433 (tous deux nés du mariage de Constance avec Raimond de Poitiers. Manuel avait d'abord songé à épouser Mélisende, sœur du comte de Tripoli, DIEHL, *La société byzantine à l'époque des Comnènes*, 37-38.)

(2129) VINCENT et ABEL, *Bethléem. Le sanctuaire de la Nativité*, 156-161; *C. I. G.*, 8736.

(2130) CHALANDON, *op. cit.*, II, 470, 471.

(2131) La Sirmie était située entre le Danube et la Save. La Dalmatie avait été conquise par le roi Koloman (1095-1112), CHALANDON, *op. cit.*, II, 54-55.

(2132) CHALANDON, *op. cit.*, II, 474-475.

(2133) *R. K. O. R.*, 1452 (été 1163); CHALANDON, *op.. cit.*, II, 475-476.

(2134) *R. K. O. R.*, 1454-1455; CHALANDON, *op. cit.*, II, 477-480.

(2135) *R. K. O. R.*, 1460, 1461, 1463, 1464; CHALANDON, *op. cit.*, II, 481-482.

(2136) *R. K. O. R.*, 1475 (8 juillet 1167); CHALANDON, *op. cit.*, II, 485.

(2137) CHALANDON, *op. cit.*, II, 488-490.

(2138) DE VOÏNOVITCH, *Histoire de la Dalmatie*, I, 374-377.

(2139) CHALANDON, *op. cit.*, II, 491-492.

(2140) *Ibidem*, 393-395.

(2141) *Ibidem*, 396-398. Sur sa captivité voir les discours d'Eustathe de Thessalonique et de Constantin Manassès, CHALANDON, *op. cit.*, II, 398, 1.

(2142) KINNAMOS, V, 7 (569-582); CHALANDON, *op. cit.*, II, 555-557.

(2143) *H. G.* (*M. A.*), IV, 1, 56-116.

(2144) *Liber pontificalis*, II, 403 (Boson, *Vita Alexandri*); CHALANDON, *op. cit.*, II, 558-559 (*a.* 1159).

(2145) *R. K. O. R.*, 1438, 1445, 1450 (entre mars-juillet 1163); *R. H. G. F.*, XVI, 55 et s.; CHALANDON, *op. cit.*, II, 559-563.

(2146) *R. K. O. R.*, 1480 (fin 1167); NICÉTAS ACOMINATOS, VII, 1 (548-549); *Liber pontificalis*, II, 403 et s.; CHALANDON, *op. cit.*, II, 464-465.

(2147) KINNAMOS, VI, 4 (628-629); *Liber pontificalis*, II, 419-420; CHALANDON, *op. cit.*, II, 566-570.

(2148) *R. K. O. R.*, 1496 (mai 1170).

(2149) CHALANDON, *op. cit.*, II, 572; *H. G.* (*M. A.*), IV, 1, 100 et s.

(2150) *R. K. O. R.*, 1488 (oct. 1169), 1494, 1495, 1497-1499 (juillet 1170).

(2151) *R. K. O. R.*, 1463 (date peu sûre), 1503 (août 1171); CHALANDON, *op. cit.*, II, 593-596.

(2152) Avril-octobre 1173, CHALANDON, *op. cit.*, II, 597.

(2153) *Ibidem*, II, 598-599.

(2154) CHALANDON, *Domination normande en Italie*, II, 303; du même, *Les Comnène*, II, 570-571.

(2155) DANDOLO, *Chronicon Venetum*, XII, 29; CHALANDON, *Les Comnène*, II, 586.

(2156) *R. K. O. R.*, 1504; CHALANDON, *Domination normande en Italie*, II, 370-373; du même, *Les Comnène*, II, 571.

(2157) DE VOÏNOVITCH, *Histoire de la Dalmatie*, I, 377-378.

(2158) CHALANDON, *Les Comnène*, II, 586-587.

(2159) R. K. O. R., 1494; Dandolo, *op. cit.*, XII, 293.

(2160) R. K. O. R., 1500; Dandolo, *op. cit.*, XII, 293; Heyd, *Histoire du commerce du Levant*, I, 215-218; Chalandon, *op. cit.*, II, 588-589.

(2161) R. K. O. R., 1509-1512; Dandolo, IX, 15 (XII, 296-298). Ce fut au cours d'une de ces ambassades qu'Henri Dandolo aurait été aveuglé, Voïnovitch, *Histoire de la Dalmatie*, I, 378-379; Chalandon, *op. cit.*, II, 590-591.

(2162) Chalandon, *op. cit.*, II, 373-374; Heyd, *Histoire du commerce du Levant*, I, 220.

(2163) Nicétas Acominatos, V, 9 (517). Nicétas est le seul à mentionner ce traité; Bury (J. B.), *Selected essays*, VI, II, 392.

(2164) R. K. O. R., 1528; Chalandon, *op. cit.*, II, 600.

(2165) R. K. O. R., 1528; Nicétas Acominatos, VII, I (548); sur les Montferrat, *D. H. G. E.*, IX, 1936, 958; Chalandon, *op. cit.*, II, 599-600. Ce fut grâce aux subsides de Manuel que Christian de Mayence fut battu et pris à Camerino (septembre 1179).

(2166) R. K. O. R., 1531; Chalandon, *op. cit.*, II, 605; Diehl, *Figures byzantines*, II, 191-194.

(2167) Guillaume de Tyr, XIX, II (901); Michel le Syrien, III, 326-335; Chalandon, *op. cit.*, 531; Grousset, *Histoire des croisades*, II, 470-474.

(2168) Schlumberger, *Campagnes du roi Amaury de Jérusalem en Égypte*, 30-36; Grousset, *op. cit.*, II, 443-448.

(2169) Schlumberger, *op. cit.*, 4 et s., « un des plus brillants et des plus intrépides souverains de Jérusalem »; Grousset, II, 436-442.

(2170) Schlumberger, *op. cit.*, 36-43; Grousset, II, 448-452.

(2171) Schlumberger, *op. cit.*, 61-100; Grousset, *op. cit.*, II, 454-458. Amaury battit en retraite à la nouvelle d'une offensive de Nour-ed-dîn contre les États chrétiens.

(2172) Schlumberger, *op. cit.*, 101-168; Grousset, *op. cit.*, II, 478-503.

(2173) Guillaume de Tyr, XX, 1 (1024, 1035); Chalandon, *op. cit.*, II, 536; Schlumberger, *op. cit.*, 169-172; Vasiliev, *Histoire de l'Empire byzantin*, II, 503-504.

(2174) R. K. O. R., 1481 (fin 1167), 1483 (1168); Guillaume de Tyr, XX, 4 (946-947); Chalandon, *op. cit.*, II, 538-545; Vasiliev, *op. cit.*, II, 541-551; Schlumberger, *op. cit.*, 258-291.

(2175) Schlumberger, *op. cit.*, 188-210; Vasiliev, *op. cit.*, II, 511-528.

(2176) Schlumberger, *op. cit.*, 210-251; Vasiliev, *op. cit.*, II, 528-539.

(2177) R. K. O. R., 1491, 1493; Nicétas Acominatos, V, 4-7 (208-219); Kinnamos, VI, 9 (280); Vasiliev, *op. cit.*, II, 538-545; Chalandon, *op. cit.*, II, 541-551; Schlumberger, *op. cit.*, 258-291.

(2178) Vasiliev, *op. cit.*, II, 559-564; Schlumberger, *op. cit.*, 292-307. Le calife fatimite étant mort le 3 septembre 1171 Saladin ne lui donna pas de successeur et fit faire la prière au nom du calife de Bagdad.

(2179) Vasiljevsky, *Troudy*, 540-541; Schlumberger, *op. cit.*, 253-258.

(2180) R. K. O. R., 1502 (mars-juin 1171); Chalandon, *op. cit.*, II, 546 et s.; Vasiliev, *op. cit.*, II, 564-580; Schlumberger, *op. cit.*, 311-335.

(2181) Vasiliev, *op. cit.*, II, 605.
(2182) *Ibidem*, II, 1, 20 et s.
(2183) *Ibidem*, II, 607; Schlumberger, *op. cit.*, 348.

(2184) R. K. O. R., 1520 (fin 1175); Chalandon, *op. cit.*, II, 567.

(2185) R. K. O. R., 1526; Guillaume de Tyr, XXI; Chalandon, *op. cit.*, II, 551, 16 (830), 636-637.

(2186) Chalandon, *op. cit.*, II, 550-553; Vasiliev, *op. cit.*, II, 637-645; Schlumberger, *Renaud* de Châtillon, prince d'Antioche, 230-232.

(²¹⁸⁷) VASILIEV, op. cit., II, 636 et s.

(²¹⁸⁸) R. K. O. R., 1533 (mars 1180); CHALANDON, op. cit., II, 603-604; VASILIEV, op. cit., II, 682-683.

(²¹⁸⁹) R. K. O. R., 1513-1514 (a. 1173); CHALANDON, op. cit., II, 500-501.

(²¹⁹⁰) R. K. O. R., 1519-1521 (a. 1176); CHALANDON, op. cit., II, 502-504.

(²¹⁹¹) CHALANDON, op. cit., II, 504-515; R. K. O. R., 1522 (été de 1176) et 1524 (lettre de Manuel à Henri II, roi d'Angleterre).

(²¹⁹²) CHALANDON, op. cit., II, 606.

(²¹⁹³) Depuis les traités de Venise (21 juillet 1177) et de Constance (25 juin 1183), H. G. (M. A.), IV, 1, 114 et s., 140 et s.

(²¹⁹⁴) Afin de l'empêcher de se remarier et de donner la couronne à un prince-époux, COGNASSO (F.), Partiti politici e lotte dinastiche in Bizanzio alla morte di Manuele Comneno, 222-223.

(²¹⁹⁵) COGNASSO, op. cit., 224-225; « vieux courtisan édenté et fainéant », IORGA (N.), Histoire de la vie byzantine, III, 71; NICÉTAS ACOMINATOS, Alexis, 1 (576).

(²¹⁹⁶) NICÉTAS ACOMINATOS, Alexis, 4-7 (581-593); COGNASSO, op. cit., 237-243; C. M. H., IV, 380.

(²¹⁹⁷) R. K. O. R., 1551; NICÉTAS ACOMINATOS, Alexis, 7 (593-594); COGNASSO, op. cit., 242-243.

(²¹⁹⁸) NICÉTAS ACOMINATOS, Alexis, 8 (593-596); R. K. O. R., 1550 (juillet 1181); COGNASSO, op. cit., 245-246.

(²¹⁹⁹) DIEHL, Figures byzantines, II, 90-95; du même, La société byzantine à l'époque des Comnène, 19-20; COGNASSO, op. cit., 229-231.

(²²⁰⁰) KINNAMOS, III, 14-15 (453-456); CHALANDON, op. cit., II, 426-427.

(²²⁰¹) NICÉTAS ACOMINATOS, III 1-2 (437, 441-444); KINNAMOS, V, 10-11 (593-598); DIEHL, Figures byzantines, II, 96-104. Il séduit Philippa, sœur de l'impératrice Marie d'Antioche; CHALANDON, op. cit., II, 529-530; GROUSSET, op. cit., II, 505-506.

(²²⁰²) KINNAMOS, VI, 1 (613-616); NICÉTAS ACOMINATOS, IV, 5 (480-484); DIEHL, Figures byzantines, II, 106-108; GROUSSET, op. cit., II, 506-507.

(²²⁰³) NICÉTAS ACOMINATOS, Alexis, 2 (576-577); DIEHL, op. cit., II, 108-109; COGNASSO, op. cit., 235-236; CHALANDON, op. cit., II, 221.

(²²⁰⁴) Il réside tantôt à Oinaion, tantôt à Sinope. Guillaume de Tyr en fait à tort le gouverneur du Pont (Historia rerum in partibus transmarinis gestarum, XXII, 11, 1081).

(²²⁰⁵) NICÉTAS ACOMINATOS, Alexis, 4 (581-584), 9 (596); COGNASSO, op. cit., 246-247; DIEHL, op. cit., II, 113-114.

(²²⁰⁶) NICÉTAS ACOMINATOS, Alexis, 3 (580), a. 1181.

(²²⁰⁷) Ibidem, 9-10 (596-600); COGNASSO, op. cit., 248-249; DIEHL, op. cit., II, 114-115.

(²²⁰⁸) NICÉTAS ACOMINATOS, Alexis, 10-11 (600-604); COGNASSO, op. cit., 251-252.

(²²⁰⁹) NICÉTAS ACOMINATOS, Alexis, 11 (604); EUSTATHE DE THESSALONIQUE, Opuscula, 28-30; GUILLAUME DE TYR, XXII, 12 (1084); COGNASSO, op. cit., 252-253; HEYD, Histoire du commerce du Levant, II, 116-117; DIEHL, op. cit., I, 222-225; HEYD, op. cit., 70-71.

(²²¹⁰) GUILLAUME DE TYR, XXII, 13.

(²²¹¹) NICÉTAS ACOMINATOS, Alexis, 13 (608-609); COGNASSO, op. cit., 255-256.

(²²¹²) NICÉTAS ACOMINATOS, Alexis, 14 (612), 17 (620-621); COGNASSO, op. cit., 260-263.

(²²¹³) NICÉTAS ACOMINATOS, Alexis, 14 (609-612); COGNASSO, op. cit., 259-260; DIEHL, op. cit., II, 118-119.

(²²¹⁴) NICÉTAS ACOMINATOS,

(2214) Nicétas Acominatos, Alexis, 15 (613-616); Cognasso, *op. cit.*, 264-266.

(2215) Nicétas Acominatos, Alexis, 17 (647), 16 mai 1182; Cognasso, *op. cit.*, 258.

(2216) Nicétas Acominatos, Alexis, 18 (621-626); Guillaume de Tyr, 410; Cognasso, *op. cit.*, 268; Diehl, *Figures byzantines*, II, 119-120.

(2217) Nicétas Acominatos, Alexis, 18 (625-628); Cognasso, *op. cit.*, 269.

(2218) *R. K. O. R.*, 1555; Nicétas Acominatos, Andr., I, 1, (629; Diehl, *op. cit.*, II, 196-197.

(2219) « La famille de Manuel anéantie, le jardin impérial dépouillé de ses arbres », Nicétas Acominatos, Alexis, 18 (622).

(2220) Guillaume de Tyr, 270.

(2221) Ostrogorsky, *Geschichte des byzantinischen Staates*, 281-282; Cognasso, *op. cit.*, 256-257; Diehl, *op. cit.*, II, 120.

(2222) *R. K. O. R.*, 1565-1566; Nicétas Acominatos, Andr., II, 3-4 (681-686); Michel Acominatos, Τὰ σωζόμενα, I, 142, II, 52 et s.; Cognasso, *op. cit.*, 279-285; Diehl, *op. cit.*, II, 120-122.

(2223) Nicétas Acominatos, Alexis, 16 (616-617), *a.* 1182; Andr., I, 1 (632-633); *R. K. O. R.*, 1557, *a.* 1183; Cognasso, *op. cit.*, 258-259; Iorga, *Histoire de la vie byzantine*, III, 70.

(2224) Nicétas Acominatos, Andr., I, 2-4 (633-644); Cognasso, *op. cit.*, 272-275.

(2225) Nicétas Acominatos, Andr., I, 5-6 (643-650); *R. K. O. R.*, 1560 (faux d'Isaac Comnène); Cognasso, *op. cit.*, 275-278; Iorga, *France de Chypre*, 10-15.

(2226) Cognasso, *op. cit.*, 285.

(2227) *R. K. O. R.*, 1563. Annales Reicherspergenses, *M. G. H. Ss.*, XVII, 511; Cognasso, *op. cit.*, 297.

(2228) Chalandon, *Domination normande en Italie*, II, 386 et s. Constance était une fille posthume de Roger II, née en 1154.

(2229) Cognasso, *op. cit.*, 298.

(2230) *Ibidem*, 294.

(2231) Nicétas Acominatos, Andr., II, 1 (676); Chalandon, *op. cit.*, II, 401.

(2232) Chalandon. II, 403-405.

(2233) Chalandon, *op. cit.*, II, 406-412; Tafrali (O.), *Thessalonique, des origines au XIVe siècle*, 183-190; Eustathe de Thessalonique, *Opuscula*, 423-505; Cognasso, *op. cit.*, 299-310.

(2234) Nicétas Acominatos, Andr., II, 7 (692-693); Cognasso, *op. cit.*, 311-312.

(2235) Nicétas Acominatos, Andr., II, 10 (699-704); Cognasso, *op. cit.*, 312-315; Diehl, *Figures byzantines*, II, 123-129.

(2236) Nicétas Acominatos, Andr., II, 11-12 (703-712); Cognasso, *op. cit.*, 315-316; Diehl, *op. cit.*, II, 129-132.

(2237) *R. K. O. R.*, 1567; Nicétas Acominatos, Isaac, I, 1-2 (717-724); Chalandon, *op. cit.*, II, 413-414.

(2238) *R. K. O. R.*, 1569; Chalandon, *op. cit.*, II, 415.

(2239) Ostrogorsky, *Geschichte des byzantinischen Staates*, 285; Vasiliev, *Histoire de l'Empire byzantin*, II, 83; Cognasso, *Un imperatore bizantino della decadenza. Isaaco II Angelo*, 44.

(2240) Zonaras, XVIII, 22 (II, 25); Chalandon, *Les Comnène*, II, 27, 219.

(2241) Chalandon, *op. cit.*, II, 219, 348, 485, 507, 509, 514, 551; Vasiliev, *op. cit.*, II, 636.

(2242) Nicétas Acominatos, Andr., I, 2-3 (633-640); Cognasso, *Partiti politici e lotte dinastiche in Bizantio*, 272-274.

(2243) Voir Bréhier (L.), *Les empereurs byzantins dans leur vie privée*, R. H., t. 138, 1940, 213.

(2244) Ostrogorsky, *op. cit.*, 288.

(2245) Nicétas Acominatos, Isaac, III, 7 (813-816); Ostrogorsky, *op. cit.*, 285.

(2246) Nicétas Acominatos, III, 5 (805-808); Cognasso, *Un imperatore bizantino*, 59.

(2247) Nicétas Acominatos, Isaac I, 4 (729). Voir la discussion sur l'origine des Asên, regardés comme des Bulgares ayant adopté la langue valaque, Vasiliev, *op. cit.*, II, 87, 2, et Banescu, *Création et caractère du second empire bulgare*, Bucarest, 1943.

(2248) Guérin-Songeon, *Histoire de la Bulgarie*, 227-229.

(2249) Nicétas Acominatos, Isaac, I, 5-6 (731-738); Guérin-Songeon, *op. cit.*, 229-230; *Cambridge medieval history*, IV, *The eastern Roman Empire*, 518-519.

(2250) Après sa victoire sur les Normands en septembre 1185, il s'était réfugié à Sainte-Sophie et avait cherché à se faire proclamer empereur; Isaac lui avait accordé un sauf-conduit, Nicétas Acominatos, I, 6 (737-740).

(2251) Conrad se rendait en Palestine; il avait épousé la sœur d'Isaac l'Ange et avait été créé César. *D. H. G. E.*, IX, 1936, 958; Vasiliev, *op. cit.*, III, 3 et s.

(2252) Nicétas Acominatos, Isaac, I, 6-8 (740-752).

(2253) *R. K. O. R.*, 1580; Nicétas Acominatos, II, 1 (757-764); Guérin-Songeon, *op. cit.*, 231-232; Ostrogorsky, *op. cit.*, 287.

(2254) Nicétas Acominatos, Isaac, I, 6 (736).

(2255) Id., Andr., I, 1 (29); Cognasso, *op. cit.*, 261; G. V. Moravcsik, *Pour une alliance byzantino-hongroise*, B. N., VIII, 1933, 565-566.

(2256) Guérin-Songeon, *op. cit.*, 231; Temperley, *History of Serbia*, 39-40.

(2257) Nicétas Acominatos, Isaac, I, 4 (729); Moravcsik, *loc. cit.*, 567; Laurent (V.), *La Serbie entre Byzance et la Hongrie à la veille de la 4e croisade*, R. H. S. E. E., XVIII, 1941, 118-119.

(2258) Chalandon, *Domination normande en Italie*, II, 415.

(2259) Hopf, *Geschichte Griechenlands*, 181-182; Miller (W.), *Essays on the Latin Orient*, 55, 202.

(2260) Nicétas Acominatos, Isaac, II, 2 (764-765); *R. K. O. R.*, 1189.

(2261) *R. K. O. R.*, 1581, 1587.

(2262) *R. K. O. R.*, 1584 (fin 1188), 1591 (vers juin 1189); Vasiliev, *op. cit.*, III, 10-11.

(2263) Nicétas Acominatos, Isaac, II, 3 (765-769); Zimmert, *Der deutsch-byzantinische Konflikt vom Juli 1189 bis Februar 1190*, B. Z., XII, 1903, 45.

(2264) *R. K. O. R.*, 1594 (milieu de juillet); Zimmert, *loc. cit.*, 48.

(2265) Temperley, *op. cit.*, 40.

(2266) Guérin-Songeon, *op. cit.*, 233; Laurent (V.), *loc. cit.*, 121 : les avances slaves fournirent un élément d'intimidation.

(2267) Zimmert, *loc. cit.*, 48-49.

(2268) *R. K. O. R.*, 1595 (août); Nicétas Acominatos, Isaac, II, 3 (768); Zimmert, 52-53.

(2269) *R. K. O. R.*, 1597.

(2270) Zimmert, 56-57.

(2271) *R. K. O. R.*, 1598 (milieu d'octobre); Zimmert, 57-60.

(2272) *R. K. O. R.*, 1599; Nicétas Acominatos, Isaac, II, 5 (773); Zimmert, 61-69.

(2273) Zimmert, 70-77.

(2274) *R. K. O. R.*, 1600 (décembre 1189), 1602 (janvier 1190).

(2275) *R. K. O. R.*, 1603; Nicétas Acominatos, Isaac, II, 6 (777); Zimmert, *Der Friede zu Adrianopel*, B. Z., XI, 1902, 303-320.

(2276) *R. K. O. R.*, 1604 (il s'excuse d'avoir transporté en Asie la croisade allemande); Vasiliev, *op. cit.*, III, 13.

(2277) Vasiliev, *op. cit.*, III, 14-16.

(2278) *Ibidem*, III, 17-18.

(2279) Norden (W.), *Das Papsttum und Byzanz*, 119; Zimmert, *loc. cit.*, XII, 65.

(2280) *R. K. O. R.*, 1608. Saladin s'engageait à donner au clergé grec les églises de Jérusalem; Cognasso, *Un imperatore bizantino...*, 276; Vasiliev, *op. cit.*, III, 47-49; Iorga, *France de Chypre*, 16-23.

(2281) *R. K. O. R.*, 1605; Ostrogorsky, *Geschichte des byzantinischen Staates*, 290; Temperley, *History of Serbia*, 40-41. C'est de ce traité que date l'indépendance de l'État serbe.

(2282) NICÉTAS ACOMINATOS, Isaac, III, 3 (796-802); GEORGES AKROPOLITÈS, *Chronique, P. G.*, CXL, 19; NIKOV, *Die Stadt und das Gebiet von Krn-Krounos, A. C. E. B.*, V (Rome, 1936), I, 229-238.

(2283) NICÉTAS ACOMINATOS, Isaac, 4 (804); GUÉRIN-SONGEON, *Histoire de la Bulgarie*, 239.

(2284) NICÉTAS ACOMINATOS, Isaac, III, 8 (817); *R. K. O. R.*, 1620.

(2285) NICÉTAS ACOMINATOS, Isaac, III, 8 (817-824); VASILIEV, *op. cit.*, II, 84.

(2286) NICÉTAS ACOMINATOS. Al. III, I, 1-2 (822-830); *D. H. G. E.*, II, 1914, 389. Il se fit appeler Alexis Comnène.

(2287) NICÉTAS ACOMINATOS, Al. III, I, 3-4 (832-834), II, 2-4 (859-872); TAFRALI, *Thessalonique, des origines au XIVe siècle*, 286-288; *R. K. O. R.*, I, 629 (avril 1195).

(2288) NICÉTAS ACOMINATOS, Al. III, III, 6 (909-912); voir BRÉHIER (L.), *R. H.*, 188, 1940, 21-22. Le peuple l'avait surnommé Bambakorabdis, *B. N. I.*, III, 1922, 285-286; VASILIEV, *op. cit.*, II, 84-85.

(2289) Sur les faux Alexis, *R. K. O. R.*, 1634; NICÉTAS ACOMINATOS, Al. III, I, 3 (832-836); 1201 : émeute de Jean le Gros, NICÉTAS ACOMINATOS, Al. III, III, 6 (908); 1202 : révolte de Kamysès, NICÉTAS ACOMINATOS, Al. III, III, 7 (913-918); 1203 : émeute de Constantinople, NICÉTAS ACOMINATOS, Al. III, III, 5 (903-905).

(2290) NICÉTAS ACOMINATOS, Al. III, I, 7 (848-850).

(2291) *Ibidem*, Al. III, II, 5 (872-876).

(2292) OSTROGORSKY, *Geschichte des byzantinischen Staates*, 287.

(2293) *R. K. O. R.*, 1631; NICÉTAS ACOMINATOS, Al. III, I, 4 (837-842); GUÉRIN-SONGEON, *Histoire de la Bulgarie*, 234-235.

(2294) NICÉTAS ACOMINATOS, Al. III I, 5 (841-844); GUÉRIN-SONGEON, *op. cit.*, 235; *Cambridge medieval history*, IV. *The eastern Roman Empire, 717-1453*, 519.

(2295) NICÉTAS ACOMINATOS, Al. III, I, 6 (843-848); GUÉRIN-SONGEON, *op. cit.*, 235-236.

(2296) NICÉTAS ACOMINATOS, Al. III, II, 3 (864) « Valaque de naissance », dit Nicétas.

(2297) *R. K. O. R.*, 1653; NICÉTAS ACOMINATOS, Al. III, III, 1 (881-888); GUÉRIN-SONGEON, *op. cit.*, 288.

(2298) NICÉTAS ACOMINATOS, Al. III, III, 2 (888), 5 (901-904).

(2299) *Ibidem*, Al. III, 2 (889-894), 4 (897-900); GUÉRIN-SONGEON, *op. cit.*, 238; *P. C. H.*, VI, 267-268. Alexis reprend quelques forteresses et rétablit les communications de la mer Égée à l'Adriatique par la Via Ignatia.

(2300) NICETAS ACOMINATOS, Al. III, III, 7 (913-916); JIRECEK, *Geschichte der Serben*, 232; GUÉRIN-SONGEON, *op. cit.*, 238-239; ZLATARSKI, *Geschichte der Bulgaren*, 104; *Cambridge medieval history*, loc. cit., 519.

(2301) OSTROGORSKY, *op. cit.* 291. Kaloïan soutint Étienne contre la révolte de son frère Vulkan.

(2302) GUÉRIN-SONGEON, *op. cit.*, 239-243; *H. G. (L. R.)*, II, 837-838; LUCHAIRE (A.), *Les royautés vassales du Saint-Siège*, 94-117.

(2303) NICÉTAS ACOMINATOS, Is., I, 10 (756).

(2304) *R. K. O. R.*, 1577-1578 (1187, Venise), 1607-1610 (1191, Gênes), 1611 (1192, Raguse).

(2305) BRATIANU, *Recherches sur le commerce génois dans la mer Noire au XIIIe siècle*, 75-76; *R. K. O. R.*, 1612, 1616.

(2306) *R. K. O. R.*, 1618.

(2307) HEYD, *Histoire du commerce du Levant*, I, 239; BRATIANU, *op. cit.*, 76-77.

(2308) BRATIANU, *op. cit.*, 77.

(2309) FOTHERINGAM, *Marco Sanudo conqueror of the Archipelago*, 16-17 (événement connu exclusivement par les archives de Gênes).

(2310) FOTHERINGAM, *op. cit.*, 18; *R. K. O. R.*, 1649.

(^{2311}) *Ibidem*, 19; R. K. O. R., 1663.

(^{2312}) R. K. O. R., 1660 (avril 1201), archives de Gênes.

(^{2313}) NICÉTAS ACOMINATOS, Al. III, III, 6 (907-910).

(^{2314}) R. K. O. R., 1647.

(^{2315}) NICÉTAS ACOMINATOS, Al. III, III, 9 (920); FOTHERINGAM, *op. cit.*, 16-19; BRÉHIER (L.), *L'Église et l'Orient. Les Croisades*, 156.

(^{2316}) CHALANDON, *Domination normande en Italie*, II, 387.

(^{2317}) *Ibidem*, II, 419-425 (date exacte inconnue, fin 1189-janvier 1190).

(^{2318}) *Ibidem*, II, 454 et s.

(^{2319}) *Ibidem*, II, 475. Son fils aîné Roger était mort peu de temps avant lui.

(^{2320}) *Ibidem*, II, 480-487. Il fut couronné roi de Sicile à Palerme le 25 décembre 1194.

(^{2321}) *Ibidem*, II, 487-488.

(^{2322}) R. K. O. R., 1619; NICÉTAS ACOMINATOS, Al. III, I, 7 (849); DIEHL, *Choses et gens de Byzance*, 215 et s.

(^{2323}) BRÉHIER (L.), *L'Église et l'Orient. Les Croisades*, 138; H. G. (M. A.), IV, 1, 160.

(^{2324}) GUILLAUME DE TYR (Continuateurs de), II, 17-19.

(^{2325}) VASILIEV, *Histoire de l'Empire byzantin*, III, 133, 136 et s.; MAS-LATRIE (de), *Histoire de l'île de Chypre sous la maison de Lusignan*, I, 126-128; IORGA, *France de Chypre*; 25; ID., *Brève histoire de la Petite Arménie*, 102-105; *Cambridge medieval history. The eastern Roman Empire*, 172.

(^{2326}) *Alamanikon*, R. K. O. R., 1632; NICÉTAS ACOMINATOS, Al. III, I, 7 (849-854); NORDEN (W.), *Das Papsttum und Byzanz*, 127-130.

(^{2327}) NICÉTAS ACOMINATOS, Al. III, II, 1 (853-856); H. G. (M. A.), IV, 1, 165; BRÉHIER (L.), *op. cit.*

(^{2328}) Sous le nom d'Innocent III, H. G. (M. A.), IV, 1, 169; LUCHAIRE (A.), *Innocent III, Rome et l'Italie*, 1-35.

(^{2329}) H. G. (M. A.), IV, 1, 170-180; LUCHAIRE, *op. cit.*, 35-204.

(^{2330}) NICÉTAS ACOMINATOS, Is., III, 1 (785), Al. III, III, 8 (917). Cette évasion eut lieu à la fin de 1201.

(^{2331}) H. G. (M. A.), IV, 1, 180-185.

(^{2332}) R. K. O. R., 1643 (printemps 1198); LUCHAIRE, *Innocent III et la question d'Orient*, 56.

(^{2333}) *Epistulae Innocenti III*, I, 353 (360); *Innocentii III papae gesta*, 60; LUCHAIRE, *op. cit.*, 61.

(^{2334}) R. K. O. R., 1648 (février 1199); LUCHAIRE, *op. cit.*, 65; réponses du pape au basileus et au patriarche, *Epistulae Innocenti III*, 210 (758-768).

(^{2335}) R. K. O. R., 1654 (automne 1099), 1662 (automne 1202); *Innocentii III papae gesta*, 64, 82; *Epistulae Innocenti III*, II, 251 (810), V, 122 (1123); LUCHAIRE, *op. cit.*, 68 et s.

(^{2336}) BRÉHIER (L.), *L'Église et l'Orient. Les Croisades*, 148-150. Tournoi d'Écry-sur-Aisne (28 novembre 1199), VILLEHARDOUIN, *La conquête de Constantinople*, 3-11 (4-15); ROBERT DE CLARI, *La conqueste de Constantinople*, I-II (1-4).

(^{2337}) Avril 1201, VILLEHARDOUIN, *op. cit.*, 12-34 (16-35); BRÉHIER (L.), *op. cit.*, 151; LUCHAIRE, *op. cit.*, 90-94.

(^{2338}) *Innocentii III papae gesta*, 82; NORDEN, *op. cit.*, 144.

(^{2339}) A la place de Thibaud de Champagne, mort le 6 mai 1201, VILLEHARDOUIN, *op. cit.*, 35-46 (37-49); sur Boniface, D. H. G. E., IX, 1936, 958-961; LUCHAIRE, *op. cit.*, 84-86 (Boniface, chef du parti gibelin en Italie, a été nommé sans que le pape ait été consulté).

(^{2340}) *Innocentii III papae gesta*, 83 (232), printemps 1202; LUCHAIRE, *op. cit.*, 154-155.

(^{2341}) *Epistulae Innocentii III*, V, 122.

(^{2342}) VILLEHARDOUIN, *op. cit.*, 56-61 (59-65).

(^{2343}) *Ibidem*, 62-69 (65-71); LUCHAIRE, *op. cit.*, 95-97; VOÏ-

NOVITCH, *Histoire de la Dalmatie*, I, 383-388.

(^{2344}) *Epistulae Innocentii III*, V, 122 (P. L., 214, 1123), à Alexis III.

(^{2345}) VILLEHARDOUIN, *op. cit.*, 72 (I, 73-74).

(^{2346}) *Ibidem*, 75-76 (I, 77-78); PROKIČ, *Die Zusaetze in der Handschrift des Johannes Skylitzes*, 13; LUCHAIRE, *Les royautés vassales du Saint-Siège*, 101-102.

(^{2347}) LUCHAIRE, *Innocent III et la question d'Orient*, 101; FARAL, *Geoffroy de Villehardouin*, R. H., CLXXVII, 1936, 571-572.

(^{2348}) VILLEHARDOUIN, *op. cit.*, 91-99 (I 90-101); LUCHAIRE, 111.

(^{2349}) VILLEHARDOUIN, *op. cit.*, 105-107 (I, 105-109); LUCHAIRE, *op. cit.*, 103-110.

(^{2350}) VILLEHARDOUIN, *op. cit.*, 111 (I, 113); ROBERT DE CLARI, *La Conqueste de Constantinople*, 30-32.

(^{2351}) VILLEHARDOUIN, *op. cit.*, 108-119 (I, 111-123).

(^{2352}) *Epistulae Innocentii III*, VI, 101 (mai 1203), *P. L.*, CCXV, 106.

(^{2353}) Bibliographie : BRÉHIER (L.), *L'Église et l'Orient. Les Croisades*, 145; *Cambridge medieval history. The eastern Roman Empire*, 850-851. Discussion : OMAN (Ch.), *A history of the art of war in the Middle Age*, IV, 294; FARAL, *loc. cit.*, 530-582.

(^{2354}) VILLEHARDOUIN, *op. cit.*, 65-71 (I, 67-71); ROBERT DE CLARI, *op. cit.*, 12.

(^{2355}) LUCHAIRE, *Innocent III et la question d'Orient*, 106-110.

(^{2356}) ROBERT de CLARI, *op. cit.*, 32-33. VILLEHARDOUIN est plus discret en résumant les arguments des partisans de l'intervention : 95-98 (I, 95-99)

(^{2357}) A cause de la jonction de ses sourcils, G. M. G., Μούρτζου-φλος.

(^{2358}) BRÉHIER (L.), *op. cit.*, 158-167; LUCHAIRE, *op. cit.*, 119-133; *Cambridge medieval history. The eastern Roman Empire*, 418-421; *P. C. H.*, VI, 244-279; VILLEHARDOUIN, *op. cit.*, III, 93-98 ; GERLAND (E.), *Geschichte des lateinischen Kaiserreiches von Konstantinopel*, I, 1-10; GROUSSET, *Histoire des Croisades*, III, 173-177.

(^{2359}) BRÉHIER (L.), *op. cit.*, 170-171; LUCHAIRE, *op. cit.*, 133-135.

(^{2360}) Sur les conséquences néfastes pour l'Orient chrétien : GROUSSET, *op. cit.*, III, 174.

(^{2361}) Sur cette dignité voir *M. B. E. H.*, t. 32 *bis*.

(^{2362}) NICÉTAS ACOMINATOS, Al. Doukas, 3 (953-956); GEORGES AKROPOLITÈS, *Chronique*, 6 (10-11).

(^{2363}) *Cambridge medieval history. The eastern Roman Empire* (DIEHL), 479.

(^{2364}) GERLAND, *op. cit.*, 36-38, 113, 114; *R. K. O. R.*, 1669, 1674.

(^{2365}) *R. K. O. R.*, 1671, 1672, 1678, 1679; GEORGES AKROPOLITÈS, *op. cit.*, 11; VASILIEV, *Histoire de l'Empire byzantin*, II, 8-11 (d'après Mesaritès, Heisenberg a établi la date exacte du couronnement), HEISENBERG, *Neue Quellen zur Geschichte des lateinischen Kaisertums*, II, 184-185. L'adresse était composée par Nicétas Acominatos et dans une lettre à Théodore, son frère Michel archevêque d'Athènes, lui disait qu'il était le seul espoir des Grecs : MICHEL ACOMINATOS, *op. cit.*, II, 152 et s.; LUCHAIRE, *op. cit.*, 262.

(^{2366}) Conflit entre Baudouin et Boniface à propos de Thessalonique, GERLAND, *op. cit.*, I, 20, 28.

(^{2367}) *Ibidem*, I, 46-51; BRÉHIER (L.), *op. cit.*, 172.

(^{2368}) Les cinq huitièmes. Les Vénitiens possédant les trois huitièmes, dont l'église Sainte-Sophie, GERLAND, *op. cit.*, I, 31.

(^{2369}) Le 1er octobre 1204, Baudouin arma 600 chevaliers et leur distribua des fiefs, GERLAND, *op. cit.*, I, 31-32.

(^{2370}) GEORGES AKROPOLITÈS, *op. cit.*, 8; TAFRALI, *Thessalonique, des origines au XIVe siècle*, 197.

(^{2371}) Désigné couramment par le titre de Mégas-Kyr (grand seigneur), RODD, *The princes of Achaïa*, I, 148.

(²³⁷²) MILLER (W.), *Essays on the Latin Orient*, 59-64.

(²³⁷³) VILLEHARDOUIN, *op. cit.*, 325-326 (II, 135-137); RODD, *op. cit.*, I, 101-104; DIEHL, *Dans l'Orient byzantin*, 193-194.

(²³⁷⁴) VILLEHARDOUIN, *op. cit.*, 324 (II, 133-135); RODD, *op. cit.*, I, 104-105; NICÉTAS ACOMINATOS, (*Post captam Urbem*), 8-9 (989-998); BORCHGRAVE, *Croquis d'Orient*, 104-106.

(²³⁷⁵) RODD, *op. cit.*, I, 107-117; MILLER, *op. cit.*, 67-68; *Cambridge medieval history*, 433-434.

(²³⁷⁶) *Chronique de Morée*, version française de Jean LONGNON, 117-127; RODD, *op. cit.*, I, 118-120; MILLER, *op. cit.*, 71-74; *Cambridge medieval history*, 437-438; sur l'expression de *Nouvelle France* employée par Honorius III (1224), *R. H. G. F.*, XIX, 754; sur le terme de Morée substitué à celui de Péloponnèse, LONGNON (J.), *op. cit.*, 128-133.

(²³⁷⁷) BRÉHIER (L.), *op. cit.*, 188; FOTHERINGAM, *Marco Sanudo, conqueror of the Archipelago*, 46 et s. Cette organisation fut créée après la mort du doge Henri Dandolo (juin 1205).

(²³⁷⁸) Thomas Morosini (1204-1217) et, après la vacance du siège, Gervais (1215-1219), SANTIFALLER, *Beiträge zur Geschichte des lateinischen Patriarchats von Konstantinopel*, 17-32; LUCHAIRE, *Innocent III et la question d'Orient*, 151 et s.; GERLAND, *op. cit.*, I, 14 et s., 66, 134-145.

(²³⁷⁹) BRÉHIER (L.), *op. cit.*, 188-189; OSTROGORSKY, *Geschichte des byzantinischen Staates*, 301-302.

(²³⁸⁰) RODD, *op. cit.*, I, 65-67.
(²³⁸¹) Traité secret d'Andrinople, 12 août 1204, *T. Th.*, I, 512; MILLER, *op. cit.*, 177; RODD, *op. cit.*, I, 65-67.

(²³⁸²) MILLER, 178-180; XANTHOUDIDIS, Συνθήκη... Ἀθῆνα, XVI, 1902 (283-381) (voir *B. Z.*, XII, 1903, 408-409).

(²³⁸³) NICÉTAS ACOMINATOS (*Post captam Urbem*) 9 (996-997); de MAS-LATRIE, *Les seigneurs terciers de Nègrepont*, *R. O. L.*, I, 413 et s.; BORCHGRAVE, *Croquis d'Orient*, 116-122.

(²³⁸⁴) MILLER, *op. cit.*, 262.
(²³⁸⁵) FOTHERINGAM, *op. cit.*, 50.

(²³⁸⁶) *Ibidem*, 15 et s., 56-80; MILLER *op. cit.*, 161-164.

(²³⁸⁷) Il fut assassiné par un esclave. GEORGES AKROPOLITÈS, *Chronique*, 24-25; GERLAND, *Geschichte des lateinischen Kaiserreiches von Kontantinopel*, 248; *Cambridge medieval history*, 436; OSTROGORSKY, *op. cit.*, 299-300 (sources), 307-308; VASILIEV, *Histoire de l'Empire byzantin*, II, 191; SCHLUMBERGER, *Sigillographie byzantine*, 246 (sceau de Michel Iᵉʳ).

(²³⁸⁸) IORGA (N.), *Anciens documents de droit roumain*, 190-192.

(²³⁸⁹) GEORGES AKROPOLITÈS, *op. cit.*, 24.

(²³⁹⁰) GERLAND, *op. cit.*, 248 et s.

(²³⁹¹) BROSSET, *Histoire de la Géorgie*, I, 383 et s.; TOURNEBIZE, *Histoire politique et religieuse de l'Arménie*, 137-141; CHRYSANTHOS, Ἡ Ἐκκλησία..., Athènes, 1933, 56; GERLAND, *op. cit.*, 34-35.

(²³⁹²) CHRYSANTHOS, *op. cit.*, 53-54; LAURENT (J.), *Byzance et les Turcs seldjoucides dans L'Asie occidentale*, 22.

(²³⁹³) ANNE COMNÈNE, *Alexiade*, VIII, 9 (II, 151); CHALANDON, *Essai sur le règne d'Alexis Comnène*, 146; du même, *Les Comnène*, II, 37.

(²³⁹⁴) ZONARAS, *Epitome*, XVIII, 22. Gabras, pris par les Turcs, subit le martyre.

(²³⁹⁵) GEORGES AKROPOLITÈS, *Chronique*, 18; discours de Nicétas Acominatos sur ces victoires, *B. M. A.*, I, 107 et s.; GERLAND, *op. cit.*, 246.

(²³⁹⁶) VIDAL de la BLACHE et GALLOIS, *Géographie universelle. Péninsules méditerranéennes*, 64.

(²³⁹⁷) CHRYSANTHOS, *op. cit.*, 28.

(²³⁹⁸) *Ibidem*, 57, 71 et s.;

DIEHL, *Dans l'Orient byzantin*, 204-206.

(2399) CHRYSANTHOS, *op. cit.*, 135-142, 218-220, 409-410; MILLET (G.), *Les monastères et les églises de Trébizonde*, B. C. H., XIX, 1895, 419-459.

(2400) CHRYSANTHOS, *op. cit.*, 77; DIEHL, *op. cit.*, 206; BRATIANU (G.), *Recherches sur le commerce génois dans la mer Noire*, 171 et s.; LAMBROS, Ὁ τελευταῖος Ἕλλην αὐτοκράτωρ, *N. H.*, XIV, 1917, 275-276; HEYD, *Histoire du commerce du Levant*, II, 95 et s.

(2401) CHRYSANTHOS, *op. cit.*, 56.

(2402) *R. K. O. R.*, 1673; VILLEHARDOUIN, *La conquête de Constantinople*, 459 (II, 275).

(2403) *R. K. O. R.*, 1674; VILLEHARDOUIN, *op. cit.*, 487-489 (II, 302-305); *Epistulae Innocentii III*, XI, 47 (P. L., CCXV, 1373); GERLAND, *Geschichte des lateinischen Kaiserreiches*, I, 114; GARDNER (A.), *The Lascarids of Nicaea*, 78.

(2404) Pour ne pas violer son vœu de croisade, Henri fit contracter l'alliance avec le sultan par Venise, GERLAND, I, 210-212.

(2405) GERLAND, I, 105-106; *D. H. G. E.*, II, 1914, 390.

(2406) *R. K. O. R.*, 1681-1682; GEORGES AKROPOLITÈS, *Chronique*, 9-10; NICÉPHORE GRÉGORAS, *Histoire romaine*, I, 4; GARDNER, *op. cit.*, 83; *Cambridge medieval history*, IV, 484; GERLAND, *op. cit.*, I, 213.

(2407) *R. K. O. R.*, 1683; l'expression est rapportée dans une lettre d'Henri (1213). Voir LAUER, *Une lettre inédite d'Henri Ier d'Angre*, M. Schl., I, 198-199.

(2408) JERPHANION (G. de), *Les inscriptions cappadociennes et l'histoire de l'Empire grec de Nicée*, O. C., 1935, 239-256, et *E. O.*, XXXIV, 16; NICÉPHORE GRÉGORAS, *op. cit.*, I, 1, 4-7 et I, 3. Observations de Charanis dans JERPHANION, *Miscellanea*, I, 1947.

(2409) GEORGES AKROPOLITÈS, *Chronique*, 15 (1025); GERLAND, *op. cit.*, 214-218; GARDNER, *op. cit.*, 84-86; *Cambridge medieval history*, IV, 484-485.

(2410) *R. K. O. R.*, 1684.

(2411) *Cambridge medieval history*, 427; GEORGES AKROPOLITÈS, *op. cit.*, 14 (1020-1021).

(2412) GEORGES AKROPOLITÈS, 14 (1021); *Cambridge medieval history*, 486, 607.

(2413) *R. K. O. R.*, 1677; *Epistulae Innocentii III*, XI, 47 (*P. L.*, CCXV, 372); LUCHAIRE, *Innocent III et la question d'Orient*, 268-273.

(2414) GEORGES AKROPOLITÈS, *op. cit.*, 17; LUCHAIRE, *op. cit.*, 274; NORDEN, *Das Papsttum und Byzanz*, 212-223.

(2415) Honorius III ordonna à son légat de prendre la direction spirituelle et temporelle de la Romania, SANTIFALLER, *Beiträge zur Geschichte des lateinischen Patriarchat von Konstantinopel*, 32-33; *Cambridge medieval history*, 427; BRÉHIER (L.), *L'Église et l'Orient. Les Croisades*, 187.

(2416) *R. K. O. R.*, 1706; GEORGES AKROPOLITÈS, 18 (1032); GARDNER, *Theodore of Studium, his life and times*, 94-95.

(2417) JEAN APOCAUQUE, *Correspondance*, lettres 14-17 et 26; NORDEN, *op. cit.*, 342.

(2418) GEORGES AKROPOLITÈS, 18 (1033).

(2419) *Cambridge medieval history*, IV, 487; VASILIEV, *Histoire de l'Empire byzantin*, II, 190.

(2420) VILLEHARDOUIN, *La conquête de Constantinople*, 499 (II, 313); *Cambridge medieval history*, 426; GERLAND, *Geschichte des lateinischen Kaiserreiches*, I, 161 et s.

(2421) TAFRALI (O.), *Thessalonique, des origines au XIVe siècle*, 213; sur la date voir KURTZ, *B. Z.*, V, 211-212; *Cambridge medieval history*, IV, 427.

(2422) GEORGES AKROPOLITÈS, 21 (1034); NICÉPHORE GRÉGORAS, *Histoire romaine*, I, 2; TAFRALI, *op. cit.*, 214; VASILIEV, *op. cit.*, 194-195. Le métropolite de Salonique avait refusé de couronner Théodore. Sur Démétrius

Chomatianos, archevêque d'Ochrida, et sa correspondance avec le patriarche Germain au sujet de ce couronnement, voir DRINOV, *V. V.*, II, 1895, 11 et s.

[2423] GEORGES AKROPOLITÈS, 22 (1040); NICÉPHORE GRÉGORAS, *op. cit.*, II, 1.

[2424] GEORGES AKROPOLITÈS, 23 (1041); *Cambridge medieval history*, 428; OSTROGORSKY, *Geschichte des byzantinischen Staates*, 310.

[2425] GEORGES AKROPOLITÈS, 24 (1044); VASILIEV, *op. cit.*, II, 197.

[2426] *R. K. O. R.*, 1711; GARDNER, *The Lascarids of Nicaea*, 137.

[2427] VASILIEV, *op. cit.*, II, 199; GUÉRIN-SONGEON, *Histoire de la Bulgarie*, 252-253.

[2428] GEORGES AKROPOLITÈS, 27 (1049); *D. H. G. E.*, IX, 1938, 698-706. (Jean de Bryenne était âgé de 82 ans); *R. P. E. F.*, Grégoire IX, 2ᵉ s., 47 (7 avril 1227).

[2429] *T. Th.*, XIII, 266-270.

[2430] VASILIEV, *op. cit.*, II, 221-222 (bibliographie); *M. C.*, XXIII, 279-319; NICÉPHORE BLEMMYDES, *Curriculum vitae*, 63-71; NORDEN, *op. cit.*, 348-351.

[2431] GEORGES AKROPOLITÈS, 27-30 (1051-1054).

[2432] OSTROGORSKY, *op. cit.*, 316-317.

[2433] *R. K. O. R.*, 1721; BRÉHIER (L.), *L'Église et l'Orient. Les Croisades*, 198-199.

[2434] FOTHERINGHAM, *Marco Sanudo, conqueror of the Archipelago*, 99-102.

[2435] VASILIEV, *op. cit.*, II, 198.

[2436] *R. K. O. R.*, 1730; GEORGES AKROPOLITÈS, 31 (1053-1056); NICÉPHORE AKROPOLITÈS, II, 3.

[2437] GEORGES AKROPOLITÈS, 33 (1037); GUÉRIN-SONGEON, *Histoire de la Bulgarie*, 254-256; *Cambridge medieval history*, IV, 488-489.

[2438] Les sources byzantines font silence sur cet échec, connu exclusivement par des sources occidentales. *R. P. E. F.*, Grég. IX, 2872 (16 décembre 1235). *D. E. G. F.*, IX, 707; ALBÉRIC des TROIS-FONTAINES, *Chronique*, 938-939.

[2439] GEORGES AKROPOLITÈS, 34 (1060); RICHARD de SAN GERMANO, *M. G. H. S. S.*, XIX, 375.

[2440] ALBÉRIC des TROIS-FONTAINES, *op. cit.*, 941; *R. P. E. F.*, Grég. IX, nᵒˢ 2872-2878.

[2441] NORDEN, *Das Papsttum und Byzanz*, 751 (21 mai 1237).

[2442] *R. K. O. R.*, 1757.

[2443] *Ibidem*, 1760 (début 1238); NORDEN, *op. cit.*, 323-325.

[2444] VASILIEV, *op. cit.*, II, 201 et s.

[2445] GEORGES AKROPOLITÈS, 36 (1064); GUÉRIN-SONGEON, *Histoire de la Bulgarie*, 256-257; *R. K. O. R.*, 1758; *R. P. E. F.*, Grég. IX, nᵒ 3720.

[2446] *D. H. G. E.*, VI, 1932, 1366-1367. Pour solder ses troupes, Baudouin avait cédé à Saint Louis la Couronne d'épines conservée à Constantinople, ALBÉRIC des TROIS-FONTAINES (*Chronique*, 947).

[2447] GEORGES AKROPOLITÈS, 37 (1065 et s.); GARDNER, *The Lascarids of Nicaea*, 156.

[2448] *R. K. O. R.*, 1773.

[2449] *Ibidem*, 1773 a; GUÉRIN-SONGEON, *op. cit.*, 258.

[2450] *R. K. O. R.*, 1774.

[2451] *Ibidem*, 1775 (début de 1242); GEORGES AKROPOLITÈS, 40 (1073-1078); TAFRALI, *Thessalonique au XIVᵉ siècle*, 224-227 (date inexacte).

[2452] GEORGES AKROPOLITÈS, 35 (1061); *Cambridge medieval history*, 637-640; GROUSSET, *L'Empire des steppes*, 306-308 et 328-333.

[2453] GROUSSET, *op. cit.*, 325-328.

[2454] Voir CAHEN (Cl.), *Les Turcomans de Roum au moment de l'invasion mongole*, *B. N.*, XIV, 1939, 131 et s.

[2455] *R. K. O. R.*, 1776 (automne 1243); GEORGES AKROPOLITÈS, 41 (1080); NICÉPHORE GRÉGORAS, *Histoire romaine*, II, 6; GARDNER, *op. cit.*, 181.

[2456] L'État de Trébizonde

était vassal du sultan depuis la défaite d'Andronic Gidon en 1230; *Chroniken, Originalfragmente... zur Geschichte des Kaisertums Trapezunt*, 110; ÉVANGELIDÈS, 72; CAHUN (L.), *Introduction à l'histoire de l'Asie*, 378-380; GROUSSET, *op. cit.*, 334-335.

(2457) *D. H. G. E.*, VI, 1932, 1367-1368.

(2458) *H. G. (M. A.)*, IV, 267-270; *D. H. G. E.*, VI, 1368.

(2459) *R. K. O. R.*, 1779 (1244); VASILIEV, *Histoire de l'Empire byzantin*, II, 203-204; SCHLUMBERGER, *Byzance et les croisades*, 57 et s.; DIEHL, *Figures byzantines*, II, 207 et s.; *Cambridge medieval history*, 495; *R. K. O. R.*, 1780-1781.

(2460) *R. K. O. R.*, 1787 (automne 1246); GEORGES AKROPOLITÈS, 43-44 (1084-1090); *Cambridge medieval history*, 492.

(2461) *R. K. O. R.*, 1778; GEORGES AKROPOLITÈS, 45-46 (1091-1098).

(2462) GEORGES AKROPOLITÈS, 47 (1097-1099).

(2463) *Ibidem*, 28 (1052); *Cambridge medieval history*, 494; VOLONAKIS, *The island of Roses and the eleven Sisters*, 229-230.

(2464) *R. K. O. R.*, 1798, 1800 (lettre de Frédéric II pour annoncer sa victoire; automne 1249); GEORGES AKROPOLITÈS, 48 (1099-1102); VOLONAKIS, *op. cit.*, 231-233.

(2465) TAFRALI, *Thessalonique*, 232.

(2466) *R. K. O. R.*, 1799 (été 1249).

(2467) GEORGES AKROPOLITÈS, 49 (1101-1106); NICÉPHORE GRÉGORAS, II, 8; GARDNER, *The Lascarids of Nicaea*, 188-189; TAFRALI, *op. cit.*, 232-234.

(2468) *R. K. O. R.*, 1806; *Cambridge medieval history*, 494-495.

(2469) TAFRALI, *op. cit.*, 234.

(2470) *R. K. O. R.*, 1795; NORDEN, *op. cit.*, 362.

(2471) *R. K. O. R.*, 1803 (avril 1250); VASILIEV, *op. cit.*, II, 205; DIEHL, *Figures byzantines*, II, 217; *Cambridge medieval history*, 608.

(2472) NORDEN, *op. cit.*, 365. Ils furent remis en liberté par Manfred en 1251.

(2473) *H. G. (M. A.)*, IV, 281.

(2474) A cause de l'accueil fait par Vatatzès à la famille maternelle de Manfred et de la basilissa Constance, les Lancia, que Conrad IV avait chassés de Naples. Voir *D. H. G. E.*, VIII, 1935, 271 et s.

(2475) *R. K. O. R.*, 1812; NORDEN, *op. cit.*, 365-376; *Cambridge medieval history*, 608.

(2476) Sur cette date qui diffère de celle que donne Akropolitès (*Chronique*, 52 (1117 et s.), voir les *Notes de chronologie* de LAURENT (V.), dans *E. O.*, XL, 162.

(2477) *R. K. O. R.*, 1835-1839; NORDEN, *op. cit.*, 380-382; PAPPADOPOULOS, *Théodore II Lascaris, empereur de Nicée*, 99-101; BURY (J. B.), *Selected essays*, III, 609.

(2478) PAPPADOPOULOS, *op. cit.*, 16-25 et 147-149; GEORGES AKROPOLITÈS, 53 (1121).

(2479) GEORGES AKROPOLITÈS, 63 (1147 et s.); PAPPADOPOULOS, *op. cit.*, 93 et s.

(2480) PAPPADOPOULOS, *op. cit.*, 79-81; CHAPMAN, *Michel Paléologue, restaurateur de l'Empire byzantin*, 93 et s.

(2481) *R. K. O. R.*, 1824-1825 (fin 1254); GEORGES AKROPOLITÈS, 53 (1121); NICÉPHORE GRÉGORAS, *Histoire romaine*, III, 1; GARDNER, *op. cit.*, 206; CHAPMAN, *op. cit.*, 21-22.

(2482) Baba-Eski, entre Andrinople et Constantinople.

(2483) GEORGES AKROPOLITÈS, 54-61 (1123-1146); *R. K. O. R.*, 1827-1829 (mars 1255); PAPPADOPOULOS, *op. cit.*, 213-217; GARDNER, *op. cit.*, 68-78; *Cambridge medieval history*, 501-502.

(2484) *R. K. O. R.*, 1833; GEORGES AKROPOLITÈS, 62 (1145); GARDNER, *op. cit.*, 217-218; PAPPADOPOULOS, *op. cit.*, 91-92.

(2485) GEORGES AKROPOLITÈS, 73 (1173 et s.); GARDNER, *op. cit.*,

230 et s.; PAPPADOPOULOS, *op. cit.*, 124-125 et 263-264; GUÉRIN-SONGEON, *Histoire de la Bulgarie*.

(2486) *R. K. O. R.*, 1840; GEORGES AKROPOLITÈS, 63 (1152-1153); PAPPADOPOULOS *op. cit.*, 97-98; *Cambridge medieval history*, 503; GARDNER, *op. cit.*, 219.

(2487) Récit personnel d'Akropolitès : *Chronique*, 67 (1161-1166), 70-72 (1165 et s.); PAPPADOPOULOS, *op. cit.*, 116-119; *Cambridge medieval history*, 504 et s.

(2488) NICÉPHORE BLEMMYDÈS, *Curriculum vitae*, 46, 17 et s.; PAPPADOPOULOS, *op. cit.*, 119-121.

(2489) *H. G.* (M. A.), IV, 1, 336 et s.

(2490) *M. M.*, III, 240 (d'après un acte privé de février 1258); PAPPADOPOULOS, *op. cit.*, 122 et s.; NORDEN, *Das Papsttum und Byzanz*, 329-330.

(2491) *Cambridge medieval history*, 503.

(2492) CHAPMAN, *Michel Paléologue, restaurateur de l'Empire byzantin*, 25-26; OSTROGORSKY, *Geschichte des byzantinischen Staates*, 314.

(2493) GEORGES AKROPOLITÈS, 50 (1107-1116); CHAPMAN, *op. cit.*, 26-27; PAPPADOPOULOS, *op. cit.*, 111-114.

(2494) *R. K. O. R.*, 1814; GEORGES AKROPOLITÈS, 51 (1116).

(2495) GEORGES AKROPOLITÈS, 64 (1153-1156).

(2496) *Ibidem*, 65 (1155-1160); MICHEL PALÉOLOGUE, *Autobiographie*, V, 169; PAPPADOPOULOS, *op. cit.*, 110.

(2497) GEORGES AKROPOLITÈS, 69 (1165); *Synopsis Chronike, ad annum 1261*, 531; PAPPADOPOULOS, 126-127.

(2498) *R. K. O. R.*, 1842; GEORGES AKROPOLITÈS, 69 (1165); NICÉPHORE GRÉGORAS, *Histoire romaine*, III, 2, 1; PACHYMÈRE (G.), *Histoire*, Michel I, 9; PAPPADOPOULOS, *op. cit.*, 128; *Cambridge medieval history*, 504.

(2499) PACHYMÈRE, *op. cit.*, Michel, I, 12; PAPPADOPOULOS, *op. cit.*, 130-135.

(2500) GEORGES AKROPOLITÈS, 75 (1176-1177); PAPPADOPOULOS, 136-139; CHAPMAN, *op. cit.*, 30.

(2501) *R. K. O. R.*, 1846 (vers août 1258).

(2502) GEORGES AKROPOLITÈS, 75 (1180-1181); NICÉPHORE GRÉGORAS, *Histoire romaine*, III, 3 (3-5); PACHYMÈRE, *op. cit.*, I, 15-19; PAPPADOPOULOS, 140-143; CHAPMAN, *op. cit.*, 30-33.

(2503) Comme grand connétable. Voir *M. B. E. H.*, t. 32 bis; MICHEL PALÉOLOGUE, *Autobiographie*, VI, 70; *Cambridge medieval history*, 507.

(2504) GEORGES AKROPOLITÈS, 76 (1182 et s.); PACHYMÈRE, Michel I, 21-23; CHAPMAN, *op. cit.*, 33-34.

(2505) NICÉPHORE GRÉGORAS, *op. cit.*, III, 4, 3.

(2506) GEORGES AKROPOLITÈS, 77 (1185); PACHYMÈRE, Michel I, 27; CHAPMAN, *op. cit.*, 34-35.

(2507) NICÉPHORE GRÉGORAS, II, 4, 4.

(2508) GEORGES AKROPOLITÈS, 53 (1121-1124); *Synopsis Chronike*, 510 (Arsène est désigné par les *sortes librorum*); NICÉPHORE BLEMMYDÈS, *op. cit.*, 45; NICÉPHORE GRÉGORAS, III, 1, 2; PAPPADOPOULOS 62-65.

(2509) GEORGES AKROPOLITÈS, 77 (1185); NICÉPHORE GRÉGORAS, IV, 1. 1; PACHYMÈRE, Michel, I, 28-29; CHAPMAN, *op. cit.*, 37-38. Sur ces dates, d'après Pachymère, voir LAURENT (V.), *Notes de chronologie*, E. O., XL, 165.

(2510) GEORGES AKROPOLITÈS, 84 (1205); NICÉPHORE GRÉGORAS, I, 4, 3; PACHYMÈRE, Michel, I, 7-8, II, 15-18; CHAPMAN, *op. cit.*, 38; *D. H. G. E.*, IV, 1930, 750.

(2511) *R. K. O. R.*, 1858; PACHYMÈRE, Michel, II, 10; GEORGES AKROPOLITÈS, 78 (1189); CHAPMAN, *op. cit.*, 39-40.

(2512) GEORGES AKROPOLITÈS, 79-82 (1191-1202); PACHYMÈRE, Michel, I, 30-31; NICÉPHORE GRÉGORAS, III, 5; LONGNON (J.), *Chronique de Morée*, 254-312; SCHMITT (J.), *Chronique de Morée* (version grecque), V, 2159-2858

(232-276); CHAPMAN, *op. cit.*, 35-36; RODD, *The princes of Achaïa*, I, 197-207; DARKO, *Byzantinisch-ungarische Beziehungen in der zweiten Hälfte des XIII. Jahrhunderts*, 10 et s. (secours envoyés par les Hongrois à Jean Paléologue).

[2513] *R. K. O. R.*, 1882; PACHYMÈRE, Michel, I, 32; MEYER (Ph.), *Die Haupturkunden der Athos-Kloster* 406.

[2514] *R. K. O. R.*, 1887; PACHYMÈRE, Michel, II, 24 (début de l'automne 1260).

[2515] CHRYSANTHOS, *op. cit.*, 177.

[2516] *R. K. O. R.*, 1885 (été 1260); GEORGES AKROPOLITES, 83 (1204-1205); PACHYMÈRE, Michel, II, 20; *Cambridge medieval history*, 509.

[2517] Nymphaeon, Nymphi actuelle à 28 kilomètres, à l'est de Smyrne, résidence favorite des empereurs de Nicée.

[2518] *Annales januenses*, M. G. H. S. S., XVIII, 125 (a. 1206) : « qui imperatorem Constantinopolitanum appelari se faciebat ».

[2519] GROUSSET, *Histoire des croisades*, III, 534-549; HEYD, *Histoire du commerce du Levant*, I, 346-352; DIEHL, *L'Afrique byzantine*, 41; BRATIANU, *Recherches sur le commerce génois dans la mer Noire*, 58, 79-81.

[2520] GROUSSET, *op. cit.*, III, 550.

[2521] *R. K. O. R.*, 1887; HEYD, *op. cit.*, I, 31; BRATIANU, *op. cit.*, 81-83; CHAPMAN, *op. cit.*, 42; *Cambridge medieval history*, 510; VASILIEV, *Histoire de l'Empire byzantin*, II, 215 et s.

[2522] GEORGES AKROPOLITES, 85 (1207-1214) et 86 (étonnement de Michel. VIII en apprenant la nouvelle); PACHYMÈRE, Michel II, 26-29; NICÉPHORE GRÉGORAS, IV, 2, 1-4; CHAPMAN, *op. cit.*, 43-45; *Cambridge medieval history*, 511-512; DARKO, *op. cit.*, 24-26; BRATIANU, *op. cit.*, 84-85.

[2523] GEORGES AKROPOLITÈS, 87-88 (1215-1220); NICÉPHORE GRÉGORAS, IV, 2, 5-7; PACHYMÈRE, Michel, II, 31-35 et III, 1-2; CHAPMAN, *op. cit.*, 46-47; *Cambridge medieval history*, 513.

[2524] PACHYMÈRE, Michel, IV, 14.

[2525] *Ibidem*; GRÉGOIRE DE CHYPRE, *Autobiographie*, 318; FUCHS, *Die höheren Schulen von Konstantinopel im Mittelalter*, 55 et s.

[2526] CHAPMAN, *op. cit.*, 47-49,

[2527] PACHYMÈRE, Michel, III. 10-12; NICÉPHORE GREGORAS, IV, 4, 1; FUCHS, *op. cit.*, 56-57; CHAPMAN, *op. cit.*, 49-50.

[2528] PACHYMÈRE, Michel, III, 14; NICÉPHORE GRÉGORAS, IV, 4, 2; CHAPMAN, *op. cit.*, 50.

[2529] PACHYMÈRE, Michel, III, 19, 24, 26 et IV, 1, 13, 16; NICÉPHORE GRÉGORAS, IV, 4, 3-4; procès-verbal de l'élection de Germain, 25 mai 1265, publié par SYCOUTRYS, *E. B.*, IX, 1932, 178 et s.; CHAPMAN, *op. cit.*, 101-103.

[2530] PACHYMÈRE, Michel, IV, 17-18; NICÉPHORE GRÉGORAS, IV, 8, 1; CHAPMAN, *op. cit.*, 104-105.

[2531] PACHYMÈRE, Michel, IV, 9-12.

[2532] DIEHL, *L'Afrique byzantine*, 152-154.

[2533] *R. K. O. R.*, 1994-1995; PACHYMÈRE, Michel, IV, 29; NICÉPHORE GRÉGORAS, IV, 8, 3.

[2534] DIEHL, *op. cit.*, 154-158; OSTROGORSKY, *Geschichte des byzantinischen Staates*, 341 et s.

[2535] HEYD, *op. cit.*, I, 438; MILLER (W.), *Essays on the Latin Orient*, 284 et s.

[2536] *R. K. O. R.*, 1928 (fin 1264), 1934 (18 juin 1265).

[2537] PACHYMÈRE, Michel, II, 35; NICÉPHORE GRÉGORAS, IV, 5, 4; *Annales januenses*, 242-249; HEYD, *op. cit.*, I, 436; BOUVAT, *L'Empire mongol*, 85-89; CHAPMAN, *op. cit.*, 83.

[2538] PACHYMÈRE, Michel, I, 31; NICÉPHORE GRÉGORAS, IV, 1, 2; *Chronique de Morée* (version grecque), V, 4315 et s. (287); LONGNON (J.), *Chronique de Morée*, 317-319; ZAKYTHINOS, *Le despotat grec de Morée*, 15-25 (étude critique des sources); *R. K.*

(²⁵³⁹) NICÉPHORE GRÉGORAS, IV, 1, 2; CHAPMAN, op. cit., 54.

(²⁵⁴⁰) Innocent IV était mort le 25 mai 1261.

(²⁵⁴¹) Lettre au provincial des Frères Mineurs de France, Archiv. Vatic., Reg. Vatic. Urbani IV, an. I, vol. 26, f° 396, *N. H.*, XX, 1926, 134-138; NORDEN (W.), *Das Papsttum und Byzanz*, 401-405.

(²⁵⁴²) ZAKYTHINOS, op. cit., 27-28.

(²⁵⁴³) NORDEN, op. cit., 409-411.

(²⁵⁴⁴) *R. K. O. R.*, 1911 (juin 1262).

(²⁵⁴⁵) Jordan, H. G. (M. A.), IV, 1, 349-351.

(²⁵⁴⁶) *Ibidem*, 348, 352 et s.

(²⁵⁴⁷) *R. P. R.*, Urbain IV, n° 295; NORDEN, op. cit., 411-413.

(²⁵⁴⁸) ZAKYTHINOS, op. cit., 33-38 (défaite des Grecs à Prinitza, automne 1262).

(²⁵⁴⁹) *R. K. O. R.*, 1920; *R. P. R.*, Urbain IV, n° 295; NORDEN, op. cit., 419-426.

(²⁵⁵⁰) *R. P. R.*, Urbain IV, 577 et s.; NORDEN, op. cit., 419-426.

(²⁵⁵¹) ZAKYTHINOS, op. cit., 38-44; RODD, *The princes of Achaïa*, I, 226-230.

(²⁵⁵²) *R. K. O. R.*, 1923, 1927; *R. P. R.*, Urbain IV, 848; NORDEN, op. cit., 428-433; CHAPMAN, *Michel Paléologue*, 71-72; *Cambridge medieval history*, IV, 609.

(²⁵⁵³) *H. G.*, (*M. A.*), IV, 362.

(²⁵⁵⁴) *Ibidem*, 364-365; NORDEN, op. cit., 435.

(²⁵⁵⁵) *R. K. O. R.*, 1942-1943; NORDEN, op. cit., 448 et s.

(²⁵⁵⁶) NORDEN, op. cit., 440 et s.; ZAKYTHINOS, op. cit., 44 et s.

(²⁵⁵⁷) NORDEN, 442 et s.; ZAKYTHINOS, 45-47; RODD, op. cit., I, 241 et s.

(²⁵⁵⁸) *R. K. O. R.*, 1943, 1947 (avril 1267); PACHYMÈRE, Michel, V, 10 (811); NORDEN, 448-457.

(²⁵⁵⁹) PACHYMÈRE, Michel, V, 8; NORDEN, 442 et s.; ZAKYTHINOS, 46-48; CHAPMAN, op. cit., 79-80.

(²⁵⁶⁰) Et même jusqu'à l'arrivée de Palestine de Grégoire X en Italie (février 1272). *H. G.* (*M. A.*), IV, 394.

(²⁵⁶¹) Le 4 avril 1268. *R. K. O. R.*, 1960; *T. Th.*, III, 93-100; HEYD, *Histoire du commerce du Levant*, I, 432 et s; NORDEN, 459 et s.; CHAPMAN, 84.

(²⁵⁶²) NORDEN, 464; CHAPMAN, 85; STRUCK, (A.) *Mistra...*, 187-188.

(²⁵⁶³) *R. K. O. R.*, 1968, 1971; NORDEN, 465 et s.; STERNFELD, *Ludwigs des Heiligen Kreuzzug nach Tunis und die Politik Karls I von Sicilien*, 164.

(²⁵⁶⁴) NORDEN, 465-469; STERNFELD, op. cit., 189, 213 et s.; BRÉHIER (L.), *L'Église et l'Orient. Les Croisades*, 237; CAHUN (L.), *Introduction à l'histoire de l'Asie*, 610; CHAPMAN, 87-92.

(²⁵⁶⁵) *R. K. O. R.*, 1974; PACHYMÈRE, Michel, V, 9; Primat. *R. H. F.*, XXIII, 73; STERNFELD, op. cit., 245 et s.; BRÉHIER (L.), *Une ambassade byzantine au camp de saint Louis devant Tunis*, *M. I.*, 139-146.

(²⁵⁶⁶) ZAKYTHINOS, *Le despotat grec de Morée*, 50-55.

(²⁵⁶⁷) BRÉHIER (L.), op. cit., 239; NORDEN, *Das Papsttum und Byzanz*, 470-474.

(²⁵⁶⁸) NORDEN, op. cit., 474-486; ZAKYTHINOS, op. cit., 51-53; CHAPMAN, *Michel Paléologue*, 96-et s.

(²⁵⁶⁹) CHAPMAN, op. cit., 96, 3; NORDEN, 486-489.

(²⁵⁷⁰) *R. K. O. R.*, 1982; PACHYMÈRE, Michel, IV, 29.

(²⁵⁷¹) *R. K. O. R.*, 1990-1991 (printemps de 1072).

(²⁵⁷²) PACHYMÈRE, Michel, V, 11.

(²⁵⁷³) *Ibidem*; *R. P. R.*, Grégoire X, 68; *M. C.*, XXIV, 43; *G. B. B.*, I, 283; NORDEN, 491-498; *Cambridge medieval history*, IV, 611, (2 juillet 1272).

(²⁵⁷⁴) *R. K. O. R.*, 1986.

(²⁵⁷⁵) PACHYMÈRE, Michel, V, 12; NORDEN, 504-508.

(²⁵⁷⁶) *R. K. O. R.*, 2002; NORDEN, 510.

(²⁵⁷⁷) NORDEN, 513-518.

(²⁵⁷⁸) PACHYMÈRE, Michel, V,

(²⁵⁷⁸) 11, 13, 15; CHAPMAN, *op. cit.*, 108-111; *D. H. G. E.*, VII, 1934, 354-357.

(²⁵⁷⁹) PACHYMÈRE, Michel, V, 16.

(²⁵⁸⁰) *M. C.*, XXIV, 38-136 (lettres des Grecs, 68-77); *Dictamina* de Bérard de Naples, voir DELISLE (L.), *N. E. M.*, XXVII, 1879, 87-167; *G. B. B.*, I, 283-290 (témoignage du frère Parastron, interprète); PACHYMÈRE, Michel, V, 21-22; NORDEN, 531-536; CHAPMAN, 113-124; *R. K. O. R.*, 2006-2009.

(²⁵⁸¹) JUGIE (M.), *Le Schisme byzantin*, 259; NORDEN, 606; OSTROGORSKY, *Geschichte des byzantinischen Staates*, 332.

(²⁵⁸²) 1ᵉʳ mai 1275, *R. K. O. R.*, 2014; NORDEN, 550; BRÉHIER (L.), *op. cit.*, 241; CHAPMAN, 126.

(²⁵⁸³) PACHYMÈRE, Michel, V, 22.

(²⁵⁸⁴) *Ibidem*, 24.

(²⁵⁸⁵) *D. H. G. E.*, VII, 1934, 357 et s.

(²⁵⁸⁶) GRUMEL, *En Orient, après le concile de Lyon*, *E. O.*, XXIV, 1925, 321 et s.

(²⁵⁸⁷) LAURENT (V.), *Grégoire X et le projet d'une ligue antiturque*, *E. O.*, XXXV, II, 1938, 257-273; *R. K. O. R.*, 2022 (fin de 1275).

(²⁵⁸⁸) JUGIE, *op. cit*, 259 et s.; GRUMEL, *loc. cit.*, et *D. Th. C.*, IX, 1409; NORDEN, 563 et s.

(²⁵⁸⁹) *R. K. O. R.*, 2028-2029, avril 1277, lettres du basileus et du patriarche à Jean XXI; NORDEN, 575-580.

(²⁵⁹⁰) Avril 1277, NORDEN, 575.

(²⁵⁹¹) *A. E. R.*, 277.

(²⁵⁹²) *R. K. O. R.*, 2038 (début de 1078), 2041 (septembre 1279), réponse à la lettre du pape; *G. B. B.*, 299-300 (instructions données aux nonces); PACHYMÈRE, Michel, VI, 14; NORDEN, 601; CHAPMAN, *Michel Paléologue*, 135.

(²⁵⁹³) PACHYMÈRE, Michel, VI, 10-13; *D. H. G. E.*, VII, 1934, 359.

(²⁵⁹⁴) PACHYMÈRE, Michel, VI, 14 et s. Veccos fut rétabli au patriarcat en 1280; *ibidem*, VI, 17.

(²⁵⁹⁵) *Ibidem*, 16.

(²⁵⁹⁶) *R. K. O. R.*, 2041.

(²⁵⁹⁷) CHAPMAN, *op. cit.*, 135; NORDEN, 601-606.

(²⁵⁹⁸) Nièce de Constance de Hohenstaufen, fille de Frédéric II et veuve de Jean Vatatzès.

(²⁵⁹⁹) CHAPMAN, 139 et s.; RODD, *The princes of Achaïa*, I, 269.

(²⁶⁰⁰) PACHYMÈRE, Michel, VI, 24, 26. La lecture d'un libelle était punie de mort.

(²⁶⁰¹) *Ibidem*, 30; *R. K. O. R.*, 2049; *A. E. R.*, bulle d'excommunication, 18 octobre 1281; CHAPMAN, 142; NORDEN, 621.

(²⁶⁰²) ZAKYTHINOS, *Le despotat grec de Morée*, 56-60; RODD, *op. cit.*, I, 261-268.

(²⁶⁰³) PACHYMÈRE, Michel, V, 32, βελλαγράδα pour Bérat, que Charles d'Anjou avait perdue en 1274; CHAPMAN, 138, 140-142; SCHLUMBERGER, *Byzance et les croisades*, 621-623.

(²⁶⁰⁴) *T. Th.*, n° 375; CHAPMAN, 143; NORDEN, 625-629; PACHYMÈRE, Michel, VI, 30-31.

(²⁶⁰⁵) AMARI, *La guerra del Vespro Siciliano*, III, 1-280 : étude critique des sources; MICHEL PALÉOLOGUE, *Autobiographie*, 173-174; CHAPMAN, 143-145; NORDEN, 634-647; VASILIEV, *Histoire de l'Empire byzantin*, II, 275-278; *R. K. O. R.*, 2059 (vers octobre 1281, traité avec Pierre d'Aragon).

(²⁶⁰⁶) Le 11 décembre 1282, PACHYMÈRE, Michel, VI, 36.

(²⁶⁰⁷) En deux expéditions, 1272 et 1276-78, CHAPMAN, *op. cit.*, 90, 128; NORDEN, 594; RODD. *op. cit.*, I, 292; HEYD, *Histoire du commerce du Levant*, I, 594.

(²⁶⁰⁸) PACHYMÈRE, Michel, III, 23, 27; NICÉPHORE GRÉGORAS, IV, 3, 3; *R. K. O. R.*, 1931 (traité de paix imposé à Michel II); NORDEN, 436.

(²⁶⁰⁹) NICÉPHORE GRÉGORAS, IV, 9, 11.

(²⁶¹⁰) CHAPMAN, 89.

(²⁶¹¹) NORDEN, 544.

(²⁶¹²) Le port de Buthrento avait été repris par le despote Nicéphore, CHAPMAN, 138.

(²⁶¹³) Située près des Thermopyles, RODD, *op. cit.*, I, 285 et s.; NORDEN, 546.

(²⁶¹⁴) *R. K. O. R.*, 1888, hiver de 1260 (envoi de Georges Akropolitès à Tirnovo); NICÉPHORE GRÉGORAS, IV, 525 et s.

(²⁶¹⁵) La Hongrie avait déjà la Bosnie sous sa dépendance, *Cambridge medieval history*, IV, 526-527; GROUSSET, *L'Empire des steppes*, 527 et s.

(²⁶¹⁶) GROUSSET, *op. cit.*, 479 (son domaine était probablement entre le Don et le Donetz), 526 et s.

(²⁶¹⁷) PACHYMÈRE, Michel, III, 25; CHAPMAN, *Michel Paléologue*, 74 et s., *Cambridge medieval history*, IV, 527; GUÉRIN-SONGEON, *Histoire de la Bulgarie*, 265.

(²⁶¹⁸) PACHYMÈRE, Michel, VI, 2 et s.; GUÉRIN-SONGEON, *op. cit.*, 266.

(²⁶¹⁹) PACHYMÈRE, Michel, V, 3 et s.; CHAPMAN, *op. cit.*, 80.

(²⁶²⁰) PACHYMÈRE, Michel, VI, 2 et s.; GUÉRIN-SONGEON, 266 ets.

(²⁶²¹) PACHYMÈRE, Michel, VI, 4-9 et 19; *R. K. O. R.*, 2035 (1078), 2036; GUÉRIN-SONGEON, 267-270; *Cambridge medieval history*, IV, 527-530.

(²⁶²²) Elle aurait été fille de Baudouin II, *Cambridge medieval history*, IV, 527; TEMPERLEY, *History of Serbia*, 54.

(²⁶²³) *R. K. O. R.*, 1953-1954 (a. 1068); PACHYMÈRE, Michel, V, 6; CHALANDON, *Histoire de la première croisade*, 91.

(²⁶²⁴) *Cambridge medieval history*, IV, 532; TEMPERLEY, *op. cit.*, 51.

(²⁶²⁵) GROUSSET, *Histoire des croisades*, III, 487 et s.; BRÉHIER (L.), *L'Église et l'Orient. Les Croisades*, 225-227.

(²⁶²⁶) GROUSSET, *L'Empire des steppes*, 427 et s.

(²⁶²⁷) PACHYMÈRE, Michel, II, 24; *R. K. O. R.*, 1887.

(²⁶²⁸) GROUSSET. *L'Empire des steppes*, 430 (sa première épouse, Dokhouz-Khatoun, était nestorienne).

(²⁶²⁹) Sur Bibars, voir *D. H. G. E.*, VIII, 1935, 1388 et s.

(²⁶³⁰) GROUSSET, *L'Empire des steppes*, 473-476. (1263 : alliance du Khan Berké avec Bibars); GROUSSET, *Histoire des croisades*, II, 280 et s.

(²⁶³¹) NICÉPHORE GRÉGORAS, IV, 7, 1.

(²⁶³²) GROUSSET, *Histoire des croisades*, II, 280 et s.; *R. K. O. R.*, 1900-1901 (1261); NICÉPHORE GRÉGORAS, IV, 7, 1.

(²⁶³³) PACHYMÈRE, Michel, III, 3; NICÉPHORE GRÉGORAS, IV, 7, 1; *R. K. O. R.*, 1902-1904 : renouvellement d'un traité conclu avec Théodore Lascaris.

(²⁶³⁴) *R. K. O. R.*, 1919.

(²⁶³⁵) *Ibidem*, 1933 (1265), 1952 (1268).

(²⁶³⁶) *Ibidem*, 1964, 1975, 1987, 2018 (été de 1075, en même temps que des ambassades génoise et aragonaise).

(²⁶³⁷) *Ibidem*, 2018 (présence au Caire d'envoyés génois et aragonais).

(²⁶³⁸) *Ibidem*, 2052 ; CANARD (M.), *Le traité de 1281 entre Michel Paléologue et le sultan Qalâ'un*, B. N., X, 1935, 669 et s. (traduction française du texte conservé par un écrivain arabe du XIV-XVᵉ siècle).

(²⁶³⁹) GROUSSET, *L'Empire des steppes*, 210.

(²⁶⁴⁰) ID., *ibidem*, 212; HERTZBERG, *Geschichte der Byzantiner und der osmanischen Reiches*, 435.

(²⁶⁴¹) HUISMAN, H. G. de l'art. II, 1938, 15.

(²⁶⁴²) CAHEN (Cl.), *Les Turcomans de Rûm au moment de l'invasion mongole*, B. N., XIV, 1939, 131-139.

(²⁶⁴³) HERTZBERG, *op. cit.*, 435 et s.; GELZER, *Ungedruckte... Bistumerverzeichnisse der orientalischen Kirche*, I, 150-151; GIBBONS, *The foundation of the Ottoman Empire*, 19-22. Ertoghroul serait mort vers 1288; *Cambridge medieval history*, IV, 655 et s.

(²⁶⁴⁴) CHAPMAN, *Michel Paléologue*, 147; *R. K. O. R.*, 1859 (décembre 1258).

(2645) CHAPMAN, 148.
(2646) PACHYMÈRE, Michel, I, 3-5.
(2647) GROUSSET, *Histoire des croisades*, II, 282.
(2648) PACHYMÈRE, Michel, I, 8; III, 21-22; IV, 27 (vers 1268).
(2649) ID., Michel, III, 22 ; CHAPMAN, 147 et s.
(2650) PACHYMÈRE, Michel, VI, 20; CHAPMAN, 150.
(2651) PACHYMÈRE, Michel, VI, 21.
(2652) *Cambridge medieval history*, IV, 656.
(2653) PACHYMÈRE, Michel, VI, 34; NICÉPHORE GRÉGORAS, V, 7, 1; PARANETOS, *Chronique des empereurs de Trébizonde*, 5 (261); *R. K. O. R.*, 2050-2051; ÉVANGELIDES, 75-76; CHRYSANTHOS, *op. cit.*, 361. Le mariage fut célébré en septembre 1282, deux mois avant la mort de Michel VIII.
(2654) OSTROGORSKY, *Geschichte des byzantinischen Staates*, 341.
(2655) *Ibidem*, 241 et s.
(2656) GUILLAND (R.), *Essai sur Nicéphore Grégoras*, 8-11 ; FUCHS *Die höheren Schulen von Konstantinopel im Mittelalter*, 62.
(2657) PACHYMÈRE, And., I, 1-2.
(2658) GUILLAUME D'ADAM, *De modo Saracenos extirpandi*, 545-548.
(2659) NICÉPHORE GRÉGORAS, VI 1, 2; *D. H. G. E.*, II, 1914, 1783.
(2660) PACHYMÈRE, And., I, 3-4.
(2661) *Ibidem*, I, 5-6 NICÉPHORE GRÉGORAS, VI, 1-2.
(2662) PACHYMÈRE, And., I, 7-11.
(2663) *Ibidem*, And., 34-35 (1284) NICÉPHORE GRÉGORAS, VI, 2; 2-3.
(2664) PACHYMÈRE, And., III, 29; NICÉPHORE GRÉGORAS, VI, 2, 4.
(2665) *D. H. G. E.*, IV, 1930, 750-751.
(2666) PACHYMÈRE, And., I, 11, 14; NICÉPHORE GRÉGORAS, VI, 1, 5-6; GRÉGOIRE DE CHYPRE, *Autobiographie*, 186 et s.
(2667) Récit de leurs extravagances, PACHYMÈRE, And., I, 12-13, 21-22; NICÉPHORE GRÉGORAS, VI, 1, 8.
(2668) PACHYMÈRE, And., I, 31; NICÉPHORE GRÉGORAS, VI, 1, 9 (1284).
(2669) PACHYMÈRE, Andr., II, 22, et, sur l'abdication de Grégoire, *ibidem*, II, 6-17; GRÉGOIRE de CHYPRE, *op. cit.*, 188.
(2670) PACHYMÈRE, And., II, 13; NICÉPHORE GRÉGORAS, VI, 5, 1.
(2671) PACHYMÈRE, And., II, 14-16 et 22-24; V, 3-9; NICÉPHORE GRÉGORAS, VI, 5 et 7-11, VII, 9; *Vie de saint Athanase le Macédonien, patriarche de Constantinople*, 39 et s.; *D. H. G. E.*, IV, 1930, 1379-1381; voir GUILLAND, *La correspondance inédite d'Athanase...*, *M. D.*, I, 124 et s.
(2672) Après la prise de Saint-Jean-d'Acre (18 mai 1291), GROUSSET, *Histoire des croisades*, III, 751 et s.; SCHLUMBERGER, *Byzance et les croisades*, 207 et s.
(2673) PACHYMÈRE, Andronic, II, 18 et III, 5.
(2674) NORDEN, *Das Papsttum und Byzanz*, 647 et s.
(2675) BRÉHIER (L.), *L'Église et l'Orient. Les Croisades*, 248 et s.
(2676) GUILLAUME D'ADAM, *op. cit.*, 521-555; BRÉHIER, *op. cit.*, 257 ; *D. H. G. E.*, IX, 1938, 792.
(2677) PACHYMÈRE, And., I, 33; V, 5; NICÉPHORE GRÉGORAS, VI, 2, 1, VII, 5 (1-2), 12 (1, 1); DIEHL, *Figures byzantines*, II, 226 et s.
(2678) PACHYMÈRE, And., II, 19; NICÉPHORE GRÉGORAS, VI, 6, 1.
(2679) *a*. 1290, PACHYMÈRE, And. I, 36; NICÉPHORE GRÉGORAS, VI, 2, 7.
(2680) PACHYMÈRE, And., III, 1-2.
(2681) ID. *Ibidem*; NICÉPHORE GRÉGORAS, VI, 2, 4.
(2682) Au concile des Blachernes (1283), PACHYMÈRE, And., I, 15; NICÉPHORE GRÉGORAS, VI, 2, 5.
(2683) Sur cette réforme voir *M. B.*, II (*E. H.*), n° 32 *bis*.
(2684) NICÉPHORE GRÉGORAS, VII, 5 (8).
(2685) *Ibidem*, VI, 3.
(2686) HEYD, *Histoire du commerce du Levant*, I, 444.
(2687) OSTROGORSKY, *Geschichte*

des byzantinischen Staates, 351.

(²⁶⁸⁸) BRATIANU, *Recherches sur le commerce génois dans la mer Noire*, 251 et s.

(²⁶⁸⁹) Malgré les autorités impériales et l'intervention du roi Héthoum qui se trouvait à Constantinople, PACHYMÈRE, And., III, 18; NICÉPHORE GRÉGORAS, VI, 11; BRATIANU, 269-270.

(²⁶⁹⁰) BRATIANU, *op. cit.*, 271.

(²⁶⁹¹) *Ibidem*, 271-273.

(²⁶⁹²) *Ibidem*, 275.

(²⁶⁹³) Des corsaires ravagèrent en outre les îles des Princes et firent de nombreux prisonniers que l'empereur dut racheter, PACHYMÈRE, And., IV, 23 et s.; NICÉPHORE GRÉGORAS, VII, 11, 8.

(²⁶⁹⁴) Chrysobulle de 1304, BRATIANU, *op. cit.*, 277 et s.

(²⁶⁹⁵) *Ibidem*, 284-286; MILLER (W.), *Essays on the Latin Orient*, 352.

(²⁶⁹⁶) TEMPERLEY, *History of Serbia*, 51 et s.

(²⁶⁹⁷) PACHYMÈRE, And., III, 30-32, IV, 1-5 (Simonide était âgée de 6 ans); NICÉPHORE GRÉGORAS, VI, 9, 2-4; OSTROGORSKY, *op. cit.*, 350 et s.; LASCARIS (M.) *Vizantiske princeze u sredjevekovnoj Sbriji*, 55-82.

(²⁶⁹⁸) STRZYGOWSKI, *Die Miniaturen des serbischen Psalters*, 114 et s.

(²⁶⁹⁹) DELEHAYE, *Les légendes grecques des saints militaires*, 532-535.

(²⁷⁰⁰) OSTROGORSKY, *op. cit.*, 351.

(²⁷⁰¹) Voir p. 334.

(²⁷⁰²) GUILLAND, *Essai sur Nicéphore Grégoras*, 54 et s.

(²⁷⁰³) PACHYMÈRE, And., II, 25.

(²⁷⁰⁴) *Ibidem*, And., III, 5 et s.; NICÉPHORE GRÉGORAS VI, 8, 2.

(²⁷⁰⁵) GIBBONS, *The foundation of the ottoman Empire*, 23-28; GELZER, *Ungedruckte... Bistumerverzeichnisse der orientalischen Kirche*, I, 152 et s.; *Cambridge medieval history*, IV, 656.

(²⁷⁰⁶) PACHYMÈRE, And., III, 9; NICÉPHORE GRÉGORAS, VI, 8, 3 et s.

(²⁷⁰⁷) Combat de Baphaeon, PACHYMÈRE, And., IV, 25; GIBBONS, *op. cit.*, 32-34; GELZER, *op. cit.*, I, 156.

(²⁷⁰⁸) OSTROGORSKY, *op. cit.*, 353.

(²⁷⁰⁹) GIBBONS, *op. cit.*, 34-35.

(²⁷¹⁰) PACHYMÈRE, And., IV, 17-20; NICÉPHORE GRÉGORAS, VI, 10; *Mur.*, 6811, 6; GIBBONS, *op. cit.*, 34.

(²⁷¹¹) *Mur.*, 6811, 7; GIBBONS, 36.

(²⁷¹²) Charles II abandonnait la Sicile à Frédéric et lui donnait sa fille en mariage. *Mur.*, 6810, 19 août 1302.

(²⁷¹³) Sur l'origine de ce nom: SCHLUMBERGER, *Expédition des Almugavares ou Catalans en Orient*, 3.

(²⁷¹⁴) Fils de Richard Blum, fauconnier de Frédéric II, tué à la bataille de Tagliacozzo; *Cronica catalana de Ramon Muntaner*, 194; SCHLUMBERGER, *op. cit.*, 5-15.

(²⁷¹⁵) *Mur.*, 6810, 19; PACHYMÈRE, And., V, 12; *Cronica catalana...*, 194-200; SCHLUMBERGER, *op. cit.*, 24-29.

(²⁷¹⁶) *Mur.*, 6812, 1; PACHYMÈRE, And., V, 12-13; *Cronica catalana*, 202 et s.; SCHLUMBERGER, *op. cit.*, 32-41.

(²⁷¹⁷) PACHYMÈRE, And., V, 14; *Cronica catalana*, 202; SCHLUMBERGER, *op. cit.*, 45-49.

(²⁷¹⁸) SCHLUMBERGER, *op. cit.*, 50 et s.

(²⁷¹⁹) *Cronica catalana*, 203; SCHLUMBERGER, 53-56.

(²⁷²⁰) *Mur.*, 6813, 1; PACHYMÈRE, And., V, 21 (459 et s.); SCHLUMBERGER, 59 et s.

(²⁷²¹) PACHYMÈRE, And., V, 23-26; *Cronica catalana*, 205 et s.; SCHLUMBERGER, 66-103.

(²⁷²²) *Cronica catalana*, 207; SCHLUMBERGER, 103-108; *Cambridge medieval history*, IV, 657 et s.

(²⁷²³) PACHYMÈRE, And., V, 31; NICÉPHORE GRÉGORAS, VII, 2, 3-4; SCHLUMBERGER, 108-114.

(²⁷²⁴) PACHYMÈRE, And., III; *Mur.*, 1801, 6; GUÉRIN-SONGEON, *Histoire de la Bulgarie*, 270 et s.;

(²⁷²⁵) Michel, fils de Constantin Asên, réfugié à Constantinople, puis Radoslav, frère du tsar Smilets, protégé des Mongols et renversé par Sviétoslav, GUÉRIN-SONGEON, *op. cit.*, 271.

(²⁷²⁶) PACHYMÈRE, And., V, 18, 28.

(²⁷²⁷) *Ibidem*, VI, 3; SCHLUMBERGER, 115-117.

(²⁷²⁸) Sauf 1 000 hommes qui iraient renforcer l'armée de Michel IX, *Cronica Catalana*, 209.

(²⁷²⁹) PACHYMÈRE, And., VI, 3; *Cronica catalana*, 210; SCHLUMBERGER, 120-125.

(²⁷³⁰) *Mur.*, 6815, 6 (fin octobre 1306); PACHYMÈRE, And., VI, 4; *Cronica catalana*, 211; SCHLUMBERGER, 125 et s. Voir MARTIN-CHABOT, *Un document relatif à l'expédition de la Compagnie catalane en Orient*, M. A., XIV, 1910, 198 et s.

(²⁷³¹) PACHYMÈRE, And., VI, 11 et s.; *Cronica catalana*, 211; NICÉPHORE GRÉGORAS, VII, 3; SCHLUMBERGER, 127-129.

(²⁷³²) PACHYMÈRE, And., VI, 15; SCHLUMBERGER, 133.

(²⁷³³) *Acta Aragonensia* (Jayme II), n° 431 (680 et s.); SCHLUMBERGER, 133.

(²⁷³⁴) PACHYMÈRE, And., VI, 16-19; *Cronica catalana*, 211 (18 mars 1307); SCHLUMBERGER, 134-139.

(²⁷³⁵) *Mur.*, 6815, 26; PACHYMÈRE, And., VI, 24; *Cronica catalana*, 209, 213.

(²⁷³⁶) SCHLUMBERGER, 166-167. Des Catalans étaient massacrés à Constantinople.

(²⁷³⁷) PACHYMÈRE, And., VI, 25; NICÉPHORE GRÉGORAS, VII, 4, 4; *Cronica catalana*, 215. Sur le sceau, voir SCHLUMBERGER in A. I. C. R., 25 avril 1925.

(²⁷³⁸) *Cronica catalana*, 217; SCHLUMBERGER, *Expédition des Almugavares...*, 169; BRATIANU, *Recherches sur le commerce génois...*, 278 et s.

(²⁷³⁹) PACHYMÈRE, And., VI, 32; NICÉPHORE GRÉGORAS, VII, 4, 6; *Cronica catalana*, 220 et s.; SCHLUMBERGER, *op. cit.*, 193-204.

(²⁷⁴⁰) PACHYMÈRE, And., VII, 11; *Cronica catalana*, 225; SCHLUMBERGER, 205-224.

(²⁷⁴¹) PACHYMÈRE, And., VII, 3-4 (il y avait aussi des Turcs dans l'armée impériale); SCHLUMBERGER, 248-251.

(²⁷⁴²) SCHLUMBERGER, 211, 216-228; *Cronica catalana*, 222; PACHYMÈRE, And., VII, 6.

(²⁷⁴³) SCHLUMBERGER, 229-232; *Cronica catalana*, 225; PACHYMÈRE, And., VII, 19.

(²⁷⁴⁴) PACHYMÈRE, And., VII, 20; *Cronica catalana*, 225; SCHLUMBERGER, 233-245; BRATIANU, *Recherches sur le commerce génois*, 280 (juillet 1308).

(²⁷⁴⁵) *Cronica catalana*, 229; SCHLUMBERGER, 252.

(²⁷⁴⁶) PACHYMÈRE, And., VII, 33 (701); *Cronica catalana*, 230; SCHLUMBERGER, 268-277.

(²⁷⁴⁷) PACHYMÈRE, And., VII, 36; NICÉPHORE GRÉGORAS, VII, 4, 10; *Cronica catalana*, 231; SCHLUMBERGER, 280-291.

(²⁷⁴⁸) SCHLUMBERGER, 291 et s.

(²⁷⁴⁹) TAFRALI (O.), *Thessalonique au XIVᵉ siècle*, 207 et s. (défendue par Chandrenos).

(²⁷⁵⁰) NICÉPHORE GRÉGORAS, VII, 6 et 1-2. L'attaque des couvents de l'Athos eut lieu malgré la sauvegarde envoyée par Frédéric III. *Acta Aragonensia* (Jayme II), n° 554. Voir A. Rubio i Lluch, B. Z., XXX, 1930, 462 s.; SCHLUMBERGER, 339-340 (siège de Chilandar).

(²⁷⁵¹) *Cronica catalana*, 235; SCHLUMBERGER, 299-308; NORDEN, *Das Papsttum und Byzanz*, 660 et s.

(²⁷⁵²) SCHLUMBERGER, 315 et s., NORDEN, *op. cit.*, 669 et s.

(²⁷⁵³) *Cronica catalana*, 239; SCHLUMBERGER, 320 et s.

(²⁷⁵⁴) TAFRALI, *op. cit.*, 209 (nouvelle victoire de Chandrenos à Verria); NICÉPHORE GRÉGORAS, VII, 6, 1; *Cronica catalana*, 241; SCHLUMBERGER, 337 et s.

(²⁷⁵⁵) MILLER (W.), *Essays on*

the Latin Orient, 119; RODD, *The princes of Achaïa*, II, 107.

(²⁷⁵⁶) Il avait succédé à son cousin Guy de La Roche (1308), lequel avait été tuteur de Jean l'Ange, RODD, *op. cit.*, II, 112-122.

(²⁷⁵⁷) SCHLUMBERGER, 342-361; NICÉPHORE GRÉGORAS, VII, 7; *Cronica catalana*, 240.

(²⁷⁵⁸) *Cronica catalana*, 235 (il leur promet la solde qui leur avait été attribuée par Andronic II), MILLER, *op. cit.*, 119; SCHLUMBERGER, 361-365; RODD, *op. cit.*, II, 123.

(²⁷⁵⁹) SCHLUMBERGER, 367.

(²⁷⁶⁰) NICÉPHORE GRÉGORAS, VII, 7; *Cronica catalana*, 240; SCHLUMBERGER, 368 et s.

(²⁷⁶¹) *Mur.*, 6819, 6; NICÉPHORE GRÉGORAS, VII, 7 et 4-6; *Cronica catalana*, 240; LONGNON (J.), *Chronique de Morée*, 500; SCHLUMBERGER, 370-381; MILLER, *op. cit.*, 120 et s.; RODD, *op. cit.*, II, 127-133.

(²⁷⁶²) MILLER, 121 et s.; VASILIEV, *Histoire de l'Empire byzantin*, II, 288 et s.

(²⁷⁶³) *Cronica catalana*.

(²⁷⁶⁴) *Ibidem*.

(²⁷⁶⁵) PACHYMÈRE, And., VII, 25, 36; GIBBONS, *The foundation of the Ottoman Empire*, 45 et s.; *Cambridge medieval history*, IV, 658.

(²⁷⁶⁶) PACHYMÈRE, And., VII, 13; *Cambridge medieval history*, IV, 658.

(²⁷⁶⁷) *Mur.*, 6818, 9; DELAVILLE-LEROULX, *La France en Orient au XIVᵉ siècle*, 272-284; BRÉHIER (L.), *L'Église et l'Orient. Les Croisades*, 262; VOLONAKIS, *The island of Roses and her eleven Sisters*, 235-249.

(²⁷⁶⁸) NICÉPHORE GRÉGORAS, VII, 10, Philès, allié des Paléologues, qui menait la vie d'un ascète et semble avoir été un général improvisé.

(²⁷⁶⁹) GIBBONS, *op. cit.*, 40-41. La flotte génoise prêta son concours.

(²⁷⁷⁰) Sur l'introduction de la dynastie angevine en Hongrie, voir *H. G. (L. R.)*, III, 700 et s.

(²⁷⁷¹) Il avait épousé Catherine de Valois le 7 juillet 1313; *Mur.*, 6821, 7; NORDEN, *Das Papsttum und Byzanz*, 671 et s.

(²⁷⁷²) *Cambridge medieval history*, IV, 535 et s.; TEMPERLEY, *History of Serbia*, 52.

(²⁷⁷³) *G. B. B.*, III, 111, 117.

(²⁷⁷⁴) PACHYMÈRE, And., VI, 2 (29 septembre 1307).

(²⁷⁷⁵) *Ibidem*, And., IV, 27-36 et And., V, 1-3 et 6-7.

(²⁷⁷⁶) PACHYMÈRE, And., V, 9; NICÉPHORE GRÉGORAS, VII, 9.

(²⁷⁷⁷) Trois abdications (Cosmas 1304, Athanase 1312, Glykys 1320), une déposition (Niphon 1315), un seul mort patriarche (Gérasime 1321).

(²⁷⁷⁸) NICÉPHORE GRÉGORAS, VIII, 1; CANTACUZÈNE (Jean), *Histoires en 4 livres*, I, 5 et s.; DIEHL, *Figures byzantines*, II, 241 et s.

(²⁷⁷⁹) NICÉPHORE GRÉGORAS, VII, 13 et VIII, 1; CANTACUZÈNE, *op. cit.*, I, 1.

(²⁷⁸⁰) NICÉPHORE GRÉGORAS, VIII, 3; CANTACUZÈNE, I, 1.

(²⁷⁸¹) NICÉPHORE GRÉGORAS, VIII, 5-6; CANTACUZÈNE, 12 et s.; DIEHL, *op. cit.*, II, 243.

(²⁷⁸²) NICÉPHORE GRÉGORAS, VIII, 6; CANTACUZÈNE, I, 17 et s.

(²⁷⁸³) CANTACUZÈNE, I, 19; NICÉPHORE GRÉGORAS, VIII, 6.

(²⁷⁸⁴) CANTACUZÈNE, I, 23; NICÉPHORE GRÉGORAS, VIII, 6.

(²⁷⁸⁵) Syrgiannis, chargé déjà de l'espionner avant la rupture et qui avait trahi la confiance d'Andronic II. CANTACUZÈNE, I, 24 et 25-27; NICÉPHORE GRÉGORAS, VIII, 11.

(²⁷⁸⁶) CANTACUZÈNE, I, 30; TAFRALI, *Thessalonique au XIVᵉ siècle*, 213.

(²⁷⁸⁷) CANTACUZÈNE, I, 30.

(²⁷⁸⁸) CANTACUZÈNE, I, 31; NICÉPHORE GRÉGORAS, VIII, 11; TAFRALI, *op. cit.*, 213.

(²⁷⁸⁹) CANTACUZÈNE, I, 32-35; NICÉPHORE GRÉGORAS, VIII, 11; *D. H. G. E.*, II, 1914, 1789-1790.

(²⁷⁹⁰) CANTACUZÈNE, I, 35.

(²⁷⁹¹) GUÉRIN-SONGEON, *Histoire de la Bulgarie*, 273.

(²⁷⁹²) CANTACUZÈNE, I, 36.

(²⁷⁹³) *Mur.*, 6832, 20 (juillet 1324); CANTACUZÈNE, I, 38 et s.

(²⁷⁹⁴) CANTACUZÈNE, I, 41; NICÉPHORE GRÉGORAS, VIII, 14; frappe de monnaie à l'effigie des deux princes, voir BLANCHET, *Les dernières monnaies d'or des empereurs de Byzance*, R. N., XIV, 1910, 78 et s.

(²⁷⁹⁵) CANTACUZÈNE, I, 42; NICÉPHORE GRÉGORAS, VIII, 15; DIEHL, *Figures byzantines*, II, 245-247.

(²⁷⁹⁶) CANTACUZÈNE, I, 42; NICÉPHORE GRÉGORAS, VIII, 15.

(²⁷⁹⁷) *Chroniques courtes* n° 52, 341; CANTACUZÈNE, I, 45; NICÉPHORE GRÉGORAS, VIII, 15 et IX, 2; *Mur.*, 6834 (11); GIBBONS, *The foundation of the Ottoman Empire*, 46-52; HAMMER (J. von), *Histoire de l'Empire ottoman* (trad. Hellert) I, 75.

(²⁷⁹⁸) CANTACUZÈNE, I, 42 et s.; NICÉPHORE GRÉGORAS, IX, 1.

(²⁷⁹⁹) CANTACUZÈNE, I, 46-51; NICÉPHORE GRÉGORAS, IX, 2-4.

(²⁸⁰⁰) CANTACUZÈNE, I, 43 et s.; NICÉPHORE GRÉGORAS, VIII, 14; *Correspondance* de NICÉPHORE GRÉGORAS (trad. Guilland), 12 (30 et s.) : lettre de Grégoras sur son ambassade en Serbie, 1325, 1326.

(²⁸⁰¹) Jusqu'à venir avec une petite suite devant les murs de Constantinople, CANTACUZÈNE, I, 50 et s.; NICÉPHORE GRÉGORAS, IX, 4.

(²⁸⁰²) CANTACUZÈNE, I, 52-54; NICÉPHORE GRÉGORAS, IX, 4; TAFRALI, *Thessalonique au XIVe siècle*, 214 et s.

(²⁸⁰³) Il n'avait avec lui que 800 hommes, CANTACUZÈNE, I, 58 et s.; NICÉPHORE GRÉGORAS, IX, 6; PHRANTZÈS (Georges), *Chronicon majus*, I, 10.

(²⁸⁰⁴) *Mur.*, 6836, 36; CANTACUZÈNE, I, 11, 59; NICÉPHORE GRÉGORAS, IX, 7-8, 14 et X, 1.

(²⁸⁰⁵) CANTACUZÈNE, II, 9 (*a.* 1329).

(²⁸⁰⁶) En 1330 il exerça le pouvoir souverain pendant une maladie grave du basileus, CANTACUZÈNE, II, 14-17; NICÉPHORE GRÉGORAS, IX, 10.

(²⁸⁰⁷) CANTACUZÈNE, II, 5 et III, 14; GUILLAND, *Alexios Apocaucos*, *Revue du Lyonnais*, 1921, 525 et s. et du même : trad. de la *Correspondance* de GRÉGORAS, 299-301.

(²⁸⁰⁸) En 1340, CANTACUZÈNE, II, 38.

(²⁸⁰⁹) *Ibidem*, I, 59 et II, 1; NICÉPHORE GRÉGORAS, IX, 6-7.

(²⁸¹⁰) CANTACUZÈNE, II, 4; NICÉPHORE GRÉGORAS, IX, 8.

(²⁸¹¹) CANTACUZÈNE, II, 18; NICÉPHORE GRÉGORAS, IX, 10.

(²⁸¹²) CANTACUZÈNE, II, 24 et s.; NICÉPHORE GRÉGORAS, X, 5-7.

(²⁸¹³) Sur cette réforme voir *M. B.*, II (*E. H.*), n° 32 *bis*.

(²⁸¹⁴) CANTACUZÈNE, II, 38, 8.

(²⁸¹⁵) A cause de la répudiation par Šišman de la sœur d'Étienne Detchansky, GUÉRIN-SONGEON, *Histoire de la Bulgarie*, 273.

(²⁸¹⁶) CANTACUZÈNE, II, 21; NICÉPHORE GRÉGORAS, IX, 12; *Cambridge medieval history*, IV, 538.

(²⁸¹⁷) CANTACUZÈNE, II, 26; NICÉPHORE GRÉGORAS, IX, 13; *Cambridge medieval history*, IV, 538 et s.; GUÉRIN-SONGEON, *op. cit.*, 275. Jean-Alexandre prit le nom de la première dynastie : Asên.

(²⁸¹⁸) CANTACUZÈNE, II, 26 et s.; NICÉPHORE GRÉGORAS, X, 4.

(²⁸¹⁹) CANTACUZÈNE, II, 33 et s.; NICÉPHORE GRÉGORAS, XI, 7 (au début de l'année à Andrinople).

(²⁸²⁰) CANTACUZÈNE, II, 32.

(²⁸²¹) *Ibidem*, II, 32-34.

(²⁸²²) 1339. CANTACUZÈNE, III, 34-38.

(²⁸²³) PANTCHENKO, *Catalogue des bulles de plomb*, 75 et s.; RODD, *The princes of Achaïa*, II, 179-184.

(²⁸²⁴) GAY (J.), *Le pape Clément VI et les affaires d'Orient*, 17.

(²⁸²⁵) GIBBONS, *The foundation of the Ottoman Empire*, 64.

(²⁸²⁶) CANTACUZÈNE, II, 5.

(²⁸²⁷) *Ibidem*, II, 6-8; NICÉPHORE GRÉGORAS, IX, 9. Peleka-

(2828) *Chroniques courtes*, n° 26, *N. H.*, VII, 454; GELZER, *op. cit.*, I, 167 et s.; *Cambridge medieval history*, IV, 661 et s.

(2829) CANTACUZÈNE, II, 24; GIBBONS, *op. cit.*, 64, 1 (discussion de la date).

(2830) GIBBONS, *op. cit.*, 68.

(2831) *Ibidem*, 66-68.

(2832) GAY, *op. cit.*, 17-18.

(2833) *Ibidem*, 18-19.

(2834) CANTACUZÈNE, II, 22; GIBBONS, *op. cit.*, 65.

(2835) CANTACUZÈNE, II, 25; TAFRALI, *Thessalonique*, 219 (date erronée).

(2836) CANTACUZÈNE, II, 34.

(2837) MILLER, *Essays on the Latin Orient*, 289-291.

(2838) CANTACUZÈNE, II, 10 et s.; NICÉPHORE GRÉGORAS, IX, 9; MILLER, *op. cit.*, 291-293.

(2839) CANTACUZÈNE, II, 29; NICÉPHORE GRÉGORAS, XI, 1; MILLER, 294 et s.; GAY, *Le pape Clément VI et les affaires d'Orient*, 24 et s.

(2840) GAY, *op. cit.*, 21 et s.

(2841) OMONT, *Projet de réunion des Églises grecque et latine sous Charles le Bel en 1327*, B. E. C., 1892, 251 et s.; BRÉHIER (L.), *L'Église et l'Orient. Les Croisades*, 268; NORDEN, *Das Papsttum und Byzanz*, 671 et s.

(2842) GAY, *op. cit.*, 22 et s.

(2843) NICÉPHORE GRÉGORAS, XI, 1; GUILLAND, *Essai sur Nicéphore Grégoras*, 20-22 et 167, 1; *Cambridge medieval history*, IV, 614.

(2844) GAY, *op. cit.*, 23 et s.

(2845) *Ibidem*, 27 et s., 49, 115; *D. H. G. E.*, VI, 1932, 822; CANTACUZÈNE, IV, 615.

(2846) TAFRALI, *op. cit.*, 170-178; GUILLAND, *op. cit.*, 23-24; *D. H. G. E.*, *ibid.*, 819-822.

(2847) TAFRALI, 178-185; GUILLAND, 24.

(2848) *D. H. G. E.*, *idem*, 827 et s. (κατὰ Μασσαλιανῶν); KRUMBACHER (K.), *Geschichte der byzantinischen Literatur*, 103-105; OSTROGORSKY, *Geschichte des byzantinischen Staates*, 369.

(2849) TAFRALI, 185-187; GUILLAND, 25.

(2850) CANTACUZÈNE, II, 38 et s.; NICÉPHORE GRÉGORAS, XI, 10; TAFRALI, 188-191; GUILLAND, 25 et s.; *D. H. G. E.*, *ibid.*, 823-826; *M. M.*, I, 201 et s. (condamnation synodale des écrits de Barlaam, juillet 1341).

(2851) *Chroniques courtes*, n° 52 (*B. N.*, 1938, 344); CANTACUZÈNE, II, 21; NICÉPHORE GRÉGORAS, X, 7.

(2852) CANTACUZÈNE, II, 40; NICÉPHORE GRÉGORAS, XI, 11; DIEHL, *Figures byzantines*, II, 253.

(2853) DIEHL, *op. cit.*, II, 255.

(2854) Élu en 1334, CANTACUZÈNE, II, 21; NICÉPHORE GRÉGORAS, X, 7; DIEHL, *op. cit.*, II, 254.

(2855) DIEHL, II, 254-256.

(2856) Des discussions violentes avaient eu lieu au Conseil impérial, CANTACUZÈNE, III, 11-13; DIEHL, II, 257 et s.

(2857) CANTACUZÈNE, III, 24 et s.; NICÉPHORE GRÉGORAS, XII, 10-12; DIEHL, 259 et s.

(2858) CANTACUZÈNE, III, 26 et s.; NICÉPHORE GRÉGORAS, XII, 12-16; PHRANTZÈS, *Chronicon majus*, I, 9; DIEHL, II, 260 et s.

(2859) DIEHL, II, 262 et s.

(2860) CANTACUZÈNE, III, 72 (fin 1344).

(2861) DIEHL, II, 261.

(2862) Aujourd'hui Demotika, à 52 km au sud d'Andrinople, 297 de Constantinople.

(2863) CANTACUZÈNE, III, 27 et s.; NICÉPHORE GRÉGORAS, XII, 12.

(2864) CANTACUZÈNE, III, 30; NICÉPHORE GRÉGORAS, XII, 14.

(2865) CANTACUZÈNE, III, 31; NICÉPHORE GRÉGORAS, XII, 15.

(2866) *Chroniques courtes*, n° 52, *B. N.*, 1938, 344 (19 novembre 1341); CANTACUZÈNE, III, 36; NICÉPHORE GRÉGORAS, XII, 19.

(2867) TAFRALI, *Thessalonique*, 227-229. Sur ce mouvement voir

(2868) CANTACUZÈNE, III, 43-45 (juillet 1342).
(2869) *Ibidem*, III, 58; TAFRALI, *op. cit.*, 234.
(2870) CANTACUZÈNE, III, 64; NICÉPHORE GRÉGORAS, XIII, 9-10; TAFRALI, 235-238.
(2871) CANTACUZÈNE, III, 66.
(2872) GAY, *Le pape Clément VI et les affaires d'Orient*, 38-43; BRÉHIER (L.), *L'Église et l'Orient. Les Croisades*, 292-294.
(2873) CANTACUZÈNE, III, 61, 66, 68.
(2874) *Ibidem*, III, 69.
(2875) *Ibidem*, III, 72.
(2876) *Ibidem*, III, 85.
(2877) *Ibidem*, III, 81-83; GIBBONS, *The foundation of the Ottoman Empire*, 92 et s.; GELZER, *Ungedruckte Bistumerzeichnisse der orientalischen Kirche*, I, 188. Le mariage fut célébré en mai 1346, CANTACUZÈNE, III, 95; NICÉPHORE GRÉGORAS, XV, 5.
(2878) CANTACUZÈNE, III, 88; NICÉPHORE GRÉGORAS, XIV, 10; DIEHL, *Figures byzantines*, II, 263 et s.
(2879) CANTACUZÈNE, III, 99; NICÉPHORE GRÉGORAS, XV, 9. Sur la date, voir LAURENT (V.), *Notes de chronographie*, E. O., XL, 1937, 169.
(2880) 7 février, CANTACUZÈNE, III, 99 et s.; NICÉPHORE GRÉGORAS, XV, 8; DIEHL, *op. cit.*, II, 266.
(2881) Ce ne fut pas sans mal que Jean VI décida ses soldats à prêter serment au Paléologue, CANTACUZÈNE, IV, 1.
(2882) Voir *M. B.*, II (*E. H.*), n° 32 bis.
(2883) CANTACUZÈNE, IV, 4-5; NICÉPHORE GRÉGORAS, XVI, 11.
(2884) CANTACUZÈNE, IV, 7.
(2885) Automne 1347, CANTACUZÈNE, IV, 7 et s.; NICÉPHORE GRÉGORAS, XVI, 3.
(2886) 1348, CANTACUZÈNE, IV, 10; NICÉPHORE GRÉGORAS, VI, 7.
(2887) MILLER, *Essays on the Latin Orient*, 298-300 (sept. 1346).
(2888) 1347-1349, CANTACUZÈNE, IV, 1; TAFRALI, *Thessalonique au XIVe siècle*, 249.
(2889) CANTACUZÈNE, IV, 16 et s. NICÉPHORE GRÉGORAS, XVIII, 2; TAFRALI, *op. cit.*, 250-253 (janvier 1350). Cantacuzène, appelé par la population, était entré une première fois à Salonique avec Jean V (octobre 1349), mais n'avait pu s'y maintenir, le corps des Osmanlis sur lequel il comptait lui ayant fait défaut.
(2890) CANTACUZÈNE, III, 89; *Cambridge medieval history*, IV, 541 et s.; VASILIEV, *Histoire de l'Empire byzantin*, II, 299-303; TEMPERLEY, *History of Serbia*, 72; *Mur.*, 8654, 10, 12; OSTROGORSKY, *A. I. K.*, 1936, 46.
(2891) CANTACUZÈNE, IV, 4 (718); NICÉPHORE GRÉGORAS, XVI, 6.
(2892) TEMPERLEY, *op. cit.*, 78. Voir la carte des États de Douschan, p. 60.
(2893) CANTACUZÈNE, IV, 543.
(2894) *Ibidem*, IV, 18 et s.; TAFRALI, *op. cit.*, 273 et s.
(2895) CANTACUZÈNE, IV, 22; NICÉPHORE GRÉGORAS, XVIII, 2; JIREČEK, *Geschichte der Serben*, I, 401 et s.; TEMPERLEY, *op. cit.*, 75; TAFRALI, *op. cit.*, 274; *Cambridge medieval history*, IV, 543.
(2896) *Mur.*, 6858, 23 (13 avril), 25 (25 mai 1350); VASILIEV, *op. cit.*, II, 303; TEMPERLEY *op. cit.*, 74 et s.
(2897) CANTACUZÈNE, IV, 22; TAFRALI, 275.
(2898) CANTACUZÈNE, IV, 8; NICÉPHORE GRÉGORAS, XVI, 1; VASILIEV, *op. cit.*, II, 311 et s.
(2899) COVILLE (A.), *H. G.*, (*M. A.*), VI, 527-528 et 660-661 (bibliographie).
(2900) Esprit pondéré et humaniste, Akindynos avait été aussi l'ami de Barlaam, dont il blâmait les écarts de langage, et était lié avec Nicéphore Grégoras. KRUMBACHER, *Geschichte der byzantinischen Literatur*, 100-102; TAFRALI, *op. cit.*, 192 et s.
(2901) TAFRALI, 194 (date erronée); GUILLAND, *Essai sur Nicéphore Grégoras*, 28 et s.

(²⁹⁰²) CANTACUZÈNE, III, 99 et IV, 3; NICÉPHORE GRÉGORAS, XV, 7. Le 2 février, au moment où Cantacuzène allait entrer dans la ville, l'impératrice donnait un festin en l'honneur de Palamas.

(²⁹⁰³) CANTACUZÈNE, IV, 3-4; NICÉPHORE GRÉGORAS, XV, 2; GUILLAND, *op. cit.*, 30.

(²⁹⁰⁴) Élu le 30 juin 1350, CANTACUZÈNE, IV, 16; NICÉPHORE GRÉGORAS, XVIII, 1.

(²⁹⁰⁵) CANTACUZÈNE, IV, 23; NICÉPHORE GRÉGORAS, XVIII, 5-8, XIX, 1-4, XX, 1-7, XXI, 1-3 (récit le plus complet); GUILLAND, 33-36; TAFRALI, 196-198.

(²⁹⁰⁶) CANTACUZÈNE, IV, 24 et s.; NICÉPHORE GRÉGORAS, XXV, 8-10; GUILLAND, 38-39.

(²⁹⁰⁷) Vers 1267, voir p. 323.

(²⁹⁰⁸) GOTTWALD, *Die Stadtmauern von Galata, Bosp. n. s.*, IV, 1907 (plans et reproductions).

(²⁹⁰⁹) CANTACUZÈNE, IV, 11; NICÉPHORE GRÉGORAS, XVII, 1.

(²⁹¹⁰) *Chroniques courtes*, n° 52, *B. N.*, 1938, 346 et s. (seule source donnant la date précise); CANTACUZÈNE, IV, 11; NICÉPHORE GRÉGORAS, XVIII, 1-4.

(²⁹¹¹) *Chroniques courtes*, n° 52, *ibid.* (1ᵉʳ octobre 1348).

(²⁹¹²) CANTACUZÈNE, IV, 11; NICÉPHORE GRÉGORAS, XVIII, 6-7; VASILIEV, *Histoire de l'Empire byzantin*, II, 310.

(²⁹¹³) DIEHL, *Une république patricienne. Venise*, 66 et s.

(²⁹¹⁴) CANTACUZÈNE, IV, 25 et s.; NICÉPHORE GRÉGORAS, XVIII, 2; VASILIEV, *op. cit.*, II, 312.

(²⁹¹⁵) CANTACUZÈNE, IV, 26-30; NICÉPHORE GRÉGORAS, XXVII, 24; *Mur.*, 6860, 24.

(²⁹¹⁶) CANTACUZÈNE, IV, 30-31; NICÉPHORE GRÉGORAS, XXVI, 17 et 24-26; *Mur.*, 6860, 18-19; VASILIEV, II, 312 et s.

(²⁹¹⁷) Jean V devait répudier Hélène Cantacuzène pour épouser la sœur de Douschan, CANTACUZÈNE, IV, 27-29; NICÉPHORE GRÉGORAS, XXVI, 26 et XXXVII, 26-29; *Mur.*, 6859, 29, 31.

(²⁹¹⁸) CANTACUZÈNE, IV, 32; NICÉPHORE GRÉGORAS, XXVIII, 3 (178).

(²⁹¹⁹) Son gouverneur, Mathieu Cantacuzène, occupait toujours la citadelle. CANTACUZÈNE, IV, 36; NICÉPHORE GRÉGORAS, XXVII, 24.

(²⁹²⁰) CANTACUZÈNE, IV, 33 et s.; NICÉPHORE GRÉGORAS, XXVIII, 4.

(²⁹²¹) CANTACUZÈNE, IV, 36; NICÉPHORE GRÉGORAS, XXVII, 17 (151).

(²⁹²²) CANTACUZÈNE, IV, 34; *Mur.*, 6861, 10.

(²⁹²³) CANTACUZÈNE, IV, 35; NICÉPHORE GRÉGORAS, XXVIII, 9; TAFRALI, *Thessalonique au XIVᵉ siècle*, 278.

(²⁹²⁴) NICÉPHORE GRÉGORAS, XXVIII, 9 (188), mai 1353.

(²⁹²⁵) CANTACUZÈNE, IV, 37-38; NICÉPHORE GRÉGORAS, XXVIII, 25 (mars 1354); *Mur.*, 6862, 9-12.

(²⁹²⁶) C'est-à-dire le premier dimanche du Carême. Voir p. 105.

(²⁹²⁷) *Chroniques courtes*, n° 52, *B. N.*, 1938, 347; CANTACUZÈNE, IV, 38; NICÉPHORE GRÉGORAS, XXIX, 1; HAMMER (von), *Histoire de l'Empire ottoman*, I, 193-199; GIBBONS, *The foundation of the Ottoman Empire*, 100 et s.; IORGA (N.), *Geschichte des osmanischen Reiches*, 196 et s.

(²⁹²⁸) La forteresse de Tzympé, GIBBONS, *op. cit.*, 101.

(²⁹²⁹) CANTACUZÈNE, IV, 38; GIBBONS, 102; GELZER, *Ungedruckte Bistumerverzeichnisse...*, I, 198.

(²⁹³⁰) NICÉPHORE GRÉGORAS, XXIX, 9. D'après CANTACUZÈNE au contraire, Ourkhan se serait engagé à restituer des villes de Thrace, IV, 39; GIBBONS, 105.

(²⁹³¹) D'après sa lettre aux Thessaloniciens publiée dans *N. H.*, XVI, 1922, 7 et s.

(²⁹³²) Sur sa responsabilité, OSTROGORSKY, *Geschichte des byzantinischen Staates*, 374 et s.; GIBBONS, 95.

(²⁹³³) CANTACUZÈNE, IV, 38 et s.; NICÉPHORE GRÉGORAS, XXIX, 19; *Mur.*, 6862, 20.

(²⁹³⁴) CANTACUZÈNE, IV, 39;

(²⁹³⁴) Nicéphore Grégoras, XXIX, 27; Miller, *Essays on the Latin Orient*, 313 et s.

(²⁹³⁵) Cantacuzène, IV, 39; Nicéphore Grégoras, XXIX, 11.

(²⁹³⁶) Reproduction du traité conclu en 1347 en conservant à Mathieu la dignité impériale et un apanage, Cantacuzène, IV, 40; Nicéphore Grégoras, XXIX, 11 (243).

(²⁹³⁷) Cantacuzène, IV, 41-42 Nicéphore Grégoras, XXIX, 11 (243).

(²⁹³⁸) Gibbons, *op. cit.*, 103-105; Struck (A.), *Mistra*, 50; Zakythinos, *Le despotat grec de Morée*, 114 et s.

(²⁹³⁹) Nicéphore Grégoras, XXXVII, 11 (554); Miller, *op. cit.*, 315.

(²⁹⁴⁰) Juin 1357-1358, Nicéphore Grégoras, XXXVII, 15; Gelzer, *op. cit.*, I, 200 et s.; Gibbons, 107 et s.; *Cambridge medieval history*, IV, 667. Halil fut fiancé à une fille de Jean V.

(²⁹⁴¹) Cantacuzène, IV, 42-49; Nicéphore Grégoras, XXXVII, 16.

(²⁹⁴²) A la fin de 1348; Cantacuzène, IV, 13; Zakythinos, *op. cit.*, 94-97.

(²⁹⁴³) Zakythinos, 98-105.

(²⁹⁴⁴) *Ibidem*, 114-118.

(²⁹⁴⁵) Nicéphore Grégoras, XXIX, 16 et s.; Guilland, *Essai sur Nicéphoras Grégoras*, 45.

(²⁹⁴⁶) Nicéphore Grégoras, XXIX, 19; Guilland, *op. cit.*, 46. Sur la situation religieuse entre 1355 et 1358; du même, *Correspondance de Nicéphore Grégoras* (trad. fr.), n° 159, 259 et s.

(²⁹⁴⁷) Nicéphore Grégoras, XXIX, 27-29; Guilland, 46-48.

(²⁹⁴⁸) Nicéphore Grégoras, XXXII (1 et s.) : 3ᵉ discours dogmatique de Grégoras; Guilland, 48-53.

(²⁹⁴⁹) Guilland, 53 et s.

(²⁹⁵⁰) Lettre du 14 avril 1355, Ostrogorsky, *op. cit.*, 379.

(²⁹⁵¹) Cantacuzène, IV, 43; Temperley, *History of Serbia*, 77; sur la date, *Cambridge medieval history*, IV, 546, 3.

(²⁹⁵²) Vasiliev, *Histoire de l'Empire byzantin*, II, 303 (d'après des chroniques de Raguse).

(²⁹⁵³) Cantacuzène, IV, 43 (tableau du démembrement de l'empire serbe); Vasiliev, *op. cit.*, II, 304; *Cambridge medieval history*, IV, 550 et s.; Ostrogorsky, *op. cit.*, 385; Temperley, *op. cit.*, 93-95.

(²⁹⁵⁴) *Cambridge medieval history*, IV, 554; Guérin-Songeon, *Histoire de la Bulgarie*, 280.

(²⁹⁵⁵) Iorga (N.), *Histoire des Roumains et de la Romanité orientale*, III, 186-188; du même, *Histoire des Roumains et de leur civilisation*, 66-74; Giurescu (C. C.), *Istoria Romanilor*, I, 358-363. Voir Draghiceanu, *Curtea Domneasca din Arges. Note istorice si archeologice*, résumé en français, *B. C. M. I. R.*, X, 1917, 9-76 et Bratianu (G. I.), *L'expédition de Louis de Hongrie contre le prince de Valachie Radu 1ᵉʳ Basarab en 1377*, *R. H. S. E. E.*, II, 1925.

(²⁹⁵⁶) Iorga, *Histoire des Roumains et de la Romanité orientale*, III, 247-258; Giurescu, *Istoria Romanilor*, I, 385-395.

(²⁹⁵⁷) Voinovitch (de), *Histoire de la Dalmatie*, I, 429 et s.; Eckhardt, *Histoire de la Hongrie*, 38 et s.

(²⁹⁵⁸) Gibbons, *The foundation of the Ottoman Empire*, 73-84; *Cambridge medieval history*, IV, 663-665.

(²⁹⁵⁹) Gibbons, *op. cit.*, 111-114; *Cambridge medieval history*, IV, 660. Voir sur l'année, d'après une éclipse de soleil, Balinger (F.), *Byzantinisch-osmanische Grenzstudien*, *B. Z.*, XXX, 1930, 413, 3.

(²⁹⁶⁰) *Chroniques courtes*, n° 52, *B. N.*, 1938, 349-351 (divergences sur les dates).

(²⁹⁶¹) Création attribuée à tort à Ourkhan, Gibbons, 119 (date de 1359 inexacte).

(²⁹⁶²) Gibbons, 122.

(²⁹⁶³) Cantacuzène, IV, 50; *Chroniques courtes*, n° 52, *B. N.*, 1938, 351 et s. (juillet-septembre 1363).

(2964) GIBBONS, 126 et s. (1365).
(2965) *Ibidem*, 125 (1366).
(2966) GAY, *Le pape Clément VI et les affaires d'Orient*, 46-70.
(2967) Malgré la bonne volonté que Jean VI montra pour aplanir les voies; CANTACUZÈNE, IV, 2; GAY, *op. cit.*, 94-118.
(2968) HALECKI (O.), *Un empereur de Byzance à Rome, 1355-1375, (Jean V)*, 31 et s.
(2969) Sur les partisans de l'Union à Constantinople, HALECKI, *op. cit.*, 40.
(2970) *Ibidem*, 56-63.
(2971) *Ibidem*, 68; IORGA, *Philippe de Mézières et la croisade au XIVe siècle*, 139-140.
(2972) HALECKI, *op. cit.*, 79.
(2973) DÉMÉTRIUS CYDONÈS, *Correspondance* (trad. fr. Cammelli), XVIII-XXI. Sur ce personnage, secrétaire d'État sous Jean VI, DÉMÉTRUS CYDONÈS, *op. cit.*, Introduction; HALECKI, 97.
(2974) HALECKI, 100 et s.; BRÉHIER (L.), *L'Église et l'Orient. Les Croisades*, 297 et s.; 174, 285-302. Voir PALL (F.), *Les croisades du Bas Moyen Age*, R. H. S. E. E., XIX, 1942, 563 et s.
(2975) HALECKI, 103 et s.; IORGA *op. cit.*, 223.
(2976) HALECKI, 111 et s.; IORGA, *N. E. C.*, I, 349, 2; 377, 1.
(2977) HALECKI, 135; IORGA, *Philippe de Mézières*, 223 et s. Il est faux qu'il ait été prisonnier de Šišman.
(2978) IORGA, *op. cit.*, 332-334; DELAVILLE-LEROULX, *La France en Orient au XIVe siècle*, 141-158; HALECKI, 138 et s.
(2979) HALECKI, 147; MURATORE (Dino), *Un principe sabaudo alla presa di Gallipoli turca*, Rivista d'Italia, juin 1912.
(2980) DELAVILLE-LEROULX, *op. cit.*, 153 et s.; HALECKI, 147-149; *D. G. H. E.*, II, 1914, 1163-1165.
(2981) Termes de l'accord conclu à Sozopolis entre Jean V et Amédée, HALECKI, 149 et s.
(2982) *Ibidem*, 136.
(2983) *Ibidem*, 189 et s.; VASILIEV (A.), *Il viaggo dell'imperatore... Giovanni V... 1369-1371*, S. B. N., 1931, III, 174-177.
(2984) MOLLAT (G.), *Les papes d'Avignon*, 111 et s.
(2985) HALECKI, 188.
(2986) MOLLAT, *op. cit.*, 114; HALECKI, 195; VASILIEV, *loc. cit.*, 177.
(2987) HALECKI, 195.
(2988) *Ibidem*, 199.
(2989) *Ibidem*, 203 et s. Le pape l'autorise à avoir un autel portatif à condition que le service en soit fait par un prêtre latin (13 février 1370).
(2990) De plus, dans son encyclique au clergé, le pape ne parle pas des rites. HALECKI, 204.
(2991) Encyclique du 3 novembre 1369, HALECKI, 201.
(2992) HALECKI, 382-383, pièces justificatives, nos 16-17.
(2993) GAY, *Le pape Clément...*, 22 et s. (a. 1342).
(2994) HALECKI, 223-226.
(2995) VASILIEV, *loc. cit.*, 189.
(2996) HALECKI, 228-229; VASILIEV, *loc. cit.*, 190.
(2997) HALECKI, 231.
(2998) PHRANTZÈS, *Chronicon majus*, I, 12 (53); CHALKONDYLÈS, *Histoires*, I (25-26); VASILIEV, *loc. cit.*, 190; DOUKAS, *Chronique universelle*, XI, 40; HALECKI, 332-335, relève les nombreuses erreurs de ces sources sur le voyage de Jean V.
(2999) Voir la bibliographie de HALECKI (*op. cit.*, 393 et s.). Les Registres du Vatican et les Archives d'État de Venise, en particulier les délibérations du Sénat, sont les sources fondamentales.
(3000) D'après un acte du Sénat de mars 1371, HALECKI, 229. Par contre il est douteux qu'Andronic ait accompagné Jean V à Rome, comme le veut Halecki (*op. cit.*, 337). Voir là-dessus DOELGER, *Johannes VII, Kaiser der Romäer*, B. Z., XXXI, 1931, 22, 2, et CHARANIS, B. N., 1938, 353, 1.
(3001) HALECKI, 235 et s.
(3002) GIBBONS, *The foundation of the Ottoman Empire*, 141-144; GELZER, *Ungedruckte Bistumer-*

zeichnisse der orientalischen Kirche, I, 234 et s.

(³⁰⁰³) LEMERLE et SOLOVIEV, *Trois chartes des souverains serbes conservées au monastère de Kutlumus* (*Athos*), *A. I. K.*, XI, 1940, 137 et s.

(³⁰⁰⁴) GELZER, *op. cit.*, I, 240 et s.; *Cambridge medieval history*, IV, 555.

(³⁰⁰⁵) HALECKI, 247.

(³⁰⁰⁶) GIBBONS, *op. cit.*, 142 et s.; GUÉRIN-SONGEON, *Histoire de la Bulgarie*, 289 et s.

(³⁰⁰⁷) GIBBONS, 146-148; GELZER, I, 241-244; TEMPERLEY, *History of Serbia*, 97 et s.

(³⁰⁰⁸) Urbain V, rentré à Avignon, mourut le 19 décembre 1370. Grégoire XI, neveu de Clément VI, fut sacré le 5 janvier 1371. MOLLAT, *Les papes d'Avignon*, 115-118.

(³⁰⁰⁹) HALECKI, 248-254.

(³⁰¹⁰) Sur ce personnage, HALECKI, 91 et s.

(³⁰¹¹) HALECKI, 279 et s.

(³⁰¹²) *Ibidem*, 293.

(³⁰¹³) *Ibidem*, 315.

(³⁰¹⁴) Date inconnue, mais la nouvelle était connue à Venise en décembre 1374, HALECKI, 300-302.

(³⁰¹⁵) *Ibidem*, 306-307.

(³⁰¹⁶) DOUKAS est le seul à en parler, *Chronique universelle*, XII (807). Le couronnement de Manuel eut lieu un 25 septembre (1373 ou 1374), HALECKI, 302, 1.

(³⁰¹⁷) HALECKI, 301 et s.

(³⁰¹⁸) DOUKAS, *Chronique universelle*, XII (807); PHRANTZÈS, *Chronicon majus*, I, 11 et s.; *Chroniques courtes*, LAMBROS, nº 47; LOENERTZ, *La première insurrection d'Andronic Paléologue*, *E. O.*, XXXVIII, 1939, 334-345, rejette la date de la Courte Chronique (mai 1373), antérieure à celle du couronnement de Manuel et suit le récit de Doukas confirmé par la chronique vénitienne de Raffin Caresini.

(³⁰¹⁹) HALECKI, 322; IORGA, *Du nouveau sur l'usurpation d'Andronic IV*, R. H. S. E. E., 1935, 105-107; *Chroniques courtes*, nº 52; *B. N.*, 1938, 352-354.

(³⁰²⁰) DÉMÉTRIUS CYDONÈS, *Correspondance*, nº 25, 59; HALECKI, 245 et s.

(³⁰²¹) DÉMÉTRIUS CYDONÈS, *op. cit.*, nº 25, 25-26.

(³⁰²²) *Chroniques courtes*, nº 52, *B. N.*, 1938, 354 et s.; DÉMÉTRIUS CYDONÈS, nº 28, 72.

(³⁰²³) DÉMÉTRIUS CYDONÈS, nº 26, 61-62.

(³⁰²⁴) Gênes en 1385, Venise en 1388. Dans le traité qu'il signe avec Gênes en 1386, Jean V s'engage à défendre Gênes contre quiconque, sauf Mourad et ses Turcs. DELAVILLE-LEROULX, *La France en Orient au XIVᵉ siècle*, 159; GIBBONS, *The foundation of the Ottoman Empire*, 163 et s.

(³⁰²⁵) *Chroniques courtes*, nº 52, *B. N.*, 1938, 361.

(³⁰²⁶) *Mur.*, 6895, 14; *Chroniques courtes*, nº 52, *B. N.*, 1938, 360-361; PHRANTZÈS, *Chronicon majus*, I, 11; TAFRALI, *Thessalonique*, 283 (date erronée); LOENERTZ, *Manuel Paléologue et Démétrius Cydonès*, *E. O.*, XXXVI, 1937, 480 et s.

(³⁰²⁷) LOENERTZ, *loc. cit.*, 1937, 474 et s., 1938, 116 et s. La publication des lettres de Cydonès a permis de renouveler la question. Manuel, réfugié d'abord à Lesbos, n'a été trouver Mourad qu'après s'être assuré qu'il serait bien accueilli. DÉMÉTRIUS CYDONÈS, nº 33, 32-33.

(³⁰²⁸) DÉMÉTRIUS CYDONÈS, nᵒˢ 35-36.

(³⁰²⁹) GIBBONS, *op. cit.*, 158 et s.

(³⁰³⁰) GEGAJ, *L'Albanie et l'invasion turque au XVᵉ siècle* (carte p. 9).

(³⁰³¹) *Ibidem*, 18-19; GIBBONS, 159; GELZER, *Ungedruckte Bistumerzeichnisse der orientalischen Kirche*, I, 255. Le chef des Balcha fut tué dans la bataille et sa veuve s'accommoda avec les Turcs.

(³⁰³²) GIBBONS, 160-162.

(³⁰³³) GELZER, *op. cit.*, I, 456.

(³⁰³⁴) *Cambridge medieval history*, IV, 553, 555; GIBBONS, 159. Lazare ne prit pas le titre royal.

(³⁰³⁵) DÉMÉTRIUS CYDONÈS, nº

166 (162) : allusion à une victoire chrétienne pendant l'exil de Manuel à Lemnos, 1387-1388.

(^{3036}) GEGAJ, *op. cit.*, 36.

(^{3037}) GIBBONS, 171-173; *Cambridge medieval history*, IV, 557.

(^{3038}) *Cambridge medieval history*, IV, 557 et s.; GIBBONS, 171 et s.; GELZER, *op. cit.*, I, 259 et s.

(^{3039}) *Mur.*, 6897, 13; DOUKAS, *Chronique universelle*, III, (15); CHALKONDYLÈS, I (53); GIBBONS, 175 et s.; GELZER, I, 262; *Cambridge medieval history*, IV, 558; TEMPERLEY, *History of Serbia*, 100-104; LÉGER (L.), *La bataille de Kossovo*, *A. I. C. R.*, 1916 (la nouvelle de la bataille apportée à Paris en 1395 fut présentée comme une victoire chrétienne et donna lieu à la célébration d'un *Te Deum* à Notre-Dame).

(^{3040}) CHALKONDYLÈS, I (59); DOUKAS, *op. cit.*, III (16); PHRANTZÈS, *Chronicon majus*, I, 26; GIBBONS, 180; IORGA, *Geschichte des osmanischen Reiches*, I, 266; HAMMER (von), *Histoire de l'Empire ottoman*, I, 292-294.

(^{3041}) *Mur.*, 6898, 6. La date de mars 1390 est difficile à admettre, Manuel se trouvant alors à Lemnos, DOUKAS, XIII (808); CHALKONDYLÈS, II (64).

(^{3042}) *Chroniques courtes*, n°s 15, 52, *B. N.*, 1938, 356 et s.; DOELGER, *Johannes VII, Kaiser der Romäer*, *B. Z.*, XXXI, 21-36; *Mur.*, 6898, 7, 6899, 1; SILBERSCHMIDT, *Das orientalische Problem zur Zeit der Entstehung des türkischen Reiches*, 65-70; GIBBONS, 197.

(^{3043}) DOUKAS, IV (769); CHALKONDYLÈS (II, 64), place l'événement sous Mourad, ce qui est invraisemblable.

(^{3044}) DOUKAS, XIII (809). Ce fut dans cette forteresse que Jean se réfugia pendant la révolte de son petit-fils.

(^{3045}) *Chroniques courtes*, n° 52, *B. N.*, 1938, 357 et s.

(^{3046}) *Mur.*, 6899, 10-11; DOUKAS, XIII (812); GIBBONS, 198-199.

(^{3047}) GIBBONS, 165-167.

(^{3048}) *Ibidem*, 184. Ses fils se sauvèrent auprès de Timour.

(^{3049}) BRÉHIER (L.), *L'Église et l'Orient. Les Croisades*, 293 et s.

(^{3050}) DOUKAS, XIII (810). Il interdit l'importation du blé dans les îles; GIBBONS, 186 et s.

(^{3051}) HAMMER (von), *op. cit.*, 300-302; GIBBONS, 187-190.

(^{3052}) GIBBONS, 190 et s.

(^{3053}) Comme le montre la disparition des évêchés. Voir *Église, Monde byzantin*, II (E.H.), n° 32 *bis*.

(^{3054}) DOUKAS, III, 16; PHRANTZÈS, I, 26.

(^{3055}) GIBBONS, 182 et s.

(^{3056}) *Ibidem*, 183 et s; VOINOVITCH (de), *Histoire de la Dalmatie*, I, 470 et s.

(^{3057}) GIBBONS, 191 et s.; *Cambridge medieval history*, IV, 560; IORGA, *Histoire des Roumains et de leur civilisation*, 84.

(^{3058}) ECKHARDT, *Histoire de la Hongrie*, 40-42; GIBBONS, 193.

(^{3059}) PHRANTZÈS, I, 13-14; GIBBONS, 194; HAMMER, *op. cit.*, I, 305-307; SILBERSCHMIDT, *op. cit.*, 97.

(^{3060}) GIBBONS, 194-196; GUÉRIN-SONGEON, *Histoire de la Bulgarie*, 293 et s.

(^{3061}) ZAKYTHINOS, *Le despotat grec de Morée*, 125 et s.

(^{3062}) RODD, *The princes of Achaïa*, II, 215 et s.; ZAKYTHINOS, 146 et s.

(^{3063}) RODD, *op. cit.*, II, 219 et s.; MILLER, *Essays on the Latin Orient*, 127-129. Ces Navarrais au service de Charles le Mauvais, sans emploi après le traité de Pampelune entre le roi de Navarre et Charles V (1365), avaient été enrôlés par Jacques de Baux et, après sa mort (1383), avaient essayé inutilement de conquérir le duché d'Athènes. ZAKYTHINOS, 146 et s.

(^{3064}) ZAKYTHINOS, 151; RODD, II, 246 et s.

(^{3065}) ZAKYTHINOS, 127-128 et 153. Il avait succédé à son père avec le titre de mégaduc, MILLER, *op. cit.*, 237.

(^{3066}) Ainsi que du duché de Néopatras, en Béotie. MILLER, 137 et s.; ZAKYTHINOS, 152.

(3067) CHALKONDYLÈS, II (80); PHRANTZÈS, I, 15; GIBBONS, 200 et s.; MANUEL II, *Oraison funèbre de Théodore*, P. P., III, 55.

(3068) Sur la date, ZAKYTHINOS, 153 et s.

(3069) MANUEL II, *loc. cit.*, III, 60-63; ZAKYTHINOS, 154 et s.

(3070) ZAKYTHINOS, 155 et s.; RODD, *op. cit.*, II, 249 et s.

(3071) P. P., III, ιαʹ-ιβʹ et 159; DOUKAS, XIII (813). Le blocus devait durer dix ans (1392-1402) avec peu d'interruptions.

(3072) SILBERSCHMIDT, *Das orientalische Problem...*, 78-98.

(3073) P. P., III, ιγʹ et 161 (panégyrique anonyme de Manuel II et Jean VIII).

(3074) DELAVILLE-LEROULX, *La France en Orient au XIVe siècle*, 226-229; SILBERSCHMIDT, *op. cit.*, 99-101.

(3075) IORGA, *Philippe de Mézières et la croisade au XIVe siècle*, 411 et 466-471; BRÉHIER (L.), *L'Église et l'Orient. Les Croisades*, 305-311.

(3076) SILBERSCHMIDT, *op. cit.*, 101-104.

(3077) *Ibidem*, 114.

(3078) Sur les négociations et préparatifs (février-avril 1396), SILBERSCHMIDT, 144-157.

(3079) *Ibidem*, 158.

(3080) DELAVILLE-LEROULX, *op. cit.*, 247 et s.

(3081) *Ibidem*, 270-272; SILBERSCHMIDT, 161. Sur la part prise par Manuel II aux événements, P. P., III, ιαʹ-ιβʹ; HAMMER (von), *Histoire de l'Empire ottoman*, I, 324-338; IORGA, *Geschichte des osmanischen Reiches*, I, 289-296; BRÉHIER (L.), *op. cit.*, 319 et s.; *Cambridge medieval history*, IV, 561.

(3082) GIBBONS, *The foundation of the Ottoman Empire*, 221, 224 et s.; IORGA, *Histoire des Roumains et de leur civilisation*, 85.

(3083) Léontarion ou Veligosti (Arcadie), éparchie de Megalopolis. RODD, *The princes of Achaïa*, II, 252. Sur la politique vénitienne après Nicopolis, SILBERSCHMIDT, 162-172.

(3084) SILBERSCHMIDT, 161. Sur la volonté de Bajazet de n'entreprendre aucune guerre avant la prise de Constantinople, P. P., III, ιϚʹ-ιγʹ et 206.

(3085) SILBERSCHMIDT, 166-170.

(3086) BOUCICAUT, *Le livre des faicts du maréchal Boucicaut*, I, 30; DELAVILLE-LEROULX, *op. cit.*, 360-363; D. H. G. E., IX, 1937, 1477.

(3087) SCHLUMBERGER, *Byzance et les croisades*, 283-336; BOUCICAUT, *op. cit.*, I, 30-32; D. H. G. E., IX, *loc. cit.*,

(3088) BOUCICAUT, I, 32 et s.

(3089) PHRANTZÈS, I, 20; DOUKAS, XIV; DOELGER, B. Z., XXXI.

(3090) 4 décembre 1399; BOUCICAUT, I, 34 (252) et DOELGER, B. Z., XXXVI : *Die Krönung Johanns VII als Mitkaiser*, 318 et s.

(3091) CHALKONDYLÉS, II (44); BOUCICAUT, I, 34.

(3092) BOUCICAUT, I, 35; SCHLUMBERGER, *Byzance et les croisades*, 305-312. Sur le projet de cession de Constantinople à Charles VI par Jean VII, voir IORGA, I, 378; OSTROGORSKY, *Geschichte des byzantinischen Staates*, 399, 1; LAMBROS, *N. H.*, X, 248-257.

(3093) REURE, J. de Chateaumorand a-t-il retardé de 50 ans la prise de Constantinople? *Diana*, 1913; P. P., III, ιγʹ-ιδʹ et 161; DÉMÉTRIUS CYDONÈS, *Correspondance*, n° 50 (129-130).

(3094) VASILIEV, *Voyage de Manuel II en Occident*, 16-25; SCHLUMBERGER, *Byzance et les croisades*, 96-101; JUGIE, *Le voyage de l'empereur Manuel Paléologue en Occident*, E. O., 1912, 322 et s.; ANDREEVA, *Zur Reise Manuels II Palaiologos nach Westeuropa*, B. Z. 1934, 351 et s. (d'après les registres de Raguse).

(3095) BOUCICAUT, I, 36; bibliographie par LAMBROS, *N. H.*, XIII, 1916, 132 et s.; VASILIEV, *op. cit.*, 28-36; SCHLUMBERGER, *op. cit.*, 104 (trad. de la lettre de Manuel à Chrysoloras, 111), 119.

(3096) VASILIEV, *op. cit.*, 36-53; SCHLUMBERGER, *op. cit.*, 119-123.

(3097) VASILIEV, 54-69; SCHLUMBERGER, 123-134.

(3098) VASILIEV, 70-84; SCHLUMBERGER, 135-144.

(3099) VASILIEV, 26; SCHLUMBERGER, 138.

(3100) SCHLUMBERGER, 130-134. D'après le Religieux de Saint-Denis ce fut vers la Toussaint de 1402 que Manuel apprit la nouvelle à Paris.

(3101) CAHUN dans *H. G. (L. R.)*, III, 928; GROUSSET, *L'Empire des steppes*, 488-490; BOUVAT, *L'Empire mongol*, *H. M. C.* 40-41.

(3102) CAHUN, *loc. cit.*, 944 et s.; GROUSSET, *op. cit.*, 496.

(3103) GROUSSET, 497 et s. Il conquiert trois fois le Kharezm et sept fois la Kachgarie. Son portrait, d'après les sources turques : HAMMER, *Histoire de l'Empire ottoman*, II, 3-8.

(3104) CAHUN, *loc. cit.*, 958; BOUVAT, *op. cit.*, sources, 21-26 et 43-51; GROUSSET, 498-514.

(3105) CAHUN, *loc. cit.*, 954; RAMBAUD, *idem*, 752-754; BOUVAT, 42; HAMMER, *op. cit.*, II, 8-44; GROUSSET, 514 et s.

(3106) BOUVAT, 52-54; GROUSSET, 523; HAMMER, II, 46-50, 81.

(3107) BOUVAT, 54-59; GROUSSET, 523-526; IORGA, *Geschichte des osmanischen Reiches*, I, 315; *Cambridge medieval history*, IV, 650 et s.; HAMMER, II, 63-78.

(3108) GIBBONS, *The foundation of the Ottoman Empire*, 224-225; GROUSSET, 529 et s.; BOUVAT, 59-60; IORGA, *op. cit.*, I, 313 et s.

(3109) *Mur.*, 6910, 25; CHALKONDYLÈS, II (53-54); DOUKAS, XV (57); PHRANTZÈS, I, 26; HAMMER, I, 59.

(3110) GROUSSET, 530; GIBBONS, *op. cit.*, 247 et s.; HAMMER, II, 60.

(3111) *Mur.*, 6910, 27; CHALKONDYLÈS, II (56-57); DOUKAS, XV, (58); PHRANTZÈS, I, 19-26; HAMMER, II, 82-105; GROUSSET, 531; BOUVAT, 60 et s., IORGA, *op. cit.*, I, 321; GIBBONS, 251-257.

(3112) GIBBONS, 257-259; GROUSSET, 531-533; HAMMER, II, 105-118; IORGA, I, 322.

(3113) *Chroniques de Trébizonde* (*Originalfragmente zur Geschichte des Kaisertums Trapezunt*), 224 et s.; EVANGELIDÈS, *op. cit.*, 128-130.

(3114) *Ibidem* et DELAVILLE-LEROULX, *La France en Orient au XIVe siècle*, 388.

(3115) DELAVILLE-LEROULX, *op. cit.*, 388; GIBBONS, 249. Tamerlan mourut le 14 février 1405, CAHUN, *H. G. (L. R.)*, III, 462.

(3116) DELAVILLE-LEROULX, 388 et s.; GIBBONS, 249 et s.; SILVESTRE DE SACY, *Mémoire sur une correspondance inédite de Tamerlan avec Charles VI*, *A. I. M.*, VI-VII, 470 et s. (lettres conservées au Trésor des Chartes).

(3117) CLAVIJO (Ruy Gonzalez de), *Historia del gran Tamerlan*, (envoyé à Samarcande, assiste à la mort de Tamerlan); BOUVAT, *L'Empire mongol*, 64 et s.; SILVESTRE DE SACY, *loc. cit.*, 501 et s.

(3118) IORGA, *op. cit.*, I, 323; BOUVAT, *op. cit.*, 74-76; CAHUN, *H. G. (L. R.)*, 959-961.

(3119) DIEHL, *Une république patricienne. Venise*, 205-211.

(3120) PHRANTZÈS, *Chronicon minus*, ρνδ' (1403), 1025.

(3121) ID., *Chronicon majus*, I, 26-28.

(3122) DOUKAS, *Chronique universelle*, XVIII (152); HAMMER, *Histoire de l'Empire ottoman*, II, 121.

(3123) DOUKAS, *op. cit.*, XVIII (157); HAMMER, *op. cit.*, II, 125 et s.; IORGA, *op. cit.*, I, 328; du même : *N. E. C.*, I, 1403; TAFRALI, *Thessalonique au XIVe siècle*, 287.

(3124) HEYD, *Histoire du commerce du Levant*, II, 267-276; IORGA, *Geschichte des osmanischen Reiches*, I, 328 et s., 341 et 342; du même : *N. E. C.*, I, 125, 127 et 136.

(3125) HAMMER, II, 130; IORGA, I, 337-339.

(3126) DOUKAS, XVIII (146); HAMMER, II, 131 et s.

(3127) Après avoir essayé de reprendre Brousse en 1405 avec des troupes fournies par Soliman, Isa aurait été tué par ordre de

Mahomet. DOUKAS, XVIII ; CHALKONDYLES, IV, 91 ; PHRANTZÈS, I, 22.

(³¹²⁸) HAMMER, II, 136-138 ; PHRANTZÈS, I, 29.

(³¹²⁹) HAMMER, II, 138 et s. ; IORGA, I, 347-349 ; du même : *Histoire des Roumains et de leur civilisation*, 85 et s. ; *Cambridge medieval history*, IV, 562 (la première victoire de Mousâ à Yamboli le 13 février 1410).

(³¹³⁰) Mousâ est d'abord battu par Soliman le 15 juin 1410, *Chroniques courtes, B. N.*, 1938, 340 ; HAMMER, II, 139-142 ; IORGA, *Geschichte des osmanischen Reiches*, I, 350-353. Date donnée par la courte chronique du patriarcat de Jérusalem.

(³¹³¹) IORGA, *op. cit.*, I, 353.

(³¹³²) *Ibidem*, I, 354 ; du même : *N. E. C.*, I, 411 ; HEYD, *Histoire du commerce du Levant*, II, 377.

(³¹³³) IORGA, *Geschichte des osmanischen Reiches*, I, 354 et 355 ; *Cambridge medieval history*, IV, 686.

(³¹³⁴) HAMMER, II, 148 ; IORGA, *op. cit.*, I, 356-359 (a. 1412).

(³¹³⁵) DOUKAS, XVIII (96) ; CHALKONDYLÈS, IV (95-99) ; PHRANTZÈS, I, 29 ; *Mur.*, 6921, 6 ; HAMMER, II, 154 et s. ; IORGA, I, 359 ; *Cambridge medieval history*, IV, 686.

(³¹³⁶) IORGA, I, 361.

(³¹³⁷) HAMMER, II, 162 et s. ; HEYD, *op. cit.*, II, 278.

(³¹³⁸) ZAKYTHINOS, *Le despotat grec de Morée*, 165 ; RODD, *The princes of Achaïa*, II, 256.

(³¹³⁹) Vendettas des Maïnotes, coutume barbare du maschalisme (mutilation des cadavres d'ennemis). Voir LAMBROS, Τὸ ἔθος τοῦ μασχαλισμοῦ, *N. H.*, II, 180 et s. L'éloge de Manuel par Jean Argyropoulos lui fait honneur d'avoir aboli cette coutume.

(³¹⁴⁰) ZAKYTHINOS, *op. cit.*, 105, 131 et s. Sur les races variées qui peuplaient le pays, voir le dialogue de MAZARIS, 174.

(³¹⁴¹) ZAKYTHINOS, 167 et s. ; RODD, *op. cit.*, II, 257 et s.

(³¹⁴²) *P. P.*, III, 243 ; ZAKYTHINOS, 168-171 ; CHALKONDYLÈS, IV (98) ; PHRANTZÈS, I, 35.

(³¹⁴³) ZAKYTHINOS, 171 ; PHRANTZÈS, I, 35.

(³¹⁴⁴) ZAKYTHINOS, 180 (Jean était associé au trône) ; LAMBROS, *P. P.*, III, ιε´-ιϛ´ et 174.

(³¹⁴⁵) ZAKYTHINOS, 181 et s. ; LAMBROS, *loc. cit.*, III, 174.

(³¹⁴⁶) ZAKYTHINOS, 184 ; PHRANTZÈS, I, 35 (109).

(³¹⁴⁷) ZAKYTHINOS, 175 et s. ; VAST (H.), *Le cardinal Bessarion*, 23 et s. ; MILLET (G.), *L'art byzantin* (dans *Histoire de l'Art* de MICHEL), III ; DELEHAYE, *Les légendes grecques des saints militaires*, II, 806 et s.

(³¹⁴⁸) IORGA, *Geschichte des osmanischen Reiches*, I, 344 et 367-368.

(³¹⁴⁹) *Ibidem*, I, 344-347.

(³¹⁵⁰) Roi de Naples, VOÏNOVITCH (de), *Histoire de la Dalmatie*, I, 480 et s. ; *Cambridge medieval history*, IV, 564.

(³¹⁵¹) VOÏNOVITCH, *op. cit.*, I, 482-493.

(³¹⁵²) IORGA, *op. cit.*, I, 369.

(³¹⁵³) Lettres de Manuel conservées aux archives de Barcelone. Voir MARINESCO, *B. H. A. R.*, 1924, 194.

(³¹⁵⁴) Instructions à l'ambassadeur vénitien à Constantinople (8 février 1415), LAMBROS, *P. P.*, III, 129-132 (texte latin).

(³¹⁵⁵) IORGA, *op. cit.*, I, 366 et s. ; *N. E. C.*, I, 225 et s.

(³¹⁵⁶) *Ibidem*, I, 369 ; LAMBROS, *P. P.*, III, 127 et s.

(³¹⁵⁷) *Ibidem*, I, 371 ; LAMBROS, *P. P.*, III, 129-132.

(³¹⁵⁸) *Ibidem*, I, 371 ; *N. E. C.*, I, 241 et s.

(³¹⁵⁹) IORGA, I, 371 ; *N. E. C.*, I, 245 ; *Mur.*, 6924, 7.

(³¹⁶⁰) *Ibidem*, I, 372 ; *Cambridge medieval history*, IV, 687 ; HAMMER, II, 171-174.

(³¹⁶¹) IORGA, I, 373 ; *N. E. C.*, I, 225. Dans l'intervalle, destruction de la tour de Lampsaque : DOUKAS, *Chronique universelle*, XXI, 111 ; CHALKONDYLÈS, IV, 202 ; HEYD, *Histoire du commerce du Levant*, II, 283.

(3162) IORGA, *op. cit.*, I, 373.

(3163) DOUKAS, *op. cit.*, XXII-XXIV; CHALKONDYLÈS, IV, 108; PHRANTZÈS, I, 38; HAMMER, II, 190-194.

(3164) IORGA, *op. cit.*, I, 374 et s. (Giurgiu et probablement Turnu-Severin); IORGA, *Histoire des Roumains et de leur civilisation*, 86 et s.; TAFRALI, *La Roumanie transdanubienne*, 100 et s.

(3165) PHRANTZÈS, *Chronicon minus*, υκ', 1420 (1027 et s.); HAMMER, II, 195 et s.

(3166) PHRANTZÈS, *Chronicon minus*, υκ', 1420 (1028-1029); du même : *Chronicon majus*, I, 30; CHALKONDYLÈS, IV (115); DOUKAS, XXII; HAMMER, II, 196 et s.; IORGA, *Geschichte des osmanischen Reiches*, I, 377.

(3167) DOUKAS, XXIII; IORGA, *op. cit.*, I, 379.

(3168) DOUKAS, XXIII-XXIV; PHRANTZÈS, *Chronicon majus*, I, 40; CHALKONDYLÈS, V, 117-119; HAMMER, II, 220 et s.

(3169) HAMMER, II, 224-226 (il exigeait l'envoi des deux frères de Mourad à Constantinople); MILLER, *Essays on the Latin Orient*, 325.

(3170) HAMMER, II, 227 et s.; IORGA, I, 379-380.

(3171) Sur les dates : DOUKAS, XXVIII (104); CHALKONDYLÈS, V (123-125); PHRANTZÈS, *Chronicon majus*, I, 39 : du même : *Chronicon minus*, υκβ', 1422 (1029); *P. P.*, III, ις'-ιζ'. Le siège dura de 2 à 3 mois.

(3172) DOUKAS, XXVIII (101-103); *P. P.*, III, ιζ' et s. (le panégyrique anonyme de Manuel et Jean VIII affirme sa trahison. Il aurait prévenu des habitants de la banlieue qui sauvèrent leurs biens et laissé dans l'ignorance ceux de la ville pour favoriser l'effet de surprise de Mourad).

(3173) Sur l'emploi des bombardes (τηλεβόλοι), CHALKONDYLÈS, V, 123 et s.

(3174) JEAN KANANOS (*De Bello Constantinopolitano*), *P. G.*, CLVI, 61-81, attribue la levée du siège à l'intervention de la Panaghia. DOUKAS, XXVIII (104) (serait due à l'apparition d'un nouveau Mustapha); HAMMER, II, 231-245; IORGA, *op. cit.*, I, 381 et 382; du même : *N. E. C.*, I, 332-336.

(3175) LAMBROS, *P. P.*, III, κα'.

(3176) ZAKYTHINOS, *Le despotat grec de Morée*, 191-192.

(3177) *Ibidem*, 193-195; IORGA, *N. E. C.*, I, 318-355.

(3178) PHRANTZÈS, *Chronicon majus*, I, 30; du même, *Chronicon minus*, υκγ' (1423), 1030; ZAKYTHINOS, *op. cit.*, 196-198; *Cambridge medieval history*, 460.

(3179) ZAKYTHINOS, 198 et s.

(3180) CHALKONDYLÈS, V, 125 et s.; DOUKAS, XXIX, col. 935; TAFRALI, *Thessalonique au XIVe siècle*, 288; IORGA, I, 399; du même : *N. E. C.*, I, 340; PHRANTZÈS, *Chronicon majus*, I, 13.

(3181) IORGA, I, 400.

(3182) DOUKAS, XXIX (985); IORGA, I, 389-391.

(3183) IORGA, I, 385.

(3184) DOUKAS, XXVIII (106-109), 976 et s.; HAMMER, II, 250-255; IORGA, I, 385.

(3185) La date donnée par le Panégyrique anonyme. LAMBROS, III, κα'-κβ' et 219.

(3186) IORGA, I, 383.

(3187) DOUKAS, XXIX (109), 984; PHRANTZÈS, *Chronicon majus*, I, 40; du même : *Chronicon minus*, υκδ' (1030); IORGA, I, 382 et s.

(3188) PHRANTZÈS, *Chronicon majus*, I, 41; du même, *Chronicon minus*, υκε' (1031); IORGA, I, 383 et s.; VASILIEV, *Histoire de l'Empire byzantin*, II, 330 et s.

(3189) Sur l'État de Charles Tocco, ZAKYTHINOS, *op. cit.*, 199 et s.; *Cambridge medieval history*, IV, 458-461.

(3190) ZAKYTHINOS, 200-205; LAMBROS, *P. P.*, III, 195 et s.

(3191) Chronique anonyme dans *B. N. I.*, 1922, 360 et s.; LAMBROS, *P. P.*, III, σ'.

(3192) ZAKYTHINOS, 204-206.

(3193) *Ibidem*, 207-209.

(3194) *Ibidem*, 209. Le mariage

fut célébré à Mistra en janvier 1430.

([3195]) *Ibidem*, 210.

([3196]) Coron, Modon, Nauplie, Argos.

([3197]) ZAKYTHINOS, 210-222; HEYD, *Histoire du commerce du Levant*, II, 282.

([3198]) LAMBROS, *P. P.*, III, 323 (archives de Vienne).

([3199]) IORGA, *Geschichte des osmanischen Reiches*, I, 386-387; HAMMER, *Histoire de l'Empire ottoman*, II, 256-263.

([3200]) IORGA, *op. cit.*, I, 388 et s.

([3201]) *Ibidem*, I, 402-405.

([3202]) *Mur.*, 6938, 9; ANAGNOSTÈS (Jean), *Narratio de extremo Thessalonicensi excidio*, 2-9 (589 et s.); CHALKONDYLÈS, V (125); DOUKAS, XXIX (199); PHRANTZÈS, *Chronicon majus*, II, 9; trois monodies sur cet événement, LAMBROS, *N. H.*, V, 108, 369 et s.; TAFRALI, *Thessalonique au XIVe siècle*, 288; IORGA, I, 406-408; HAMMER, *op. cit.*, II, 267-272.

([3203]) *Cambridge medieval history*, IV, 564-568.

([3204]) TEMPERLEY, *History of Serbia*, II, 265.

([3205]) CHALKONDYLÈS, V (126-128); *Cambridge medieval history*, 461.

([3206]) IORGA, *Un prince portugais croisé en Valachie*, *R. H. S. E. E.*, 1926, 8 et s.

([3207]) IORGA, *Geschichte des osmanischen Reiches*, I, 391-392.

([3208]) Vlad le Dragon ou le Démon.

([3209]) IORGA, *op. cit.*, I, 413-419.

([3210]) Qui devint Aladsche-Hissar (vers 1432), *Cambridge medieval history*, IV, 569.

([3211]) IORGA, *op. cit.*, I, 412 (ambassade hongroise à Venise, septembre 1431).

([3212]) Sur l'application du traité de Manuel, témoignage de BERTRANDON DE LA BROQUIÈRE, qui se trouve à Constantinople en 1432 (son *Voyage d'Outre-Mer*, 164 et s.).

([3213]) LAMBROS, *P. P.*, III, λγ'-λς' et 302-304 (éloge de Jean VIII). La cause de la guerre était le conflit entre le duc de Milan, allié de Gênes, et Venise.

([3214]) CHALKONDYLÈS, V (150-151), 281 et s.

([3215]) PHRANTZÈS, *Chronicon majus*, II, 12 (161-163); ZAKYTHINOS, *Le despotat grec de Morée*, 211-213.

([3216]) VAST (H.), *Le cardinal Bessarion*, 40; ZAKYTHINOS, 188.

([3217]) PHRANTZÈS, *Chronicon majus*, II, 9 (156); VAST, *op. cit.*, 42.

([3218]) PHRANTZÈS, *op. cit.*, II, 3 (156); VAST, 42 et s.

([3219]) Sur le concile de Bâle, actes dans *M. C.*, XXX-XXXI *a*; *H. L.*, VII; *D. H. G. E.*, VI, 1932, 356-362.

([3220]) *H. L.*, VII, 673 (projet de traité envoyé par le pape à Jean VIII); VAST, 43.

([3221]) Décision du pape, 12 novembre 1431. Refus du concile, 13 janvier 1432. *H. L.*, VII, 689 et s.

([3222]) CHALKONDYLÈS, VI, 152 (285); BERTRANDON de LA BROQUIÈRE (*Le Voyage d'Outre-Mer*, 210) rencontre les ambassadeurs du concile en Serbie en mars 1433; VAST, *op. cit.*, 43.

([3223]) VAST, *op. cit.*, 43.

([3224]) SYROPOULOS, *Historia vera unionis non verae*, II, 21; VAST, 43.

([3225]) On compte 5 ambassades de Jean VIII, dont 3 à Eugène IV (1431, 1435, 1436) et 2 à Bâle (1434, 1436); 5 ambassades à Jean VIII, dont 2 du pape (1434, 1436) et 3 du concile (1433, 1435 et 1437).

([3226]) VAST, 44 et s.

([3227]) IORGA, *N. E. C.*, IV, 17 (30); VAST, 45.

([3228]) Rapport de Jean de Raguse au concile, 17 novembre 1436, IORGA, *N. E. C.*, 17 (25).

([3229]) SYROPOULOS, *op. cit.*, III, 5; VAST, 45 et s.

([3230]) CHALKONDYLÈS, VI, 152 (285); VAST, 46 et s.

([3231]) Bulle *Doctoris gentium*,

(3232) EBERSOLT (J.), *Orient et Occident*, II, 58.

(3233) LABANDE, *Expédition de Jean Ier Grimaldi, seigneur de Monaco à Constantinople*, 4 et s.; sur les papiers des ambassadeurs retrouvés dans un manuscrit de Trèves voir PFISTER, *R. H.*, 87, 1905, 318.

(3234) SYROPOULOS, III, 15-19 et IV, 1; VAST, 50 et s.

(3235) DEMETRIUS CYDONÈS, *Correspondance*, Introduction, xv et s.

(3236) JUGIE, *Le Schisme byzantin*, 263; IORGA, *N. E. C.*, IV, 17 et 29 (réflexion de Jean de Raguse à propos du caractère factice des divergences sur le *filioque*).

(3237) VAST, 41 et s.; *D. H. G. E.*, VIII, 1935, 1182 et s.

(3238) Ambassadeur à Bâle en 1433.

(3239) VAST, 48.

(3240) *Ibidem*, 49 et s.

(3241) PHRANTZÈS, *Chronicon majus*, II, 13 (785); du même: *Chronicon minus*, υλη′, 1047.

(3242) VAST (H.), *Le cardinal Bessarion*, 59. Jean VIII fit son entrée le 4 mars, le patriarche le 7, et le 8 il eut une entrevue avec le pape. Sur leur voyage, SYROPOULOS, *Historia vera unionis non verae*, IV, 1-11 et LAMBROS, *N. H.*, VII, 1910, 156.

(3243) VAST, *op. cit.*, 57 et s.

(3244) Le 12 octobre 1437 le concile de Bâle annule le décret de translation à Ferrare.

(3245) VAST, 63. Charles VII défend aux évêques français de se rendre à Ferrare, COVILLE, *H. F. L.*, IV, 2, 265.

(3246) IORGA, *Sur les relations des ducs de Bourgogne avec l'Orient*, *B. I. E. S. O.*, III, 1916, 116 et s., et *D. H. G. E.*, VIII, 1935, 1101 et s.

(3247) VAST, 72.

(3248) *Ibidem*, 61 et s.

(3249) LAMBROS, *P. P.*, I, ξε′ et 276-277 (Jean Eugenikos, *Logos Eucharistirios*). Pour 8 cardinaux et 200 archevêques latins il y avait à peine 25 prélats grecs.

(3250) LAMBROS, *P. P.*, I, 265-270.

(3251) VAST, 65 et *P. G.*, CLXI, 532 et s.

(3252) VAST, 69-74.

(3253) LAMBROS, *P. P.*, I, 276.

(3254) *Ibidem*, III, 327-329 (voyage de Jean VIII en Toscane); VAST, 64.

(3255) VAST, 64, 74 et s.; *Mur.*, 6947, 9 (départ du pape le 16 janvier 1439); SYROPOULOS, *op. cit.*, IV, 28 et VIII, 12-14; LAMBROS, *P. P.*, I, 271-274.

(3256) VAST, 79-85.

(3257) *Ibidem*, 87-90; JUGIE, *Le Schisme byzantin*, 267.

(3258) Assemblée du 13 avril 1439, *P. G.*, LXI, 543-612; VAST, 90-96.

(3259) *Mur.*, 6947, 16 et s.; VAST, 97.

(3260) Et de l'*épiclèse* (moment de la consécration), JUGIE, *op. cit.*, 265; *D. A. C. L.*, II, 1905-1910 et V, 142-184.

(3261) Le 8 octobre 1438, VAST, 63; JUGIE, 265 et s.

(3262) *H. L.*, VII, 1009 (1er juin); VAST, 98.

(3263) Il fut enseveli à Santa Maria Novella ainsi que le métropolite de Sardes. LAMBROS, *N. H.*, VII, 1910, 157; VAST, 97.

(3264) *H. L.*, VII, 1012-1014; VAST, 98.

(3265) VAST, 98-100.

(3266) *Ibidem*, 101; JUGIE, 267; *P. G.*, CLX, 52 et s.

(3267) Parce que l'acte était rédigé exclusivement au nom du pape. *H. L.*, VII, 1028-1030.

(3268) *Mur.*, 6947; 20; SYROPOULOS, X, 6-8; CHALKONDYLÈS, VI, 155 (289-292); DOUKAS, XXXI, 216; VAST, 108; *Cambridge medieval history*, IV, 622; JUGIE, 267 et s.; NORDEN, *Das Papsttum und Byzanz*, 712-735.

(3269) SYROPOULOS, III, 9-12; DOUKAS, XXXI (1012); VAST, 109.

(3270) DOUKAS, XXXI (1013); PHRANTZÈS, *Chronicon majus*, II, 17; LAMBROS, *N. H.*, VII, 1910, 157 et s.

(3271) Novembre 1439-janvier 1443. Vast, 127-128; *D. H. G. E.*, IV, 1930, 320-322.

(3272) *Mur.*, 6498, 8; Vast, 126. Contrairement à l'allégation de Phrantzès (*Chronicon majus*, II, 17), on a la preuve que Bessarion est revenu à Constantinople avant d'aller s'établir à Rome. Voir *P. G.*, CLXI, 325 (sa lettre à Alexis Lascaris).

(3273) Vast, 128.

(3274) Doukas, XXXI, 120 (1013) : écho des anti-unionistes.

(3275) Phrantzès, *Chronicon majus*, II, 13.

(3276) Léonard de Chio, *Lettre au pape Nicolas V sur la prise de Constantinople*, *P. G.*, CLIX, 929.

(3277) *Mur.*, 6498, 13; Phrantzès, *op. cit.*, II, 17.

(3278) Lambros, *P. P.*, I, κζ′-κθ′ (détails biographiques).

(3279) Vast, 118 et s.

(3280) Lambros, *P. P.*, I, 21-26 (lettres de Marc); Vast, 119.

(3281) *Ibidem*, I, 27-30 et *P. G.*, CLX, 1092. Sur Scholarios, *idem*, *P. P.*, II, γ′; Vast, 120 et s.

(3282) Phrantzès, *op. cit.*, II, 12 (septembre 1440).

(3283) Syropoulos, XII, 11; Chalkondylès, VI, 155 et s. (292); Grégoire III, *P. G.*, CLX, 693; *Mur.*, 6951, 7 et 6953, 13 (année inexacte).

(3284) Lambros, *P. P.*, II, θ′ et 94 (discours apologétique).

(3285) Phrantzès, *op. cit.*, II, 11; Vast, 121 et s., 132 et s.

(3286) Dès 1393 le métropolite Dorothée intrigue pour introduire les Turcs à Athènes, *M. M.*, n° 435.

(3287) Iorga, *N. E. C.*, IV, 17, 32-34.

(3288) Bertrandon de la Broquière, *Le Voyage d'Outre-Mer*, 148 et s.

(3289) Zakythinos, *Le despotat grec de Morée*, 224 et s. (leur correspondance avec Eugène IV, 1441-1443).

(3290) Sur le rôle de Démétrius à Florence, lettre qui lui est adressée par Scholarios. Lambros, *P. P.*, II, 52 et s. (écrite vers 1450) et *N. H.*, 1924, 72.

(3291) Phrantzès, II, 18; Zakythinos, 216.

(3292) Phrantzès, II, 18; Zakythinos, 70 et s.

(3293) Phrantzès, II, 18; Scholarios, *N. H.*, 1924, 77, le montre plus respecté que le basileus dans son apanage.

(3294) Chalkondylès, VI, 161 (304); Lambros, *P. P.*, II, 54.

(3295) Phrantzès, II, 18; Chalkondylès, VI, 304; Iorga, *Geschichte des osmanischen Reiches*, I, 430.

(3296) L'intervention de Mourad n'est connue que par Scholarios (Boyatzidis, *N. H.*, XVIII, 1924, 82 et s.). Les autres sources ne mentionnent que la reconciliation de Démétrius avec son frère. Chalkondylès, VI, 304.

(3297) Phrantzès, II, 18 et s.

(3298) Boyatzidis, *loc. cit.*, 85 et s.; Chalkondylès, VI, 304.

(3299) Faits connus exclusivement par Scholarios. Voir Boyatzidis, *loc. cit.*, 88 et s.

(3300) Iorga, *op. cit.*, I, 419.

(3301) *Ibidem*, I, 423 et s.; *Cambridge medieval history*, IV, 569 et s.

(3302) Iorga, I, 425; *Cambridge medieval history*, IV, 570.

(3303) 1439. Eckhardt, *Histoire de la Hongrie*, 44; *H. G.* (*L. R.*), III, 713 et s.; Hammer, *Histoire de l'Empire ottoman*, II, 293.

(3304) *Cambridge medieval history*, IV, 570 et s.; Hammer, *op. cit.*, II, 294; Iorga, I, 424; Bertrandon de la Broquière, *Le Voyage d'Outre-Mer*, 215.

(3305) Iorga, *Histoire des Roumains de Transylvanie*, I, 116-119.

(3306) Hammer, *op. cit.*, II, 295 et s.; Iorga, *Geschichte des osmanischen Reiches*, I, 425-427.

(3307) Iorga, *op. cit.*, I, 426.

(3308) Iorga, I, 428-429.

(3309) *Ibidem*, I, 430 et s.; Iorga, *N. E. C.*, I, 101 et s.

(3310) Zakythinos, 225; Iorga, *Les aventures sarrazines des Fran-*

Notes

(3311) *Annales sultanorum Othmanidarum*, 326 et s.; DOUKAS, XXII, 1017-1020 (Doukas confond cette expédition avec celle de 1444); HAMMER, II, 300; IORGA, *Geschichte des osmanischen Reiches*, I, 433.

(3312) Lettre d'Hunyade au voïévode de Transylvanie in IORGA, *N. E. C.*, II, 395; IORGA, *op. cit.*, I, 433-435; *Cambridge medieval history*, IV, 571; *Mur.*, 6952, 2.

(3313) IORGA, *op. cit.*, I, 436; du même : *Les aventures sarrazines...*, 4 et s.

(3314) IORGA, *op. cit.*, I, 437 et s.

(3315) PHRANTZÈS, II, 19.

(3316) IORGA, *op. cit.*, I, 438 et s.

(3317) DOUKAS (XXXII, 122, 1017), fait envoyer l'ambassade à la reine Élisabeth, veuve d'Albert d'Autriche, morte en 1441.

(3318) Ces clauses sont regardées avec raison comme peu vraisemblables. IORGA, *op. cit.*, I, 439; HALECKI, *La croisade de Varna, la réalité et la légende*, *A. I. C. R.*, 1937, 356.

(3319) *Annales sultanorum Othmanidarum*, 327 (607).

(3320) CHALKONDYLÈS, VI, 167 (313) et 171 (321); HAMMER, II, 301 et s.

(3321) CHALKONDYLÈS, VI, 167-168 (315), 172 (324); *Annales...*, 327 (608); IORGA, *op. cit.*, I, 387.

(3322) *Annales...*, 327 (608); DOUKAS, XXXII (1020), confond les dates; HAMMER, II, 304 et s.

(3323) Le 4 août; IORGA, *op. cit.*, I, 440; du même : *N. E. C.*, I, 183.

(3324) IORGA, I, 440 et s.

(3325) *Ibidem*, I, 441 et s.

(3326) CHALKONDYLÈS, VI, 176 et s. (324); *Annales...*, 328 (610-611). D'après CALLIMAQUE (Buonaccorsi), *Istoria di rege Uladislao*, Augsbourg, 1531, p. 344 (éd. Bruto), les Génois de Galata avaient passé les Turcs moyennant un ducat par tête.

(3327) *Mur.*, 6953, 5; CHALKONDYLÈS, VII, 176-179 (328-333); HAMMER, II, 312 et s.; IORGA, I, 442 et s.; VAST, *Le cardinal Bessarion*, 131 et s.; *Cambridge medieval history*, IV, 572.

(3328) IORGA, *Les aventures sarrazines des Français de Bourgogne au XVe siècle*, 14. Voir HALECKI, *loc. cit.* : « Une chance unique de sauver Constantinople s'était présentée. »

(3329) IORGA, *Geschichte des osmanischen Reiches*, I, 443.

(3330) ID., *Les aventures sarrazines...*, 15-18; et du même : *Geschichte des osmanischen Reiches*, I, 445 et s.

(3331) ID., *ibidem*, I, 443; ECKHARDT, *Histoire de la Hongrie*, 44 et s.

(3332) IORGA, *Geschichte des osmanischen Reiches*, I, 446; du même : *N. E. C.*, I, 210 et s., II, 419.

(3333) CHALKONDYLÈS, VII, 180 (336). Phrantzès n'en dit rien.

(3334) IORGA, *op. cit.*, I, 446 et s.

(3335) *Ibidem*, I, 447.

(3336) LAMBROS, *P. P.*, IV, 90 (notice anonyme) et *N. H.*, II, 435; ZAKYTHINOS, *Le despotat grec de Morée*, 226-232; IORGA, I, 447 et s.

(3337) *Mur.*, 6955, 5-6, 8; ZAKYTHINOS, 232-234; NICÉPHORE GRÉGORAS, *Correspondance* (trad. Guilland), I, 448 et s.; Chronique anonyme, *P. G.*, CLIX, 1173 et s.; GRÉGOIRE DE CHYPRE, II, 19 (202 et s.); LAMBROS, *P. P.*, II, 7 (Scholarios, oraison funèbre de Théodore II).

(3338) A cause de ses exploits, créé *beg* par le sultan et surnommé par lui Iskander (Alexandre), MARINESCO, *Alfonse V d'Aragon... et l'Albanie de Scanderbeg*, 13.

(3339) GEGAJ, *L'Albanie et l'invasion turque au XVe siècle*, 31 et 42-45; MARINESCO, *op. cit.*, 11-15; Fr. PAL, *Les relations entre la Hongrie et Scanderbeg*, *R. H. S. E. E.*, X, 1933, 120 et s.

(3340) Congrès d'Alessio, 1er mars 1444, GEGAJ, *op. cit.*, 58.

(3341) GEGAJ, *op. cit.*, 61.

(3342) MARINESCO, *op. cit.*, 25-27.

(3343) IORGA, *Geschichte des osmanischen Reiches*, I, 450.

(3344) *Ibidem*, I, 449; MARINESCO, *op. cit.*, 21; GEGAJ, *op. cit.*, 68.

(3345) GEGAJ, 72-78 (date erronée); Fr. PAL., *loc. cit.*, 127-128; IORGA, *Une nouvelle histoire de Scanderbeg*, R. H. S. E. E., XIV, 1937, 301.

(3346) GEGAJ, 70 et s.

(3347) Fr. PAL., *loc. cit.*, 129 et s.

(3348) IORGA, *Geschichte des osmanischen Reiches*, I, 451-452; du même : *Du nouveau sur la campagne turque de Jean Hunyade en 1448*, R. H. S. E. E., III, 1926, 13-27 (lettre d'un Ragusain sur la bataille de Kossovo).

(3349) *Cambridge medieval history*, IV, 573; IORGA, *op. cit.*, I, 451 et s.; du même : *N. E. C.*, I, 233 et *loc. cit.* (*Du nouveau...*), 17 et s.; MUR., 6957, 2; CHALKONDYLÈS, VII, 189-197 (352-368), principal récit.

(3350) MUR., 6957, 3.

(3351) GEGAJ, *op. cit.*, 75.

(3352) Traité de Gaëte, 26 mars 1451, GEGAJ, 84; MARINESCO, *op. cit.*, 42. Il traite aussi avec Arianites, beau-père de Scanderbeg, chef d'un clan important, GEGAJ, 54 et s.; MARINESCO, 49.

(3353) MARINESCO, 59-63; GEGAJ, 89-92.

(3354) PHRANTZÈS, *Chronicon majus*, II, 19; du même : *Chronicon minus*, υμθ' (1051); DOUKAS, *Chronique universelle*, XXXIII, (1022).

(3355) PHRANTZÈS, *Chronicon minus*, αυε' (1025).

(3356) SCHOLARIOS *ap.* BOYATZIDIS, *N. H.*, XVIII, 1924, 90.

(3357) *Ibidem*, 90-92.

(3358) PHRANTZÈS, *Chronicon majus*, III, 1; CHALKONDYLÈS, VII, 197 et s.

(3359) 6 décembre, PHRANTZÈS, *op. cit.*, III, 1 (807); IORGA, *Geschichte des osmanischen Reiches*, 453.

(3360) PHRANTZÈS, *op. cit.*, III, 1 (808-809); date confirmée par une notice, LAMBROS, *P. P.*, IV, 90. Constantin XI pour la plupart des historiens, XII pour Gibbons et quelques autres. La divergence vient de ce que l'on regarde ou non comme ayant régné Constantin, 3e fils de Romain Lécapène ou Constantin, fils de Michel VII Doukas, fiancé à Anne Comnène.

(3361) LAMBROS, *P. P.*, IV, 91; DOUKAS, *op. cit.*, XXXIII (1024).

(3362) Le détail des faits est connu exclusivement par SCHOLARIOS, *N. H.*, XVIII, 92.

(3363) SCHOLARIOS, *loc. cit.*, 95; PHRANTZÈS, III, 809; IORGA, *N. E. C.*, III, 258.

(3364) SCHOLARIOS, *loc. cit.*, 96-101 et VII, 369 (Démétrius aurait fait des concessions au sujet de l'Union).

(3365) CHALKONDYLÈS, VII, 373; LAMBROS, *P. P.*, I, 239 et s. (relation d'une fille de Démétrius), IV, ιθ' et 207-210 (discours de Gémiste Pléthon à Démétrius); ZAKYTHINOS, 242-245.

(3366) IORGA, *op. cit.*, I, 453; du même, *N. E. C.*, I, 248.

(3367) ZAKYTHINOS, 475; chrysobulle de Constantin XI, pour Raguse, LAMBROS, *P. P.*, IV, 23-25 (1, 451).

(3368) ZAKYTHINOS, 278.

(3369) BOYATZIDIS, *N. H.*, XVIII, 98.

(3370) Probablement en janvier 1449, comme le laisse supposer sa lettre au basileus. Voir PETRIDES (S.), *La mort de Marc d'Éphèse*, *E. O.*, XIII, 1910, 19 et s.

(3271) LAMBROS, *P. P.*, I, 123-134 et Introduction λγ'; monodie de Scholarios sur la mort de Marc, et du même : *P. P.*, II, 28-39.

(3372) VAST, *Le cardinal Bessarion*, 133.

(3373) LAMBROS, *P. P.*, II, κβ' et 198-212; DOUKAS, XXXVII (1072). Notaras avait épousé une Paléologue et était ministre de Constantin XI, LAMBROS, *P. P.*, IV, 465 et s.

(3374) *M. C.*, XIII, 1365 et s.;

(³³⁷⁵) PHRANTZÈS, *Chronicon majus*, III, 1 (818). Le concile anti-unioniste avait élu un patriarche, VAST, *op. cit.*, 134-136.

(³³⁷⁶) Mort le 23 février 1447.

(³³⁷⁷) DOUKAS, XXXVI (1018); IORGA, *N. E. C.*, IV, 27 (46); GENNADIOS dans LAMBROS, *P. P.*, II, 89-96; VAST, 136.

(³³⁷⁸) LAMBROS, *P. P.*, θ'-ια' et 89-105, « ἀλλ' οἶδα καλῶς ὅτι τοῦτο οὐκ ἔσται », 97, 5 (12 mars 1452).

(³³⁷⁹) LAMBROS, *P. P.*, *loc. cit.*, 129-130.

(³³⁸⁰) DOUKAS, XXXVI (1058), avant le 1ᵉʳ novembre 1452; PHRANTZÈS, IV, 2 (911); LÉONARD DE CHIO, *Lettre au pape Nicolas V sur la prise de Constantinople*, 50.

(³³⁸¹) LAMBROS, *P. P.*, II, ια'-ιβ' et 120-128.

(³³⁸²) *Ibidem*, II, 131-135.

(³³⁸³) DOUKAS, XXXVI (1058-1063); LÉONARD DE CHIO, *op. cit.*, 925; VAST, *op. cit.*, 136; IORGA, *Geschichte des osmanischen Reiches*, II, 14; SCHLUMBERGER, *Le siège, la prise et le sac de Constantinople par les Turcs en 1453*, 8.

(³³⁸⁴) DOUKAS, XXXVII (1065-1072).

(³³⁸⁵) ID., XXXIII (1024-1025); IORGA, *op. cit.*, I, 454 et s.; SCHLUMBERGER, *op. cit.*, 10-12.

(³³⁸⁶) DOUKAS, XXXIII (1032-1033).

(³³⁸⁷) ID., XXXV (1052); IORGA, II, 3-5; du même : *N. E. C.*, I, 274, 317.

(³³⁸⁸) Printemps de 1451, IORGA, II, 6.

(³³⁸⁹) DOUKAS, XXXIV (1036 et s.); CHALKONDYLÈS, VII (372); IORGA, II, 6-7.

(³³⁹⁰) IORGA, II, 7-8; HAMMER, *Histoire de l'Empire ottoman*, II, 371 et s.

(³³⁹¹) IORGA, *N. E. C.*, I, 269-270; du même : *Geschichte des osmanischen Reiches*, II, 9.

(³³⁹²) IORGA, *op. cit.*, II, 8-9.

(³³⁹³) ZAKYTHINOS, *Le despotat grec de Morée*, 246 et s.

(³³⁹⁴) GEGAJ, *L'Albanie et l'invasion turque au XVᵉ siècle*, 97-99; MARINESCO, *Alfonse V d'Aragon... et l'Albanie de Scanderbeg*, 62-66.

(³³⁹⁵) 550 mètres de largeur. Sur la rive asiatique s'élevait déjà Anatoli-Hissar.

(³³⁹⁶) PHRANTZÈS, III, 12 (823); CRITOBULE D'IMBROS, *De rebus gestis Mechemetis I*, 30 et s.; *Mur.*, 6960, 11; SCHLUMBERGER, *Le siège, la prise et le sac de Constantinople par les Turcs*, 22-27; PEARS (L.), *The destruction of the Greek Empire*, 213-215; IORGA, *op. cit.*, II, 9-11.

(³³⁹⁷) IORGA, II, 11.

(³³⁹⁸) DOUKAS, XXXIV, 244-246 (sur la cause de rupture donnée par Doukas, voir PAPADOPOULOS, E. B., XV, 1939, 90-91; PHRANTZÈS, III, 3 (239); SCHLUMBERGER, *op. cit.*, 28-29.

(³³⁹⁹) SCHLUMBERGER, *op. cit.*, 27.

(³⁴⁰⁰) *Ibidem*, 30-33; *Mur.*, 9961, 6.

(³⁴⁰¹) *Bibliographie spéciale*. L'édition complète des sources entreprise par l'Académie de Budapest, confiée à Dethier et Hopf, fut interrompue et il n'en subsiste que 4 volumes (t. XXI, 1-2, XXII, 1-2 des *Monum. hungaricae historiae*, Budapest, s. d.). Voir KRUMBACHER, *Geschichte der byzantinischen Literatur*, 311 et s.; VAST (H.), *Le cardinal Bessarion*, 189-194 et *R. H.*, XIII, 1880, 1-40 (étude critique des sources); *The eastern Roman Empire*, vol. IV de *Cambridge medieval history*, 1923, ch. XXI, 887-889; SCHLUMBERGER, *op. cit.*, 359-363; IORGA, *N. E. C.*, IV, (1915) : Actes relatifs à l'année 1453, 53-76; PAPADOPOULOS (I.) Ἡ περὶ ἁλώσεως Κωνσταντινουπόλεως ἱστορία Λεονάρδου τοῦ Χίου, *E. B.*, 1939, 85-95 (la Grande Chronique de Phrantzès dépend de Léonard de Chio). Les meilleurs récits des témoins oculaires sont le Journal du Vénitien Nicolo Barbaro, la lettre de Léonard de Chio au pape, la chronique de Doukas. Voir notre bibliographie générale.

(3402) LAMBROS, *P. P.*, IV, 65 et s.

(3403) Datée du 22 janvier 1453, LAMBROS, *N. H.*, X, 1913, 482.

(3404) MARINESCO, *A. C. E. B.*, V, Rome, 1936, I, 218.

(3405) PHRANTZÈS, IV, 2 (237). Le chrysobulle de donation fut rédigé par Phrantzès.

(3406) 12-18 avril 1453, SCHLUMBERGER, *op. cit.*, 113.

(3407) IORGA, *N. E. C.*, III, 283 et s. (instructions à Lorédan); BRÉHIER (L.), *L'Église et l'Orient. Les Croisades*, 340.

(3408) PICOTTI (G. B.), *Sulle navi papali in Oriente al tempo della caduta di Costantinopoli*, 3-6. Le 28 avril 1453 l'archevêque de Raguse fut nommé légat pontifical pour commander la flotte, mais elle ne partit pas.

(3409) PEARS (L.), *The destruction of the Greek Empire*, 220; SCHLUMBERGER, *op. cit.*, 39.

(3410) D'autres galères vénitiennes venaient de Trébizonde, DOUKAS, XXXVIII, 1074; HEYD, *Histoire du commerce du Levant*, II, 305; SCHLUMBERGER, 41 et s.

(3411) BARBARO (N.), *Giornale dell' assedio di Costantinopoli 1453*, 11; SCHLUMBERGER, *op. cit.*, 44 et s.

(3412) *Mur.*, 6961, 14; BARBARO, *op. cit.*, 25; PHRANTZÈS, III, 3 (241); DOUKAS, XXXVIII (1074); PEARS, *op. cit.*, 220; SCHLUMBERGER, 42-44; HEYD, *Histoire du commerce du Levant*, II, 307.

(3413) LÉONARD DE CHIO, *Lettre au pape Nicolas V...*, 929.

(3414) PHRANTZÈS, III, 3 (241), 838; DOUKAS, XXXIX, 1100, parle de l'étonnement des Turcs après leur victoire, PEARS, *op. cit.*, 246; SCHLUMBERGER, 93.

(3415) DOUKAS, XXXVIII (1076); décrit des μολυβδοβόλοι (lance-plombs), tubes liés en faisceaux; CHALKONDYLES, IX, 480; CRITOBULE D'IMBROS, *De rebus gestis Mechemetis* I, 51; LAMBROS, Ὁ τελευταῖος Ἕλλην αὐτοκράτωρ, *N. H.*, XIV, 1917, 286; PEARS, *op. cit.*, 250 et s.

(3416) PHRANTZÈS, III, 3 (238), 836; CHALKONDYLÈS, VIII, 23; DOUKAS, XXXVIII (1077); PEARS, *op. cit.*, 221.

(3417) LÉONARD DE CHIO, *op. cit.*, 928.

(3418) *Ibidem*, 934-936; VAST, *Le cardinal Bessarion*, 195.

(3419) *Cambridge medieval history*, IV, 696; SCHLUMBERGER, *op. cit.*, 55.

(3420) Chiffre de Barbaro (*Giornale dell' assedio di Costantinopoli*).

(3421) SCHLUMBERGER, 51-54; PEARS, 222 et 230.

(3422) BERTRANDON DE LA BROQUIÈRE, *Le Voyage d'Outre-Mer*, 602-609; PEARS, 223-228.

(3423) CRITOBULE D'IMBROS, *De rebus gestis Mechemetis* I, I, 20 (70); PHRANTZÈS, III, 3, 239; SCHLUMBERGER, 84-88; VAST, *op. cit.*, 203.

(3424) CRITOBULE D'IMBROS, *op. cit.*, I, 29 (77); DOUKAS, XXXV, (1053-1064); SCHLUMBERGER, 56-57 et 88-89.

(3425) CRITOBULE D'IMBROS, I, 21; PHRANTZÈS, III, 3, 240 (837); PEARS, 232-235.

(3426) SCHLUMBERGER, 35, 61.

(3427) PHRANTZÈS, III, 3, 237 (835); DOUKAS, XXXVII (1068); CRITOBULE D'IMBROS, I, 23; SCHLUMBERGER, 61-63; PEARS, 235-236. Mahomet serait arrivé le 5 avril.

(3428) PHRANTZÈS, III, 3 (848-849). La plupart des chefs de poste étaient des étrangers. PEARS, 248-250; SCHLUMBERGER, 97-102.

(3429) CRITOBULE D'IMBROS, I, 25; LÉONARD DE CHIO, 928; CHALKONDYLÈS, VIII, 203-204 (480); VAST, *op. cit.*, 203.

(3430) BARBARO, *Giornale dell' assedio di Costantinopoli*, 21 (6-7 avril); SCHLUMBERGER, 105.

(3431) DOUKAS, XXXVIII (1084 et s.); PHRANTZÈS, III, 3 (836-841); LÉONARD DE CHIO, 927 et s.; CHALKONDYLÈS, VIII, 380; SCHLUMBERGER, 110-113.

(3432) DOUKAS, XXXVIII, 84;

Phrantzès, III, 3 (840); Critobule d'Imbros, I, 31, 34; Léonard de Chio, 928 et s.; Chalkondylès, VIII, 204 et s.

(3433) Barbaro, *op. cit.*, 18 avril; Critobule d'Imbros, I, 35 et s.; Phrantzès, III, 3 (842 et s.). La chronique slavonne place cet assaut de jour, Schlumberger, 114-117; Pears, 256.

(3434) Thérapia sur le Bosphore (dont Mahomet fit empaler les défenseurs) et les îles des Princes, Critobule d'Imbros, I, 32 et s.

(3435) Le 15 avril, Phrantzès, III, 3 (837); Doukas, XXXVIII, 1075.

(3436) Critobule d'Imbros, I, 37; Pernice, *L'imperatore Eraclio* 256 et s.; Schlumberger, 119-121.

(3437) Critobule d'Imbros, I, 39; Léonard de Chio, 931; Doukas, XVIII, 1077 et s.; Barbaro, *op. cit.*, 20 avril; Schlumberger, 123 et s.; Pears, 257-268.

(3438) Sauf Galata, les Turcs occupaient les collines qui dominent la Corne d'Or et communiquaient par un gué situé au fond du golfe avec l'aile gauche de leur armée. Sur les précédents, Hammer, *Histoire de l'Empire ottoman*, II, 406; Schlumberger, 151; Costas Kairophylas, dans *E. B.*, VII, 1930, 46-51.

(3439) Critobule d'Imbros, I, 42 et s. (récit le plus détaillé); Barbaro, 27; Doukas, XXVIII, 1080; Phrantzès, III, 3 (847); Chalkondylès, VIII, 381; Schlumberger, 152-164; Pears, 269-276 et app. 3, 443 et s.; Hammer, *op. cit.*, II, 408 et s.; Zakythinos, *Le chrysobulle d'Alexis Comnène, empereur de Trébizonde, en faveur des Vénitiens*, II, 25-27.

(3440) Barbaro, 23 avril; Schlumberger, 169 et s.; Pears, 278.

(3441) Critobule d'Imbros, I, 43 et s.

(3442) Phrantzès, III, 4 (852); Doukas, XXXVIII (1092) attribue à tort la tentation à Giustiniani; Schlumberger, 170-181; Pears, 278-283.

(3443) Critobule d'Imbros, I, 38; Phrantzès, III, 4 (854) : désaccord des sources sur la date, qui paraît être le 5 mai; Schlumberger, 189-191.

(3444) Pears, 283 et s.; Schlumberger, 191 et s.

(3445) Doukas, XVIII (1088); Chalkondylès, VIII, 207 (385); Schlumberger, 164-166.

(3446) Schlumberger, 192-199 (d'après Barbaro et chronique slavonne); *Cambridge medieval history*, IV, 700.

(3447) Marin, *Les moines de Constantinople depuis la fondation de la ville jusqu'à Photius*, 284; Schlumberger, 182-183, fin avril; des batteries furent établies dans le voisinage.

(3448) Barbaro, 14 mai; Schlumberger, 199-200.

(3449) Schlumberger, 200. La porte Saint-Romain (*Top-Kapousi*, porte du Canon actuelle), se trouve au sud de la vallée du Lykos, au nord de laquelle la pente remonte jusqu'à la porte d'Andrinople (*Édirne-Kapousi*), Pears, 239 et s.

(3450) Barbaro, 16 mai; Pears, 290-292; Schlumberger, 203 et 204.

(3451) Barbaro, 18 mai; Phrantzès, III, 3 (842); Pears, 292-294; Schlumberger, 207-210.

(3452) Barbaro, 21 mai; Schlumberger, 202; Pears, 291.

(3453) Schlumberger, 211-214; Pears, 294-295; Barbaro, 23-24 mai.

(3454) Critobule d'Imbros, I, 48 (90).

(3455) Schlumberger, 237.

(3456) En fait une ambassade hongroise menaçant Mahomet de la guerre arriva le 26 mai, Schlumberger, 241; Phrantzès, III, 4 (858). En outre les Turcs furent effrayés par une aurore boréale.

(3457) Doukas, XXXIX (1092-1093); Chalkondylès, VIII, 207 (385); Schlumberger, 243 et s.

(3458) Léonard de Chio, 935 et s.; Phrantzès, III, 4 (855);

BARBARO, 2 mai; PEARS, 300-307; SCHLUMBERGER, 188. L'empereur refusa, comme on le lui conseillait, de quitter la ville.

(³⁴⁵⁹) BARBARO, 3 et 23 mai; SCHLUMBERGER, 187 et 215-217; le navire battait pavillon du sultan et les matelots étaient habillés en Turcs.

(³⁴⁶⁰) CRITOBULE D'IMBROS, I, 47-51; PHRANTZÈS, III, 4-5 (859 et s.); LÉONARD DE CHIO, 937; SCHLUMBERGER, 246-249; PEARS, 318-320.

(³⁴⁶¹) CRITOBULE D'IMBROS, I, 51 et s.; DOUKAS, XXXIX (1093); SCHLUMBERGER, 251 et s., et 336 (planche); PEARS, 320-326 (planche).

(³⁴⁶²) DOUKAS, XXXIX (1093); PHRANTZÈS, III, 4 (862); LÉONARD DE CHIO, 938; BARBARO, 26 mai.

(³⁴⁶³) PHRANTZÈS, III, 5 (864 et s.); DOUKAS, XXXIX (1093); SCHLUMBERGER, 265-269; CRITOBULE D'IMBROS, I, 45.

(³⁴⁶⁴) PHRANTZÈS, III, 7 (871); SCHLUMBERGER, 264-270; PEARS, 327-331.

(³⁴⁶⁵) PEARS, 331 et s. Sur la dernière nuit à Constantinople et la ronde du Basileus, PHRANTZÈS, III, 7 (872); SCHLUMBERGER, 271-274.

(³⁴⁶⁶) Les renseignements donnés par les sources permettent de chronométrer les épisodes de l'assaut d'après l'heure du lever du soleil au méridien de Constantinople le 29 mai, à 4 h 42 (calendrier julien), à 4 h 31 (calendrier grégorien).

(³⁴⁶⁷) CRITOBULE D'IMBROS, I, 53 et s.; PHRANTZÈS, III, 6 (872-875); BARBARO, 29 mai; SCHLUMBERGER, 277-281; PEARS, 335-337.

(³⁴⁶⁸) Vers 3 h et demie.

(³⁴⁶⁹) CRITOBULE D'IMBROS, I, 54; SCHLUMBERGER, 282-285; PEARS, 337-339.

(³⁴⁷⁰) Vers 4 heures.

(³⁴⁷¹) CRITOBULE D'IMBROS, I, 57; BARBARO; SCHLUMBERGER, 287-291; PEARS, 340; *Cambridge medieval history*, IV, 702.

(³⁴⁷²) CRITOBULE D'IMBROS, I, 58; LÉONARD DE CHIO, 940; DOUKAS, XXXIX, 1097; PHRANTZÈS, III, 7 (875) (désaccord des sources sur la gravité de la blessure); SCHLUMBERGER, 295-301; PEARS, 345-347; VAST, *Le cardinal Bessarion*, 206; *Cambridge medieval history*, IV, 703; *N. E. M.*, XI, 75 : lettre du podestat de Péra blâmant la retraite de Giustiniani.

(³⁴⁷³) DOUKAS, XXXIX, 1097 (seul à mentionner la Cercoporta); CRITOBULE D'IMBROS, I, 61; PEARS, 341-343; SCHLUMBERGER, 291-295.

(³⁴⁷⁴) A 4 h. et demie.

(³⁴⁷⁵) PHRANTZÈS, III, 7 (876-878); CRITOBULE D'IMBROS, I, 60; LÉONARD DE CHIO, 941; DOUKAS, XXXIX, 1100; LAMBROS, *P. P.*, IV, 91 et s.; SCHLUMBERGER, 308-316; PEARS, 350; VAST, *op. cit.*, 207.

(³⁴⁷⁶) PHRANTZÈS, III, 8 (878 et s.); DOUKAS, XXXIX (1100 et s.); LÉONARD DE CHIO, 941; CRITOBULE D'IMBROS, I, 61; SCHLUMBERGER, 321 et s.; PEARS, 358-364.

(³⁴⁷⁷) CRITOBULE D'IMBROS, I, 66; PEARS, 365-369. La foule se porta aussi vers le port pour essayer de s'embarquer avec les Italiens et il y eut des scènes déchirantes. SCHLUMBERGER, 331-344; HAMMER, *Histoire de l'Empire ottoman*, II, 425-428.

(³⁴⁷⁸) CRITOBULE D'IMBROS, I, 68; DOUKAS, XL, 1112; *Annales sultanorum Othmanidarum*, 612; PHRANTZÈS, III, 9 (881); PEARS, 372 et s.; SCHLUMBERGER, 348-351; HAMMER, *op. cit.*, II, 429-431.

(³⁴⁷⁹) CRITOBULE D'IMBROS, I, 67; PODESTAT DE PÉRA, *N. E. M.*, XI, 76; IORGA, *Geschichte des osmanischen Reiches*, II, 34 et s.; PEARS, 370-372. Voir DALEGGIO D'ALESSIO, *Traité entre les Génois de Galata et Mahomet II* (1ᵉʳ juin 1453), *E. O.*, XXXIX, 1939, 161.

(³⁴⁸⁰) PEARS, 247.

(³⁴⁸¹) PHRANTZÈS, IV, 14 (903); CHALKONDYLÈS, VIII (401-408); ZAKYTHINOS, 247-250; MILLER (W.), *Essays on the Latin Orient*, 103.

Notes

(3482) M. M., III, 290; ZAKYTHINOS, 250.

(3483) CRITOBULE D'IMBROS, III, 1-9; CHALKONDYLES, IX, 436; ZAKYTHINOS, 256-260.

(3484) Sa victoire d'Alessio (1457), IORGA, op. cit., II, 83-85; GEGAJ, L'Albanie et l'invasion turque au XVe siècle, 110 et s.

(3485) HOEKS, Pius II und der Halbmond, 101-130.

(3486) MILLER, op. cit., 104; ZAKYTHINOS, 261-267 (tentatives des deux despotes pour se réconcilier et de Thomas pour traiter avec le sultan).

(3487) MILLER, 105 et s.; ZAKYTHINOS, 267-274; IORGA, op. cit., II, 88 et s.; CRITOBULE D'IMBROS, III, 19-24.

(3488) MILLER, 238-241; ZAKYTHINOS, 274.

(3489) CHALKONDYLÈS, IX (457-460); EVANGELIDES, 140 et s.

(3490) CHALKONDYLÈS, IX (460) (248); EVANGELIDES, 143 et s.

(3491) EVANGELIDÈS 144; DIEHL, Dans l'Orient byzantin, 209 et s. Théodora est désignée sous le nom de *Dokouz Katoum*, *Despoina Katoum*, dont le sens est : *Madame la Princesse*, DIEHL, op. cit., 209, 1.

(3492) EVANGELIDÈS, 145.

(3493) Ibidem, 147.

(3494) Ibidem, 148-154; VASILIEV, The Goths in the Crimea, 281; DIEHL, 216.

(3495) EVANGELIDÈS, 215 et s.; IORGA, Geschichte des osmanischen Reiches, II, 98.

(3496) CHALKONDYLÈS, XI, 245 (453 et s.) ; DOUKAS, XIV (1160); IORGA, II, 100 et s. ; 156 et s. ; CRITOBULE D'IMBROS, IV, 3.

(3497) LAMBROS, Ὁ τελευταῖος Ἕλλην αὐτοκράτωρ, N. H., XIV, 1917, 284; CRITOBULE D'IMBROS, IV, 4-6; CHALKONDYLÈS, IX (481 et s.); IORGA, II, 101 et s.; EVANGELIDÈS, 457.

(3498) LAMBROS, loc. cit., 285 et s.

(3499) CRITOBULE D'IMBROS, IV, 2 et 7-8; CHALKONDYLÈS, IX (485 et s.); DOUKAS, XLV (1161); PHRANTZÈS, IV, 19 (988); LAMBROS, loc. cit., 285-293; EVANGELIDÈS, 157-161; IORGA, II, 102; CHRYSANTHOS, 319-326; DIEHL, Dans l'Orient byzantin, 218.

(3500) LAMBROS, loc. cit., 289 et s.; EVANGELIDÈS, 161-163; DIEHL, op. cit., 218 et s. Sur la trahison de Georges Amiroutzès, CHRYSANTHOS, 314 et s.

Table des références bibliographiques

Cette table indique simplement les sources et les ouvrages qui ont été consultés et ne représente pas une bibliographie complète de l'histoire de l'Empire d'Orient, jamais dressée entièrement jusqu'ici. On trouvera tous les éléments de cette bibliographie dans l'ouvrage classique de Karl Krumbacher, *Geschichte der byzantinischen Literatur...*, 2ᵉ éd. Munich, 1897 (*Allgemeine Bibliographie*, p. 1068-1144). Une réédition préparée par Aug. Heisenberg est annoncée dans le *Handbuch Altertumswissenschaft* de W. Otto, XII. Abt., dont le 2ᵉ volume de la première partie a été publié : Ostrogorsky (G.), *Geschichte des Byzantinischen Staates*, Munich, 1940 (Notice générale et notices particulières sur les sources et bibliographies de détails). On consultera aussi les notices bibliographiques des revues, mentionnées plus bas, qui s'occupent de l'histoire de Byzance, ainsi que mes « *Bulletins périodiques des publications relatives à l'Empire byzantin* » (*Revue Historique*, depuis 1905), les tables bibliographiques du tome IV de *The Cambridge Medieval History : The Eastern Roman Empire, 717-1453*, Cambridge, 1923; les *Aperçus des travaux d'histoire byzantine en Occident et en Russie* de A. Vasiliev (*Histoire de l'Empire byzantin*, traduction française, t. I, Paris, 1932, ch. I-II), ainsi que ses deux bibliographies. Utile à connaître est le catalogue byzantin du libraire Blackwell (*Blackwell's Byzantine hand list*, Oxford, 1938). Enfin l'état actuel de la science historique et ses desiderata sont exposés dans le suggestif volume de Charles Diehl, *Les grands problèmes de l'histoire byzantine*, 1943 (surtout le ch. XIII).

[1946]

ABRÉVIATIONS

(Grandes Collections, Publications académiques, Revues, Mélanges, Travaux collectifs, Dictionnaires.)

Auctores antiquissimi, M. G. H. éd. in-4º. Id. Chronica Minora, A. A. Chr. M	*AA*
Analecta Bollandiana	*AB*
Annuaire de l'Association des Études Grecques	*AAEG*
Actes des Congrès de l'Association Guillaume-Budé	*ACB*
Actes des Congrès internationaux des Études byzantines : I. Bucarest, avril 1924. Titres et sommaires des communications. Voir B. H. A. R., XI, 1924, publication de 24 mémoi-	

res présentés au Congrès; Marinesco (C.), *Compte rendu du premier Congrès international d'études byzantines*, Bucarest, 1925 .... ACEB
II. Belgrade, avril 1927 (*Compte rendu* par D. Anastasievič et Ph. Granič. Belgrade, 1929).
III. Athènes, octobre 1929 (*Actes* édités par A. Orlandos, Athènes, 1932).
IV. Sofia, septembre 1934 (*Actes* du IVᵉ Congrès international des Études byzantines, publiés par B. Filov dans B. I. A. B., IX, Sofia 1935).
V. Rome, septembre 1936 (*Actes* publiés dans S. B. N, V., Rome 1930, t. I, *Storia, Filologia, Diritto*).
VI. Alger, 1939 (n'a pu avoir lieu par suite des circonstances : Résumé des communications annoncées, Paris, 1940).
Actes des Congrès internationaux des Orientalistes (Section des rapports entre l'Orient et l'Occident et de civilisation byzantine depuis le XIIIᵉ congrès, Hambourg, septembre 1902) .... ACO
Annales Ecclesiastici. Baronius, Lucques, éd. 1728-1749. AEB
Annales Ecclesiastici. Raynaldi, Rome, 1646-1727........ AER
American historical review .... AHR
Académie des Inscriptions et Belles-Lettres. Comptes rendus des séances .... AICR
Académie des Inscriptions et Belles-Lettres. Mémoires ... AIM
Annales de l'Institut Kondakov. Prague, 1938 et Belgrade, 1939 (voir S. K.) .... AIK
Annales de l'Institut Oriental de la Faculté des Lettres d'Alger .... AIOA
Annuaire de l'Institut de Philologie et d'Histoire orientale de l'Université de Bruxelles .... AIOB
Athenische Mitteilungen (M. D. A. I.) .... AM
Archives de l'Orient Latin, 2 v. 1881-1884................ AOL
Archiv für Papyrusforschung .... AP
Acta Sanctorum Bollandiana .... ASSB
Archiv für Urkundenforschung .... AU
Bessarione, Rome, depuis 1897 .... B
Byzantinisches Archiv (suppléments à B. Z.)............... BA
Bulletin de Correspondance hellénique .... BCH
Brosset. Collection d'historiens arméniens (traductions en français), Pétersbourg, 1874-1876, 2 v .... BCHA
Buletinul Comisiunii Monumentelor Istorice. Bucarest .... BCMIR
Bibliothèque de l'École des Chartes .... BEC
Bulletin de la Section historique de l'Académie roumaine. Bucarest .... BHAR
Bulletin de l'Institut archéologique bulgare. Sofia .... BIAB
Bulletin de l'Institut pour l'étude de l'Europe Sud-Orientale (dir. N. Iorga). Bucarest .... BIESO
Bulletin de l'Institut français d'archéologie orientale. Le Caire .... BIFAO
Banduri. *Imperium Orientale*, 2 v. 1711 .... BIO
Bibliotheca Medii aevi, 7 v. (éd. Sathas) .... BMA
Byzantion, Bruxelles, depuis 1924........................ BN
Byzantinisch-Neugriechische Jahrbücher .... BNI
Bibliotheca orientalis (J. Assemani), 4 v. Rome, 1719-1728 . BO
Bosporus. Mitteilungen des deutschen Ausflugsvereins « G. Albert ». Constantinople, depuis 1903 .... Bosp.
Byzantis. Athènes, depuis 1903 .... BS

Bibliographie

Bulletin de la Société des Antiquaires de France	*BSAF*
Byzantino-Slavica (Institut slave de Prague)	*BSl*
Byzantine Texts, éd. Bury. Londres, 1898-1902, 5 v.	*BT*
Byzantinische Zeitschrift. Munich, depuis 1892	*BZ*
Collection byzantine publiée sous le patronage de l'Association Guillaume-Budé	*CBB*
Corpus Bruxellense	*CBr*
Centralblatt für Bibliothekwesen. Leipzig	*CBW*
Corpus des griechischen Urkunden des Mittelalters und der neueren Zeit (F. Doelger)	*CGU*
Classique de l'Histoire de France au Moyen Age (L. Halphen)...	*CHF*
Corpus iuris civilis Iustiniani, éd. Schœll. Code = C. J.; Digeste = Dig.; Institutes = Inst.; Novelles = N. J.....	*CICI*
Corpus inscriptionum graecarum	*CIG*
Corpus inscriptionum latinarum	*CIL*
Cambridge medieval history (The), t. IV, 1923	*CMH*
Corpus scriptorum historiae byzantinae (Byzantine du Louvre) 1648-1819	*CSBL*
Corpus scriptorum christianorum orientalium (Guidi).....	*CSCO*
Corpus scriptorum ecclesiasticorum latinorum (Académie de Vienne)	*CSEL*
Corpus scirptorum historiae byzantinae. Bonn, 1828-1843 .	*CSHB*
Code Théodosien, éd. Krueger	*CTh*
Dictionnaire d'Archéologie chrétienne et de liturgie (en cours de publication depuis 1907)	*DACL*
Du Cange. Glossarium ad scriptores mediae et infimae graecitatis, 2 v. Lyon, 1688	*DGG*
Du Cange. Glossarium ad scriptores mediae et infimae latinitatis, éd. de Niort, 10 v., 1883	*DGL*
Dictionnaire d'histoire et de géographie ecclésiastiques (en cours de publication depuis 1912)	*DHGE*
Δελτίον τῆς ἱστορικῆς καὶ ἐθνολογικῆς ἑταιρείας τῆς Ἑλλάδος. Athènes	*ΔIE*
Dictionnaire de théologie catholique	*DThC*
Ἐπετηρὶς ἑταιρείας Βυζαντινῶν σπουδῶν (annuaire de la Société des Études Byzantines). Athènes depuis 1924 ..	*EB*
Ephemeris daco-romana. Annuario della Scuola romana di Roma. Rome	*ED*
Ecclesiae graecae monumenta, éd. Cotelier, 1677-1686	*EGR*
English historical review	*EHR*
Évolution (L') de l'Humanité (Bibliothèque de Synthèse historique), fondée par Henri Berr	*EH*
Fabricius. Bibliotheca graeca, éd. de 1808	*FBG*
Fondation Eugène Piot. Monuments et mémoires publiés par l'Académie des Inscriptions et Belles-Lettres	*FEP*
Fragmenta historicorum graecorum, éd. C. Müller, 5 vol. Paris, 1870, 2ᵉ éd., 1883	*FHG*
Gazette des Beaux-Arts	*GBA*
Golubovich. Biblioteca biobibliographica della Terra Santa e dell' Oriente Francescano. Qaracchi, 3 v., 1906 sq	*GBB*
Griechische christliche Schriftsteller... (Académie des Sciences de Berlin)..	*GCS*
Hermes	*H*
Histoire de l'Académie des Inscriptions et Belles-Lettres...	*HAI*
Historiens des croisades (Recueil des) (Historiens occidentaux = H. C. occ.; grecs = H. C. gr.; orientaux = H. C. or.;	

Documents arméniens = H. C. D. A.) .... HC
Histoire de France (Lavisse) .... HFL
Histoire générale (Lavisse et Rambaud)............... HG (LR)
Histoire générale (G. Glotz). Histoire ancienne .... HG (HA)
Histoire générale (G. Glotz). Histoire du Moyen Age ...... HG (MA)
Historici graeci minores, éd. Dindorf. Leipzig, 1870, 2 v. HGM
Hefele. Histoire des conciles, traduction française, 2ᵉ éd. Henri Leclercq .... HL
Histoire du monde (E. Cavaignac) .... HMC
Historische Zeitschrift (Sybel's) .... HZ
Izviestiia Rousskago Archeologittcheskago Instituta v' Konstantinopol (Bulletin de l'Institut archéologique russe de Constantinople)............................... IRI
Itinéraires russes. S. O. L., Genève, 1889 .... IRSOL
Journal Asiatique .... JA
Journal des Savants .... JS
Klio. Beiträge zur alten Geschichte .... Klio
Langlois. Collection des historiens anciens et modernes de l'Arménie, trad. en français, 2 v. 1867-1869............ LCHA
Moyen Age (Le) .... MA
Mémoires de l'Académie de Belgique.................. MAB
Mélanges d'archéologie et d'histoire publiés par l'École française de Rome .... MAH
Mémoires de l'Académie impériale des Sciences de Saint-Pétersbourg .... MAISP
Mélanges Bidez, 2 v. Bruxelles, 1933................. MB
Monde byzantin, II et III, L'Évolution de l'Humanité ...... MBEH
Mansi. Amplissima collectio conciliorum............. MC
Mélanges Charles Diehl. I. Histoire, 1930. II. Archéologie . MD
Mitteilungen des deutschen archäologischen Instituts.... MDAI
Mitteilungen des deutschen Exkursionsklub in Konstantinopel .... MDEK
Mélanges de l'École roumaine en France............. MERF
Mélanges Ferdinand Lot .... MFL
Monumenta Germaniae historica. Epistolae, éd. in-4°..... MGE
Monumenta Germaniae historica. Scriptores .... MGHSs
Mélanges G. Glotz .... MGl
Mélanges Heisenberg, B Z, XXX, 1929-1930........... MH
Mélanges N. Iorga. Paris, 1933 .... MI
Mélanges Kondakov. Prague, 1926 .... MK
Mélanges Sp. Lambros. Athènes, 1935................ ML
Miklosich et Müller. Acta et diplomata graeca medii aevi, 6 v. Vienne, 1860-90 .... MM
Mélanges Ouspenskij (L'art byzantin chez les Slaves), 2 recueils, 1930, 2 v.; 1932, 2 v .... MO
Mélanges Paul F. Girard. Paris 1912 .... MPG
Mélanges W. Ramsay (Anatolian studies). Manchester, 1923. MR
Mémoires de la Société des Antiquaires de France ...... MSAF
Mélanges Šišič. Zagreb, 1929 .... MS
Mélanges Gustave Schlumberger, 1924 .... MSchl
Mélanges Strzygowski .... MStr
Mélanges de l'Université Saint-Joseph de Beyrouth ..... MUB
Muralt (de). Chronographie .... Mur
Notices et extraits pour servir à l'histoire des croisades au xvᵉ siècle (Iorga) .... NEC
Notices et extraits des manuscrits de la Bibliothèque Nationale .... NEM

Neos Hellenomnemon (Sp. P. Lambros). Athènes, 1904-1930	NH
Novelles de Justinien, éd. Zachariae von Lingenthal	NJ
Nova patrum bibliotheca, éd. A. Mai, 9 v. Rome, 1852-1888	NPB
Orientalia cristiana periodica. Rome, Institut Pontifical, depuis 1935	OC
Peuples et civilisations. Histoire générale (Halphen et Sagnac)	PCH
Patrologiae Cursus completus Migne. Series graeco-latina	PG
Patrologiae Cursus completus Migne. Series latina	PL
Papyrus grecs d'époque byzantine (Jean Maspero), Leipzig, 1911-1916	PGB
Patrologia Orientalis (Graffin et Nau)	PO
Παλαιολόγεια καὶ Πελοποννησιακά	PP
Pauly-Wissova. Real Encyclopädie der classischen Altertumswissenschaft	PW
Revue Archéologique	RA
Rivista di Archeologia Cristiana. Rome	RAC
Rerum britannicarum medii aevi scriptores	RBM
Revue des Cours et Conférences de la Faculté des Lettres de Paris	RCC
Revue des Études arméniennes (fondée en 1919)	RE Arm
Revue des Études grecques	REG
Revue des Études slaves	RES
Revue Historique	RH
Revue d'Histoire ecclésiastique (Louvain)	RHE
Recueil des historiens des Gaules et de la France (dom Bouquet)	RHGF
Revue de l'Histoire des religions	RHR
Revue d'histoire et de philologie relig. Univ. Strasbourg	RH Ph R
Revue Historique du Sud-Est européen. Bucarest	RHSEE
Revue Internationale de l'Enseignement Supérieur. Paris	RIE
Rerum italicarum scriptores, éd. Muratori. Milan, 1723, 13 v. Nouvelle édition Carducci-Fiorini, 1900	RISS
Regesten der Kaiserurkunden des öströmischen Reiches (F. Dölger, Munich, I-III, 1924-1932)	RKOR
Rheinisches Museum	RM
Römische Mitteilungen (M. D. A. I.)	RMitt
Revue de numismatique	RN
Revue de l'Orient chrétien (fondée en 1897)	ROC
Revue de l'Orient latin (fondée en 1893)	ROL
Regestes des actes du patriarcat byzantin. I. Actes des patriarches (R. P. Grumel)	RPB
Registres des papes publiés par l'École française de Rome	RPEF
Regesta pontificum romanorum (Jaffé-Wattenbach), jusqu'à 1198 — Potthast, 1198-1304	RPR
Revue des Questions historiques	RQH
Revue de Synthèse historique	RSH
Rivista degli Studi orientali. Rome	RSOr
Revue des Sciences politiques	RSP
Syria. Revue d'art oriental et d'archéologie	S
Sitzungsberichte der Kön. preussischen Akademie der Wissenschaften zu Berlin	SAB
Studi Bizantini e neoellenici Istituto per l'Europa orientale (S. G. Mercati. Rome)	SBN
Société de l'histoire de France	SHF
Seminarium Kondakovianum. Prague, 1927-1937 (voir	

A. I. K.) .... SK
Speculum. A Journal of mediaeval studies, published by the
 Mediaeval Academy of America .... SP
Scriptores rerum langobardicarum. M. G. H. éd. in-4° .... SRL
Scriptores rerum merovingicarum M. G. H. éd. in-4° ...... SRM
Strena Buliciana (Mélanges en l'honneur de Mgr Bulič). Zagreb 1923 .... StrB
Tafel et Thomas. Urkunden zur älteren Handels und Staatengeschichte der Republik Venedig (Fontes rerum austriacarum. II). Vienne 1856-1857 .... T Th
Vizantiiskoe Obozriénie (Revue Byzantine) (Hegel) Iouriev 1915... VO
Vizantiyski Vremennik (Βυζαντινά Χρονικά) Saint-Pétersbourg, 1893-1914 VV
Xenia. Hommage international à l'Université nationale de Grèce à l'occasion du 75e anniversaire de sa fondation. Athènes, 1912 X
Zachariae von Lingenthal. Collectio librorum juris graecoromani ineditorum. Lipsiae, 1852 .... ZLJ
Zhurnal ministerzva narodnago prosveshchéniya [Journal du Ministère russe de l'Instruction publique]. Saint-Pétersbourg .... ZMIPR

SOURCES CONSULTÉES

Abou'lfaradj (voir Bar-Hebraeus).
Acta Aragonensia [Correspondance diplomatique de Jayme II, 1291-1327] éd. Finke, Berlin, 1908.
Acta et scripta quae de controversiis ecclesiae graecae et latinae saec. XI composita exstant, éd. Will. Leipzig, 1871.
Actes de l'Athos. Actes de Lavra, I (877-1178), éd. G. Rouillard et P. Collomp, 1937.
Actes de l'Athos dans V. V. (suppléments) XII, 1905 Esphigmenou; XIII, 1907 Zographou; XVII, 1910 Chilandar (actes grecs), 1912 (actes slaves); XX, 1913, Philotheou (voir plus loin Meyer).
Actes de saint Démétrius (S. Demetrii miracula), P. G., CXVI.
Agapet le Diacre, *Exposé des devoirs des princes, à Justinien*, P. G., LXXXVI.
Agapius de Mabough, Chronique universelle (arabe), éd. et trad. Vasiliev, P. O., 5-8, 1912.
Agathias, *Histoire* (552-558). P. G., LXXXVIII.
Agnellus, *Liber pontificalis Ecclesiae Ravennatis*, éd. Holder-Egger, S. R. L. 1878.
Aimé du Mont-Cassin, *Histoire de li Normant*, éd. Delarc, Rouen, 1892, S. H. F.
Albéric des Trois-Fontaines, *Chronique*, M. G. H. S. S., XXIII, 647-950.
Albert d'Aix-la-Chapelle, *Liber christianae expeditionis...* H. C. occ., IV, 265-273.
Ammien Marcellin, *Histoire* (353-378), éd. Gardthausen, 2 v. Leipzig, 1874-1875.
Anagnostès (Jean), *Narratio de extremo Thessalonicensi excidio*, P. G., CLVI, 587-632.
Annales januenses, M. G. H. S. S., XVIII.
Annales regni Francorum (741-829), éd. Kurze, M. G. S. S. in usum scholarum, Hanovre, 1895.

Annales sultanorum Othmanidarum... éd. J. Leunclavius, P. G., CLIX, 573-650.

ANNE COMNÈNE, *Alexiade*, éd. Refferscheid, 2 v. Leipzig, 1884; éd. Leib et trad. française. C. B. B., 3 v. 1937-1946.

Anonyme Fourmont (Histoire d'une révolution arrivée en Perse dans le VIe siècle), H. A. I., 1733, 325-335.

Anonyme Guidi, Chronique, de 590 à la conquête arabe, C. S. C. O., III, Scriptores Syri, IV.

Anonyme, Περὶ καταστάσεως ἀπλήκτου, éd. Martin. N. E. M., XXXVI, 1, 71 sq. — Περὶ παραδρομῆς πολέμου (*De velitatione bellica*) éd. Hase. C. S. B. L., 1819.

Anonyme (*Scriptor incertus*), Vie de Léon l'Arménien, P. G., CVIII et B. N., XI, 1936, 417 sq.

Anonyme, De Phoca coronato et Mauricio interfecto, P. G., LXXVII, 1319.

Anonyme Valois, Pars posterior, éd. Mommsen A. A., IX, 1.

ANTIOCHUS LE STRATÈGE [*récit de la prise de Jérusalem par les Perses en 614*], éd. Marr, Saint-Pétersbourg, 1909. Trad. franç. Couret (version arabe) R. O. C., 1897; trad. ang. Conybeare (version géorgienne) E. H. R., XXV, 1910.

ANTOINE, archevêque de Novgorod, *Le livre du pèlerin.* I. R. S. O. L., Genève, 1899.

ASOGHIK (Étienne de Taron), *Histoire universelle,* trad. allem. Burckhart et Gelzer, Leipzig, 1909.

BALSAMON, *Œuvres,* P. G., CXXXVII-CXXXVIII.

BARBARO (Niccolo), *Giornale dell' assedio di Costantinopoli 1453,* éd. Cornet, Vienne, 1856. Epitome, P. G., CLVIII, 1067 sq.

BAR-HEBRAEUS (Abou'l Faradj), *Chronique universelle,* texte arabe, éd. Salhani, Beyrouth, 1890.
— *Chronique syriaque,* 1264-1286, continuée jusqu'en 1498, éd. et trad. latine Abbeloos, 3 v., Louvain, 1872-1877.

Basiliques (Τὰ Βασιλικά) éd. Fabrot. Paris, 1747, 7 v.; Heimbach, Leipzig, 1833-1870, 6 v.

BAUDRI DE BOURGUEIL, *Historia hierosolymitana.* H. C. occ., IV, 265-273.

BERNOLD, *Chronique,* M. G. H. Ss., V, 385-487.

BERTRANDON DE LA BROQUIÈRE, *Le Voyage d'Outre-Mer,* éd. Schefer, 1892.

BOUCICAUT, *Le livre des faicts du maréchal Boucicaut,* 2e éd., Michaud et Poujoulat, 1881.

BROSSET, *Histoire de la Géorgie,* Pétersbourg, 5 v., 1849-1858.

CAMENIATÈS (Jean), *La prise de Thessalonique par les Arabes,* 904, P. G., CIX, 519-653.

CANTACUZÈNE (Jean), *Histoires en 4 livres,* P. G., CLIII-CLIV.

CASSIODORI SENATORIS, *Variae,* éd Mommsen, A. A., XII, 1894.

CEDRENOS (Georges), *Synopsis historion,* éd. Bekker, C. H. S. B., 2 v., 1838 = P. G., CXXI-CXXII.

CHALKONDYLÈS (Laonikos), *Histoires en 10 livres,* P. G., CLIX.

Chartes de Ravenne (*Syllabus graecarum membranarum*), éd. Trinchera, Naples, 1865.

Chronica Minora, texte syriaque, trad. Guidi, C. S C O., III, IV.

Chronicon Salernitanum, M. G. H. SS., III, 470 sq.

Chronique de Monemvasia, éd. Veïs, B. S. I., 1909.

Chronique de Morée (version grecque), éd. J. Schmitt, Londres, 1904.

Chronique de Morée (version française), éd. J. Longnon, S. H. F., 1911.

Chronique Pascale [ou *Alexandrine*], P. G., XCII.

Chronique siculo-arabe, éd. Cozza-Luzi, Palerme, 1890.

Chronique syriaque [Histoire des rois sassanides], éd. et trad. Guidi, C. S. C. O., III, IV, 1903.

Chroniques courtes (βραχέα χρονικά) (voir Charanis, B. N., XIII, 1938, 335 sq.) éd. Lambros, Athènes, 1932-1933.

CLAVIJO (Ruy Gonzalez de), *Historia del gran Tamerlan (Coleccion de Cronicas...)* Madrid, 1779 et éd. Streznevski, M. A. I. S. P., XXVIII, 1881 (texte espagnol et trad. russe).

ps.-CODINUS, *De officialibus palatii.* P. G., CLVII.

Commemoratio brevis rerum a legatis apostolicae sedis Constantinopoli gestarum (1054), éd. Will (*Acta et scripta...* 991 = P. L., CXLIII.

CONSTANTIN MANASSÈS, *Synopsis Historike.*

CONSTANTIN VII Porphyrogénète, Ἔκθεσις τῆς βασιλικῆς τάξεως [*De Cerimoniis aulae byzantinae*], éd. Reiske, 2. v., Lipsiae, 1751-1754 = P. G. CXII.
— *Le livre des Cérémonies*, texte et trad. française, commentaire par A. Vogt, 2 v., C. B B., 1935, 1940 (I, ch. 1-92).
— [*De administrando imperio*]. P. G., CXIII.
— [*De thematibus*], P. G., CXIII.
— [*Delectus legum*] P. G., CXIII.
— *Strategikon*, éd. Meursius, Leyde, 1617 (voir Dain, Nicéphore Ouranos).
— *Translation de l'icône d'Édesse.* P. G., CXIII, 425-454.

CONSTANTIN LE RHODIEN, *Description de l'église des Saints-Apôtres*, éd. Legrand, R. E. G., IX, 1896, 32 sq.

CORIPUS, *In laudem Iustini*, éd. Partsch. A. A., III, 2.

COSMAS INDICOPLEUSTES, *Topographie chrétienne*, P. G., LXXXVIII.

CRITOBULE D'IMBROS, *Histoires* [*De rebus gestis Mechemetis I*] éd. Müller, F. H. G. V., 54-161, 1870.

DAIN, *La « Tactique » de Nicéphore Ouranos*, 1937.

[*Damascus (the) Chronicle of the Crusades*], extraits et trad. anglais d'Ibn al' Qalânisi, par Gibb (M.), Londres, 1932.

DANDOLO, *Chronicon Venetum*, R. I. S. S., XII.

DÉMÉTRIUS CYDONÈS, *Correspondance*, éd. et trad. franç. Cammelli, C. B. B.

DENYS DE TELL-MAHRÉ, *Chronique*, éd. et trad. française J.-B. Chabot, 1895.

Didascalia Iacobi nuper baptizati (602-610), éd. Bonwetsch. Göttingen, 1899.

DMITRIEVSKY, Τυπικά, Kiev, 1895.

DOUKAS, [*Chronique universelle*], P. G., CLVII.

EKKEHARD D'AURA, *Hierosolymita*, éd. Hagenmeyer, Tübingen, 1877 et H. C. occ., V, 1-40.

Ekloga Leonis et Constantini, éd. Z. L. J. Gr. r.

ÉLIE DE NISIBE, *Chronique syriaque*, éd. et trad. Brooks et J.-B. Chabot, C. S. O., III, VII-VIII, 1909.

Epanagoge Basilii, Leonis et Alexandri, éd. Z. L. J. Gr. r., Lipsiae, 1852.

Epistulae et chartae ad historiam primi belli sacri spectantes, éd. Hagenmeyer, Innsbruck, 1901.

Epistulae imperatorum, pontificum. aliorum inde ab a. CCCLXVII usque ad a. DLIII datae (*Collectio Avellana*), C. S. E. L., XXXV. Vienne, 1895-1898.

Epistulae Innocentii III, éd. Baluze-Bréquigny, P. L., CXCIV-CCXVI.

ÉTIENNE DE NOVGOROD, [*Pèlerinage vers 1300*], I. R. S. O. L., 1889.

Euchologion sive Rituale Graecorum, éd. Goar, Paris, 1647 (Venise, 1730).

EUDES DE DEUIL, *De Ludovici VII profectione in Orientem.*

EUNAPIUS, *Vie des sophistes*, éd. Boissonade, Amsterdam, 1822.

EUSÈBE, *Vie de Constantin*, éd. Dindorf, Leipzig, 1867 et P. G., XX, 906 sq.
EUSTATHE DE THESSALONIQUE, Συγγαφὴ τῆς κατ' αὐτὴν ἁλώσεως (1185), P. G., CXXXVI, 1 sq.
— *Opuscula*, éd. Tafel, Francfort, 1832 = P. G., CXXXVI.
EUTROPE, *Breviarium*, A. A., II.
EUTYCHIUS, patriarche d'Alexandrie, xe s., *Annales*. Texte arabe et trad. franç. Cheikho, C. S. C. O., III, VII, et trad. latine Pocock, P. G., CXI.
EVAGRIOS, *Histoire ecclésiastique*, P. G., LXXXVI; et éd. Bidez et Parmentier, Leipzig, 1898.
Excerpta legationum (περὶ πρεσβείων), éd. Dindorf, H. G. M., 1829. et P. G., CXIII.
FOUCHER de CHARTRES, *Gesta Francorum Hierusalem expugnantium*, H. C. occ., III, 311-485.
GENESIOS, *Le livre des Empereurs*. P. G., CVIII, 985 sq.
GEORGES AKROPOLITÈS, *Chronique*, P. G., CXL et éd. Heisenberg, 2 v., Leipzig, 1903.
GEORGES DE CHYPRE, *Descriptio orbis romani*, et BASILE L'ARMÉNIEN, *Nea Taktika*, éd. Gelzer, Leipzig, 1890.
GEORGES LE MOINE [*Chronique universelle*], P. G., CIX.
GERBERTI, *Epistolae*, éd. Havet, 1889.
Gesta Francorum et aliorum Hierosolymitanorum, éd. et trad. française L. Bréhier, C. H. F., 1924.
GLYKAS (Michel), *Annales*, P. G., CLVIII, 27-624.
GRÉGOIRE DE CHYPRE, *Autobiographie*, P. G., CXLII et éd. Lameere; *La tradition des manuscrits de la correspondance de G. de Ch.*, Bruxelles, 1937, p. 175 sq.
GRÉGOIRE (saint) le Grand (*Registre des lettres de*), éd. Ewald-Hartmann, M. G. E., I-II, 1891-1899.
GRÉGOIRE DE NAZIANZE, *Homélies*, P. G., XXXVI.
GRÉGOIRE DE TOURS, *Historia Francorum*, éd. Krusch, M. G. H. S. R. M., I, Hanovre, 1885; éd. Omont et Collon, 2 v., 1886-1893.
— *In gloria martyrum*, éd. Krusch, id. 484 sq.; éd. et trad. Renouard-Bordier, S. H. F., v, 1864.
GUILLAUME D'ADAM, *De modo Saracenos extirpandi*, éd. Kohler, H. C. D. A., II.
GUILLAUME DE POUILLE. *Gesta Roberti Wiscardi*, M. G. H. Ss., IX, 239 sq.
GUILLAUME DE TYR, *Historia rerum in partibus transmarinis gestarum*, H. C. occ., I, 1844.
GUILLAUME DE TYR (Continuateurs de), H. C. occ., II.
HÉSYCHIOS DE MILET, fragments, F. H. G., IV.
HIÉROCLES, *Synekdemos*, P. G., CXIII et éd. Burckhardt, Leipzig, 1893.
Historia Miscella (*Breviarium d'Eutrope continué jusqu'à 806*), P. L., XCV et M. G. A. A., II.
HUGUE DE FLAVIGNY, *Chronique de Verdun*, M. G. H. Ss., VII.
IBN-KHORDADBEH (Obeidallah), *Le livre des routes et des provinces*, J. A., 1865.
Innocentii III papae gesta, P. L., CCXIV, XVII sq.
Inscriptiones christianae urbis Romae saeculo VII° antiquiores, éd. J. B. de Rossi, 2 v., Rome, 1857-1888.
Inscriptions grecques d'Asie Mineure (recueil d'), éd. H. Grégoire, 1922. *Miettes d'histoire byzantine*, M. R., 151 sq. *Inscriptions historiques byzantines*, B. N., IV, 1927, 437-461.
IORDANIS, *Romana et Getica*, éd. Mommsen, A. A, V, 1882.
ISIDORE DE SÉVILLE, *Historia Gothorum*, éd Mommsen, A. A., XII.

Itinéraires russes en Orient, S. O. L., 1889.
Iuris ecclesiastici Graecorum historia et monumenta, éd. Pitra, 2 tomes, Rome, 1864-1868.
Jean d'Antioche, *Chronique*, Fragments, P. G., LXXVII.
Jean Apocauque, métropolite de Naupacte (XIIIe s.), *Correspondance*, éd. Vasiljevsky, *Epirotica*, V. V., III, 1896, 233-299.
Jean de Biclar, *Chronique*, A. A. XI, 1893, 211 sq.
Jean Chrysostome (saint), *Homélies*, P. G. L., 507 sq.
Jean d'Asie (ou d'Éphèse), *Histoire de l'Église*, éd. Land, Anecdota syriaca, II, 1868.
— *Vie des bienheureux Orientaux*, trad. latine Douwen et Land, Amsterdam, 1889.
Jean d'Épiphanie, *Histoire*, fragments, F. H. G., IV.
Jean d'Euchaita, dit Mauropous, *Poésies*, P. G., CXX.
Jean Kananos [*de Bello Constantinopolitano*] (siège de 1422) P. G., CLVI, 61-82.
Jean de Nikiou, *Chronique copte*, éd. Zotenberg, N. E. M., XXIV, 1, 1883.
Joël, *Chronographie*, P. G., CXXXIX.
Josué le Stylite, *Chronique syriaque*, texte et trad. latine, P. Martin, Leipzig, 1876.
Julien, empereur, *Correspondance*, éd. Bidez, 1924-1932, 2 v.
Jus graeco-romanum (Leunclavius), éd. Freher, Francfort, 1616.
Jus graeco romanum, éd. Zachariae von Lingenthal, Lipsiae, 1856-1884, 7 v.
Jus graeco-romanum, éd. Zepos, Athènes, 1931, 8 v.
Kekaumenos, *Strategikon et incerti scriptoris de officiis regis libellus* [Récits d'un grand seigneur byzantin du XIe siècle], éd. Vasiljevsky. Z. M. I. P. R., 1881, 2e éd, Pétersbourg, 1896.
Kemal ed-Din, *Chronique d'Alep.*, H. C. Or., III.
Kinnamos (Jean), *Epitome*, P. G., CXXXIII.
Léon VI, *Œuvres complètes*, P. G., CVIII.
— *Novelles*, éd. Zachariae von Lingenthal., Jus gr.-rom. III, 1857 et P. G., CVII.
— *Novelles*, trad. franç. Spulbe, Cernăuti, 1934 (Études de droit byzantin, III).
Léon Choirosphaktès, *Correspondance*, éd. Sakkelion, Δ. I. E., 1883, 377-410.
Léon le Diacre, *Histoires*, P. G., CXVII.
Léon Grammatikos, *Chronographie*.
Léonard de Chio, *Lettre au pape Nicolas V sur la prise de Constantinople*, éd. Dethier, Monumenta Hungariae historiae XXI, 553-663 et P. G., CLIX, 923 sq.
Léonce de Naples, *Vie de saint Jean l'Aumônier*, P. G., XCIII et éd. Gelzer, Leipzig, 1893.
Libanius, *Discours*, éd. Förster (Libanii opera I-IV). Leipzig 1903.
Liber pontificalis Ecclesiae Romanae, éd. Duchesne, 2 v. 1886.
Liberatus, *Breviarium causae Nestorianorum et Eutychianorum*, P. L., LXVIII.
Liturgiques grecs (Textes), éd. Brightman. *Liturgies Eastern and Western*, Oxford, 1885, I, 309 sq.
[*Livre du Préfet*] Λέοντος τοῦ Σοφοῦ τὸ ἐπαρχικὸν βιβλίον, éd. Nicole, Genève 1893 et trad. française, Genève 1894.
Luitprand, Liudprandi *Antopodosis* (= *Ant*) *et Relatio* (= *Leg*) *de legatione Constantinopolitana*, M. G. H. Ss., III, 1839 et Becker, M. G. H., in usum scholarum, 1915.

LYDUS (Jean), *De magistratibus populi romani* l. III, éd. Wuensch, Leipzig, 1903.
— *De mensibus*, éd. Wuensch, Leipzig, 1898.
MAKRIZI, *Histoire d'Égypte*, trad. franç. Blochet, 1908.
MALALAS (Jean), *Chronographie*, P. G., XCVII.
MALATERRA (Geoffroy), *Historia sicula*, R. I. S. S., V. = P. L., CXLIX.
MARC LE DIACRE, *Vie de Porphyre, évêque de Gaza*, éd. et trad. franç. H. Grégoire et Kugener, C. B. B., 1930.
MARCELLINUS COMES, éd. Mommsen, A. A., IX, 2. 1894.
MATHIEU D'ÉDESSE, *Chronique arménienne*, trad. franç. Dulaurier, L. C. H. A., 1858.
MAZARIS. Διάλογος νεκρικός. Ἐπιδημία τοῦ Μάζαρι ἐν "Ἀδου éd. Boissonade, Anecdota graeca III, 1831.
MÉNANDRE le Protecteur, *Histoire, fragments*, F. H. G., IV.
MICHEL ACOMINATOS, Τὰ σωζόμενα, éd. Lambros, 1879.
MICHEL D'ATTALIE, éd. Bekker, C. S. H. B., 1883.
MICHEL PALÉOLOGUE, *Autobiographie* (dans le Typikon du monastère de St-Démétrius), éd. Troïtzki, Pétersbourg, 1885; trad. franç. Chapman, *Michel Paléologue*, 167-177.
MICHEL LE SYRIEN, *Chronique universelle*, éd. et trad. franç., J.-B. Chabot, 4 v. 1899-1910.
— MICHEL LE GRAND, texte arménien, trad. Langlois, Venise, 1868.
MILLET (G.), PARGOIRE et PETIT, *Recueil des inscriptions chrétiennes de l'Athos*, 1re partie, 1904.
MOISE DE CHORÈNE, *Chronique universelle*, éd. Langlois, L. C. H. A., II, 1869.
MUNTANER (Ramon), *Chronica o descripcio del fets e hazanyes del inclyt rey don Jayme...* Trad. franç. Buchon, *Chroniques étrangères*, 1840.
Cronica catalana de Ramon Muntaner, éd. A. de Bofarull, Barcelone, 1860 et 1886.
NANDRIS, *Documente slavo-române din manastirile muntelui Athos*, Bucarest, 1936.
NESTOR (*Chronique* dite de), éd. Miklosich, Vienne, 1860. Trad. franç. Léger, 1884.
NICÉPHORE BLEMMYDÈS, *Curriculum vitae*, éd. Heisenberg, Leipzig, 1896.
NICÉPHORE BRYENNE, *Histoire*, P. G., CXXVII.
NICÉPHORE GRÉGORAS, *Histoire romaine*, P. G., CXLVIII-CXLIX.
— *Correspondance*, éd. et trad. franç. R. Guilland, C. B. B., 1927.
NICÉPHORE KALLISTOS, *Histoire de l'Église*, P. G., CXLVII.
NICÉPHORE LE PATRIARCHE, Ἱστορία σύντομος (*Breviarium*), éd. de Boor, Leipzig, 1880.
— *Antirrhetici*, P. G., C.
ps.-NICÉPHORE PHOCAS, *De velitatione bellica*, éd. Hase, P. G., CXVII.
NICÉTAS ACOMINATOS (Choniata), *Histoire*, P. G., CXXXIX-CXL.
NICOLAS Ier (pape, *Epistolae*, M. G. E.
NICOLAS le MYSTIQUE, patriarche, *Correspondance*, éd. Mai = P. G., CXI, 9-392.
Noticia de unctione Pippini, M. G. H. S. R. M., I, 18.
Notitia dignitatum, éd. Seeck, Berlin, 1816.
Notitiae episcopales, éd. Parthey [Synecdemus et notit. gr. episc.], Berlin, 1866.
Notitiae episcopatuum (Corpus not. episc. Eccles. orient. Le Patriarcat byzantin. II, 1931). Gerland, Einleitung.
ORDERIC VITAL, *Historiae ecclesiasticae l. XIII*, éd. Le Prévost, 5 v. S. H. F., 1838-1855.

OROSE, *Historiae adversus paganos*, éd. Zangemeister, 1889.
PACHYMÈRE (Georges), *Histoire*, P. G., CXLIII-CXLIV (1261-1308).
Papyrus (Égypte). Bibliographie dans G. Rouillard, *L'administration civile de l'Égypte byzantine*, 2ᵉ éd., 1928, 250-252 et dans les notices de A. P.
Papyrus grecs d'époque byzantine, par Jean Maspero, Le Caire, 1911-1916, 3 v.
Papyrus (Italie) Marini. I papiri diplomatici... Rome, 1805.
PARANETOS [*Chronique des empereurs de Trébizonde*], éd. Lambros, N. H., IV, 257-295.
Πάτρια Κωνσταντινουπόλεως, éd. Preger (S. S. originum Constantinop.), II, Leipzig, 1907.
PAUL DIACRE, *De gestis Langobardorum*, S. R. L., I.
— *Vita Gregorii Magni*, P. L., LXXV, 41-59.
PHILOSTORGIUS, *Histoire ecclésiastique* (330-425), P. G., XXXV, 235-300; éd. Bidez, Berlin, 1913, G. C. S.
PHILOTHÉE ATRIKLINOS, *Cletorologion*, éd. Bury. *Imperial administrative system*, Londres, 1911, 131 sq.
PHRANTZÈS (Georges), *Chronicon majus*, P. G., CLVI.
— *Chronicon Minus*, P. G., CLVI, 1025-1080.
PIERRE, patriarche d'Antioche (1052-1057), *Correspondance*, P. G., CXXX.
PISIDÈS (Georges) [*Poèmes*], P. G., XCII.
— *De expeditione persica*, 1197-1260.
— *Bellum avaricum*, 1263-1295.
— *Heraclias*, 1297-1352.
Pontifical romain (le) *au Moyen Age*, texte restitué par M. Andrieu, 4 v., Città del Vaticano, 1938-1941.
PRISCIEN, *Panégyrique d'Anastase*, éd. Bekker et Niebuhr, Bonn, 1829.
PRISCUS PANITÈS [*Excerpta de legationibus*], F. H. G., IV, 69-110, 1851.
PROCHIRON DE BASILE (ὁ πρόχειρος νόμος), éd. Zachariae von Lingenthal, Heidelberg, 1837.
PROCOPE DE CÉSARÉE [*de Bellis*, l. VII], éd. Haury, Leipzig, 1913, v. t. 1 et 2. *Bellum Persicum* = B. P. Q. I., II; *Bellum vandalicum* = B. V., 1 et 2; *Bellum gothicum* = B. G., l. 1-4.
— *Anecdota* = A, t. III, 1.
— περὶ κτισμάτων (*De aedificiis*) = Aed t. III², Leipzig, 1913.
PROKIČ, *Die Zusaetze in der Handschrift des Johannes Skylitzes*, Munich, 1906.
PSELLOS (Michel), *Chronographie*, 976-1077, 1ᵉʳᵉ éd. Sathas, B. M. A., IV, 1874; citations d'après édit. et trad. franç. E. Renauld, 2 v., C. B. B., 1928.
— *Discours et correspondance*, éd. Sathas, B. M. A., IV-V, 1874-1876.
— Πρὸς τὴν σύνοδον κατηγορία τοῦ ἀρχιερέως, éd. L. Bréhier. *Un discours inédit de Psellos*. R. E. G., XVII, 1903, XVIII, 1904.
— *Scripta minora* éd. Kürtz et Drexl, Milan, 1936.
RAIMOND D'AGUILERS, *Historia Francorum qui ceperunt Hierusalem*, H. C. Occ., III, 235-309.
RAOUL DE CAEN, *Gesta Tancredi*, H. C. Occ., III, 587-601.
RAOUL GLABER, *Historia sui temporis*, M. G. H. S. S., VII; éd. Prou, 1886.
RHALLIS et POTLI, Σύνταγμα τῶν θείων καὶ ἱερῶν κανόνων, Athènes, 1852-1859, 6 v.
RICHARD DE SAN GERMANO, M. G. H. Ss., XIX, 323-384.
ROBERT DE CLARI, *La conqueste de Constantinople*, éd. Lauer, 1924.
RUFIN, *Ecclesiasticae historiae l. IX*, P. L., XXI, 461 sq.
SEBEOS, *Histoire d'Héraclius*, trad. franç. Macler, Paris, 1904.

Sévère d'Aschmounein, *Histoire des patriarches d'Alexandrie*, éd. et trad. ang. B. Evetts, P. O. I.

Skylitzès (Jean), *Chronique* (811-1079) (transcrite dans Cedrenos jusqu'en 1057). De 1057 à 1079, P. G., CXXII, 378-476.

Socrate, *Histoire ecclésiastique* (304-439), P. G. LXVII, 731-1124; 2ᵉ éd. Hussey, Oxford, 1893, 3 v.

Sozomène, *Histoire ecclésiastique* (324-425), P. G., LXVII, 1125-1502; éd. Hussey, 3 v., Oxford, 1860.

Suidas, *Lexique*, éd. Bekker, Berlin, 1854; éd. Ada Adler, Leipzig, 1935 (voir B. N., XI, 1936, 774).

ps.-Syméon, Magister et logothète, *Chronique*, P. G., CIX (avec Théophane continué).

Syméon de Thessalonique, *Œuvres*, P. G., CLV.

Synopsis Chronike, ad annum 1261, éd. Sathas, B. M. A., VII, 1894 (attribuée à Théodore Skutariotès. Heisenberg. Analecta, 1901).

Syropoulos, *Historia vera unionis non verae*, éd. R. Creygton, La Haye, 1660.

Tabari [*Histoire des Perses Sassanides*]. Extrait d'une chronique universelle arabe. Trad. allemande Noeldeke, Leyde, 1879.

Taktika Leonis, P. G., CVII.

Τακτικὸν ἐν ἐπιτόμῳ γενόμενον ἐπὶ Μιχαὴλ καὶ Θεοδώρας, éd. Ouspensky, I. R. I., III, 1898, 109 sq.

Théodore Doukas Lascaris, *Epistulae CCXVII*, éd. Festa, Florence, 1898.

Théodore Prodrome, *Épigrammes et écrits divers*, P. G., CXXXIII, 1015 sq.
— *Unedierte Texte aus der Zeit des Kaisers Johannes Komnenos*, éd. Kürtz, B. Z., XVI, 1903, 69 sq.

Théodore le Studite, *Œuvres*, P. G., XCIX.

Théodore le Syncelle, *Homélie sur le siège de Constantinople* (626), éd. Maï. N. Pat. Biblioth., VI, 1853 et Sternbach, *Analecta Avarica*, Cracovie, 1900.

Théodoret, *Histoire ecclésiastique*, P. G., LXXXII.

Théodose le Diacre [*Conquête de la Crète par Nicéphore Phocas 961*], P. G., CXIII.

Théodose Grammatikos, *Poèmes sur le siège de Constantinople par les Arabes 717*, éd. Lambros, *Historica Meletemata*, Athènes, 1884.

Théodose le Moine, *Lettre à Léon le Diacre sur la prise de Syracuse par les Arabes*, 880, éd. Hase (avec Léon le Diacre), C. S. B. L., 1819 = P. G., CXVII.

Théophane de Byzance, F. H. G., IV.

Théophane le Confesseur, *Chronographia*, éd. de Boor, 2 v., Leipzig, 1883-1885 (avec la transcription d'Anastase le Bibliothécaire).

Théophane continué (813-896), P. G., CIX.

Théophylacte, archevêque d'Ochrida, *Œuvres*, P. G., CXXIII-CXXVI.

Théophylacte de Simocatta, *Histoires* (582-602), éd. de Boor, Leipzig, 1887.

Trébizonde (*Chroniques de*), éd. Fallmerayer. *Chroniken, Originalfragmente... zur Geschichte des Kaisertums Trapezunt*, Académie de Bavière, Munich, 1841-1846.

Végèce, *Epitome rei militaris*, éd. Lang, Leipzig, 1869.

Vie d'Antoine Cauleas, patriarche de Constantinople, 893-901, par le rhéteur Nicéphore, A. S. S. B., 2 février, 622 sq. (latin), P. G., CVI, 181 sq. (grec).

Vie de St Antoine le Nouveau, éd. Papadopoulos-Kerameus. Soc. orthod. de Palestine, LVII, 1907.

Vie de St Athanase l'Athonite, éd. L. Petit, A. B., XXV, 1906, 1-189.

Vie de St Athanase le Macédonien, patriarche de Constantinople, 1289-1310, éd. Delehaye, M. A. H. XVII, 39-74.
Vie de St Athanase le Météorite, 1305-1383, éd. Veïs, B. S. I., 1909, 237-260.
Vie de saint Blaise d'Amorium, † 912, éd. Delehaye, A. S. S. B., novembre IV, append. 656-670.
Vie de saint Clément, disciple de Méthode, P. G., CXXVI, 1217 sq.
Vie de St Étienne le Nouveau (VIIIe s.), P. G. G., 1069-1186.
Vie de St Eudokime (IXe s.), éd. Chrysanthos. Loparev, Pétersbourg, 1893.
Vie d'Euthyme, patriarche de Constantinople, 906-911, éd. de Boor, Berlin, 1888.
Vie et office de St Euthyme le Jeune, éd. L. Petit, Paris, 1904 (Biblioth. Hag. orient.).
Vie d'Eutychios, patriarche de Constantinople (VIe s.), P. G., LXXXVI.
Vie de St Georges, évêque d'Amastris, éd. Vasiljevsky, Pétersbourg, 1893.
Vie de St Grégoire le Grand, par Jean le Diacre, P. L., LXXV.
Vie de St Hilarion d'Ibérie (IXe s.), trad. latine Peeters, A. B., XXXII, 1913, 253 sq.
Vie d'Ignace, pat. de Constantinople, P. G., CV.
Vie de St Joannice le Grand (Olympe), A. S. S. B., novembre, II, 333 sq.
Vie de St Léon IX, par Wibert, R. I. S. S., III.
Vie de St Luc le Jeune, éd. Combefis, P. G., CXI.
Vie de St Luc le Stylite, 879-979, éd. A. Vogt. 1909.
Vie de Maxime le Confesseur, P. G., XC, 67-110.
Vie de Michel le Syncelle, † 845, éd. Th. Schmitt, *Kahrié-djami*, I. R. I., 1906.
Vie de Nicéphore, pat. de Constantinople, éd. de Boor (*Nicephori opuscula*, Leipzig, 1880).
Vie de Nicolas le Studite, P. G., CV, 864 sq.
Vie de St Nicon le Métanoïte, éd. Lambros, N. H., III, 1906, 129 sq.
Vie de St Philarète le Miséricordieux, éd. et trad. franç. Fourmy et Leroy, B. N., IX, 1934.
Vie de St Sabas, par Cyrille de Skythopolis, éd. Cotelier, E. G. M., III, 220 sq.
Vie de Tarasios, pat. de Constantinople, P. G., XCVIII, 1385-1424; éd. Heikel. Helsingfors, 1889.
Vie de Théodora, impératrice régente, 842, éd. Regel, *Analecta byzantino-russica*. Petropoli, 1891.
Vie de St Théodore le Studite, P. G., XCIX, 233 sq.
Vie de Ste Theophano, éd. Hergenroether [Monumenta Photiana 1869]; éd. Kürtz, Pétersbourg, 1898.
VILLEHARDOUIN, *La conquête de Constantinople*, éd. Faral, C. H. F., 1938-1939, 2 v.
YAHYA D'ANTIOCHE, *Chronique universelle*, jusqu'à 1028, éd. Vasiliev., P. O., XVIII, 5, 1924 (trad. franç.).
— Extraits dans Rosen, *Imperator Vasili Bolgoroboïtsa*, Pétersbourg, 1883.
ZACHARIE le Scolastique, év. de Mitylène (VIe s.), *Chronique*, version syriaque, éd. Land, *Anecdota Syriaca*. III.
— *Vie de Sévère, patriarche d'Antioche*, éd. et trad. franç. Kugener, P. O., II, 1903.
ZONARAS, *Épitome*, éd. Büttner-Wobst, Bonn, 1897, et P. G., CXXIV-CXXV.
ZOZIME, *Histoire*, éd. Bekker, C. S. H. B. et Mendelssohn, Leipzig, 1887.

OUVRAGES CONSULTÉS

ALBERTONI, *Per una esposizione del Diritto bizantino...* Imola, 1927.
ALFÖLDI, *Die Ausgestaltung des monarchischen Zeremoniells am römischen Kaiserhofe*, R. Mit., XLIX-L, 1934-1935.
AMARI, *La guerra del Vespro Siciliano*, 9e éd., Milan, 1886.
ASMUS, *Pamprepios...* B. Z., XXII, 1913, 320 sq.
AUDOLLENT (A.), *Carthage romaine*, 1901.
AUSSARESSES, *L'armée byzantine à la fin du VIe siècle*, d'après le Strategicon de Maurice, Bordeaux, 1909.
BATIFFOL (P.), *Anciennes littératures chrétiennes*. I. *La littérature grecque*, 1901.
— *Études de liturgie et d'archéologie chrétienne*, 1919.
— *Le Siège apostolique (395-451)*, 1924.
— *L'empereur Justinien et le Siège apostolique* (*Recherches de sciences religieuses*, 1926).
— *Saint Grégoire le Grand* (Les Saints), 1928.
BAYNES (Norman H), *The Byzantine Empire*, Londres, 1926.
BELLOMO, *Agapeto e la sua Schedia regia*, Bari, 1900.
BESNIER, *L'Empire romain, de l'avènement des Sévères au concile de Nicée*, H. G. (H. A.), IV, 1937.
BEURLIER, *Les vestiges du culte impérial à Byzance et la querelle des iconoclastes*. Cong. scient. internat. des cathol., 1891.
BEYLIE (de), *L'habitation byzantine*, 1902.
BLOCH (M.), *Les rois thaumaturges*, 1924.
— *La Société féodale. La Formation des liens de dépendance*, E. H., n° 34, 1939.
— *La Société féodale. Les Classes et le gouvernement des hommes*, E. H., n° 34 bis, 1940.
BOAK, *The Master of the Offices in the later roman and byzantine Empire*, New York, 1919.
BORCHGRAVE (de), *Croquis d'Orient*, Bruxelles, 1908.
BORDIER (H.), *Description des peintures... des manuscrits grecs de la Bibliothèque Nationale*, 1883.
BOUVAT, *L'Empire mongol* (2e phase), H. M. C., 1927.
BRATIANU (G.), *Recherches sur le commerce génois dans la mer Noire au XIIIe siècle*, 1929.
— *Vicina et Cetatea Alba*, Bucarest, 1935.
— *Privilèges et franchises municipales dans l'empire byzantin*, 1936.
— *Études byzantines d'histoire économique et sociale*, 1938.
BRÉHIER (Émile), *Histoire de la philosophie*, I, 3, *Moyen Age*, 1928.
BRÉHIER (Louis), Le *Schisme oriental du XIe siècle*, 1899.
— *La querelle des images*, 1904.
— *L'origine des titres impériaux à Byzance*, Ext. B. Z., XV, 1906.
— *L'Église et l'Orient. Les Croisades*, 1907, 5e éd., 1928.
— *L'Art chrétien et son développement iconographique*, 1918 (2e éd. 1928).
— *Notes sur l'histoire de l'enseignement supérieur à Byzance*, Ext. B. N., III, 1926.
— *La crise de l'Empire romain en 457*, Ext. de M. S., 1929.
— *La sculpture et les arts mineurs byzantins*, 1936.
— *Concours de beauté à Byzance*, Ext. du *Correspondant*, avril 1937.
BRÉHIER (L.) et BATIFFOL (P.), *Les survivances du culte impérial romain*, 1920.
BROOCKS, *Byzantines and Arabs in the time of the early Abbassids*, Ext. E. H. R., 1900-1901.

BRUNET (F.), *Alexandre de Tralles et les médecins byzantins*, 1933.
BUCHTHAL, *The miniatures of the Pariser Psalter*, Londres, 1938.
BUCKLER (Georgina), *Anna Comnena*, Oxford, 1929.
BURY (J. B.), *The imperial administrative system in the ninth century*, Londres, 1911.
— *A history of the Eastern Roman Empire (802-867)*, Londres, 1912.
— *History of the later Roman Empire*, 2 v., Londres, 1923.
— *Selected essays*, Cambridge, 1930.
BUTLER, *The arab conquest of Egypt...*, Oxford, 1902.
CAHUN (L.), *Introduction à l'histoire de l'Asie*, 1896.
Cambridge medieval history, IV. *The eastern Roman Empire, 717-1453*. Cambridge, 1923.
CHALANDON (F.), *Essai sur le règne d'Alexis Comnène*, 1900.
— *Histoire de la domination normande en Italie*, 1907, 2 v.
— *Les Comnène, II : Jean II et Manuel Comnène*, 1912.
— *Histoire de la première croisade*, 1925.
CHAPMAN, *Michel Paléologue, restaurateur de l'Empire byzantin*, 1926.
CHAPOT (V.), *La frontière de l'Euphrate, de Pompée à la conquête arabe*, 1907.
CHRISTOPHILOPOULOS, Τὸ ἐπαρχικὸν βιβλίον, Athènes, 1935.
CHRYSANTHOS, Ἡ Ἐκκλησία τοῦ Τραπεζοῦντος, Athènes, 1933.
COGNASSO (F.), *Partiti politici e lotte dinastiche in Bizanzio alla morte di Manuele Comneno*, R. Academia di Torino, 1912.
— *Un imperatore bizantino della decadenza, Isaaco II Angelo*, Ext.de B., XXXI, 1915.
COLLINET, *Études historiques sur le droit de Justinien. I. Le caractère oriental de l'œuvre législative de J.*, 1912. II. *Histoire de l'École de droit de Beyrouth*, 1925.
— *The general problem raised by the codification of Justinian* (Lectures à l'Université d'Oxford, 1922).
COURET, *La Palestine sous les empereurs grecs*, 1869.
CUIVIČ, *La péninsule balkanique*, 1918.
DALTON, *Byzantine art and archaeology*, 1re éd., Londres, 1911.
DARKO, *Byzantinisch-ungarische Beziehungen in der zweiten Hälfte des XIII. Jahrhunderts*, Weimar, 1933.
DELARC, *Les Normands en Italie*, 1883.
DELAVILLE-LEROULX, *La France en Orient au XIVe siècle*, 1885.
— *Les Hospitaliers à Rhodes... (1310-1421)*, 1913.
DELEHAYE, *Les légendes grecques des saints militaires*, 1909.
DEMANGEL et MAMBOURY, *Le Quartier des Manganes*, 1939.
DESDEVISES DU DÉZERT (Th.), *Géographie ancienne de la Macédoine*, 1863.
DIEHL (Charles), *Études sur l'administration byzantine dans l'Exarchat de Ravenne*, 1888.
— *L'art byzantin dans l'Italie méridionale*, 1894.
— *L'Afrique byzantine*, 1896.
— *Justinien et la civilisation byzantine au VIe siècle*, 1901.
— *Théodora, impératrice de Byzance*, 1904.
— *Études byzantines*, 1905.
— *Figures byzantines*, 2 vol., 1906.
— *Manuel d'art byzantin*, 1910, 2e éd., 2 vol., 1925.
— *Une république patricienne. Venise*, 1915.
— *Dans l'Orient byzantin*, 1917.
— *Byzance : grandeur et décadence*, 1919.
— *Histoire de l'Empire byzantin*, 1919.
— *Choses et gens de Byzance*, 1926.
— *Ravenne* (Villes d'art), 1928.

DIEHL (Ch), *La société byzantine à l'époque des Comnènes*, 1929.
— *L'Égypte chrétienne et byzantine*, dans HANOTAUX, *Histoire de la nation égyptienne*, III, 1933.
— *La peinture byzantine*, 1933.
— *Les grands problèmes de l'histoire byzantine*, 1943.
DIEHL (Ch.) et MARÇAIS (G.), *Le monde oriental de 395 à 1081*, H. G. (M. A.), III, 1936.
DIEHL (Ch.) et GUILLAND (R.), *L'Europe orientale de 1081 à 1453*, H. G. (M. A.), IX, 1° g., 1945.
DOELGER (F.), *Beitraege zur Geschichte der byzantinischen Finanzverwaltung besonders des X. und XI. Jahrhunderts*, B. A., IX, 1927.
— *Fac-similés byzantinischer Kaiserurkunden*, Université de Munich, 1931.
DRUON, *Synésius*, 1859.
DU CANGE, *Historia byzantina*, A, *Familiae Augustae*, I, 1680.
— B, *Constantinopolis christiana*, 1680.
DUCHESNE (L.), *Églises séparées*, 1896.
— *Les premiers temps de l'État pontifical*, 1898.
— *Les origines du culte chrétien*, 1898.
— *L'Église au VI° siècle*, 1928.
DUNLAP, *The office of the Grand Chamberlain in the later Roman and Byzantine Empire*, New York, 1924.
DUSSAUD, *Les Arabes en Syrie avant l'islam*, 1907.
DVORNIK, *Les Slaves, Byzance et Rome au IX° siècle*, 1926.
— *Les légendes de Constantin et de Méthode vues de Byzance*, 1933.
DYOVOUNIOTOU, Ὁ νομοκανὼν τοῦ Μανουὴλ Μαλαξοῦ, Athènes, 1916.
EBERSOLT (J.), *Le grand palais de Constantinople et le livre des Cérémonies*, 1910.
— *Sainte-Sophie de Constantinople*, 1910.
— *Mélanges d'histoire et d'archéologie byzantines*. Ext. R. H. R., XXVI, 1917.
— *Sanctuaires de Byzance*, 1921.
— *Les arts somptuaires de Byzance*, 1923.
— *Orient et Occident*, 2 v., 1928-1929.
ECKENSTEIN, *A history of Sinaï*, Londres, 1921.
ECKHARDT, *Histoire de la Hongrie*, 1932.
ENLART (C.), *Architecture militaire navale* (*Manuel d'archéologie française*, 2° p., II), 1932.
ERDMANN, *Die Entstehung des Kreuzzugsgedankens*, Stuttgart, 1935.
EVANGELIDÈS, Ἱστορία τῆς ποντικῆς Τραπεζοῦντος, Odessa, 1896.
FABRE (P.), *De patrimoniis romanae Ecclesiae usque ad aetatem Carolinorum*, 1892.
FISCHER, *Studien zur byzantinischen Geschichte*, Plauen, 1883.
FLACH, *Les origines de l'ancienne France*, 3 v., 1893-1904.
FLICHE (A.), *La réforme grégorienne*, 3 v., 1925.
FLICHE (A.) et MARTIN (V.), *Histoire de l'Église*, t. 4 à 9[1], 1937-1944.
FOTHERINGAM, *Marco Sanudo conqueror of the Archipelago*, Oxford, 1915.
FUCHS, *Die höheren Schulen von Konstantinopel im Mittelalter*, Leipzig, 1926.
GAGÉ, Σταυρὸς νικοποιός. *La Victoire Impériale dans l'Empire chrétien*, Ext. R. H. Ph. R., 1933.
— *La théologie de la Victoire Impériale*. Ext. R. H., CLXXI., 1933.
GARDNER (Alice), *Theodore of Studium, his life and times*, Londres, 1905.
— *The Lascarids of Nicaea...*, Londres, 1912.
GASQUET (A.), *De l'autorité impériale en matière religieuse à Byzance*, 1879.

GASQUET (A.), *L'empire byzantin et la monarchie franque*, 1888.
GAUDEFROY-DEMOMBYNES, *Le monde musulman et byzantin jusqu'aux croisades*, H. M. C., VII[1], 1933.
GAY (J.), *L'État pontifical; les Byzantins et les Lombards...*, Ext. M. A. H., XXI, 1901.
— *L'Italie méridionale et l'Empire byzantin*, 1904.
— *Le pape Clément VI et les affaires d'Orient*, 1904.
GÉDÉON, Πατριαρχικαί πίνακες, Constantinople, 1890.
GEGAJ, *L'Albanie et l'invasion turque au XVe siècle*, 1937.
GELZER (H.), *Ungedruckte... Bistümerverzeichnisse der orientalischen Kirche*, Ext. B. Z., I, 1892, II, 1893.
— *Die Genesis der byzantinischen Themenverfassung* (Académie de Saxe), Leipzig, 1899.
— *Ungedruckte... Texte der Notitiae episcopatuum*, id., 1901.
— *Der Patriarchat von Ochrida*, 1902.
— *Byzantinische Kulturgeschichte*, Tubingen, 1909.
GELZER (M.), *Studien zur byzantinischen Verwaltung Ægyptens*, Leipzig, 1909.
GERLAND (E.), *Geschichte des lateinischen Kaiserreiches von Konstantinopel*, I (1204-1216), Homburg, 1905.
GÉROLD, *La musique au moyen âge*, 1932.
GFROERER, *Byzantinische Geschichten*, 3 v., Graz, 1872-1877.
GIBBON (E.), *Histoire de la décadence et de la chute de l'Empire romain*, trad. franç. éd. Buchon, 1836.
GIBBONS, *The foundation of the Ottoman Empire*, Oxford, 1916.
GIET (St.), *Sasimes. Une méprise de St Basile*, 1941.
— *Les idées et l'action sociale de St Basile*, 1941.
GILLMANN (Fr.), *Das Institut der Chorbischöfe im Orient*, Munich, 1903.
GIRY, *Manuel de diplomatique*, 1894.
GIURESCU (C. C.), *Istoria Românilor*, 3e éd., Bucarest, 3 v., 1938-1940.
GOETZ, *Kirchenrechtliche und Kulturgeschichtliche Denkmaeler Altrussland*, Berlin, 1908.
GRABAR (A.), *La peinture religieuse en Bulgarie*, 1928.
— *L'empereur dans l'art byzantin*, 1936.
GRONDIJS, *L'iconographie byzantine du Crucifié mort...*, Bruxelles, 1941.
GROUSSET (R.), *Histoire des croisades et du royaume franc de Jérusalem*, 3 v., 1934-1936.
— *L'Empire des steppes*, 1939.
GUÉRIN-SONGEON, *Histoire de la Bulgarie*, 1913.
GUILLAND (R.), *Essai sur Nicéphore Grégoras*, 1926.
GULDENCRONE (D. de), *L'Italie byzantine*, 1914.
GÜRLITT, *Die Baukunst Konstantinopels*, 1907.
GUTERBOCK, *Byzanz und Persien*, Berlin, 1906.
HAGENMEYER, *Chronologie de la première croisade*, 1902 (Ext. R. O. L., VI-VIII).
HALECKI (O.), *Un empereur de Byzance à Rome, 1355-1375* [Jean V], Varsovie, 1930.
HALPHEN (L.), *Études critiques sur l'histoire de Charlemagne*, 1921.
HAMMER (J. von), *Histoire de l'Empire ottoman*, trad. franç. Hellert, I-III, 1835-1836.
HANTON, *Titres byzantins dans le Recueil des Inscriptions chrétiennes d'Asie Mineure*, Ext. de B. N., IV, 1927.
HARDY (E. R.), *The large estates of byzantine Egypt*, New York, 1931.
HARTMANN, *Geschichte Italiens*, 6 v., 1897-1911.
HEISENBERG (A.), *Grabeskirche und Apostel-Kirche*, 2 v. Leipzig, 1908.
— *Nikolaos Mesarites, Die Palastrevolution des Johannes Komnenos*, Wurtzbourg, 1907.

— *Neue Quellen zur Geschichte des lateinischen Kaisertums*, II *Patriarchenwahl und Kaiserkrönung in Nikaia*, Acad. de Bavière, 1923.
HERGENROETHER, *Photius...*, 3 v., Ratisbonne, 1867-1869.
HERTZBERG, *Geschichte der Byzantiner und der osmanischen Reiches*, Berlin, 1883.
HESSELING, *Essai sur la civilisation byzantine*, 1907.
HEUZEY et DAUMET, *Mission de Macédoine*, 1876.
HEYD, *Histoire du commerce du Levant*, trad. franç. Furcy-Raynaud, 2 v., 1885.
HIGGINS (J.), *The Persian war of the Emperor Maurice*. I. *Chronology*, Washington, 1939.
HOCKS, *Pius II und der Halbmond*, Fribourg-en-B., 1941.
HOLMES (W. G.), *The age of Justinian and Theodora*, 2 v., Londres; 1903.
HONIGMANN, *Die Ostgrenze des byzantinischen Reiches, von 363 bis 1071*. C. B. 1935.
HOPF, *Geschichte Griechenlands...* (Ersch-Gruber Encyklop. 85-86), 1867-1868.
HUART (Cl.), *Histoire des Arabes*, 2 v., 1912-1913.
HUDEMAN, *Geschichte des römischen Postwesens...*, Berlin, 1878.
IORGA (N.), *Philippe de Mézières et la croisade au XIVᵉ siècle*, 1896.
— *Geschichte des osmanischen Reiches*, I-II, Gotha, 1908-1909.
— *Istoria bisericii românesti*, 2 v., Valenii, d. M., 1908-1909.
— *Histoire des Roumains de Transylvanie*, 2 v., Bucarest, 1915-1916.
— *Histoire des Roumains et de leur civilisation*, 1920, 2ᵉ éd., 1922.
— *Les aventures sarrazines des Français de Bourgogne au XVᵉ siècle*, Univ. de Cluj, 1926.
— *Brève histoire de la Petite Arménie*, 1930.
— *Anciens documents de droit roumain...*, 1930.
— *France de Chypre*, 1931.
— *Histoire de la vie byzantine*, 3 v., Bucarest, 1934.
— *Istoria Românilor*, 10 v., trad. franç., *Histoire des Roumains et de la Romanité orientale*, 2ᵉ éd., 1937.
JAGIČ, *Entstehungsgeschichte der Kirchenslavischen Sprache*, Berlin, 2ᵉ éd., 1913.
JERPHANION (G. de), *Les églises rupestres de Cappadoce*, 2 v. et 3 alb., 1925-1942.
— *La voix des monuments*, 2 v., 1920-1938.
— *Mélanges d'archéologie anatolienne*, Beyrouth, 1928.
JIREČEK, *Geschichte der Serben*, Gotha, I, 1911.
— *Geschichte der Bulgaren*, Prague, 1876.
JOUGUET, *La vie municipale dans l'Égypte romaine*, 1911.
JUGIE (M.), *Le Schisme byzantin*, 1941.
KARAPET TER-MEKTTSCHIAN, *Die Paulikianer im byzantinischen Kaiserreiche...*, Leipzig, 1893.
KATTENBUSCH, *Lehrbuch der vergleichenden Confessions Kunde*. I. *Die orthodoxe anatolische Kirche*, Freiburg-in-B., 1892.
KLEINCLAUSZ, *L'Empire carolingien, ses origines et ses transformations*, 1902.
KNECHT, *System des Justinianischen Kirchenvermögensrechtes*, Stuttgart, 1905.
KOCH, *Die byzantinischen Beamtentitel*, Iéna, 1903.
KOULAKOVSKY (J.), *Istoriia Vizantii*, 3 v., Kiev, 1910-1915.
KRÜGER, *Histoire des sources du droit romain* (trad. franç. Brissaud), 1894.
KRUMBACHER (K.), *Geschichte der byzantinischen Literatur*, 2ᵉ éd., Munich, 1897.

L<small>ABANDE</small>, *Expédition de Jean I Grimaldi, seigneur de Monaco à Constantinople (1437).*
L<small>ABOURT</small>, *Le christianisme dans l'Empire perse...,* 1904.
L<small>AMBROS</small>, Λεύκωμα βυζαντινῶν αὐτοκρατόρων, Athènes, 1930.
L<small>AMMENS</small>, *Études sur le règne du calife omayade Mo 'awia I,* Beyrouth, 1906.
L<small>ASCARIS</small> (M.), *Vizantiske princeze u sredjeve-kovnoj Sbriji,* Belgrade, 1926.
L<small>ASSUS</small> (J.), *Les miniatures byzantines du Livre des Rois,* Ext. M. A. H., XLV, 1928.
L<small>AURENT</small> (Joseph), *L'Arménie entre Byzance et l'islam,* 1919.
— *Byzance et les Turcs seldjoucides dans l'Asie occidentale jusqu'en 1081,* Nancy, 1919.
L<small>ECLERCQ</small> (H.), *Les martyrs. IV. Juifs, Sarrasins, iconoclastes,* 1905.
L<small>ÉCRIVAIN</small> (Ch.), *Le Sénat romain depuis Dioclétien, à Rome et à Constantinople,* 1888.
L<small>EFEBVRE DES</small> N<small>OETTES</small>, *L'attelage. Le cheval de selle à travers les âges,* 1931.
L<small>EGER</small> (L.), *Cyrille et Méthode...,* 1868.
L<small>EIB</small>, *Rome, Kiev et Byzance à la fin du XIe siècle,* 1924.
— *Introduction à l'Alexiade,* C. B. B. I., 1937.
L<small>EQUIEN</small>, *Oriens christianus in IV patriarchatus digestus,* 4 v., 1730-1740.
L<small>OMBARD</small> (A.), *Constantin V, empereur des Romains,* 1902.
L<small>OPAREV</small>, *Vizantiiskiia Jitii Sviatuich VIII-IX, Viickov.,* Ext. V. V., XVII-XIX, 1910-1912.
L<small>OT</small> (F.), *La fin du monde antique et le début du Moyen Age,* E. H., 1927.
— *Les destinées de l'Empire en Occident de 395 à 888,* H. G. (M. A.) I, 1928.
— *Les invasions germaniques,* 1935.
L<small>UCHAIRE</small> (A.), *Innocent III, Rome et l'Italie,* 1905.
— *Innocent III et la question d'Orient,* 1907.
— *Les royautés vassales du Saint-Siège,* 1908.
— *La société française sous le règne de Philippe-Auguste,* 1911.
M<small>ACRI</small>, *L'organisation de l'économie urbaine dans Byzance sous la dynastie de Macédoine,* 1925.
M<small>ÄDLER</small>, *Theodora, Michael Stratiotikos, Isaak Komnenos...,* Prog. Plauen, 1894.
M<small>ADVIG</small>, *L'État romain,* 2 v., 1883.
M<small>ANOJLOVIČ</small>, *Le peuple de Constantinople de 400 à 800,* Zagreb, 1904. Trad. franç. du croate par H. Grégoire, Ext. de B. N., XI, 1936.
M<small>ARIN</small>, *Les moines de Constantinople depuis la fondation de la ville jusqu'à Photius,* 1897.
— *Saint Théodore (759-826),* 1906.
M<small>ARINESCO</small>, *Alfonse V d'Aragon... et l'Albanie de Scanderbeg,* M. E. R. F., 1923.
M<small>ARQUART</small> (J.), *Osteuropaeische und Ostasiatische Streifzüge,* Leipzig, 1908.
M<small>ARTIN</small> (E. J.), *A history of the iconoclast controversy,* New York, 1931.
M<small>ARTROYE</small> (F.), *L'Occident à l'époque byzantine : Goths et Vandales,* 1904.
— *Genséric. La conquête vandale en Afrique et la destruction de l'Empire d'Occident,* 1907.
— *L'asile et la législation impériale du IVe au VIe siècle,* Ext. M. S. A. F., LXXV, 1919.
M<small>AS</small>-L<small>ATRIE</small> (de), *Histoire de l'île de Chypre sous la maison de Lusignan,* 3 v., 1852.
M<small>ASPERO</small> (Jean), *Organisation militaire de l'Égypte byzantine,* 1912.

Bibliographie

— *Horapollon et la fin du paganisme égyptien*, Ext. B. I. F. A. O., XI, 1914.
— *Histoire des patriarches d'Alexandrie (518-610)*, 1923.
MAURICE (J.), *Numismatique constantinienne*, 3 v., 1908, 1911, 1912.
MENTHON, *Une terre de légende. L'Olympe de Bithynie*, 1935.
MEYER (Ph.), *Die Haupturkunden der Athos-Kloster*, Leipzig, 1894.
MICHEL (A.), *Humbert und Kerullarios*, 2 v., Paderborn, 1930.
— *Amalfi und Jerusalem im griechischen Kirchenstreit, 1054-1090*, Rome, 1939.
MILLER (W.), *Essays on the Latin Orient*, Cambridge, 1921.
MILLET (G.), *Le monastère de Daphni*, 1899.
— *L'art byzantin* (dans Michel. *Hist. de l'Art*... I, 1905 et III, 1908).
— *L'ancien art serbe. Les églises*, 1919.
— *Les noms des auriges dans les acclamations de l'Hippodrome*, M. K., 1926.
MOLLAT (G.), *Les papes d'Avignon*, 1920.
MOMMSEN, *Das römische Militärwesen nach Diokletian*, H, XXIV, 1889.
MONNIER (H.), *Les novelles de Léon le Sage*, 1923.
— *La novelle L de Léon de S. et l'insinuation des donations*, Ext. M. P. G., 1912.
MORDTMANN, *Esquisse topographique de Constantinople*, Bruges, 1892.
— *Die Avaren und Perser vor Konstantinopel*, Ext. M. D. E. K., V, 1903.
MORTREUIL, *Histoire du droit byzantin*, 3 v., 1843-1847.
MUNRO (Essays in honor to), *The Crusades...*, New York, 1928.
NEUMANN, *La situation mondiale de l'Empire byzantin avant les croisades* (trad. franç. de l'allemand, E. Renauld), 1906.
NISSEN (W.), *Die Diataxis des Michael Attaleiates*, Iéna, 1894.
— *Die Regelung des Klosterwesens im Rhomaerreich bis zum Ende des IX. Jahrh.*, Hambourg, 1897.
NOEDELKE, *Die Ghassaniden Fürsten aus dem Hause Gafnâ's*, Berlin, 1887.
NORDEN (W.), *Das Papsttum und Byzanz*, Berlin, 1903.
OECONOMOS, *La vie religieuse dans l'Empire byzantin au temps des Comnènes et des Anges*, 1918.
OMAN (Ch.), *A history of the art of war in the Middle Age*, Londres, 2e éd., 1924.
OMONT (H.), *Miniatures des manuscrits grecs de la Bibliothèque Nationale du VIe au XIe siècle*, 1902.
OSTROGORSKY (G.), *Studien zur Geschichte des byzantinischen Bilderstreites*, Breslau, 1929.
— *Bratiia Vasiliia*, Ext. Mél. P. Nikov, Sofia, 1939.
— *Geschichte des byzantinischen Staates*, Munich, 1940.
OUSPENSKY (F.), *Istorija vizantijskoj imperii*, I-II[1], Pétersbourg, 1914-1927.
PAILLARD (A.), *Histoire de la transmission du pouvoir impérial à Byzance*.
PALANQUE (J. R.), *Essai sur la préfecture du prétoire du Bas-Empire*, 1933.
PANTCHENKO, *Krestiianskaia sobctvennost v' Vizantij* [*La propriété rurale à Byzance*], I. R. I., IX, 1904.
— *Katalog Molybdobullov* [*Catalogue des bulles de plomb*], I. R. I., VIII (1903), IX, (1904), XIII, (1908).
PAPPADOPOULOS (J. B.), *Théodore II Lascaris, empereur de Nicée*, 1908.
PARGOIRE, *L'Église byzantine de 527 à 847*, 1905.
PATRONO, *Bizantini i Persiani alla fine del VI secolo*, Florence, 1907.
— *Studi bizantini. Dei conflitti tra l'imperatore Maurizio Tiberio e il papa Gregorio Magno*, Padoue, 1909.

PEARS (E.), *The destruction of the Greek Empire...*, New York, 1903.
PERNICE (A.), *L'imperatore Eraclio*, Florence, 1905.
PHILIPPSON, *Das Byzantinische Reich als geographische Erscheinung*, Leyde, 1939.
PICOTTI (G. B.), *Sulle navi papali in Oriente al tempo della caduta di Costantinopoli*, Venise, 1911.
PIGANIOL (A.), *L'empereur Constantin*, 1932.
PITRA, *Des canons et des collections canoniques de l'Église grecque*, 1858.
POUPARDIN, *Étude sur les principautés lombardes de l'Italie méridionale*, Ext. M. A., 1906.
PUECH, *Saint Jean Chrysostome et les mœurs de son temps*, 1891.
RAMBAUD (A.), *L'Empire grec au Xe siècle. Constantin Porphyrogénète*, 1870.
— *De byzantino Hippodromo et de circensibus factionibus*, 1870.
— *Études sur l'histoire byzantine*, 1912.
RAMSAY (W.-M.), *The historical geography of Asia Minor*, Londres, 1890.
RÉAU (L.), *L'art russe*. I. *Des origines à Pierre le Grand*, 1921.
RIANT, *Expéditions et pèlerinages des Scandinaves en Terre Sainte...*, 1865.
RODD, *The princes of Achaïa*, 2 v., Londres, 1907.
ROSMINI (C. de), *Vita e disciplina di Guarino Veronese e dei suo discepoli*, Brescia, 1805, 2 v.
ROUILLARD (Germaine), *L'administration de l'Égypte byzantine*, 2e éd., 1928.
RUNCIMAN (St.), *The emperor Romanus Lecapenus...*, Cambridge, 1929.
— *A history of the first Bulgarian Empire*, Londres, 1930.
— *La civilisation byzantine*, éd. française, 1934.
SABATIER, *Description générale des monnaies byzantines*, 1862.
SANTIFALLER, *Beitraege zur Geschichte des lateinischen Patriarchats von Konstantinopel*, Weimar, 1938.
SCHENK, *Kaiser Leons III Walten, im Innern*, Ext. de B. Z., V. 1896.
SCHIEWITZ, *Das morgenländische Monchthum*, Mayence, I, 1904.
SCHLUMBERGER (G.), *Sigillographie byzantine*, 1884.
— *Les îles des Princes*, 1884.
— *Un empereur byzantin au Xe siècle. Nicéphore Phocas*, 1890.
— *L'épopée byzantine à la fin du Xe siècle*, 3 v., 1re éd., 1896, 1900, 1905.
— *Mélanges d'archéologie byzantine*, 1895.
— *Renaud de Châtillon, prince d'Antioche*, 1898.
— *Expédition des Almugavares ou Catalans en Orient*, 1902.
— *Campagnes du roi Amaury de Jérusalem en Égypte*, 1906.
— *Le siège, la prise et le sac de Constantinople par les Turcs en 1453*, 1re éd., 1914.
— *Récits de Byzance et des croisades*, 2 v., 1re s., 1916, 2e s., 1922.
— *Byzance et les croisades*, 1927.
SCHÖNEBAUM, *Die Kenntniss der byzantinischen geschichtsschreiber von der ältesten Geschichte der Ungarn vor der Landnahme*, Berlin, 1922.
SCHULZE, *Alchristliche Städte und Landschaften*. I. *Konstantinopel*, Leipzig, 1913.
SCHUTTE, *Der Aufstand des Leon Tornikios (1047)*, Plauen, 1896.
SCHWARZLOSE, *Der Bilderstreit*, Gotha, 1890.
SERRE, *Les marines de guerre de l'antiquité et du moyen âge*, 1885.
SICKEL, *Das byzantinische Krönungsrecht bis zum 10. Jarhunderts*, Ext. B. Z., VII, 1898.
— *Acta regum et imperatorum karolinorum*, 2 v., Vienne, 1867.

SILBERSCHMIDT, *Das orientalische Problem zur Zeit der Entstehung des türkischen... Reiches*, Leipzig, 1923.
STANOJEVIČ, *Istorija srpskoga naroda*, Belgrade, 1926.
— *Vizantija i Srbi*, Belgrade, 1906.
STEIN (E.), *Studien zur Geschichte des byzantinischen Reiches*, Stuttgart, 1919.
— *Untersuchungen zur spätbyzantinischen. Verfassungs- und Wirthschaftsgeschichte* (Mitteil. zur osman. Gesch. I-II), Hanovre, 1925.
— *Geschichte des spätrömischen Reiches*, I, Vienne, 1928.
STERNFELD, *Ludwigs des Heiligen Kreuzzug nach Tunis und die Politik Karls I von Sicilien*, Berlin, 1896.
STRUCK (A.), *Mistra...*, Vienne, 1910.
STRZYGOWSKI, *Die Miniaturen des serbischen Psalters*, Vienne, 1906.
TAFRALI (O.), *Thessalonique au XIVe siècle*, 1913.
— *Topographie de Thessalonique*, 1913.
— *Thessalonique, des origines au XIVe siècle*, 1919.
— *La Roumanie transdanubienne*, 1918.
— *Monuments byzantins de Curtea de Arges*, Sofia, 1927.
TEMPERLEY, *History of Serbia*, Londres, 1917.
TER-MINNASIANTZ, *Die armenische Kirche in ihren Beziehungen zu den syrischen Kirchen...*, Leipzig, 1904.
TOESCA (P.), *Storia dell'arte italiana. I. Il medioevo*, Turin, 1927.
TOURNEBIZE (F.), *Histoire politique et religieuse de l'Arménie*, 1910.
TREITINGER (O.), *Die oströmische Kaiser- und Reichsidee*, Iéna, 1938.
VALDENBERG, *Retch Ioustina II K' Tiveriou* (Discours de Justin II à Tibère), Léningrad, 1928.
VARILLE, *Voyage au pays des monastères byzantins*, Lyon, 1935.
VASILIEV (A.), *Puteschetvie vizantijskago imperatora Manuila II po zapadnoi Europié* [*Voyage de Manuel II en Occident*], Ext. Z. M. I. P. R., XXXIX, 1912.
— *Vizantija i Araby... za vremja Amorijskoj dinastii*, Pétersbourg, 1900. Trad. française : *Byzance et les Arabes. I. La dynastie d'Amorium*, C. Br., 1935.
— *Vizantija i Araby za vremja Makedonskoj dinastii*, Pétersbourg, 1902.
— *Istorija Vizantii* (*Lektsii po istorii Vizantii*, I, 1917, II, 1923-1925). Trad. anglaise : *History of the Byzantine Empire*, Madison (Univ. de Wisconsin), 2 v., 1928-1929. Trad. française : *Histoire de l'Empire byzantin*, 2 v., 1932.
— *The Goths in the Crimea*, Cambridge (Massachusetts), 1936.
VASILJEVSKY, *Troudy*, I, Pétersbourg, 1908.
VAST (H.), *Le cardinal Bessarion*, 1878.
VENIERO (A.), *Paolo Silenziario*, Catane, 1916.
VIDAL DE LA BLACHE et GALLOIS, *Géographie universelle*. VII, *Péninsules méditerranéennes*, 1934 (M. SORRE, J. SION, Y. CHATEIGNAU). VIII. *Asie occidentale, Haute Asie*, 1929 (R. BLANCHARD, F. GRENARD).
VILLARI, *Le invasioni barbariche in Italia* (395-1024), Milan, 1909.
VINCENT et ABEL, *Jérusalem nouvelle*, 1922.
— *Bethléem. Le sanctuaire de la Nativité*, 1914.
VOGEL (Maria) et GARDTHAUSEN (V.), *Die griechischen Schreiber des Mittelalters und der Renaissance*, C. B. W., 1909, 33.
VOGT (A.), *Basile I et la civilisation byzantine à la fin du IXe siècle*, 1908.
VOÏNOVITCH (de), *Histoire de la Dalmatie*, 2 v., 1934.
VOLONAKIS (M.), *The island of Roses and the eleven Sisters*, Londres, 1922.
VULIČ (N.), *Origine et race de l'empereur Justinien*, Belgrade (Académie royale), 1935.

WAECHTER, *Der Verfall des Griechentums in Kleinasien in XIVten Jahrhundert*, Leipzig, 1903.
WALTZING, *Les corporations professionnelles chez les Romains*, 4 v., Bruxelles, 1895-1900.
WEIGAND, *Das goldene Thor in Konstantinopel*, A. M., 1914 (ext. de).
WEIL (R.), *La presqu'île du Sinaï...*, 1908.
WEISS (H.), *Kostümkunde*, II, *Geschichte der Tracht und des Geräthes im Mittelalter*, Stuttgart, 1864.
WHITTEMORE, *The mosaics of S. Sophia at Istanbul*, I. *Narthex*, Oxford, 1933.
— II. *Southern Vestibule*, Oxford, 1936.
— III. *The imperial portraits of the South Gallery*, Oxford, 1945.
WIEGANG, *Der Latmos*, Berlin, 1913.
WILCKEN, *Heidnisches und christliches aus Ægypten*, Ext. A. P. I. 1901.
WULFF et ALPATOV, *Denkmaeler der Ikonenmalerei*, Dresde, 1925.
WÜSTENFELD, *Geschichte der Fatimiden Kalifen nach den arabischen Quellen*, Göttingen, 1881.
XANALATOS, *Beitraege zur Wirthschafts- und Sozialgeschichte Makedoniens im Mittelalter*, Munich, 1937.
YEWDALE, *Bohemond I, prince of Antioch*, Princeton University, 1925.
ZACHARIAE VON LINGENTHAL, *Ueber den Verfasser, und die Quellen des Nomokanon, in XIV Titeln*, M. A. I. S. P., XXXI, 1885.
— *Geschichte des griechisch-römischen Rechts*, 2ᵉ éd., Berlin, 1892.
ZAKYTHINOS (D. A.), *Le despotat grec de Morée*, 1932.
— *Le chrysobulle d'Alexis Comnène, empereur de Trébizonde, en faveur des Vénitiens*, 1932.
ZEILLER (J.), *Les origines chrétiennes dans les provinces danubiennes*, 1918.
— *L'Église et l'Empire romain*, H. M. C., V², 1928.
ZEILLER et HÉBRARD, *Spalato. Le palais de Dioclétien*, 1912.
ZERVOS, *Un philosophe néoplatonicien au XIᵉ siècle. Michel Psellos*, 1919.
ZLATARSKI, *Geschichte der Bulgaren*, Leipzig, 1918.

SUPPLÉMENT

BRÉHIER (L.), *Les institutions de l'Empire byzantin* (M. B.), II, E. H., n° 32 bis, 1949.
DEVRESSE (Mgr R.), *Le patriarcat d'Antioche depuis la paix de l'Église jusqu'à la conquête arabe*, 1945.
GOUBERT (P.), *L'Espagne byzantine*, 1947.
— *L'empereur Maurice et son temps*, 1948.
HALPHEN (L.), *Charlemagne et l'Empire carolingien*, E. H., n° 33, 1948.
JERPHANION (G. de), *Miscellanea* I, 1947.
LEMERLE (P.), *Philippes et la Macédoine orientale à l'époque chrétienne et byzantine*, 1945.
MORAVCSIK (G.), *Byzantinoturcica*, 2 v., Budapest, 1943.
ROUSSET (P.), *Les origines et les caractères de la première croisade*, Neuchâtel, 1943.
VASILIEV (A.), *The Russian attack of Constantinople in 860*, Cambridge, Massachusetts, 1946.

Bibliographie complémentaire

1. GÉNÉRALITÉS (Congrès - Périodiques - Répertoires)

Dumbarton Oaks Papers, Cambridge Mass., depuis 1941 — *D. O. P.*
Jahrbuch der Osterreichischen byzantinischen Gessellschaft, Vienne, depuis 1951
Revue des études byzantines (Études byzantines : 1943-1947), Paris, depuis 1943 — *R. E. B.*
Travaux et Mémoires (Centre de recherche d'histoire et civilisation byzantines, Sorbonne), Paris, depuis 1965.... *Trav. Mém.*
Vizantijskij Vremennik, n[elle] série, Moscou, depuis 1947.
Zbornik Radova Vizantološkog Instituta (Recueil de travaux de l'Institut d'études byzantines), Belgrade, depuis 1952.

Actes des Congrès internationaux des études byzantines (suite) :
  VI. Paris, juillet-août 1948 (*Actes*, 2 vol., Paris 1950-1951).
  VII. Bruxelles, août 1948 (*Actes*, dans B. N., 1949 et 1950).
  VIII. Palerme, avril 1951 (*Actes*, dans S. B. N., VII-VIII, 1953).
  IX. Thessalonique, avril 1953 (*Actes*, I-III, Athènes 1955, 1956, 1958).
  X. Istanbul, sept. 1955 (*Actes*, Istanbul, 1957).
  XI. Munich, sept. 1958 (*Actes*, 3 vol., Munich, 1958, 1960, 1961).
  XII. Ochrida, sept. 1961 (*Actes*, 2 vol., Belgrade, 1963, 1964).
  XIII. Oxford, sept. 1966 (*Actes*, Londres, 1967).

Dix années d'études byzantines. Bibliographie internationale : 1939-1948, Paris, 1949 (Répertoire par pays d'origine).
DÖLGER (F.) et SCHNEIDER (A. M.), *Byzanz*, Berne, 1952 (Bibliographie analytique des travaux sur l'histoire, la littérature et la langue byzantines, parus de 1938 à 1950).
DÖLGER (F.), *Regesten der Kaiserurkunden* IV-V (1282-1453), Munich, 1960, 1965.
GRUMEL (V.), *Regestes des actes du patriarcat byzantin* II-III (715-1206), Chalcédoine-Paris, 1936, 1947.
MORAVCSIK (Gy.), *Byzantinoturcica. I. Die byzantinische Quellen der Geschichte der Türkvölker. II. Sprachreste der Türkvölker in den byzantinischen Quellen*, 2ᵉ éd., Berlin, 1958.
SORLIN (I.), *Les recherches soviétiques sur l'histoire byzantine de 1945 à 1962*, Tr. Mém., 2, 489-564 (Bulletin analytique).

2. SOURCES

Actes de l'Athos :
— *Archives de l'Athos*. II. *Actes de Kutlumus*, éd. P. Lemerle, Paris, 1945.
III. *Actes de Xéropotamou*, éd. J. Bompaire, Paris, 1964.
IV. *Actes de Dionysiou*, éd. N. Oikonomidès, Paris, 1968.
— *Aus den Schatzkammern des heiligen Berges*, éd. et comm. de Fr. Dölger, Munich, 1948 (115 novelles du xe s., avec un album).
— *Sechs byzantinische Praktika des 14. Jahrh. für das Athoskloster Iberon*, Munich, 1949.
— *Supplementa ad acta graeca Chilandarii*, ed. V. Mošin et A. Sovre, Ljubljana, 1948.
AGATHIAS, *Historiarum libri quinque*, rec. R. Keydell, Berlin, 1967 (texte grec).
ANONYME, *Chronique byzantine de l'an 811*, éd. I. Dujčev, Tr. Mém., I, 1965, 205-254 (texte, trad. et comm. du récit de la campagne de Nicéphore Ier contre les Bulgares).
Basilicorum libri LX. Series A : Textus. Series B : Scholia, éd. Scheltema et Van den Wal, Groningen, 1955 et suiv. (texte grec).
Chronique de Psamathia (= Vie du patr. Euthyme), trad. et comm. en russe de A. P. Každan, Moscou, 1959.
Pseudo-CODINUS, *Traité des Offices*, intr., texte et trad. par J. Verpeaux, Paris, 1966.
CONSTANTIN VII PORPHYROGÉNÈTE, *De administrando imperio*, texte et trad. angl. par G. Moravcsik et R. J. H. Jenkins, Budapest, 1949; *Commentary* par F. Dvornik et al., London, 1962.
— *De thematibus*, intr., testo critico, comm. di A. Pertusi, Cité du Vatican, 1952.
CRITOBULE D'IMBROS, *De rebus per annos 1451-1467 a Mechemete II gestis*, texte gr. et trad. roumaine par V. Grecu, Bucarest, 1963.
CYDONÈS (D.), *Correspondance*, éd. R.-J. Loenertz, 2 vol., Cité du Vatican (Studi e Testi, 186 et 208), 1956, 1960.
DUCAS, *Historia turcobyzantina (1341-1462)*, texte grec et trad. roumaine par V. Grecu, Bucarest, 1958.
Ecloga de Léon III, trad. et comm. en russe de E. Lipšic, Moscou, 1965.
EUSTATHE DE THESSALONIQUE, *La espugnazione di Tessalonica*, texte gr. de St. Kyriakidis (avec trad. ital.), Palermo, 1961.
GUILLAUME DE POUILLE, *La geste de Robert Guiscard*, éd. M. Mathieu, Palerme, 1961.
HIÉROKLÈS, *Le synekdèmos d'H. et l'opuscule géographique de Georges de Chypre*, éd. et comm. de E. Honigmann, Bruxelles, 1939.
Inscriptions :
— *Monumenta Asiae Minoris Antiqua*, éd. W. M. Calder et al., Manchester, 1928-1956 (7 vol. parus).
— *Inscriptions grecques et latines de Syrie*, éd. Jalabert et al., I-V, Paris, 1929-1959.
— *Spätgriechische und spätlateinische Inschriften aus Bulgarien*, éd. V. Beševliev, Berlin, 1964.
— *Die protobulgarische Inschriften*, éd. V. Beševliev, Berlin, 1965.
JEAN D'ÉPHÈSE, *Historiae ecclesiasticae pars III^a*, trad. lat. de E. W. Brooks, Louvain, 1936.
LÉON VI, *Les novelles*, éd. et trad. franç. de P. Noailles et A. Dain, Paris, 1944.
— *Problemata*, éd. A. Dain, Paris, 1935.
pseudo-LÉON VI, *Sylloge tacticorum quae olim « inedita Leonis tactica » dicebantur*, éd. A. Dain, Paris, 1938.
Naumachica, éd. A. Dain, Paris, 1943 (sept opuscules ou extraits relatifs à la guerre navale).

Partitio terrarum imperii Romanie, éd. comm. de A. Carile, Studi Veneziani, Florence, 1966, 125-305.

PHRANTZÈS, voir SPHRANTZÈS.

PISIDÈS (Georges), *Poemi. I. Panegirici*, texte gr. et trad. ital. de A. Pertusi, Ettal, 1960.

PSELLOS (Michel), *Scripta minora* I-II, éd. Kurtz et Drexl, Milan, 1936-1941 (I : discours; II : 273 lettres, la plupart inédites).

SPHRANTZÈS (Georges), Τὰ καθ' ἑαυτὸν καί τινα γεγονότα ἐν τῷ χρόνῳ τῆς ζωῆς αὐτοῦ (1401-1477) *cum pseudo-Phrantzès in appendice*, texte grec et trad. roumaine par V. Grecu, Bucarest, 1966.

THÉODORET, *Kirchengeschichte*, éd. L. Parmentier et F. Scheidweiler, Berlin[2], 1954.

Vies de saints :
— *S. Antoine le Jeune* (fragment inédit comblant une lacune de la Vie publiée par Papadopoulos-Kérameus), éd. et comm. de Fr. Halkin, A. B., 62, 1944, 188-225.
— *Vie de S. Cyrille le Philéote* († 1110), éd. et trad. franç. de St. Sargologos, Bruxelles, 1964.
— *Vita S. Euthymii* († 917), texte, trad. angl. et comm. de P. Karlin-Hayter, B. N., 25-27, 1955-1957, 1-172.
— *Vie de S. Georges de Mitylène* († 820), éd. J. Phountoulès (en grec), Athènes, 1959, in *Lesbiakon Héortologion A'*, 33-43.
— *La Vie de S. Nicéphore* († 813), *fondateur de Médikion*, éd. et intr. de Fr. Halkin, A. B., 78, 1960, 396-430.
— *Vie merveilleuse de S. Pierre d'Atroa* († 837), éd. et trad. franç. de V. Laurent, Bruxelles, 1956. — *Vita retractata*, éd. V. Laurent, Bruxelles, 1958.
— *Das Leben des heiligen Narren Symeon von Leontios von Neapolis*, éd. L. Rydén, Stockholm, 1963.
— *La légende de S. Spyridon, év. de Trimithonte*, intr. et texte gr. de P. Van den Ven, Louvain, 1953.
— *Vie ancienne de S. Syméon Stylite le Jeune (521-592) I. Introd. et texte grec* de P. Van den Ven, Bruxelles, 1962.

3. ÉTUDES.

AHRWEILER (H.), *Recherches sur l'administration de l'empire byzantin aux IXe-Xe s.*, B. C. H., 1960, p. 1-111 (Les corps d'armée, les fonctionnaires, les circonscriptions).
— *L'Asie Mineure et les invasions arabes*, R. H., 227, 1962, 1-32.
— *L'histoire et la géographie de la région de Smyrne entre les deux occupations turques (1081-1317)*, Tr. Mém., 1, 1965, 1-204.
— *Byzance et la mer. La Marine de guerre, la politique et les institutions maritimes de Byzance aux VIe-XVe s.*, Paris, 1966.

ALEXANDER (P. J.), *The Patriarch Nicephorus of Constantinople*, Oxford, 1958 (Solide documentation sur toute la période iconoclaste).

ANASTOS (M.), *The Transfer of Illyricum (...) to the Juridiction of Patriarchate of Constantinople in 732-733*, S. B. N., 9, 1957, 14-31.

ANTONIADIS-BIBICOU (H.), *Recherches sur les douanes à Byzance*, Paris, 1963.
— *Études d'histoire maritime de Byzance. A propos du thème des Caravisiens*, Paris, 1966.

BABINGER (F.), *Beiträge zur Frühgeschichte der Türkenherrschaft in Rumelien (14.-15. Jahrh.)*, Munich, 1944.
— *Mehmed der Eroberer und seine Zeit*, Munich, 1953, trad. franç. : *Mahomet le Conquérant et son temps*, Paris, 1954.

BANESCU (N.), *Les duchés byzantins de Paristrion (Paradounavon) et de Bulgarie*, Bucarest, 1946.
BARIŠIĆ (F.), *Le siège de Constantinople par les Avars et les Slaves en 626*, B. N., 24, 1954, 371-395.
BECK (H. G.), *Kirche und theologische Literatur im byzantinischen Reich*, Munich, 1959 (Introduction utile sur la géographie ecclésiastique et l'administration patriarcale).
BON (A.), *Le Péloponnèse byzantin jusqu'en 1204*, Paris, 1951.
CAHEN (Cl.), *La première pénétration turque en Asie Mineure*, B. N., 18, 1948, 5-67.
Cambridge Medieval History. IV. The Byzantine Empire. Part I : Byzantines and its neighbours. Part II : Government, Church and Civilization, Cambridge, 1966-1967 (Refonte complète de l'édition antérieure).
CHARANIS (P.), *The religious Policy of Anastasius the First (491-518)*, Madison, 1939.
— *The Monastic Properties and the State in the Byzantine Empire*, D. O. P., 4, 1948, 51-119.
CLASSEN (P.), *Rom und Byzanz von Diokletian bis zu Karl dem Grossen*, Stuttgart, 1954.
DAIN (A.), *Les stratégistes byzantins*, Tr. Mém., 2, 1967, 317-392 (Précis de la littérature stratégique grecque des origines au XVe s. de notre ère).
DARROUZÈS (J.), *Epistoliers byzantins du Xe s.*, Paris, 1960.
— *Documents inédits d'ecclésiologie byzantine*, Paris, 1966.
DENNIS (G.), *The Reign of Manuel II in Thessalonica (1382-1387)*, Rome, 1960.
DJAKONOV (A. P.), *Les dèmes byzantins et les partis, du Ve au VIIe s.*, Vizantijskij Sbornik, 1945, 144-227 (en russe).
DÖLGER (F.), *Byzanz und die europäische Staatenwelt*, Ettal, 1953 (Recueil d'articles sur le rayonnement international de Byzance).
— *Paraspora. 30 Aufsätze zur Geschichte, Kultur und Sprache des byz. Reiches*, Ettal, 1961.
— *Byzantinische Diplomatik. 28 Aufsätze zum Urkundenwesen der Byzantiner*, Ettal, 1956.
DOWNEY (G.), *A History of Antioch in Syria from Seleucus to the arab Conquest*, Princeton, 1961.
DUJČEV (I.), *Medioevo bizantino-slavo*, Rome, 1965-1968 (Recueil d'articles sur les relations byzantino-bulgares).
DVORNIK (F.), *The Photian Schism*, Cambridge, 1948 ; trad. franç. : *Le schisme de Photius*, Paris, 1950.
FERJANCIC (B.), *Despoti u Vizantiji i juznoslovenskim Zemljama* [Les Despotes à Byzance et dans les pays slaves du Sud] (en serbo-croate, résumé allemand), Belgrade, 1960.
FROLOW (A.), *Recherches sur la déviation de la IVe croisade vers Constantinople*, Paris, 1955.
GEANAKOPLOS (D. J.), *Greco-latin Relations on the eve of the Byzantine Restoration*, D. O. P., 7, 1953, 99-141.
— *Emperor Michael Paleologus and the West*, Cambridge Mass. 1959.
GILL (J.), *The Concil of Florence*, Cambridge, 1959.
GOUBERT (P.), *Byzance avant l'Islam*. I. *L'empereur Maurice*. II, 1, *Byzance et les Francs*. II, 2, Rome, *Byzance et Carthage*, Paris, 1951-1965.
GOUILLARD (J.), *Le synodikon de l'Orthodoxie*, Tr. Mém., 2, 1967, 1-316 (Crises religieuses à Byzance du VIIIe au XIVe s.).
GRABAR (A.), *L'iconoclasme byzantin. Dossier archéologique*, Paris, 1957. (L'iconoclasme à la lumière des sources littéraires et surtout monumentales.)

GORJANOV (B. T.), *Pozdne-vizantijskij feodalism* (Le féodalisme de la basse époque byzantine), Moscou, 1962.
GRIERSON (Ph.), *The Debasement of the bezant in the eleventh century*, B. Z., 47, 1954, 379-394.
GRILLMEIER (A.), et BACHT (H.) (éd.), *Das Konzil von Chalkedon*, Würzburg, 1951-1954, 3 vol.
GRIVEC (Fr.), *Konstantin und Method Lehrer der Slaven*, Wiesbaden, 1960.
GRUMEL (V.), *Recherches sur l'histoire du monothélisme*, Échos d'Orient, 27, 1928, 6-16, 257-277; 28, 1929, 272-282; 29, 1930, 16-28.
— *La Chronologie* (*Traité d'Études byzantines I*), Paris, 1958 (à la suite d'une chronologie théorique, tableaux indispensables : concordance des ères, calendrier universel, dynasties etc.).
GUILLAND (R.), *Études byzantines*, Paris, 1959.
GUILLOU (A.), *Les actes grecs de S. Maria di Messina. Enquête sur les populations grecques d'Italie du Sud et de Sicile* (XIe-XIVe s.), Palerme, 1963.
HIGGINS (M. J.), *The Persian War of the Emperor Maurice*, Washington, 1939.
JACOBY (D.), *Les archontes grecs et la féodalité en Morée franque*, Tr. Mém., 2, 1967, 421-482.
JANIN (R.), *La géographie ecclésiastique de l'empire byzantin I. Le siège de Constantinople. T. III. Les églises et les monastères*, Paris ², 1968.
— *Constantinople byzantine. Développement urbain et répertoire topographique*, Paris², 1964.
JONES (A. H. M.), *The later Roman Empire. A social and economic Survey*, I-III, album de cartes, Oxford, 1964.
KARAYANNOPOULOS (J.), *Das Finanzwesen des frühbyzantinischen Staates*, Munich, 1958.
— *Die Entstehung der byzantinischen Themenordnung*, Munich, 1959.
KAŽDAN (A. P.), *Derevnja i gorod v Vizantii IX-X vv.* (Ville et campagne à Byzance au IXe-Xe s.), Moscou, 1960.
KOUKOULÈS (Ph.), Βυζαντινῶν βίος καὶ πολιτισμός I-V, Athènes, 1948-1952 (Vie quotidienne des Byzantins à travers les âges; documentation quasi-exhaustive).
KREKIC (B.), *Dubrovnik (Raguse) et le Levant au Moyen Age*, Paris-La Haye, 1961 (relations de Raguse avec l'Orient de 1199 à 1460).
LAMMA (P.), *Comneni e Staufer. Ricerche sui rapporti fra Bisanzio e l'Occidente nel sec. XII*, I-II, Rome, 1955-1957.
LAURENT (V.), *Documents de sigillographie byzantine. La collection C. Orghidan*, Paris, 1952.
— *Le corpus des sceaux de l'empire byzantin. Tome V : L'Église*, Paris, 1963-1965. 2 vol., 1 album de pl.
LEMERLE (P.), *Philippes et la Macédoine orientale à l'époque chrétienne et byzantine*, Paris, 1945 (Administration de la Macédoine orientale du IVe au XVe s.).
— *Invasion et migrations dans les Balkans depuis la fin de l'époque romaine jusqu'au VIIIe s.*, R. H., 211, 1954, 265-308.
— *L'émirat d'Aydin. Byzance et l'Occident. Recherches sur « la geste d'Umur Pacha »*, Paris, 1957 (Relations de Byzance avec les États turcs d'Asie Mineure au XIIIe-XIVe s.).
— *Esquisse pour une histoire agraire de Byzance : les sources et les problèmes*, R. H., 219, 1958, 254-284 et 220, 1958, 43-94.
— *La Chronique improprement dite de Monembasie*, R. E. B., 21, 1963, 5-49 (Problème de la pénétration slave en Grèce).
— *Thomas le Slave*, Tr. Mém., 1, 1965, 255-297 (Critique des sources et interprétation).

LEMERLE, *Un aspect du rôle des monastères à Byzance : les monastères donnés à des laïcs : les charisticaires*, A. I. C. R. H., 1967, 9-28.
LEVČENKO (M.), *Byzance des origines à 1453*, trad. du russe, Paris, 1949 (Interprétation marxiste de l'histoire byzantine).
LEWIS (A. R.), *Naval Power and Trade in the Mediterranean A. D. 500-1100*, Princeton, 1951.
LOENERTZ (R.-J.), *Pour l'histoire du Péloponnèse au XIVe s. (1382-1404)*, R. E. B., 1, 1943, 152-196 (Éléments nouveaux pour la chronologie de l'époque).
LONGNON (J.), *L'empire latin de Constantinople et la principauté de Morée*, Paris, 1949.
LOPEZ (R. D.) et RAYMOND (I. W.), *Medieval Trade in the Mediterranean World*, New York, 1955.
MALAFOSSE (J. de), *Les lois agraires à l'époque byzantine. Tradition et exégèse*, Rec. de l'Acad. de législ., 29, 1949.
MARICQ (A.), *La durée du régime des partis populaires à Constantinople*, Bull. Acad. R. Belg. Cl. des lettres, 35, 1949, 64-74.
MEYENDORFF (J.), *Introduction à l'étude de Grégoire Palamas*, Paris, 1959.
MICHEL (A.), *Schisma und Kaiserhof im Jahre 1054. Michael Psellos* in *L'Église et les Églises* I, Chevetogne, 1954, 353-440.
— *Die Kaisermacht in der Ostkirche 843-1204*, Darmstadt, 1959 (L'idéologie de l'empire théocratique et son expression dans les faits).
OHNSORGE (W.), *Das Zweikaiserproblem in früheren Mittelalter. Die Bedeutung des byzantinischen Reichs für die Entwicklung der Staatsidee in Europa*, Hildesheim, 1947.
— *Abendland und Byzanz. Gesammelte Aufsätze zur Geschichte der byzantinisch-abendländischen Beziehungen und des Kaisertums*, Weimar, 1958.
OSTROGORSKY (G.), *Pour l'histoire de la féodalité byzantine*, Bruxelles, 1954 (La propriété conditionnée — pronoia — aux derniers siècles de Byzance et la féodalisation consécutive de l'État).
— *Geschichte des byzantinischen Staates*[3], Munich, 1963.
PAPADOPOULOS (A.), *Versuch einer Genealogie der Palaiologen (1259-1453)*, Munich, 1938.
ROUILLARD (G.), *La vie rurale dans l'empire byzantin*, Paris, 1953.
RUBIN (B.), *Das Zeitalter Justinians* I (trois autres vol. prévus), Berlin, 1960. (Parfois contestable dans ses interprétations, l'ouvrage exploite une documentation énorme et sûre).
RUNCIMAN (St.), *A History of the Crusades. I. The first Crusade. II. The Kingdom of Jerusalem and Frankisch East 1100-1187. III. The Kingdom of Acre and the later Crusades*, Cambridge, 1951, 1952, 1954.
SETTON (K. M.), *Catalan Domination at Athens (1311-1388)*, Cambridge, Mass., 1948.
— *A History of the Crusades* I (1095-1189), II (1189-1311), Londres, 1955, 1962 (cinq vol. prévus; ouvrage collectif).
ŠEVČENKO (I.), *Nicolas Cabasilas' « antizealot » Discourse. A reinterpretation*, D. O. P., 1957, 81-171.
— *The Author's Draft of N. Cabasilas' « antizealot » discurse*, D. O. P., 14, 1960, 181-201. (Récusation d'une prétendue source relative à l'histoire des zélotes).
SJUZJUMOV (M. J.), *Problemy ikonoborčeskogo dviženija v Vizantii* (Les problèmes de l'iconoclasme à Byzance), Sverdlovsk, 1948 (Explication de l'iconoclasme par la politique économique).
— *Vizantijskaja Kniga Eparcha* (Le livre de l'Éparque), Moscou, 1962 (Trad. russe et commentaire).
SORLIN (I.), *Les traités de Byzance avec la Russie au Xe s.*, Cahiers du

monde russe et soviétique, II, 1961, 313-360, 447-475 (authenticité des traités).

STADTMÜLLER (G.), *Geschichte Südosteuropas*, München, 1950.

STEIN (E.), *Histoire du Bas-Empire* II. *De la disparition de l'empire d'occident à la mort de Justinien*, Paris-Bruxelles-Amsterdam, 1949 (L'histoire vue à travers l'administration et le droit).

STIERNON (L.), *Les origines du Despotat d'Épire*, R. E. B., 17, 1959, 90-126.

SVORONOS (N.), *Recherches sur le cadastre byzantin et la fiscalité aux XIe et XIIe siècles : le cadastre de Thèbes*, B. C. H., 83, 1959, 1-166 (le régime de la propriété, le système fiscal, les vicissitudes de la monnaie).

— *Les privilèges de l'Église à l'époque des Comnènes : un rescrit inédit de Manuel Ier Comnène*, Tr. Mém., 1, 1965, 325-391. (Politique des Comnènes à l'égard de la grande propriété.)

THIRIET (F.), *Régestes des délibérations du Sénat de Venise concernant la Romanie*, I-III, Paris, 1958, 1959, 1961 (Histoire intérieure et extérieure des possessions vénitiennes en terre byzantine de 1329 à 1463).

— *La Romanie vénitienne au Moyen Age. Le développement et l'exploitation du domaine colonial vénitien (XIIe-XVe s.)*, Paris, 1959.

UDAL'COVA (Z. V.), *Italija i Vizantija v VI veke* (L'Italie et Byzance au VIe s.), Moscou, 1959.

VASILIEV (A. A.), *The Russian attak on Constantinople in 860*, Cambridge Mass., 1946.

— *Byzance et les Arabes.* II : *La dynastie macédonienne (867-959)*. Éd. franç. par H. Grégoire et M. Canard. IIe partie : *Extraits des sources arabes*, Bruxelles, 1950 (Sources arabes, historiens, poètes, géographes etc., traduites et annotées, éclairant les sources byzantines); 1re partie, Bruxelles, 1968.

— *Justin the First. An introduction to the Epoch of Justinian the Great*, Cambridge Mass., 1950.

VASMER (M.), *Die Slaven in Griechenland*, Berlin, 1941 (Degré de slavisation de la Grèce d'après la densité des toponymes slaves).

WITTEK (P.), *The Rise of the Ottoman Empire*, Londres, 1938.

ZAKYTHINOS (D. A.), *Études sur la division administrative et l'administration provinciale dans l'empire byzantin* (en grec), E. B., 17, 1941, 208-274; 18, 1948, 42-62; 19, 1949, 1-25 (D'après les novelles du XIIe-XIIIe s.).

— *Crise monétaire et crise économique à Byzance du XIIIe au XVe s.*, Athènes, 1948.

— *Le Despotat grec de Morée.* II. *Vie et institutions*, Athènes, 1953.

Jean GOUILLARD.

Appendice

Les empereurs byzantins (*)

I. DYNASTIE THÉODOSIENNE (379-450)

Théodose I le Grand, 379-395.
Arcadius, 395-408.
Théodose II, 408-450.
Aelia Pulcheria, épouse Marcien, 450.

p. m. Marcien, 450-457.
s. l. d. Léon I, 457-474.
   Léon II, son petit-fils, associé, 473-474.
   Ariadne, fille de Léon, épouse Zénon, 459, Anastase, 491.
p. m. Zénon, 474-475, exilé, 476-491.
p. us. Basiliscus, 475-476.
p. m. Anastase I, 491-518.

II. DYNASTIE JUSTINIENNE (518-578)

s. l. d. Justin I, 518-527.
   Justinien I le Grand, 527-565.
   Justin II, 565-578, adopte Tibère, 574.

p. a. Tibère II, 578-583, adopte Maurice, 582.
p. ad. Maurice, 582-602.
p. us. Phokas, 602-610.

III. DYNASTIE DES HÉRACLIDES (610-705)

p. us. Héraclius I, 610-641.
   Constantin III et Héracléonas, 641.
   Constant II, 641-668.
   Constantin IV Pogonat, 668-685.
   Justinien II Rhinotmète, 685-695, exilé, 695-711.

(*) Source du pouvoir : p. a. = *par adoption*; p. m. = *par mariage*; p. us. = *par usurpation*; s. l. d. = *sans lien dynastique* (élection régulière).

p. us. Léontios (Léonce), 695-698.
p. us. Tibère III (Apsimar), 698-705.
p. us. Philippikos (Bardanes), 711-713.
p. us. Anastase II (Artemios), 713-715.
p. us. Théodose III, 715-717.

IV. DYNASTIE ISAURIENNE (717-802)

p. us. Léon III, 717-741.
Constantin V Copronyme, Caballinos, 741-775.
Léon IV le Khazar, 775-780.
Constantin VI, 780-797.
p. us. Irène, 797-802.

p. us. Nicéphore I le Logothète, 802-811.
Staurakios, son fils, 811.
Procopia, sa fille, épouse Michel Rhangabé.
p. m. Michel I Rhangabé, 811-813.
p. us. Léon V l'Arménien, 813-820.

V. DYNASTIE AMORIENNE (820-867)

p. us. Michel II, 820-829.
Théophile, 829-842.
Michel III, 842-867.

VI. DYNASTIE MACÉDONIENNE (867-1057)

p. us. Basile I le Macédonien, 867-886.
Léon VI le Philosophe et Alexandre, associés, 886-912.
Alexandre et Constantin VII, 912-913.
Constantin VII Porphyrogénète, 912-959 (en droit).
p. us. Romain I Lécapène, 920-944.
Constantin VII Porphyrogénète, 944-959 (pouvoir effectif).
Romain II, 959-963.
Basile II et Constantin VIII, 959-1025 (en droit).
p. us. Nicéphore II Phocas, 963-969.
p. us. Jean I Tzimiskès, 969-976.
Basile II et Constantin VIII, 976-1025.
Constantin VIII seul, 1025-1028.
Zoé, épouse Romain Argyre, 1028 (en droit 1028-1050).
p. m. Romain III Argyre, 1028-1034.
p. m. Michel IV le Paphlagonien, 2e époux de Zoé, 1034-1041.
p. ad. Michel V, adopté par Zoé, 1041-1042.
Zoé et Théodora, 1042.
p. m. Constantin IX Monomaque, 3e époux de Zoé, 1042-1055.
Théodora, 1055-1056, adopte Michel VI.
p. ad. Michel VI le Stratiotique, 1056-1057.

p. us. Isaac I Comnène, 1057-1059.
Constantin X Doukas, 1059-1067.
Michel VII, son fils, 1067-1078 (en droit).
p. m. Romain Diogène, ép. Eudokia, veuve de Constantin X, 1068-1071.
Michel VII Parapinace, 1071-1078 (pouvoir effectif).
p. us. Nicéphore III Botaneiatès, 1078-1081.

VII. DYNASTIE DES COMNÈNES (1081-1185)

- p. us. Alexis I, 1081-1118.
  - Jean II, 1118-1143, et Alexis associé (1122-1142).
  - Manuel I, 1143-1180.
  - Alexis II, 1180-1183.
- p. us. Andronic I, 1180-1185.

VIII. DYNASTIE DES ANGES (1185-1204)

- p. us. Isaac II, 1185-1195.
- p. us. Alexis III, 1195-1203.
  - Isaac II, 1203-1204.
  - Alexis IV, 1203-1204.

- p. us. Alexis V Murzuphle, 1204.

IX. DYNASTIE DES LASCARIDES DE NICÉE (1204-1261)

- s. l. d. Théodore I Lascaris, 1204-1222.
- p. m. Jean III Vatatzès, son gendre, 1222-1254.
  - Théodore II Lascaris, 1254-1258.
  - Jean IV Lascaris, 1258-1261.

X. DYNASTIE DES PALÉOLOGUES (1261-1453)

- p. us. Michel VIII, 1261-1282.
  - Andronic II, 1282-1328, et Michel IX, associé, 1295-1320.
  - Andronic III, 1328-1341.
  - Jean V, 1341-1391 (en droit).
- p. us. Jean VI Cantacuzène, 1347-1355.
- p. us. Mathieu Cantacuzène, associé, 1354-1357.
  - Jean V, 1355-1391 (pouvoir effectif).
- p. us. Andronic IV, son fils, 1376-1379.
- p. us. Jean VII, son petit-fils, 1390.
  - Manuel II, 1391-1425.
- p. us. Jean VII, associé, 1400-1402.
  - Jean VIII, 1425-1448.
  - Constantin XI Dragasès, 1449-1453.

Glossaire succinct

ANTHYPATOS (*proconsul*), depuis le VIe siècle devenu une dignité honorifique, donnée depuis le IXe siècle à presque tous les hauts fonctionnaires civils et militaires.

ANTIPHONETES (*qui répond, interlocuteur*), nom donné à une icône du Christ qui passait pour miraculeuse.

APOCRISIAIRE, envoyé ou *nonce* du pape ou d'un patriarche.

APOSTAT. Le même terme désigne à Byzance ceux qui abjurent leur religion et ceux qui trahissent l'Empire.

ARCHONTE (*chef*), titre assez vague donné à des chefs de petits États et à partir du XIIe siècle aux grands propriétaires nobles et à de simples notables. Aujourd'hui encore l'appartement des hôtes dans les grands monastères est appelé l'*archontarikion*.

ARMÉNIAQUES, corps d'armée recruté dans les pays du Caucase, devenu un thème établi dans la Petite Arménie.

ASECRETIS, PROTOASECRETIS (terme latin *a secretis* hellénisé), directeur des bureaux (secreta) de la chancellerie.

ASPRES (vient de ἄσπρος, blanc); l'aspre est une monnaie d'or pâle, altérée par un alliage d'argent et de cuivre.

ATABEK, gouverneur d'un prince seldjoukide mineur et en même temps chef de son État, même après la majorité du prince.

ATHINGANS (de ἀ-θιγγάνειν, ne pas toucher), secte apparentée aux Pauliciens, répandue en Phrygie. Doivent leur nom à ce qu'ils regardaient comme une souillure la vue ou le contact de certains objets (voir Bury (J. B.), *The imperial administrative system in the ninth century*, 40, 1).

BLACHERNES, quartier de Constantinople au fond de la Corne d'Or, en dehors de l'enceinte fortifiée jusqu'à Héraclius qui l'entoura de remparts; possédait le célèbre sanctuaire de la Vierge *Blachernotissia* et depuis le XIIe siècle le Palais Impérial.

BOGOMILES (gréco-slave : *qui aiment Dieu*), secte issue des doctrines gnostiques et manichéennes, répandue au XIe siècle en Bulgarie et en Bosnie, en rapports avec les *Cathares* et *Albigeois*.

BOLIADES, chefs de tribus et nobles du premier Empire bulgare, désignés sous le nom de *Boyards* dans l'Empire vlacho-bulgare du XIIIe siècle.

CATAPAN, CATEPANO, gouverneur d'une province, comprenant plusieurs thèmes (Italie, Médie au XIe siècle). Au XIVe siècle, au contraire, le *catepano* n'est plus que l'administrateur d'un canton et subordonné au duc.

CÉSAR, à l'origine titre d'un empereur associé au trône; plus tard ce titre n'est plus qu'un des degrés supérieurs de la hiérarchie, donné depuis les Comnènes à des étrangers.

CHITONITES, eunuques attachés au *choîton*, chambre à coucher du basileus.

CHRYSOBULLE, acte impérial d'un caractère solennel, revêtu de la bulle d'or à l'effigie du basileus.

CIBYRRHÉOTES, thème maritime créé au VIIIe siècle au sud-ouest de l'Asie Mineure (anciennes provinces de Lycie et Pamphylie avec Attalie pour capitale).

CLIMATA, territoires assignés aux Goths de Crimée, sur la côte méridionale.

COMANS OU POLOVTSI, peuple turc nomade qui apparaît sur le Danube à la fin du XIe siècle et qui se réfugie en Hongrie devant l'invasion mongole du XIIIe siècle.

CUROPALATE, dignité très importante du VIe au IXe siècle, qui confère le commandement en chef de toutes les troupes du Palais. Ce titre perd ensuite de sa valeur et est attribué au Xe siècle à des princes du Caucase vassaux de l'Empire.

DANICHMENDITES, dynastie des émirs turcs de Siwas, fondée à la fin du XIe siècle par Melik-Ghâzi, fils de Danichmend.

DIPTYQUE, tablette double destinée à écrire. — Id. *consulaire*, tablette d'ivoire ornée du portrait du nouveau consul présidant les jeux. — *Diptyques liturgiques*, liste des vivants (empereurs, papes, patriarches, etc.) et des morts, dont le prêtre fait commémoraison au canon de la messe.

DOMESTIQUE DES SCHOLES. *Domestique* (*de domus*) a le sens de chef de la maison militaire. Les *scholes*, à l'origine corps de pages (*scholarii*), deviennent au VIe siècle un corps d'élite dont le chef finit par exercer les fonctions de généralissime de l'armée palatine, distincte des troupes des thèmes. Sa fonction est dédoublée au Xe siècle, l'un pour l'Orient, l'autre pour l'Occident. Elle devient honorifique après la création du *Grand Domestique* (chef suprême) sous les Comnènes.

DORYPHORES, désigne les corps de la garde palatine armés de la lance.

DRONGAIRE, à l'origine chef d'un *droungos* (peloton). Depuis le VIIIe siècle, titre réservé aux chefs maritimes (commandants de navires ou d'escadre, gouverneurs des thèmes maritimes).

ÉPOPÉE de Digénis Akritas, défenseur de la frontière anatolienne contre les Arabes au IXe siècle, œuvre la plus remarquable de la littérature byzantine en langue populaire.

EXCUBITEURS (*veilleurs*), corps de la garde palatine créé par Léon Ier vers 468. Son chef, *le comte des Excub.*, devint l'un des premiers personnages de la cour.

GLAGOLITIQUE (*alphabet*), du slavon *glagol* (mot), alphabet antérieur à l'écriture cyrillique, créée par les apôtres des Slaves et sur l'origine duquel les savants ne sont pas d'accord (voir DVORNIK, *Les Slaves, Byzance et Rome au IXe siècle*, p. 162 et s.

HÉLÉPOLE, tour roulante ou char garni de peaux de bœuf et armé d'un bélier destiné à enfoncer les murailles d'une ville.

HÉNOTIKON, édit d'union entre les partis religieux divisés sur une question de dogme.

HÉTÉRIARQUE, commandant de l'*Hétairie* (compagnonnage), corp de

mercenaires étrangers formant la garde personnelle du basileus depuis le IX⁰ siècle.
HIÉROMOINE, moine ayant reçu la prêtrise.
HIGOUMÈNE (*conducteur*), supérieur d'un monastère.
HYPERPÈRE (ὑπέρ-πυρα), *très enflammé*, nom donné au sou d'or ou *nomisma* depuis le XII⁰ siècle à cause de sa teinte rutilante.
HYPOGRAMMATEUS, sous-secrétaire impérial.

ICONODOULES, nom donné aux défenseurs des images, pendant la querelle iconoclaste.
IKHCHIDES, dynastie arabe d'Égypte (955-969) renversée par les Fatimites.
IMAM CACHÉ, descendant d'Ali et de Fatima, fille du Prophète, et chef secret des Chiites. Le dernier, Obaid-Allâh, le Mahdi, fonda la dynastie des califes fatimites (910).

JOUPAN, titre des chefs serbes au XI⁰ siècle.
JUSTINIANOS, longue galerie du Grand Palais impérial construite par Justinien II en 694.

KATHISMA, tribune impériale de l'Hippodrome communiquant avec le palais de Daphné.
KATHOLIKOS, titre du chef de l'Église de Grande-Arménie et de Géorgie.
KENTENARION, *kentenaria*, monnaie de compte valant 100 livres d'or, soit 7 200 sous d'or ou *nomismata*.
KHAGAN, KHAN, chef suprême ou empereur d'une fédération de tribus turques ou mongoles.
KINNAMOS, historien grec, secrétaire (*grammatikos*) de Manuel I⁰ʳ Comnène qu'il accompagna dans ses campagnes. Son *Histoire*, d'une grande valeur, comprend la période 1118-1176.
KOUBOUKLION, transcription de *cubiculum*, désignant l'appartement privé du basileus.
KRAL (roi), titre pris par les souverains serbes depuis Étienne, le premier couronné, 1196-1218.

LAURE, à l'origine groupe de cellules, dont les moines vivaient isolés, mais sous l'autorité d'un *abbé*, et se réunissaient à l'église pour les offices (forme du monachisme palestinien). Ce titre conféré à certains grands monastères leur donna le premier rang dans la hiérarchie. Telle est encore aujourd'hui la *Grande Laure* de l'Athos (*Lavra*), fondée en 963 par saint Athanase.
LOGOTHÈTE (de λόγος, calcul, comptable). A l'origine vérificateur des comptes d'une caisse de l'État. Les logothètes apparaissent sous Justinien et ne tardent pas à occuper une place importante dans la hiérarchie et par devenir de véritables ministres.
LOGOTHÈTE DU DROME (*dromos*, course), nom appliqué à la Poste impériale, dont le service était fait par des courriers. Le logothète du Drome est devenu depuis le VIII⁰ siècle son chef suprême et il a dans ses attributions la réception des ambassadeurs étrangers.

MANDYA, pièce du costume monastique consistant en un ample manteau noir ou d'étoffe sombre.
MANDYLION, visage du Christ, que l'on regardait comme imprimé miraculeusement par lui sur une serviette et envoyée à Abgar, roi d'Édesse. Cette icône « *acheiropoiéte* » (non faite de main d'homme) fut transportée à Constantinople en 944.
MAPHORION, voile porté par les femmes de Syrie et attribué à la Vierge dans l'art religieux.

MÉGADUC, chef suprême de la flotte impériale. Le titre apparaît sous Alexis Comnène et se perpétue jusqu'en 1453.

MELCHITES, nom attribué depuis le VIIe siècle aux patriarches orthodoxes d'Orient, dont la hiérarchie est rétablie après l'invasion arabe, en face des patriarches jacobites.

MONOXYLES, navires des flottilles russes creusés dans un seul tronc d'arbre.

NARENTANS, république de corsaires slaves installés dans l'archipel illyrien, du VIIIe au Xe siècle, entre la Cettina et la Narenta.

NÉOPHYTE, terme péjoratif appliqué aux laïcs promus directement au patriarcat.

NICOLAISME, reproche adressé par les papes depuis le Quinisexte à l'Église orientale, qui admettait le mariage des clercs jusqu'à la dignité d'évêque exclusivement. Le terme vient de Nicolas, l'un des sept diacres ordonnés par les Apôtres (*Acta apost.*, VI, 5) qui se serait marié ensuite à Antioche (Saint Irénée, *Adversus haereseos*, I, 26). Voir JEAN D'ANTIOCHE, *Chronique*, I, 31.

NIKA (Victoire), cri de ralliement des émeutiers de janvier 532 (voir p. 33).

NOMISMA ou sou d'or, principale unité monétaire créée par Constantin et restée en usage jusqu'en 1453, sans altération avant les Comnènes. Poids : 4, 55 gr. La livre, monnaie de compte, valait 72 nomismata.

NOMOPHYLAX (gardien des lois), fonction créée en 1045 par Constantin Monomaque et dont le premier titulaire fut Jean Xiphilin (voir p. 209).

ORPHANOTROPHE, directeur du principal hospice de Constantinople, l'*Orphanotropheion* (orphelinat), devenu au IXe siècle l'un des principaux officiers de l'Empire. Ce n'est pas toujours un ecclésiastique. Au Xe siècle sa juridiction s'étend à plusieurs établissements du même genre.

PACHYMÈRE (Georges) (1251-1310), haut dignitaire, rhéteur et auteur d'une Histoire des événements dont il fut en partie témoin oculaire de 1261 à 1308.

PAGRATIDES, dynastie des rois de Grande Arménie et de Géorgie (IXe-XIe siècle).

PANAGHIA (la Toute Sainte), épithète usuelle de la Vierge.

PANHYPERSÉBASTE, titre de noblesse créé par Alexis Comnène (tout à fait supérieur à *sébaste* ou *auguste*).

PARAKIMOMÈNE (qui couche auprès), eunuque du Palais dont la fonction primitive consistait à coucher à la porte de la chambre impériale. Il devint le chef des *chitonites*, disposant d'une telle influence qu'il gouverna parfois l'État, comme Basile l'Oiseau (voir p. 156 sq.).

PARÈQUES, terme désignant les paysans, libres ou non, attachés à un domaine (πάροικοι).

PAULICIENS, secte orientale, professant une doctrine mélangée de manichéisme et de christianisme, reconnaissant deux divinités, le Bien et le Mal. Leur nom viendrait d'un de leurs patriarches qui réorganisa leur Église au VIIIe siècle. Ils formèrent un petit État en Asie Mineure, détruit par Basile Ier (voir p. 117).

PEREIESLAVETS (*la Grande*) (*Preslav*, actuelle *Eski-Stamboul*), résidence des tsars de Bulgarie au Xe siècle, située sur les pentes nord des Balkans à 20 kilomètres au sud de Choumla, prise par Jean Tzimiskès le 4 avril 971.

PHYLARQUE (chef de tribu), titre accordé au VIe siècle à des chefs arabes chrétiens.

PORPHYRA, salle du Grand Palais lambrissée de marbre rouge, affectée

Glossaire succinct

aux couches des impératrices. Les princes nés dans cette salle étaient qualifiés de *porphyrogénètes.*

PRINCES (îles des), archipel situé dans la mer de Marmara aux environs de Constantinople, ainsi appelé parce que leurs monastères servaient de pénitenciers aux empereurs déchus et aux princes en disgrâce. On compte six îles : Proti, Antigoni, Prinkipo, Halky, célèbres par les hôtes qui y furent déportés, et les rochers de Plati et d'Oxya.

PROTOSÉBASTE (premier auguste), titre de noblesse créé par Alexis Comnène.

PROTOSPATHAIRE. Les *spathaires* (porte-épée) figuraient dans les processions impériales. Les *protospathaires* semblent dater d'Héraclius et ce titre fut attribué couramment à des fonctionnaires, comme les stratèges au VIIIe siècle.

PROTOSTRATOR, chef des *stratores* (écuyers du basileus), devint un personnage important au IXe siècle. Basile Ier exerça cette fonction avant son avènement.

PROTOVESTIAIRE, chef de la garde-robe privée du basileus, mais il exerçait parfois d'autres fonctions et l'on voit l'un d'eux commander une expédition en Sicile (855).

RING des Avars, immense camp retranché construit en Pannonie par les Avars, de plan circulaire, composé de neuf enceintes concentriques enfermant des champs et des villages. La dernière abritait le butin de deux siècles de pillage. La prise du Ring par les Francs de Charlemagne en 795 fut le point de départ de la décadence des Avars au grand profit des frontières byzantines.

SACELLAIRE, à l'origine administrateur du *sakellion*, bourse privée de l'empereur, devient au VIIe siècle un haut fonctionnaire financier, chargé de contrôler les dépenses du domaine, contrôleur général de tous les bureaux et offices, à l'occasion procureur fiscal dans les procès criminels.

SÉBASTOCRATOR, titre créé par Alexis Comnène en 1081 pour son frère Isaac. Le *sébastocrator* (*augusto-imperator*) est le premier titre de la hiérarchie, précédant même celui de César, puis il passe au second rang après la création du titre de *despote* par Manuel Ier en 1163.

SILENTIAIRES, de la classe des *cubicularii* (chambellans), étaient chargés de maintenir le bon ordre dans les assemblées solennelles (*silentia*) tenues par le basileus et dans les processions impériales. Ils étaient de rang sénatorial et avaient pour insigne une verge d'or. On les employait dans d'autres fonctions, par exemple comme diplomates. Leur charge finit par devenir un titre honorifique.

SIMANDRE, instrument composé d'une pièce de bois ou de métal auquel pendaient des pièces plus petites attachées par des chaînes que l'on agitait. Les simandres tenaient la place des cloches, introduites à Byzance dans la seconde moitié du Xe siècle. Les simandres continuèrent à être employés dans les monastères et le sont encore aujourd'hui.

SPATHAROCANDIDATS, dignité créée au VIIe siècle et intercalée entre les spathaires et les protospathaires. Le terme lui-même est une contamination entre les spathaires et les *candidats*, corps de parade, vêtus de tuniques blanches et remontant au IIIe siècle.

STUDITES, moines du monastère de Stoudios à Constantinople, qui devint le centre de la réforme monastique de saint Théodore le Studite.

SYNCELLE (σύγκελλος), homme de confiance, familier d'un patriarche ou d'un simple évêque, parfois son héritier présomptif. Le syncelle du patriarche de Constantinople faisait en outre partie de la hiérarchie civile et servait d'intermédiaire entre le basileus et le patriarche.

SYNODE (permanent), conseil formé des métropolites d'un patriarcat.
SYNODIQUE, profession de foi approuvée par le Synode patriarcal et envoyée par un nouvel élu aux autres patriarches et, avant le schisme de 1054, au pape.

TÉTRAGAMIE, expression usitée pour désigner les quatre mariages de Léon VI.
TOPARQUE, magistrat d'une ville au IXe siècle; on connaît en particulier celui des Goths de Crimée.
TYPIKON, charte de fondation d'un monastère rédigée par le fondateur et indiquant l'étendue de la donation, le statut juridique de l'établissement, le règlement de vie des moines, le mode d'élection de l'higoumène, les obligations des moines envers le fondateur (offices de commémoraison).

VESTIARIOS, attaché au *Vestiarion* (garde-robe impériale), devenu un titre honorifique conféré même à des princes étrangers.
VIDIMUS, acte impérial transcrit dans un acte postérieur de confirmation. Nous ne connaissons beaucoup d'actes anciens que par des *vidimus* (mot emprunté aux diplômes occidentaux).
VLAQUES, transcription littérale du grec Βλάχοι, correspond à la forme française *Valaques*.

VOIÉVODE (slavon), gouverneur de province (équivaut à *stratège*).

ZIRIDES (*princes*), dynastie arabe d'El-Medeah (Mehedia), port de Kairouan.

Index

A

Abasges (*Abkhazes*), 11, 133, 194, 307.
Abbassides, 83, 102, 116, 144, 331.
ABDALLAH-IBN-RACHID, émir (vers 879), 117.
ABD-ER-RAHMAN II, émir de Cordoue (822-852), 102.
ABD-ER-RAHMAN III, calife de Cordoue (912-961), 144, 159, 160.
ABOULCHARÉ, émir, 228.
ABOU'L QASIM, sultan seldjoukide (1085), 249, 250.
Abydos, 14, 77, 89, 180, 192, 250, 293.
ACACE, patriarche byzantin (471-489), 29.
Acarnanie, 307, 351, 360, 399.
ACCIAIUOLI 384; Nerio, duc d'Athènes, 413.
Achaïe (principauté d'), 305, 312, 314, 323, 324, 329, 351, 384, 392-396.
ACOMINATOS (Michel), 283; note n° 2365; (Nicétas), 288 et notes n°ˢ 2191, 2365.
ACROPOLITÈS (Georges), 315, 316, 318, 326 et s.; note n° 2614.
ADALGISE, prince lombard, 90 : Adalia, voir Attalie.
ADAM (Guillaume d'), 336, 337.
Adana (Cilicie), 117, 130, 170, 232, 265.
Adramyttion (Mysie), 71, 293.

Adriatique (mer), 15, 40, 101, 102, 115, 117, 159, 190, 192, 195, 204, 205, 235, 242, 287, 306, 373, 409, 414.
Aenos, 250.
AÉTIUS, eunuque d'Irène, 89.
Afrique, 16, 34, 39, 41, 49, 54, 61, 64, 66, 69, 101, 132, 139, 149, 176, 204, 267.
AGAPET, pape (535-536), 35.
AGATHON, pape (678-681, 65).
AGILA, roi wisigoth, 39.
AGILULF, roi lombard, 48.
AGLABITES (émirs), 101, 144.
AGNÈS de France, impératrice, 283.
Aïdin (anc. Tralles) (émir d'), 334, 340, 352, 380, 390.
Aigues-Mortes, 386.
Aix-la-Chapelle, 93, 94, 102.
AKINDYNOS, 360 et s.
Akroinon (*Afium-Kara-Hissar*) (Phrygie), 77.
ALAEDDIN, sultan seldjoukide, 333; (le Grand Karaman), 380.
Alains du Caucase, 133, 208, 324, 340, 343.
Alamanikon, (impôt), 295.
ALARIC, roi wisigoth, 23.
ALBANIE (*Skipétars*), 188, 189, 192, 306, 310, 329, 330, 339, 351, 373, 376, 392, 396, 413 et s., 416, 419, 429.
ALBÉRIC II prince des Romains († 954), 162.
ALBOIN, roi lombard, (569-572), 47.

Alep, 15, 145, 147, 161, 170, 171, 188-190, 205, 248, 258, 259, 266, 277, 388.
ALEXANDRE, basileus (886-912), 110, 123, 132, 134 et s.
ALEXANDRE, prince de Moldavie, (1430-1436), 400.
ALEXANDRE II, pape (1061-1073), 227.
ALEXANDRE III, pape (1159-1181), 274, 275, 278, 279.
ALEXANDRE IV, pape (1254-1261), 315, 320.
Alexandrie, 28, 31, 35, 39, et s., 101, 205, 277, 370; note n° 48.
ALEXIS I Comnène, basileus (1081-1118), 187, 222, 234, 236, 237, 242 à 262, 263, 264.
ALEXIS II basileus (1180-1183), 276, 280, 282, 283, 284, 290.
ALEXIS III basileus (1195-1203), 290-296, 298, 308.
ALEXIS IV basileus (1204), 295, 299, 306.
ALEXIS V Murzuphle (1204), 299, 304.
ALEXIS I (Trébizonde) (1204-1228), 307.
ALEXIS V (Trébizonde) (1458), 430, 431.
ALEXIS le Studite, patriarche byzantin (1025-1043), 185, 199, 200, 202, 204.
AL-HAKAM, émir de Cordoue (796-822), 101.
ALI-PACHA, chef osmanli, 377, 384.
Allelengyon, 91, 182, 199.
Allemagne, 185, 215, 216, 271, 294, 296.
Allemands (mercenaires), 235, 238, 291, 293. — (croisés), 258, 287 à 289, 294 et s.
AL-MAMOUN, calife abbasside (813-833), 98, 103.
Al-Mokaukis, voir Cyrus.
AL-MOSTANCER, calife fatimite, 205, 212, 220.
Almugavares, 341 à 345.
AL-MUIZZ, calife fatimite (952-975), 176.
ALOUSIANOS, chef bulgare (1040), 204.
ALP-ARSLAN, sultan seldjoukide (1062-1071), 231, 233.
ALPHONSE X, roi de Castille (1252-1284), 325.

ALPHONSE d'Aragon, roi de Naples (1443-1458), 410, 413 et s., 419, 420.
AL-ZAHIR, calife fatimite (1020-1035), 205.
AMALASONTHE, 34.
Amalfi, 218, 227, 253.
AMANTIUS, 30.
Amanus (chaîne de l'), Cilicie, 161.
Amasée du Pont, 71, 232, 234, 390, 430.
Amastris (Paphlagonie), 11.
AMAURY I, roi de Jérusalem (1162-1173), 276 à 278, 281.
AMAURY de Lusignan, roi de Chypre (1197-1202), 294 et s.
AMAURY, patriarche d'Antioche, 276.
AMÉDÉE VI, comte de Savoie, 370.
Amida (*Diarbékir*), 53, 147, 172, 430 et s.
Amisos, voir Samsoun.
Amorium (Galatie), 90, 97 et s., 146, 179, 231, 234; note n° 631.
Amphipolis (Macédoine), 291.
AMROU, chef arabe, 59, 60.
Amyros (Thessalie), 344.
ANACLET II, pape (1130-1138), 267.
ANASTASE I, basileus (491-518), 25-27, 29, 30.
ANASTASE II (Artemios), *id*, 71 et s.
Anastase (Long mur d'), 14, 29, 40, 48, 84.
ANASTASE II, patriarche d'Antioche, 53.
ANASTASE, patriarche byzantin (730-754), 79, 80.
Anatolie (voir Asie Mineure).
Anatoliques (thème des), 66, 130, 164, 181, 194.
Anazarb (*Aïn-Zarba*), Cilicie, 161, 170.
Anchialos (*Sizebolou*), 50, 84, 136, 138, 252, 330, 351.
Ancône, 102, 271, 272, 275.
Ancyre (*Angora, Ankara*), 103, 114, 146, 380, 389, 390.
Andrinople, 14, 50, 96, 139, 174, 192, 211, 212, 222, 250, 252, 288, 289, 305, 308, 310, 342, 343, 345, 347, 348, 357, 363, 365, 369, 390 et s., 395-397, 399, 410, 413, 418, 419, 423.
ANDRONIC I Comnène, basileus (1183-1185), 281 à 286.

Index

ANDRONIC II Paléologue, basileus (1282-1328), 322, 334, 336 à 349, 353.
ANDRONIC III, *id.* (1328-1341), 347-349, 350-353, 355, 358.
ANDRONIC IV, *id.* (1376-1379), 372, 374 et s.
Andros (île), 14.
ANGES (dynastie des), 285 et s.
ANGE (Andronic l'), père d'Isaac II, 282, 285. — Constantin, gendre d'Alexis Comnène, 285. — Constantin, cousin d'Isaac II, 289. — Irène fille d'Alexis III, reine de Sicile, 294. — Jean, fils de Théodore I, despote d'Epire, 312. — Jean, bâtard de Michel II d'Epire, 325, 330, 331, 344. — Michel, despote d'Epire († 1214), 306, 307. — Nicéphore, despote d'Epire († 1339), 351.
Anglo-Saxons, mercenaires, 245, 250.
Angora, voir Ancyre.
Ani, capitale de la Grande-Arménie, 205, 212, 231.
ANNA DALASSÈNE, mère d'Alexis I, 232, 243, 244.
ANNE (Jeanne de Savoie), impératrice, 349, 353, 355 à 358, 361, 363, 369.
ANNE, régente de Bulgarie (1330), 351.
ANNE COMNÈNE, fille d'Alexis I, 237, 244, 262.
ANNE, princesse de Russie, 158, 185, 186.
Annone, 43, 45.
ANTHEMIUS, empereur d'Occident, 36.
— *Id.* préfet du prétoire, 26, 27.
— *Id.* de Tralles, architecte, 33.
ANTHIME, patriarche byzantin (536), 35.
Antioche, 28, 38, 53, 54, 59, 147, 169, 171, 173, 189 et s., 200, 233, 234, 237, 239, 248, 257-259, 264-267, 270, 277, 294, 332.
Antioche du Méandre, 308.
ANTOINE I, patriarche byzantin (821-832), 98.
— *Id.* II Cauléas (893-895), 125.
— *Id.* III le Studite (974-980), 169, 182.

Apanages, 240 et s., 266, 337, 347, 358, 365, 375, 398, 408, 415.
APOCAUQUE (Alexis), mégaduc, 350, 355, 356, 357.
Apollonia (lac et ville), Bithynie, 251, 318.
Apros (bataille) d' (1307), 343.
APSIMAR. Voir Tibère II.
Apulie, 113, 116, 149, 176, 178, 189, 190, 196, 197, 206, 213-215, 227, 255, 259, 267, 271, 272.
Aquilée, 102.
Arabes, 58 et s., 63-65, 67-69, 71, 77, 83, 84, 86, 88, 89, 93, 113, 114, 118 et s., 126, 130, 139, 144 à 147, 170 à 173, 179, 187-189.
Arabie, 38.
Aragon, 332, 362.
Aral (mer d'), 213.
Araxe, fl., 190, 194.
Arcadie, 398.
Arcadiopolis (*Lullé-Bourgas*), 98, 168, 175, 289, 306, 350, 369.
ARCADIUS, basileus (395-408), 23 et s.,
Archipel, 14, 117, 130, 131, 148, 158, 204, 264, 282, 306, 320, 324, 333, 352, 353, 357, 380, 393, 426.
ARDOUIN, chef lombard, 206.
ARÉTHAS (*Harith-ibn-Gabala*), phylarque, VIe s.), 34.
ARÉTHAS, archev. de Césarée, 135.
Arges (Valachie), 367.
Argos, 384, 385.
ARGYROS (Basile), stratège (1010), 196. — *id.* (fils de Mélès), duc d'Italie, 207, 210, 214-216, 217, 218, 220, 227.
ARIADNE, impératrice, 24, 25.
Arianisme, 28, 30 et s., 34.
ARICHIS, duc de Bénévent, 90.
ARIULF, duc de Spolète, 48.
Arméniaques (thème des), 57, 66, 85, 88, 90, 96, 98, 104, 114 et s., 137, 168, 194, 234, 260.
Arménie, 11, 15, 18, 45, 55 et s., 57, 58, 61, 63, 67, 68, 69, 70, 83, 104, 118, 132, 145, 146 et s., 172, 205, 213, 222, 230, 234, 313, 388.
Arménie (Petite), 239, 258, 265 et s; 272, 295, 331, 333, 354.
ARNOUL DE ROHEZ, patriarche de Jérusalem, 258.

ARNULF, roi et empereur allemand (894-896), 121, 133.
— *Id.*, archev. de Milan, 190.
ARPAD, chef hongrois, 129.
Arqa, voir Césarée.
ARSÈNE, patriarche byzantin, (1255-1259), 316, 318 ; (1261-1267), 321, 322. — *arsénite (schisme)*, 336 et s., 346.
ARTA (Epire), 247, 307, 310, 316, 319.
ARTAVASDE (717-742), 72, 80.
ARTOUKH, chef turc, 234.
Arzanène, persane, 46.
Arzen (Arménie), 147.
ASCHOD le Pagratide, roi de Grande-Arménie (885-890), 118, 132. — *Id.* II (914-928), 145. — *Id.* III (952-977), 172, 173. — *Id.* de Taron. — *Id.* gouverneur de Durazzo, 192.
Ascoli (Apulie), 177.
ASÊN (dynastie vlacho-bulgare), Jean fondateur de l'État, et son frère Pierre, tsars (1186-1196), 286 et s., 289, 291, 292.
— Jean I (Johannilsa) (Kaloian) (1196-1207), 292, 305, 308. — Jean II (1218-1241), 310, 311, 312. — Jean III (1279-1280), 331.
— ASÊN (Paul) archonte de Morée, 408.
Asie Mineure (Anatolie) 14, 15, 33, 54, 55, 61, 63-65, 69, 77, 89, 90 et s., 93, 95, 98, 113, 114, 117 et s., 130, 132, 145-147, 158, 159, 161, 179, 189, 200, 220, 221, 222, 231-34, 237 et s., 242, 252, 256, 257, 260, 264 et s., 270, 273, 279, 284, 287, 288, 291, 303, 308 et s., 312, 327, 331-35, 343, 345, 351-52, 378-391, 393, 397, 410, 487.
ASKOLD et DIR, chefs russes, 114.
ASPAR, 24.
ASPAROUCH, khan bulgare, 65.
ASTOLPHE, roi lombard (744-756), 82.
ATHANAGILD, roi wisigoth, 39.
— *Id.*, prétendant, 49.
ATHANASE I, patriarche byzantin (1289-1293) et (1304-1312), 337, 346.
ATHANASE (Saint), fondateur de Lavra, 164.

ATHANASE, patriarche d'Antioche note n° 1930.
Athènes, 28, 33, 63, 89, 193. — (duché d'), 345, 390.
Athingans, 95.
Athos (monastères de l'), 164, 169, 246, 344, 354, 359, 403, 407.
Attalie (*Adalia*), 67, 130, 257, 260, 265, 266, 270, 380, 399.
ATTILA, 25 et s.,
AURÉLIEN préfet du prétoire, 27.
Aversa (prov. de Naples), 206, 207, 227, 344.
Avignon, 354, 370, 371, 374, 403.
AVITUS, empereur, 24.
Avlona (*Valona*), 15, 246, 247, 259.
AXOUCH (Jean), 263.
Azerbaïdjan (Médie Atropatène, 46, 55, 77, 133, 145.
Azov (mer d'), 40, 65.
AZZ-ED-DIN, émir seldjoukide, 333.

B

BAANÈS, patrice, 111.
Babylone d'Égypte, 59, 60.
BAGARAT, roi des Abasges, 194.
BAGDAD, 100, 101, 102, 145, 147, 172, 179, 180, 220, 230, 231, 281, 331, 388.
BAHRAM, chef persan, 46.
BAIAN, khagan avar, 48, 50, 51.
BAJAZET I, sultan turc (1389-1402), 377, 378-384, 385, 387-389.
Balcha, clan albanais, 376.
Bâle (concile de), (1431-1443), 403.
Balkans, 14, 15, 48, 65, 84, 174, 212, 248, 252, 286, 289.
Balkh (Asie centrale), 387.
BALTOGLOU, 423, 424.
BARDANIOS Tourkos, 92, 96.
BARDAS, César, 105-107, 109, 114, note n° 648. — Boeslas (923), 150.
Bari, 102, 113, 115, 133, 134, 162, 176, 195, 196, 207, 230, 260, 294.
BARLAAM, moine, 354, 360.
Barletta, 272.
BASARAB I, voïévode valaque (1310-1352), 367.
Basian (Géorgie), 194.
BASILAKÈS (1078), 236.
BASILE I, le Macédonien, basileus

Index

(867-886), 104, 109-113, 115-118, 121, 122.
BASILE II le Bulgaroctone (976-1025), 158, 163, 164, 170, 174, 178, 179, 180-197, 199, 204, 206, 222.
BASILE l'Oiseau, parakimomène, 156, 157, 167, 178, 179.
BASILE le Scamandrien, patriarche byzantin (970-974), 169. — *Id.* Kamateros (1183-1187), 283.
BASILISCUS, basileus (475-476), 24, 27, 29.
BAUDOUIN I, empereur latin (1204), 299-304. — *Id.* II (1229-1261), 311, 312, 314, 315, 319, 320, 321, 323 et s., 337. — *Id.* comte d'Edesse, 257, 258.
— *Id.* du Bourg, 259. — *Id.* III, roi de Jérusalem (1144-1162), 271-273. — *Id.* IV *le Mézel* (1173-1185), 278.
BAUX (Jacques de), 384.
BÉLA II, roi de Hongrie (1131-1141), 264. — *Id.* III (1173-1196), 274, 287, 289.
BELGRADE (anc. Singidunum), 15, 47, 273, 292, 316, 360, 368, 410, 414. — (Forêt de), 14.
BÉLISAIRE, 33, 34 et s., 38, 40, 42.
Bénévent, 48, 63, 90, 115, 116, 133, 176, 215 et s., 227, 272, 324.
BENOIT VII, pape (974-987), 185, 188. — *Id.* VIII (1012-1024), 184. — *Id.* X (1057-1058), 227. — *Id.* XII (1334-1342), 353, 354.
Béotie, 305.
Bérat (Albanie), 329, 330.
Berbères, 34, 39, 49, 61 et s., 69, 101.
BÉRENGER d'Entença, 342, 343.
— *Id.* de Rocafort, 344.
— *Id.* marquis d'Ivrée, 162.
BERNARD (Saint), 267, 270, 271.
BERNOLD de Constance, 254.
BERNWARD, évêque d'Hildesheim, 190.
Berrhoé (*Verria*), 189, 192, 249, 288, 357, 360.
BERTHE de Provence, impératrice, 151, 156. — *Id.* de Sulzbach, 268.
BERTRANDON de la Broquière, 407; notes nᵒˢ 3212, 3222.
BESER, patrice, 80; note nᵒ 396.

BESSARION, 403 à 406.
Bethléem, 273.
Beyrouth (anc. Béryte), 173, 281.
BIBARS l'Arbalétrier, sultan mamlouk (1260-1277), 332.
Bithynie, 67, 97, 148, 169, 212, 239, 249, 304 et s., 308, 317, 338, 340, 380, 389.
BLAISE (Saint) d'Amorium, note nᵒ 882.
BLEMMYDÈS (Nicéphore), 315, 316, 319.
BODIN (Constantin), chef serbe, 235, 251, 264.
BOGAS (Jean), stratège (914), 136.
BOGISLAV (Michel), joupan serbe (1073-1074), 235.
Bogomiles, 173, 242, 246, 367.
BOHÉMOND I, prince d'Antioche (1052-1111), 246, 247, 256 à 260, 261, 266. — *Id.* II (1111-1130), 266. — *Id.* III, 276.
BOÏLAS (Romain), bouffon, 208.
BOÏTSHLAV, chef serbe (1041), 204, 210.
BOJOANNÈS, catapan d'Italie, 196, 197, 205.
BOLKAN, joupan de Rascie 251.
Bolsena (lac de), 34.
BONIFACE VII (Franco), pape (974-985), 183. — *Id.* IX, (1389-1404), 387.
BONIFACE de Montferrat, 296, 297, 305, 306, 310; note nᵒ 2366.
BONOSE, comte d'Orient, 53, 54.
BONUS, stratège de Justinien, 40. — *Id.* stratège d'Héraclius, 55.
BORIL, 237.
BORIS I, archonte bulgare (858-888), 108, 112, 113, 114. — *Id.* II, tsar (969), 174, 175.
Bosnie, 346, 360, 373, 376, 381, 393.
Bosphore, 10, 14, 15, 53, 90, 114, 179, 211, 212, 226, 239, 255, 312, 319, 340, 341, 352, 362, 363, 386, 412, 419-20, 423-24.
BOUCICAUT, maréchal de France (1365-1421), 385, 386, 387.
Bourgas, 84, 143, 373.
BOURHANEDDIN, émir de Cappadoce, 380.
BOURTZÈS (Michel), stratège, 172, 189. (xᵉ s.). — *Id.* (xiᵉ s.), 220.
BOUTOUMITÈS, stratège (fin xiᵉ s.), 250.
Bovino (Apulie), 177.

BRANAS (Alexis), stratège (1187), 286, 292.
Braničevo (Bulgarie), 292.
BRANKOVIČ (Georges), despote de Serbie (1427-1456), 399, 400, 409, 410, 414, 422. — *Id.* (Vuk), 377.
Brindisi, 102, 207, 230, 272.
BRINGAS (Joseph), parakimomène, 157, 160, 163.
Brousse (anc. Pruse), 11, 15, 88, 304, 309, 333, 336, 345, 349, 351, 379, 381, 390, 419.
BRUNO, apôtre des Patchenègues, 186.
BRYENNE (Nicéphore), (stratège vers 1057), 212, 219, 221, 235, 236, 239. — *Id.* Jean son frère. — *Id.* Nicéphore, César, gendre d'Alexis I, 244, 262. — *Id.* Georges, lieutenant d'Andronic III, 349.
Buccellaires, 24, 35.
Bude (Hongrie), 370, 385, 410, 411.
Bulgarie, *Bulgares*, 40, 56, 65, 66, 69, 70, 84, 88, 90, 93, 95, 96, 98, 108, 112, 114, 128, 129, 135, 136, 139, 140, 143-4, 145, 149, 158, 170, 173-5, 187-195, 201, 204, 246, 248, 286, 342, 351. — (*empire vlacho-bulg.*), 287, 288 et s., 291 et s., 306-8, 310-314, 325, 330, 331, 348, 349, 351, 357, 363, 367 et s., 373, 376, et s., 381, 385, 390, 410.
Bulgarophygon (*Eski-Baba*), 129, 316.
BULKOVIČ (Étienne), fils du despote Lazare, 381.
Buthrento (Illyrie), 330.
Byblos (*Djebeil*), 173.

C

CADALUS, évêque de Parme, élu pape (1060), 227.
Caffa, 339, 390, 421.
Caire (le), 230, 277.
Calabre, 79 et s., 83, 116, 133, 149, 162, 176-178, 189, 227, 271, 354.
Calfat (Étienne le), père de Michel V, 201, 206.
Callinicum (Euphrate), 33,

CALLINICUS, 64 ; voir aussi, *Feu grégeois.*
CALLISTE, patriarche byzantin (1350-1354 et 1355-1363), 361, 363, 366, 369.
Caltabellota (paix de), 341.
Campanie, 39, 113, 133, 149, 162, 267.
Candie (Chandax), 14, 160.
Cannes (bataille de), 196 et s.
CANTACUZÈNE, stratège d'Alexis I, 259. — *Id.* Jean, archonte (1204), 365 et s. — *Id.* Démétrius, despote de Mistra (1383), 366. — *Id.* Hélène, impératrice 366. — *Id.* Manuel, fils de Jean VI, 366. — *Id.* Théodora, fille de Jean VI, 357. — *Id.* Théodore, frère de Jean VI, 386.
Capoue, 149, 215, 227, 267.
Cappadoce, 15, 46, 55, 60, 63, 83, 117, 159, 161, 163, 170, 194, 213, 221, 225, 231, 234, 239, 308, 380, 399.
Carie, 308, 334, 357.
CARLOMAN, roi de Germanie (876-880), 121.
Carpathes, 409.
Carthage, 34, 39, 54, 64, 69, 325.
Caspienne (mer), 11, 226.
Castoria (Pélagonie), 193, 247, 314.
CASTRIOTA (Georges), chef des *Balcha*, 377; voir aussi Scander-beg.
Catalans (voir *Almugavares*).
Catapan d'Italie, 177, 196, 202.
CATHERINE de Courtenay 337. — *Id.* de Valois, 351.
CATTANEO (Domenico), seigneur de la Nouvelle-Phocée, 352.
Cattaro (bouches de), 287.
Caucase (massif et peuples du), 11, 26, 33, 45, 56, 57, 77, 104, 133, 180, 194 et s., 205, 212, 308.
Cefalu, 26.
Céphallénie (*Céphalonie*), 134, 247, 264, 287, 306.
César ou *tsar* (titre de), 24, 43, 46, 85, 106, 137, 221, 232, 243 et s., 276, 286, 320, 343.
Césarée de Cappadoce, 15, 53, 118, 163, 167, 170, 231, 233, 380. — *Id.* du Liban (Arqa),

Index

171, 258. — *Id.* de Palestine, 58, 59, 60, 190.
CESARINI (Julien), cardinal, 402, 406, 410, 411, 412.
Cetatea-Alba, port moldave, 397.
Chalandritza (Achaïe), 398.
Chalcédoine (*Kadikeui*), 10, 51, 53, 54, 56, 282.
Chalcidique, 15, 359, 364.
Chaldia (thème de), 150, 252, 281 et s., 307.
CHARLEMAGNE, 89, 90, 92, 94.
CHARLES LE CHAUVE, empereur (875-877), 116. — *Id.* IV (le Bel), roi de France (1322-1328), 353. — *Id.* V (le Sage) (1364-1380), 374. — *Id.* VI (1380-1422), 385, 386, 389. — *Id.* VII (1422-1461), 420; note n° 3245.
CHARLES D'ANJOU, roi des Deux-Siciles (1261-1285), 323, 324, 325, 326, 327-29, 331. — *Id.* II (1285-1309), 341.
CHARLES-ROBERT, roi de Hongrie (1308-1342), 346.
CHARLES DE VALOIS, 337, 344, 346.
Charsian (thème de), 161.
CHATEAUMORAND (Jean de), gouverneur de Constantinople (1402), 386.
Chersonnèse de Thrace (voir Gallipoli).
CHILDEBERT II, roi des Francs, 48, 49, 50.
Chine, 28.
Chio (île de), 168, 179, 204, 208, 219, 249, 275, 310, 311, 339, 352, 358, 380, 391.
CHOÏROSPHAKTÈS (Léon), 128, 129, 132.
Chonae (Phrygie), 317,
CHOSROÈS Anourschivan, roi de Perse (531-579), 33, 38, 45 et s. — *Id.* II (590-628), 46, 53, 54, 56.
CHRISTODOULOS, amiral de Roger II, 270.
CHRISTOPHE, domestique des scholes (871), 117.
Christopolis, voir Kavalla.
CHRYSOCHEIR, chef paulicien, 117. — *Id.* chef russe (1024), 204.
CHRYSOLORAS, archevêque de Milan, 261.
Chrysopolis (*Scutari*), 86, 92, 97, 111, 163, 180, 219, 221, 234, 237, 394.
Chypre (île de), 63, 67, 117, 132, 171, 266, 272, 278, 284, 287, 294, 314, 345, 352.
Cibyrrhéotes (thème des), 69, 104, 204, 257.
Cilicie, 15, 56, 60, 89, 146, 159, 161, 164 et s., 170, 231, 232, 257, 258, 260, 265 et s., 266, 272, 281, 333, 397.
Civitate (Apulie) bataille de, 216, 227,
Civitot (Bithynie), 250, 255.
Clarentza (Achaïe), 398.
Clazomène (Ionie), 249.
CLÉMENT (relique de saint), 119, 121, 186.
CLÉMENT II, pape (1047), 215. — *Id.* III (1080-1110), 253. — *Id.* IV (1265-1268), 324, 326. — *Id.* VI (1342-1352), 369.
Cluny (ordre de), 253.
Cocco (Jacopo), amiral vénitien (1453), 424.
Comans (Polovtsi), 226, 245, 249, 250 et s., 252, 260, 286, 289, 291 et s., 316, 331.
COMENTIOLUS, *magister militum*, 49, 50.
Comitopouloi (les fils du comte bulgare Nicolas), 188.
COMNÈNES (dynastie des), 221, 222, 232, 240 et s — (*voir les empereurs à leur nom*).
Comnène (Manuel), (stratège (XIe s.), 231. — (Manuel Erotikos), père d'Isaac I, 222. — (Isaac), frère d'Alexis I, 233, 234, 237. — (Jean), neveu d'Alexis I, 251. — (Alexis), fils aîné de Jean II, 263. — (Isaac), frère de Jean II et son fils (Jean), *apostats*, 264, 281. — (Marie Porphyrogénète), *marquise de Montferrat*, fille de Manuel I, 273, 275, 276, 280, 282 et s. — (Isaac), frère de Manuel I, 268. — (Alexis), protosébaste, neveu de Manuel I, 280, 282. — (Alexis), neveu de Manuel I, 284. — (Eudokia), nièce de Manuel I, 281. — (Théodora), reine de Jérusalem, 281, 282. — (Isaac), usurpateur de Chypre, 284, 285, 287, 289. — (Isaac) sebas-

tocrator, gendre d'Alexis III, 291. — (Théodora), *Dokouz Katoum*, sultane, fille de Jean IV de Trébizonde, 430, 431.
Conciles tenus en territoire byzantin (de Nicée) (325), 28. — (Ephèse) (314), 28, 29. — (Chalcédoine) (451), 29, 30, 40 et s., 44, 58, 61. — (Constantinople) (553), 41, 67, (Constantinople) (680-681), 41, 67. — (Quinisexte) (692), 67, 70. — (Hieria), (Iconoclaste I) (754), 81. — (Nicée II) (786-787), 87. — (Iconoclaste II), (815), 97. — (*Id.* Blachernes) (832), 100. — (Sainte-Sophie), *orthodoxe* (843), 105. — (Saints-Apôtres) (858), 107. — (de Photius), *schismatique* (867), 108. — (Constantinople), 8e *œcuménique* (869-870), 111, 112. — (*Id.*) (879), 112, 113. — (d'union), (920), 141. — (voir *Bâle, Constantinople, Ferrare, Florence, Francfort, Lyon, Plaisance*).
Compostelle (St-Jacques de), 196.
CONRAD II, empereur germanique (1024-1039), 184, 205 et s. — *Id.* III (1138-1152), 268, 270, 271.
CONRADIN, 324.
Constance (concile de) (1417), 401.
CONSTANCE d'Antioche, impératrice, 265. — *Id.* des Deux-Siciles, épouse d'Henri VI, 284, 294. — *Id.* impératrice, 313. — *Id.* fille de Manfred, 328.
CONSTANT, basileus (641-668), 60, 61, 64.
CONSTANTIN I (306-337), 16.
CONSTANTIN III, basileus (641), 60, 61.
CONSTANTIN IV *Pogonat* (668-687), 64-66 et note n° 322.
CONSTANTIN V, *Kaballinos Copronyme* (741-775), 76 et s., 80 à 85.
CONSTANTIN VI (776-797), 85 et s., 98.
CONSTANTIN VII, *Porphyrogénète* (912-959), 75, 126, 127, 135-137, 141-142, 150 et s., 153-157, 160, 162, 164.
CONSTANTIN VIII (associé 961-1025), 158, 163 et s., 174 et s.
— (seul 1025-1028), 198, 199, 205.
CONSTANTIN IX, *Monomaque* (1042-1055), 203, 207 à 213, 216 à 219, 223, 225.
CONSTANTIN X, *Doukas* (1059-1067), 224 et s., 227 à 231, 233.
CONSTANTIN XI, *Dragasès* (1448-1453), 397 et s., 401, 408, 412, 415, 417-420, 423 et s., 425-428.
CONSTANTIN II, patriarche byzantin (744-766), 82.
CONSTANTIN III, *Lichoudès*, patriarche byzantin (1059-1063), 202, 208 et s., 223, 224, 225.
CONSTANTIN, pape (708-715), 70.
CONSTANTIN TACH, tsar bulgare (1258-1277), 316, 333.
CONSTANTIN, fils de Basile I, (879), 110. — *Id.* frère de Michel V, nobilissime, 202, 203, 202, 205. — *Id.* eunuque favori de Léon VI, 124.
CONSTANTINA, impératrice (582-602), 43, 53,
Constantine (*Tela d'Manzalat*), Mésopotamie, 46.
Constantinople, *passim*. — (Corne d'Or), 10, 98, 236, 323, 362, 422, 425. — (Murailles), 26, 64, 71, 298, 362, 379, 396, 398, 401, 420, 423, 427, 428. — (Portes), d'*Andrinople*, 425; de *Caligaria*, 423, 425; *Cercoporta*, 427; *Saint-Romain* (*Top-kapou*), 423, 425, 427. — (Grand Palais), 27, 33, 35, 79, 97, 100, 105, 126, 134-136, 151, 153-4, 163, 167, 202, 262, 281. — (Palais) de *Hormisdas*, 33; de *Hieria*, 81; de la *Magnaure*, 100, 106; *Saint-Mamas*, 109; *Tekfour-Séraï*, 425, 427; *Boucoléon*, 166; *des Manganes*, 262. — (Sainte-Sophie), 30, 33, 85, 105, 127, 130, 163, 181, 184, 218, 262, 281, 299, 305, 407, 417 et s., note n° 2368. — (Hippodrome), 28, 32, 33, 44, 51, 54, 68, 80, 82, 84, 85, 166, 202, 210. — (Quartiers), *des Blachernes*, 54, 99, 100, 114, 201, 211, 236, 423, 425. — *Val du Lycos*, 425, — des *Manganes*, 208, 243, 364, — *de la*

Porte d'Or, 379. — *Saint-Mamas*, 109, 131, 210 — *des Sykes* (voir Péra et Galata) — *des établissements latins*, 282, 293, 305, 321, 322, 339.

Constantza (anc. Constantia), 14.

Copaïs (lac), 345.

CORAX, traître (1422), 395 et s.

Cordoue, 39, 49, 101, 102, 144, 159, 196.

Corfou, 246 et s., 270, 271, 293, 297, 306, 429.

Corinthe (ville et isthme), 117, 136, 190, 270, 392, 429.

Coron, port de Morée, 306.

Cos (île de), 14, 63, 311, 352.

COSMAS Ier, patriarche byzantin (1075-1081), 243. — *Id.* (Jean) (1294-1304), 346.

COSMAS, stratège (934), 149.

COUCY (Enguerrand de), 385.

COURCOUAS (Gourguen) (Jean), stratège sous Romain I, 140, 143, 146, 147, 148, 150, 151, 175. — *Id.* (Romain), 163. — *Id.* (famille), 166.

CRESCENTIUS, 183, 184.

Crète, 14, 63, 69, 80, 101, 102, 114, 115, 117, 130, 132, 159, 160, 164, 252, 293, 306, 311, 352.

Crimée, 11, 149, 285, 308, 401.

CRISPIN (Robert), auxiliaire normand, 226, 231, 233.

Croatie, *Croates*, 56, 102, 122, 195, 197, 235, 274, 381.

Croïa (Albanie), 376, 413, 414.

Croisades, 18, 217, 240, 252-259, 262, 269 et s., 276-278, 287 et s., 294, 295, 297-299, 311, 312, 323-326, 327 et s., 337, 342, 343, 346, 353, 357, 368, 370, 371, 372-374, 384-387, 393 et s., 400, 404, 405, 408, 409, 410, 411, 412, 413, 414, 417, 419, 425, 428, 429, note n° 1748.

Crotone, 216.

Ctésiphon, 46, 56, 59.

Curzola (bataille de) (1298), 339.

Cyclades, voir Archipel.

CYDONÈS (Démétrius), 370, 371, 375, 403.

Cyrène, 60.

CYRILLE (Constantin), (saint) apôtre des Slaves, 119 à 121, 186.

CYRUS, préfet du prétoire, 26.

— *Id.* de Phase, patriarche d'Alexandrie (631-642), 58, 59, 60. — *Id.* patriarche byzantin (705-711), 70.

CYRUS, fl. (*Koura*), 55.

Cythère (*Cérigo*), 14.

Cyzique, 11, 64, 65, 67, 238, 247, 251, 308, 311, 341, 351.

D

Dalibra (Paphlagonie), 291.

DAIMBERT, patriarche de Jérusalem, 258.

DALASSÈNE (Damien) duc d'Antioche (998), 190. — *Id.* (Constantin), 198, 200, 203, 249. — *Id.* (Constantin), grand drongaire (1092), 250.

Dalmatie, 34, 38, 47, 56, 93, 94, 102, 115, 189, 195, 197, 273, 274, 275, 306, 368, 381, 393.

Damas, 59, 71, 172, 173, 189, 271, 277, 278, 281, 388.

Damiette, 114, 278.

DAN, prince valaque (1428-1431), 397, 400.

DANDOLO (Henri), doge de Venise (1192-1205), 293, 297 et s., notes n°s 2161 et 2377. — *Id.* (Étienne) — *Id.* (Marco), 306.

Danichmendites (émirs), (voir Siwas).

DANIELIS, 109.

Danube, 10, 14, 25, 39, 40, 50, 51, 56, 65, 84, 129, 136, 148, 158, 170, 174, 175, 193, 212, 222, 226, 242, 248, 249, 252, 260, 264, 286, 367, 373, 376, 381, 385, 397, 399, 409, 410, 411, 412, 414, 419.

Dara (Mésopotamie), 26, 33, 46, 53, 147, 171.

Dardanelles, voir Hellespont.

DAVID Comnène, fondateur de l'État de Trébizonde, 307. — *Id.* (empereur) (1458), 431, 432. — *Id.* roi de Haute-Géorgie, 190, 194.

Déabolis (traité de), (1107), 259.

Decimum (Afrique), 34.

DÉMÉTRIUS, roi de Thessalonique (1209-1222), 310. — *Id.* despote d'Epire, 314.

Derkos, 398, 408.

DESSA (voir Étienne Nemanja).

Develt (Bulgarie), 95.

Diakova (Morée), 384.
Diampolis (*Pliska*), 351.
Diarbékir, voir Amida.
DIDIER, abbé du Mont Cassin (XIe s.), 227.
Didymotika (anc. Didymoteichos, act. *Demotika*), 180, 288, 309, 348, 349, 355 et s., 357, 358, 363, 369.
Dioclée (Monténégro), 190, 204, 251, 264, 287.
Diogène (Nicéphore), fils de Romain III, 244.
DIOSCORE Ier, patr. d'Alexandrie (445-454), 29.
Dioscurias, port du Pont, 307.
DISHYPATOS (Jean), envoyé au concile de Bâle, 402.
Djagataï, État mongol d'Asie centrale, 387 et s.
DJAUHER, vizir fatimite, 172.
DJOUNEID, émir d'Aïdin, 390, 391, 394, 395, 397.
Dniéper, 11, 114, 148.
Dniester, 11, 40, 397.
DOBROMIR STREZ, boyard bulgare, 291, 292.
DOBROUDJA (Petite-Scythie), 11, 40, 50, 65, 394.
DOKRIANOS (Michel), catapan d'Italie, 206.
DOLIANOS (Pierre), chef bulgare (1040), 204.
DOMINIQUE, patriarche de Venise (1073), 240.
Don, fl., 40.
DONUS, pape (676-678), 65.
DORIA, amiral génois (1351), 362 et s.
Dorylée (*Eski Cheir*), 15, 256, 270, 279.
Dorystolon (*Dristra*) (Silistrie), 175, 249.
DOUKAS (dynastie), 200 et s., 220, 225 — (Andronic), stratège (1072), 232. — (Andronic), stratège de Léon VI, 124-126, 131, 132. — (Constantin), rebelle (913), 135, 150. — (Jean), César, frère de Constantin X, 200, 232, 233, 234, 236. — (Jean), son fils, 232. — (Constantin), frère de Michel VII, 236, 237, 240, 249. — (Constantin), fils de Michel VII,
237, 243, 244, 262. — (Irène) impératrice, épouse d'Alexis I, 236, 243 et s., 262. — (Jean), stratège (1155), 272.
Drama (Macédoine), 357, 373.
DREU, chef normand (1041-1051), 215.
Dristra, voir Dorystolon.
Ducagin, clan albanais, 376.
Durazzo (anc. Dyrrachium), 15, 24, 189, 192, 193, 195, 210, 235, 247, 249, 251, 259, 284, 306, 307, 309, 316, 329, 346, 376.
Dwin (Tivion) (Arménie), 46, 60, 213.

E

Echinades (îles), 398.
Edesse (Hte Mésopotamie), 46, 53, 59, 145, 147, 205, 231, 250, 257, 259, 270. — (Principauté latine d'), 265, 269, 270.
Edesse (*Vodena*) (Macédoine), 15, 314, 319, 360.
ÉDOUARD III, roi d'Angleterre (1327-1377), 354.
Egée (mer), 339, 359, 376, (voir aussi Archipel).
Égypte, 16, 28, 35, 38, 41, 54, 56, 58, 59, 60, 101, 114, 144, 159, 170, 172, 205, 277-279, 296 et s., notes n°s 152, 169.
EL-AZIZ calife fatimite (975-996), 188, 189, 190.
El-Bassan (Albanie), 316, 339.
EL-HAKEM, calife fatimite (996-1020), 190, 205.
Élide, 398.
Émèse (*Homs*), 147, 171, 190.
ÉMILIEN, patriarche d'Antioche (1074-1080), 234, 237.
Emir-al-oumâra, voir *Turque* (*garde*).
Empire d'Orient (domaine géographique, transformations), 9, 10, 15-19, 23, 33, 34, 43, 51, 60, 65, 75 et s., 142, 143, 152, 153, 175, 178, 180 et s., 187, 193, 213, 232, 238, 251, 254, 261, 269, 274, 261, 269, 274, 280, 321, 323, 335 et s., 347, 348, 349, 355, 359, 365, 366, 389.
Empire latin, 303-305, 309-321, 329, 337, 344 346, 351.

Index

Éphèse, 15, 82, 160, 168, 257, 345, 352, 398.
Épire, 67, 190, 306, 307, 310, 314, 324, 360, 399.
Érivan (lac d') (Arménie), 133.
ERTOGHROUL, premier chef ottoman, 333.
Erzeroum, voir Théodosioupolis.
Erzindjan (Arménie), 313, 389.
Espagne, 39, 49, 54, 71, 253; note n° 210.
Éthiopie, 34, 38.
ÉTIENNE II, page (751-754), 82. — *Id.* III (768-772), 83. — *Id.* IX (1057-1058), 227.
ÉTIENNE Ier, patriarche byzantin (886-893), 123, 125. — *Id.* II (925-928), 142.
ÉTIENNE (saint), roi de Hongrie (1000-1038), 226. — *Id.* II (1116), 264. — *Id.* III (1161-1173), 273. — *Id.* IV (1162-1163), 273. — *Id.* V (1270-1272), 322, 326, 330.
ÉTIENNE *Nemanja* (Dessa), fondateur de l'État serbe, 272, 274, 286, 287, 288, 289, 292; note n° 2301 — *Id.* (Ourosch Ier), roi de Serbie (1196-1228), 331. — *Id.* II (*Miloutine*) (1282-1321), 331, 339, 346, 347. — *Id.* III (*Detchanski*) (1322-1331), 346, 349, 351. — *Id.* IV (*Douschan*), tsar (1331-1355), 357, 359, 363, 367, 373, 376. — *Id.* (*Lazarević*), despote, 393.
ÉTIENNE (saint) le nouveau, 81; note n° 416.
ÉTIENNE, sacellaire de Justinien II, 68.
ÉTIENNE, comte de Blois, croisé, 257, 258.
Étolie, 307, 314, 360.
Eubée (île d'), 14, 270, 272, 275, 306, 330, 352, 380.
EUDOKIA, impératrice, première femme d'Héraclius, 55; note n° 242. — *Id.* Ingerina, maîtresse de Basile I, 109, 110. — *Id.* troisième femme de Léon VI, 126. — *Id.* Makrembolitissa, femme de Constantin X puis de Romain Diogène, 224, 226, 232.
EUDOXIE, fille de Constantin VII, 198.
EUGÈNE IV, pape (1431-1447), 402-406, 409, 411, 412, 413.
EUGENIKOS (Marc), métropolite d'Éphèse, 404, 405, 407, 408, 417. — *Id.* (Jean), son frère, 405, 407.
Eunuques du Palais, 24, 27, 30, 33, 68, 88, 89, 124, 125, 156, 158, 197, 198 et s., 208, 219 et s., 233, 237.
EUPHÉMIOS, patriarche byzantin (490-496), 29. — *Id.* stratège de Sicile, 101.
Euphrate, 10, 15, 46, 56, 117, 146, 160, 161, 171, 172, 190, 194, 205, 231, 239, 259, 265.
EUPHROSYNE, impératrice femme d'Alexis III, 290.
EUPREPIA, sœur de Constantin IX, 211.
EUSTATHE, patriarche de Constantinople (1019-1025), 184, 217.
EUSTRATIOS, évêque de Nicée, 246, 261.
EUTHYME (saint), moine et patriarche byzantin (906-911), 123, 124, 125-127, 134, 138, 141.
EUTROPE, 24.
EUTYCHÈS, 28.
EUTYCHIOS, patriarche byzantin (557-565 et 577-582), 42, 44.
EXUPÉRY (Pierre de Saint-), 384.

F

Fatimites (califes), 139, 144, 146, 149, 160, 162, 170, 172, 173, 176, 187 et s., 191, 200-205, 230, 277.
FERDINAND I, roi d'Aragon (1413-1416), 393.
FERNAND d'Aragon, chef des *Almugavares*, 344. — *Id.* (Ximenès de Arenos), 343.
Ferrare (concile de) (1438), 403, 404.
Feu grégeois, 64, 65, 148, et s., 160, 211, 423.
Fezzan (oasis du), 60.
Flamands, mercenaires d'Alexis I, 249, 250.
FLAVIEN, patriarche d'Antioche, 29-30.
Florence (concile de) (1439), 405.
FORMOSE, pape (891-896), 125, 133.
FOULQUE d'Anjou, roi de Jérusalem (1131-1141), 266.

France (royaume de), 240, 259, 270, 296, 305.
Francfort (concile de), (794), 87.
Francs (Mérovingiens), 34, 39, 47, 48 et s., 49, 50. — (Carolingiens), 82, 83, 102. — *Id.* (États de Syrie et Palestine), 265, 267, 272 et s., 277, 278, 284, 311, 332.
Fraxinet (La Garde-Freinet, Provence), 149; note n° 1123.
Frédéric Barberousse, empereur germanique (1152-1190), 271, 273, 274-276, 287-289, 294. — *Id.* II de Hohenstaufen (1198-1250), 295, 311, 312, 313, 314, 315, 324. — *Id.* III (1440-1493), 410, 420.
Frédéric III, roi de Sicile (Fadrique (1291), 341, 342, 345.
Frédéric de Lorraine, légat (1054), 218; voir aussi Étienne IX.

G

Gabala (*Djibleh*), 171, 173.
Gabalas (Jean et Léon) archontes (1233), 314.
Gaboudrou (Arménie), 214.
Gabras (Gavras) (Théodore), stratège autonome de Trébizonde, 252, 307.
Gafforio, pirate génois, 293.
Gaïnas, chef goth, 24, 28.
Galata, 323, 339, 352, 357, 361 et s., 375, 379, 389, 401, 409, 424, 428; notes nos 3326, 3438.
Galatie, 72, 308.
Gallipoli (péninsule et ville de), 14, 250, 306, 311, 342-344, 346, 363 et s., 370, 375, 391, 394, 395, 410, 423.
Gandzak (*Tabriz*), 55.
Gangres (Galatie), 265.
Garatoni, légat (1434), 403.
Gargano (Monte), 196, 197.
Garigliano, 133, 149, 268.
Garmul, chef maure (569), 49.
Gattilusio (François), corsaire génois, 364, 365. — *Id.* (Catherine), impératrice (1441), 408.
Gautier (sans Avoir), croisé, 255.
Gautier de Brienne, duc d'Athènes (1308-1311), 344 et s.
Gaza, note n° 47.

Geiza II, roi de Hongrie (1141-1161), 272, 273.
Gélimer, 34.
Gémiste Pléthon, 392, 405, 417, note n° 3365.
Gênes (*Génois*), 260, 275, 292, 293, 298, 306, 314, 320, 322, 324, 326, 339, 341, 343, 347, 352, 354, 361, 362, 375, 379, 394, 387, 389, 391, 400, 419, 430; note n° 1973.
Génésareth, 173.
Gengis-Khan, 313, 388.
Gennadios, patriarche, voir Scholarios.
Gennadius, exarque d'Afrique, 49.
Genséric, 24, 26.
Gentilly (*concile de*) (767), 83; note n° 437.
Georges d'Antioche, amiral sicilien, 270. — *Id.* exarque d'Afrique, 61.
Georges Terter, tsar bulgare (1280), 331. — *Id.* II (mort en 1323), 348.
Géorgie, 11, 55, 61, 179, 190, 194 et s., 205, 213, 281, 388.
Gépides, 40, 47.
Géraki (Morée), 323, 329.
Germain, patriarche byzantin (715-730), 79. — *Id.* III (1265-1266), 322, 326.
Germain, favori de Nicéphore III, 237.
Germain, stratège sous Phocas, 53.
Germanicia (*Marasch*), 83, 85, 118, 145, 147, 159.
Ghassanides, dynastie arabe chrétienne (vi[e] s.), 34, 46.
Ghazan, khan mongol de Perse, 341.
Ghaznévides, dynastie hindoue, 213.
Giorgi, roi des *Abasges* (1014), 194, 205.
Girgenti (Agrigente), note n° 1122.
Giustiniani (Jean), 421, 423 et s., 426, 427.
Glabas (Michel), stratège d'Andronic II, 339.
Godefroy de Bouillon, 256; note n° 1986.
Gomaria (Paphlagonie), 221.
Gondovald, prince franc, 49.
Gongylès (Constantin), 159.

Index

Gouyouk, khan mongol (1246), 313.
Grapti, martyrs, 100.
Grèce (Hellade), 14, 15, 40, 48, 68, 89, 90, 117, 130, 136, 159, 189 et s., 271, 304, 305, 319, 413.
Grégoire le Grand, pape, (590-604), 44, 48, 52. — *Id.* II (715-731), 79. — *Id.* III (731-741), 79. — *Id.* V (996-999), 183. — *Id.* VII (1073-1085), 235, 239, 240, 247, 252. — *Id.* IX (1221-1241), 311, 312. — *Id.* X (1271-1276), 326, 327. — *Id.* XI (1371-1378), 374.
Grégoire II de Chypre, patriarche byzantin (1283-1289), 327, 336. — *Id.* III (Mamma) (1443-1450), 407, 417, 418.
Grégoire Asvestas, archevêque de Syracuse, 107. — *Id.* exarque d'Afrique (647), 61.
Grégoras (Nicéphore), 353, 360, 361, 366.
Grimaldi (Jean), 403.
Grimoald, duc de Bénévent 90.
Guaimar prince de Salerne (xi⁰ s.), 196, 214, 215.
Guillaume I roi de Sicile (1152-1166), 271, 272, 275. — *Id.* II (1166-1189), 275, 276 (de Montferrat), 284, 287, 294.
Guillaume archevêque de Tyr, 277. — *Id.* (de Saint-Bénigne de Dijon), 184. — *Id.* de Champlitte, 305.
Guntharit duc de Numidie (vi⁰ s.), 39.
Guy de Lusignan roi de Jérusalem et de Chypre (1186-1194), 289. — *Id.* de La Roche, duc d'Athènes (1308), 344.
Gyneco-Castro (*Avret-Hissar*), (Macédoine), 360.

H

Hadrien I⁰ʳ pape, (772-795), 86, 90, 162. — *Id.* II (867-872), 111, 112, 121. — *Id.* IV (1154-1159), 272, 274.
Haguenau, 296.
Halicz (Galicie), 292.
Halys (*Kizil-Irmak*), fl. 11, 15, 56, 103, 161, 307.

Hamdanides (émirs), 145, 146, 147, 159, 170, 172 et s., 188.
Harald le sévère, roi de Norvège, 206.
Haroun-al-Raschid calife (786-809), 86, 89, 91, 93.
Havatchich (Géorgie), 190.
Hélène Alypios, impératrice, 198. — *Id.* d'Anjou, reine de Serbie, 331.
Héliopolis (Égypte), 59.
Hellade, voir Grèce.
Helladiques (thème des), 68, 69, 203.
Hellespont (*Dardanelles*), 10, 11, 64, 130, 139, 224, 282, 288, 289, 312, 320, 342, 370, 372.
Helpidius, stratège de Sicile (781), 86.
Henri II, empereur germanique (1002-1024), 184, 195, 196, 197. — *Id.* III (1039-1056), 215, 220; note n⁰ 1654. — *Id.* VI (1056-1106), 227, 247. — *Id.* V (1106-1125), 261. — *Id.* VI (1190-1197), 284, 289, 294, 295, 298.
Henri, empereur latin (1204-1216), 307, 308. — *Id.* II, roi de Chypre (1285-1324), 345. — *Id.* III roi de Castille (1390-1406), 389. — *Id.* IV roi d'Angleterre (1339-1413), 387.
Héraclée de Thrace, 139, 306, 348, 357, 363. — *Id.* de Cappadoce (*Eregli*), 15. — *Id.* de Paphlagonie, 307.
Héracléonas, fils d'Héraclius, 60.
Héraclius, basileus (610-641), 52, 54-57, 172. — *Id.* exarque d'Afrique, 54. — *Id.* frère de Tibère III, 69.
Hermanstadt (Transylvanie), 409.
Hermenegild, prince wisigoth, martyr, 49.
Hésychastes, 354, 356, 360, et s., 366 et s.
Héthoum I, roi de Petite-Arménie (1226-1269), 331. — *Id.* II (1289-1301), 340; note n⁰ 2689.
Hexamilion (isthme de Corinthe), 392, 396, 413.
Hiérapolis (*Mabough*), 53, 161.
Hilarion le Géorgien (saint), 119.
Hildéric, roi vandale, 34.

Himerios, grand drongaire, 128, 131, 132.
Hippone, 34.
Hîra, État arabe, 34.
Holobolos (Manuel), 321.
Homs, voir Emèse.
Hongrie, *Hongrois*, 129, 139, 143, 149, 158, 173, 226, 264, 273, 274, 275, 276, 291, 313, 367, 368 373, 381, 390, 397, 399, 400, 409, 410, 411, 414, 419; note n° 3456.
Honorius, empereur d'Occident (395-423), 23.
Honorius I, pape (625-638), 58; note n° 275. — *Id.* II (1124-1130), 267. — *Id.* III (1216-1227), 309, 310.
Hormisdas, pape (579-590), 31.
Hormizd IV, roi de Perse (579. 590), 46.
Hospitaliers (chevaliers), 277, 345, 346, 352 et s., 380, 389, 391.
Houlagou, khan mongol, 332, 333.
Hugue, roi de Provence et d'Italie (926-947), 149. — *Id.* IV roi de Chypre (1324-1359), 353. — *Id.* (de France), chef croisé, 256. — *Id.* de Sully, 329, 330.
Humbert, cardinal, légat (1054), 216, 218.
Humphroi, chef normand 227.
Huns, 11, 25, 26, (*Ephtalites*), 26. — (*Koutrigours*), 40. — (*Outigours*), 40.
Hunyade (Jean), régent de Hongrie (1445-1452), 409, 410, 412, 413, 414, 419, 420.
Hypatios, neveu d'Anastase I, 33.
Hypsela, port de Lydie, 397.

I

Iaropolk, prince russe (972-978), 185.
Iaroslav, prince russe (1015-1054), 211. — *Id.* de Galicie, 281.
Ibas, évêque d'Edesse, 41.
Ibérie, voir Géorgie.
Ibrahim frère de Toghroul-beg (XIe s.). — *Id.* prince de Karamanie (1426-1430), 399, 410, 411, 419.
Iconium (*Konieh*), 15, 231, 259, 263, 270, 275, 279, 288, 290, 308, 333, 380, 399 (voir *Seldjoukides*).
Iconoclastes, 78-80, 82, 85 et s., 91, 95, 96, 100, 106.
Ignace, patriarche byzantin (846-858), 107; (867-877), 109, 111, 112.
Igor, prince russe (941), 148.
Ikhchides, dynastie arabe d'Égypte (955-969), 144, 147, 159.
Illyricum, 40, 80, 108.
Illyrie, 56, 102, 329. Voir aussi Dalmatie.
Imad-ed-dîn-Zengî, atabek de Mossoul, 266, 269.
Imbros (île d'), 224.
Inde, 213, 388. — (Route des Indes), 15.
Ingelheim, 102; note n° 635.
Innocent II, pape (1130-1143), 267. — *Id.* III (1198-1216), 292, 295 et s., 297, 303, 305 et s., 309; note n° 2328. — *Id.* IV (1243-1254), 313, 314, 315. — *Id.* VI (1352-1362), 366, 370.
Ionie, 239, 391.
Ioniennes (îles), 116, 306.
Irène impératrice, 85, (régente) (780-797), 85 à 88, (basileus) (797-802), 89 et s., 91, 92, 93, 94, 97. — *Id.* de Hongrie, épouse de Jean II, 262-264. — *Id.* de Montferrat, 2e femme d'Andronic II, 337, 338, 340. — *Id.* de Brunswick, 1re femme d'Andronic III, 349. — *Id.* épouse de Jean VI, 358, 362, 363. — *Id.* épouse de Manuel II, 415.
Isa, fils de Bajazet I, 390.
Isaac I Comnène, basileus (1057-1059), 221, 222-224, 227.
Isaac II l'Ange (1185-1195 et 1204), 285-290, 293, 295 et s., 298, 299.
Isaïe, patriarche byzantin (1323-1332), 349, 350.
Isauriens, milice, 24, 25. — (Province), 63, 399.
Isidore Ier, patriarche byzantin (1347-1350), 361. — *Id.* cardinal, archevêque de Kiev (1436), 402, 403, 405, 406, 421. — *Id.* de Milet, architecte, 33.
Iskander-beg voir Scander-beg.

Index 613

Isker, riv., 373, 391.
Ištip (Macédoine), 376.
Istrie, 56; note n° 507.
Italie, 16, 18, 34, 38, et s., 47, 48, 52, 63, 66, 82, 83, 90, 102, 115 et s., 133, 134, 149 et s., 158, 161, 176-178, 179, 189, 190, 195-197, 206, 214, 222, 226, 230, 242, 261, 267, 271, 295, 297. — (Thème d'), 195.
ITALIEN (Italos) (JEAN l'), 246.
IVAÏLO, tsar bulgare (1277) 331.
IVANKO, boyard bulgare (1196), 292. — *Id.* chef bulgare (1388), 377.

J

Jacobites, 44; note n° 169. (Voir aussi *Monophysites*).
Janina (Ioannina), 247, 399.
Janissaires, 369, 388, 419, 422, 427.
JAYME II, roi d'Aragon (1291-1327), 342, 343.
JEAN I Tzimiskès, basileus (969-976), 160, 163, 166-170, 172 et s., 177, 178, 188.
JEAN II Comnène (1118-1143). 244, 262-268.
JEAN III Vatatzès (1222-1254), 309, 310, 311 et s., 313, 315, 317.
JEAN IV Lascaris (1258-1261), 318 et s., 321, 338.
JEAN V Paléologue (1341-1391), 356, 357, 358, 360, 362, 363, 364-366, 369-372, 374 et s., 379.
JEAN VI Cantacuzène (1341-1355), 348, 349 et s., 352, 355, 357-364, 366, 369.
JEAN VII Paléologue (1390-1399, 1402), 379, 384, 386, 389, 390.
JEAN VIII Paléologue (1425-1448), 392, 395, 396, 397, 398, 401, 402-406, 407, 408, 410, 412, 414, 415, 417.
JEAN II Comnène, empereur de Trébizonde (1280-1297), 334. — *Id.* IV (1420-1458), 430.
JEAN DE BRIENNE, empereur latin (1229-1237), 311.
JEAN II le Cappadocien, patriarche byzantin (518-520), 30. — *Id.* VII (le Grammairien, Hylilas) (832-842), 99, 100, 103. — *Id.* VIII (Xiphilin) (1064-1075), 208, 209, 225. — *Id.* XI (Veccos) (1275-1282), 325, 326, 327, 328, 336. — *Id.* XIV (Calécas) (1334-1347), 354, 355, 357, 361.
JEAN I, pape (523-536), 31. — *Id.* VI (640-642), 61. — VIII (872-882), 112, 115, 121. — *Id.* IX (898-900), 125. — *Id.* X (914-928), 134, 140, 142. — *Id.* XI (931-935), 142. — *Id.* XII (955-963), 162. — *Id.* XIV (983-984), 183. — *Id.* XV (Philagathos) intrus (997-998), 183, 186, 190. — *Id.* XIX (1024-1032), 184. — *Id.* XXII (1316-1334), 353, 354.
JEAN VLADISLAS, fils d'Aaron Comitopoulos, 192, 193.
JEAN-ALEXANDRE Ašen, tsar des Bulgares (1331-1365), 351, 357, 367.
JEAN d'Asie, 33. — *Id.* de Cappadoce préfet du prétoire, 33, 42; note n° 112. — *Id.* Damascène (Mansour), 79. — *Id.* le Mystique, 140. — *Id.* logothète de Constantin IX, 209.
JEAN, cardinal légat (1182).
JEAN SANS PEUR (comte de Nevers), 385.
JEAN DE VIENNE, 385.
Jérusalem, 54, 56, 57, 59, 97, 100, 172, 173, 196, 205, 212, 220, 230, 249, 257, 258, 266, 287, 296, 311, 340; note n° 1748.
JOSEPH I, patriarche byzantin (1268-1275), 322, 326, 327; (1282-1283), 336. — *Id.* II (1416-1439), 405, 407.
JOSEPH, archevêque de Thessalonique (807-809), 92. — *Id.* prêtre du Palais (795), 88, 89, 92, 94.
JOSSELIN, prince d'Edesse, 266, 270.
JUSTIN I, basileus (518-527), 30, 31.
JUSTIN II (565-578), 43-48.
JUSTINIEN I le Grand (527-565), 17, 18, 30-42, 51, 178.
JUSTINIEN II (685-694; 705-711), 67, 68, 70.
JUSTINIEN stratège, petit-neveu de Justinien I, 45 et s.

K

Kaï-Khosrou, sultan d'Iconium (mort en 1216), 291, 308. — *Id.* II, 313, 317.

Kairouan, 69, 132, 133, 144, 149; note n° 355.

Kakig II, roi de Grande-Arménie (1048-1077), 205, 213.

Kalavrya (Les Belles Fontaines) (Thrace), 236.

Kalliopas (Théodore), exarque de Ravenne (653), 62.

Kalocyr, ambassadeur (967), 174.

Kalopheros (Jean Lascaris), envoyé de Jean V, 374, 375.

Karabisianoï (thème maritime), 66.

Kara-Hissar (Cappadoce), 399.

Karakorum, 313.

Karamanie, 333, 340, 380, 390, 391, 397, 399, 430.

Karbeas, chef paulicien, 113.

Karin, voir Théodosiopolis.

Kasianos, gouverneur du Pont (XIIe s.), 265.

Kassandreia (péninsule de), 344, 396.

Kastamonitès (Théodore), oncle d'Isaac l'Ange, 285.

Kastamouni (Paphlagonie), 265, 380, 397.

Katabolkios (Thomas), secrétaire de David de Trébizonde, 431.

Katasyrtae (banlieue de Constantinople, 136, 139.

Kavalla (anc. Christopolis), 15, 339, 345, 359, 373.

Kawadh, roi de Perse (488-531), 26. — *Id.* fils de Chosroès, 56.

Kégénis, chef petchenègue, 212.

Kei-Kanli (tribu originelle des Osmanlis), 333.

Kékaumenos, stratège de l'Hellade, 188. — *Id.* Katakalon, 206, 213 et s., 220, 221, 244.

Kelaoun, sultan mamlouk (1277), 332.

Kerboga, émir de Mossoul (1098), 257 et s.

Kermian (Phrygie) (émirs de), 340, 351, 419.

Kesta-Stypiotès, stratège (883), 118.

Khaired-Din, chef osmanli (1383), 375 et s.

Khalil, vizir de Mourad II, 404.

Kharedjites, secte musulmane, 101, 144.

Khatchatour, duc d'Antioche (1065), 231, 232.

Khatchig, catholikos d'Ani (Arménie), 230.

Khazars, 11, 56, 65, 69, 77, 104, 119, 129, 186.

Kherson, 11, 62, 68, 70, 104, 119, 149, 175, 185 et s., 308.

Khidr-Beg, émir d'Ephèse, 352.

Khitir-Beg, chef osmanli, 430.

Khourranites, secte musulmane, 103.

Khroudj chef seldjoukide (1080), 231.

Kiev, 114, 144, 174, 185, 186, 187.

Kimbalongos (Macédoine) (bataille de) (1014), 192.

Kiptchak (Mongols de Russie), 330 et s., 332, 333, 360, 388.

Kirk-Kilissé, (Thrace), 369.

Kizil-Irmak, voir Halys.

Klokonitza (bataille de) (1230), 310.

Koloman, roi de Hongrie (1095-1116), 264.

Koloman I, tsar bulgare (1241-1246), 313. — *Id.* II (1257)-1258), 316.

Koloneia (thème de), 113.

Konieh, voir Iconium.

Kontostephanos, mégaduc, 274, 278, 282.

Kossovo (Serbie), (batailles de), 235, 377, 381, 414; note n° 3039.

Kowrat, khagan bulgare, 56, 65.

Kroai (Albanie), 314.

Kroumn, khan bulgare, 93, 95, 96.

Kruševac (Serbie), 377, 400.

Kustendjil (bataille de), (1330), 351.

Kutayeh (anc. Cotyaeon), 25, 333, 351, 380.

L

Lacanodracon (Michel), stratège, 82, 85.

Ladislas d'Anjou, roi de Naples (1386-1414), 393. — *Id.* V, roi de Hongrie (1415-1457), 410, 412.

Index

Lakhmides, État arabe chrétien des, 58.
Lampsaque, 311, 364, 370.
LANDOLF I, prince de Capoue, 149. — *Id.* III, 176, 177.
Laodicée (*Latakieh*) (Syrie), 53, 132, 258. — *Id.* (Phrygie), 265, 317.
Larissa, 188, 247, 314.
Lavra (Athos), La grande Laure, 169.
LAYCUS d'Amalfi, 253.
LAZARE, despote serbe (1376-1389), 376 et s., 381.
Lazique (*Lazistan*), 56.
Lébounion (bataille du) (1091), 250.
LÉCAPÈNE (fils de Romain I), empereurs associés : Christophe (920-938), Constantin et Étienne (924-945), 138, 150, 151. — Hélène, impératrice, femme de Constantin VII, 137, 151, 157.
Legnano (bataille de) (1176), 276.
Lemnos, 145, 204, 375, 376, 379, 394, 408.
LÉON I, basileus (457-474), 24. — Léon II, fils de Zénon (474), 26, 27.
LÉON III l'Isaurien (717-741), 72, 76-80, 94 et s.
LÉON IV le Khazar (775-780), 84, 85.
LÉON V l'Arménien (813-820), 96, 97, 99.
LÉON VI le Philosophe (886-912), 110, 123-137, 141.
LÉON I le Grand, pape (440-461), 29. — *Id.* III (795-816), 92. — *Id.* IV (847-855), 113. — *Id.* IX (1048-1054), 215 à 218.
LÉON évêque de Chalcédoine (1086), 246. — *Id.* archevêque d'Ochrida (1053), 218.
LÉON le Mathématicien, 100, 106, 119.
LÉON de Tripoli, renégat et pirate, 130, 139, 145.
LÉON l'Arsacide, prince de Taron (1137), 265.
LÉON II, roi de Petite-Arménie (1187-1219), 295.
LÉONARD, archevêque de Chio (1453), 418, 421; note n° 3401.
LÉONCE, basileus (695-698), 68, 69.

Léontarion (Morée), 384, 385.
LÉOVIGILD, roi wisigoth (568-586), 49.
Lépante (golfe de), voir Corinthe.
Lesbos, 14, 90, 167, 310, 311, 352, 365, 386, 391, 408.
LIBÉRIUS, patrice (554), 39.
LICARIO de Vérone, tercier d'Eubée, 330.
Lipari (îles), 116.
LIPARIT, chef géorgien, 214.
Lithosoria (Mésie) (bataille de) (765), 84.
Lombards, 40, 47, 63, 81, 82, 83, 116, 133, 134, 149, 190, 195, 196 et s., 206, 215, 216, 258, 277, 305, 306, 326, 330.
Londres, 387.
LONGIBARDOPOULOS chef serbe, 235.
LONGIN, frère de Zénon, 25.
Longobardie (thème de), 134, 149, 162, 177.
Lopadion (Mysie), 308.
LORÉDAN, amiral vénitien, 394, 412.
LOTHAIRE I, empereur d'Occident, 102. — *Id.* roi d'Italie (947-950), 162.
LOTHAIRE II, empereur germanique (1125-1137), 267.
LOUIS le Débonnaire, 99, 102. — *Id.* le Germanique (817-876), 114, 120. — *Id.* II, empereur (850-875), 108, 113, 115. — *Id.* III de Provence, empereur (901-902), 133. — Louis VII, roi de France (1137-1180), 270, 274, 276, 279. — *Id.* IX (saint Louis) (1226-1270), 314, 325.
LOUIS le Grand, roi de Hongrie (1342-1382), 368, 370, 371, 374, 381.
LOULOU-el-Kébir, régent d'Alep (990), 189.
Loulouas (Anatolie), 117.
Lucera (Apulie), 325.
LUITPRAND, roi lombard (712-744), 82.
LUITPRAND, évêque de Crémone, 162, 176, 177.
Lullé-Bourgas, voir Arcadiopolis.
LUSIGNAN, voir Pierre Ier.
Lycaonie, 379-396.
Lycie, 352.

Lydie, 380, 397.
Lyon (*conciles de*) (1245), 313. — (1274), 326, 327.

M

Macédoine, 15, 56, 95, 119, 129, 131, 139, 175, 188, 192, 193, 227, 235, 247, 250, 251, 288, 291, 294, 305, 310, 313 et s., 316, 319, 349, 351, 356, 359, 360, 363 et s., 375.
MACÉDONIUS, patriarche byzantin (496-511), 29.
Maçoûd, sultan d'Iconium, 264 et s., 270, 272. — *Id*. émir d'Angora, 291.
Madyte, 224, 342, 343.
Magnésie, 318, 319, 340, 342, 352, 411.
MAHOMET I, sultan osmanli (1402-1420), 390, 391, 393, 401.
MAHOMET II (1444-1481), 411, 416, 418 et s., 420, 422-428, 429-431.
Maïyafaryqin, voir Martyropolis.
MAJORIEN, empereur d'Occident (457-461), 26.
Malaga, 39.
Malagina (Bithynie), 90.
Malée (cap), 14.
MALEINOS (Eustathe), 182.
MALEINOS (Michel), higoumène (xe s.), 164.
MALEK-SCHAH, sultan d'Iconium, 248.
MALIK-GHAZI, émir de Siwas (mort en 1139), 258, 264, 265, 266.
Malte (île de), 116.
Mamlouks (État des), 331, 332, 388, 410.
MAMONAS (Paul), gouverneur de Monemvasia (1394), 384.
MANCAPHAS (Théodore), 287.
MANFRED, roi de Sicile (1250-1266), 316, 319, 322, 323. — *Id*. premier duc catalan d'Athènes (1311), 345.
MANIAKÈS (Georges), stratège († 1042), 201 et s., 205, 206, 210 et s.
Manichéens, 78, 95, 248.
Mantzikert (Hte Mésopotamie) (bataille de), 214, 222, 231, 233.
MANUEL I Comnène, basileus (1143-1180), 17, 205 et s., 268-279, 280, 281, 282, 284.
MANUEL II Paléologue (1391-1425), 372, 374, 375, 379, 384, 386 et s., 390-394, 395, 397, 398.
MANUEL I Comnène, empereur de Trébizonde (1241-1269), 313, 320. — *Id*. III (1390-1417), 389.
MANUEL, stratège, 176.
Marasch, voir Germanicia.
MARCIEN, basileus (450-455), 24, 26, 29, 67; note n° 59.
Mardaïtes du Liban, 67; note n° 329.
Mardin (Hte Mésopotamie), 53, 281.
MARGARITONE, amiral de Sicile, 287.
MARGUERITE de Hongrie, impératrice (1185), 287.
MARIANOS Argyros, stratège de Longobardie, 162.
MARIE l'Arménienne, impératrice, ép. de Constantin VI, 87, 88. — *Id*. ép. de Michel VII et Nicéphore III, 237, 243. — *Id*. d'Antioche, ép. de Manuel I, 273, 282, 283, 287. — *Id*. Lécapène, dite Irène, tsarine bulgare (927), 143.
MARINO FALIERO, 366 et s.
MARINUS, conseiller d'Anastase I, 29.
Maritza (anc. Hebros), riv., 14, 192, 250, 305, 311, 316, 344, 356, 357, 374.
MARKO Kralievič, despote serbe († 1395), 373.
Marmara (mer de), voir Propontide.
Marmaros, *Maramures* (Carpathes), 368.
MAROZIE, princesse romaine, 149.
MARTIN I, pape (649-653), 62. — *Id*. IV (1281-1285), 328-329. — *Id*. V (1417-1431), 401, 402.
MARTINE, impératrice, 55, 60.
Martyropolis (Maïyafaryqin), 46, 147.
Matera (Calabre).
MATHIEU Cantacuzène, basileus associé (1354-1357), 358, 363, 364-365.
Maures (voir *Berbères*).

Index

MAURICE, basileus (582-602), 43-51.
MAUROPOUS (Jean) évêque d'Euchaïta, 209.
MAXENTIOS, stratège (883), 116.
MAXIME (saint), théologien, 58, 61, 62; note n° 299.
Méandre, riv., 264, 265, 291, 334.
Mecque (La), 230.
Méditerranée, 10, 14, 42, 54, 148, 158 et s., 176, 195 et s., 241, 270, 350, 353, 380, 394; note n° 16.
MÉLÈS, chef lombard, 196, 197.
Melfi (Apulie), 207, 215, 227.
MELISSENOS (Nicéphore), 238, 239, 243, 250; note n° 1874. — *Id.* Léon, 179, 180.
Mélitène (*Malatya*), 46, 83, 103, 114, 117, 145, 146, 172, 180, 190, 234, 258, 264.
Melnič (Macédoine), 313, 317.
Menteshe (émir de), 380.
Mer Noire (Pont-Euxin), 10, 11, 17, 19, 48, 50, 104, 114, 139, 175, 211, 252, 264, 293, 307, 308, 321, 334, 339, 342, 358, 360, 361, 362, 370, 380, 386, 390, 398, 408, 412, 415.
MÉSARITÈS (Nicolas), 309.
Mesembria, 330, 351, 398, 408, 420.
Mésie, 25, 40, 48, 56, 65, 93.
Mésopotamie, 46, 58 et s., 103, 146, 158-160, 171, 172, 179, 222.
MÉSOPOTAMITÈS, favori d'Alexis III, 290.
Messénie, 305, 429.
Messine (ville et détroit de), 35, 113, 133, 197, 206, 284, 295.
MÉTHODE (saint), apôtre des Slaves, 119-122, 186.
MÉTHODIUS, patriarche byzantin (843-846), 105, 107.
MÉTOCHITÈS (Théodore), grand logothète, 338, 340, 349.
MÉTROPHANE, patriarche byzantin (1440-1443), 407.
MICHEL I Rhangabé, basileus (811-813), 93-95.
MICHEL II le Bègue (820-829), 97-99, 101, 105.
MICHEL III l'Ivrogne (842-867), 104-109, 114 et s., 120.

MICHEL IV le Paphlagonien (1034-1041), 199 à 202, 203, 205.
MICHEL V le Calfat (1041-1042), 201 et s., 210.
MICHEL VI le Stratiotique (1056-1057), 220, 221, 223.
MICHEL VII Doukas (Parapinace) (1071-1078), 224, 225, 232, 234, 235, 239 et s., 246.
MICHEL VIII Paléologue, 18 et s., 316, 317, 319 à 334, 336, 353.
MICHEL IX (associé) (1295-1320), 337, 340, 342, 343, 346 et s.
MICHEL I Ašen, tsar bulgare (1246-1297), 316. — *Id.* II Sišman (1322-1331), 349, 351.
MICHEL II, despote d'Epire, 314, 316, 319, 330.
MICHEL KÉROULARIOS, patriarche byzantin (1042-1058), 184, 214, 216 à 219, 221, 223, 224, 227, 230, 252.
MICHEL le Syncelle, higoumène de Chora, 97, 100.
Milan, 47, 48, 294, 339, 386, 397.
MILOS OBILIČ, noble serbe, 377.
MIRCEA le Grand, prince valaque (1386-1418), 381, 385, 390, 393, 394, 397.
Mistra (Morée), 323, 329, 364, 392, 396, 398, 415, 429.
MIZIZ, stratège, 64.
MOAVYAH, calife (660-680), 60, 63-65.
MOCENIGO (Tommaso), amiral vénitien, 385.
Modon, port de Morée, 306, 411.
MOHAMMED, émir de Siwas (1139), 266.
Moldavie (pincipauté de), 368, 397.
Monastir (*Bitolia*), 192, 376.
Monemvasia (Malvoisie), 323, 329, 384, 430.
Mongols, 45, 312, 317, 320, 323, 340, 342, 345, 380, 387, 430.
Monophysites, 28-30, 33, 35, 38, 40 et s., 44, 45, 53, 57, 61.
Mont-Cassin, 227, 260.
Montferrand, 266.
MONTFERRAT (Renier de), César, 276, 280, 283. — *Id.* Conrad, 287. Voir aussi Boniface — de.
Mopsueste (*Massissa*), 170.
Morava bulgare, 15, 289, 414.
Moravie (Grande), 114, 119-122, 144, 185.

Morée, 306; note n° 2376; (byzantine), 366, 379, 384, 385, 386, 390, 392, 396, 398 et s., 401, 408, 413, 415, 416, 419, 425, 428, 429.
Moscou (grand prince de), 372.
Mosèle, stratège, 88.
Moslemah, chef arabe, 77.
Mossoul, 145, 146, 172, 266.
Mostenitza (Achaïe), 398.
Mosynopolis, 191.
Mouça, chef arabe, 69.
Mourad I, sultan osmanli (1362-1389), 369, 373, 374 et s., 376, 377, 378, 380. — *Id.* II (1421-1451), 394-397, 399-401, 404, 408, 409, 410, 411-415, 416, 430.
Mousa, fils de Bajazet I, 390, 391, 394.
Mousel (Alexis), César, 105.
Moutassim, calife (833-842), 103.
Mundar, phylarque arabe, 46.
Mundus, *mag. militum*, 34.
Muntaner (Ramon), 343, 344, 345.
Mustapha, prétendu fils de Bajazet I, 393-396.
Muzalon (Georges), grand domestique, 316, 318. — *Id.* (Théodore), grand logothète), 338, 340.
Myriokephalon (bataille de) (1176), 276, 279.
Mysie, 239, 308, 340, 352.
Mytilène (*Mitilini*), 203, 207, 250, 353.

N

Nacolia (Constantin, évêque de), 78 et s.
Naples, 35, 38, 48, 63, 116, 134, 206, 215, 337, 344.
Narentans, 101, 102.
Narsès, *mag. militum*, 33, 35, 38, 47. — *Id.* stratège (602), 53.
Nasr, stratège (879), 116.
Nauplie, 205.
Navarrais (compagnie des), 384.
Naxos, 14, 306, 352.
Nazareth, 173.
Nègrepont, capitale de l'Eubée, 330, 344, 350, 390, 412.
Néocésarée (Pont), 266.
Néopatraï (Phocide), 330.

Nestor (*chronique dite de*), 131, 185.
Nestorianisme, 28; note n° 55.
Nicée (*Iznik*), 11, 15, 18, 179, 221, 222, 236, 237, 238, 239, 242, 247, 249, 250, 256, 260, 263, 286, 304, 310, 312, 319, 320, 351.
Nicéphore I le Logothète, basileus (802-811), 90, 91-94, 168.
Nicéphore II Phocas (963-969), 156, 160 et s., 162-168, 169, 170-172, 173 et s., 176-178, 183.
Nicéphore III Botaniatès (1078-1081), 227, 235-238, 239, 249.
Nicéphore I, patriarche byzantin (806-815), 91 et s., 95, 97, 107. — *Id.* II (1260-1261), 319.
Nicéphore (au Col tors), 194. — *Id.* Ouranos, domestique des scholes 189 et s. — *Id.* fils de Constantin V, César, 85, 88, 90, 95. — *Id.* stratège de Longobardie, 177. — *Id.* Xiphias, stratège (1022) 181, 192, 194. — *Id.* Stéthatos, studite, 218.
Nicétas, patriarche byzantin (765-780), 85. — *Id.* cousin d'Héraclius, 54, 55. — *Id.* Oryphas, gd drongaire (IXᵉ s.), 117. — *Id.* Chalkoutzès, gd drongaire (960), 171. — *Id.*, duc d'Antioche (1031), 205. — *Id.* frère de Michel IV, 199. — *Id.* Chartophylax archevêque de Nicée (1055), 184.
Nicolas I, pape (858-867), 107 et s., 111, 112. — *Id.* II (1058-1061), 227. — *Id.* III (1277-1280), 328. — *Id.* V (1447-1455), 417, 421.
Nicolas Iᵉʳ le Mystique, patriarche byzantin (895-906), 125 et s., 127, 130; (911-925), 127, 133, 134, 135 et s., 138-140, 141 142, 145. — *Id.* II Chrysoberge, (979-995), 183.
Nicolas de Méthone, 261.
Nicomédie (*Ismid*), 11, 51, 148, 234, 249, 250, 282, 340, 345, 351.
Nicopolis, 381, 384, 385, 411.
Nicosie (Chypre), 295.
Nikphoritzès, logothète de Michel VII, 233-236.
Nikiou (Égypte), 60.
Nil, moine (XIᵉ s.), 246.

Index 619

Ninive, 56.
Nisch (anc. Naïssus), 15, 272, 288, 292, 351, 376, 410, 414.
Nischava, riv., 15.
Nisibe (Perse), 26, 147, 171 et s.
Nisyros, 352.
NOGAÏ, khan tartare du Kiptchak, 330-332, 339.
Norique, 40.
Normands d'Italie, 18, 158, 195, 196, 206 et s., 210, 214, 216, 227, 230, 240, 241, 242, 246, 247, 256. — Voir Siciles (Deux).
NOTARAS (Lukas), mégaduc, 417, 424, 425, 426.
NOUR-ED-DIN, atabek (1141-1174), 270, 272, 273, 276, 277, 278, 279.
Novgorod, 114, 186,
Nubiens, 38.
Nuremberg (traité de) (1188), 287.
Nymphée (Asie Mineure), 320, 322, 334, 340.

O

OBEID-ALLAH, premier chef des Fatimites (910), 144.
Océan Indien, 10.
Ochrida, 88, 193, 217, 310, 319, 376.
ODERISIUS abbé du Mont-Cassin, 260.
Odessos, voir Varna.
ODOACRE, 25; note n° 31.
OGBA, chef arabe, 69.
Oghouz, tribu turque, 213, 226.
OLEG, prince russe, 131, 134.
Olga princesse russe, 158, 174.
Olympe de Bithynie, 11; (monastères), 106 et s., 119, 157, 169, 209, 225.
OMAR, calife (634-644), 59. — *Id.* II (717-720), 77.
OMORTAG, khan bulgare, 96.
OMOUR-BEG, émir d'Aïdin, 352, 357, 390.
Opsikion (thème d'), 66, 71, 80, 98.
ORBAN, 423.
ORESTE, patriarche de Jérusalem (986-1006), 190. — *Id.* stratège, 197.
OROPOS (Constantin), 206.
ORPHANOTROPHE (Jean l'), 200, 202, 204, 206.

ORSEOLO (Pierre), doge de Venise, 195; note n° 1476.
Orthodoxie (restitution de l'), 363.
Orvieto (traités d') (1281), 329.
OSMAN, premier émir ottoman (1289-1326), 340.
Ostrovo (Macédoine), 314.
Otrante, 15, 38, 83, 115, 178, 207, 210, 214, 227.
OTTON I le Grand, empereur germanique (936-976), 158, 170, 176 et s. — *Id.* II (973-983), 176, 177, 179, 186, 189. — *Id.* III (983-1002), 183, 191. — *Id.* IV (de Brunswick) (1198-1215), 296, 298. — *Id.* de La Roche, seigneur d'Athènes, 305.
OURKHAN, sultan osmanli (1326-1359), 349, 351 et s., 357, 359, 363, 364, 365, 368 et s.; note n° 2930.
OUROSCH Pervoslav, joupan de Rascie, 264, 272.
OUZOUN-HASSAN, sultan du Mouton-Blanc, 431.

P

Padoue, 386.
PAKOURIANOS, domestique des scholes (1086), 249.
PALAMAS (Grégoire), 354, 359, 361, 364, 366.
PALÉOLOGUES (dynastie des), 317, 379-381, 384, 397 et s., 404, 408, 411. — Paléologue (Michel), stratège (1152), 272. — *Id.* (Andronic), grand domestique à Nicée, père de Michel VIII, 317. — *Id.* (Constantin), frère de Michel VIII, 323, 324. — *Id.* (Jean) frère de Michel VIII, 319, 322, 332 et s. — *Id.* (Eulogia), sœur de Michel VIII, 327. — *Id.* (Marie), fille de Michel VIII, tsarine bulgare, 330. — *Id.* (Constantin), frère d'Andronic II, 336. — *Id.* (Constantin), fils d'Andronic II, 348 — *Id.* (Manuel), frère d'Andronic III, 347. — *Id.* (Jean), fils d'Andronic III, 338. — *Id.* (Théodore I), despote de Morée, fils de Jean V (1383-1407), 366, 379, 384, 392. — *Id.* (Théodore II), fils de Manuel II (1405-1448), 392, 396, 398, 401, 408, 409. — *Id.* (Thomas), son frère, despote

de Morée, 392, 398, 401, 408, 412, 415, 429, 430. — *Id.* (Démétrius), son frère, 402, 405, 408, 415, 429. — *Id* (Andronic), fils de Michel VIII, 396. — *Id.* (Hélène), fille de Démétrius, sultane (1458), 429. — *Id.* (Andronic), protovestiaire (1328), 348 et s. — *Id.* (Manuel) gouverneur de Monemvasia, 429.

Palerme, 101, 206, 230, 267, 271, 295, 329.

Palestine, 41, 172, 173, 212, 273, 284, 295, 296, 297, 329.

Pamphylie, 65, 67, 352.

PAMPREPIOS, 28.

PANDOLF I (Tête de fer), prince de Capoue (vers 968-981), 177, 189. — *Id.* III (XIe s.), 206. — *Id.* V (†1057), 227; note n° 1495.

Pannonie, 24.

PANTALÉON d'Amalfi, 227.

PANTHÉRIOS, stratège (Xe s.), 147.

Paphlagonie, 115, 265, 291.

Paris, 99, 374, 386; note n° 3039.

Paristrion (thème de), 235.

Paros (île de), 14.

PARTECIACUS (Agnellus), doge de Venise, 93. — (Ursus), 115.

PASCAL I, pape (817-824), 99. — *Id.* II (1099-1118), 260, 261.

Patras, 398, 429. — Néopatras, note n° 3066.

Patriarcats melchites d'Orient, 80, 97, 100, 107, 108, 112, 126 et s., 142, 182, 190, 216, 332, 333, 403, 417.

PATRIKIOS, architecte de Théophile, 100.

PAUL II, patriarche byzantin (641-652), 62. — *Id.* IV (780-784), 85, 86.

PAUL, prince de Serbie (923), 139. — *Id.* archevêque de Smyrne (vers 1355), 366, 371.

Pauliciens, 95, 113, 117,

Pavie, 47.

Peč, métropole serbe, 359.

PÉLAGE I, pape (556-561), 41. — *Id.* II (579-590), 45. — *Id.* cardinal-légat, 309.

Pélagonie, 192, 193.

Pélagonia (bataille de), 320, 323.

Pelekanon (Bithynie), 256, 351; note n° 2827.

PÉPIN le Bref, roi des Francs (752-768), 82, 83. — *Id.* fils de Charlemagne, roi des Lombards, 93.

Péra, 339, 385, 421, 423, 424, 425.

Pereiaslavets (Grande), résidence bulgare, 174.

Pergame, 308, 352.

Persaménie, 46, 61.

Perse, 26, 28, 31, 33, 43, 45, 46, 54 et s., 56, 57, 331, 388.

Petchenègues, 18, 129, 136, 148, 174, 179, 193, 204, 211 et s., 214, 226, 235, 249, 250, 251, 254, 255, 263 et s.

PETRONAS, stratège de Kherson, 104. — *Id.* frère de Bardas, stratège (863), 114.

Phères (Thessalie), 359.

Philadelphie (Asie Mineure), 208, 285, 343, 379.

PHILANTHROPENOS, révolté (1296), 340.

PHILARÈTE (fin XIe s.), 231, 234, 237, 238, 239, 248, 257.

Philé (île de), 38.

PHILIPPE DE SOUABE, empereur germanique, (1198-1208), 294, 295, 296 à 298.

PHILIPPE IV le Bel, roi de France, 337. — *Id.* VI de Valois, 353 et s., — *Id.* d'Alsace, comte de Flandre, 278. — *Id.* de Tarente, fils de Baudouin II, 328, 329, 346. — *Id.* le Bon, duc de Bourgogne (1419-1467), 404, 410, 431. — *Id.* de Mézières, 385.

Philippes (Macédoine), 15.

PHILIPPIKOS (Vardan), basileus (711-713), 70, 71.

Philippopoli (*Plovdiv*), 14, 175, 248, 288, 291, 310, 330, 348.

PHILOKALOS (Eumathios), préfet de la Ville (1198), 295.

Philomelion (thème de), 194, 257, 260.

PHILOTHÉE, patriarche byzantin (1350-1355), 363, 366, 371; (1364-1376), 372, 373.

PHOCAS, basileus (602-610), 51, 52 et s.

PHOCAS (famille et dynastie), 167, 181, 236. — (Nicéphore), stratège sous Basile I et Léon VI, 116, 128, 129, 130. — (Léon) son fils, stratège (917-919),

Index

136, 137. — (Bardas), frère du précédent, père de Nicéphore II, basileus, 148, 156, 159, — (Léon), frère du basileus, stratège de Cappadoce (945), 156, 160, 161, 165, 167, 170, 172. — (Nicéphore), son fils aîné, 168. — (Bardas), 2e fils de Léon, prétendant au trône, 167, 175, 179, 180, 186, 188, 190. — (Pierre), 3e fils de Léon, 172 — (Nicéphore), fils de Bardas, stratège sous Basile II, 181, 194.
Phocée, 14, 339, 352, 365. — (la Nouvelle), 352, 358, 395, 397.
Phocide, 384.
PHOTIUS, patriarche byzantin (858-867), 107, 109, 110, 111; (877-886), 112, 114, 123, 125, 154, 184, 218.
PHRANTZÈS, 392, 398, 407, 408, 415, 421, 422, 427.
Phrygie, 60, 168, 279, 340, 380, 389, 399.
Phygèles, port au sud d'Ephèse, 160.
PICINGLI (Nicolas), stratège (915), 134.
PIE II, pape (1458-1464), 429, 430, 431.
PIERRE, tsar bulgare (927-969), 143, 158, 173, 174.
PIERRE de Courtenai, empereur latin (1213-1217), 309. — Id. I, de Lusignan, roi de Chypre (1359-1369), 370 — Id. III, roi d'Aragon et de Sicile (1276-1285), 328, 329. — Id. IV, roi d'Aragon (1336-1387), 363.
PIERRE III, patriarche d'Antioche (1052), 184, 217.
PIERRE, évêque d'Amalfi, légat (1054), 218. — Id. archevêque de Capoue, légat (1204), 297. — Id. (Thomas), légat d'Innocent VI, 370.
PIERRE, frère de Maurice, stratège, 50, 51. — Id. de Sicile, — Id. l'Hermite, 255.
Pinde (massif du), 190, 413.
Pirot (défilé de), 15.
PISANI (Nicolas), amiral vénitien (1351), 362.
Pise, 196, 258, 260, 275, 293.
Plaisance (*concile de*) (1095), 254.

PLATON, higoumène de Saccoudion, 88, 92.
Poïmanon (Bithynie), 310.
POLYEUCTE, patriarche byzantin (956-970), 158, 163 et s., 167, 169.
Pont, 11, 231, 265, 307.
Portes ciliciennes (Taurus), 117, 170 — *Id.* (de Fer) (Danube), 385, 399. — *Id.* de Trajan, 410.
PORTUGAL (Jean de), prince croisé, 400.
Pouilles (les). Voir Apulie.
Preslav, capitale bulgare, 142, 174, 212.
Prespa (Pélagonie), 193.
Prilep (Macédoine), 192, 313, 314, 316, 376.
Princes (îles des), 90, 95, 151, 167, 168, 194, 200, 202, 216, 232, 236, 285, 424, note n° 2693.
PRISCUS, stratège, 50, 51, 52, 54.
Prizrend (Macédoine), 235.
PROCIDA (Jean de), 328.
Proconnèse (île de), 11, 81, 223, 322.
PRICOPE de Césarée, 10, 42.
Propontide, 10, 11, 130, 237, 252, 343, 364, 379, 386, 423, 424.
Propriété (grande et petite), 27 et s., 35, 67, 140, 141, 156, 165, 178, 182, 199, 223, 225 et s., 240, 245, 283, 322, 356.
PSELLOS (Michel), 201, 203, 207, 208 et s., 217, 221, 223, 224, 225, 233, 246; note n° 1359.
PULCHÉRIE, sœur de Théodose II, 24, 29.
PYRRHUS, patriarche byzantin (638-641 et 651-659), 59, 62.
Pythia (thermes de) (Bithynie), 157.

Q

QILIDJ ARSLAN, sultan seldjoukide, 250, 256, 258, 259. — *Id.* II, 273, 279, 288.

R

RADINOS (Jean), grand drongaire 145.
RADOMIR (Gabriel), fils du tsar Samuel, 192.
RADU Negru, prince de Valachie, 367, — *Id.* II, 400.

Raguse, 115, 205, 292, 409, 414, 416. — (Jean de), 405.
RAIMOND de Saint-Gilles, 256, 258. — *Id.* de Poitiers, époux de Constance d'Antioche, 266, 269.
RAINOLF, prince normand d'Aversa (1029), 206, 215. — *Id.* d'Alif, beau-frère de Roger II, 267.
Rakka (bataille de), (1104), 259.
Rametta (Sicile), 206.
Ramleh (Syrie), 173.
Rascie, 251, 264.
Rastislav prince de Moravie (IXe s.) 120.
Ravenne, 24, 35, 38, 47, 48, 68, 70, 82, 177.
RECCARED, roi wisigoth, 49.
RECHTOUNI (Théodore), chef arménien, 61.
Reggio (Calabre), 133, 149, 162, 196, 197, 227.
RENAUD de Châtillon, 272, 278.
Rhodes (île de), 14, 63, 71, 249, 311, 314, 345, 353, 386.
Rhodope, 173, 192, 330, 356.
RICHARD, abbé de Saint-Vanne, 184. — *Id.* comte d'Aversa, 227, — *Id.* Cœur-de-Lion 289.
RICIMER, 24.
Rive (*Riwa-Kalessi*) (Bosphore), 386.
ROBERT de Courtenai, empereur latin (1218-1219), 309, 310.
ROBERT Guiscard, 214, 227, 230, 233, 240, 246, 247, 252. — *Id.* comte de Flandre, auxiliaire d'Alexis I, 249.
ROBERT d'Anjou, roi de Naples (1309-1343), 344.
Rodosto (Propontide), 249, 250, 306, 343.
ROGER I, frère de Robert Guiscard, 227, 233, 261, 267. — *Id.* fils de Guiscard, 247, 267. — *Id.* II, roi des Deux-Siciles (1130-1154), 267-269, 270, 271. — *Id.* (de Flor), chef almugavare, 341, 342.
ROMAIN I Lécapène, basileus (919-944), 136, 137, 138-151, 162, 168.
ROMAIN II (959-963), 151, 153, 156, 157 et s., 162, 164.
ROMAIN III Argyre (1028-1034), 198, 199, 200, 205.

ROMAIN IV Diogène (1068-1071), 226, 230, 231-233, 240.
ROMAIN, exarque de Ravenne (589-596), 48.
ROMAIN, fils du tsar bulgare, Pierre, 192.
Romania, Romanie (voir Empire).
ROME, 29, 31, 35, 38, 47, 52, 62 63, 67, 79, 82, 113, 149, 162, 176, 177, 183, 189, 196, 206, 215, 247, 261, 295, 309, 406, 417; notes nos 429 et 3272.
Rossano (Calabre), 189.
ROTHRUDE, fille de Charlemagne, 87, 90.
ROTISLAV, prince russe de Galicie (XIIIe s.), 316.
Roum (sultanat de), 241, 270 (voir *Turcs seldjoukides*).
Roumains, 381, 404, 414 (voir Moldavie, Transylvanie, Valachie).
Roumeli-Hisser (Bosphore), 419, 420.
ROUSSEL DE Bailleul, 231, 233, 234, 236.
RUFIN, préfet du prétoire, 23.
RURIK, premier prince russe, 114.
Russie, 104, 114, 122, 131, 148 et s., 158, 170, 174, 175, 180, 185-187, 210 et s., 313, 332, 372, 388, 404.

S

Saccoudion (Olympe de Bithynie), 88.
SAÏAN, corsaire slave, 149.
SAÏD-ED-DAOULEH, émir hamdanide, 188, 189.
Saint-Auxence (mont), 81.
Saint-Jean-d'Acre (Ptolemaïs), 173, 278, 289, 320, 332; notes nos 267, 2672.
Saint-Michel (au Monte Gargano, au péril de la Mer), 196.
Saint-Pierre (État de), 82, 83, 116.
SAÏSAN, émir turc (1308), 345.
SALADIN, sultan (1169-1193), 277, 278, 284, 287, 288, 289, 291, 293.
Salerne, 116, 133, 176, 215.
Salinda (Anatolie), 130.
SALOMON, roi de Hongrie († 1087), 226.
Salone (*Spalato*), 34.
Samakov (Bulgarie), 373.

Index

Samanides (dynastie musulmane de Transoxiane), 144.
SAMONAS, favori de Léon VI, 124, 126, 128, 131.
Samos (île de), 14, 132, 138, 204, 249, 310, 311.
Samosate (Hte Mésopotamie), 69, 146, 160, 213.
Samothrace, 352.
Samsoun (Amisos), 114, 380.
SAMUEL, tsar bulgare (980-1014), 188, 189, 190, 191, 192.
Sangarios (fl.), 234.
SANTABAREN (Théodore), 110.
SANUDO (Marco), seigneur de l'Archipel, 306.
SAOUDJ, fils de Mourad I, 375.
Sardes, 15, 80, 257, 317.
Sardique, voir Sofia.
Sarkel, capitale des Khazars, 104.
Saroukan, (émirs de), 340, 352, 380.
Sarrasins (de la Méditerranée), 14, 101-103, 112, 113, 115 et s., 117, 130, 131, 133, 149, 159 et s,. 161, 162, 176, 189, 190, 194 à 197, 204, 205, 206. — *Id.* (auxiliaires des rois des Deux-Siciles), 267, 270, 325.
Save, 50.
Sawra (Albanie), 376.
SCANDER-BEG (Georges Castriota) (1404-1467), 413, 414, 415, 416, 429.
Scandinaves, 101, 185, 206.
Scutari (voir Chrysopolis).
Scutari d'Albanie, 376.
SCHAHIN, chef persan, 53, 56.
SCHAHRBARAZ, chef persan, 53, 54, 56.
Schaizar (sur l'Oronte), 266.
SCHAWER, gouverneur du Saïd (1162), 277.
SCHIRKOUH, émir, 277.
Schismes (entre Rome et Constantinople), 29 et s., 31, 108, et s., 110, 111, 112, 125, 141, 142, 184, 185, 216-219, 240, 241, 252, 253, 336, 346, 402, 417.
SCHOLARIOS (Georges Gennadios), 404, 405, 407, 415, 416, 417.
Scilla (Calabre), 227.
Sébaste, voir Siwas.
SEÏF-AD-DAOULEH (Ali), émir hamdanide d'Alep, 146, 147, 159, 160, 161, 171, 213.
Selef (fl.) (anc. Cydnus), 289.
Sélinonte, voir Salinda.
Selymbria (*Silivri*), 139, 218, 320, 363, 375, 379, 385, 391, 420.
Semendrïa (Danube), 409.
Semlin (Danube), 273 et s.
SEMPAD, roi de Grande-Arménie, martyr (890-914), 132. — *Id.* (Jean) (1020-1039), 194, 205, 212.
Sénat, 30, 38, 60, 163, 209, 221, 223, 225, 232, 244, 318, 407.
SERBIE, *Serbes*, 56, 63, 204, 242, 251, 252, 264, 272 et s., 288, 292, 325, 331, 340, 346, 359, 363, 367-369, 372 et s., 376, 377, 381, 388, 391, 393, 399, 404, 409, 411; 421, note n° 2281.
SERGIUS I, pape (687-701), 67, 70. — *Id.* III (904-911), 127, 142.
SERGIUS I, patriarche byzantin (610-638), 55, 57, 58, 59. — — *Id.* II (1001-1019), 182, 183, 184.
SERGIUS, gouverneur de Tripolitaine, 39. — *Id.* gouverneur de Césarée (Palestine), 58.
Serres (Macédoine), 15, 310, 313, 317, 331, 339, 359 et s., 369, 373, 375, 384.
Servia (Macédoine), 192, 316.
Sestos (Hellespont), 288, 293.
SÉVÈRE, patriarche monophysite d'Antioche (512-519), 30, 31, 35.
Séville, 39, 49.
SGOUROS (Léon), archonte du Péloponnèse (1204), 305.
Sicile, 26, 34, 38, 39, 66, 80, 101 et s., 113, 116, 133, 149, 150, 176, 189, 195, 197, 201, 205, 206, 207, 227, 230, 233.
Siciles (*royaume des Deux*), 263, 270 et s., 275, 277, 284, 285, 286, 287, 294, 295, 316, 323, 324, 328.
Sidon, 332.
SIGEBERT, roi franc d'Austrasie, 49.
SIGISMOND de Luxembourg, roi de Hongrie (1387-1437), 381, 385, 390, 393, 397, 399, 400, 402.
SILENTIAIRE (Jean le), 82.
Silistrie, 409.

Silvère, pape (536-537), 35.
Simonide, reine de Serbie, 340.
Sinope, 11, 248, 260, 282, 307, 380, 390, 419, 431.
Siponto (Apulie), 197, 215, 216.
Sirmium (*Mitrovitza*), 47, 50, 121, 204.
Sisinnius, patriarche byzantin (995-998), 183, 184.
Šišman, prince bulgare de Sofia, 370, 373, 376.
Siwas (anc. Sébaste), 230, 231, 234, 258, 264, 270, 279, 380, 388.
Skipétars, voir Albanie.
Sklérène, favorite de Constantin IX, 208, 209, 210.
Skléros, (Romain), frère de Sklérène, 210. — *Id.* (Bardas), prétendant au trône, 167, 168, 174, 178 et s., 180, 188, 189.
Skoplje (anc. Skupi; turc Uskub), 15, 30, 192, 313, 339, 359, 360.
Slaves (peuples), 40, 48, 50, 54, 56, 63, 65, 117, 120, 122, 143 et s., 149 — (de Grèce), 67, 89, 90, 113, 119. — (pirates), 119, 149.
Smaragdus, exarque de Ravenne (585-589), 48. — *Id.* chef lom- (997), 190.
Smyrne, 14, 97, 249, 257, 309, 352, 357, 380, 391, 397.
Sofia (Sardique, Triaditza), 15, 188, 192, 212, 225, 287, 330, 373, 376, 391, 410.
Soliman, calife (715-717), 77.
Soliman, sultan turc (1077-1085), 236, 247, 248. — *Id.* fils d'Our-khan, mort en 1357, 363, 364. — *Id.* fils de Bajazet I (tué en 1411), 390, 391.
Solomon, gouverneur d'Afrique, 34, 39.
Sophie, impératrice, 43.
Sophronius, patriarche de Jérusalem (634-638), 58.
Soublaion (Phrygie), 279.
Sougyout, premier cantonnement des Osmanlis, 333.
Soursouboul, régent bulgare (927), 143.
Sozopolis, 265, 373.
Spalato, 235.
Sperchios, fl., 190.
Spinola, amiral génois, 343, 353.
Spolète, 133, 176.

Staurakios, basileus (811), 94. — *Id.* conseiller d'Irène, 87, 89, 90.
Stilo (Calabre), 189.
Stoudios (monastère de), 89, 107, 185, 203, 218.
Strategopoulos (Alexis) stratège (1261), 314, 319, 320.
Stroumnitza (Macédoine), 291.
Strymon, fl. (*Strouma*), 192, 285, 359, 373, 390, 398.
Studites, 87, 89, 91, 92, et s., 94, 95, 97, 106 et s.
Stylianos (Zaoutzès), 111, 123 et s., 125, 128, 129.
Sufétula (*Sbaïtla*), 39, 61.
Suger, abbé de Saint-Denis, 271.
Sunium (cap), 14.
Sutri (*concile de*) (1046), 215.
Svatopulk, prince de Moravie, 121.
Sviatoslav, prince russe, 174, 175.
Sviétoslav, tsar bulgare (1295-1322), 342, 349.
Sykes, voir Galata et Péra.
Sylvestre II, pape (999-1003), 186.
Symbatikios, stratège, 133.
Syméon, tsar bulgare (893-927), 128 et s., 131, 135, 139, 140, 142 et s.; note n° 1052.
Syméon Métaphraste, 155.
Syracuse, 64, 101, 102, 116, 206.
Syrgiannis, espion, 350; note n° 2785.
Syrie, 15, 16, 28, 31, 38, 53, 54, 56, 63, 69, 89, 118, 130, 132, 144, 159, 161, 165, 169 et s., 189, 212, 222, 232, 239, 248, 270, 273, 388.

T

Tadinae (bataille de) (553), 38.
Tagliacozzo (bataille de) (1268), 324; note n° 2714.
Tancrède de Hauteville (les fils de), 214; note n° 1570. — *Id.* neveu de Bohémond, régent d'Antioche, 256, 257, 258, 259. — *Id.* de Lecce, roi des Deux-Siciles, 294.
Taormina, 116, 133.
Tarasius, patriarche byzantin (784-806), 86, 87, 91, 107.
Tarente, 63, 102, 116, 149, 190, 207, 210, 216, 230, 272, 275.

Index

Taron, province arménienne, 172.
— prince de (Grégoire), 133.
TARONITÈS (Michel), 244.
Tarse, 89, 90, 103, 114, 117, 145, 146, 159, 170, 190, 258, 265, 289, 295.
Tartares, 11, 330 et s.
TATIKIOS, stratège d'Alexis, I, 249, 250, 257.
Tauresium (Illyricum), 30.
Taurus, 15, 103, 117, 130, 161, 231, 234, 237-239, 265, 342, 380, 431. — (Anti-), 117.
Tchorlou, voir Tzurulon.
Tekké (émir de), 380.
TELETZÈS, khan bulgare, 84.
Templiers, 289.
Ténédos (île de), 363, 372, 375, 386, 394.
Téphrik, ville des Pauliciens, 113, 117.
Térébinthe (île de), 107.
Termini (Sicile), 116, 162.
Teutonique (ordre), 398.
Thabor (mont), 173.
THAMAR, reine de Géorgie (vers 1204), 307.
Thasos (île de), 344.
Thèbes (Béotie), 270, 319, 374.
Theiss (Tisza), riv., 51.
THÉODAT, roi ostrogoth, 34, 35.
THÉODEBALD, fils de Théodebert, roi franc (547-555), 39.
THÉODEBERT, petit-fils de Clovis, 34.
THÉODELINDE, reine lombarde, 49.
THÉODORA, impératrice († 548), 32, 33, 35, 42, 43. — *Id.* épouse de Justinien II, 66. — *Id.* épouse de Théophile, régente, 98-100, 105 et s., 113. — *Id.* 2ᵉ femme de Jean Tzimiskès, 168. — *Id.* fille de Constantin VIII, 198, 199, 203; (seule basilissa) (1055-1056), 219 et s., 223. — *Id.* femme de Michel VIII, 319.
THÉODORA, épouse de Michel II, despote d'Epire, 316. — *Id.* fille d'Andronic II, tsarine bulgare, 349.
THÉODORE I Lascaris, basileus (1204-1222), 304, 307, 308, 309.
THÉODORE II Lascaris (1254-1258), 311, 315-318, 322.
THÉODORE Iᵉʳ, pape (642-649), 61.

THÉODORE I, despote d'Epire, 307, 309, 310-312, 314. — *Id.* Sviétoslav, tsar bulgare (1295-1322), 342.
THÉODORE, frère d'Héraclius, 56. — *Id.* de Coloneia, patriarche d'Antioche (970), 169. — *Id.* précepteur de Constantin VII, 136, 137.
THÉODORE le Studite (Saint), 88, 89, 92, 97, 99, 100, 107.
THÉODORET, évêque de Cyr, 41.
THÉODORIC l'Amale, roi des Ostrogoths, 24, 25, 31, 34. — *Id.* Strabo (le Louche), 24. — *Id.* II, roi des Wisigoths, 24.
THÉODOSE I le Grand, basileus (379-395), 23.
THÉODOSE II (408-450), 24, 27.
THÉODOSE III (716-717), 71, 72, 84.
THÉODOSE, patriarche byzantin (1178-1183), 281, 282, 283.
THÉODOSE Iᵉʳ, patriarche d'Alexandrie (536-567), 35.
THÉODOSE, fils de Maurice, empereur associé (590-602), 43, 51, 53.
THÉODOSE, proèdre, prétendant au trône (1057), 220.
Théodosiopolis (*Erzeroum*), 15, 46, 53, 83, 133, 146, 147, 159, 190, 194, 231, 281.
THÉODOTE, patriarche byzantin (815-821), 97.
THÉODOTE, logothète de Justinien II, 68.
THÉODOTE, impératrice, 2ᵉ femme de Constantin VI, 68.
THÉOKTISTOS, logothète du Drome (842-856), 105, 113 et s., 119, 156.
THÉOPHANE (saint), chroniqueur et martyr, 97. — *Id.* conseiller de Romain I, 140, 144, 148. — *Id.* métropolite de Nicée, 326-7.
THÉOPHANO, impératrice, épouse de Staurakios, 94. — *Id.* 1ʳᵉ femme de Léon VI, 110, 123, 124 et s. — *Id.* Anastaso, épouse de Romain II, 157, 158, 163, et de Nicéphore Phocas, 163, 164, 166, 167. — *Id.* fille de Romain II, épouse d'Otton II, 158, 177, 183, 190.
THÉOPHILE, basileus (829-842), 98, 99-104.

THÉOPHILE, préfet de la Ville (xe s.), 157.
THÉOPHOBE, stratège, 103.
THÉOPHYLACTE Lécapène, patriarche byzantin (933-956), 138, 142, 156.
THÉOPHYLACTE, archevêque d'Ochrida (vers 1078), 236.
THÉOPHYLITZÈS, 109.
Thermopyles, 40, 190.
Thessalie, 188, 190, 192, 227, 247, 307, 310, 314, 319, 325, 327, 330, 344, 359 et s., 384, 385, 394, 396.
Thessalonique, 14, 15, 48, 63, 67, 119, 130, 143, 189, 201, 204, 227, 236, 284, 305, 306, 310, 312, 313, 314, 319, 337, 339, 344, 345, 347-349, 352, 354, 357, 359, 390, 391, 392, 394, 396, 399, 401, 410; note n° 2889.
THIBAUD de Chépoy, 344.
THOMAS, évêque de Claudiopolis, 79. — *Id*. le Slavonien, prétendant au trône (820-823), 97, 98.
THOROS, chef arménien, 272.
Thrace, 14, 40, 47, 48, 84, 95, 129, 136, 139, 144, 158, 173, 174, 212, 224, 245, 250, 285, 286 et s., 288, 291, 299, 310, 312, 316, 319, 330 et s., 343, 348, 352, 356, 357, 358, 363, 364, 365, 369, 390, 391, 410.
Thracésiens (thème des), 66, 257, 287.
TIBÈRE II, basileus (578-582), 43-46.
TIBÈRE III (Apsomar) (698-705), 69.
TIBÈRE, fils de Maurice, 44, 51.
Tibériade (lac de), 173.
Tiflis, 56, 194, 388.
Tigre, fl., 56, 190.
TIMOTHÉE, patriarche d'Alexandrie (457), note n° 59.
TIMOUR (Tamerlan) (1336-1405), 388 et s., 431; note n° 3048.
TIMOURSCHAH, gouverneur mongol de Roum, 351.
Tinos (île), 14.
TIRIDATE, architecte, 181.
TIRNOVO (Bulgarie), 286, 289, 291, 292, 331, 351, 381.
Tocco (Charles), despote d'Epire, 398, 399.
TOGHROUL-BEG, sultan seldjoukide (mort en 1062), 213, 214, 220, 230.
TOGHROUL Arslan, émir de Mélitène, 264, 265.
Tolède, 39, 71.
Tomi (Dobroudja), 50.
TORNIKIOS (Léon), 196, 211, 214.
Tortose (Syrie), 171.
Toscane, 47, 134.
TOTILA, chef goth, 38.
TOUCY (Anseau de), 320. — (Philippe de), 325.
Toulounides, dynastie égyptienne (879-905), 144.
TOURAKHAN-BEG, chef osmanli, 396, 416, 429.
TOUTAKH, chef turc (1073), 234.
TOUTOUCH, émir de Damas (fin xie s.), 248.
Towin (Arménie), 146.
Trajanopolis, 235.
Tralles — (voir Aïdin).
Trani (Apulie), 216, 272, — (Jean archevêque de), légat (1053), 216, 217.
Transoxiane, 45, 144, 213, 388.
Transylvanie, 397, 409.
TRASAMOND, roi vandale, 27.
TRAULOS, chef arménien, 248.
Trébizonde, 11, 19, 194, 252, 260, 265, 282, 307, 320, 333, 380, 403, 428, 430, 431, 432.
TREVISANO (Gabriel), amiral vénitien (1453), 421, 425.
TRIBIGILD, 23 et s.
Tripoli d'Afrique, 60. — (de Syrie), 63, 171, 190, 205, 266.
TROGLITA, (Jean), *magister militum* (548), 39.
Troïna (Sicile), 206.
Troja (Apulie), 197.
TRYPHON, patriarche byzantin (928-930), 142.
Tsaribrod (col de), 15.
Turcs (peuples), 40, 45. — du Vardar, 119. — (*Seldjoukides*), 18, 153, 194, 212, 213, 214, 215, 226, 230, 231, 232, 233, 234, 235, 236, 237, 238, 242, 246, 247, 248, 253, 255, 256, 257, 259, 260, 262-265, 269, 275, 287, 291, 293, 304, 313, 316, 317, 319, 327, 331-334. (*Osmanlis*), 333, 339 et s., 345, 349, 351, 352, 357, 359, 363, 364-366, 368, 369, 373-377, 378, 384, 385-389, 390, 395-399, 407 et

s., 410, 413, 414, 419, 420, 422, 431; note n° 2889.
Bandes irrégulières, émirs indépendants, xiv°-xv° s., 333, 340, 341 et s., 343-346, 348, 349, 351, 352, 358, 364, 365, 369, 379 et s., 389, 393, 396, 397, 398 et s. — (du Mouton Noir), 388. — — (du Mouton Blanc, Tauris), 430 et s. — (de Transoxiane), 387-389.
TURKTO, toi de Bosnie († 1391), 376, 381.
Turnu-Severin (Valachie), 385, 414.
Turque (*garde*) à Bagdad, 230, note n° 1064.
Tyane, 77, 93.
Tyr, 277, 278, 320.
TYRACH Khan, petchenègue (1048), 212.
TZACHAS, émir turc de Smyrne, 249-251.
Tzepaina (Rhodope), 316.
Tzurulon (*Tchorlou*), 50, 237, et s., 250, 312, 314, 369.
Tzympé (Chersonèse de Thrace), 364.

U

UGLIÉŠA (Jean, despote de Serbie), 372.
ULFILAS, évêque des Goths, 119.
Union religieuse (*tentatives d'*), 252-254, 260, 274, 279, 296, 303, 309, 311, 314 et s., 323, 324, 325 et s., 328, 353, 354, 369-371, 372, 376, 401-406, 407, 415, 416-418.
URBAIN II, pape (1088-1099), 252 et s., 254, 255, 260. — *Id.* IV (1261-1264), 323. — *Id.* V (1352-1362), 370, 371.

V

VAÇAG BAHLAVOUNI, duc d'Antioche (1078), 237.
Valachie, 50, 367 et s., 372, 381, 390, 394, 397, 399-409, 411.
Valaques des Balkans, 286, 306.
VALENTINIEN III, empereur d'Occident (425-455), 27.
Van (lac de), 46, 55 et s., 172, 231.
Varanges (*ou Varègues*), 185, 202, 206, 212, 226, 230, 291.

Vardar (anc. Axios), fl., 15, 292, 319, 339, 373, 376, 396; note n° 1444.
Varna (anc. Odessos), 14, 65, 292, 411.
Vaspourakan (Arménie), 194, 205, 213.
VATATZÈS (Jean), stratège (1047), 211. — (Basile), stratège (vers 1185), 287.
Vatopédi (Athos), 364.
Vélès (*Köprülü*) (Macédoine), 314.
Venise (*Vénitiens*), 14, 93, 94, 102, 115, 120, 195, 235, 247, 264, 274, 275, 276, 284, 292, 296-299, 304-307, 310, 311, 320-322, 325, 329, 339, 344, 353, 354, 360, 363, 367, 368, 371, 374 et s., 381, 385, 386, 390, 391, 392-394, 396 et s., 399, 400, 404, 409, 410, 412, 413, 416, 417, 419, 420, 421, 426, 429, 430.
Vêpres siciliennes, 329.
Via Egnatia, 15, 210, 247, 284.
Vidin (Macédoine), 192, 260, 367, 368, 370, 373.
VIGILE, pape (537-555), 38, 41.
VIGNOSO (génois), 359.
VILLEHARDOUIN (Geoffroy I), prince d'Achaïe (1210-1218), 305. — (Geoffroy II, 1218-1245), 305, 306, 312. — (Guillaume II), (1245-1278), 314, 323, 325, 329 et s. — (Isabelle) fille de Guillaume II, 325, 329.
VISCONTI (Jean-Galéas), duc de Milan, 386.
VITALIEN, pape (657-672), 63; note n° 309.
Viterbe (traité de), (1267), 324, 374.
VITIGÈS, chef goth, 35.
VLAD Dracul, prince de Valachie (1432-1440), 400, 409, 410, 411, 412, 413, 419.
VLADIMIR le Grand, prince russe, (972-1015), 180, 185, 186. — *Id.* fils de Iaroslav, 210 et s.
VLADISLAS, prince de Valachie (1446-1451), 419.
VLADISLAS III, roi de Pologne et de Hongrie (1440-1444), 409, 410, 411, 413.
Vodena (Macédoine), voir Edesse.
Voleros, 192.

VUKAŠIN, despote serbe, 373.
VULKOVIČ (Lazare), chef serbe, 388.

W

WALID, calife (700-715), 71.
WAVRIN (sieur de), 410.
WERNER, archevêque de Strasbourg, 206.

X

XIPHILIN, lettré, 208, 209, 225. (Patriarche byzantin), voir Jean VIII, patriarche.

Y

YAKOUB, frère de Bajazet I, 378.
Yarmouk (bataille de l') (637), 59.
YÉZID II, calife (720-724), 78. — Chef arabe, 58.

YOLANDE, impératrice latine, veuve de Pierre de Courtenai, 309.

Z

ZACCARIA (Benoît et Martin) génois, 339, 352. — *Id.* (Centurione), prince d'Achaïe (1415), 392, 398.
ZACHARIE, pape (741-752), 81, 82.
ZACHARIE, chef serbe (920), 139.
Zante (île de), 287, 306.
Zapetra (Mésopotamie), 103.
Zara, 204 et s., 296, 297, 298.
Zeïtoun, 398.
Zélotes, 357 et s.
ZÉNON (Tarasicodissa), basileus (474-475 et 476-491), 24, 25, 29.
Zirides (princes), 267.
ZOÉ Zaoutsès, impératrice 124, 125. — *Id.* (Carbonopsina), 126 et s., 134, 136, 137, 138, 145, 149. — *Id.*, fille de Constantin VIII (1028-1050), 198-202, 203, 204, 208, 210.
ZVONIMIR, roi de Croatie (1076), 235.

Table des matières

INTRODUCTION. – Le cadre géographique 9

LIVRE PREMIER

L'EMPIRE ROMAIN UNIVERSEL (395-717)

I. Comment l'Empire d'Orient acquit son indépendance, 23. – II. L'œuvre de restauration de Justinien, 30. – III. L'héritage de Justinien (565-602), 43. – IV. Le premier démembrement de l'Empire (602-642), 51. – V. La liquidation de l'Empire romain universel (642-717), 60.

LIVRE DEUXIÈME

L'EMPIRE ROMAIN HELLÉNIQUE

CHAPITRE PREMIER. – Période d'organisation (717-944)   75

I. L'œuvre des Isauriens. Léon III (717-741), 76. – II. Constantin V (741-775) et Léon IV (775-780), 80. – III. L'orthodoxie restaurée (783-813), 85. – IV. La seconde période iconoclaste (813-842), 96. – V. Le raffermissement de l'Empire (842-886), 104. – VI. La résistance de l'Empire (886-919), 122. – VII. L'œuvre de Romain Lécapène (919-944), 137.

CHAPITRE II. – L'expansion (945-1057)   152

I. Les débuts de l'expansion byzantine (944-963), 153. – II. La grande offensive (963-976), 162. – III. L'œuvre administrative et militaire de Basile II (976-1025), 178. – IV. L'arrêt de l'expansion byzantine et la fin de la dynastie macédonienne (1025-1057), 197.

Chapitre III. — Le déclin et la chute (1057-1204).. 222

I. Démembrements et guerres civiles (1057-1071), 222. – II. Dix ans d'anarchie et de revers (1071-1081), 232. – III. La tentative de relèvement des Comnènes. L'œuvre d'Alexis Ier (1081-1118), 240. – IV. L'œuvre des Comnènes à son apogée (1118-1180), 262. – V. La chute de l'Empire romain hellénique (1180-1204), 279.

LIVRE TROISIÈME

AGONIE ET MORT DE BYZANCE

Chapitre premier. — La dernière renaissance et son échec (1204-1389) 303

I. L'Empire à Nicée et le rassemblement des terres helléniques (1204-1261), 304. – II. L'œuvre de relèvement de Michel Paléologue (1261-1282), 321. – III. La crise de l'Empire restauré (1282-1321), 335. – IV. La période des guerres civiles (1321-1355), 347. – V. Les Ottomans en Europe. L'agonie de Byzance (1355-1389), 365.

Chapitre II. — La lutte suprême (1389-1453) ... 378

I. L'héritage de Byzance (1389-1402), 378. – II. La crise ottomane et le relèvement byzantin (1402-1421), 389. – III. La renaissance de l'Empire ottoman et la dernière résistance (1421-1448), 395. – IV. La mort de Byzance (1448-1453), 415.

Notes 433
Table des références bibliographiques 553
Bibliographie complémentaire 579
Appendice. Les empereurs byzantins 587
Glossaire succinct 591
Index alphabétique 597

CARTES

I. Le domaine géographique de Byzance 12-13
II. L'Empire byzantin au temps de Justinien (527-565) 36-37
III. L'Empire byzantin au XIe siècle 228-229
IV. L'Empire ottoman avant la bataille d'Angora (1402) 382-383

ACHEVÉ D'IMPRIMER LE
20 MAI 1969 SUR LES
PRESSES DE L'IMPRIMERIE
BUSSIÈRE, SAINT-AMAND (CHER)

Imprimé en France